The
THE NEW I
HEBREW & E

Changes in both English and Hebrew are coming so swiftly and contacts between the two languages are growing so much closer that it seems logical there should be a new dictionary which recognizes these developments.

THE NEW BANTAM-MEGIDDO HEBREW & ENGLISH DICTIONARY reflects the rapid evolution of both languages in the fields of science and technology and in everyday social conversation. Further, it understands the vital necessity for an up-to-date, portable dictionary within the price range of the ever-growing number of people throughout the world for whom such a reference work is indispensable.

AUTHORS:

DR. REUVEN SIVAN, Jerusalem-born educator, philologist, author, translator, is a founder and executive member of the Israeli Association of Applied Linguistics and a senior lecturer in Israeli universities and teachers' colleges.

DR. EDWARD A. LEVENSTON, head of the Department of English at the Hebrew University and a senior lecturer in English linguistics, is an educator, philologist and the author of many works on translation, grammar, linguistics, teaching, and literary style.

BANTAM FOREIGN LANGUAGE DICTIONARIES

BANTAM DICCIONARIO INGLÉS-ESPAÑOL/ESPAÑOL-INGLÉS by Edwin B. Williams

THE BANTAM NEW COLLEGE FRENCH & ENGLISH DICTIONARY by Roger Steiner

THE BANTAM NEW COLLEGE GERMAN & ENGLISH DICTIONARY by John C. Traupman

THE BANTAM NEW COLLEGE ITALIAN & ENGLISH DICTIONARY by Robert C. Melzi

THE BANTAM NEW COLLEGE SPANISH & ENGLISH DICTIONARY by Edwin B. Williams

THE NEW BANTAM-MEGIDDO HEBREW & ENGLISH DICTIONARY by Dr. Reuen Sivan and Dr. Edward A. Levenston

THE NEW COLLEGE LATIN & ENGLISH DICTIONARY by John Traupman

THE NEW BANTAM-MEGIDDO
HEBREW & ENGLISH DICTIONARY

By Dr. Reuven Sivan and Dr. Edward A. Levenston

Based on **The Megiddo Modern Dictionary**
By Dr. Reuven Sivan and Dr. Edward A. Levenston

BANTAM BOOKS
NEW YORK • TORONTO • LONDON • SYDNEY • AUCKLAND

This book was completely typeset in Israel.

THE NEW BANTAM-MEGIDDO HEBREW & ENGLISH DICTIONARY

A Bantam Book / April 1975

For information address: Bantam Books, Inc.

ISBN 0-553-26387-0

Published simultaneously in the United States and Canada

Bantam Books are published by Bantam Books, a division of Random House, Inc. Its trademark, consisting of the words "Bantam Books" and the portrayal of a rooster, is Registered in U.S. Patent and Trademark Office and in other countries. Marca Registrada. Random House, Inc., New York, New York.

PRINTED IN THE UNITED STATES OF AMERICA

OPM 36 35

CONTENTS

PREFACE

The contacts between the two languages, Hebrew and English, have been growing ever closer in our time. Both languages are developing at great speed. For Hebrew, the tongue of the Bible, a new era opened at the end of the nineteenth century with the revival of the spoken language, the organized return of the Jewish people to its ancient homeland and, most significantly, the rise of the State of Israel. English, so rich in content, so far-flung in its use, is becoming the prime medium of international communication; and it is in common use by the majority of the Jewish people throughout the world.

An up-to-date pocket dictionary of the two languages, reflecting their development in the fields of science and technology and in everyday social intercourse, a dictionary, moreover, within the reach of every purse, is thus a vital necessity for an ever-growing number of people throughout the world.

A new method has been employed in its compilation. The users' attention is drawn to the following principles, on which this dictionary is based. The first two represent a revolutionary change in Hebrew / foreign language lexicography. Their usefulness has been proved in the major two-volume Megiddo Hebrew/English–English/Hebrew dictionary.

1. *The spelling.* The Hebrew column in both parts of the dictionary is given in the *plene* spelling, in accordance with the latest rules of the Hebrew Language Academy. All the relevant additional letters *yod* and *vav* have been inserted so that the user can identify the word in the form in which he will encounter it in all modern books and newspapers. On the other hand the full and precise pointing has been added (except for the silent sh'va) thus ensuring the precise *pronunciation* of each word.

The order of the word list is thus arranged in accordance with the *plene* spelling. The user requiring a translation of words like **אורן**

גיבור, חייל, מוות, סידור, שולחן, תורגם will find them in their proper place in this spelling and not, as in the older dictionaries, by first "converting" them mentally into the "grammatical" spelling.

2. *The verb.* The Hebrew verb will be found in its place in alphabetical order – not under its root spelling. For example: the word הִתְעַקֵּשׁ will be found under ה and not under ע. The user will find נִכְנַס under נ – and not under כ. The word הפיל will be found under ה (and not under נ).

Thus also while למד will be under למ, לימד will be under לִי, and לומד under לו.

The Hebrew verbs appear throughout in the past tense third person singular, e.g. אָכַל, נֶעֱלַם, הֶאֱשִׁים, הִתְפַּטֵּר

The verbs in the English column appear in their root form, e.g. insist, disappear, blame.

3. *The adjective.* In translating the adjective in the English/Hebrew section the Hebrew equivalent is given in the masculine singular. Thus *good* is translated טוֹב. While the adjective in English is unaffected by gender or number, *good* can be rendered in Hebrew also by טוֹבָה (fem. sing.), טוֹבִים (masc. pl.) and טוֹבוֹת (fem. pl.).

4. *Signs and abbreviations.* Meanings close to each other are separated by a comma. Where a word has distinctly different meanings these are separated by a semi-colon. See, for example, חֶבְרָה in the Hebrew/English section and *just* in the English/Hebrew.

The English abbreviations are as follows:

abbrev — abbreviation
adj — adjective
adv — adverb
alt — alternative
art — article
coll — colloquial
conj — conjunction
def — definite
fem — feminine
fig — figurative
imp — imperative
inf — infinitive
interj — interjection
masc — masculine
n — noun
pl — plural
pp — past or passive participle
prep — preposition
pron — pronoun
pt — past tense
s, sing — singular
sl — slang
v aux — verb auxiliary
vi — verb intransitive
v refl — verb reflexive
vt — verb transitive

THE HEBREW VERB

The following are the conjugations of the eight basic paradigms of the Hebrew verb. The *plene* spelling is used throughout.

גזרת השלמים

פָּעַל:

עבר קָשַׁרְתִּי, קָשַׁרְתָּ, קָשַׁרְתְּ, קָשַׁר, קָשְׁרָה, קָשַׁרְנוּ, קְשַׁרְתֶּם, קְשַׁרְתֶּן, קָשְׁרוּ

הווה קוֹשֵׁר, קוֹשֶׁרֶת, קוֹשְׁרִים, קוֹשְׁרוֹת

עתיד אֶקְשׁוֹר, תִּקְשׁוֹר, תִּקְשְׁרִי, יִקְשׁוֹר, תִּקְשׁוֹר, נִקְשׁוֹר, תִּקְשְׁרוּ, יִקְשְׁרוּ

ציווי קְשׁוֹר, קִשְׁרִי, קִשְׁרוּ

נִפְעַל:

עבר נִקְשַׁרְתִּי, נִקְשַׁרְתָּ, נִקְשַׁרְתְּ, נִקְשַׁר, נִקְשְׁרָה, נִקְשַׁרְנוּ, נִקְשַׁרְתֶּם, ־תֶּן, נִקְשְׁרוּ

הווה נִקְשָׁר, נִקְשֶׁרֶת, נִקְשָׁרִים, נִקְשָׁרוֹת

עתיד אֶקָּשֵׁר, תִּיקָּשֵׁר, תִּיקָּשְׁרִי, יִיקָּשֵׁר, תִּיקָּשֵׁר, נִיקָּשֵׁר, תִּיקָּשְׁרוּ, יִיקָּשְׁרוּ

ציווי הִיקָּשֵׁר, הִיקָּשְׁרִי, הִיקָּשְׁרוּ

פִּיעֵל:

עבר קִישַּׁרְתִּי, קִישַּׁרְתָּ, קִישַּׁרְתְּ, קִישֵּׁר, קִישְּׁרָה, קִישַּׁרְנוּ, קִישַּׁרְתֶּם, ־תֶּן, קִישְּׁרוּ

הווה מְקַשֵּׁר, מְקַשֶּׁרֶת, מְקַשְּׁרִים, מְקַשְּׁרוֹת

עתיד אֲקַשֵּׁר, תְּקַשֵּׁר, תְּקַשְּׁרִי, יְקַשֵּׁר, תְּקַשֵּׁר, נְקַשֵּׁר, תְּקַשְּׁרוּ, יְקַשְּׁרוּ

ציווי קַשֵּׁר, קַשְּׁרִי, קַשְּׁרוּ

פּוּעַל:

עבר קוּשַּׁרְתִּי, קוּשַּׁרְתָּ, קוּשַּׁרְתְּ, קוּשַּׁר, קוּשְּׁרָה, קוּשַּׁרְנוּ, קוּשַּׁרְתֶּם, קוּשַּׁרְתֶּן
קוּשְּׁרוּ

הווה מְקוּשָּׁר, מְקוּשֶּׁרֶת, מְקוּשָּׁרִים, מְקוּשָּׁרוֹת

עתיד אֲקוּשַּׁר, תְּקוּשַּׁר, תְּקוּשְּׁרִי, יְקוּשַּׁר, תְּקוּשַּׁר, נְקוּשַּׁר, תְּקוּשְּׁרוּ, יְקוּשְּׁרוּ

הִפְעִיל:

עבר — הִשְׁלַמְתִּי, הִשְׁלַמְתָּ, הִשְׁלַמְתְּ, הִשְׁלִים, הִשְׁלִימָה, הִשְׁלַמְנוּ, הִשְׁלַמְתֶּם, הִשְׁלַמְתֶּן, הִשְׁלִימוּ

הווה — מַשְׁלִים, מַשְׁלִימָה, מַשְׁלִימִים, מַשְׁלִימוֹת

עתיד — אַשְׁלִים, תַּשְׁלִים, תַּשְׁלִימִי, יַשְׁלִים, תַּשְׁלִים, נַשְׁלִים, תַּשְׁלִימוּ, יַשְׁלִימוּ

ציווי — הַשְׁלֵם, הַשְׁלִימִי, הַשְׁלִימוּ

הוּפְעַל:

עבר — הוּשְׁלַמְתִּי, הוּשְׁלַמְתָּ, הוּשְׁלַמְתְּ, הוּשְׁלַם, הוּשְׁלְמָה, הוּשְׁלַמְנוּ, הוּשְׁלַמְתֶּם, הוּשְׁלַמְתֶּן, הוּשְׁלְמוּ

הווה — מוּשְׁלָם, מוּשְׁלֶמֶת, מוּשְׁלָמִים, מוּשְׁלָמוֹת

עתיד — אוּשְׁלַם, תּוּשְׁלַם, תּוּשְׁלְמִי, יוּשְׁלַם, תּוּשְׁלַם, נוּשְׁלַם, תּוּשְׁלְמוּ, יוּשְׁלְמוּ

הִתְפַּעֵל:

עבר — הִתְקַשַּׁרְתִּי, הִתְקַשַּׁרְתָּ, הִתְקַשַּׁרְתְּ, הִתְקַשֵּׁר, הִתְקַשְּׁרָה, הִתְקַשַּׁרְנוּ, הִתְקַשַּׁרְתֶּם, הִתְקַשַּׁרְתֶּן, הִתְקַשְּׁרוּ

הווה — מִתְקַשֵּׁר, מִתְקַשֶּׁרֶת, מִתְקַשְּׁרִים, מִתְקַשְּׁרוֹת

עתיד — אֶתְקַשֵּׁר, תִּתְקַשֵּׁר, תִּתְקַשְּׁרִי, יִתְקַשֵּׁר, תִּתְקַשֵּׁר, נִתְקַשֵּׁר, תִּתְקַשְּׁרוּ, יִתְקַשְּׁרוּ

ציווי — הִתְקַשֵּׁר, הִתְקַשְּׁרִי, הִתְקַשְּׁרוּ

גזרת פ״א

פָּעַל:

עבר — אָכַלְתִּי, אָכַלְתָּ, אָכַלְתְּ, אָכַל, אָכְלָה, אָכַלְנוּ, אֲכַלְתֶּם, ־תֶּן, אָכְלוּ

הווה — אוֹכֵל, אוֹכֶלֶת, אוֹכְלִים, אוֹכְלוֹת

עתיד — אוֹכַל, תֹּאכַל, תֹּאכְלִי, יֹאכַל, תֹּאכַל, נֹאכַל, תֹּאכְלוּ, יֹאכְלוּ

ציווי — אֱכוֹל, אִכְלִי, אִכְלוּ

נִפְעַל:

עבר נֶאֱסַפְתִּי, נֶאֱסַפְתָּ, נֶאֱסַפְתְּ, נֶאֱסַף, נֶאֶסְפָה, נֶאֱסַפְנוּ, נֶאֱסַפְתֶּם,־תֶּן, נֶאֶסְפוּ

הווה נֶאֱסָף, נֶאֱסֶפֶת, נֶאֱסָפִים, נֶאֱסָפוֹת

עתיד אֵיאָסֵף, תֵּיאָסֵף, תֵּיאָסְפִי, יֵיאָסֵף, תֵּיאָסֵף, נֵיאָסֵף, תֵּיאָסְפוּ, יֵיאָסְפוּ

ציווי הֵיאָסֵף, הֵיאָסְפִי, הֵיאָסְפוּ

הִפְעִיל:

עבר הֶאֱכַלְתִּי, הֶאֱכַלְתָּ, הֶאֱכַלְתְּ, הֶאֱכִיל, הֶאֱכִילָה, הֶאֱכַלְנוּ, הֶאֱכַלְתֶּם,־תֶּן, הֶאֱכִילוּ

הווה מַאֲכִיל, מַאֲכִילָה, מַאֲכִילִים, מַאֲכִילוֹת

עתיד אַאֲכִיל, תַּאֲכִיל, תַּאֲכִילִי, יַאֲכִיל, תַּאֲכִיל, נַאֲכִיל, תַּאֲכִילוּ, יַאֲכִילוּ

ציווי הַאֲכֵל, הַאֲכִילִי, הַאֲכִילוּ

הוּפְעַל:

עבר הוֹאֳכַלְתִּי, הוֹאֳכַלְתָּ, הוֹאֳכַלְתְּ, הוֹאֳכַל, הוֹאָכְלָה, הוֹאֳכַלְנוּ, הוֹאֳכַלְתֶּם,־תֶּן, הוֹאָכְלוּ

הווה מוֹאֳכָל, מוֹאֳכֶלֶת, מוֹאֳכָלִים, מוֹאֳכָלוֹת

עתיד אוֹאֳכַל, תּוֹאֳכַל, תּוֹאָכְלִי, יוֹאֳכַל, תּוֹאֳכַל, נוֹאֳכַל, תּוֹאָכְלוּ, יוֹאָכְלוּ

פִּיעֵל:

עבר אִימַּצְתִּי, אִימַּצְתָּ, אִימַּצְתְּ, אִימֵּץ, אִימְּצָה, אִימַּצְנוּ, אִימַּצְתֶּם,־תֶּן, אִימְּצוּ

הווה מְאַמֵּץ, מְאַמֶּצֶת, מְאַמְּצִים, מְאַמְּצוֹת

עתיד אֲאַמֵּץ, תְּאַמֵּץ, תְּאַמְּצִי, יְאַמֵּץ, תְּאַמֵּץ, נְאַמֵּץ, תְּאַמְּצוּ, יְאַמְּצוּ

ציווי אַמֵּץ, אַמְּצִי, אַמְּצוּ

פּוּעַל:

עבר אוּמַּצְתִּי, אוּמַּצְתָּ, אוּמַּצְתְּ, אוּמַּץ, אוּמְּצָה, אוּמַּצְנוּ, אוּמַּצְתֶּם,־תֶּן, אוּמְּצוּ

הווה מְאוּמָּץ, מְאוּמֶּצֶת, מְאוּמָּצִים, מְאוּמָּצוֹת

עתיד אֲאוּמַּץ, תְּאוּמַּץ, תְּאוּמְּצִי, יְאוּמַּץ, תְּאוּמַּץ, נְאוּמַּץ, תְּאוּמְּצוּ, יְאוּמְּצוּ

הִתְפַּעֵל:

עבר הִתְאַמַּצְתִּי, הִתְאַמַּצְתָּ, הִתְאַמַּצְתְּ, הִתְאַמֵּץ, הִתְאַמְּצָה, הִתְאַמַּצְנוּ, הִתְאַמַּצְתֶּם,־תֶּן, הִתְאַמְּצוּ

הווה מִתְאַמֵּץ, מִתְאַמֶּצֶת, מִתְאַמְּצִים, מִתְאַמְּצוֹת

עתיד אֶתְאַמֵּץ, תִּתְאַמֵּץ, תִּתְאַמְּצִי, יִתְאַמֵּץ, תִּתְאַמֵּץ, נִתְאַמֵּץ, תִּתְאַמְּצוּ, יִתְאַמְּצוּ

ציווי הִתְאַמֵּץ, הִתְאַמְּצִי, הִתְאַמְּצוּ

גזרת פ״י

פָּעַל:

עבר יָשַׁבְתִּי, יָשַׁבְתָּ, יָשַׁבְתְּ, יָשַׁב, יָשְׁבָה, יָשַׁבְנוּ, יְשַׁבְתֶּם,־תֶּן, יָשְׁבוּ

הווה יוֹשֵׁב, יוֹשֶׁבֶת, יוֹשְׁבִים, יוֹשְׁבוֹת

עתיד אֵשֵׁב, תֵּשֵׁב, תֵּשְׁבִי, יֵשֵׁב, תֵּשֵׁב, נֵשֵׁב, תֵּשְׁבוּ, יֵשְׁבוּ

ציווי שֵׁב, שְׁבִי, שְׁבוּ

נִפְעַל:

עבר נוֹסַדְתִּי, נוֹסַדְתָּ, נוֹסַדְתְּ, נוֹסַד, נוֹסְדָה, נוֹסַדְנוּ, נוֹסַדְתֶּם,־תֶּן, נוֹסְדוּ

הווה נוֹסָד, נוֹסֶדֶת, נוֹסָדִים, נוֹסָדוֹת

עתיד אִיוָּסֵד, תִּיוָּסֵד, תִּוָּסְדִי, יִיוָּסֵד, תִּיוָּסֵד, נִיוָּסֵד, תִּיוָּסְדוּ, יִיוָּסְדוּ

ציווי הִיוָּסֵד, הִיוָּסְדִי, הִיוָּסְדוּ

פִּיעֵל:

עבר יִישַּׁבְתִּי, יִישַּׁבְתָּ, יִישַּׁבְתְּ, יִישֵּׁב, יִישְּׁבָה, יִישַּׁבְנוּ, יִישַּׁבְתֶּם,־תֶּן, יִישְּׁבוּ

הווה מְיַישֵּׁב, מְיַישֶּׁבֶת, מְיַישְּׁבִים, מְיַישְּׁבוֹת

עתיד אֲיַישֵּׁב, תְּיַישֵּׁב, תְּיַישְּׁבִי, יְיַשֵּׁב, תְּיַישֵּׁב, נְיַישֵּׁב, תְּיַישְּׁבוּ, יְיַשְּׁבוּ

ציווי יַשֵּׁב, יַשְּׁבִי, יַשְּׁבוּ

פּוּעַל:

עבר יוּשַּׁבְתִּי, יוּשַּׁבְתָּ, יוּשַּׁבְתְּ, יוּשַּׁב, יוּשְּׁבָה, יוּשַּׁבְנוּ, יוּשַּׁבְתֶּם,־תֶּן, יוּשְּׁבוּ

הווה מְיוּשָּׁב, מְיוּשֶּׁבֶת, מְיוּשָּׁבִים, מְיוּשָּׁבוֹת

עתיד אֲיוּשַּׁב, תְּיוּשַּׁב, תְּיוּשְּׁבִי, יְיוּשַּׁב, תְּיוּשַּׁב, נְיוּשַּׁב, תְּיוּשְּׁבוּ, יְיוּשְּׁבוּ

הִפְעִיל:

עבר הוֹרַדְתִּי, הוֹרַדְתָּ, הוֹרַדְתְּ, הוֹרִיד, הוֹרִידָה, הוֹרַדְנוּ, הוֹרַדְתֶּם,־תֶּן, הוֹרִידוּ

הווה מוֹרִיד, מוֹרִידָה, מוֹרִידִים, מוֹרִידוֹת

עתיד אוֹרִיד, תּוֹרִיד, תּוֹרִידִי, יוֹרִיד, תּוֹרִיד, נוֹרִיד, תּוֹרִידוּ, יוֹרִידוּ

ציווי הוֹרֵד, הוֹרִידִי, הוֹרִידוּ

הוּפְעַל:

עבר הוּרַדְתִּי, הוּרַדְתָּ, הוּרַדְתְּ, הוּרַד, הוּרְדָה, הוּרַדְנוּ, הוּרַדְתֶּם,־תֶּן, הוּרְדוּ

הווה מוּרָד, מוּרֶדֶת, מוּרָדִים, מוּרָדוֹת

עתיד אוּרַד, תּוּרַד, תּוּרְדִי, יוּרַד, תּוּרַד, נוּרַד, תּוּרְדוּ, יוּרְדוּ

הִתְפַּעֵל:

עבר הִתְיַישַּׁבְתִּי, הִתְיַישַּׁבְתָּ, הִתְיַישַּׁבְתְּ, הִתְיַישֵּׁב, הִתְיַישְּׁבָה, הִתְיַישַּׁבְנוּ, הִתְיַישַּׁבְתֶּם, הִתְיַישַּׁבְתֶּן, הִתְיַישְּׁבוּ

הווה מִתְיַישֵּׁב, מִתְיַישֶּׁבֶת, מִתְיַישְּׁבִים, מִתְיַישְּׁבוֹת

עתיד אֶתְיַישֵּׁב, תִּתְיַישֵּׁב, תִּתְיַישְּׁבִי, יִתְיַישֵּׁב, תִּתְיַישֵּׁב, נִתְיַישֵּׁב, תִּתְיַישְּׁבוּ, יִתְיַישְּׁבוּ

ציווי הִתְיַישֵּׁב, הִתְיַישְּׁבִי, הִתְיַישְּׁבוּ

גזרת פ״נ

פָּעַל:

עבר נָפַלְתִּי, נָפַלְתָּ, נָפַלְתְּ, נָפַל, נָפְלָה, נָפַלְנוּ, נְפַלְתֶּם,־תֶּן, נָפְלוּ

הווה נוֹפֵל, נוֹפֶלֶת, נוֹפְלִים, נוֹפְלוֹת

עתיד אֶפּוֹל, תִּיפּוֹל, תִּיפְּלִי, יִיפּוֹל, תִּיפּוֹל, נִיפּוֹל, תִּיפְּלוּ, יִיפְּלוּ

ציווי נְפוֹל, נִפְלִי, נִפְלוּ

נִפְעַל:

עבר נִיגַּפְתִּי, נִיגַּפְתָּ, נִיגַּפְתְּ, נִיגַּף, נִיגְּפָה, נִיגַּפְנוּ, נִיגַּפְתֶּם, נִיגַּפְתֶּן, נִיגְּפוּ

הווה נִיגָּף, נִיגֶּפֶת, נִיגָּפִים, נִיגָּפוֹת

עתיד אֶנָּגֵף, תִּינָּגֵף, תִּינָּגְפִי, יִינָּגֵף, תִּינָּגֵף, נִינָּגֵף, תִּינָּגְפוּ, יִינָּגְפוּ

ציווי הִינָּגֵף, הִינָּגְפִי, הִינָּגְפוּ

פִּעֵל:

עבר נִשַּׁקְתִּי, נִשַּׁקְתָּ, נִשַּׁקְתְּ, נִשֵּׁק, נִשְּׁקָה, נִשַּׁקְנוּ, נִשַּׁקְתֶּם,־תֶּן, נִשְּׁקוּ

הווה מְנַשֵּׁק, מְנַשֶּׁקֶת, מְנַשְּׁקִים, מְנַשְּׁקוֹת

עתיד אֲנַשֵּׁק, תְּנַשֵּׁק, תְּנַשְּׁקִי, יְנַשֵּׁק, תְּנַשֵּׁק, נְנַשֵּׁק, תְּנַשְּׁקוּ, יְנַשְּׁקוּ

ציווי נַשֵּׁק, נַשְּׁקִי, נַשְּׁקוּ

פּוּעַל:

עבר נוּטַשְׁתִּי, נוּטַשְׁתָּ, נוּטַשְׁתְּ, נוּטַשׁ, נוּטְשָׁה, נוּטַשְׁנוּ, נוּטַשְׁתֶּם,־תֶּן, נוּטְשׁוּ

הווה מְנוּטָשׁ, מְנוּטֶשֶׁת, מְנוּטָשִׁים, מְנוּטָשׁוֹת

עתיד אֲנוּטַשׁ, תְּנוּטַשׁ, תְּנוּטְשִׁי, יְנוּטַשׁ, תְּנוּטַשׁ, נְנוּטַשׁ, תְּנוּטְשׁוּ, יְנוּטְשׁוּ

הִפְעִיל:

עבר הִפַּלְתִּי, הִפַּלְתָּ, הִפַּלְתְּ, הִפִּיל, הִפִּילָה, הִפַּלְנוּ, הִפַּלְתֶּם, הִפַּלְתֶּן, הִפִּילוּ

הווה מַפִּיל, מַפִּילָה, מַפִּילִים, מַפִּילוֹת

עתיד אַפִּיל, תַּפִּיל, תַּפִּילִי, יַפִּיל, תַּפִּיל, נַפִּיל, תַּפִּילוּ, יַפִּילוּ

ציווי הַפֵּל, הַפִּילִי, הַפִּילוּ

הוּפְעַל:

עבר הוּפַּלְתִּי, הוּפַּלְתָּ, הוּפַּלְתְּ, הוּפַּל, הוּפְּלָה, הוּפַּלְנוּ, הוּפַּלְתֶּם,־תֶּן, הוּפְּלוּ

הווה מוּפָּל, מוּפֶּלֶת, מוּפָּלִים, מוּפָּלוֹת

עתיד אוּפַּל, תּוּפַּל, תּוּפְּלִי, יוּפַּל, תּוּפַּל, נוּפַּל, תּוּפְּלוּ, יוּפְּלוּ

הִתְפַּעֵל:

עבר הִתְנַפַּלְתִּי, הִתְנַפַּלְתָּ, הִתְנַפַּלְתְּ, הִתְנַפֵּל, הִתְנַפְּלָה, הִתְנַפַּלְנוּ, הִתְנַפַּלְתֶּם, הִתְנַפַּלְתֶּן, הִתְנַפְּלוּ

הווה מִתְנַפֵּל, מִתְנַפֶּלֶת, מִתְנַפְּלִים, מִתְנַפְּלוֹת

עתיד אֶתְנַפֵּל, תִּתְנַפֵּל, תִּתְנַפְּלִי, יִתְנַפֵּל, תִּתְנַפֵּל, נִתְנַפֵּל, תִּתְנַפְּלוּ, יִתְנַפְּלוּ

ציווי הִתְנַפֵּל, הִתְנַפְּלִי, הִתְנַפְּלוּ

גזרת ע״ו, ע״י

פָּעַל:

עבר קַמְתִּי, קַמְתָּ, קַמְתְּ, קָם, קָמָה, קַמְנוּ, קַמְתֶּם, קַמְתֶּן, קָמוּ

הווה קָם, קָמָה, קָמִים, קָמוֹת

עתיד אָקוּם, תָּקוּם, תָּקוּמִי, יָקוּם, תָּקוּם, נָקוּם, תָּקוּמוּ, יָקוּמוּ

ציווי קוּם, קוּמִי, קוּמוּ

פָּעַל:

עבר שַׂמְתִּי, שַׂמְתָּ, שַׂמְתְּ, שָׂם, שָׂמָה, שַׂמְנוּ, שַׂמְתֶּם, שַׂמְתֶּן, שָׂמוּ

הווה שָׂם, שָׂמָה, שָׂמִים, שָׂמוֹת

עתיד אָשִׂים, תָּשִׂים, תָּשִׂימִי, יָשִׂים, תָּשִׂים, נָשִׂים, תָּשִׂימוּ, יָשִׂימוּ

ציווי שִׂים, שִׂימִי, שִׂימוּ

נִפְעַל:

עבר נְסוּגוֹתִי, נְסוּגוֹתָ, נְסוּגוֹת, נָסוֹג, נָסוֹגָה, נְסוּגוֹנוּ, נְסוּגוֹתֶם,־תֶן, נָסוֹגוּ

הווה נָסוֹג, נְסוֹגָה, נְסוֹגִים, נְסוֹגוֹת

עתיד אֶסוֹג, תִּיסוֹג, תִּיסוֹגִי, יִיסוֹג, תִּיסוֹג, נִיסוֹג, תִּיסוֹגוּ, יִיסוֹגוּ

ציווי הִיסוֹג, הִיסוֹגִי, הִיסוֹגוּ

פִּיעֵל:

עבר קוֹמַמְתִּי, קוֹמַמְתָּ, קוֹמַמְתְּ, קוֹמֵם, קוֹמְמָה, קוֹמַמְנוּ, קוֹמַמְתֶּם, קוֹמַמְתֶּן, קוֹמְמוּ

הווה מְקוֹמֵם, מְקוֹמֶמֶת, מְקוֹמְמִים, מְקוֹמְמוֹת

עתיד אֲקוֹמֵם, תְּקוֹמֵם, תְּקוֹמְמִי, יְקוֹמֵם, תְּקוֹמֵם, נְקוֹמֵם, תְּקוֹמְמוּ, יְקוֹמְמוּ

ציווי קוֹמֵם, קוֹמְמִי, קוֹמְמוּ

פּוּעַל:

עבר כּוֹנַנְתִּי, כּוֹנַנְתָּ, כּוֹנַנְתְּ, כּוֹנַן, כּוֹנְנָה, כּוֹנַנּוּ, כּוֹנַנְתֶּם, כּוֹנַנְתֶּן, כּוֹנְנוּ

הווה מְכוֹנָן, מְכוֹנֶנֶת, (מְכוֹנָנָה), מְכוֹנָנִים, מְכוֹנָנוֹת

עתיד אֲכוֹנַן, תְּכוֹנַן, תְּכוֹנְנִי, יְכוֹנַן, תְּכוֹנַן, נְכוֹנַן, תְּכוֹנְנוּ, תְּכוֹנַנָּה, יְכוֹנְנוּ

הִפְעִיל:

עבר הֵקַמְתִּי, הֵקַמְתָּ, הֵקַמְתְּ, הֵקַמְנוּ, הֲקַמְתֶּם,־תֶּן, הֵקִימוּ

הווה מֵקִים, מְקִימָה, מְקִימִים, מְקִימוֹת

עתיד	אָקִים, תָּקִים, תָּקִימִי, יָקִים, תָּקִים, נָקִים, תָּקִימוּ, יָקִימוּ
ציווי	הָקֵם, הָקִימִי, הָקִימוּ

הוּפעַל:

עבר	הוּקַמתִי, הוּקַמתָּ, הוּקַמתְּ, הוּקַם, הוּקְמָה, הוּקַמנוּ, הוּקַמתֶּם,־תֶּן, הוּקְמוּ
הווה	מוּקָם, מוּקֶמֶת, מוּקָמִים, מוּקָמוֹת
עתיד	אוּקַם, תּוּקַם, תּוּקְמִי, יוּקַם, תּוּקַם, נוּקַם, תּוּקְמוּ, יוּקְמוּ

הִתפַּעֵל:

עבר	הִתקוֹמַמתִי, הִתקוֹמַמתָּ, הִתקוֹמַמתְּ, הִתקוֹמֵם, הִתקוֹמְמָה, הִתקוֹמַמנוּ, הִתקוֹמַמתֶּם,־תֶּן, הִתקוֹמְמוּ
הווה	מִתקוֹמֵם, מִתקוֹמֶמֶת, מִתקוֹמְמִים, מִתקוֹמְמוֹת
עתיד	אֶתקוֹמֵם, תִּתקוֹמֵם, תִּתקוֹמְמִי, יִתקוֹמֵם, תִּתקוֹמֵם, נִתקוֹמֵם, תִּתקוֹמְמוּ, יִתקוֹמְמוּ
ציווי	הִתקוֹמֵם, הִתקוֹמְמִי, הִתקוֹמְמוּ

גזרת ל״א

פָּעַל:

עבר	קָרָאתִי, קָרָאתָ, קָרָאת, קָרָא, קָרְאָה, קָרָאנוּ, קְרָאתֶם,־תֶן, קָרְאוּ
הווה	קוֹרֵא, קוֹרֵאת, קוֹרְאִים, קוֹרְאוֹת
עתיד	אֶקרָא, תִּקרָא, תִּקרְאִי, יִקרָא, תִּקרָא, נִקרָא, תִּקרְאוּ, יִקרְאוּ
ציווי	קְרָא, קִראִי, קִראוּ

נִפעַל:

עבר	נִקרֵאתִי, נִקרֵאתָ, נִקרֵאת, נִקרָא, נִקרְאָה, נִקרֵאנוּ, נִקרֵאתֶם, נִקרֵאתֶן, נִקרְאוּ
הווה	נִקרָא, נִקרֵאת, נִקרָאִים, נִקרָאוֹת
עתיד	אֶקָּרֵא, תִּיקָּרֵא, תִּיקָּרְאִי, יִיקָּרֵא, תִּיקָּרֵא, נִיקָּרֵא, תִּיקָּרְאוּ, יִיקָּרְאוּ
ציווי	הִיקָּרֵא, הִיקָּרְאִי, הִיקָּרְאוּ

פִּיעֵל:

עבר מִילֵּאתִי, מִילֵּאתָ, מִילֵּאת, מִילֵּא, מִילְאָה, מִילֵּאנוּ, מִילֵּאתֶם, מִילֵּאתֶן, מִילְאוּ

הווה מְמַלֵּא, מְמַלֵּאת, מְמַלְאִים, מְמַלְאוֹת

עתיד אֲמַלֵּא, תְּמַלֵּא, תְּמַלְאִי, יְמַלֵּא, תְּמַלֵּא, נְמַלֵּא, תְּמַלְאוּ, יְמַלְאוּ

ציווי מַלֵּא, מַלְאִי, מַלְאוּ

פּוּעַל:

עבר מוּלֵּאתִי, מוּלֵּאתָ, מוּלֵּאת, מוּלָּא, מוּלְּאָה, מוּלֵּאנוּ, מוּלֵּאתֶם,־תֶן, מוּלְּאוּ

הווה מְמוּלָּא, מְמוּלָּאָה, מְמוּלָּאִים, מְמוּלָּאוֹת

עתיד אֲמוּלָּא, תְּמוּלָּא, תְּמוּלְּאִי, יְמוּלָּא, תְּמוּלָּא, נְמוּלָּא, תְּמוּלְּאוּ, יְמוּלְּאוּ

הִפְעִיל:

עבר הִמְצֵאתִי, הִמְצֵאתָ, הִמְצֵאת, הִמְצִיא, הִמְצִיאָה, הִמְצֵאנוּ, הִמְצֵאתֶם,־תֶן, הִמְצִיאוּ

הווה מַמְצִיא, מַמְצִיאָה, מַמְצִיאִים, מַמְצִיאוֹת

עתיד אַמְצִיא, תַּמְצִיא, תַּמְצִיאִי, יַמְצִיא, תַּמְצִיא, נַמְצִיא, תַּמְצִיאוּ, יַמְצִיאוּ

ציווי הַמְצֵא, הַמְצִיאִי, הַמְצִיאוּ

הוּפְעַל:

עבר הוּמְצֵאתִי, הוּמְצֵאתָ, הוּמְצֵאת, הוּמְצָא, הוּמְצְאָה, הוּמְצֵאנוּ, הוּמְצֵאתֶם, הוּמְצֵאתֶן, הוּמְצְאוּ

הווה מוּמְצָא, מוּמְצֵאת, מוּמְצָאִים, מוּמְצָאוֹת

עתיד אוּמְצָא, תּוּמְצָא, תּוּמְצְאִי, יוּמְצָא, תּוּמְצָא, נוּמְצָא, תּוּמְצְאוּ, יוּמְצְאוּ

הִתְפַּעֵל:

עבר הִתְמַצֵּא, הִתְמַצֵּאתִי, הִתְמַצֵּאתָ, הִתְמַצֵּאת, הִתְמַצֵּא, הִתְמַצְּאָה, הִתְמַצֵּאנוּ, הִתְמַצֵּאתֶם,־תֶן, הִתְמַצְּאוּ

הווה מִתְמַצֵּא, מִתְמַצֵּאת, מִתְמַצְּאִים, מִתְמַצְּאוֹת

עתיד אֶתְמַצֵּא, תִּתְמַצֵּא, תִּתְמַצְּאִי, יִתְמַצֵּא, תִּתְמַצֵּא, נִתְמַצֵּא, תִּתְמַצְּאוּ, יִתְמַצְּאוּ

גזרת ל״ה

פָּעַל:

עבר קָנִיתִי, קָנִיתָ, קָנִית, קָנָה, קָנְתָה, קָנִינוּ, קְנִיתֶם, ־תֶן, קָנוּ

הווה קוֹנֶה, קוֹנָה, קוֹנִים, קוֹנוֹת

עתיד אֶקְנֶה, תִּקְנֶה, תִּקְנִי, יִקְנֶה, תִּקְנֶה, נִקְנֶה, תִּקְנוּ, יִקְנוּ

ציווי קְנֵה, קְנִי, קְנוּ

נִפְעַל:

עבר נִגְלֵיתִי, נִגְלֵיתָ, נִגְלֵית, נִגְלָה, נִגְלְתָה, נִגְלֵינוּ, נִגְלֵיתֶם, ־תֶן, נִגְלוּ

הווה נִגְלֶה, נִגְלֵית, נִגְלִים, נִגְלוֹת

עתיד אֶגָּלֶה, תִּיגָּלֶה, תִּיגָּלִי, יִיגָּלֶה, תִּיגָּלֶה, נִיגָּלֶה, תִּיגָּלוּ, יִיגָּלוּ

ציווי הִיגָּלֵה, הִיגָּלִי, הִיגָּלוּ

פִּיעֵל:

עבר שִׁינִּיתִי, שִׁינִּיתָ, שִׁינִּית, שִׁינָּה, שִׁינְּתָה, שִׁינִּינוּ, שִׁינִּיתֶם, ־תֶן, שִׁינּוּ

הווה מְשַׁנֶּה, מְשַׁנָּה, מְשַׁנִּים, מְשַׁנּוֹת

עתיד אֲשַׁנֶּה, תְּשַׁנֶּה, תְּשַׁנִּי, יְשַׁנֶּה, תְּשַׁנֶּה, נְשַׁנֶּה, תְּשַׁנּוּ, יְשַׁנּוּ

פּוּעַל:

עבר שׁוּנֵּיתִי, שׁוּנֵּיתָ, שׁוּנֵּית, שׁוּנָּה, שׁוּנְּתָה, שׁוּנֵּינוּ, שׁוּנֵּיתֶם, ־תֶן, שׁוּנּוּ

הווה מְשׁוּנֶּה, מְשׁוּנָּה, מְשׁוּנִּים, מְשׁוּנּוֹת

עתיד אֲשׁוּנֶּה, תְּשׁוּנֶּה, תְּשׁוּנִּי, יְשׁוּנֶּה, תְּשׁוּנֶּה, נְשׁוּנֶּה, תְּשׁוּנּוּ, יְשׁוּנּוּ

הִפְעִיל:

עבר הִקְנֵיתִי, הִקְנֵיתָ, הִקְנֵית, הִקְנָה, הִקְנְתָה, הִקְנֵינוּ, הִקְנֵיתֶם, ־תֶן, הִקְנוּ

הווה מַקְנֶה, מַקְנָה, מַקְנִים, מַקְנוֹת

עתיד אַקְנֶה, תַּקְנֶה, תַּקְנִי, יַקְנֶה, תַּקְנֶה, נַקְנֶה, תַּקְנוּ, יַקְנוּ

ציווי הַקְנֵה, הַקְנִי, הַקְנוּ

הוּפְעַל:

עבר הוּגְלֵיתִי, הוּגְלֵיתָ, הוּגְלֵית, הוּגְלָה, הוּגְלְתָה, הוּגְלֵינוּ, הוּגְלֵיתֶם, ־תֶן, הוּגְלוּ

הווה מוּגְלֶה, מוּגְלֵית, מוּגְלִים, מוּגְלוֹת

עתיד אוּגְלֶה, תּוּגְלֶה, תּוּגְלִי, יוּגְלֶה, תּוּגְלֶה, נוּגְלֶה, תּוּגְלוּ, יוּגְלוּ

הִתְפַּעֵל:

עבר הִתְגַּלֵּיתִי, הִתְגַּלֵּיתָ, הִתְגַּלֵּית, הִתְגַּלָּה, הִתְגַּלְּתָה, הִתְגַּלֵּינוּ, הִתְגַּלֵּיתֶם, הִתְגַּלֵּיתֶן, הִתְגַּלּוּ

הווה מִתְגַּלֶּה, מִתְגַּלֵּית, מִתְגַּלִּים, מִתְגַּלּוֹת

עתיד אֶתְגַּלֶּה, תִּתְגַּלֶּה, תִּתְגַּלִּי, יִתְגַּלֶּה, תִּתְגַּלֶּה, נִתְגַּלֶּה, תִּתְגַּלּוּ, יִתְגַּלּוּ

ציווי הִתְגַּלֵּה, הִתְגַּלִּי, הִתְגַּלּוּ

מרובעים

פִּיעֵל:

עבר גִּלְגַּלְתִּי, גִּלְגַּלְתָּ, גִּלְגַּלְתְּ, גִּלְגֵּל, גִּלְגְּלָה, גִּלְגַּלְנוּ, גִּלְגַּלְתֶּם,־תֶּן, גִּלְגְּלוּ

הווה מְגַלְגֵּל, מְגַלְגֶּלֶת, מְגַלְגְּלִים, מְגַלְגְּלוֹת

עתיד אֲגַלְגֵּל, תְּגַלְגֵּל, תְּגַלְגְּלִי, יְגַלְגֵּל, תְּגַלְגֵּל, נְגַלְגֵּל, תְּגַלְגְּלוּ, יְגַלְגְּלוּ

ציווי גַּלְגֵּל, גַּלְגְּלִי, גַּלְגְּלוּ

פּוּעַל:

עבר גּוּלְגַּלְתִּי, גּוּלְגַּלְתָּ, גּוּלְגַּלְתְּ, גּוּלְגַּל, גּוּלְגְּלָה, גּוּלְגַּלְנוּ, גּוּלְגַּלְתֶּם,־תֶּן, גּוּלְגְּלוּ

הווה מְגוּלְגָּל, מְגוּלְגֶּלֶת, מְגוּלְגָּלִים, מְגוּלְגָּלוֹת

עתיד אֲגוּלְגַּל, תְּגוּלְגַּל, תְּגוּלְגְּלִי, יְגוּלְגַּל, תְּגוּלְגַּל, נְגוּלְגַּל, תְּגוּלְגְּלוּ, יְגוּלְגְּלוּ

הִתְפַּעֵל:

עבר הִתְגַּלְגַּלְתִּי, הִתְגַּלְגַּלְתָּ, הִתְגַּלְגַּלְתְּ, הִתְגַּלְגֵּל, הִתְגַּלְגְּלָה, הִתְגַּלְגַּלְנוּ הִתְגַּלְגַּלְתֶּם,־תֶּן, הִתְגַּלְגְּלוּ

הווה מִתְגַּלְגֵּל, מִתְגַּלְגֶּלֶת, מִתְגַּלְגְּלִים, מִתְגַּלְגְּלוֹת

עתיד אֶתְגַּלְגֵּל, תִּתְגַּלְגֵּל, תִּתְגַּלְגְּלִי, יִתְגַּלְגֵּל, תִּתְגַּלְגֵּל, נִתְגַּלְגֵּל, תִּתְגַּלְגְּלוּ, יִתְגַּלְגְּלוּ

ציווי הִתְגַּלְגֵּל, הִתְגַּלְגְּלִי, הִתְגַּלְגְּלוּ

DECLENSION OF HEBREW NOUNS

שׁוּלְחָן (זָכָר יָחִיד)

שׁוּלְחָנִי, שׁוּלְחָנְךָ, שׁוּלְחָנֵךְ, שׁוּלְחָנוֹ, שׁוּלְחָנָהּ, שׁוּלְחָנֵנוּ, שׁוּלְחַנְכֶם, שׁוּלְחַנְכֶן, שׁוּלְחָנָם, שׁוּלְחָנָן.

בַּיִת (זָכָר יָחִיד)

בֵּיתִי, בֵּיתְךָ, בֵּיתֵךְ, בֵּיתוֹ, בֵּיתָהּ, בֵּיתֵנוּ, בֵּיתְכֶם, בֵּיתְכֶן, בֵּיתָם, בֵּיתָן.

סֵפֶר (זָכָר יָחִיד)

סִפְרִי, סִפְרְךָ, סִפְרֵךְ, סִפְרוֹ, סִפְרָהּ, סִפְרֵנוּ, סִפְרְכֶם, סִפְרְכֶן, סִפְרָם, סִפְרָן.

אֲדָמָה (נְקֵבָה – יְחִידָה)

אַדְמָתִי, אַדְמָתְךָ, אַדְמָתֵךְ, אַדְמָתוֹ, אַדְמָתָהּ, אַדְמָתֵנוּ, אַדְמַתְכֶם, אַדְמַתְכֶן, אַדְמָתָם, אַדְמָתָן.

סְפָרִים (זָכָר – רַבִּים)

סְפָרַיי, סְפָרֶיךָ, סְפָרַיִךְ, סְפָרָיו, סְפָרֶיהָ, סְפָרֵינוּ, סִפְרֵיכֶם, סִפְרֵיכֶן, סִפְרֵיהֶם, סִפְרֵיהֶן.

מַחְבָּרוֹת (נְקֵבָה – רַבּוֹת)

מַחְבְּרוֹתַיי, מַחְבְּרוֹתֶיךָ, מַחְבְּרוֹתַיִךְ, מַחְבְּרוֹתָיו, מַחְבְּרוֹתֶיהָ, מַחְבְּרוֹתֵינוּ, מַחְבְּרוֹתֵיכֶם, מַחְבְּרוֹתֵיכֶן, מַחְבְּרוֹתֵיהֶם, מַחְבְּרוֹתֵיהֶן.

DECLENSION OF HEBREW PREPOSITIONS

אֶת – אִתִּי, אִתְּךָ, אִתָּךְ, אִתּוֹ, אִתָּהּ, אִתָּנוּ, אִתְּכֶם, אִתְּכֶן, אִתָּם, אִתָּן.

אֶת – אוֹתִי, אוֹתְךָ, אוֹתָךְ, אוֹתוֹ, אוֹתָהּ, אוֹתָנוּ, אֶתְכֶם, אֶתְכֶן, אוֹתָם, אוֹתָן.

שֶׁל – שֶׁלִּי, שֶׁלְּךָ, שֶׁלָּךְ, שֶׁלּוֹ, שֶׁלָּהּ, שֶׁלָּנוּ, שֶׁלָּכֶם, שֶׁלָּכֶן, שֶׁלָּהֶם, שֶׁלָּהֶן.

עַל – עָלַיי, עָלֶיךָ, עָלַיִךְ, עָלָיו, עָלֶיהָ, עָלֵינוּ, עֲלֵיכֶם, עֲלֵיכֶן, עֲלֵיהֶם, עֲלֵיהֶן.

אֵצֶל – אֶצְלִי, אֶצְלְךָ, אֶצְלֵךְ, אֶצְלוֹ, אֶצְלָהּ, אֶצְלֵנוּ, אֶצְלְכֶם, אֶצְלְכֶן, אֶצְלָם, אֶצְלָן.

אֶל – אֵלַיי, אֵלֶיךָ, אֵלַיִךְ, אֵלָיו, אֵלֶיהָ, אֵלֵינוּ, אֲלֵיכֶם, אֲלֵיכֶן, אֲלֵיהֶם, אֲלֵיהֶן.

בּ – בִּי, בְּךָ, בָּךְ, בּוֹ, בָּהּ, בָּנוּ, בָּכֶם, בָּכֶן, בָּהֶם, בָּהֶן.

ל – לִי, לְךָ, לָךְ, לוֹ, לָהּ, לָנוּ, לָכֶם, לָכֶן, לָהֶם, לָהֶן.

מִן – מִמֶּנִּי, מִמְּךָ, מִמֵּךְ, מִמֶּנּוּ, מִמֶּנָּה, מִמֶּנּוּ (מאתנו), מִכֶּם, מִכֶּן, מֵהֶם, מֵהֶן.

HEBREW CARDINAL AND ORDINAL NUMBERS

feminine			masculine
אַחַת, רִאשׁוֹנָה	1	א	אֶחָד, רִאשׁוֹן
שְׁתַּיִם, שְׁנִיָּה	2	ב	שְׁנַיִם, שֵׁנִי
שָׁלוֹשׁ, שְׁלִישִׁית	3	ג	שְׁלוֹשָׁה, שְׁלִישִׁי
אַרְבַּע, רְבִיעִית	4	ד	אַרְבָּעָה, רְבִיעִי
חָמֵשׁ, חֲמִישִׁית	5	ה	חֲמִישָּׁה, חֲמִישִׁי
שֵׁשׁ, שִׁישִּׁית	6	ו	שִׁישָּׁה, שִׁישִּׁי
שֶׁבַע, שְׁבִיעִית	7	ז	שִׁבְעָה, שְׁבִיעִי
שְׁמוֹנֶה, שְׁמִינִית	8	ח	שְׁמוֹנָה, שְׁמִינִי
תֵּשַׁע, תְּשִׁיעִית	9	ט	תִּשְׁעָה, תְּשִׁיעִי
עֶשֶׂר, עֲשִׂירִית	10	י	עֲשָׂרָה, עֲשִׂירִי

After ten, the ordinal number is formed by adding the definite article, e.g. הָאַחַת עֶשְׂרֵה, הַשְּׁלוֹשִׁים. In multiples of ten, hundreds etc., there is no distinction between masculine and feminine.

אַחַת־עֶשְׂרֵה	11	י״א	אַחַד־עָשָׂר
שְׁתֵּים־עֶשְׂרֵה	12	י״ב	שְׁנֵים־עָשָׂר
שְׁלוֹשׁ־עֶשְׂרֵה	13	י״ג	שְׁלוֹשָׁה־עָשָׂר
אַרְבַּע־עֶשְׂרֵה	14	י״ד	אַרְבָּעָה־עָשָׂר
חֲמֵשׁ־עֶשְׂרֵה	15	ט״ו	חֲמִישָּׁה־עָשָׂר
שֵׁשׁ־עֶשְׂרֵה	16	ט״ז	שִׁישָּׁה־עָשָׂר
שְׁבַע־עֶשְׂרֵה	17	י״ז	שִׁבְעָה־עָשָׂר
שְׁמוֹנֶה־עֶשְׂרֵה	18	י״ח	שְׁמוֹנָה עָשָׂר

feminine			masculine
תְּשַׁע־עֶשְׂרֵה	19	י״ט	תִּשְׁעָה־עָשָׂר
עֶשְׂרִים	20	כ	עֶשְׂרִים
עֶשְׂרִים וְאַחַת	21	כ״א	עֶשְׂרִים וְאֶחָד
שְׁלוֹשִׁים	30	ל	שְׁלוֹשִׁים
אַרְבָּעִים	40	מ	אַרְבָּעִים
חֲמִשִּׁים	50	נ	חֲמִשִּׁים
שִׁשִּׁים	60	ס	שִׁשִּׁים
שִׁבְעִים	70	ע	שִׁבְעִים
שְׁמוֹנִים	80	פ	שְׁמוֹנִים
תִּשְׁעִים	90	צ	תִּשְׁעִים
מֵאָה	100	ק	מֵאָה
מָאתַיִם	200	ר	מָאתַיִם
שְׁלוֹשׁ מֵאוֹת	300	ש	שְׁלוֹשׁ מֵאוֹת
אֶלֶף	1,000	א̅	אֶלֶף
אַלְפַּיִם	2,000	ב̅	אַלְפַּיִם
שְׁלוֹשֶׁת אֲלָפִים	3,000	ג̅	שְׁלוֹשֶׁת אֲלָפִים
חֲמֵשֶׁת אֲלָפִים מָאתַיִם			חֲמֵשֶׁת אֲלָפִים מָאתַיִם
שְׁלוֹשִׁים וְחָמֵשׁ	5,235	ה̅רלה	שְׁלוֹשִׁים וַחֲמִשָּׁה

A

A, a *n* אֵי (האות הראשונה באלפבית)

a, an *adj* תָּווית מְסֻתֶּמֶת; אֶחָד

A *abbr* (ראשי תיבות של היסוד הכימי) אַרגון

aback *adv* אָחוֹרָה, לְאָחוֹר (לגבי מפרשים)

abaft *prep, adv* מֵאֲחוֹרֵי, לְאָחוֹר

abandon *vt* נָטַשׁ, הִפְקִיר

abandon *n* מוּפְקָרוּת, פְּרִיצוּת

abase *vt* הִשְׁפִּיל, בִּיזָּה

abash *vt* הֵבִיךְ; בִּיֵּשׁ; הִכְלִים

abate *vt, vi* הִפְחִית; פָּחַת

abatis *n* מַחסום עֵצִים

abbess *n* (אישה) רֹאשׁ מִנְזָר

abbey *n* מִנְזָר

abbot *n* רֹאשׁ מִנְזָר

abbreviate *vt* קִיצֵּר, נִטְרֵק

abbreviation *u* קִיצּוּר, רָאשֵׁי תֵּיבוֹת

A.B.C. אָלֶף־בֵּית

abdicate *vt, vi* יָצָא בְּדִימוֹס, הִתְפַּטֵּר

abdomen *n* בֶּטֶן, כָּרֵס

abduct *vt* כָּלָא; חָטַף בְּכוֹחַ

abed *adv* בַּמִּיטָּה, בִּשְׁכִיבָה

abet *vt* סִייֵּעַ לִדְבַר עֲבֵירָה

abeyance *n* הַשְׁהָיָה, אִי־הַפְעָלָה זְמַנִּית

abhor *vt* תִּיעֵב, סָלַד בּ..., שִׁיקֵּץ, בָּחַל בּ...

abhorrent *adj* מְעוֹרֵר גּוֹעַל, מַסְלִיד

abide *vt, vi* נִשְׁאַר, הִמְשִׁיךְ; נִשְׁאַר נֶאֱמָן ל...

ability *n* כּוֹשֶׁר; יְכוֹלֶת

abject *adj* מוּשְׁפָּל, שָׁפָל, נִתְעָב

ablative *adj* (בדקדוק) אַבְּלָטִיבִי

ablaut *n* (בדקדוק) שִׁינּוּי תְּנוּעָה

ablaze *adj, adv* בּוֹעֵר; בָּאֵשׁ, בְּלֶהָבוֹת

able *adj* מְסוּגָּל; מוּכְשָׁר, כִּשְׁרוֹנִי

able-bodied *adj* כָּשִׁיר

abloom *adv* בִּפְרִיחָה

abnormal *adj* לֹא תָּקִין, לֹא נוֹרמָלִי, חָרִיג

aboard *adv, prep* עַל גַּבֵּי, עַל, בּ... (אונייה)

abode *n* דִּירָה, מְגוּרִים, בַּיִת

abolish *vt* בִּיטֵּל, חִיסֵּל

A–bomb *n* פְּצָצַת־אָטוֹם

abomination *n* תִּיעוּב; תּוֹעֵבָה

aborigines *n pl* הַתּוֹשָׁבִים הַמְּקוֹרִיִּים

abort *vt, vi* הִפִּילָה (עוּבָּר)

abortion *n* הַפָּלָה; נֵפֶל

abound *vi* שָׁפַע, הָיָה מְשׁוּפָּע

about *prep* עַל, עַל אוֹדוֹת, בְּנוֹגֵעַ ל..., בִּדְבַר־; בְּעֵרֶךְ, קָרוֹב ל...; סָבִיב ל...

about *adv* כִּמְעַט; קָרוֹב, מִסָּבִיב; לְאָחוֹר; הֵנָּה וָהֵנָּה

above *prep* עַל, מֵעַל; גָּבוֹהַּ מִן

above *adv* מֵעַל, שֶׁלְּמַעְלָה; לְעֵיל

above *adj* נִזְכָּר לְעֵיל, נ״ל

above-mentioned *adj* הַנִּזְכָּר לְעֵיל, הַנַּ״ל
abrasive *n* (חומר) שׁוֹחֵק, מְשַׁפְשֵׁף
abrasive *adj* שׂוֹרֵט, מְגָרֶה
abreast *adv* בְּשׁוּרָה אַחַת, זֶה בְּצַד זֶה
abridge *vt* קִיצֵּר; צִמְצֵם
abroad *adv* בְּחוּץ־לָאָרֶץ; בַּחוּץ
abrupt *adj* נִמְהָר (בשיחה); לְלֹא נִימוּס יָתֵר; פִּתְאוֹמִי
abscess *n* מוּרְסָה, כִּיב
abscond *vi* בָּרַח; הִתְחַמֵּק
absence *n* הֵיעָדְרוּת; חוֹסֶר
absent *adj* חָסֵר, נֶעְדָּר
absent *v refl* הִסְתַּלֵּק; הֶחְסִיר
absentee *n* סְתַלְקָן, נֶעְדָּר
absent-minded *adj* מְפוּזָּר, פְּזוּר־נֶפֶשׁ
absinthe *n* אַבְּסִינְת
absolute *adj* שָׁלֵם, מוּחְלָט
absolutely *adv* בְּהֶחְלֵט, בְּוַדַּאי; בִּשְׁרִירוּת; לְלֹא סְיָג
absolve *vt* פָּטַר מֵעוֹנֶשׁ
absorb *vt* סָפַג; קָלַט
absorbent *adj* סוֹפֵג; קוֹלֵט
absorbing *adj* מוֹשֵׁךְ לֵב, מְרַתֵּק
abstain *vi* נִמְנַע; הִתְנַזֵּר
abstemious *adj* מִסְתַּפֵּק בְּמוּעָט
abstinent *adj* מִתְנַזֵּר, פָּרוּשׁ
abstract *adj* מוּפְשָׁט; לֹא מוּחָשׁ
abstract *n* תַּמְצִית, תַּקְצִיר
abstract *vt* הֶחְסִיר; גָּנַב, 'סָחַב'
abstruse *adj* קָשֶׁה לַהֲבָנָה, מוּקְשֶׁה
absurd *adj* מְגוּחָךְ, טִיפְּשִׁי, אַבְּסוּרְדִי
absurdity *n* טִיפְּשׁוּת, דָּבָר מְגוּחָךְ

abundant *adj* מָצוּי בְּשֶׁפַע, שׁוֹפֵעַ
abuse *vt* הִשְׁתַּמֵּשׁ לְרָעָה; הִתְעַלֵּל בּ...; גִּידֵּף
abuse *n* שִׁימּוּשׁ לְרָעָה; הִתְעַלְּלוּת גִּידּוּף
abusive *adj* פּוֹגְעָנִי, מַעֲלִיב
abut *vi* גָּבַל עִם, נִשְׁעַן עַל
abutment *n* יַרְכָּה, מִשְׁעָנָה
abyss *n* תְּהוֹם
academic *adj* אֲקָדֶמָאִי, אֲקָדֶמִי; עִיּוּנִי, לֹא מַעֲשִׂי
academician *n* חֲבֵר אֲקָדֶמְיָה
academy *n* אֲקָדֶמְיָה
accede *vi* נַעֲנָה, הִסְכִּים; נִכְנַס (לתפקיד)
accelerate *vt, vi* הֵאִיץ, הִגְבִּיר מְהִירוּת
accelerator *n* מֵחִישׁ, מֵאִיץ; דַּוְושַׁת הַדֶּלֶק (ברכב מנועי)
accent *n* נַחַץ, הַטְעָמָה; טַעַם, תָּג; מִבְטָא, אַקְצֶנְט
accentuate *vt* הִדְגִּישׁ, הִטְעִים
accept *vt* קִיבֵּל, הִסְכִּים; הִשְׁלִים עִם; נַעֲנָה ל...
acceptable *adj* רָאוּי לְהִתְקַבֵּל, רָצוּי
acceptance *n* הִתְקַבְּלוּת; קַבָּלָה מֵרָצוֹן
access *n* כְּנִיסָה, זְכוּת כְּנִיסָה, גִּישָׁה
accessary, accessory *n* אֲבִזָר; מְסַיֵּעַ לִדְבַר עֲבֵירָה
accessible *adj* נוֹחַ לְגִישָׁה, נָגִישׁ
accession *n* הַגָּעָה (לזכויות, למעמד וכד'); תּוֹסֶפֶת; הֵיעָנוּת
accident *n* תְּאוּנָה, תַּקָּלָה
accidental *adj* מִקְרִי

acclaim *vt* הֵרִיעַ

acclaim *n* תְּרוּעוֹת, תְּשׁוּאוֹת

acclimatize, acclimate *vt, vi* אִקְלֵם; הִתְאַקְלֵם

accolade *n* אוֹת הַעֲנָקַת תּוֹאַר אַבִּיר, עִיטוּר

accommodate *vt, vi* אִכְסֵן, אֵירֵחַ; הִתְאִים

accommodating *adj* נוֹחַ; גָּמִישׁ, מִסְתַּגֵּל

accommodation *n* אִכְסוּן; תֵּיאוּם, הַתְאָמָה

accompaniment *n* לִיוּוּי

accompanist *n* מְלַוֶּה; לַוָּאִי (בְּמוּסִיקָה בִּלְבַד)

accompany *vt* לִיוָּה, נִלְוָה

accomplice *n* שׁוּתָּף לִדְבַר עֲבֵירָה

accomplish *vt* בִּיצֵּעַ, הִגְשִׁים; הִשְׁלִים

accomplished *adj* מוּגְמָר, מוּשְׁלָם

accomplishment *n* הַשְׁלָמָה; הַגְשָׁמָה; הֶישֵּׂג; סְגוּלָּה, מַעֲלָה

accord *vt, vi* תָּאַם, הִתְאִים; הֶעֱנִיק

accord *n* תֵּיאוּם, הַתְאָמָה; תַּצְלִיל, אַקּוֹרְד; הַסְכָּמָה, הֶסְכֵּם

accordance *n* תֵּיאוּם, הֶתְאֵם

according *adv* לְפִי, אַלִּיבָּא ד...

accordingly *adv* לְפִיכָךְ, אִי לְכָךְ

accordion *n* מַפּוּחוֹן, אַקּוֹרְדְיוֹן

accost *vt* קָרַב, נִיגַּשׁ; הִזְמִינָה (לִזְנוּת)

accouchement *n* תְּקוּפַת הַלֵּידָה

account *n* חֶשְׁבּוֹן; דִּין וְחֶשְׁבּוֹן; הֶסְבֵּר; עֵרֶךְ, חֲשִׁיבוּת

account *vt, vi* הִסְבִּיר; דִּיוֵּחַ; חָשַׁב הֶעֱרִיךְ

accountable *adj* אַחֲרָאִי

accountant *n* חֶשְׁבּוֹנַאי, מְנַהֵל חֶשְׁבּוֹנוֹת

accounting *n* נִיהוּל חֶשְׁבּוֹנוֹת, חֶשְׁבּוֹנָאוּת

accoutrements *n pl* חֲלִיצָה, בִּגְדֵי שְׂרָד; חֲגוֹר

accredit *vt* הִסְמִיךְ, יִיפָּה כּוֹחַ

accrue *vi* צָמַח, הִתְרַבָּה, הִצְטַבֵּר

accumulate *vt, vi* צָבַר; נִצְטַבֵּר

accuracy *n* דִּיּוּק, דַּיְיקָנוּת

accurate *adj* מְדוּיָּק, דַּיְיקָנִי

accusation *n* הַאֲשָׁמָה, אִישׁוּם

accusative *n* יַחַס הַפָּעוּל

accuse *vt* הֶאֱשִׁים

accustom *vt* הִרְגִּיל

ace *n* יְחִידָה, אַחַת (בִּקְלָפִים וּבְקוּבִּיּוֹת); אַלּוּף, מוּמְחֶה

acetate *n* אֲצֵטָט

acetic *adj* שֶׁל חוֹמֶץ, חוּמְצִי

acetic acid *n* חוֹמֶץ, חוּמְצָה אֲצֵטִית

acetify *vt* חִימֵּץ, עָשָׂה לְחוֹמֶץ

acetone *n* אֲצֵטוֹן

acetylene *n* אֲצֵטִילִין

acetylene torch *n* מַבְעֵר אֲצֵטִילִין

ache *vi* כָּאַב; סָבַל כְּאֵב

ache *n* כְּאֵב, מַכְאוֹב

achieve *vt* הִגְשִׁים, הִשִּׂיג

achievement *n* הֶישֵּׂג, הַגְשָׁמָה

Achilles' heel *n* עֲקֵב אֲכִילֶס

acid *adj* חָמוּץ; חוּמְצָתִי; חָמִיץ

acid *n* חוּמְצָה

acidify *vt, vi* הָפַךְ לְחוּמְצָה

acidity *n* חוּמְצָתִיּוּת; חֲמִיצוּת

ack-ack *n* אֵשׁ נֶגֶד מְטוֹסִים, נ"מ

acknowledge *vt* הוֹדָה בּ...; הִכִּיר בּ...; אִישֵּׁר
acknowledgement *n* אִישּׁוּר; הַכָּרָה; הַבָּעַת תּוֹדָה
acme *n* שִׂיא, תַּכְלִית הַשְּׁלֵמוּת
acolyte *n* שַׁמָּשׁ (בכנסיה), חָנִיךְ, טִירוֹן
acorn *n* בַּלּוּט, אִצְטְרוּבָּל
acoustic *adj* אָקוּסְטִי, שְׁמִיעוּתִי
acoustics *n pl* תּוֹרַת הַקּוֹל
acquaint *vt* וִידֵּעַ, הִכִּיר; הִצִּיג
acquaintance *n* מַכָּר; הֶיכֵּרוּת
acquiesce *vi* הִסְכִּים
acquiescence *n* הַסְכָּמָה
acquire *vt* רָכַשׁ לְעַצְמוֹ, הִשִּׂיג; קָנָה
acquisition *n* רְכִישָׁה; קִנְיָן חָשׁוּב
acquit *vt, vi* זִיכָּה; שִׁילֵּם (חוב); קִיֵּים (חובה)
acquittal *n* זִיכּוּי
acrid *adj* חָרִיף, צוֹרֵב
acrobat *n* לוּלְיָין, אַקְרוֹבָּט
acrobatic *adj* לוּלְיָינִי, אַקְרוֹבָּטִי
acrobatics *n pl* לוּלְיָינוּת, אַקְרוֹבָּטִיקָה
acronym *n* מִלַּת נִטְרוּק, אַקְרוֹנִים
acropolis *n* אַקְרוֹפּוֹלִיס, מְצוּדַת הָעִיר
across *prep* לָרוֹחַב, בַּחֲצִיָּה, מֵעֵבֶר
across *adv* בָּעֵבֶר הַשֵּׁנִי; דֶּרֶךְ
across-the-board *adj* כָּל כּוּלוֹ, לְלֹא יוֹצֵא מֵהַכְּלָל
acrostic *n* אַקְרוֹסְטִיכוֹן
act *n* מַעֲשֶׂה, פְּעוּלָּה; חוֹק; מַעֲרָכָה (במחזה); מוּצָג (בקרקס)
act *vt, vi* פָּעַל, מִילֵּא תַּפְקִיד, שִׁימֵּשׁ; שִׂיחֵק (במחזה); הֶעֱמִיד פָּנִים

acting *adj* -בְּפוֹעַל, מְמַלֵּא מָקוֹם; פּוֹעֵל
action *n* פְּעוּלָּה, מַעֲשֶׂה, תְּבִיעָה לְמִשְׁפָּט; קְרָב
activate *vt* שִׁפְעֵל, תִּפְעֵל, הִפְעִיל
active *adj* פָּעִיל; פְּעַלְתָּנִי; זָרִיז
activity *n* פְּעִילוּת, פְּעַלְתָּנוּת
actor *n* שַׂחְקָן
actress *n* שַׂחְקָנִית
actual *adj* מַמָּשִׁי
actually *adv* לְמַעֲשֶׂה, לַאֲמִיתּוֹ שֶׁל דָּבָר
actuary *n* אַקְטוּאָר, מַעֲרִיךְ
actuate *vt* הֵנִיעַ; הִפְעִיל, תִּפְעֵל
acuity *n* חַדּוּת, חֲרִיפוּת
acumen *n* טְבִיעַת־עַיִן, מְהִירוּת תְּפִיסָה
acute *adj* חַד, חָרִיף; צוֹרֵב; חָמוּר
ad *abbr* מוֹדָעָה
A.D. – anno domini לַסְפִירַת הַנּוֹצְרִים
adage *n* מֵימְרָה, פִּתְגָם
Adam *n* אָדָם
adamant *adj* מִתְעַקֵּשׁ
Adam's apple *n* תַּפּוּחַ־אָדָם, פִּיקַת הַגַּרְגֶּרֶת
adapt *vt* סִיגֵּל, הִתְאִים, תֵּיאֵם, עִיבֵּד
adaptation *n* עִיבּוּד; סִיגּוּל, הִסְתַּגְּלוּת
add *vt* חִיבֵּר, צֵירֵף; הוֹסִיף
adder *n* פֶּתֶן, אֶפְעֶה
addict *v refl* הִתְמַכֵּר, הָיָה שָׁטוּף
addict *n* שָׁטוּף, מִתְמַכֵּר
addiction *n* הִתְמַכְּרוּת, שְׁטִיפוּת
adding machine *n* מְכוֹנַת סִיכּוּם
addition *n* הוֹסָפָה; מוּסָף; תּוֹסֶפֶת

additive *n, adj* צֵירוּף; נוֹסָף; מִתְוַוסֵּף
address *n* כְּתוֹבֶת, מַעַן; נְאוּם
address *vt* פָּנָה בִּדְבָרִים; כָּתַב כְּתוֹבֶת
addressee *n* נִמְעָן
addressing machine *n* מְכוֹנָה מְמַעֶנֶת
adduce *vt* הֵבִיא רְאָיָה, הוֹכִיחַ
adenoids *n pl* פּוֹלִיפִּים
adept *n, adj* מוּמְחֶה, מְיוּמָּן
adequate *adj* מַסְפִּיק, דַּיּוֹ
adhere *vi* דָּבַק בּ...; דָּגַל בּ...
adherence *n* תְּמִיכָה, נֶאֱמָנוּת, דְּבֵקוּת
adherent *adj* חָסִיד, נֶאֱמָן
adhesion *n* דְּבֵקוּת, נֶאֱמָנוּת
adhesive *adj* דָּבִיק, נִצְמָד
adhesive tape *n* סֶרֶט דָּבִיק
adieu *int, n* שָׁלוֹם (לפרידה)
adjacent *adj* סָמוּךְ, גּוֹבֵל
adjective *n, adj* תּוֹאַר־הַשֵּׁם; תָּלוּי
adjoin *vt* גָּבַל עִם
adjoining *adj* סָמוּךְ, גּוֹבֵל
adjourn *vt, vi* הִפְסִיק; הוּפְסַק
adjournment *n* דְּחִיָּיה; הַפְסָקָה
adjust *vt* הִתְאִים, סִיגֵּל; תִּיקֵּן; הִסְדִּיר
adjustable *adj* סָגִיל, נִיתָּן לְהַתְאָמָה
adjustment *n* תִּיקּוּן, הַתְאָמָה; הִסְתַּגְּלוּת
adjutant *n* שָׁלִישׁ; עוֹזֵר
adjutant bird *n* חֲסִידָה הוֹדִית (גדולה ביותר)
Adjutant General *n* שָׁלִישׁ רָאשִׁי, רַב־שָׁלִישׁ
ad lib *vt, vi* אִלְתֵּר חוֹפְשִׁית
administer *vt, vi* נִיהֵל; הִנְהִיג
administrator *n* אֲמַרְכָּל, מְנַהֵל
admiral *n* אַדְמִירָל, מְפַקֵּד חֵיל־יָם
admiralty *n* אַדְמִירָלִיוּת
admire *vt* הֶעֱרִיץ; הִתְפַּעֵל
admirer *n* מַעֲרִיץ; חָסִיד
admissible *adj* קָבִיל; מוּתָּר
admission *n* הַכְנָסָה, כְּנִיסָה; הוֹדָאָה
admit *vt, vi* הִכְנִיס, הִרְשָׁה לְהִיכָּנֵס; הוֹדָה
admittance *n* רְשׁוּת כְּנִיסָה
admonish *vt* הוֹכִיחַ, הִזְהִיר
ado *n* הֲמוּלָּה, טוֹרַח
adobe *n* לְבֵנָה מֵחוֹמֶר; בֵּית חוֹמֶר
adolescence *n* הִתְבַּגְּרוּת
adolescent *n, adj* מִתְבַּגֵּר
adopt *vt* אִימֵּץ
adoption *n* אִימּוּץ
adorable *adj* (דיבורית) נֶחְמָד, חָמוּד
adore *vt* הֶעֱרִיץ; (דיבורית) חִיבֵּב בְּיוֹתֵר, אָהַב
adorn *vt* יִיפָּה; קִישֵּׁט
adornment *n* יִיפּוּי; קִישּׁוּט; תַּכְשִׁיט
adrenal gland *n* בַּלּוּטַת הַכְּלָיוֹת
Adriatic *n, adj* הַיָּם הָאַדְרִיאָטִי; אַדְרִיאָטִי
adrift *adv, predic adj* נִטְרָד; נִישָּׂא בָּרוּחַ אוֹ בַּזֶּרֶם
adroit *adj* זָרִיז, פִּקֵּחִי
adult *n* מְבוּגָּר, בּוֹגֵר
adult *adj* בָּגוּר, בָּשֵׁל
adulterer *n* נוֹאֵף, זַנַּאי
adulteress *n* מְנָאֶפֶת
adultery *n* נִיאוּף, נַאֲפוּפִים

advance *n* הִתְקַדְּמוּת, עֲלִיָּיה
advance *vt, vi* קִידֵּם; הִתְקַדֵּם; שִׁלֵּם מֵרֹאשׁ
advanced *adj* קְדוֹמַנִי; מִתְקַדֵּם
advancement *n* הִתְקַדְּמוּת; עֲלִיָּיה בְּדַרְגָּה
advances *n pl* תַּמְרוּנֵי אַהֲבָה
advantage *n* יִתְרוֹן, מַעֲלָה; תּוֹעֶלֶת, רֶוַח
advantageous *adj* מוֹעִיל; מֵקֵל, נוֹחַ; מַכְנִיס
advantageously *adv* בְּיִתְרוֹן, בְּרֶוַח
advent *n* הוֹפָעָה, הִתְגַּלּוּת
adventure *n* הַרְפַּתְקָה
adventure *vt, vi* הֵעֵז; הִסְתַּכֵּן
adventurer *n* הַרְפַּתְקָן
adventuresome *adj* נוֹעָז, הַרְפַּתְקָנִי
adventuress *n* הַרְפַּתְקָנִית
adventurous *adj* נוֹטֶה לְהַרְפַּתְקָנוּת
adversary *n* יָרִיב; מִתְחָרֶה
adversity *n* רוֹעַ הַגּוֹרָל; מְצוּקָה
advertise *vt* פִּרְסֵם, הִדְפִּיס מוֹדָעָה, עָשָׂה פִּרְסוֹמֶת
advertisement *n* מוֹדָעָה
advertiser *n* מְפַרְסֵם
advertising *n* פִּרְסוּם בְּמוֹדָעוֹת; פִּרְסוּם
advertising man *n* סוֹכֵן מוֹדָעוֹת
advice *n* עֵצָה; יְדִיעָה
advisable *adj* רָצוּי, מוּמְלָץ
advise *vt, vi* יָעַץ, יִיעֵץ, הִמְלִיץ; הוֹדִיעַ
advisement *n* שִׁיקּוּל־דַּעַת
advisory *adj* מְיָיעֵץ
advocate *vt* הִמְלִיץ בְּפוּמְבֵּי; דָּגַל בּ...
advocate *n* עוֹרֵךְ־דִּין, פְּרַקְלִיט; חָסִיד
Aegean Sea *n* הַיָּם הָאֵיגֵאִי
aegis *n* מָגֵן, חָסוּת
aerate *vt* אִוְורֵר; חִמְצֵן
aerial *adj* אֲוִירִי
aerial *n* מְשׁוֹשָׁה, אַנְטֶנָּה
aerialist *n* טַרְפֵּזָן, לוּלְיָין
aerodrome *n* שְׂדֵה תְּעוּפָה
aerodynamics *n pl* אֵירוֹדִינָמִיקָה
aeronaut *n* טַיָּס כַּדּוּר פּוֹרֵחַ
aeronautics *n pl* אֲוִירוֹנוֹטִיקָה
aerosol *n* תַּמְסוּרִיר, אֶרוֹסוֹל
aerospace *n* הֶחָלָל (הסמוך לכדור־הארץ)
aesthete *n* אֶסְתֵּטִיקָן
aesthetic *adj* אֶסְתֵּטִי
aesthetics *n pl* אֶסְתֵּטִיקָה, תּוֹרַת הַיָּפֶה
afar *adv* רָחוֹק, הַרְחֵק
affable *adj* חָבִיב, נְעִים הֲלִיכוֹת
affair *n* מַעֲשֶׂה, עִנְיָן; עֵסֶק; עִיסּוּק
affect *vt* הִשְׁפִּיעַ עַל, פָּעַל עַל; נָגַע עַד לֵב
affectation *n* הַעֲמָדַת־פָּנִים
affected *adj* מְעוּשֶּׂה; (על אדם) מְזוּיָּף בְּנִימוּסָיו; מוּשְׁפָּע
affection *n* חִיבָּה
affectionate *adj* מְחַבֵּב, מַבִּיעַ חִיבָּה
affidavit *n* תַּצְהִיר, הַצְהָרָה בִּשְׁבוּעָה
affiliate *vt, vi* קִיבֵּל כְּחָבֵר; הִצְטָרֵף
affinity *n* זִיקָה; הִימָּשְׁכוּת
affirm *vt, vi* אִישֵּׁר בְּתוֹקֶף; הִצְהִיר
affirmative *adj* מְאַשֵּׁר, חִיּוּבִי
affix *vt* קָבַע; טָבַע; צֵירֵף

affix *n* תּוֹסֶפֶת, הוֹסָפָה
afflict *vt* יִיסֵּר, הִכְאִיב, הֵצִיק
affliction *n* פֶּגַע, סֵבֶל
affluence *n* שֶׁפַע; עוֹשֶׁר
afford *vt* הָיָה יָכוֹל; עָמַד בּ...
affray *n* מְהוּמָה, תִּגְרָה
affront *vt* הֶעֱלִיב, בִּיזָּה, בִּיֵּשׁ
affront *n* הַעֲלָבָה; דִּבְרֵי עֶלְבּוֹן
Afghan *n* אַפְגָנִי; שְׂפַת אַפְגָנִיסְטָן
Afghanistan *n* אַפְגָנִיסְטָן
afire *adv, adj* בְּאֵשׁ; מוּצָּת
aflame *adv, adj* בְּלֶהָבוֹת; זוֹהֵר, מְשׁוּלְהָב
afloat *adv, adj* בַּיָּם; צָף
afoot *adv* בִּפְעוּלָּה; בְּשִׁימּוּשׁ
afoul *adv, adj* בְּתִסְבּוֹכֶת; מִסְתַּבֵּךְ
afraid *adj* מְפַחֵד, חוֹשֵׁשׁ
Africa *n* אַפְרִיקָה
African *n, adj* אַפְרִיקָנִי, אַפְרִיקָאִי
aft *adv* בַּיַּרְכָתַיִם, בַּחֵלֶק הָאֲחוֹרִי
after *prep* אַחֲרֵי, בְּעִיקְבוֹת; עַל שֵׁם, בְּהֶתְאֵם ל...
after *adv* מֵאָחוֹר; מְאוּחָר יוֹתֵר
after *conj* לְאַחַר שֶׁ...
after-dinner *adj* שֶׁלְאַחַר סְעוּדָה
after hours *adv* לְאַחַר שְׁעוֹת הָעֲבוֹדָה
afterlife *n* חַיֵּי הָעוֹלָם הַבָּא
aftermath *n* תּוֹצָאָה, עוֹלֵלוֹת
afternoon *n* אַחַר־הַצָּהֳרַיִים
aftertaste *n* טַעַם לְוַואי, טַעַם גְּרָר
afterthought *n* הִרְהוּר שֵׁנִי; תְּגוּבָה כִּלְאַחַר מַעֲשֶׂה
afterwards *adv* אַחַר־כָּךְ, לְאַחַר מִכֵּן
afterwhile *adv* בִּמְהֵרָה
afterworld *n* עוֹלָם הַבָּא
again *adv* שׁוּב, עוֹד פַּעַם
against *prep* כְּנֶגֶד; לְעֵבֶר, לִקְרַאת
agape *adj* פְּעוּר פֶּה
age *vt, vi* הִזְקִין, הִתְיַישֵּׁן, בָּלָה
age *n* גִּיל; תְּקוּפָה; אוֹרֶךְ־חַיִּים
aged *adj* זָקֵן, קָשִׁישׁ; בֶּן־
ageless *adj* שֶׁאֵינוֹ מַזְקִין
agency *n* סוֹכְנוּת, מִשְׂרָד מִסְחָרִי; שְׁלִיחוּת; אֶמְצָעִי
agenda *n* סֵדֶר הַיּוֹם; סֵדֶר פְּעוּלּוֹת
agent *n* סוֹכֵן; נָצִיג; אֶמְצָעִי
Age of Enlightenment *n* תְּקוּפַת הַהַשְׂכָּלָה
agglomeration *n* צוֹבֶר, גּוּשׁ; הִצְטַבְּרוּת
aggrandizement *n* הַאֲדָרָה
aggravate *vt* הֶחְמִיר, הֵרַע; הִרְגִּיז
aggregate *n, adj* סַךְ, סַךְ־הַכּוֹל; מְצוֹרָף, מְקוּבָּץ
aggression *n* תּוֹקְפָנוּת
aggressive *adj* תּוֹקְפָן, תּוֹקְפָנִי
aggressor *n* תּוֹקְפָן
aghast *adj* מוּכֵּה תַּדְהֵמָה
agile *adj* זָרִיז, קַל תְּנוּעָה
agitate *vt, vi* זִעְזַע; הֵסִית, סִכְסֵךְ; תִּיעֲמֵל
aglow *adv, adj* בְּלַהַט; בּוֹעֵר, לוֹהֵט
agnostic *adj, n* אַגְנוֹסְטִי
ago *adv* בֶּעָבָר, לְפָנִים
agog *adj, adv* בְּמַצָּב שֶׁל צִיפִּיָּה רַגְשָׁנִית
agony *n* יָגוֹן, יִיסּוּרִים
agrarian *adj* חַקְלָאִי, אַגְרָרִי

agree *vi* הִסְכִּים; הָיָה תְּמִים־דֵּעִים; תָּאַם
agreeable *adj* נָעִים; תּוֹאֵם; מוּכָן וּמְזוּמָּן
agreement *n* הַסְכָּמָה; הֶסְכֵּם; תְּמִימוּת־דֵּעִים
agriculture *n* חַקְלָאוּת
agronomy *n* אַגְרוֹנוֹמְיָה
aground *adj, adv* עַל שִׂרְטוֹן
ague *n* קַדַּחַת הַבִּיצוֹת; צְמַרְמוֹרֶת; רְעָדָה
ahead *adv, adj* בְּרֹאשׁ; קָדִימָה, לִפְנֵי
ahoy *interj* אָהוֹי! (קריאת ספנים)
aid *n, vt* עֶזְרָה, סִיּוּעַ; עוֹזֵר; עָזַר
aide-de-camp *n* שָׁלִישׁ אִישִׁי
ail *vt, vi* הִכְאִיב, הֵצִיק; כָּאַב, חָלָה
aileron *n* מַאֲזֶנֶת
ailing *adj* יְדוּעַ חוֹלִי
ailment *n* מֵיחוּשׁ, חוֹלִי, מַכְאוֹב
aim *vt, vi* כִּיוֵּן, כּוֹנֵן (כלי־ירייה); שָׁאַף, הִתְכַּוֵּן
aim *n* כִּיוּן; מַטָּרָה, שְׁאִיפָה
air *vt, vi* אִוְורֵר; הִבִּיעַ בְּפוּמְבֵּי; הִתְאַוְורֵר
air *n* אֲוִיר; רוּחַ קַלָּה; מַנְגִּינָה
air-borne *adj* מוּטָס
air-brake *n* בֶּלֶם־אֲוִיר
air-castle *n* מִגְדָּל פּוֹרֵחַ בָּאֲוִיר
air-condition *n* מִיזּוּג־אֲוִיר
air-conditioned *adj* בְּמִיזּוּג־אֲוִיר
air-conditioning *n* מִיזּוּג־אֲוִיר
air corps *n pl* חֵיל־אֲוִיר
aircraft *n* מָטוֹס, כְּלִי־טִיסָה
aircraft-carrier *n* נוֹשֵׂא מְטוֹסִים
airdrome *n* שְׂדֵה תְּעוּפָה
airdrop *n* אַסְפָּקָה מוּצְנַחַת
airfield *n* שְׂדֵה תְּעוּפָה
airfoil *n* מִשְׁטַח אֲוִיר
air force *n* חֵיל אֲוִיר
air-gap *n* מִרְוַח אֲוִיר
air-ground *adj* (טיל) אֲוִיר־קַרְקַע
air-hostess *n* דַּיֶּלֶת
air-lane *n* נְתִיב אֲוִיר
air-lift *n* רַכֶּבֶת אֲוִירִית
airliner *n* מְטוֹס נוֹסְעִים
airmail *n* דּוֹאַר אֲוִיר
airmail pilot *n* טַיַּס דּוֹאַר אֲוִיר
airmail stamp *n* בּוּל דּוֹאַר אֲוִיר
airman *n* טַיָּס; אֲוִירַאי; חַיָּל בְּחֵיל הָאֲוִיר
airplane *n* מָטוֹס, אֲוִירוֹן
airpocket *n* כִּיס אֲוִיר
air-pollution *n* זִיהוּם אֲוִיר
airport *n* נְמַל תְּעוּפָה
air-raid *n* הַתְקָפָה אֲוִירִית
air-raid drill *n* תַּרְגִּיל הָגָ״א
air-raid shelter *n* מִקְלָט
air-rifle *n* רוֹבֶה־אֲוִיר
airship *n* סְפִינַת־אֲוִיר
airsick *adj* חוֹלֶה מְטִיסָה, חוֹלֵה אֲוִיר
air sleeve *n* שַׁרְווּל אֲוִיר
air sock *n* שַׂק אֲוִיר
airstrip *n* מַסְלוּל מְטוֹסִים
airtight *adj* מְהוּדָּק, לֹא חָדִיר
airwaves *n pl* גַּלֵּי הָאֶתֶר
airway *n* פֶּתַח לָאֲוִיר, נָתִיב אֲוִירִי
airy *adj* אֲוִירִי; קַל, עַלִּיז; שִׁטְחִי, מְרַפְרֵף
aisle *n* מַעֲבָר; אֲגַף

ajar *adv* פָּתוּחַ לְמֶחֱצָה
akimbo *adv* בְּיָדַיִים עַל הַמּוֹתְנַיִים
akin *adj* קָרוֹב, דוֹמֶה
alabaster *n* בַּהַט, אֲלַבַּסְטְרוֹן
alarm *n* אַזְעָקָה, אוֹת אַזְעָקָה; חֲרָדָה, תַּבְהֵלָה
alarm-clock *n* שְׁעוֹן מְעוֹרֵר
alarmist *n* תַּבְהֵלָן, זוֹרֵעַ בֶּהָלָה
alas *interj* אֲהָהּ!, אוֹי!, אֲבוֹי!
alb *n* גְּלִימָה לְבָנָה, מַדֵּי כּוֹמֶר
albacore *n* טוּנּוּס גָּדוֹל
Albanian *n, adj* אַלְבָּנִי
albatross *n* יַסְעוּר, קַלָּנִית, אַלְבַּטְרוֹס
album *n* תַּלְקִיט, אַלְבּוֹם
albumen *n* חֶלְבּוֹן, אַלְבּוּמִין
alchemy *n* אַלְכִּימְיָה
alcohol *n* כּוֹהַל, אַלְכּוֹהוֹל
alcoholic *adj, n* כּוֹהֲלִי; אַלְכּוֹהוֹלִי
alcove *n* פִּינָּה מוּפְנֶמֶת
alder *n* אַלְמוֹן
alderman *n* חֲבֵר עִירִיָּה
ale *n* שֵׁיכָר
alembic *n* מַזְקֵק, אַבִּיק
alert *adj* בְּמַצַּב הִיכּוֹן; עֵרָנִי
alert *n* אוֹת אַזְעָקָה
alert *vt* הִכְרִיז כּוֹנְנוּת; הִזְהִיר
Aleutian Islands *n pl* אִיֵּי הָאַלֵאוּטִים
Alexandrian *adj* אֲלֶכְּסַנְדְּרוֹנִי
algae *n pl* אַצּוֹת
algebra *n* אַלְגֶּבְּרָה
algebraic *adj* אַלְגֶּבְּרָאִי
Algeria *n* אַלְג'ִירְיָה
Algerian *n adj* אַלְג'ִירִי
Algiers *n* אַלְג'ִיר
alias *n* שֵׁם מְזוּיָּף
alibi *n* טַעֲנַת אָלִיבִּי; (דִיבּוּרִית) תֵּירוּץ
alien *n* זָר, אֶזְרַח חוּץ
alien *adj* זָר; שׁוֹנֶה; נוֹגֵד, מִתְנַגֵּד
alienate *vt* הִרְחִיק
alight *vi* יָרַד (מִכְּלִי־רֶכֶב), נָחַת
alight *adj* מוּאָר; דּוֹלֵק
align *vt* יִישֵּׁר, סִידֵּר בְּשׁוּרָה
alike *predic adj, adv* דּוֹמֶה, זֵהֶה; בְּאוֹתוֹ אוֹפֶן
alimentary canal *n* צִינּוֹר הָעִיכּוּל
alimony *n* מְזוֹנוֹת, סַעַד
alive *predic adj* חַי, בַּחַיִּים; עֵר, זָרִיז; הוֹמֶה, רוֹעֵשׁ
alkali *n* אַלְקָלִי
alkaline *adj* אַלְקָלִינִי
all *n, adj* הַכּוֹל; מִכְלוֹל; כָּל־
Allah *n* אַלָּה
all at once פִּתְאוֹם
allay *vt* הִשְׁקִיט, הִרְגִּיעַ; הֵקֵל
all-clear *n* אוֹת אַרְגָּעָה
allege *vt* טָעַן; הֶאֱשִׁים
allegiance *n* נֶאֱמָנוּת, אֱמוּנִים
allegoric(al) *adj* אַלֵּגוֹרִי, מְשָׁלִי
allegory *n* אַלֵּגוֹרְיָה
allergy *n* אַלֶּרְגִּיָּה
alleviate *vt* הֵקֵל (כְּאֵב); רִיכֵּךְ (עוֹנֶשׁ)
alley *n* סִמְטָה
All Fools' Day *n* אֶחָד בְּאַפְּרִיל
All Hallows Day *n* יוֹם כָּל הַקְּדוֹשִׁים
alliance *n* בְּרִית
alligator *n* אַלִּיגָטוֹר, תַּנִּין
alligator pear *n* אֲבוֹקָדוֹ
alligator wrench *n* מַפְתֵּחַ לְצִינּוֹרוֹת

alliteration *n* לָשׁוֹן נוֹפֵל עַל לָשׁוֹן, אַלִּיטֶרַצְיָה
all-knowing *adj* יוֹדֵעַ הַכּוֹל
allocate *vt* הִקְצִיב, הִקְצָה
allot *vt* הִקְצָה, הִקְצִיב
all-out *adj* כָּל כּוּלוֹ, כּוֹלְלָנִי, שָׁלֵם
allow *vt* הִרְשָׁה, הִתִּיר
allowance *n* הַקְצָבָה; הֲנָחָה
alloy *n* סַגסוֹגֶת, תַּעֲרוֹבֶת
all-powerful *adj* כּוֹל יָכוֹל
all right *adv* בְּסֵדֶר, כַּשּׁוּרָה
All Saints Day see All Hallows
allspice *n* תְּבָלִים מְעוֹרָבִים
allude *vi* אִזכֵּר, רָמַז, הִזכִּיר
allure *vt* פִּיתָּה, מָשַׁךְ, הִקְסִים
alluring *adj* מְפַתֶּה, קוֹסֵם, מוֹשֵׁךְ
allusion *n* אִזכּוּר, רְמִיזָה
ally *vt* אִיחֵד, הֵבִיא בִּבְרִית
ally *n* בֶּן־בְּרִית; בַּעַל־בְּרִית
almanac *n* אַלְמָנָךְ, שְׁנָתוֹן
almighty *adj* כּוֹל־יָכוֹל, רַב־כּוֹחַ
almond *n, adj* שָׁקֵד; מְשׁוּקָד
almond brittle *n* שְׁקֵדִים מְסוּכָּרִים
almond tree *n* שָׁקֵד, שְׁקֵדִיָּה
almost *adv* כִּמְעַט
alms *n pl* צְדָקָה, נְדָבָה
alms-house *n* בֵּית־מַחסֶה לָעֲנִיִּים
aloe *n* אַלְוַי
aloft *adv, predic adj* כְּלַפֵּי מַעְלָה; גָּבוֹהַּ
alone *predic adj* לְבַד, בְּעַצמוֹ, בִּלְבַד
along *prep, adv* לְאוֹרֶךְ, מִקָּצֶה אֶל קָצֶה
alongside *adv* בְּצַד, בַּצַּד

aloof *adv, predic adj* מִתְבַּדֵּל, מְרוּחָק, מְסוּגָּר
aloud *adv* בְּקוֹל
alphabet *n* אָלֶף־בֵּית
alpine *adj* הֲרָרִי, אַלְפִּינִי
Alps *n pl* הָאַלְפִּים
already *adv* כְּבָר, מִכְּבָר
alright see all right
Alsace *n* אֶלְזַס
Alsatian *n* אֶלְזַסִּי; כֶּלֶב אֶלְזַסִּי
also *adv* גַּם, וְכֵן, מִלְּבַד זֹאת
also-ran *n* (המונית) נֶחֱשָׁל
altar *n* מִזבֵּחַ
altar boy *n* נַעַר מִזבֵּחַ
altar cloth *n* כִּיסּוּי הַמִּזבֵּחַ
alter *vt* שִׁינָּה
alternate *adj* מִתחַלֵּף, בָּא לְפִי תּוֹר
alternate *vi, vt* בָּא אַחֲרֵי; הֶחֱלִיף
alternating current *n* זֶרֶם חִילּוּפִין
although *conj* אַף־עַל־פִּי, אִם־כִּי
altimetry *n* מְדִידַת גְּבָהִים
altitude *n* גּוֹבַהּ
alto *n* אַלְט
altogether *adv* בְּסַךְ הַכּוֹל, לְגַמרֵי; בִּכלָלוֹ
altruist *n* זוּלָתָן, אַלטרוּאִיסט
altruistic *adj* זוּלָתָנִי, אַלטרוּאִיסטִי
alum *n* אָלוּם, צָרִיף
alumina *n* תַּחמוֹצֶת־חַמרָן
aluminium, aluminum *n* חַמרָן, אֲלוּמִינְיוּם
alumna *n* חֲנִיכָה לְשֶׁעָבַר
alumnus *n* חָנִיךְ לְשֶׁעָבַר
alveolus *n* נֹאדִית (לגבי הריאה); מַכְתֵּשׁ (לגבי השיניים)

always *adv* תָּמִיד, לְעוֹלָם
a.m. *abbr* ante meridiem לִפְנֵי הַצָּהֳרַיִים
Am. *abbr* American
amalgam *n* אֲמַלְגָם, תִּצְרוֹפֶת כַּסְפִּית
amalgamate *vt, vi* אִיחֵד; צָרַף; הִתְאַחֵד
amass *vt* עָרַם, צָבַר
amateur *n, adj* חוֹבְבָן, חוֹבֵב
amaze *vt* הִפְתִּיעַ, הִפְלִיא, הִתְמִיהַּ
amazing *adj* מַפְתִּיעַ, מַפְלִיא, מַדְהִים
Amazon *n* אֲמָזוֹנָה
ambassador *n* שַׁגְרִיר
ambassadress *n* שַׁגְרִירָה
amber *n* עַנְבָּר
ambiguity *n* דּוּ־מַשְׁמָעוּת
ambiguous *adj* דּוּ־מַשְׁמָעִי
ambition *n* שְׁאִיפָה
ambitious *adj* שְׁאַפְתָּנִי; יוֹמְרָנִי
amble *vi* הָלַךְ לְאִטּוֹ
ambulance *n* אַמְבּוּלַנְס
ambulance train *n* רַכֶּבֶת פְּצוּעִים
ambush *vt, vi* מַאֲרָב
ambush *vt, vi* הִתְקִיף מִמַּאֲרָב; אָרַב
amelioration *n* שִׁיפּוּר; הִשְׁתַּפְּרוּת
amen *n* אָמֵן
amenable *adj* נוֹחַ לִרְצוֹת, נוֹטֶה לְהַסְכִּים
amend *vt* תִּיקֵן, הִשְׁבִּיחַ
amendment *n* תִּיקּוּן, הַשְׁבָּחָה
amends *n pl* שִׁילוּמִים, פִּיצּוּיִים
amenity *n* נוֹחוּת, נְעִימוּת
America *n* אֲמֵרִיקָה
American *n, adj* אֲמֵרִיקָנִי
American Indian *n* אִינְדִיאָנִי
Americanize *vt, vi* אִמְרֵק; הִתְאַמְרֵק
amethyst *n* אַחְלָמָה
amiable *adj* חָבִיב; נָעִים
amicable *adj* חֲבֵרִי, יְדִידוּתִי
amid, amidst *prep* בְּתוֹךְ, בְּקֶרֶב
amidships *adv* בְּאֶמְצַע הָאוֹנִיָּה
amiss *adv* לֹא כַּשּׁוּרָה
amity *n* יְדִידוּת; יַחֲסֵי חֲבֵרוּת
ammeter *n* אַמֶּטֶר, מַד־אַמְפֶּר
ammonia *n* אַמּוֹנְיָה
ammunition *n* תַּחְמוֹשֶׁת
amnesty *n* חֲנִינָה כְּלָלִית
amoeba *n* חִילוּפִית, אֲמֶבָּה
amoeboid *adj* דְּמוּי חִילוּפִית
amok *adv* אָמוֹק
among, amongst *prep* בֵּין, בְּתוֹךְ, בְּקֶרֶב
amorous *adj* חַמְדָנִי; אַהֲבָנִי
amortize *vt* הִפְחִית בְּעֶרְכּוֹ
amount *n* סְכוּם; שִׁיעוּר; כַּמּוּת
amount *vi* הִסְתַּכֵּם
ampere *n* אַמְפֶּר
amphibious *adj* דּוּחַיִי, אַמְפִיבִּי
amphitheater *n* אַמְפִיתֵיאַטְרוֹן; זִירָה
ample *adj* נִרְחָב; רַב־מִידּוֹת; מְרוּבֶּה; מַסְפִּיק
amplifier *n* מַגְדִּיל; מַרְחִיב; מַגְבֵּר
amplify *vt* הִגְדִּיל; הִרְחִיב
amplitude *n* הִתְפַּשְּׁטוּת; הִתְרַחֲבוּת; תְּנוּפָה
amputate *vt* קָטַע
amuck see amok
amulet *n* קָמֵיעַ
amuse *vt* שִׁיעֲשַׁע; שִׂימֵּחַ; הֵינָה

amusement *n* עוֹנֶג; בִּידוּר; שַׁעֲשׁוּעַ
amusement park *n* גַן־שַׁעֲשׁוּעִים
amusing *adj* מְשַׁעֲשֵׁעַ, מְהַנֶּה, מְבַדֵּחַ
an *see* **a**
anachronism *n* אֲנַכרוֹנִיזם, עֵירוּב זְמַנִּים
anaemia *n* אֲנֶמְיָה, חִיוָּרוֹן חוֹלָנִי
anaemic *adj* חֲסַר דָּם, אֲנֵמִי
anaesthesia *n* אַלחוּשׁ, הַרדָּמָה
anaesthetic *adj, n* מְאַלחֵשׁ, מַרדִּים
anaesthetise *vt* אִלחֵשׁ, הִרדִּים
analogous *adj* דוֹמֶה, מַקבִּיל
analogy *n* הֶיקֵּשׁ, אֲנָלוֹגִיָה
analysis *n* נִיתּוּחַ, אַבחָנָה; אֲנָלִיזָה
analyst *n* בּוֹדֵק, מְאַבחֵן; פְּסִיכוֹאֲנָלִיטִיקָן
analytic *adj* נִיתּוּחִי, אֲנָלִיטִי
analyze, analyse *vt* נִיתֵּחַ, אִבחֵן
anarchist *n* אֲנַרכִיסט
anarchy *n* אֲנַרכִיָה; הֵיעָדֵר שִׁלטוֹן; אִי־סֵדֶר
anathema *n* נִידּוּי, קְלָלָה
anatomic(al) *adj* אֲנָטוֹמִי
anatomy *n* אֲנָטוֹמִיָה; שֶׁלֶד
ancestor *n* אָב קַדמוֹן
ancestral home *n* נַחֲלַת אָבוֹת
ancestry *n* שׁוֹשֶׁלֶת; אָבוֹת
anchor *n* עוֹגֶן; מִשׁעָן
anchor *vt* עָגַן, הִשׁלִיךְ עוֹגֶן
anchovy *n* עַפִיָן, דַג הָאַנצ׳וֹבִי
anchovy pear *n* אַגַּס אַנצ׳וֹבִי
ancient *adj* עַתִּיק, קָדוּם; קַדמוֹן
and *conj* ו..., וכן, עִם, גַם, ל...
andirons *n* מִתמַךְ עֵצִים (בּאח)
anecdote *n* אֲנֶקדוֹטָה, בְּדִיחָה
anemia *see* **anaemia, anemic** *see* **anaemic**
aneroid barometer *n* בָּרוֹמֶטֶר אֲנֶרוֹאִידִי
anesthesia *see* **anaesthesia**
aneurysm *n* מִפרֶצֶת
anew *adv* שׁוּב, מֵחָדָשׁ
angel *n* מַלְאָךְ
anger *n* כַּעַס, זַעַם
anger *vt* הִרגִיז, הִכעִיס
angina pectoris *n* תְּעוּקַת הַלֵּב
angle *n* זָוִית
angle-iron *n* זָוִיתוֹן
angle *vi* דָג בְּחַכָּה
angler *n* דַיָּיג חוֹבֵב
Anglo-Saxon *n, adj* אַנגלוֹ־סַקסִי
angry *adj* כּוֹעֵס, רוֹגֵז; זוֹעֵם
anguish *n* יִיסּוּרִים, כְּאֵב לֵב
angular *adj* זָוִיתִי; גַרמִי
anhydrous *adj* נְטוּל מַיִם
aniline dyes *n pl* צִבעֵי אֲנִילִין
animal *n* חַי; בַּעַל־חַיִּים
animal *adj* שֶׁל חַיָּה; בַּהֲמִי; בְּשָׂרִי
animal magnetism *n* כּוֹחַ מְשִׁיכָה פִיסִי
animated cartoon *n* צִיּוּר נוֹעַ
animation *n* זְרִיזוּת; עֵרָנוּת; הֲכָנַת צִיּוּר נוֹעַ
animosity *n* אֵיבָה
anion *n* אַנִיוֹן
anise *n* כַּמנוֹן
aniseed *n* זַרעֵי כַּמנוֹן
anisette *n* לִיקֶר מְכוּמנָן
ankle *n* קַרסוֹל
ankle support *n* מִתמַךְ קַרסוֹל

anklet *n* גַרְבִּית, קַרסוּלִית, עֶכֶס
annals *n pl* תּוֹלָדוֹת
anneal *vt* לִיבֵּן; חִישֵּׁל
annex *vt* צֵירֵף, סִיפֵּחַ
annexe, annex *n* נִספָּח, צֵירוּף; אֲגַף (בבניין)
annihilate *vt* הִשׁמִיד, חִיסֵּל
anniversary *n* יוֹבֵל; חֲגִיגַת יוֹם שָׁנָה
annotate *vt* פֵּירֵשׁ, כָּתַב הֶעָרוֹת
announce *vt* הִכרִיז, הוֹדִיעַ, קִריֵין
announcement *n* הוֹדָעָה; מוֹדָעָה
announcer *n* מוֹדִיעַ; קַריָין (בּראדיו)
annoy *vt* הִטרִיד, הֵצִיק
annoyance *n* הַטרָדָה; מִטרָד
annoying *adj* מַטרִיד, מֵצִיק
annual *adj* שְׁנָתִי
annual *n* שְׁנָתוֹן
annuity *n* קִצבָה שְׁנָתִית; הַכנָסָה שְׁנָתִית
annul *vt* בִּיטֵּל
anode *n* אֲנוֹדָה
anoint *vt* מָשַׁח
anomalous *adj* חָרִיג; לֹא סָדִיר; לֹא תָּקִין
anomaly *n* חֲרִיגָה; סְטִייָה
anon. *abbr* אַלמוֹנִי, עֲלוּם־שֵׁם, אֲנוֹנִימִי
anonymity *n* אַלמוֹנִיוּת, עִילוּם־שֵׁם
anonymous *adj* אַלמוֹנִי, עֲלוּם־שֵׁם
another *pron, adj* נוֹסָף; אַחֵר
answer *n* תְּשׁוּבָה, מַעֲנֶה; פִּתרוֹן
answer *vt, vi* הֵשִׁיב, עָנָה; הָיָה אַחֲרַאי; הָלַם
ant *n* נְמָלָה
antagonism *n* נִיגּוּד, קוֹטבִּיוּת דֵעוֹת
antagonize *vt* הִשׂנִיא, דָחָה מֵעָלָיו

antarctic, antartic *adj* אַנטַרקטִי
antecedent *n, adj* קוֹדֵם, קוֹדְמָן
antecedents *n, pl* מוֹצָאוֹת
antechamber *n* פְּרוֹזְדוֹר, מָבוֹא
antedate *vt* הִקדִים בִּזְמַן
antelope *n* דִישׁוֹן, אַנטֵלוֹפּ
antenna *n* מְשׁוֹשָׁה, אַנטֶנָּה
antepenult *n* הֲבָרָה שְׁלִישִׁית מִסּוֹף הַמִּלָּה
anteroom *n* קְדַם־חֶדֶר, מָבוֹא; חֲדַר־הַמתָּנָה
anthem *n* הִימְנוֹן
anthology *n* אַנתּוֹלוֹגיָה, לֶקֶט
anthracite *n* אַנתּרָצִיט
anthrax *n* גַּחֶלֶת, פַּחֶמֶת
anthropology *n* אַנתּרוֹפּוֹלוֹגיָה
antiaircraft *adj* נֶגֶד־מְטוֹסִי
antibiotic *adj, n* אַנטִיבִּיוֹטִי
antibody *n* נוֹגְדָן
anticipate *vt* רָאָה מֵרֹאשׁ; צִיפָּה; הִקדִים
antics *n pl* תַּעֲלוּלִים
antidote *n* סַם שֶׁכְּנֶגֶד; תְּרוּפָה
antifreeze *n* נוֹגֵד הַקפָּאָה
antiglare *n* נוֹגֵד סִנווּר, מְעַמעֵם
antiknock *n* מוֹנֵעַ נְקִישׁוֹת
antimissile *adj* נֶגֶד טִיל
antimony *n* אַנטִימוֹן
antipasto *n* מְתַאֲבֵן
antipathy *n* אַנטִיפַּתיָה, סְלִידָה
antiquary *n* חוֹקֵר עַתִּיקוֹת; אוֹסֵף עַתִּיקוֹת
antiquated *adj* מִתייַשֵּׁן; מְיוּשָּׁן
antique *n, adj* עַתִּיק; מְיוּשָּׁן
antique dealer *n* סוֹחֵר עַתִּיקוֹת

antique store *n* חֲנוּת עַתִּיקוֹת

antiquity *n* קַדְמָאִיּוּת; יְמֵי־קֶדֶם

anti-Semitic *adj* אַנְטִישֵׁמִי

antiseptic *adj, n* אַנְטִיסֶפְּטִי, מְחַטֵּא

antislavery *n* הִתְנַגְּדוּת לָעַבְדוּת

anti-Soviet *adj* אַנְטִי סוֹבְיֶטִי

antitank *adj* נֶגֶד טַנְקִים

antithesis *n* אַנְטִיתֵזָה, הַנָּחָה שֶׁכְּנֶגֶד

antitoxin *n* אַנְטִיטוֹקְסִין

anti-trust *adj* מִתְנַגֵּד לְאִיחוּד הוֹן

antiwar *adj* מִתְנַגֵּד מִלְחָמָה

antler *n* קֶרֶן הַצְּבִי

antonym *n* אַנְטוֹנִים, הֶפֶךְ מַשְׁמָע

Antwerp *n* אַנְטוֹוֶרְפֶּן

anvil *n* סַדָּן; כַּן

anxiety *n* חֲרָדָה, חֲשָׁשׁ, דְּאָגָה

anxious *adj* מוּדְאָג, חָרֵד

any *pron, adj, adv* ׳אֵיזֶה אֶחָד׳; כָּלְשֶׁהוּ; כָּל אֶחָד

anybody *pron* כָּל אֶחָד; מִישֶׁהוּ

anyhow *adv* בְּכָל אוֹפֶן, מִכָּל מָקוֹם, עַל כָּל פָּנִים

anyone *pron* כָּל אָדָם; כָּל אֶחָד

anything *pron* כָּל דָּבָר שֶׁהוּא; כָּלְשֶׁהוּ

anyway *adv* בְּכָל אוֹפֶן; בְּכָל צוּרָה

anywhere *adv* בְּכָל מָקוֹם; לְכָל מָקוֹם

apace *adv* בִּמְהִירוּת; בִּזְרִיזוּת

apart *adv* הַצִּדָּה; בְּנִפְרָד, בִּמְפוֹרָק

apartment *n* דִּירָה

apartment house *n* בֵּית־דִּירוֹת

apathetic(al) *adj* אָדִישׁ, אַפָּתֵטִי

apathetically *adv* בַּאֲדִישׁוּת

apathy *n* אֲדִישׁוּת, אַפַּתְיָה

ape *n, vt* קוֹף; חִיקָּה

aperture *n* חוֹר, פֶּתַח, חָרִיר

apex (*pl* **apexes, apices**) *n* רֹאשׁ, שִׂיא; קוֹדְקוֹד

aphorism *n* אֲפוֹרִיזְם, פִּתְגָּם

aphrodisiac *adj, n* מְעוֹרֵר תְּשׁוּקָה מִינִית

apiary *n* כַּוֶּרֶת

apiece *adv* לְכָל אֶחָד

apish *adj* קוֹפִי; חִיקּוּיִי; אֱוִילִי

aplomb *n* בִּטְחָה עַצְמִית

apogee *n* שִׂיא הַמֶּרְחָק, שִׂיא הַגּוֹבַהּ

apologize *vi* הִצְטַדֵּק; הִתְנַצֵּל, בִּיקֵּשׁ סְלִיחָה

apology *n* הִתְנַצְּלוּת; הִצְטַדְּקוּת

apoplectic *adj* שֶׁל שָׁבָץ, שְׁבָצִי

apoplexy *n* שָׁבָץ, שְׁבַץ־הַלֵּב

apostle *n* שָׁלִיחַ, מְבַשֵּׂר

apostrophe *n* גֶּרֶשׁ, תָּג

apothecary *n* רוֹקֵחַ

apothecaries' jar *n* צִנְצֶנֶת חֶרֶס (לתרופות וכד׳)

apothecaries' shop *n* בֵּית־מִרְקַחַת

appal *vt, vi* הֶחֱרִיד, זִעְזַע

appalling *adj* מַחֲרִיד, מְזַעְזֵעַ

apparatus *n* מִתְקָן; מַעֲרֶכֶת מַכְשִׁירִים

apparel *n* לְבוּשׁ

apparent *adj* נִרְאֶה, גָּלוּי

apparition *n* הוֹפָעָה; רוּחַ

appeal *n* קְרִיאָה לִתְמִיכָה; מַגְבִּית; בַּקָּשַׁת עֶזְרָה; עִרְעוּר; כּוֹחַ מְשִׁיכָה

appeal *vi* הִתְחַנֵּן; עִרְעֵר; פָּנָה; מָשַׁךְ לֵב

appear *vi* הוֹפִיעַ; נִרְאָה; יָצָא לָאוֹר

appearance *n* הוֹפָעָה; הִתְיַצְּבוּת; מַרְאֶה חִיצוֹנִי

appease *vt* פִּיֵּס; הִשְׁלִים; הִשְׂבִּיעַ

appeasement *n* פִּיּוּס; הַשְׁלָמָה; הַשְׂבָּעָה
appendage *n* צֵירוּף; תּוֹסֶפֶת, יוֹתֶרֶת
appendicitis *n* דַּלֶּקֶת הַתּוֹסֶפְתָּן
appendix (*pl* –ixes, –ices) *n* תּוֹסֶפְתָּן; נִסְפָּח
appertain *vi* הָיָה שַׁיָּךְ ל...; נָגַע ל...;
appetite *n* תֵּיאָבוֹן; תְּשׁוּקָה
appetizer *n* מְתַאֲבֵן, מְעוֹרֵר תֵּיאָבוֹן
appetizing *adj* מְתַאֲבֵן, מְעוֹרֵר תֵּיאָבוֹן
applaud *vt, vi* מָחָא כַּף, הֵרִיעַ; שִׁבֵּחַ
applause *n* מְחִיאַת כַּפַּיִם, תְּרוּעָה, תְּשׁוּאוֹת
apple *n* תַּפּוּחַ
applejack *n* שֵׁיכַר תַּפּוּחִים
apple of the eye *n* בָּבַת הָעַיִן
apple pie *n, adj* פַּשְׁטִידַת תַּפּוּחִים
apple polisher *n* (המונית) מְלַחֵךְ פִּנְכָּה
apple tree *n* עֵץ תַּפּוּחַ
appliance *n* מַכְשִׁיר, שִׁימּוּשׁ
applicant *n* מְבַקֵּשׁ, מַגִּישׁ בַּקָּשָׁה
apply *vt, vi* הִנִּיחַ עַל; יִשֵּׂם; הִגִּישׁ בַּקָּשָׁה
appoint *vt* מִינָּה; הוֹעִיד; קָבַע
appointment *n* מִינּוּי; תַּפְקִיד; רֵאָיוֹן
apportion *vt* הִקְצָה; הִקְצִיב; מִינֵּן
appraisal *n* הַעֲרָכָה; שׁוּמָה
appraise *vt* הֶעֱרִיךְ; אָמַד
appreciable *adj* נִיתָּן לְהַעֲרָכָה; נִיכָּר
appreciate *vt, vi* הֶעֱרִיךְ, הֶחֱשִׁיב
appreciation *n* הַעֲרָכָה; הוֹקָרָה; עֲלִיַּית הָעֵרֶךְ
appreciative, appreciatory *adj* מַבִּיעַ הַעֲרָכָה

apprehend *vt, vi* עָצַר, אָסַר; הֵבִין, הִשִּׂיג
apprehension *n* חֲשָׁשׁ, פַּחַד מֵהַבָּאוֹת; הֲבָנָה; עֲצִירָה
apprehensive *adj* חוֹשֵׁשׁ לַבָּאוֹת
apprentice *n* שׁוּלְיָה; חָנִיךְ
apprentice *vt* הִפְקִיד לְהִתְאַמְּנוּת
apprenticeship *n* חֲנִיכוּת, אִימּוּן
apprise, apprize *vt* הוֹדִיעַ, דִּיוּוַח
approach *n* גִּישָׁה; מָבוֹא
approach *vt, vi* קָרַב, הִתְקָרֵב, נִיגַּשׁ
approbation *n* אִישּׁוּר, הֶיתֵּר
appropriate *vt* רָכַשׁ; הִקְצָה, יִיחֵד
appropriate *adj* מַתְאִים, הוֹלֵם
approval *n* הַסְכָּמָה, חִיּוּב, אִישּׁוּר
approve *vt, vi* הִסְכִּים ל..., חִיֵּב; אִישֵּׁר
approximate *vt, vi* קֵירֵב; קָרַב
approximate *adj* מְשׁוֹעָר; קָרוֹב; מְקוֹרָב
apricot *n* מִשְׁמֵשׁ
April *n* אַפְּרִיל
April-fool *n* מְרוּמֵּה־אֶחָד־בְּאַפְּרִיל
April-fool's Day *n* אֶחָד בְּאַפְּרִיל ('יום שקר')
apron *n* סִינָּר; סוֹכְכִית
apropos *adv, adj* אַגַּב; בְּקֶשֶׁר ל...; מַתְאִים, קוֹלֵעַ
apse *n* אַכְסַדְרָה מְקוּשֶּׁתֶת
apt *adj* הוֹלֵם, מַתְאִים; מָהִיר תְּפִיסָה
aptitude *n* נְטִיָּה; כִּשְׁרוֹן; חָרִיצוּת
aquamarine *adj, n* כְּעֵין הַשּׁוֹהַם, כָּחוֹל־יְרַקְרַק
aquaplane *n* לוּחַ מַיִם
aquarium (*pl* –iums, –ia) *n* אַקְוָורְיוֹן

aquatic *adj* שֶׁל מַיִם
aquatics *n pl* ספּוֹרט מַיִם
aqueduct *n* מוֹבִיל־מַיִם
aquiline *adj* נִשְׁרִי
Arab *n, adj* עֲרָבִי; סוּס עֲרָבִי
Arabia *n* עֲרָב
Arabian *adj* עֲרָבִי
Arabic *adj, n* עֲרָבִי; עֲרָבִית (השׂפה)
Arabist *n* עֲרַבִּיסט
arbiter *n* בּוֹרֵר; קוֹבֵעַ
arbitrary *adv* שְׁרִירוּתִי; רוֹדָנִי
arbitrate *vt, vi* תִּיוּוֵךְ; בֵּירֵר; הִכְרִיעַ
arbitration *n* מִשְׁפַּט בּוֹרְרוּת; תִּיוּוּךְ
arbor *n* מִסְעָד לְמְכוֹנָה; צִיר
arboretum *n* גַּן עֵצִים בּוֹטָנִי
arbor vitae *n* עֵץ הַחַיִּים
arbutus *n* קְטָלָב
arc *n* קֶשֶׁת
arcade *n* מִקְמֶרֶת; שְׂדֵירַת קְשָׁתוֹת
arch *n* קֶשֶׁת; שַׁעַר מְקוּשָּׁת; כִּיפָּה
arch *vt* קִישֵּׁת; הִתְקַשֵּׁת
arch *adj* רֹאשׁ, רִאשׁוֹן בַּמַּעֲלָה; עַרְמוּמִי, שׁוֹבָב
archaeology *n* אַרְכֵיאוֹלוֹגְיָה
archaic *adj* אַרְכָאִי, קַדְמָאִי
archaism *n* אַרְכָאִיזם
archangel *n* רַב־מַלְאָכִים, גְּדוֹל הַמַּלְאָכִים
archbishop *n* אַרְכִיבִּישׁוֹף
archduke *n* אַרְכִידוּכָּס
arch-enemy *n* הָאוֹיֵב הָרָאשִׁי; הַשָּׂטָן
archer *n* קַשָּׁת
archery *n* קַשָּׁתוּת
archipelago *n* קְבוּצַת אִיִּים
architect *n* אַדְרִיכָל, אַרְכִיטֶקְט
architectural *adj* אַדְרִיכָלִי, אַרְכִיטֶקְטוּרִי
architecture *n* אַדְרִיכָלוּת, אַרְכִיטֶקְטוּרָה
archives *n pl* גַּנְזַךְ; גְּנָזִים
archway *n* מִקְמֶרֶת
arc lamp *n* נוּרַת קֶשֶׁת
arctic *adj* אַרְקְטִי
arc welding *n* רִיתּוּךְ בְּקֶשֶׁת־אוֹר
ardent *adj* נִלְהָב; לוֹהֵט
ardor *n* לַהַט, הִתְלַהֲבוּת
arduous *adj* כָּרוּךְ בְּמַאֲמַצִּים רַבִּים, קָשֶׁה
area *n* שֶׁטַח; אֵיזוֹר; תְּחוּם
area way *n* כְּנִיסָה מְשׁוּקַעַת
Argentine *n* אַרְגֶנְטִינָה
Argentinian *adj* אַרְגֶנְטִינִי
Argonaut *n* הָאַרְגוֹנָאוּטִי
argue *vt, vi* טָעַן; הִתְוַכֵּחַ; נִימֵּק
argument *n* וִיכּוּחַ, דִּיוּן; נִימּוּק
argumentative *adj* וַכְּחָנִי
aria *n* נְעִימָה, אַרְיָה
arid *adj* צָחִיחַ, יָבֵשׁ
aridity, aridness *n* צְחִיחוּת, יוֹבֶשׁ
arise *vi* עָלָה; קָם; הוֹפִיעַ; נָבַע
aristocracy *n* אֲצוּלָה, אֲרִיסְטוֹקְרַטְיָה
aristocrat *n* אָצִיל, אֲרִיסְטוֹקְרָט
aristocratic *adj* אֲצִילִי, אֲרִיסְטוֹקְרָטִי
Aristotelian *adj* שֶׁלְּפִי תּוֹרַת אֲרִיסְטוֹ
Aristotle *n* אֲרִיסְטוֹ
arithmetic *n* אֲרִיתְמֵטִיקָה, חֶשְׁבּוֹן
arithmetic(al) *adj* אֲרִיתְמֵטִי, חֶשְׁבּוֹנִי
arithmetically *adv* אֲרִיתְמֵטִית
arithmetician *n* אֲרִיתְמֵטִיקָן
ark *n* תֵּיבָה; אָרוֹן

Ark of the Covenant *n* אֲרוֹן־הַבְּרִית
arm *n* זְרוֹעַ; חַיִל
arm-in-arm *adv* שְׁלוּבֵי־זְרוֹעַ
armature *n* שִׁרְיוֹן; (בחשמל) עוֹגֶן
armchair *n* כּוּרְסָה
Armenia *n* אַרְמֶנְיָה
Armenian *adj* אַרְמֵנִי
armful *n* מְלוֹא הַזְּרוֹעַ
armhole *n* חוֹר הַשַּׁרווּל
armistice *n* שְׁבִיתַת־נֶשֶׁק
armor *n* שִׁרְיוֹן, מָגֵן
armored *adj* מְשׁוּרְיָין; מוּגָן
armored car *n* מְכוֹנִית מְשׁוּרְיֶינֶת
armorial bearings *n pl* לְבוּשׁ שִׁרְיוֹן
armor-plate *n* שִׁרְיוֹן
armor-plate *vt* שִׁרְיֵין
armory *n* בֵּית־נֶשֶׁק; סַדְנַת נֶשֶׁק
armpit *n* בֵּית־הַשֶּׁחִי, שֶׁחִי
armrest *n* מִסְעַד־יָד
arms *n pl* נֶשֶׁק
army *n* צָבָא
army corps *n* גַּיִס
aroma *n* נִיחוֹחַ
aromatic *adj* אֲרוֹמָטִי; נִיחוֹחִי
around *adv, prep* מִסָּבִיב, מִכָּל צַד, פֹּה וָשָׁם; סָבִיב, בְּעֵרֶךְ
arouse *vt* עוֹרֵר; הֵנִיעַ
arpeggio *n* תַּצְלִיל שָׁבוּר, שְׁבָרִים
arraign *vt* הִזְמִין לְמִשְׁפָּט; הֶאֱשִׁים
arrange *vt* סִידֵּר; עָרַךְ; הִסְדִּיר
array *n* הֵיעָרְכוּת; לְבוּשׁ
array *vt* סִידֵּר; עָרַךְ (צבא)
arrears *n pl* חוֹבוֹת רוֹבְצִים
arrest *vt* עָצַר; עִיכֵּב
arrest *n* מַעְצָר; בְּלִימָה; עִיכּוּב
arresting *adj* מְצוֹדֵד, מוֹשֵׁךְ לֵב
arrival *n* הַגָּעָה; הוֹפָעָה
arrive *vi* הוֹפִיעַ; הִגִּיעַ; בָּא
arrogance *n* שַׁחֲצָנוּת; יְהִירוּת
arrogant *adj* שַׁחֲצָן; יָהִיר
arrogate *vt* תָּבַע שֶׁלֹּא כַּדִּין; ייחֵס שֶׁלֹּא כַּדִּין
arrow *n* חֵץ; (חפץ) דְּמוּי־חֵץ
arsenal *n* בֵּית־נֶשֶׁק, מַחְסַן נֶשֶׁק
arsenic *n* זַרְנִיךְ, אַרְסָן
arson *n* הַצָּתָה
art *n* אוֹמָנוּת; מְיוּמָּנוּת; מְלֶאכֶת־מַחֲשֶׁבֶת; אוּמָּנוּת
artery *n* עוֹרֵק
artful *adj* עָרוּם, עַרְמוּמִי; נוֹכֵל
arthritic *adj* שֶׁל דַּלֶּקֶת הַפְּרָקִים, אַרְתְּרִיטִי
arthritis *n* דַּלֶּקֶת הַפְּרָקִים, אַרְתְּרִיטִיס
artichoke *n* חַרְשָׁף, קִנְרֵס
article *n* מַאֲמָר; דָּבָר, עֶצֶם; פְּרִיט; תָּווִית הַיִּידוּעַ; סְעִיף תַּקָּנָה
articulate *vt, vi* בִּיטֵּא כַּהֲלָכָה; מִפְרֵק
artifact *n* אַרְטִיפַקְט, מוּצָר לֶעָתִיד
artifice *n* אַמְצָאָה, תַּחְבּוּלָה
artificial *adj* מְלָאכוּתִי, מְעוּשֶׂה
artillery *n* חֵיל תּוֹתְחָנִים; אַרְטִילֶרְיָה
artilleryman *n* תּוֹתְחָן
artisan *n* אוּמָּן; חָרָשׁ
artist *n* אוֹמָן; צַיָּיר
artistic *adj* אוֹמָנוּתִי
artless *adj* לֹא אוֹמָנוּתִי; טִבְעִי, תָּמִים

Aryan *n, adj* אָרִית; אָרִי
as *adv* כּ..., כְּמוֹ, עַד כַּמָּה שׁ...
as for *adv* אֲשֶׁר ל...
as long as כָּל עוֹד
as regards בְּנוֹגֵעַ
as soon as מִיָּד לִכְשֶׁ...
as though כְּאִילוּ
asbestos *n* אַסְבֶּסְטוֹס
ascend *vi, vt* עָלָה, טִיפֵּס
ascendancy, –ency *n* שְׁלִיטָה; עֲלִייָה; הַשְׁפָּעָה
ascension *n* עֲלִייָה
Ascension Day *n* יוֹם הַחֲמִישִׁי הַקָּדוֹשׁ
ascent *n* עֲלִייָה; מַעֲלֶה
ascertain *vt* וִידֵּא, אִימֵּת
ascertainable *adj* נִיתָּן לְבֵירוּר
ascetic *n, adj* סַגְּפָן, מִתְנַזֵּר
ascorbic acid *n* וִיטָמִין נֶגֶד צַפְדִּינָה
ascribe *vt* ייחס ל..., תָּלָה בּ..., שִׁייֵּךְ
aseptic *adj* לֹא אָלוּחַ
ash, ashes *n* אֵפֶר, רֶמֶץ
ashamed *pred adj* בּוֹשׁ, מְבוּיָּשׁ, נִכְלָם
ashlar *n* אַבְנֵי גָּזִית
ashore *adv* אֶל הַחוֹף; עַל הַחוֹף
ashtray *n* מַאֲפֵרָה
Ash Wednesday *n* יוֹם הָאֵפֶר
Asia *n* אַסְיָה
Asia Minor *n* אַסְיָה הַקְּטַנָּה
Asian *adj* אַסְיָנִי, אַסְיָתִי
Asiatic *adj* אַסְיָנִי, אַסְיָתִי
aside *adv* הַצִּדָּה; בְּצַד
aside *n* (בתיאטרון) שִׂיחַ מוּסְגָּר
asinine *adj* חֲמוֹרִי; אֱוִילִי
ask *vt* שָׁאַל; בִּיקֵּשׁ; תָּבַע; דָּרַשׁ
askance *adv* בַּחֲשְׁדָנוּת; בְּאִי־אֵימוּן

asleep *adv, pred adj* בְּשֵׁינָה; יָשֵׁן
asp *n* אֶפְעֶה
asparagus *n* אַסְפָּרָג
aspect *n* הֶיבֵּט, בְּחִינָה, אַסְפֶּקְט
aspen *n* צַפְצָפָה רַעֲדָנִית
aspersion *n* הַשְׁמָצָה
asphalt *n* אַסְפַלְט, חֵימָר
asphalt *vt* רִיבֵּד בְּאַסְפַלְט
asphyxiate *vt* שִׁינֵּק, הֶחֱנִיק
aspirant *adj, n* שׁוֹאֵף
aspire *vt* שָׁאַף, הִתְאַוָּה
aspirin *n* אַסְפִּירִין
ass *n* חֲמוֹר; שׁוֹטֶה; (המונית) תַּחַת
assail *vt* הִתְקִיף; הִסְתָּעֵר
assassin *n* מִתְנַקֵּשׁ, רוֹצֵחַ
assassinate *vt* הִתְנַקֵּשׁ, רָצַח
assassination *n* הִתְנַקְּשׁוּת, רֶצַח
assault *n* הִתְנַפְּלוּת; תְּקִיפָה
assay *vt* בָּדַק; נִיסָּה
assay *n* בְּדִיקָה (של מתכת)
assemble *vt, vi* כִּינֵּס; הִרְכִּיב; הִתְכַּנֵּס
assembly *n* כִּינּוּס, עֲצֶרֶת; הַרְכָּבָה
assembly plant *n* מִפְעַל הַרְכָּבָה
assent *vi* הִסְכִּים
assent *n* הַסְכָּמָה
assert *vt* טָעַן; עָמַד עַל שֶׁלּוֹ
assertion *n* הַכְרָזָה; עֲמִידָה עַל זְכוּת
assess *vt* הֶעֱרִיךְ, שָׂם; קָבַע
assessment *n* הַעֲרָכָה; שׁוּמָה
asset *n* נֶכֶס, קִניָין
assiduous *adj* מַתְמִיד, שַׁקְדָנִי
assign *vt* הִקְצָה; מִינָּה; הוֹעִיד
assignment *n* מְשִׂימָה; הַעֲבָרַת נְכָסִים
assimilate *vt, vi* טִימֵּעַ; הִטְמִיעַ; הִתְבּוֹלֵל

assist *vt, vi* עָזַר, סִיֵּעַ
assistant *n* עוֹזֵר, סְגָן
associate *n, adj* שׁוּתָּף; חָבֵר נִסְפָּח
associate *vt, vi* צֵירֵף, הִסְמִיךְ; הִצְטָרֵף
association *n* אִיגּוּד, אִרְגּוּן; צֵירוּף
assort *vt* סִיוּוֵג, מִיֵּן; עָרַךְ
assortment *n* סִיוּוּג, מִיּוּן; אוֹסֶף עָרוּךְ
assume *vt* הִנִּיחַ, שִׁיעֵר; קִיבֵּל עַל עַצְמוֹ
assumption *n* הֲנָחָה, הַשְׁעָרָה; הִתְחַיְּבוּת
assure *vt* הִבְטִיחַ; חִיזֵּק
Assyria *n* אַשּׁוּר
Assyrian *n, adj* אַשּׁוּרִי; אַשּׁוּרִית
aster *n* אַסְתֵּר
asterisk *n* כּוֹכָב, כּוֹכָבִית
astern *adv* בַּיַּרְכָתַיִם; לְאָחוֹר
asthma *n* קַצֶּרֶת, אַסְתְּמָה
astonish *vt* הִדְהִים, הִפְתִּיעַ
astonishing *adj* מַתְמִיהַּ, מַפְתִּיעַ
astound *vt* הִדְהִים, הִפְתִּיעַ
astounding *adj* מַדְהִים, מַפְתִּיעַ
astraddle *adv, predic adj* בְּעֶמְדַּת רְכִיבָה, בְּפִישּׂוּק רַגְלַיִים
astray *adv, predic adj* שֶׁלֹּא בְּדֶרֶךְ הַיָּשָׁר, הַצִּדָּה
astride *adv, predic adj* כְּרוֹכֵב, בְּמִפּוּשָּׂק
astrology *n* אַסְטְרוֹלוֹגְיָה
astronaut *n* אַסְטְרוֹנָאוּט; טַיַּיס חָלָל; חֲלָלַאי
astronautics *n pl* אַסְטְרוֹנָאוּטִיקָה
astronomer *n* אַסְטְרוֹנוֹם, תּוֹכֵן
astronomical *adj* אַסְטְרוֹנוֹמִי; עֲנָקִי, גָּדוֹל מְמַדִּים
astronomy *n* אַסְטְרוֹנוֹמְיָה, תְּכוּנָה, מַדַּע הַכּוֹכָבִים
astute *adj* פִּיקֵחִי, נָבוֹן
asunder *adv* בְּנִפְרָד; לִקְרָעִים, לִרְסִיסִים; לְכָל רוּחַ
asylum *n* בֵּית־מַחְסֶה (ליתומים וכד׳)
asymmetry *n* אִי־סִמֶּטְרִיּוּת, אִי־תְּאִימוּת
at *prep* בּ...; אֵצֶל
atheism *n* אַתֵּאִיזם; כְּפִירָה בָּעִיקָּר
atheist *n* אַתֵּאִיסט, כּוֹפֵר בָּעִיקָּר
Athenian *n* אַתוּנָאִי
Athens *n* אַתוּנָה
athirst *predic adj* צָמֵא, תָּאֵב
athlete *n* אַתְלֵט
athlete's foot *n* כַּף רֶגֶל אַתְלֵט (מחלת עור)
athletic *adj* אַתְלֵטִי
athletics *n pl* אַתְלֵטִיקָה
Atlantic *adj* שֶׁל הָאוֹקְיָנוֹס הָאַטְלַנְטִי
Atlantic Charter *n* הַהַצְהָרָה הָאַטְלַנְטִית
Atlantic Pact *n* הָאֲמָנָה הָאַטְלַנְטִית
atlas *n* אַטְלָס
atmosphere *n* אַטְמוֹסְפֵרָה, אֲוִירָה
atmospheric *adj* אַטְמוֹסְפֵרִי
atmospherics *n pl* הַפְרָעוֹת אַטְמוֹסְפֵרִיּוֹת
atom *n* אָטוֹם
atom bomb *n* פְּצָצָה אֲטוֹמִית
atomic *adj* אֲטוֹמִי
atone *vi* כִּיפֵּר, סָלַח
atonement *n* פִּיּוּס, כַּפָּרָה, כִּיפּוּר
atop *adv, prep* בְּרֹאשׁ, עַל

atrocious *adj* רַע, נִתְעָב
atrocity *n* זְוָעָה
atrophy *n* דִלְדוּל, נִיוּוּן
attach *vt* חִיבֵּר; צֵירֵף; עִיקֵל
attaché *n* נִספָּח
attachment *n* מוּסָף; צֵירוּף; קִשׁרֵי חִיבָּה; עִיקוּל
attack *vt, vi* הִתקִיף, הִתנַפֵּל
attack *n* הַתקָפָה, הֶתקֵף
attain *vt, vi* הִשִׂיג; הִגִּיעַ ל...
attainment *n* הַשָּׂגָה, הֶישֵׂג
attainments *n pl* הֶישֵׂגִים, כִּשׁרוֹנוֹת
attempt *vt* נִיסָּה; הִשׁתַּדֵּל
attempt *n* נִיסָּיוֹן
attend *vt, vi* נָכַח; שָׂם לֵב; טִיפֵּל
attendance *n* נוֹכְחוּת
attendant *adj* מְלַוֶּה; נוֹכֵחַ
attendant *n* סַדְּרָן; לַבלָר; מְטַפֵּל
attention *n* תְּשׂוּמֶת־לֵב, הַקשָׁבָה; טִיפּוּל; עֲמִידַת דוֹם
attentive *adj* נוֹתֵן דַעתּוֹ; קַשׁוּב; מְנוּמָּס
attenuate *vt* הִדלִיל; הֶחֱלִישׁ, דִלדֵל
attest *vt, vi* הֵעִיד; אִימֵּת
attic *n* עֲלִיַּית־גַּג, עֲלִיָּיה
attire *n* לְבוּשׁ
attire *vt* הִלבִּישׁ; קִישֵּׁט
attitude *n* עֶמדָה; גִּישָׁה; יַחַס
attorney *n* פְּרַקלִיט, מוּרשֶׁה
attract *vt* מָשַׁךְ; הֵסֵב תְּשׂוּמֶת־לֵב
attraction *n* מְשִׁיכָה; כּוֹחַ מְשִׁיכָה; דָּבָר מוֹשֵׁךְ; אַטרַקצְיָה
attractive *adj* מוֹשֵׁךְ; מְצוֹדֵד
attribute *n* תְּכוּנָה; תּוֹאַר; לְוַואי
attribute *vt* יִיחֵס; קִישֵּׁר; תָּלָה בּ...
auburn *adj* חוּם־זָהוֹב
auction *n* מְכִירָה פּוּמבִּית
auction *vt* מָכַר בִּמְכִירָה פּוּמבִּית
auctioneer *n* מְנַהֵל מְכִירָה פּוּמבִּית
auctioneer *vt* נִיהֵל מְכִירָה פּוּמבִּית
auction house *n* בֵּית מְכִירָה פּוּמבִּית
audacious *adj* נוֹעָז
audacity *n* נוֹעֲזוּת, הֶעָזָה; חוּצפָּה
audience *n* קְהַל שׁוֹמְעִים; רֵיאָיוֹן
audiofrequency *n* תְּדִירוּת שֵׁמַע
audiometer *n* מַד־שֵׁמַע
audiphone *n* מַשׁמִיעַ
audit *n* רְאִיַּית חֶשׁבּוֹן
audit *vt, vi* בָּדַק חֶשׁבּוֹנוֹת, רָאָה חֶשׁבּוֹן
audition *n* מִבחָן לְאוֹמָן
auditor *n* שׁוֹמֵעַ, מַאֲזִין; רוֹאֵה חֶשׁבּוֹן
auditorium *n* אוּלָם
auger *n* מַקדֵחַ, מַקדֵחַ־כַּף
augment *vt, vi* הִגדִיל; גָּדַל
augur *vt, vi* בִּישֵּׂר; רָאָה אֶת הַנּוֹלָד
augury *n* נִיחוּשׁ עַל־פִּי סִימָנִים
august *adj* מְרוֹמָם; מָלֵא הוֹד
August *n* אוֹגוּסט
auld lang syne *n* יָמִים עָבָרוּ; יְדִידוּת יְשָׁנָה
aunt *n* דּוֹדָה
aurora *n* זוֹהַר קוֹטבִּי
aurora australis *n* זוֹהַר דְּרוֹמִי
aurora borealis *n* זוֹהַר צְפוֹנִי
auspice *n* (*usu pl*) חָסוּת
austere *adj* חָמוּר; צָנוּעַ, לְלֹא קִישּׁוּט
Australia *n* אוֹסטרַלִיָה
Australian *adj* אוֹסטרָלִי
Australian ballot *n* קַלפֵּי חֲשָׁאִית

Austria *n* אוסטרִייָה

Austrian *n, adj* אוסטרִי

authentic *adj* אוֹתֶנטִי

authenticate *vt* וִידֵּא, אִישֵׁר

author *n* מְחַבֵּר; יוֹצֵר

authoress *n* מְחַבֶּרֶת; יוֹצֶרֶת

authoritarian *n, adj* אוֹתוֹרִיטָרִי, סַמכוּתִי

authoritative *adj* מוּסמָך

authority *n* סַמכוּת; יִיפּוּי־כּוֹחַ; בַּעַל סַמכוּת; אַסמַכתָּה

authorize *vt* יִיפָּה כּוֹחַ; הִסמִיך

authorship *n* מְחַבְּרוּת

auto *n* מְכוֹנִית, רֶכֶב מְמוּנָע

autobiography *n* אוֹטוֹבִּיוֹגרַפיָה

autobus *n* אוֹטוֹבּוּס

autocratic *adj* אוֹטוֹקרָטִי, רוֹדָנִי

autograph *n* אוֹטוֹגרָף, חֲתִימָה

autograph *vt* חָתַם

automat *n* מִסעָדָה אוֹטוֹמָטִית

automatic *adj, n* אוֹטוֹמָטִי

automatic pilot *n* נִיווּט אוֹטוֹמָטִי

automation *n* אוֹטוֹמַצִיָה, אִטמוּט

automaton (*pl* –ata,–atons) *n*, רוֹבּוֹט, אוֹטוֹמָט

automobile *n* אוֹטוֹמוֹבִּיל, מְכוֹנִית

autonomous *adj* אוֹטוֹנוֹמִי, רִיבּוֹנִי

autonomy *n* אוֹטוֹנוֹמִיָה, רִיבּוֹנוּת

autopsy *n* בְּדִיקָה לְאַחַר הַמָּוֶת, נְתִיחָה

autumn *n* סְתָיו; שַׁלֶּכֶת

autumnal *adj* סְתָוִי, סתווני

auxiliary *n* מְשָׁרֵת, עוֹזֵר; פּוֹעֵל עוֹזֵר

avail *n* תּוֹעֶלֶת, רֶוַח

avail *vt, vi* הוֹעִיל, סִייֵעַ; הָיָה לְעֵזֶר

available *adj* נִיתָּן לְהַשִּׂיג, זָמִין; עוֹמֵד לִרשׁוּת

avalanche *n* מַפּוֹלֶת שֶׁלֶג, אֲבָלַנש

avant-garde *n, adj* אֲבַנגַרד

avarice *n* תַּאֲוַת מָמוֹן, קַמצָנוּת

avaricious *adj* חוֹמֵד מָמוֹן, קַמצָן

avenge *vt, vi* נָקַם, הִתנַקֵּם

avenue *n* שְׂדֵירוֹת

aver *vt* אִישֵׁר, קָבַע בְּבִטחָה

average *n, adj* מְמוּצָע, בֵּינוֹנִי

average *vt, vi* חִישֵּׁב אֶת הַמְּמוּצָע

averse *adj* מִתנַגֵּד; לֹא נוֹטֶה

aversion *n* סְלִידָה, אִי־נְטִיָּה

avert *vt* הִפנָה הַצִּדָּה, מָנַע

aviary *n* כְּלוּב צִיפּוֹרִים

aviation *n* תְּעוּפָה, טִיסָה

aviation medicine *n* רְפוּאָה אֲוִירִית

aviator *n* טַיָּס

avid *adj* לָהוּט, מִשׁתּוֹקֵק

avidity *n* לְהִיטוּת, תְּשׁוּקָה

avocation *n* עִיסוּק, מִקצוֹעַ

avoid *vt* הִתחַמֵּק, נִמנַע

avoidable *adj* נִיתָּן לִמנִיעָה

avoidance *n* חֲמִיקָה, הִימָּנְעוּת

avow *vt, refl* הוֹדָה; הִתוַודָּה

avowal *n* הַכרָזָה; אִישּׁוּר

await *vt* חִיכָּה, צִיפָּה

awake *vt, vi* הֵעִיר; הִתעוֹרֵר

awake *adj* עֵר, לֹא יָשֵׁן

awaken *vt, vi* הֵעִיר; הִמרִיץ; הִתעוֹרֵר

awakening *n* הִתעוֹרְרוּת; הִתפַּכְּחוּת

award *n* הַחלָטַת בּוֹרְרוּת; פְּרָס; עִיטּוּר

award *vt* הֶעֱנִיק; זִיכָּה

aware *predic adj* יוֹדֵעַ; חָשׁ
awareness *n* חִישָּׁה, הַכָּרָה; מוּדָעוּת
away *adv* הָלְאָה מִזֶּה; רָחוֹק; בַּצַּד
awe *n* יִרְאַת־כָּבוֹד
awesome *adj* מְעוֹרֵר יִרְאַת־כָּבוֹד
awestruck *adj* מָלֵא יִרְאַת־כָּבוֹד
awful *adj* נוֹרָא, אָיוֹם
awfully *adv* (דיבורית) „נוֹרָא", אָיוֹם
awhile *adv* זְמַן־מָה; לִזְמַן־מָה
awkward *adj* מְסוּרְבָּל, מְגוּשָּׁם; חֲסַר חֵן; מֵבִיךְ
awkward squad *n* פְּלוּגָּה לֹא־יוּצְלָחִית
awl *n* מַרְצֵעַ
awning *n* גְּנוֹנָה
axe *n* גַּרְזֶן
axiom *n* אַקְסִיוֹמָה, מוּשְׂכָּל רִאשׁוֹן
axiomatic *adj* אַקְסִיוֹמָתִי
axis *n* (*pl* axes) צִיר, קַו הָאֶמְצַע
axle *n* צִיר, סֶרֶן
axle-tree *n* שׁוֹק, רְפִיד תַּחְתּוֹן
ay, aye *n, interj* הֵן, כֵּן (תשובה חיובית)
ay, aye *adv* תָּמִיד, לָנֶצַח
azimuth *n* אַזִימוּת

B

B, b בִּי (האות השנייה באלפבית)
baa *vi* פָּעָה
baa *n* פְּעִיָּה
baa-lamb *n* טָלֶה פּוֹעֶה
babble *vi, vt* מִלְמֵל; פִּטְפֵּט, קִשְׁקֵשׁ
babble *n* מִלְמוּל; פִּטְפּוּט, „קִשְׁקוּשׁ"
babe *n* תִּינוֹק, עוֹלָל; (המונית) בַּחוּרוֹנֶת
baboon *n* בַּבּוּן
baby *n* תִּינוֹק, עוֹלָל
baby-carriage *n* עֶגְלַת יְלָדִים
baby-grand *n* פְּסַנְתֵּר־כָּנָף זָעִיר
babyhood *n* יַנְקוּת
Babylon *n* בָּבֶל
Babylonia *n* בָּבֶל
Babylonian *adj, n* בַּבְלִי; בַּבְלִית
baby-sitter *n* שְׁמַרְטַף
baccalaureate *n* תּוֹאַר הַבּוֹגֵר
bachelor *n* רַוָּק; בּוֹגֵר אוּנִיבֶרְסִיטָה
bachelorhood *n* רַוָּקוּת
bachelor-seal *n* כֶּלֶב־יָם פַּרְוָתִי רַוָּק
bacillus *n* (*pl* bacilli) חַיְדַק, מֶתֶג
back *n* גַּב; אָחוֹר; מִסְעָד; (בכדורגל) מָגֵן
back *adj* אֲחוֹרִי; לְשֶׁעָבַר; בְּכִיוּוּן לְאָחוֹר
back *vt, vi* תָּמַךְ, „גִּיבָּה"; הֵזִיז אֲחוֹרַנִּית; הִימֵּר לְטוֹבַת (פלוני)
back *adv* אָחוֹרָה; בַּחֲזָרָה
backache *n* כְּאֵב־גַּב

backbone *n* עַמּוּד־הַשִּׁדְרָה
back-breaking *adj* מְעַיֵּף, מְפָרֵק
back down הוֹדָה בְּטָעוּת
backdown *n* נְסִיגָה (מהתחייבות או מטענה)
backer *n* תּוֹמֵךְ; פַּטְרוֹן
backfire *n* הַצָּתָה קוֹדֶם זְמַנָּהּ (במנוע)
back-fire *vi* הִצִּית (מנוע) קוֹדֶם זְמַנּוֹ; הֵבִיא תּוֹצָאוֹת הֲפוּכוֹת
background *n* רֶקַע, מוֹצָא
backing *n* תִּימוּכִין, „גִּיבּוּי"
backlash *n* מַהֲלַךְ־סְרָק; תְּגוּבָה חֲרִיפָה
backlog *n* הִצְטַבְּרוּת (של עבודה)
back-number *n* מִסְפָּר יָשָׁן (של כתב־עת); מְיוּשָּׁן
back out הִתְחַמֵּק
back-pay *n* פִּיגּוּרֵי שָׂכָר
back-room boys *n* הָעוֹבְדִים הַנֶּעֱלָמִים, אַנְשֵׁי הַמֶּחְקָר
back-seat *n* מוֹשָׁב אֲחוֹרִי; תַּפְקִיד מִשְׁנִי
backside *n* „יַשְׁבָן", אָחוֹר
backslide *vi* הִתְגַּלְגֵּל לְחֵטְא
backstage *n, adj* אֲחוֹרֵי הַקְּלָעִים; שֶׁמֵּאֲחוֹרֵי הַקְּלָעִים
backstairs *n, adj* דֶּרֶךְ אֲפֵלָה; עָקִיף
backstitch *n, vt, vi* תַּךְ כָּפוּל; תָּפַר תַּכִּים כְּפוּלִים
backstop *n* בּוֹלֵם כַּדּוּר
backswept wing *n* כָּנָף מָשׁוּךְ לְאָחוֹר
back-talk *n* חוּצְפָּה; תְּשׁוּבָה מְחוּצֶּפֶת
backward *adj* מְכוּוָּן לְאָחוֹר; מְפַגֵּר; בַּיְישָׁן
backward(s) *adv* אֲחוֹרַנִּית, לְאָחוֹר; בְּהֵיפּוּךְ

backwater *n* מַיִם סְכוּרִים; נֶחְשָׁלוּת
backwoods *n pl* שְׁמָמָה
backyard *n* חָצֵר
bacon *n* קוֹתֶל חֲזִיר
bacteria *n* (*pl.* bacterium *sing.*) חַיְדַקִּים, מְתָגִים
bacteriologist *n* חַיְדַקַּאי, בַּקְטֶרְיוֹלוֹג
bacteriology *n* חַיְדַקָּאוּת, בַּקְטֶרְיוֹלוֹגְיָה
bad *adj* רַע; לָקוּי; רָקוּב, מוּשְׁחָת
badge *n* תָּג; סֵמֶל
badger *n* גִּירִית
badger *vt* הִטְרִיד, הֵצִיק
badly *adv* רַע; מְאוֹד, בְּמִידָּה רַבָּה
badly off דָּחוּק בְּכֶסֶף
badminton *n* בֶּדְמִינְטוֹן
baffle *vt* סִיכֵּל; הֵבִיךְ
baffle *n* חַיִץ
baffling *adj* מֵבִיךְ, מְבַלְבֵּל, מְתַעְתֵּעַ
bag *n* תִּיק, יַלְקוּט; שַׂקִּית; אַרְנָק; צַיִד (שניצוד)
bag and baggage *adv* עִם כָּל הַמִּיטַּלְטְלִים, בַּכּוֹל מִכּוֹל כּוֹל
baggage *n* מִטְעָן; מִזְוָודוֹת
baggage-car *n* קְרוֹן מִטְעָן
baggage-check *n* תְּלוּשׁ מִטְעָן
baggage-rack *n* כּוֹנַן מִטְעָן
baggage-room *n* חֲדַר מִטְעָן
bagpipe *n* חֵמַת חֲלִילִים
bail *n* עֲרֵבוּת; עֲרוּבָּה
bail *vt* הִפְקִיד; שִׁחְרֵר בַּעֲרֵבוּת
bail *vt, vi* הֵרִיק מַיִם (מסירה)
bailiff *n* פְּקִיד הוֹצָאָה לְפוֹעַל; מְפַקֵּחַ עַל אֲחוּזָּה
bailiwick *n* מְחוֹז שִׁיפּוּט

bail out *vi* צָנַח (ממטוס); עָרַב (לעציר)
bait *vt, vi* הִתְגָּרָה; לָעַג; שָׂם פִּיתָּיוֹן
bait *n* פִּיתָּיוֹן; מִקְסָם, פִּיתּוּי
baize *n* אָרִיג שָׂעִיר
bake *vt, vi* אָפָה; נֶאֱפָה
bakehouse *n* מַאֲפִיָּה
bakelite *n* בָּקֶלִיט
baker *n* אוֹפֶה
baker's dozen *n* שְׁלוֹשָׁה־עָשָׂר
bakery *n* מַאֲפִיָּה
baking powder *n* אַבְקַת־מַאֲפֶה; אֲפִיּוֹן
baking soda *n* סוֹדָה לַאֲפִיָּה
bal. *abbr* balance
balance *n* מֹאזְנַיִם; אִיזּוּן; שִׁיוּוּי־מִשְׁקָל; יִתְרָה
balance *vt, vi* אִיזֵּן; הֵבִיא לְשִׁיוּוּי־מִשְׁקָל; הִשְׁוָה; קִיזֵּז
balance of payments *n* מַאֲזַן הַתַּשְׁלוּמִים
balance of power *n* מַאֲזַן הַכּוֹחוֹת
balance-sheet *n* מַאֲזָן
balcony *n* מִרְפֶּסֶת, גְּזוּזְטְרָה; יָצִיעַ
bald *adj* קֵרֵחַ, גִּיבֵּחַ; יָבֵשׁ, חַדְגּוֹנִי; גָּלוּי
baldness *n* קָרַחַת, גַּבַּחַת
baldric *n* חֲגוֹרָה, רְצוּעָה
bale *n* חֲבִילָה; צְרוֹר גָּדוֹל
bale *vt* אָרַז; קָשַׁר בַּחֲבִילוֹת
Balearic Islands *n pl* הָאִיִּים הַבָּלֵיאָרִיִּים
baleful *adj* מֵבִיא רָעָה, מַשְׁחִית
balk, baulk *vt, vi* נֶעְצַר; שָׂם מִכְשׁוֹל
Balkan *adj* בַּלְקָנִי
Balkans *n pl* מְדִינוֹת הַבַּלְקָן
balky *adj* סַרְבָנִי, עַקְשָׁן
ball *n* כַּדּוּר; נֶשֶׁף רִיקּוּדִים
ballad *n* בַּלָּד, בַּלָּדָה
ballade *n* בַּלָּדָה
ballad-monger *n* כַּתְבָן בַּלָּדוֹת; חַרְזָן
ballast *vt* הֵנִיחַ זְבוֹרִית; אִיזֵּן
ballast *n* זְבוֹרִית
ball-bearing *n* מֵסַב כַּדּוּרִיּוֹת
ballerina *n* בַּלֶּרִינָה, רַקְדָנִית
ballet *n* בַּלֶּט
ballistic *adj* בַּלִּיסְטִי
balloon *n* כַּדּוּר פּוֹרֵחַ, בַּלּוֹן
ballot *n* פֶּתֶק הַצְבָּעָה; הַצְבָּעָה חֲשָׁאִית
ballot-box *n* קַלְפֵּי
ball player *n* מְשַׂחֵק בְּמִשְׂחַק כַּדּוּר
ballpoint pen *n* עֵט כַּדּוּרִי
ballroom *n* אוּלַם רִיקּוּדִים
ballyhoo *n* פִּרְסוֹמֶת מְנוּפַּחַת
balm *n* צֳרִי וָלוֹט, בֹּשֶׂם; שֶׁמֶן מִשְׁחָה; נֶחָמָה
balm of Gilead *n* צֳרִי גִּלְעָד
balmy *adj* בָּשׂוּם; מַרְגִּיעַ, נָעִים; לָקוּי בְּשִׂכְלוֹ
balsam *n* שְׂרַף מַרְפֵּא, צֳרִי
Baltic *n* בַּלְטִי
Baltimore oriole *n* זַהֲבָן
baluster *n* עַמּוּד יָצִיעַ; עַמּוּד מַעֲקֶה
bamboo *n, adj* בַּמְבּוּק, חִזְרָן
bamboozle *vt* רִימָּה; בִּלְבֵּל
bamboozler *n* רַמַּאי; מְאַחֵז עֵינַיִים
ban *n* אִיסּוּר; חֵרֶם
ban *vt* אָסַר; הֶחֱרִים, נִידָּה
banana *n* בָּנָנָה, מוֹז
banana-oil *n* שֶׁמֶן בָּנָנָה, שֶׁמֶן־מוֹז

band *n* פַּס, סֶרֶט, קִישּׁוּר; קְבוּצָה; תִּזְמֹרֶת
band *vi* הִתְאַחֵד, הִתְקַבֵּץ
bandage *n* תַּחְבּוֹשֶׁת
bandage *vt* חָבַשׁ, תִּחְבֵּשׁ
bandanna *n* בַּנְדָנָה
band-box *n* תֵּיבָה לְכוֹבָעִים
bandit *n* (*pl* –its, –itti) שׁוֹדֵד, לִסְטִים
bandmaster *n* מְנַצֵּחַ
bandoleer *n* תְּלִי, פוּנְדָה
band-saw *n* מַסּוֹר־סֶרֶט
bandstand *n* בִּימַת הַתִּזְמֹרֶת
baneful *adj* אַרְסִי; מְחַבֵּל
bang *n* חֲבָטָה, מַכָּה; קוֹל נֶפֶץ
bang *vt, vi* הָלַם; טָרַק (דלת); הִשְׁמִיעַ קוֹל נֶפֶץ
bang *adv, interj* בְּרַעַשׁ; הַךְ־הַךְ!
bangs *n pl* פֵּאָה מוּקֶּפֶת
banish *vt* גֵּירֵשׁ; הִגְלָה
banishment *n* גֵּירוּשׁ; הַגְלָיָה
banisters *n pl* עַמּוּדֵי מַעֲקֶה
bank *vt, vi* סָכַר (בשיפוע, בגדה); טָס בַּאֲוִירוֹן מוּטֶּה הַצִּדָּה; נֶעֱרַם; פָּעַל כְּבַנְק; הִפְקִיד בְּבַנְק; סָמַךְ
bank *n* בַּנְק; קוּפָּה
bank account *n* חֶשְׁבּוֹן בְּבַנְק
bankbook *n* פִּנְקַס בַּנְק
banker *n* בַּנְקַאי; הַמַּחֲזִיק בַּקּוּפָּה
banking *n* בַּנְקָאוּת; עִסְקֵי בַּנְק
banknote *n* שְׁטַר כֶּסֶף
bankroll *n* צְרוֹר שְׁטָרוֹת כֶּסֶף
bankrupt *n, adj* פּוֹשֵׁט רֶגֶל
bankrupt *vt* הֵבִיא לִפְשִׁיטַת־רֶגֶל
bankruptcy *n* פְּשִׁיטַת־רֶגֶל
banner *n* דֶּגֶל
banner cry *n* זַעֲקַת קְרָב
banner headline *n* כּוֹתֶרֶת בּוֹלֶטֶת (בעיתון)
banquet *n* מִשְׁתֶּה
banquet *vt, vi* עָרַךְ מִשְׁתֶּה; נֶהֱנָה בְּמִשְׁתֶּה
banter *n* לָצוֹן, הִתְלוֹצְצוּת
banter *vt, vi* חָמַד לָצוֹן, הִתְלוֹצֵץ
baptism *n* טְבִילָה, שְׁמָד
Baptist *n* בַּפְּטִיסְט, מַטְבִּיל
baptist(e)ry *n* אֲגַף הַטְּבִילָה; אַגַּן הַטְּבִילָה
baptize *vt* הִטְבִּיל; הִזָּה מַיִם; קָרָא שֵׁם
bar *n* מוֹט; בְּרִיחַ; (במוסיקה) מַקָּף תָּוִים; חַיִץ; מַעֲצָר מוּסָרִי; מַעֲקֶה תָּא הָאָסִיר; דֶּלְפֵּק מַשְׁקָאוֹת, בַּר
bar *vt* הִבְרִיחַ; הֶחֱרִים; מָנַע
bar *prep* חוּץ מִן, בְּלִי
bar association *n* לִשְׁכַּת עוֹרְכֵי־דִין
barb *n* חוֹד, חִדּוּד; עוֹקֶץ; מַלְעָן
Barbados *n* בַּרְבָּדוֹס
barbarian *n, adj* בַּרְבָּר, לֹא תַּרְבּוּתִי
barbaric *adj* בַּרְבָּרִי, אַכְזָרִי
barbarism *n* בַּרְבָּרִיּוּת; שִׁיבּוּשׁ בַּלָּשׁוֹן
barbarous *adj* אַכְזָרִי; לֹא־תַּרְבּוּתִי
Barbary Ape *n* מָקָק גִּיבְּרַלְטָרִי
barbed *adj* דּוֹקֵר, עוֹקֵץ
barbed wire *n* תַּיִל דּוֹקְרָנִי
barber *n* סַפָּר
barber shop *n* מִסְפָּרָה
barber's pole *n* מוֹט סַפָּרִים
bard *n* מְשׁוֹרֵר, בַּרְד; שִׁרְיוֹן סוּס
bard *vt* הִלְבִּישׁ שִׁרְיוֹנִים, שִׁרְיֵן (סוס)
bare *adj* עָרוֹם; גָּלוּי; חָשׂוּף; רֵיק; מְצוּמְצָם

bare *vt* הִפְשִׁיט; גִילָה; עִרטֵל
bareback *adj, adv* לֹא מְאוּכָּף
barefaced *adj* לְלֹא בּוּשָׁה
barefoot *adj, adv* יָחֵף
bareheaded *adj, adv* גְלוּי רֹאשׁ
barelegged *adj* גְלוּי רַגלַיִים, חֲשׂוּף יְרֵכַיִים
barely *adv* בְּדוֹחַק
bargain *n* מְצִיאָה, קְנִיָּה בְּזוֹל
bargain counter *n* דוּכַן מְצִיאוֹת
bargain sale *n* מְכִירַת מְצִיאוֹת
barge *n* אַרבָּה; אוֹנִיַּית טֶקֶס
barge *vi* נִדחַף
barge pole *n* מָשׁוֹט
barium *n* בַּריוּם
bark *n* נְבִיחָה; קְלִיפַּת הָעֵץ
bark *vi vt* נָבַח; צָרַח; (דיבורית) הִשתַּעֵל; קִילֵף, קִרצֵף
barley *n* שְׂעוֹרָה
barley water *n* מֵי־שְׂעוֹרִין
barmaid *n* מוֹזֶגֶת
barn *n* אָסָם
barnacle *n* סַפּוּחַ (הנדבק לאונייה); אַווַז הַצָּפוֹן
barn owl *n* תִּנשֶׁמֶת
barnyard *n* חֲצַר־הַמֶּשֶׁק
barometer *n* בָּרוֹמֶטֶר
baron *n* רוֹזֵן; בָּרוֹן; אֵיל הוֹן
baroness *n* בָּרוֹנִית
baroque *adj* בָּרוֹקִי
barracks *n pl* קְסַרקְטִין
barrage *n* מָסַךְ אֵשׁ, מְטַר יְרִיוֹת
barrel *n* חָבִית; קְנֵה רוֹבֶה
barrel organ *n* תֵּיבַת נְגִינָה
barren *adj* עָקָר; שָׁמֵם
barricade *n* מִתרָס, בָּרִיקָדָה
barricade *vt* חָסַם, תָּרַס, מִתרֵס; הִתגוֹנֵן בְּמִתרָסִים; הִתמַתרֵס
barrier *n* מַחסוֹם; מַעֲקֶה
barrier reef *n* מֵזַח אַלמוּגִים
barrister *n* פְּרַקלִיט, עוֹרֵךְ־דִין
barroom *n* חֲדַר־מַשׁקָאוֹת
bartender *n* מוֹזֵג
barter *n* סְחַר חֲלִיפִין
barter *vt, vi* סָחַר בַּחֲלִיפִין; הֵמִיר
base *n* בָּסִיס; תַּחתִית; יְסוֹד; מַסַּד
base *vt* בִּיסֵּס, יִיסֵּד
base *adj* שָׁפָל; מוּג־לֵב; נִבזֶה
baseball *n* בֵּייסבּוֹל
base coin *n* מַטבֵּעַ מְזוּיָּף
Basel *n* בָּאזֶל
base metals *n pl* מַתָּכוֹת זוֹלוֹת
baseless *adj* חֲסַר יְסוֹד; עוֹמֵד עַל בְּלִימָה
basement *n* קוֹמַת־מַסַּד; מַסַּד
bashful *adj* בַּיְשָׁן, בַּיְשָׁנִי
basic *adj* בְּסִיסִי; עִיקָּרִי, יְסוֹדִי
basilica *n* בָּזִילִיקָה
basin *n* כִּיּוֹר, אַגָּן, קְעָרָה
basis *n* בָּסִיס, יְסוֹד, עִיקָּר
bask *vi* הִתפָּרֵק, הִתחַמֵּם; נֶהֱנָה
basket *n* סַל, טֶנֶא
basket weave *n* חִיבּוּר פָּשׁוּט
basket work *n* קְלִיעָה; טְווִיַּית קְלִיעָה
bas relief *n* תַּבלִיט נָמוּךְ
bass *n, adj* בַּס (מוסיקה)
bass *n* מוֹשׁט (דג); תִּרזָה
bass drum *n* תּוֹף גָּדוֹל
bass horn *n* טוּבָּה
bassoon *n* בַּסּוֹן

bass viol *n* כּוֹנֶרֶת־בֶּרֶךְ, וִיוֹלָה דָא גַמְבָּא
bass wood *n* תִּרְזָה
bastard *n* מַמְזֵר, יֶלֶד לֹא חוּקִי; מְעוֹרָב, מְזוּיָּף; נָבָל
bastard title *n* חֲצִי תּוֹאַר
baste *vt* הִכְלִיב, תָּפַר אַרְעִית; הִרְטִיב בְּשֶׁמֶן; הִלְקָה, הִצְלִיף
bat *n* עֲטַלֵּף; מַחְבֵּט, אַלָּה
bat *vt, vi* חָבַט, הִיכָּה
batch *n* מַעֲרֶכֶת, קְבוּצָה
bath *n* רְחִיצָה בְּאַמְבָּט; אַמְבָּט; בֵּית־מֶרְחָץ
bathe *vt, vi* הִטְבִּיל; הִרְטִיב; רָחַץ; הִתְאַמְבֵּט, הִתְרַחֵץ בְּאַמְבָּט
bather *n* מִתְרַחֵץ
bathhouse *n* בֵּית־מֶרְחָץ; מֶרְחָצָה (בְּחוֹף)
bathing *n* רְחִיצָה, רְחִיצָה בַּיָּם
bathing beach *n* חוֹף רַחְצָה
bathing beauty *n* נַעֲרַת מַיִם
bathing resort *n* מֶרְחֲצָאוֹת
bathing trunks *n pl* מִכְנְסֵי רַחְצָה
bathrobe *n* מְעִיל רַחְצָה, גְּלִימַת רַחְצָה
bathroom *n* חֲדַר־רַחְצָה, חֲדַר־אַמְבָּט
bathroom fixtures *n pl* אַבְזְרֵי חֲדַר־אַמְבָּט
bathtub *n* אַמְבַּטְיָה
baton *n* שַׁרְבִיט; אַלַּת שׁוֹטֵר
battalion *n* בַּטַּלְיוֹן; גְּדוּד
batter *n* טִשְׁטוּשׁ בִּדְפוּס; תַּבְלִיל; הַמְשַׂחֵק שֶׁתּוֹרוֹ לְשַׂחֵק (בְּמִשְׂחֲקֵי מַחְבֵּט)
batter *vt, vi* הִיכָּה לִפְצוֹעַ; הָלַם לְשַׁבֵּר
battering ram *n* אֵיל־בַּרְזֶל
battery *n* סוֹלְלָה; גּוּנְדָה (יְחִידַת חֵיל־תּוֹתְחָנִים); מַעֲרֶכֶת מְכוֹנוֹת; תְּקִיפָה
battle *n* קְרָב, מַעֲרָכָה
battle *vi* נִלְחַם בּ..., נֶאֱבַק בּ...
battle array *n* מַעֲרָךְ קְרָבִי
battle-cry *n* קְרִיאַת מִלְחָמָה
battledore *n* מַחְבֵּט קַל
battledore and shuttlecock *n* מִשְׂחַק כַּדּוּר הַנּוֹצָה
battlefield *n* שְׂדֵה־קְרָב
battlefront *n* חֲזִית
battleground *n* שְׂדֵה מַעֲרָכָה
battlement *n* חוֹמַת אֶשְׁנַבִּים
battlepiece *n* יְצִירָה עַל קְרָב
battleship *n* אוֹנִיַּת־קְרָב
battue *n* הַחֲרָדַת חַיָּה מֵרִבְצָהּ; רְדִיפָה אַחַר חַיָּה
bauble *n* תַּכְשִׁיט זוֹל
Bavaria *n* בַּאוַארְיָה
Bavarian *adj, n* בַּאוַארִי
bawd *n* סַרְסוּרִית לִזְנוּת; נִיבּוּל־פֶּה
bawdy *adj* זְנוּנִי; נִיבּוּלִי, שֶׁל נִיבּוּל־פֶּה
bawdy house *n* בֵּית־זוֹנוֹת, בֵּית־בּוֹשֶׁת
bawl *vi, vt* הִרְעִישׁ; בָּכָה
bay *n* מִפְרָץ; רָצִיף צְדָדִי (בְּתַחֲנַת־רַכֶּבֶת); נְבִיחָה־יְבָבָה
bay *vi, vt* נָבַח־יִיבֵּב
bay *adj* חוּם־אָדוֹם; עַרְמוֹנִי
bay leaves *n pl* עֲלֵי דַפְנָה
bayonet *n* כִּידוֹן
bayonet *vt* כִּידֵּן, דָּקַר בְּכִידוֹן
bay rum *n* בּוֹשֶׂם
bay window *n* גַּבְלִית

bazooka *n* בָּזוּקָה
B. C. לִפְנֵי סְפִירַת הַנּוֹצְרִים, לפסה״נ
be *vi* הָיָה; חַי; הִתְקַיֵּם
beach *n* שְׂפַת־הַיָּם, חוֹף
beachcomber *n* נַוָּד חוֹפִים
beachhead *n* רֹאשׁ חוֹף
beach robe *n* מְעִיל יָם
beach shoe *n* נַעַל יָם
beach umbrella *n* סוֹכֵךְ חוֹף
beach wagon *n* מְכוֹנִית דוּ־שִׁימוּשִׁית
beacon *n* מִגְדַּל־אִיתוּת, מִגְדַּלּוֹר; מַשּׂוּאָה
beacon *vt* אוֹתֵת; הִבְהִיק
bead *n* חָרוּז, חוּלְיָה
beadle *n* שַׁמָּשׁ
beagle *n* שַׁפְלָן
beak *n* מַקּוֹר, חַרְטוֹם; זִיז
beam *n* קֶרֶן; קוֹרָה
beam *vt, vi* קָרַן, הֵאִיר
bean *n* שְׁעוּעִית, פּוֹל
beanpole *n* סָמוֹכַת שְׁעוּעִית
bear *n* דּוֹב; סַפְסָר זוֹלָן
bear *vi, vt* נָשָׂא; תָּמַךְ; הוֹבִיל; סָבַל; יָלַד; נָתַן (פּרי)
beard *n* זָקָן; (בבּוֹטניקה) מַלְעָן
beardless *adj* לְלֹא חֲתִימַת זָקָן
bearer *n* נוֹשֵׂא, מוֹבִיל; מוֹכַ״ז (מוסר כתב זה)
bearing *n* הִתְנַהֲגוּת; קֶשֶׁר, יַחַס
bearings *n pl* הִתְמַצְּאוּת
bearish *adj* דּוּבִּי, גַּס; נִזְעָם
bear market *n* שׁוּק זוֹלָנִי (בּבּוּרסה)
bearskin *n* עוֹר־דּוֹב; כּוֹבַע־פַּרְוָה
beast *n* חַיָּה, בְּהֵמָה
beastly *adj* חַיָּתִי, בַּהֲמִי
beast of burden *n* בֶּהֱמַת־מַשָּׂא
beat *n* מַכָּה בַּתּוֹף, אוֹת (על־ידי תיפוף); הוֹלֶם (לב); פַּעֲמָה (יחידת המקצב); מַקּוֹף (של שוטר)
beat *adj* רָצוּץ
beat *vt, vi* הִלְקָה, הִיכָּה, הָלַם
beater *n* מַקִּישׁ, מַקְצֵף
beatify *vt* הִכְרִיז כְּקָדוֹשׁ
beating *n* הַכָּאָה, הַלְקָאָה; תְּבוּסָה
beau *n* מְחַזֵּר, אוֹהֵב
beautician *n* יַפַּאי
beautiful *adj* יָפֶה, יָפָה
beautify *vt* יִיפָּה; פֵּיאֵר
beauty *n* יוֹפִי; יְפֵהפִיָּה
beauty contest *n* תַּחֲרוּת יוֹפִי
beauty parlor *n* מְכוֹן יוֹפִי
beauty queen *n* מַלְכַּת יוֹפִי
beauty spot *n* נְקוּדַת־חֵן
beaver *n* בּוֹנֶה; כּוּמְתַּת פַּרְוָה
becalm *vt* עָצַר; הִשְׁקִיט, הִרְגִּיעַ
because *conj, adv* מִשּׁוּם שֶׁ..., מִפְּנֵי שֶׁ..., כִּי
because of בִּגְלַל
beck *n* רְמִיזָה, מֶחְוָוה
beckon *vt, vi* רָמַז, הֶחֱוָוה; אוֹתֵת
become *vi, vt* נַעֲשָׂה, הָיָה ל...; הִתְאִים, הָלַם
becoming *adj* הוֹלֵם, מוֹשֵׁךְ עַיִן; מַתְאִים
bed *n* מִיטָּה; עֲרוּגָה (של פרחים); קַרְקָעִית
bed and board *n* דִּירָה וּמְזוֹנוֹת
bedbug *n* פִּשְׁפֵּשׁ
bedchamber *n* חֲדַר־מִיטּוֹת
bedclothes *n pl* כְּלֵי־מִיטָּה
bed cover *n* צִיפּוּי מִיטָּה

bedding *n* כְּלֵי־מִיטָּה; יְסוֹד, מַסָּד

bedevil *vt* בִּלְבֵּל, קִלְקֵל

bedfast *n* מְרוּתָּק לְמִיטָּתוֹ

bedfellow *n* שׁוּתָּף לַמִּיטָּה; חָבֵר קָרוֹב

bedlam *n* מְהוּמָה; בֵּית מְשׁוּגָּעִים

bed-linen *n* לִבְנֵי מִיטָּה

bedpan *n* עֲבִיט מִיטָּה, סִיר

bedpost *n* כֶּרַע מִיטָּה

bedridden *adj* מְרוּתָּק לַמִּיטָּה

bedroom *n* חֲדַר־מִיטּוֹת, חֲדַר־שֵׁינָה

bedside *n, adj* צַד הַמִּיטָּה; שֶׁלְּיַד הַמִּיטָּה

bedsore *n* כְּאֵב שְׁכִיבָה, פַּחֶסֶת

bedspread *n* צִיפּוּי מִיטָּה

bedspring *n* מַעֲרֶכֶת קְפִיצֵי מִיטָּה

bedstead *n* מִיטָּה

bedstraw *n* עֵשֶׂב יָם

bedtick *n* צִיפִּית

bedtime *n, adj* שְׁעַת הַשֵּׁינָה

bee *n* דְּבוֹרָה

beech *n* תְּאַשּׁוּר, אַשּׁוּר

beechnut *n* פְּרִי הָאַשּׁוּר

beef *n* בְּשַׂר בָּקָר; תְּלוּנָּה

beef *vi* הִתְאוֹנֵן, רָטַן

beef cattle *n* בָּקָר לִשְׁחִיטָה

beefsteak *n* אוּמְצַת בָּשָׂר, כְּתִיתָה

beehive *n* כַּוֶּורֶת

beeline *n* מְעוּף צִיפּוֹר, קַו יָשָׁר

beer *n* בִּירָה, שֵׁכָר

beeswax *n* דּוֹנַג, שַׁעֲוָוה

beet *n* סֶלֶק

beetle *n* חִיפּוּשִׁית

beetle-browed *adj* בַּעַל גַּבּוֹת בּוֹלְטוֹת

beet sugar *n* סוּכַּר־סֶלֶק

befall *vt, vi* אֵירַע, קָרָה

befitting *adj* מַתְאִים, רָאוּי

before *adv* לִפְנֵי, קוֹדֶם; לִפְנֵי־כֵן

before *prep* לִפְנֵי, בְּנוֹכְחוּת

before *conj* לִפְנֵי שֶׁ..., קוֹדֶם שֶׁ...

beforehand *adj* מִקּוֹדֶם, מֵרֹאשׁ

befriend *vt* הֶרְאָה יְדִידוּת, קֵירֵב

befuddle *vt* שִׁיכֵּר, הִקְהָה חוּשִׁים; בִּלְבֵּל

beg *vt, vi* בִּיקֵּשׁ, הִתְחַנֵּן

beget (begot, begat; begotten) *vt* הוֹלִיד; גָּרַם

beggar *n* קַבְּצָן, פּוֹשֵׁט יָד; (דיבורית) בַּרְנָשׁ

begin *vt, vi* הִתְחִיל

beginner *n* מַתְחִיל; טִירוֹן

beginning *n* הַתְחָלָה; רֵאשִׁית

begrudge *vt* קִינֵּא בּ..., עֵינוֹ הָיְתָה צָרָה בּ...

beguile *vt* הִטְעָה, הִשְׁלָה; מָשַׁךְ בְּחַבְלֵי־קֶסֶם

behalf *n* צַד, טַעַם (מִטַּעַם)

behave *vi, v reflex* נָהַג; הִתְנַהֵג, הִתְנַהֵג כָּרָאוּי

behavior *n* הִתְנַהֲגוּת, יַחַס לַזּוּלַת

behead *vt* עָרַף רֹאשׁ

behind *adv* מֵאָחוֹר, לְאָחוֹר

behind *prep* מֵאֲחוֹרֵי, אַחֲרֵי; בְּפִיגּוּר

behind *n* אֲחוֹרַיִים, יַשְׁבָן

behold *vt* רָאָה

behold! *interj* הִנֵּה!

behove, behoove *vt* (impersonal) הָיָה עַל, שׁוּמָה עַל

being *n* הֲוָיָה, קִיּוּם; מְצִיאוּת

belch *n* גִּיהוּק; יְרִיקַת אֵשׁ (וכד׳)

belch *vi, vt* גִּיהֵק; יָרַק (אש וכד׳)
beleaguer *vt* כִּיתֵּר, צָר
belfry *n* מִגדַל פַּעֲמוֹן
Belgian *adj, n* בֶּלגִי
Belgium *n* בֶּלגִיָה
belie *vt* הִפרִיך, סָתַר
belief *n* אֱמוּנָה; אֵימוּן
believable *adj* נִיתָּן לְהֵיאָמֵן, מְהֵימָן
believe *vt, vi* הֶאֱמִין, נָתַן אֱמוּנוֹ; חָשַׁב
believer *n* מַאֲמִין
belittle *vt* מִיעֵט; זִלזֵל
bell *n* פַּעֲמוֹן; צִלצוּל
bell *vi, vt* גָּעָה, שָׁאַג; קָשַׁר פַּעֲמוֹן ל...
bellboy *n* נַעַר מְשָׁרֵת (במלון)
belle *n* אִישָּׁה יָפָה
belles-lettres *n pl* סִפרוּת יָפָה, בֶּלֶטרִיסטִיקָה
bell gable *n* גַּמלוֹן פַּעֲמוֹנִים
bellhop *n* נַעַר מְשָׁרֵת (במלון)
bellicose *adj* תּוֹקפָנִי
belligerent *adj* צַד לוֹחֵם; לוֹחֲמָנִי, מִלחַמתִּי
bellow *n* גְּעִייָה; רַעַם
bellow *vi* גָּעָה, שָׁאַג; רָעַם
bell-ringing *n* צִלצוּל פַּעֲמוֹנִים
bellwether *n* מַשׁכּוּכִית, תַּיִשׁ (ההולך בראש העדר)
belly *n* בֶּטֶן, כָּרֵס; גָּחוֹן
belly *vt, vi* נִיפֵּחַ; הִתנַפֵּחַ (בעיקר לגבי מפרשׂים)
belly-ache *n* כְּאֵב בֶּטֶן
belly button *n* טַבּוּר
belly dance *n* רִיקוּד בֶּטֶן
bellyful *n* מְלוֹא הַכָּרֵס; דַּי וְהוֹתֵר
bellylanding *n* נְחִיתַת מָטוֹס גְּחוֹנִית
belong *vi* הָיָה שַׁיָּך, הִשׁתַּייֵך; הָיָה מַתאִים, הָיָה הוֹלֵם
belongings *n pl* מִיטַּלטְלִים, חֲפָצִים אִישִׁיִּים
beloved *adj, n* אָהוּב, יָקָר
below *adv* לְמַטָּה; לְהַלָּן
below *prep* לְמַטָּה מִן, עָמוֹק יוֹתֵר
belt *n* חֲגוֹרָה; חֲגוֹר, רְצוּעָה; אֵיזוֹר
bemoan *vt* סָפַד, קוֹנֵן
bench *n* סַפסָל; כֵּס הַמִּשׁפָּט; חֶבֶר שׁוֹפְטִים
bend *n* סִיבּוּב; כְּפִיפָה, עִיקוּם, עִיקוּל
bend *vt, vi* כָּפַף, עִיקֵם; סִיבֵּב; הִתכּוֹפֵף
beneath *prep* מִתַּחַת, לְמַטָּה מִן
benediction *n* הַבָּעַת בְּרָכָה; בִּרכַּת סִיוּם
benefaction *n* גְּמִילוּת־חֶסֶד, צְדָקָה
benefactor *n* נָדִיב, גּוֹמֵל חֶסֶד
benefactress *n* נְדִיבָה, גּוֹמֶלֶת חֶסֶד
beneficence *n* חֶסֶד, צְדָקָה
beneficent *adj* עוֹשֶׂה חֶסֶד, נָדִיב
beneficial *adj* מוֹעִיל, מֵטִיב
beneficiary *n* מַרוִיחַ; נֶהֱנֶה
benefit *n* טוֹבָה, תּוֹעֶלֶת; קִצבָּה, גִּמלָה; רֶווַח, יִתרוֹן
benefit *vt, vi* הִשׁפִּיעַ טוֹבָה; נֶהֱנָה
benefit performance *n* הַצָּגַת צְדָקָה
benevolence *n* רוֹחַב־לֵב, נְדִיבוּת־לֵב
benevolent *adj* שׁוֹחֵר טוֹב, גּוֹמֵל חֶסֶד
benign *adj* טוֹב־לֵב; לֹא מַמאִיר (גידול)
benignity *n* חֶסֶד, נְדִיבוּת, טוּב־לֵב
bent *adj* מְעוּקָם, מְעוּקָל

benzine *n* בֶּנזִין
bequeath *vt* הוֹרִישׁ, הִנְחִיל
bequest *n* עִיזָבוֹן, יְרוּשָּׁה
berate *vt* גִּידֵּף, נָזַף
bereave *vt* שִׁכֵּל
bereavement *n* שְׁכוֹל, יָתוֹם, אַלְמוֹן
Berliner *n* תּוֹשַׁב בֶּרלִין
berry *n* גַּרגֵּר
berserk *adj* מִשְׁתּוֹלֵל
berth *n* מִיטַּת מַדָּף; מִרווָח; מִשְׂרָה; מַעֲגָן
beryllium *n* בֵּרִילִיוּם
beseech *vt* הִפְצִיר; בִּיקֵּשׁ, הִתְחַנֵּן
beset *vt* צָר, הִתְקִיף
beside *prep* לְיַד, לְצַד; נוֹסָף עַל; מִלְּבַד
beside oneself נָבוֹךְ (מרוב שמחה, צער וכד׳)
besiege *vt* צָר, הִקִּיף
besmirch *vt* הִכְתִּים, הִשְׁמִיץ
bespatter *vt* הִתִּיז בּוֹץ; הִשְׁמִיץ
bespeak *vt* בִּיקֵּשׁ; הִזְמִין מֵרֹאשׁ
best *adj, adv, n* הַטּוֹב בְּיוֹתֵר, „הֲכִי טוֹב״
best girl *n* אֲהוּבָה
bestir *v reflex* הִתְעוֹרֵר הֵנִיעַ אֶת עַצְמוֹ
best man *n* מְלַוֵּוה הֶחָתָן
bestow *vt* הִפְקִיד; הֶעֱנִיק
best seller *n* רַב־מֶכֶר
bet *n* הִתְעָרְבוּת, הִימּוּר
bet *vt, vi* הִתְעָרֵב, הִימֵּר
betake *v reflex* הָלַךְ, פָּנָה אֶל
bethink *v reflex* נִזְכַּר; הֶחֱלִיט
Bethlehem *n* בֵּית־לֶחֶם
betide *vt, vi* אֵירַע, בָּא עַל, הִתְרַחֵשׁ
betoken *vt* צִיֵּין; בִּיטֵּא, סִימֵּל
betray *vt* בָּגַד; גִּילָּה (סוֹד), הֶרְאָה, הֵעִיד עַל
betrayal *n* בְּגִידָה; גִּילּוּי סוֹד
betroth *vt* הִתְאָרֵס
betrothal *n* אֵירוּסִין
betrothed *n, adj* אָרוּס, אֲרוּסָה
better *n, adj* יִתְרוֹן; מוּבְחָר, עוֹלֶה עַל
better *adv* יָפֶה יוֹתֵר, בְּאוֹפֶן טוֹב יוֹתֵר
better half *n* (דיבורית) בֶּן־זוּג, בַּת־זוּג
betterment *n* הַשְׁבָּחָה, שֶׁבַח בִּמְקַרְקְעִין
between *prep, adv* בֵּין שְׁנַיִים, בֵּין, בְּתָוֶךְ
between-decks *n pl* בֵּין הַסִּיפּוּנַיִים
bevel *n* מֶדֶר, מַזווִית; שִׁיפּוּעַ
beverage *n* מַשְׁקֶה
bewail *vt, vi* סָפַד, הִסְפִּיד; בָּכָה
beware *vi, vt* הִזְהִיר; נִזְהַר
beyond *prep, adv* מֵעֵבֶר ל...., לְמַעְלָה מִן, יוֹתֵר מִן
bias *n* דֵּעָה מוּקְדֶמֶת; נְטִיָּה, פְּנִיָּה
bias *vt* הִשְׁפִּיעַ (לנטייה מן הצדק)
bib *n* סִינָּרִית
Bib. *abbr* Biblical
Bible *n* תּוֹרָה נְבִיאִים וּכְתוּבִים (תנ״ך), כִּתְבֵי־הַקּוֹדֶשׁ
Biblical, biblical *adj* מִקְרָאִי, שֶׁעַל־פִּי הַתְּנָ״ךְ
bibliographer *n* בִּיבּלִיוֹגְרָף
bibliography *n* בִּיבּלִיוֹגרַפְיָה, רְשִׁימַת סְפָרִים
bibliophile *n* בִּיבּלִיוֹפִיל, אוֹהֵב סְפָרִים

bicameral *adj* דו־בֵּיתִי, דו־אֲגַפִּי
bicarbonate *n* דו־פַּחְמָה, דו־קַרְבּוֹנָט
bicker *vt* הִתְנַצֵּחַ, רָב
bicycle *n* אוֹפַנַּיִם
bid *n* הַצָּעַת מְחִיר; הַצָּעָה; צַו
bid *vt, vi* הִצִּיעַ (מחיר); צִיוָּה, הוֹרָה
bidder *n* מַצִּיעַ, מַכְרִיז הַצָּעָה
bidding *n* הוֹרָאָה; הַצָּעָה
bide *vt* נִשְׁאַר
biennial *n, adj* דו־שְׁנָתִי
bier *n* אֲרוֹן הַמֵּת; כַּן לִגְוִיַּת הַמֵּת
bifocal *adj* דו־מוֹקְדִי
bifocals *n pl* מִשְׁקָפַיִם דו־מוֹקְדִיִּים
big *adj* גָּדוֹל, מְגוּדָּל; מְבוּגָּר
bigamist *n* בִּיגָמִיסְט, בִּיגָמִיסְטִית
bigamous *adj* בִּיגָמִי, כָּרוּךְ בְּבִיגַמְיָה
bigamy *n* בִּיגַמְיָה
big-bellied *adj* בַּעַל כָּרֵס, כַּרְסְתָן
Big Dipper *n* הָעֲגָלָה הַגְּדוֹלָה
big game *n* צַיִד גָּדוֹל
big-hearted *adj* נָדִיב, רְחַב־לֵב
bigot *n* קַנַּאי עִיוֵּר
bigoted *adj* עִיוֵּר בֶּאֱמוּנָתוֹ
bigotry *n* קַנָּאוּת עִיוֶּרֶת, אֱמוּנָה עַקְשָׁנִית
big shot *n* אָדָם חָשׁוּב
bile *n* מָרָה, מִיץ מָרָה; זְרִיקַת מָרָה
bile-stone *n* אֶבֶן מָרָה
bilge *n* רֶפֶשׁ שִׁיפּוּלַיִם (באונייה); (המונית) הֶבֶל, שְׁטוּיוֹת
bilge-pump *n* מַשְׁאֵבַת הַשִּׁיפּוּלַיִם
bilge-water *n* מֵי שִׁיפּוּלַיִם
bilge ways *n pl* מְסִילָּה נָעָה

bilingual *adj, n* דו־לְשׁוֹנִי
bilious *adj* מָרָתִי, זוֹרֵק מָרָה, רוֹגְזָנִי
bilk *vt* הִשְׁתַּמֵּט מִפֵּרָעוֹן חוֹב; הוֹנָה
bill *n* חַרְטוֹם; מַקּוֹר; חֶשְׁבּוֹן; שְׁטָר; הַצָּעַת חוֹק; מוֹדָעָה (על גבי לוח מודעות); רְשִׁימָה (של פריטים); (במשפט) תְּבִיעָה
bill *vt* הִגִּישׁ חֶשְׁבּוֹן; חִיֵּב; פִּרְסֵם בְּמוֹדָעָה
billboard *n* לוּחַ־מוֹדָעוֹת
billet *n* דִּירַת חַיָּל; מִשְׂרָה, מִינּוּי; פֶּתֶק
billet-doux (*pl* billets-doux) *n* מִכְתַּב אַהֲבָה
billfold *n* תִּיק, אַרְנָק
billhead *n* טוֹפֶס חֶשְׁבּוֹן
bill of exchange *n* שְׁטַר חֲלִיפִין
bill of fare *n* תַּפְרִיט; תּוֹכְנִית
bill of lading *n* תְּעוּדַת מִטְעָן
bill of sale *n* שְׁטַר מְכִירָה
billow *n* נַחְשׁוֹל
billow *vi* הִתְנַחְשֵׁל
billposter, billsticker *n* מַדְבִּיק מוֹדָעוֹת
billy *n* אַלַּת שׁוֹטֵר
billy-goat *n* תַּיִשׁ, עַתּוּד
bin *n* אַרְגָּז, כְּלִי־קִיבּוּל
bind *vt* קָשַׁר, הִידֵּק; חָבַשׁ; כָּרַךְ; חִיֵּב
bindery *n* כְּרִיכִיָּה
binding *n* קִישּׁוּר, חִיזּוּק; כְּרִיכַת סֵפֶר
binding *adj* מְחַיֵּב
binding post *n* עַמּוּד קִישּׁוּר
binge *n* (המונית) מִשְׁתֶּה, הִילּוּלָא

binnacle *n* בֵּית־מַצְפֵּן
binoculars *n pl* מִשְׁקֶפֶת
biochemical *adj* בִּיוֹכִימִי
biochemist *n* בִּיוֹכִימַאי
biochemistry *n* בִּיוֹכִימִיָּה
biographer *n* בִּיוֹגְרָף
biographic(al) *adj* בִּיוֹגְרָפִי, שֶׁל חַיֵּי אָדָם
biography *n* בִּיוֹגְרַפְיָה
biologist *n* בִּיוֹלוֹג
biology *n* בִּיוֹלוֹגְיָה
biophysical *adj* בִּיוֹפִיסִי
biophysics *n pl* בִּיוֹפִיסִיקָה
birch *n* בֵּתוּל, לִבְנֶה, שַׁדָּר; מַקֵּל
birch *vt* הִיכָּה בְּמַקֵּל
bird *n* צִיפּוֹר; עוֹף; בַּחוּרוֹנֶת; טִיפּוּס
bird-cage *n* כְּלוּב לְצִיפּוֹר
bird-call *n* קוֹל צִיפּוֹר
bird-lime *n* דֶּבֶק מַלְכּוֹדֶת לְצִיפּוֹרִים
bird of passage *n* עוֹף נוֹדֵד; צַיָּר אֲרָעִי
bird of prey *n* עוֹף דוֹרֵס
birdseed *n* זֵרְעוֹן
bird's-eye view *n* מַרְאֶה מִמְּעוֹף הַצִּיפּוֹר
birdshot *n* כַּדּוּרֵי צַיִד עוֹפוֹת
birth *n* לֵידָה; יְלוּדָה; מוֹצָא
birth certificate *n* תְּעוּדַת לֵידָה
birth control *n* אֶמְצָעֵי מְנִיעַת לֵידָה
birthday *n* יוֹם־הוּלֶּדֶת
birthday cake *n* עוּגַת יוֹם־הוּלֶּדֶת
birthday present *n* מַתְּנַת יוֹם־הוּלֶּדֶת
birthmark *n* סִימָן מִלֵּידָה
birthplace *n* מְקוֹם הוּלֶּדֶת
birthright *n* זְכוּת בְּכוֹרָה

Biscay *n* בִּיסְקָיָה
biscuit *n* אֲפִיפִית, בִּיסְקוּוִיט
bisect *vt, vi* חָצָה לִשְׁנֵי חֲלָקִים שָׁוִים
bishop *n* בִּישׁוֹף, הֶגְמוֹן; (בשחמט) רָץ
bismuth *n* בִּיסְמוּת
bison *n* בִּיסוֹן, תְּאוֹ
bit *n* רֶסֶן; מַקְדֵּחַ; מַשֶּׁהוּ, קוֹרְטוֹב; רֶגַע קָט
bitch *n* כַּלְבָּה
bite (bit, bitten) *vt, vi* נָשַׁךְ; נָגַס
bite *n* נְשִׁיכָה; נְגִיסָה
biting *n* נוֹשֵׁךְ; צוֹרֵב; עוֹקְצָנִי
bitter *adj* מַר; צוֹרֵב
bitterness *n* מְרִירוּת
bitumen *n* בִּיטוּמֶן, אַסְפַלְט, חֵימָר
bivouac *n* מַחֲנֶה צְבָאִי
bivouac *vi* חָנָה
bizarre *adj* תִּמְהוֹנִי, מוּזָר
blabber *n* פַּטְפְּטָן
black *adj* שָׁחוֹר; קוֹדֵר
black and blue *adj* כּוּלּוֹ פֶּצַע וְחַבּוּרָה
black and white *adj* שָׁחוֹר עַל־גַּבֵּי לָבָן
blackberry *n* אוּכְמָנִית
blackbird *n* קִיכְלִי הַשַּׁחְרוּר
blackboard *n* לוּחַ
black damp *n* גַּאז שָׁחוֹר
blacken *vt, vi* הִשְׁחִיר; הִשְׁמִיץ
blackguard *n* נָבָל, נִבְזֶה
blackguard *vi, vt* הִתְנַהֵג בְּנִבְזוּת; גִּידֵּף
blackhead *adj* חָטָט; סִבְכִּי שְׁחוֹר־רֹאשׁ (צִיפּוֹר)
blackish *adj* כֵּהֶה, שְׁחַרְחַר

blackjack *n* אַלָּה; סוּכָּר שָׂרוּף
blackjack *vt* הִכָּה בְּאַלָּה
blackmail *n* סַחְטָנוּת, דְּמֵי לֹא־יֶחֱרַץ
blackmail *vt* סָחַט
blackmailer *n* סוֹחֲטָן
Black Maria *n* מְכוֹנִית סוֹגֵר
black market *n* שׁוּק שָׁחוֹר
blackness *n* שְׁחוֹר, אֲפֵלָה
blackout *n* הָאֲפָלָה, אִיפּוּל; דִּמְדּוּם חוּשִׁים; אִיבּוּד זִיכָּרוֹן
blackout *vt, vi* אִיפֵּל; הִגִּיעַ לְדִמְדּוּם חוּשִׁים
black sheep *n* נָבָל
blacksmith *n* נַפָּח
blackthorn *n* פְּרוּנוּס קוֹצָנִי; עוּזְרָר
black tie *n* עֲנִיבַת עֶרֶב
bladder *n* שַׁלְפּוּחִית
blade *n* לַהַב
blame *n* אַשְׁמָה, קוֹלָר; גִּינּוּי
blame *vt* הֶאֱשִׁים, תָּלָה קוֹלָר בּ...
blameless *adj* חַף מִפֶּשַׁע, לֹא אָשֵׁם
blanch *vt, vi* הִלְבִּין, נִיקָּה; הֶחֱוִויר
bland *adj* נָעִים, אָדִיב; רַךְ, מַרְגִּיעַ
blandish *vt* הֶחֱנִיף
blank *n* רֵיק, חָלָל; רֶקַע מוּכָן לִטְבִיעָה
blank *adj* חָלָל, רֵיק
blank check *n* שֶׁק חָלָק; יָד חוֹפְשִׁית
blanket *n* שְׂמִיכָה, כִּיסּוּי
blanket *adj* מַקִּיף, כּוֹלֵל
blanket *vt* כִּיסָּה בִּשְׂמִיכָה; כִּיסָּה
blasé *adj* עָיֵף מֵעִינּוּגִים
blaspheme *vt, vi* חִילֵּל הַשֵּׁם, חִילֵּל הַקּוֹדֶשׁ
blasphemous *adj* שֶׁל חִילּוּל הַשֵּׁם; שֶׁל נִיאוּף
blasphemy *n* חִילּוּל הַשֵּׁם; נִיאוּף
blast *n* הִתְפָּרְצוּת רוּחַ; שְׁרִיקָה; נְשִׁיפָה חֲזָקָה; הִתְפּוֹצְצוּת
blast *vt, vi* פּוֹצֵץ (סלעים וכד׳); הִקְמִיל, נִיוֵּן
blast furnace *n* כִּבְשַׁן אֵשׁ
blast off *vi* הִתְפּוֹצֵץ
blatant *adj* זוֹעֵק, רַעֲשָׁנִי; גַּס
blaze *n* לֶהָבָה; זוֹהַר; הִתְפָּרְצוּת
blaze *vt, vi* סִימֵּן (שביל); בָּעַר
bleach *n* חוֹמֶר מַלְבִּין
bleach *vt, vi* הִלְבִּין
bleacher *n* מַלְבִּין; כְּלִי לְהַלְבָּנָה
bleaching powder *n* אֲבָקָה מַלְבִּינָה
bleak *adj* שׁוֹמֵם; פָּתוּחַ לָרוּחַ; עָגוּם
bleat *n* פְּעִיָּה, גְּעִיָּה
bleed *vt, vi* שָׁתַת דָּם; נִקַּז; הִקִּיז דָּם
blemish *vt* הֵטִיל מוּם, הִשְׁחִית
blemish *n* לִיקּוּי, פְּגָם
blend *n* תַּעֲרוֹבֶת, תִּמְזוֹגֶת
blend *vt* עֵירֵב, מָזַג
bless *vt* בֵּירַךְ, קִידֵּשׁ; הֶעֱנִיק אוֹשֶׁר
blessed *adj* קָדוֹשׁ; מְבוֹרָךְ; נַעֲרָץ
blessedness *n* אוֹשֶׁר; בִּרְכַּת שָׁמַיִם
blessing *n* בְּרָכָה
blight *n* כִּמָּשׁוֹן; פֶּגַע
blight *vt* הִכְמִישׁ, הִקְמִיל; סִיכֵּל
blimp *n* סְפִינַת אֲוִויר
blind *adj* עִיוֵּר; אָטוּם
blind *vt* עִיוֵּר
blind *n* וִילוֹן, מְחִיצָה
blind alley *n* סִמְטָה סְגוּרָה
blind date *n* פְּגִישָׁה עִיוֶּרֶת
blindfold *adj* חֲבוּשׁ עֵינַיִם
blindfold *vt* חָבַשׁ עֵינַיִם

blind flying *n* טִיסָה עִיוֶּרֶת
blind landing *n* נְחִיתָה עִיוֶּרֶת
blind man *n* עִיוֵּר
blind man's buff *n* לֶמֶךְ וְנַעֲרוֹ; 'גְשָׁה־נָּא וַאֲמוּשְׁשְׁךָ'; יַעֲקֹב יַעֲקֹב
blindness *n* עִיוָּרוֹן
blink *vt, vi* נִצְנֵץ; מִצְמֵץ בָּעֵינַיִים
blink *n* נִצְנוּץ; מִצְמוּץ עַיִן
blip *n* כַּתְמוּם רָדָאר
bliss *n* אוֹשֶׁר עִילָּאִי; שִׂמְחָה שְׁמֵימִית
blissful *adj* מְאוּשָׁר; מֵבִיא אוֹשֶׁר
blister *n* חַבּוּרָה, בּוּעָה
blister *vt, vi* הִבְעָה; כּוּסָּה בּוּעוֹת
blithe *adj* שָׂמֵחַ, עַלִּיז
blitzkrieg *n* מִלְחֶמֶת־בָּזָק
blizzard *n* סוּפַת שֶׁלֶג
bloat *vt, vi* נִיפֵּחַ, מִילֵּא אֲוִויר; הִתְפִּיחַ; הִתְנַפֵּחַ
block *n* בּוּל עֵץ, גֶּזֶר אֶבֶן; גַּרְדּוֹם; מַעֲצוֹר; גְּלוּפָה (בִּדְפוּס); בְּלוֹק, גּוּשׁ
block *vt* חָסַם, עָצַר; אִימֵּם (כּוֹבַע)
blockade *n* הֶסְגֵּר צְבָאִי יַמִּי
blockade-runner *n* עוֹקֵף הֶסְגֵּר
blockbuster *n* פְּצָצָה גְּדוֹלָה
blockhead *n* שׁוֹטֶה, אֱוִויל
block signal *n* אוֹת בְּלִימָה
blond, blonde *n, adj* בְּלוֹנְדִי(ת)
blood *n* דָּם
bloodcurdling *adj* מַפְחִיד, מַקְפִּיא דָם
bloodhound *n* כֶּלֶב גִישׁוּשׁ, כֶּלֶב מִשְׁטָרָה
blood poisoning *n* הַרְעָלַת־דָּם
blood pressure *n* לַחַץ דָּם
blood pudding *n* מְלִית בָּשָׂר
blood relation *n* קִרְבַת־דָּם
bloodshed *n* שְׁפִיכַת דָּמִים
bloodshot *adj* עֲקוּבָּה מִדָּם, מוּכְתֶּמֶת בְּדָם
blood test *n* בְּדִיקַת דָּם
bloodthirsty *adj* צְמֵא דָם
blood transfusion *n* עֵירוּי דָּם
blood vessel *n* כְּלִי דָם
bloody *adj* מְגוֹאָל בְּדָם; עָקוֹב מִדָּם (לגבי קרב וכד'); דָמִי; אָרוּר
bloom *n* פֶּרַח; פְּרִיחָה, לִבְלוּב
bloom *vi* לִבְלֵב, פָּרַח
blossom *n* פֶּרַח; פְּרִיחָה
blossom *vi* הִפְרִיחַ, פָּרַח
blot *n* כֶּתֶם
blot *vt, vi* הִכְתִּים; סָפַג (בְּסוֹפֵג)
blotch *n* כֶּתֶם גָּדוֹל
blot out *vt* מָחַק, הִשְׁמִיד
blotter *n* נְיָיר סוֹפֵג
blotting paper *n* נְיָיר סוֹפֵג
blouse *n* חוּלְצָה
blow *n* מַהֲלוּמָה
blow *vt, vi* נָשַׁב; פּוֹצֵץ; בִּזְבֵּז
blow out (a candle) כִּיבָּה (נֵר) בִּנְשִׁיפָה
blow-out *n* הִתְפּוֹצְצוּת
blowpipe *n* מַפּוּחַ; צִינּוֹר נִיפּוּחַ
blowtorch *n* מַבְעֵר הַלְחָמָה
blubber *n* שׁוּמַּן לִוְויָתָן; בְּכִיָּיה בְּקוֹל
blubber *vi* דִּיבֵּר בִּבְכִיָּיה
bludgeon *n* אַלָּה, שֵׁבֶט
bludgeon *vt* הִכָּה בְּאַלָּה
blue *n* תְּכֵלֶת, כָּחוֹל
blue *adj* כָּחוֹל; מְדוּכָּא

blue *vt* הִכְחִיל, צָבַע בְּכָחוֹל
blueberry *n* אוּכְמָנִית
blue chip *n* נֶכֶס חָשׁוּב
bluejacket *n* יַמַּאי; מַלָּח בְּחֵיל הַיָּם
blue jay *n* עוֹרְבָנִי כָּחוֹל
Blue Nile *n* הַנִּילוּס הַכָּחוֹל
blue-pencil *vt* תִּיקֵן, צִנְזֵר
blueprint *n* הַדְפָּסַת־צִילּוּם; תּוֹכְנִית מְפוֹרֶטֶת
blueprint *vt* עָשָׂה הַדְפָּסַת־צִילּוּם; עִיבֵּד תּוֹכְנִית
blues *n pl* דְּכְדּוּךְ; שִׁירֵי עַצְבוּת
bluestocking *n* כְּחוּלַת־גֶּרֶב (לגבי אישה)
blue streak *n* (דיבורית) בָּזָק
bluff *n* כֵּף, שֵׁן־סֶלַע; יוֹהֲרָה; אִיּוּם סְרָק; רַמָּאוּת
bluff *adj* גְּלוּי־לֵב, לְבָבִי
blunder *n* שְׁגִיאָה גַּסָּה
blunder *vi* שָׁגָה שְׁגִיאָה חֲמוּרָה
blunt *adj* קֵהֶה; (לגבי דיבור) יָבֵשׁ, גָּלוּי
blunt *vt* הִקְהָה
bluntness *n* קֵהוּת; גִּילּוּי־לֵב
blur *n* כֶּתֶם כֵּהֶה; טִשְׁטוּשׁ
blur *vt, vi* טִשְׁטֵשׁ; נִיטַשְׁטֵשׁ
blurb *n* פִּרְסוֹמֶת קוֹלָנִית
blurt *vt* הֵסִיחַ לְפִי תּוּמּוֹ
blush *n* סוֹמֶק, אַדְמוּמִית
blush *vi* הִסְמִיק
bluster *n* הֲמוּלָּה; רַבְרְבָנוּת קוֹלָנִית
bluster *vi, vt* הִרְעִישׁ, הִרְעִים; כָּפָה בִּצְעָקוֹת
blustery *n* מַרְעִישׁ עוֹלָמוֹת, צוֹעֵק־מְאַיֵּם
boar *n* חֲזִיר־בָּר
board *n* אוֹכֶל; וַעַד מְנַהֵל
board *vt, vi* כִּיסָּה בְּלוּחוֹת; הִתְאַכְסֵן (עם אוכל); יָרַד (באונייה), עָלָה (על אוטובוס וכד׳)
board and lodging *n* חֶדֶר עִם אֲרוּחָה
boarder *n* מִתְאַכְסֵן; תַּלְמִיד בִּפְנִימִיָּה
boarding house *n* אַכְסַנְיָה, ׳פֶּנְסִיוֹן׳
boarding school *n* בֵּית־סֵפֶר פְּנִימוֹנִי
board of health *n* וַעֲדַת בְּרִיאוּת
board of trade *n* וַעֲדַת מִסְחָר
board of trustees *n* וַעֲדַת נֶאֱמָנִים
boardwalk *n* טַיֶּלֶת עֵץ
boast *n* הִתְרַבְרְבוּת
boast *vt, vi* הִתְפָּאֵר, הִתְרַבְרֵב
boastful *adj* יוֹהֲרָנִי, מִתְפָּאֵר
boat *n* סִירָה, סְפִינָה
boat hook *n* אוּנְקַל הַסִּירָה
boat house *n* בֵּית־סִירוֹת
boating *n* שִׁיּוּט בְּסִירוֹת
boatman *n* סַוָּר
boat race *n* מֵרוֹץ סִירוֹת
boatswain *n* רַב מַלָּח
boatswain's chair *n* כִּיסֵּא רַב־מַלָּח
boatswain's mate *n* סְגַן רַב־מַלָּח
bob *vt, vi* הֵנִיעַ בִּמְהִירוּת; הֶחֱוָה קִידָּה; סִיפֵּר תִּסְפּוֹרֶת קְצָרָה
bobbed hair *n* תִּסְפּוֹרֶת קְצָרָה
bobbin *n* סְלִיל
bobby pin *n* מַכְבֵּנָה, סִיכַּת־שֵׂיעָר
bobbysocks *n pl* גַּרְבִּיּוֹת
bobbysoxer *n* בּוֹגְרָנִית
bobolink *n* בּוֹבּוֹלִינְק, צִיפּוֹר סוּף

bobsled *n* שַׁחְלָקָה, מִגְרָרָה
bobtail *n, adj* זָנָב קָצָר; קְצַר־זָנָב
bobwhite *n* חוּגְלָה
bockbeer *n* בִּירָה בּוֹק
bodice *n* חוּלְצָה מְרוּקֶּמֶת, גּוּפִית
bodily *adj, adv* גּוּפָנִי; בִּכְלָלוֹ, בִּשְׁלֵמוּת; גּוּפָנִית
bodkin *n* מַקְדֵּחַ, מַרְצֵעַ
body *n* גּוּף; גְּוִיָּה; מֶרְכָּב (שֶׁל כְּלִי־רֶכֶב)
bodyguard *n* שׁוֹמֵר־רֹאשׁ
Boer *n, adj* בּוּרִי
Boer War *n* מִלְחֶמֶת הַבּוּרִים
bog *n* בִּיצָה, מַדְמֵנָה
bog *vt, vi* הִשְׁקִיעַ בְּבִיצָה; שָׁקַע בְּבִיצָה
bogey, bogy *n* מִפְלֶצֶת, שֵׁד
bogeyman *n* שֵׁד
bogus *adj* מְזוּיָּף
Bohemian *adj, n* בּוֹהֵמִי
boil *n* רְתִיחָה
boil *vt, vi* הִרְתִּיחַ; רָתַח, הִתְבַּשֵּׁל
boiler *n* דּוּד הַרְתָּחָה
boilermaker *n* מַתְקִין דְּוָדִים
boiler room *n* תָּא הַדּוּד
boiling *n* רְתִיחָה; הַרְתָּחָה
boiling point *n* נְקוּדַּת הָרְתִיחָה
boisterous *adj* סוֹעֵר, רוֹגֵשׁ; קוֹלָנִי־עַלִּיז
bold *adj* נוֹעָז, אַמִּיץ, בּוֹטֵחַ
boldface *n* אוֹת שְׁחוֹרָה
boldness *n* הֶעָזָה
Bolivia *n* בּוֹלִיבְיָה
Bolivian *adj, n* בּוֹלִיבִי
boll weevil *n* זִיפִית, תּוֹלַעַת הַכּוּתְנָה
Bolshevik *n* בּוֹלְשֶׁבִיק
bolster *n* כֶּסֶת; כַּר
bolster *vt, vi* רִיפֵּד; תָּמַךְ
bolt *n* בְּרִיחַ; לוֹלָב; בּוֹרֶג; בְּרִיחַת פֶּתַע
bolt *vt, vi* בָּרַג, חִיזֵּק בִּבְרָגִים, לִילֵב; בָּרַח, הִשְׁתַּמֵּט
bolter *n* בּוֹרֵחַ
bomb *n* פְּצָצָה
bomb *vt, vi* הִפְצִיץ
bombard *vt* הִרְעִישׁ
bombardment *n* הַפְצָצָה
bombast *n* גִּיבּוּב מְלִיצוֹת
bombastic(al) *adj* מְלִיצִי, בּוֹמְבַּסְטִי
bomb crater *n* מַכְתֵּשׁ פְּצָצָה
bombproof *adj* חֲסִין פְּצָצוֹת
bomb release *n* הַתָּרַת פְּצָצָה
bombshell *n* פְּצָצָה
bond *n* קֶשֶׁר; חֶבֶל; מְקַשֵּׁר, כּוֹבֵל; הִתְחַיְּבוּת, אִיגֶּרֶת חוֹב
bondage *n* עַבְדוּת; שִׁעְבּוּד
bonded warehouses *n* מַחְסְנֵי עֲרוּבָּה
bondholder *n* מַחֲזִיק תְּעוּדַת־מִלְוֶוה
bondsman *n* עֶבֶד
bone *n* עֶצֶם
bone *vt, vi* הוֹצִיא עֲצָמוֹת; לָמַד בִּשְׁקִידָה
bone-head *n* אֱוִיל, עַקְשָׁן
boneless *adj* חֲסַר עֲצָמוֹת
boner *n* טָעוּת מְגוּחֶכֶת
bonfire *n* מְדוּרָה
bonnet *n* מִצְנֶפֶת, כּוּמְתָּה; חִיפַּת הַמָּנוֹעַ
bonus *n* הֲטָבָה, תּוֹסֶפֶת מְיוּחֶדֶת
bony *adj* גַּרְמִי; מָלֵא עֲצָמוֹת

boo *interj, n* בּוּ!, בּוּ!

boo *vt, vi* הִשְׁמִיעַ קְרִיאוֹת־גְּנַאי

booby *n* שׁוֹטֶה, אֱוִיל

booby prize *n* פְּרָס לָאַחֲרוֹן

booby trap *n* מַלְכּוֹדֶת מִשְׂחָק; פֶּצֶץ מוּסוֹוֶה

boogie-woogie *n* בּוּגִי־ווּגִי

book *n* סֵפֶר; כֶּרֶךְ; פִּנְקָס; רְשִׁימַת הִימּוּרִים

book *vt* הִזְמִין מָקוֹם; הִכְנִיס לִרְשִׁימָה

bookbinder *n* כּוֹרֵךְ סְפָרִים

bookbindery *n* כְּרִיכִיָּיה

bookbinding *n* כְּרִיכַת סְפָרִים

bookcase *n* אֲרוֹן סְפָרִים

book-end *n* זָוִיתָן לִסְפָרִים

bookie *n* סוֹכֵן הִימּוּרִים

booking *n* הַזְמָנָה

bookish *adj* לַמְדָנִי

bookkeeper *n* מְנַהֵל סְפָרִים

bookkeeping *n* הַנְהָלַת־סְפָרִים

bookmaker *n* עוֹשֶׂה סְפָרִים; סוֹכֵן הִימּוּרִים

bookmark(er) *n* סִימָנִית; תָּוִית סֵפֶר

bookplate *n* תָּוִית סֵפֶר

book review *n* מַאֲמַר בִּיקּוֹרֶת סְפָרִים

bookseller *n* מוֹכֵר סְפָרִים

bookshelf *n* מַדַּף סְפָרִים

bookstand *n* דּוּכַן סְפָרִים

bookstore *n* חֲנוּת סְפָרִים

bookworm *n* תּוֹלַעַת סְפָרִים

boom *n* קוֹל גּוֹעֵשׁ; זִמְזוּם; עֲלִיַּית פִּתְאוֹם (בִּמְחִירִים); מוֹט מִפְרָשׂ; שַׁרְשֶׁרֶת חוֹסֶמֶת

boom *vt, vi* גָּעַשׁ; זִמְזֵם; קָפַץ קְפִיצַת־דֶּרֶךְ (בְּהִתְפַּתְּחוּת וכד׳)

boomerang *n* בּוּמֵרַנְג; חֶרֶב פִּיפִיּוֹת

boom town *n* עִיר גֵּאוּת

boon *n* הֲנָאָה; חֶסֶד, בְּרָכָה

boon companion *n* חָבֵר שָׂמֵחַ

boor *n* גַּס־רוּחַ; בּוּר

boorish *adj* גַּס, מְגוּשָּׁם

boost *n* הֲרָמָה; עִידּוּד; הַגְבָּרָה

boost *vt* הֵרִים; דִּיבֵּר בְּשֶׁבַח

booster *n, adj* תּוֹמֵךְ, מְעוֹדֵד

boot *n* נַעַל (שְׁלֵמָה); סִבְכַת חֲבִילוֹת (בִּמְכוֹנִית)

boot *vt* נָעַל; בָּעַט

bootblack *n* מְצַחְצֵחַ נַעֲלַיִים

booth *n* סְכָכָה; תָּא (לְטֶלֶפוֹן וכד׳)

bootjack *n* חוֹלֵץ נַעַל

bootleg *vt, adj* סָחַר בְּשׁוּק שָׁחוֹר

bootlegger *n* מַבְרִיחַ מַשְׁקָאוֹת

bootlegging *n* הַבְרָחָה

bootlicker *n* חַנְפָן, ׳מְלַקֵּק׳

bootstrap *n* לוּלְאַת נַעַל

booty *n* שָׁלָל, בִּיזָּה

booze *n* מַשְׁקֶה

booze *vi* שָׁתָה לְשָׁכְרָה

borax *n* בּוֹרַקְס

border *n* גְּבוּל; סְפָר; קָצֶה

border *vt, vi* הֵקִים גְּבוּל; גָּבַל

border clash *n* הִתְנַגְּשׁוּת בַּגְּבוּל

borderline *adj* גּוֹבֵל; שָׁנוּי בְּמַחֲלוֹקֶת

bore *n* לוֹעַ הַתּוֹתָח; קוֹטֶר לוֹעַ הַתּוֹתָח; (אָדָם) מְשַׁעֲמֵם; שִׁעֲמוּם

bore *vt, vi* קָדַח, קִידֵּחַ, נִיקֵּב; חָדַר; שִׁיעֲמֵם

boredom *n* שִׁיעֲמוּם, מֶטְרָד

boring *n* קִידּוּחַ; נִיקּוּב; נֶקֶב

born *adj* נוֹלָד; מִלֵּידָה

borough *n* אֵיזוֹר עִיר; עִיר
borrow *vt, vi* לָוָה, שָׁאַל
borrower *n* לוֹוֶה, שׁוֹאֵל
bosom *n* חָזֶה, חֵיק
bosom friend *n* יְדִיד קָרוֹב
Bosporus *n* בּוֹסְפּוֹר
boss *n* זִיז; מַטְבַּעַת; בַּעַל עֵסֶק; מְנַהֵל; (בארה"ב) מְרַכֵּז מִפְלָגָה
boss *vt, vi* נִיהֵל; הִשְׁתַּלֵּט
bossy *adj* שְׁתַלְטָנִי
botanic(al) *adj* בּוֹטָנִי
botanist *n* בּוֹטָנַאי, בּוֹטָנִיקָן
botany *n* בּוֹטָנִיקָה
botch *vt, vi* בִּיצֵּעַ מְלָאכָה גְרוּעָה
botch *n* מְלָאכָה גְרוּעָה; טְלַאי גַּס
both *adj pron, adv* הַשְּׁנַיִים; שְׁנֵיהֶם
both... and גַּם וְגַם
bother *n* טִרְחָה, מִטְרָד; טַרְחָן
bother *vt, vi* הִדְאִיג, הִטְרִיד
bothersome *adj* מַטְרִיד, מַדְאִיג
bottle *vt* מִילֵּא בְּבַקְבּוּקִים; בִּקְבֵּק
bottle *n* בַּקְבּוּק
bottleneck *n* צַוַּאר בַּקְבּוּק
bottle opener *n* פּוֹתְחָן
bottom *n* תַּחְתִּית, קַרְקָעִית; קַעַר (בספינה); מוֹשָׁב (של כיסא); יַשְׁבָן
bottomless *adj* לְלֹא קַרְקָעִית, לְלֹא תַּחְתִּית
boudoir *n* בּוּדוּאָר, חֲדַר הָאִישָּׁה
bough *n* עָנָף
bouillon *n* מְרַק בָּשָׂר
boulder *n* גּוּשׁ אֶבֶן
boulevard *n* שְׂדֵירָה
bounce *n* הֲעָפָה; הִתְרַבְרְבוּת
bounce *vt, vi* זִינֵּק, הֵעִיף; הִתְרַבְרֵב
bouncer *n* מֵעִיף, זוֹרֵק
bouncing *adj* בַּעַל־גּוּפִי, גַּבְרְתָּנִי
bound *n* זִינּוּק, קְפִיצָה, נְתִירָה
bound *n* גְּבוּל, תְּחוּם
bound *adj* בַּדֶּרֶךְ, נוֹעָד; קָשׁוּר, אָנוּס; מְכוֹרָךְ (לגבי ספר); חַיָּיב
boundary *n* גְּבוּל
boundary stone *n* אֶבֶן גְּבוּל
bounder *n* חֲסַר נִימוּס
boundless *adj* לְלֹא גְבוּל
bountiful *adj* נְדִיב־לֵב; מְשׁוּפָּע
bounty *n* נְדִיבוּת; מַעֲנָק
bouquet *n* זֵר פְּרָחִים; נִיחוֹחַ יַיִן
bourgeois *n, adj* בּוּרְגָּנִי
bourgeoisie *n* הַבּוּרְגָּנוּת
bout *n* הִתְמוֹדְדוּת; מִשְׁמֶרֶת; הַתְקָפָה (של שתייה או מחלה)
bow *vi, vt* הִשְׁתַּחֲוָה קִידָּה; נִכְנַע; הִכְנִיעַ; הִרְכִּין; קִישֵּׁת; הִתְקַשֵּׁת; (במוסיקה) קָשַׁת
bow *n* קֶשֶׁת; עִיקּוּל; לוּלָאָה; קִידָּה; חַרְטוֹם הַסְּפִינָה
bowdlerize *vt* טִיהֵר (ספר)
bowel, bowels *n* מֵעַיִים, קְרָבַיִים
bowel movement *n* פְּעוּלַּת מֵעַיִים
bower *n* סוּכַּת יֶרֶק
bowery *n* חַוָּוה
bowie knife *n* סַכִּין אָרוֹךְ
bow knot *n* קֶשֶׁר סֶרֶט
bowl *n* קְעָרָה, קַעֲרִית
bowl *vi, vt* שִׂיחֵק בְּכַדּוֹרֶת; נָע בִּמְהִירוּת
bow-legged *adj* מְקוּשַּׁט רַגְלַיִים
bowler *n* מְגַלְגֵּל כַּדּוּר; מִגְבַּעַת גְּבָרִים

bowling *n* מִשְׂחַק הַכַּדּוֹרֶת

bowling alley *n* אוּלַם כַּדּוֹרֶת

bowling green *n* מִגְרַשׁ כַּדּוֹרֶת

bowshot *n* מְטַחֲוֵי־קֶשֶׁת

bowsprit *n* זִיז

bow tie *n* עֲנִיבַת קֶשֶׁת

bow-wow *n* הַבְהָבִים; כֶּלֶב

box *n* תֵּיבָה, אַרְגָּז; תָּא (בתיאטרון); מַהֲלוּמָה בָּאוֹזֶן; (עץ) תְּאַשּׁוּר

box *vt* שָׂם בְּתֵיבָה אוֹ בְּאַרְגָּז

box *vt, vi* הִתְאַגְרֵף; הָלַם בְּאֶגְרוֹפָיו

boxcar *n* קְרוֹן מִטְעָן סָגוּר

boxer *n* מִתְאַגְרֵף; (כלב) בּוֹקְסֶר

boxing *n* אִגְרוּף

boxing glove *n* כְּפֶפֶת אִגְרוּף

box office *n* קוּפָּה

box office hit *n* הַצְלָחָה קוּפָּתִית

box office record *n* שִׂיא קוּפָּתִי

box office sale *n* מְכִירַת כַּרְטִיסִים בַּקּוּפָּה

box pleat *n* קֶפֶל כָּפוּל

box seat *n* מוֹשַׁב תָּא

boxwood *n* עֵץ תֵּיבוֹת (תאשור)

boy *n* יֶלֶד; נַעַר; בָּחוּר

boycott *n* חֵרֶם

boycott *vt* הֶחֱרִים, נִידָּה

boyish *adj* שֶׁל נַעַר, תָּמִים

boy scout *n* צוֹפֶה

bra *n* חֲזִיָּיה

brace *n* מַאֲחֵז; הֶדֶק; אֶגֶד; זוּג; מְיַישֵּׁר שִׁנַּיִים

brace *vt* הִידֵּק, צִימֵּד; חִיזֵּק; אוֹשֵׁשׁ

brace and bit *n* מַקְדֵּחַת אַרְכּוּבָּה

braces *n* כְּתֵפוֹת

bracelet *n* צָמִיד

bracer *n* מְחַזֵּק, מְאוֹשֵׁשׁ

bracing *adj* מְחַזֵּק, מְאוֹשֵׁשׁ

bracket *n* כַּן, מִסְעָד; זִיז פִּינָּה; (בסימני־פיסוק) סוֹגֵר

bracket *vt* תָּמַךְ, סָעַד; שָׂם בְּסוֹגְרַיִים; הִצְמִיד; צִיֵּין יַחַד

brackish *adj* (מים) מְלוּחִים בְּמִקְצָת

brad *n* מַסְמֵר

brag *n* דִּבְרֵי הִתְפָּאֲרוּת

brag *vi* הִתְרַבְרֵב, הִתְפָּאֵר

braggart *n* רַבְרְבָן, מִתְיַיהֵר

braid *n* מִקְלַעַת, צַמָּה

braid *vt* קָלַע; קָשַׁר בְּסֶרֶט

brain *n* מוֹחַ; (ברבים) תְּפִיסָה, הֲבָנָה

brain child *n* פְּרִי רוּחַ, יְצִירָה

brain drain *n* הֲגִירַת אֲקָדֵמָאִים

brainless *adj* חֲסַר שֵׂכֶל, שׁוֹטֶה

brain power *n* יְכוֹלֶת רוּחָנִית

brain-storm *n* הַתְקָפַת עֲצַבִּים; הַשְׁרָאָה פִּתְאוֹמִית

brain(s) trust *n* צֶוֶות מוֹחוֹת

brain-washing *n* שְׁטִיפַת מוֹחַ

brain-wave *n* הַשְׁרָאָה פִּתְאוֹמִית

brainy *adj* פִּיקֵחַ

braise *vt* טִיגֵּן־צָלָה

brake *n* בֶּלֶם; מַעְצֵר; מַפֵּץ פִּשְׁתָּן; מֶרְכָּבָה; סְבַךְ שִׂיחִים; שָׂרָךְ

brake *vt, vi* בָּלַם

brake band *n* סֶרֶט הַבֶּלֶם

brake drum *n* תּוֹף הַבֶּלֶם

brake lining *n* רְפִידַת הַבֶּלֶם

brakeman *n* בַּלְמָן

brake shoe *n* גְּשִׁישׁ הַבֶּלֶם

bramble *n* אָטָד

brambly *adj* קוֹצָנִי

bran *n* סוּבִּין

branch *n* עָנָף, חוֹטֶר; סְנִיף

branch *vi* הִסְתָּעֵף

branch line *n* שְׁלוּחַת מְסִילַּת בַּרְזֶל

branch office *n* מִשְׂרָד סְנִיפִי

brand *n* סִימָן מִסְחָרִי; סוּג, טִיב; סִימָן מְקוּעֲקָע; אוֹת קָלוֹן; אוּד

brand *vt* צִיֵּן סִימָן; שָׂם אוֹת קָלוֹן

branding iron *n* מוֹט קַעְקוּעַ

brandish *vt* נוֹפֵף (חרב וכד׳)

brand-new *adj* חָדִישׁ

brandy *n* בְּרַנְדִי, יֵי״שׁ

brash *adj* פָּזִיז; מְחוּצָף

brass *n* פְּלִיז; (במוסיקה) כְּלֵי־נְשִׁיפָה

brass band *n* תִּזְמוֹרֶת כְּלֵי־נְשִׁיפָה

brass hat *n* (המונית) קְצִין גָּבוֹהַּ

brassière *n* חֲזִיַּית אִשָּׁה

brass winds *n pl* כְּלֵי־נְשִׁיפָה מִמַּתֶּכֶת

brassy *adj* פְּלִיזִי, מַתַּכְתִּי; מְחוּצָף

brat *n* יֶלֶד (כינוי של בוז)

bravado *n* הִתְפָּאֲרוּת, יוֹמְרָנוּת

brave *n* לוֹחֵם (אינדיאני)

brave *adj* אַמִּיץ

brave *vt* הִתְנַגֵּד בְּאוֹמֶץ

bravery *n* אוֹמֶץ, הֶעָזָה

bravo *n* רוֹצֵחַ שָׂכוּר

bravo *interj, n* הֵידָד!, יִישַׁר כּוֹחַ!

brawl *n* הִתְכַּתְּשׁוּת, מְרִיבָה

brawl *vi* הִתְכַּתֵּשׁ, רָב

brawler *n* אִישׁ רִיב

brawn *n* כּוֹחַ שְׁרִירִי; בְּשַׂר חֲזִיר כָּבוּשׁ

brawny *adj* שְׁרִירִי, חָזָק

braze *vt* צִיפָּה בִּפְלִיז; הִלְחִים

brazen *adj* עָשׂוּי פְּלִיז; חֲסַר בּוּשָׁה

brazen *vt* הִתְחַצֵּף

brazier, brasier *n* עוֹבֵד בִּפְלִיז

breach *n* שְׁבִירָה; בְּקִיעַ; הֲפָרָה

breach *vt, vi* בִּיקֵּעַ, פָּרַץ

breach of faith *n* הֲפָרַת אֵימוּן

breach of peace *n* הֲפָרַת שָׁלוֹם

breach of promise *n* הֲפָרַת הַבְטָחַת נִישּׂוּאִין

breach of trust *n* הֲפָרַת אֱמוּנִים

bread *n* לֶחֶם

bread crumbs *n pl* פֵּירוּרֵי לֶחֶם

breaded *adj* קָלוּעַ

bread line *n* תּוֹר לֶחֶם

breadth *n* רוֹחַב

breadwinner *n* מְפַרְנֵס

break *n* שֶׁבֶר; בְּקִיעַ; בְּרִיחָה; הַפְסָקָה; שִׁינּוּי נִיכָּר (בקול, בכיוון); הִזְדַּמְּנוּת

break *vt, vi* שָׁבַר; פָּרַץ (כלא וכד׳); נִשְׁבַּר

breakable *adj* שָׁבִיר, פָּרִיךְ

breakage *n* שְׁבִירָה; שֶׁבֶר

breakdown *n* הִתְמוֹטְטוּת; קִלְקוּל; אֲנָלִיזָה

breaker *n* מְשַׁבֵּר; מִשְׁבָּר (גל)

breakfast *n* אֲרוּחַת־בּוֹקֶר

breakneck *adj* מְסוּכָּן

break of day *n* עֲלוֹת הַשַּׁחַר

breakthrough *n* פְּרִיצָה, חֲדִירָה

break-up *n* הִתְפָּרְקוּת

breakwater *n* מֵזַח

breast *n* חָזֶה, שַׁד

breastbone *n* עֶצֶם הֶחָזֶה

breastpin *n* סִיכַּת חָזֶה, סִיכַּת צַוָּאר

breaststroke *n* שְׂחִיַּית חָזֶה

breath *n* נְשִׁימָה; שְׁאִיפַת רוּחַ
breathe *vt, vi* נָשַׁם; הִתְנַשֵּׁם
breathe in *vi* נָשַׁם, שָׁאַף
breathe out *vi* נָשַׁף
breathing spell *n* שָׁהוּת לִנְשׁוֹם לִרְווָחָה
breathless *adj* חֲסַר נְשִׁימָה
breathtaking *adj* עוֹצֵר נְשִׁימָה
breech *n* מִכְנָס
breeches *n pl* מִכְנְסֵי־רְכִיבָה
breed *n* גֶּזַע
breed *vt, vi* הֵקִים וְלָדוֹת; גִּידֵּל; הִשְׁבִּיחַ גֶּזַע
breeder *n* מְגַדֵּל, מְטַפֵּחַ
breeding *n* גִּידּוּל; תַּרְבּוּת הַבַּיִת
breeze *n* מַשַּׁב־רוּחַ
breezy *adj* פָּתוּחַ לָרוּחַ; רַעֲנָן
brevity *n* קוֹצֶר
brew *vt* בִּישֵּׁל; זָמַם
brewer *n* מְבַשֵּׁל שֵׁיכָר
brewer's yeast *n* שְׁמָרֵי שֵׁיכָר
brewery *n* בֵּית מְבַשֵּׁל שֵׁיכָר
bribe *n* שׁוֹחַד
bribe *vt* שִׁיחֵד
bribery *n* שׁוֹחַד; שִׁיחוּד
bric-a-brac *n* תַּקְשִׁיטִים קְטַנִּים
brick *n* לְבֵנָה
brick *vt* בָּנָה בִּלְבֵנִים, נִדְבַּךְ
brickbat *n* (דיבּוּרית) הֶעָרָה פּוֹגַעַת
brick-kiln *n* כּוּר לְבֵנִים
bricklayer *n* בַּנַּאי
brickyard *n* מִלְבָּנָה
bridal *adj* שֶׁל כַּלָּה, שֶׁל כְּלוּלוֹת
bride *n* כַּלָּה
bridegroom *n* חָתָן
bridesmaid *n* שׁוֹשְׁבִינִית הַכַּלָּה
bridge *n* גֶּשֶׁר; בְּרִידג׳ (משחק קלפים)
bridge *vt* גִּישֵּׁר
bridgehead *n* רֹאשׁ־גֶּשֶׁר
bridle *n* רֶסֶן
bridle *vt, vi* רִיסֵּן; הִגְבִּיהַּ רֹאשׁ (בּכעס)
bridle path *n* שְׁבִיל לְרוֹכְבֵי סוּסִים
brief *n* תַּדְרִיךְ
brief *adj* קָצָר
brief *vt* תִּדְרֵךְ
brief case *n* תִּיק
brier *n* עוֹקֶץ; חוֹחַ; וֶרֶד יַיְנִי; עֶצְבּוֹנִית
brig *n* (ספינה) דוּ־תּוֹרְנִית; כֶּלֶא אוֹנִיָּה
brigade *n* בְּרִיגָדָה, חֲטִיבָה
brigadier *n* בְּרִיגָדִיר, תַּת־אַלּוּף
brigand *n* לִסְטִים
brigantine *n* דוּ־תּוֹרְנִית קְטַנָּה (ספינה)
bright *adj* זוֹרֵחַ, מֵאִיר; מַזְהִיר
brighten *vt, vi* הֵאִיר יוֹתֵר; הוּאַר יוֹתֵר
brilliance, brilliancy *n* זוֹהַר, זִיו; הִצְטַיְּנוּת
brilliant *adj* מַזְהִיר; מִצְטַיֵּן
brim *n* שָׂפָה; אוֹגֶן (בּמגבּעת וכד׳)
brimstone *n* גּוֹפְרִית, גָּפְרִית
brine *n* מֵי־מֶלַח; מֵי־יָם
bring *vt, vi* הֵבִיא
bring about *vt* גָּרַם
bring up *vt* גִּידֵּל (ילד)
brink *n* שָׂפָה (של שטח מים); קָצֶה, גְּבוּל, סַף

bristle *n* זִיף

bristle *vt, vi* הִזדַקֵּר כְּזִיף; הִסמִיר שֵׂעָר

Britannic *adj* בְּרִיטִי

British *adj* בְּרִיטִי

Britisher *n* בְּרִיטִי

Briton *n* בְּרִיטִי

Brittany *n* בְּרֶטוֹן

brittle *adj* שָׁבִיר, פָּרִיךְ

broach *n* שַׁפּוּד (לצלייה); חוּד (בּראשׁ סיכּה); מַקדֵּחַ

broach *vt* נִיקֵב (חבית); פָּתַח

broad *adj* רָחָב, נִרחָב

broadcast *n* שִׁידּוּר

broadcast *vt, vi* שִׁידֵּר; הֵפִיץ

broadcasting station *n* תַּחֲנַת שִׁידּוּר

broadcloth *n* אָרִיג מְשׁוּבָּח

broaden *vt, vi* הִרחִיב; הִתפַּשֵּׁט

broadloom *n* נוֹל רָחָב

broadminded *adj* רְחַב־אוֹפֶק; סוֹבְלָנִי

broadshouldered *adj* רְחַב כְּתֵפַיִים

broadside *n* פְּנֵי הָאוֹנִיָּה; סוֹלְלַת צַד הָאוֹנִיָּה

broadsword *n* חֲנִית רַחֲבַת לַהַב

brocade *n* מַעֲשֵׂה רִקמָה

broccoli *n* בְּרוֹקוֹלִי

brochure *n* עָלוֹן

brogue *n* הִיגּוּי אִירִי (באנגלית); נַעַל (חזקה ומקושטת)

broil *vt* צָלָה

broiler *n* תַּנּוּר צְלִיָּיה; עוֹף צָעִיר

broken *adj* שָׁבוּר, רָצוּץ

brokendown *adj* הָרוּס; נִכנָע

brokenhearted *adj* שְׁבוּר־לֵב

broker *n* סַרסוּר; מְתַוֵּךְ

brokerage *n* סַרסָרוּת; דְּמֵי סַרסָרוּת

bromide *n* בְּרוֹמִיד

bromine *n* בְּרוֹם

bronchitis *n* דַּלֶּקֶת הַסִּימפּוֹנוֹת

broncho, bronco *n* בְּרוֹנקוֹ

broncho-buster *n* מְאַלֵּף סוּסֵי בְּרוֹנקוֹ

bronze *n, adj* אָרָד, בְּרוֹנזָה

brooch *n* סִיכַּת תַּכשִׁיט, מַכבֵּנָה

brood *n* דּוֹר גּוֹזָלִים

brood *vi* דָּגְרָה; הִרהֵר

brook *n* פֶּלֶג

brook *vt* נָשָׂא, סָבַל

broom *n* מַטאֲטֵא

broomcorn *n* דּוּרָה

broomstick *n* מַקֵּל מַטאֲטֵא

broth *n* מְרַק בָּשָׂר; מְרַק דָּגִים

brothel *n* בֵּית־זוֹנוֹת, בֵּית־בּוֹשֶׁת

brother *n* אָח

brother-in-law *n* גִּיס

brotherly *adj* כְּאָח, יְדִידוּתִי

brow *n* גַּבָּה; מֵצַח

browbeat *vt* רָדַף, הִפחִיד (במלים)

brown *adj* חוּם

brownish *adj* שְׁחַמתָּן, שַׁחֲמוּמִי

brown sugar *n* סוּכָּר חוּם

brown study *n* שְׁקִיעָה בְּמַחֲשָׁבוֹת

browse *n* חוֹטָרִים; קְלָחִים

browse *vi* לִיחֵךְ; הֵצִיץ בִּספָרִים

bruise *n* חַבּוּרָה

bruise *vt, vi* פָּצַע בְּמַכָּה; הִכחִיל (ממכה)

brunet *n, adj* שָׁחוּם, בְּרוּנֶטִי

brunette *n, adj* שְׁחוּמָה, בְּרוּנֶטִית

brunt *n* נֵטֶל
brush *n* סְבַךְ שִׂיחִים; מִבְרֶשֶׁת; מִכְחוֹל; הִתְנַגְּשׁוּת קַלָּה
brush *vt, vi* בֵּירֵשׁ; צִחְצַח; נָגַע קַלּוֹת
brush-off *n* סֵירוּב, מֵיאוּן
brushwood *n* עֲנָפִים שְׁבוּרִים; סִבְכֵי שִׂיחִים
brusque *adj* מָהִיר; לֹא אָדִיב
brusqueness *n* פְּזִיזוּת, חוֹסֶר אֲדִיבוּת
Brussels *n* בְּרִיסֶל
Brussels sprouts *n pl* כְּרוּב בְּרוּסֶלִי
brutal *adj* פְּרָאִי, חַיָּתִי, אַכְזָרִי
brutality *n* אַכְזְרִיּוּת, פְּרָאוּת
brute *n* חַיָּה; יֵצֶר חַיָּתִי
brute *adj* חֲסַר מַחֲשָׁבָה, חַיָּתִי
brutish *adj* חַיָּתִי, אַכְזָרִי
bubble *n* בּוּעָה; בִּעְבּוּעַ
bubble *vt, vi* הֶעֱלָה בּוּעוֹת; גִּרְגֵּר
buck *n* זָכָר (שֶׁל צְבִי וכד׳); טַרְזָן; (דִיבּוּרִית) דּוֹלָר
buck *vi, vt* (לגבי סוס) דָּהַר בִּזְקִיפוּת; הִתְנַגֵּד בְּעַקְשָׁנוּת; טוֹלְטַל
bucket *n* דְּלִי
buckle *n* אַבְזֵם
buckle *vt, vi* אִבְזֵם; הִתְכּוֹנֵן
buck private *n* טוּרַאי
buckram *n* בַּד מִקְשֶׁה
bucksaw *n* מַסּוֹר לִשְׁנַיִם
buckshot *n* כַּדּוּר עוֹפֶרֶת
bucktooth *n* שֵׁן בּוֹלֶטֶת
buckwheat *n* חִיטָּה שְׁחוֹרָה, כּוּסֶּמֶת
bud *n* נִיצָּן, צִיץ; נֶבֶט
buddy *n* (דִיבּוּרִית) חָבֵר
budge *vt, vi* זָע; הֵנִיעַ
budget *n* תַּקְצִיב; הַקְצָבָה
budget *vi, vt* תִּקְצֵב; תִּכְנֵן
budgetary *adj* תַּקְצִיבִי
buff *n* חוּם־צְהַבְהַב; עוֹר אָדָם
buff *adj* עוֹרִי; חוּם־צַהֲבוֹנִי
buff *vt* הִבְרִיק, לִיטֵּשׁ
buffalo *n* תְּאוֹ, בּוּפָלוֹ
buffalo *vt* אִייֵם
buffer *n* בּוֹלֵעַ הֶלֶם
buffer state *n* מְדִינַת חַיִץ
buffet *vt, vi* הָלַם; נֶאֱבַק
buffet *n* מִזְנוֹן; מַכַּת אֶגְרוֹף
buffet car *n* מִזְנוֹן רַכֶּבֶת
buffet lunch *n* אֲרוּחַת־צָהֳרַיִים בְּמִזְנוֹן
buffet supper *n* אֲרוּחַת־עֶרֶב בְּמִזְנוֹן
buffoon *n* בַּדְּחָן
buffoonery *n* בַּדְּחָנוּת
bug *n* חֶרֶק; פִּשְׁפֵּשׁ
bug *vt* (דִיבּוּרִית) צוֹתֵת
bugbear *n* דַּחְלִיל
buggy *n* מֶרְכָּבָה
buggy *adj* נָגוּעַ בְּפִשְׁפְּשִׁים, מְפוּשְׁפָּשׁ
bughouse *n* בֵּית־מְשׁוּגָּעִים
bugle *n* חֲצוֹצְרָה
bugle call *n* קְרִיאַת חֲצוֹצְרָה
bugler *n* מְחַצְצֵר
build *n* מִבְנֶה
build *vt* בָּנָה
building *n* בִּנְיָין; בְּנִייָה
building and loan association *n* חֶבְרַת הַלְווָאוֹת לְבִנְיָין
building lot *n* מִגְרַשׁ בְּנִייָה
building site *n* מִגְרַשׁ בְּנִייָה
building trades *n pl* מִקְצוֹעוֹת הַבְּנִייָה
build-up *adj* הִצְטַבְּרוּת; תַּעֲמוּלָה מוּקְדֶּמֶת

built-in *adj* בָּנוּי בַּקִּיר
built-up *adj* מְכוּסֶּה בִּנְיָנִים
bulb *n* בָּצָל; כַּדּוּרוֹן; נוּרַת־חַשְׁמַל
Bulgaria *n* בּוּלְגַרְיָה
Bulgarian *adj, n* בּוּלְגָרִי; בּוּלְגָרִית
bulge *n* בְּלִיטָה; הִתְנַפְּחוּת
bulge *vt, vi* הִבְלִיט; בָּלַט, הִתְנַפֵּחַ
bulk *n* נֶפַח; עִיקָר; צוֹבֶר
bulkhead *n* מְחִיצָה
bulky *adj* גַּמְלוֹנִי; נָפוּחַ
bull *n* פַּר; זָכָר (כגון פיל); (בבורסה) סַפְסָר יַקְרָן; צַו שֶׁל הָאַפִּיפְיוֹר
bulldog *n* כֶּלֶב בּוּלְדּוֹג
bulldoze *vt* כָּפָה בְּאִיּוּמִים
bulldozer *n* דַּחְפּוֹר
bullet *n* קָלִיעַ, כַּדּוּר
bulletin *n* עָלוֹן; יְדִיעוֹן
bulletin board *n* לוּחַ מוֹדָעוֹת
bulletproof *adj* חֲסִין קְלִיעִים
bullfight *n* מִלְחֶמֶת פָּרִים
bullfighter *n* לוֹחֵם בְּמִלְחֶמֶת פָּרִים
bullfighting *n* מִלְחֶמֶת פָּרִים
bullfinch *n* תַּמָּה
bullfrog *n* צְפַרְדֵּעַ־הַשּׁוֹר
bullheaded *adj* עַקְשָׁנִי, אֱוִילִי
bullion *n* זָהָב, כֶּסֶף; מְטִיל (זהב או כסף)
bullish *adj* פָּרִי; עַקְשָׁנִי, אֱוִילִי; (בבורסה) גּוֹרֵם לַעֲלִיַּת מְחִירִים
bullock *n* שׁוֹר, בְּהֵמָה עֲקוּרָה
bull pen *n* מִכְלָאָה; בֵּית־מַעֲצָר
bullring *n* זִירַת הַפָּרִים
bull's-eye *n* 'בּוּל'
bully *n* רוֹדָן וּפַחְדָן
bully *vt* רָדַף (גופנית או מוסרית)
bully *interj* מְצוּיָּן!, יוֹפִי!
bulrush *n* אַגְמוֹן
bulwark *n* סוֹלְלָה, דָּיֵק; הֲגַנָּה
bum *n* הוֹלֵךְ בָּטֵל; שַׁתְיָן
bum *vt, vi* חַי עַל חֶשְׁבּוֹן הַכְּלָל; הָלַךְ בָּטֵל
bumblebee *n* דְּבוֹרָה
bump *n* מַכָּה, חַבּוּרָה; הִתְנַגְּשׁוּת
bump *vi, vt* הִתְנַגֵּשׁ; הֵטִיחַ
bumper *n* (במכונית) פָּגוֹשׁ
bumpkin *n* כַּפְרִי מְגוּשָּׁם
bumptious *adj* קוֹפֵץ בְּרֹאשׁ, בּוֹטֵחַ בְּעַצְמוֹ
bumpy *adj* לֹא חָלָק
bun *n* עוּגִית; לַחְמָנִית (מתוקה)
bunch *n* צְרוֹר, אֶשְׁכּוֹל; חֲבוּרָה
bunch *vt, vi* אִיגֵּד, צֵירֵף; הִתְאַגֵּד
bundle *n* חֲבִילָה; אֲלוּמָּה
bundle *vt, vi* אָרַז, אִיגֵּד
bung *n* פְּקָק
bungalow *n* בּוּנְגָלוֹ
bung hole *n* פֶּתַח מְגוּפָה
bungle *vi, vt* קִלְקֵל, סָרַח
bungling *adj* מְקַלְקֵל, 'מְפַסְפֵס'
bunion *n* יַבֶּלֶת
bunk *n* מִיטַּת־קִיר; (המונית) שְׁטוּיּוֹת
bunker *n* תָּא הַפֶּחָם (באונייה); מַחסֶה תַּת־קַרְקָעִי, 'בּוּנְקֶר'
bunny *n* שָׁפָן קָטָן
bunting *n* אֲרִיג דְּגָלִים; גִּיבְתּוֹן (ציפור)
buoy *n* מָצוֹף
buoyancy *n* צִיפָנוּת; כּוֹחַ הָעִילּוּי
buoyant *adj* צִיפָנִי; מְעוֹדָד, עַלִּיז
bur, burr *n* קְלִיפָּה קָשָׁה

burble *vi* גִרגֵר; פִּטפֵּט
burble *n* גִרגוּר; מִלמוּל, פִּטפּוּט
burden *n* מַשָׂא, נֵטֶל
burden of proof *n* נֵטֶל הַהוֹכָחָה
burdensome *adj* מֵעִיק
burdock *n* סְרִיכוֹנִית, לַפָּה
bureau *n* שׁוּלחַן־כְּתִיבָה; מִשׂרָד, לִשׁכָּה
bureaucracy *n* בִּיוּרוֹקרַטיָה, נַיֶירֶת, סַחֶבֶת
bureaucrat *n* בִּיוּרוֹקרָט
bureaucratic(al) *adj* בִּיוּרוֹקרָטִי
burgess *n* אֶזרָח
burglar *n* פּוֹרֵץ
burglar alarm *n* אַזעָקַת שׁוֹד
burglar proof *adj* חֲסִין פְּרִיצָה
burglary *n* פְּרִיצָה
burial *n* קְבוּרָה
burial-ground *n* אֲחוּזַת־קֶבֶר
burlap *n* אֲרִיג גַס
burlesque *n* בּוּרלֶסקָה, פָּרוֹדיָה
burlesque *vt, vi* לִגלֵג, עָשָׂה לִצחוֹק
burlesque show *n* הַצָגַת בּוּרלֶסקָה
burly *adj* בַּעַל גוּף
Burma *n* בּוּרמָה
Burmese *n, adj* בּוּרמָנִית (שָׂפָה); בּוּרמָנִי
burn *n* כְּוִויָה
burn *vt, vi* דָלַק; בָּעַר
burn down *vi* עָלָה בָּאֵשׁ
burner *n* מַבעֵר, מַדלֶקֶת
burning *adj* בּוֹעֵר, לוֹהֵט
burnish *n* בָּרָק, בּוֹהַק
burnish *vt, vi* צִחצֵחַ, מֵירֵט; הִבִרִיק
burnous(e) *n* בּוּרנוּס
burnt almond *n* שָׁקֵד צָלוּי
burr *n* זִיז; קְלִיפָּה קָשָׁה
burrow *n* שׁוּחָה
burrow *vi, vt* חָפַר שׁוּחָה, חָפַר מִנהָרָה; הִתחַפֵּר
bursar *n* גִזבָּר
burst *n* הִתפּוֹצְצוּת; הִתפָּרְצוּת; (בִּצבָאוּת) צְרוֹר
burst *vi, vt* הִתפּוֹצֵץ; הִתפָּרֵץ; נִיפֵּץ; בָּקַע
bury *vt* קָבַר, הִטמִין
burying-ground *n* בֵּית־קְבָרוֹת
bus *n* אוֹטוֹבּוּס
busboy *n* עוֹזֵר לְמֶלצַר
busby *n* מִגבַּעַת פַּרוָוה
bush *n* שִׂיחַ; סְבַך; יַעַר
bushel *n* בּוּשֶׁל
bushing *n* תּוֹתָב
bushy *adj* דְמוּי שִׂיחַ; מְכוּסֶה שִׂיחִים
business *n* עֵסֶק; עִיסוּק
business district *n* אֵיזוֹר עֲסָקִים
business-like *adj* שִׁיטָתִי, מַעֲשִׂי
businessman *n* אִישׁ־עֲסָקִים, סוֹחֵר
business suit *n* חֲלִיפַת עֲבוֹדָה
busman *n* נַהַג אוֹטוֹבּוּס
buss *n* נְשִׁיקַת תַּאֲוָוה
buss *vt, vi* נִישֵׁק בְּתַאֲוָוה, הִתנַשֵׁק
bust *n* פֶּסֶל רֹאשׁ, חָזֶה; כִּישָׁלוֹן; פְּשִׁיטַת רֶגֶל
bust *vi, vt* הִתפּוֹצֵץ; פּוֹצֵץ, הָרַס
buster *n* נַעַר קָטָן
bustle *n* פְּעִילוּת חֲזָקָה; נִיפּוּחַ שִׂמלָה
bustle *vt, vi* נָע בִּמהִירוּת; זֵירֵז
busy *adj* עָסוּק; פְּעַלתָּנִי
busy *v refl, vt* הֶעֱסִיק; הִתעַסֵּק בּ...

busybody *n* מִתְעָרֵב בַּכּוֹל
busy signal *n* צְלִיל תָּפוּס
but *conj* אֲבָל, אַךְ; חוּץ מִן; אֶלָּא שֶׁ...; מִבְּלִי שֶׁ...
but *adv, prep* חוּץ מִן, אֶלָּא; כִּמְעַט
butcher *n* קַצָּב, בַּעַל אִטְלִיז; שׁוֹחֵט
butcher *vt* שָׁחַט; רָצַח בְּאַכְזְרִיּוּת
butcher knife *n* סַכִּין קַצָּבִים
butcher shop *n* אִטְלִיז
butchery *n* בֵּית־מִטְבָּחַיִים; קַצָּבוּת; טֶבַח
but for אִלְמָלֵא
butler *n* מְשָׁרֵת רָאשִׁי
butt *vt, vi* נָגַע בּ...; גָּבַל עִם; נָגַח
butter *n* חֶמְאָה
butter *vt, vi* מָרַח בְּחֶמְאָה; הֶחֱמִיא, הֶחֱנִיף
buttercup *n* נוּרִית
butter dish *n* מַחְמֵאָה
butterfly *n* פַּרְפַּר
butter knife *n* סַכִּין לְחֶמְאָה
buttermilk *n* חוֹבֶץ, חֲלֵב־חֶמְאָה
butter sauce *n* רוֹטֶב חֶמְאָה
butterscotch *n* סוּכָּרִית חֶמְאָה
buttocks *n pl* אֲחוֹרַיִים, ׳יַשְׁבָן׳
button *n* כַּפְתּוֹר; נִיצָּן; (בחשמל) לְחִיץ
button *vt, vi* כִּפְתֵּר, רָכַס
buttonhole *n* לוּלָאָה; פֶּרַח (בדש המעיל)
buttonhole *vt* תָּפַר לוּלָאוֹת; אָחַז בְּדַשׁ הַבֶּגֶד
buttonhook *n* קֶרֶס, פּוּרְפָּן
buttonwood *n* דּוֹלֶב מַעֲרָבִי
buttress *n* מִתְמָךְ; מִסְעָד
buttress *vt* סָעַד בְּמִתְמָךְ, תָּמַךְ
butt weld *n* חִיבּוּר בְּלִיבּוּן
buxom *adj* דַּדָּנִית, בְּרִיאָה
buy *vt, vi* קָנָה, רָכַשׁ
buy *n* קְנִיָּיה
buyer *n* קוֹנֶה, לָקוֹחַ
buzz *n* זִמְזוּם; הֲמוּלָּה
buzz *vt, vi* זִמְזֵם; הָמָה
buzzard *n* אַיָּה, בַּז
buzz-bomb *n* פְּצָצָה מְזַמְזֶמֶת
buzzer *n* זַמְזָם
buzz-saw *n* מַסּוֹר מְעוּגָּל
by *prep, adv* עַל־יַד; דֶּרֶךְ, בְּאֶמְצָעוּת; לְיַד; בּ...; עַל־יְדֵי; מֵאֵת; עַל; בְּסָמוּךְ; בַּצַּד
by and by *adv* עוֹד מְעַט
by and large *adv* בְּדֶרֶךְ כְּלָל
bye-bye *interj* הֱיֵה שָׁלוֹם!
by far הַיּוֹתֵר, ׳הֲכִי׳
bygone *adj* שֶׁעָבַר
by-law *n* חוֹק עִירוֹנִי
by-pass *n* כְּבִישׁ עוֹקֵף
by-pass *vt* עָקַף; הֶעֱקִיף
by-product *n* מוּצָר־לְוַואי; תּוֹצָאַת לְוַואי
bystander *n* עוֹמֵד מִן הַצַּד
by the way דֶּרֶךְ אַגַּב
byway *n* דֶּרֶךְ צְדָדִית
byword *n* מֵימְרָה, מָשָׁל
Byzantine *adj* בִּיזַנְטִי
Byzantium *n* בִּיזַנְטְיָה

C

C	סִי – (האות השלישית באלפבית)
cab *n*	מוֹנִית; תָּא הַנֶּהָג
cabaret *n*	קַבָּרֶט, קָפֶה בִּידוּר
cabbage *n*	כְּרוּב
cab driver *n*	נַהַג מוֹנִית
cabin *n*	בִּיתָן, תָּא
cabinet *n*	מֶמְשָׁלָה; קַבִּינֶט; אָרוֹן
cabinetmaking *n*	נַגָּרוּת רָהִיטִים
cable *n*	כֶּבֶל; חֶבֶל עָבֶה; מִבְרָק
cable *vt, vi*	חִיזֵּק בְּכֶבֶל; הִבְרִיק
cablegram *n*	מִבְרָק
caboose *n*	קְרוֹן מְאַסֵּף
cab stand *n*	תַּחֲנַת מוֹנִיּוֹת
cache *n*	מַחֲבוֹא
cache *vt*	הִטְמִין
cachet *n*	חוֹתֶמֶת; תְּכוּנָה
cackle *n*	קִרְקוּר; פִּטְפּוּט הֶבֶל
cackle *vi*	קִרְקֵר; פִּטְפֵּט
cactus *n*	צָבָּר, קַקְטוּס
cad *n*	נִבְזֶה
cadaver *n*	גְּוִיָּיה
cadaverous *adj*	פִּגְרִי
caddie *n*	נוֹשֵׂא־כֵּלִים (בגולף)
cadence *n*	קֶצֶב, מִקְצָב, תַּנַּח
cadet *n*	צוֹעֵר; צְעִיר הַבָּנִים
cadmium *n*	קַדְמִיּוּם
cadre *n*	מִסְגֶּרֶת; תֶּקֶן, סֶגֶל
Caesar *n*	קֵיסָר; שַׁלִּיט
café *n*	בֵּית־קָפֶה
café society *n*	הַחוּג הַנּוֹצֵץ
cafeteria *n*	קָפֶטֶרְיָה, מִסְעֶדֶת שֵׁירוּת עַצְמִי
cage *n*	כְּלוּב
cage *vt*	כָּלָא בִּכְלוּב, כִּילֵּב
cageling *n*	צִיפּוֹר בִּכְלוּב
cagey, cagy *adj*	זָהִיר, מְסוּגָּר
cahoots *n*	שׁוּתָּפוּת
Cain *n*	קַיִן, רוֹצֵחַ אָח
Cairo *n*	קָהִיר
cajole *vt*	פִּיתָּה, הִדִּיחַ
cajolery *n*	פִּיתּוּי, הַדָּחָה
cake *n*	עוּגָה, רָקִיק
cake *vt, vi*	גִּיבֵּשׁ; הִתְגַּבֵּשׁ
calabash *n*	בַּקְבּוּק הַדְּלַעַת
calamitous *adj*	הֲרֵה אָסוֹן
calamity *n*	אָסוֹן
calcify *vt, vi*	גָּרַם הִסְתַּיְּידוּת; הִסְתַּיֵּיד
calcium *n*	סִידָן
calculate *vt, vi*	חִישֵּׁב, תִּכְנֵן; חָשַׁב
calculating *adj*	מְחַשְּׁבָן; מְחַשֵּׁב, עָרוּם
calculus *n*	דֶּרֶךְ חִישּׁוּב; חֶשְׁבּוֹן
calendar *n*	לוּחַ שָׁנָה
calf *n*	עֵגֶל; גּוּר; סוֹבֶךְ
calfskin *n*	עוֹר עֵגֶל
caliber *n*	קוֹטֶר; מִידַּת כּוֹשֶׁר
calibrate *vt*	סִימֵּן מִידּוֹת
calico *n*	בַּד לָבָן
caliph *n*	כָּלִיף
caliphate *n*	כָּלִיפוּת
calisthenics *n pl*	הִתְעַמְּלוּת יוֹפִי
calk *vt*	סָתַם בְּקִיעַ; חָמַר (ספינה)
calk *n*	זִיז פַּרְסָה
call *vt, vi*	קָרָא, הִשְׁמִיעַ קוֹל; כִּינָּה; טִלְפֵּן
call *n*	קְרִיאָה, צְעָקָה; הַזְמָנָה; בִּיקּוּר
calla *n*	לוּף, קָלָה

call-boy *n*	נַעַר מְשָׁרֵת
caller *n*	קוֹרֵא; מְבַקֵּר
call girl *n*	נַעֲרַת טֶלֶפוֹן
calling *n*	קְרִיאָה; מִשְׁלַח־יָד
calling card *n*	כַּרְטִיס בִּיקּוּר
calliope *n*	קַלְיאוֹפֶּה
call number *n*	מִסְפַּר טֶלֶפוֹן
callous *adj*	מוּקְשֶׁה, נוּקְשֵׁה עוֹר
callus *n*	עוֹר נוּקְשֶׁה, קַלוּס
calm *n*	שֶׁקֶט, רְגִיעָה
calm *adj*	שָׁקֵט, רָגוּעַ
calm *vt*, *vi*	הִשְׁקִיט, הִרְגִּיעַ
calm down *n*	נִרְגַּע
calmness *n*	שֶׁקֶט, שַׁלְוָוה
calorie *n*	קָלוֹרְיָה, חוּמִית
calumny *n*	דִּיבָּה, עֲלִילַת־שֶׁקֶר
Calvary *n*	מְקוֹם צְלִיבַת יֵשׁוּ; יִיסּוּרִים
calypso *n*	קָלִיפְּסוֹ
cam *n*	זִיז, פִּיקָה, מְשַׁנֵּה־תְּנוּעָה
cambric *adj*, *n*	שֶׁל אָרִיג לָבָן; בַּד לָבָן מְשׁוּבָּח
camel *n*	גָּמָל
cameo *n*	קָמֵעַ
camera *n*	מַצְלֵמָה
cameraman *n*	צַלָּם
camomile *n*	קַחוֹון, בַּבּוֹנָג
camouflage *n*	הַסְוָואָה
camouflage *vt*	הִסְוָוה
camp *n*	מַחֲנֶה; מַאֲהָל
camp *vi*	הֵקִים מַחֲנֶה
campaign *vi*	נֶאֱבַק; עָרַךְ מַסָּע
campaign *n*	מַסָּע, מַעֲרָכָה
campaigner *n*	תַּעֲמוּלָן, מְנַהֵל מַסַּע הַסְבָּרָה
campfire *n*	מְדוּרָה
camphor *n*	כּוֹפֶר, קַמְפוֹר
campstool *n*	שְׁרַפְרַף מִתְקַפֵּל
campus *n*	קִרְיַת אוּנִיבֶרְסִיטָה
camshaft *n*	גַל פִּיקוֹת
can *v aux*, *vt*	יָכוֹל, הָיָה רַשַּׁאי; שִׁימֵּר (בפח)
can *n*	פַּח; קוּפְסַת שִׁימּוּרִים
Canadian *n*, *adj*	קָנָדִי
canal *n*	תְּעָלָה
canary *n*	בַּזְבּוּז קַנָּרִי; יֵין קַנָּרִי
cancel *vt*	בִּיטֵּל
cancellation *n*	בִּיטּוּל
cancer *n*	סַרְטָן
cancerous *adj*	סַרְטָנִי
candelabrum (*pl* bra) *n*	מְנוֹרָה
candid *adj*	גְּלוּי־לֵב
candidacy *n*	מוּעֲמָדוּת
candidate *n*	מוּעֲמָד
candied *adj*	מְסוּכָּר
candle *n*	נֵר
candle-holder *n*	פָּמוֹט
candor *n*	גִּילּוּי־לֵב, כֵּנוּת
candy *n*	סוּכָּרִיָּה, מַמְתָּק
cane *n*	קָנֶה; מַקֵּל הֲלִיכָה; קְנֵה־סוּכָּר
canine *adj*	כַּלְבִּי
canned goods *n pl*	מִצְרָכִים מְשׁוּמָּרִים
cannery *n*	בֵּית תַּעֲשִׂיַּת שִׁימּוּרִים
cannibal *n*	אוֹכֵל אָדָם, קַנִּיבָּל
canning *n*	שִׁימּוּר
cannon *n*	תּוֹתָח
cannonade *n*	הַרְעָשַׁת תּוֹתָחִים
cannon fodder *n*	בְּשַׂר תּוֹתָחִים
canny *adj*	חַד־עַיִן
canoe *n*	סִירָה קַלָּה, בּוּצִית
canon *n*	קָנוֹן, חוּקַּת כְּנֵסִיָּה

canonical *adj* קָנוֹנִי; מוּסְמָךְ
canonize *vt* כָּלַל בִּרְשִׁימַת הַקָּנוֹן
can-opener *n* פּוֹתְחָן
canopy *n* אַפִּרְיוֹן, כִּילָּה
cant *n* הַכְרָזָה צְבוּעָה, הִתְחַסְּדוּת
cant *n* תְּנוּעַת פִּתְאוֹם; לִכְסוּן; לוֹכְסָן
cantaloup(e) *n* מֵלוֹן מָתוֹק
cantankerous *adj* רַגְזָן
canteen *n* קַנְטִינָה, מִסְעָדָה
canter *n* דְּהִירָה קַלָּה
canter *vi* דָּהַר קַלּוֹת
canticle *n* שִׁיר הַשִּׁירִים
cantilever *n* שְׁלוּחָה, קוֹרַת בַּרְזֶל
cantle *n* מִסְעַד אֲחוֹרֵי הָאוּכָּף
canton *n* מָחוֹז
canton *vt* חִילֵּק לִמְחוֹזוֹת
cantonment *n* מַחֲנֵה אִימּוּנִים
cantor *n* חַזָּן
canvas *n* צַדְרָה, אֲרִיג מִפְרָשִׂים
canvass *vt, vi* חָקַר וְדָרַשׁ; נִיהֵל תַּעֲמוּלָה
canvass *n* חֲקִירָה וּדְרִישָׁה; בַּקָּשָׁה (לתמיכה)
canyon *n* עָרוּץ עָמוֹק, קַנְיוֹן
cap. *abbr* capital, capitalize
cap *n* כּוּמְתָּה, כּוֹבַע
cap *vt* כִּיסָּה בְּכוֹבָעִית; סָגַר בְּמִכְסֶה
capability *n* יְכוֹלֶת, כּוֹשֶׁר
capable *adj* מוּכְשָׁר, מְסוּגָּל
capacious *adj* רַב־קִיבּוּל
capacity *n* קִיבּוֹלֶת; קִיבּוּל; תְּפִיסָה; יְכוֹלֶת
cap and gown *n* כּוֹבַע וּגְלִימָה
caparison *n* טַפִּיטוֹן; מַחְלָצוֹת
caparison *vt* כִּיסָּה בְּטַפִּיטוֹן

cape *n* שִׁכְמָה; כֵּף, מִפְרָץ
Cape of Good Hope *n* כֵּף הַתִּקְוָה הַטּוֹבָה
caper *n* צְלָף קוֹצָנִי; קְפִיצָה
caper *vi* דִּילֵּג, חוֹלֵל
capital *n* עִיר בִּירָה; הוֹן
capitalism *n* רְכוּשָׁנוּת, קַפִּיטָלִיזם
capitalize *vt* כָּתַב בְּאוֹתִיּוֹת רֵישִׁיּוֹת; הִיוֵּן, הָפַךְ לְהוֹן
capital letter *n* אוֹת רֵישִׁית
capitol *n* בֵּית מְחוֹקְקִים, קַפִּיטוֹל
capitulate *vi* נִכְנַע
capon *n* תַּרְנְגוֹל מְסוֹרָס
caprice *n* הֲפַכְפְּכָנוּת, קַפְּרִיסָה
capricious *adj* נָתוּן לַהֲפַכְפְּכָנוּת
capricorn *n* מַזַּל גְּדִי
capsize *vt, vi* הָפַךְ; הִתְהַפֵּךְ
capstan *n* כַּנָּן, מְנוֹף־מַשָּׂא
capstone *n* אֶבֶן הָרֹאשָׁה
capsule *n* כְּמוּסָה
captain *n* סֶרֶן; רַב־חוֹבֵל, קַבַּרְנִיט; רֹאשׁ קְבוּצָה
captain *vt* פִּיקֵּד, נִיהֵל
captaincy *n* מַנְהִיגוּת; סְרָנוּת; קַבַּרְנִיטוּת
caption *n* כּוֹתֶרֶת
captivate *vt* שָׁבָה לֵב
captive *n, adj* אָסִיר, שָׁבוּי
captivity *n* מַאֲסָר; שְׁבִי
captor *n* שׁוֹבֶה
capture *n* תְּפִיסָה, כִּיבּוּשׁ
capture *vt* שָׁבָה
Capuchin *n* קַפּוּשִׁין (נזיר פרנציסקני)
car *n* מְכוֹנִית; קָרוֹן
carafe *n* צְלוֹחִית

caramel *n* סוּכָּרִייָה, שֶׁוֶף סוּכָּר
carat *n* קָרָט
caravan *n* שְׁיָירָה; קְרוֹן־דִירָה
caravanserai *n* חָן, מְלוֹן־אוֹרְחִים
caraway *n* כְּרַווְיָה תַּרְבּוּתִית
carbarn *n* מוּסַךְ חַשְׁמַלִיּוֹת
carbide *n* קַרְבִּיד
carbine *n* קַרְבִּין
carbolic acid *n* חוּמְצָה קַרְבּוֹלִית
carbon dioxide *n* דוּ־תַּחְמוֹצֶת הַפַּחְמָן
carbon monoxide *n* תַּחְמוֹצֶת הַפַּחְמָן
carboy *n* בַּקְבּוּק לְחוּמְצוֹת
carbuncle *n* פַּחֶמֶת, דֶּמֶל, פּוּרוּנְקֶל
carburetor *n* קַרְבּוּרָטוֹר, מְאַדֶּה
carcass *n* נְבֵלָה, פֶּגֶר
card *n* כַּרְטִיס; קְלָף
cardboard *n* קַרְטוֹן
card-case *n* קוּפְסַת כַּרְטִיסֵי בִּיקוּר
card catalogue *n* כַּרְטֶסֶת, כַּרְטִיסִיָּה
cardiac *adj* שֶׁל הַלֵּב
cardigan *n* אֲפוּדָּה
cardinal *n* חַשְׁמָן
cardinal *adj* עִיקָּרִי, יְסוֹדִי
card index *n* כַּרְטֶסֶת
card party *n* מְסִיבַּת קְלָפִים
card-sharp *n* רַמַּאי קְלָפִים
card trick *n* לַהֲטוּט קְלָפִים
care *n* דְּאָגָה; תְּשׂוּמֶת־לֵב, זְהִירוּת
care *vi* דָּאַג, טִיפֵּל; חִיבֵּב
careen *vt, vi* הִיטָּה עַל צִדּוֹ; נָטָה עַל צִדּוֹ
career *n* פְּעוּלַּת חַיִּים; עִיסּוּק
career *vi* נָע בִּמְהִירוּת
carefree *adj* חֲסַר דְּאָגָה
careful *adj* זָהִיר
careless *adj* רַשְׁלָנִי; מְרוּשָּׁל
carelessness *n* חוֹסֶר תְּשׂוּמֶת־לֵב
caress *n* לְטִיפָה
caress *vt* לִיטֵּף
caretaker *n* מְטַפֵּל, מְמוּנֶּה
careworn *adj* עָיֵיף מִדְּאָגָה
carfare *n* דְּמֵי נְסִיעָה בְּאוֹטוֹבּוּס (וכד׳)
cargo *n* מִטְעָן (שֶׁל ספינה)
cargo boat *n* אוֹנִיַּית סַחַר
caricature *n, vt* קָרִיקָטוּרָה; עָשָׂה קָרִיקָטוּרָה מ...
carillon *n* מַעֲרֶכֶת פַּעֲמוֹנִים
carillon *vi* נִיגֵּן בְּפַעֲמוֹנִים
carload *n* מִטְעַן מַשָּׂאִית
carnage *n* הֶרֶג רַב, טֶבַח
carnation *n* צִיפּוֹרֶן הַקָּרְנְפוֹל
carnival *n* עַדְלָיָדַע
carol *n* זֶמֶר; הִימְנוֹן חַג־הַמּוֹלָד
carol *vt, vi* שָׁר בְּעַלִּיזוּת
carom *n* פְּגִיעָה כְּפוּלָה
carousal *n* הִילּוּלָה
carouse *vi* הִתְהוֹלֵל
carp *n* קַרְפִּיוֹן
carp *vi* מָצָא מוּם
carpenter *n* נַגַּר בִּנְיָין
carpentry *n* נַגָּרוּת בִּנְיָן
carpet *n* שָׁטִיחַ
carpet *vt* כִּיסָּה בִּשְׁטִיחִים
carpet sweeper *n* שׁוֹאֵב אָבָק, שַׁאֲבָק
car rental service *n* שֵׁירוּת לְהַשְׂכָּרַת מְכוֹנִיּוֹת
carriage *n* מֶרְכָּבָה, עֲגָלָה; קָרוֹן
carrier *n* סַבָּל; מוֹבִיל; שָׁלִיחַ; חֶבְרָה לְהוֹבָלָה

carrion *n, adj* פֶּגֶר, נְבֵלָה
carrot *n* גֶּזֶר
carrousel, carousel *n* סְחַרְחֵרָה
carry *vt, vi* נָשָׂא, הוֹבִיל; הִצְלִיחַ ב...
carry *n* טְוָח; נְשִׂיאָה, הוֹבָלָה
cart *n* עֲגָלָה
cart *vt* הֶעֱבִיר בַּעֲגָלָה
carte blanche *n* מִסְמָךְ חָתוּם; יָד חוֹפְשִׁית
cartel *n* קַרְטֶל
Carthage *n* קַרְתָּגוֹ
Carthaginian *n, adj* קַרְתָּגִי
cart-horse *n* סוּס עֲגָלָה
cartilage *n* חַסְחוּס, סְחוּס
cartoon *n* קָרִיקָטוּרָה; תַּבְדִּיחַ קוֹלְנוֹעִי
cartoon *vt, vi* קִרְקֵט, צִיֵּיר מִלְעָג
cartridge *n* כַּדּוּר, תַּרְמִיל
carve *vt, vi* חָרַת; חָקַק; גִּלֵּף; פִּיסֵּל
caryatid *n* קַרְיָתִידָה
cascade *n* אֶשֶׁד־מַיִם
cascade *vi* נִיגַּר
case *n* קוּפְסָה, תֵּיבָה; מִקְרֶה, פָּרָשָׁה; מִשְׁפָּט
case *vt* שָׂם בְּתֵיבָה
casement *n* אֲגַף חַלּוֹן
cash *n* מְזוּמָּנִים
cash *vt* הֶחֱלִיף בִּמְזוּמָּנִים
cash box *n* קוּפָּה
cashew nut *n* אֱגוֹז אֲנָקַרְדִּיוֹן
cashier *n* גִּזְבָּר קוּפַּאי
cashier *vt* פִּיטֵּר מִמִּשְׂרָה
cashier's check *n* שֵׁק קוּפַּאי
cashmere *n* קַשְׁמִיר
cash register *n* קוּפָּה רוֹשֶׁמֶת
casing *n* קוּפְסָה, כִּיסּוּי; חוֹמֶר אֲרִיזָה
cask *n* חָבִית
casket *n* תֵּיבָה; אֲרוֹן מֵתִים
casserole *n* קְדֵירָה; תַּבְשִׁיל אֲפִיָּיה
cassock *n* גְּלִימַת כְּמָרִים
cast *vt, vi* זָרַק; הִפִּיל; לִיהֵק
cast *n* זְרִיקָה, הַשְׁלָכָה; דָּבָר מוּשְׁלָךְ; סִידּוּר; צֶוֶות
castanet *n* עַרְמוֹנִית
castaway *n* שָׂרִיד (שֶׁל אונייה); מְנוּדֶּה
caste *n* כַּת, קַסְטָה
caster *n* זוֹרֵק; גַּלְגַּלִּית
casting-vote *n* קוֹל מַכְרִיעַ
cast iron *n* בַּרְזֶל יָצוּק
castle *n* טִירָה; מִבְצָר; צְרִיחַ
castle *vi* שָׂם בְּטִירָה; הִצְרִיחַ
cast-off *n, adj* בְּגָדִים זְנוּחִים; זָנוּחַ (בגדים)
castor oil *n* שֶׁמֶן קִיק
castrate *vt* סֵירֵס; קִיצֵּץ
casual *n, adj* אַרְעִי; מִקְרִי
casualty *n* מִקְרֵה אָסוֹן; תְּאוּנָה; מִפְגָּע
cat *n* חָתוּל; מְרוּשַּׁעַת
catacomb *n* מְעָרַת־קְבָרִים, קָטָקוֹמְבָּה
catalogue *vt, vi* קִטְלֵג, כִּרְטֵס
catalogue *n* קָטָלוֹג
catapult *n* מִקְלַעַת
catapult *vt, vi* זָרַק בְּלִיסְטְרָה בְּמַרְגֵּמָה; זָרַק בְּמִקְלַעַת
cataract *n* מַפַּל־מַיִם, אֶשֶׁד
catarrh *n* נַזֶּלֶת
catastrophe *n* שׁוֹאָה, אָסוֹן
catcall *n* יִלְלַת חָתוּל
catcall *vi* יִלֵּל כְּחָתוּל
catch *vt, vi* תָּפַס; לָכַד; רִימָּה

catch *n* תְּפִיסָה; עוֹצֶר; צַיִד
catcher *n* תּוֹפֵס
catching *adj* מִידַבֵּק; מַקְסִים
catch question *n* שְׁאֵלַת מַלכּוֹדֶת
catchup *n* מִיץ תַּבלִין
catchword *n* אִמרַת־כָּנָף
catchy *adj* נִתפָּס בְּנָקֵל
catechism *n* מִקרָאָה דָתִית (נוֹצרִית)
category *n* סוּג, קָטֵגוֹרְיָה
cater *vi* סִיפֵּק מָזוֹן; סִיפֵּק שֵׁירוּת
cater-cornered *adj* אֲלַכסוֹנִי
caterer *n* סַפַּק־מָזוֹן
caterpillar *n* זַחַל
catfish *n* שְׂפַמנוּן
catgut *n* חוּטֵי מֵעַיִים
cathartic *adj* מְטַהֵר, מְנַקֶּה אֶת הַמֵּעַיִים
cathedral *n, adj* קָתֶדרָלָה; שֶׁל קָתֶדרָה
catheter *n* צַנתָּר
catheterize *vi* צִנתֵּר
cathode *n* קָתוֹדָה
catholic *adj* עוֹלָמִי, אוּנִיבֶרסָלִי; רְחַב אוֹפָקִים
Catholic *n, adj* קָתוֹלִי
catkin *n* עָגִיל
catnap *n* נִמנוּם קַל
catnip *n* נֶפִית הַחֲתוּלִים
cat-o'-nine-tails *n* מַגלֵב שֶׁבַע הָרְצוּעוֹת
cat's cradle *n* עֲרִיסָה
cat's paw *n* כְּלִי שָׁרֵת
cattle *n pl* בָּקָר
cattle crossing *n* חֲצָיַית בְּהֵמוֹת
cattleman *n* בּוֹקֵר; חַוּוַאי בָּקָר
cattle raising *n* גִידוּל בָּקָר
cattle ranch *n* חַוַּת בָּקָר
catty *adj* חֲתוּלִי; מְרוּשָׁע
catwalk *n* מַעֲבָר צַר
Caucasian *n, adj* קַווקָזִי
caucus *n* כֶּנֶס מִפלַגתִּי
cauliflower *n* כְּרוּבִית
cause *n* סִיבָּה; גוֹרֵם; עִניָין
cause *vt* גָרַם
causeway *n* מְסִילָּה, שְׁבִיל מוּגבָּה
caustic *adj* צוֹרֵב, חוֹרֵק
caustic *n* חוֹמֶר צוֹרֵב
cauterize *vt* צָרַב בְּבַרזֶל לוֹהֵט
caution *n* זְהִירוּת; אַזהָרָה
caution *vt* הִזהִיר
cautious *adj* זָהִיר
cavalcade *n* מִצעַד פָּרָשִׁים
cavalier *n* פָּרָשׁ; אַבִּיר
cavalier *adj* שַׁחֲצָנִי; מְזַלזֵל
cavalry *n* חֵיל פָּרָשִׁים, פָּרָשִׁים
cavalry-man *n* פָּרָשׁ
cave *n* מְעָרָה
cave *vt, vi* כָּרָה, חָצַב; שָׁקַע
cave-in *n* הִתמוֹטְטוּת
cave-man *n* שׁוֹכֵן מְעָרוֹת
cavern *n* מְעָרָה, מְחִילָּה
cavil *vi* הִתגוֹלֵל עַל
cavity *n* חָלָל, חוֹר
cavort *vi* קִיפֵּץ
caw *n* צְרִיחַת עוֹרֵב
caw *vi* צָרַח (עוֹף)
c. c. – *abbr* cubic centimeter
cease *vt, vi* פָּסַק, הִפסִיק
cease *n* הֶפסֵק
cease-fire *n* הַפסָקַת אֵשׁ

ceaseless *adj* לֹא פּוֹסֵק
cedar *n* אֶרֶז
cede *vt* וִיתֵּר
ceiling *n* תִּקְרָה
celebrant *n* חוֹגֵג
celebrate *vt, vi* חָגַג; שִׁיבֵּחַ
celebrated *adj* מְפוּרְסָם
celebration *n* חֲגִיגָה; טֶקֶס
celebrity *n* אִישִׁיּוּת מְפוּרְסֶמֶת
celery *n* כַּרְפַּס רֵיחָנִי, סֶלֶרִי
celestial *adj, n* שְׁמֵימִי
celibacy *n* רַוָּקוּת
celibate *n, adj* רַוָּק
cell *n* תָּא
cellar *n* מַרְתֵּף; מַחסַן יַיִן
cellaret *n* מִזנוֹן יַיִן
cell house *n* בֵּית־כֶּלֶא
cellist *n* צֶ'לָּן
cello *n* צֶ'לּוֹ
cellophane *n* צֶלּוֹפָן
celluloid *n* צֶלּוּלוֹאִיד
cellulose *n* תָּאִית, צֶלּוּלוֹזָה
Celt *n* קֶלְטִי
cement *n* צֶמֶנט; מֶלֶט
cement *vt* צִמֵּנט; דִיבֵּק
cemetery *n* בֵּית־עָלְמִין
cen. *abbr* central
censer *n* מַחתָּה, מִקטֶרֶת
censor *n* צֶנזוֹר
censor *vt* צִנזֵר
censure *n* בִּיקּוֹרֶת חֲמוּרָה
censure *vt* בִּיקֵּר קָשׁוֹת
census *n* מִפקַד תּוֹשָׁבִים
cent. *abbr* centigrade, central, century

cent *n* סֶנט, מֵאִית
centaur *n* קֶנטָאוּר
centennial *n, adj* יוֹבֵל הַמֵּאָה; שֶׁל יוֹבֵל מֵאָה
center *vt, vi* רִיכֵּז; הָיָה בַּמֶּרכָּז
center *n* מֶרכָּז
center-piece *n* קִישּׁוּט מֶרכַּז שׁוּלחָן
center punch *n* מַקּוֹד
centigrade *adj* צֶלזִיוּס
centimeter *n* סֶנטִימֶטֶר
centipede *n* נָדָל
central *adj* מֶרכָּזִי
Central America *n* אֲמֵרִיקָה הַמֶּרכָּזִית
Central American *adj* שֶׁל אֲמֵרִיקָה הַמֶּרכָּזִית
centralize *vt, vi* מִרכֵּז; הִתמַרכֵּז
century *n* מֵאָה שָׁנָה, מֵאָה
century plant *n* אֲגָבַת מֵאָה שָׁנָה
ceramic *adj* שֶׁל כְּלֵי חֶרֶס
ceramics *n pl* קֵרָמִיקָה
cereal *n* דָּגָן; גַּרגְּרֵי דָּגָן
ceremonious *adj* טִקסִי
ceremony *n* טֶקֶס
certain *adj* בָּטוּחַ; מְסוּיָּם
certainly *adv, interj* בְּוַדַּאי, וַדַּאי!
certainty *n* וַדָּאוּת; דָּבָר בָּטוּחַ
certificate *n* תְּעוּדָה; אִישּׁוּר בִּכתָב
certified public accountant *n* רוֹאֵה חֶשׁבּוֹן מוּסמָך
certify *vt* אִישֵּׁר בִּכתָב
cervix *n* צַוַּאר הָרֶחֶם; צַוָּאר
cessation *n* הַפסָקָה
cesspool *n* בּוֹר־שְׁפָכִים
Ceylon *n* צֵילוֹן

Ceylonese *n, adj* צֵילוֹנִי
C.F.I. צִי״ף, סִיף
cg. *abbr* centigram
ch. *abbr* chapter
chafe *n* שִׁפְשׁוּף; דַּלֶּקֶת
chafe *vt, vi* חִימֵם בְּשִׁפְשׁוּף; הִכְאִיב בְּחִיכּוּךְ; הָיָה חֲסַר סַבְלָנוּת
chaff *n* מוֹץ; חֲמִידַת לָצוֹן
chaff *vt, vi* חָמַד לָצוֹן
chafing-dish *n* מְנוֹרַת־חִימּוּם
chagrin *n* אַכְזָבָה, דִּיכָּאוֹן
chagrin *vt* צִיעֵר, הִשְׁפִּיל
chain *n* שַׁרְשֶׁרֶת
chain *vt* כָּבַל
chain gang *n* קְבוּצַת אֲסִירִים מְשׁוּרְשֶׁרֶת
chain reaction *n* תְּגוּבַת שַׁרְשֶׁרֶת
chain smoker *n* מְעַשֵּׁן בְּשַׁרְשֶׁרֶת
chain store *n* חֲנוּת שַׁרְשֶׁרֶת
chair *n* כִּיסֵּא
chair *vt* הוֹשִׁיב עַל כִּיסֵּא
chair lift *n* רַכֶּבֶל
chairman *n* יוֹשֵׁב־רֹאשׁ
chairmanship *n* רָאשׁוּת
chair rail *n* מְסִילַּת רַכֶּבֶל
chalice *n* גָּבִיעַ
chalk *n* גִּיר, קִרְטוֹן
chalk *vt* כָּתַב בְּגִיר
challenge *n* אֶתְגָּר
challenge *vt* אִתְגֵּר; עִרְעֵר
chamber *n* חֶדֶר
chamberlain *n* מְמוּנֶּה עַל נְכָסִים
chambermaid *n* חַדְרָנִית
chamber pot *n* סִיר לַיְלָה
chameleon *n* זִיקִית
chamfer *n* מֶדֶר, חִיתּוּךְ מְלוּכְסָן
champ *vi, vt* נָשַׁךְ (מקוצר סבלנות)
champ *n* נְשִׁיכָה; לְעִיסָה
champagne *n* יֵין שַׁמְפַּנְיָה
champion *n, adj* אַלּוּף; מְנַצֵּחַ; דּוֹגֵל, תּוֹמֵךְ
champion *vt* דָּגַל, תָּמַךְ בּ...
championess *n* תּוֹמֶכֶת, דּוֹגֶלֶת; מְנַצַּחַת, אַלּוּפָה
championship *n* אַלִּיפוּת
chance *n* מִקְרֶה; מַזָּל; אֶפְשָׁרוּת
chance *adj* מִקְרִי
chance *vt, vi* אֵירַע בְּמִקְרֶה; נִתְקַל
chancel *n* אֵיזוֹר הַמִּזְבֵּחַ
chancellery *n* בֵּית הַנָּגִיד
chancellor *n* נָגִיד; קַנְצְלֶר
chandelier *n* נִבְרֶשֶׁת
change *n* שִׁינּוּי; כֶּסֶף חֲלִיפִין; עוֹדֶף; הַחֲלָפָה
change *vi, vt* שִׁינָּה; הֶחֱלִיף; פָּרַט; נִשְׁתַּנָּה
changeable *adj* עָשׂוּי לְהִשְׁתַּנּוֹת
channel *n* אָפִיק; תְּעָלָה; צִינּוֹר
channel *vt* הֶעֱבִיר בִּתְעָלָה; הִכְוִין
chant *n* שִׁירָה, זִמְרָה; מִזְמוֹר
chant *vt, vi* זִימֵּר
chanter *n* זַמָּר; זַמָּר רָאשִׁי
chanticleer *n* תַּרְנְגוֹל
chaos *n* תּוֹהוּ וָבוֹהוּ
chaotic *adj* שֶׁל תּוֹהוּ וָבוֹהוּ
chap. *abbr* chapter
chap *n* בְּקִיעָה; בָּחוּר
chap *vt, vi* בִּיקֵּעַ, סִידֵּק; נִבְקַע; נִסְדַּק
chaparral *n* סְבַךְ אַלּוֹנִים
chapel *n* כְּנֵסִיָּה קְטַנָּה

chaperon *n* מְלַוָּה
chaplain *n* כּוֹמֶר מַלכוּתִי
chaplet *n* זֵר פְּרָחִים, עֲטָרָה
chapter *vt* חִילֵּק לִפרָקִים
chapter *n* פֶּרֶק; סְנִיף
char *vt, vi* פִּיחֵם; חָרַךְ; נֶחרַךְ
character *n* אוֹפִי; תְּכוּנָה; אוֹת
characteristic *n* תְּכוּנָה בּוֹלֶטֶת
characteristic *adj* אוֹפייָנִי
characterize *vt* אִפייֵן
charcoal *n* פַּחַם־עֵץ; פֶּחָם לְצִיוּר
charcoal burner *n* תַּנּוּר פְּחָמִים
charge *vt, vi* קָבַע מְחִיר; חִייֵב; הֶאֱשִׁים; הִסתָּעֵר, הִטעִין; פָּקַד
charge *n* מְחִיר; הַאֲשָׁמָה; הִסתָּעֲרוּת; מִטעָן; תַּפקִיד
charge account *n* חֶשׁבּוֹן הַקָּפָה
chargé d'affaires *n* מְמוּנֶּה עַל הַשַּׁגרִירוּת
charger *n* מַאֲשִׁים; מַטעֵן
chariot *n* רֶכֶב בַּרזֶל
charioteer *n* נוֹהֵג בְּמֶרכָּבָה
charitable *adj* נַדבָנִי; שֶׁל צְדָקָה
charity *n* צְדָקָה; נְדִיבוּת
charity performance *n* הַצָּגַת צְדָקָה
charlatan *n* נוֹכֵל, שַׁרלָטָן
charlatanism *n* נְכָלִים, שַׁרלָטָנִיּוּת
charlotte *n* תּוּפִּין, שַׁרלוֹט
charm *n* חֵן, קֶסֶם; קָמֵיעַ
charm *vt* קָסַם, כִּישֵּׁף
charming *adj* נֶחמָד, מַקסִים
charnel *adj, n* שֶׁל מֵתִים; חֲדַר מֵתִים
chart *n* שִׂרטוּט
chart *vt* שִׂרטֵט
charter *n* תְּעוּדַת רִישּׁוּם חֶברָה
charter *vt* הִשׂכִּיר; שָׂכַר
charter member *n* חָבֵר מְייַסֵּד
charwoman *n* עוֹזֶרֶת בַּיִת
Charybdis *n* שָׁרִיבְּדִיס
chase *n* רְדִיפָה; צַיִד
chase *vt* רָדַף אַחֲרֵי
chase away *vt* גֵּירֵשׁ
chasm *n* בְּקִיעַ; חָלָל
chassé *n* צַעֲדַת רִיחוּף
chassé *vi* צָעַד צַעֲדַת רִיחוּף
chaste *adj* פָּרוּשׁ, צָנוּעַ
chasten *vt* יִיסֵּר; טִיהֵר
chastise *vt* יִיסֵּר, הִלקָה
chastity *n* צְנִיעוּת; בְּתוּלִים
chasuble *n* גְּלִימַת כּוֹמֶר
chat *n* שִׂיחָה קַלָּה
chat *vt* שׂוֹחַח שִׂיחָה קַלָּה
chatelaine *n* בַּעֲלַת הַטִּירָה
chattels *n pl* מִיטַּלטְלִים
chatter *vi, vt* קִשׁקֵשׁ; פִּטפֵּט
chatterbox *n* פַּטפְּטָן
chauffeur *n* נֶהָג שָׂכִיר
chauffeur *vt, vi* הִסִּיעַ; עָבַד כְּנֶהָג
cheap *adj, adv* זוֹל; בְּזוֹל
cheapen *vt, vi* הוֹזִיל
cheapness *n* זוֹלוּת
cheat *n* רַמַּאי
cheat *vt, vi* רִימָּה; הֶעֱרִים עַל
check *n* עֲצִירָה; בְּדִיקָה; הַמחָאָה, שֵׁק; חֶשׁבּוֹן (בְּמסעדה וכד׳)
check *vt,vi* עָצַר, רִיסֵּן; בָּדַק; הוֹכַח כְּנָכוֹן
checker *n* כְּלִי בְּמִשׂחַק הַגְּבִירָה
checker *vt* עָשָׂה מִשׁבְּצוֹת, נִימֵּר

checkerboard *n* לוּחַ שַׁחמָט
checkers *n pl* מִשְׂחַק הַגְּבִירָה ('דמקה')
checkmate *n* מָט
checkmate *vt* נָתַן מָט, מִטמֵט
checkout *n* עֲקִירָה, עֲזִיבָה (ממלון)
checkpoint *n* תַּחֲנַת בִּיקוֹרֶת
checkrein *n* רְצוּעַת הָעוֹרֶף
checkroom *n* מֶלתָּחָה
checkup *n* בְּדִיקָה
cheek *n* לֶחִי; חוּצפָּה
cheek *vt* הִתחַצֵּף
cheekbone *n* עֶצֶם הַלֶּחִי
cheeky *adj* חוּצפָּנִי
cheer *n* תְּרוּעָה; עִידוּד
cheer *vt, vi* הֵרִיעַ ל...; עוֹדֵד
cheerful *adj* עַלִּיז; נָעִים
cheerio *interj* הֱיֵה שָׁלוֹם!
cheerless *adj* לֹא שָׂמֵחַ, עַגמוּמִי
cheer up *vt, vi* עוֹדֵד; הִתעוֹדֵד
cheese *n* גְּבִינָה
cheesecloth *n* חוֹרִי, אֲרִיג רֶשֶׁת
chef *n* טַבָּח רָאשִׁי
chem. *abbr* chemical; chemist; chemistry
chemical *adj, n* כִּימִי; חוֹמֶר כִּימִי
cheval glass *n* מַרְאָה סוֹבֶבֶת
chevalier *n* אַבִּיר
chevron *n* סֶרֶט; יָתִיב
chew *n* לְעִיסָה
chew *vt* לָעַס; הִרהֵר
chewing gum *n* גוּמִי לְעִיסָה
chic *adj, n* מְהוּדָּר (בסגנונו); (סגנון) מְצוּדָד; שִׁיק
chicanery *n* גְּנֵיבַת־דַּעַת
chick *n* גּוֹזָל
chicken *n, adj* פַּרגִית; מוּג־לֵב
chicken coop *n* לוּל
chickenhearted *adj* רַךְ־לֵב
chicken-pox *n* אֲבַעבּוּעוֹת־רוּחַ
chicken wire *n* רֶשֶׁת שֶׁל לוּלִים
chick-pea *n* חִימְצָה
chicory *n* עוֹלֶשׁ תַּרבּוּתִי
chide *vt, vi* נָזַף בּ...; הִבִּיעַ מוֹרַת־רוּחַ
chief *n* רֹאשׁ, מְנַהֵל; רֹאשׁ שֵׁבֶט
chief *adj* רָאשִׁי
chief executive *n* נְשִׂיא הַמְּדִינָה
chief justice *n* שׁוֹפֵט רָאשִׁי
chiefly *adv* בְּעִיקָר, מֵעַל לַכּוֹל
chief of staff *n* רֹאשׁ הַמַּטֶּה הַכְּלָלִי, רַמַטכָּ"ל
chieftain *n* רֹאשׁ שֵׁבֶט, רֹאשׁ קְבוּצָה
chiffon *n* אֲרִיג מֶשִׁי אוֹ זְהוֹרִית
chiffonier, chiffonnier *n* שִׁידָּה
chignon *n* צוֹבֶר שֵׂיעָר
chilblain *n* אֲבַעבּוּעוֹת־חוֹרֶף
child *n* יֶלֶד, תִּינוֹק; נַעַר, נַעֲרָה
childbirth *n* לֵידָה
childhood *n* תְּקוּפַת הַיַּלדוּת
childish *adj* יַלדוּתִי; תִּינוֹקִי
childishness *n* יַלדוּתִיוּת; תִּינוֹקִיוּת
child labor *n* הַעֲסָקַת יְלָדִים
childless *adj* חֲשׂוּךְ בָּנִים
childlike *adj* תָּמִים, כְּיֶלֶד
children *n pl of* child בָּנִים, יְלָדִים
Children of Israel בְּנֵי יִשְׂרָאֵל
child welfare *n* סַעַד לַיֶּלֶד, רַווחַת הַיֶּלֶד
Chilean *adj* צ'ילִיאָנִי
Chile *n* צ'ילֶה

chile, chili, chilli *n* פִּלְפֶּלֶת הַגִּינָּה
chill *n* קוֹר, קְרִירוּת; צְמַרְמוֹרֶת
chill *adj* קַר
chill *vt* צִנֵּן; קֵירֵר
chilly *adj* קָרִיר
chime *n* צִלְצוּל פַּעֲמוֹנִים
chime *vt, vi* צִלְצֵל
chimera *n* כִּימֵרָה; דִמְיוֹן שָׁוְא
chimney *n* אֲרוּבָּה, מַעֲשֵׁנָה
chimney cap *n* גַּג אֲרוּבָּה
chimney flue *n* מִפְלַשׁ אֲוִויר בָּאֲרוּבָּה
chimney pot *n* גְּלִיל אֲרוּבָּה
chimney-sweep *n* מְנַקֵּה אֲרוּבּוֹת
chimpanzee *n* שִׁמְפַּנְזֶה
chin *n* סַנְטֵר
China *n* סִין
china *n, adj* כְּלִי־חֶרֶס, חַרְסִינָה; עָשׂוּי מֵחֶרֶס
china closet *n* מִדַּף דִּבְרֵי חַרְסִינָה
Chinaman *n* סִינִי
Chinese *n, adj* סִינִי; סִינִית
Chinese gong *n* גּוֹנְג סִינִי
Chinese lantern *n* פַּנַּס נְיָר צִבְעוֹנִי
Chinese puzzle *n* תִּסְבּוֹכֶת
Chinese strap *n* רְצוּעַת כּוֹבַע
chink *n* סֶדֶק
chink *vt, vi* קִשְׁקֵשׁ (בְּמַטְבְּעוֹת)
chink *n* צִלְצוּל מַתַּכְתִּי
chintz *n* אָרִיג עִיטּוּרִי
chip *n* שָׁבָב; קֵיסָם
chip *vt, vi* שִׁיבֵּב; קִיצֵּץ, נִיתֵּץ
chipmunk *n* הַסְּנָאִי הֶעָקוּד
chipper *vi* צִפְצֵף; פִּטְפֵּט
chipper *n* מְשַׁבֵּב; סַתָּת
chiropractor *n* כִּירוֹפְּרַקְטִיקָן

chirp *vt* צִיֵּץ
chirp *n* צִיּוּץ
chisel *n* מַפְסֶלֶת
chisel *vt, vi* סִיתֵּת, שִׁיבֵּב
chiseled *adj* מְפוּסָל, מְסוּתָּת
chitchat *n* שִׂיחָה קַלָּה
chivalric, chivalrous *adj* אַבִּירִי
chivalry *n* אַבִּירוּת
chloride *n* כְּלוֹרִיד
chlorine *n* כְּלוֹר
chloroform *n* כְּלוֹרוֹפוֹרם
chloroform *vt* הִשְׁתַּמֵּשׁ בִּכְלוֹרוֹפוֹרם
chlorophyll *n* כְּלוֹרוֹפִיל, יֶרֶק
chock-full *adj* מָלֵא וְגָדוּשׁ
chocolate *n* שׁוֹקוֹלָד
choice *n* בְּחִירָה, בְּרֵירָה
choice *adj* מְשׁוּבָּח, מְיוּחָד בְּמִינוֹ
choir *n* מַקְהֵלָה
choirboy *n* נַעַר מַקְהֵלָן
choir loft *n* יְצִיעַ הַמַּקְהֵלָה
choirmaster *n* מְנַצֵּחַ מַקְהֵלָה
choke *vt, vi* חָנַק, הֶחֱנִיק; הִשְׁנִיק; נֶחֱנַק
choke *n* מַשְׁנֵק; חֲנִיקָה
choke coil *n* מַשְׁנֵק
cholera *n* חוֹלִירָע
choleric *adj* זוֹרֵק מָרָה, רוֹגְזָנִי
cholestrol *n* כּוֹלֶסְטְרוֹל
choose *vt, vi* בָּחַר
chop *n* קִיצּוּץ; טְחִינָה; חֲטִיבָה
chop *vi, vt* קִיצֵּץ, טָחַן; חָטַב
chophouse *n* מִסְעָדָה
chopper *n* מְקַצֵּץ; מַטְחֵנָה; קוֹפִיץ
chopping block *n* סַדַּן עֲרִיפָה
choppy *adj* רוֹגֵשׁ

chopstick *n* מַזלֵג סִינִי
choral *adj*, *n* מַקהֵלָתִי; כּוֹרָל
chorale *n* כּוֹרָל
choral society *n* אֲגוּדַּת מַקהֵלָה
chord *n* מֵיתָר; אַקוֹרד
chord *vt*, *vi* פָּרַט עַל
chore *n* מְלָאכָה, עֲבוֹדַת בַּיִת
choreography *n* כּוֹרֵיאוֹגרַפיָה
chorine *n* זַמֶּרֶת־רַקדָנִית
chorus *n* מַקהֵלָה; חָרוּז חוֹזֵר
chorus *vt* שָׁר אוֹ דִקלֵם בְּמַקהֵלָה
chorus girl *n* זַמֶּרֶת־רַקדָנִית (בּלהקה)
chowder *n* מְרַק דָגִים
Chr. *abbr* Christ, Christian
Christ *n* יֵשׁוּ הַנּוֹצְרִי
christen *vt* הִטבִּיל
Christendom *n* הָעוֹלָם הַנּוֹצְרִי
christening *n* טֶקֶס הַטְבִילָה
Christian *adj*, *n* נוֹצְרִי
Christianity *n* נַצרוּת
Christianize *vt*, *vi* נִיצֵּר
Christian name *n* שֵׁם רִאשׁוֹן
Christmas *n* חַג־הַמּוֹלָד הַנּוֹצְרִי
Christmas card *n* כַּרטִיס־בְּרָכָה לְחַג־הַמּוֹלָד
Christmas Eve *n* עֶרֶב חַג־הַמּוֹלָד
Christmas tree *n* אִילַן חַג־הַמּוֹלָד
chromium, chrome *n* כּרוֹם
chromosome *n* כּרוֹמוֹזוֹם
chron. *abbr* chronology, chronological
chronic *adj* כְּרוֹנִי, מַתמִיד, מְמוּשָּׁך
chronicle *n* סִיפּוּר, שַׁלשֶׁלֶת מְאוֹרָעוֹת
chronicle *vt* רָשַׁם בְּסֵפֶר זִכרוֹנוֹת
chronicler *n* רוֹשֵׁם בְּסֵפֶר זִכרוֹנוֹת
chronology *n* סֵדֶר זְמַנִּים, כְּרוֹנוֹלוֹגיָה
chronometer *n* כּרוֹנוֹמֶטֶר
chrysanthemum *n* חַרצִית
chubby *adj* עֲגַלגַל, שְׁמַנמַן
chuck *n* טְפִיחָה קַלָּה; יָתֵד
chuck *vt* טָפַח; הִשׁלִיך
chuckle *n* צְחוֹק מְאוּפָּק
chuckle *vi* צָחַק צְחוֹק מְאוּפָּק
chug *n* טִרטוּר
chug *vi* טִרטֵר; נָע בְּטִרטוּר
chum *n* חָבֵר, חָבֵר לְחֶדֶר
chum *vi* הִתחַבֵּר, הִתיַידֵּד
chummy *adj* חֲבֵרִי, חַברוּתִי
chump *n* שׁוֹטֶה
chunk *n* פְּרוּסָה, חֲתִיכָה
church *n* כְּנֵסִייָה
churchgoer *n* מִתפַּלֵּל קָבוּעַ
churchman *n* כּוֹמֶר; אָדוּק בְּנַצרוּת
Church of England *n* הַכְּנֵסִייָה הָאַנגלִיקָנִית
churchwarden *n* נְצִיג שֶׁל הַכְּנֵסִייָה הַמְּקוֹמִית
churchyard *n* בֵּית־עָלְמִין כְּנֵסִיָּתִי
churl *n* גַּס, בּוּר
churlish *adj* בּוּר, גַּס
churn *n* מַחבֵּצָה
churn *vt* חִיבֵּץ; בָּחַשׁ
chute *n* תְּעָלָה; מַחֲלֵק; אֶשֶׁד
ciborium *n* חוּפָּה; קוּפסַת לֶחֶם הַקּוֹדֶשׁ
Cicero *n* קִיקֶרוֹ, צִיצֶרוֹ
cider *n* יֵין תַּפּוּחִים
C.I.F., c.i.f. *abbr* cost, insurance and freight סִי״ף

cigar *n* סִיגָר, סִיגָרָה
cigar band *n* חֶבֶק סִיגָר
cigar case *n* נַרְתִּיק סִיגָרִים
cigar cutter *n* מַחְתֵּךְ סִיגָר
cigarette *n* סִיגָרִיָּה
cigarette case *n* נַרְתִּיק סִיגָרִיּוֹת
cigarette-holder *n* קְנֵה סִיגָרִיָּה
cigarette lighter *n* מַצִּית
cigarette-paper *n* נְיָר סִיגָרִיּוֹת
cigar-holder *n* מַחֲזֵק סִיגָר
cigar store *n* חֲנוּת סִיגָרִים
cinch *n* דָּבָר בָּטוּחַ
cinch *vt* תָּפַס בְּבִטְחָה
cinder *n* אוּד
cinder bank *n* תְּלוּלִית אֵפֶר
Cinderella *n* סִינְדֶרֶלָּה, לִכְלוּכִית
cinder track *n* מַסְלוּל אֵפֶר (לְמִירוֹץ)
cinema *n* קוֹלְנוֹעַ, רְאִינוֹעַ
cinematograph *n* מַצְלֵמַת קוֹלְנוֹעַ
cinnabar *n, adj* צִינַּבָּר
cinnamon *n, adj* קִינָּמוֹן
cipher *n* אֶפֶס; סִפְרָה; צוֹפֶן
cipher *vt, vi* הִשְׁתַּמֵּשׁ בִּסְפָרוֹת; חִשְׁבֵּן; כָּתַב בְּצוֹפֶן
cipher key *n* מַפְתֵּחַ צוֹפֶן
circle *n* עִיגּוּל; מַעְגָּל; חוּג
circle *vt, vi* הִקִּיף; סָבַב
circuit *n* סִיבּוּב; סִיּוּר בְּסִיבּוּב
circuit breaker *n* מַתֶג
circuitous *adj* עוֹקֵף, עָקִיף
circular *adj* עִיגּוּלִי, מְעוּגָּל
circular *n* מִכְתָּב חוֹזֵר
circularize *vt* שָׁלַח חוֹזֵר
circulate *vt, vi* חִילֵּק, הֵפִיץ; נָע בְּמַחֲזוֹר

circumcise *vt* מָל
circumference *n* הֶיקֵּף; קַו מַקִּיף
circumflex *n, adj* סְגוֹלְתָּא, תָּג
circumflex *vt* שָׂם סְגוֹלְתָּא; תִּייֵּג
circumlocution *n* מֶלֶל רַב, גִּיבּוּב דְּבָרִים
circumnavigate *vt* הִפְלִיג סָבִיב
circumnavigation *n* הַפְלָגָה סָבִיב
circumscribe *vt* הִקִּיף בְּעִיגּוּל; הִגְבִּיל
circumspect *adj* זָהִיר, פְּקוּחַ עַיִן
circumstance *n* תְּנַאי; (בְּרִיבּוּי) נְסִיבּוֹת
circumstantial *adj* נְסִיבָּתִי
circumstantiate *vt* בִּיסֵּס עַל יְסוֹד נְסִיבּוֹת אוֹ פְּרָטִים
circumvent *vt* עָקַף בְּעוֹרְמָה
circus *n* קִירְקָס; כִּיכָּר
cistern *n* בּוֹר, מִקְוֵה מַיִם
citadel *n* מְצוּדָה, מִבְצָר
citation *n* צִיטּוּט; מוּבָאָה; צִיּוּן לְשֶׁבַח
cite *vt* צִיטֵּט; צִיֵּין לְשֶׁבַח
citizen *n* אֶזְרָח
citizenry *n* צִיבּוּר הָאֶזְרָחִים
citizenship *n* אֶזְרָחוּת, נְתִינוּת
citron *n* אֶתְרוֹג
citronella *n* זַקְנָן רֵיחָנִי
citrus *n* פְּרִי הָדָר
city *n* עִיר, כְּרַךְ
city council *n* מוֹעֲצַת הָעִיר
city editor *n* הָעוֹרֵךְ לַחֲדָשׁוֹת מְקוֹמִיּוֹת
city father *n* אַב־עִיר
city hall *n* עִירִיָּה
city plan *n* תָּכְנִית עִיר
city planner *n* מְתַכְנֵן עָרִים

city planning *n*	תִּכְנוּן עָרִים
city room *n*	חֲדַר הַחֲדָשׁוֹת (בְּעִיתּוֹן)
city-state *n*	מְדִינָה־עִיר
civic *adj*	עִירוֹנִי; אֶזְרָחִי
civics *n pl*	אֶזְרָחוּת
civil *adj*	אֶזְרָחִי; מְנוּמָּס
civilian *n, adj*	אֶזְרָח
civility *n*	נִימּוּס, אֲדִיבוּת
civilization *n*	תַּרְבּוּת, צִיווִילִיזַצְיָה
civilize *vt*	תִּרְבֵּת
civil servant *n*	עוֹבֵד מְדִינָה
civvies *n pl*	לְבוּשׁ אֶזְרָחִי
claim *vt, vi*	תָּבַע; טָעַן
claim *n*	תְּבִיעָה
claim check *n*	תְּעוּדַת שִׁחְרוּר (שֶׁל פיקדון וכד׳)
clairvoyance *n*	רְאִיָּה חוֹדְרָנִית
clairvoyant *n, adj*	בַּעַל רְאִיָּה חוֹדְרָנִית
clam *vi*	אָסַף צְדָפוֹת
clam *n*	צְדָפָה
clamor *n*	צְעָקָה; הֲמוּלָּה
clamor *vi*	צָעַק; תָּבַע בְּקוֹל
clamorous *adj*	רַעֲשָׁנִי, תּוֹבְעָנִי
clamp *n*	מַלְחֶצֶת; מֶלְחָצַיִם
clamp *vt*	הִידֵּק בְּמַלְחֶצֶת
clan *n*	חֲמוּלָה, שֵׁבֶט
clandestine *adj*	סוֹדִי
clang *n, v*	הַקָּשָׁה, צלצול; הִקִּישׁ
clank *n*	רַעַשׁ שַׁרְשְׁרוֹת
clank *vi*	הִשְׁמִיעַ רַעַשׁ שַׁרְשְׁרוֹת
clannish *adj*	דָּבֵק בְּשִׁבְטוֹ
clap *vt, vi*	טָפַח; מָחָא כַּפַּיִם
clap *n*	טְפִיחָה; מְחִיאַת כַּפַּיִם
clapper *n*	עִנְבָּל
claptrap *n*	מְלִיצוֹת רֵיקוֹת
claque *n*	מַחֲאָנִים שְׂכוּרִים
claret *n, adj*	קְלָרֶט; אָדוֹם
clarify *vt, vi*	הִבְהִיר; הִתְבָּרֵר
clarinet *n*	קְלַרְנִית
clarion *n, adj*	קְלַרְיוֹן; בָּרוּר וְצַרְחָנִי
clarity *n*	בְּהִירוּת
clash *vi*	הִתְנַגֵּשׁ בְּרַעַשׁ
clash *n*	הִתְנַגְּשׁוּת
clasp *vt, vi*	אִבְזֵם; חִיבֵּק
clasp *n*	הֶדֶק; אַבְזֵם; לְחִיצָה
class *n*	מַעֲמָד; סוּג; כִּיתָּה; דַּרְגָּה
class *vt*	סִיוּוֵג
class consciousness *n*	תּוֹדָעָה מַעֲמָדִית
classer, classeur *n*	עוֹקְדָן
classic *n*	יְצִירָה קְלַסִּית; סוֹפֵר קְלַסִּי
classic, classical *adj*	קְלַסִּי; מוֹפְתִי
classical scholar *n*	מְלוּמָּד, קְלָסִיקוֹן
classicist *n*	קְלָסִיקוֹן
classified *adj*	מְסוּוָּג
classify *vt*	סִיוּוֵג
classmate *n*	בֶּן־כִּיתָּה
classroom *n*	כִּיתָּה
class struggle *n*	מִלְחֶמֶת מַעֲמָדוֹת
classy *adj*	מִמַּדְרֵגָה גְּבוֹהָה
clatter *n*	רַעַשׁ
clatter *vi*	הִשְׁמִיעַ רַעַשׁ
clause *n*	מִשְׁפָּט טָפֵל; סְעִיף
clavichord *n*	מֵיתַרְיוֹן, קְלָוִויכוֹרְד
clavicle *n*	עֶצֶם הַבְּרִיחַ
clavier *n*	מִקְלֶדֶת; קְלָוִויר
claw *n*	טוֹפֶר
claw *vt*	תָּפַס בְּצִיפּוֹרְנָיו
claw hammer *n*	פַּטִּישׁ שְׁסוּעַ חַרְטוֹם

clay *n, adj* חוֹמֶר, שֶׁל חוֹמֶר
clay pigeon *n* יוֹנַת חוֹמֶר
clay pipe *n* מִקְטֶרֶת חֶרֶס
clean *adj* נָקִי, טָהוֹר
clean *adv* בְּצוּרָה נְקִיָּה
clean *vt, vi* נִיקָּה; הִתְנַקָּה
cleaner *n* מְנַקֶּה
cleaning *n* נִיקּוּי, טִיהוּר
cleaning fluid *n* נוֹזֵל נִיקּוּי
cleaning woman *n* מְנַקָּה
cleanliness *n* נִיקָּיוֹן
cleanly *adj, adv* נְקִי גוּף; בְּצוּרָה נְקִיָּה
cleanse *vt* נִיקָּה, טִיהֵר
clean-shaven *adj* מְגוּלָּח לְמִשְׁעִי
clean-up *n* נִיקּוּי, טִיהוּר; רֶוַח הָגוּן
clear *adj* בָּהִיר; בָּרוּר; חַף מִפֶּשַׁע
clear *adv* לְגַמְרֵי
clear *vt, vi* הִבְהִיר; טִיהֵר; זִיכָּה; פָּדָה; הִתְבַּהֵר
clearance *n* רֶוַח בֵּינַיִים; סִילּוּק חֶשְׁבּוֹן
clearance sale *n* מְכִירַת חִיסּוּל
clearing *n* חֶלְקָה מְנוּקָּה; סִילּוּק חֶשְׁבּוֹנוֹת
clearing house *n* לִשְׁכַּת סִילּוּק
clear-sighted *adj* בְּהִיר רְאִיָּה; מַבְחִין
clearstory *see* clerestory
cleat *n* יָתֵד
cleat *vt* חִיזֵּק בְּיָתֵד
cleavage *n* פִּילּוּג; הִתְבַּקְּעוּת
cleave *vt, vi* פִּיצֵּל; בָּקַע; דָּבַק
cleaver *n* מְפַצֵּל; סַכִּין קַצָּבִים
clef *n* מַפְתֵּחַ (במוסיקה)
cleft *n* סֶדֶק, שֶׁסַע
cleft palate *n* חֵךְ שָׁסוּעַ

clematis *n* זַלְזֶלֶת (צמח)
clemency *n* סַלְחָנוּת
clement *adj* סַלְחָנִי
clench *vt, n* קָמַץ; קְמִיצָה
clerestory *n* צוֹהַר
clergy *n* כְּמוּרָה
clergyman *n* כּוֹמֶר, כּוֹהֵן דָּת
cleric *n, adj* כּוֹמֶר; שֶׁל הַכְּמוּרָה
clerical *adj* לַבְלָרִי; שֶׁל הַכְּמוּרָה
clerical error *n* שְׁגִיאַת כַּתְבָנִית, שְׁגִיאַת לַבְלָר
clerical work *n* עֲבוֹדָה מִשְׂרָדִית
clerk *n* פָּקִיד
clerk *vi* לִבְלֵר
clever *adj* פִּיקֵּחַ
cleverness *n* פִּיקְחוּת
clew *n* מַפְתֵּחַ לְפִתְרוֹן
cliché *n* בִּיטּוּי נָדוֹשׁ; גְּלוּפָה
click *vi* הִקִּישׁ
click *n* נֶקֶשׁ, תִּקְתּוּק
client *n* לָקוֹחַ; מַרְשֶׁה
clientele *n* צִיבּוּר הַלָּקוֹחוֹת
cliff *n* צוּק, מָצוֹק
climate *n* אַקְלִים
climax *n* שִׂיא; מַשְׁבֵּר (בדרמה)
climax *vt, vi* הֵבִיא לְשִׂיא; הִגִּיעַ לְשִׂיא
climb *n* טִיפּוּס
climb *vi* טִיפֵּס
climber *n* מְטַפֵּס
clinch *n* קְבִיעַת מַסְמֵר
clinch *vt* קָבַע מַסְמֵר; קָבַע בְּהֶחְלֵטִיּוּת
cling *vi* דָּבַק, נֶאֱחַז בְּחוֹזְקָה
clingstone peach *n* אֲפַרְסֵק (שֶׁבּוֹ הגלעין דבוק בציפה)
clinic *n* מִרְפָּאָה

clinical *adj* שֶׁל מִרְפָּאָה; קְלִינִי
clinician *n* קְלִינִיקָן
clink *vt, vi* הִקִּישׁ, צִלְצֵל
clink *n* קוֹל נְקִישָׁה; בֵּית־סוֹהַר
clinker *n* אֶבֶן־רִיצוּף; אֶבֶן גְבִישִׁית
clip *n* גְזִיזָה, גְזִירָה; צֶמֶר גָזוּז; מִגְזָזַיִם; מַאֲחֵז (בעניבה); מַכְבֵּנָה (בשיער אישה); קוֹלָר (בחשמל)
clip *vt, vi* גָזַז, חָתַךְ; קִיצֵץ, קִיצֵר
clipper *n* גוֹזֵז; מִגְזָזַיִם, קוֹטֵם; כְּלִי־שַׁיִט מָהִיר
clipping *n* קֶטַע עִיתּוֹנוּת; קְטִימָה
clique *n* כַּת
clique *vi* יִיסֵּד כַּת
cliquish *adj* כִּיתָּתִי, בַּדְלָנִי
cloak *n* גְלִימָה; מַסְוֶה
cloak *vt, vi* כִּיסָּה בִּגְלִימָה; הִסְוָה
cloak-and-dagger *adj* שֶׁל תְּכָכִים וְרִיגּוּל
cloak-and-sword *adj* שֶׁל אַבִּירִים
cloakhanger *n* קוֹלָב
cloak-room *n* מֶלְתָּחָה
clock *n* שָׁעוֹן
clock *vt* קָבַע זְמַן לְפִי שָׁעוֹן
clockmaker *n* עוֹשֶׂה שְׁעוֹנִים; שֶׁעָן
clock tower *n* מִגְדַּל שָׁעוֹן
clockwise *adv* בְּכִיווּן הַשָּׁעוֹן
clockwork *n* מַנְגְּנוֹן הַשָּׁעוֹן
clod *n* גוּשׁ אֲדָמָה; טִיפֵּשׁ
clodhopper *n* גַּס, מְגוּשָּׁם
clog *n* קַבְקַב; מִכְשׁוֹל
clog *vt, vi* חָסַם; נֶעֱצַר
clog dance *n* רִיקּוּד בְּשִׁקְשׁוּק
cloister *n* מִנְזָר
cloister *vt* סָגַר בְּמִנְזָר
cloistral *adj* מִנְזָרִי; חַי בְּמִנְזָר
close *vt, vi* סָגַר; סִיֵּים; הִתְקָרֵב ל...; נִסְגַּר
close *n* סְגִירָה; סִיּוּם; מָקוֹם סָגוּר; חָצֵר
close *adj* קָרוֹב; סָגוּר, מֵעִיק
close *adv* קָרוֹב
closed *adj* סְגוּרָה (לגבי הברה)
closed chapter *n* פָּרָשָׁה שֶׁנֶּחְתְּמָה
closed season *n* עוֹנַת צַיִד סְגוּרָה
close-fisted *adj* קַמְּצָן
close-fitting *adj* הָדוּק
close-lipped *adj* שַׁתְקָנִי
closely *adv* קָרוֹב; בִּתְשׂוּמֶת־לֵב
close quarters *n pl* מַגָּע בִּלְתִּי־אֶמְצָעִי
closet *n* אָרוֹן; חֶדֶר מְיוּחָד
closet *vt* הִסְתַּגֵּר
close-up *n* תַּצְלוּם מִקָּרוֹב
closing *n* סְגִירָה, נְעִילָה
closing prices *n pl* מְחִירֵי נְעִילָה
clot *n* גוּשׁ; קְרִישׁ דָּם
clot *vt, vi* עָשָׂה לְגוּשׁ; נִקְרַשׁ; הִקְרִישׁ
cloth *n* אָרִיג; מַעֲשֵׂה אָרִיג
clothe *vt, vi* הִלְבִּישׁ
clothes *n pl* בְּגָדִים
clothes hanger *n* קוֹלָב
clotheshorse *n* חוֹמֶדֶת מַחֲלָצוֹת
clothesline *n* חֶבֶל כְּבִיסָה
clothes-peg, -pin *n* הֶדֶק־כְּבִיסָה, אֶטֶב
clothes tree *n* קוֹלָב־עַמּוּד
clothier *n* מוֹכֵר אֲרִיגִים, מוֹכֵר בְּגָדִים
clothing *n* הַלְבָּשָׁה
cloud *n* עָנָן, עֲנָנָה
cloud *vt* כִּיסָּה בְּעָנָן, הֵעִיב, הֶעֱנִין
cloud bank *n* גוּשׁ עֲנָנִים

cloudburst *n* שֶׁבֶר עָנָן
cloud-capped *adj* שֶׁרֹאשׁוֹ בָּעֲנָנִים
cloudless *adj* בָּהִיר, לְלֹא עָנָן
cloudy *adj* מְעוּנָּן; לֹא צָלוּל; מְעוּרְפָּל
clove *n* אֵיגֶּיהָ רֵיחָנִית; בְּצַלְצוּל
clover *n* תִּלְתָּן
clover leaf *n* צוֹמֶת מֶחְלָף
clown *n* מוּקְיוֹן
clown *vi* הִתְמַקְיֵין
clownish *adj* מוּקְיוֹנִי
cloy *vt, vi* הֶאֱכִיל עַד לְזָרָא; הִתְפַּטֵּם
club *n* אַלָּה; מוֹעֲדוֹן
club *vt, vi* הִכָּה בְּאַלָּה; הִתְאַגֵּד בְּמוֹעֲדוֹן
club car *n* קְרוֹן מוֹעֲדוֹן
clubhouse *n* מוֹעֲדוֹן
clubman *n* חֲבֵר מוֹעֲדוֹן
cluck *vi* קִרְקֵר
cluck *n* קִרְקוּר
clue *n* מַפְתֵּחַ לְפִתְרוֹן
clump *n* סְבַךְ (עצים); מִקְבָּץ
clump *vt, vi* פָּסַע בִּכְבֵדוּת; שָׁתַל יַחַד
clumsy *adj* מְגוּשָּׁם, מְסוּרְבָּל
cluster *n* אֶשְׁכּוֹל; מִקְבָּץ
cluster *vt, vi* קִיבֵּץ; צָמַח בְּאֶשְׁכּוֹלוֹת; הִתְקַהֵל
clutch *vt, vi* אָחַז בְּחוֹזְקָה
clutch *n* מַצְמֵד; אֲחִיזָה
clutter *n* אִי־סֵדֶר
clutter *vt, vi* עָרַם בְּעִרְבּוּבְיָה
cm. *abbr* centimeter ס"מ
cml. *abbr* commercial

Co. *abbr* Company
c/o – care of אֵצֶל
coach *n* מְאַמֵּן; אוֹטוֹבּוּס טִיוּלִים; קְרוֹן נוֹסְעִים
coach *vt* הִדְרִיךְ, אִימֵּן
coagulate *vi, vt* הִקְרִישׁ
coal *n* פֶּחָם
coal *vt, vi* סִיפֵּק פְּחָמִים
coal bin *n* מְכַל פְּחָמִים
coal bunker *n* מַחְסַן פֶּחָם
coal-car *n* קְרוֹן פְּחָמִים
coaling-station *n* תַּחֲנַת־פֶּחָם (לספינות)
coalition *n* קוֹאָלִיצְיָה; הִתְמַזְּגוּת
coal mine *n* מִכְרֵה פֶּחָם
coal oil *n* נֵפְט
coal scuttle *n* כְּלִי־קִיבּוּל לְפֶחָם
coal tar *n* עִטְרָן
coal yard *n* תַּחֲנַת פֶּחָם
coarse *adj* גַּס, מְחוּסְפָּס
coast *n* חוֹף הַיָּם
coast *vi* שִׁיֵּט מִנָּמֵל לְנָמֵל; נָסַע בִּירִידָה לְלֹא דִיווּשׁ
coastal *adj* חוֹפִי
coaster *n* מַפְלִיג בַּחוֹף
coast guard *n* מִשְׁמַר הַחוֹף
coast guard cutter *n* סְפִינַת מִשְׁמַר הַחוֹף
coasting trade *n* סַחַר חוֹף
coast land *n* אֵיזוֹר הַחוֹף
coastline *n* קַו הַחוֹף
coastwise *adv* לְאוֹרֶךְ הַחוֹף
coat *n* מְעִיל; מַעֲטֶה
coat *vt* כִּיסָּה בִּמְעִיל; צִיפָּה
coated *adj* (נייר) מַבְהִיק; מְצוּפֶּה

coat hanger *n* קַשְׁתִּית
coating *n* שִׁכְבַת צִיפּוּי
coat of arms *n* שֶׁלֶט גִּיבּוֹרִים
coat-tail *n* שׁוֹבֶל הַמִּקְטוֹרֶן
coax *vt* פִּיתָּה
cob *n* אֶשְׁבּוֹל; סוּס רְכִיבָה
cobalt *n* קוֹבַּלְט
cobbler *n* סַנְדְּלָר
cobblestone *n* חַלּוּק־אֶבֶן
cobweb *n* קוּרֵי־עַכָּבִישׁ
cocaine *n* קוֹקָאִין
cock *n* תַּרְנְגוֹל; בֶּרֶז; נוֹקֵר (בְּרוֹבֶה); אֵיבַר הַזָּכָר
cock *vt, vi* דָּרַךְ (כְּלִי יְרִייָה); זָקַף; הִזְדַּקֵּף
cock *n* תַּרְנְגוֹל
cockade *n* שׁוֹשֶׁנֶת
cock-a-doodle-doo *n* קוּקוּרִיקוּ
cock-and-bull story *n* סִיפּוּר הֲבַאי
cocked hat *n* מִגְבַּעַת מוּפְשֶׁלֶת אוֹגֶן
cockeyed *adj* פּוֹזֵל; מְעוּקָּם
cockney *adj, n* קוֹקְנִי
cock of the walk *n* שְׁתַלְטָן
cockpit *n* תָּא הַטַּיָּס; מָקוֹם לִקְרַב תַּרְנְגוֹלִים
cockroach *n* תִּיקָן
cockscomb *n* כַּרְבּוֹלֶת
cocksure *adj* בָּטוּחַ מִדַּי בְּעַצְמוֹ
cocktail *n* קוֹקְטֵייל
cocktail party *n* מְסִיבַּת קוֹקְטֵייל
cocktail shaker *n* מְמַזֵּג קוֹקְטֵיל
cocky *adj* חָצוּף, יָהִיר
cocoa *n, adj* קָקָאוֹ
coconut *n* קוֹקוֹס
coconut palm *n* דֶּקֶל הַקּוֹקוֹס

cocoon *n* קוּקְלָה, פְּקַעַת מֶשִׁי
C.O.D., c.o.d. *abbr* collect on delivery; cash on delivery
cod *n* בַּקָּלָה
coddle *vt* פִּינֵּק
code *n* צוֹפֶן; סֵפֶר חוּקִּים, קוֹד
code *vt* רָשַׁם בְּצוֹפֶן, קוֹדֵד
code number *n* מִסְפַּר מִיקּוּד
code word *n* מִלַּת צוֹפֶן
codex *n* (*pl* codices) כְּתַב־יָד עַתִּיק
codfish *n* בַּקָּלָה
codger *n* כִּילַי
codicil *n* נִסְפָּח לְצַוָּואָה
codify *vt* עָרַךְ חוּקִּים בְּסֵפֶר
cod-liver oil *n* שֶׁמֶן דָּגִים
co-ed *n* סְטוּדֶנְטִית
coeducation *n* חִינּוּךְ מְעוֹרָב
coefficient *n, adj* מְקַדֵּם
coerce *vt* כָּפָה
coercion *n* כְּפִייָה
coeval *adj* שֶׁל אוֹתָהּ תְּקוּפָה
coexist *vi* הִתְקַיֵּים יַחַד
coexistence *n* דּוּ־קִיּוּם
coffee *n* קָפֶה, קַהֲוָוה
coffee beans *n pl* גַּרְגְּרֵי קָפֶה
coffee grinder *n* מַטְחֵנַת קָפֶה
coffee grounds *n pl* מִשְׁקַע קָפֶה
coffee mill *n* מַטְחֵנַת קָפֶה
coffee plantation *n* מַטַּע קָפֶה
coffeepot *n* קוּמְקוּם קָפֶה
coffee tree *n* עֵץ הַקָּפֶה
coffer *n* תֵּיבָה
cofferdam *n* מִבְנֶה לֹא חָדִיר לְמַיִם
coffers *n pl* אוֹצָר, קֶרֶן
coffin *n* אֲרוֹן מֵתִים

cog *n* שֵׁן בְּגַלְגַּל
cogency *n* כּוֹחַ שִׁכְנוּעַ
cogent *adj* מְשַׁכְנֵעַ
cogitate *vi* חָשַׁב, הִרְהֵר בַּדָּבָר
cognac *n* יי״ש, קוֹנְיָאק
cognizance *n* יְדִיעָה
cognizant *adj* יוֹדֵעַ; נוֹתֵן דַעְתּוֹ
cogwheel *n* גַלְגַּל מְשׁוּנָּן
cohabit *vt* חָיוּ יַחַד
coheir *n* שׁוּתָּף לִירוּשָּׁה
cohere *vi* הִתְדַבֵּק, הִתְלַכֵּד
coherent *adj* הֶגְיוֹנִי, עָקִיב
cohesion *n* לִיכּוּד, הִתְלַכְּדוּת
coiffeur *n* סַפָּר
coiffure *n* תִּסְרוֹקֶת
coil *n* סְלִיל; נַחְשׁוֹן
coil *vt, vi* כָּרַךְ; נָע חֶלְזוֹנִית
coil spring *n* קְפִיץ בּוֹרְגִי
coin *n* מַטְבֵּעַ
coin *vt* טָבַע (מטבעות); חִידֵּשׁ מִלִּים
coincide *vi* נִזְדַּמֵּן יַחַד; הִתְאִים בְּדִיּוּק
coincidence *n* זֶהוּת אֵירוּעִים
coition *n* הִזְדַוְּגוּת, מִשְׁגָּל
coitus *n* הִזְדַוְּגוּת, מִשְׁגָּל
coke *n* קוֹקְס
coke *vt* הָפַךְ לְקוֹקְס
col *n* אוּכָּף
colander *n* מְשַׁמֶּרֶת
cold *adj* קַר, צוֹנֵן
cold *n* קוֹר, הִצְטַנְּנוּת
cold-blooded *adj* אַכְזָרִי
cold chisel *n* מִסְסֶלֶת פְּלָדָה
cold comfort *n* נֶחָמָה פּוּרְתָּא
cold cuts *n pl* בָּשָׂר קַר
cold feet *n* מוֹרֶךְ־לֵב
cold-hearted *adj* אָדִישׁ
coldness *n* קוֹר, קְרִירוּת
cold shoulder *n* אֲדִישׁוּת גְלוּיָה
cold shoulder *vt* הִתְיַיחֵס בִּקְרִירוּת
cold snap *n* תְּקוּפַת קוֹר פִּתְאוֹמִי
cold storage *n* אִחְסוּן בְּקֵירוּר
cold war *n* מִלְחָמָה קָרָה
coleslaw *n* סָלַט כְּרוּב
colic *n* כְּאֵב בֶּטֶן
coliseum, colosseum *n* קוֹלוֹסֵאוּם, אַמְפִיתֵיאַטְרוֹן
collaborate *vt, vi* שִׁיתֵּף פְּעוּלָּה
collaborationist *n* מְשַׁתֵּף פְּעוּלָּה (עם אויב)
collaborator *n* מְשַׁתֵּף פְּעוּלָּה
collapse *n* הִתְמוֹטְטוּת
collapse *vi* הִתְמוֹטֵט
collapsible *adj* נִיתָּן לְהִתְמוֹטֵט
collar *n* צַוָּארוֹן, עֲנָק
collar *vt* שָׂם צַוָּארוֹן; תָּפַס בַּצַּוָּאר
collarbone *n* עֶצֶם הַבְּרִיחַ
collate *vt* לִיקֵּט וְעָרַךְ; הִישׁוָה (טקסטים)
collateral *adj, n* צְדָדִי; מַקְבִּיל; מְסַייֵעַ; עֲרֵבוּת
collation *n* לֶקֶט; הַשְׁוָוָאָה; אֲרוּחָה קַלָּה
colleague *n* עָמִית
collect *vt, vi* אָסַף, קִיבֵּץ; גָּבָה; הִתְאַסֵּף
collect *adv* בְּתַשְׁלוּם עַל־יְדֵי הַנִּמְעָן
collection *n* אִיסּוּף; אוֹסֶף
collection agency *n* סוֹכְנוּת לִגְבִיָּיה
collective *adj, n* קִיבּוּצִי, מְשׁוּתָּף; גוּף קִיבּוּצִי

collector *n* גּוֹבֶה; אַסְפָן
college *n* מִדְרָשָׁה
collide *vi* הִתְנַגֵּשׁ
collie, colly *n* כֶּלֶב רוֹעֶה
collier *n* כּוֹרֵה פֶּחָם
colliery *n* מִכְרֵה פֶּחָם
collision *n* הִתְנַגְּשׁוּת
colloid *adj, n* דַבְקָנִי, קוֹלוֹאִיד
colloquial *adj* דִיבּוּרִי
colloquialism *n* נִיב דִיבּוּרִי
colloquy *n* שִׂיחָה
collusion *n* קֶשֶׁר לְהוֹנָאָה
colon *n* הַמְּעִי הַגַּס; נְקוּדָתַיִים
colonel *n* קוֹלוֹנֶל, אַלוּף מִשְׁנֶה
colonelcy, colonelship *n* אַלִּיפוּת מִשְׁנֶה
colonial *adj, n* קוֹלוֹנְיָאלִי; תּוֹשַׁב מוֹשָׁבָה
colonize *vt, vi* הֵקִים מוֹשָׁבָה; יִישֵּׁב
colonnade *n* שְׁדֵירַת עַמּוּדִים אוֹ עֵצִים
colony *n* מוֹשָׁבָה
colophon *n* קוֹלוֹפוֹן
color *n* צֶבַע; סוֹמֶק פָּנִים
color *vt, vi* נָתַן צֶבַע, גִיוּוֵן; הִסמִיק
color bar *n* הַפלָיָה מִטַּעֲמֵי צֶבַע
color bearer *n* נוֹשֵׂא דֶגֶל
color blind *adj* סוּמְגוֹן; עִיוּוֵר לִצְבָעִים
colored *adj* צָבוּעַ; צִבעוֹנִי, לֹא לָבָן; מוּשׁפָּע
colorful *adj* סַסגוֹנִי
coloring *n* צְבִיעָה; חוֹמֶר צֶבַע
colorless *adj* חֲסַר צֶבַע
color screen *n* מִרקַע צֶבַע
color sergeant *n* סַמָּל גְדוּדִי
color television *n* טֶלֶוִויזְיָה צִבעוֹנִית
colossal *adj* עֲנָקִי
colossus *n* אַנדַרטָה עֲנָקִית
colt *n* סְיָח; אֶקְדָח
Columbus *n* קוֹלוּמבּוּס
column *n* טוּר עַמּוּד
com. *abbr* comedy, commerce, common
Com. *abbr* Commander, Commissioner, Committee
coma *n* תַּרְדֶּמֶת, קוֹמָה
comb *vt, vi* סָרַק
comb *n* מַסרֵק; כַּרבּוֹלֶת
combat *vt, vi* נִלְחַם בְּ..., נֶאֱבַק
combat *n, adj* קְרָב; קְרָבִי
combat duty *n* תּוֹרָנוּת קְרָב
combination *n* צֵירוּף, אִיחוּד
combine *vt, vi* צֵירֵף, אִיחֵד; הִתחַבֵּר
combine *n* צֵירוּף; אִיגוּד; קוֹמבַּיין (בחקלאות)
combustible *adj, n* דָלִיק; חוֹמֶר דָלִיק
combustion *n* דְלִיקָה, בְּעִירָה
come *vi* בָּא, הִגִּיעַ; אֵירַע
comeback *n* חֲזָרָה לְמַצָּב קוֹדֵם
come between הִפרִיד בֵּין, חָצַץ
comedian *n* שַׂחְקָן בְּקוֹמֶדְיָה, קוֹמִיקָן
comedienne *n* שַׂחֲקָנִית בְּקוֹמֶדְיָה, קוֹמִיקָנִית
comedown *n* נְפִילָה מֵאִיגָּרָא רָמָא
comedy *n* מַחֲזֶה הִיתּוּלִי, מַהֲתַלָּה, קוֹמֶדְיָה
comely *adj* נָעִים, חִנָּנִי
comet *n* כּוֹכַב־שָׁבִיט

come true הִתְאַמֵּת
comfort *vt* נִיחֵם
comfort *n* נֶחָמָה
comfortable *adj* נוֹחַ
comforter *n* מְנַחֵם; סוּדָר צֶמֶר
comfort station *n* תַּחֲנַת נוֹחִיּוּת
comfrey *n* קִיווּיָה; סִימְפִּיטוֹן
comic, comical *adj* מְבַדֵּחַ, קוֹמִי
comic *n* בַּדְּחָן
comic strip *n* מִבְדָּח מְצוּיָּר
coming *n* הִתְקָרְבוּת, הוֹפָעָה
comma *n* פְּסִיק
command *vt*, *vi* צִיוָּה, פָּקַד; שָׁלַט בּ...
command *n* פְּקוּדָה, צַו; פִּיקוּד
commandant *n* קְצִין־מְפַקֵּד; קוֹמַנְדַּנְט
commandeer *vt* גִּיֵּיס בְּכוֹחַ
commander *n* מְפַקֵּד
commandment *n* דִּיבְּרָה
commemorate *vt* שִׁימֵּשׁ כְּזִיכָּרוֹן; הִזְכִּיר (באזכרה)
commence *vt*, *vi* הִתְחִיל
commencement *n* הַתְחָלָה
commend *vt* הִזְכִּיר לְשֶׁבַח; הִמְלִיץ
commendable *adj* רָאוּי לְשֶׁבַח
commendation *n* צִיּוּן לְשֶׁבַח
comment *n* הֶעָרָה
comment *vi* הֵעִיר
commentary *n* פֵּירוּשׁ
commentator *n* מְפָרֵשׁ, פַּרְשָׁן
commerce *n* מִסְחָר
commercial *n* (ברדיו) תּוֹכְנִית מִסְחָרִית
commercial *adj* מִסְחָרִי
commiserate *vi* הִבִּיעַ צַעַר, הִשְׁתַּתֵּף בְּצַעַר
commiseration *n* רַחֲמִים, הַבָּעַת צַעַר
commissar *n* מְנַהֵל מַחְלָקָה מֶמְשַׁלְתִּית (בברית־המועצות)
commissary *n* (בצבא) מַחְסַן מָזוֹן וְצִיּוּד; קְצִין אַסְפָּקָה
commission *n* עַמְלָה, קוֹמִיסְיוֹן; בִּיצּוּעַ (פשע וכד׳); וַעֲדָה, מִשְׁלַחַת; מִינּוּי, הַטָּלַת תַּפְקִיד
commission *vt* הִטִּיל תַּפְקִיד
commissioned officer *n* קָצִין (מסגן־משנה ומעלה)
commissioner *n* נְצִיב
commit *vt* עָשָׂה, בִּיצֵּעַ; מָסַר; חִייֵּב
commitment *n* הִתְחַייְּבוּת
committal *n* שְׁלִיחָה (לכלא, וכד׳)
committee *n* וַעֲדָה, וַעַד
commode *n* שִׁידָּה; אֲרוֹנִית
commodious *adj* מְרוּוָּח
commodity *n* מִצְרָךְ
common *adj* מְשׁוּתָּף, הֲדָדִי; רָגִיל; שִׁגְרָתִי; הֲמוֹנִי
common *n* קַרְקַע צִיבּוּרִית
common carrier *n* רֶכֶב צִיבּוּרִי
פָּשׁוּט
commoner *n* פְּשׁוּט עַם
common law *n* הַמִּשְׁפָּט הַמְקוּבָּל
common law marriage *n* נִישּׂוּאִים לְלֹא טֶקֶס
commonplace *n*, *adj* מֵימְרָה נְדוֹשָׁה
common sense *n* שֵׂכֶל יָשָׁר
common-sense *adj* שֶׁל שֵׂכֶל יָשָׁר
common stock *n* מְנָיָה רְגִילָה
commonwealth *n* קְהִילִיָּיה

commotion *n* מְהוּמָה
commune *n* קְהִילָּה
commune *vi* שׂוֹחַח שִׂיחָה אִינְטִימִית
communicant *n, adj* חֲבֵר־הַכְּנֵסִייָּה
communicate *vt, vi* הוֹדִיעַ; הִתְקַשֵּׁר
communicating *adj* מְקַשֵּׁר
communicative *adj* נָכוֹן לְהִידָּבֵר; שֶׁל תִּקְשׁוֹרֶת
communion *n* הִידָּבְרוּת; הִשְׁתַּתְּפוּת
communion rail *n* מַעֲקֶה לֶחֶם הַקּוֹדֶשׁ
communiqué *n* תַּמְסִיר
communism *n* קוֹמוּנִיזְם
communist *n, adj* קוֹמוּנִיסְט; קוֹמוּנִיסְטִי
community *n* קְהִילָּה; עֵדָה
communize *vt* הָפַךְ לִרְכוּשׁ הַכְּלָל
commutation ticket *n* כַּרְטִיס מָנוּי (לנסיעות)
commutator *n* מַחֲלֵף; מֶתֶג
commute *vt, vi* נָסַע כְּיוֹמֵם
commuter *n* יוֹמֵם
compact *n* בְּרִית, חוֹזֶה; קוּפְסַת עִידּוּן
compact *adj* מְהוּדָּק, דָּחוּס
companion *n* חָבֵר; מְלַוֶּה; מַדְרִיךְ
companion *n* (באונייה) חוּפַּת הַיְרִידָה
companionable *adj* חֲבֵרִי
companionship *n* חֲבֵרוּת, יְדִידוּת
companionway *n* יְרִידָה
company *n* חֲבוּרָה; חֶבְרָה, אֲגוּדָּה; אוֹרְחִים
company *adj* שֶׁל חֶבְרָה
comparative *adj, n* הַשְׁוָואָתִי, יַחֲסִי; דַּרְגַּת הַיּוֹתֵר
compare *vt, vi* הִשְׁוָה עִם; הִשְׁתַּוָּה
compare *n* הַשְׁוָואָה
comparison *n* הַשְׁוָואָה
compartment *n* תָּא; חֵלֶק נִפְרָד
compass *adj* עִיגּוּלִי
compass *n* מַצְפֵּן; הֶיקֵּף, תְּחוּם
compass card *n* שׁוֹשַׁנַּת־הָרוּחוֹת
compassion *n* רַחֲמִים
compassionate *adj* רַחוּם, רַחֲמָנִי
compel *vt* הִכְרִיחַ
compendious *adj* תַּמְצִיתִי, מְקוּצָּר
compendium *n* תַּקְצִיר, תַּמְצִית
compensate *vt, vi* פִּיצָּה; אִיזֵּן
compensation *n* פִּיצּוּי
compete *vi* הִתְחָרָה
competence, competency *n* כּוֹשֶׁר; הַכְנָסָה מַסְפֶּקֶת
competent *adj* הוֹלֵם; מוּסְמָךְ; מוּכְשָׁר, כָּשִׁיר
competition *n* הִתְחָרוּת, תַּחֲרוּת
competitive *adj* שֶׁל הִתְחָרוּת
competitive examination *n* בְּחִינַת הִתְחָרוּת
competitive price *n* מְחִיר הִתְחָרוּת
competitor *n* מִתְחָרֶה, מִתְמוֹדֵד
compilation *n* לִיקּוּט; אוֹסֶף
compile *vt* לִיקֵּט, חִיבֵּר
complacence, complacency *n* שַׁאֲנַנּוּת; שְׂבִיעוּת רָצוֹן מֵעַצְמוֹ
complacent *adj* שְׂבַע־רָצוֹן מֵעַצְמוֹ
complain *vi* הִתְאוֹנֵן
complainant *n* מִתְלוֹנֵן
complaint *n* תְּלוּנָּה; מַחֲלָה
complaisance *n* נְעִימוּת, אֲדִיבוּת
complaisant *adj* נָעִים אָדִיב

complement *n* הַשְׁלָמָה; כַּמּוּת מְלֵאָה
complement *vt* הִשְׁלִים
complete *vt* הִשְׁלִים; סִיֵּים
complete *adj* שָׁלֵם; מוּשְׁלָם
completion *n* הַשְׁלָמָה; סִיּוּם
complex *n, adj* הֶרְכֵּב מְסוּבָּךְ; תַּסְבִּיךְ; מוּרְכָּב
complexion *n* צֶבַע הָעוֹר; מַרְאֶה
compliance *n* הֵיעָנוּת
complicate *vt* סִיבֵּךְ
complicated *adj* מְסוּבָּךְ; מוּרְכָּב
complicity *n* שׁוּתָּפוּת לִדְבַר עֲבֵירָה
compliment *n* מַחֲמָאָה
compliment *vt* חָלַק מַחֲמָאָה
complimentary copy *n* עוֹתֶק חִינָּם
complimentary ticket *n* כַּרְטִיס חִינָּם
comply *vi* נַעֲנָה, צִיֵּית
component *n* מַרְכִּיב, רְכִיב
component *adj* מְהַוֶּה חֵלֶק בְּ...
compose *vt, vi* הִרְכִּיב; הָיָה מוּרְכָּב מִ...
composed *adj* רָגוּעַ, שָׁלֵו
composer *n* מְחַבֵּר, מַלְחִין
composing stick *n* מְשׁוּרָה
composite *n* דָּבָר מוּרְכָּב, הֶרְכֵּב
composite *adj* מוּרְכָּב; מִמִּשְׁפַּחַת הַמּוּרְכָּבִים
composition *n* הַרְכָּבָה; הֶרְכֵּב; (בְּמוּסִיקָה) הַלְחָנָה; חִיבּוּר
compositor *n* סַדָּר
composure *n* שַׁלְוָה, רְגִיעוּת
compote *n* לִפְתַּן פֵּירוֹת
compound *n* תִּרְכּוֹבֶת; מִלָּה מוּרְכֶּבֶת; מָקוֹם גָּדוּר
compound *vt, vi* עֵירֵב; חִיבֵּר, הִרְכִּיב; הִתְפַּשֵּׁר
compound *adj* מוּרְכָּב, מְחוּבָּר
compound interest *n* רִיבִּית דְּרִיבִּית
comprehend *vt* הֵבִין
comprehensible *adj* נִיתָּן לַהֲבָנָה
comprehension *n* הֲבָנָה, תְּפִיסָה
comprehensive *adj* מַקִּיף, כּוֹלֵל
compress *vt* דָּחַס, הִידֵּק יַחַד
compress *n* תַּחְבּוֹשֶׁת, רְטִיָּה
compression *n* דְּחִיסָה; דְּחִיסוּת
comprise *vt* כָּלַל, הֵכִיל
compromise *n* פְּשָׁרָה, וִיתּוּר הֲדָדִי
compromise *vt, vi* הִתְפַּשֵּׁר; פִּישֵּׁר; סִיכֵּן
compromising evidence *n* עֵדוּת מַחֲשִׁידָה
comptroller *n* מְפַקֵּחַ
compulsion *n* כְּפִיָּה, אוֹנֶס
compulsory *adj* שֶׁל חוֹבָה
compute *vt* חִשְׁבֵּן, חִישֵּׁב
computer *n* מְחַשֵּׁב
comrade *n* חָבֵר
con. *abbr* conclusion, confidence, consolidated, contra
con *n* טַעַם נֶגֶד
con *vt* לָמַד, שִׁינֵּן; הוֹנָה
concave *adj* קָעוּר, שְׁקַעֲרוּרִי
conceal *vt* הִסְתִּיר
concealment *n* הַסְתָּרָה
concede *vt* הוֹדָה בְּצִדְקַת טַעֲנָה; וִיתֵּר
conceit *n* יוּהֲרָה, הִתְרַבְרְבוּת

conceited *adj* יָהִיר, גַאַוְתָן
conceivable *adj* עוֹלֶה עַל הַדַעַת
conceive *vt, vi* הָרָה רַעֲיוֹן; תֵּיאֵר לְעַצְמוֹ, הֶעֱלָה עַל דַעְתּוֹ; הָרְתָה
concentrate *vt, vi* רִיכֵּז; הִתְרַכֵּז
concentrate *n* רִיכּוּז; תַּרְכִּיז
concentric *adj* קוֹנְצֶנְטְרִי, מְשׁוּתַּף מֶרְכָּז
concept *n* מוּשָׂג
conception *n* תְּפִיסָה; הִתְעַבְּרוּת; מוּשָׂג; הֲרִיַּית רַעֲיוֹן
concern *vt* נָגַע ל...; הָיָה קָשׁוּר ל...; עִנְייֵן; הִדְאִיג
concern *n* עִנְיָין, עֵסֶק (מסחרי); דְאָגָה
concerned *adj* מְעוּנְיָין; מוּדְאָג
concerning *prep* בְּנוֹגֵעַ ל...
concert *vt* תִּכְנֵן יַחַד עִם
concert *n* קוֹנְצֶרְט; פְּעוּלָּה מְשׁוּתֶּפֶת
concert master *n* מְנַצֵּחַ מִשְׁנֶה
concerto *n* קוֹנְצֶ׳רְטוֹ
concession *n* וִיתּוּר; זִיכָּיוֹן; הֲנָחָה
concessive *adj* נוֹטֶה לְוַותֵּר
concierge *n* שׁוֹעֵר
conciliate *vt* פִּייֵּס, הִרְגִּיעַ
conciliatory *adj* פַּייְּסָנִי
concise *adj* מְתוּמְצָת, מְצוּמְצָם
conclude *vt, vi* גָּמַר, סִייֵּם; הִסִּיק; הִסְתַּייֵּם
conclusion *n* סִיּוּם; מַסְקָנָה
conclusive *adj* מַכְרִיעַ, מְשַׁכְנֵעַ
concoct *vt* בִּישֵּׁל; הִרְכִּיב; הִמְצִיא (סיפור, תירוץ וכד׳)
concomitant *adj, n* מְלַוֶּוה, מִתְאָרֵעַ בּוֹ בִּזְמַן; מְאוֹרָע אוֹ דָבָר צָמוּד
concord *n* הֶסְכֵּם; תְּמִימוּת־דֵעִים; שָׁלוֹם; מְזִיג צְלִילִים
concordance *n* הַתְאָמָה, הַרְמוֹנְיָה; קוֹנְקוֹרְדַנְצְיָה
concourse *n* כִּינּוּס; טַייֶּלֶת (בגן ציבורי); רְחָבָה (בתחנת־רכבת)
concrete *adj* מוּחָשִׁי; מַמָּשִׁי; יָצוּק
concrete block *n* בְּלוֹק בֵּטוֹן
concrete mixer *n* מְעַרְבֵּל
concrete *n* בֵּטוֹן
concubine *n* פִּילֶגֶשׁ
concur *vi* הִסְכִּים; הִצְטָרֵף
concurrence *n* הַסְכָּמָה, תְּמִימוּת־דֵעִים
concussion *n* זַעֲזוּעַ חָזָק; זַעֲזוּעַ מוֹחַ
condemn *vt* גִּינָּה; דָּן (למוות); פָּסַל
condemnation *n* גִּינּוּי; הַרְשָׁעָה
condense *vt, vi* דָּחַס, צִמְצֵם; הִצְטַמְצֵם
condensed milk *n* חָלָב מְשׁוּמָּר
condescend *vi* מָחַל עַל כְּבוֹדוֹ; הוֹאִיל
condescending *adj* מוֹחֵל עַל כְּבוֹדוֹ, מוֹאִיל
condescension *n* מְחִילָה עַל כְּבוֹדוֹ כְּלַפֵּי נְחוּתִים
condiment *n* תַּבְלִין
condition *n* תְּנַאי; מַצָּב
condition *vt* הִתְנָה; הֵבִיא לְמַצָּב; תִּקֵּן; מִיזֵּג (אוויר)
conditional *adj* מוּתְנֶה, עַל תְּנַאי
condole *vi* נִיחֵם, הִבִּיעַ תַּנְחוּמִים

condolence *n* נִיחוּם; תַּנחוּמִים
condone *vt* הֶעֱלִים עֵינוֹ, מָחַל
conduce *vt, vi* הֵבִיא לִידֵי, גָרַם
conducive *adj* מֵבִיא לִידֵי, מְסַייֵעַ
conduct *vt* נִיהֵל, הִדְרִיךְ;
נִיצֵחַ עַל (תִזמוֹרֶת); הוֹלִיךְ (חוֹם, חשמל, קוֹל וכד׳)
conduct *n* הִתנַהֲגוּת; נִיהוּל
conductor *n* מְנַצֵּחַ; מוֹלִיךְ; כַּרטִיסָן
conduit *n* מַעֲבִיר מַיִם
cone *n* חָרוּט; אִצטרוּבָּל
confectionery *n* דִברֵי מְתִיקָה;
מִגְדָנִייָה
confederacy *n* בְּרִית, אִיחוּד,
קוֹנפֶדֶרַצִיָה
confederate *vi* הִתאַחֵד,
הִתחַבֵּר לְמְזִימָה
confederate *n, adj* בַּעַל בְּרִית;
שׁוּתָּף לִדבַר־עֲבֵירָה
confer *vt, vi* הֶעֱנִיק; הֶחֱלִיף דֵעוֹת
conference *n* וְעִידָה; הִתייָעֲצוּת;
יְשִׁיבָה
confess *vt, vi* הוֹדָה;
הִתוַודָה (לִפנֵי כּוֹמֶר)
confession *n* הוֹדָאָה; וִידוּי,
הִתוַודוּת (לִפנֵי כּוֹמֶר)
confessional *n* תָּא הַוִּידוּי
confession of faith הַכרָזַת
׳אֲנִי מַאֲמִין׳
confessor *n* מִתוַודֶּה; כּוֹמֶר מְוַודֶּה
confide *vt, vi* בָּטַח בּ...; גִילָה (סוֹד)
confidence *n* אֵימוּן; בִּיטָחוֹן עַצמִי
confident *adj* בָּטוּחַ; בּוֹטֵחַ בְּעַצמוֹ
confidential *adj* סוֹדִי
confine *n* גְבוּל

confine *vt, vi* הִגבִּיל; כָּלָא
confinement *n* כְּלִיאָה; מַצַּב הַיוֹלֶדֶת
confirm *vt* אִישֵׁר; חִיזֵק;
הִכנִיס בִּברִית הַכְּנֵסִייָה
confirmed *adj* מְאוּשָׁר; מוּשׁבָּע
confiscate *vt* הֶחֱרִים; עִיקֵל
confiscate *adj* מוּחֳרָם; מְעוּקָל
conflagration *n* דְלֵיקָה, שְׂרֵיפָה גְדוֹלָה
conflict *vi* הִתנַגֵּשׁ; הִסתַכסֵךְ
conflict *n* הִתנַגְשׁוּת; סִכסוּךְ
conflicting *adj* סוֹתֵר
confluence *n* זְרִימַת יַחַד
conform *vt, vi* פָּעַל בְּהֶתאֵם;
הִסתַגֵּל ל...; נִשׁמַע ל...
conformance *n* הַתאָמָה; הִסתַגְלוּת
conformity *n* תּוֹאֲמוּת; הַתאָמָה, תֵּיאוּם
confound *vt* בִּלבֵּל; הִכשִׁיל,
שָׂם לְאַל
confounded *adj* מְקוּלָל, שָׂנוּא
confrere *n* חָבֵר לְמִקצוֹעַ
confront *vt* עִימֵת
confrontation *n* עִימוּת
confuse *vt* בִּלבֵּל; הֵבִיךְ
confusion *n* בִּלבּוּל; מְבוּכָה
confute *vt* הִפרִיךְ
Cong. *abbr* Congregation,
Congressional
congeal *vt, vi* הִקרִישׁ, הִקפִּיא;
הִתקָרֵשׁ
congenial *adj* נָעִים; אָהוּד
congenital *adj* שֶׁמִּלֵּידָה
conger-eel *n* צְלוֹפָח גַמלוֹנִי
congest *vt, vi* גִידֵשׁ; הִתגַדֵּשׁ
congestion *n* תִּצפּוֹפֶת, צְפִיפוּת;
גוֹדֶשׁ (דָם)

congratulate *vt* בֵּירֵךְ, אִיחֵל
congratulation *n* בְּרָכָה, אִיחוּל
congregate *vt, vi* הִקְהִיל; הִתְאַסֵּף, הִתְקַהֵל
congregation *n* קְהַל מִתְפַּלְּלִים; קְהִילָּה דָתִית
congress *n* וְעִידָה, כִּינּוּס
congressman *n* חֲבֵר הַקּוֹנגְרֶס הָאֲמֵרִיקָנִי
conic, conical *adj* חֲרוּטִי
conjecture *n* הַשְׁעָרָה, נִיחוּשׁ
conjecture *vt, vi* שִׁיעֵר, חִיוָּה הַשְׁעָרָה
conjugal *adj* שֶׁל נִישּׂוּאִין
conjugate *vt, vi* הִיטָּה פּוֹעַל
conjugate *adj, n* מְצוֹרָף; זוּגִי, בִּזוּגוֹת
conjugation *n* הַטָּיַת פְּעָלִים; נְטִיּוֹת פּוֹעַל
conjunction *n* צֵירוּף, חִיבּוּר; מִלַּת חִיבּוּר
conjuration *n* הַעֲלָאָה בְּאוֹב, כִּישּׁוּף
conjure *vt, vi* הֶעֱלָה בְּאוֹב, כִּישֵּׁף
conjure *vt* הִפְצִיר, הִתְחַנֵּן
connect *vt, vi* צֵירֵף, חִיבֵּר; הִצְטָרֵף, הִתְחַבֵּר
connecting rod *n* טַלְטַל
connection, connexion *n* חִיבּוּר; יַחַס; קֶשֶׁר; קְרוֹב־מִשְׁפָּחָה
conning tower *n* צְרִיחַ הַמִּצְפֶּה
conniption (fit) *n* מִתְקָף הִיסְטֵרִי
connive *vi* הֶעְלִים עַיִן; סִייַּע לְדְבַר־עֲבֵירָה
conquer *vt, vi* כָּבַשׁ, נִיצַּח
conqueror *n* כּוֹבֵשׁ, מְנַצֵּחַ
conquest *n* כִּיבּוּשׁ; שֶׁטַח כָּבוּשׁ
conscience *n* מַצְפּוּן
conscientious *adj* נֶאֱמָן לְמַצְפּוּנוֹ
conscientious objector *n* סָרְבָן מִלְחָמָה (מטעמי מצפון)
conscious *adj* חָשׁ, מַכִּיר בּ..., מַרְגִּישׁ; מוּחָשׁ; בְּהַכָּרָה
consciousness *n* הַכָּרָה; תּוֹדָעָה
conscript *vt* גִּייֵּס לְשֵׁירוּת חוֹבָה
conscript *adj, n* מְגוּיָּס בְּשֵׁירוּת חוֹבָה
conscription *n* גִּיוּס חוֹבָה
consecrate *vt* הִקְדִּישׁ, הִכְרִיז כְּקָדוֹשׁ
consecrate *adj* מְקוּדָּשׁ, קָדוֹשׁ
consecutive *adj* רָצוּף
consensus *n* הַסְכָּמָה כְּלָלִית
consensus of opinion *n* דֵּעָה מוּסְכֶּמֶת
consent *vi* הִסְכִּים, נֵאוֹת
consent *n* הַסְכָּמָה; הֶיתֵּר
consequence *n* תּוֹצָאָה; חֲשִׁיבוּת
consequential *adj* מִשְׁתַּמֵּעַ; מַחֲשִׁיב אֶת עַצְמוֹ; עִקְבִי; בַּעַל חֲשִׁיבוּת
consequently *adv* לְפִיכָךְ, עַל כֵּן
conservation *n* שִׁימּוּר; שְׁמוּרַת טֶבַע
conservatism *n* שַׁמְרָנוּת
conservative *n, adj* מְשַׁמֵּר, שַׁמְרָנִי
conservatory *n* חֲמָמָה; קוֹנסֶרוָטוֹרְיָה
consider *vt* הִתְחַשֵּׁב בּ...
considerable *adj* נִיכָּר, רְצִינִי, לֹא מְבוּטָּל
considerate *adj* מִתְחַשֵּׁב בַּזּוּלַת
consideration *n* שִׁיקּוּל; הִתְחַשְּׁבוּת; תְּמוּרָה
considering *prep* בְּהִתְחַשֵּׁב בּ...

consign *vt* שִׁיגֵר, שָׁלַח; הִפְקִיד בְּיַד
consignee *n* מְקַבֵּל הַמִּשְׁגוֹר
consignment *n* שִׁיגּוּר; מִשְׁגוֹר
consist *vi* הָיָה מוּרכָּב, הִיוָוה
consistency, consistence *n* לְכִידוּת; מִידַּת הַצְּפִיפוּת; מוּצָקוּת; עֲקִיבוּת
consistent *adj* עִקְבִי
consistory *n* קוֹנסִיסטוֹרְיָה
consolation *n* תַּנחוּמִים
console *vt* נִיחֵם
console *n* זִיז; שׁוּלחַן עוּגָב
consommé *n* מְרַק בָּשָׂר
consonant *adj* מִתמַזֵּג; תּוֹאֵם
consonant *n* עִיצּוּר
consort *n* בֶּן־זוּג
consort *vt, vi* הִתחַבֵּר עִם; הִתאִים
consortium *n* אִיחוּד חֲבָרוֹת
conspicuous *adj* בּוֹלֵט לָעַיִן
conspiracy *n* קֶשֶׁר, קְנוּנְיָה
conspire *vt, vi* קָשַׁר קֶשֶׁר
constable *n* שׁוֹטֵר
constancy *n* הַתמָדָה; נֶאֱמָנוּת; יַצִּיבוּת
constant *adj* מַתמִיד; רָצוּף; נֶאֱמָן
constant *n* קָבוּעַ
constellation *n* קְבוּצַת כּוֹכָבִים
constipate *vt* גָּרַם לַעֲצִירוּת
constipation *n* עֲצִירוּת
constituency *n* אֵיזוֹר בְּחִירוֹת
constituent *n, adj* מַרכִּיב; בּוֹחֵר
constitute *vt* הִיוָוה; מִינָּה; הִסמִיך
constitution *n* הַרכָּבָה; מִינּוּי; הֶרכֵּב; אוֹפִי; חוּקָּה
constrain *vt* אִילֵּץ; אָסַר בִּכבָלִים

construct *n* מִבנֶה
construct *vt* הִרכִּיב, בָּנָה
construction *n* בְּנִיָּה; מִבנֶה, בִּניָין; פֵּירוּשׁ
construct state *n* (בדקדוק עברי) סְמִיכוּת
construe *vt, vi* פֵּירֵשׁ; נִיתֵּחַ (משפט)
consul *n* קוֹנסוּל
consular *adj* קוֹנסוּלָרִי
consulate *n* קוֹנסוּלִיָה
consulship *n* קוֹנסוּלִיּוּת
consult *vt, vi* נוֹעַץ; בִּיקֵשׁ עֵצָה, הִתיָיעֵץ עִם
consultant *n* יוֹעֵץ
consultation *n* הִתיָיעֲצוּת
consume *vt, vi* כִּילָּה; אָכַל
consumer *n* צַרכָן
consumer credit *n* הַלוָואָה לִקְנִיַּת מִצרָכִים
consumer goods *n pl* מִצרָכִים יְסוֹדִיִּים
consummate *vt* הִשׁלִים
consummate *adj* מוּשׁלָם
consumption *n* צְרִיכָה; שַׁחֶפֶת
consumptive *adj, n* חוֹלֵה שַׁחֶפֶת
cont. *abbr* contents, continental, continued
contact *vt* קִישֵּׁר עִם; הִתקַשֵּׁר עִם
contact *n* קֶשֶׁר, מַגָּע
contact breaker *n* נַתָּק
contact lenses *n pl* עֲדָשׁוֹת מַגָּע, מִשׁקְפֵי מַגָּע
contagion *n* הִידָּבְקוּת מַחֲלָה
contagious *adj* מִידַּבֵּק

contain *vt, vi* הֵכִיל, כָּלַל; הִתְאַפֵּק, הִבְלִיג

container *n* כְּלִי־קִיבּוּל, מֵיכָל

containment *n* מְדִינִיּוּת שֶׁל עִיכּוּב

contaminate *vt* זִיהֵם, טִימֵּא

contamination *n* זִיהוּם, טִימּוּא

contd. *abbr* continued

contemplate *vt* הִתְבּוֹנֵן, הִרְהֵר בַּדָּבָר; הָגָה

contemplation *n* הִרְהוּר, הִתְבּוֹנְנוּת; הָגוּת

contemporaneous *adj* שֶׁבְּאוֹתָהּ תְּקוּפָה

contemporary *adj, n* שֶׁל אוֹתָהּ תְּקוּפָה; בֶּן־גִּיל

contempt *n* בּוּז, זִלְזוּל

contemptible *adj* בָּזוּי, נִבְזֶה

contemptuous *adj* בָּז, מִתְעַב

contend *vt, vi* הִתְחָרָה; טָעַן

contender *n* יָרִיב; טוֹעֵן

content *adj, n* שְׂבַע־רָצוֹן, מְרוּצֶה; שְׂבִיעוּת־רָצוֹן

content *vt* הִשְׂבִּיעַ רָצוֹן

content *n* קִיבּוֹלֶת, תּוֹכֶן

contented *adj* מְרוּצֶה

contentedness *n* שְׂבִיעוּת־רָצוֹן

contentious *adj* חַרְחֲרָנִי

contentment *n* שְׂבִיעוּת־רָצוֹן; קוֹרַת־רוּחַ

contest *vt, vi* נֶאֱבַק עַל; הִתְחָרָה עִם

contest *n* מַאֲבָק; הִתְחָרוּת

contestant *n* מִתְחָרֶה, מִתְמוֹדֵד

context *n* הֶקְשֵׁר

contiguous *adj* נוֹגֵעַ; סָמוּךְ

continence, continency *n* כִּיבּוּשׁ הַיֵּצֶר, צְנִיעוּת

continent *adj* כּוֹבֵשׁ אֶת יִצְרוֹ, צָנוּעַ

continent *n* יַבֶּשֶׁת

continental *adj* יַבַּשְׁתִּי

Continental *adj, n* אֵירוֹפִּי

continental drift *n* סְטִיָּיה יַבַּשְׁתִּית

continental shelf *n* מַדָּף יַבַּשְׁתִּי

contingency *n* עִנְיָין תָּלוּי וְעוֹמֵד; אֵירוּעַ אֶפְשָׁרִי; מִקְרֶה

contingent *adj* תָּלוּי, מוּתְנֶה

continual *adj* רָצוּף

continue *vt, vi* הִמְשִׁיךְ, הוֹסִיף ל...; חִידֵּשׁ (ישיבה וכד׳)

continuity *n* הֶמְשֵׁכִיּוּת; רְצִיפוּת

continuous *adj* רָצוּף; נִמְשָׁךְ

continuous showing *n* הַצָּגָה רְצוּפָה

continuous waves *n pl* גַּלִּים רְצוּפִים

contortion *n* עִיוּוּת, עִיקּוּם

contour *n* מִתְאָר

contr. *abbr* contracted, contraction

contraband *n, adj* סְחוֹרָה מוּבְרַחַת; מוּבְרָח

contrabass *n, adj* קוֹנְטְרַבַּס

contraceptive *adj, n* מוֹנֵעַ הֵרָיוֹן

contract *n* הֶסְכֵּם; חוֹזֶה

contract *vt, vi* כִּיוּוֵץ, צִמְצֵם; נִדְבַּק בּ... (מחלה); קָבַע בְּהֶסְכֵּם; הִתְכַּוּוֵץ; הִצְטַמְצֵם; הִתְחַיֵּיב

contract bridge *n* בְּרִידְג׳ הִתְחַיְּבוּת

contraction *n* הִתְכַּוְּוצוּת, הִצְטַמְצְמוּת

contractor *n* קַבְּלָן; שְׁרִיר, כָּוִויץ

contradict *vt* סָתַר; הִכְחִישׁ

contradiction *n* סְתִירָה; הַכְחָשָׁה
contradictory *adj* כָּרוּךְ בִּסְתִירָה, סוֹתֵר
contrail *n* פַּס עִיבּוּי
contralto *n* אַלְט
contraption *n* מְכוֹנָה מְשׁוּנָּה
contrary *adj* מִתְנַגֵּד, עַקְשָׁן
contrary *adj* נֶגְדִּי; בְּכִיווּן הָפוּךְ
contrary *n* הֶפֶךְ, הִיפּוּךְ
contrary *adv* בְּנִיגּוּד
contrast *vt, vi* עִימֵּת, הִנְגִּיד
contrast *n* נִיגּוּד
contravene *vt* הֵפֵר
contribute *vt, vi* תָּרַם; הִשְׁתַּתֵּף
contribution *n* תְּרִימָה; תְּרוּמָה
contributor *n* תּוֹרֵם; מִשְׁתַּתֵּף
contrite *adj* מָלֵא חֲרָטָה; שֶׁל חֲרָטָה
contrition *n* הִתְחָרְטוּת
contrivance *n* אַמְצָאָה; כִּשְׁרוֹן אַמְצָאָה
contrive *vt* הִמְצִיא, תִּחְבֵּל; עָלָה בְּיָדוֹ
control *n* פִּיקוּחַ, שְׁלִיטָה; בַּקָּרָה
control *vt* שָׁלַט; פִּיקֵּחַ; וִיסֵּת
controlling interest *n* מְנָיוֹת שׁוֹלְטוֹת
control panel *n* לוּחַ בַּקָּרָה
control-stick *n* (בְּמָטוֹס) מְנוֹף־הַנִּיווּט
controversial *adj* שָׁנוּי בְּמַחֲלוֹקֶת
controversy *n* מַחֲלוֹקֶת, פּוּלְמוּס
controvert *vt* טָעַן נֶגֶד, הִכְחִישׁ
controvertible *adj* שֶׁאֶפְשָׁר לִטְעוֹן נֶגְדּוֹ
contumacious *adj* מִתְעַקֵּשׁ, מִתְמָרֵד
contumacy *n* עַקְשָׁנוּת, מַרְדָנוּת
contumely *n* יַחַס מַעֲלִיב, בִּיזּוּי, הַשְׁפָּלָה
contusion *n* חַבּוּרָה
conundrum *n* חִידָה; בְּעָיָה קָשָׁה
convalesce *vi* הֶחֱלִים, הִבְרִיא
convalescence *n* הַחְלָמָה, הַבְרָאָה
convalescent *adj, n* מַבְרִיא, מַחֲלִים
convalescent home *n* בֵּית־הַחְלָמָה
convene *vt, vi* כִּינֵּס; הִתְכַּנֵּס
convenience *n* נוֹחוּת; נוֹחִיוּת, בֵּית־כִּסֵּא
convenient *adj* נוֹחַ
convent *n* מִנְזָר
convention *n* וְעִידָה, כִּינּוּס; אֲמָנָה, הֶסְכֵּם
conventional *adj* קוֹנְבֶנְצִיוֹנָלִי, מְקוּבָּל, נָהוּג
conventionality *n* שִׁגְרָה, מוּסְכָּמוּת
conventual *adj, n* שֶׁל מִנְזָר; נָזִיר
converge *vi* הִתְלַכֵּד, נִפְגַּשׁ
conversant *adj* מַכִּיר, יוֹדֵעַ
conversation *n* שִׂיחָה
conversational *adj* שֶׁל שִׂיחָה
converse *vi* שׂוֹחַח, הֶחֱלִיף דְּבָרִים
converse *n* שִׂיחָה
converse *n, adj* נִיגּוּד; הִיפּוּךְ, מְנוּגָּד
conversion *n* הֲפִיכָה, הֲמָרָה; הֲמָרַת דָּת
convert *vt, vi* הֶחֱלִיף, הָפַךְ; גָּרַם לַהֲמָרַת דָּת; הֵמִיר דָּת
convert *n* מוּמָר, גֵּר, מְשׁוּמָּד
convertible *adj, n* הָפִיךְ, נִיתָּן לַהֲמָרָה; (מְכוֹנִית) בַּעֲלַת גַּג מִתְקַפֵּל
convex *adj* קָמוּר
convey *vt* הֶעֱבִיר; הוֹבִיל; הוֹדִיעַ, מָסַר

conveyance *n* הַעֲבָרָה; כְּלִי־תַחבּוּרָה; (במשפט) הַעֲבָרַת רְכוּשׁ; תְּעוּדַת הַעֲבָרַת רְכוּשׁ
convict *vt* הִרְשִׁיעַ
convict *n* אָסִיר שָׁפוּט
conviction *n* הַרְשָׁעָה; שִׁכנוּעַ; אֱמוּנָה
convince *vt* שִׁכנֵעַ
convincing *adj* מְשַׁכנֵעַ
convivial *adj* עַלִּיז, אוֹהֵב חַיִּים
convocation *n* זִימּוּן, כִּינּוּס; עֲצֶרֶת
convoke *vt* זִימֵּן, כִּינֵּס
convoy *vt* לִיוָּה בַּהֲגָנָה מְזוּיֶּנֶת
convoy *n* שַׁיָּירָה מְלוּוָה
convulse *vt* זִעזַע
coo *vt, vi* הָגָה כְּיוֹנָה
coo *n* הֲגִיָּה (כיונה)
cook *vt, vi* בִּישֵּׁל; הִתבַּשֵּׁל; סֵירֵס (חשבונות)
cook *n* טַבָּח
cookbook *n* סֵפֶר בִּישּׁוּל
cooking *adj* לְבִישּׁוּל
cookstove *n* תַּנּוּר בִּישּׁוּל
cooky, cookie *n* רָקִיק, עוּגִית
cool *adj* קָרִיר, צוֹנֵן; רָגוּעַ, שָׁקוּל
cool *vt, vi* צִינֵּן; הִשׁקִיט; הִצטַנֵּן
cool *n* קְרִירוּת, צִינָּה
cooler *n* כְּלִי־קֵירוּר; בֵּית־סוֹהַר
cool-headed *adj* קַר־מֶזֶג
coolie, cooly *n* (בהודו, סין וכד׳) פּוֹעֵל פָּשׁוּט, קוּלִי
coolish *adj* קָרִיר
coolness *n* קְרִירוּת; קוֹר־רוּחַ
coon *n* דְּבִיבוֹן
coop *n* לוּל; מִכלָאָה
coop *vt* שָׂם בְּלוּל; כָּלָא (אדם)
co-op *abbr* cooperative
cooper *n* חַבתָּן; מְתַקֵּן חָבִיוֹת
cooper *vt, vi* עָשָׂה אוֹ תִּיקֵּן חָבִיוֹת
co-operate *vi* שִׁיתֵּף פְּעוּלָּה
co-operation *n* שִׁיתּוּף־פְּעוּלָּה
co-operative *adj, n* שֶׁל שִׁיתּוּף־פְּעוּלָּה; קוֹאוֹפֶּרָטִיבִי
co-operative society *n* אֲגוּדָּה שִׁיתּוּפִית
co-operative store *n* צַרכָנִיָּה
co-ordinate *adj* שְׁוֵה חֲשִׁיבוּת
co-ordinate *n* שְׁוֵה דַרגָּה, קוֹאוֹרדִינָטָה
co-ordinate *vt, vi* תֵּיאֵם, הִתאִים; אִיחָה
cootie *n* (המונית) כִּינָּה
cop *n* פְּקַעַת חוּטִים, סְלִיל; שׁוֹטֵר
cop *vt* תָּפַס
copartner *n* שׁוּתָּף, חָבֵר
cope *n* גְלִימַת טְקָסִים
cope *vi* הִתמוֹדֵד עִם... וְהִתגַּבֵּר
copestone *n* אֶבֶן רֹאשָׁה (שבבניין)
copier *n* מַעתִּיק
copilot *n* טַיָּס מִשׁנֶה
coping *n* נִדבָּךְ עֶליוֹן
copious *adj* מְרוּבֶּה, מְשׁוּפָּע
copper *n* נְחוֹשֶׁת; דוּד (לבישול); צֶבַע נְחוֹשֶׁת; שׁוֹטֵר
copper *adj* נְחוּשְׁתִּי, שֶׁל נְחוֹשֶׁת
copperhead *n* נְחוּשׁ הָרֹאשׁ
coppersmith *n* צוֹרֵף־נְחוֹשֶׁת
coppery *adj* כְּעֵין הַנְּחוֹשֶׁת, נְחוּשְׁתִּי
coppice, copse *n* סְבַךְ, שִׂיחִים סְבוּכִים

copulate *vi* הִזְדַוֵּג
copy *n* הֶעְתֵּק; טוֹפֶס; עוֹתֶק
copy *vt, vi* הֶעְתִּיק; חִיקָּה
copybook *n* מַחְבֶּרֶת
copyist *n* מַעְתִּיק
copyright *n* זְכוּת הַיּוֹצֵר
copyright *vt* הִבְטִיחַ זְכוּת הַמְחַבֵּר עַל
copywriter *n* כּוֹתֵב מוֹדָעוֹת
coquetry *n* גַּנְדְּרָנוּת; אֲהַבְהֲבָנוּת
coquette, coquet *n* מִתְחַנְחֶנֶת, גַּנְדְּרָנִית, קוֹקֶטִית
coquette, coquet *vi* הִתְגַנְדֵּר; עָסַק בַּאֲהַבְהָבִים
coquettish *adj* תְּחַנְחָנִי, אֲהַבְהֲבָנִי, גַּנְדְּרָנִי
cor. *abbr* corner, coroner, correction, corresponding
coral *n, adj* אַלְמוֹג; אַלְמוֹגִי
coral reef *n* שׁוּנִית אַלְמוּגִּים
cord *n* חֶבֶל; (בחשמל) פְּתִיל; מֵיתָר
cord *vt* קָשַׁר בְּחֶבֶל
cordial *adj* לְבָבִי, יְדִידוּתִי
cordial *n* מַשְׁקֶה מְחַזֵּק
cordiality *n* חֲמִימוּת, לְבָבִיוּת
corduroy *n, adj* (אריג) קוֹרדוּרוֹי
core *n* לֵב הַפְּרִי; לֵב, תָּוֶךְ
core *vt* הוֹצִיא לִיבָּה מ...
co-respondent *n* מְעוֹרָב שְׁלִישִׁי (במשפט גט)
Corinth *n* קוֹרִינְת
cork *n, adj* שַׁעַם; פְּקָק
cork *vt* פָּקַק; הִשְׁחִיר (בשעם חרוך)
corking *adj* מְצוּיָּן!, כַּפְתּוֹר וָפֶרַח!
cork oak *n* אַלּוֹן הַשַּׁעַם
corkscrew *n, adj* מַחְלֵץ; בּוֹרְגִי
corkscrew *vi* נָע בְּצוּרָה לוּלְיָינִית
cormorant *n* קוֹרמוֹרָן, זוֹלֵל
corn *n* תְּבוּאָה, דָּגָן; תִּירָס
corn-bread *n* לֶחֶם תִּירָס
corncake *n* עוּגַת תִּירָס
corncob *n* אֶשְׁבּוֹל תִּירָס
corncob pipe *n* מִקְטֶרֶת קְנֵה תִּירָס
corncrib *n* אֵבוּס תִּירָס
corn cure *n* תְּרוּפָה לְיַבָּלוֹת
cornea *n* קַרְנִית הָעַיִן
corner *n* קֶרֶן, פִּינָּה, זָוִית
corner *vt, vi* לָחַץ אֶל הַפִּינָּה, לָחַץ אֶל הַקִּיר; יָצַר מוֹנוֹפּוֹל
corner cupboard *n* אֲרוֹן פִּינָּה
corner room *n* חֲדַר פִּינָּה
cornerstone *n* אֶבֶן־פִּינָּה
cornet *n* קוֹרנִית
corn exchange *n* בּוּרסַת הַדְּגָנִים
cornfield *n* שְׂדֵה תְּבוּאָה; שְׂדֵה תִּירָס
cornflour *n* קֶמַח תִּירָס
cornflower *n* דַּרְדַּר כָּחוֹל
cornhusk *n* מוֹץ תִּירָס
cornice *n* כַּרְכּוֹב
Cornish *adj, n* שֶׁל קוֹרנוּוֹל (באנגליה); קוֹרנִית
corn liquor *n* וִיסְקִי תִּירָס
corn-meal *n* קֶמַח דָּגָן; קֶמַח תִּירָס
corn on the cob *n* תִּירָס עַל קְלָחוֹ
corn plaster *n* רְטִיַּית יַבָּלוֹת
corn silk *n* שַׂעֲרוֹת תִּירָס
cornstalk *n* קֶלַח תִּירָס
cornstarch *n* קֶמַח תִּירָס
cornucopia *n* קֶרֶן הַשֶּׁפַע
Cornwall *n* קוֹרנוּוֹל, קוֹרנוּוֹלִי
corny *adj* דְּגָנִי; מְעוּשֶּׁה, עָלוּב, מְיוּשָּׁן

corollary *n* תּוֹלָדָה; תּוֹצָאָה
coronation *n* טֶקֶס הַכְתָּרָה
coroner *n* חוֹקֵר מִקְרֵי מָוֶת
coroner's inquest *n* חֲקִירַת מִקְרֵה מָוֶת
coronet *n* כֶּתֶר קָטָן, כִּתְרוֹן
corp. *abbr* corporation
corporal *n* רַב־טוּרַאי
corporal *adj* גּוּפָנִי
corporation *n* תַּאֲגִיד, קוֹרְפּוֹרַצְיָה
corps *n pl* חַיִל; סֶגֶל
corps de ballet *n* לַהֲקַת בַּלֶּט
corpse *n* גּוּפָה, גְּוִיָּה
corpulent *adj* שָׁמֵן, בַּעַל בָּשָׂר
corpuscle *n* גּוּפִיף
corr. *abbr* correspondence, corresponding
corral *n* גְּדֵירָה; חוֹמַת עֲגָלוֹת
corral *vt* כָּלָא בִּגְדֵירָה; יָצַר חוֹמַת עֲגָלוֹת
correct *vt* תִּיקֵן
correct *adj* נָכוֹן; הוֹלֵם
correction *n* תִּיקּוּן
corrective *adj, n* נוֹטֶה לְתַקֵּן, מְתַקֵּן; חוֹמֶר מְתַקֵּן
correctness *n* דִּיּוּק; הֲלִימוּת
correlate *vt, vi* קִישֵּׁר עִם; תָּאַם
correlate *adj* קָשׁוּר עִם
correlation *n* מִתְאָם, קוֹרֶלַצְיָה
correlative *adj, n* תּוֹאֵם
correspond *vi* תָּאַם; הָיָה דּוֹמֶה; הִקְבִּיל
correspondence *n* הִתְכַּתְּבוּת
correspondence school *n* בֵּית־סֵפֶר לְשִׁיעוּרִים בִּכְתָב
correspondent *adj* מַקְבִּיל
correspondent *n* מִתְכַּתֵּב; כַּתָּב
corresponding *adj* מַקְבִּיל
corridor *n* פְּרוֹזְדוֹר, מִסְדְּרוֹן
corroborate *vt* אִישֵּׁר, חִיזֵּק
corrode *vt, vi* נֶאֱכַל, הֶחֱלִיד; הָרַס, בִּילָּה
corrosion *n* אִיכּוּל, בְּלִיָּה, הַחֲלָדָה
corrosive *adj, n* נוֹטֶה לַהֲרוֹס
corrosiveness *n* נְטִיָּה לְהֵיהָרְסוּת, הַחֲלָדָה; סְחִיפָה
corrugated *adj* גַּלִּי; מְחוֹרָץ
corrupt *vt, vi* הִשְׁחִית, נַעֲשָׂה מוֹשְׁחָת
corrupt *adj* מוֹשְׁחָת; מְשׁוּבָּשׁ
corruption *n* שְׁחִיתוּת
corsage *n* צְרוֹר פְּרָחִים (לאישה); חֲזִיָּה
corsair *n* שׁוֹדֵד־יָם
corset *n* מָחוֹךְ
corset cover *n* תַּחְתּוֹנִית
Corsica *n* קוֹרְסִיקָה
Corsican *n, adj* קוֹרְסִיקָאִי
cortege *n* פָּמַלְיָה
cortex *n* קְלִיפַּת הַגֶּזַע; קְלִיפָּה
cortisone *n* קוֹרְטִיזוֹן
corvette *n* קָרָבִית, קוֹרְבֶטָה
cosmetic *adj* תַּמְרוּקִי, קוֹסְמֵטִי
cosmetic *n* תַּמְרוּקִים, קוֹסְמֵטִיקָה
cosmic *adj* יְקוּמִי, קוֹסְמִי
cosmonaut *n* חֲלָלַאי, אַסְטְרוֹנָאוּט
cosmopolitan *adj, n* הַשַּׁיָּךְ לְכָל חֶלְקֵי הָעוֹלָם
cosmos *n* עוֹלָם וּמְלוֹאוֹ, קוֹסְמוֹס
Cossack *n, adj* קוֹזָק
cost *n* מְחִיר

cost *vi, vt* (לגבי מחיר) עָלָה; תִּמְחֵר
cost accounting *n* תַּמְחִיר
Costa Rican *n* קוֹסְטָרִיקָנִי
cost, insurance and freight *n* סִי״ף, עֲלוּת, בִּיטוּחַ וְהוֹבָלָה
costly *adj* יָקָר
cost of living *n* יוֹקֶר הַמִּחְיָה
costume *n* תִּלְבּוֹשֶׁת
costume ball *n* נֶשֶׁף תַּחְפּוֹשׂוֹת
costume jewellery *n* תַּכְשִׁיטִים מְלָאכוּתִיִּים
cosy *see* cozy
cot *n* מִיטָּה קְטַנָּה
coterie *n* חוּג; כַּת
cottage *n* בֵּיקְט, בַּיִת כַּפְרִי, בַּיִת קָטָן
cottage cheese *n* גְּבִינַת קוֹטֶג׳
cotter pin *n* פִּין מַפְצִיל
cotton *n, adj* כּוּתְנָה
cotton field *n* שְׂדֵה כּוּתְנָה
cotton-gin *n* מַנְפֵּטָה
cotton picker *n* מַלְקֵטַת כּוּתְנָה
cottonseed *n* זֶרַע כּוּתְנָה
cottonseed oil *n* שֶׁמֶן כּוּתְנָה
cotton waste *n* נְשׂוֹרֶת כּוּתְנָה
cotton wool *n* צֶמֶר־גֶּפֶן
cottony *adj* רַךְ, דְּמוּי צֶמֶר־גֶּפֶן
couch *vt, vi* הִבִּיעַ בְּמִלִּים
couch *n* סַפָּה
cougar *n* קוּגָר, נָמֵר
cough *n* שִׁיעוּל, הִשְׁתַּעֲלוּת
cough *vi, vt* הִשְׁתַּעֵל
cough drop *n* סוּכָּרִיָּה נֶגֶד שִׁיעוּל
cough syrup *n* תְּמִיסָּה נֶגֶד שִׁיעוּל
could *see* can
council *n* מוֹעֵצָה
councilman *n* חֲבֵר מוֹעֵצָה
councilor, councillor *n* חֲבֵר מוֹעֵצָה
counsel *n* עֵצָה; הִתְיָיעֲצוּת
counsel *vt* יִיעֵץ, יָעַץ
counselor, counsellor *n* יוֹעֵץ
count *n* אָצִיל, רוֹזֵן
count *vt, vi* סָפַר, מָנָה; לָקַח בְּחֶשְׁבּוֹן; נֶחְשַׁב
countable *adj* נִיתָּן לְהִיסָּפֵר
countdown *n* סְפִירָה בְּמְהוּפָּךְ
countenance *n* פָּנִים; הַבָּעַת פָּנִים, אֲרֶשֶׁת פָּנִים
countenance *vt* עוֹדֵד
counter *n* דּוּכָן, דֶּלְפֵּק
counter *adj, adv* נֶגֶד; בְּדֶרֶךְ הֲפוּכָה
counter *vi, vt* הִתְנַגֵּד ל...; סָתַר; הֵשִׁיב
counteract *vt* פָּעַל נֶגֶד, סִיכֵּל
counterattack *n* הַתְקָפַת נֶגֶד
counterattack *vt, vi* בִּיצֵּעַ הַתְקָפַת נֶגֶד
counter-balance *n* מִשְׁקָל שֶׁכְּנֶגֶד
counterbalance *vt* פָּעַל נֶגֶד בְּכוֹחַ שָׁוֶה
counterclockwise *adv* בְּנִיגּוּד לְמַהֲלַךְ הַשָּׁעוֹן
counterespionage *n* רִיגּוּל נֶגְדִּי
counterfeit *vt, vi* זִיֵּיף; הֶעֱמִיד פָּנִים
counterfeit *n, adj* זִיּוּף; מְזוּיָּף
counterfeiter *n* מְזַיֵּיף
counterfeit money *n* כֶּסֶף מְזוּיָּף
countermand *vt* בִּיטֵּל (פְּקוּדָה)
countermand *n* פְּקוּדָה מְבַטֶּלֶת
countermarch *n* צְעִידָה חֲזָרָה
countermarch *vi* חָזַר עַל עֲקֵבָיו

counteroffensive *n* מִתְקֶפֶת־נֶגֶד
counterpane *n* כְּסוּת לְמִיטָּה
counterpart *n* הֶעְתֵּק, כְּפָל; חֵלֶק מְקַבִּיל
counterplot *n* תַּחְבּוּלַת־נֶגֶד
counterplot *vt, vi* תִּחְבֵּל נֶגֶד
counterpoint *n* קוֹנְטְרַפּוּנְקְט, הִיפּוּךְ
counter-reformation *n* רֵפוֹרְמַצְיָה נֶגְדִּית
counterrevolution *n* מַהְפֵּכָה נֶגְדִּית
countersign *vt* חָתַם חֲתִימָה מְאַשֶּׁרֶת
countersign *n* סִיסְמָה סוֹדִית
countersink *vt* הִרְחִיב חוֹר בְּמַשְׁקַעַ
counter-spy *n* מְרַגֵּל נֶגְדִּי
counterstroke *n* מַכָּה נֶגְדִּית
counterweight *n* מִשְׁקָל שֶׁכְּנֶגֶד
countess *n* אֲצִילָה, רוֹזֶנֶת
conntless *adj* לְאֵין סְפוֹר
countrified, countryfied *adj* כַּפְרִי
country *n* מְדִינָה; אֶרֶץ; מוֹלֶדֶת; אֵיזוֹר כַּפְרִי
country *adj* כַּפְרִי; שֶׁל אֶרֶץ
country club *n* מוֹעֲדוֹן מִחוּץ לָעִיר
country cousin *n* קָרוֹב בֶּן כְּפָר; תָּמִים, פָּשׁוּט
country estate *n* אֲחוּזָּה כַּפְרִית
country folk *n* בְּנֵי כְּפָר, כַּפְרִיִּים
country gentleman *n* בַּעַל אֲחוּזָּה
country house *n* בַּיִת כַּפְרִי
country jake *n* גַּס־רוּחַ, עַם־הָאָרֶץ
country life *n* חַיֵּי כְּפָר
countryman *n* בֶּן אֶרֶץ; בֶּן כְּפָר
country people *n pl* בְּנֵי כְּפָר, כַּפְרִיִּים
countryside *n* נוֹף; אֵיזוֹר כַּפְרִי
countrywide *adj* אַרְצִי, בְּכָל הָאָרֶץ
countrywoman *n* בַּת אֶרֶץ; בַּת כְּפָר
county *n, adj* שֶׁל מָחוֹז
county seat *n* בִּירַת מָחוֹז
coup *n* צַעַד מוּצְלָח; הֲפִיכָה
coup de grace *n* מַכַּת חֶסֶד
coup d'état *n* הֲפִיכָה, מַהְפֵּכָה פִּתְאוֹמִית
coupé *n* (מכונית) דּוּ־מוֹשָׁבִית סְגוּרָה; תָּא קָטָן (בּרכּבת)
couple *n* זוּג
couple *vt, vi* הִצְמִיד; זִיוֵּג; הִזְדַּוֵּג
coupler *n* מַצְמִיד, מַצְמֵד
couplet *n* צֶמֶד שׁוּרוֹת
coupon *n* תְּלוּשׁ
courage *n* אוֹמֶץ־לֵב, גְּבוּרָה
courageous *adj* אַמִּיץ־לֵב
courier *n* רָץ, שָׁלִיחַ
course *n* מַסְלוּל, דֶּרֶךְ; מִגְרָשׁ מֵירוֹץ; מֶשֶׁךְ, מְרוּצָה; מַהֲלָךְ (מאורעות, מחלה וכו׳); קוּרס לִימוּדִים; מָנָה (בּארוחה); כִּיוּוּן; נָתִיב
course *vt, vi* זָרַם, נָע מַהֵר
court *n* חָצֵר; מִגְרָשׁ (לטניס וכד׳); פָּמַלְיַת הַמֶּלֶךְ; בֵּית־מִשְׁפָּט
court *vt, vi* הֶחֱנִיף ל...; חִיזֵּר אַחֲרֵי
courteous *adj* אָדִיב, מְנוּמָּס
courtesan, courtezan *n* זוֹנָה
courtesy *n* אֲדִיבוּת, נִימוּס
courthouse *n* בִּנְיַן בֵּית־מִשְׁפָּט
courtier *n* אָצִיל בַּחֲצַר הַמֶּלֶךְ
court jester *n* לֵיצַן הֶחָצֵר
courtly *adj* מְנוּמָּס, אָדִיב

court-martial *n, vt* בֵּית־דִּין צְבָאִי; שָׁפַט בְּבֵית־דִּין צְבָאִי
court-plaster *n* רְטִיָּה
courtroom *n* אוּלַם־הַמִּשְׁפָּט
courtship *n* חִיזּוּר
courtyard *n* חָצֵר
cousin *n* דּוֹדָן, בֶּן־דּוֹד
cove *n* מִפְרָץ קָטָן
cove *vt, vi* קִישֵּׁת, קִיעֵר
covenant *n* אֲמָנָה, בְּרִית
covenant *vt, vi* כָּרַת בְּרִית; הִתְחַיֵּב
cover *vt* כִּיסָּה; (בצבא) חִיפָּה; הֵכִיל, כָּלַל
cover *n* מִכְסֶה; כִּיסּוּי; עֲטִיפָה; מַחְסֶה
coverage *n* סִיקּוּר, כִּיסּוּי
coveralls *n pl* סַרְבָּל
cover charge *n* תַּשְׁלוּם סַכּוּ״ם
covered wagon *n* מֶרְכֶּבֶת עֲרָבָה
cover girl *n* דּוּגְמָנִית לְכִתְבֵי־עֵת
covering *n* כִּסּוּי, עֲטִיפָה
covert *adj* נִסְתָּר, סוֹדִי
covert *n* מַחֲסֶה, מַחֲבוֹא; סְבַךְ יַעַר
cover-up *n* הַסְוָוָאָה
covet *vt, vi* חָמַד
covetous *adj* חוֹמֵד, חוֹשֵׁק
covetousness *n* תְּשׁוּקָה, חֲשִׁיקָה
covey *n* לַהֲקַת צִיפּוֹרִים; קְבוּצָה
cow *n* פָּרָה
cow *vt* הִפְחִיד
coward *adj, n* מוּג־לֵב, פַּחְדָן, פַּחְדָנִי
cowardice *n* פַּחְדָנוּת, מוֹרֶךְ־לֵב
cowardly *adv, adj* בְּפַחְדָנוּת; מוּג־לֵב, פַּחְדָנִי
cowbell *n* פַּעֲמוֹן שֶׁל פָּרָה
cowboy *n* קָאוּבּוֹי, בּוֹקֵר
cowcatcher *n* מְפַנֵּה מִכְשׁוֹלִים
cower *vi* עָמַד בְּפִיק בִּרְכַּיִים
cowherd *n* רוֹעֵה בָּקָר
cowhide *n* עוֹר בְּהֵמָה; שׁוֹט
cowhide *vt* הִצְלִיף בְּשׁוֹט
cowl *n* בַּרְדָּס
cowlick *n* קְוּוצַּת שֵׂיעָר
cowpox *n* אֲבַעְבּוּעוֹת הַפָּרוֹת
coxcomb *n* רַבְרְבָן, רֵיקָא
coxswain *n* הַגַּאי סִירָה
coy *adj* בַּיְישָׁנִי, צָנוּעַ
cozy, cosy *adj* נוֹחַ, נָעִים
cp. *abbr* compare
c.p. *abbr* candle power
C.P.A. *abbr* Certified Public Accountant
cpd. *abbr* compound
cr. *abbr* credit, creditor
crab *n* סַרְטָן
crab *vi, vt* הִתְאוֹנֵן
crab apple *n* תַּפּוּחַ־בַּר
crabbed *adj* נוּקְשֶׁה; חָמוּץ; רַגְזָן
crab grass *n* אֶצְבָּעָן מַאֲדִים
crab-louse *n* כִּינָּה סַרְטָנִית
crack *n* קוֹל־נֶפֶץ; הַצְלָפַת־שׁוֹט; סֶדֶק; רֶגַע; (המונית) הֲלָצָה
crack *vt, vi* הִשְׁמִיעַ קוֹל־נֶפֶץ; פִּיצַּח; הִצְלִיף; סִידֵּק; פָּרַץ (קוּפָּה); סִיפֵּר (הלצה); נִסְדַּק; נִשְׁבַּר
crack *adj* (המונית) מִמַּדְרֵגָה רִאשׁוֹנָה
cracked *adj* סָדוּק, מְבוּקָּע; פָּגוּם; (המונית) מְטוֹרָף
cracker *n* פַּכְסָם; זִיקּוּק־אֵשׁ
crackle-ware *n* חַרְסִינָה מְצוּפָּה סְדָקִים

crackpot *n* (המונית) תִּמהוֹנִי, מְטוֹרָף
crack-up *n* הִתנַגְּשׁוּת; הִתמוֹטְטוּת
cradle *n* עֲרִיסָה
cradle *vt, vi* הִשׁכִּיב בַּעֲרִיסָה; שִׁימֵשׁ מַחסֶה
cradelesong *n* שִׁיר עֶרֶשׂ
craft *n* מְלָאכָה, אוּמָּנוּת; עוֹרמָה, עַרמוּמִיוּת; סְפִינָה
craftiness *n* עוֹרמָה, עַרמוּמִיוּת
craftsman *n* אוּמָּן; בַּעַל־מִקצוֹעַ
craftsmanship *n* אוּמָּנוּת, מִקצוֹעִיוּת
crafty *adj* עָרוּם, נוֹכֵל
crag *n* צוּק, שֵׁן סֶלַע
cram *vt, vi* דָּחַס; הִלעִיט; לָמַד בְּחִיפָּזוֹן
cram *n* הַלעָטָה; זְלִילָה; לִימוּד בְּחִיפָּזוֹן
cramp *n* הִתכַּוְּוצוּת שְׁרִירִים; מַלחֶצֶת
cramp *vt* הִידֵּק בְּמַלחֶצֶת; כִּיוֵּוץ; הִגבִּיל
cranberry *n* אוּכמָנִית
crane *n* עָגוּר; עֲגוּרָן, מַדלֶה
crane *vt, vi* הֵרִים אוֹ הוֹרִיד בַּעֲגוּרָן; זָקַף צַוָּואר כְּעָגוּר
cranium *n* גוּלגוֹלֶת
crank *vi, vt* אִרכֵּב, חִיזֵּק בְּאַרכּוּבָּה
crank *n* אַרכּוּבָּה; (דיבּוּרית) נִרגָן; תִּמהוֹנִי
crankcase *n* בֵּית־הָאַרכּוּבָּה
crankshaft *n* גַל הָאַרכּוּבָּה
cranky *adj* נִרגָן; מוּזָר, תִּמהוֹנִי; רוֹפֵף, לֹא יַצִּיב
cranny *n* נָקִיק
crape *n* מַלמָלָה, קְרֶפּ; סֶרֶט אֵבֶל

crapehanger *n* מַשׁבִּית שִׂמחָה
craps *n pl* מִשׂחַק קוּבִּיוֹת
crash *vt, vi* נִיפֵּץ; בָּא בְּרַעַשׁ; (מטוס וכד׳) הִתרַסֵּק; הִתנַפֵּץ
crash *n* הִתנַפְּצוּת, הִתרַסְּקוּת; הִתמוֹטְטוּת, מַפּוֹלֶת; קוֹל רַעַם
crash-dive *n* צְלִילַת חֵירוּם
crash program *n* תּוֹכנִית אִינטֶנסִיבִית
crass *adj* גַּס
crate *n* תֵּיבָה
crate *vt* אָרַז בְּתֵיבָה
crater *n* לוֹעַ, מַכתֵּשׁ
cravat *n* עֲנִיבָה
crave *vt, vi* הִשׁתּוֹקֵק אֶל; הִתחַנֵּן ל...
craven *adj, n* פַּחדָנִי; מוּג־לֵב
craving *n* תְּשׁוּקָה
craw *n* זֶפֶק
crawl *vt, vi* זָחַל; רָחַשׁ
crawl *n* זְחִילָה; שְׂחִיַּית חֲתִירָה
crayon *n, adj* עִיפָּרוֹן; שֶׁל צִיּוּר בְּצִבעֵי עִיפָּרוֹן
craze *vt* שִׁיגֵּעַ
craze *n* שִׁיגָּעוֹן; אוֹפנָה בַּת־חֲלוֹף
crazy *adj* רוֹפֵף, לֹא יַצִּיב; מְטוֹרָף; (דיבּוּרית) ׳מְשׁתַּגֵּעַ׳ אַחֲרֵי
crazy bone *n* עֶצֶם הַמַּרפֵּק
creak *n* חֲרִיקָה
creak *vi* חָרַק
creaky *adj* חוֹרֵק, חוֹרְקָנִי
cream *n* שַׁמֶּנֶת, קְצֶפֶת; מֵיטָב; מִשׁחָה
cream *vt, vi* עָשָׂה שַׁמֶּנֶת; לָקַח אֶת הַחֵלֶק הַטּוֹב בְּיוֹתֵר
creamery *n* מַחֲלָבָה
cream puff *n* תּוּפִין שַׁמֶּנֶת

cream separator *n* מְקָרֵר לְהַפְרָדַת שַׁמֶּנֶת, מַחְבֵּצָה

creamy *adj* מֵכִיל שַׁמֶּנֶת; דוֹמֶה לְשַׁמֶּנֶת

crease *n* קֶמֶט

crease *vt, vi* קִימֵּט; הִתְקַמֵּט

creasy *adj* קָמִיט; מְקוּמָּט

create *vt, vi* בָּרָא, יָצַר

creation *n* בְּרִיאָה, יְצִירָה

Creation *n* בְּרִיאַת הָעוֹלָם

creative *adj* יוֹצֵר

creator *n* בּוֹרֵא, יוֹצֵר

creature *n* יְצִיר; יְצוּר; חַיָּה

credence *n* אֵימוּן

credentials *n pl* מִכְתַּב הַמְלָצָה

credible *adj* אָמִין

credit *n* אֵימוּן; כָּבוֹד; אַשְׁרַאי, הֲקָפָה; זְכוּת (בּחשבּוֹנוֹת)

credit *vt* הֶאֱמִין בּ..., בָּטַח בּ...; זָקַף לִזכוּת; נָתַן כָּבוֹד; (בּהנהלת־חשבּוֹנוֹת) זִיכָּה

creditable *adj* מַעֲלֶה כָּבוֹד

credit card *n* כַּרְטִיס אַשְׁרַאי

creditor *n* נוֹשֶׁה; זַכַּאי

credo *n* אֱמוּנָה, אֲנִי מַאֲמִין

credulous *adj* נוֹחַ לְהַאֲמִין

creed *n* עִיקָּרֵי אֱמוּנָה

creek *n* פֶּלֶג, מִפְרָץ קָטָן

creep *vt, vi* זָחַל; טִיפֵּס (לגבּי צמח)

creeper *n* זוֹחֵל, רוֹמֵשׂ; (צמח) מְטַפֵּס

creeping *adj* זוֹחֵל; (צמח) מְטַפֵּס

cremate *vt* שָׂרַף מֵת

cremation *n* שְׂרֵיפַת מֵת

crematory *n* בֵּית מִשְׂרְפוֹת מֵתִים, קְרֵמָטוֹרְיוּם

creme de menthe *n* לִיקֶר מִנְתָּה

Creole *n, adj* קְרֵאוֹלִי

crescent *adj* חֶרְמֵשִׁי

crescent *n* חֶרְמֵשׁ; סַהֲרוֹן

cress *n* צֶמַח חַרְדָּלִי

crest *n* כַּרְבּוֹלֶת, רַעְמָה; שֶׁלֶט גִּיבּוֹרִים, סֶמֶל; שִׂיא

crestfallen *adj* מְדוּכָּא

Cretan *n, adj* בֶּן כְּרֵתִים; כְּרֵתִי

Crete *n* כְּרֵתִים

cretonne *n* קְרֵטוֹן

crevice *n* סֶדֶק

crew *n* צֶוֶות (בּמטוֹס, בּאוֹניה)

crew cut *n* תִּסְפּוֹרֶת חֲלָקָה וּקְצָרָה

crib *n* עֲרִיסָה; הַעְתָּקָה בִּלְתִּי־חוּקִית

crib *vt, vi* הֶעְתִּיק לְלֹא רְשׁוּת

cricket *n* מִשְׂחַק הַקְּרִיקֶט; (דיבּוּרית) מִשְׂחָק הוֹגֵן; צְרָצַר

crier *n* צוֹעֵק; כָּרוֹז

crime *n* פֶּשַׁע

criminal *n, adj* פּוֹשֵׁעַ; פְּלִילִי

criminal code *n* מַעֲרֶכֶת הַחוֹק הַפְּלִילִי

criminal law *n* חוֹק פְּלִילִי

criminal negligence *n* הַזְנָחָה פּוֹשַׁעַת

crimp *vt* קִימֵּט; קִיפֵּל

crimp *n* קִימּוּט, גִּיהוּץ קְפָלִים

crimple *vt* קִימֵּט, סִלְסֵל

crimson *n, adj* אַרְגָּמָן

crimson *vi* הִתְאַדֵּם

cringe *vi, n* הִתְרַפֵּס; הִתְרַפְּסוּת

crinkle *n* קֶמֶט

cripple *n* נָכֶה

cripple *vt* עָשָׂה לְבַעַל מוּם; שִׁיבֵּשׁ

crisis *n* (*pl* crises) מַשְׁבֵּר

crisp *adj* פָּרִיךְ; אֵיתָן וְרַעֲנָן; מוּחלָט, קוֹלֵעַ
criterion *n* (*pl* criteria) בּוֹחַן, קְנֵה מִידָּה
critic *n* מְבַקֵּר
critical *adj* בִּיקוֹרתִּי; מַשׁבְּרִי; חָמוּר, קְרִיטִי
criticism *n* בִּיקוֹרֶת
criticize *vt* בִּיקֵר, מָתַח בִּיקוֹרֶת
critique *n* מַאֲמַר בִּיקוֹרֶת
croak *vt, vi* קִרקֵר; (המונית) מֵת
croak *n* קִרקוּר
Croat *n, adj* קרוֹאָטִי
Croatian *n, adj* קרוֹאָטִי
crochet *n* רִקמַת אוּנקָל
crochet *vt* רָקַם בְּאוּנקָל
crocheting *n* צְנִירָה
crochet needle *n* אוּנקַל צְנִירָה
crock *n* כַּד, כְּלִי־חֶרֶס; שֶׁבֶר כְּלִי
crockery, crockeryware *n* כְּלֵי־חֶרֶס
crocodile *n* תַּנִּין
crocodile tears *n pl* דִמעוֹת־תַּנִּין
crocus *n* כַּרכּוֹם
crone *n* זְקֵנָה בָּלָה
crony *n* חָבֵר מְקוֹרָב
crook *n* מַקֵּל רוֹעִים; מַטֵּה בִּישׁוֹפִים; עִיקּוּל; כִּיפּוּף; נוֹכֵל, רַמַּאי
crook *vt, vi* כּוֹפֵף, עִיקֵּם; הִתעַקֵּם
crooked *adj* עָקוֹם, לא הָגוּן, נוֹכֵל
croon *vt, vi* זִימֵּר בְּקוֹל רַךְ וְנִרגָּשׁ
crooner *n* מְזַמֵּר בְּקוֹל רַךְ וְנִרגָּשׁ
crop *n* יְבוּל, תְּנוּבָה; שׁוֹט; זֶפֶק
crop *vt, vi* חָתַךְ, קָטַם, קִיצֵּץ, קָצַר; (לגבי חיות) לִיחֵךְ
crop dusting *n* רִיסּוּס בִּמְטוֹסִים
crop up *vi* הוֹפִיעַ פִּתאוֹם, צָץ
croquet *n* קרוֹקֶט
croquette *n* כּוּפתָּה, כַּדּוּר
crosier, crozier *n* מַטֵּה בִּישׁוֹף
cross *n* צְלָב; יִיסּוּרִים; (בחקלאות) הַכלָאָה; תַּעֲרוֹבֶת
cross *vt, vi* חָצָה; הִצטַלֵּב; הִכשִׁיל
cross *adj* חוֹצֶה; מִצטַלֵּב; מְנוּגָּד; רוֹגֵז; מוּכלָא
crossbones *n pl* תִּצלוֹבֶת עֲצָמוֹת
crossbow *n* קֶשֶׁת־מִסגֶּרֶת
crossbreed *n* בֶּן־כִּלאַיִים
crossbreed *vt* הִכלִיא
cross-country *adj, adv* דֶּרֶךְ הַשָּׂדוֹת
crosscurrent *n* זֶרֶם נֶגדִּי
cross-examination *n* חֲקִירַת שְׁתִי וָעֵרֶב
cross-examine *vt* חָקַר חֲקִירַת נֶגֶד
cross-eyed *adj* פּוֹזֵל
crossing *n* חֲצִיָּה; צוֹמֶת; תִּצלוֹבֶת; מַעֲבַר חֲצָיָה; הַכלָאָה
crossing gate *n* מַחסוֹם רַכֶּבֶת
crossing point *n* נְקוּדַּת חֲצִיָּה
crosspatch *n* רַגזָן
crosspiece *n* קוֹרָה חוֹצֶצֶת
cross-reference *n* הַפנָיָה
cross-road(s) *n* צוֹמֶת דְּרָכִים, פָּרָשַׁת דְּרָכִים
cross-section *n* חֲתָךְ
cross street *n* רְחוֹב חוֹצֶה
crossword puzzle *n* תַּשׁבֵּץ
crotch *n* מִסעָף, הִתפַּלְּגוּת; מִפשָׂעָה
crotchety *adj* בַּעַל קַפּרִיסוֹת, גַּחמָן

crouch *vt, vi* הִתְכּוֹפֵף, הִשְׁתּוֹפֵף
crouch *n* הִתְכּוֹפְפוּת, הִשְׁתּוֹפְפוּת
croup *n* (בִּרְפוּאָה) אַסְכָּרָה; עָצֶה (בִּבְהֵמָה)
croupier *n* קוּפַּאי (בְּמִשְׂחֲקֵי כֶּסֶף)
crouton *n* פַּת צְנִים
crow *n* עוֹרֵב; קִרְקוּר (תַּרְנְגוֹל)
crow *vi* קִרְקֵר; הִתְרַבְרֵב
crowbar *n* דֶּקֶר, קַנְטָר
crowd *n* הָמוֹן קָהָל; חֲבוּרָה
crowd *vt, vi* הִתְקַהֵל; נִדְחַק, דָּחַף
crowded *adj* צָפוּף, דָּחוּס
crown *n* כֶּתֶר; כּוֹתֶרֶת (בְּשֵׁן); קְרוֹנָה (מַטְבֵּעַ)
crown *vt* הִכְתִּיר; הִמְלִיךְ; (הַמּוֹנִית) הִכָּה בְּרֹאשׁוֹ שֶׁל
crowned head *n* מֶלֶךְ, מַלְכָּה
crown prince *n* יוֹרֵשׁ הָעֶצֶר
crown princess *n* אֵשֶׁת יוֹרֵשׁ הָעֶצֶר
crow's foot *n* כַּף עוֹרֵב
crow's nest *n* פִּינַּת תַּצְפִּית
crucial *adj* מַכְרִיעַ
crucible *n* כּוּר, מַצְרֵף
crucifix *n* דְּמוּת יֵשׁוּ הַצָּלוּב
crucifixion *n* צְלִיבָה
crucify *vt* צָלַב
crude *adj* גּוֹלְמִי; לֹא מְשׁוּכְלָל; גַּס
crudity *n* גּוֹלְמִיּוּת; חוֹסֶר שִׁכְלוּל; גַּסּוּת
cruel *adj* אַכְזָרִי
cruelty *n* אַכְזְרִיּוּת
cruet *n* בַּקְבּוּק קָטָן, צְלוֹחִית (לְשֶׁמֶן וכד׳, לְשׁוּלְחָן)
cruise *vt, vi* שִׁיֵּט; טָס (נָסַע) בִּמְהִירוּת חֶסְכוֹנִית
cruise *n* שִׁיּוּט; טִיסָה
cruiser *n* מְשַׁיֵּט, מְסַיֵּר; (בְּחֵיל־הַיָּם) סַיֶּרֶת
cruising radius *n* טְוַח שִׁיּוּט
cruller *n* רְקִיק סוּפְגָנִית
crumb *n* פֵּירוּר
crumb *vt* הוֹסִיף פֵּירוּרֵי לֶחֶם; פּוֹרֵר
crumble *vt, vi* פּוֹרֵר; הִתְפּוֹרֵר
crummy *adj* מְלוּכְלָךְ; שָׁפָל
crump *n* מַהֲלוּמָה
crump *vt, vi* הָלַם
crunch *vt, vi* כָּתַשׁ בְּשִׁנָּיו בְּרַעַשׁ; דָּרַךְ בְּרַעַשׁ
crunch *n* כְּתִישָׁה; קוֹל כְּתִישָׁה
crusade *n* מַסַּע צְלָב
crusader *n* צַלְבָּן; לוֹחֵם
crush *vt, vi* מָעַךְ; רִיסֵּק
crush *n* מְעִיכָה; הִתְרַסְּקוּת; דּוֹחַק; (הַמּוֹנִית) תְּשׁוּקָה
crush hat *n* כּוֹבַע מִתְקַפֵּל
crust *n* קְרוּם; גֶּלֶד
crust *vt, vi* הִקְרִים; קָרַם; הִגְלִיד
crustacean *adj, n* שִׁרְיוֹנִי
crustaceous *adj* מִמַּחְלֶקֶת הַשִּׁרְיוֹנִיִּים
crusty *adj* בַּעַל קְלִיפָּה; נוּקְשֶׁה
crutch *n* קַב; מִשְׁעֶנֶת
crux *n* עִיקָּר
cry *n* קְרִיאָה, צְעָקָה; בְּכִי, יְלָלָה
crybaby *n* בַּכְיָן
crypt *n* כּוּךְ
cryptic *adj* מִסְתּוֹרִי, לֹא מוּבָן
crystal *n* גָּבִישׁ; בְּדוֹלַח
crystal ball *n* כַּדּוּר בְּדוֹלַח
crystalline *adj* גְּבִישִׁי
crystallize *vt, vi* יָצַר גְּבִישִׁים; נַעֲשָׂה גָּבִישׁ; הִתְגַּבֵּשׁ

C. S. *abbr*. Christian Science, Civil Service
ct. *abbr* cent
cu. *abbr*. cubic
cub *n* גּוּר
Cuban *n*, *adj* קוּבָּנִי
cubby-hole *n* כּוּךְ, חָלָל סָגוּר
cube *n* קוּבִּיָּה; חֶזְקָה שְׁלִישִׁית
cube *vt* הֶעֱלָה לְחֶזְקָה שְׁלִישִׁית
cubic, cubical *adj* מְעוּקָּב
cub reporter *n* כַּתָּב טִירוֹן
cuckold *n* בַּעַל קַרְנַיִים
cuckold *vt* הִצְמִיחַ קַרְנַיִים
cuckoo *n* קוּקִיָּה
cuckoo *adj* (דיבּוּרית) מְשׁוּגָּע, אֱוִילִי
cuckoo-clock *n* שְׁעוֹן קוּקִיָּה
cucumber *n* מְלָפְפוֹן
cud *n* גֵּרָה
cuddle *vt*, *vi* חִיבֵּק; הִתְחַבֵּק; הִתְרַפֵּק
cuddle *n* חִיבּוּק
cudgel *n* אַלָּה
cudgel *vt* חָבַט בְּאַלָּה
cue *n* סִימָנִית; אוֹת, רֶמֶז; מַקֵּל (בּיליארד)
cuff *n* שַׁרווּלִית
cuff *vt* סָטַר, הָלַם
cuff-link *n* רֶכֶס שַׁרווּלִית
cuirass *n* שִׁרְיוֹן חָזֶה
cuisine *n* מִטְבָּח; שִׁיטַת בִּישׁוּל
culinary *adj* שֶׁל בִּישׁוּל, מִטְבָּחִי
cull *vt* בֵּירֵר, לִיקֵּט
culm *n* אֲבַק פֶּחָם; קָנֶה, גִּבְעוֹל
culminate *vi* הִגִּיעַ לִמְרוֹם הַפִּסְגָּה; הִסְתַּיֵּים
culpable *adj* נִפְשָׁע; (בּמשפּט) אָשֵׁם
culprit *n* נֶאֱשָׁם; עֲבַרְיָין
cult *n* פּוּלְחָן
cultivate *vt* עִיבֵּד (אדמה); תִּרְבֵּת, גִּידֵּל
cultivated *adj* תַּרְבּוּתִי, מְתוּרְבָּת; מְטוּפָּח
cultivation *n* עִיבּוּד; תִּרְבּוּת, גִּידּוּל, טִיפּוּחַ
culture *n*, *vt* גִּידּוּל; תַּרְבּוּת; עִיבֵּד, גִּידֵּל (כּנ״ל)
cultured *adj* תַּרְבּוּתִי, מְתוּרְבָּת
culvert *n* תְּעָלָה, מוֹבִיל מַיִם
cumbersome, cumbrous *adj* מְגוּשָּׁם, מַכְבִּיד
cunning *adj* עָרוּם
cunning *n* עַרְמוּמִיּוּת, עוֹרְמָה
cup *n* סֵפֶל; גָּבִיעַ
cup *vt* הִקִּיז דָּם
cupboard *n* אֲרוֹן כֵּלִים, מִזְנוֹן
cupidity *n* תַּאֲוָוה, חַמְדָנוּת
cupola *n* כִּיפָּה
cur *n* כֶּלֶב עָזוּב; פַּחְדָן
curate *n* כּוֹמֶר, עוֹזֵר לְכוֹמֶר
curative *adj*, *n* מְרַפֵּא, רִיפּוּיִי; תְּרוּפָה
curator *n* מְנַהֵל מוּזֵיאוֹן
curb *vt* רִיסֵּן, רָתַם (סוּס)
curb *n* רֶסֶן; רִיסּוּן; קְצֵה הַמִּדְרָכָה
curbstone *n* אֶבֶן מִדְרָכָה
curd *n* קוֹם
curd *vt*, *vi* הִקְרִישׁ; נִקְרַשׁ
curdle *vt*, *vi* הִקְרִישׁ; נִקְרַשׁ
cure *n* רִיפּוּי; תְּרוּפָה
cure *vt*, *vi* רִיפֵּא; עִישֵּׁן, שִׁימֵּר (דגים, בּשׂר)

cure-all *n* תְּרוּפָה לַכּוֹל
curfew *n* עוֹצֶר, שְׁעַת הָעוֹצֶר
curio *n* חֵפֶץ נָדִיר
curiosity *n* סַקְרָנוּת
curious *adj* סַקְרָן; מוּזָר
curl *n* תַּלְתַּל, סִלְסוּל
curl *vt, vi* (לגבי שיער) סִלְסֵל, תִּלְתֵּל; הִסְתַּלְסֵל; הִתְעַקֵּל
curlicue *n* אוֹת מְסוּלְסֶלֶת
curling *n* תִּלְתּוּל, הִסְתַּלְסְלוּת שֵׂעָר
curling iron *n* מְסַלְסֵל שֵׂעָר
curl-paper *n* סְלִיל לְתַלְתַּל
curly *adj* מְתוּלְתָּל
curmudgeon *n* קַמְצָן, כִּילַי
currant *n* דוּמְדְמָנִית הַלְּבָנוֹן
currency *n* כֶּסֶף בְּמַחֲזוֹר, מַטְבֵּעַ; מַהֲלְכִים
current *n* זֶרֶם, מַהֲלָךְ
current *adj* נוֹכְחִי; שׁוֹטֵף; נָפוֹץ
current account *n* חֶשְׁבּוֹן עוֹבֵר וָשָׁב
current events *n pl* עִנְיְנֵי הַיּוֹם
curriculum *n* תּוֹכְנִית לִימּוּדִים
curry *n* קָארִי
curry *vt* הֵכִין נָזִיד מְתוּבָּל בְּקָארִי; סֵרֵק, קִרְצֵף (סוּס)
currycomb *n* מַסְרֵק בַּרְזֶל
curse *n* קְלָלָה
curse *vt, vi* קִילֵל, חֵירֵף
cursed *adj* מְקוּלָּל; אָרוּר
cursive *adj, n* שׁוֹטֵף, מְחוּבָּר
cursory *adj* נֶחְפָּז, שִׁטְחִי
curt *adj* קָצָר, מְקוּצָּר; מְקַצֵּר בְּדִיבּוּר
curtail *vt* קִיצֵּר, קִיצֵּץ
curtain *n* וִילוֹן; מָסָךְ
curtain-call *n* הוֹפָעַת הַדְרָן
curtain raiser *n* קְדַם־מַחֲזֶה
curtain *vt* וִילֵּן; חָצַץ בְּמָסָךְ
curtain ring *n* טַבַּעַת וִילוֹן
curtain rod *n* מוֹט וִילוֹן
curtsy, curtsey *n* קִידַּת חֵן
curve *n* (בְּמתמטיקה) עֲקוּמָּה; עָקוֹם; חַמּוּק
curve *vt* עִיקֵּם, עִיקֵּל; הִתְעַקֵּם, הִתְעַקֵּל
curved *adj* עָקוֹם, מְעוּקָּם
cushion *n* כַּר, כָּרִית
cushion *vt* שָׂם כָּרִים; רִיכֵּךְ, רִיפֵּד
cusp *n* חוֹד
cuspidor *n* רְקָקִית
custard *n* רַפְרֶפֶת
custodian *n* אֶפִּיטְרוֹפּוֹס, מַשְׁגִּיחַ
custody *n* הַשְׁגָּחָה, פִּיקּוּחַ; מַעְצָר
custom *n* מִנְהָג; נוֹהַג
customary *adj* נָהוּג, מְקוּבָּל
custom-built (made) *adj* מוּכָן לְפִי הַזְמָנָה
customer *n* קוֹנֶה, לָקוֹחַ
custom-house *n* בֵּית־מֶכֶס
customs *n pl* מֶכֶס
customs clearance *n* שִׁחְרוּר מִמֶּכֶס
customs officer *n* פְּקִיד מֶכֶס, מוֹכֵס
custom-tailor *vt* הִתְאִים לְפִי מִידָּה
custom work *n* עֲבוֹדָה בְּהַזְמָנָה
cut *n* חִיתּוּךְ; מַכָּה (בְּסכין וכד׳); חֲתָךְ, פֶּצַע; נֵתַח, חֵלֶק; גִּזְרָה (של לבוש); קִיצּוּר, הַשְׁמָטָה; הוֹרָדָה (בְּמחיר וכד׳)
cut *vt, vi* חָתַךְ, כָּרַת; פָּרַס (לחם); סִיפֵּר (שיער); קָצַץ (ציפורניים); קִיצֵּר, צִמְצֵם (דיבור וכד׳); הִפְחִית, קִיצֵּץ בְּ... (מחירים וכד׳)

cut *adj* חָתוּךְ, גָזוּר, קָצוּץ; (לגבי מחיר) מוּפחָת

cut-and-dried *adj* קָבוּעַ מֵרֹאשׁ

cutaway coat *n* מְעִיל־זָנָב

cutback *n* חֲזָרָה לְאָחוֹר

cute *adj* נֶחמָד, פִּיקֵחַ

cut glass *n* פִּיתּוּחֵי זְכוּכִית

cuticle *n* קְרוּם חִיצוֹנִי

cutlass *n* שֶׁלַח

cutler *n* סַכִּינַאי, מוֹכֵר סַכִּינִים

cutlery *n* סַכּוּ״ם (סכינים, כפות ומזלגות)

cutlet *n* קְצִיצָה

cutout *n* חֵלֶק מְנוּתָּק; מַפסֵק אוֹטוֹמָטִי

cut-rate *n, adj* (מְחִיר) מוּזָל

cutter *n* חוֹתֵךְ, גַזָּר; חוֹתֶכֶת (ספינה), סִירַת פִּיקוּחַ

cutthroat *n* רוֹצֵחַ

cutthroat *adj* רוֹצְחָנִי

cutting *adj* חוֹתֵךְ; פּוֹגֵעַ

cutting *n* חִיתּוּךְ, קִיצוּץ; קֶטַע עִיתּוֹנוּת

cutting edge *n* הַצַּד הַחַד

cuttlefish *n* דְיוֹנוּן

cutwater *n* פּוֹלֵחַ מַיִם

cwt. *abbr*. hundredweight

cyanamide *n* צִיאַנָאמִיד

cyanide *n* צִיאָנִיד

cycle *n* מַחֲזוֹר; תְּקוּפָה; אוֹפַנַּיִם

cycle *vi* נָסַע בְּאוֹפַנַּיִם

cyclic, cyclical *adj* מַחֲזוֹרִי; מַעגָלִי

cyclone *n* צִיקלוֹן

cyl. *abbr* cylinder, cylindrical

cylinder *n* גָלִיל, צִילִינדֶר; תּוֹף (בּאקדח)

cylinder block *n* חֲטִיבַת צִילִינדְרִים

cylinder head *n* רֹאשׁ הַצִּילִינדֶר

cylindrical *adj* גְלִילִי, צִילִינדְרִי

cymbal *n* כַּף מְצִלתַּיִם

cynic *n* צִינִיקָן

cynical, cynic *adj* צִינִי

cynicism *n* צִינִיוּת

cynosure *n* מֶרכַּז תְּשׂוּמֶת־הַלֵּב

cypress *n* תְּאַשּׁוּר

Cyprus *n* קַפרִיסִין

Cyrillic *adj* קִירִלִי

Cyrus *n* כּוֹרֶשׁ

cyst *n* שַׁלחוּף; כִּיס

czar, tsar *n* קֵיסָר, הַצָּר הָרוּסִי

czarina *n* אֵשֶׁת הַצָּר

Czech *adj, n* צֵ׳כִי; (לָשׁוֹן) צֵ׳כִית

Czecho-Slovak *adj* צֶ׳כוֹסלוֹבָקִי

Czecho-Slovakia *n* צֶ׳כוֹסלוֹבַקיָה

D

D, d *n* דִי (האות הרביעית באלפבית)
D. *abbr* December, Democrat, Duchess, Duke, Dutch
'd (had, would (נטרוק של פועלי־העזר
D. A. *abbr* District Attorney
dab *vt, vi* טָפַח קַלּוֹת; לָחַץ בִּספוֹג
dab *n* טְפִיחָה; לְחִיצָה קַלָּה; מוּמחֶה
dabble *vt, vi* לחלֵחַ, הִכתִּים; הֵנִיעַ אֵיבָרִים בְּמַיִם; הִתעַסֵּק (כּחובבן)
dad *n* אַבָּא
daddy *n* אַבָּא
daffodil *n* נַרקִיס עָטוּר
daffy *adj* שׁוֹטֶה; מְטוֹרָף
dagger *n, vt* פִּגיוֹן; (בּדפוּס) סִימָן
dahlia *n* דָּלִיָּה
daily *n* עִיתּוֹן יוֹמִי; עוֹבֶדֶת יוֹמִית
daily *adj* יוֹם יוֹם; יוֹמִי
daily *adv* מִדֵּי יוֹם בְּיוֹמוֹ
dainty *n* מַעֲדָן
dainty *adj* עָדִין
dairy *n* מַחְלָבָה; מֶשֶׁק חָלָב
dais *n* בִּימָה
daisy *n* חַרצִית בָּר
dally *vt, vi* הִשׁתַּעֲשֵׁעַ; בִּזבֵּז זְמַן
dam *n* סֶכֶר
dam *vt, vi* סָכַר
dam *n* אֵם (שֶׁל הוֹלכֵי על ארבּע)
damage *n* הֶיזֵק, נֶזֶק
damage *vt* הִזִּיק
damascene *vt* שִׁיבֵּץ, עִיטֵּר
damascene *adj* בְּקִישּׁוּט דַמַּשְׂקָאִי (מסוּלסל)
dame *n* גְּבֶרֶת; גְּבִירָה; אִישָּׁה
damn *vt, vi* קִילֵּל; גִּינָּה; דָּן לְעוֹנֶשׁ נִצחִי
damn *n* הַבָּעַת קְלָלָה
damn *int* לַעֲזָאזֵל!
damnation *n* דִּינָה לְכַף חוֹבָה אוֹ לְגֵיהִינּוֹם
damned *n, adj, adv* מְקוּלָּל; בָּזוּי בְּיוֹתֵר
damp *n* לַחוּת, רְטִיבוּת
damp *vt, vi* לחלֵחַ; רִיפָּה; שִׁינֵּק
dampen *vt* הִרטִיב; עִמעֵם
damper *n* גּוֹרֵם לְדִיכָּאוֹן; מַרטִיב; עַמעֶמֶת
damsel *n* עַלמָה צְעִירָה
dance *vi, vt* רָקַד; הִרקִיד
dance *n* רִיקוּד; נֶשֶׁף רִיקוּדִים
dance band *n* תִּזמוֹרֶת רִיקוּדִים
dance hall *n* אוּלַם רִיקוּדִים
dance floor *n* רִצפַּת הָרִיקוּד
dancer *n* רוֹקֵד; רַקדָן
dancing *n* רִיקוּד
dancing partner *n* בֶּן זוּג לְמָחוֹל
dandelion *n* שִׁינָּן
dandruff *n* קַשׂקַשֵּׂי רֹאשׁ
dandy *n* טַרזָן, יוּהֲרָן
dandy *adj* גַּנדְּרָנִי; מְצוּיָּן
Dane *adj, n* דֵּנִי; אִישׁ דֶּנֶמַרק
danger *n* סַכָּנָה
dangerous *adj* מְסוּכָּן; מְסַכֵּן

dangle *vt, vi* הָיָה תָּלוּי וּמִתְנַדְנֵד
Danish *adj* דֶּנִי
dank *adj* לַח לֹא נָעִים
Danube *n* דָנוּבָּה
dapper *adj* הָדוּר
dapple *adj* מְנוּמָּר
dapple *vt* נִימֵּר; נִיקֵּד
dare *vt, vi* הֵעֵז; הִסְתַּכֵּן
dare *n* הַעַזָּה; אֶתְגָר
daredevil *adj, n* נוֹעָז
daring *n, adj* הַרְפַּתְקָנוּת, אוֹמֶץ־לֵב, הַעַזָּה; מֵעֵז
dark *adj* חָשׁוּךְ
dark *n* חוֹשֶׁךְ, דִּמְדוּמִים
Dark Ages *n pl* חֶשְׁכַת יְמֵי־הַבֵּינַיִים
dark-complexioned *adj* שְׁחַרְחַר
darken *vt, vi* הֶחְשִׁיךְ, הִכְהָה; נַעֲשָׂה כֵּהֶה
darkly *adv* בְּצוּרָה מִסְתּוֹרִית
dark meat *n* בָּשָׂר כֵּהֶה
darkness *n* חוֹשֶׁךְ, חֲשֵׁיכָה
dark room *n* חֶדֶר אָפֵל
darling *n, adj* חָבִיב, אָהוּב, יָקָר
darn *n* תִּיקּוּן בְּבֶגֶד, אִיחוּי
darn *interj* לַעֲזָאזֵל
darn *vt* תִּיקֵּן
darnel *n* זוּן מְשַׁכֵּר
darning *n* רִישׁוּת; תִּיקּוּן
darning needle *n* מַחַט תִּיקּוּן
dart *n* כִּידוֹן, טִיל יָד
dart *vt, vi* זִינֵּק; זָרַק כִּידוֹן
dash *vt, vi* הִשְׁלִיךְ בְּכוֹחַ; הִתְנוֹעֵעַ בְּמֶרֶץ
dash *n* מַשַּׁק מַיִם; הַתָּזַת צֶבַע; סִרְטוּט חָפוּז; קַו מַפְרִיד
dash *interj* לַעֲזָאזֵל!
dashboard *n* לוּחַ הַמַּחֲוָנִים
dashing *adj* בַּעַל מֶרֶץ; רַאַוותָנִי
dastard *n* פַּחְדָן שָׁפָל
dastardly *adj* פַּחְדָנִי־שָׁפָל
data *n pl* נְתוּנִים
data processing *n* עִיבּוּד נְתוּנִים
date *n* תּוֹמֶר (עֵץ); תָּמָר (פְּרִי); תַּאֲרִיךְ; רֵאָיוֹן
date *vt, vi* צִיֵּין תַּאֲרִיךְ; תֵּיאֲרֵךְ; צוּיַּן תַּאֲרִיךְ
date line *n* שׁוּרַת הַתַּאֲרִיךְ; קַו הַתַּאֲרִיךְ
date palm *n* דֶּקֶל
dative *adj, n* (שֶׁל) יַחֲסַת אֶל
datum *n* נָתוּן
dau. *abbr* daughter
daub *vt* צִיפָּה, מָרַח; הִכְתִּים
daub *n* חוֹמֶר צִיפּוּי; צִיפּוּי; צִיּוּר גַּס
daughter *n* בַּת
daughter-in-law *n* כַּלָּה, אֵשֶׁת הַבֵּן
daunt *vt* הֵטִיל מוֹרָא
dauntless *adj* לֹא־יוֹדֵעַ־פַּחַד; לְלֹא חַת
dauphin *n* דּוֹפֵין, נָסִיךְ
davenport *n* סַפָּה־מִיטָּה
davit *n* מַעֲלִית סִירוֹת
daw *n* עוֹרֵב
dawdle *vi* הִתְבַּטֵּל
dawn *n* שַׁחַר
dawn *vt* זָרַח; הִתְבַּהֵר
day *n* יוֹם
day-bed *n* מִיטָּה־סַפָּה
daybreak *n* שַׁחַר
day-coach *n* קְרוֹן־נוֹסְעִים

daydream *n* חֲלוֹם בְּהָקִיץ
daydream *vi* חָלַם בְּהָקִיץ, הָזָה
day laborer *n* שְׂכִיר יוֹם
daylight *n* אוֹר יוֹם
day nursery *n* מְעוֹן יוֹם
Day of Atonement *n* יוֹם־הַכִּיפּוּרִים
day off *n* יוֹם חוֹפֶשׁ
day of reckoning *n* יוֹם הַדִּין
day shift *n* מִשְׁמֶרֶת יוֹם
daytime *n* שְׁעוֹת הַיּוֹם
daze *vt* הָמַם; בִּלְבֵּל
daze *n* הִימּוּם; דִמדוּם
dazzle *vt, vi* סִנווֵר; הִסתַּנווֵר
dazzle *n* סִנווּר
dazzling *adj* מְסַנווֵר
deacon *n* כּוֹמֶר זוּטָר
deaconess *n* כּוֹמֶרִית
dead *adj, adv* מֵת
dead *n* מֵת, חָלָל
dead beat *adj* עָיֵיף עַד מָוֶות
dead bolt *n* מַנעוּל מֵת (ללא קפיץ)
dead drunk *n* שִׁיכּוֹר כְּלוֹט
deaden *vt* הִקהָה
dead end *n* מָבוֹי סָתוּם
deadline *n* מוֹעֵד אַחֲרוֹן
deadlock *n, vt, vi* קִיפָּאוֹן (בְּמוּ״מ וכד׳); הֵבִיא אוֹ בָּא לִידֵי קִיפָּאוֹן
deadly *adj* הוֹרֵג; הֲרֵה אָסוֹן; כְּמֵת; קִיצוֹנִי
deadly *adv* עַד מָוֶות; לַחֲלוּטִין
dead of night *n* אִישׁוֹן לַיְלָה
deadpan *adj* חֲסַר הַבָּעָה
dead reckoning *n* נִיווּט מֵת
dead ringer *adj* דוֹמֶה בְּיוֹתֵר

Dead Sea *n* יָם הַמֶּלַח
dead set *adj* אֵיתָן בְּהַחלָטָתוֹ
deadwood *n* עֲנָפִים מֵתִים
deaf *adj* חֵירֵשׁ
deaf-and-dumb *n, adj* (שֶׁל) חֵירֵשׁ־אִילֵּם
deafen *vt* הֶחֱרִישׁ אוֹזנַיִים
deafening *adj* מַחֲרִישׁ אוֹזנַיִים
deaf-mute *n, adj* חֵירֵשׁ־אִילֵּם
deafness *n* חֵירְשׁוּת
deal *vi, vt* עָסַק; טִיפֵּל; נָהַג; סָחַר
deal *n* עֵסֶק, עִסקָה; הֶסכֵּם; הֶסדֵר; טִיפּוּל; כַּמּוּת (גְדוֹלָה)
deal *adj* עָשׂוּי עֵץ אוֹרֶן
dealer *n* סוֹחֵר; מְחַלֵּק קְלָפִים
dean *n* דֵּקָן־פָקוּלטָה; דֵּקַן־הַסטוּדֶנטִים; רֹאשׁ כְּנֵסִיָּה
deanship *n* דֵּקָנוּת
dear *n* (אדם) יָקָר; יַקִּיר
dear *adj* יָקָר
dear *adv* בְּיוֹקֶר
dear *interj* אֵלִי!
dearie *n* חָבִיב, יַקִּיר
dearth *n* מַחסוֹר
death *n* מָוֶות
deathbed *n* מִיטַּת הַמָּוֶות, עֶרֶשׂ דְוַוי
deathblow *n* מַכַּת מָוֶות
death certificate *n* תְּעוּדַת פְּטִירָה
death house *n* תָּא הַנִּידוֹנִים לְמָוֶות
deathless *adj* אַלְמוֹתִי
deathly *adj, adv* אָנוּשׁ; כְּמָוֶות
death penalty *n* עוֹנֶשׁ מָוֶות
death-rate *n* שִׁיעוּר תְּמוּתָה
daeth-rattle *n* חִרחוּר מָוֶות
death ray *n* קֶרֶן מָוֶות

death-warrant *n* פְּקוּדַת הֲמָתָה
deathwatch *n* שׁוֹמֵר שֶׁל גוֹסֵס אוֹ שֶׁל מֵת
debacle *n* הִתְבַּקְּעוּת קֶרַח (עַל נהר); הִתְמוֹטְטוּת
debar *vt* הוֹצִיא מִכְּלָל; שָׁלַל זְכוּיוֹת
debark *vt*, *vi* הוֹרִיד מֵאוֹנִיָּה; יָרַד מֵאוֹנִיָּה
debarkation *n* הוֹרָדָה מֵאוֹנִיָּה; יְרִידָה מֵאוֹנִיָּה
debase *vt* הִשְׁחִית, הִשְׁפִּיל; זִיֵּיף (כסף)
debatable *adj* נִיתָּן לְוִיכּוּחַ
debate *n* וִיכּוּחַ; דִיוּן
debate *vt*, *vi* דָן; הִתְוַוכֵּחַ
debauchery *n* שְׁחִיתוּת; זִמָּה
debenture *n* אִיגֶּרֶת חוֹב
debilitate *vt* הֶחֱלִישׁ
debility *n* חוּלְשָׁה
debit *n*, *adj* (זְקִיפָה) לְחוֹבָה
debit *vt* חִייֵּב
debonair *adj* אָדִיב, נְעִים הֲלִיכוֹת
debris, debris *n* שְׁפוֹכֶת, עִיֵּי חֲרָבוֹת
debt *n* חוֹב; הִתְחַייְּבוּת
debtor *n* חַייָּב
debut, début *n* הוֹפָעָה רִאשׁוֹנָה
debutante, débutante *n* מַתְחִילָה, מוֹפִיעָה לָרִאשׁוֹנָה
dec. *abbr* deceased
decade *n* עָשׂוֹר
decadence, decadency *n* הִתְנַוְּונוּת
decadent *adj* מִתְנַוֵּון
decanter *n* בַּקְבּוּק, לָגִין
decapitate *vt* הִתִּיז רֹאשׁ
decay *vt*, *vi* הִתְנַוֵּון; נִרְקַב
decay *n* הִתְנַוְּונוּת; רִיקָּבוֹן
decease *vi*, *n* מֵת; מָוֶות
deceased *adj*, *n* נִפְטָר, מֵת
deceit *n* רַמָּאוּת
deceitful *adj* עָרוּם, מְרַמֶּה
deceive *vt* רִימָּה; אִכְזֵב
decelerate *vi* הֵאֵט
December *n* דֶּצֶמְבֶּר
decency *n* הֲגִינוּת
decent *adj* הוֹגֵן; הָגוּן
decentralize *vt* בִּיזֵּר
deception *n* רַמָּאוּת; הִתְפַּתּוּת
deceptive *adj* מַטְעֶה, עָלוּל לְהַטְעוֹת
decide *vt*, *vi* הֶחֱלִיט, הִכְרִיעַ
decimal *adj*, *n* עֶשְׂרוֹנִי
decimal point *n* נְקוּדַת הַשֶּׁבֶר הָעֶשְׂרוֹנִי
decimate *vt* הִשְׁמִיד חֵלֶק גָּדוֹל; הִשְׁמִיד עֲשִׂירִית
decipher *vt* פִּעְנֵחַ
decision *n* הַחְלָטָה, הַכְרָעָה
decisive *adj* מַכְרִיעַ, הֶחְלֵטִי
deck *vt* צִיפָּה, קִישֵּׁט; סִיפֵּן
deck *n* סִיפּוּן; צְרוֹר קְלָפִים
deck-chair *n* כִּיסֵּא מַרְגּוֹעַ
deck-hand *n* סִיפּוּנַאי
deck-land *vi* נָחַת עַל סִיפּוּן
deck landing *n* נְחִיתַת סִיפּוּן
deckle-edge *adj* לֹא מְיוּשָּׁר בִּפְאוֹתָיו
declaim *vt* דִקְלֵם; טָעַן כְּנֶגֶד
declaration *n* הַכְרָזָה, הַצְהָרָה
declarative *adj* הַכְרָזָתִי, הַצְהָרָתִי
declare *vt*, *vi* הִכְרִיז, הִצְהִיר
declension *n* נְטִייָּה בְּמִדְרוֹן
declination *n* נְטִייָּה מַטָּה; סְטִייָּה; נְטִיַּית שֵׁמוֹת (בדקדוק)

decline *vt, vi* סֵירֵב (בּאדיבוּת); הִיטָּה; יָרַד בְּמִדרוֹן; נֶחֱלַשׁ
decline *n* מוֹרָד, מִדרוֹן; הֵיחָלְשׁוּת, יְרִידָה
declivity *n* מִדרוֹן
decode *n* פִּענוּחַ (צוֹפן)
decode *vt* פִּענֵחַ (צוֹפן)
décolleté *adj* עֲמוֹק מַחשׂוֹף
decompose *vt, vi* פֵּירֵק; רָקַב, נִרקַב
decomposition *n* פֵּירוּק; הִתפָּרְקוּת; הֵירָקְבוּת
decompression *n* רִיפּוּי לַחַץ
decontamination *n* טִיהוּר, עִיקוּר
decor *n* תַּפאוּרָה
decorate *vt* קִישֵּׁט; עִיטֵּר
decoration *n* קִישּׁוּט; עִיטוּר
decorator *n* מְקַשֵּׁט, דֵקוֹרָטוֹר
decorous *adj* הוֹלֵם, הוֹגֵן (בּהתנהגוּת, בּאוֹפי וכד׳)
decorum *n* הֲגִינוּת, הֲלִימוּת
decoy *vt, vi* פִּיתָּה; נִפתָּה
decoy *n* פִּיתָּיוֹן
decoy pigeon *n* פַּתַּאי, שָׁלִיחַ שֶׁל רַמַּאי
decrease *vt, vi* הִפחִית, הוֹרִיד; יָרַד, פָּחַת
decrease *n* הַפחָתָה, צִמצוּם
decree *n* צַו, פְּקוּדָה
decree *vt* פָּקַד, צִיוּוָה
decrepit *adj* תָּשׁוּשׁ
decry *vt* פָּסַל, זִלזֵל בּ...
dedicate *vt* הִקדִישׁ
dedication *n* הַקדָשָׁה; הִתמַסְּרוּת
deduce *vt* הִסִּיק
deduct *vt* הִפחִית; נִיכָּה
deduction *n* הַפחָתָה; נִיכּוּי; הֲקָשָׁה מִן הַכְּלָל אֶל הַפְּרָט
deed *n* מַעֲשֶׂה; מִבצָע; מִסמָך כָּתוּב
deem *vt* סָבַר, שָׁקַל
deep *adj* עָמוֹק; רְצִינִי
deep *n* עוֹמֶק; תְּהוֹם
deep *adv* עַד לָעוֹמֶק, בָּעוֹמֶק
deepen *vt, vi* הֶעֱמִיק
deep-laid *adj* סוֹדִי וּמְסוּבָּך
deep mourning *n* בִּגדֵי אֵבֶל עָמוֹק
deep-rooted *adj* מְשׁוֹרָשׁ עָמוֹק
deep-sea *adj* שֶׁבַּיָּם הֶעָמוֹק
deep-seated, deep-set *adj* מְשׁוֹרָשׁ הֵיטֵב
deer *n sing, pl* צְבִי, צְבָיִים
deerskin *n* עוֹר צְבִי
def. *abbr* defendant, deferred, definite
deface *vt* הִשׁחִית פָּנִים, מָחַק
defamation *n* הוֹצָאַת דִיבָּה
defame *vt* הִשׁמִיץ, הוֹצִיא דִיבָּה
default *n* הֵיעָדְרוּת, מַחסוֹר; אִי־פְּעוּלָּה; אִי־קִיוּם חוֹבָה
default *vi* לֹא קִיֵּים חוֹבָה
defeat *vt* הֵבִיס; הֵפֵר; הִפִּיל
defeat *n* תְּבוּסָה; הֲפָרָה; הַפָּלָה
defeatism *n* תְּבוּסָנוּת
defeatist *n* תְּבוּסָן
defecate *vt, vi* הֶחֱרִיא, עָשָׂה צְרָכָיו
defect *n* מוּם, פְּגָם
defection *n* עֲרִיקָה; הִשׁתַּמְּטוּת מִמִּילּוּי חוֹבָה
defective *adj* לָקוּי, פָּגוּם; מְפַגֵּר
defend *vt, vi* הֵגֵן; סִנגֵר
defendant *n* נִתבָּע, נֶאֱשָׁם

defender *n* מָגֵן; סַנֵּיגוֹר
defenestration *n* זְרִיקָה מִן הַחַלּוֹן
defense *n* הֲגָנָה, הִתְגּוֹנְנוּת; (בְּמִשְׁפָּט) סַנֵּיגוֹרְיָה
defensive *adj, n* מֵגֵן; שֶׁל הִתְגּוֹנְנוּת
defer *vt, vi* עִיכֵּב, דָּחָה; קִיבֵּל דֵּעָה
deference *n* וִיתּוּר לְדַעַת הַזּוּלַת
deferential *adj* מְכַבֵּד
deferment *n* דְּחִיָּה
defiance *n* הַמְרָיָה, הַתְרָסָה
defiant *adj* מַתְרִיס
deficiency *n* חוֹסֶר, מַחְסוֹר
deficient *adj* חָסֵר, לָקוּי
deficit *n* גֵּירָעוֹן
defile *vt, vi* הִשְׁחִית; צָעַד בְּשׁוּרַת עוֹרֶף
defile *n* מַעֲבָר צַר
define *vt* הִגְדִּיר, תֵּיאֵר; תָּחַם
definite *adj* מוּחְלָט, מוּגְדָּר; מְסוּיָּם
definite article *n* הֵ"א הַיְדִיעָה
definition *n* הַגְדָּרָה
definitive *adj* מַכְרִיעַ; מְסַכֵּם
deflate *vt* הוֹצִיא אֶת הָאֲוִויר; הוֹרִיד אֶת מַחְזוֹר הַכֶּסֶף
deflation *n* הוֹצָאַת אֲוִויר; דֶּפְלַצְיָה
deflect *vt, vi* הִטָּה; נָטָה
deflower *vt* הֵסִיר פְּרָחִים; בִּיתֵּק בְּתוּלִים
deforest *vt* בֵּירֵא יַעַר
deform *vt* עִיוּוֵת צוּרָה, כִּיעֵר
deformed *adj* מְעוּוָּת; מוּשְׁחַת מַרְאֶה
deformity *n* עִיוּוּת צוּרָה
defraud *vt* הוֹנָה
defray *vt* שִׁילֵּם
defrost *vt* הֵסִיר הַקֶּרַח, הִפְשִׁיר

deft *adj* מְיוּמָּן, זָרִיז
defunct *adj* מֵת, חָדֵל
defy *vt* הִתְרִיס, הִתְנַגֵּד בְּעַזּוּת
deg. *abbr* degree
degeneracy *n* הִתְנַוְּונוּת
degenerate *vi* הִתְנַוֵּון
degenerate *adj, n* מְנוּוָּן; מְפַגֵּר
degrade *vt* הוֹרִיד בְּמַעֲלָה; הִשְׁפִּיל
degrading *adj* מַשְׁפִּיל
degree *n* דַּרְגָּה; מַעֲלָה; תּוֹאַר
dehumidifier *n* מוֹנֵעַ אֵד
dehydrate *vt* יִיבֵּשׁ, הִצְמִיק
de-ice *vt* הִפְשִׁיר (קרח)
deify *vt* הֶאֱלִיהַּ
deign *vt, vi* מָחַל עַל כְּבוֹדוֹ; הוֹאִיל
deity *n* אֱלוֹהוּת
dejected *adj* מְדוּכָּא, מְדוּכְדָּךְ
dejection *n* דִּיכָּאוֹן, דִּכְדּוּךְ
del. *abbr* delegate, delete
delay *vt, vi* עִיכֵּב, הִשְׁהָה; הִשְׁתַּהָה
delay *n* עִיכּוּב; הִשְׁתַּהוּת
delectable *adj* נֶחְמָד, מְעַנֵּג
delegate *n* צִיר, בָּא־כּוֹחַ
delegate *vt* מִינָּה, יִיפָּה כּוֹחַ
delete *vt* מָחַק, בִּיטֵּל
deletion *n* מְחִיקָה; קֶטַע מָחוּק
deliberate *vt, vi* שָׁקַל בְּדַעְתּוֹ; נוֹעַץ
deliberate *adj* מְכוּוָּן; לְלֹא חִיפָּזוֹן
delicacy *n* עֲדִינוּת; רְגִישׁוּת; מַעֲדָן
delicatessen *n pl* מַעֲדַנִּים
delicious *adj* עָרֵב בְּיוֹתֵר
delight *n* עוֹנֶג, תַּעֲנוּג
delight *vt, vi* עִינֵּג; הִתְעַנֵּג
delightful *adj* מְהַנֶּה, מְעַנֵּג
delinquency *n* עֲבַרְיָינוּת; רַשְׁלָנוּת

delinquent *n, adj* עֲבַרְיָין;מִתְרַשֵׁל
delirious *adj* מְטוֹרָף(בְּהַשְׁפָּעַת חוֹם)
delirium *n* טֵירָפוֹן
deliver *vt* מָסַר; הִצִּיל; שִׁחְרֵר; יִילֵּד; הִסְגִּיר; נָאַם
delivery *n* מְסִירָה, חֲלוּקָה; לֵידָה; סִגְנוֹן נְאוּם
delivery man *n* מְחַלֵּק
delivery room *n* חֲדַר לֵידָה
delivery truck *n* מְכוֹנִית מִשְׁלוֹחַ
dell *n* עֵמֶק, גַּיְא
delouse *vt* טִיהֵר מִכִּינִּים
delphinium *n* דָּרְבָנִית
delude *vt* הִשְׁלָה, תִּעְתַּע
deluge *n* מַבּוּל, שִׁיטָּפוֹן
deluge *vt* שָׁטַף, הֵצִיף
delusion *n* הַשְׁלָיָה, אַשְׁלָיָה; תַּעְתּוּעַ
de luxe *adj* שׁוּפְרָא דְשׁוּפְרָא
delve *vt, vi* חָקַר, חָדַר; חָפַר
demagnetize *vt* בִּיטֵּל מִגְנוּט
demagogic(al) *adj* דֵּמָגוֹגִי
demand *vt* תָּבַע, דָּרַשׁ; הִצְרִיךְ
demand *n* תְּבִיעָה; צוֹרֶךְ
demanding *adj* תּוֹבְעָנִי
demarcate *vt* סִימֵּן גְּבוּלוֹת
démarche *n* פְּעוּלָּה דִּיפְּלוֹמָטִית
demeanor *n* הִתְנַהֲגוּת
demented *adj* מְטוֹרָף
demigod *n* חֲצִי אֵל
demijohn *n* צַרְצוּר, קִיתוֹן
demilitarize *vt* פֵּירֵז
demimonde *n* הָעוֹלָם הַשּׁוֹקֵעַ
demise *vt* הֶעֱבִיר בַּעֲלוּת אוֹ מַלְכוּת
demise *n* מָוֶת; הַעֲבָרַת מְקַרְקְעִים אוֹ שִׁלְטוֹן

demisemiquaver *n* צְלִיל (1/32) לַ־בֵּית
demitasse *n* סִפְלוֹן קָפֶה
demobilize *vt* שִׁחְרֵר(מִשֵּׁירוּת צְבָאִי); פֵּירֵק צָבָא
democracy *n* דֵּמוֹקְרַטְיָה
democrat *n* דֵּמוֹקְרָט
democratic *adj* דֵּמוֹקְרָטִי
demodulate *vt* מִיצָּה אִפְנוּן
demolish *vt* הָרַס
demolition *n* הֲרִיסָה
demon, daemon *n* רוּחַ רָעָה, שֵׁד
demoniacal *adj* שֵׁדִי, דֵּמוֹנִי
demonstrate *vt, vi* הוֹכִיחַ; הִפְגִּין
demonstration *n* הוֹכָחָה; הַדְגָּמָה; הַפְגָּנָה
demonstrative *adj* מַפְגִּין; מַסְבִּיר, מַדְגִּים
demonstrator *n* מַצִּיג, מַדְגִּים; מַפְגִּין
demoralize *vt* הִשְׁחִית; רִיפָּה רוּחַ
demote *vt* הוֹרִיד בְּדַרְגָּה
demotion *n* הוֹרָדָה בְּדַרְגָּה
demur *vi, n* הִבִּיעַ הִתְנַגְּדוּת; הַבָּעַת הִתְנַגְּדוּת
demure *adj* מִתְחַסֵּד, מִתְעַנֵּו
demurrage *n* הַשְׁהָיָה; דְּמֵי הַשְׁהָיָה
den *n* גּוֹב, מְאוּרָה; חֶדֶר קָטָן וְעָלוּב
denaturalize *vt* שִׁינָּה טֶבַע, עָשָׂה לְלֹא טִבְעִי
denial *n* הַכְחָשָׁה, כְּפִירָה, הִתְכַּחֲשׁוּת; סֵירוּב
denim *n* סַרְבָּל
denizen *n* תּוֹשָׁב; דַּיָּיר
Denmark *n* דֶּנְיָה, דֶּנְמַרְק
denomination *n* קָטֵיגוֹרְיָה; סוּג; כַּת דָּתִית

denote *vt* הוֹרָה עַל; צִיֵּן; סִימֵּל
denouement *n* הַתָּרָה, הַבְהָרָה סוֹפִית
denounce *vt* הוֹקִיעַ, הֶאֱשִׁים; הִפְסִיק בְּרִית
dense *adj* דָחוּס, מְעוּבֶּה, אָטוּם; אֱוִיל
density *n* דְחִיסוּת
dent *n* מִשְׁקָע, גוּמָּה
dent *vt* עָשָׂה גוּמָּה
dental *adj, n* שִׁנִּי, שֶׁל שֵׁן; עִיצוּר שִׁנִּי
dental floss *n* חוּט שִׁנַּיִים (לניקוי)
dentifrice *n* שַׁפְשֵׁן, אַבְקָה לְנִקּוּי שִׁנַּיִים
dentist *n* רוֹפֵא שִׁנַּיִים
dentistry *n* רִיפּוּי שִׁנַּיִים
denture *n* מַעֲרֶכֶת שִׁנַּיִים תּוֹתָבוֹת
denunciation *n* הוֹקָעָה; הוֹדָעַת נִיתּוּק בְּרִית
deny *vt* הִכְחִישׁ; הִתְכַּחֵשׁ ל...; סֵירֵב; שָׁלַל
deodorant *n, adj* מֵפִיג רֵיחַ, מְאַלְרֵחַ
deoxidize *vt* אַל־חִמְצֵן
dep. *abbr* department, departs, deputy
depart *vt, vi* עָזַב, עָקַר; פָּנָה
department *n* מַחְלָקָה; מָחוֹז מִנהָלִי; מִשְׂרָד מֶמְשַׁלְתִּי
departure *n* עֲזִיבָה, עֲקִירָה; פְּנִיָּיה
depend *vi* סָמַךְ; הָיָה תָּלוּי
dependable *adj* מְהֵימָן, נֶאֱמָן
dependence *n* הִישָּׁעֲנוּת; תְּלוּת
dependency *n* תְּלוּת; מְדִינַת חָסוּת
dependent *adj, n* תָּלוּי; מוּתְנֶה
depict *vt* תֵּיאֵר
deplete *vt* מִיעֵט, חִיסֵּר; רוֹקֵן
deplorable *adj* רָאוּי לְגִנַּאי; מְצַעֵר
deplore *vt* הִצְטַעֵר עַל
deploy *vt, vi* פֵּירֵס; הִתְפָּרֵס
deployment *n* פֵּירוּס; הִתְפָּרְסוּת
depolarize *vt* שָׁלַל קוֹטְבִיּוּת
depopulate *vt* חִיסֵּל אוּכְלוּסִיָּה
deport *vt* הִגְלָה
deportation *n* הַגְלָיָה
deportee *n* גוֹלֶה, מְגוֹרָשׁ
deportment *n* הִתְנַהֲגוּת
depose *vt, vi* הִדִּיחַ; הֵעִיד בִּשְׁבוּעָה
deposit *vt, vi* שָׂם, הִנִּיחַ; נָתַן דְּמֵי קְדִימָה; הִפְקִיד
deposit *n* דְּמֵי קְדִימָה; פִּיקָּדוֹן; מִשְׁקָע; מִרְבָּץ
depositor *n* מַפְקִיד
depot *n* תַּחֲנַת רַכֶּבֶת; מַחסַן צִיּוּד
deprave *vt* הִשְׁחִית, קִלְקֵל
depraved *adj* מוּשְׁחָת
depravity *n* שְׁחִיתוּת
deprecate *vt* טָעַן נֶגֶד; שָׁלַל
deprecation *n* עִרְעוּר
depreciate *vt, vi* מִיעֵט בָּעֵרֶךְ
depreciation *n* פְּחָת, בְּלַאי; יְרִידַת עֵרֶךְ
depress *vt* דִּיכֵּא רוּחַ; הֶחֱלִישׁ
depression *n* דִכדוּךְ, דִּיכָּאוֹן; שֶׁקַע; שֵׁפֶל (כלכלי)
deprive *vt* שָׁלַל מִן; קִיפֵּחַ
dept. *abbr* department
depth *n* עוֹמֶק, עֲמִקוּת
deputy *n* נָצִיג, שָׁלִיחַ; מְמַלֵּא מָקוֹם
derail *vt, vi* הוֹרִיד (יָרַד מן) הַפַּסִּים
derailment *n* הוֹרָדָה (יְרִידָה) מִפַּסִּים
derange *vt* בִּלְבֵּל, עִרְבֵּב; שִׁיגֵּעַ

derangement *n* שִׁיבּוּשׁ, הַטָּלַת מְבוּכָה; טֵירוּף

Derby *n* דֶּרְבִּי

derby *n* מִגְבַּעַת לֶבֶד

derelict *adj, n* עָזוּב, מוּפְקָר; סְפִינָה עֲזוּבָה

deride *vt* לָעַג, לִגְלֵג

derision *n* לִגְלוּג; נָשׂוּא לְלַעַג

derive *vt, vi* הִשִּׂיג; הֵפִיק; נִגְזַר מִן

derogatory *adj* מְזַלְזֵל, שֶׁיֵּשׁ בּוֹ טַעַם לִפְגָם

derrick *n* מַדְלֶה, עֲגוּרָן; מִגְדַּל קִידּוּחַ

dervish *n* דֶּרְוִישׁ

desalination *n* הַמְתָּקָה, הַתְפָּלָה

desalt, desalinate *vt* הִמְתִּיק, הִתְפִּיל

descend *vi* יָרַד; יָצָא

descendant *n* צֶאֱצָא

descendent *adj* יוֹרֵד; מִשְׁתַּלְשֵׁל

descent *n* יְרִידָה; מוֹרָד; מוֹצָא

describe *vt* תֵּיאֵר; תָּאַר, סִרְטֵט

description *n* תֵּיאוּר; סוּג, מִין

descriptive *adj* מְתָאֵר, תֵּיאוּרִי

descry *vt* גִּילָּה, הִבְחִין בּ...

desecrate *vt* חִילֵּל

desegregation *n* בִּיטּוּל הַהַפְרָדָה

desert *vt, vi* זָנַח; עָרַק

desert *n, adj* מִדְבָּר; מִדְבָּרִי

desert *n* גְּמוּל, הָרָאוּי; עֵרֶךְ

deserter *n* עָרִיק

desertion *n* עֲרִיקָה; זְנִיחָה

deserve *vt, vi* הָיָה רָאוּי ל...

deservedly *adv* בְּצֶדֶק, כָּרָאוּי

design *vt* תִּכְנֵן; רָשַׁם, סִרְטֵט

design *n* תַּרְשִׁים, תּוֹכְנִית; כַּוָּונָה

designate *adj* הַמְיוּעָד

designate *vt* צִיֵּין, יִיעֵד; קָרָא בְּשֵׁם; מִינָּה

designing *adj* זוֹמְמָנִי

designing *n* הֲכָנַת דְּגָמִים

desirable *adj* נִכְסָף, רָצוּי

desire *vt* הִשְׁתּוֹקֵק ל...; רָצָה בּ...

desire *n* תְּשׁוּקָה; בַּקָּשָׁה; מְבוּקָשׁ

desirous *adj* מִשְׁתּוֹקֵק

desist *vi* חָדַל

desk *n* שׁוּלְחַן־כְּתִיבָה

desk clerk *n* פְּקִיד קַבָּלָה

desk set *n* מַעֲרֶכֶת כְּלֵי כְּתִיבָה

desolate *adj* שׁוֹמֵם; מְדוּכְדָּךְ

desolate *vt* הֵשֵׁם, הֶחֱרִיב; אִמְלֵל

desolation *n* שְׁמָמָה; יָגוֹן

despair *vi* הִתְיָיאֵשׁ

despair *n* יֵיאוּשׁ

despairing *adj* מִתְיָיאֵשׁ

desperado *n* פּוֹשֵׁעַ נָכוֹן לַכּוֹל

desperate *adj* מְיוֹאָשׁ; נוֹאָשׁ; נָכוֹן לַכּוֹל

despicable *adj* מְגוּנֶּה, בָּזוּי

despise *vt* בָּז

despite *n* הַעֲלָבָה, זִלְזוּל

despite *prep* לַמְרוֹת

despondence, despondency *n* דִּיכָּאוֹן, דִּכְדּוּךְ

despondent *adj* מְדוּכְדָּךְ

despot *n* רוֹדָן, עָרִיץ

despotic *adj* רוֹדָנִי

despotism *n* רוֹדָנוּת

dessert *n* פַּרְפֶּרֶת, קִינּוּחַ סְעוּדָה

destination *n* יַעַד; תַּכְלִית

destined *adj* מְיוּעָד

destiny *n* גּוֹרָל; יִיעוּד

destitute *adj* חֲסַר כּוֹל

destitution *n* חוֹסֶר אֶמְצָעֵי מִחְיָה

destroy *vt* הָרַס; הִשְׁמִיד

destroyer *n* מַשְׁמִיד; מַשְׁחֶתֶת

destruction *n* הֲרִיסָה; הַשְׁמָדָה

destructive *adj* הַרְסָנִי

detach *vt, vi* נִיתֵּק, הִפְרִיד

detachable *adj* נִיתָּן לְהִינָּתֵק, נִיתָּן לְהִיפָּרֵד

detached *adj* נִפְרָד, מְנוּתָּק; אוֹבְּיֶיקְטִיבִי

detachment *n* נִיתּוּק; הִינָּתְקוּת; הִסְתַּכְּלוּת מִגָּבוֹהַּ

detail *vt* תֵּיאֵר בִּפְרוֹטְרוֹט; (בצבא) הִקְצָה חוּלְיָה

detail *n* פְּרָט; פְּרוֹטְרוֹט; פֵּירוּט

detain *vt* עִיכֵּב; עָצַר

detect *vt* גִּילָּה

detection *n* גִּילּוּי; חֲשִׂיפָה, בִּילּוּשׁ

detective *n, adj* בַּלָּשׁ; בַּלָּשִׁי

detective story *n* סִיפּוּר בַּלָּשִׁי

detector *n* חוֹשֵׂף, מְגַלֶּה

detention *n* מַעְצָר, מַאֲסָר; עִיכּוּב

deter *vt* הִרְתִּיעַ

detergent *adj, n* מְנַקֶּה; חוֹמֶר מְנַקֶּה

deteriorate *vt, vi* קִלְקֵל; הִתְקַלְקֵל

determine *vt, vi* קָבַע; הִכְרִיעַ, הֶחֱלִיט; כִּיוּוֵן

determined *adj* תַּקִּיף בְּדַעְתּוֹ

deterrent *adj, n* מַרְתִּיעַ; גּוֹרֵם מַרְתִּיעַ

detest *vt* תִּיעֵב

dethrone *vt* הִדִּיחַ מִמְּלוּכָה

detonate *vt, vi* פּוֹצֵץ; הִתְפּוֹצֵץ

detour *n* עֲקִיפָה

detour *vt* עָקַף

detract *vt, vi* חִיסֵּר, הִפְחִית

detriment *n* נֶזֶק, רָעָה

detrimental *adj, n* מַזִּיק, גּוֹרֵם הֶפְסֵד

devaluation *n* פִּיחוּת מַטְבֵּעַ

devastate *vt* הָרַס, הֵשַׁם

devastation *n* הֶרֶס, שְׁמָמָה

develop *vt, vi* פִּיתֵּחַ; חָשַׂף; הִתְפַּתֵּחַ; נֶחְשַׂף

developer *n* מְפַתֵּחַ; תְּמִיסַּת פִּיתּוּחַ

development *n* פִּיתּוּחַ; הִתְפַּתְּחוּת

deviate *vt, vi* הִטָּה; נָטָה

deviation *n* הַטָּיָה; נְטִייָה

deviationism *n* סְטִייָה רַעֲיוֹנִית

deviationist *n* סוֹטֶה

device *n* אַמְצָאָה, הֶתְקֵן, מִתְקָן; תַּחְבּוּלָה

devil *n* שָׂטָן; שֵׁד; רָשָׁע

devil *vt, vi* הִטְרִיד; הֵצִיק

devilish *adj, adv* שֵׁדִי, שְׂטָנִי; מְאוֹד, בְּיוֹתֵר

devilment *n* תַּעֲלוּל; רִשְׁעוּת

deviltry *n* שְׂטָנִיּוּת, רִשְׁעוּת

devious *adj* עֲקַלְקַל, הוֹלֵךְ סְחוֹר־סְחוֹר

devise *vt* תִּכְנֵן, הִמְצִיא; הִנְחִיל

devoid *adj* מְשׁוּלָל, חָסֵר

devote *vt* הִקְדִּישׁ

devoted *adj* מָכוּר

devotee *n* חוֹבֵב נִלְהָב; קַנַּאי

devotion *n* מְסִירוּת; חֲסִידוּת

devour *vt* בָּלַע, אָכַל; טָרַף

devout *adj* חָסִיד, דָּתִי מָסוּר; אֲמִיתִּי, כֵּן

dew *n* טַל

dew *vt*, *vi* הִטְלִיל
dewdrop *n* אֶגֶל טַל
dewlap *n* פִּימַת הַצַּוָּאר
dewy *adj* מְטוּלָּל; דּוֹמֶה לְטַל
dexterity *n* זְרִיזוּת, מְיוּמָּנוּת
D.F. *abbr* Defender of the Faith
diabetes *n* סוּכֶּרֶת
diabetic *adj*, *n* שֶׁל סוּכֶּרֶת; חוֹלֵה סוּכֶּרֶת, סוּכַּרְתָּן
diabolic(al) *adj* שְׂטָנִי, שֵׁדִי
diacritical *adj* דִּיאַקְרִיטִי, נִיקּוּדִי; מְאַבְחֵן
diadem *n* כֶּתֶר, עֲטֶרֶת
di(a)eresis *n* (בִּכְתִיב) הַבְדָּלַת שְׁתֵּי תְּנוּעוֹת סְמוּכוֹת
diagnose *vt* אִבְחֵן
diagnosis *n* אִבְחוּן
diagonal *adj*, *n* אֲלַכְסוֹנִי; אֲלַכְסוֹן
diagram *n* תַּרְשִׁים, דִּיאַגְרַמָּה
diagram *vt* תִּרְשֵׁם
dial. *abbr* dialect
dial *n* חוּגָה
dial *vt* חִייֵּג
dialect *n* עָגָה, דִּיאָלֶקְט
dialogue *n* דּוּ־שִׂיחַ, דִּיאָלוֹג
dial telephone *n* טֶלֶפוֹן חִיּוּג
dial tone *n* צְלִיל חִיּוּג
diam. *abbr* diameter
diameter *n* קוֹטֶר
diametric *adj* קוֹטְרִי
diamond *n* יַהֲלוֹם; מְעוּיָּן
diamond *adj* יַהֲלוֹמִי; מְשׁוּבָּץ יַהֲלוֹמִים
diaper *n* חִיתּוּל
diaphanous *adj* שָׁקוּף
diaphragm *n* סַרְעֶפֶת
diarrh(o)ea *n* שִׁלְשׁוּל
diary *n* יוֹמָן
Diaspora *n* הַתְּפוּצָה, הַגּוֹלָה
diastole *n* הִתְפַּשְּׁטוּת הַלֵּב
diathermy *n* רִיפּוּי בְּחוֹם אוֹ בְּגַלִּים
dice *n* קוּבִּיּוֹת מִשְׂחָק
dice *vt*, *vi* חָתַךְ לְקוּבִּיּוֹת
dice box *n* קוּפְסַת קוּבִּיּוֹת־מִשְׂחָק
dichloride *n* דִּיכְלוֹרִיד
dichotomy *n* חֲלוּקָּה לִשְׁנַיִם
dict. *abbr* dictionary
dictaphone *n* כְּתַב־קוֹל, דִּיקְטָפוֹן
dictate *vt*, *vi* הִכְתִּיב
dictate *n* תַּכְתִּיב
dictation *n* הַכְתָּבָה; תַּכְתִּיב
dictator *n* רוֹדָן; מַכְתִּיב
dictatorship *n* רוֹדָנוּת, דִּיקְטָטוּרָה
diction *n* הֲגִיָּה
dictionary *n* מִילּוֹן
dictum *n* מֵימְרָה; הַכְרָזָה
didactic *adj* לִימּוּדִי, דִּידַקְטִי
die *vi* מֵת; דָּעַךְ
die *vt* טָבַע
die *n* מַטְבַּעַת
diehard *n*, *adj* לוֹחֵם עַד הַסּוֹף
diesel oil *n* שֶׁמֶן דִּיזֶל
diestock *n* תַּבְרוֹג
diet *vt*, *vi* הִתְבָּרָה, שָׁמַר דִּיאֶטָה
diet *n* בְּרוּת, דִּיאֶטָה
dietitian, dietician *n* מַבְרֶה, דִּיאֶטִיקָן
diff. *abbr* different, difference
differ *vi* הָיָה שׁוֹנֶה; חָלַק עַל
difference *n* הֶבְדֵּל, הֶפְרֵשׁ; אִי־הַסְכָּמָה
different *adj* שׁוֹנֶה

differentiate *vt, vi* הַבְחִין, הִבְדִיל
difficult *adj* קָשֶׁה
difficulty *n* קוֹשִׁי
diffident *adj* לֹא בּוֹטֵחַ בְּעַצְמוֹ, עָנָיו
diffuse *vt* הֵפִיץ; פִּיזֵר
diffuse *adj* רַב־מֶלֶל; מְפוּזָר; נָפוֹץ
dig *vt, vi* חָפַר; חָתַר; עָצַר; חִיטֵט; הִתְחַפֵּר
dig *n* חֲפִירָה; דְחִיפָה; עֲקִיצָה
digest *vt, vi* עִיכֵּל; הִתְעַכֵּל
digest *n* לֶקֶט, תַּקְצִיר
digestible *adj* עָכִיל, מִתְעַכֵּל
digestion *n* עִיכּוּל, הִתְעַכְּלוּת
digestive *adj* מִתְעַכֵּל, מְסַייֵעַ לְעִיכּוּל
digit *n* אֶצְבַּע; סִפְרָה
dignified *adj* אֲצִילִי, אוֹמֵר כָּבוֹד
dignify *vt* כִּיבֵּד, רוֹמֵם
dignitary *n, adj* מְכוּבָּד, נִכְבָּד
dignity *n* כָּבוֹד; עֵרֶךְ עַצְמִי
digress *vt* סָטָה, נָטָה
digression *n* סְטִיָּה, נְטִיָּה
dike *n* דָיֵק; תְּעָלָה
dike *vt* בָּנָה דָיֵק; נִיקֵז
dilapidated *adj* רָעוּעַ, חָרֵב
dilate *vt, vi* הִרְחִיב; הִתְרַחֵב
dilatory *adj* נוֹטֶה לִדְחוֹת, רַשְׁלָנִי
dilemma *n* מִסְפָּק, דִילֶמָּה
dilettante *n* חוֹבְבָן, חוֹבֵב שִׁטְחִי
diligence *n* שְׁקִידָה, חָרִיצוּת
diligent *adj* חָרוּץ, שַׁקְדָנִי
dill *n* שֶׁבֶת רֵיחָנִי
dillydally *vi* בִּזְבֵּז זְמַנּוֹ
dilute *vt, vi* דִילֵּל, הִקְלִישׁ
dilute *adj* מָהוּל
dilution *n* דִילּוּל, דְלִילוּת; הַקְלָשָׁה; מְהִילָה
dim. *abbr* diminutive
dim *adj* עָמוּם
dim *vt, vi* עָמַם, הֵעֵם; הוּעַם
dime *n* דַיים (עשׂרה סנט)
dimension *n* מֵימַד
diminish *vt, vi* הִפְחִית, הִקְטִין
diminutive *adj, n* זְעֵיר־אַנְפִּינִי; קָטָן; צוּרַת הַקְטָנָה
dimity *n* כְּפוּל־חוּט
dimly *adv* בִּמְעוּמְעָם
dimmer *n* מְעַמְעֵם; עַמָּם
dimple *n* גּוּמַּת־חֵן
dimple *vt* סִימֵּן גּוּמָּה
dimwit *n* שׁוֹטֶה
dim-witted *adj* טִיפְּשִׁי
din *n* הֲמוּלָּה
din *vt, vi* הֵקִים רַעַשׁ
dine *vi, vt* סָעַד, אָכַל; כִּיבֵּד בַּאֲרוּחָה
diner *n* סוֹעֵד; קְרוֹן מִסְעָדָה
dingdong *n* צִלְצוּל חוֹזֵר; שִׁגְרָה
dingdong *adj, adv* שֶׁל מַהֲלוּמוֹת תְּכוּפוֹת
dingy *adj, n* כֵּהֶה, מְלוּכְלָךְ
dining-car *n* קְרוֹן מִסְעָדָה
dining-room *n* חֲדַר־אוֹכֶל
dining-room suite *n* רִיהוּט חֲדַר אוֹכֶל
dinner *n* אֲרוּחָה עִיקָּרִית; אֲרוּחָה חֲגִיגִית
dinner-jacket *n* חֲלִיפַת־עֶרֶב
dinner-pail *n* סִיר מַעֲלוֹת
dinner-set *n* מַעֲרֶכֶת כְּלֵי אוֹכֶל
dinner-time *n* שְׁעַת אֲרוּחַת הָעֶרֶב

dint *n* עוֹצמָה, מַהֲלוּמָה, כּוֹחַ
dint *vt* סִימֵן סִימָנֵי מַכָּה
diocese *n* בִּישׁוֹפוּת
diode *n* דִיוֹדָה
dioxide *n* דוּ־תַּחמוֹצֶת
dip *vt, vi* טָבַל, הִשׁרָה; הוֹרִיד; שָׁקַע
dip *n* טְבִילָה; צְלִילָה; חִיטוּי; הוֹרָדָה; שֶׁקַע
diphtheria *n* קָרֶמֶת, אַסכָּרָה
diphthong *n* דוּ־תְּנוּעָה, דִיפתּוֹנג
diphthongize *vi, vt* שִׁינָּה אוֹ הִשׁתַּנָּה לְדוּ־תְּנוּעָה
diploma *n* תְּעוּדַת הַסמָכָה
diplomacy *n* דִיפּלוֹמַטיָה
diplomat *n* דִיפּלוֹמָט
diplomatic *adj* דִיפּלוֹמָטִי
diplomatic pouch *n* דוֹאַר דִיפּלוֹמָטִי
dipper *n* טוֹבֵל; מַטבִּיל; מַצֶּקֶת; פַּכִּית שְׁאִיבָה
dip stick *n* סַרגֵל טוֹבֵל (למדידת כמות שמן וכו׳)
dire *adj* נוֹרָא, מַבעִית
direct *adj, adv* יָשִׁיר, יָשָׁר; יְשִׁירוּת
direct *vt, vi* כִּיוֵּן, הִדרִיךְ; הוֹרָה; בִּיֵּים (מחזה)
direct current *n* זֶרֶם יָשָׁר
direct discourse *n* דִיבּוּר יָשִׁיר
direct hit *n* פְּגִיעָה יְשִׁירָה
direction *n* כִּיווּן; נִיהוּל; הַדרָכָה; הַנחָיָה; בִּיוּם (מחזה וכד׳)
direct object *n* מוּשָׂא יָשִׁיר
director *n* מְנַהֵל; חֲבֵר הַנהָלָה; בַּמַּאי
directorship *n* הַנהָלָה, מִשׂרַת מְנַהֵל
directory *n, adj* מַדרִיךְ
dirge *n* שִׁיר אֵבֶל, קִינָה
dirigible *adj, n* נָהִיג; סְפִינַת אֲוִויר
dirt *n* לִכלוּךְ; עָפָר; שִׁיקוּץ
dirt-cheap *adj, adv* בְּזִיל הַזּוֹל
dirt-road *n* דֶרֶךְ עָפָר
dirty *adj* מְלוּכלָךְ, מְזוֹהָם
dirty *vt, vi* לִכלֵךְ; הִתלַכלֵךְ
dirty linen *n* כְּבִיסָה מְלוּכלֶכֶת
dirty trick *n* תַּחבּוּלָה שְׁפָלָה
disable *vt* הִטִּיל מוּם ב..., שָׁלַל כּוֹשֶׁר
disabuse *vt* שִׁחרֵר מֵאַשׁלָיָה
disadvantage *n* חוֹסֶר יִתרוֹן; פְּגָם
disadvantageous *adj* לֹא נוֹחַ
disagree *vi* חָלַק עַל; לֹא תָּאַם
disagreeable *adj* לֹא נָעִים
disagreement *n* חִילּוּקֵי־דֵעוֹת; אִי־הַתאָמָה
disappear *vi* נֶעֱלַם
disappearance *n* הֵיעָלְמוּת
disappoint *vt* אִכזֵב
disappointment *n* הִתאַכזְבוּת; אַכזָבָה
disapproval *n* אִי־שְׂבִיעוּת־רָצוֹן
disapprove *vt, vi* לֹא שָׂבַע רָצוֹן; גִינָּה
disarm *vt, vi* פֵּירֵק נֶשֶׁק; הִתפָּרֵק מִנִּשׁקוֹ
disarmament *n* פֵּירוּק נֶשֶׁק
disarming *adj* מֵפִיג (כעס וכד׳)
disarray *vt* פָּרַע סֵדֶר
disaster *n* אָסוֹן
disastrous *adj* הֲרֵה אָסוֹן
disavow *vt* נִיעֵר חוֹצנוֹ, הִתכַּחֵשׁ
disband *vt, vi* פֵּירֵק; הִתפָּרֵק

disbar *vt* שָׁלַל מַעֲמָד
disbelief *n* כְּפִירָה
disbelieve *vt, vi* כָּפַר בּ...
disburse *vt* הוֹצִיא כֶּסֶף
disbursement *n* הוֹצָאַת כֶּסֶף
disc. *abbr* discount, discoverer
disc *n* דִיסקוּס; חוּלִיָה; תַּקְלִיט
discard *vt, vi* זָנַח
discard *n* זְנִיחָה; זָנוּחַ
discern *vt, vi* רָאָה; הִבחִין
discerning *adj* מַבחִין; מַבדִיל
discharge *vt, vi* פָּרַק (מטען); שִׁחרֵר; יָרָה; פִּיטֵר; הִשְׁתַּחרֵר; בִּיצֵעַ; הִתפָּרֵק
discharge *n* פְּרִיקַת מִטְעָן; שִׁחרוּר; יְרִייָה; נְזִילָה; הִשְׁתַּחְרְרוּת; בִּיטוּל
disciple *n* תַּלְמִיד, חָסִיד
disciplinarian *n* דוֹגֵל בְּמִשְׁמַעַת, מִשְׁמַעְתָּן
discipline *n* מִשְׁמַעַת; שִׁיטַת לִימוּדִים
discipline *vt* מִשְׁמֵעַ; עָנַשׁ
disclaim *vt* הִתכַּחֵשׁ ל...
disclose *vt* גִילָּה, פִּרסֵם
disclosure *n* גִילוּי, פִּרסוּם
discolor *vt, vi* שִׁינָּה אוֹ קִלְקֵל צֶבַע
discomfiture *n* מְבוּכָה, תְּבוּסָה
discomfort *vt* הִטרִיד
discomfort *n* אִי־נוֹחוּת, טִרדָה
disconcert *vt* הֵבִיא בִּמְבוּכָה
disconnect *vt* נִיתֵּק
disconsolate *adj* עָגוּם, אֵין־נִיחוּמִים
discontent *vt* צִיעֵר, לֹא הִשְׂבִּיעַ רָצוֹן
discontent *n* אִי־שְׂבִיעוּת־רָצוֹן
discontented *adj* לֹא מְרוּצֶה
discontinue *vt, vi* הִפסִיק; פָּסַק

discord *n* חִיכּוּךְ, מְרִיבָה; דִיסוֹנַנס
discordance *n* אִי־הַתאָמָה
discotheque *n* דִיסקוֹטֶק
discount *vt, vi* נִיכָּה (שטר); שָׁלַל מֵעֵרֶךְ
discount *n* נִיכָּיוֹן, הֲנָחָה
discount rate *n* שַׁעַר הַנִּיכָּיוֹן
discourage *vt* רִיפָּה יָדַיִים; הֵנִיא, הִרתִּיעַ
discouragement *n* רִיפּוּי יָדַיִים; הַרתָּעָה
discourse *n* שִׂיחָה; הַרצָאָה
discourse *vt, vi* שׂוֹחַח; הִרצָה
discourteous *adj* לֹא אָדִיב
discourtesy *n* חוֹסֶר נִימוּס
discover *vt* גִילָּה
discovery *n* גִילוּי; תַּגלִית
discredit *n* גְנוּת
discredit *vt* פָּגַע בְּשֵׁם טוֹב; הָרַס אֵימוּן
discreditable *adj* מְעוֹרֵר בּוּשָׁה
discreet *adj* מְחוּשָׁב; פּוֹעֵל בְּשֶׁקֶט
discrepancy *n* סְתִירָה
discrete *adj* מְנוּתָּק; סֵירוּגִי
discretion *n* כּוֹחַ שִׁיפּוּט; שִׁיקוּל־דַעַת
discriminate *vt, vi* הִפלָה; הִבחִין
discrimination *n* הַפלָיָה; הַבחָנָה
discriminatory *adj* מַפלֶה
discursive *adj* סוֹטֶה מֵעִנְיָין לְעִנְיָין
discus *n* דִיסקוּס
discuss *vt, vi* הִתווַכֵּחַ, דָן
discussion *n* וִיכּוּחַ, דִיוּן
disdain *vt* בָּז
disdain *n* שְׁאָט־נֶפֶשׁ, בּוּז
disdainful *adj* בָּז

disease *n* מַחֲלָה
diseased *adj* נָגוּעַ בְּמַחֲלָה
disembark *vt, vi* הוֹרִיד אוֹ יָרַד מֵאוֹנִיָּה
disembarkation *n* הוֹרָדָה אוֹ יְרִידָה מֵאוֹנִיָּה
disembowel *vt* הוֹצִיא אֶת הַמֵּעַיִים
disenchant *vt* שִׁחְרֵר מֵאַשְׁלָיָה
disenchantment *n* הִתְפַּכְּחוּת
disengage *vt* שִׁחְרֵר, הִתִּיר
disengagement *n* שִׁחְרוּר; הִינָּתְקוּת
disentangle *vt* הִתִּיר סְבַךְ, חִילֵּץ
disentanglement *n* הַתָּרַת סְבַךְ; הֵיחָלְצוּת
disestablish *vt* בִּיטֵּל הַכָּרָה
disfavor *n* אִי־אַהֲדָה
disfavor *vt* לֹא אָהַד
disfigure *vt* הִשְׁחִית צוּרָה
disfranchise *vt* שָׁלַל זְכוּיוֹת אֶזְרָחוּת
disgorge *vt, vi* הֵקִיא; הֶחֱזִיר גָּזֵל
disgrace *n* קָלוֹן, אִי־כָּבוֹד
disgrace *vt* הֵסִיר חִנּוֹ מִן; בִּיֵּשׁ
disgraceful *adj* מַחְפִּיר
disgruntled *adj* מְמוּרְמָר, מְאוּכְזָב
disguise *vt, vi* הִסְוָוה, הִסְתִּיר
disguise *n* תַּחְפּוֹשֶׂת
disgust *vt, vi* מְעוֹרֵר גּוֹעַל־נֶפֶשׁ
disgust *n* סְלִידָה, גּוֹעַל נֶפֶשׁ
disgusting *adj* גּוֹעֳלִי
dish *n* צַלַּחַת, קְעָרִית; תַּבְשִׁיל
dish *vt* שָׂם אוֹכֶל בְּצַלָּחוֹת
dishcloth *n* סְמַרְטוּט כֵּלִים
dishearten *vt* דִּיכָּא, רִיפָּה יָדַיִים
dishevel *vt, vi* פָּרַע

dishonest *adj* לֹא יָשָׁר, נוֹכֵל
dishonesty *n* אִי־הֲגִינוּת, אִי־יוֹשֶׁר
dishonor *vt* שָׁלַל כָּבוֹד מִן; בִּיֵּשׁ; מֵיאֵן לְשַׁלֵּם
dishonor *n* שְׁלִילַת כָּבוֹד; קָלוֹן, בּוּשָׁה
dishonorable *adj* מֵבִישׁ, שָׁפָל
dishpan *n* גִּיגִית כֵּלִים
dish rack *n* סוֹרֵג צַלָּחוֹת
dishrag *n* סְמַרְטוּט לְכֵלִים
dishwasher *n* מֵדִיחַ כֵּלִים
dishwater *n* מֵי כֵּלִים
disillusion *vt* נִיפֵּץ אַשְׁלָיָה
disillusionment *n* הִתְפַּכְּחוּת
disinclination *n* אִי־נְטִיָּה; סֵירוּב
disincline *vt, vi* הִטָּה לֵב מִן; לֹא נָטָה
disinfect *vt* חִיטֵּא
disinfectant *adj, n* מְחַטֵּא
disingenuous *adj* לֹא כֵּן, מְעוּשֶׂה
disinherit *vt* שָׁלַל יְרוּשָּׁה
disintegrate *vt, vi* פּוֹרֵר; הִתְפּוֹרֵר
disintegration *n* הִתְפָּרְדוּת; הִתְפּוֹרְרוּת
disinter *vt* הוֹצִיא מִקִּבְרוֹ
disinterested *adj* שֶׁאֵין לוֹ טוֹבַת־הֲנָאָה; אָדִישׁ
disinterestedness *n* אִי־טוֹבַת־הֲנָאָה; אִי־הִתְעַנְיְינוּת
disjunctive *adj* מַפְרִיד; מַבְחִין
disk *n* דִּיסְקוּס; תַּקְלִיט
disk-jockey *n* קַרְיַין תַּקְלִיטִים
dislike *vt* לֹא חִיבֵּב, סָלַד
dislike *n* אִי־חִיבָּה
dislocate *vt* הֵזִיחַ; הִנְקִיעַ; שִׁיבֵּשׁ

dislodge *vt* סִילֵק מִמְּקוֹמוֹ
disloyal *adj* לֹא נֶאֱמָן, בּוֹגֵד
disloyalty *n* אִי־נֶאֱמָנוּת, בְּגִידָה
dismal *adj* עָגוּם, מַעֲצִיב
dismantle *vt* פֵּירֵק; הָרַס
dismay *vt* רִיפָּה יָדַיִים
dismay *n* רִפְיוֹן יָדַיִים, יֵיאוּשׁ
dismember *vt* קָטַע אֵיבָר; חִילֵּק (מדינה)
dismiss *vt, vi* הוֹרָה לְהִתְפַּזֵּר; הִתִּיר לָלֶכֶת; פִּיטֵּר
dismissal *n* פִּיזּוּר; שִׁילּוּחַ; פִּיטּוּרִים
dismount *vt, vi* הוֹרִיד; יָרַד
disobedience *n* אִי־צִיּוּת
disobedient *adj* סוֹרֵר
disobey *vt* לֹא צִיֵּית
disorder *n* אִי־סְדָרִים, עִרְבּוּבְיָה
disorder *vt* שִׁיבֵּשׁ סֵדֶר; בִּלְבֵּל
disorderly *adj* לֹא מְסוּדָּר; מְבוּלְבָּל
disorderly *adv* בְּאִי־סֵדֶר; מִתְפָּרֵעַ
disorderly house *n* בֵּית־זוֹנוֹת
disorganize *vt* שִׁיבֵּשׁ סֵדֶר
disown *vt* הִתְכַּחֵשׁ ל...
disparage *vt* הֵקֵל בְּעֵרֶךְ
disparagement *n* הֲקַלָּה בְּעֵרֶךְ
disparate *adj* שׁוֹנֶה
disparity *n* הֶבְדֵּל
dispassionate *adj* קַר־רוּחַ
dispatch, despatch *vt* שָׁלַח; הֵמִית
dispatch, despatch *n* שְׁלִיחָה; בִּיצּוּעַ יָעִיל
dispel *vt* פִּיזֵּר
dispensary *n* בֵּית־מִרְקַחַת
dispense *vt, vi* חִילֵּק; הִרְקִיחַ; וִיתֵּר
disperse *vt, vi* פִּיזֵּר; הִתְפַּזֵּר
displace *vt* עָקַר מִמְּקוֹמוֹ; תָּפַס מְקוֹמוֹ
displaced person *n* עָקוּר
display *vt* הֶרְאָה, הִצִּיג לְרַאֲוָוה
display *n* תְּצוּגָה; חִישּׂוּף
display cabinet *n* אֲרוֹן רַאֲוָוה
display window *n* חַלּוֹן רַאֲוָוה
displease *vt, vi* הִרְגִּיז; לֹא נָעַם
displeasing *adj* שֶׁאֵינוֹ מוֹצֵא חֵן
displeasure *n* אִי־שְׂבִיעוּת־רָצוֹן
disposable *adj* שֶׁאֶפְשָׁר לְזָרְקוֹ
disposal *n* סִילּוּק; סִידּוּר מִיקּוּם; רְשׁוּת
dispose *vt, vi* סִידֵּר; מִיקֵּם; נָטָה; חִילֵּק
disposition *n* מֶזֶג, מַצַּב־רוּחַ; נְטִיָּה; מַעֲרָךְ
dispossess *vt* נִישֵּׁל מִנְּכָסָיו
disproof *n* הַפְרָכָה, הֲזַמָּה
disproportion *n* חוֹסֶר יַחַס, דִּיספְּרוֹפּוֹרצְיָה
disproportionate *adj* חֲסַר יַחַס
disprove *vt* הִפְרִיךְ
dispute *vt, vi* הִתְוַוכֵּחַ, עִרְעֵר
dispute *n* וִיכּוּחַ, מַחֲלוֹקֶת
disqualify *vt* פָּסַל; שָׁלַל זְכוּיוֹת
disquiet *vt* הִפְרִיעַ אֶת הַשַּׁלְוָוה
disquiet *n* אִי־שֶׁקֶט; דְּאָגָה
disregard *vt* הִתְעַלֵּם מִן
disregard *n* הִתְעַלְּמוּת
disrepair *n* מַצָּב הַטָּעוּן תִּיקּוּן
disreputable *adj* בַּעַל שֵׁם רַע
disrepute *n* שֵׁם רַע
disrespect *n* חוֹסֶר כָּבוֹד
disrespectful *adj* חָצוּף
disrobe *vt, vi* פָּשַׁט; הִתְפַּשֵּׁט

disrupt *vt, vi* שִׁיבֵּר, נִיתֵּץ

dissatisfaction *n* אִי־שְׂבִיעוּת־רָצוֹן

dissatisfied *adj* לֹא מְרוּצֶה

dissatisfy *vt* גָּרַם לְאִי־שְׂבִיעוּת־רָצוֹן

dissect *vt* נִיתַּח, בִּיתֵּר

dissemble *vt, vi* הֶעֱמִיד פָּנִים

disseminate *vt* הֵפִיץ, זָרַע

dissension *n* חִילּוּקֵי דֵעוֹת

dissent *vi* חָלַק עַל

dissent *n* אִי־הַסְכָּמָה

dissenter *n* מִסְתַּייֵג, פּוֹרֵשׁ

disservice *n* שֵׁירוּת דוֹב

dissever *vt, vi* נִיתֵּק, חִילֵּק; נִיתַּק

dissidence *n* אִי־הַסְכָּמָה; פְּרִישָׁה

dissident *adj, n* חוֹלֵק; פּוֹרֵשׁ

dissimilar *adj* לֹא דוֹמֶה

dissimilate *vt, vi* שִׁינָּה; הִשְׁתַּנָּה

dissimulate *vt, vi* הֶעֱמִיד פָּנִים

dissipate *vt, vi* פִּיזֵּר; הִתְפַּזֵּר; הִתְפָּרֵק

dissipated *adj* מִתהוֹלֵל; שֶׁבְּתַעֲנוּגוֹת

dissipation *n* פִּיזּוּר, הִתְפָּרְדוּת; הוֹלֵלוּת

dissociate *vt, vi* הִתְנַעֵר; נִיתֵּק; נִיתַּק

dissolute *adj* מִתהוֹלֵל, מוּפְקָר

dissolution *n* חִיסּוּל; פֵּירוּק; הַפְרָדָה אוֹ הִיפָּרְדוּת; הֲמַסָּה

dissolve *vt, vi* הֵמֵס, מוֹסֵס; הִתִּיר (קשר); פִּיזֵּר; פֵּירֵק; הִתְפָּרֵק

dissonance *n* אִי־הַתְאָמָה; צְרִירוּת

dissuade *vt* הֵנִיא

dissyllabic *adj* דּוּ־הֲבָרִי

dissyllable *n* מִלָּה דּוּ־הֲבָרִית

dist. *abbr* district

distaff *n* פֶּלֶךְ; מִין נְקֵבָה

distaff side *n* צַד הָאֵם אוֹ הָאִישָּׁה (לגבי קרוב)

distance *n* מֶרְחָק, רוֹחַק

distant *adj* רָחוֹק, מְרוּחָק; צוֹנֵן

distaste *n* סְלִידָה, בְּחִילָה

distasteful *adj* סַר־טַעַם; לֹא נָעִים

distemper *n* מַחֲלַת כְּלָבִים

distend *vt, vi* הִתְנַפֵּחַ

distension *n* נִיפּוּחַ

distil, distill *vt, vi* זִיקֵּק; טִפְטֵף; זוּקַּק

distillation *n* זִיקּוּק

distillery *n* מִזְקָקָה

distinct *adj* מוּבְהָק; נִבְדָּל

distinction *n* צִיּוּן; הַבְחָנָה, הֶבְדֵּל; יִיחוּד; הִצְטַיְּינוּת

distinctive *adj* אוֹפְיָנִי, בָּרוּר

distinguish *vt, vi* הִבְחִין, הִבְדִּיל; אִפְיֵין

distinguished *adj* דָּגוּל

distort *vt* עִיוּוֵת, סֵירֵס

distortion *n* סֵירוּס, עִיוּוּת

distraction *n* הַטָּיַת תְּשׂוּמֶת־הַלֵּב; בִּידּוּר; אִי־רִיכּוּז

distraught *adj* מְטוֹרָף; מְפוּזָּר

distress *vt* הִכְאִיב; צִיעֵר

distress *n* יִיסּוּרִים, מְצוּקָה

distressed area *n* אֵיזוֹר נֶחֱשָׁל

distressing *adj* מְדַכֵּא, מְצַעֵר

distribute *vt* הֵפִיץ; חִילֵּק

distribution *n* הֲפָצָה; חֲלוּקָה

distributor *n* מְחַלֵּק; מֵפִיץ

district *n* מָחוֹז, אֵיזוֹר

district *vt* מִיחֵז, חִילֵּק לְמחוזות

district attorney *n* פְּרַקְלִיט הַמָּחוֹז

distrust *n* אִי־אֵימוּן

distrust *vt* רָחַשׁ אִי־אֵימוּן ל...

distrustful *adj* חַשְׁדָן

disturb *vt* הִפְרִיעַ; פָּרַע סֵדֶר

disturbance *n* הַפְרָעָה; אִי־סֵדֶר

disuse *n* יְצִיאָה מִכְּלַל שִׁימּוּשׁ

disuse *vt* הִפְסִיק שִׁימּוּשׁ

ditch *n* חֲפִירָה; תְּעָלַת־נִיקּוּז

ditch *vt, vi* חָפַר תְּעָלָה; (המונית) נָטַשׁ בְּעֵת צָרָה

dither *n* הִתרַגְשׁוּת; בִּלבּוּל

ditto (do.) *n, adv* כַּנַּ״ל, שָׁם

ditto *vt* שִׁכפֵּל

ditty *n* זֶמֶר

div. *abbr* dividend, division

diva *n* זַמֶּרֶת גְדוֹלָה

divan *n* סַפָּה

dive *vt, vi* צָלַל

dive *n* צְלִילָה

dive-bomb *vt, vi* הִפצִיץ בִּצלִילָה, פִּצלֵל

dive-bombing *n* פִּצלוּל, הַפצָצַת־צְלִילָה

diver *n* צוֹלֵל; אֲמוֹדַאי

diverge *vt, vi* הִסתָּעֵף; סָטָה

divers *adj* אֲחָדִים

diverse *adj* שׁוֹנֶה

diversification *n* גִּיוּוּן

diversified *adj* מְגוּוָּן, רַב־צוּרוֹת

diversion *n* נְטִיָּיה מִמַּסלוּל; סְטִיָּיה; בִּידּוּר

diversity *n* שׁוֹנוּת; גִּיוּוּן

divert *vt* הִטָּה; הִסִּיחַ; בִּידֵּר

diverting *adj* מַטֶּה; מַסִּיחַ; מְבַדֵּר

divest *vt* הִפְשִׁיט; שָׁלַל מִן

divide *vt, vi* חִילֵּק; הִפרִיד; הִתחַלֵּק

divide *n* פָּרָשַׁת מַיִם

dividend *n* מְחוּלָּק; דִיוִוידֶנדָה

dividers *n pl* מְחוּגַת מְדִידָה

divination *n* נִיבּוּי; רְאִיַּת הַנּוֹלָד

divine *vt, vi* נִיבָּא, נִיחֵשׁ

divine *adj, n* אֱלוֹהִי; כּוֹהֵן דָּת

diving *n* צְלִילָה

diving bell *n* פַּעֲמוֹן צוֹלְלִים

diving board *n* מִקפֶּצֶת צוֹלֵל

diving suit *n* מַדֵּי צוֹלֵל

divining-rod *n* מַטֵּה־אִיתּוּר

divinity *n* אֱלוֹהוּת; תֵּיאוֹלוֹגְיָה

division *n* חֲלוּקָּה; הִתחַלְּקוּת; (בחשבון) חִילּוּק; (בצבא) אוּגדָּה

divisor *n* מְחַלֵּק

divorce *n* גֵּירוּשִׁים, גֵּט

divorce *vt, vi* גֵּירֵשׁ, הִתגָּרֵשׁ

divorcee *n* גָּרוּשׁ, גְרוּשָׁה

divulge *vt* גִּילָּה

dizziness *n* סְחרוּר, סְחַרחוֹרֶת

dizzy *adj* סְחַרחַר; מְבוּלבָּל

dizzy *vt, vi* סִחרֵר; בִּלבֵּל

do *vt, vi* עָשָׂה, פָּעַל; (המונית) רִימָּה

docile *adj* צַייְתָן; לָמִיד

dock *vt, vi* הֵבִיא לְרָצִיף; זִינֵּב; נִיכָּה (ממשכורת וכד׳)

dock *n* רָצִיף; תָּא הַנֶּאֱשָׁם; זָנָב

dockage *n* דְּמֵי הַחֲזָקָה

docket *n* רְשִׁימַת מִשְׁפָּטִים; תָּווִית מִסמָכִים

docket *vt* הִכנִיס לִרְשִׁימַת הַמִּשְׁפָּטִים

dock hand *n* פּוֹעֵל נָמֵל

dockyard *n* מִסְפָּנָה

doctor *n* רוֹפֵא, מְנַתֵּחַ; דּוֹקְטוֹר

doctor *vt, vi* נָתַן טִיפּוּל רְפוּאִי; פִּיגֵל

doctorate *n* תּוֹאַר דּוֹקְטוֹר; עֲבוֹדַת דּוֹקְטוֹר

doctrine *n* מִשְׁנָה, דּוֹקְטְרִינָה

document *n* מִסְמָךְ

document *vt* תִּיעֵד

documentary *adj* מִסְמָכִי, תִּיעוּדִי

documentary *n* סֶרֶט תְּעוּדָתִי

documentation *n* תִּיעוּד

dodge *vt, vi* נִרְתַּע הַצִּדָּה; הִתְחַמֵּק

dodge *n* הִתְחַמְּקוּת; טַכְסִיס

dodo *n* יוֹנָה בַּרְוָזִית

doe *n* צְבִיָּה, אַיָּלָה

doeskin *n* עוֹר אַיָּלוֹת

doff *vt, vi* פָּשַׁט; הֵסִיר

dog *n* כֶּלֶב

dog *vt* עָקַב; רָדַף

dog catcher *n* תּוֹפֵס כְּלָבִים; (המונית) מַחֲלִיף פּוֹעֵל רַכֶּבֶת

dog days *n pl* יְמֵי־מַזַּל־כֶּלֶב

doge *n* דּוֹגֶ'ה

dogged *adj* מִתְעַקֵּשׁ, עַקְשָׁן

doggerel *n, adj* חַרְזָנוּת בַּדְּחָנִית; בַּדְּחָנִי

doggy *adj* שֶׁל כְּלָבִים

doghouse *n* מְלוּנַת כֶּלֶב

dog in the manger *n* הָאוֹמֵר גַּם לִי גַּם לְךָ לֹא יִהְיֶה

dog Latin *n* לָטִינִית מְשׁוּבֶּשֶׁת

dogmatic *adj* דּוֹגְמָטִי

dog racing *n* מֵרוֹצֵי כְּלָבִים

dog show *n* תַּעֲרוּכַת כְּלָבִים

dog's life *n* חַיֵּי כֶּלֶב

dog-star *n* אַבְרֵק, סִירְיוּס

dog-tired *adj* עָיֵף כְּכֶלֶב

dogtooth *n* שֵׁן כֶּלֶב

dog track *n* מַסְלוּל לְמֵרוֹצֵי כְּלָבִים

dogwatch *n* מִשְׁמֶרֶת הַכֶּלֶב

dogwood *n* מוֹרָן דָּמִי

doily *n* מַפִּית

doing *adj* עוֹשֶׂה; מִתְרַחֵשׁ

doing *n* מַעֲשֶׂה

doldrums *n pl* רוֹגַע, דִּכְדּוּךְ

dole *n* צְדָקָה; סַעַד

dole *vt* חִילֵק בְּקַמְצָנוּת

doleful *adj* עָגוּם; מְדַכֵּא

doll *n* בּוּבָּה

doll *vt, vi* הִתְהַדֵּר בִּלְבוּשׁ

dollar *n* דּוֹלָר

dollar mark *n* סִימַן דּוֹלָר

dolly *n* עֶגְלַת־יָד לְמַשָּׂא; בּוּבָּה

dolphin *n* דּוֹלְפִין

dolt *n* שׁוֹטֶה

doltish *adj* אֱוִילִי

domain *n* תְּחוּם הַשְׁפָּעָה

dom. *abbr* domestic, dominion

dome *n* כִּיפָּה

dome light *n* נוּרַת תִּקְרָה

domestic *adj, n* בֵּיתִי; מְבוּיָּת; פְּנִימִי

domesticate *vt* אִילֵף, בִּיֵּת

domicile *n* מְקוֹם מְגוּרִים

domicile *vt, vi* הוֹשִׁיב; גָּר

dominance *n* שְׁלִיטָה; עֶלְיוֹנוּת

dominant *adj* שׁוֹלֵט; גּוֹבֵר

dominant *n* גָּבֵר, דּוֹמִינַנְטָה (בְּמוּסִיקָה)

dominate *vt, vi* שָׁלַט; הִשְׁתַּלֵּט עַל

domination *n* שְׁלִיטָה; הִשְׁתַּלְּטוּת

domineer *vi* רָדָה; הִתְנַשֵּׂא
domineering *adj* שְׁתַלְּטָנִי
Dominican *n* דוֹמִינִיקָנִי
dominion *n* רִיבּוֹנוּת, שִׁלטוֹן; דוֹמִינְיוֹן (בקהיליה הבריטית)
dominium *n* זְכוּת בַּעֲלוּת
domino *n* (dominoes *pl*) דוֹמִינוֹ
don *n* דוֹן; מַרְצֶה בְּאוּנִיבֶרסִיטָה
don *vt* לָבַשׁ, חָבַשׁ
donate *vt* נִידֵּב
donation *n* מַתָּנָה, נְדָבָה
done *adj* מְבוּצָּע, גָמוּר; מְסוּדָּר; עָשׂוּי
done for *adj* (דיבּוּרית) 'גָמוּר', לֹא יָכוֹל עוֹד לְהַמשִׁיך
donjon *n* מִבצָר
Don Juan *n* דוֹן ז'וּאָן
donkey *n* חֲמוֹר
donnish *adj* דוֹמֶה אוֹ אוֹפְיָינִי לְאִישׁ אוּנִיבֶרסִיטָה
donor *n* מְנַדֵּב; נַדבָן
doodle *n* 'קִשקוּשׁ', שִׁרבּוּט
doodle *vt, vi* 'קִשקֵשׁ', שִׁרבֵּט
doom *n* גּוֹרָל; קֵץ, מָוֶת, חוּרבָּן
doom *vt* חָרַץ דִּין, הִרשִׁיעַ
doomsday *n* יוֹם־הַדִּין
door *n* דֶּלֶת, פֶּתַח
doorbell *n* פַּעֲמוֹן דֶּלֶת
door check *n* מוֹנֵעַ טְרִיקָה
doorframe *n* לַזבֵּז הַדֶּלֶת
doorhead *n* מַשקוֹף הַדֶּלֶת
doorjamb *n* מְזוּזַת הַדֶּלֶת
doorknob *n* יָדִית הַדֶּלֶת
door knocker *n* מַקּוֹשׁ דֶּלֶת
door latch *n* בְּרִיחַ
door-man *n* שׁוֹעֵר
doormat *n* שַׁפשֶׁפֶת, מַחֲצֶלֶת דֶּלֶת
doornail *n* בְּרִיחַ
doorpost *n* מְזוּזַת הַדֶּלֶת
door scraper *n* מַגרֵד פֶּתַח
doorsill *n* סַף הַדֶּלֶת
doorstep *n* מִפתַּן הַדֶּלֶת
doorstop *n* מַעֲצַר־דֶּלֶת
doorway *n* פֶּתַח
dope *n* נוֹזֵל סָמִיך; חוֹמֶר סוֹפֵג; (המונית) מְטוּמטָם; (המונית) סַמִּים; (המונית) יְדִיעוֹת
dope *vt* שִׁיכֵּר, טִמטֵם בְּסַמִּים
dope fiend *n* נַרקוֹמָן
dope sheet *n* מֵידָע סוֹדִי (על סוּס־מירוֹץ)
dormant *adj* יָשֵׁן, רָדוּם; לֹא פָּעִיל
dormer window *n* גַּמלוֹן, חַלּוֹן גַּמלוֹן
dormitory *n* בֵּית־מִיטּוֹת; חֲדַר־מִיטּוֹת
dormouse *n* מַרמִיטָה
dosage *n* מִינּוּן
dose *n* מָנָה
dose *vt, vi* מִינֵּן
dossier *n* תִּיק מִסמָכִים
dot *n* נְקוּדָּה; רְבָב
dot *vt, vi* נִיקֵּד, סִימֵּן נְקוּדּוֹת
dotage *n* סִכלוּת (של זקנה)
dotard *n* סָכָל זָקֵן
dote *vi* חִיבֵּב חִיבָּה יְתֵרָה
doting *adj* מְחַבֵּב חִיבָּה יְתֵרָה; טִיפְּשִׁי
dots and dashes *n pl* נְקוּדּוֹת וְקַוּוִים
dotted *adj* מְנוּקָּד
double *adj, adv, n* כָּפוּל, פִּי שְׁנַיִים; זוּגִי; כָּפִיל

double *vt, vi* הִכְפִּיל; נִכְפַּל; רָץ
double-barreled *adj* דו־קָנִי; דו־מַשְׁמָעִי
double bass *n* בַּטְנוּן, כִּינּוֹר בַּס
double bassoon *n* תַּת בַּסּוֹן
double bed *n* מִיטָּה כְּפוּלָה
double-breasted *adj* כְּפוּל־פְּרִיפָה
double chin *n* פִּימָה
double-cross *n* רַמָּאוּת, בְּגִידָה
double-cross *vt* הוֹנָה
double-dealer *n* נוֹכֵל, דו־פַּרְצוּפִי
double-edged *adj* שֶׁל חֶרֶב פִּיפִיּוֹת
double entry *n* רִישּׁוּם כָּפוּל
double feature *n* סֶרֶט כָּפוּל
double-header *n* רַכֶּבֶת דו־קַטָּרִית
double-jointed *adj* גְּמִישׁ פְּרָקִים
double-park *n* חֲנִייָה כְּפוּלָה
double-quick *adj* זָרִיז בְּיוֹתֵר
doublet *n* מַדִּים הֲדוּקִים; זוּג דְּבָרִים דוֹמִים; דוּבְלֶטָּה
double talk *n* דִּיבּוּר דו־מַשְׁמָעִי
double time *n* שָׂכָר כָּפוּל (בעד שעות נוספות)
doubleton *n* כֶּפֶל־קְלָפִים
double track *n* מַסלוּל כָּפוּל
doubt *vt, vi* פִּקְפֵּק; חָשַׁד
doubt *n* פִּקְפּוּק, סָפֵק
doubter *n* סַפְקָן
doubtful *adj* מְפוּקְפָּק; לֹא וַדָּאִי; דו־מַשְׁמָעִי
doubtless *adv, adj* וַדַּאי; וַדָּאִי
dough *n* בָּצֵק, עִיסָּה; כֶּסֶף
doughboy *n* חַיָּיל רָגִיל
doughnut *n* סוּפְגָּנִית, לְבִיבָה
doughty *adj* חָזָק, אַמִּיץ
doughy *adj* בְּצֵקִי, רַךְ
dour *adj* קוֹדֵר, זוֹעֵף
douse *vt, vi* הִטְבִּיל; כִּיבָּה; נִטְבַּל
dove *n* יוֹנָה
dovecot(e) *n* שׁוֹבָךְ
dovetail *n* זְנַבְיוֹן
dovetail *vt, vi* חִיבֵּר בִּזְנַבְיוֹנִים
dowager *n* אַלְמָנָה יוֹרֶשֶׁת מִבַּעְלָהּ
dowdy *adj* רַשְׁלָנִית בִּלְבוּשָׁהּ
dowel *n* פִּין
dowel *vt* חִיזֵּק בְּפִינִים
dower *n* נְדוּנְיָה; נִכְסֵי הָאִישָּׁה
dower *vt* הֶעֱנִיק חֵלֶק (לאלמנה)
down *adv, prep* לְמַטָּה, מַטָּה; בִּנְקוּדָּה נְמוּכָה יוֹתֵר; בִּמְזוּמָּן (מקדמה)
down *adj* יוֹרֵד; מוּפְנֶה מַטָּה; מְדוּכָּא
down *n* יְרִידָה; מַעֲטֵה נוֹצוֹת; פְּלוּמָה
down *vt, vi* הִפִּיל; הִכְנִיעַ; גָּמַע
downcast *adj* מוּפְנֶה מַטָּה; מְדוּכָּא
downcast *n* הֲפִיכָה, הֶרֶס; מֶבָּט מַשְׁפִּיל
downfall *n* גֶּשֶׁם שׁוֹטֵף; מַפָּלָה
downgrade *n* מִדְרוֹן
downgrade *vt* הוֹרִיד בְּדַרְגָּה; רִיידֵּג
downhearted *adj* מְדוּכָּא, עָצוּב
downhill *adj, adv* יוֹרֵד, מִדְרוֹנִי; אֶל רַגְלֵי הָהָר
downstairs *adj, adv, n* בְּקוֹמָה תַּחְתּוֹנָה; לְמַטָּה בַּמַּדְרֵגוֹת
downstream *adv* בְּכִיווּן הַזֶּרֶם
downstroke *n* לוּכְסָן
downtown *adj, adv* בְּמֶרְכַּז הָעִיר; אֶל מֶרְכַּז הָעִיר

down train *n* רַכֶּבֶת יוֹצֵאת
downtrend *n* מְגַמַּת יְרִידָה
downtrodden *adj* נָתוּן לְדִיכּוּי
downward, downwards *adj, adv* כְּלַפֵּי מַטָּה; בִּירִידָה
downy *adj* מְכוּסֶּה פְּלוּמָה; מַרגִיעַ
dowry *n* נְדוּנְיָה
doz. *abbr* dozen, dozens
doze *vi* נִמנֵם
doze *n* תְּנוּמָה קְצָרָה
dozen *n* תְּרֵיסָר
dozy *adj* מְיוּשָּׁן, מְנוּמנָם
D.P. *abbr* Displaced Person
Dr. *abbr* Doctor
dr. *abbr* debtor, drawer, dram
drab *n* אָפוֹר, חַדגוֹנִי; מְרוּשֶּׁלֶת
drab *adj* אָפוֹר; מְשַׁעֲמֵם
drachma *n* דַּרכְמָה
draft *n* חִיוּל; טְיוּטָא; מִמשָׁךְ; הַמחָאָה
draft *vt* סִרטֵט, טִייֵּט; חִייֵּל
draft *adj* שֶׁל מַשָּׂא
draft age *n* גִּיל גִּיוּס
draft beer *n* בִּירָה מֵחָבִית
draft call *n* צַו גִּיוּס
draft dodger *n* מִשׁתַּמֵּט
draftee *n* מְחוּיָּל
drafting room *n* חֲדַר סִרטוּט
draftsman *n* סַרטָט; מְנַסֵּחַ מִסמָכִים
draft treaty *n* טְיוּטַת חוֹזֶה
drafty, draughty *adj* פָּתוּחַ לָרוּחַ
drag *vt, vi* סָחַב; גָּרַר; נִגרַר
drag *n* רֶשֶׁת לְמִשִׁיַּת טְבוּעִים; מִגרָרָה; מִכשׁוֹל
dragnet *n* מִכמוֹרֶת, רֶשֶׁת
dragoon *n* חַיָּל־פָּרָשׁ
dragoon *vt* הִסתָּעֵר, הִכנִיעַ
drain *vt, vi* נִיקֵּז; רוֹקֵן; הִתרוֹקֵן
drain *n* נֶקֶז, בִּיב
drainage *n* נִיקּוּז; בִּיּוּב; סְחִי
drainboard *n* דַּף יִיבּוּשׁ
drain cock *n* בֶּרֶז הֲרָקָה
drain-pipe *n* בִּיב; צִינּוֹר נִיקּוּז
drain plug *n* מְגוּפַת הֲרָקָה
drake *n* בַּרווָז
dram *n* דַרכמָה
drama *n* מַחֲזֶה, דְרָמָה
dramatic *adj* דְרָמָתִי
dramatist *n* מַחֲזַאי
dramatize *vt, vi* הִמחִיז
dramshop *n* מִסבָּאָה
drape *n* אֲרִיגִים, וִילוֹנוֹת
drape *vt* כִּיסָּה בִּירִיעוֹת וכד׳
drapery *n* אֲרִיגִים, כְּסוּי
drastic *adj* נִמרָץ, חָזָק
draught *see* draft
draught beer *n* בִּירָה מִן הֶחָבִית
draughts *n pl* מִשׂחַק הַדַּמְקָה
draw *vt, vi* מָשַׁךְ; שִׂרטֵט; שָׁלַף (חרב וכד׳); הִקִּיז (דם); שָׁאַב; נִיסַּח; יָצָא בְּתֵיקוּ
draw *n* מְשִׁיכָה; שְׁאִיבָה; שְׁלִיפָה; תֵּיקוּ; פִּיתָּיוֹן
drawback *n* מִכשׁוֹל; חִיסָּרוֹן; תַּשׁלוּם מוּחזָר
drawbridge *n* גֶּשֶׁר זָחִיחַ
drawee *n* נִמשָׁךְ
drawer *n* מוֹשֵׁךְ, גּוֹרֵר; מְסַרטֵט; מוֹשֵׁךְ שֶׁק
drawer *n* מְגֵירָה
drawing *n* סִרטוּט

drawing-board *n* לוּחַ סִרטוּט
drawing card *n* מוֹקֵד הִתעַנייְנוּת, לָהִיט
drawing-room *n* חֲדַר־אוֹרְחִים
drawl *vt, vi* דִיבֵּר לְאַט
drawl *n* דִיבּוּר אִיטִי
drawn *adj* נִמשָׁך, נִסחָב; (חרב) שְׁלוּפָה; תֵּיקוּ; מָתוּחַ
drawn butter *n* חֶמאָה מְתוּבֶּלֶת
drawn work *n* רִקמָה
dray *n* קְרוֹנִית
dray *vt, vi* הוֹבִיל בִּקרוֹנִית
drayage *n* הוֹבָלָה בִּקרוֹנִית
dread *vt, vi* נִתקַף אֵימָה
dread *n* אֵימָה
dread *adj* נוֹרָא
dreadful *adj* מַחֲרִיד, אָיוֹם
dreadnought, dreadnaught *n* אוֹנִייַת־קְרָב
dream *n* חֲלוֹם
dream *vt, vi* חָלַם, הָזָה
dreamer *n* חוֹלְמָן
dreamland *n* עוֹלַם הַדִמיוֹן
dreamy *adj* חוֹלֵם, חוֹלֵם בְּהָקִיץ
dreary *adj* מַעֲצִיב; מְשַׁעֲמֵם
dredge *n* דַחפּוֹר, מַחפֵּר
dredge *vt, vi* גָרַף בְּמַחפֵּר, דִחפֵּר
dredger *n* דַחפּוֹר; דַחפּוֹרַאי, נַהַג דַחפּוֹר
dredging *n* חֲפִירָה בְּמַחפֵּר צָף
dregs *n pl* שְׁיָרִים
drench *vt* הִרטִיב לַחֲלוּטִין
dress *vt, vi* יִישֵּׁר (שׁוּרָה); הִתייַשֵּׁר; הִלבִּישׁ; לָבַשׁ
dress *n* לְבוּשׁ, שִׂמלָה
dress-coat *n* מִקטוֹרֶן רִשׁמִי
dresser *n* אֲרוֹן מִטבָּח; לוֹבֵשׁ
dress form *n* אִימּוּם
dress goods *n* הַלבָּשָׁה
dressing *n* לְבִישָׁה
dressing-down *n* נְזִיפָה
dressing-gown *n* חָלוּק
dressing-room *n* חֲדַר־תִּלבּוֹשֶׁת
dressing station *n* תַּחֲנַת־חוֹבְשִׁים
dressing-table *n* שׁוּלחַן תִּשׁפּוֹרֶת
dressmaker *n* תּוֹפֶרֶת, חַייָּט לִגבָרוֹת
dressmaking *n* חַייָּטוּת לִגבָרוֹת
dress rehearsal *n* חֲזָרָה בְּתִלבּוֹשֶׁת
dress shirt *n* חוּלצַת עֶרֶב
dress shop *n* חֲנוּת לְבִגדֵי נָשִׁים
dress suit *n* תִּלבּוֹשֶׁת עֶרֶב (שׁל גבר)
dress tie *n* עֲנִיבַת עֶרֶב
dressy *adj* מִתגַנדֵר
dribble *vt, vi* טִפטֵף; רָר; כִּדרֵר
dribble *n* טִפטוּף; טִיפָּה; כִּדרוּר
driblet, dribblet *n* מָנָה קְטַנָּה
dried *adj* מְיוּבָּשׁ, מְצוּמָּק
drier *n* מְייַבֵּשׁ
drift *n* הִיסָּחֲפוּת, טְרִידָה
drift *vi, vt* נִסחַף; נֶעֱרַם; סָחַף
drift-ice *n* גוּשֵׁי־קֶרַח צָפִים
driftwood *n* קוֹרוֹת־עֵץ נִסחָפוֹת
drill *n* מַקדֵחַ; תִּרגוּל־סֵדֶר; אִימּוּנִים; מַזרֵעָה
drill *vt, vi* קָדַח; תִּרגֵל; הִתאַמֵּן; זָרַע בְּמַזרֵעָה
drillmaster *n* מַדרִיךְ לְהִתעַמְּלוּת
drill press *n* מַקדֵחָה
drink *vt, vi* שָׁתָה

drink *n* שְׁתִיָּה; מַשְׁקֶה
drinkable *adj, n* בַּר־שְׁתִיָּה; מַשְׁקֶה
drinker *n* שׁוֹתֶה; שַׁתְיָן
drinking *n, adj* שְׁתִיָּה; שַׁתְיָנִי
drinking cup *n* סֵפֶל שְׁתִיָּה
drinking-fountain *n* כִּיּוֹר לִשְׁתִיָּה
drinking-song *n* שִׁיר־יַיִן
drinking trough *n* שׁוֹקֶת
drinking-water *n* מֵי־שְׁתִיָּה
drip *vt, vi* טִפְטֵף
drip *n* טִפְטוּף
drip-dry *adj* כַּבֵּס וּלְבַשׁ
drip pan *n* מַחֲבַת לְטִיפּוֹת
dripstone *n* כַּרְכּוֹב טִפְטוּף; נָטִיף
drivable, driveable *adj* נָהִיג
drive *vt, vi* נָהַג; הוֹבִיל; שִׁילֵּחַ; הִמְרִיץ; הֵעִיף (כַּדּוּר) בְּמֶרֶץ
drive *n* נְהִיגָה; נְסִיעָה בְּרֶכֶב; מִבְצָע, מַסָּע; דַּחַף
drive-in movie theater *n* קוֹלְנוֹעַ לִמְכוֹנִיּוֹת
drive-in restaurant *n* מִסְעֶדֶת רֶכֶב
drivel *vt, vi* רָר; פִּטְפֵּט כְּיֶלֶד
drivel *n* הֲבָלִים
driver *n* נֶהָג, עֶגְלוֹן
driver's license *n* רִשְׁיוֹן נְהִיגָה
drive shaft *n* גַּל הֶינֵעַ
drive wheel *n* גַּלְגַּל מֵנִיעַ
driveway *n* כְּבִישׁ פְּרָטִי
drive-yourself service *n* שֵׁירוּת נְהַג בְּעַצְמְךָ
driving school *n* בֵּית־סֵפֶר לִנְהִיגָה
drizzle *vt, vi* יָרַד גֶּשֶׁם דַּק; זִילֵּחַ
drizzle *n* גֶּשֶׁם דַּק
droll *n* בַּדְּחָן
droll *adj* מַצְחִיק
dromedary *n* גָּמָל
drone *vt, vi* הָמָה חַדְגּוֹנִית
drone *n* זְכַר־דְּבוֹרַת־הַדְּבַשׁ; הוֹלֵךְ בָּטֵל; צְלִיל נָמוֹךְ מוֹנוֹטוֹנִי
drool *vt, vi* רָר; הִשְׁתַּטָּה
droop *vi* הִשְׁתּוֹפֵף; שָׁקַע
droop *n* שְׁפִיפָה
drooping *adj* שָׁפוּף, רָכוּן
drop *vt, vi* הִפִּיל לָאָרֶץ; הִנְמִיךְ (קוֹל); נָטַשׁ; נָפַל; יָרַד (מחיר)
drop *n* טִיפָּה; מִדְרוֹן; קוֹרְטוֹב; סוּכָּרִיָּה; נְפִילָה
drop-curtain *n* מָסָךְ נוֹפֵל
drop-hammer *n* קוּרְנָס
drop-leaf table *n* שׁוּלְחָן שְׁלוּחָה
droplight *n* מְנוֹרָה תְּלוּיָה
dropout *n* נוֹשֵׁר (מבית־ספר וכד׳ עקב אי־הסתגלות)
dropper *n* מְטַפְטֵף; טַפְטֶפֶת
dropsical *adj* שֶׁל מַיֶּמֶת
dropsy *n* מַיֶּמֶת, הִידְרָקוֹן
drop table *n* שׁוּלְחַן כְּנָפַיִים
dross *n* סַגְסוֹגֶת, סִיגִים
drought *n* בַּצּוֹרֶת
drove *vt, vi* הוֹבִיל עֵדֶר לַשּׁוּק
drove *n* עֵדֶר; הָמוֹן
drover *n* נוֹהֵג צֹאן לַשּׁוּק
drown *vt, vi* הִטְבִּיעַ; טָבַע
drowse *vi* נִמְנֵם
drowse *n* נִמְנוּם
drowsy *adj* מְנַמְנֵם
drub *vt, vi* הִצְלִיף, הִרְבִּיץ; הֵבִיס
drub *n* חֲבָטָה
drubbing *n* תְּבוּסָה

drudge *vt*, *vi* עָבַד עֲבוֹדַת פֶּרֶךְ
drudgery *n* עֲבוֹדָה מְפָרֶכֶת
drug *n* סַם; תְּרוּפָה
drug *vt*, *vi* רָקַח, עֵירֵב בְּסַם; הֵמֵם
drug addict *adj* שְׁטוּף סַמִּים, נַרקוֹמָן
drug addiction *n* הִתמַכְּרוּת לְסַמִּים
druggist *n* רוֹקֵחַ
drug habit *n* הִתמַכְּרוּת לְסַם
drug traffic *n* מִסחָר בְּסַמִּים
druid, Druid *n* דרוּאִידִי
drum *n* תּוֹף
drum *vt*, *vi* תּוֹפֵף; הֶחדִיר בְּכוֹחַ
drumbeat *n* תִּיפּוּף
drum corps *n pl* לַהֲקַת מְתוֹפְפִים
drumfire *n* אֵשׁ שׁוֹטֶפֶת
drumhead *n* עוֹר הַתּוֹף
drum-major *n* מַשַּׁק מְתוֹפְפִים
drummer *n* מְתוֹפֵף; סוֹכֵן נוֹסֵעַ
drumstick *n* מַקֵּל מְתוֹפֵף
drunk *n* שִׁיכּוֹר; מִשׁתֶּה
drunk *adj* שָׁתוּי, שִׁיכּוֹר
drunkard *n* שִׁיכּוֹר
drunken *adj* שִׁיכּוֹר
drunken driving *n* נְהִיגָה בְּשעַת שִׁכרוּת
drunkenness *n* שִׁכרוּת
dry *adj* יָבֵשׁ; צָמֵא; מְשַׁעֲמֵם
dry *vt*, *vi* יִיבֵּשׁ, נִיגֵּב; הִתיַיבֵּשׁ
dry battery *n* סוֹלְלָה יְבֵשָׁה
dry cell *n* תָּא יָבֵשׁ
dry-clean *vt* נִיקָּה נִיקּוּי יָבֵשׁ
dry cleaner *n* מְנַקֶּה נִיקּוּי יָבֵשׁ
dry-cleaning *n* נִיקּוּי יָבֵשׁ
dry cleaning establishment *n* בֵּית־מִסחָר לְנִיקּוּי יָבֵשׁ

dry dock, dry-dock *n* מִבדּוֹק יָבֵשׁ
dryer *see* drier
dry-eyed *adj* לֹא בּוֹכֶה
dry farming *n* עִיבּוּד אֲדָמוֹת צְחִיחוֹת
dry goods *n* אֲרִיגִים, בַּדִּים
dry ice *n* קֶרַח יָבֵשׁ
dry law *n* חוֹק הַיּוֹבֶשׁ
dry measure *n* מִידַּת הַיָּבֵשׁ
dryness *n* יוֹבֶשׁ, אֲדִישׁוּת
dry-nurse *n* אוֹמֶנֶת
dry season *n* עוֹנָה יְבֵשָׁה
dry wash *n* כְּבִיסָה לֹא מְגוּהֶצֶת
d.s. *abbr* days after sight, daylight saving
D.S.T. *abbr* Daylight Saving Time
dual *adj* זוּגִי, כָּפוּל
duality *n* שְׁנִיוּת, כְּפִילוּת
dub *vt*, *vi* הֶעֱנִיק שֵׁם אַחֵר; הִצמִיד סֶרֶט־קוֹל שֶׁל שָׂפָה זָרָה
dubbin, dubbing *n* שֶׁמֶן סִיכָה (לְעוֹר)
dubbing *n* הַצמָדַת תַּת כּוֹתָרוֹת; הוֹסָפַת סֶרֶט־קוֹל (כנ״ל)
dubious *adj* מְפוּקפָּק
duchess *n* דוּכָּסִית
duchy *n* דוּכָּסוּת
duck *n* בַּרווָז, בַּרווָזָה
duct *n* תְּעָלָה; צִינּוֹר
ductile *n* רָקִיעַ; גָּמִישׁ
ductless *adj* (בַּלּוּטָה) חֲסֶרֶת צִינּוֹרוֹת
ductless gland *n* בַּלּוּטַת הַתְּרִיס
dud *n* לֹא יוּצלַח
duds *n pl* מַלבּוּשִׁים

dude *n* גַּנְדְּרָן
due *adj* שֶׁפֵּרְעוֹנוֹ חָל; רָאוּי; דַּיּוֹ; בִּגְלַל
due *n* חוֹב; הַמַּגִּיעַ; מַס
due *adv* בְּקַו יָשָׁר עִם
duel *n* דּוּ־קְרָב
duel *vt, vi* נִלְחַם בְּדוּ־קְרָב
duellist, duelist *n* נִלְחָם בְּדוּ־קְרָב
dues *n pl* מַס; דְּמֵי־חָבֵר
dues-paying *adj* מְשַׁלֵּם דְּמֵי־חָבֵר
duet *n* דּוּאִית, דּוּאֶט
duke *n* דּוּכָּס
dukedom *n* דּוּכָּסוּת
dull *vt, vi* הִקְהָה; עִמֵּם; קָהָה
dull *adj* קֵהֶה; קְשֵׁה תְּפִיסָה; מְשַׁעֲמֵם; עָמוּם
dullard *adj, n* מְטוּמְטָם, שׁוֹטֶה
dully *adv* בְּצוּרָה מְשַׁעֲמֶמֶת; בְּטִמְטוּם
dumb *adj, n* אִילֵּם; טִיפְּשִׁי
dumbbell *n* מִשְׁקוֹלֶת; טִיפֵּשׁ
dumb creature *n* חַיָּה, בְּהֵמָה
dumbfound, dumfound *vt* הִכָּה בְּתַדְהֵמָה
dumb show *n* פַּנְטוֹמִימָה
dumb-waiter *n* כַּן; מְזוֹנוֹן־מֶלְצַר
dummy *n* גּוֹלֶם; אִימוּם; טִיפֵּשׁ
dummy *adj* מְשַׂחֵק מְדוּמֶּה, מְזוּיָּף
dump *n* שְׁפוֹכֶת; מִזְבָּלָה; מִצְבָּר
dump *vt* זָרַק, הִשְׁלִיךְ
dumping *n* הֲצָפַת הַשּׁוּק
dumpling *n* נְטִיפָה; כּוּפְתָּה
dump truck *n* רֶכֶב לְסִילּוּק (אבנים וכד׳)
dumpy *adj* גּוּץ וְשָׁמֵן
dun *adj* חוּם־אָפוֹר; כֵּהֶה
dun *n* נוֹשֶׁה; תְּבִיעַת תַּשְׁלוּם
dun *vt* הֵצִיק בִּתְבִיעַת תַּשְׁלוּם
dunce *n* שׁוֹטֶה
dune *n* חוֹלָה, דְּיוּנָה
dung *n* זֶבֶל פֶּרֶשׁ
dung *vt, vi* זִיבֵּל
dungarees *n pl* סַרְבָּל
dungeon *n* תָּא מַאֲסָר תַּת־קַרְקָעִי
dunghill *n* מַדְמֵנָה
dunk *vt, vi* טָבַל
duo- *pref* שְׁנַיִם, שְׁתַּיִם
duo *n* זוּג בַּדְּרָנִים
duodenum *n* תְּרֵיסַרְיוֹן
dupe *n* פֶּתִי
dupe *vt* הוּנָה
duplex house *n* בַּיִת דּוּ־מִשְׁפַּחְתִּי
duplicate *adj* זֵהֶה, מַקְבִּיל; כָּפוּל
duplicate *vt, vi* עָשָׂה הֶעְתֵּק; שִׁכְפֵּל
duplicate *n* הֶעְתֵּק; כָּפִיל
duplicity *n* צְבִיעוּת, דּוּ־פַּרְצוּפִיּוּת
durable *adj* יַצִּיב; לֹא בָּלֶה
durable goods *n* סְחוֹרוֹת יַצִּיבוֹת
duration *n* קִיּוּם, מֶשֶׁךְ זְמַן
during *prep* בְּמֶשֶׁךְ, בְּשָׁעָה
dusk *n* בֵּין־הַשְּׁמָשׁוֹת
dusky *adj* שַׁחֲמוּמִי, כֵּהֶה
dust *n* אָבָק; עָפָר
dust *vt, vi* נִיקָּה מֵאָבָק; אִיבֵּק
dustbowl *n* אֵיזוֹר סוּפוֹת אָבָק
dustcloth *n* מַטְלִית
dust cloud *n* עֲנַן אָבָק
duster *n* מַטְלִית; מַכְשִׁיר אִיבּוּק
dust jacket *n* עֲטִיפַת סֵפֶר
dustpan *n* יָעֶה
dust storm *n* סוּפַת חוֹל

dusty *adj* מְאוּבָּק; מְעוּרְפָּל
Dutch *adj*, *n* הוֹלַנְדִי; הוֹלַנְדִית
Dutchman *n* הוֹלַנְדִי
Dutch treat *n* כִּיבּוּד כָּל אֶחָד לְעַצְמוֹ
dutiable *adj* בַּר־מֶכֶס, מָכִיס
dutiful *adj* מְמַלֵּא חוֹבָתוֹ; צַיְיתָנִי
duty *n* חוֹבָה; תַּפְקִיד; מֶכֶס; מַס
duty-free *adj*, *adv* פָּטוּר מִמֶּכֶס
D.V. – Deo Volente אִם יִרְצֶה ה׳
dwarf *n*, *adj* גַּמָּד; גַּמָּדִי
dwarf *vt*, *vi* גִּימֵּד, מִיעֵט
dwarfish *adj* גַּמָּדִי
dwell *vi* צָר; הֶאֱרִיךְ בְּדִיּוּן (בְּנוֹשֵׂא)
dwelling *n* בַּיִת, דִירָה
dwelling-house *n* בֵּית־מְגוּרִים
dwindle *vi* הִתְמַעֵט, הִצְטַמְצֵם

dwt. *abbr* pennyweight
dye *n* חוֹמֶר צֶבַע
dye *vt*, *vi* צָבַע (בֶּגֶד וכד׳)
dyeing *n* צְבִיעָה
dyer *n* צוֹבֵעַ
dyestuff *n* חוֹמֶר צֶבַע
dying *adj* מֵת, גּוֹסֵס
dynamic *adj* פָּעִיל, דִינָמִי, נִמְרָץ
dynamite *n* דִינָמִיט
dynamite *vt* פּוֹצֵץ בְּדִינָמִיט
dynamo *n* דִינָמוֹ
dynast *n* מוֹלֵךְ, מוֹשֵׁל
dynasty *n* שׁוֹשֶׁלֶת מְלָכִים
dysentery *n* בּוֹרְדָם, דִיזֶנְטֶרְיָה
dyspepsia *n* פְּרָעִיכּוּל
dz. *abbr* dozen

E

E, e אִי (הָאוֹת הַחֲמִישִׁית בָּאָלֶפְבֵּית)
ea. *abbr* each
each *adj*, *pron* (לְ)כָל אֶחָד
eager *adj* מִשְׁתּוֹקֵק, לָהוּט
eagerness *n* תְּשׁוּקָה, לְהִיטוּת
eagle *n* נֶשֶׁר
eagle-owl *n* אוֹחַ
ear *n* אוֹזֶן; יָדִית; שִׁיבּוֹלֶת
earache *n* כְּאֵב אוֹזֶן
eardrop *n* עָגִיל
eardrum *n* תּוֹף הָאוֹזֶן

earflap *n* תְּנוּךְ אוֹזֶן; דַשׁ אוֹזֶן
earl *n* רוֹזֵן
earldom *n* רוֹזְנוּת
early *adj*, *adv* מוּקְדָם; קָדוּם
early bird *n* זָרִיז, מַשְׁכִּים קוּם
early riser *n* מַשְׁכִּים קוּם
earmark *n* תָּוִית בְּאוֹזֶן
earmark *vt* יִיחֵד, יִיעֵד
ear-muffs *n pl* לְפְפוֹת אוֹזְנַיִים
earn *vt* הִשְׂתַּכֵּר; הִרְוִויחַ; הָיָה רָאוּי
earnest *adj* רְצִינִי

earnest *n* רְצִינוּת; עֵירָבוֹן

earnest money *n* כֶּסֶף תַּשְׁלוּמִים

earnings *n pl* שָׂכָר, רֶוַוח

earphone *n* אוֹזְנִית הַטֶּלֶפוֹן

earpiece *n* אֲפַרְכֶּסֶת הַטֶּלֶפוֹן

earring *n* נֶזֶם אוֹזֶן

earshot *n* מְטַחֲוֵי קוֹל

earsplitting *adj* מַחֲרִישׁ אוֹזְנַיִים

earth *n* כַּדּוּר הָאָרֶץ; יוֹשְׁבֵי תֵּבֵל; הָאָרֶץ; קַרְקַע

earth *vt, vi* כִּיסָּה בַּאֲדָמָה

earthen *adj* קָרוּץ מֵעָפָר

earthenware *n* כְּלֵי חוֹמֶר

earthly *adj* אַרְצִי; מַעֲשִׂי

earthquake *n* רְעִידַת־אֲדָמָה, רַעַשׁ

earthwork *n* חֲפִירוֹת; בִּיצּוּרִים

earthworm *n* שִׁלְשׁוּל, תּוֹלַעַת־אֲדָמָה

earthy *adj* חוֹמְרָנִי; מְחוּסְפָּס

ear-trumpet *n* שְׁפוֹפֶרֶת־שֵׁמַע

earwax *n* דּוֹנַג הָאוֹזֶן, שׁוּמַּעַת

ease *n* מַרְגּוֹעַ; קַלּוּת; שַׁאֲנַנּוּת

ease *vt, vi* הֵקֵל; הִרְגִּיעַ; רִיכֵּךְ

easel *n* חֲצוּבָה

easement *n* הֲקַלָּה; דָּבָר מַרְגִּיעַ

easily *adv* בְּקַלּוּת, קַלּוּת, עַל נְקַלָּה

easiness *n* קַלּוּת; חוֹפְשִׁיּוּת בְּהִתְנַהֲגוּת

east *n* מִזְרָח

east *adj, adv* כְּלַפֵּי מִזְרָח; מִמִּזְרָח

Easter *n, adj* הַפַּסְחָא

Easter egg *n* בֵּיצֵי הַפַּסְחָא

easterly *adj, adv* כְּלַפֵּי מִזְרָח; מִמִּזְרָח

Easter Monday יוֹם ב׳ לְאַחַר הַפַּסְחָא

eastern *adj* מִזְרָחִי; כְּלַפֵּי מִזְרָח

Eastertide *n* תְּקוּפַת הַפַּסְחָא

eastward(s) *adv, adj* מִזְרָחָה; מִזְרָחִי

easy *adj, adv* קַל; נוֹחַ; חוֹפְשִׁי; בְּקַלּוּת; בְּנוֹחוּת

easy-chair *n* כּוּרְסָה, כִּסֵּא־נוֹחַ

easygoing *adj* אוֹהֵב נוֹחִיּוּת; נוֹחַ לַבְּרִיּוֹת

easy mark *n* קוֹרְבָּן נוֹחַ

easy money *n* רֶוַוח קַל

easy payments *n pl* תַּשְׁלוּמִים נוֹחִים

eat *vt, vi* אָכַל

eatable *adj* אָכִיל, בַּר־אֲכִילָה

eaves *n pl* מַזְחִילָה, כַּרְכּוֹב

eavesdrop *vi* הֶאֱזִין מִמַּחֲבוֹא

ebb *n* שֵׁפֶל (מים)

ebb *vi* נָסוֹג, שָׁפַל

ebb and flow *n* גֵּיאוּת וָשֵׁפֶל

ebb-tide *n* שֵׁפֶל הַמַּיִם

ebony *n, adj* הוֹבְנֶה (עץ)

ebullient *adj* נִלְהָב, תּוֹסֵס

eccentric *adj* יוֹצֵא דּוֹפֶן, מוּזָר

eccentric *n* תִּמְהוֹנִי, מוּזָר

eccentricity *n* תִּמְהוֹנִיּוּת

ecclesiastic *adj, n* כְּנֵסִיָּתִי, דָּתִי; כּוֹמֶר

echelon *n* דֶּרֶג פִּיקּוּד

echelon *vi* נֶעֱרַךְ בְּמַדְרֵגוֹת

echo *n* הֵד, בַּת־קוֹל

echo *vt, vi* עָנָה בְּהֵד; הִדְהֵד

éclair *n* אֶצְבָּעִית

eclectic *adj, n* בּוֹחֵר; נִבְחָר; בַּרְרָנִי

eclipse *n* לִיקּוּי

eclipse *vt* הִסְתִּיר; הֶאֱפִיל

eclogue *n* אֶקְלוֹג, שִׁיר רוֹעִים

economic *adj* כַּלְכָּלִי

economical *adj* חֶסכוֹנִי
economics *n* כַּלכָּלָה
economist *n* כַּלכְּלָן; חַסכָן
economize *vt, vi* נִיהֵל בְּחִיסָּכוֹן
economy *n* חַסכָנוּת
ecstasy *n* הִתעַנְּגוּת עִילָּאִית, שִׁרגּוּשׁ, אֶקסטָזָה
ecstatic *adj* שִׁרגּוּשִׁי, אֶקסטָטִי
Ecuador *n* אֶקוָודוֹר
Ecuadoran *adj* אֶקוָודוֹרִי
ecumenic(al) *adj* שֶׁל הַכְּנֵסִיָּיה הָעוֹלָמִית כּוּלָּהּ
eczema *n* גָּרָב, אֶקזֵמָה
ed. *abbr* edited, edition, editor
eddy *n* שִׁיבּוֹלֶת, עִרבּוּל
eddy *vi* הִתעַרבֵּל
edelweiss *n* הַלְּבוֹנָה הָאֲצִילָה
edge *n* קָצֶה, סוֹף; חוֹד
edge *vt, vi* חִידֵּד; תָּחַם; הִתקַדֵּם בְּהַדרָגָה
edgeways, edgewise *adv* כְּשֶׁהַחוֹד לְפָנִים
edging *n* חִידּוּד; שָׂפָה
edgy *adj* מְחוּדָּד; מְעוּצבָּן
edible *adj, n* אָכִיל
edict *n* פְּקוּדָּה
edification *n* הַבהָרָה
edifice *n* בִּניַין פְּאֵר
edify *vt* הִבהִיר
edifying *adj* מְאַלֵּף
edit *vt* עָרַךְ
edit. *abbr* edited, edition, editor
edition *n* הוֹצָאָה; מַהֲדוּרָה
editor *n* עוֹרֵךְ; מַכשִׁיר לְדפוּס
editorial *adj, n* שֶׁל הָעוֹרֵךְ; מַאֲמָר רָאשִׁי
editorial staff *n* צֶוֶות הַמַּעֲרֶכֶת
editor-in-chief *n* עוֹרֵךְ רָאשִׁי
educate *vt* חִינֵּךְ; אִימֵּן
education *n* חִינּוּךְ
educational *adj* חִינּוּכִי
educational institution *n* מוֹסָד חִינּוּךְ
educator *n* מְחַנֵּךְ
eel *n* צְלוֹפָח
eerie *adj* מַפחִיד, מוּזָר
efface *vt* מָחָה, מָחַק; הִצנִיעַ
effect *n* תּוֹצָא, הַשׁפָּעָה, רוֹשֶׁם; (בּרִיבּוּי) חֲפָצִים
effect *vt* הוֹצִיא לַפּוֹעַל, גָּרַם
effective *adj, n* יָעִיל, אֶפֶקטִיבִי; מַרשִׁים
effectual *adj* מַתאִים לְתַכלִיתוֹ
effectuate *vt* בִּיצֵּעַ
effeminacy *n* נָשִׁיּוּת
effeminate *adj* נָשִׁיִּי
effervesce *vi* תָּסַס
effervescence *n* תְּסִיסָה; הִתקַצְּפוּת
effervescent *adj* תָּסִיס; תּוֹסֵס
effete *adj* חָלוּשׁ, תָּשׁוּשׁ
efficacious *adj* יָעִיל, תַּכלִיתִי
efficacy *n* יְעִילוּת
efficiency *n* יְעִילוּת
efficient *adj* יָעִיל, מוּמחֶה
effigy *n* דְּמוּת, תַּבלִיט
effort *n* מַאֲמָץ
effrontery *n* חוּצפָּה
effusion *n* תִּשׁפּוֹכֶת
effusive *adj* מִשׁתַּפֵּךְ
e.g. – exempli gratia כְּגוֹן, לְמָשָׁל
egg *n* בֵּיצָה

egg *vt* הֵסִית, הֵאִיץ בּ...
egg-beater *n* מַקְצֵף
egg cup *n* גְּבִיעַ בֵּיצָה
eggnog *n* חֶלְמוֹנָה
eggplant *n* חָצִיל
eggshell *n* קְלִיפַּת בֵּיצָה
egoism *n* אָנוֹכִיּוּת
egoist *n* אָנוֹכִיִּי
egotism *n* אָנוֹכִיּוּת, רַבְרְבָנוּת
egotist *adj* מִתְיַהֵר, רַבְרְבָן
egregious *adj* מַחְפִּיר
egress *n* יְצִיאָה
Egypt *n* מִצְרַיִם
Egyptian *n, adj* מִצְרִי; מִצְרִית
eider *n* הַבַּרְוָז הַשָּׁחוֹר־לָבָן
eiderdown *n* פְּלוּמַת הַבַּרְוָז
eight *n, adj* שְׁמוֹנֶה, שְׁמוֹנָה; שְׁמִינִיָּה
eight-day clock *n* שְׁעוֹן שְׁמוֹנָה יָמִים
eighteen *n* שְׁמוֹנָה־עָשָׂר, שְׁמוֹנֶה־עֶשְׂרֵה
eighteenth *adj* הַשְּׁמוֹנָה־עָשָׂר, הַשְּׁמוֹנֶה־עֶשְׂרֵה
eighth *adj, n* הַשְּׁמִינִי; שְׁמִינִית
eight hundred *adj* שְׁמוֹנֶה מֵאוֹת
eightieth *adj* הַשְּׁמוֹנִים
eighty *n, adj* שְׁמוֹנִים; שֶׁל שְׁמוֹנִים
either *pron, adj* אֶחָד מִן הַשְּׁנַיִם
either *adv* אוֹ, אַף, גַּם
either *conj* אוֹ
ejaculate *vt, vi* פָּרַץ בִּקְרִיאָה; הִתִּיז פִּתְאוֹם; הִפְלִיט זֶרַע
eject *vt* גֵּירֵשׁ, פִּיטֵּר; הִפְלִיט, הוֹצִיא
ejection *n* גֵּירוּשׁ, פִּיטּוּרִים; פְּלִיטָה
ejection seat *n* כִּסֵּא חֵירוּם (בְּמָטוֹס)
elaborate *n* הִשְׁלִים, שִׁכְלֵל; שִׁפְרֵט
elaborate *adj* מְשׁוּפְרָט, מְשׁוּכְלָל
elapse *vi* עָבַר
elastic *adj* גָּמִישׁ, מָתִיחַ
elastic *n* סֶרֶט מָתִיחַ
elasticity *n* גְּמִישׁוּת
elated *adj* שָׂמֵחַ, מְרוֹמָם
elation *n* הִתְרוֹמְמוּת רוּחַ
elbow *n* מַרְפֵּק; כִּיפּוּף
elbow *vt, vi* דָּחַף
elbow grease *n* עֲבוֹדָה קָשָׁה
elbow patch *n* טְלַאי מַרְפֵּק
elbow rest *n* מִסְעַד זְרוֹעַ
elbowroom *n* מָקוֹם מְרוּוָּח
elder *adj* בָּכִיר, קָשִׁישׁ מִן
elder *n* מְבוּגָּר, וָתִיק; סַמְבּוּק
elderberry *n* פְּרִי סַמְבּוּק
elderly *adj* קָשִׁישׁ
elder statesman *n* מְדִינַאי בַּעַל נִיסָּיוֹן רַב
eldest *adj* הַבָּכִיר בְּיוֹתֵר
elec. *abbr* electrical, electricity
elect *vt* בָּחַר
elect *adj* נִבְחָר
election *n* בְּחִירָה, בְּחִירוֹת
electioneer *vi* עָסַק בְּתַעֲמוּלַת בְּחִירוֹת
elective *adj* עַל סָמָךְ בְּחִירוֹת
elective *n* מִקְצוֹעַ בְּחִירָה
electorate *n* גּוּף הַבּוֹחֲרִים
electric, electrical *adj* חַשְׁמַלִּי; מְחַשְׁמֵל
electric fan *n* מְאַוְורֵר חַשְׁמַלִּי
electrician *n* חַשְׁמַלַּאי
electricity *n* חַשְׁמַל; תּוֹרַת הַחַשְׁמַל
electric percolator *n* מַסְנֵן חַשְׁמַלִּי
electric shaver *n* מַגְלֵחַ חַשְׁמַלִּי

electric tape *n* סֶרֶט בִּידּוּד
electrify *vt* חִשְׁמֵל
electrocute *vt* הֵמִית בְּחַשְׁמַל
electrode *n* אֶלֶקְטרוֹדָה
electrolysis *n* הַפְרָדָה חַשְׁמַלִית
electrolyte *n* אֶלֶקְטרוֹלִיט
electromagnet *n* אֶלֶקְטרוֹמַגְנֵט
electromagnetic *adj* אֶלֶקְטרוֹמַגְנֵטִי
electromotive *adj* מְייַצֵּר חַשְׁמַל
electron *n* אֶלֶקְטרוֹן
electronic *adj* אֶלֶקְטרוֹנִי
electroplate *vt* צִיפָּה בְּמַתֶּכֶת עַל־יְדֵי אֶלֶקְטרוֹלִיזָה
electroplate *n* צִיפּוּי (כּנ״ל)
electrostatic *adj* אֶלֶקְטרוֹסטָטִי
electrotype *n* גְלוּפָה חַשְׁמַלִית
electrotype *vt* הֵכִין גְלוּפָה חַשְׁמַלִית
eleemosynary *adj*, *n* שֶׁל צְדָקָה אוֹ נְדָבָה
elegance, elegancy *n* הִידּוּר; הָדָר
elegant *adj* מְהוּדָר, נָאֶה; בַּעַל טַעַם
elegiac *n* שִׁיר אֱלֵגִי, שִׁיר קִינָה
elegiac *adj* אֱלֵגִי; עָצוּב
elegy *n* שִׁיר קִינָה
element *n* יְסוֹד; עִיקָּר רִאשׁוֹנִי
elementary *adj* בְּסִיסִי, רִאשׁוֹנִי
elementary school *n* בֵּית־סֵפֶר רִאשׁוֹנִי
elephant *n* פִּיל
elevate *vt* הֵרִים; הֶעֱלָה בְּדַרְגָה
elevated *adj* מוּעֲלֶה; מְרוֹמָם
elevated *n* רַכֶּבֶת עִילִית
elevation *n* רָמָה; הַגְבָּהָה
elevator *n* מַעֲלִית
elevatory *adj* מֵרִים

eleven *n* אַחַת־עֶשְׂרֵה, אַחַד־עָשָׂר
eleventh *adj* הָאַחַת־עֶשְׂרֵה, הָאַחַד־עָשָׂר
elf *n* שֵׁד גַּמָּד
elicit *vt* גִּילָּה, הוֹצִיא
elide *vt* הִבְלִיעַ; הִתְעַלֵּם מִן
eligible *adj*, *n* רָאוּי לְהִיבָּחֵר
eliminate *vt* הֵסִיר, בִּיטֵּל, צִמְצֵם
elision *n* הַבְלָעָה
èlite, elite *n* עִילִית
elk *n* דִּישׁוֹן
ellipse *n* אֶלִיפְּסָה
ellipsis *n* הַשְׁמָטָה (שֶׁל מלה אוֹ מלים)
elope *vi* בָּרַח עִם אֲהוּבָתוֹ
elopement *n* בְּרִיחָה (כּנ״ל)
eloquence *n* אוּמָּנוּת הַדִּיבּוּר
eloquent *adj* אוּמַּן הַדִּיבּוּר
else *adv* אַחֵר; וָלֹא
elsewhere *adv* בְּמָקוֹם אַחֵר
elucidate *vt* הִבְהִיר
elude *vt* הִתְחַמֵּק
elusive *adj* חֲמַקְמַקִי
emaciate *vt*, *vi* הִרְזָה
emancipate *vt* שִׁחְרֵר
embalm *vt* חָנַט
embankment *n* סוֹלְלָה
embargo *n* הֶסְגֵר; חֵרֶם מִסְחָרִי
embargo *vt* הִטִּיל חֵרֶם
embark *vt*, *vi* הֶעֱלָה עַל אוֹנִיָּה; הִתְחִיל
embarkation *n* עֲלִיָּה עַל אוֹנִיָּה
embarrass *vt* הֵבִיךְ; סִיבֵּךְ
embarrassing *adj* מֵבִיךְ
embarrassment *n* מְבוּכָה, קְשָׁיִים
embassy *n* שַׁגְרִירוּת

embed *vt* שִׁיבֵּץ
embellish *vt* ייִפָּה
embellishment *n* קִישׁוּט
ember *n* אוּד
embezzle *vt* מָעַל
embezzlement *n* מְעִילָה
embitter *vt* מֵירֵר, מִרמֵר
emblazon *vt* חָרַת, חָקַק
emblem *n* סֶמֶל
emblematic, emblematical *adj* סִמלִי
embodiment *n* הִתגַשְׁמוּת; הַמחָשָׁה; גִילוּם
embody *vt, vi* גִילֵם; הִמחִישׁ; הִכלִיל
embolden *vt* חִיזֵק לֵב
embolism *n* מִילוּי
emboss *vt* הִבלִיט
embrace *vt, vi* חִיבֵּק; אִימֵץ (רעיון)
embrace *n* חִיבּוּק
embrasure *n* אֶשְׁנַב יְרִי
embroider *vt, vi* רָקַם; קִישֵׁט
embroidery *n* רִקִימָה; רִקמָה
embroil *vt* סִכסֵך; בִּלְבֵּל
embroilment *n* סִכסוּך; בִּלבּוּל
embryo *n* עוּבָּר; דָבָר בְּאִבּוֹ
embryo *adj* בְּאִבּוֹ
embryology *n* תּוֹרַת הִתפַּתְּחוּת הָעוּבָּר
emend *vt* תִּיקֵן
emendation *n* תִּיקוּן
emerald *adj* יָרוֹק מַבהִיק
emerge *vi* צָף וְעָלָה; נִתגַלָּה
emergence *n* הִתגַלּוּת
emergency *n, adj* מַצַּב חֵירוּם
emergency landing *n* נְחִיתַת חֵירוּם
emergency landing field *n* שְׂדֵה נְחִיתַת חֵירוּם
emersion *n* הִתגַלּוּת
emery *n* שָׁמִיר
emetic *adj, n* גוֹרֵם לַהֲקָאָה
emigrant *adj, n* מְהַגֵּר
emigrate *vi* הִיגֵּר
émigré *n* מְהַגֵּר
eminence *n* רוּם מַעֲלָה
eminent *adj* רַם מַעֲלָה
emissary *n* שָׁלִיחַ
emission *n* הוֹצָאָה; הַנפָּקָה; פְּלִיטָה
emit *vt* הוֹצִיא; פָּלַט
emotion *n* רִיגּוּשׁ
emotional *adj* רַגשָׁנִי
emperor *n* קֵיסָר
emphasis *n* הַדגָשָׁה
emphasize *vt* הִדגִישׁ
emphatic *adj* תַּקִּיף; בּוֹלֵט
emphysema *n* נַפַּחַת, נַפַּחַת הָרֵיאוֹת
empire *n* קֵיסָרוּת
Empire City *n* הָעִיר ניוּ־יוֹרק
Empire State *n* מְדִינַת ניוּ־יוֹרק
empiric(al) *adj* נִיסיוֹנִי
empiricist *n* אֶמפִּירִיקָן
emplacement *n* מוּצַב תּוֹתָחִים
employ *vt* הֶעֱבִיד, הֶעֱסִיק
employ *n* שֵׁירוּת
employee *n* עוֹבֵד, מוּעֳסָק
employer *n* מַעֲבִיד, מַעֲסִיק
employment *n* הַעֲסָקָה; תַּעֲסוּקָה
empower *vt* ייִפָּה כּוֹחַ
empress *n* קֵיסָרִית
emptiness *n* רֵיקָנוּת
empty *adj* רֵיק
empty *vt, vi* הֵרִיק; הִתרוֹקֵן
empty-handed *adj* בְּיָדַיִים רֵיקוֹת

empty-headed *adj* רֵיקָא, שׁוֹטֶה
empyema *n* הִתְמַגְּלוּת
empyrean *n* שְׁמֵי הַשָּׁמַיִם
emulate *vt* חִיקָּה בִּדְבֵקוּת
emulator *n* מְחַקֶּה
emulous *adj* מִתחָרֶה
emulsify *vt* תִּחְלֵב
emulsion *n* תַּחֲלִיב
enable *vt* אִפשֵׁר
enact *vt* הִפעִיל חוֹק, חָקַק
enactment *n* הַפעָלַת חוֹק; חוֹק
enamel *n* אֵימָל; כְּלִי אֵימָל
enamel *vt* צִיפָּה בְּאֵימָל, אִימֵּל
enamelware *n* כְּלֵי אֵימָל
enamor *vt* הִלהִיט בְּאַהֲבָה
encamp *vt, vi* הוֹשִׁיב בְּמַחֲנֶה
encampment *n* מַאֲהָל
enchant *vt* כִּישֵּׁף; הִקסִים
enchanting *adj* מַקסִים; כִּישׁוּפִי
enchantment *n* קֶסֶם; כִּישׁוּף
enchantress *n* קוֹסֶמֶת
enchase *vt* שִׁיבֵּץ אַבנֵי־חֵן
encircle *vt* כִּיתֵּר, הִקִּיף
enclitic *adj, n* נָסוֹג אָחוֹר
enclose, inclose *vt* סָגַר עַל; גָּדַר
enclosure, inclosure *n* הֲקָמַת גָּדֵר; מִגרָשׁ גָּדוּר
encomium *n* שֶׁבַח, הַלֵּל
encompass *vt* כִּיתֵּר; כָּלַל
encore *interj, n* הַדרָן
encore *vt* קָרָא הַדרָן
encounter *vt, vi* נִתקַל בּ...
encounter *n* הִיתָּקְלוּת, מִפגָּשׁ
encourage *vt* עוֹדֵד
encouragement *n* עִידּוּד

encroach *vt* הִסִּיג גְּבוּל
encumber *vt* הִכבִּיד, הֶעמִיס עוֹל
encumbrance *n* מַשָּׂא, טִרחָה, שִׁעבּוּד
ency. *abbr* encyclopedia
encyclic(al) *adj* כְּלָלִי, לַכּוֹל
encyclic(al) *n* מִכתָּב הָאַפִּיפיוֹר
encyclopedia *n* אֶנצִיקלוֹפֶּדיָה
encyclopedic *adj* אִינצֶקלוֹפֵּדִי
end *n* קָצֶה; סוֹף; סִיּוּם; מַטָּרָה
end *vt, vi* גָּמַר; הִסתַּיֵּים
endanger *vt* סִיכֵּן
endear *vt* חִיבֵּב עַל
endeavor *vi* הִתאַמֵּץ
endeavor *n* מַאֲמָץ
endemic *adj, n* מְיוּחָד לְעַם אוֹ לִסבִיבָה
ending *n* סִיּוּם, סוֹף
endive *n* עוֹלֶשׁ
endless *adj* אֵין־סוֹפִי
endmost *adj* שֶׁבַּקָּצֶה הָרָחוֹק
endorse, indorse *vt* אִישֵּׁר; חָתַם (חתימת אישור או קבלה)
endorsee *n* מוּסָב
endorsement *n* אִישּׁוּר; חֲתִימָה
endorser *n* מְאַשֵּׁר; מְקַיֵּים
endow *vt* הֶעֱנִיק
endowment *n* הַעֲנָקָה, מַתָּנָה
endurance *n* סֵבֶל; סְבוֹלֶת
endure *vt, vi* סָבַל; נָשָׂא; נִמשַׁך
enduring *adj* מַתמִיד; עָמִיד
enema *n* חוֹקֶן
enemy *n* אוֹיֵב
enemy *adj* עוֹיֵן
enemy alien *n* נְתִין מְדִינָה אוֹיֶבֶת

energetic *adj* נִמְרָץ
energy *n* מֶרֶץ
enervate *vt* הוֹצִיא עֲצָבִים; הֶחֱלִישׁ
enfeeble *vt* הֶחֱלִישׁ
enfold, infold *vt* עָטַף; חִיבֵּק
enforce *vt* אָכַף
enforcement *n* אֲכִיפָה, כְּפִייָה
enfranchise *vt* אִזְרֵחַ, נָתַן זְכוּת הַצְבָּעָה
eng. *abbr* engineer, engraving
engage *vt*, *vi* הֶעֱסִיק; עָסַק; צוֹדֵד; שָׂכַר
engaged *adj* עָסוּק; קָשׁוּר בְּהִתְחַייְבוּת; מְאוֹרָס
engagement *n* הַעֲסָקָה; אֵירוּסִין; הִתְחַייְבוּת
engagement ring *n* טַבַּעַת אֵירוּסִין
engaging *adj* מוֹשֵׁךְ
engender *vt* גָּרַם
engine *n* מָנוֹעַ, קַטָּר
engine-driver *n* נַהַג קַטָּר
engineer *n* מְהַנְדֵּס
engineer *vt* הִנְדֵּס, תִּכְנֵן
engineering *n* מְהַנְדְּסוּת, תִּכְנוּן
engine house *n* בֵּית מְכוֹנָה
engine man *n* נַהַג מְכוֹנָה
engine-room *n* חֲדַר־הַמָּנוֹעַ
engine-room telegraph *n* טֵלֶגְרָף לַמְּכוֹנָה
England *n* אַנגְלִייָה
English *adj* אַנגְלִי; אַנגְלִית
English daisy *n* חִינָּנִית; חַרְצִית
Englishman *n* אַנגְלִי
English-speaking *adj* דּוֹבֵר אַנגְלִית
Englishwoman *n* אִישָּׁה אַנגְלִייָה
engraft, ingraft *vt* הִרְכִּיב, נָטַע
engrave *vt* חָרַת, גִּילֵּף
engraving *n* חֲרִיתָה
engross *vt* בָּלַע, הֶעֱסִיק רֹאשׁוֹ וְרוּבּוֹ
engrossing *adj* מַעֲסִיק רֹאשׁוֹ וְרוּבּוֹ
engulf, ingulf *vt* בָּלַע
enhance *vt* הֶאְדִּיר, הִגְבִּיר
enhancement *n* הַאְדָּרָה
enharmonic(al) *adj* אֶנְהַרְמוֹנִי
enigma *n* חִידָה, תַּעֲלוּמָה
enigmatic(al) *adj* חִידָתִי, סָתוּם
enjamb(e)ment *n* (בְּשִׁירָה) רְצִיפוּת הָרַעְיוֹן
enjoin *vt* הוֹרָה, חִייֵּב
enjoy *vt*, *vi* נֶהֱנָה; נִשְׂכַּר
enjoyable *adj* מְהַנֶּה
enjoyment *n* הֲנָאָה
enkindle *vt* לִיבָּה
enlarge *vt*, *vi* הִגְדִּיל, הִרְחִיב
enlargement *n* הַגְדָּלָה; דָּבָר מוּגדָּל
enlighten *vt* הֵאִיר, הִבְהִיר
enlightenment *n* הַבְהָרָה; הַשְׂכָּלָה
enlist *vt*, *vi* גִּייֵּס; הִתְגַּייֵּס
enliven *vt* הֶחֱיָה, הִמְרִיץ
enmesh, inmesh *vt* לָכַד כִּבְרֶשֶׁת
enmity *n* שִׂנְאָה
ennoble *vt* רוֹמֵם, כִּיבֵּד
ennui *n* עֲייֵפוּת נַפְשִׁית
enormous *adj* עֲנָקִי
enough *adj*, *n*, *adv*, *interj* מַסְפִּיק; לְמַדַּי; דַּי!
enounce *vt* הִכְרִיז
en passant *adv* דֶּרֶךְ אַגַּב
enrage *vt* הִרְגִּיז
enrapture *vt* שִׁלְהֵב בְּשִׂמְחָה

enrich *vt* הֶעֱשִׁיר
enroll, enrol *vt, vi* הִכְנִיס לִרְשִׁימָה; נִרְשַׁם
en route *n* בַּדֶּרֶךְ
ensconce *vt* שָׂם בְּמָקוֹם בָּטוּחַ
ensemble *n* מִכְלוֹל; צֶוֶת
ensign *n* דֶּגֶל; תָּג
enslave *vt* שִׁעְבֵּד
enslavement *n* שִׁעְבּוּד
ensnare, insnare *vt* לָכַד בְּרֶשֶׁת
ensue *vi* בָּא מִיָּד אַחֲרֵי
ensuing *adj* הַבָּא אַחֲרֵי
ensure *vt, vi* הִבְטִיחַ
entail *vt* גָּרַר, הֵבִיא לִידֵי
entail *n* הוֹרָשַׁת קַרְקַע
entanglement *n* סִיבּוּךְ
enter *vi, vt* נִכְנַס; הִשְׁתַּתֵּף; רָשַׁם (בספר חשבונות וכו׳)
enterprise *n* מִפְעָל, מִבְצָע; יוֹזְמָה
enterprising *adj* מֵעֵז, נוֹעָז
entertain *vt, vi* שִׁיעֲשַׁע; אֵירֵחַ
entertainer *n* בַּדְּרָן
entertaining *adj* מְשַׁעֲשֵׁעַ
entertainment *n* בִּידּוּר
enthral(l), inthral(l) *vt* צוֹדֵד
enthuse *vt, vi* הִלְהִיב; נִלְהַב
enthusiasm *n* הִתְלַהֲבוּת
enthusiast *n* תְּלַהֲבָן
entice *vt* פִּיתָּה
enticement *n* פִּיתּוּי; הִתְפַּתּוּת
entire *adj* כּוֹלֵל, שָׁלֵם
entirely *adv* לְגַמְרֵי; בִּשְׁלֵמוּת
entirety *n* שְׁלֵמוּת
entitle, intitle *vt* קָבַע שֵׁם; זִיכָּה
entity *n* יֵשׁוּת

entomb, intomb *vt* קָבַר
entombment *n* קְבִירָה
entourage *n* פָּמַלְיָה
entrails *n pl* קְרָבַיִים; מֵעַיִים
entrain *vt, vi* הִטְעִין בָּרַכֶּבֶת; נָסַע בָּרַכֶּבֶת
entrance *n* כְּנִיסָה, פֶּתַח
entrance *vt* הִקְסִים
entrance examination *n* בְּחִינַת כְּנִיסָה
entrancing *adj* מַקְסִים
entrant *n* נִכְנָס; מִתְחָרֶה
entrap *vt* לָכַד בְּרֶשֶׁת
entreat *vt* הִפְצִיר
entreaty *n* בַּקָּשָׁה, תְּחִינָּה
entrée *n* זְכוּת כְּנִיסָה; מָנָה עִיקָּרִית
entrench, intrench *vt, vi* חָפַר; הִתְחַפֵּר, הִתְבַּצֵּר
entrust *vt* הִפְקִיד בְּיַד
entry *n* כְּנִיסָה; פְּרִיט בִּרְשִׁימָה
entwine, intwine *vt, vi* שָׁזַר; הִשְׁתַּזֵּר
enumerate *vt* מָנָה, סָפַר
enunciate *vt* בִּיטֵּא; הִכְרִיז
envelop *vt* עָטַף; שִׁימֵּשׁ מַעֲטֶה
envelope *n* מַעֲטָפָה; עֲטִיפָה
envenom *vt* הִרְעִיל; מֵירֵר
enviable *adj* מְעוֹרֵר קִנְאָה
envious *adj* מָלֵא קִנְאָה
environ *vt* כִּיתֵּר, הִקִּיף
environment *n* סְבִיבָה
envisage *vt* חָזָה
envoi, envoy *n* בַּיִת אַחֲרוֹן (בשירה׳
envoy *n* שָׁלִיחַ, נָצִיג
envy *n* קִנְאָה
envy *vt* קִינֵּא

enzyme *n* מַתְסִיס, אֶנְזִים
epaulet, epaulette *n* כּוֹתֶפֶת
epenthesis *n* (בּבלשנוּת) שִׁרְבּוּב הֶגֶה
epergne *n* אֲגַרְטֵל
ephemeral *adj* חוֹלֵף, קִיקִיוֹנִי
epic *n* שִׁיר אֶפִּי
epic, epical *adj* אֶפִּי, שֶׁל גְּבוּרָה
epicure *n* אֶפִּיקוּר, בַּרְרָן
epicurean, Epicurean *adj* חוֹבֵב תַּעֲנוּגוֹת
epidemic *n* אֶפִּידֶמְיָה, מַגֵּפָה
epidemically *adj* בְּצוּרָה מַגַּפָתִית
epidemiology *n* תּוֹרַת הַמַּחֲלוֹת הַמַּגֵּפָתִיּוֹת
epidermis *n* עִילִית הָעוֹר
epigram *n* מִכְתָּם
epilepsy *n* אֶפִּילֶפְסְיָה, כִּיפָּיוֹן
epileptic *n*, *adj* אֶפִּילֶפְּטִי; נִכְפֶּה
epiphany *n* הִתְגַּלּוּת (אלקית וכד׳)
Episcopalian *adj*, *n* אֶפִּיסקוֹפָּלִי
episode *n* מְאוֹרָע, אֶפִּיזוֹדָה
epistemology *n* אֶפִּיסְטֶמוֹלוֹגְיָה
epistle *n* אִיגֶּרֶת
epitaph *n* חֲקִיקָה (על מצבה)
epithalamium *n* שִׁיר חֲתוּנָּה
epithet *n* תּוֹאַר, שֵׁם לְוַואי
epitome *n* תַּמְצִית, עִיקָּר
epitomize *vt* תִּמְצֵת
epoch *n* תְּקוּפָה
epochal *adj* תְּקוּפָתִי
epoch-making *adj* פּוֹתֵחַ תְּקוּפָה
equable *adj* אָחִיד; שָׁלֵו
equal *adj*, *n* שָׁוֶה; אָחִיד
equal *vt* שָׁוָה, הָיָה שָׁוֶה
equality *n* שִׁוְויוֹן
equalize *vt* הִשְׁוָה
equally *adv* בְּמִידָּה שָׁוָה
equanimity *n* יִישּׁוּב־דַּעַת
equate *vt* הִבִּיעַ שִׁוְויוֹן, נִיסֵּחַ בְּמִשְׁוָואָה
equation *n* הַשְׁוָואָה; מִשְׁוָואָה
equator *n* קַו הַמַּשְׁוֶה
equerry *n* קְצִין סוּסִים
equestrian *adj* פָּרָשִׁי
equestrian *n* פָּרָשׁ
equilateral *adj*, *n* שְׁוֵה צְלָעוֹת
equilibrium *n* שִׁיוּוּי־מִשְׁקָל
equinoctial *adj*, *n* שִׁוְיוֹמִי, שֶׁל שִׁוְויוֹן הַיּוֹם וְהַלַּיְלָה
equinox *n* שִׁוְויוֹם, הִשְׁתַּווּת הַיּוֹם וְהַלַּיְלָה
equip *vt* צִייֵּד
equipment *n* צִיּוּד
equipoise *n* שִׁיוּוּי־מִשְׁקָל
equitable *adj* צוֹדֵק, הוֹגֵן
equity *n* נֶאֱמָנוּת לְצֶדֶק
equivalent *adj* שָׁקוּל כְּנֶגֶד, שָׁוֶה
equivocal *adj* דּוּ־מַשְׁמָעִי
equivocate *vi* הִבִּיעַ בְּצוּרָה דּוּ־מַשְׁמָעִית
equivocation *n* דּוּ־מַשְׁמָעִיּוּת
era *n* תְּקוּפָה
eradicate *vt* עָקַר, שֵׁירֵשׁ
eradicative *adj* עוֹקֵר, מַשְׁמִיד
erase *vt* מָחָה, מָחַק
eraser *n* מוֹחֵק
erasion *n* מְחִיָּה, מְחִיקָה
erasure *n* מְחִיָּה, מְחִיקָה
ere *conj*, *prep* לִפְנֵי, קוֹדֶם

erect *vt, vi* הֵקִים, בָּנָה
erect *adj, adv* זָקוּף; בִּזְקִיפוּת
erection *n* הִזדַקְפוּת, זִקְפָּה; בְּנִיָּה
ermine *n* סַמּוּר
erode *vt, vi* אִיכֵּל; נִסחַף; סָחַף
erosion *n* הִסתַחֲפוּת
err *vi* טָעָה; שָׁגָה
errand *n* שְׁלִיחוּת
errand-boy *n* נַעַר־שָׁלִיחַ
erratic *adj* בִּלתִי־יַצִּיב; סוֹטֶה
erratum *n* טָעוּת־דְפוּס
erroneous *adj* מוּטעֶה
error *n* שְׁגִיאָה, טָעוּת
erudite *adj* מְלוּמָד, בָּקִי
erudition *n* לַמדָנוּת, בְּקִיאוּת
erupt *vi* פָּרַץ בְּכוֹחַ, הִתפָּרֵץ
eruption *n* הִתפָּרְצוּת
escalate *vi* הֶחֱמִיר, הִסלִים
escalation *n* הַחמָרָה, הַסלָמָה
escalator *n* מַדרֵגוֹת נָעוֹת
escallop, scallop *n* צִדפָּה
escapade *n* הַרפַּתקָה נוֹעֶזֶת
escape *n* בְּרִיחָה; הִימָּלְטוּת, הֵיחָלְצוּת
escape *vt, vi* בָּרַח; נֶחֱלַץ
escapee *n* בּוֹרֵחַ; נִמלָט
escape literature *n* סִפרוּת הָעֲרִיקָה
escapement *n* מַחגֵר
escarpment *n* כֵּף, מַתלוּל
eschew *vt* נִמנַע
escort *n* מִשמָר, מְלַוֶּוה
escort *vt* לִיוָּוה
escutcheon *n* מָגֵן (נוֹשֵׂא סמל המשפחה)
Eskimo *n* אֶסקִימוֹסִי
esophagus, oesophagus *n* וֶשֶׁט
esp. *abbr* especially
espalier *n* עָרִיס
especial *adj* מְיוּחָד, יוֹצֵא מִן הַכְּלָל
espionage *n* רִיגּוּל
esplanade *n* טַיֶּלֶת
espousal *n* אִימּוּץ (רעיון); נִישׂוּאִין
espouse *vt* אִימֵּץ (רעיון); דָגַל ב...; הִתחַתֵּן
esquire (Esq.) *n* אָדוֹן, מַר
ess *n* אֶס (האות)
essay *n* מַסָּה; נִיסָּיוֹן
essay *vt* נִיסָּה
essayist *n* מַסַּאי
essence *n* עִיקָּר; תַּמצִית
essential *adj* חִיוּנִי; עִיקָּרִי
essential *n* יְסוֹד, נְקוּדָה עִיקָּרִית
essentially *adv* בִּיסוֹדוֹ
est. *abbr* established, estate, estimated
establish *vt* יִיסֵּד, כּוֹנֵן; הוֹכִיחַ
establishment *n* יִיסּוּד; מוֹסָד; מִמסָד; מְקוֹם עֵסֶק
estate *n* מַעֲמָד; נְכָסִים; אֲחוּזָּה
esteem *vt* הֶעֱרִיךְ, הֶחֱשִׁיב
esteem *n* הַעֲרָכָה, הַחשָׁבָה
esthetic *adj* אֶסתֵטִי
estimable *adj* רָאוּי לְהַעֲרָכָה
estimate *vt* אָמַד, הֶעֱרִיךְ
estimate *n* אוּמדָן, הַעֲרָכָה
estimation *n* הַעֲרָכָה, דֵעָה
estrangement *n* הִתרַחֲקוּת, פֵּירוּד
estuary *n* שֶׁפֶךְ נָהָר
etc. *abbr* et cetera
et cetera, etcetera *phr, n* וְכוּלֵי, וְכוּ׳
etch *vt, vi* חָרַט, גִּילֵּף

etcher *n* חָרָט, גַּלָּף, גַּלְפָן
etching *n* חֲרִיטָה, גִּילוּף
eternal *adj* נִצְחִי
eternity *n* נֶצַח, אַלְמָוֶות
ether *n* אֶתֶר
ethereal, etherial *adj* שְׁמֵיימִי; מְעוּדָן
ethic, ethical *adj* מוּסָרִי
ethically *adv* מִבְּחִינָה מוּסָרִית
Ethiopian *adj, n* אֶתיוֹפִּי, אֶתיוֹפִּית
Ethiopic *adj* אֶתיוֹפִּי
ethnic, ethnical *adj* אֶתְנִי
ethnography *n* אֶתנוֹגרַפיָה
ethnology *n* אֶתנוֹלוֹגיָה
ethyl *n* אֵתִיל
ethylene *n* אֵתִילִין
etiquette *n* גִינּוּנֵי חֶברָה, אֶתִיקֶטָה
et seq. – et sequentie וְהַבָּאִים לְהַלָּן
étude *n* תַּרגִיל, אֶטיוּד
etymology *n* אֶטִימוֹלוֹגיָה, גִיזָרוֹן
etymon *n* אֶטִימוֹן, מָקוֹר
eucalyptus *n* אֵיקָלִיפּטוּס
Eucharist *n* סְעוּדַת יֵשׁוּ
euchre *n* אֵיקֶר (משחק קלפים)
eugenic *adj* מַשׁבִּיחַ גֶזַע
eulogistic *adj* מָלֵא תִּשׁבָּחוֹת
eulogize *vt* הִילֵל, שִׁיבֵּחַ
eulogy *n* שֶׁבַח, הַלֵּל
eunuch *n* סָרִיס
euphemism *n* לָשׁוֹן נְקִיָּה
euphemistic *adj* שֶׁל לָשׁוֹן נְקִיָּה
euphonic *adj* נְעִים צְלִיל
euphony *n* נוֹעַם הַקּוֹל
euphoria *n* הַרגָשָׁה טוֹבָה
euphuism *n* מְלִיצָה
euphuistic *adj* מְלִיצִי
Europe *n* אֵירוֹפָּה
European *adj, n* אֵירוֹפִּי
euthanasia *n* מִיתַת נְשִׁיקָה
evacuate *vt, vi* רוֹקֵן; פִּינָּה
evacuation *n* פִּינּוּי; הֲרָקָה
evade *vt* הִתחַמֵּק, הִשׁתַּמֵּט
evaluate *vt* הֶעֱרִיך, קָבַע הַעֲרָכָה
evangel *n* מַטִּיף לְנַצרוּת
evangelical *adj, n* אֵבַנגֶלִי
evangelist *n* מַטִּיף לְדִברֵי הַשְּׁלִיחִים
evaporate *vt, vi* אִידָּה; הִתנַדֵּף; נָגוֹז
evasion *n* הִתחַמְּקוּת, הִשׁתַּמְּטוּת
evasive *adj* שְׁתַמְּטָנִי, מִתחַמֵּק
Eve *n* חַוָּוה
eve *n* עֶרֶב (של חג וכד׳)
even *adj* שָׁוֶה; מִישׁוֹרִי; סָדִיר; מְאוּזָן; אָחִיד
even *vt* הִשׁווָה, יִישֵּׁר
even *adv* בְּמִידָּה שָׁוָוה; אֲפִילוּ
evening *n* עֶרֶב
evening clothes *n* תִּלבּוֹשֶׁת עֶרֶב
evening gown *n* שִׂמלַת עֶרֶב
evening primrose *n* נֵר הַלַּילָה
evening star *n* כּוֹכַב הָעֶרֶב; וֶנוּס
evening wrap *n* מְעִיל עֶרֶב (לאישה)
evensong *n* תְּפִילַּת עֶרֶב
event *n* מְאוֹרָע; מִקְרֶה
eventful *adj* רַב־מְאוֹרָעוֹת
eventual *adj* הַבָּא בְּעִקְבוֹ
eventuality *n* תּוֹצָאָה אֶפשָׁרִית
eventually *adv* בְּסוֹפוֹ שֶׁל דָּבָר
eventuate *vi* עוֹקֵב
ever *adv* תָּמִיד; אֵי־פַּעַם
everglade *n* גֵּיא בִּיצּוֹת

evergreen *n, adj* יְרוֹק־עַד
everlasting *adj, n* נִצְחִי; נֵצַח
evermore *adv* תָּמִיד, לָנֶצַח
every *adj* כָּל־, כָּל־אֶחָד; בְּכָל
everybody *pron* כָּל־אֶחָד
everyday *adj* יוֹם־יוֹמִי; רָגִיל
every man Jack כָּל אָדָם, כָּל אֶחָד, כָּל מַלָּח
everyone *n* כָּל אֶחָד
every other *adv* לְסֵירוּגִין
everything *n* הַכּוֹל
everywhere *adv* בְּכָל מָקוֹם
evict *vt* גֵּרֵשׁ (דייר)
eviction *n* גֵּירוּשׁ (כנ״ל)
evidence *n* עֵדוּת
evidence *vt* הִבְהִיר; חִיזֵּק בְּעֵדוּת
evident *adj* בָּרוּר
evil *adj* רָע
evil *n* רָע, רִשְׁעוּת; פֶּגַע
evildoer *n* עוֹשֶׂה רָע
evildoing *n* רֶשַׁע, חֵטְא
evil-eyed *adj* רַע־עַיִן
evil genius *n* בַּעַל הַשְׁפָּעָה רָעָה
evil-minded *adj* מְרוּשָׁע, חוֹרֵשׁ רָע
Evil One *n* הַשָּׂטָן
evince *vt* הִבְהִיר, הוֹכִיחַ
evoke *vt* הֶעֱלָה, עוֹרֵר
evolution *n* הִתְפַּתְּחוּת
evolve *vt, vi* פִּיתֵּחַ בְּהַדְרָגָה; הִתְפַּתֵּחַ
ewe *n* כִּבְשָׂה
ewer *n* קַנְקַן, כַּד
ex *n* אֶקְס (האות); לְשֶׁעָבַר
exact *adj* מְדוּיָּק
exact *vt* תָּבַע; נָשָׁה
exacting *adj* מַחְמִיר בִּדְרִישׁוֹתָיו
exaction *n* נְשִׁיָּה
exactly *adv* בְּדִיּוּק
exactness *n* דִּיּוּק; קַפְּדָנוּת
exaggerate *vt, vi* הִגְזִים, הִכְרִיז
exalt *vt* הֶעֱלָה, רוֹמֵם
exam *n* בְּחִינָה
examination *n* בְּחִינָה, בְּדִיקָה
examine *vt* בָּחַן, בָּדַק
example *n* דוּגְמָה
exasperate *vt* הִכְעִיס (עד להשחית)
excavate *vt* כָּרָה בּוֹר; חָשַׂף עַתִּיקוֹת
exceed *vt, vi* עָלָה עַל, עָבַר עַל
exceedingly *adv* מְאֹד, בְּמִידָּה יוֹצֵאת מִן הַכְּלָל
excel *vt, vi* הִצְטַיֵּין
excellence *n* הִצְטַיְּנוּת
Excellency *n* הוֹד מַעֲלָה
excelsior *n* נְסוֹרֶת; אֶל עָל
except *vt, vi* הוֹצִיא מִכְּלָל; הִתְנַגֵּד ל...
except *prep, conj* חוּץ מ...; אֶלָּא
exception *n* הוֹצָאָה מִן הַכְּלָל; יוֹצֵא מִן הַכְּלָל; הִתְנַגְּדוּת
exceptional *adj* יוֹצֵא מִן הַכְּלָל
excerpt *vt* הוֹצִיא קֶטַע
excerpt *n* קֶטַע, מוּבָאָה
excess *n* עוֹדֶף; גּוֹדֶשׁ; בִּזְבּוּז
excessively *adv* בְּהַפְרָזָה
excess weight *n* מִשְׁקָל עוֹדֵף
exchange *n* הַחֲלָפָה, חִילּוּפִים; תְּמוּרָה; בּוּרְסָה
exchange *vt, vi* הֶחֱלִיף
exchequer *n* אוֹצָר
excisable *adj* שֶׁאֶפְשָׁר לְהַטִּיל עָלָיו בְּלוֹ

excise *n* בְּלוֹ
excise *vt* מָחַק; קִיטֵּעַ
excise tax *n* בְּלוֹ
excitable *adj* נוֹחַ לְהִתְרַגֵּשׁ
excite *vt* שִׁלְהֵב; עוֹרֵר
excitement *n* שִׁלְהוּב; הִתְרַגְּשׁוּת
exciting *adj* מַלְהִיב; מְרַגֵּשׁ
exclaim *vt, vi* קָרָא, צָעַק
exclamation *n* קְרִיאָה; מִלַּת קְרִיאָה
exclude *vt* גֵּרֵשׁ; הוֹצִיא; מָנַע כְּנִיסָה
exclusion *n* מְנִיעַת כְּנִיסָה; גֵּירוּשׁ
exclusive *adj* בִּלְעָדִי, ייחוּדִי
excommunicate *adj, n* מְנוּדֶּה
excommunicate *vt* נִידָּה
excommunication *n* נִידּוּי
excoriate *vt* הִפְשִׁיט עוֹר; גִּינָּה
excrement *n* צוֹאָה
excruciating *adj* מַכְאִיב, מְיַיסֵּר
exculpate *vt* נִיקָּה מֵאַשְׁמָה
excursion *n* טִיּוּל
excursionist *n* מִשְׁתַּתֵּף בְּטִיּוּל
excusable *adj* בַּר־סְלִיחָה
excuse *vt* סָלַח; הִצְדִּיק
excuse *n* תֵּירוּץ
execute *vt, vi* בִּיצֵּעַ
execution *n* בִּיצּוּעַ, הוֹצָאָה לַפּוֹעַל; הוֹצָאָה לַהוֹרֵג
executioner *n* תַּלְיָין
executive *adj* שֶׁל הוֹצָאָה לַפּוֹעַל; מְנַהֵל
executive *n* מְנַהֵל, הַנְהָלָה
Executive Mansion *n* בֵּית הַנָּשִׂיא (בארה״ב)
executor *n* מְבַצֵּעַ; אֶפִּיטְרוֹפּוֹס
executrix *n* אֶפִּיטְרוֹפְּסִית
exemplary *adj* מוֹפְתִי, מְשַׁמֵּשׁ דוּגמָה
exemplify *vt* הִדְגִּים; שִׁימֵּשׁ דוּגמָה
exempt *vt* פָּטַר מִן, שִׁחְרֵר מִן
exempt *adj* פָּטוּר מ...
exemption *n* פְּטוֹר, שִׁחרוּר
exercise *n* תַּרְגִּיל; אִימּוּן, תִּרגוּל; הַפעָלָה
exercise *vt, vi* אִימֵּן, תִּרְגֵּל; הִפעִיל; הִתעַמֵּל
exert *vt* הִפְעִיל
exertion *n* מַאֲמָץ; הַפעָלָה
exhalation *n* נְשִׁיפָה, נְדִיפָה
exhale *vt, vi* נָשַׁף, הִדִּיף
exhaust *vt, vi* רוֹקֵן; מִיצָּה; כִּילָּה
exhaust *n* פְּלִיטָה; מַפלֵט
exhaustion *n* רִיקּוּן; מִיצּוּי; כְּלוֹת הַכּוֹחוֹת
exhaustive *adj* מְמַצֶּה, יְסוֹדִי
exhaust manifold *n* סַעֶפֶת פְּלִיטָה
exhaust pipe *n* מַפלֵט
exhaust valve *n* שַׁסתּוֹם פְּלִיטָה
exhibit *vt* הֶרְאָה, חָשַׂף; הִצִּיג
exhibit *n* מוּצָג
exhibition *n* הַצָּגָה
exhibitor *n* מַצִּיג (בתערוכה)
exhilarating *adj* מְשַׂמֵּחַ, מַרנִין
exhort *vt* הִמְלִיץ, פָּנָה בְּבַקָּשָׁה
exhume *vt* הוֹצִיא מִקֶּבֶר
exigency *n* דְחִיפוּת, צוֹרֶךְ דָחוּף
exigent *adj* דָחוּף
exile *n* גָּלוּת, גּוֹלֶה; הַגְלָיָה
exile *vt* הִגְלָה
exist *vi* הִתְקַיֵּם; נִמְצָא
existence *n* קִיּוּם; הִימָּצְאוּת; הֲוָיָה
existing *adj* קַיָּם

exit *n* יְצִיאָה

exit *vi* יוֹצֵא

exodus *n* יְצִיאָה הֲמוֹנִית

Exodus *n* יְצִיאַת מִצְרַיִים; סֵפֶר שְׁמוֹת

exonerate *vt* נִיקָּה מֵאַשְׁמָה, זִיכָּה

exorbitant *adj* מוּפְרָז, מוּפְקָע

exorcise *vt* גֵּירֵשׁ (רוּחַ, דִיבּוּק)

exotic *adj, n* לֹא מְקוֹמִי, נָזוֹר; אֶקְזוֹטִי; סַסְגּוֹנִי

exp. *abbr* expenses, expired, export, express

expand *vt, vi* הִגְדִּיל, הִרְחִיב; הִתְפַּשֵּׁט

expanse *n* מֶרְחָב

expansion *n* הִתְפַּשְּׁטוּת, הִתְרַחֲבוּת; פִּיתּוּחַ

expansive *adj* נִיתָּן לְהַרְחָבָה; נִרְחָב; (לְגַבֵּי אָדָם) גְּלוּי־לֵב

expatiate *vi* הִרְחִיב אֶת הַדִּיבּוּר

expatriate *vt* גֵּירֵשׁ מִמּוֹלַדְתּוֹ, הִגְלָה

expatriate *n* מְגוֹרָשׁ; גּוֹלֶה

expect *vt* צִיפָּה; חִיכָּה; סָבַר

expectancy *n* צִיפִּיָּה; תּוֹחֶלֶת

expectation *n* סִיכּוּי; צִיפִּיָּה

expectorate *vt* יָרַק; כִּייֵחַ

expediency *n* כְּדָאִיּוּת, תּוֹעַלְתִּיּוּת

expedient *adj* מְסַייֵּעַ לְהַשָּׂגַת מַטָּרָה

expedient *n* אֶמְצָעִי, אֶמְצָעִי עֵזֶר

expedite *vt* הֵחִישׁ, זֵירֵז

expedition *n* מַסָּע; מִשְׁלַחַת

expeditious *adj* מְבוּצָּע כַּהֲלָכָה

expel *vt* גֵּירֵשׁ, הוֹצִיא

expend *vt* הוֹצִיא (כֶּסֶף, זְמַן וכד׳)

expendable *adj* שֶׁאֶפְשָׁר לְהוֹצִיאוֹ; שֶׁאֶפְשָׁר לְהַקְרִיבוֹ

expenditure *n* הוֹצָאָה, הוֹצָאוֹת

expense *n* הוֹצָאָה, תַּשְׁלוּם

expensive *adj* יָקָר

experience *n* נִיסָּיוֹן; חֲוָויָה

experience *vt* הִתְנַסָּה; חָוָוה

experienced *adj* מְנוּסֶּה; נֶחֱוֶוה

experiment *n* נִיסּוּי

experiment *vi* עָשָׂה נִיסָּיוֹן

expert *n, adj* מוּמְחֶה; מוּמְחִי

expiate *vt* כִּיפֵּר

expiation *n* כַּפָּרָה

expire *vt, vi* פָּג, פָּקַע; דָּעַךְ; מֵת

explain *vt* בֵּיאֵר, הִסְבִּיר, פֵּירֵשׁ

explanation *n* הֶסְבֵּר

explanatory *adj* מַסְבִּיר

explicit *adj* בָּרוּר

explode *vt, vi* פּוֹצֵץ; הִתְפּוֹצֵץ

exploit *vt* נִיצֵּל

exploit *n* מַעֲשֶׂה רַב

exploitation *n* נִיצּוּל

exploration *n* סִיוּר; חֲקִירָה

explore *vt, vi* סִייֵּר שָׁטַח; חָקַר

explorer *n* חוֹקֵר; נוֹסֵעַ

explosion *n* פִּיצּוּץ; הִתְפּוֹצְצוּת

explosive *adj* עָלוּל לְהִתְפּוֹצֵץ

explosive *n* חוֹמֶר נֶפֶץ; הֶגֶה פּוֹצֵץ

exponent *n* מַסְבִּיר; מְסַמֵּל

export *vt* יִיצֵּא

export *n, adj* יִיצּוּא; יְצוּא; שֶׁל יְצוּא

exportation *n* יִיצּוּא

expose *vt* חָשַׂף; הוֹקִיעַ

exposé *n* הַרְצָאַת דְּבָרִים; הוֹקָעָה

exposition *n* תְּצוּגָה; הַבְהָרָה

expostulate *vi* טָעַן נֶגֶד

exposure *n* חֲשִׂיפָה; הַצָּגָה בְּפוּמְבֵּי; הוֹקָעָה

expound *vt* הִבְהִיר
express *vt* בִּיטֵּא, הִבִּיעַ
express *adj* בָּרוּר, בָּהִיר; מְיוּחָד; מָהִיר
express *adv* בְּרֶכֶב יָשִׁיר אוֹ מָהִיר; בִּמְיוּחָד
express *n* אוֹטוֹבּוּס מָהִיר אוֹ רַכֶּבֶת מְהִירָה
express company *n* חֶבְרָה לְהוֹבָלָה מְהִירָה
expression *n* הַבָּעָה; בִּיטּוּי; מַבָּע
expressive *adj* מַבִּיעַ; מָלֵא הַבָּעָה
expressly *adv* בִּמְיוּחָד, בְּפֵירוּשׁ
expressman *n* שָׁלִיחַ דָּחוּף
express terms *n pl* תְּנָאִים מְפוֹרָשִׁים
express train *n* רַכֶּבֶת מְהִירָה
expressway *n* כְּבִישׁ יָשִׁיר
expropriate *vt* הִפְקִיעַ רְכוּשׁ
expulsion *n* גֵּירוּשׁ
expunge *vt* מָחָה
expurgate *vt* קִיצֵּץ, טִיהֵר (ספר)
exquisite *adj* בַּעַל חֵן עִילָּאִי; מְעוּלֶּה; חָרִיף
exquisite *n* גַּנְדְּרָן, יוֹמְרָן
ex-serviceman *n* חַיָּיל מְשׁוּחְרָר
extant *adj* קַיָּים
extemporaneous *adj* מְאוּלְתָּר
extempore *adj, adv* מְאוּלְתָּר; בְּאִלְתּוּר
extemporize *vt, vi* אִלְתֵּר
extend *vt, vi* פָּשַׁט; הוֹשִׁיט; הִרְחִיב; הֶאֱרִיךְ; הִתְפַּשֵּׁט; הִשְׂתָּרֵעַ
extended *adj* שָׁלוּחַ; מוּשָּׁט; מוֹאֳרָךְ; מָתוּחַ
extension *n* הַרְחָבָה, הַאֲרָכָה; שְׁלוּחָה
extension ladder *n* סוּלָּם שָׁחִיל
extension table *n* שׁוּלְחָן שָׁחִיל
extensive *adj* רָחָב, גָּדוֹל מְמַדִּים; מַקִּיף
extent *n* מִידַּת הִתְפַּשְּׁטוּת; גּוֹדֶל מְסוּיָּם
extenuate *vt* רִיכֵּךְ; הֵקֵל
exterior *adj, n* חִיצוֹנִי; צַד חִיצוֹנִי
exterminate *vt* הִשְׁמִיד
external *adj* חִיצוֹנִי
externals *n pl* מַרְאֶה חִיצוֹנִי
extinct *adj* כָּבוּי (הר געש); מוּכְחָד
extinguish *vt* כִּיבָּה; כִּילָּה
extinguisher *n* מַטְפֶּה
extirpate *vt* עָקַר, הִשְׁמִיד
extol *vt* שִׁיבֵּחַ
extort *vt, vi* הִשִּׂיג בִּסְחִיטָה אוֹ בְּעִינּוּיִים
extortion *n* סְחִיטָה בְּעִינּוּיִים; הַפְקָעַת שְׁעָרִים
extra *adj* נוֹסָף, מְיוּחָד
extra *adv* יוֹתֵר מִן הָרָגִיל
extra *n* תּוֹסֶפֶת מְיוּחֶדֶת
extract *vt* עָקַר; הוֹצִיא
extract *n* דָּבָר מוּצָא; קֶטַע; מוּבָאָה; תַּמְצִית
extraction *n* הוֹצָאָה, עֲקִירָה; מוֹצָא
extracurricular *adj* שֶׁמִּחוּץ לַתּוֹכְנִית
extradition *n* הַסְגָּרָה
extra fare *n* תּוֹסֶפֶת דְּמֵי נְסִיעָה
extra-flat *adj* שָׁטוּחַ בְּיוֹתֵר
extramural *adj* מִחוּץ לְכוֹתְלֵי הָאוּנִיבֶרְסִיטָה
extraneous *adj* חִיצוֹנִי, זָר

extraordinary *adj* יוֹצֵא מִן הַכְּלָל
extrapolate *vt* אָמַד מִלְּבַר
extravagance *n* בִּזְבּוּז, הַפְרָזָה
extravagant *adj* בַּזְבְּזָנִי; יוֹצֵא דוֹפֶן; מוּפְרָז; מַפְרִיז
extreme *adj* קִיצוֹנִי
extreme *n* קִיצוֹנִיּוּת, מִידָּה קִיצוֹנִית
extremely *adv* מְאוֹד מְאוֹד
extreme unction *n* מְשִׁיחַת שְׁכִיב מְרַע
extremity *n* עוֹנִי קִיצוֹנִי; קְצֵה אֵיבָר; קָצֶה
extricate *vt* שִׁחְרֵר, חִילֵּץ
extrinsic *adj* חִיצוֹנִי, לֹא חִיּוּנִי
extrovert *n* מְחוּצָן
extrude *vt, vi* גֵּירֵשׁ, הִשְׁלִיךְ; בָּלַט
exuberant *adj* מְשׁוּפָּע; שׁוֹפֵעַ רוֹמְמוּת רוּחַ
exude *vt, vi* נָדַף (רֵיחַ וכד׳)
exult *vi* שָׂמַח, צָהַל
exultant *adj* שָׂמֵחַ, עוֹלֵץ
eye *n* עַיִן; רְאִיָּה; מַבָּט; קוֹף שֶׁל מַחַט
eye *vt* תָּקַע מַבָּט בּ...
eyeball *n* גַּלְגַּל הָעַיִן
eye bolt *n* בּוֹרֶג בַּעַל אוֹזֶן
eyebrow *n* גַּבָּה
eye cup *n* קַעֲרִית לִשְׁטִיפַת עַיִן
eyeful *n* ׳חֲתִיכָה׳
eyeglass *n* זְכוּכִית הָעַיִן; מִשְׁקָף
eyelash *n* רִיס הָעַיִן
eyelet *n* סֶדֶק, חָרִיר; לוּלָאָה
eyelid *n* עַפְעַף
eye of the morning *n* שֶׁמֶשׁ
eye-opener *n* פּוֹקֵחַ עֵינַיִים
eyepiece *n* זְכוּכִית הָעַיִן
eye-shade *n* מִצְחִית, סַךְ עַיִן
eye shadow *n* אִיפּוּר עַיִן
eyeshot *n* מֶרְחַק רְאִיָּה
eyesight *n* רְאִיָּה
eye socket *n* אֲרוּבַּת הָעַיִן
eyesore *n* דָּבָר מְכוֹעָר
eyestrain *n* עֲיֵיפוּת עֵינַיִים
eye-test chart *n* טַבְלַת בְּדִיקַת עֵינַיִים
eyetooth *n* שֵׁן הָעַיִן
eyewash *n* תַּרְחִיץ לְעֵינַיִים; אֲחִיזַת עֵינַיִים
eyewitness *n* עֵד רְאִיָּה
eyrie, eyry *n* קַן נֶשֶׁר, קַן עוֹרֵב

F

F, f *n* אֶף (האות השישית באלפבית)

F *abbr* Fahrenheit; February; Fluorine; French; Friday

fable *n* מָשָׁל; אַגָּדָה; בְּדָיָה

fabric *n* אָרִיג; מַאֲרָג; מִבְנֶה

fabricate *vt* פִּבְרֵק, בָּדָה

fabrication *n* פִּבְרוּק, בְּדוּתָה; זִיּוּף

fabulous *adj* דִמְיוֹנִי; אַגָּדִי

facade *n* חֲזִית הַבַּיִת; חֲזִית

face *n* פָּנִים; מַרְאֶה; חוּצְפָּה; יוּקְרָה

face *vt, vi* הִבִּיט לְעֵבֶר; עָמַד מוּל

face card *n* קְלַף תְּמוּנָה

face-lifting *n* הַחֲלָקַת פָּנִים

face powder *n* פּוּדְרָה, אַבְקַת אִיפּוּר

facet *n* צַד, פֵּאָה; אַסְפֶּקְט, פָּן, הֶיבֵּט

face value *n* עֵרֶךְ נוֹמִינָלִי

facial *adj, n* שֶׁל פָּנִים; טִיפּוּל פָּנִים

facilitate *vt* הֵקֵל, סִיֵּעַ

facility *n* אֶפְשָׁרוּת; מְיוּמָנוּת

facing *n* כִּיסּוּי, צִיפּוּי

facsimile *n* הַעְתָּקָה; דְמוּת הַכְּתָב

fact *n* עוּבְדָה

faction *n* סִיעָה

factional *adj* סִיעָתִי, פַּלְגָנִי

factionalism *n* סִיעָתִיּוּת

factor *n* גּוֹרֵם, קוֹבֵעַ; מְתַוֵּךְ

factor *vt, vi* פֵּירֵק לְגוֹרְמִים

factory *n* בֵּית־חֲרוֹשֶׁת

factual *adj* עוּבְדָתִי

faculty *n* כּוֹשֶׁר; (באוניברסיטה) מַחְלָקָה, פָּקוּלְטָה

fad *n* אוֹפְנָה חוֹלֶפֶת

fade *vi, vt* דָעַךְ; דָהָה; נָמוֹג

fade-out *n* הֵיעָלְמוּת הַדְרָגָתִית

fag *vt, vi* עָמַל קָשֶׁה; הִתְעַיֵּף

fag *n* עֲבוֹדָה מְפָרֶכֶת

fail *vi, vt* נִכְשַׁל; הָיָה לָקוּי; אִכְזֵב

fail *n* כִּישָׁלוֹן, פִּיגּוּר

failure *n* כִּישָׁלוֹן; כּוֹשֵׁל; פְּשִׁיטַת־רֶגֶל

faint *adj* עָמוּם, חַלָּשׁ; עָיֵף; מִתְעַלֵּף

faint *n* עִילָּפוֹן

faint *vi* הִתְעַלֵּף

fainthearted *adj* מוּג־לֵב

fair *adj* הוֹגֵן; צוֹדֵק; טוֹב לְמַדַּי; בָּהִיר

fair *adv* בַּהֲגִינוּת

fair *n* יְרִיד

fairground *n* מִגְרְשֵׁי יְרִיד

fairly *adv* בַּהֲגִינוּת

fair-minded *adj* הוֹגֵן בְּשִׁיפּוּטוֹ

fairness *n* הֲגִינוּת; בְּהִירוּת

fair-weather *adj* לְמֶזֶג־אֲוִויר נָאֶה בִּלְבַד

fairy *n* פֵּיָה

fairy story (tale) *n* מַעֲשִׂיָּה; בְּדָיָה

fairyland *n* עוֹלַם הַפֵּיוֹת

faith *n* אֱמוּנָה, דָת; אֵימוּן

faithful *adj* מָסוּר, נֶאֱמָן

faithless *adj* חֲסַר אֱמוּנָה; בּוֹגֵד

fake *vt, vi* זִיֵּיף, הוֹנָה

fake *n* מְזַיֵּיף, נוֹכֵל

[illegible] *n, adj* — זִיּוּף, הוֹנָאָה
[illegible]lcon *n* — נֵץ, בַּז
falconer *n* — בַּזַּיָּר
falconry *n* — בַּזַּיָּרוּת
fall *vi* — נָפַל; פָּחַת; חָל; נִפְתָּה
fall *n* — נְפִילָה, יְרִידָה; מַפּוֹלֶת; סְתָיו; שַׁלֶּכֶת; מַפַּל־מַיִם
fallacious *adj* — מַטְעֶה; מוּטְעֶה
fallacy *n* — סְבָרָה מוּטְעֵית
fall asleep *vi* — נִרְדַּם
fall guy *n* — שָׂעִיר לַעֲזָאזֵל
fallible *adj* — עָלוּל לִטְעוֹת
falling star *n* — כּוֹכָב נוֹפֵל, מֵטֵאוֹר
fall in love *vi* — הִתְאַהֵב
fall-out *n* — נְפוֹלֶת
fall-out shelter *n* — מִקְלָט נֶגֶד נְשׁוֹרֶת, מִקְלָט אֲטוֹמִי
fallow *vt* — כָּרַב, חָרַשׁ וְהוֹבִיר
fallow *n* — כְּרָב־נָע
fallow *adj* — חָרוּשׁ וּמוּבָר; צְהַבְהַב
fall under *vi* — נִכְלַל בּ...
false *adj, adv* — מוּטְעֶה; כּוֹזֵב; מְזוּיָּף
false face *n* — מַסְוֶה
false-hearted *adj* — בּוֹגְדָנִי
falsehood *n* — שֶׁקֶר, רַמָּאוּת
false return *n* — הַצְהָרָה כּוֹזֶבֶת
falsetto *n* — פַּלְסֵט, סַלְפִית
falsify *vt, vi* — זִיֵּף, סִילֵּף
falsity *n* — שֶׁקֶר, זִיּוּף
falter *vi* — הִיסֵּס; דִּיבֵּר בְּהַסְסָנוּת
fame *n* — פִּרְסוּם, שֵׁם טוֹב
famed *adj* — מְפוּרְסָם
familiar *adj* — יָדוּעַ, רוֹוֵחַ, מוּכָּר
familiarity *n* — הֶיכֵּרוּת; בְּקִיאוּת; אִי־רִשְׁמִיּוּת
familiarize *vt* — וִידֵּעַ, הִכִּיר; פִּרְסֵם
family *n* — מִשְׁפָּחָה
family physician *n* — רוֹפֵא מִשְׁפָּחָה
famish *vt, vi* — הִרְעִיב; רָעֵב
famished *adj* — גּוֹוֵעַ מֵרָעָב
famous *adj* — מְפוּרְסָם
fan *n* — מְנִיפָה; מְאַוְורֵר; חוֹבֵב
fan *vt, vi* — נוֹפֵף בִּמְנִיפָה; הֵשִׁיב רוּחַ
fanatic(al) *adj* — קַנַּאִי, פָנָטִי
fanatic *n* — קַנַּאי
fanaticism *n* — קַנָּאוּת, פָנָטִיּוּת
fancied *adj* — דִּמְיוֹנִי; אָהוּד
fancier *n* — מְחַבֵּב; שׁוֹגֶה בְּדִמְיוֹנוֹת
fanciful *adj* — דִּמְיוֹנִי, מוּזָר
fancy *n* — דִּמְיוֹן; אַשְׁלָיָה; קַפְּרִיזָה, גַּחֲמָה
fancy *adj* — קִישׁוּטִי; דִּמְיוֹנִי
fancy *vt, vi* — תֵּיאֵר לְעַצְמוֹ; חִיבֵּב
fancy-ball *n* — נֶשֶׁף מַסֵּכוֹת
fancy dive *n* — צְלִילָה רַאַוְותָנִית; מוֹעֲדוֹן לַיְלָה עוֹגְבָנִי
fancy-dress *n* — תַּחְפּוֹשֶׂת
fancy foods *n pl* — מַאַכְלֵי עֲדָנִים
fancy-free *adj* — חוֹפְשִׁי מֵהַשְׁפָּעָה
fancy jewelry *n* — תַּכְשִׁיטִים מְדוּמִּים
fancy skating *n* — הַחֲלָקַת רַאֲוָוה
fancywork *n* — רִקְמָה
fanfare *n* — תְּרוּעַת חֲצוֹצְרוֹת
fang *n* — שֵׁן אֶרֶס
fanlight *n* — אֶשְׁנָב תְּרִיסִי
fantasy *n* — דִּמְיוֹן, הֲזָיָה
fantasy *vt, vi* — דִּימָּה, הָזָה
far *adj, adv* — רָחוֹק; בְּמִידָּה רַבָּה
faraway *adj* — רָחוֹק; חוֹלְמָנִי
farcical *adj* — מַצְחִיק; מְגוּחָךְ

fare *vi* נֶהֱנָה; הָיָה בְּמַצָּב; נָסַע; אֵירַע
fare *n* דְּמֵי־נְסִיעָה; נוֹסֵעַ
Far East *n* הַמִּזְרָח הָרָחוֹק
farewell *adj, n, interj* שֶׁל פְּרִידָה; בִּרְכַּת פְּרִידָה; צֵאתְךָ לְשָׁלוֹם
far-fetched *adj* קָשׁוּר קֶשֶׁר רוֹפֵף
far-flung *adj* מִתְפַּשֵּׁט, מִשְׂתָּרֵעַ
farm *n* מֶשֶׁק, חַוָּה
farm *vt, vi* חָכַר, הֶחְכִּיר; מָכַס
farmer *n* אִיכָּר, חַוַּאי
farmhouse *n* בֵּית־מֶשֶׁק
farming *n, adj* אִיכָּרוּת, חַקְלָאוּת
farmyard *n* חֲצַר מֶשֶׁק
far-off *adj* מְרוּחָק
far-reaching *adj* מַרְחִיק־לֶכֶת
farsighted *adj* רוֹאֶה לְמֵרָחוֹק
farther *adj, adv* יוֹתֵר רָחוֹק, הָלְאָה
farthest *adj* הָרָחוֹק בְּיוֹתֵר
farthest *adv* לַמֶּרְחָק הַגָּדוֹל בְּיוֹתֵר
farthing *n* רֶבַע פֶּנִי; פְּרוּטָה
Far West *n* הַמַּעֲרָב הָרָחוֹק
fascinate *vt, vi* הִקְסִים; הִכְנִיעַ
fascinating *adv* בְּצוּרָה מַקְסִימָה
fashion *n* אוֹפְנָה; אוֹפֶן, דֶּרֶךְ; נוֹהַג מְקוּבָּל
fashion *vt* עִיצֵּב, קָבַע צוּרָה; הִתְאִים
fashion designing *n* תִּכְנוּן אוֹפְנָה
fashion-plate *n* דוּגְמַת אוֹפְנָה
fashion show *n* תְּצוּגַת אוֹפְנָה
fast *adj* מָהִיר; יַצִּיב; הוֹלְלָנִי; הָדוּק
fast *adv* בִּמְהוּדָּק; חָזָק; מַהֵר
fast *vi* צָם
fast *n* צוֹם
fast day *n* יוֹם צוֹם, תַּעֲנִית
fasten *vt, vi* חִיזֵּק, הִידֵּק; כִּפְתֵּר
fastener *n* רוֹכְסָן; הֶבֶק; (לחלון וכד׳) רַתּוֹק
fastidious *adj* אִסְטְנִיסִי, בַּרְרָנִי
fat *adj* שָׁמֵן
fat *n* שׁוּמָּן; שׁוֹמֶן
fatal *adj* גּוֹרָלִי, רַצְינִי; גּוֹרֵם מָוֶת
fatalism *n* פָטָלִיוּת, פָטָלִיזם
fatalist *n* פָטָלִיסְט
fatality *n* מִקְרֵה מָוֶת
fate *n* גּוֹרָל; מָוֶת
fated *adj* אָנוּס עַל־פִּי הַגּוֹרָל
fateful *adj* הֲרֵה גּוֹרָל
fathead *n* טִיפֵּשׁ
father *n* אָב
father *vt* הוֹלִיד; הִמְצִיא; שִׁימֵּשׁ כְּאָב
fatherhood *n* אַבְהוּת
father-in-law *n* חוֹתֵן
fatherland *n* מוֹלֶדֶת
fatherless *adj* יָתוֹם מֵאָבִיו
fatherly *adv, adj* כְּאָב; אַבְהִי
Father's Day *n* יוֹם הָאָב
fathom *n* פָתוֹם (יחידת אורך)
fathom *vt, vi* חָדַר לְעוֹמֶק; הֵבִין
fathomless *adj* עָמוֹק עַד אֵין חֵקֶר
fatigue *vt, vi* עִייֵּף; הִתְעַייֵּף
fatigue *n* עֲייֵפוּת
fatten *vt, vi* הִשְׁמִין; פִּיטֵּם
fatty *adj, n* שָׁמֵן, מֵכִיל שׁוּמָּן
fatuous *adj* רֵיקָא, אִידְיוֹטִי
fault *n* פְּגָם; שְׁגִיאָה; עָווֶל
faultfinder *n* מְבַקֵּשׁ פְּגָמִים
faultfinding *adj* שֶׁל בִּיקּוּשׁ פְּגָמִים
faultless *adj* לְלֹא מוּם
faulty *adj* פָּגוּם, מְקוּלְקָל

faun *n* אָדָם־תַּיִשׁ
fauna *n* עוֹלַם הַחַי
favor *n* טוֹבָה, חֶסֶד; מַשּׂוֹא־פָּנִים
favor *vt* נָטָה חֶסֶד ל...
favorable, *adj* מְסַיֵּעַ; נוֹחַ; נוֹטֶה לְהַסְכִּים
favorable answer *n* תְּשׁוּבָה חִיּוּבִית
favorite *n, adj* מוּעָדָף עַל אֲחֵרִים
favoritism *n* מַשּׂוֹא־פָּנִים
fawn *n* עוֹפֶר הָאַיָּלִים
fawn *adj* חוּם־צָהוֹב בָּהִיר
fawn *vi* הִתְרַפֵּס
faze *vt* הִפְרִיעַ, הִדְאִיג
fear *n* פַּחַד, חֲשָׁשׁ
fear *vt, vi* פָּחַד, חָשַׁשׁ
fearful *adj* נוֹרָא, אָיוֹם; חוֹשֵׁשׁ
fearless *adj* אַמִּיץ־לֵב, לְלֹא חַת
feasible *adj* בַּר־בִּיצּוּעַ
feast *n* חַג; סְעוּדָה; עוֹנֶג
feast *vt, vi* נֶהֱנָה מִסְּעוּדָה; הִתְעַנֵּג
Feast of Weeks *n* חַג הַשָּׁבוּעוֹת
feat *n* מַעֲשֵׂה גְבוּרָה
feather *n* נוֹצָה
feather *vt, vi* קִישֵּׁט בְּנוֹצוֹת
featherbed *vt vi* פִּינֵּק; כָּפָה מַעֲבִיד
featherbedding *n* כְּפִיַּית מַעֲבִיד
featherbrain *n* קַל־דַּעַת
featheredged *adj* מְחוּדָּד
feathery *adj* עָטוּי נוֹצוֹת; דָּמוּי נוֹצָה
feature *n* חֵלֶק הַפָּנִים; (בריבוי) תּוֹפָעָה בּוֹלֶטֶת
feature writer *n* כּוֹתֵב רְשִׁימוֹת מֶרְכָּזִיּוֹת
February *n* פֶבְּרוּאָר
feces *n pl* צוֹאָה

feckless *adj* קַל־דַּעַת
federal *adj, n* שֶׁל בְּרִית מְדִינוֹת; פֵדֶרָלִי
federate *adj* בְּרִית מְדִינוֹת
federate *vt, vi* אִיחֵד עַל בָּסִיס פֵדֶרָלִי; הִתְאַחֵד (כנ״ל)
federation *n* הִתְאַחֲדוּת מְדִינוֹת
fedora *n* פֵדוֹרָה (סוג מגבעת)
fed up *adj* שֶׁנִּמְאַס לוֹ
fee *vt* שִׁילֵּם; שָׂכַר
fee *n* תַּשְׁלוּם; שָׂכָר
feeble *adj* חַלָּשׁ
feeble-minded *adj* רְפֵה שֵׂכֶל
feed *vt, vi* הֶאֱכִיל, הֵזִין; שִׁימֵּשׁ מָזוֹן; נִיזּוֹן; סִיפֵּק
feed *n* מָזוֹן; אֲבִיסָה
feedback *n* מָשׁוֹב; הִיזּוּן חוֹזֵר
feed-bag *n* שַׂק הַמִּסְפּוֹא
feed pump *n* מַשְׁאֵבַת הֶיגֵּשׁ
feed trough *n* אֵבוּס
feed wire *n* תַּיִל זָן
feel *vt, vi* הִרְגִּישׁ, חָשׁ
feel *n* הַרְגָּשָׁה, תְּחוּשָׁה; חוּשׁ הַמִּישׁוּשׁ
feeler *n* מַרְגִּישׁ; הֶעָרַת גִּישׁוּשׁ; מַשְׁשָׁן
feeling *adj* רָגִישׁ
feeling *n* הַרְגָּשָׁה, רֶגֶשׁ
feign *vt, vi* הִמְצִיא בְּדִמְיוֹן; הֶעֱמִיד פָּנִים
feint *n* הַטְעָיָה, תַּכְסִיס הַטְעָיָה
feint *vi* הִטְעָה; הֶעֱמִיד פָּנִים
feldspar *n* פַּצֶּלֶת־הַשָּׂדֶה
felicitate *vt* בֵּירֵךְ, אִיחֵל
felicitous *adj* הוֹלֵם, קוֹלֵעַ
fell *pt of* fall נָפַל
fell *vt* הִפִּיל; כָּרַת

fell *adj* מֵטִיל אֵימָה, אַכְזָרִי
fell *n* עוֹר חַיָּה
fellah *n* פַּלָּח, פַּלָּח
felloe *n* חִישׁוּק הָאוֹפַן
fellow *n* אָדָם; בָּחוּר; בַּרְנָשׁ
fellow being *n* יְצוּר אֱנוֹשׁ
fellow-citizen *n* אֶזְרַח אוֹתָהּ אֶרֶץ
fellow-countryman *n* בֶּן אוֹתָהּ אֶרֶץ
fellow man *n* אָדָם, הַזּוּלַת
fellow member *n* חֲבֵר אֲגוּדָה
fellowship *n* חֲבֵרוּת; אַחֲוָה; חֲבֵרוּת בַּאֲגוּדָה
fellow-traveler *n* אוֹהֵד
felon *n* פּוֹשֵׁעַ, מְבַצֵּעַ פֶּשַׁע; מוּרְסָה
felony *n* פֶּשַׁע
felt *pt, pp of* feel הִרְגִּישׁ, חָשׁ
felt *n* לֶבֶד
female *n* נְקֵבָה
female *adj* נְקֵבִי
feminine *adj* נָשִׁי, נְקֵבִי
feminine gender *n* מִין נְקֵבָה
feminism *n* פֶמִינִיזם; נָשִׁיּוּת
fen *n* גֵּיא מַיִם, בִּיצָּה
fence *vt, vi* גָּדַר; סִייֵף
fence *n* גָּדֵר; סִיּוּף
fencing *n* סִיּוּף; הִתְחַכְּמוּת בְּוִיכּוּחַ; גִּידּוּר
fencing academy *n* מָכוֹן לְסִיּוּף
fend *vt* הִתְגּוֹנֵן
fender *n* הוֹדֵף; פָּגוֹשׁ
fennel *n* שׁוּמָר פָּשׁוּט
ferment *n* תָּסִיס; תְּסִיסָה
ferment *vt, vi* הִתְסִיס; תָּסַס
fern *n* שָׁרָךְ
ferocious *adj* פְּרָאִי, אַכְזָרִי
ferocity *n* פְּראוּת, אַכְזְרִיּוּת
ferret *n* סַמּוּר
ferret *vt* גֵּירֵשׁ בְּעֶזְרַת סַמּוּר; חָשַׂף
Ferris wheel *n* אוֹפַן נַדְנֵדוֹת
ferry *n* מַעְבּוֹרֶת
ferry *vt, vi* הֵשִׁיט בְּמַעְבָּרָה
ferryboat *n* מַעְבּוֹרֶת
fertile *adj* פּוֹרֶה; מַזְרִיעַ
fertilize *vt* הִפְרָה; דִּישֵּׁן
fervent *adj* נִלְהָב, לוֹהֵט
fervently *adv* בְּלַהַט
fervid *adj* מְשׁוּלְהָב
fervor *n* לַהַט
fester *vt, vi* מִיגֵּל; גָּרַם לִכְאֵב
fester *n* כִּיב
festival *n* חַג; חֲגִיגָה; פֶסְטִיבָל, תְּחִינָּה
festive *adj* חֲגִיגִי
festivity *n* טֶקֶס חֲגִיגִי; עַלִּיזוּת; חֲגִיגִיּוּת
festoon *n* זֵר פְּרָחִים
festoon *vt* קִישֵּׁט בִּזְרִים
fetch *vt, vi* הָלַךְ וְהֵבִיא; הִשִּׂיג (מחיר); צוֹדֵד
fetching *adj* מַקְסִים
fete *vt* עָרַךְ מְסִיבָּה לִכבוד
fete *n* חַג, חֲגִיגָה
fetid, foetid *adj* מַבְאִישׁ
fetish *n* עֶצֶם נַעֲרָץ, פֶטִישׁ
fetlock *n* מְקוֹם הַכְּפִיתָה
fetter *n* אֲזֵק
fetter *vt* כָּבַל בַּאֲזִיקִים; הִגְדִּיל
fettle *vt* הֵכִין; הִתְקִין
fetus *n* עוּבָּר
feud *vi* נָטַר אֵיבָה
feud *n* סִכְסוּךְ נִצְחִי

feudal *adj* פֵּיאוֹדָלִי
feudalism *n* פֵּיאוֹדָלִיוּת
fever *n* חוֹם, קַדַּחַת; קַדַּחְתָּנוּת
feverish *adj* קַדַּחְתָּנִי
few *adj, pron, n* אֲחָדִים, מְעַטִּים
fiancé *n* אָרוּס
fiancée *n* אֲרוּסָה
fiasco *n* כִּישָּׁלוֹן מַחפִּיר
fib *n* שֶׁקֶר יַלְדוּתִי
fib *vi, vt* שִׁיקֵּר (כנ"ל)
fibber *n* שַׁקְרָן
fibrous *adj* סִיבִי; לִיפִי
fickle *adj* לֹא יַצִּיב, הֲפַכְפַּךְ
fiction *n* סִיפּוֹרֶת; בְּדַאי
fictional *adj* שֶׁל סִיפּוֹרֶת, דִמְיוֹנִי
fictionalize *vt* בָּדָה, כָּתַב בְּדַאי
fictitious *adj* מְזוּיָּף, בָּדוּי; סִיפּוּרִי
fiddle *n* כִּינּוֹר; לַזְבֵּז שׁוּלְחָן
fiddle *vt* נִיגֵּן בְּכִינּוֹר; עָשָׂה תְּנוּעוֹת לְלֹא מַטָּרָה; (המונית) רִימָּה
fiddler *n* מְנַגֵּן בְּכִינּוֹר; עוֹסֵק בִּשְׁטוּיוֹת
fiddling, fiddly *adj* פָּעוּט
fidelity *n* נֶאֱמָנוּת
fidget *vt, vi* עִצְבֵּן; נָע בְּעַצְבָּנוּת
fidgety *adj* עַצְבָּנִי
fiduciary *n, adj* אֶפִּיטְרוֹפּוֹס; שֶׁל נֶאֱמָנוּת
fie *interj* פוּי (הבעת גועל)
fief *n* אֲחוּזָּה פֵּיאוֹדָלִית
field *n* שָׂדֶה; מִגְרָשׁ (ספורט); תְּחוּם (פעולה וכד׳)
field *vt* עָצַר (כדור) וְהִשְׁלִיךְ
fielder *n* (במשחק) מְשַׂחֵק בַּשָּׂדֶה
fieldglasses *n pl* מִשְׁקֶפֶת שָׂדֶה
field hockey *n* הוֹקִי שָׂדֶה
field-marshal *n* פִילְד מַרְשָׁל
field-piece *n* תּוֹתַח שָׂדֶה
fiend *n* שָׂטָן, שֵׁד; מִתְמַכֵּר (לסמים, לתחביב וכד׳)
fiendish *adj* שְׂטָנִי
fierce *adj* פִּרְאִי; סוֹעֵר; חָזָק
fierceness *n* פִּרְאוּת
fiery *adj* שֶׁל אֵשׁ, בּוֹעֵר; לוֹהֵט
fife *n* חָלִיל
fife *vt* חִילֵּל
fifteen *adj, n* חֲמִישָּׁה־עָשָׂר, חֲמֵשׁ־עֶשְׂרֵה
fifteenth *adj, n* הַחֲמִישָּׁה־עָשָׂר; הַחֵלֶק הַחֲמִישָּׁה־עָשָׂר
fifth *adj, n* חֲמִישִׁי, חֲמִישִׁית
fifth column *n* גַּיִס חֲמִישִׁי
fifth-columnist *n* אִישׁ הַגַּיִס הַחֲמִישִׁי
fiftieth *adj, n* הַחֲמִישִּׁים; חֵלֶק הַחֲמִישִּׁים
fifty *adj, n* חֲמִישִּׁים
fifty-fifty *adv, adj* חֵלֶק כְּחֵלֶק
fig *n* תְּאֵנָה; דָּבָר שֶׁל מַה־בְּכָךְ
fig. *abbr* figurative; figuratively; figure, figures
fight *n* קְרָב; לְחִימָה; מַאֲבָק
fight *vt, vi* נִלְחַם בּ...; נֶאֱבַק
fighter *n* לוֹחֵם; מְטוֹס־קְרָב
fig-leaf *n* עֲלֵה תְּאֵנָה
figment *n* פְּרִי דִמְיוֹן
figurative *adj* צִיּוּרִי, מֶטָפוֹרִי
figure *n* סִפְרָה; מִסְפָּר; צוּרָה; גִּזְרָה
figure *vt, vi* חִשֵּׁב; הִבִּיעַ בְּמִסְפָּרִים; קִישֵּׁט
figure-head *n* 'בּוּבָּה', בַּעַל מַעֲמָד לְלֹא סַמְכוּת

figure of speech *n* בִּיטּוּי צִיּוּרִי

figure-skating *n* הַחֲלָקָה בְּצוּרוֹת

figurine *n* פִּסְלוֹן; פְּסִלִית

filament *n* חוּט דַּקִיק

filch *vt* גָּנַב (דבר פעוט)

file *n* שׁוֹפִין, פְּצִירָה; תִּיק; כַּרְטֶסֶת

file *vt, vi* תִּייֵק; צָעַד בְּטוּר; פָּצַר, שָׁף

file case *n* תִּיקִיּוֹן

filet *n* רֶשֶׁת

filial *adj* שֶׁל בֵּן (אוֹ בת)

filiation *n* הֱיוֹת בֵּן; אַבְהוּת

filibuster *n* פִילִיבּוּסטֶר

filibuster *vi* נָהַג כְּפִילִיבּוּסטֶר

filigree, fillagree *n* רִקְמַת פְּאֵר

filing *n* תִּיּוּק; גְרוֹדֶת

filing-cabinet *n* תִּיקִיּוֹן

filing card *n* כַּרְטִיס, כַּרְטִיסִיָּה

Filipino *n* פִילִיפִּינִי

fill *vt, vi* מִילֵּא; סָתַם (שֵׁן); הִתְמַלֵּא

fill *n* כַּמּוּת מַסְפֶּקֶת

filler *n* מְמַלֵּא; מִילּוּי

fillet *n* סֶרֶט; פִילֶה

fillet *vt* קָשַׁר בְּסֶרֶט

filling *adj* מְמַלֵּא, מַשְׂבִּיעַ

filling *n* מִילּוּי; סְתִימָה

filling-station *n* תַּחֲנַת־דֶּלֶק

fillip *n* סְנוֹקֶרֶת; תַּמְרִיץ

filly *n* סְייָחָה

film *n* קְרוּם, סֶרֶט

film *vt, vi* קָרַם; נִקְרַם; הִסְרִיט

film-star *n* כּוֹכַב קוֹלְנוֹעַ

film strip *n* סִרְטוֹן

filmy *adj* קְרוּמִי, מְצוֹעָף

filter *n* מַסְנֵן

filter *vt, vi* סִינֵּן; הִסְתַּנֵּן

filtering *n* סִינּוּן

filter paper *n* נְיַיר סִינּוּן

filter tip *n* פִּיַּית תַּסְנִין

filth *n* לִכְלוּךְ, זוּהֲמָה; טוּמְאָה

filthy *adj* מְטוּנָף, מְתוֹעָב

filthy lucre *n* כֶּסֶף

filtrate *n* תַּסְנִין

filtrate *vt* סִינֵּן

fin. *abbr* finance

fin *n* סְנַפִּיר

final *adj, n* סוֹפִי, אַחֲרוֹן

finale *n* סִיּוּם; פִינָלֶה

finalist *n* מְסַיֵּים

finally *adv* לְבַסּוֹף; בְּצוּרָה סוֹפִית

finance *n* מִימּוּן; כְּסָפִים

finance *vt, vi* מִימֵּן; בִּיצֵּעַ פְּעוּלוֹת כַּסְפִּיּוֹת

financial *adj* כַּסְפִּי

financier *n* מְמוֹנַאי; בַּעַל הוֹן

financing *n* מִימּוּן

finch *n* פְּרוּשׁ מָצוּי

find *vt* מָצָא, גִּילָּה

find *n* מְצִיאָה; תַּגְלִית

finder *n* מוֹצֵא; מְאַתֵּר

finding *n* מְצִיאָה; תַּגְלִית; מִמְצָא

fine *n* קְנָס

fine *vt* קָנַס

fine *adj, adv* מְשׁוּבָּח, מוּבְחָר; חַד; עָדִין; נָאֶה

fine arts *n pl* אוֹמָנוּיוֹת דַּקּוֹת

fine gold *n* זָהָב טָהוֹר

fineness *n* הִידּוּר; דַּקּוּת; עֲדִינוּת

finery *n* קִישּׁוּט; כּוּר מַצְרֵף

finespun *adj* דַּק, עָדִין

finesse *n* עֲדִינוּת הַבִּיצּוּעַ; דַּקּוּת

fine print *n* אוֹתִיּוֹת קְטַנּוֹת
fine-toothed comb *n* מַסְרֵק דַק
finger *n* אֶצְבַּע
finger *vt, vi* נָגַע בְּאֶצְבְּעוֹתָיו; ׳סָחַב׳
fingerboard *n* שְׁחִיף הָאֶצְבָּעוֹת; מִקְלֶדֶת
finger-bowl *n* נַטְלָה, אַנְטָל
finger dexterity *n* חֲרִיצוּת אֶצְבָּעוֹת
fingering *n* מִשְׁמוּשׁ; ׳סְחִיבָה׳; אִצְבּוּעַ
fingernail *n* צִיפּוֹרֶן
fingernail polish *n* מִשְׁחַת צִיפּוֹרְנַיִים
fingerprint *n, vt* טְבִיעַת אֶצְבָּעוֹת; הֶחְתִּים טְבִיעַת אֶצְבָּעוֹת
finger tip *n* קְצֵה־הָאֶצְבַּע
finial *n* עִיטּוּר־שִׂיא
finical *adj* מְפוּנָּק, אִיסְטְנִיס; מְפוּרָט
finish *vt, vi* גָּמַר, סִיֵּים; הִסְתַּיֵּים
finish *n* גִּימּוּר; אַשְׁפָּרָה
finishing nail *n* מַסְמֵר חוֹתֵם
finishing school *n* בֵּית־סֵפֶר מַשְׁלִים
finishing touch *n* גִּימּוּר
finite *adj* מוּגְדָר, מְפוֹרָשׁ; מוּגְבָּל; סוֹפִי
finite verb *n* פּוֹעַל מְפוֹרָשׁ
Finland *n* פִּינְלַנְד
Finlander *n* פִינְלַנְדִי, פִינִּי
Finn *n* פִינִּי
Finnish *adj, n* פִינִּי; הַלָּשׁוֹן הַפִינִּית
fir *n* אַשׁוּחַ
fire *n* אֵשׁ; דְלֵיקָה; יְרִייָה
fire *vt, vi* הִצִּית; שִׁלְהֵב; יָרָה; פִּיטֵר; הִשְׁתַּלְהֵב
fire-alarm *n* אַזְעָקַת שְׂרֵיפָה
firearms *n pl* כְּלֵי־יְרִייָה; נֶשֶׁק קַל
fireball *n* רִימּוֹן־הַצָּתָה; זִיקוּק
firebird *n* צִיפּוֹר כְּתוּמָה
fireboat *n* סִירַת כִּיבּוּי
firebox *n* תָּא־הָאֵשׁ
firebrand *n* לַפִּיד הַצָּתָה; מֵסִית
firebreak *n* חוֹסֵם אֵשׁ
firebrick *n* לְבֵנָה שְׂרוּפָה
fire-brigade *n* מְכַבֵּי־אֵשׁ
firebug *n* מַבְעִיר
fire company *n* פְּלוּגַת כַּבָּאִים
firecracker *n* פִּצְצַת הַפְחָדָה
firedamp *n* גַּאז הַמִּכְרוֹת
fire department *n* מַחְלֶקֶת כַּבָּאוּת
firedog *n* כַּן עֲצֵי הַסָּקָה
fire drill *n* תִּרְגּוּל כַּבָּאוּת
fire engine *n* מְכוֹנִית כִּיבּוּי
fire escape *n* מוֹצָא חֵירוּם (מבית)
fire-extinguisher *n* מַטְפֶּה
firefly *n* גַּחֲלִילִית
fireguard *n* סְבָכַת אֵשׁ
fire hose *n* זַרְנוּק
firehouse *n* תַּחֲנַת כַּבָּאִים
fire hydrant *n* זַרְנוּק כִּיבּוּי
fire insurance *n* בִּיטּוּחַ אֵשׁ
fire irons *n pl* מַכְשִׁירֵי אָח
fireless cooker *n* סִיר בִּישּׁוּל שׁוֹמֵר חוֹם
fireman *n* כַּבַּאי
fireplace *n* אָח
fireplug *n* זַרְנוּק כִּיבּוּי
firepower *n* עוֹצְמַת אֵשׁ
fireproof *adj* חֲסִין אֵשׁ
fireproof *vt* חִיסֵּן מִפְּנֵי אֵשׁ
fire sale *n* מְכִירָה עֵקֶב שְׂרֵיפָה

fire screen *n* חַיִץ בִּפְנֵי אֵשׁ
fire ship *n* סְפִינַת אֵשׁ
fire shovel *n* אֵת כִּיבּוּי
fireside *n* קִרְבַת הָאָח
firetrap *n* מַלְכּוֹדֶת אֵשׁ
fire-wall *n* חֲצִיץ אֵשׁ
firewarden *n* כַּבַּאי
firewater *n* מַשְׁקֶה חָרִיף
firewood *n* עֲצֵי הַסָּקָה
fireworks *n pl* זִיקוּקֵי אֵשׁ
firing *n* יְרִי, יְרִייָה; דֶּלֶק
firing order *n* סֵדֶר הַצָּתָה (במנוע)
firm *adj, adv* מוּצָק, חָזָק; יַצִּיב
firm *n* שׁוּתָּפוּת מִסְחָרִית
firmament *n* רָקִיעַ
firm name *n* שֵׁם פִירְמָה
firmness *n* תַּקִּיפוּת; מוּצָקוּת; יַצִּיבוּת
first *adj, adv, n* רִאשׁוֹן; תְּחִילָּה; בָּרִאשׁוֹנָה; רֵאשִׁית; הָרִאשׁוֹן
first-aid *n* עֶזְרָה רִאשׁוֹנָה
first-aid kit *n* תַּרְמִיל עֶזְרָה רִאשׁוֹנָה
first-aid station *n* תַּחֲנַת עֶזְרָה רִאשׁוֹנָה
first-born *adj, n* בְּכוֹר
first-class *adj, adv* מִמַּדְרֵגָה רִאשׁוֹנָה
first cousin *n* דּוֹדָן רִאשׁוֹן
first draft *n* טְיוּטָה רִאשׁוֹנָה
first finger *n* הָאֶצְבַּע הַמַּרְאָה, אֶצְבַּע
first floor *n* קוֹמָה רִאשׁוֹנָה
first fruits *n pl* בִּיכּוּרִים; תּוֹצָאוֹת רִאשׁוֹנוֹת
first lieutenant *n* סֶגֶן
firstly *adv* רֵאשִׁית
first name *n* שֵׁם פְּרָטִי
first-night *n* לַיְלָה רִאשׁוֹן
first-nighter *n* מְבַקֵּר בְּהַצָּגוֹת־בְּכוֹרָה
first officer *n* קָצִין רִאשׁוֹן (בצי)
first quarter *n* רֶבַע רִאשׁוֹן (של הירח)
first-rate *adj, adv* מִמַּדְרֵגָה רִאשׁוֹנָה
first-run house *n* אוּלַם הַצָּגוֹת בְּכוֹרָה
fiscal *adj, n* שֶׁל אוֹצַר הַמְּדִינָה, פִיסְקָלִי; תּוֹבֵעַ כְּלָלִי
fiscal year *n* שְׁנַת הַכְּסָפִים
fish *n* דָּג, דָּגָה
fish *vt, vi* דָּג
fishbone *n* עֶצֶם דָּג, אִדְרָה
fish bowl *n* אַקְווַרְיוֹן
fisher *n* דַּיָּיג
fisherman *n* דַּיָּיג; סִירַת דַּיִג
fishery *n* דַּיִג; מְקוֹם דַּיִג
fishglue *n* דֶּבֶק עַצְמוֹת דָּגִים
fishhawk *n* שָׁלָךְ, עֵיט דָּגִים
fishhook *n* חַכָּה
fishing *n* דַּיִג; מִדְגֶּה
fishing reel *n* סְלִיל חַכָּה
fishing tackle *n* צִיּוּד דַּיִג
fishing torch *n* פַּנַּס דַּיִג
fish line *n* חוּט הַחַכָּה
fish market *n* שׁוּק הַדָּגִים
fishplate *n* מַטְלַת מִישָּׁק
fishpond *n* בְּרֵיכַת דָּגִים
fish spear *n* צִלְצָל
fish story *n* סִיפּוּר בַּדִּים
fishtail *n* נִעְנוּעַ זָנָב (במטוס)
fishwife *n* מוֹכֶרֶת דָּגִים; מְנַבֶּלֶת פִּיהָ
fishworm *n* תּוֹלַעַת פִּיתָּיוֹן

fishy *adj* דָּגִי; חָשׁוּד, מְפוּקְפָּק
fission *n* הִסְתַּדְּקוּת
fissionable *adj* נִיתָּן לְסִידּוּק
fissure *n* סֶדֶק, בְּקִיעַ
fist *n* אֶגְרוֹף
fist *vt* הִכָּה בְּאֶגְרוֹף
fist fight *n* הִתְכַּתְּשׁוּת
fisticuffs *n pl* אִגְרוּף
fit *adj* מַתְאִים, הוֹלֵם; רָאוּי
fit *vt, vi* הִתְאִים, הָלַם; הִתְקִין
fit *n* הַתְאָמָה; הַתְקָפַת מַחֲלָה; (דיבּוּרית) הִתְפָּרְצוּת
fitful *adj* לְמִקוּטָּעִים; לְלֹא תְּדִירוּת
fitness *n* הַתְאָמָה; כּוֹשֶׁר גוּפָנִי
fitter *n* מַתְאִים בְּגָדִים; מַסְגֵּר
fitting *adj, n* הוֹלֵם; הַתְאָמָה
five *adj, n* שֶׁל חָמֵשׁ; חָמֵשׁ, חֲמִשָּׁה; חֲמִישִׁיָּה
five-finger exercise *n* תַּרְגִּיל לְמַתְחִיל
five-hundred *n* חֲמֵשׁ מֵאוֹת
five-year plan *n* תּוֹכְנִית חוֹמֶשׁ
fix *vt, vi* סִידֵּר; כִּיוּוֵן; תִּיקֵּן; קָבַע; נִקְבַּע
fix *n* מֵיצַר, מְבוּכָה; אִיתּוּר
fixed *adj* מְחוּזָּק; קָבוּעַ; מְכוּוָּן; מְסוּדָּר
fixing *n* קְבִיעָה; יִיצּוּב; תִּקּוּן
fixture *n* קְבִיעָה; יִיצּוּב; חֵפֶץ קָבוּעַ
fizz, fiz *n* אִוּשָׁה
fizz *vi* אִיוֵּשׁ
fizzle *vi* הִשְׁמִיעַ אוּשַׁת תְּסִיסָה
fizzle *n* אִוּשָׁה; כִּישָּׁלוֹן
fizzy *adj* מְאַוֵּשׁ, תּוֹסֵס
fl. *abbr* flourished, fluid
flabbergast *vt* הִדְהִים
flabby *adj* מְדוּלְדָּל; חַלָּשׁ, רַכְרוּכִי
flag *n* דֶּגֶל; כּוֹתֶרֶת
flag *vt, vi* שָׂם דֶּגֶל; אוֹתֵת; נֶחֱלַשׁ
flag captain *n* מְפַקֵּד אוֹנִיַּת דֶּגֶל
flageolet *n* חֲלִילוֹן
flagman *n* דַּגְלָן
flag of truce *n* דֶּגֶל שָׁלוֹם
flagpole *n* מוֹט דֶּגֶל
flagrant *adj* שַׁעֲרוּרִיָּתִי
flagship *n* אוֹנִיַּת־דֶּגֶל
flagstaff *n* מוֹט הַדֶּגֶל
flag-stone *n* אֶבֶן רִיצּוּף
flag stop *n* תַּחֲנַת בַּקָּשָׁה
flail *n* מַחְבֵּט
flail *vi* הִצְלִיף
flair *n* כִּשְׁרוֹן; הַבְחָנָה
flak *n* אֵשׁ נֶגֶד מְטוֹסִים
flake *n* פָּתִית; פֵּירוּר
flake *vt, vi* פּוֹרֵר; הִתְפּוֹרֵר
flaky *adj* שֶׁל פְּתִים, פְּתוּתִי
flamboyant *adj* זוֹהֵר; רַאַוְתָנִי
flame *n* שַׁלְהֶבֶת, אֵשׁ
flame *vt, vi* שִׁלְהֵב; הִשְׁתַּלְהֵב
flame-thrower *n* לַהֲבִיוֹר
flaming *adj* בּוֹעֵר; לוֹהֵט
flamingo *n* שְׁקִיטָן
flammable *adj* דָּלִיק
Flanders *n* פְלַנְדְרִיָּה
flange *n* אוֹגֶן
flange *vt* שָׂם אוֹגֶן
flank *n* כֶּסֶל; אֲגַף
flank *vt, vi* אִיגֵּף, תָּפַס עֶמְדָּה בָּאֲגַף
flannel *n* פְלָנֶל
flap *n* דַּשׁ; מַטְלִית; תַּבְהֵלָה
flap *vt, vi* הִצְלִיף; הִפִּיל; פִּרְפֵּר; הִתְפַּרְפֵּר

flare *vt, vi* הִבְזִיק; הִתלַהֵט
flare *n* הֶבהֵק, הַבזָקָה; לַפִּיד
flare star *n* כּוֹכָב מִשׁתַּלהֵב
flare-up *n* הִתלַקְחוּת
flash *n* הַבזָקָה, נִצנוּץ; מַבזֵק
flash *vt, vi* הִבזִיק, נִצנֵץ
flash *adj* שַׁחֲצָנִי, רַאַוותָנִי
flash-back *n* הַבזָקָה לֶעָבָר
flash-bulb *n* נוּרַת הַבזָקָה
flash flood *n* שִׁיטָפוֹן, מַבּוּל
flashing *n* רִישׁוּף, סוֹכְכִית
flashlight *n* פַּנַס־כִּיס
flashlight battery *n* סוֹלְלַת מַבזֵק
flashlight bulb *n* נוּרַת מַבזֵק
flashlight photography *n* צִילוּם מַבזֵק
flash sign *n* שֶׁלֶט אוֹר
flashy *adj* זוֹהֵר; מִתהַדֵּר
flask *n* קַנקַן, בַּקבּוּק בִּישׁוּל
flat *adj* שָׁטוּחַ, מִישׁוֹרִי; מְפוֹרָשׁ
flat *adv* בְּמַצָּב שָׁטוּחַ; אוֹפקִית; בְּפֵירוּשׁ
flat *n* דִירָה
flatboat *n* סִירָה שְׁטוּחָה, חֲמָקָה
flatcar *n* קְרוֹן־רַכֶּבֶת שָׁטוּחַ
flatfooted *adj* שְׁטוּחַ רַגלַיִים
flathead *n* שְׁטוּחַ רֹאשׁ
flatiron *n* מַגהֵץ
flatten *vt, vi* שָׁטַח, יִישֵּׁר; שׁוּטַּח
flatter *vt, vi* הֶחֱנִיף; הֶחֱמִיא
flatterer *n* חַנפָן
flattering *adj* מַחֲנִיף
flattery *n* חֲנוּפָּה
flat-top *n* נוֹשֵׂאת מְטוֹסִים
flatulence, flatulency *n* נְפִיחָנוּת

flatware *n* כֵּלִים שְׁטוּחִים; כְּלֵי כֶּסֶף
flaunt *vi, vt* הִתהַדֵּר; נוֹפֵף
flautist *n* מְחַלֵּל
flavor *n* טַעַם מְיוּחָד
flavor *vt* נָתַן טַעַם; תִּיבֵּל
flaw *n* חִיסָּרוֹן; סֶדֶק
flawless *adj* לְלֹא רְבָב
flax *n* פִּשׁתָּה
flaxen *adj* עָשׂוּי פִּשׁתָּה; דְמוּי פִּשׁתָּה
flaxseed *n* זַרעֵי פִּשׁתָּה
flay *vt* פָּשַׁט עוֹר; בִּיקֵר בַּחֲרִיפוּת
flea *n* פַּרעוֹשׁ
fleabite *n* עֲקִיצַת פַּרעוֹשׁ; פֶּצַע פָּעוּט
fleck *n* בַּהֶרֶת
fleck *vt* סִימֵּן בִּכתָמִים
fledgling, fledgeling *n* גוֹזָל הַמַּתחִיל לְעוֹפֵף; מַתחִיל
flee *vt, vi* בָּרַח
fleece *n* צֶמֶר חַי, צֶמֶר גִיזָּה
fleece *vt* גָזַז; עָשַׁק
fleecy *adj* צַמרִירִי
fleet *adj* מָהִיר
fleet *n* צִי
fleeting *adj* חוֹלֵף; בֶּן חֲלוֹף
Fleming *n* פלַנדרִי; דוֹבֵר פלֵמִית
Flemish *adj, n* פלַנדרִי; פלֵמִית
flesh *n* בָּשָׂר
flesh and blood *n* בָּשָׂר וָדָם; עַצמוֹ וּבְשָׂרוֹ
flesh-colored *adj* כְּעֵין הַבָּשָׂר
fleshiness *n* בַּשׂרִיוּת
fleshless *adj* דַל בָּשָׂר
fleshpots *n pl* סִיר הַבָּשָׂר
flesh wound *n* פֶּצַע שִׁטחִי
fleshy *adj* שָׁמֵן, בַּשׂרִי

flex *vt, vi* כּוֹפֵף; הִתְכּוֹפֵף

flex *n* תַּיִל כָּפִיל

flexible *adj* כָּפִיף; גָּמִישׁ; מִתְפַּשֵּׁר

flexible cord *n* פְּתִיל כָּפִיף

flick *n* סְטִירָה קַלָּה; תְּפִיס

flick *vt* סָטַר קַלּוֹת; הֵסִיר בִּנְגִיעָה

flicker *vi* הִבְהֵב; נִצְנֵץ

flicker *n* הִבְהוּב; נִיצוֹץ; נִצְנוּץ

flier, flyer *n* טַיָּס, אֲוִירַאי; עָף, טָס

flight *n* תְּעוּפָה; טִיסָה; בְּרִיחָה

flight-deck *n* סִיפּוּן נוֹשֵׂאת מְטוֹסִים

flighty *adj* צִפּרוֹנִי, קַפְּרִיסִי; הֲפַכְפַּךְ

flimflam *n* שְׁטוּיוֹת; הוֹנָאָה

flimflam *vt* רִימָּה, הוֹנָה

flimsy *n* נְיָר דַּק; הֶעְתֵּק

flimsy *adj* שָׁבִיר; חַלָּשׁ

flinch *vi, vt* נִרְתַּע

flinch *n* הֵירָתְעוּת

fling *vt, vi* זָרַק, הֵטִיל

fling *n* זְרִיקָה, הַשְׁלָכָה

flint *n* צוֹר

flint *adj* קָשֶׁה

flintlock *n* בְּרִיחַ צוֹר

flinty *adj* מֵכִיל צוֹר; קְשֵׁה לֵב

flip *n* הַקָּשַׁת אֶצְבַּע

flip *vt* טִלְטֵל בְּהַקָּשַׁת אֶצְבַּע

flippancy *n* לֵיצָנוּת

flippant *adj* מְזַלְזֵל, מְהַתֵּל

flirt *vt, vi* חִיזֵּר; אֲהַבְהֵב, 'פְלִירְטֵט', עָגַב

flirt *n* עוֹגֵב; עוֹגֶבֶת

flit *vt, vi* הִיגֵּר, עָקַר מִמְּקוֹמוֹ; עָף

flit *n* שִׁינּוּי דִירָה; עֲקִירָה

flitch *n* יֶרֶךְ חֲזִיר מְשׁוּמָּר

float *vt, vi* הֵצִיף; צָף; רִיחֵף; נוֹסַד

float *n* מָצוֹף צָף; רַפְסוֹדָה

floating *adj* צָף; עַצְמָאִי

floating *n* צִיפָּה

floating capital *n* הוֹן בְּמַחֲזוֹר

flock *n* עֵדֶר; הָמוֹן

flock *vi* הִתְקַהֵל; נָהַר

floe *n* שְׂדֵה קֶרַח צָף

flog *vt* הִצְלִיף; הִלְקָה

flood *vt* הֵצִיף

floodgate *n* סֶכֶר

floodlight *vt* הֵצִיף בְּאוֹר

floodlight *n* הֲפָצַת אוֹר

flood tide *n* גֵּיאוּת

floor *n* רִצְפָּה; קוֹמָה; אַסְקוּפָּה; קַרְקַע

floor *vt* הֵטִיל אַרְצָה; רִיצֵּף

floor lamp *n* מְנוֹרַת רִצְפָּה

floor mop *n* סְמַרְטוּט רִצְפָּה

floor plan *n* תּוֹכְנִית רִצְפָּה

floor show *n* הוֹפָעַת בִּידּוּר (בְּאוּלָם)

floor timber *n* קוֹרוֹת רִצְפָּה (בִּספינה)

floorwalker *n* מַדְרִיךְ־מְפַקֵּחַ

floor wax *n* שַׁעֲוַות רִצְפָּה

flop *vi* נָפַל אַרְצָה; נִכְשַׁל

flop *n* כִּישָּׁלוֹן

flora *n* צִמְחִיָּה, עוֹלַם הַצּוֹמֵחַ

floral *adj* שֶׁל פְּרָחִים

Florentine *adj, n* פְלוֹרֶנְטִינִי

florescence *n* פְּרִיחָה

florid *adj* אֲדַמְדַּם; מְקוּשָּׁט בְּהַפְרָזָה

florist *n* מְגַדֵּל פְּרָחִים; סוֹחֵר פְּרָחִים

floss *n* חוֹמֶר מְשִׁיִי; סִיב מְשִׁיִי

floss silk *n* חוּט מֶשִׁי

flossy *adj* דְמוּי סִיב
flotsam *n* שֶׁבֶר אוֹנִיָּה טְרוּפָה
flotsam and jetsam שְׂרִידֵי סְפִינָה טְרוּפָה; שִׁירַיִים
flounce *n* שָׂפָה, חֵפֶת
flounce *vt, vi* עִיטֵר בְּשָׂפָה, עִיטֵר בְּחֵפֶת
flounder *n* דַג הַסַּנְדָּל
flounder *vi* פִּרְפֵּר, הִתְלַבֵּט
flour *n* קֶמַח, סוֹלֶת
flourish *vt, vi* נוֹפֵף; פָּרַח; שִׂגְשֵׂג
flourish *n* נִפְנוּף; קִישׁוּטֵי סִגְנוֹן
flourishing *adj* פּוֹרֵחַ, מְשַׂגְשֵׂג
flourmill *n* תַּחֲנַת־קֶמַח
floury *adj* קִמְחִי; מְקוּמָּח
flout *vt, vi* הִתְיַיחֵס בְּבִיטּוּל
flow *vi* זָרַם; שָׁפַע
flow *n* זֶרֶם; זוֹב; שְׁפִיעָה
flower *n* פֶּרַח; מִבְחָר
flower *vt, vi* פָּרַח; הִפְרִיחַ
flowerbed *n* עֲרוּגַת פְּרָחִים
flower garden *n* גִּינַּת פְּרָחִים
flowergirl *n* מוֹכֶרֶת פְּרָחִים
flowerpiece *n* תְּמוּנַת־פְּרָחִים
flowerpot *n* עֲצִיץ פְּרָחִים
flower shop *n* חֲנוּת פְּרָחִים
flowershow *n* תַּעֲרוּכַת פְּרָחִים
flower stand *n* דוּכַן פְּרָחִים
flowery *adj* מְכוּסֶּה בִּפְרָחִים; (לגבי לשון) נִמְלֶצֶת
flu *n* שַׁפַּעַת
fluctuate *vi* הִתְנַדְנֵד, עָלָה וְיָרַד
flue *n* מַעֲשֵׁנָה
fluency *n* שֶׁטֶף, שְׁגִירוּת
fluent *adj* שׁוֹטֵף; שָׁגוּר
fluently *adv* בִּרְהִיטוּת, בְּשֶׁטֶף
fluff *n* מוֹךְ, פְּלוּמָה
fluff *vt* מִילֵּא כָּרִים
fluffy *adj* מוֹכִי, פְּלוּמָתִי
fluid *n, adj* נוֹזֵל; נוֹזְלִי; מִשְׁתַּנֶּה
fluidity *n* נְזִילוּת, זוֹרְמִיּוּת
fluke *n* כַּף הָעוֹגֶן; מִקְרֶה
fluke *vi* הִצְלִיחַ בְּמַזָּל
flume *n* תְּעָלַת מַיִם; נָהָר
flume *vt* הֶעֱבִיר בְּנָהָר
flunk *vi* נִכְשַׁל (בבחינה)
flunky *n* מְשָׁרֵת, מִתְרַפֵּס
fluor *n* פלוּאוֹרִיט
fluorescence *n* פלוּאוֹרָנוּת, הַנְהָרָה
fluorescent *adj* פלוּאוֹרָנִי, מַנְהִיר
fluoride, fluorid *n* פלוּאוֹרִיד
fluorine *n* פלוּאוֹר
fluorite *n* פלוּאוֹרִיט
fluoroscope *n* מִשְׁקֶפֶת פלוּאוֹרָנִית
fluor-spar *n* פלוּאוֹרִיט
flurry *vt* בִּלְבֵּל; עִצְבֵּן
flurry *n* הִתְפָּרְצוּת; שָׁאוֹן
flush *vt, vi* הִסְמִיק; גָּרַם לְהַסְמָקָה; שָׁטַף
flush *n* הַסְמָקָה; מַשְׁטֵף
flush *adj* שָׁוֶה, שָׁטוּחַ; מִישׁוֹרִי
flushing *n* שְׁטִיפָה; אַדְמִימוּת
flush tank *n* מְכַל הַמַּשְׁטֵף
flush toilet *n* מַשְׁטֵף
fluster *vt* בִּלְבֵּל; עִצְבֵּן
fluster *n* מְבוּכָה; עַצְבָּנוּת
flute *n* חָלִיל; חָרִיץ
flute *vt* חִילֵּל; עָשָׂה חֲרִיצִים
flutist *n* מְחַלֵּל
flutter *vi, vt* רִפְרֵף; נָבוֹךְ

flutter *n* מְבוּכָה; נִפנוּף כְּנָפַיִם; רַעַד
flux *n* זְרִימָה; גֵיאוּת
flux *vt* שָׁטַף; רִיתֵּךְ
fly *vt, vi* הֵעִיף; הֵטִיס; עָף, טָס
fly *n* זְבוּב; דָשׁ (בּמכנסיים)
fly *adj* פִּיקֵחַ, עַרמוּמִי; עֵרָנִי
fly ball *n* כַּדוּר מְעוֹפֵף (בּבייסבּול)
flyblow *n* בֵּיצַת זְבוּב
flyblow *vt* הֵטִיל בֵּיצָה
fly-by-night *n* מִתחַמֵק־לַיְלָה
fly-catcher *n* חֲטָפִית (ציפּור)
fly chaser *n* צַייַד זְבוּבִים
flyer, flier *n* עָף, טָס; טַיָּס
fly-fish *vi* דָג בְּפִיתָּיוֹן
flying *n, adj* תְּעוּפָה, טַיִס; עָף
flying boat *n* מְטוֹס־יָם
flying buttress *n* מִתמָךְ קַשׁתִּי
flying colors *n pl* הִצטַייְנוּת
flying field *n* שְׂדֵה־תְּעוּפָה
flying saucer *n* צַלַּחַת מְעוֹפֶפֶת
flying sickness *n* מַחֲלַת אֲווִיר
flying time *n* זְמַן הַטִּיסָה
fly in the ointment אַלְיָה וְקוֹץ בָּהּ
flyleaf *n* נְייָר חָלָק
fly net *n* רֶשֶׁת זְבוּבִים
flypaper *n* נְייָר דָבִיק
flyspeck *n* רְבַב זְבוּב
fly swatter *n* מַחבֵּט זְבוּבִים
fly trap *n* מַלכּוֹדֶת זְבוּבִים
flywheel *n* גַלגַל תְּנוּפָה
fm. *abbr* fathom
FM – Frequency Modulation
foal *n* סְייָח; עַיִר
foal *vt, vi* הִמלִיטָה
foam *n* קֶצֶף
foam *vt, vi* הֶעֱלָה קֶצֶף
foam extinguisher *n* מַשׁאֵבַת קֶצֶף
foam rubber *n* גוּמאֲוִויר
foamy *adj* מְכוּסֶּה קֶצֶף
F.O.B. *abbr* free on board
fob *n* כִּיס־שָׁעוֹן
fob *vt* שָׂם בְּכִיס; רִימָּה
focal *adj* מוֹקְדִי
focus *n* מוֹקֵד
focus *vt* מִיקֵד
fodder *n* מִספּוֹא
foe *n* אוֹיֵב
fog *n* עֲרָפֶל; מְבוּכָה
fog *vt, vi* עָטָה עֲרָפֶל; עִרפֵּל; הִתעַרפֵּל
fog bell *n* פַּעֲמוֹן עֲרָפֶל
fogbound *adj* מְרוּתָּק בִּגלַל עֲרָפֶל
foggy *adj* עַרפִּילִי; מְטוּשׁטָשׁ
foghorn *n* צוֹפַר עֲרָפֶל
foible *n* חוּלשָׁה, נְקוּדָה חַלָּשָׁה
foil *vt* הֵפֵר; רִיקֵּעַ
foil *n* רִיקּוּעַ מַתֶּכֶת
foist *vt* הֵטִיל שֶׁלֹּא בְּצֶדֶק
fol. *abbr* folio, following
fold *vt, vi* קִיפֵּל, קִימֵּט; הִתקַפֵּל
fold *n* קֶפֶל; קִיפּוּל; שֶׁקַע
folder *n* עוֹטְפָן; מְקַפֵּל; מַקפֵּלָה
folderol *n* מִלמוּל רֵיק
folding *adj* מִתקַפֵּל
folding camera *n* מַצלֵמָה מִתקַפֶּלֶת
folding chair *n* כִּיסֵּא מִתקַפֵּל
folding cot *n* מִיטָּה מִתקַפֶּלֶת
folding door *n* דֶלֶת מִתקַפֶּלֶת
folding rule *n* סַרגֵל מִתקַפֵּל

foliage *n* עַלְוָה; קִשּׁוּט עָלִים

folio *n* פוֹלְיוֹ, תַּבְנִית פוֹלְיוֹ

folio *adj* בַּעַל תַּבְנִית פוֹלְיוֹ

folio *vt* מִסְפֵּר דַּפֵּי סֵפֶר

folk *n* עַם; שֵׁבֶט; הַבְּרִיּוֹת

folk etymology *n* גִּיזָּרוֹן עֲמָמִי

folklore *n* יֶדַע־עַם, פוֹלְקְלוֹר

folk-music *n* מוּסִיקָה עֲמָמִית

folk-song *n* שִׁיר־עַם

folksy *adj* עֲמָמִי

folkways *n pl* מָסוֹרֶת עֲמָמִית

follicle *n* שַׂקִּיק; זָקִיק

follow *vt, vi* בָּא אַחֲרֵי; עָקַב אַחֲרֵי, הָלַךְ אַחֲרֵי

follower *n* חָסִיד; עוֹקֵב; מְחַזֵּר

following *adj* הַבָּא; שֶׁלְּהַלָּן

following *n* הַבָּאִים; קְהַל מַעֲרִיצִים

follow-up *adj, n* מַמְרִיץ; מַעֲקָב

folly *n* טִיפְּשׁוּת; רַעְיוֹן־רוּחַ; שַׁעֲשׁוּעַ

foment *vt* טִיפֵּחַ; הֵסִית

fond *adj* מְחַבֵּב

fondle *vt, vi* לִיטֵּף, גִּיפֵּף

fondness *n* הִתְחַבְּבוּת; חִיבּוּב

font *n* אַגַּן מֵי טְבִילָה; תֵּיבָה (בדפוס)

food *n* אוֹכֶל, מָזוֹן

food store *n* חֲנוּת־מַכּוֹלֶת

foodstuff *n* מִצְרַךְ מָזוֹן

fool *n* טִיפֵּשׁ; בַּדְּחָן

fool *vt, vi* שִׁיטָּה בּ...; חָמַד לָצוֹן

foolery *n* טִיפְּשׁוּת

foolhardy *adj* פַּחֲז, נִמְהָר

fooling *n* הִשְׁתַּטּוּת, 'מְתִיחָה'

foolish *adj* שְׁטוּתִי; מַצְחִיק

foolproof *adj* שֶׁאֵינוֹ כָּרוּךְ בְּסִיכּוּן

foolscap, fool's cap *n* גּוֹדֶל מָלֵא (פוֹלִיוֹ); כּוֹבַע לֵיצָן

fool's errand *n* שְׁלִיחוּת סְרָק

foot *n* רֶגֶל; כַּף רֶגֶל; תַּחְתִּית; מַרְגְּלוֹת (הר)

foot *vt, vi* רָקַד; הֵנִיעַ רַגְלוֹ לְקֶצֶב; סִילֵּק (חשבון)

footage *n* מִידָּה (של אורך)

football *n* כַּדּוּרֶגֶל

footboard *n* הֲדוֹם; כֶּבֶשׁ

footbridge *n* גֶּשֶׁר לְהוֹלְכֵי־רֶגֶל

footfall *n* צַעַד; קוֹל צְעָדָה

foothill *n* מַרְגְּלוֹת הַר

foothold *n* מִתְמַךְ רֶגֶל

footing *n* דְּרִיסַת־רֶגֶל, אֲחִיזָה; בָּסִיס

footlights *n pl* אוֹרוֹת הַבִּימָה

footloose *adj* חוֹפְשִׁי מִמִּסְגֶּרֶת

footman *n* שׁוֹמֵר סַף

footmark *n* עִקְבָה

footnote *n* הֶעָרָה

footpath *n* שְׁבִיל

footprint *n* עִקְבָה

footrace *n* תַּחֲרוּת רִיצָה

footrest *n* הֲדוֹם; מִשְׁעַן רֶגֶל

footrule *n* סַרְגֵּל

footsoldier *n* רַגְלִי, חַיָּיל רַגְלִי

footsore *adj* מְיוּבַּל רַגְלַיִים

footstep *n* צַעַד, פְּסִיעָה

footstone *n* אֶבֶן לְמַרְגְּלוֹת קֶבֶר

footstool *n* הֲדוֹם

footwarmer *n* מְחַמֵּם רַגְלַיִים

footwear *n* תַּנְעוֹלֶת

footwork *n* כִּדְרוּר

footworn *adj* עָיֵף בְּרַגְלָיו

foozle *vt* הֶחֱטִיא
fop *n* טַרְזָן, גַנְדְרָן
for *prep, conj* ל..., כְּדֵי ל...; לְטוֹבַת; תְּמוּרַת; בְּמֶשֶׁך; ב...
forage *n* מִספּוֹא
forage *vt, vi* בִּיקֵּשׁ אַסְפָּקָה; לָקַח צֵידָה
foray *n* הִתנַפְּלוּת, פְּשִׁיטָה
foray *vt* הִתנַפֵּל עַל, בָּזַז
forbear *vt, vi* הִבלִיג
forbear *n* אָב קָדוּם
forbearance *n* הַבלָגָה
forbid *vt* אָסַר
forbidding *adj* דוֹחֶה, מַפחִיד
force *n* כּוֹחַ; כְּפִייָה
force *vt* הִכרִיחַ; הִבקִיעַ
forced *adj* כָּפוּי; מְאוּלָץ
forced air *n* אֲוִויר לָחוּץ
forceful *adj* רַב־עוֹצמָה; יָעִיל
forceps *n* צְבָת, מֶלקָחַיִים
force-pump *n* מַשאֵבַת־לַחַץ
forcible *adj* רַב־עוֹצמָה; נִמרָץ; מְשַׁכנֵעַ
ford *n* מַעֲבָּרָה
ford *vt* עָבַר בְּמַעֲבָּרָה
fore *n* חֲזִית, חֵלֶק קִדמִי
fore *adj, adv* רִאשׁוֹן, לְפָנִים; קִדמִי
fore *interj* (בְּגוֹלף) לְפָנִים!, זְהִירוּת
fore-and-aft *adj, adv* בִּשנֵי עֶברֵי הַסְּפִינָה
forearm *n* אַמַּת־הַיָּד
forearm *vt* זִייֵן מֵרֹאשׁ
forebear *n see* forbear
forebode *vt, vi* חָשׁ מֵרֹאשׁ, חָשַׁשׁ מֵרֹאשׁ
foreboding *n* חֲשָׁשׁ מֵרֹאשׁ
forecast *n* תַּחֲזִית; חִיזּוּי
forecast *vt* חִיזָּה, נִיבָּא
forecastle, fo'c's'le *n* סִיפּוּן קִדמִי
foreclose *vt, vi* חִילֵּט, עִיקֵּל; מָנַע
foredoomed *adj* נֶחֱרָץ מֵרֹאשׁ
foreedge *n* קְצֵה סֵפֶר
forefather *n* קַדמוֹן, אֲבִי־אָבוֹת
forefinger *n* הָאֶצבַּע הַמּוֹרָה
forefront *n* קִדמַת־חֲזִית
forego *vt, vi* וִיתֵּר עַל; הִקדִים
foregoing *adj* דִּלעֵיל, הַנַּ"ל
foregone *adj* הֶכרֵחִי; קוֹדֵם
foreground *n* קְדַם־רֶקַע
forehanded *adj* כַּפִּי (בְּטֶנִיס); חֶסכוֹנִי
forehead *n* מֵצַח
foreign *adj* זָר, נוֹכרִי
foreign affairs *n pl* עִניְינֵי חוּץ
foreign born *adj, n* יְלִיד חוּץ לָאָרֶץ
foreigner *n* זָר
foreign exchange *n* מַטבֵּעַ חוּץ
foreign minister *n* שַׂר חוּץ
foreign service *n* שֵׁירוּת חוּץ
foreign trade *n* סְחַר חוּץ
foreleg *n* רֶגֶל קִדמִית
forelock *n* תַּלתַּל קִדמִי
foreman *n* מְנַהֵל עֲבוֹדָה; רֹאשׁ הַמּוּשׁבָּעִים
foremast *n* תּוֹרֶן קִדמִי
foremost *adj* רֹאשׁ וְרִאשׁוֹן
forenoon *n* לִפנֵי הַצָּהֳרַיִים
forepart *n* חֵלֶק קִדמִי
forepaw *n* רֶגֶל קִדמִית
forequarter *n* חֵלֶק קִדמִי

forerunner *n* מְבַשֵּׂר
foresail *n* מִפְרָשׂ קִדְמִי
foresee *vt* חָזָה מֵרֹאשׁ
foreseeable *adj* צָפוּי מֵרֹאשׁ
foreshorten *vt* צִמְצֵם
foreshortening *n* צִמְצוּם
foresight *n* רְאִיַּת הַנּוֹלָד
foresighted *adj* רוֹאֶה אֶת הַנּוֹלָד
foreskin *n* עוֹרְלָה
forest *n* יַעַר
forest *vt* יִיעֵר
forestall *vt* הִקְדִּים; מָנַע
forestaysail *n* מִפְרָשׂ קִדְמִי
forest ranger *n* שׁוֹמֵר יַעַר
forestry *n* יַעֲרָנוּת; יִיעוּר
foretaste *n* טְעִימָה קוֹדֶמֶת
foretell *vt* נִיבָּא
forethought *n* מַחֲשָׁבָה תְּחִילָּה
forever *adv* לְעוֹלָם; תָּמִיד
forewarn *vt* הִזְהִיר
foreword *n* הַקְדָּמָה
foreyard *n* סָמוֹךְ הַתּוֹרֶן הַקִּדְמִי
forfeit *n* עוֹנֶשׁ, קְנָס; אִיבּוּד
forfeit *vt* הִפְסִיד, אִיבֵּד
forfeit *adj* מוּפְסָד
forfeiture *n* אִיבּוּד; קְנָס
forgather *vi* הִתְאַסֵּף, הִתְכַּנֵּס
forge *n* כּוּר, מַפָּחָה
forge *vt*, *vi* זִייֵּף; חִישֵּׁל; יָצַר
forgery *n* זִיּוּף
forget *vt* שָׁכַח
forgetful *adj* שַׁכְחָן; רַשְׁלָן
forgetfulness *n* שִׁכְחָה, רַשְׁלָנוּת
forget-me-not *n* זִכְרִינִי
forgivable *adj* בַּר־סְלִיחָה
forgive *vt* סָלַח
forgiveness *n* סְלִיחָה; סַלְחָנוּת
forgiving *adj* סַלְחָנִי
fork *n* מַזְלֵג; קִילְשׁוֹן; הִסְתָּעֲפוּת
fork *vt*, *vi* הֶעֱלָה בְּמַזְלֵג; הִסְתָּעֵף
forked *adj* מְמוּזְלָג
forked lightning *n* בָּרָק מְמוּזְלָג
forklift truck *n* מַשָּׂאִית מַזְלְגָן
forlorn *adj* זָנוּחַ; מְיוֹאָשׁ
form *n* צוּרָה; תַּבְנִית; טוֹפֶס
form *vt*, *vi* עִיצֵּב; לָבַשׁ צוּרָה
formal *adj* רִשְׁמִי, פוֹרְמָלִי
formal attire *n* לְבוּשׁ רִשְׁמִי
formal call *n* בִּיקּוּר נִימוּסִין
formality *n* רִשְׁמִיּוּת, פוֹרְמָלִיּוּת; דַקְדְּקָנוּת
formal party *n* מְסִיבָּה רִשְׁמִית
formal speech *n* נְאוּם רִשְׁמִי
format *n* תַּבְנִית (של ספר)
formation *n* עִיצּוּב; יְצִירָה; הִתְהַוּוּת; מִבְנֶה; חֲטִיבָה
former *adj* קוֹדֵם; לְשֶׁעָבַר
formerly *adv* קוֹדֶם, לְפָנִים
form fitting *adj* מְהוּדָּק לַגּוּף
formidable *adj* נוֹרָא, מַחֲרִיד
formless *adj* חֲסַר צוּרָה; הִיּוּלִי
formula *n* נוּסְחָה
formulate *vt* נִיסֵּחַ
forsake *vt* זָנַח; וִיתֵּר עַל
fort *n* מִבְצָר
forte *n* כּוֹחַ, נְקוּדָּה חֲזָקָה
forte *adj*, *adv* חָזָק, רָם; פוֹרְטֶה (בְּמוּסִיקָה)
forth *adv*, *prep* לְפָנִים; הָלְאָה
forthcoming *adj* הַבָּא

forthright *adj, adv* יָשָׁר; הֶחלֵטִי
forthwith *adv* מִיָד
fortieth *adj, n* הָאַרבָּעִים
fortification *n* בִּיצוּר; מִבצָר
fortify *vt, vi* בִּיצֵר, חִיזֵק
fortitude *n* עוֹז־רוּחַ
fortnight *n* שְׁבוּעַיִים
fortress *n* מִבצָר
fortuitous *adj* מִקרִי, אַרעִי
fortunate *adj* בַּר־מַזָל
fortune *n* מַזָל; הוֹן
fortune-hunter *n* צַייַד עוֹשֶׁר
fortune-teller *n* מַגִיד עֲתִידוֹת
forty *adj, n* אַרבָּעִים
forward *vt* הֶעֱבִיר הָלְאָה
forward *adj* מִתפַּתֵּחַ, מִתקַדֵם
forward(s) *adv* לְפָנִים, קָדִימָה
forward *n* חָלוּץ (בכדורגל וכד׳)
fossil *n* מְאוּבָּן
fossil *adj* מְאוּבָּן
foster *vt* סִייֵעַ, קִידֵם; אִימֵץ
foster brother *n* אָח מְאוּמָץ
foster father *n* אוֹמֵן
foster home *n* מִשׁפָּחָה אוֹמֶנֶת
foul *adj* מְגוּנֶה; מָאוּס; מְזוֹהָם
foul *n* מַכָּה פְּסוּלָה
foul *vt, vi* לִכלֵך; הֵפֵר; הִסתַבֵּך
foulmouthed *adj* מְנַבֵּל פֶּה
foul-spoken *adj* שֶׁל נִיבּוּל־פֶּה
found *vt* בִּיסֵס, יָסַד
foundation *n* יְסוֹד; קֶרֶן
foundry *n* סַדנַת יְצִיקָה
foundryman *n* עוֹבֵד מַתֶּכֶת
fount *n* מַעייָן
fountain *n* מַעייָן; מִזרָקָה
fountainhead *n* מָקוֹר רִאשׁוֹן
fountain-pen *n* עֵט נוֹבֵעַ
four *n, adj* אַרבָּעָה, אַרבַּע
four-cycle *adj* שֶׁל אַרבָּעָה מַהֲלָכִים, שֶׁל אַרבַּע פְּעִימוֹת
four-cylinder *adj* שֶׁל אַרבָּעָה צִילִינדְרִים
four-flush *vt* רִימָּה
fourflusher *n* רַמַאי
four-footed *adj* הוֹלֵך עַל אַרבַּע
four hundred *n* אַרבַּע מֵאוֹת
four-in-hand *n* סוּדַר אַרבָּעָה
four-lane *adj* שֶׁל אַרבָּעָה מַסלוּלִים
four-leaf *adj* בֶּן אַרבָּעָה עָלִים
four-leaf clover *n* תִּלתָּן־אַרבַּעַת־הֶעָלִים
four-legged *adj* בַּעַל אַרבַּע רַגלַיִים
four-letter word *n* מִלַת־אַרבַּע־אוֹתִיוֹת (מלת המישגל)
four-motor plane *n* מְטוֹס אַרבָּעָה מְנוֹעִים
four-o'clock *n* שָׁעָה אַרבַּע
fourposter *n* מִיטַת אַרבָּעָה עַמוּדִים
fourscore *n* שְׁמוֹנִים
foursome *n* תַּחֲרוּת אַרבָּעָה (שני זוגות)
fourteen *adj, n* אַרבָּעָה־עָשָׂר, אַרבַּע־עֶשׂרֵה
fourteenth *adj, n* הָאַרבָּעָה־עָשָׂר; הַחֵלֶק הָאַרבָּעָה־עָשָׂר
fourth *adj* רְבִיעִי(ת); רֶבַע
fourth estate *n* הַמַעֲצָמָה הָרְבִיעִית (העיתונות)
four-way *adj* שֶׁל אַרבָּעָה כִּיווּנִים
fowl *n* עוֹף, בְּשַׂר עוֹף

fowl *vi* צָד עוֹף
fox *n* שׁוּעָל
fox *vt* הֶעֱרִים עַל
foxglove *n* אֶצְבְּעוֹנִית אַרְגְּמָנִית
foxhole *n* שׁוּחָה
foxhound *n* כֶּלֶב־צַיִד
fox-hunt *n* צֵיד שׁוּעָלִים
fox-terrier *n* שַׁפְלָן
foxtrot *n* פוֹקסטרוֹט
foxy *adj* עַרמוּמִי
foyer *n* טְרַקְלִין
Fr. *abbr* Father, French, Friday
fr. *abbr* fragment, franc, from
Fra *n* אֶחָא
fracas *n* מְהוּמָה
fraction *n* שֶׁבֶר; חֵלֶק קָטָן
fractional *adj* חֶלְקִי, שֶׁל שֶׁבֶר
fractious *adj* מִתְמָרֵד
fracture *n* שֶׁבֶר; סֶדֶק
fracture *vt, vi* שָׁבַר; סָבַל מִשֶּׁבֶר
fragile *adj* שָׁבִיר
fragment *n* חֵלֶק; רְסִיס
fragrance *n* בְּשִׂימָה, נִיחוֹחַ
fragrant *adj* בָּשׂוּם; נָעִים
frail *adj* חָלוּשׁ, רָפֶה; שָׁבִיר
frail *n* סַל נְצָרִים
frame *n* מִסגֶרֶת; מִבְנֶה; שֶׁלֶד
frame *vt* הִרְכִּיב, מִסגֵר; עִיצֵב; נִיסַּח; (דיבורית) בִּיֵּים אַשְׁמָה
frame of mind *n* מַצַּב־רוּחַ
frame-up *n* בִּיּוּם אַשְׁמָה
framework *n* מִבְנֶה; שֶׁלֶד; מִסגֶרֶת
franc *n* פְרַנק
France *n* צָרְפַת
franchise *n* זְכוּת הַצְבָּעָה; זִיכָּיוֹן
Franciscan *adj, n* פְרַנצִיסְקָנִי
Frank *n* פְרַנְקִי; מַעֲרַב־אֵירוֹפִּי
frank *adj* גְלוּי־לֵב, אֲמִיתִּי
frank *n* חוֹתֶמֶת פְּטוֹר מִבּוּלִים
frank *vt* הֶחְתִּים בְּחוֹתֶמֶת
frankfurter *n* נַקְנִיקִית
frankincense *n* לְבוֹנָה
Frankish *adj, n* פְרַנְקִי; הַלָּשׁוֹן הַפְרַנְקִית
frankness *n* גִילּוּי־לֵב
frantic *adj* מִשְׁתּוֹלֵל
frappé *n, adj* מִקְפָּא; מִתְאַבֵּן; קָפוּא
frat *vi* הִתְחַבֵּר
fraternal *adj* אַחֲוָונִי; שֶׁל מִסדָר
fraternity *n* אֲגוּדַּת סְטוּדֶנְטִים; אֲגוּדַּת אַחֲוָוה
fraternize *vi* הִתְיַידֵד
fraud *n* הוֹנָאָה, מִרמָה; זִיּוּף
fraudulent *adj* רַמַּאי; מְזוּיָּף
fraudulent conversion *n* מְעִילָה
fraught *adj* טָעוּן, עָמוּס; מְלוּוֶה
Fraulein *n* הָעַלְמָה
fraxinella *n* מֵילָה
fray *n* הֲמוּלָה, קְטָטָה
fray *vt, vi* רִיפֵּט; בָּלָה; הִתְרַפֵּט
freak *adj, n* יוֹצֵא דוֹפֶן; קַפְּרִיסָה
freak *vt* נִיקֵּד, נִימֵּר
freakish *adj* קַפְּרִיסִי
freckle *n* נֶמֶשׁ
freckle *vt, vi* כִּיסָּה אוֹ הִתְכַּסָּה בִּנְמָשִׁים
freckled *adj* מְנוּמָּשׁ
zfrecklefaced *adj* מְנוּמָּשׁ
freckly *adj* מְנוּמָּשׁ
free *adj* מְשׁוּחְרָר, חוֹפשִׁי; עַצמָאִי; פָּנוּי; לְלֹא תַּשְׁלוּם

free *adv* חוּפְשִׁית; חִינָּם
free *vt* שִׁחְרֵר; גָּאַל
freebooter *n* שׁוֹדֵד־יָם
free-born *adj* בֶּן־חוֹרִין; כָּרָאוּי לְבֶן־חוֹרִין
freedom *n* חוֹפֶשׁ, חֵירוּת; עַצְמָאוּת
freedom of speech *n* חוֹפֶשׁ הַדִּיבּוּר
freedom of the press *n* חוֹפֶשׁ הָעִיתּוֹנוּת
freedom of the seas *n* חוֹפֶשׁ הַשַּׁיִט
freedom of worship *n* חוֹפֶשׁ הַפּוּלְחָן
free enterprise *n* יוֹזְמָה חוֹפְשִׁית
free fight *n* התכַּתְּשׁוּת כְּלָלִית
free-for-all *n, adj* תַּחֲרוּת לַכּוֹל
freehand *adj* נַעֲשֶׂה בַּיָּד
free hand *n* יָד חוֹפְשִׁית
freehold *n* זְכוּת חֲכִירָה
freelance *n* עִיתּוֹנַאי חוֹפְשִׁי; חַיָּיל שָׂכִיר
freelance *vi* עָבַד כְּעִיתּוֹנַאי חוֹפְשִׁי
free lunch *n* כְּרִיכִים חִינָּם
freeman *n* בֶּן־חוֹרִין; אֶזְרָח
Freemason *n* בּוֹנֶה חוֹפְשִׁי
Freemasonry *n* תְּנוּעַת הַבּוֹנִים הַחוֹפְשִׁים
free of charge *adj* חִינָּם
free-on-board (f.o.b.) חוֹפְשִׁי עַל הָאוֹנִיָּה, פו״ב
free port *n* נָמֵל חוֹפְשִׁי
free ride *n* הַסָּעָה; טֶרֶמְפּ
free service *n* שֵׁירוּת חִינָּם
free-spoken *adj* שֶׁבְּגִילּוּי־לֵב
freestone *n* אֶבֶן־חוֹל
freethinker *n* חוֹפְשִׁי בְּדֵעוֹתָיו
free thought *n* מַחֲשָׁבָה חוֹפְשִׁית
free trade *n* סַחַר חוֹפְשִׁי
free trader *n* דוֹגֵל בְּסַחַר חוֹפְשִׁי
freeway *n* כְּבִישׁ אַגְרָה
free-will *adj* שֶׁבְּרָצוֹן חוֹפְשִׁי
freewill *n* בְּחִירָה חוֹפְשִׁית
freeze *vt, vi* הִקְפִּיא; הִגְלִיד; קָפָא
freeze *n* הִיקָּפְאוּת, קִיפָּאוֹן
freezer *n* מַקְפִּיא; תָּא־הַקְפָּאָה, מִקְפָּאָה
freight *n* מִטְעָן, מַשָּׂא; הוֹבָלָה
freight *vt* הִטְעִין, טָעַן סְחוֹרָה
freight car *n* קְרוֹן־מִטְעָן
freighter *n* חוֹכֵר אוֹנִיַּת־מַשָּׂא
freight platform *n* רְצִיף מִטְעָן
freight station *n* תַּחֲנַת רַכֶּבֶת מִטְעָן
freight train *n* רַכֶּבֶת מַשָּׂא
freight yard *n* מַחסַן מִטְעָן (לרכבת)
fremitus *n* רַעַד
French *adj, n* צָרְפָתִי; צָרְפָתִית
French chalk *n* אַבְקַת גִּיר
French-doors *n pl* דֶּלֶת דוּ־אֲגַפִּית
French-dressing *n* רוֹטֶב צָרְפָתִי
French fried potatoes *n pl* גְּזִרֵי תַּפּוּדִים מְטוּגָּנִים, טוּגָּנִים, צִ׳יפְּס
French horn *n* קֶרֶן צָרְפָתִית
French leave *n* פְּרִידָה צָרְפָתִית, פְּרִידָה אַנגְלִית
Frenchman *n* צָרְפָתִי
French telephone *n* טֶלֶפוֹן צָרְפָתִי
French toast *n* לֶחֶם מְטוּגָּן
French window *n* חַלּוֹן־דֶּלֶת
Frenchwoman *n* צָרְפָתִיָּה
frenzied *adj* מִשְׁתּוֹלֵל
frenzy *n* הִשְׁתּוֹלְלוּת

frequency, frequence *n* תְּדִירוּת, שְׁכִיחוּת
frequency list *n* רְשִׁימַת תְּדִירוּת
frequency modulation *n* אִפְנוּן תֶּדֶר
frequent *adj* תָּכוּף, תָּדִיר
frequent *vt* בִּיקֵּר תְּכוּפוֹת
frequently *adv* לְעִתִּים תְּכוּפוֹת
fresco *vt* צִייֵּר פְרֶסְקוֹ
fresco *n* פְרֶסְקוֹ
fresh *adj*, *n* חָדָשׁ; רַעֲנָן; טָרִי; חוּצְפָּנִי
freshen *vt*, *vi* הֶחֱיָה, רִעֲנֵן; חִידֵּשׁ; הִתְרַעֲנֵן; הִתְחַדֵּשׁ
freshet *n* שֶׁטֶף נָהָר
freshman *n* טִירוֹן (בָּאוּנִיבֶרְסִיטָה)
freshness *n* רַעֲנַנּוּת
fresh water *n* מַיִם חַיִּים
fret *vt*, *vi* כִּרְסֵם, אִיכֵּל; הִדְאִיג; דָּאַג; נֶאֱכַל
fret *n* רוֹגֶז, כַּעַס; הֵיאָכְלוּת
fretful *adj* רַגְזָן
fretwork *n* מְלֶאכֶת קִישּׁוּט
friar *n* נָזִיר
Friary *n* מִנְזָר
fricassee *n* פְּרִקֶּסֶת
friction *n* שִׁפְשׁוּף; חִיכּוּךְ
friction tape *n* סֶרֶט בִּידּוּד
Friday *n* יוֹם הַשִּׁשִּׁי
fried *adj* מְטוּגָּן
fried egg *n* בֵּיצִייָּה, בֵּיצַת 'עַיִן'
friend *n* יְדִיד, חָבֵר
friendly *adj*, *adv* חֲבֵרִי, יְדִידוּתִי; בְּצוּרָה יְדִידוּתִית
friendship *n* יְדִידוּת
frieze *n* אַפְרִיז, צָפִית
frigate *n* פְרִיגָטָה

fright *n* פַּחַד, חֲרָדָה
frighten *vt* הִפְחִיד
frightful *adj* מַפְחִיד; אָיוֹם
frightfulness *n* אֵימָה
frigid *adj* קָפוּא; צוֹנֵן (בְּמַגָּע מִינִי)
frigidity *n* קוֹר; יַחַס צוֹנֵן (בְּמַגָּע מִינִי)
frill *n* פִּיף, צִיצָה; קְווּצַּת שֵׂיעָר
frill *vt*, *vi* קִישֵּׁט; חִיבֵּר צִיצָה
fringe *n* צִיצִית; פֵּאָה, שָׂפָה
fringe *vt* קִישֵּׁט, עִיטֵּר
fringe benefits *n pl* הֲטָבוֹת שׁוּלַיִים
frippery *n* לְבוּשׁ הֲמוֹנִי צַעֲקָנִי
frisk *vt*, *vi* דִּילֵּג, פִּיזֵּז; (הַמּוֹנִית) חִיפֵּשׂ נֶשֶׁק (בְּגוּף מִישֶׁהוּ)
frisk *n* דִּילּוּג, רִיקּוּד
frisky *adj* עַלִּיז, מִשְׁתַּעֲשֵׁעַ
fritter *vt* בִּזְבֵּז
fritter *n* מַאֲפֶה זִילוּף
frivolous *adj* טִיפְּשִׁי, קַל־רֹאשׁ
friz(z) *vt*, *vi* סִלְסֵל שֵׂיעָר
friz(z) *n* תַּלְתַּל
frizzle *vt*, *vi* הִשְׁמִיעַ אִוושַׁת טִיגּוּן; פּוֹרֵר בְּטִיגּוּן
frizzle *n* תַּלְתַּל
frizzly, frizzy *adj* מְתוּלְתָּל
fro *adv* מִן, חֲזָרָה
frock *n* שִׂמְלָה; גְּלִימָה
frock-coat *n* פְּרַק
Froebelism *n* שִׁיטַת פְרֶבֶּל
frog *n* צְפַרְדֵּעַ; דּוּ־חַי
frogman *n* צוֹלֵל, אִישׁ־צְפַרְדֵּעַ
frolic *n* הִשְׁתּוֹבְבוּת
frolic *vi* פִּיזֵּז, הִשְׁתּוֹבֵב
frolicsome *adj* עַלִּיז, מְפַזֵּז
from *prep* מִן, מֵאֵת

front *n* פָּנִים; חֲזִית; חָזוּת
front *adj* קִדמִי; חֲזִיתִי
front *vt, vi* פָּנָה אֶל; עָמַד מוּל; הֵעֵז פָּנִים
frontage *n* רוֹחַב חֲזִיתִי
front drive *n* הֶינֵעַ קִדמִי
frontier *n* גְבוּל, סְפָר
frontier *adj* גְבוּלִי
frontiersman *n* תּוֹשַׁב הַסְּפָר
frontispiece *n* צִיּוּר הַשַּׁעַר
front line *n* קַו־הַחֲזִית
front matter *n* חוֹמֶר מַקדִים (בספר)
front-page *adj* (ידיעה) בַּעֲלַת חֲשִׁיבוּת
front porch *n* מִרפֶּסֶת חֲזִיתִית
front room *n* חֶדֶר חֲזִיתִי
front row *n* שׁוּרָה רִאשׁוֹנָה
front seat *n* מוֹשָׁב קִדמִי
front steps *n pl* מַדרֵגוֹת חֲזִית
front view *n* מַרְאֶה חֲזִיתִי
frost *vt* כִּיסָּה בִּכפוֹר
frost *n* כְּפוֹר
frostbitten *adj* מוּכֵּה קוֹר
frosting *n* זִיגּוּג; עִימּוּם
frosty *n* מְכוּסֶּה כְּפוֹר; כְּפוֹרִי
froth *n* קֶצֶף
froth *vt, vi* הִקצִיף, הִרגִיז
frothy *adj* מַעֲלֶה קֶצֶף; לֹא מַמָּשִׁי
froward *adj* מַמרֶה, סַרְבָן
frown *n* מַבָּט זוֹעֵם
frown *vt, vi* זָעַם, הִקדִיר פָּנִים
frowzy *adj* מְלוּכלָךְ, מְרוּשָׁל
frozen foods *n pl* מָזוֹן מוּקפָּא
F.R.S. *abbr* Fellow of the Royal Society
frt. *abbr* freight
frugal *adj* חַסכָנִי; דַל
fruit *n* פְּרִי; תּוֹצָאָה
fruitcake *n* עוּגַת פֵּירוֹת
fruitcup *n* סָלַט פֵּירוֹת
fruit-fly *n* זְבוּב הַפֵּירוֹת
fruitful *adj* נוֹשֵׂא פֵּירוֹת; פּוֹרֶה
fruition *n* הַגשָׁמָה; תּוֹצָאוֹת
fruit jar *n* צִנצֶנֶת פֵּירוֹת
fruit juice *n* מִיץ פְּרִי
fruitless *adj* לָרִיק; עָקָר
fruit of the vine *n* פְּרִי הַגֶּפֶן
fruit salad *n* סָלַט פֵּירוֹת
fruit stand *n* דוּכַן פֵּירוֹת
fruit store *n* חֲנוּת פֵּירוֹת
frumpish *adj* מְרוּשֶׁלֶת
frustrate *vt* תִּסכֵּל; סִיכֵּל
fry *vt, vi* טִיגֵּן; הִיטַּגֵּן
fry *n* תַּבשִׁיל מְטוּגָּן
frying pan *n* מַחֲבַת
ft. *abbr* foot, feet
fudge *n* סוּכָּרִייָּה (בֵּיתִית); הֲבָלִים
fudge *vt* עָשָׂה בְּדֶרֶךְ מְזוּיֶּפֶת
fuel *n* דֶלֶק; חוֹמֶר מְלַבֶּה
fuel *vt* סִיפֵּק דֶלֶק; תִּדלֵק
fuel oil *n* נֵפט
fuel tank *n* מְכַל דֶלֶק
fugitive *adj* בּוֹרֵחַ, נִמלָט; חוֹלֵף, בֶּן־יוֹמוֹ
fugitive *n* בּוֹרֵחַ
fugue *n* פוּגָה
fulcrum *n* נְקוּדַת מִשׁעָן
fulfil *vt* הִגשִׁים; בִּיצֵּעַ
fulfilment *n* הַגשָׁמָה, בִּיצוּעַ
full *adj* מָלֵא, גָדוּשׁ

full *n* שְׁלֵמוּת; מִילּוּי
full *vt, vi* נִיקָּה וְעִיבָּה (אריג)
full *adv* מְאוֹד
fullblooded *adj* טְהוֹר גֶּזַע
full-blown *adj* בִּמְלוֹא הִתְפַּתְּחוּתוֹ
full-bodied *adj* בִּמְלוֹא הַחֲרִיפוּת
full-dress *adj* בִּלְבוּשׁ רִשְׁמִי
full-dress coat *n* פְּרַק
fullfaced *adj* עֲגוֹל פָּנִים; מִסְתַּכֵּל הַיָּשָׁר
full-fledged *adj* בָּשֵׁל
full-grown *adj* מְפוּתָּח; מְבוּגָּר
full house *n* אוּלָם מָלֵא
full-length *adj* שָׁלֵם
full-length mirror *n* רְאִי קוֹמַת אִישׁ
full-length movie *n* סֶרֶט בְּאוֹרֶךְ מָלֵא
full load *n* מִטְעָן מָלֵא
full moon *n* יָרֵחַ מָלֵא
full name *n* שֵׁם מָלֵא
fullness *n* שֶׁפַע, גּוֹדֶשׁ; שְׁלֵמוּת
full page *adj* שֶׁל עַמּוּד שָׁלֵם
full powers *n pl* סַמְכוּת מְלֵאָה
full sail *adv* בִּמְלוֹא הַתְּפָרוֹשֶׂת
full-scale *adj* בִּמְלוֹא הַהֶיקֵּף, שָׁלֵם
full-sized *adj* בְּגוֹדֶל טִבְעִי
full speed *adv* בִּמְהִירוּת מְרַבִּית
full stop *n* נְקוּדָּה
full swing *n* תְּנוּפָה מְלֵאָה
full tilt *n* מְהִירוּת מְרַבִּית
full-time *n* סוֹף הַמִּשְׂחָק
full-view *n* מַרְאֶה בִּשְׁלֵמוּת
full volume *n* מְלוֹא הַקּוֹל
fully *adv* בִּשְׁלֵמוּת, בִּמְלוֹאוֹ
fulsome *adj* שֶׁיֵּשׁ בּוֹ טַעַם לִפְגָם

fumble *vt, vi* גִּישֵּׁשׁ בִּכְבֵדוּת, 'פִּסְפֵּס' (במשחק כדור וכד')
fume *n* עָשָׁן; אֵד
fume *vt, vi* הֶעֱלָה עָשָׁן אוֹ אֵד
fumigate *vt* גִּיפֵּר
fumigation *n* גִּיפּוּר
fun *n* שַׁעֲשׁוּעַ; בִּידּוּחַ; הֲנָאָה
function *n* תַּפְקִיד
function *vi* תִּפְקֵד; בִּיצֵּעַ עֲבוֹדָה
functional *n* תִּפְקוּדִי; שִׁימּוּשִׁי
functionary *n* פָּקִיד, נוֹשֵׂא מִשְׂרָה
fund *n* קֶרֶן; הוֹן; אוֹצָר
fund *vt* הִקְצִיב לְתַשְׁלוּם חוֹב
fundamental *n* יְסוֹד, עִיקָּר
fundamental *adj* יְסוֹדִי
funeral *n* הַלְוָויָה
funeral *adj* שֶׁל הַלְוָויָה; אָבֵל
funeral director *n* מְנַהֵל טֶקֶס הַהַלְוָויָה
funeral home *n* בֵּית הַלְוָויוֹת
funeral oration *n* הֶסְפֵּד
funereal *adj* שֶׁל הַלְוָויָה, קוֹדֵר
fungous *adj* פִּטְרִיִּיתִי
fungus *n* פִּטְרִיָּה; גִּידּוּל פִּטְרִיָּתִי
funicular *adj, n* שֶׁל חֶבֶל, שֶׁל כֶּבֶל
funk *vi* פָּחַד; נִפְחַד
funk *n* מוֹרֶךְ־לֵב, פַּחַד; פַּחְדָן
funnel *n* מַשְׁפֵּךְ אֲפַרְכֶּסֶת
funnel *vt* רִיכֵּז
funnies *n pl* צִיּוּרֵי בְּדִיחָה
funny *adj* מַצְחִיק, מְגוּחָךְ
funny bone *n* עֶצֶם הַמַּרְפֵּק
funny paper *n* עִיתּוֹן בְּדִיחוֹת
fur. *abbr* furlong, furnished
fur *n* פַּרְוָוה

fur *adj* שֶׁל פַּרְוָה
furbelow *vt, n* קִשֵּׁט בְּקִפְלוּלִים; קִפְלוּל
furbish *vt* רִעְנֵן, חִידֵּשׁ; מֵירֵט
furious *adj* זוֹעֵם, קוֹצֵף; סוֹעֵר
furl *vt, vi* קִיפֵּל; הִתְקַפֵּל
fur-lined *adj* מְבוּטָּן פַּרְוָה
furlong *n* פֶּרְלוֹנג (מִידַּת אוֹרֶך)
furlough *n* חוּפְשָׁה
furlough *vt* נָתַן חוּפְשָׁה
furnace *n* כִּבְשָׁן
furnish *vt* צִיֵּיד; סִיפֵּק ל...; רִיהֵט
furnishing *n* הַסְפָּקָה; רִיהוּט
furniture *n* רָהִיטִים
furniture dealer *n* סוֹחֵר רָהִיטִים
furniture store *n* חֲנוּת רָהִיטִים
furrier *n* פַּרְוָן
furriery *n* פַּרְווֹת
furrow *n* תֶּלֶם; קֶמֶט
furrow *vt* חָרַשׁ; קִימֵּט
further *adj, adv* יוֹתֵר רָחוֹק; נוֹסָף עַל כָּךְ
further *vt* קִידֵּם, עוֹדֵד
furtherance *n* עִידּוּד, קִידּוּם
furthermore *adv* יָתֵר עַל כֵּן
furthest *adj, adv* הָרָחוֹק בְּיוֹתֵר, לַמֶּרְחָק הַגָּדוֹל בְּיוֹתֵר
furtive *adj* חוּמְקָנִי
fury *n* זַעַם; הִשְׁתּוֹלְלוּת כַּעַס
furze *n* רוֹתֶם אֵירוֹפִּי
fuse *n* נָתִיךְ; מַרְעוֹם; פַּצָּץ
fuse *vt, vi* הִתִּיךְ; מִיזֵּג; נִיתַּךְ; מִתְמַזֵּג
fuse box *n* תֵּיבַת חַשְׁמַל
fuselage *n* גּוּף הַמָּטוֹס
fusible *adj* נִיתָּן לְהַתָּכָה
fusillade *vt* הִתְקִיף בְּמְטַר יְרִיּוֹת
fusillade *n* הַמְטָרַת יְרִיּוֹת
fusion *n* הַתָּכָה, הִיתּוּךְ; מְזִיגָה
fusion bomb *n* פְּצָצַת מִימָן
fusion point *n* נְקוּדַּת הַהַתָּכָה; נְקוּדַּת הַהֲמַסָּה
fuss *vt, vi* עָשָׂה עֵסֶק רַב; הִטְרִיד
fuss *n* הִתְרוֹצְצוּת, 'עֵסֶק רַב'
fussy *adj* מַקְפִּיד בְּקְטַנּוֹת
fustian *n* פִּשְׁתָּן גַּס, שַׁעַטְנֵז
fusty *adj* מְעוּפָּשׁ, מַסְרִיחַ
futile *adj* עָקָר, חֲסַר תּוֹעֶלֶת
futility *n* עֲקָרוּת, חוֹסֶר עֵרֶךְ
future *adj* עֲתִידִי, הַבָּא
future *n* עָתִיד
futurist *n* פוּטוּרִיסְט
fuze *see* fuse
fuzz *n* נְעוֹרֶת, צֶמֶר רַךְ; פְּלוּמָה
fuzzily *adv* בִּמְעוּרְפָּל
fuzzy *adj* מְסוּלְסָל, נוֹצִי; מְעוּרְפָּל

G

G, g ג׳י (האות השביעית באלפבית)
g. *abbr* genitive, gender, gram
gab *n* פִּטְפּוּט
gab *vi* פִּטְפֵּט
gabardine *n* אֲרִיג גַּבַּרְדִּין
gabble *vt, vi* פִּטְפֵּט; גִּעְגַּע
gabble *n* פִּטְפּוּט; גִּעְגּוּעַ
gable *n* גַּמְלוֹן
gable *vt* בָּנָה גַּמְלוֹן
gable-end *n* פְּנֵי הַגַּמְלוֹן
gad *vi* שׁוֹטֵט
gad *n* שׁוֹטְטוּת
gad *interj* רִיבּוֹנוֹ שֶׁל עוֹלָם!
gadabout *n* מְשׁוֹטֵט, הוֹלֵךְ רָכִיל
gadfly *n* זְבוּב הַבְּהֵמוֹת
gadget *n* מַכְשִׁיר הֶתְקֵן
Gael *n* גָּאלִי, קֶלְטִי
Gaelic *adj, n* גָּאלִית
gaff *n* חַכָּה; צִלְצָל
gaff *vt* דָּקַר בְּצִלְצָל
gag *n* מַחְסוֹם פֶּה; (על הבמה) בְּדִיחָה
gag *vt, vi* סָתַם פֶּה; (בניתוח) פָּתַח פֶּה
gage, gauge *n* חוּגָן, מַדִּיד, מַד; מִידָּה
gage *vt* הֶעֱרִיךְ, שִׁיעֵר
gaiety *n* עֲלִיצוּת, שִׂמְחָה
gaily *adv* בַּעֲלִיצוּת
gain *n* רֶוַח, הֶישֵּׂג
gain *vt, vi* הִרְוִיחַ; זָכָה; הִשִּׂיג
gainful *adj* מֵבִיא רֶוַח, רְווֹחִי
gainsay *vt* דִּיבֵּר נֶגֶד, סָתַר
gait *n* דֶּרֶךְ הִילּוּךְ
gaiter *n* מַגָּף, מוֹק
gal. *abbr* gallon
gal *n* (דיבורית) נַעֲרָה
gala *n, adj* גָּלָה, חֲגִיגַת תִּפְאֶרֶת
galaxy *n* גָּלַקְסָה
gale *n* סוּפָה
gale of laughter *n* גַּל צְחוֹק
Galician *n, adj* גָּלִיצָאִי
gall *n* מָרָה; מְרִירוּת; חוּצְפָּה
gall *vt, vi* הִטְרִיד; חִיכֵּךְ
gallant *adj, n* אַבִּירִי; אַמִּיץ
gallantry *n* אַבִּירוּת; חִיזּוּר; אוֹמֶץ־לֵב
gall-bladder *n* כִּיס־הַמָּרָה
gall duct *n* צִינּוֹר הַמָּרָה
galleon *n* סְפִינַת־מִלְחָמָה
gallery *n* מַעֲבָר מְקוֹרֶה; מִסְדְּרוֹן; יָצִיעַ
galley *n* מִטְבַּח אוֹנִיָּה
galley-proof *n* יְרִיעַת הַגָּהָה
galley-slave *n* מְשׁוֹטַאי; עֶבֶד
Gallic *adj* גָּאלִי, צָרְפָתִי
galling *adj* מְמָרֵר; מַרְגִּיז
gallivant *vi* שׁוֹטֵט
gallnut *n* עָפָץ
gallon *n* גַּלּוֹן
galloon *n* רְצוּעָה (להידוק)
gallop *n* דְּהִירָה
gallop *vt, vi* דָּהַר; הִדְהִיר

gallows *n pl* גַרדום
gallows-bird *n* אָדָם רָאוּי לִתלִייָה
gallstone *n* אַבנִית בַּמָּרָה
galore *adv* לְמַכבִּיר
galosh *n* עַרדָל
galvanize *vt* גִלוֵון; זִעזֵעַ
galvanized iron *n* בַּרזֶל מְגוּלוָון
gambit *n* גַמבִּיט (בשחמט); פְּעוּלָה ראשונה
gamble *vt, vi* הִימֵר; שִׂיחֵק בְּמִשׂחֲקֵי מַזָּל
gamble *n* הִימוּר; סִיכּוּן, סִפסוּר
gambler *n* מְהַמֵּר; סַפסָר
gambling *n* הִימוּר; סִיכּוּן; סִפסוּר
gambling den *n* מְאוּרַת הִימוּר
gambling house *n* בֵּית הִימוּרִים
gambling table *n* שׁוּלחַן הִימוּרִים
gambol *vt* נִיתֵּר, דִילֵג
gambol *n* דִילוּג, נִיתּוּר
gambrel *n* קַרסוֹל־סוּס, אוּנקָל
gambrel roof *n* גַג דְמוּי פַּרסָה
game *n* מִשׂחָק; תַּחֲרוּת; צַיִד
game *vi* שִׂיחֵק מִשׂחֲקֵי־מַזָּל
game *adj* אַמִּיץ; מוּכָן לִקרָב
game-bag *n* יַלקוּט צַיָּדִים
game-bird *n* עוֹף צַיִד
gamecock *n* תַּרנְגוֹל־קְרָב
gamekeeper *n* מְפַקֵּחַ צַיִד
game of chance *n* מִשׂחַק מַזָּל
game warden *n* מְפַקֵּחַ צַיִד
gamut *n* סוּלַּם הַקּוֹלוֹת; מִכלוֹל
gamy *adj* בַּעַל טַעַם חָרִיף
gander *n* אַוּוָז
gang *n* חֲבוּרָה
gang *vt, vi* הִתקִיף בַּחֲבוּרָה
gangling *adj* מוֹאֳרָך וְרוֹפֵף
ganglion *n* גַנגלִיוֹן, חַרצוֹב
gangplank *n* כֶּבֶשׁ אוֹנִיָּה
gangrene *n* מַק
gangrene *vt, vi* גָרַם לְמַק; נַעֲשָׂה מַק
gangster *n* אִישׁ כְּנוּפיָה, גַנגסטֶר
gangway *n* מַעֲבָר; מִסדְרוֹן
gantry, gauntry *n* פִּיגוּם
gantry crane *n* כַּן פִּיגוּמִים נָע
gap *n* פַּעַר, פִּרצָה
gape *vi* פָּעַר פִּיו; נִבקַע
gape *n* פְּעִירַת פֶּה; מַבָּט בְּפֶה פָּעוּר
gapes *n pl* פַּהֶקֶת
G.A.R. *abbr* Grand Army of the Republic
garage *n* מוּסָך
garage *vt* הִכנִיס לְמוּסָך, מִיסֵּך
garb *n* לְבוּשׁ, תִּלבּוֹשֶׁת
garb *vt* הִלבִּישׁ
garbage *n* זֶבֶל, אַשׁפָּה
garbage can *n* פַּח אַשׁפָּה
garbage disposal *n* סִילּוּק אַשׁפָּה
garble *vt* סֵירֵס, סִילֵּף
garden *n* גִינָּה, גַן
garden *vt* גִינֵּן, עִיבֵּד גַן
gardener *n* גַנָּן
gardenia *n* גַרדֶנִיָּה
gardening *n* גִינּוּן, עֲבוֹדַת הַגַּנָּן
garden-party *n* מְסִיבַּת־גַן
gargle *n* מְגַרגֵר, שׁוֹטֵף
gargle *vt* גִרגֵר
gargoyle *n* זַרבּוּבִית
garish *adj* צַעֲקָנִי, מַברִיק
garland *n* זֵר, כֶּתֶר; קִישׁוּט
garland *vt* עִיטֵּר בְּזֵר

garlic *n* שׁוּם
garment *n* מַלְבּוּשׁ
garner *n* מַחְסָן; אוֹסֶם
garner *vt* צָבַר
garnet *n* אֶבֶן טוֹבָה
garnish *vt* עִיטֵּר
garnish *n* קִישׁוּט; עִיטּוּר סִפְרוּתִי; (בְּבִישׁוּל) תּוֹסֶפֶת קִישׁוּט
garret *n* עֲלִיַּית־גַּג
garrison *n* חֵיל מַצָּב
garrotte *vt* הֵמִית בְּחֶנֶק
garrotte *n* חֶנֶק
garrulous *adj* מְפַטְפֵּט
garter *n* בִּירִית
garth *n* חָצֵר, גִּינָּה
gas *n* גַּאז
gas *vt, vi* סִיפֵּק גַּאז; הִרְעִיל בְּגַאז
gasbag *n* מְכַל גַּאז; פַּטְפְּטָן
gas-burner *n* מַבְעֵר גַּאז
gas-engine *n* מְנוֹעַ גַּאז
gaseous *adj* גַּאזִי
gasfitter *n* מַתְקִין גַּאז
gas generator *n* מְחוֹלֵל גַּאז
gash *n* חֲתָךְ, פֶּצַע
gash *vt* חָתַךְ, פָּצַע
gas-heat *n* קָמִין גַּאז
gasholder *n* מְכַל גַּאז
gasify *vt* יָצַר גַּאז
gas-jet *n* סִילוֹן גַּאז
gasket *n* אֶטֶם
gaslight *n* אוֹר גַּאז
gas-main *n* צִינּוֹר גַּאז עִיקָּרִי
gas-meter *n* מוֹנֵה גַּאז
gasoline, gasolene *n* גָּאזוֹלִין, בֶּנְזִין
gasoline pump *n* מַשְׁאֵבַת בֶּנְזִין
gasp *vt, vi* הִתְאַמֵּץ לִנְשׁוֹם; דִּיבֵּר בְּכוֹבֶד נְשִׁימָה
gasp *n* נְשִׁימָה בִּכְבֵדוּת
gas producer *n* כּוּר גַּאז
gas-range *n* כִּירַיִים שֶׁל גַּאז
gas-station *n* תַּחֲנַת דֶּלֶק
gas-stove *n* כִּירַיִים שֶׁל גַּאז
gas-tank *n* מְכַל בֶּנְזִין
gastric *adj* קֵיבָתִי
gastronomy *n* גַּסְטְרוֹנוֹמְיָה
gasworks *n pl* מִפְעַל גַּאז
gate *n* שַׁעַר, פֶּתַח
gatekeeper *n* שׁוֹמֵר סַף
gatepost *n* עַמּוּד הַשַּׁעַר
gateway *n* פֶּתַח שַׁעַר, כְּנִיסָה
gather *vt, vi* אָסַף, כִּינֵּס; נֶאֱסַף, נִקְבַּץ; הִסִּיק; הֵבִין
gathering *n* אִיסּוּף, אֲגִירָה; כֶּנֶס
gaudy *adj* מַבְרִיק, רַאַוותָנִי
gauge, gage *n* חוֹגָן, מַד; אַמַּת־מִידָּה
gauge, gage *vt* הֶעֱרִיךְ, שִׁיעֵר; קָבַע מִידּוֹת
gauge glass *n* זְכוּכִית מַדִּיד
gauger, gager *n* מוֹדֵד, מַעֲרִיךְ
Gaul *n* גַּאלִי, גַּאלְיָה
Gaulish *adj, n* גַּאלִי
gaunt *adj* כָּחוּשׁ; זוֹעֵף
gauntlet *n* כְּפָפַת שִׁרְיוֹן
gauze *n* גַּאזָה, מַלְמָלָה
gavel *n* פַּטִּישׁ (שֶׁל יו״ר)
gavotte *n* גָּבוֹט
gawk *n* לֹא־יוּצְלַח
gawk *vi* נָהַג כְּשׁוֹטֶה
gawky *adj, n* לֹא־יוּצְלַח, מְגוּשָּׁם
gay *adj* עַלִּיז

gaze *vi* הִבִּיט, הִסתַּכֵּל
gaze *n* מַבָּט, הִסתַּכְּלוּת
gazelle *n* צְבִי
gazette *n, vt* עִיתּוֹן רִשְׁמִי; פִּרְסֵם בְּעִיתּוֹן רִשְׁמִי
gazetteer *n* לֶקְסִיקוֹן גֵיאוֹגְרָפִי
gear *n* תִּשְׁלוֹבֶת גַלְגַלֵּי שִׁינַּיִים; הִילּוּך; רִתְמָה
gear *vt, vi* הִצְמִיד לְהִילּוּך; הִשְׁתַּלֵּב
gearbox, gearcase *n* תֵּיבַת הִילּוּכִים
gearshift *n* הַחֲלָפַת הַהִילּוּך
gearshift lever *n* יְדִית הִילּוּכִים
gee, gee-gee *n* ג'י (מלת זירוז לסוסים)
gee *interj* ג'י (מלה להבעת השתוממות)
Gehenna *n* גֵּיא בֶּן־הִינּוֹם
gel *n* קָרִישׁ, מִקְפָּא
gel *vi* הִקְרִישׁ
gelatine *n* מִקְפָּא
geld *vt* עִיקֵּר, סֵירֵס
gem *n* אֶבֶן טוֹבָה
gem *vt* קִישֵּׁט
Gemini *n pl* מַזַּל תְּאוֹמִים
gen. *abbr* gender, general, genitive, genus
gender *n* (בדקדוק) מִין
genealogy *n* תּוֹלָדוֹת, סֵדֶר יִיחוּסִין
general *adj* כְּלָלִי; כּוֹלֵל
general *n* גֶנֶרָל, אַלּוּף
general delivery *n* מְסִירַת דִּבְרֵי דוֹאַר כְּלָלִית
generalissimo *n* גֶנֶרָלִיסִּימוֹ, מְפַקֵּד עֶלְיוֹן
generality *n* הַכְלָלָה; כְּלָל
generalize *vt* הִכְלִיל, כָּלַל
generally *adv* בְּדֶרֶךְ כְּלָל
general practitioner *n* רוֹפֵא כְּלָלִי
generalship *n* כּוֹשֶׁר מַצְבִּיאוּת
general staff *n* מַטֶּה כְּלָלִי
generate *vt* הוֹלִיד, יָצַר
generating station *n* תַּחֲנַת כּוֹחַ
generation *n* דּוֹר; רְבִיָּה; יְצִירָה
generator *n* מְחוֹלֵל, גֶנֶרָטוֹר
generic *adj* שֶׁל מִין; שֶׁל גֶּזַע
generous *adj* נָדִיב
genesis *n* מָקוֹר; בְּרִיאָה
Genesis *n* סֵפֶר בְּרֵאשִׁית
genetics *n pl* חֵקֶר הַתּוֹרָשָׁה
Geneva *n* גֶ'נֶבָה
Genevan *n* גֶ'נֶבָאִי
genial *adj* יְדִידוּתִי, מַסְבִּיר פָּנִים
genie *n* ג'ינִי, רוּחַ
genital *adj* שֶׁל אֵיבְרֵי הַמִּין
genitals *n pl* אֵיבְרֵי הַמִּין
genitive *n, adj* יַחַס הַקִּנְיָן; יַחַס הַסְּמִיכוּת; סוֹפִית הַסְּמִיכוּת
genius *n* גָּאוֹן; גְאוֹנִיּוּת
Genoa *n* גֵנוֹאָה
genocidal *adj* שֶׁל רֶצַח־עַם
genocide *n* רֶצַח־עַם
Genoese *n* גֵנוֹאִי
genre *n* רוּחַ, תְּכוּנָה; סוּג; סִגְנוֹן
gent *abbr.* gentleman, gentlemen
genteel *adj* מֵהַחֶבְרָה הַגְּבוֹהָה; מְנוּמָּס
gentian *n* עַרְבָּזִי
gentile *n, adj* לֹא־יְהוּדִי, גּוֹי
gentility *n* נִימוּס; אֲדִיבוּת; יִיחוּס
gentle *adj* אָצִיל; עָדִין; מָתוּן

gentlefolk *n* בְּנֵי־תַּרְבּוּת, בְּנֵי־טוֹבִים
gentleman *n* ג׳נטלמֶן, בֶּן־תַּרְבּוּת
gentleman-in-waiting *n* אִישׁ חָצֵר
gentlemanly *adj, adv* בְּנִימוּס, בַּאֲדִיבוּת
gentleman of leisure *n* שֶׁשְּׁעָתוֹ פְּנוּיָה, מִשְׁתָּעֶה
gentleman of the road *n* שׁוֹדֵד דְּרָכִים
gentle sex *n* הַמִּין הֶעָדִין
gentry *n* רָמֵי־מַעֲלָה
genuine *n* אֲמִיתִּי; כֵּן; אָמִין
genus *n* סוּג, מִין
geog. *abbr* geography
geographer *n* גֵּיאוֹגְרָף
geographic, geographical *adj* גֵּיאוֹגְרָפִי
geography *n* גֵּיאוֹגְרַפְיָה
geol. *abbr* geology
geologic(al) *adj* גֵּיאוֹלוֹגִי
geologist *n* גֵּיאוֹלוֹג
geology *n* גֵּיאוֹלוֹגְיָה
geom. *abbr* geometry
geometric, geometrical *adj* הַנְדָּסִי, גֵּיאוֹמֶטְרִי
geometrical progression *n* טוּר הַנְדָּסִי
geometrician *n* מוּמְחֶה בְּהַנְדָּסָה
geometry *n* הַנְדָּסָה
geophysics *n pl* גֵּיאוֹפִיסִיקָה
geopolitics *n pl* גֵּיאוֹפּוֹלִיטִיקָה
geranium *n* מְקוֹר־הָאֲנָפָה, גֵּרַנְיוֹן
geriatrical *adj* שֶׁל חֵקֶר מַחֲלוֹת הַזִּקְנָה
geriatrician *n* חוֹקֵר מַחֲלוֹת הַזִּקְנָה
geriatrics *n pl* חֵקֶר מַחֲלוֹת הַזִּקְנָה
germ *n* חַיְדַּק; זֶרַע
germ *vi* נָבַט
German *adj, n* גֶּרְמָנִי; גֶּרְמָנִית
germane *adj* קָרוֹב; נוֹגֵעַ, הוֹלֵם
Germanic *adj* טֶבְטוֹנִי; גֶּרְמָנִי
Germanize *vt* גִּרְמֵן
German measles *n pl* אַדֶּמֶת
German silver *n* כֶּסֶף גֶּרְמָנִי
Germany *n* גֶּרְמַנְיָה
germ carrier *n* נוֹשֵׂא חַיְדַּקִים
germ cell *n* תָּא זֶרַע
germicidal *adj* קוֹטֵל חַיְדַּקִים
germicide *n* קוֹטֵל חַיְדַּקִים
germinate *vt, vi* נָבַט, הֵנֵץ
germ plasm *n* פְּלַסְמַת זֶרַע
germ theory *n* תֵּיאוֹרְיַת הַחַיְדַּקִים
germ warfare *n* מִלְחֶמֶת חַיְדַּקִים
gerontology *n* מַדַּע הַזִּקְנָה, גֵּרוֹנְטוֹלוֹגְיָה
gerund *n* (בדקדוק) שֵׁם פְּעוּלָּה
gerundive *adj, n* (דְּמוּי) שֵׁם פְּעוּלָּה
gestation *n* תְּקוּפַת עִיבּוּר
gestatory *adj* עִיבּוּרִי
gesticulate *vi* הֶחֱוָה
gesticulation *n* הַחֲוָיָה
gesture *n* תְּנוּעַת הַבָּעָה; מֶחווה
gesture *vi* עָשָׂה תְּנוּעוֹת
get *vt, vi* הִשִּׂיג; לָקַח; קָנָה; נַעֲשָׂה
getaway *n* בְּרִיחָה
get-together *n* הִתְכַּנְּסוּת
get-up *n* צוּרָה חִיצוֹנִית; הוֹפָעָה
gewgaw *n* צַעֲצוּעַ זוֹל
geyser *n* גֵּייזֶר, מִזְרָקָה חַמָּה
ghastly *adj* נוֹרָא, מַבְעִית

gherkin *n* מְלָפְפוֹן קָטָן
ghetto *n* גֶטוֹ
ghost *n* רוּחַ (שֶׁל מֵת)
ghost *vt* כָּתַב בִּשְׁבִיל אַחֵר
ghostly *adj* שֶׁל רוּחַ הַמֵּת
ghost writer *n* סוֹפֵר לְהַשְׂכִּיר
ghoul *n* רוּחַ רָעָה, שֵׁד
ghoulish *adj* שֵׁדִי, מְתוֹעָב
G.H.Q. *abbr* General Headquarters
GI, G.I. *n, adj* חַיָּל (בצבא ארה״ב)
giant *n* עֲנָק
giant *adj* עֲנָקִי
giantess *n* עֲנָקִית
gibberish *n* פִּטְפּוּט, מִלְמוּל
gibbet *n* גַּרְדּוֹם
gibe, jibe *vt, vi, n* לִגְלֵג; לִגְלוּג
giblets *n pl* קְרָבַיִים שֶׁל עוֹף
giddiness *n* קַלּוּת־דַּעַת; סִחְרוּר
giddy *adj* קַל־דַּעַת
giddy *vt, vi* סִחְרֵר; הִסְתַּחְרֵר
Gideon *n* גִּדְעוֹן
gift *n* מַתָּנָה; כִּשְׁרוֹן
gifted *adj* מְחוֹנָן
gift horse *n* מַתָּנָה שֶׁאֵין בּוֹדְקִים
gift of gab *n* כִּשְׁרוֹן דִּיבּוּר
gift shop *n* חֲנוּת מַתָּנוֹת
gift wrap *n* עֲטִיפָה לְמַתָּנוֹת
gig *n* כִּרְכָּרָה; דּוּגִית
gigantic *adj* עֲנָקִי
giggle *vi* גִּיחֵךְ
giggle *n* גִּיחוּךְ
gigolo *n* גִ׳יגוֹלוֹ
gild *vt* הִזְהִיב, צִיפָּה זָהָב
gilding *n* הַזְהָבָה
gill *n* זִים, אָגִיד; גִ׳יל (מידת נוזל)
gill *vt* צָד, דָג
gillyflower *n* יַזְהוּב
gilt *n, adj* צִיפּוּי זָהָב; מְצוּפֶּה זָהָב
gilt-edged *adj* מוּזְהָב קְצָווֹת
gilt head *n* זְהוּב הָרֹאשׁ
gimcrack *n, adj* הִתְהַדְּרוּת רֵיקָה; מַבְהִיק וְרֵיק
gimlet *n, vt* מַקְדֵּחַ קָטָן; קָדַח חוֹר
gimmick *n* הַמְצָאָה מְחוּכֶּמֶת
gin *n* גִ׳ין (יי״ש); מַלְכּוֹדֶת; מַנְפֵּטָה
gin *vt* הִפְרִיד כּוּתְנָה בְּמַנְפֵּטָה
gin fizz *n* גִ׳ין בְּסוֹדָה
ginger *n* זַנְגְּבִיל
ginger *vt* תִּיבֵּל בְּזַנְגְּבִיל; עוֹרֵר
ginger-ale *n* מַשְׁקֶה זַנְגְּבִיל
gingerbread *n* עוּגַת זַנְגְּבִיל
gingerly *adj, adv* זָהִיר; בִּזְהִירוּת
gingersnap *n* רְקִיק זַנְגְּבִיל
gingham *n* אָרִיג מְפוּסְפָּס
giraffe *n* גִ׳ירָפָה, גָּמָל נְמֵרִי
girandole *n* סִילוֹן מַיִם מִסְתּוֹבֵב
gird *vt, vi* חָגַר; הִקִּיף; הִתְכּוֹנֵן; לָעַג
girder *n* סָרִיג; קוֹרָה
girdle *n* חֲגוֹרָה, אַבְנֵט
girdle *vt* סָגַר עַל
girl *n* יַלְדָּה, נַעֲרָה
girl friend *n* בַּחוּרָה יְדִידָה
girlhood *n* נַעֲרוּת (שֶׁל נערה); בְּחוּרוּת
girlish *adj* נַעֲרָתִי
girl scout *n* צוֹפָה
girth *n* הֶיקֵּף; חֲגוֹרָה
gist *n* תַּמְצִית, עִיקָּר
give *vt, vi* נָתַן; סִיפֵּק; הֶעֱנִיק; נִכְנַע
give *n* כְּנִיעָה לְלַחַץ; גְּמִישׁוּת

give-and-take *n* שִׁיטַת תֵּן וְקַח
giveaway *n, adj* הַלְשָׁנָה; פְּרָס חִינָּם
given *adj* מוּעֲנָק; נָתוּן, מְסוּיָּם
given name *n* שֵׁם פְּרָטִי
giver *n* נַדְבָן; מַעֲנִיק
gizzard *n* מוּרְאָה, זֶפֶק
glacial *adj* קַרְחוֹנִי; קָפוּא
glacier *n* קַרְחוֹן
glad *adj* שָׂמֵחַ, עַלִּיז; מְשַׂמֵּחַ
gladden *vt, vi* שִׂימֵּחַ
glade *n* קָרַחַת־יַעַר
glad hand *n* קַבָּלַת פָּנִים חַמָּה
gladiola *n* סֵיפָן, גְּלַדְיוֹלָה
gladly *adv* בְּשִׂמְחָה
gladness *n* שִׂמְחָה, חֶדְוָוה
glad rags *n pl* בִּגְדֵי שְׂרָד
glamorous *adj* קוֹסֵם, מַקְסִים
glamour *n* קֶסֶם; זוֹהַר
glamour girl *n* נַעֲרַת־זוֹהַר
glance *vt, vi* הֵעִיף מַבָּט; נָגַע קַלּוֹת
glance *n* מַבָּט חָטוּף; הִבְהוּב
gland *n* בַּלּוּטָה, בַּלּוּט
glanders *n pl* לוּזָה, חֲזִירַת הַסּוּס
glare *n* אוֹר מְסַנווֵר; מַבָּט נוֹקֵב
glare *vt, vi* הִבְהִיק; בָּלַט; הִבִּיט בְּכַעַס
glaring *adj* מַבְהִיק; בּוֹלֵט
glass *n* זְכוּכִית; כּוֹס; (בּרִיבּוּי) מִשְׁקָפַיִים
glass *adj* עָשׂוּי זְכוּכִית; מְזוּגָּג
glass *vt* זִיגֵּג
glass-blower *n* מְנַפֵּחַ זְכוּכִית
glass case *n* אֲרוֹן זְכוּכִית
glass door *n* דֶּלֶת זְכוּכִית
glassful *n* מְלוֹא הַכּוֹס
glass-house *n* חֲמָמָה
glassine *n* נְיָיר שָׁקוּף
glassware *n* כְּלֵי־זְכוּכִית
glass wool *n* צֶמֶר זְכוּכִית
glassworker *n* פּוֹעֵל זְכוּכִית
glassworks *n* בֵּית־חֲרוֹשֶׁת לִזְכוּכִית
glassy *adj* זְכוּכִית; זְגוּגִי
glaze *vt, vi* זִיגֵּג
glaze *n* זִיגּוּג, צִיפּוּי שָׁקוּף
glazier *n* זַגָּג
gleam *n* נִצְנוּץ, קֶרֶן אוֹר; אוֹר קָלוּשׁ
gleam *vi* הֵאִיר, נִצְנֵץ
glean *vt, vi* לִיקֵּט; נִלְקַט
glee *n* גִּיל; שִׁיר מַקְהֵלָה
glib *adj* חָלָק; נִמְהָר וְשִׁטְחִי (בּדִיבּוּר)
glide *n* הַחֲלָקָה; דְּאִיָּה
glide *vi* הֶחֱלִיק, גָּלַשׁ; חָלַף
glider *n* דָּאוֹן
glimmer *vi* נִצְנֵץ
glimmer, glimmering *n* נִצְנוּץ, הִבְהוּב
glimpse *vt* הֵעִיף עַיִן
glimpse *n* מְעוּף עַיִן, מַבָּט חָטוּף
glint *vi* הִבְהִיק, נִצְנֵץ
glint *n* הַבְזָקָה
glisten *vi* הִבְהִיק, נִצְנֵץ
glisten *n* הַבְהָקָה
glitter, glister *vi* הִבְהִיק, הִזְהִיר
glitter *n* בָּרָק, זוֹהַר
gloaming *n* בֵּין־הַשְּׁמָשׁוֹת
gloat *vi* שָׂמַח לְאֵיד
globe *n* כַּדּוּר־הָאָרֶץ; גְּלוֹבּוּס
globetrotter *n* שָׁט בָּעוֹלָם
globetrotting *n* שׁוֹטְטוּת בָּעוֹלָם
globule *n* כַּדּוּרִית טִיפָּה
glockenspiel *n* פַּעֲמוֹנִיָּה

gloom *vt, vi* הֶחְשִׁיךְ, הִקְדִיר

gloom *n* אֲפֵלוּלִית; קַדְרוּת

gloomy *adj* אָפֵל; עָצוּב

glorify *vt* פֵּיאֵר, קִילֵּס

glorious *adj* מְפוֹאָר, נַעֲלֶה; נֶהְדָר

glory *n* הוֹד; תְּהִילָּה

glory *vi* הִתְהַלֵּל

gloss *n* בָּרָק; צִחצוּחַ; בֵּיאוּר, הֶעָרָה (בִּכְתַב־יָד)

gloss *vt, vi* שִׁיוָּה בָּרָק; פֵּירֵשׁ

glossary *n* רְשִׁימַת מִלִּים, מִילּוֹן

glossy *adj* מַבְרִיק, מְמוֹרָט

glottal *adj* שֶׁל בֵּית־הַקּוֹל

glove *n* כְּסָיָה, כְּפָפָה

glove *vt* לָבַשׁ כְּפָפָה

glove compartment *n* תָּא כְּסָיוֹת

glove stretcher *n* מְמַתֵּחַ כְּסָיוֹת

glow *n* לַהַט חוֹם, אוֹדֶם

glow *vi* לָהַט; הִתְאַדֵּם

glower *vi* הִסְתַּכֵּל בְּזַעַם

glowing *adj* לוֹהֵט; מַזְהִיר

glow-worm *n* גַּחֲלִילִית

glucose *n* גְלוּקוֹזָה

glue *n* דֶּבֶק נוֹזְלִי

glue *vt* דִּיבֵּק, הִדְבִּיק

glue-pot *n* כְּלִי לְדֶבֶק

gluey *adj* דִּבְקִי, דָּבִיק

glug *vi* בִּעְבֵּעַ

glumaceous *adj* בַּעַל גְלוּמָה

glume *n* גְלוּמָה

glut *n* גּוֹדֶשׁ, עוֹדֶף

glut *vt, vi* הִשְׂבִּיעַ; מִילֵּא עַד אֶפֶס מָקוֹם

glutton *n* זוֹלְלָן; רַעַבְתָן

gluttonous *adj* זוֹלְלָנִי

gluttony *n* זְלִילָה

glycerine *n* גְלִיצֵרִין

G.M. *abbr* General Manager, Grand Master

G-man *n* סוֹכֵן הַבּוֹלֶשֶׁת

G.M.T. *abbr.* Greenwich Mean Time

gnarled *adj* מְסוּקָס, מְחוּסְפָּס

gnash *vt, vi* חָרַק שִׁינַּיִים; נָשַׁךְ

gnat *n* יַתּוּשׁ, זְבוּבוֹן

gnaw *vt, vi* כִּרְסֵם; כָּסַס

gnome *n* שֵׁדוֹן, גַּמָּד

go *vt, vi* הָלַךְ; נָסַע; עָזַב; עָבַר

go *n* הֲלִיכָה; מֶרֶץ; נִיסָּיוֹן

goad *n* דָּרְבָן; גֵּירוּי

goad *vt, vi* הִכָּה בְּמַלְמָד; גֵּירָה

go-ahead *adj* מִתְקַדֵּם

goal *n* מַטָּרָה; (בְּכַדּוּרֶגֶל) שַׁעַר

goalkeeper *n* שׁוֹעֵר

goal-line *n* קַו־הַשַּׁעַר

goal-post *n* קוֹרָה

goat *n* תַּיִשׁ, עֵז

goatee *n* זְקַן תַּיִשׁ

goatherd *n* רוֹעֵה עִזִּים

goatskin *n* עוֹר תַּיִשׁ

goatsucker *n* תַּחְמָס אֵירוֹפִּי

gob *n* רוֹק

gob *vi* יָרַק

gobble *vt, vi* בָּלַע בְּחִיפָּזוֹן; חָטַף

gobbledegook *n* לָשׁוֹן מְעוּרְפֶּלֶת

go-between *n* מְתַוֵּוךְ

goblet *n* גָּבִיעַ

goblin *n* שֵׁדוֹן

goby *n* קִבְרְנוּן

go-by *n* הִתְעַלְּמוּת

go-cart *n* אוֹפַנִּית יְלָדִים

god *n* אֵל, אֱלִיל

God *n* אֱלֹקִים

godchild *n* יֶלֶד סַנְדְּקָאוּת

goddaughter *n* בַּת סַנְדְּקָאוּת

goddess *n* אֵלָה

godfather *n* סַנְדָּק

godfather *vt* שִׁימֵּשׁ כְּסַנְדָּק

God-fearing *adj* יְרֵא אֱלֹקִים

God-forsaken *adj* שְׁכוּחַ אֵל

Godhead *n* אֱלוֹהוּת

godless *adj* כּוֹפֵר

godly *adj* אֱלוֹהִי; יְרֵא אֱלֹקִים

godmother *n* סַנְדָּקִית

God's acre *n* בֵּית קְבָרוֹת

godsend *n* מַתַּת אֱלֹהַּ

godson *n* בֶּן סַנְדְּקָאוּת

Godspeed *n* אִיחוּלֵי 'נְסִיעָה טוֹבָה', 'בְּהַצְלָחָה'

go-getter *n* יוֹזְמָן־תּוֹקְפָן

goggle *vi* גִּלְגֵּל בְּעֵינָיו

goggle-eyed *adj* תָּמֵהַּ

goggles *n pl* מִשְׁקְפֵי מָגֵן

going *n, adj* הֲלִיכָה; יְצִיאָה; מַצְלִיחַ

going concern *n* מִפְעָל מְשַׂגְשֵׂג

goings on *n pl* תַּעֲלוּלִים, מַעֲלָלִים

goiter, goitre *n* זַפֶּקֶת

gold *n, adj* זָהָב; מוּזְהָב

goldbeater *n* זְהָבִי

goldbeater's skin *n* עוֹר זְהָבִים

gold-brick *n* נֵתֶךְ זָהָב; חֵפֶץ מְזוּיָּף

goldcrest *n* מַלְכִּילוֹן

gold-digger *n* מְחַפֵּשׂ זָהָב

golden *adj* שֶׁל זָהָב; זָהוֹב

Golden Age *n* תּוֹר הַזָּהָב

golden calf *n* עֵגֶל הַזָּהָב

Golden Fleece *n* גִּיזַּת הַזָּהָב

golden mean *n* שְׁבִיל הַזָּהָב

golden plover *n* חוֹפְמִי זָהוֹב

golden rod *n* שֵׁבֶט הַזָּהָב

golden rule *n* כְּלַל הַזָּהָב

goldfield *n* מִכְרֵה זָהָב

goldfinch *n* חוֹחִית

goldfish *n* דַּג זָהָב, זְהַבְנוּן

goldilocks, goldylocks *n* זְהוּבַּת שֵׂעָר; נוּרִית

gold-leaf *n* עֲלֵה זָהָב

gold-mine *n* מִכְרֵה זָהָב

gold plate *n* כְּלֵי זָהָב

gold-plate *vt* רִיקַּע בְּזָהָב

goldsmith *n* צוֹרֵף זָהָב

gold standard *n* בְּסִיס הַזָּהָב

golf *n* גּוֹלְף

golf *vi* שִׂיחֵק בְּגוֹלְף

golf-club *n* אַלַּת גּוֹלְף; מוֹעֲדוֹן גּוֹלְף

golfer *n* גּוֹלְפַאי

golf-links *n pl* מִגְרַשׁ גּוֹלְף

Golgotha *n* גּוּלְגּוֹלְתָּא, שְׁאוֹל

gondola *n* גּוֹנְדוֹלָה

gondolier *n* גּוֹנְדוֹלַאי

gone *adj* אָבוּד, בָּטֵל; נִכְשָׁל

gong *n* גּוֹנְג, מְצִילָּה

gonorrhea, gonorrhoea *n* זִיבָה, גוֹנוֹרֵיאָה

goo *n* חוֹמֶר דָּבִיק

good *adj* טוֹב

good *n* תּוֹעֶלֶת, יִתְרוֹן; הִצְטַיְּינוּת; דָּבָר רָצוּי

good afternoon *interj* שְׁעַת מִנְחָה טוֹבָה

goodby, goodbye *interj, n* הֱיֵה שָׁלוֹם!
good day *interj* שָׁלוֹם, בָּרוּךְ יוֹמְךָ
good evening *interj* עֶרֶב טוֹב
good fellow *n* בָּחוּר טוֹב
good fellowship *n* חֲבֵרוּת טוֹבָה
good-for-nothing *adj* לֹא־יוּצלַח
good graces *n pl* מְצִיאַת חֵן, חֶסֶד
good-hearted *adj* טוֹב־לֵב
good-humored *adj* טוֹב־מֶזֶג
good-looking *adj* יְפֵה־תּוֹאַר
good looks *n pl* יְפִי מַרְאֶה
goodly *adj* טוֹב, יָפֶה; רַב
good morning *interj* בּוֹקֶר טוֹב
good-natured *n* טוֹב־מֶזֶג
Good Neighbor Policy *n* מְדִינִיּוּת הַשָּׁכֵן הַטּוֹב
goodness *n* טוֹב; טוּב; נְדִיבוּת
good night *interj* לַיְלָה טוֹב
goods *n pl* סְחוֹרָה, סְחוֹרוֹת, מִטְעָן
good sense *n* שֵׂכֶל
good-sized *adj* נִיכָּר בְּגוֹדלוֹ
good speed *n* בְּהַצְלָחָה!
good-tempered *adj* בַּעַל מֶזֶג טוֹב
good time *n* הֲנָאָה, רְאִיַּית חַיִּים
good turn *n* טוֹבָה, חֶסֶד
goodwill *n* רָצוֹן טוֹב, יְדִידוּת; מוֹנִיטִין
goody *n* מַמְתָּק
gooey *adj* דָּבִיק
goof *n* טִיפֵּשׁ
goof *vi* הֶחֱטִיא, 'פִּסְפֵּס'
goofy *adj* טִיפֵּשׁ, אִידְיוֹטִי
goon *n* טִיפֵּשׁ, אִידיוֹט; אִימְתָן
goose *n* אַוָּז, אַוָּזָה; טִיפֵּשׁ
gooseberry *n* דּוּמְדְּמָנִית
goose egg *n* בֵּיצַת אַוָּז
goose flesh *n* סִמְרוּר בָּעוֹר
gooseneck *n* צַוַּאר אַוָּז
goose pimples *n pl* סִמְרוּר בָּעוֹר
goosestep *n* צְעִידַת אַוָּז
G.O.P. *abbr* Grand Old Party
gopher *n* סְנָאִית הָעֲרָבָה
gopher *n* עֵץ גּוֹפֶר
Gordian knot *n* קֶשֶׁר גּוֹרְדִי
gore *n* דָּם (שָׁפוּךְ וקָרוּשׁ)
gore *vt* נָגַח
gorge *n* עָרוּץ; גַּיְא; גָּרוֹן
gorge *vt, vi* מִילֵּא כְּרֵסוֹ
gorgeous *adj* נֶהְדָּר
gorilla *n* גּוֹרִילָה
gorse *n* אוּלֶקְס אֵירוֹפִּי
gory *adj* מְכוּסֶּה בְּדָם
gosh! *interj* אֱלֹקִים אַדִּירִים!
goshawk *n* נֵץ גָּדוֹל
gospel *n* בְּשׂוֹרַת הַנַּצְרוּת
gospel truth *n* אֱמֶת לַאֲמִיתָּהּ
gossamer *n, adj* קוּרֵי עַכָּבִישׁ; דַּק
gossip *n* רְכִילוּת, פִּטְפּוּט
gossip *vi* דִּיבֵּר רְכִילוּת
gossip columnist *n* בַּעַל טוּר רְכִילוּת
gossipy *adj* שֶׁל רְכִילוּת
Goth *n* גּוֹתִי; גַּס
Gothic *adj, n* גּוֹתִי; סִגְנוֹן גּוֹתִי; (שָׂפָה) גּוֹתִית
gouge *n* מַפְסֶלֶת; חָרִיץ; מִרְמָה
gouge *vt, vi* פִּיסֵּל; רִימָּה
goulash *n* גּוּלָשׁ
gourd *n* דְּלַעַת; נֹאד
gourmand *n* אַכְלָן
gourmet *n* מוּמְחֶה בְּמַאֲכָלִים

gout *n* צִינִית
gouty *adj, n* חוֹלֵה צִינִית
gov. *abbr* governor, government
govern *vt, vi* מָשַׁל; נִיהֵל
governess *n* אוֹמֶנֶת
government *n* מֶמְשָׁלָה
governmental *adj* מֶמְשַׁלְתִּי
government in exile *n* מֶמְשָׁלָה גּוֹלָה
governor *n* מוֹשֵׁל; נָגִיד
governorship *n* כְּהוּנַּת מוֹשֵׁל
govt. *abbr* government
gown *n* שִׂמְלָה; גְלִימָה (שֶׁל שׁוֹפְטִים)
gown *vt* הִלְבִּישׁ (שמלה או גלימה)
gr. *abbr* gram, grain, gross
grab *vt* חָטַף; תָּפַס
grab *n* חֲטִיפָה; תְּפִיסָה
grace *n* חֵן; חֶסֶד; בִּרְכַּת־הַמָּזוֹן
grace *vt* הוֹסִיף חֵן; הוֹסִיף כָּבוֹד
graceful *adj* חִינָּנִי
grace-note *n* (מוּסִיקָה) תַּו־עִיטּוּר
gracious *adj* גּוֹמֵל חֶסֶד, אָדִיב
grackle *n* זַרְזִיר
grad. *abbr* graduate
gradation *n* שִׁינּוּי בְּהַדְרָגָה; הַדְרָגָה
grade *n* מַעֲלָה, מַדְרֵגָה; אֵיכוּת; כִּיתָּה (שֶׁל בי״ס)
grade crossing *n* צוֹמֶת חַד מִפְלָסִי
grade-school *n* בֵּית־סֵפֶר יְסוֹדִי
grade *vt, vi* סִיוּוֵג; קָבַע צִיוּנִים
gradient *adj* הַדְרָגָתִי; מְשׁוּפָּע
gradient *n* שִׁיפּוּעַ
gradual *adj* הַדְרָגָתִי, מוּדרָג
gradually *adv* בְּהַדְרָגָה
graduate *n, adj* בּוֹגֵר אוּנִיבֶרסִיטָה; שֶׁל בּוֹגֵר
graduate *vt, vi* סִיֵּים אוּנִיבֶרסִיטָה; (בְּמכוֹנוֹת) שִׁינֵּת
graduate school *n* אוּנִיבֶרסִיטָה לְתוֹאַר שֵׁנִי
graduate student *n* סטוּדֶנט לְתוֹאַר שֵׁנִי
graduate work *n* עֲבוֹדָה לְתוֹאַר שֵׁנִי
graduation *n* סִיוּם; טֶקֶס סִיוּם; סִימָנֵי דֵּירוּג
graft *n* (בּרפוּאה וכד׳) הַרְכָּבָה, רֶכֶב; שׁוֹחַד
graft *vt, vi* הִרְכִּיב; הוּרכַּב
graham bread *n* לֶחֶם גרַהַם, לֶחֶם חִיטָּה שְׁלֵמָה
graham flour *n* קֶמַח חִיטָּה שְׁלֵמָה
grain *n* גַּרְעִין; תְּבוּאָה; קוֹרטוֹב; מִבנֵה הַסִּיבִים
grain *vt* פּוֹרֵר לְגַרְעִינִים; צָבַע כְּמִרקַם הָעֵץ
grain elevator *n* מַחסַן תְּבוּאָה, אָסָם
grain field *n* שְׂדֵה בָּר
graining *n* צְבִיעָה כְּמִרקַם הָעֵץ
gram *n* גְּרַם; תִּלְתָּן; שְׁעוּעִית
grammar *n* דִּקדּוּק
grammarian *n* מְדַקְדֵּק
grammar school *n* (בּבריטניה) בֵּית־סֵפֶר תִּיכוֹן עִיּוּנִי; (בּארה״ב) בֵּית־סֵפֶר יְסוֹדִי (כיתות גבוהות)
grammatical *adj* דִּקדּוּקִי
gramophone *n* מָקוֹל, פָּטֵיפוֹן
granary *n* אָסָם; גּוֹרֶן
grand *adj* נֶהְדָּר; מְכוּבָּד; חָשׁוּב בְּיוֹתֵר
grand-aunt *n* דּוֹדָה־סַבְתָּא

grandchild *n* נֶכֶד, נֶכְדָה
granddaughter *n* נֶכְדָה
grand-duchess *n* הַדּוּכָּסִית הַגְּדוֹלָה
grand duchy *n* דוּכָּסוּת
grand-duke *n* הַדּוּכָּס הַגָּדוֹל
grandee *n* אָצִיל סְפָרַדִּי
grandeur *n* גְּדוּלָּה; אֲצִילוּת
grandfather *n* סָב, סַבָּא
grandfatherly *adj* כְּסַבָּא
grandiose *adj* נֶהְדָּר
grandiosely *adv* בִּמְהוּדָּר
grand jury *n* חֶבֶר מוּשְׁבָּעִים
grand lodge *n* לִשְׁכָּה גְּדוֹלָה
grandma *n* סַבְתָּא
grandmother *n* סָבְתָא
grandnephew *n* אַחְיָן־נֶכֶד
grandniece *n* אַחְיָנִית־נֶכְדָה
grand opera *n* אוֹפֶּרָה גְּדוֹלָה
grandpa *n* סַבָּא
grandparent *n* הוֹרֶה־סָב
grand piano *n* פְּסַנְתֵּר כָּנָף
grand slam *n* נְעִילָה נֶהְדֶּרֶת
grandson *n* נֶכֶד
grand-stand *n* בִּימַת הַצּוֹפִים
grand strategy *n* אַסְטְרָטֶגְיָה גְּדוֹלָה
grand-total *n* סַךְ־הַכּוֹל הַכְּלָלִי
grand-uncle *n* דּוֹד־הָאָב
grand vizier *n* וָזִיר רָאשִׁי
grange *n* חַוָּה
granite *n* שַׁחַם; קַשְׁיוּת
granolithic *adj* מוּצָק
grant *vt* נָתַן, הֶעֱנִיק; הִסְכִּים
grant *n* מַעֲנָק; מַתָּנָה
grantee *n* נֶהֱנֶה מִמַּעֲנָק
grant-in-aid *n* סִיּוּעַ מַעֲנָק
grantor *n* מַנְחִיל
granular *adj* גַּרְגִּירִי, גַּרְעִינִי
granulate *vt, vi* פּוֹרֵר; הִתְפּוֹרֵר
granule *n* גַּרְגִּיר
grape *n* עֵנָב; אָדוֹם־כֵּהֶה
grape arbor *n* סוּכַּת גֶּפֶן
grapefruit *n* אֶשְׁכּוֹלִית
grape hyacinth *n* יַקִּינְטוֹן בָּר
grape juice *n* מִיץ עֲנָבִים
grapeshot *n* צְרוֹר פְּגָזִים
grape-vine *n* גֶּפֶן; שְׁמוּעַת לְחָשִׁים
graph *n* עָקוֹם, גְּרָף; דִּיאַגְרַמָּה
graphic *adj* צִיּוּרִי; גְּרָפִי, עֲקוּמִי
graph paper *n* נְיָר מִילִימֶטְרִי
grapnel *n* מַתְפֵּס
grapple *vt, vi* אָחַז, תָּפַס; נֶאֱבַק
grapple *n* אַנְקוֹל; אֲחִיזָה
grasp *vt, vi* אָחַז, תָּפַס; הֵבִין
grasp *n* אֲחִיזָה; הֲבָנָה
grasping *adj* חַמְדָן, קַמְצָן
grass *n* עֵשֶׂב
grass court *n* מִגְרַשׁ דֶּשֶׁא
grasshopper *n* חָגָב
grass pea *n* אֲפוּנַת מִסְפּוֹא
grass roots *adj* שָׁרְשִׁי, מִתּוֹךְ הָעָם
grass seed *n* זֶרַע הַדֶּשֶׁא
grass widow *n* ׳אַלְמְנַת קַשׁ׳
grassy *adj* מַדְשִׁיא
grate *n* סְבָכָה; אָח
grate *vt, vi* רִיסֵּק; שִׁפְשֵׁף; צָרַם
grateful *adj* אֲסִיר־תּוֹדָה
grater *n* פּוּמְפִּיָּה; מָשׁוֹף
gratify *vt* הִשְׂבִּיעַ רָצוֹן; הִינָּה
gratifying *adj* מַשְׂבִּיעַ רָצוֹן; מְהַנֶּה
grating *n* סוֹרֵג, סְבָכָה

gratis *adv* חִינָם
gratitude *n* הַכָּרַת־טוֹבָה
gratuitous *adj* נִיתָּן חִינָם; לְלֹא סִיבָּה
gratuity *n* מַתָּת
grave *adj* רְצִינִי; חָמוּר
grave *n* קֶבֶר
gravedigger *n* קַבְּרָן
gravel *n* חָצָץ; אַבְנִית
graven image *n* פֶּסֶל, אֱלִיל
gravestone *n* מַצֵּבָה
graveyard *n* בֵּית־עָלְמִין
gravitate *vi* נִמְשַׁךְ; נָע מִכּוֹחַ־הַמְּשִׁיכָה
gravitation *n* כּוֹחַ־הַכּוֹבֶד, כְּבִידָה
gravity *n* כּוֹחַ־הַמְּשִׁיכָה; רְצִינוּת
gravure *n* פִּיתּוּחַ, גִילוּף; הֶדְפֵּס פִּיתּוּחַ
gravy *n* רוֹטֶב בָּשָׂר
gravy dish *n* קַעֲרַת רוֹטֶב
gray, grey *adj*, *n* אָפוֹר; עָגוּם
graybeard *n* זָקֵן
gray-eyed *adj* אֲפוֹר־עֵינַיִים
gray-haired *adj* כְּסוּף שֵׂעָר
gray-headed *adj* כְּסוּף־רֹאשׁ
grayhound *n* כֶּלֶב־צַיִד
grayish *adj* אֲפַרְפַּר
graylag *n* אַוָּוז אָפוֹר
grayling *n* אִלְתִּית
gray matter *n* (דיבּוּרית) שֵׂכֶל
grayness *n* הַצֶּבַע הָאָפוֹר
graze *vt*, *vi* רָעָה; הוֹצִיא לַמִּרְעֶה; הִתְחַכֵּךְ
grease *n* שׁוּמָּן; שׁוּמַּן־סִיכָה
grease *vt* מָשַׁח, סָךְ
grease-cup *n* גוּבַתַּת־סִיכָה
grease-gun *n* מַזְרֵק לְמִשְׁחַת־סִיכָה
grease lift *n* מָנוֹף סִיכָה
grease-paint *n* מִשְׁחַת־צֶבַע (לאיפּוּר בּתיאטרוֹן)
grease pit *n* גוֹב סִיכָה
grease spot *n* נְקוּדַּת סִיכָה
greasy *adj* מְשׁוּמָּן, מְלוּכְלָךְ
great *adj* גָּדוֹל; רַב; נַעֲלֶה
great aunt *n* דוֹדַת הָאָב (אוֹ הָאֵם)
Great Britain *n* בְּרִיטַנְיָה הַגְּדוֹלָה
greatcoat *n* מְעִיל עֶלְיוֹן
Greater London *n* לוֹנדוֹן רַבָּתִי
Greater New York *n* נוּ יוֹרק רַבָּתִי
great grandchild *n* שִׁילֵּשׁ
great granddaughter *n* שִׁילֵּשָׁה
great grandfather *n* אָב שִׁילֵּשׁ
great grandmother *n* אֵם שִׁילֵּשָׁה
great grandparent *n* הוֹרֶה שִׁילֵּשׁ
great grandson *n* שִׁילֵּשׁ
greatly *adv* מְאוֹד, הַרְבֵּה
great nephew *n* בֶּן הָאַחְיָן
great niece *n* בַּת הָאַחְיָן
great uncle *n* דוֹד־סָב
Grecian *adj*, *n* יְוָנִי
Greece *n* יָוָן
greed *n* חֶמְדָּה; גַּרְגְּרָנוּת
greedy *adj* תַּאַוְותָן; זוֹלֵל
Greek *adj*, *n* יְוָנִי; הַשָּׂפָה הַיְּוָנִית
green *adj* יָרוֹק; לֹא בָּשֵׁל; טִירוֹן
green *n* צֶבַע יָרוֹק; מִדְשָׁאָה
green *vt*, *vi* הוֹרִיק; כּוּסָּה דֶּשֶׁא
greenback *n* יְרוֹק גַּב (שטר כסף)
green-blind *adj* עִיוֵּור לְצֶבַע יָרוֹק
green corn *n* תִּירָס מָתוֹק
green earth *n* גְלַאקוֹנִיט
greenery *n* יֶרֶק; חֲמָמָה

green-eyed *adj* קַנָּאִי
greengage *n* שְׁזִיף יְרַקְרַק
green grasshopper *n* חָגָב יָרוֹק
greengrocer *n* יָרְקָן
greengrocery *n* חֲנוּת יְרָקוֹת
greenhorn *n* יָרוֹק, טִירוֹן
greenhouse *n* חֲמָמַת זְכוּכִית; מִשְׁתָּלָה
greenish *adj* יְרַקְרַק
Greenland *n* גְרֶנְלַנְד
greenness *n* יַרְקוּת
green room *n* חֲדַר מְנוּחָה (לַשַּׂחְקָנִים בַּתֵּיאַטְרוֹן)
greens *n pl* יְרָקוֹת
greensward *n* דֶּשֶׁא
green thumb *n* יוֹדֵעַ גִּינּוּן
green vegetables *n pl* יְרָקוֹת
greenwood *n* חוֹרֶשׁ יָרוֹק
greet *vt, vi* בֵּירֵךְ, דָּרַשׁ שְׁלוֹם
greeting *n* בְּרָכָה
greeting card *n* כַּרְטִיס בְּרָכָה
gregarious *adj* עֶדְרִי; חֲבְרוּתִי
Gregorian *adj* גְרֶגוֹרְיָאנִי
Gregorian calendar *n* לוּחַ גְרֶגוֹרְיָאנִי
grenade *n* רִימּוֹן
grenadier *n* חַיָּיל גְּבַהּ קוֹמָה
grenadine *n* גְרֶנָדִין
grey *adj see* **gray**
gribble *n* סַרְטַן הָעֵץ
grid *n* סוֹרֵג, רֶשֶׁת; מַצְלֶה
griddle *n* מַחְתָּה
griddlecake *n* חֲרָרָה, מַרְקוֹעַ
gridiron *n* אַסְכָּלָה, מַצְלֶה
grid leak *n* דֶּלֶף סָרִיג
grief *n* יָגוֹן, צַעַר
grievance *n* תְּלוּנָּה, הִתְמַרְמְרוּת
grieve *vi, vt* הִתְאַבֵּל; צִיעֵר, הִכְאִיב
grievous *adj* גּוֹרֵם צָרוֹת; מֵעִיק
griffin, griffon *n* גְּרִיפִין
grill *vt, vi* צָלָה; עִינָּה
grill *n* סָרִיג; מַצְלֶה; צָלִי
grille *n* סְבָכַת שַׁעַר
grill-room *n* מִסְעֶדֶת־צָלִי
grim *adj* זוֹעֵם, זוֹעֵף; מַחֲרִיד
grimace *n* הַעֲוָויָה
grimace *vi* עִיוָּה פָּנָיו
grime *n* לִכְלוּךְ
grime *vt* לִכְלֵךְ
grimy *adj* מְלוּכְלָךְ
grin *n* חִיּוּךְ
grin *vt, vi* חִייֵּךְ
grind *vt, vi* טָחַן, שָׁחַק; הִשְׁחִיז; הִתְמִיד (בְּלִימּוּד)
grind *n* טְחִינָה; הַתְמָדָה; עֲבוֹדָה קָשָׁה
grinder *n* טוֹחֵן; מַשְׁחֵזָה; שֵׁן טוֹחֶנֶת
grindstone *n* אֶבֶן מַשְׁחֶזֶת
gringo *n* (בֵּין דְּרוֹם־אֲמֶרִיקָנִים) זָר
grip *n* מִתְפָּס; תְּפִיסָה; יָדִית
grip *vi, vt* תָּפַס, אָחַז; צוֹדֵד
gripe *n* תְּלוּנָּה
gripe *vt, vi* הִתְלוֹנֵן
grippe *n* שַׁפַּעַת
gripping *adj* מְצוֹדֵד, מְרַתֵּק
grisly *adj* מַבְעִית
grist *n* בַּר, דָּגָן
gristle *n* חַסְחוּס
gristly *adj* חַסְחוּסִי
gristmill *n* טַחֲנַת קֶמַח
grit *n* גַּרְגְּרֵי אָבָק; גַּרְגְּרִים קָשִׁים
grit *vt* טָחַן; חָרַק (שִׁינַּיִים)
gritty *adj* חוֹלִי, אֲבָקִי

grizzly *adj* אַפרוּרִי; אֲפוֹר שֵׂעָר
grizzly bear *n* דוב גריזלי
groan *n* אֲנָחָה; אֲנָקָה
groan *vi* נֶאֱנַח; נֶאֱנַק; גָּנַח
grocer *n* חֶנְוָנִי מַכּוֹלֶת
grocery *n* חֲנוּת מַכּוֹלֶת; מִצְרְכֵי מַכּוֹלֶת
grocery store *n* חֲנוּת מַכּוֹלֶת
grog *n* מֶזֶג, תַּמְזִיג
groggy *adj* כּוֹשֵׁל; שָׁתוּי
groin *n* מִפְשָׂעָה
groom *n* חָתָן; סַיָּס
groom *vt* טִיפֵּל, נִיקָּה, הִידֵּר
groomsman *n* שׁוֹשְׁבִין נִבְחָר
groove *n* חָרִיץ
groove *vt* עָשָׂה חָרִיץ
grope *vt, vi* מִישֵּׁשׁ
gropingly *adv* בְּגִישׁוּשׁ
grosbeak *n* פְּרוּשׁ גְּדוֹל מַקּוֹר
gross *n* תְּרֵיסַר תְּרֵיסָרִים
gross *adj* גָּדוֹל; מְגוּשָּׁם; בּרוּטוֹ
grossly *adv* בְּצוּרָה גַּסָּה
gross national product *n* הַמּוּצָר הַלְּאוּמִּי הַכּוֹלֵל
gross profit *n* רֶווַח גּוֹלְמִי
gross weight *n* מִשְׁקָל בּרוּטוֹ
grotesque *n, adj* דְּמוּת מְזוֹרָה; מְשׁוּנֶּה; גרוֹטֶסקִי
grotto *n* מְעָרָה
grouch *vi* הָיָה מְמוּרְמָר
grouch *n* רוֹטְנָן; הִתְמַרְמְרוּת
grouchy *adj* נוֹחַ לִכְעוֹס
ground *n* אֲדָמָה, קַרְקַע; תַּחְתִּית; סִיבָּה; אַרְקָה (בּחשמל)
ground *adj* קַרְקָעִי; מְקוּרְקָע
ground *vt* בִּיסֵּס; הֶאֱרִיק (בּחשמל); קַרְקַע (טייס, מטוס)
ground connection *n* תַּיִל מַאֲרִיק
ground crew *n* צֶוֶות קַרְקַע
grounder *n* כַּדּוּר מִתְגַּלְגֵּל
ground-floor *n* קוֹמַת קַרְקַע
ground-glass *n* זְכוּכִית דֵּהָה
ground-hog *n* מַרְמִיטָה אֲמֵרִיקָנִית
ground lead *n* תַּיִל מַאֲרִיק
groundless *n* חֲסַר יְסוֹד
groundplan *n* תּוֹכְנִית בִּנְיָן
ground-swell *n* סַעֲרַת רַעַשׁ (בּים)
ground troops *n pl* חֵיל יַבָּשָׁה
ground wire *n* תַּיִל מַאֲרִיק
groundwork *n* יְסוֹד, מַסָּד
group *n* קְבוּצָה, לַהַק
group *vt, vi* קִיבֵּץ, אִיגֵּד; הִתְקַבֵּץ; סִיוּוֵג
grouse *n* תַּרְנְגוֹל־בָּר; רַטְנָן
grouse *vi* רָטַן; הִתְלוֹנֵן
grout *n* חוֹמֶר דִּיּוּס, מֶלֶט דִּיּוּס
grout *vt, vi* דִּייֵּס; נִבַּר
grovel *vi* זָחַל, הִתְרַפֵּס
grow *vt, vi* גִּידֵּל; הִצְמִיחַ; גָּדַל; צָמַח
growing child *n* יֶלֶד גָּדֵל
growl *vt, vi* נָהַם, רָטַן; הִתְלוֹנֵן
grown-up *adj, n* מְבוּגָּר
growth *n* גִּידּוּל, צְמִיחָה
growth stock *n* עֲלִיַּית מְנָיוֹת מַתְמֶדֶת
grub *n* דֶּרֶן, זַחַל; מָזוֹן
grub *vt, vi* חָפַר; שֵׁירֵשׁ; עָמַל
grubby *adj* שׁוֹרֵץ זְחָלִים; מְלוּכְלָךְ
grudge *vt* קִינֵּא בּ...; נָתַן שֶׁלֹּא בְּרָצוֹן
grudge *n* טִינָה, אֵיבָה
grudgingly *adv* בְּלִי חֶמְדָּה; בְּעַיִן צָרָה

gruel *n* דַּיְסָה
gruel *vt* נִיצֵּל; הִתְעַמֵּר בְּ...
gruesome *adj* מַבְעִית
gruff *adj* זוֹעֵף; גַּס; נִיחָר
grumble *vi* הִתְאוֹנֵן, הִתְלוֹנֵן; רָטַן
grumble *n* נְהִימָה, רִיטּוּן
grumpy *adj* כּוֹעֵס, זוֹעֵף
grunt *n* נְחִירָה, נַחֲרָה
grunt *vt, vi* נָחַר; נָאַק
G-string *n* מֵיתַר־סוֹל; כִּיסּוּי מוֹתְנַיִים
gt. *abbr* great
Guadeloupe *n* גוּוָדֶלוּפּ
guan *n* פֵּנֶלוֹפָּה
guarantee *n* עֲרוּבָּה; מַשְׁכּוֹן
guarantee *vt* עָרַב ל...; הִבְטִיחַ
guarantor *n* עָרֵב
guaranty *n* אַחֲרָיוּת; עֲרֵבוּת; מַשְׁכּוֹן
guard *vt, vi* שָׁמַר; הִשְׁגִּיחַ עַל
guard *n* מִשְׁמָר; שׁוֹמֵר
guardhouse *n* בֵּית־מִשְׁמָר
guardian *n, adj* שׁוֹמֵר; אֶפִּיטְרוֹפּוֹס
guardianship *n* אֶפִּיטְרוֹפְּסוּת, פִּיקּוּחַ
guard-rail *n* מַעֲקֶה
guardroom *n* חֲדַר הַמִּשְׁמָר
guardsman *n* זָקִיף, שׁוֹמֵר
Guatemalan *adj, n* גוּאָטֶמָלִי
guerrilla, guerilla *n* לוֹחֵם־גֵּרִילָה; מִלְחָמָה זְעִירָה
guerrilla warfare *n* לוֹחֲמַת גֵּרִילָה
guess *vt, vi* שִׁיעֵר, נִיחֵשׁ
guess *n* הַשְׁעָרָה; נִיחוּשׁ
guesswork *n* הַשְׁעָרָה; נִיחוּשׁ
guest *n* אוֹרֵחַ
guest book *n* סֵפֶר הָאוֹרְחִים
guffaw *n* תְּרוּעַת צְחוֹק
guffaw *vi* צָחַק צְחוֹק גַּס
Guiana *n* גוּיאַנָה
guidance *n* הַדְרָכָה; הַנְהָגָה; הַנְחָיָה
guide *n* מַדְרִיךְ; מַנְחֶה; סֵפֶר הַדְרָכָה
guide *vt* הִנְחָה, הִדְרִיךְ
guideboard *n* לוּחַ הַנְחָיוֹת
guidebook *n* מַדְרִיךְ
guided missile *n* טִיל מוּנְחֶה
guide dog *n* כֶּלֶב לְוַואי
guideline *n* קַו מַנְחֶה
guidepost *n* תַּמְרוּר
guidon *n* דִּגְלוֹן זִיהוּי
guild *n* אֲגוּדָּה מִקְצוֹעִית
guildhall *n* בִּנְיַן הָעִירִיָּיה
guile *n* עוֹרְמָה, תַּחְבּוּלָה
guileful *adj* מָלֵא עוֹרְמָה
guileless *adj* תָּמִים, יָשָׁר
guillotine *n, vt* גִּילְיוֹטִינָה, עָרַף
guilt *n* אַשְׁמָה
guiltless *adj* חַף מִפֶּשַׁע
guilty *adj* אָשֵׁם, חַיָּיב
guinea *n* גִּינִי (מַטְבֵּעַ)
guinea-fowl, guinea-hen *n* פְּנִינִיָּיה
guinea-pig *n* חֲזִיר־יָם
guise *n* צוּרָה, מַרְאֶה
guitar *n* גִּיטָרָה
guitarist *n* גִּיטָרָן
gulch *n* גַּיא, עָרוּץ
gulf *n* מִפְרָץ, לְשׁוֹן־יָם; פַּעַר
gulf *vt* בָּלַע כִּתְהוֹם
Gulf of Mexico *n* מִפְרַץ מֶקְסִיקוֹ
Gulf Stream *n* זֶרֶם הַגּוֹלְף
gull *n* שַׁחַף
gull *vt* רִימָּה; פִּיתָּה

gullet *n* וֶשֶׁט
gullible *adj* נִפְתֶּה לְהַאֲמִין
gully *n* עָרוּץ; תְּעָלָה
gulp *vt, vi* בָּלַע מַהֵר
gulp *n* בְּלִיעָה
gum *n* גּוּמִי; חֲנִיכַיִים
gum *vt* הִדְבִּיק
gumboil *n* מוּרסַת חֲנִיכַיִים
gumboot *n* נַעַל גּוּמִי
gumdrop *n* סוּכָּרִיַּת גּוּמִי
gummy *adj* דָּבִיק; גּוּמִיִי
gumption *n* תּוּשִׁיָּה, יוֹזמָה
gumshoe *n* נַעַל גּוּמִי
gumshoe *vt* הִתגַּנֵּב
gun *n* רוֹבֶה; אֶקְדָּח; תּוֹתָח
gun *vi* יָרָה; רָדַף (עַל־מְנַת להרוג)
gunboat *n* סְפִינַת־תּוֹתָחִים
gun-carriage *n* גְּרֶרֶת־תּוֹתָח
gun-cotton *n* כּוּתנַת־נֶפֶץ
gunfire *n* יְרִיָּה, יְרִיּוֹת
gunman *n* אוֹחֵז בְּנֶשֶׁק
gun-metal *n* מַתֶּכֶת־תּוֹתָחִים
gunnel *see* gunwale
gunner *n* תּוֹתְחָן; קְצִין צִיּוּד
gunnery *n* תּוֹתְחָנוּת
gunny sack *n* שַׂק יוּטָה
gunpowder *n* אֲבַק־שְׂרֵיפָה
gunrunner *n* מַבְרִיחַ נֶשֶׁק
gunrunning *n* הַבְרָחַת נֶשֶׁק
gunshot *n* מְטַחֲוֵי רוֹבֶה
gunshot wound *n* פֶּצַע קָלִיעַ
gunsmith *n* נַשָּׁק
gun-stock *n* מִתמַךְ־קְנֵה־רוֹבֶה
gunwale *n* (בִּימָאוּת) לַזְבֶּזֶת
guppy *n* גּוּפִּי
gurgle *vi* בִּעְבֵּעַ, בִּקְבֵּק
gurgle *n* בִּעְבּוּעַ, בִּקְבּוּק
gush *n* שֶׁטֶף, זֶרֶם
gush *vi* הִשְׁתַּפֵּךְ; דִּיבֵּר בְּשֶׁטֶף
gusher *n* בְּאֵר נֵפְט
gushing *adj* פּוֹרֵץ
gushy *adj* מִשְׁתַּפֵּךְ; מִתרַגֵּשׁ
gusset *n* מְשׁוּלָּשׁ
gust *n* פֶּרֶץ רוּחַ, מַשָּׁב
gusto *n* הֲנָאָה, תַּעֲנוּג
gusty *adj* סוֹעֵר, פּוֹרְצָנִי
gut *n* מֵעַיִים, קְרָבַיִים; עוֹר הַמֵּעַיִים
gut *vt* הֵסִיר מֵעַיִים; שָׁדַד; הָרַס
guts *n p* מֵעַיִים; אוֹמֶץ־לֵב, 'דָּם'
gutta-percha *n* גּוּטָא־פֶּרְשָׁה
gutter *n* מַזחִילָה (בגג), מַרְזֵב
gutter *vt, vi* נָמֵס טִיפּוֹת־טִיפּוֹת; תִּיעֵל
guttersnipe *n* נַעַר רְחוֹב
guttural *adj* שֶׁל הַגָּרוֹן; צָרוּד
guttural *n* הֶגֶה גְּרוֹנִי
guy *n* בָּחוּר, בַּרְנָשׁ
guy *vt, vi* הִיתֵּל בּ...
guy wire *n* תֵּיל חִיזּוּק
guzzle *vt, vi* זָלַל, סָבָא
guzzle *n* סְבִיאָה, זְלִילָה
guzzler *n* סוֹבֵא, זוֹלֵל
gym *n* אוּלַם הִתעַמְּלוּת
gymnasium *n* גִּימְנַסְיָה; אוּלַם הִתעַמְּלוּת
gymnast *n* מוֹרֶה לְהִתעַמְּלוּת
gymnastic *adj* הִתעַמְּלוּתִי
gynecologist *n* רוֹפֵא לְמַחֲלוֹת נָשִׁים
gynecology *n* מַדַּע מַחֲלוֹת נָשִׁים
gyp *n* שַׁמָּשׁ; רַמָּאוּת
gyp *vt* רִימָּה, הוֹנָה

gypsum *n* גֶּבֶס

gypsy, gipsy *n* צוֹעֲנִי; לְשׁוֹן הַצּוֹעֲנִים

gypsyish *adj* דְּמוּי צוֹעֲנִי

gypsy moth *n* עָשׁ הַצּוֹעֲנִי

gyrate *vi, adj* סָבַב, מִתְפַּתֵּל

gyroscope *n* גִּירוֹסְקוֹפּ

H

H, h אֵיטְשׁ (האות השמינית באלפבית)

h. *abbr* harbor, high, hour, husband

haberdasher *n* מוֹכֵר בִּגְדֵי גְבָרִים; סִדְקִי

haberdashery *n* חֲנוּת סִדְקִית; סִדְקִית

habit *n* מִנְהָג, הֶרְגֵּל

habitat *n* מָעוֹן טִבְעִי; מִשְׁכָּן

habitation *n* מִשְׁכָּן; הִשְׁתַּכְּנוּת

habit forming *adj* הוֹפֵךְ לְהֶרְגֵּל; (לגבי סם) גּוֹרֵם שְׁטִיפוּת

habitual *adj* נָהוּג; קָבוּעַ

habitué *n* מְבַקֵּר קָבוּעַ

hack *vt, vi* בִּיקַּע; הִכָּה בְּיָרֵךְ; שִׁיבֵּב

hack *n* חָרִיץ, בְּקִיעַ; מַהֲלוּמָה

hack man *n* עֶגְלוֹן; נַהַג מוֹנִית

hackney *n* סוּס רְכִיבָה

hackney *adj* שָׂכוּר, עוֹמֵד לִשְׂכִירָה

hackneyed *adj* נָדוֹשׁ

hacksaw, hack saw *n* מַסּוֹר לְמַתֶּכֶת

haddock *n* חֲמוֹר־יָם

haft *n* יָדִית

haft *vt* עָשָׂה יָדִית

hag *n* זְקֵנָה בָּלָה

haggard *adj, n* כָּחוּשׁ, שָׁחוּף

haggle *n* הִתְמַקְּחוּת

haggle *vi* הִתְמַקֵּחַ

Hague, The *n* הַאג

hail *n* בָּרָד; קְרִיאַת שָׁלוֹם

hail *vt* קָרָא ל...; בֵּירֵךְ לְשָׁלוֹם

hail *interj* הֵידָד!

Hail Mary *n* תְּפִילַּת אָבֶה מָרִיָה

hailstone *n* אֶבֶן־בָּרָד

hailstorm *n* סוּפַת בָּרָד

hair *n* שַׂעֲרָה; שֵׂיעָר

hairbreadth *n, adj* חוּט הַשַּׂעֲרָה

hairbrush *n* מִשְׂעֶרֶת

haircloth *n* אֲרִיג שֵׂיעָר

hair curler *n* מְתַלְתֵּל

haircut *n* תִּסְפּוֹרֶת

hair-do *n* תִּסְרוֹקֶת

hairdresser *n* סַפָּר

hair dryer *n* מְיַיבֵּשׁ שֵׂיעָר

hair dye *n* צֶבַע שֵׂיעָר

hairless *adj* חֲסַר שֵׂיעָר

hairnet *n* רֶשֶׁת שֵׂיעָר

hairpin *n* מַכְבֵּנָה, סִיכַּת־רֹאשׁ

hair-raising *adj* מְסַמֵּר שֵׂיעָר

hair restorer *n* מְחַדֵּשׁ שֵׂעָר
hair ribbon *n* סֶרֶט שֵׂעָר
hair set *n* סֶרֶט שֵׂעָר
hair-shirt *n* כְּתוֹנֶת שֵׂעָר
hairsplitting *adj, n* קַפְּדָנִי, נוֹקְדָנִי; פִּלְפּוּל
hairspring *n* קְפִיץ נִימִי
hair style *n* תִּסְרוֹקֶת
hair tonic *n* מְחַזֵּק שֵׂעָר
hairy *adj* שָׂעִיר; שֶׁל שֵׂעָר
hake *n* זְאֵב־יָם
halberd *n* רוֹמַח
halberdier *n* נוֹשֵׂא רוֹמַח
halcyon days *n pl* יְמֵי שֶׁקֶט, יְמֵי שָׁלוֹם
hale *adj* בָּרִיא, גְּבַרְתָּנִי
hale *vt* מָשַׁךְ, גָּרַר
half *n, adj, adv* חֲצִי, מַחֲצִית
half-and-half *adj, adv* חֵלֶק כְּחֵלֶק
halfback *n* רָץ (בכדורגל)
half-baked *adj* לֹא בָּשֵׁל, אָפוּי לְמֶחֱצָה
half-binding *n* כְּרִיכַת חֲצִי־עוֹר
half-blood *n* אָח חוֹרֵג; חוֹרְגוּת
half-boot *n* נַעַל חֲצָאִית
half-bound *adj* כָּרוּךְ חֲצִי־עוֹר
half-breed *adj* בֶּן־תַּעֲרוֹבֶת
half-brother *n* אָח חוֹרֵג
half-cocked *adj* בִּפְזִיזוּת
half fare *n* חֲצִי דְמֵי נְסִיעָה
half-full *adj* מָלֵא בְּחֶצְיוֹ
half-hearted *adj* בְּלֹא חֶמְדָה
half-holiday *n* חֲצִי יוֹם חוֹפֶשׁ
half-hose *n* גַּרְבַּיִים קְצָרִים
half-hour *adj, adv* הַנִּמְשָׁךְ חֲצִי שָׁעָה; בְּכָל חֲצִי שָׁעָה
half leather *n* כְּרִיכַת חֲצִי־עוֹר

ha[illegible]
half-m[illegible]
half-moon [illegible]
half-mourning *n* [illegible]
half-note *n* [illegible]
half-pay *n* חֲצִי [illegible]
halfpenny *n* חֲצִי פֶּנִי
half pint *n* חֲצִי פַּיְינְט; (דיבורית) נַנָּס
half-seas-over *adj* שָׁתוּי לְמֶחֱצָה, בְּגִילוּפִין
half shell *n* קַסְוָה (חֲצִי קוֹנְכִית)
half sister *n* אָחוֹת חוֹרֶגֶת
half sole *n* חֲצִי סוּלְיָה
half-sole *vt* תִּיקֵּן חֲצִי סוּלְיָה
half staff *n* חֲצִי הַתּוֹרֶן
half-timbered *adj* בָּנוּי חֲצִי עֵץ
half title *n* שֵׁם מְקוּצָּר (של ספר, לפני השער)
half-tone *n* גְּלוּפַת־רֶשֶׁת
half-track *n, adj* חֲצִי זַחֲלָן
half-truth *n* חֲצִי הָאֱמֶת
half-way *adj, adv* חֲצִי הַדֶּרֶךְ, אֶמְצַע
half-witted *adj* מְטוּמְטָם
halibut *n* דַּג־הַפּוּטִית
halide *n* הָאלִיד
halitosis *n* בּוֹאֶשֶׁת הַנְּשִׁימָה
hall *n* אוּלָם; פְּרוֹזְדוֹר
hallelujah, halleluiah *interj, n* הַלְלוּיָהּ!; מִזְמוֹר
hall-mark *n* סִימַן טִיב
hallo(a) *interj* הַלּוֹ!
hallow *vt* קִידֵּשׁ, עָשָׂה קָדוֹשׁ
hallowed *adj* מְקוּדָּשׁ
Halloween, Hallowe'en *n* 'לֵיל כָּל הַקְּדוֹשִׁים'

[illegible] תְעתוּעַ חוּשִׁים

[illegible]way *n* מִסדְרוֹן

halo *n* הִילָה

halogen *n* יוֹצֵר מֶלַח

halt *adj, n* צוֹלֵעַ; פָּגוּם; חֲנִייָה; עֲצִירָה

halt *interj* עֲמוֹד!, עֲצוֹר!

halt *vt, vi* עָצַר; נֶעצַר; פָּסַק מ...

halter *n* אַפסָר; חֶבֶל תְּלִייָה

halting *adj* צוֹלֵעַ; מְהַסֵּס

halve *vt* חָצָה (לִשנַיִים)

halves *pl of* half חֲצָאִים

halyard, halliard *n* חֶבֶל מִפרָשׂ

ham *n* יָרֵךְ; בְּשַׂר הָעַרקָב

Hamburger *n* אוּמצַת הַמבּוּרג; לַחמָנִית הַמבּוּרג

hamlet *n* כְּפָר קָטָן

hammer *n* פַּטִּישׁ

hammer *vt, vi* הָלַם בְּכוֹחַ; חִישֵּׁל; עָמַל

hammock *n* עַרסָל

hamper *n* סַל־נְצָרִים

hamper *vt* עִיכֵּב; הִפרִיעַ

hamster *n* אוֹגֵר

hamstring *n, vt* גִּיד הַבֶּרֶךְ; חָתַךְ אֶת גִּיד הַבֶּרֶךְ

hand *n* יָד; צַד; מָחוֹג; פּוֹעֵל; עֶזרָה

hand *vt* מָסַר

handbag *n* תִּיק

hand baggage *n* זְוַד יָד

handball *n* כַּדּוּר יָד

handbill *n* עֲלוֹן פִּרסוּם

handbook *n* סֵפֶר־עֵזֶר

handbreadth *n* מִידַּת רוֹחַב יָד

handcar *n* רֶכֶב יָד

handcart *n* מְרִיצָה

hand control *n* בֶּלֶם יָד

handcuff *vt* אָסַר בַּאֲזִיקִים

handcuffs *n pl* אֲזִיקִים

handful *n* מְלוֹא הַיָּד; קוֹמֶץ

hand-glass *n* מַרְאַת יָד

hand-grenade *n* רִימּוֹן יָד

handicap *vt* שָׂם מִכשׁוֹל ל...

handicap *n* מִקדָם; מִכשׁוֹל

handicraft *n* אוּמָּנוּת; עֲבוֹדַת יָדַיִים

handiwork *n* מְלֶאכֶת יָד

handkerchief *n* מִמחָטָה

handle *n* יָדִית

handle *vt* טִיפֵּל, הִשׁתַּמֵּשׁ בַּיָּד; נָגַע

handle-bar *n* הֶגֶה (בְּאוֹפַנַּיִים)

handler *n* עוֹסֵק, מְטַפֵּל

handmade *adj* עֲבוֹדַת־יָד

handmaid *n* שִׁפחָה

hand-me-down *n* בֶּגֶד מְשׁוּמָּשׁ

hand-organ *n* תֵּיבַת נְגִינָה

handout *n* נְדָבָה

hand-picked *adj* נִבחָר

handrail *n* מַעֲקָה

handsaw *n* מַסּוֹר יָד

handset *n* שְׁפוֹפֶרֶת טֶלֶפוֹן

handshake *n* לְחִיצַת יָד

handsome *adj* יָפֶה, נָאֶה

handspring *n* הִיפּוּךְ

hand-to-hand *adj* בְּקְרָב מַגָּע

hand-to-mouth *adj* מֵהַיָּד אֶל הַפֶּה

handwork *n* עֲבוֹדַת יָדַיִים

handwriting *n* כְּתָב, כְּתִיבָה

handy *adj, adv* נוֹחַ; זָמִין; שִׁימּוּשִׁי

handy-man *n* אוּמָּן לְכָל מְלָאכָה

hang *n* תְּלִייָה, אוֹפֶן הַתְּלִייָה

hang *vt, vi* תָּלָה; הָיָה תָּלוּי

hangar *n* סִכְכַת מָטוֹס
hangbird *n* תְּלוּי קֵן, זַהֲבָן בַּלטִימוֹרִי
hanger *n* קוֹלָב; תְּלִי
hanger-on *n* גָרוּר, תָּלוּי, נִלוֶוה
hanging *n* תְּלִייָה; הַשׁהָיָה
hanging *adj* רָאוּי לְהִיתָּלוֹת; תָּלוּי
hangman *n* תַּלְיָין
hangnail *n* צִלצוּל צִיפּוֹרֶן
hangout *n* (דיבּוּרית) מְקוֹם מְגוּרִים; מְאוּרָה
hangover *n* שְׁאֵרִית, יְרוּשָּׁה; דִכדוּךְ שֶׁלְּאַחַר שְׁתִיָּה
hank *n* סְלִיל, פְּקַעַת
hanker *vi* הִשׁתּוֹקֵק ל...
hanky *n* מִמְחָטָה
hanky-panky, hankey-pankey *n* עוֹרמָה, תְּכָכִים
Hannibal *n* חַנִּיבַּעַל
haphazard *adj, adv* אַקרַאִי; אַקרָאִית
hapless *adj* רַע־מַזָּל
happen *vi* אֵירַע, קָרָה
happening *n* מִקרֶה, מְאוֹרָע
happily *adv* בְּשִׂמחָה, בְּאוֹשֶׁר
happiness *n* אוֹשֶׁר, שִׂמחָה
happy *adj* מְאוּשָּׁר, שָׂמֵחַ
happy-go-lucky *adj* חַי חַיֵּי שָׁעָה
happy medium *n* שְׁבִיל הַזָּהָב
Happy New Year *interj* שָׁנָה טוֹבָה!
harangue *n* נְאוּם נִלהָב, נְאוּם רַעֲשָׁנִי
harangue *vt, vi* נָאַם (כנ״ל)
harass *vt* הִטרִיד; הֵצִיק
harbinger *n* כָּרוֹז, מְבַשֵּׂר
harbinger *vt* בִּישֵּׂר, שִׁימֵּשׁ כָּרוֹז
harbor *n* חוֹף, מַחסֶה, נָמָל
harbor *vt* נָתַן מַחסֶה
hard *adj, adv* קָשֶׁה; נוּקשֶׁה
hard-bitten *adj* נוּקשֶׁה; עַקשָׁן
hard-boiled *adj* (בּיצה) קָשָׁה
hard cash *n* מְזוּמָּנִים
hard cider *n* מִיץ תַּפּוּחִים חָרִיף
hard coal *n* פֶּחָם קָשֶׁה, אַנתרַצִיט
hard-earned *adj* שֶׁהוּשַּׂג בְּעָמָל
harden *vt, vi* הִקשָׁה; חִיסֵּם; חִיסֵּן; הִתקַשָּׁה; קָשַׁח
hardening *n* הַקשָׁחָה
hard-fought *adj* שֶׁהוּשַּׂג בְּמִלחָמָה קָשָׁה
hardheaded *adj* חֲזַק אוֹפִי, מַעֲשִׂי
hard-hearted *adj* קְשֵׁה־לֵב
hardihood *n* עַזּוּת
hardiness *n* נוּקשׁוּת, כּוֹחַ עֲמִידָה
hard-luck story *n* סִיפּוּר מַזָּל רָע
hardly *adv* כִּמעַט שֶׁלֹּא; בְּקוֹשִׁי
hardness *n* קַשִׁיוּת, נוּקשׁוּת
hardpan *n* נֶזֶז; קַרקַע מוּצָק
hard-pressed *adj* לָחוּץ
hard rubber *n* גוּמִי מוּקשֶׁה
hard sauce *n* רוֹטֶב נוּקשֶׁה (לפשטידות)
hard-shell clam *n* צֶדֶף קָשֶׁה; עַקשָׁן, נוּקשֶׁה
hard-shell crab *n* סַרטָן קָשֶׁה (שלא השיל עדיין את קליפתו)
hardship *n* מְצוּקָה, סֵבֶל
hardtack *n* מַרקוֹעַ קָשֶׁה
hard to please *adj* קָשֶׁה לְרַצּוֹת
hard-up *adj* נִזקָק לְכֶסֶף
hardware *n* כְּלֵי־מַתֶּכֶת
hardwareman *n* סוֹחֵר כְּלֵי מַתֶּכֶת
hardware store *n* חֲנוּת כְּלֵי מַתֶּכֶת

hard-won *adj* שֶׁהוּשַּׂג בְּעָמָל
hardwood *n* עֵץ קָשֶׁה
hardy *adj* אֵיתָן, חָסִין; עָמִיד
hare *n* אַרְנֶבֶת, אַרְנָב
harebrained *adj* פּוֹחֵז
harelip *n* שָׂפָה שְׁסוּעָה
harem *n* הַרמוֹן
hark *vi* הֶאֱזִין, הִקְשִׁיב
harken *vi* הֶאֱזִין
harlequin *n* בַּדְחָן, מוּקיוֹן
harlot *n* יַצְאָנִית, זוֹנָה
harm *n* נֶזֶק, חַבָּלָה; רָעָה
harm *vt* הִזִּיק; הֵרַע ל...
harmful *adj* מַזִּיק; רַע
harmless *adj* לֹא מַזִּיק
harmonic *n, adj* צְלִיל הַרמוֹנִי
harmonica *n* מַפּוּחִית־פֶּה
harmonious *adj* נָעִים, עָרֵב, הַרמוֹנִי
harmonize *vt, vi* הִתְאִים, הִרְמֵן; תָּאַם
harmony *n* הַתְאָמָה, הַרמוֹנְיָה
harness *n, vt* רִתְמָה; עוֹל; רָתַם
harness maker *n* רַצְעָן
harp *n* נֵבֶל
harpist *n* נִבלַאי
harpoon *n, vt* צִלְצָל; הֵטִיל צִלְצָל
harpsichord *n* הַרפְּסִיכוֹרד, צֶ׳מְבָּלוֹ
harpy *n* טוֹרֵף, לוֹכֵד
harrow *n* מַשְׂדֵּדָה
harrow *vt* שִׂידֵּד; הֵצִיק
harrowing *adj* מַחֲרִיד, מְזַעְזֵעַ
harry *vt, vi* הֵצִיק, עִינָּה
harsh *adj* אַכְזָרִי; גַס; מְחוּסְפָּס
harshness *n* גַסּוּת; נוּקשׁוּת; חוּמְרָה
hart *n* אַיָּל, עוֹפֶר
harum-scarum *adj, n, adv* פָּרוּעַ, פּוֹחֵז; בִּפְרָאוּת
harvest *n* קָצִיר, בָּצִיר, קָטִיף
harvest *vt* קָצַר, בָּצַר, קָטַף
harvester *n* קוֹצֵר, בּוֹצֵר, קוֹטֵף
harvest home *n* חַג הָאָסִיף
harvest moon *n* יָרֵחַ הָאָסִיף
has-been *n* מִי אוֹ מַה שֶּׁהָיָה
hash *vt* רִיסֵּק, קִיצֵּץ
hash *n* צְלִי רֶסֶק; בְּלִיל
hashish, hasheesh *n* חֲשִׁישׁ
hasp *n* וָוִית
hasp *vt* הִידֵּק בְּוָוִית
hassle *n* רִיב
hassock *n* כָּרִית, מִרְפָּד
hastate *adj* (עלה) דְמוּי רוֹמַח
haste *n, vi* חִיפָּזוֹן, מְהִירוּת; מִיהֵר, נֶחְפַּז
hasten *vt, vi* הֵחִישׁ, זֵירֵז; מִיהֵר
hasty *adj* מָהִיר, מְזוֹרָז, נֶחְפָּז
hat *n* כּוֹבַע
hatband *n* סֶרֶט כּוֹבַע
hatblock *n* אִימוּם לְכוֹבַע
hatbox *n* קוּפסָה לְכוֹבַע
hatch *vt, vi* הִדגִּיר; דָגַר; יָצָא מִקְּלִיפָּתוֹ; זָמַם
hatch *n* דְגִירָה; בְּקִיעָה מִקְּלִיפָּה
hat-check girl *n* עוֹבֶדֶת מֶלְתָּחָה
hatchet *n* בֶּן־כֵּילָף; כֵּילָף
hatchway *n* כַּוָּוה
hate *n* שִׂנְאָה
hate *vt* שָׂנֵא
hateful *adj* שָׂנוּי, שָׂנוּא
hatpin *n* מַכְבֵּנַת כּוֹבַע
hatrack *n* קוֹלָב לְכוֹבָעִים
hatred *n* שִׂנְאָה

hatter *n* כּוֹבָעָן
haughtiness *n* גַּאֲוָוה, גּוֹדֶל־לֵבָב
haughty *adj* יָהִיר, רַבְרְבָן
haul *vt, vi* מָשַׁךְ, גָּרַר, הוֹבִיל
haul *n* מְשִׁיכָה, סְחִיבָה; שָׁלָל
haunch *n* מוֹתֶן, מוֹתנַיִים
haunt *n* מְקוֹם בִּיקוּרִים תְּכוּפִים; רוּחַ
haunt *vt* הוֹפִיעַ כְּרוּחַ; הֵצִיק; בִּיקֵּר תְּכוּפוֹת
haunted house *n* בֵּית רוּחוֹת
haute couture *n* אוֹפְנָה
Havana *n* סִיגָרַת הָאַבָאנָה
have *vt, vi* הָיָה ל... (פּוֹעַל שייכוּת); הָיָה ב..., הֵכִיל; הִשִּׂיג; הָיָה עָלָיו
have *n* בַּעַל רְכוּשׁ
havelock *n* כּוֹבַע הַבלוֹק
haven *n* מַעֲגָן, נָמָל; מִקְלָט
have-not *n* עָנִי
haversack *n* תַּרְמִיל צַד
havoc *n* הֶרֶס, שַׁמָּה
haw *n* עוּזְרָד; הוֹאוּ (הבעת פקפוק)
haw *vt, vi* מִלְמֵל 'הוֹאוּ' כְּמְהַסֵּס
haw-haw *n, interj* צְחוֹק רָם
hawk *n* נֵץ; טוֹרֵף; כְּעַכּוּעַ; לוּחַ טַיָּיחִים
hawk *vt, vi* דָּרַס כְּנֵץ
hawker *n* רוֹכֵל; בַּזִּייָר
hawk's-bill *n* מַקּוֹר נֵץ
hawse *n* בֵּית־הָעוֹגֶן
hawsehole *n* חוֹר־הַחֶבֶל
hawser *n* עֲבוֹת הָאוֹנִיָּיה
hawthorn *n* עוּזְרָד
hay *n* שַׁחַת; מִספּוֹא
hay-fever *n* קַדַּחַת הַשַּׁחַת
hayfield *n* שְׂדֵה שַׁחַת
hayfork *n* קִלְשׁוֹן
hayloft *n* מַתבֵּן
haymaker *n* מִספּוֹאָן
haymow *n* מַתבֵּן
hayrack *n* קְרוֹן שַׁחַת
hayrick *n* עֲרֵימַת שַׁחַת
hayseed *n* זֶרַע עֵשֶׂב
haystack *n* עֲרֵימַת־שַׁחַת
haywire *n, adj* תֵּיל שַׁחַת; תָּקוּל
hazard *n* הִסתַּכְּנוּת, סִיכּוּן; מַזָּל
hazard *vt* סִיכֵּן; הִסְתַּכֵּן
hazardous *adj* מְסוּכָּן; תָּלוּי בְּמַזָּל
hazardously *adv* בְּסַכָּנָה, בְּסִיכּוּן
haze *n* אוֹבֶךְ
haze *vt, vi* הֶעֱמִיס עֲבוֹדָה; שִׁיטָּה ב...
hazel *n* אִלְסָר
hazel *adj* חוּם־אֲדַמְדַּם
hazelnut *n* אֱגוֹז־הָאִלְסָר
hazy *adj* אָבִיךְ; מְעוּרפָּל
H-bomb *n* פְּצָצַת מֵימָן
H.C. *abbr* House of Commons
hd. *abbr* head
hdqrs. *abbr* headquarters
H.E. *abbr* His Eminence, His Excellency
he *n* הוּא
head *n* רֹאשׁ, קוֹדקוֹד
head *adj* רָאשִׁי
head *vt, vi* עָמַד בְּרֹאשׁ
headache *n* כְּאֵב רֹאשׁ
headband *n* סֶרֶט, שָׁבִיס
headboard *n* לוּחַ מְרַאֲשׁוֹת
headcheese *n* צְלִי רֹאשׁ
headdress *n* כִּיסּוּי, קִישּׁוּט רֹאשׁ
header *n* מַתקִין רָאשִׁים; מְכוֹנַת רָאשִׁים

headfirst *adv* כְּשֶׁרֹאשׁוֹ לְפָנִים
headgear *n* כּוֹבַע, כִּיסּוּי רֹאשׁ
head-hunter *n* צַיַּיד רָאשִׁים
heading *n* נוֹשֵׂא כּוֹתֶרֶת
headland *n* כֵּף
headless *adj* טִיפֵּשׁ; לְלֹא מַנְהִיג
headlight *n* פַּנָּס קִדְמִי
headline *n* כּוֹתֶרֶת
headliner *n* עוֹרֵךְ לַיְלָה
headlong *adv* קָדִימָה, בָּרֹאשׁ; בְּחִיפָּזוֹן
headman *n* מַנְהִיג
headmaster *n* מוֹרֶה רָאשִׁי, מְנַהֵל
headmost *adj* הַקִּדְמִי בְּיוֹתֵר
head office *n* מִשְׂרָד רָאשִׁי
head of hair *n* רַעֲמַת שֵׂיעָר
head-on *adj* חֲזִיתִי
headphone *n* אוֹזְנִית
headpiece *n* קַסְדָּה; מוֹחַ
headquarters *n pl* מִפְקָדָה
headrest *n* מִסְעַד רֹאשׁ
headset *n* מַעֲרֶכֶת רֹאשׁ
headship *n* רָאשׁוּת
headstone *n* אֶבֶן רֹאשָׁה
headstream *n* נָהָר רָאשִׁי
headstrong *adj* קְשֵׁה עוֹרֶף
headwaiter *n* מֶלְצַר רָאשִׁי
headwaters *n pl* מְקוֹרוֹת הַנָּהָר
headway *n* הִתְקַדְּמוּת
headwind *n* רוּחַ נֶגְדִּית
headwork *n* עֲבוֹדַת מוֹחַ
heady *adj* פָּזִיז; מְשַׁכֵּר
heal *vt, vi* רִיפֵּא; הִשְׁכִּיךְ; נִרְפָּא
healer *n* מְרַפֵּא
health *n* בְּרִיאוּת, שְׁלֵמוּת
healthful *adj* מַבְרִיא; בָּרִיא
healthy *adj* בָּרִיא; מַבְרִיא
heap *n* עֲרֵימָה; הָמוֹן
heap *vt, vi* עָרַם; נֶעֱרַם; הֶעֱנִיק בְּיָד רְחָבָה
hear *vt, vi* שָׁמַע
hearer *n* שׁוֹמֵעַ, מַאֲזִין
hearing *n* שְׁמִיעָה, שֵׁמַע
hearing-aid *n* מַכְשִׁיר שְׁמִיעָה
hearsay *n* שְׁמוּעָה; רְכִילוּת
hearse *n* עֶגְלַת הַמֵּת
heart *n* לֵב
heartache *n* כְּאֵב לֵב
heart attack *n* הֶתְקֵף לֵב
heartbeat *n* הוֹלֶם לֵב
heartbreak *n* שִׁבְרוֹן לֵב
heartbreaker *n* שׁוֹבֵר לְבָבוֹת
heartbroken *adj* שְׁבוּר־לֵב
heartburn *n* צָרֶבֶת; קִנְאָה
heart disease *n* מַחֲלַת לֵב
hearten *vt* חִיזֵּק, עוֹדֵד
heartfailure *n* חֶדְלוֹן הַלֵּב
heartfelt *adj* לְבָבִי; כֵּן
hearth *n* אָח; כּוּר
hearthstone *n* אֶבֶן הָאָח; בַּיִת
heartily *adv* בְּכֵנוּת, בִּלְבָבִיּוּת
heartless *adj* חֲסַר לֵב, אַכְזָרִי
heart-rending *adj* קוֹרֵעַ לֵב
heartseed *n* לִיבָּן
heartsick *adj* מְדוּכְדָּךְ
heartstrings *n pl* רְגָשׁוֹת עֲמוּקִים
heart-to-heart *adj* גָּלוּי, כֵּן
heart trouble *n* מַחֲלַת לֵב
heart-whole *adj* בְּכָל לִבּוֹ; לֹא מְאוֹהָב

heartwood *n* לִיבַּת עֵץ
hearty *adj* לְבָבִי, חָבִיב
heat *n* חוֹם; הִתְלַהֲבוּת; כַּעַס
heat *vt, vi* חִימֵם; שִׁלְהֵב; הִתחַמֵּם; הִשְׁתַּלְהֵב
heated *adj* מְחוּמָּם; מְשׁוּלְהָב
heater *n* מַכשִׁיר חִימּוּם
heater man *n* מַסִּיק
heath *n* שְׂדֵה בּוּר, בָּתָה
heathen *n, adj* עוֹבֵד אֱלִילִים; כּוֹפֵר; אֱלִילִי
heathendom *n* אֱלִילִיּוּת
heather *n* אַבְרָשׁ
heating *n* חִימּוּם; הִתחַמְּמוּת
heat lightning *n* זְהֲרוּרֵי עֶרֶב
heat shield *n* מָגֵן רקוּעַ
heatstroke *n* מַכַּת־שֶׁמֶשׁ
heat-wave *n* גַל חוֹם
heave *vt, vi* הֵרִים, הֵנִיף; גָּעַשׁ
heave *n* הֲרָמָה, הֲנָפָה; נְסִיקָה
heaven *n* שָׁמַיִם; רָקִיעַ
heavenly *adj* שְׁמֵימִי
heavenly body *n* גֶּרֶם שְׁמֵימִי
heavy *adj, adv* כָּבֵד; קָשֶׁה
heavyduty *adj* נָתוּן לְמֶכֶס גָּבוֹהַּ
heavyset *adj* רְחַב כְּתֵפַיִים
heavyweight *n, adj* (שֶׁל) מִשְׁקָל כָּבֵד
Hebrew *adj, n* עִבְרִי; עִברִית
hecatomb *n* זֶבַח צִיבּוּרִי; טֶבַח
heckle *n* מַסְרֵק פִּשְׁתָּן
heckle *vt, vi* קָרָא קְרִיאַת בֵּינַיִים
hectic *adj* קַדַּחְתָּנִי
hedge *n* גָּדֵר, גֶּדֶר חַיָּה
hedge *vt, vi* גָּדַר; הִתגּוֹנֵן נֶגֶד הֶפְסֵדִים; הִתחַמֵּק
hedgehog *n* קִיפּוֹד
hedgehop *vi* הִנמִיךְ טוּס
hedgehopping *n* טִיסָה נְמוּכָה
hedgerow *n* שְׂדֵירַת גֶּדֶר
heed *n* תְּשׂוּמַת־לֵב; זְהִירוּת
heed *vt, vi* נָתַן דַּעְתּוֹ ל...
heedless *adj* לֹא אַחֲרָאִי, לֹא זָהִיר
heehaw *n, vt* נְעִירַת חֲמוֹר, נָעַר
heel *n* עָקֵב; (המונית) נָבָל
heel *vt, vi* עָקַב; עָשָׂה עֲקֵבִים
heeler *n* עוֹקֵב; חָסִיד שׁוֹטֶה
hefty *adj* כָּבֵד; בַּעַל מִשְׁקָל
hegemony *n* מַנְהִיגוּת
hegira, hejira *n* הַגִ׳ירָה, ׳הֲגִירָה׳
heifer *n* עֶגְלָה צְעִירָה
height *n* גּוֹבַהּ, רוּם
heighten *vt, vi* הִגְבִּיהַּ; הִגְדִּיל; גָּבַהּ; גָּדַל
heinous *adj* בָּזוּי, מְתוֹעָב
heir *n* יוֹרֵשׁ
heir apparent *n* יוֹרֵשׁ מוּחְלָט
heirdom *n* יְרוּשָׁה
heiress *n* יוֹרֶשֶׁת
heirloom *n* נֶכֶס מוּנְחָל
helicopter *n* מַסּוֹק, הֶלִיקוֹפְּטֶר
heliotrope *n* פּוֹנֶה לַשֶּׁמֶשׁ (בּבּוֹטָנִיקָה)
heliotrope *adj* אָדוֹם, אַרגְּמָנִי
heliport *n* נְמַל מַסּוֹקִים
helium *n* הֶלְיוּם
helix *n* צוּרָה חֶלְזוֹנִית, חִילָּזוֹן
hell *n* גֵּיהִינּוֹם; עֲזָאזֵל
hell-bent *adj* נָחוּשׁ הַחְלָטָה
hellcat *n* חֲתוּלָה שְׂטָנִית; מְכַשֵּׁפָה
hellebore *n* יַחְנוּן; וֶרַטְרוֹן
Hellene *n* יְוָנִי (קדוּם אוֹ שֶׁל יָמֵינוּ)

Hellenic *adj, n* יְוָנִי; הֶלֵּנִית; יְוָנִית
hellfire, hell-fire *n* אֵשׁ הַשְּׁאוֹל
hellish *adj* נוֹרָא; מְרוּשָׁע
hello, hullo *interj* הַלּוֹ!
hello girl *n* טֶלֶפוֹנָאִית
helm *n, vt* הֶגֶה (בִּכְלִי־שַׁיִט); נָהַג; נִיהֵל
helmet *n* קַסְדָּה
helmsman *n* הָאוֹחֵז בַּהֶגֶה, הַגַּאי
help *vt, vi* עָזַר, סִייַּע; הוֹעִיל
help *n* עֶזְרָה, סִיּוּעַ; עוֹזֵר
help! *interj* הַצִּילוּ!
helper *n* עוֹזֵר
helpful *adj* מוֹעִיל, עוֹזֵר
helping *n* מָנָה (שֶׁל אוֹכֶל)
helpless *adj* חֲסַר יֶשַׁע
helpmeet *n* עֵזֶר כְּנֶגְדּוֹ; בֶּן־זוּג; בַּת־זוּג
helter-skelter *adj, adv* בְּחִיפָּזוֹן, בְּאַנְדְּרָלָמוּסְיָה, בְּפִרְאוּת
helter-skelter *n* חִיפָּזוֹן, אַנְדְּרָלָמוּסְיָה
hem *n* שָׂפָה, אִמְרָה
hem *vt* תָּפַר אִמְרָה אוֹ שָׂפָה; סָגַר עַל
hem *vi* הִמְהֵם
hemisphere *n* חֲצִי־כַּדּוּר
hemistich *n* חֲצִי־שׁוּרָה
hemline *n* קַו הַשָּׂפָה (שֶׁל חֲצָאִית, מְעִיל וכד׳)
hemlock *n* רוֹשׁ
hemoglobin *n* הֶמוֹגְלוֹבִּין
hemophilia *n* דַּמֶּמֶת, הֶמוֹפִילְיָה
hemorrhage *n* דִּימּוּם
hemorrhoid *n* טְחוֹרִים
hemostat *n* עוֹצֵר דָּם
hemp *n* קַנַּבּוֹס
hemstitch *n* תֶּפֶר שָׂפָה
hemstitch *vt* תָּפַר אִמְרָה
hen *n* תַּרְנְגוֹלֶת
hence *adv* מִכָּאן שֶׁ..., לְפִיכָךְ; מֵעַתָּה וָאֵילָךְ
henceforth *adv* מֵעַתָּה וָאֵילָךְ
henchman *n* נֶאֱמָן, חָסִיד
hencoop *n* לוּל
henhouse *n* לוּל
henna *n, adj* (שֶׁל) כּוֹפֶר; חִנָּה
henna *vt* צָבַע בְּכוֹפֶר
henpeck *vt* רָדְתָה (בְּבַעְלָהּ)
henpecked *adj* שֶׁאִשְׁתּוֹ מוֹשֶׁלֶת עָלָיו
hep *adj* (הֲמוֹנִית) בַּעַל אִינְפוֹרְמַצְיָה טוֹבָה
her *pron* אוֹתָהּ; שֶׁלָּהּ; לָהּ
herald *n* מְבַשֵּׂר; שָׁלִיחַ
herald *vt* בִּישֵּׂר, הִכְרִיז
heraldic *adj* שֶׁל שִׁלְטֵי גִּיבּוֹרִים
heraldry *n* מַדַּע שִׁלְטֵי הַגִּיבּוֹרִים; מִשְׂרַת הַכָּרוֹז
herb *n* עֵשֶׂב, יֶרֶק
herbaceous *adj* עִשְׂבִּי; דְּמוּי עָלֶה
herbage *n* עֵשֶׂב; מִרְעֶה
herbal *adj* עִשְׂבִּי
herbal *n* מֶחְקָר עַל עֲשָׂבִים
herbalist *n* עוֹסֵק בְּצִמְחֵי מַרְפֵּא
herbarium *n* עִשְׂבִּיָּה
herb doctor *n* מְרַפֵּא בַּעֲשָׂבִים
Herculean *adj* הֶרְקוּלְיָאנִי, גְּבַרְתָּנִי, חָזָק; קָשֶׁה
herd *n* עֵדֶר
herd *vt, vi* קִיבֵּץ; הִתְקַבֵּץ; הָיָה לְעֵדֶר
herdsman *n* רוֹעֶה
here *adv, n* כָּאן; הֵנָּה
hereabout(s) *adv* בַּסְּבִיבָה זוֹ

hereafter *adv, n* בֶּעָתִיד; הֶעָתִיד, הָעוֹלָם הַבָּא
hereby *adv* בָּזֶה, עַל־יְדֵי זֶה
hereditary *adj* תּוֹרַשְׁתִּי
heredity *n* יְרֻשָּׁה, תּוֹרָשָׁה
herein *adv* כָּאן; הֵנָּה; לְאוֹר זֶה
hereof *adv* שֶׁל זֶה, בְּקֶשֶׁר לְכָךְ
hereon *adv* לְפִיכָךְ
heresy *n* אֶפִּיקוֹרְסוּת
heretic *n* אֶפִּיקוֹרוֹס
heretical *adj* אֶפִּיקוֹרְסִי
heretofore *adv* לִפְנֵי־כֵן
hereupon *adv* לְפִיכָךְ
herewith *adv* בָּזֶה
heritage *n* יְרוּשָּׁה; מוֹרֶשֶׁת
hermetic(al) *adj* הֶרְמֵטִי, מְהוּדָּק
hermit *n* מִתְבּוֹדֵד, פָּרוּשׁ
hermitage *n* מְקוֹם מוֹשָׁבוֹ שֶׁל פָּרוּשׁ
hernia *n* שֶׁבֶר, פֶּקַע
hero *n* גִּיבּוֹר
heroic *adj* נוֹעָז, הֵירוֹאִי
heroin *n* הֵרוֹאִין
heroine *n* גִּיבּוֹרָה
heroism *n* גְּבוּרָה, תְּעוּזָּה
heron *n* אֲנָפָה
herring *n* מָלִיחַ, דָּג מָלוּחַ
herringbone *n, adj* אִדְרָה; דְּמוּי אִדְרָה
hers *pron* שֶׁלָּהּ
herself *pron* הִיא עַצְמָהּ; בְּעַצְמָהּ; לְבַדָּהּ
hesitancy *n* הִיסּוּס, פִּקְפּוּק
hesitant *adj* מְהַסֵּס, מְפַקְפֵּק
hesitate *vi* הִיסֵּס
hesitation *n* הִיסּוּס

heterodox *adj, n* סוֹטֶה בֶּאֱמוּנָתוֹ
heterodyne *adj* אִיבּוּכִי, הֵטֶרוֹדִינִי
heterogeneity *n* רַב־סוּגִיּוּת, הֵטֶרוֹגֵנִיּוּת
heterogeneous *adj* רַב־סוּגִי, הֵטֶרוֹגֵנִי
heterogenesis *n* הֵטֶרוֹגֵנֵסִיס
hew *vt, vi* חָטַב, כָּרַת; גָּדַע
hex *n* מְכַשֵּׁפָה; כִּישּׁוּף
hex *vt* כִּישֵּׁף
hexameter *n* מִשְׁקָל מְשׁוּשֶּׁה, הֶקְסָמֶטֶר
hey *interj* הֵי!
heyday *n* תְּקוּפַת הַשִּׂיא
hf. *abbr* half
H.H. *abbr* His Highness, Her Highness; His Holiness
hiatus *n* פִּרְצָה; פֶּתַח
hibernate *vi* חָרַף
hibiscus *n* הִיבִּיסְקוּס
hiccup, hiccough *n, vi* שִׁיהוּק; שִׁיהֵק
hick *n, adj* בּוּר, כַּפְרִי
hickory *n* קַרְיָה
hickory nut *n* קַרְיָה, פֶּקָן
hidden *adj* חָבוּי, נִסְתָּר
hide *n* עוֹר חַיָּה, שֶׁלַח; (המונית) עוֹר אָדָם
hide *vt, vi* הֶחְבִּיא; נֶחְבָּא
hide-and-seek *n* מִשְׂחַק הַמַּחֲבוֹאִים
hidebound *adj* צַר־אוֹפֶק, נוּקְשֶׁה
hideous *adj* מִפְלַצְתִּי
hideout *n* מִקְלָט; מַחֲבוֹא
hiding *n* הַסְתָּרָה; מַחֲבוֹא
hiding-place *n* מַחֲבוֹא
hie *vt, vi* זֵירֵז; מִיהֵר; הִזְדָּרֵז
hierarchy *n* הִירַרְכְיָה; מִבְנֶה מוּדְרָג

hieroglyphic *adj, n* הִירוֹגְלִיפִי
hi-fi *adj* גְבוֹהַּ אֲמִינוּת (לגבי צליל)
hi-fi fan *n* חוֹבֵב מוּסִיקָה גְבוֹהַת אֲמִינוּת
higgledy-piggledy *adv, adj, n* בְּבִלְבּוּל; מְבוּלְבָּל; בִּלְבּוּלֶת
high *adj* גָבוֹהַּ, גָדוֹל; נַעֲלֶה; עַז
high *n* הִילוּך גָבוֹהַּ
high *adv* גָבוֹהַּ, לְמַעְלָה, בַּגוֹבַהּ
high altar *n* מִזְבֵּחַ עִיקָּרִי (בכנסייה)
highball *n* מֶזֶג, תַּמְזִיג
high blood pressure *n* לַחַץ דָם גָבוֹהַּ
highborn *adj* אָצִיל מִלֵּידָה
highboy *n* שִׁידָה
highbrow *n, adj* מַשְׂכִּיל; מַשְׂכִּילִי
highchair *n* כִּיסֵּא גָבוֹהַּ (לתינוק)
high command *n* פִּיקּוּד עֶלְיוֹן, מִפְקָדָה עֶלְיוֹנָה
higher education *n* חִינּוּך גָבוֹהַּ
higher-up *n* בָּכִיר יוֹתֵר
highfalutin(g) *adj* מִתְרַבְרֵב, מְנוּפָּח
high-frequency *n* תֶּדֶר גָבוֹהַּ
high gear *n* הִילוּך גָבוֹהַּ
high grade *adj* בַּעַל אֵיכוּת גְבוֹהָה
high-handed *adj* קָשֶׁה, שְׁרִירוּתִי
high-hat *n, vt* צִילִינְדֶר; הִתְיַיחֵס בְּזִלְזוּל
high-hatted *adj* מִתְייַהֵר
high-heeled shoe *n* נַעַל גְבוֹהַת עָקֵב
high horse *n* יַחַס יָהִיר
highjack – *see* hijack
highland *n, adj* רָמָה
high life *n* חַיֵּי הַחוּג הַנּוֹצֵץ
highlight *n* תּוֹפָעָה עִיקָּרִית; כּוֹתֶרֶת
highlight *vt* הִדְגִישׁ, הִבְלִיט
highly *adv* בְּמִידָּה רַבָּה
High Mass *n* מִיסָּה חֲגִיגִית
highminded *adj* אֲצִיל־רוּחַ
highness *n* רָמָה; גוֹבַהּ; הוֹד מַעֲלָה
high noon *n* צָהֳרֵי יוֹם
high-pitched *adj* גָבוֹהַּ
high-powered *adj* רַב־עוֹצְמָה
high pressure *n* לַחַץ גָבוֹהַּ
high-priced *adj* יָקָר
high priest *n* כּוֹהֵן גָדוֹל
high rise *n* בַּיִת גָבוֹהַּ
high road *n* דֶרֶך הַמֶּלֶך
high school *n* בֵּית־סֵפֶר תִּיכוֹן
high sea *n* יָם גוֹעֵשׁ
high society *n* הַחֶבְרָה הַגְבוֹהָה
high speed *n* מְהִירוּת גְדוֹלָה
high-spirited *adj* מְרוֹמָם, גֵאֶה
high spirits *n pl* מַצָּב רוּחַ מְרוֹמָם
high-strung *adj* עַצְבָּנִי
high-test *adj* (דלק) בָּדוּק
high tide *n* גֵאוּת הַיָּם
high time *n* הַזְּמַן הַבָּשֵׁל; (המונית) בִּילּוּי מְשַׁעֲשֵׁעַ
high treason *n* בְּגִידָה בְּמַלְכוּת
highwater *n* גֵאוּת
highway *n* כְּבִישׁ רָאשִׁי
highwayman *n* לִסְטִים
hijack *vt* חָטַף (מטוס); גָנַב מִגַּנָּב
hike *vi, vt* צָעַד, הָלַך בָּרֶגֶל; הֶעֱלָה
hike *n* צְעִידָה, הֲלִיכָה
hiker *n* מְטַיֵּיל
hilarious *adj* עַלִּיז, צוֹהֵל
hill *n* גִבְעָה; תֵּל; עֲרֵימָה
hill *vt* תִּילֵּל, עָרַם

hillock *n* גִּבְעָה קְטַנָּה
hillside *n* צֶלַע הַגִּבְעָה
hilltop *n* רֹאשׁ הַגִּבְעָה
hilly *adj* רַב־גְּבָעוֹת
hilt *n* נִיצָב; קַת
him *pron* לוֹ; אוֹתוֹ
himself *pron* עַצְמוֹ; אֶת עַצְמוֹ, לְעַצְמוֹ
hind *n* צְבִיָּה
hind *adj* אֲחוֹרִי
hinder *vt, vi* הֵנִיא, עִיכֵּב, מָנַע
hindmost *adj* אַחֲרוֹן
hindquarter *n* חֵלֶק אֲחוֹרִי (שֶׁל בַּעַל־חַיִּים)
hindrance *n* מְנִיעָה, עִיכּוּב
hindsight *n* מַחֲשָׁבָה לְאַחַר מַעֲשֶׂה
Hindu *n, adj* הוֹדִי; הִינְדִי
hinge *n* צִיר; פֶּרֶק
hinge *vt, vi* קָבַע צִיר; הָיָה תָּלוּי בּ...
hinny *n* רַמָּךְ
hint *vt* רָמַז
hint *n* רֶמֶז
hinterland *n* פְּנִים־הָאָרֶץ, עוֹרֶף
hip *n* יָרֵךְ
hip *interj* הֵידָד!
hip-bone *n* עֶצֶם הַיָּרֵךְ
hipped *adj* מְשׁוּגָּע לְדָבָר אֶחָד
hippety-hop *adv* בִּקְפִיצוֹת
hippo *n* סוּס־הַיְאוֹר, הִיפּוֹפּוֹטָמוּס
hippodrome *n* אִיצְטַדְיוֹן לִמְרוֹצֵי סוּסִים
hippopotamus *n* סוּס־הַיְאוֹר, הִיפּוֹפּוֹטָמוּס
hip roof *n* גַּג מְשׁוּפָּע
hire *vt* שָׂכַר, חָכַר; הִשְׂכִּיר
hire *n* דְּמֵי שְׂכִירוּת; שְׂכִירָה; הַשְׂכָּרָה
hired girl *n* מְשָׁרֶתֶת
hired man *n* מְשָׁרֵת
hireling *n, adj* שָׂכִיר; שָׂכוּר
his *pron, adj* שֶׁלּוֹ
Hispanic *adj* סְפָרַדִּי
Hispaniola *n* הִיסְפַּנְיוֹלָה
hispanist *n* הִיסְפַּנִיסְט
hiss *n* שְׁרִיקַת בּוּז
hiss *vt, vi* שָׁרַק
hist *abbr* historian, history
histology *n* תּוֹרַת מִבְנֵה הָרְקָמוֹת
historian *n* הִיסְטוֹרְיוֹן
historic *adj* הִיסְטוֹרִי
historical *adj* הִיסְטוֹרִי
history *n* הִיסְטוֹרְיָה, תּוֹלָדוֹת; סִיפּוּר
histrionic(al) *adj* שֶׁל שַׂחְקָנִים, מְעוּשֶּׂה
hit *vt, vi* פָּגַע, הִכָּה
hit *n* פִּיגּוּעַ, מַהֲלוּמָה; קְלִיעָה; לָהִיט
hit-and-run *adj* שֶׁל פְּגַע וּבְרַח
hitch *vt, vi* קָשַׁר, עָנַד; הֵרִים
hitch *n* מִכְשׁוֹל, מַעְצוֹר; צְלִיעָה
hitchhike *vi* טִיֵּיל בְּ'הַסָּעוֹת' (טרמפּ)
hitchhiker *n* 'טְרֶמְפִּיסְט'
hitchhiking *n* טִיּוּל בְּהַסָּעוֹת ('טרמפּים')
hitching post *n* עַמּוּד לִקְשִׁירַת סוּס
hither *adv, adj* הֵנָּה; בְּצַד זֶה
hitherto *adv* עַד כֹּה
hit-or-miss *adj* חֲסַר תִּכְנוּן; מִקְרִי
hit parade *n* מִצְעַד פִּזְמוֹנִים
hit record *n* תַּקְלִיט־לָהִיט
hit-run *adj* שֶׁל פְּגַע וּבְרַח
hive *n* כַּוֶּרֶת

hive *vt, vi* הִכְנִיס לְכַוֶּרֶת
hives *n pl* דַּלֶּקֶת הָעוֹר, חָרֶלֶת
H.M. *abbr* His (Her) Majesty
H.M.S. *abbr* His (Her) Majesty's Service; His (Her) Majesty's Ship
hoard *n* אוֹצָר, מִצְבָּר
hoard *vt, vi* אָגַר, צָבַר
hoarding *n* אֲגִירָה, הַטְמָנָה
hoarfrost *n* לוֹבֶן כְּפוֹר
hoarse *adj* צָרוּד
hoarseness *n* צְרִידוּת
hoary *adj* כְּסוּף שֵׂעָר; סָב
hoax *n* תַּעֲלוּל
hoax *vt* שִׁיטָּה בּ..., סִידֵּר
hob *n* דַּרְגָּשׁ לְיַד הָאָח; יָתֵד
hobble *vt, vi* דִּידָּה; צָלַע; קָשַׁר (רגלי סוס)
hobble *n* צְלִיעָה; כְּבִילָה; אֲסוּרֶגֶל (לסוס)
hobby *n* תַּחְבִּיב
hobbyhorse *n* סוּס־עֵץ
hobgoblin *n* שֵׁד, מַזִּיק
hobnail *n* מַסְמֶרֶת כַּדַּת רֹאשׁ
hobo *n* נַוָּד
Hobson's choice *n* בְּרֵירָה (בין קבלת ההצעה ובין לא כלום)
hock *n* מַשְׁכּוֹן
hock *vt* (המונית) נָתַן בַּעֲבוֹט
hock *n* קֶפֶץ, קַרְסוֹל; יֵין הוֹק
hockey *n* הוֹקִי
hockshop *n* בֵּית־עֲבוֹט
hocus-pocus *n* תַּעֲלוּל, לַהֲטוּט
hocus-pocus *vt, vi* הֶעֱרִים, לִיהֲטֵט
hod *n* לוּחַ־בַּנָּאִים; דְּלִי לְפֶחָמִים
hod carrier *n* פּוֹעֵל בִּנְיָן
hodgpodge *n* נָזִיד מְעוֹרָב; בִּלְבּוּלֶת
hoe *n* מַעְדֵּר
hoe *vt, vi* עָדַר, נִיכֵּשׁ
hog *n* חֲזִיר
hog *vt, vi* הִתְנַהֵג כַּחֲזִיר
hogback *n* גַּב חֲזִיר
hoggish *adj* חֲזִירִי; מְזוֹהָם
hog Latin *n* לַטִּינִית מְשׁוּבֶּשֶׁת
hogshead *n* חָבִית קִיבּוּל
hogwash *n* פְּסוֹלֶת, זֶבֶל
hoist *vt* הֵנִיף, הֵרִים
hoist *n* הֲנָפָה, הֲרָמָה; מָנוֹף
hoity-toity *adj, interj* רַבְרְבָנִי, יָהִיר; הֲבָלִים
hokum *n* שְׁטוּיוֹת
hold *vt, vi* הֶחֱזִיק, תָּפַס בּ...; שָׁמַר; הֵכִיל
hold *n* הַחְזָקָה, אֲחִיזָה; שְׁלִיטָה; (באונייה) סַכָּנָה
holder *n* יָדִית; בְּעָלִים
holding *n* אֲחִיזָה; אֲחוּזָּה; נְכָסִים
holding company *n* חֶבְרַת־גַּג
holdup *n* שׁוֹד בַּדְּרָכִים
holdup man *n* שׁוֹדֵד דְּרָכִים
hole *n* חוֹר, נֶקֶב; בּוֹר
hole *vt* חָכַר, נָקַב; קָדַח
holiday *n* חַג; פַּגְרָה
holiday *adj* חֲגִיגִי, שָׂמֵחַ
holiday attire *n* בִּגְדֵי חַג
holiness *n* קְדוּשָּׁה; קוֹדֶשׁ
Holland *n* הוֹלַנְד
Hollander *n, adj* הוֹלַנְדִּי
hollow *adj* נָבוּב, רֵיק; שָׁקוּעַ
hollow *n* חָלָל, שְׁקַעֲרוּרִית

hollow *vt, vi* רוֹקֵן, נַעֲשָׂה חָלוּל
holly *n* צִינִית
hollyhock *n* חוֹטמִית תַּרבּוּתִית
holm-oak *n* אַלּוֹן הַצִּינִית
holocaust *n* שׁוֹאָה, הַשְׁמָדָה
holster *n* נַרתִּיק עוֹר
holy *adj, n* מְקוּדָּשׁ, קָדוֹשׁ; צַדִּיק, חָסִיד
Holy Ghost *n* רוּחַ הַקּוֹדֶשׁ
Holy One *n* הַקָּדוֹשׁ בָּרוּךְ הוּא
Holy Land *n* אֶרֶץ־הַקּוֹדֶשׁ
Holy See *n* הַכֵּס הַקָּדוֹשׁ
Holy Sepulcher *n* הַקֶּבֶר הַקָּדוֹשׁ
Holy Writ *n* כִּתבֵי־הַקּוֹדֶשׁ
homage *n* כָּבוֹד, הַבָּעַת כָּבוֹד
home *n* בַּיִת, דִּירָה
home *vi* חָזַר הַבַּיתָה
home *adv* הַבַּיתָה, לַבַּיִת; לַיַּעַד
home-bred *adj* חֲנִיךְ בַּיִת, יָלִיד
home-brew *n* שֵׁיכָר בַּיִת
home-coming *n* שִׁיבָה הַבַּיתָה
home country *n* מוֹלֶדֶת
home delivery *n* מִשלוֹחַ הַבַּיתָה
home front *n* חֲזִית פְּנִימִית
homeland *n* אֶרֶץ־מוֹלֶדֶת
homeless *adj* חֲסַר בַּיִת
home life *n* חַיֵּי בַּיִת
home-loving *adj* אוֹהֵב חַיֵּי מִשפָּחָה
homely *adj* בֵּיתִי, לֹא יוּמרָנִי, לֹא יָפֶה
homemade *adj* תּוֹצֶרֶת בַּיִת
homemaker *n* עֲקֶרֶת־בַּיִת
home office *n* מִשׂרָד רָאשִׁי; מִשׂרַד הַפְּנִים (בּבּריטניה)
homeopath *n* מְרַפֵּא בְּהוֹמֵיאוֹפַּתיָה
homeopathy *n* הוֹמֵיאוֹפַּתיָה
home plate *n* (בּבּייסבּוֹל) קֶטַע הַגְּמָר
home port *n* נְמַל הַבַּיִת
home rule *n* שִׁלטוֹן בַּיִת
home run *n* (בּבּייסבּוֹל) רִיצָה לַגְּמָר
homesick *adj* מִתגַּעגֵּעַ הַבַּיתָה
homesickness *n* גַּעגּוּעִים הַבַּיתָה
homespun *n, adj* אָרִיג טָווּי בַּבַּיִת; בֵּיתִי, פָּשׁוּט
homestead *n* בַּיִת וְנַחֲלָה
home stretch *n* קֶטַע גְּמָר (בּמירוֹץ)
home town *n* עִיר מוֹלֶדֶת
homeward(s) *adv* הַבַּיתָה
homework *n* שִׁיעוּרֵי בַּיִת
homey *adj* בֵּיתִי, מִשפַּחתִּי, פָּשׁוּט
homicidal *adj* שֶׁל רֶצַח אָדָם
homicide *n* רֶצַח אָדָם; רוֹצֵחַ
homily *n* דְּרָשָׁה, הַטָּפָה
homing *adj* חוֹזֵר הַבַּיתָה
homing pigeon *n* יוֹנַת דּוֹאַר
hominy *n* קֶלַח תִּירָס
homogeneity *n* הוֹמוֹגֵנִיוּת
homogeneous *adj* הוֹמוֹגֵנִי, שְׁוֵה חֲלָקִים
homogenize *vt* הֶאֱחִיד, עָשָׂה לְהוֹמוֹגֵנִי
homonym *n* הוֹמוֹנִים
homonymous *adj* הוֹמוֹנִימִי; שְׁוֵה־שֵׁם
homosexual *adj, n* הוֹמוֹסֶקסוּאָלִי
homosexuality *n* הוֹמוֹסֶקסוּאָלִיוּת, מִשׁכַּב זָכוּר
hon. *abbr* honorary כְּבוֹד־, מְכוּבָּד
Hon. *abbr* Honorable
Honduran *n, adj* הוֹנדוּרִי
hone *n* אֶבֶן מַשׁחֶזֶת

hone *vt* הִשְׁחִיז
honest *adj* יָשָׁר, הָגוּן
honesty *n* יוֹשֶׁר, הֲגִינוּת
honey *n* דְּבַשׁ
honeybee *n* דְּבוֹרַת הַדְּבַשׁ
honeycomb *n, adj* חַלַּת־דְּבַשׁ, יַעֲרַת־דְּבַשׁ
honeycomb *vt* חָדַר בַּכּוֹל
honeydew melon *n* מֵלוֹן טַל הַדְּבַשׁ
honey-eater *n* יוֹנֵק־הַדְּבַשׁ, צוּפִית
honeyed *adj* מְמוּתָּק
honey locust *n* גְּלֶדִיצְיָה שְׁלוֹשׁ הַקּוֹצִים
honeymoon *n* יֶרַח־דְּבַשׁ
honeymoon *vi* בִּילָּה יֶרַח־דְּבַשׁ
honeysuckle *n* יַעְרָה
honk *n* צְוִוחַת אַוַּז־הַבָּר; צְפִירַת מְכוֹנִית
honk *vt* צָוַח; צָפַר
honky-tonk *n* בֵּית־שַׁעֲשׁוּעִים זוֹל
honor *n* כָּבוֹד, פְּאֵר
honorary *adj* שֶׁל כָּבוֹד
honorific *adj* מַבִּיעַ כָּבוֹד
honor system *n* מִשְׁמַעַת כָּבוֹד
hood *n* בַּרְדָּס; חִיפַּת הַמָּנוֹעַ
hood *vt* בִּרְדֵּס; כִּיסָּה
hoodlum *n* בִּרְיוֹן, פּוֹחֵחַ
hoodoo *n* מְכַשֵּׁף; מַזָּל רַע
hoodoo *vt* הֵמִיט רָעָה
hoodwink *vt* רִימָּה; סִנְוֵר
hooey *n, interj* שְׁטוּיוֹת; בּוּז!
hoof *n* פַּרְסָה
hoof *vi* הָלַךְ; רָקַד
hoof beat *n* שַׁעֲטַת פְּרָסוֹת
hook *n* וָו, אוּנְקָל; חַכָּה
hook *vt, vi* הֶעֱלָה בְּחַכָּתוֹ; עִיקֵּם
hookah *n* נַרְגִּילָה
hook and eye *n* וָו וּלְוּלָאָה
hook and ladder *n* אוּנְקָל וְסוּלָּם
hooknosed *adj* כְּפוּף חוֹטֶם
hook-up *n* תַּרְשִׁים־מַכְשִׁיר־רַדְיוֹ; מִתְלֶה
hookworm *n* כֶּרֶץ
hooky *adj* רַב־וָוִים; מְאוּנְקָל
hooligan *n* חוּלִיגָן, אֵימְתָן
hooliganism *n* חוּלִיגָנִיּוּת, בִּרְיוֹנוּת
hoop *n* טַבַּעַת, חִישׁוּק
hoop *vt* הִידֵּק בְּחִישׁוּק
hoot *n* קְרִיאַת גְּנַאי; יְלָלָה
hoot *vt* קָרָא קְרִיאַת גְּנַאי; יִילֵּל
hooter *n* צוֹפָר
hoot owl *n* יַנְשׁוּף
hop *n* נִיתּוּר, קְפִיצָה; רִיקּוּד
hop *vt, vi* קָפַץ, נִיתֵּר
hop *n* כִּישׁוּתִית
hope *n* תִּקְוָה
hope *vt, vi* קִיוָּה
hope chest *n* מְגֵירַת הַכַּלָּה
hopeful *adj, n* מְקַוֶּה; נוֹתֵן תִּקְוָה
hopeless *adj* חֲסַר תִּקְוָה
hopper *n* מְדַלֵּג, מְקַפֵּץ; חָרוּט הָסּוּף
hopper car *n* קְרוֹן־מַשָּׂא רָכִין
hopscotch *n* 'אֶרֶץ' (משחק)
horde *n* עֵרֶב־רַב
horehound, hoarhound *n* מָרוּבִּיוֹן מָצוּי
horizon *n* אוֹפֶק
horizontal *adj, n* אוֹפְקִי; שָׁכוּב
hormone *n* הוֹרְמוֹן
horn *n* קֶרֶן; שׁוֹפָר

horn *vt* נָגַח; נָתַן קַרְנַיִם
hornet *n* צִרְעָה
hornet's nest *n* קַן צְרָעוֹת
hornpipe *n* חֲלִיל־הַקֶּרֶן
hornrimmed glasses *n pl* מִשְׁקָפַיִם מְחוּשָּׁקִים בְּקֶרֶן
horny *adj* קַרְנִי, נוּקְשֶׁה
horoscope *n* הוֹרוֹסְקוֹפּ
horrible *adj* נוֹרָא, מַחֲרִיד
horrid *adj* מַחֲרִיד; מְעוֹרֵר בְּחִילָה
horrify *vt* הִפְחִיד
horror *n* פַּחַד, פַּלָּצוּת; כִּיעוּר
horror-struck *adj* מוּכֵּה אֵימָה
hors d'oeuvre *n* מְתַאֲבֵן
horse *n* סוּס; (בשחמט) פָּרָשׁ
horse *vt, vi* רָתַם סוּס; נָשָׂא עַל גַּבּוֹ
horseback *n, adv* (עַל) גַּב הַסּוּס
horse blanket *n* שְׂמִיכָה לְסוּס
horse block *n* מַדְרָג לְסוּס
horse breaker *n* מְאַלֵּף סוּסִים
horse car *n* קְרוֹן סוּסִים
horse-chestnut *n* עַרְמוֹנִית הַסּוּסִים
horse collar *n* קוֹלַר סוּסִים
horse-dealer *n* סוֹחֵר סוּסִים
horse-doctor *n* רוֹפֵא בְּהֵמוֹת
horsefly *n* זְבוּב־סוּס
horsehair *n* שַׂעֲרַת סוּס
horsehide *n* עוֹר סוּס
horselaugh *n* צְחוֹק פָּרוּעַ
horseman *n* רוֹכֵב; פָּרָשׁ
horsemanship *n* אוּמָנוּת הָרְכִיבָה
horse meat *n* בְּשַׂר סוּסִים
horse opera *n* מַעֲרָבוֹן
horse pistol *n* אֶקְדַּח פָּרָשִׁים
horseplay *n* מִשְׂחָק פָּרוּעַ
horse-power *n* כּוֹחַ סוּס
horserace *n* מֵירוֹץ סוּסִים
horseradish *n* חֲזֶרֶת
horse-sense *n* שֵׂכֶל יָשָׁר
horseshoe *n* פַּרְסַת סוּס
horseshoe magnet *n* פַּרְסַת מַגְנֵט
horseshoe nail *n* מַסְמֵר פַּרְסָה
horse show *n* תְּצוּגַת סוּסִים
horsetail *n* שְׁבַטְבַּט
horse thief *n* גַּנַּב סוּסִים
horse trade *n* חִילּוּפֵי סוּסִים; מַשָּׂא וּמַתָּן עַרְמוּמִי
horse trading *n* נְשִׂיאָה וּנְתִינָה עַרְמוּמִית
horsewhip *n* שׁוֹט, מַגְלֵב
horsewhip *vt* הִצְלִיף בְּמַגְלֵב
horsewoman *n* רוֹכֶבֶת; סַיֶּיסֶת
horsy *adj* סוּסִי; שָׁטוּף בִּספּוֹרט הַסּוּסִים; גַּמְלוֹנִי
horticultural *adj* גַּנָּנִי
horticulture *n* גַּנָּנוּת
horticulturist *n* גַּנָּן
hose *n* גֶּרֶב; זַרְנוּק
hose *vt* רָחַץ בְּזַרְנוּק, הִשְׁקָה בְּזַרְנוּק
hosier *n* מְיַיצֵּר גַּרְבַּיִם; סוֹחֵר בְּגַרְבַּיִם
hosiery *n* גַּרְבַּיִם, תִּגְרוֹבֶת
hospice *n* אַכְסַנְיָה
hospitable *adj* מְאָרֵחַ טוֹב
hospital *n* בֵּית־חוֹלִים
hospitality *n* אֵירוּחַ
hospitalize *vt* אִשְׁפֵּז
host *n* מְאָרֵחַ
hostage *n* בֶּן־תַּעֲרוּבוֹת
hostel *n* אַכְסַנְיָה; מְעוֹן סְטוּדֶנְטִים

hostelry *n* פּוּנְדָּק, אַכְסַנְיָה
hostess *n* מְאָרַחַת; אַכְסְנָאִית
hostile *adj* אוֹיֵב, עוֹיֵן
hostility *n* אֵיבָה, עוֹיְנוּת
hostler *n* שׁוֹמֵר סוּסִים, אוּרְוָן
hot *adj, adv* חַם, לוֹהֵט; עַז; חָרִיף; בְּחוֹם
hot air *n* לַהַג, רַבְרְבָנוּת
hot and cold running water מַיִם חַמִּים וְקָרִים
hot baths *n pl* מֶרְחֲצָאוֹת חַמִּים
hotbed *n* יָצוּעַ חַם; חֲמָמָה
hotblooded *adj* חָמוּם, חֲמוּם־מֶזֶג
hot cake *n* עוּגָה חַמָּה; מִצְרָךְ נֶחְטָף
hot dog *n* נַקְנִיקִית חַמָּה
hotel *n* מָלוֹן
hotelkeeper *n* מְלוֹנַאי
hothead *n* חֲמוּם־מוֹחַ
hotheaded *adj* חֲמוּם־מוֹחַ
hothouse *n* חֲמָמָה
hot-plate *n* צַלַּחַת בִּישׁוּל
hot springs *n pl* מַעְיָנוֹת חַמִּים
hot-tempered *adj* חַם־מֶזֶג, חָמוּם
hot water *n* מַיִם חַמִּים; מְצוּקָה
hot water boiler *n* דּוּד מַיִם חַמִּים
hot water bottle *n* בַּקְבּוּק חַם
hot water heater *n* דּוּד חִימּוּם
hot water heating *n* חִימּוּם מַיִם
hot water tank *n* דּוּד מַיִם חַמִּים
hound *n* כֶּלֶב צַיִד; מְנוּוָּל
hound *vt* רָדַף
hour *n* שָׁעָה
hourglass *n* שְׁעוֹן־חוֹל
hour-hand *n* מְחוֹג הַשָּׁעוֹת
hourly *adj, adv* שָׁעָה־שָׁעָה, מִדֵּי שָׁעָה

house *n* בַּיִת, דִּירָה
house *vt, vi* שִׁיכֵּן, אִכְסֵן; הִשְׁתַּכֵּן
house arrest *n* מַעֲצַר בַּיִת
houseboat *n* סִירָה־בַּיִת
housebreaker *n* פּוֹרֵץ
housebreaking *n* פְּרִיצָה
housebroken *adj* מְבוּיָּת
house cleaning *n* בֶּדֶק בַּיִת
house coat *n* מְעִיל בַּיִת
housefly *n* זְבוּב הַבַּיִת
houseful *n* מְלוֹא הַבַּיִת
house furnishings *n pl* חֶפְצֵי בַּיִת
household *n, adj* דַּיָּירֵי בַּיִת; מִשְׁפָּחָה; מֶשֶׁק; בֵּיתִי
householder *n* בַּעַל־בַּיִת
house hunt *n* חִיפּוּשׂ בַּיִת
housekeeper *n* מְנַהֶלֶת מֶשֶׁק־הַבַּיִת
housekeeping *n* הַנְהָלַת מֶשֶׁק־בַּיִת
house meter *n* מוֹנֵה בַּיִת
housemother *n* מְחַנֶּכֶת, אֵם בַּיִת
house of cards *n* בִּנְיַן קְלָפִים
house painter *n* צַבָּע
house physician *n* רוֹפֵא בַּיִת
housetop *n* גַּג הַבַּיִת
housewarming *n* חֲנוּכַּת בַּיִת
housewife *n* עֲקֶרֶת בַּיִת
housework *n* עֲבוֹדַת בַּיִת
housing *n* שִׁיכּוּן
housing shortage *n* מַחְסוֹר דִּיּוּר
hovel *n* בִּקְתָּה
hover *vi* רִיחֵף
how *adv* אֵיךְ
howdah *n* אַפִּרְיוֹן עַל גַּבֵּי פִּיל
however *adv* בְּכָל אוֹפֶן
howitzer *n* תּוֹתָח (קְצַר קָנֶה)

howl *vt, vi* יִילֵל; יִיבֵּב
howl *n* יְלָלָה; צְרִיחָה
howler *n* מְיַילֵל; הַקּוֹף הַצּוֹחֵק
hoyden, hoiden *n* נַעֲרָה גַסָּה
H.P., h.p. *abbr* horse power; high pressure; hire purchase
hr. *abbr* hour
H.R.H. *abbr* His (Her) Royal Highness
ht. *abbr* height
hub *n* טַבּוּר (שֶׁל גלגל); מֶרְכָּז
hubbub *n* הֲמוּלָה, מְהוּמָה
hubcap *n* מְגוּפַת טַבּוּר הַגַּלְגַּל
huckster *n* רוֹכֵל סִדְקִית; מוֹכֵר יְרָקוֹת
huddle *vt, vi* הִתְקַהֵל; נֶחְפַּז לַעֲשׂוֹת
huddle *n* קָהָל צָפוּף
hue *n* צֶבַע, גָוֶן
huff *n* רוֹגֶז, הִתְפָּרְצוּת זַעַם
hug *vt, vi* חִיבֵּק, גִיפֵּף; דָבַק בּ...
hug *n* חִיבּוּק, גִיפּוּף
huge *adj* עֲנָקִי, גָדוֹל
huh! *interj* הָהּ! (להבעת תימהון, או אמונה או בוז)
hulk *n* גְוִיַת אוֹנִיָּה
hulking *adj* מְגוּשָּׁם
hull *n* קְלִיפָּה; מִכְסֶה; גוּף אוֹנִיָּה
hull *vt, vi* הֵסִיר מִכְסֶה; קִילֵּף
hullabaloo *n* מְהוּמָה
hum *n* זִמְזוּם, הֶמְיָה
hum *vt, vi* זִמְזֵם; הִמְהֵם
hum *interj* הוּם ... הֵמ ...
human *adj, n* אֱנוֹשִׁי, אָדָם
human being (creature) *n* בֶּן־תְּמוּתָה
humane *adj* אֱנוֹשִׁי, רַחֲמָנִי
humanist *n, adj* הוּמָנִיסְט; הוּמָנִיסְטִי
humanitarian *n, adj* הוּמָנִיטָרִי, אוֹהֵב אָדָם
humanity *n* הָאֱנוֹשׁוּת; אֱנוֹשִׁיּוּת; (בריבוי) מַדָּעֵי־הָרוּחַ
humankind *n* הַמִּין הָאֱנוֹשִׁי
humble *adj* עָנָיו, צָנוּעַ; עָלוּב
humble *vt* הִכְנִיעַ, הִשְׁפִּיל
humbug *n, vt* הוֹנָאָה, זִיּוּף; נוֹכֵל; הוֹנָה
humdrum *adj* מְשַׁעֲמֵם; שִׁיעֲמוּם
humerus *n* עֶצֶם הַזְּרוֹעַ
humid *adj* לַח
humidifier *n* מְלַחלֵחַ
humidify *vt* לִחלֵחַ, הִרְטִיב
humidity *n* לַחוּת
humiliate *vt* הִשְׁפִּיל
humiliating *adj* מַשְׁפִּיל
humility *n* עֲנָוָה; כְּנִיעָה
humming *adj* מְזַמְזֵם; תּוֹסֵס
humming-bird *n* הַצִּיפּוֹר הַמְזַמְזֶמֶת
humor *n* מַצַּב־רוּחַ; בְּדִיחוּת; הִיתּוּל, הוּמוֹר
humor *vt* הִתְמַסֵּר ל...; הִסְתַּגֵּל ל...
humorist *n* כּוֹתֵב דִבְרֵי בְּדִיחוּת, בַּדְּחָן
humoristic *adj* בַּדְּחָנִי, הוּמוֹרִיסְטִי
humorous *adj* מְבַדֵּחַ, הִיתּוּלִי
hump *n* חֲטוֹטֶרֶת; תֵּל
humpback *n* גִיבֵּן
humus *n* רַקְבּוּבִית
hunch *n* חֲטוֹטֶרֶת; דַבֶּשֶׁת; חֲשַׁד
hunch *vt, vi* הִתְגַבֵּן; הֵגִיחַ
hunchback *n* גִיבֵּן
hundred *n* מֵאָה, מֵאִיָּה

hundredth *adj, n* מֵאִי; מֵאִית
hundredweight *n* מִשְׁקַל־מֵאָה
Hundred Years' War *n* מִלְחֶמֶת מְאַת הַשָּׁנִים
Hungarian *adj, n* הוּנְגָרִי; הוּנְגָרִית
Hungary *n* הוּנְגַרְיָה
hunger *n* רָעָב; תְּשׁוּקָה
hunger *vt, vi* רָעַב; הִשְׁתּוֹקֵק, הִתְאַוָּה
hunger-march *n* מִצְעַד רָעָב
hunger-strike *n* שְׁבִיתַת רָעָב
hungry *adj* רָעֵב; תָּאֵב
hunk *n* נֵתַח
hunt *vt, vi* צָד; בִּיקֵשׁ; חִיפֵּשׂ
hunt *n* צַיִד; חִיפּוּשׂ
hunter *n* צַיָּיד; רוֹדֵף
hunting *n* צַיִד
hunting dog *n* כֶּלֶב־צַיִד
hunting-ground(s) *n* מְקוֹם צַיִד
hunting jacket *n* מְעִיל צַיִד
hunting lodge *n* מְלוּנַת צַיִד
hunting season *n* עוֹנַת צַיִד
huntress *n* צַיֶּידֶת
huntsman *n* צַיָּיד
hurdle *n* מִכְשׁוֹל גָּדֵר, מְשׂוּכָה
hurdle *vt* קָפַץ וְעָבַר; הִתְגַּבֵּר עַל
hurdler *n* מְדַלֵּג עַל מִכְשׁוֹלִים
hurdle race *n* מֵירוֹץ מְשׂוּכוֹת
hurdy-gurdy *n* תֵּיבַת נְגִינָה
hurl *vt, vi* הִשְׁלִיךְ; זָרַק
hurl *n* הַשְׁלָכָה, הֲטָלָה
hurrah, hurray *interj, n, vi* הֵידָד!; קָרָא הֵידָד
hurricane *n* סוּפַת צִיקְלוֹן
hurried *adj* מְמַהֵר; פָּזִיז
hurry *vt, vi* זֵירֵז; מִיהֵר
hurry *n* חִיפָּזוֹן, מְהִירוּת
hurt *vt, vi* פָּגַע, פָּצַע; כָּאַב
hurt *n* פְּגִיעָה; פְּצִיעָה
hurtle *vt, vi* הֵטִיל, זָרַק; מִיהֵר בְּבֶהָלָה
husband *n* בַּעַל
husband *vt* נָהַג בְּחַסְכָנוּת, חָסַךְ
husbandman *n* חַקְלַאי
husbandry *n* חַקְלָאוּת; נִיהוּל מְחוּשָׁב; חִיסָּכוֹן
hush *interj* הַס!
hush *adj, n* שָׁקֵט; שֶׁקֶט
hush *vt, vi* הִשְׁתִּיק; שָׁתַק
hushaby *interj* נוּמָה, נוּמָה
hush-hush *adj* סוֹדִי
hush money *n* דְּמֵי 'לֹא יֶחֱרַץ'
husk *n* קְלִיפָּה
husk *vt* קִילֵּף
husky *adj* רַב קְלִיפּוֹת; גְּבַרְתָּנִי; צָרוּד
husky *n* גְּבַרְתָּן
hussy, huzzy *n* נַעֲרָה גַּסָּה
hustle *vt, vi* דָּחַף, דָּחַק; נִדְחַף
hustle *n* הֲמוּלָּה; מֶרֶץ
hustler *n* פָּעִיל, עוֹבֵד בְּמֶרֶץ
hut *n* סוּכָּה, צְרִיף
hyacinth *n* יַקִינְתּוֹן (פרח, אבן־חן)
hybrid *n* בֶּן־כִּלְאַיִים, הִיבְּרִיד
hybridization *n* הַכְלָאָה
hydra *n* הִידְרָה; נְחַשׁ הַמַּיִם
hydrant *n* זַרְנוּק, מַעֲבִיר מַיִם
hydrate *n* הִידְרָט
hydrate *vt* מִיֵּים, הִרְכִּיב עִם מַיִם
hydraulic *adj* הִידְרוֹלִי
hydraulic ram *n* אַיִל הִידְרוֹלִי

hydraulics *n pl* הִידרוֹלִיקָה
hydriodic *adj* הִידרִיוֹדִי, שֶׁל חוּמצַת מֵימָן
hydrobromic *adj* שֶׁל מֵימָן בּרוֹמִי
hydrocarbon *n* פַּחמֵימָן
hydrochloric *n* מֵימָן כּלוֹרִי
hydroelectric *adj* הִידרוֹאֵלֶקטרִי
hydrofluoric *adj* הִידרוֹפלוּאוֹרִי
hydrofoil *n* סְנַפִּירִית
hydrogen *n* מֵימָן
hydrogen peroxide *n* מֵי חַמצָן
hydrogen sulfide *n* מֵימָן גוֹפרָתִי
hydrometer *n* הִידרוֹמֶטֶר, מַד־מַיִם
hydrophobia *n* כַּלֶּבֶת; בַּעַת־מַיִם
hydroplane *n* מְטוֹס־יָם
hydroxide *n* מֵימָה, הִידרוֹקסִיד
hyena, hyaena *n* צָבוֹעַ
hygiene *n* גֵהוּת, הִיגיֵינָה
hygienic *adj* גֵהוּתִי, הִיגיֵינִי
hymn *n* שִׁיר הַלֵּל (בּכנסייה), מִזמוֹר
hymnal *n, adj* סֵפֶר שִׁירֵי כְּנֵסִיָּה
hyp. *abbr* hypotenuse, hypothesis
hyperacidity *n* יֶתֶר־חוּמצִיּוּת
hyperbola *n* הִיפֶּרבּוֹלָה
hyperbole *n* גוּזמָה
hyperbolic *adj* הִיפֶּרבּוֹלִי; מוּגזָם
hypersensitive *adj* רָגִישׁ בְּיוֹתֵר
hypertension *n* לַחַץ יֶתֶר, לַחַץ דָם גָבוֹהַּ
hyphen *n* מַקָּף
hyphenate *vt* מִיקֵף, חִיבֵּר בְּמַקָּף
hypnosis *n* הִפּנוּט, הִיפּנוֹזָה
hypnotic *adj, n* מְהַפֵּט; מְהוּפנָט
hypnotism *n* הִפנוּט
hypnotist *n* מְהַפנֵט
hypnotize *vt* הִפנֵט
hypochondria *n* דִיכָּאוֹן (שמקורו בּמחלות מדומות)
hypocrisy *n* צְבִיעוּת
hypocrite *n* צָבוּעַ
hypocritical *adj* צָבוּעַ
hypodermic *adj* תַּת־עוֹרִי
hyposulfite *n* הִיפּוֹסוּלפִיט
hypotenuse *n* יֶתֶר (בּמשולש ישר־זווית)
hypothesis *n* הַשׁעָרָה, הַנָּחָה, הִיפּוֹתֵיזָה
hypothetic(al) *adj* הַשׁעָרָתִי, הִיפּוֹתֵיטִי
hyssop *n* אֵיזוֹב
hysteria *n* הִיסטֶריָה
hysteric(al) *adj* הִיסטֵרִי
hysterics *n pl* הֶתקֵף הִיסטֶריָה

I

I, i אַי (האות התשיעית באלפבית
I. *abbr* Island
I. יוֹדִין
I *pron* אֲנִי
iambic *adj, n* יַאמְבִּי, יוֹרֵד; שִׁיר בְּמִקְצָב יוֹרֵד
ib. *abbr* ibidem שָׁם, כַּנַּ״ל
Iberian *adj, n* אִיבֵּרִי
ibex *n* יָעֵל
ibis *n* אִיבִּיס
ice *n* קֶרַח
ice *vt* צִיפָּה בְּקֶרַח; הִקְפִּיא
ice age *n* עִידַּן הַקֶּרַח
ice-bag *n* כָּרִית קֶרַח
iceberg *n* קַרחוֹן
ice-boat *n* סִירַת־קֶרַח
icebound *adj* תָּקוּעַ בַּקֶּרַח
icebox *n* אֲרוֹן־קֶרַח
icebreaker *n* בּוֹקַעַת קֶרַח
icecap *n* קוֹבַע קֶרַח; קַרחוֹן
ice cream *n* גְּלִידָה
ice-cream cone *n* גְּבִיעַ גְּלִידָה
ice-cream freezer *n* מַקְפֵּאַת גְּלִידָה
ice-cream parlor *n* חֲנוּת גְּלִידָה
ice-cream soda *n* גְּלִידָה עִם סוֹדָה
ice cube *n* קוּבִּיַּת קֶרַח
ice-hockey *n* הוֹקִי־קֶרַח
Iceland *n* אִיסלַנד
Icelander *adj, n* אִיסלַנדִי
Icelandic *adj, n* אִיסלַנדִי; אִיסלַנדִית
iceman *n* מוֹכֵר קֶרַח
ice-pack *n* שְׂדֵה קֶרַח צָף
ice pail *n* דְּלִי קֶרַח (לצינון משקאות)
ice-pick *n* מַכּוֹשׁ לְקֶרַח
ice tray *n* תַּבְנִית קֶרַח
ice water *n* מֵי קֶרַח
ichthyology *n* חֵקֶר הַדָּגִים
icicle *n* נְטִיף קֶרַח
icing *n* צִיפּוּי בְּסוּכָּר; הִיקָּפְאוּת
iconoclasm *n* שְׁבִירַת אֱלִילִים
iconoclast *n* שׁוֹבֵר אֱלִילִים
iconoscope *n* אִיקוֹנוֹסקוֹפּ
icy *adj* מְצוּפֶּה קֶרַח; דְּמוּי קֶרַח; קַר
id. *abbr* idem שָׁם, כַּנַּ״ל
id *n* אִיד
I'd *abbr* I would, I should, I had
idea *n* רַעיוֹן, מַחֲשָׁבָה; מוּשָּׂג
ideal *n* מַשָּׂא־נֶפֶשׁ, שְׁאִיפָה; מוֹפֵת
ideal *adj* דִּמיוֹנִי; מוֹפְתִי, אִידֵיאָלִי
idealist *n* טָהוֹר שְׁאִיפָה, אִידֵיאָלִיסט
idealize *vt, vi* עָשָׂה אִידֵיאָלִי, הִצִּיג בְּצוּרָה אִידֵיאָלִית
identical *adj* זֵהֶה, דּוֹמֶה בְּהֶחלֵט
identification *n* זִיהוּי, זֶהוּת; אִישּׁוּר
identification tag *n* תַּו זִיהוּי
identify *vt* זִיהָה, קָבַע זֶהוּת
identikit *n* קְלַסְתְּרוֹן
identity *n* זֶהוּת
ideology *n* הַשְׁקָפַת עוֹלָם
ides *n pl* מוֹעֲדִים, אֵידִים
idiocy *n* אִידיוֹטִיוּת

idiolect *n* נִיב פְּרָטִי, אִידיוֹלֶקְט
idiom *n* נִיב, אִידיוֹם
idiomatic *adj* נִיבִי, אִידיוֹמָטִי
idiosyncrasy *n* קַו אוֹפְיָנִי מְיוּחָד
idiot *n* שׁוֹטֶה גָמוּר; אִידיוֹט
idiotic *adj* אֱוִילִי; אִידיוֹטִי
idle *adj* בָּטֵל; מִתְעַצֵּל
idle *vt, vi* בִּיטֵּל זְמַנּוֹ; הִתְעַצֵּל
idleness *n* בַּטָּלָה, בִּיטּוּל זְמַן
idler *n* עַצְלָן, בַּטְלָן
idol *n* אֱלִיל; גִּיבּוֹר נַעֲרָץ
idolatry *n* עֲבוֹדַת אֱלִילִים; הַעֲרָצָה עִיוֶּרֶת
idolize *vt* הֶאֱלִיהַּ
idyll *n* שִׁירַת שַׁלְוָה, אִידִילְיָה
idyllic *adj* שָׁלֵו; אִידִילִי
if *conj* אִם, אִילּוּ
if *n* תְּנַאי, הַשְׁעָרָה
ignis fatuus *n* אוֹר תַּעְתּוּעִים
ignite *vt, vi* הִצִּית; שִׁלְהֵב; הִשְׁתַּלְהֵב
ignition *n* הַצָּתָה
ignition switch *n* מֶתֶג הַצָּתָה
ignoble *adj* שָׁפָל; נְחוּת דַּרְגָּה
ignominious *adj* מַשְׁפִּיל; שָׁפָל
ignoramus *n* בּוּר
ignorance *n* בּוּרוּת, אִי־יְדִיעָה
ignorant *adj* אֵינוֹ יוֹדֵעַ
ignore *vt* הִתְעַלֵּם מִן
ilk *pron, n* אוֹתוֹ, כָּמוֹהוּ; מִשְׁפָּחָה, סוּג
ill. *abbr* illustrated, illustration
ill *adj, adv* חוֹלֶה; רַע; בְּאוֹפֶן מְרוּשָׁע
ill-advised *adj* לֹא נָבוֹן
ill-bred *adj* לֹא מְנוּמָּס
ill-considered *adj* לֹא שָׁקוּל, מוּטְעֶה
ill-disposed *adj* לֹא יְדִידוּתִי

illegal *adj* לֹא חוּקִי
illegible *adj* לֹא קָרִיא
illegitimate *adj, n* לֹא חוּקִי
ill fame *n* שִׁמְצָה, שֵׁם רָע
ill-fated *adj* רַע מַזָּל
ill-gotten *adj* שֶׁנִּרְכַּשׁ בְּעַוְלָה
ill health *n* חוֹלִי
ill-humored *adj* רַע מֶזֶג
illicit *adj* לֹא חוּקִי
illiteracy *n* בַּעֲרוּת, בּוּרוּת, אַנאַלְפַבֵּיתִיּוּת
illiterate *adj, n* בַּעַר, אַנאַלְפַבֵּיתִי
ill-mannered *adj* לֹא מְנוּמָּס
illness *n* מַחֲלָה
illogical *adj* לֹא הֶגְיוֹנִי
ill-spent *adj* מְבוּזְבָּז, שֶׁהוּצָא לָרִיק
ill-starred *adj* לְלֹא מַזָּל
ill-tempered *adj* זוֹעֵם, רַע מֶזֶג
ill-timed *adj* לֹא בִּזְמַנּוֹ
ill-treat *vt* נָהַג בְּאַכְזְרִיּוּת
illuminate *vt* הֵאִיר; הִבְהִיר; קִישֵּׁט
illuminating gas *n* גָּאז לְהָאָרָה
illumination *n* תְּאוּרָה, אוֹר; הַבְהָרָה
illusion *n* אַשְׁלָיָה, אִילוּזְיָה
illusive *adj* מַשְׁלֶה
illusory *adj* מַטְעֶה
illustrate *vt* בֵּיאֵר; הִדְגִּים; אִיֵּיר, עִיטֵּר
illustration *n* הַדְגָּמָה, הַבְהָרָה; אִיּוּר
illustrious *adj* מִצְטַיֵּין, מְפוּרְסָם
ill-will *n* אֵיבָה
image *n* דְּמוּת; תַּבְנִית; תַּדְמִית
imagery *n* צִיּוּרֵי דִמְיוֹן; דִּמְיוֹנִיּוּת
imaginary *adj* דִּמְיוֹנִי, מְדוּמֶּה
imagination *n* דִּמְיוֹן; כּוֹחַ הַדִּמְיוֹן

imagine *vt, vi* דִימָה, דִמיֵין
imbecile *adj, n* מְטוּמטָם; אִימבֶּצִילִי
imbecility *n* טִמטוּם, אִימבֶּצִילִיוּת
imbibe *vt, vi* שָׁתָה; סָפַג; שָׁאַף
imbue *vt* מִילֵא (רגשות); הִלהִיב; הִשׁרָה, הִרטִיב
imitate *vt* חִיקָה
imitation *n* חִיקוּי
immaculate *adj* לְלֹא רְבָב
immaterial *adj* בִּלתִי־חוּמרִי; לֹא חָשׁוּב
immaterialism *n* אִימָטֶרִיָלִיזם
immature *adj* שֶׁלִפנֵי זְמַנוֹ; לֹא מְבוּגָר
immeasurable *adj* לֹא מָדִיד
immediacy *n* דְחִיפוּת, תְּכִיפוּת
immediate *adv* מִיָדִי, דָחוּף
immediately *adv* מִיָד, תֵּיכֶף
immemorial *adj* קָדוּם
immense *adj* עָצוּם, עֲנָקִי
immerge *vi* טָבַל, שָׁקַע
immerse *vt* טָבַל; הִשׁקִיעַ; שָׁקַע
immersion *n* טְבִילָה, הַטבָּלָה, שְׁרִייָה; שְׁקִיעָה
immigrant *n, adj* מְהַגֵר, עוֹלֶה (לישׂראל)
immigrate *vi* הִיגֵר, עָלָה (לישׂראל)
immigration *n* הֲגִירָה, עֲלִייָה (לישׂראל)
imminent *adj* קָרוֹב לְהִתרַחֵשׁ, מְמַשְׁמֵשׁ וּבָא
immobile *adj* לֹא זָע, נַיָיח
immobilize *vi* הִדמִים; נִייֵחַ
immoderate *adj* לֹא מָתוּן; מַפרִיז
immodest *adj* לֹא צָנוּעַ, לֹא הָגוּן
immoral *adj* בִּלתִי־מוּסָרִי
immortal *adj, n* בֶּן־אַלמָוֶת; נִצחִי
immortalize *vt* הֶעֱנִיק חַיֵי נֶצַח
immune *adj, n* מְחוּסָן, חֲסִין
immunize *vt* חִיסֵן
imp *n* שֵׁדוֹן
impact *n* הִתנַגְשׁוּת גוּפִים; פְּגִיעָה
impair *vt* קִלקֵל, פָּגַם
impanel *vt* צֵירֵף לַצֶוֶות
impart *vt* הֶעֱנִיק, הִקנָה
impartial *adj* לֹא נוֹשֵׂא פָּנִים, חֲסַר פְּנִיוֹת
impassable *adj* לֹא עָבִיר
impasse *n* מָבוֹי סָתוּם
impassibility *n* קֵהוּת לִכאֵב; אֲדִישׁוּת
impassible *adj* לֹא רָגִישׁ לִכאֵב; לֹא נָזִיק
impassibly *adv* בַּאֲדִישׁוּת
impassion *vt* שִׁלהֵב יֵצֶר
impassioned *adj* מְשׁוּלהָב; תַּאַוותָנִי
impassive *adj* חֲסַר רֶגֶשׁ, קֵהֶה
impatience *n* אִי־סַבלָנוּת
impatient *adj* לֹא סַבלָן, קְצַר רוּחַ
impeach *vt* הֶאֱשִׁים בְּהִתנַהֲגוּת לֹא הוֹגֶנֶת
impeachment *n* הַאֲשָׁמָה פּוּמבִּית
impeccable *adj* טָהוֹר, לֹא פָּגוּם
impecunious *adj* חֲסַר כֶּסֶף
impedance *n* עַכָּבָה
impede *vt* עִיכֵּב; מָנַע
impediment *n* מוּם; מַעצוֹר
impel *vt* הִמרִיץ, דָחַף
impending *adj* עוֹמֵד לְהִתרַחֵשׁ
impenetrable *adj* לֹא חָדִיר
impenitent *adj, n* לֹא חוֹזֵר בִּתשׁוּבָה
imperative *n* צִיווּי

imperative *adj* הֶכְרֵחִי; מְצֻוֶּה
imperceptible *adj* לֹא מוּחָשׁ, סָמוּי
imperfect *adj, n* לֹא מוּשְׁלָם; עָבָר לֹא נִשְׁלָם; (בעברית) עָתִיד
imperfection *n* אִי־שְׁלֵמוּת, לְקוּת
imperial *adj* קֵיסָרִי; נֶהְדָר
imperial *n* זְקַן הַשָּׂפָה הַתַּחְתּוֹנָה
imperialist *n* דּוֹגֵל בְּאִימְפֶּרְיָלִיזם
imperil *vt* הֶעֱמִיד בְּסַכָּנָה
imperious *adj* מוֹשֵׁל, מְצַוֶּה; דָּחוּף
imperishable *adj* שֶׁאֵינוֹ נִיתָּן לְהִישָּׁמֵד
impersonal *adj* לְלֹא פְּנִיָּה אִישִׁית; סְתָמִי
impersonate *vt* גִּילֵּם; הִתְחַזָּה ל...
impertinence *n* חוּצְפָּה, עַזּוּת־פָּנִים
impertinent *adj* עַז־פָּנִים, חָצוּף
impetuous *adj* קְצַר־רוּחַ, נִמְהָר
impetus *n* דַּחַף, מֵנִיעַ
impiety *n* חִילּוּל קוֹדֶשׁ
impinge *vi* הִתְנַגֵּשׁ; הִסִּיג גְּבוּל
impious *adj* מְחַלֵּל קוֹדֶשׁ; כּוֹפֵר
impish *adj* שׁוֹבָבִי
implant *vt* הֶחְדִּיר, הִנְחִיל; נָטַע
implement *vt* הִגְשִׁים, בִּיצֵּעַ
implement *n* מַכְשִׁיר; אֶמְצָעִי
implicate *vt* גָּרַר, סִיבֵּךְ
implication *n* מַשְׁמָעוּת, הַשְׁלָכָה
implicit *adj* לְלֹא סִיָּג; מוּבְהָק; מִשְׁתַּמֵּעַ, מְרוּמָּז
implied *adj* מִתְחַיֵּב מ...; מְרוּמָּז
implore *vt* הִפְצִיר, הִתְחַנֵּן
imply *vt* רָמַז; חִיֵּיב
impolite *adj* לֹא מְנוּמָּס
import *vt, vi* יִיבֵּא; רָמַז; הִבִּיעַ; נָגַע ל...
import *n* יְבוּא; מוּבָן, כַּוָּונָה
importance *n* חֲשִׁיבוּת
important *adj* חָשׁוּב, נִכְבָּד
importation *n* יִיבּוּא; יְבוּא
importer *n* יְבוּאָן
importunate *adj* דָּחוּף, נָחוּץ; מַפְצִיר, מֵצִיק
importune *vt* הֵצִיק, הִפְצִיר
impose *vt, vi* כָּפָה, הֵטִיל
imposing *adj* רַב־רוֹשֶׁם
imposition *n* הֲטָלַת חוֹבָה; דְּרִישָׁה נִפְרֶזֶת
impossible *adj* אִי־אֶפְשָׁרִי
impostor *n* רַמַּאי בְּדוּי־שֵׁם
imposture *n* נְכָלִים, הוֹנָאָה
impotence, impotency *n* אֵין־אוֹנוּת, אִימְפּוֹטֶנְצְיָה
impotent *adj* חֲסַר כּוֹחַ־גַּבְרָא
impound *vt* סָגַר בְּמִכְלָאָה; סָכַר
impoverish *vt* רוֹשֵׁשׁ, מִסְכֵּן
impracticable *adj* לֹא מַעֲשִׂי; לֹא שִׁימּוּשִׁי
impractical *adj* לֹא מַעֲשִׂי
impregnable *adj* מְבוּצָּר, עָמִיד
impregnate *vt* סִיפֵּג, רִיוָּה; הִפְרָה
impresario *n* אֲמַרְגָּן
impress *vt* הִרְשִׁים; טָבַע, חָתַם
impression *n* רוֹשֶׁם; הַשְׁפָּעָה; מוּשָּׂג
impressionable *adj* נוֹחַ לְהִתְרַשֵּׁם, רָגִישׁ
impressive *adj* מַרְשִׁים
imprint *vt* הִדְפִּיס; הֶחְתִּים; שִׁינֵּן
imprint *n* סִימָן, עָקֵב, תָּו
imprison *vt* אָסַר, כָּלָא
imprisonment *n* מַאֲסָר

improbable *adj* שֶׁלֹּא יִתָּכֵן; לֹא סָבִיר
impromptu *adv* בְּאִלְתּוּר, כִּלְאַחַר יָד
impromptu *adj, n* מְאוּלְתָּר
improper *adj* לֹא מַתְאִים; לֹא נָכוֹן, לֹא הוֹגֵן
improve *vt, vi* שִׁיפֵּר, הִשְׁבִּיחַ; הִשְׁתַּפֵּר
improvement *n* שִׁיפּוּר, הַשְׁבָּחָה
improvident *adj* אֵינוֹ רוֹאֶה מֵרֹאשׁ; מְבַזְבֵּז
improvise *vt, vi* אִלְתֵּר
imprudent *adj* לֹא זָהִיר, פָּזִיז
impudence *n* חוּצְפָּה
impudent *adj* חָצוּף, חוּצְפָּן
impugn *vt* הִטִּיל חֲשָׁד בּ...
impulse *n* דַּחַף; מִתְקָף
impulsive *n* שֶׁבְּדַחַף; פָּזִיז, אִימְפּוּלְסִיבִי
impunity *n* חוֹסֶר עוֹנֶשׁ
impure *adj* לֹא טָהוֹר; טָמֵא
impurity, impureness *n* אִי־טוֹהֳרָה
impute *vt* יִיחֵס (אשמה), טָפַל
in *prep, adv, n, adj* בּ..., בְּתוֹךְ; פְּנִימָה; בַּבַּיִת
inability *n* אִי־יְכוֹלֶת
inaccessible *adj* לֹא נָגִישׁ
inaccuracy *n* אִי־דִיּוּק
inaccurate *adj* לֹא מְדוּיָּק
inaction *n* מֶחְדָּל; בַּטָּלָה
inactive *adj* לֹא פָּעִיל; נִרְפֶּה
inactivity *n* מֶחְדָּל, אִי־פְּעוּלָּה
inadequate *adj* לֹא כָּשִׁיר; לֹא מַסְפִּיק
inadvertent *adj* שֶׁלֹּא בְּכַוָּונָה; רַשְׁלָנִי
inadvisable *adj* לֹא רָצוּי, לֹא כְּדָאִי
inane *adj, n* רֵיק, שְׁטוּתִי; רֵיקוּת
inanimate *adj* לֹא חַי, דוֹמֵם
inappreciable *adj* לֹא נִיכָּר
inappropriate *adj* לֹא מַתְאִים, לֹא כַּשּׁוּרָה
inarticulate *adj* עִילֵּג; מְגוּמְגָם; מְגַמְגֵּם
inartistic *adj* לֹא אוּמָּנוּתִי
inasmuch (as) *conj* הוֹאִיל ו...
inattentive *adj* לֹא מַקְשִׁיב; זוֹנֵחַ
inaugural *adj, n* שֶׁל פְּתִיחָה; נְאוּם פְּתִיחָה
inaugurate *vt* פָּתַח רִשְׁמִית; הִכְנִיס לְתַפְקִיד בְּטֶקֶס
inauguration *n* פְּתִיחָה רִשְׁמִית
inborn *adj* שֶׁמִּלֵּידָה
inbreeding *n* הַרְבָּעָה שֶׁל בַּעֲלֵי־חַיִּים מֵאוֹתוֹ סוּג
inc. *abbr* inclosure, included, including, incorporated, increase
Inca *n* אִינְקָה
incandescent *adj* זוֹהֵר, לוֹהֵט
incapable *adj* חֲסַר יְכוֹלֶת; לֹא מְסוּגָּל
incapacitate *vt* הֶחֱלִישׁ; שָׁלַל כּוֹשֶׁר
incapacity *n* אִי־יְכוֹלֶת; אִי־כְּשִׁירוּת
incarcerate *vt* אָסַר, כָּלָא
incarnate *vt, adj* גִּישֵּׁם; גִּילֵּם
incarnation *n* הַעֲלָאַת בָּשָׂר, הִתְגַּשְּׁמוּת
incendiarism *n* הַצָּתָה זְדוֹנִית
incendiary *adj, n* מַצִּית; מְגָרֶה
incense *vt* הִקְטִיר; הִרְגִּיז
incense *n* קְטוֹרֶת
incense burner *n* מַקְטֶרֶת, מַקְטֵר
incentive *adj, n* מְעוֹרֵר, מְגָרֶה; תַּמְרִיץ

inception *n* הַתְחָלָה, רֵאשִׁית
incertitude *n* אִי־בִּטָּחוֹן
incessant *adj* לֹא פּוֹסֵק
incest *n* גִּילּוּי־עֲרָיוֹת
incestuous *adj* שֶׁבְּגִילּוּי־עֲרָיוֹת
inch *n* אִינְץ׳; קוֹרֶט
inch *vt, vi* הֵנִיעַ לְאִטּוֹ; נָע לְאִטּוֹ
incidence *n* תְּחוּלָּה
incident *adj* עָשׂוּי לָחוּל; קָשׁוּר ל...
incident *n* מִקְרֶה, תַּקְרִית
incidental *adj* מִקְרִי, צְדָדִי
incidental *n* מִקְרֶה, אֵירוּעַ
incidentally *adv* בְּמִקְרֶה, אַגַּב
incipient *adj* מַתְחִיל, מְבַצְבֵּץ
incision *n* חָתָךְ; חִיתּוּךְ
incisive *adj* חַד, חוֹדֵר
incite *vt* הֵסִית, שִׁיסָּה
incl. *abbr* inclosure, inclusive
inclemency *n* אִי־רַחֲמָנוּת
inclement *adj* לֹא רַחֲמָנִי
inclination *n* נְטִייָה, פְּנִייָה; מוֹרָד
incline *n, vt, vi* שִׁיפּוּעַ; הִטָּה; נָטָה
inclose *vt* סָגַר עַל, גָּדַר, צֵירֵף (בְּמִכְתָּב)
inclosure *n* מִגְרָשׁ גָּדוּר; גָּדֵר; רָצוּף
include *vt* הֵכִיל, כָּלַל
including *adv* כּוֹלֵל, לְרַבּוֹת
inclusive *adj* כּוֹלֵל, וְעַד בִּכְלָל
incognito *adj, adv, n* בְּעִילּוּם־שֵׁם; עֲלוּם־שֵׁם
incoherent *adj* מְבוּלְבָּל; לֹא אָחִיד
incombustible *adj* לֹא דָלִיק
income *n* הַכְנָסָה
income-tax *n* מַס הַכְנָסָה
income-tax return *n* דו״חַ מַס הַכְנָסָה

incoming *adj, n* נִכְנָס
incomparable *adj* שֶׁאֵין דּוֹמֶה לוֹ
incompatible *adj, n* מְנוּגָּד, לֹא מַתְאִים
incompetent *adj* לֹא מוּכְשָׁר, לֹא מְסוּגָּל
incomplete *adj* לֹא שָׁלֵם; פָּגוּם
incomprehensible *adj, n* לֹא מוּבָן
inconceivable *adj* שֶׁאֵין לְהַעֲלוֹת עַל הַדַּעַת
inconclusive *adj* לֹא מַסְקָנִי, לְלֹא תּוֹצָאוֹת
incongruous *adj* לֹא תּוֹאֵם
inconsequential *adj* לְלֹא תּוֹצָאוֹת; לֹא עָקִיב; לֹא רָצִיף
inconsiderate *adj* לֹא מִתְחַשֵּׁב
inconsistency *n* אִי־הַתְאָמָה; אִי־עֲקִיבוּת
inconsistent *adj* לֹא מַתְאִים; לֹא עָקִיב
inconsolable *adj* שֶׁאֵינוֹ מִתְנַחֵם
inconspicuous *adj* לֹא נִיכָּר; לֹא בּוֹלֵט
inconstant *adj* לֹא יַצִּיב, הֲפַכְפַּךְ
incontinent *adj* לֹא מַבְלִיג, לֹא מִתְאַפֵּק
inconvenience *n, vt* אִי־נוֹחוּת; גָּרַם אִי־נוֹחוּת
inconvenient *adj* לֹא נוֹחַ
incorporate *vt, vi* אִיחֵד; הִכְלִיל; יִיסֵּד חֶבְרַת מְנָיוֹת
incorporation *n* הַכְלָלָה; אִיחוּד; הֲקָמַת חֶבְרַת מְנָיוֹת
incorrect *adj* לֹא נָכוֹן, מוּטְעֶה
increase *vt, vi* הִגְדִּיל; הִרְבָּה; גָּדַל
increase *n* הוֹסָפָה, תּוֹסֶפֶת; הַגְדָּלָה

increasingly *adv* בְּמִדָּה גְדֵלָה וְהוֹלֶכֶת
incredible *adj* שֶׁלֹּא יֵיאָמֵן
incredulous *adj* סַפְקָנִי
increment *n* הַגְדָּלָה, תּוֹסֶפֶת
incriminate *vt* הִפְלִיל
incrimination *n* הַפְלָלָה
incrust *vt* כִּיסָּה בִּקְרוּם קָשֶׁה
incubate *vi*, *vt* דָּגְרָה; הִדְגִּיר
incubator *n* מַדְגֵּרָה, אִינְקוּבָּטוֹר
inculcate *vt* הִשְׁרִישׁ, הִנְחִיל
incumbency *n* הַחְזָקַת מִשְׂרָה
incumbent *adj*, *n* מוּטָל עַל; נוֹשֵׂא מִשְׂרָה
incunabula *n pl* שְׁלַבִּים רִאשׁוֹנִיִּים; אִינְקוּנַבּוּלוֹת
incur *vt* נִפְגַּע בּ..., נִכְנַס ל...
incurable *adj*, *n* חֲשׂוּךְ מַרְפֵּא
incursion *n* פְּלִישָׁה, פְּשִׁיטָה
ind. *abbr* independent, industrial
indebted *adj* חַיָּב; מַחֲזִיק טוֹבָה
indecency *n* אִי־הֲגִינוּת; אִי־צְנִיעוּת
indecent *adj* לֹא הָגוּן, גַּס
indecisive *adj* הַסְסָנִי
indeclinable *adj*, *n* לֹא נִיטֶּה
indeed *adv*, *interj* בֶּאֱמֶת, לְמַעֲשֶׂה
indefatigable *adj* לֹא מִתְעַיֵּף
indefensible *adj* שֶׁאִי־אֶפְשָׁר לְהַצְדִּיקוֹ
indefinable *adj* לֹא נִיתָּן לְהַגְדָּרָה
indefinite *adj* לֹא מְדוּיָּק, סָתוּם; סְתָמִי
indelible *adj* לֹא מָחִיק
indelicate *adj* לֹא עָדִין; לֹא טַקְטִי
indemnification *n* תַּשְׁלוּם פִּיצּוּיִים; פְּטוֹר
indemnify *vt* פִּיצָּה, שִׁיפָּה
indemnity *n* תַּשְׁלוּם נֶזֶק, פִּיצּוּי
indent *vt* שִׁינֵּן; הִפְנִים (שורה)
indent *n* שִׁינּוּן; פְּרִיצָה; הַזְמָנָה
indentation *n* שִׁינּוּן; הַפְנָמָה
indenture *n* הֶסְכֵּם בִּכְתָב (בעיקר בהעסקת שוליה)
indenture *vt* קָשַׁר בְּהֶסְכֵּם בִּכְתָב
independence *n* אִי־תְּלוּת, עַצְמָאוּת
independency *n* אִי־תְּלוּת, עַצְמָאוּת
independent *adj*, *n* לֹא תָּלוּי, עַצְמָאִי
indescribable *adj* שֶׁאֵין לְתָאֲרוֹ
indestructible *adj* שֶׁאֵין לְהָרְסוֹ
indeterminate *adj* לֹא בָּרוּר; לֹא קָבוּעַ
index *n* מַפְתֵּחַ, מַדָּד (*pl* indexes *or* indices)
index *vt* עָרַךְ מַפְתֵּחַ, מִפְתֵּחַ
index card *n* כַּרְטִיס שֶׁל כַּרְטֶסֶת
index finger *n* הָאֶצְבַּע הַמַּרְאָה
index tab *n* תָּוִית אִינְדֶּקְס
India *n* הוֹדוּ
India ink *n* דְּיוֹת, 'טוּשׁ'
Indian *adj* הוֹדִי; אִינְדִיאָנִי
Indian club *n* אַלַּת הִתְעַמְּלוּת
Indian corn *n* תִּירָס
Indian file *n* טוּר עוֹרְפִּי
Indian Ocean *n* הָאוֹקְיָנוֹס הַהוֹדִי
India-rubber *n* גּוּמִי
indicate *vt* הֶרְאָה, הִצְבִּיעַ; סִימֵּן
indication *n* סִימָן, סֶמֶל; הַצְבָּעָה
indicative *adj* מְצַיֵּין
indicative mood *n* דֶּרֶךְ הַחִיוּוּי
indicator *n* מַרְאֶה, מְכַוֵּן; מָחוֹג
indict *vt* הֶאֱשִׁים

indictment *n* הַאֲשָׁמָה; כְּתַב אִישׁוּם
indifferent *adj* אָדִישׁ; רַשְׁלָן
indigenous *adj* יְלִיד, יְלִידִי
indigent *adj* עָנִי
indigestible *adj* לֹא עָכִיל
indigestion *n* אִי־עִיכּוּל, אִי־עֲכִילוּת
indignant *adj* מְמוּרְמָר, זוֹעֵם
indignation *n* הִתְמַרְמְרוּת
indignity *n* פְּגִיעָה בְּכָבוֹד
indigo *n* צֶבַע כָּחוֹל, אִינְדִיגוֹ
indirect *adj* לֹא יָשָׁר, לֹא יָשִׁיר
indiscernible *adj* לֹא נִיכָּר, סָמוּי
indiscreet *adj* לֹא זָהִיר; פַּטְפְּטָנִי
indispensable *adj* שֶׁאֵין לְווַתֵּר עָלָיו
indispose *vt* פָּגַע בַּמַּצָּב הַתָּקִין שֶׁל
indisposed *adj* לֹא בְּקַו הַבְּרִיאוּת
indissoluble *adj* לֹא מָסִיס
indistinct *adj* לֹא בָּרוּר, מְעוּרְפָּל
indite *vt* חִיבֵּר (נאום וכד׳)
individual *adj* יְחִידָנִי
individual *n* יָחִיד
individuality *n* יִיחוּד; אוֹפִי מְיוּחָד
Indo-China *n* הוֹדוּ־סִין
Indo-Chinese *adj*, *n* הוֹדוּ־סִינִי
indoctrinate *vt* דִּקְטֵרֵן, לִימֵּד
Indo-European *adj* הוֹדוּ־אֵירוֹפִּי
indolent *adj* עַצְלָנִי
Indonesia *n* אִינְדוֹנֶזְיָה
Indonesian *adj*, *n* אִינְדוֹנֶזִי
indoor *adj* פְּנִימִי, בֵּיתִי
indoors *adv* בַּבַּיִת
indorse *vt* אִישֵּׁר; הֵסֵב
indorsee *n* מוּסָר
indorsement *n* הֲסָבָה
indorser *n* מֵסֵב
induce *vt* הִשְׁפִּיעַ עַל; פִּיתָּה
inducement *n* פִּיתּוּי
induct (into) *vt* גִּיֵּיס, חִיֵּיל
induction *n* הַשְׁרָאָה; אִינְדוּקְצִיָה
indulge *vi*, *vt* הִתְמַכֵּר; פִּינֵּק
indulgence *n* הִתְמַכְּרוּת; פִּיוּס; סוֹבְלָנוּת
indulgent *adj* נוֹחַ, סוֹבְלָנִי
industrial *adj* תַּעֲשִׂיָּתִי
industrialist *n* תַּעֲשִׂיָּן
industrialize *vt* תִּיעֵשׁ
industrious *adj* חָרוּץ
industry *n* תַּעֲשִׂיָּה; חָרִיצוּת
inebriation *n* שִׁכְרוּת
inedible *adj* לֹא אָכִיל
ineffable *adj* שֶׁלֹּא יְבוּטָּא; לֹא יְתוֹאַר
ineffective *adj* לֹא מוֹעִיל
ineffectual *adj* לֹא יָעִיל
inefficacious *adj* לֹא מוֹעִיל
inefficacy *n* אִי־יְעִילוּת
inefficient *adj* לֹא יָעִיל
ineligible *adj*, *n* לֹא רָאוּי לִבְחִירָה; פָּסוּל
inequality *n* אִי־שִׁוְויוֹן
inequity *n* אִי־צֶדֶק, אִי־יוֹשֶׁר
ineradicable *adj* לֹא נִיתָּן לְמְחִיָּה
inertia *n* אִי־פְּעוּלָּה, הֶתְמֵד
inescapable *adj* שֶׁאֵין לְהִימָּנַע מִמֶּנּוּ
inevitable *adj* בִּלְתִּי־נִמְנָע
inexact *adj* לֹא מְדוּיָּק
inexcusable *adj* שֶׁלֹּא יִיסָּלֵחַ
inexhaustible *adj* לֹא אַכְזָב
inexorable *adj* לֹא מְרַחֵם; שֶׁאֵין לְשַׁנּוֹתוֹ
inexpedient *adj* לֹא כְּדָאִי

inexpensive *adj* זול
inexperience *n* חוֹסֶר נִיסָּיוֹן
inexplicable *adj* שֶׁאֵין לְבָאֲרוֹ
inexpressible *adj* שֶׁאֵין לְבַטְּאוֹ
Inf. *abbr* Infantry
infallible *adj, n* שֶׁאֵינוֹ שׁוֹגֶה
infamous *adj* נוֹדָע לִגְנַאי
infamy *n* אִי־כָּבוֹד
infancy *n* יַלְדוּת, יַנְקוּת
infant *n* עוֹלָל
infantile *adj* יַלְדוּתִי
infantry *n* חֵיל־רַגְלִים
infantryman *n* חַיָּל רַגְלִי
infatuated *adj* מוּקְסָם, מְאוֹהָב אַהֲבָה עִיוֶּרֶת
infect *vt, vi* אִילֵּחַ, הִדְבִּיק בְּמַחֲלָה; הִשְׁפִּיעַ
infection *n* אִילּוּחַ, זִיהוּם
infectious *adj* מִידַּבֵּק
infer *vt, vi* הִסִּיק; הִקִּישׁ
inferior *adj, n* נָחוּת, נוֹפֵל בְּעֶרְכּוֹ; נְחוּת דַּרְגָּה
inferiority *n* נְחִיתוּת
inferiority complex *n* תַּסְבִּיךְ נְחִיתוּת
infernal *adj* שְׁאוֹלִי; אַכְזָרִי
infest *vt* שָׁרַץ בּ...
infidel *adj, n* כּוֹפֵר
infidelity *n* אִי־נֶאֱמָנוּת; בְּגִידָה
infield *n* (בְּבֵייסְבּוֹל) שֶׁטַח הַמִּשְׂחָק
infiltrate *vt, vi* סִינֵּן; הִסְתַּנֵּן
infinite *adj, n* אֵין־סוֹפִי; אֵין־סוֹף
infinitive *adj, n* שֶׁל מָקוֹר; מָקוֹר
infinity *n* אֵין־סוֹף; נֵצַח
infirm *adj* חָלוּשׁ; חוֹלֶה
infirmary *n* בֵּית־חוֹלִים, מִרְפָּאָה
infirmity *n* חוּלְשָׁה; מֵחוֹשׁ; הִיסּוּס
infix *vt* קָבַע, תָּקַע
infix *n* תּוֹכִית, אִינְפִיקְס
inflame *vt, vi* הִדְלִיק; הֵסִית; הִשְׁתַּלְהֵב
inflammable *adj* דָּלִיק
inflammation *n* דַּלֶּקֶת; הִתְלַקְּחוּת
inflate *vt, vi* נִיפֵּחַ; הִתְנַפֵּחַ
inflation *n* נִיפּוּחַ; אִינְפְלַצְיָה
inflect *vt, vi* כָּפַף; הִטָּה
inflection *n* הַטָּיָה; כְּפִיפָה
inflexible *adj* לֹא גָמִישׁ, נוּקְשֶׁה
inflict *vt* גָּרַם (אבידות וכד׳); הִטִּיל (עונש וכד׳)
influence *n* הַשְׁפָּעָה, ׳פְּרוֹטֶקְצְיָה׳
influence *vt* הִשְׁפִּיעַ עַל
influent *adj, n* זוֹרֵם אֶל; יוּבַל
influential *adj* בַּעַל הַשְׁפָּעָה
influenza *n* שַׁפַּעַת
inform *vt* הוֹדִיעַ, מָסַר; הִלְשִׁין
informal *adj* לֹא רִשְׁמִי
information *n* מֵידָע, אִינְפוֹרְמַצְיָה
informational *adj* שֶׁל אִינְפוֹרְמַצְיָה
informed sources *n pl* מְקוֹרוֹת יוֹדְעֵי דָבָר
infraction *n* שְׁבִירָה; הֲפָרָה (של הסכם, של חוק וכד׳)
infra-red *adj* אִינְפְרָה־אָדוֹם
infrequent *adj* לֹא תָּדִיר, נָדִיר
infringe *vt* עָבַר, הֵפֵר
infringement *n* עֲבֵירָה, הֲפָרָה
infuriate *vt* הִקְצִיף
infuse *vt, vi* מִילֵּא, יָצַק אֶל, עֵירָה
infusion *n* מִילּוּי, יְצִיקָה
ingenious *adj* מְחוּכָּם

ingenuity *n* שְׁנִינוּת, כּוֹחַ הַמְצָאָה
ingenuous *adj* כֵּן, יָשָׁר; תָּמִים
ingenuousness *n* כֵּנוּת, יוֹשֶׁר; תְּמִימוּת
ingest *vt* הִכְנִיס מָזוֹן לַקֵּיבָה
ingoing *adj, n* נִכְנָס
ingot *n* מְטִיל יָצוּק
ingraft *vt* הִרְכִּיב; נָטַע
ingrate *adj, n* כְּפוּי־טוֹבָה
ingratiate *vt* קָנָה אַהֲבַת הַזּוּלַת
ingratiating *adj* מִתְחַנֵּף
ingratitude *n* כְּפִיַּת טוֹבָה
ingredient *n* מַרְכִּיב
ingrowing nail *n* צִיפּוֹרֶן חוֹדֶרֶת לַבָּשָׂר
inhabit *vt* דָּר בּ..., חַי בּ...
inhabitant *n* תּוֹשָׁב, דַּיָּיר
inhale *vt* שָׁאַף
inherent *adj* טִבְעִי, עַצְמִי
inherit *vt* יָרַשׁ
inheritance *n* יְרוּשָׁה
inheritor *n* יוֹרֵשׁ
inhibit *vt* עִיכֵּב, מָנַע
inhibition *n* עַכָּבָה
inhospitable *adj* לֹא מַסְבִּיר פָּנִים
inhuman *adj* לֹא אֱנוֹשִׁי, אַכְזָרִי
inhumane *adj* לֹא אֱנוֹשִׁי
inhumanity *n* חוֹסֶר רֶגֶשׁ אֱנוֹשִׁי
inimical *adj* מְנוּגָּד, מַזִּיק
iniquity *n* עָוֶול
initial *adj* רִאשׁוֹנִי, רָאשִׁי
initial *vt* חָתַם בְּרָאשֵׁי־תֵּיבוֹת
initial *n* רֹאשׁ תֵּיבָה
initiate *vt* הִתְחִיל בּ...; יָזַם
initiation *n* הִתְקַבְּלוּת רִשְׁמִית
initiative *n* יוֹזְמָה

inject *vt* הִזְרִיק; הִכְנִיס
injection *n* זְרִיקָה; הַכְנָסָה
injudicious *adj* לֹא נָבוֹן
injunction *n* צַו; צַו מוֹנֵעַ
injure *vt* פָּצַע, הִזִּיק; פָּגַע
injurious *adj* מַזִּיק
injury *n* פֶּצַע; הֶיזֵּק, נֶזֶק
injustice *n* אִי־צֶדֶק
ink *n, vt* דְּיוֹ; סִימֵּן בִּדְיוֹ; כִּיסָּה בִּדְיוֹ
inkling *n* רֶמֶז
inkstand *n* דְּיוֹתָה
inkwell *n* קֶסֶת
inlaid *adj* מְשׁוּבָּץ, חָרוּט
inland *n, adj, adv* (שֶׁל) פְּנִים הָאָרֶץ
in-law *n* קָרוֹב מִשְׁפָּחָה מִכּוֹחַ נִישּׂוּאִין
inlay *vt, n* שִׁיבֵּץ; שִׁיבּוּץ
inlet *n* מִפְרָץ קָטָן
inmate *n* דַּיָּיר
inn *n* פּוּנְדָק, אַכְסַנְיָה
innate *adj* מוּטְבָּע, טָבוּעַ; פְּנִימִי
inner *adj* פְּנִימִי, תּוֹכִי
inner-spring mattress *n* מִזְרָן קְפִיצִים
inner tube *n* אַבּוּב 'פְּנִימִי'
inning *n sing, pl* מַחֲזוֹר
innkeeper *n* פּוּנְדְּקִי
innocence *n* חַפּוּת מִפֶּשַׁע, תּוֹם
innocent *adj, n* חַף מִפֶּשַׁע, תָּמִים
innovate *vi* חִידֵּשׁ, הִמְצִיא
innovation *n* חִידּוּשׁ, הַמְצָאָה
innuendo *n* רֶמֶז גְּנַאי
innumerable *adj* רַב מִסְפּוֹר
inoculate *vt, vi* הִרְכִּיב נַסְיוּב
inoculation *n* הַרְכָּבַת נַסְיוּב
inoffensive *adj* לֹא מַזִּיק
inopportune *adj* לֹא בְּעִתּוֹ

inordinate *adj* מוּפְרָז, לֹא מְרוּסָּן
inorganic *adj* אִי־אוֹרְגָנִי
input *n* כּוֹחַ; קֶלֶט (בְּמכוֹנה)
inquest *n* תַּחְקִיר, חֲקִירַת סִיבַּת מָוֶת
inquire, enquire *vt, vi* שָׁאַל, חָקַר
inquirer *n* חוֹקֵר
inquiry, enquiry *n* חֲקִירָה וּדְרִישָׁה
inquisition *n* חֲקִירָה
inquisitive *adj* סַקְרָנִי
inroad *n* הַסָּגַת גְּבוּל
ins. *abbr* insulated, insurance
insane *adj* לֹא שָׁפוּי
insanely *adv* בְּשִׁיגָּעוֹן
insanity *n* אִי־שְׁפִיּוּת
insatiable *adj* שֶׁאֵינוֹ יוֹדֵעַ שׂוֹבְעָה
inscribe *vt* רָשַׁם; חָקַק
inscription *n* כְּתוֹבֶת; חֲקִיקָה
inscrutable *adj* שֶׁאֵין לַהֲבִינוֹ
insect *n* חָרָק
insecticide *n* קוֹטֵל חֲרָקִים
insecure *adj* חֲסַר בִּיטָּחוֹן עַצְמִי, רָעוּעַ
inseparable *adj* שֶׁלֹּא יִינָּתֵק
insert *vt, n* הִכְנִיס; הַבְלָעָה; מוֹדָעָה
insertion *n* קְבִיעָה; הַכְנָסָה; תּוֹסֶפֶת
inset *n* הַבְלָעָה; מִילּוּאָה
inset *vt* שָׂם בּ...
inshore *adv, adj* סָמוּךְ לַחוֹף
inside *adj, n* פְּנִימִי; פְּנִים
inside *adv* פְּנִימָה
inside *prep* בְּתוֹךְ, בּ...
inside information *n* יְדִיעָה פְּנִימִית
insider *n* יוֹדֵעַ דָּבָר
insidious *adj* מִתְגַּנֵּב, מַפִּיל בְּרֶשֶׁת
insight *n* תּוֹבָנָה

insignia *n pl* סִימָנֵי דַרְגָה, עִיטּוּרִים
insignificant *adj* שֶׁל מַה־בְּכָךְ
insincere *adj* לֹא כֵּן, לֹא יָשָׁר
insinuate *vt, vi* רָמַז בְּעוֹרְמָה; הִגְנִיב
insipid *adj* תָּפֵל, חֲסַר טַעַם
insist *vi* עָמַד עַל, דָּרַשׁ בְּתוֹקֶף
insofar *adv* בְּמִידָּה שֶׁ...
insolence *n* חוּצְפָּה
insolent *adj* חָצוּף
insoluble *adj* לֹא מָסִיס; לֹא פָּתִיר
insolvency *n* פְּשִׁיטַת־רֶגֶל
insomnia *n* חוֹסֶר שֵׁינָה
insomuch *adv* בְּמִידָּה; כָּךְ שֶׁ...
inspect *vt* פִּיקֵּחַ; בָּדַק, בָּחַן
inspection *n* פִּיקּוּחַ; בְּדִיקָה
inspiration *n* הַשְׁרָאָה; הִתְלַהֲבוּת
inspire *vt, vi* עוֹרֵר רוּחַ; הִשְׁרָה
inspiring *adj* מַלְהִיב
inst. *abbr* instant
Inst. *abbr* Institute, Institution
instability *n* אִי־יַצִּיבוּת
install *vt* הִתְקִין, קָבַע; הִכְנִיס לְמִשְׂרָה
installment *n* תַּשְׁלוּם חֶלְקִי; הֶמְשֵׁךְ
installment buying *n* רְכִישָׁה בְּתַשְׁלוּמִים
installment plan *n* תָּכְנִית רְכִישָׁה בְּתַשְׁלוּמִים
instance *n* דּוּגְמָה; סַמְכוּת; אִינְסְטַנְצִיָּה
instance *vt* הִדְגִּים
instant *adj* מִיָּדִי
instant *n* רֶגַע
instantaneous *adj* מִיָּדִי
instantly *adv* מִיָּד
instead *adv* בִּמְקוֹם
instep *n* גַּב הָרֶגֶל

instigate *vt* הִסִּית, גֵּירָה
instill *vt* הֶחְדִּיר, שִׁינֵּן; טִפְטֵף
instinct *n* חוּשׁ טִבְעִי, אִינסְטִינקט
instinctive *adj* יִצְרִי, אִינסְטִינקְטִיבִי
institute *vt* יָסַד, הֵקִים
institute *n* מָכוֹן
institution *n* מוֹסָד
instruct *vt* הִדְרִיךְ, לִימֵּד
instruction *n* לִימּוּד; הוֹרָאָה
instructive *adj* מְאַלֵּף
instructor *n* מַדְרִיךְ
instrument *n* מַכְשִׁיר; אֶמְצָעִי
instrumentalist *n* נַגָּן
instrumentality *n* אֶמְצָעוּת; עֶזְרָה
insubordinate *n* לֹא כָּנִיעַ, פּוֹרֵק עוֹל
insufferable *adj* לֹא נִסְבָּל
insufficient *adj* לֹא מַסְפִּיק
insular *adj* אִיִּי; שׁוֹכֵן בְּאִי; צַר אוֹפֶק
insulate *vt* בִּידֵּד; בּוֹדֵד
insulation *n* בִּידּוּד
insulator *n* מַבְדֵּד
insulin *n* אִינסוּלִין
insult *vt* הֶעֱלִיב, פָּגַע בּ...
insult *n* עֶלְבּוֹן, פְּגִיעָה
insurance *n* בִּיטּוּחַ
insure *vt* בִּיטֵּחַ; הִבְטִיחַ
insurer *n* מְבַטֵּחַ
insurgent *n* מִתקוֹמֵם
insurmountable *adj* שֶׁאֵין לְהִתגַּבֵּר עָלָיו
insurrection *n* הִתקוֹמְמוּת, מְרִידָה
insusceptible *adj* לֹא מִתרַשֵּׁם
int. *abbr* interest, interior, internal, international
intact *adj* שָׁלֵם, לֹא נִיזָּק

intake *n* כְּנִיסָה; הַכְנָסָה
intake manifold *n* סַעֶפֶת הַשְּׁאִיפָה
intake valve *n* שַׁסתּוֹם כְּנִיסָה
intangible *adj* לֹא מָשִׁישׁ; לֹא מוּחָשׁ
integer *n* מִספָּר שָׁלֵם
integral *adj* לֹא נִפרָד; שָׁלֵם, אִינטֶגרָלִי
integration *n* הִתכַּלְלוּת, מִיזּוּג
integrity *n* שְׁלֵמוּת
intellect *n* שֵׂכֶל, בִּינָה
intellectual *adj, n* (שֶׁל) אִישׁ־רוּחַ
intellectuality *n* כּוֹשֶׁר בִּינָה
intelligence *n* בִּינָה, הֲבָנָה; מוֹדִיעִין
intelligence bureau *n* אֲגַף מוֹדִיעִין
intelligence quotient (I.Q.) *n* מְנַת הַמִּשׂכָּל
intelligent *adj* נָבוֹן, אִינטֶלִיגֶנטִי
intelligentsia *n* אַנשֵׁי־רוּחַ
intelligible *adj* מוּבָן, נִתפָּס
intemperance *n* אִי־מְתִינוּת
intemperate *adj* לֹא מָתוּן, מַפרִיז
intend *vt* נָטָה, הִתכַּוֵּן
intendance *n* הַשׁגָּחָה, הַחזָקָה
intendant *n* מַשׁגִּיחַ
intended *adj, n* מְכוּוָּן, מְיוּעָד
intense *adj* חָזָק; עַז; מְאוּמָּץ
intensity *n* עוֹצמָה; חוֹזֶק
intensive *adj* חָזָק, נִמרָץ
intent *adj* מְאוּמָּץ; מְכוּוָּן
intent *n* כַּוָּנָה, מַטָּרָה
intention *n* כַּוָּנָה, מַטָּרָה
intentional *adj* שֶׁבְּמֵזִיד
inter *vt* קָבַר, טָמַן
interact *vi* פָּעֲלוּ הֲדָדִית
interaction *n* פְּעוּלָּה הֲדָדִית

inter-American *adj* בֵּין־אֲמֵרִיקָנִי
interbreed *vt* הִכְלִיא
intercalate *vt* הִבְלִיעַ, שָׂם בֵּין
intercede *vi* הִשְׁתַּדֵּל בְּעַד
intercept *vt* תָּפַס בַּדֶּרֶךְ, יָרַט
interceptor *n* עוֹצֵר, מְעַכֵּב; מָטוֹס מְיָרֵט
interchange *vt, vi* הֶחֱלִיף; הִתְחַלֵּף
interchange *n* חֲלִיפִין
intercollegiate *adj* בֵּין־אוּנִיבֶרְסִיטָאִי
intercom *n* תִּקְשׁוֹרֶת פְּנִימִית
intercourse *n* מַגָּע; מַגָּע וּמַשָּׂא
intercross *vt* חָצוּ זֶה אֶת זֶה; הִצְלִיב
interdict *vt* אָסַר, מָנַע
interdict *n* אִיסּוּר
interest *vt* עִנְיֵין
interest *n* עִנְיָן; תּוֹעֶלֶת; רִיבִּית
interested *adj* מִתְעַנְיֵין, מְעוּנְיָן; נֶהֱנֶה
interesting *adj* מְעַנְיֵין
interfere *vi* הִתְעָרֵב
interference *n* הִתְעָרְבוּת; הַפְרָעָה
interim *n, adj* תְּקוּפַת בֵּינַיִים; זְמַנִּי
interior *adj, n* פְּנִימִי; פְּנִים
interject *vt, vi* זָרַק בְּאֶמְצַע
interjection *n* זְרִיקָה אֶל תּוֹךְ; קְרִיאָה
interlard *vt* תִּיבֵּל
interline *vt* הוֹסִיף בֵּין הַשִּׁיטִין
interlining *n* בִּטְנָה פְּנִימִית
interlink *vt* רִיתֵּק
interlock *vt, vi* שִׁילֵּב; תָּאַם
interlock *n* שׁוֹלֵב
interlope *vi* נִדְחַק, הִתְעָרֵב
interloper *n* דּוֹחֵק אֶת עַצְמוֹ
interlude *n* נְגִינַת־בֵּינַיִים; מְאוֹרַע־בֵּינַיִים

intermarriage *n* נִישּׂוּאֵי תַּעֲרוֹבֶת
intermediary *adj, n* בֵּינַיִימִי; אֶמְצָעִי; מְתַוֵּךְ
interment *n* קְבוּרָה
intermezzo *n* אִינְטֶרְמֶצּוֹ
intermingle *vt, vi* עֵירֵב; הִתְעָרֵב
intermittent *adj* סֵירוּגִי
intermix *vt, vi* בָּלַל; הִתְבּוֹלֵל
intern *vt, vi* כָּלָא בְּהֶסְגֵּר
intern(e) *n* רוֹפֵא פְּנִימוֹנִי
internal *adj* פְּנִימִי, תּוֹכִי
internal revenue *n* מִסֵּי הַמְּדִינָה
international *adj* בֵּין־לְאוּמִּי
international date line *n* קַו הַתַּאֲרִיךְ
internationalize *vt* בִּנְאֵם
internecine *adj* הַרְסָנִי אַהֲדָדִי
internee *n* כָּלוּא
internist *n* רוֹפֵא פְּנִימִי
internment *n* כְּלִיאָה
internship *n* תְּקוּפַת הִתְמַחוּת
interpellate *vt* הִגִּישׁ שְׁאִילְתָּה
interplay *n* פְּעוּלָּה הֲדָדִית
interpolate *vt* שִׁינָּה טֶקְסְט; שִׁרְבֵּב
interpose *vt, vi* שָׂם, עָמַד בֵּין
interpret *vt, vi* פֵּירֵשׁ, הִסְבִּיר; הֵבִין
interpreter *n* מְתוּרְגְּמָן; מְפָרֵשׁ
interrogate *vt, vi* חָקַר וְדָרַשׁ
interrogation *n* תַּחְקִיר
interrogation point (mark, note) *n* סִימַן שְׁאֵלָה
interrogative *adj* חוֹקֵר וְדוֹרֵשׁ
interrupt *vt, vi* הִפְסִיק; הִפְרִיעַ; שִׁיסֵּעַ
interscholastic *adj* שֶׁבְּמִסְפַּר בָּתֵּי־סֵפֶר תִּיכוֹנִיִּים
intersection *n* חֲצִיָּיה; חִיתּוּךְ

intersperse *vt* זָרָה; שִׁבֵּץ
interstice *n* מִרְוָח־בֵּינַיִם
intertwine *vt, vi* שָׁזַר; הִשְׁתַּזֵּר
interval *n* הַפְסָקָה, הֲפוּגָה
intervene *vi* הִפְרִיעַ, הִתְעָרֵב
intervening *adj* בֵּינַיִם; מַפְרִיד
intervention *n* הִתְעָרְבוּת; חֲצִיצָה
interview *n* רֵאָיוֹן
interview *vt, vi* רִאְיֵן
interweave *vt* סָרַג, אָרַג
intestate *adj, n* לְלֹא צַוָּאָה
intestine *n* מֵעַיִים
intimacy *n* מַגָּע הָדוּק; סוֹדִיּוּת; אִינְטִימִיּוּת
intimate *adj, n* קָרוֹב, הָדוּק, אִינְטִימִי; יְדִיד קָרוֹב
intimate *vt* רָמַז; הוֹדִיעַ
intimation *n* רֶמֶז; הוֹדָעָה
intimidate *vt* הִפְחִיד; אִילֵּץ
into *prep* אֶל, אֶל תּוֹךְ
intolerant *adj, n* לֹא סוֹבְלָנִי
intombment *n* קְבוּרָה
intonation *n* הַנְגָּנָה, אִינְטוֹנַצְיָה
intone *vt* הִטְעִים, הִנְגִּין
intoxicant *n* מְשַׁכֵּר
intoxicate *vt* שִׁיכֵּר
intoxication *n* שִׁכְרוּת
intractable *adj* לֹא מְמוּשְׁמָע, סוֹרֵר
intransigent *n, adj* לֹא נוֹטֶה לְפַשָּׁרָה, נוּקְשֶׁה
intransitive *n, adj* פּוֹעַל עוֹמֵד; עוֹמֵד (פּוֹעַל)
intrench *vi* הִתְחַפֵּר; הִסִּיג גְּבוּל
intrepid *adj* לְלֹא חַת
intrepidity *n* אִי־מוֹרָא, אוֹמֶץ
intricate *adj* מְסוּבָּךְ
intrigue *vi* סִכְסֵךְ; סִקְרֵן; זָמַם
intrigue *n* תַּחְבּוּלָה; מְזִימָּה; תְּכָכִים
intrinsic(al) *adj* עַצְמִי; פְּנִימִי
intrinsically *adv* בִּיסוֹדוֹ
introduce *vt* הִצִּיג; הֵבִיא, הִכְנִיס
introduction *n* מָבוֹא; הַכְנָסָה; הַצָּגָה
introductory, introductive *adj* מַצִּיג, מַקְדִּים
introit *n* הַקְדָּמַת מִזְמוֹר
introspect *vt* הִסְתַּכֵּל לִפְנִימִיּוּתוֹ
introvert *n* מוּפְנָם
intrude *vi, vt* פָּרַץ, נִדְחַק, הִדְחִיק
intruder *n* נִדְחָק, לֹא קָרוּא
intrusive *adj* מַפְרִיעַ
intrust *vt* הִפְקִיד; הִטִּיל עַל
intuition *n* טְבִיעַת־עַיִן, אִינְטוּאִיצְיָה
inundate *vt* שָׁטַף, הֵצִיף
inundation *n* שְׁטִיפָה, הֲצָפָה
inure *vt, vi* הִרְגִּיל בּ...; נִכְנַס לְתוֹקֶף
inv. *abbr* inventor, invoice
invade *vt* פָּלַשׁ
invader *n* פּוֹלֵשׁ
invalid *adj* חֲסַר תּוֹקֶף
invalid *n, adj* חוֹלֶה, נָכֶה
invalidate *vt* פָּסַל, שָׁלַל תּוֹקֶף
invalidity *n* חוֹסֶר תּוֹקֶף
invaluable *adj* רַב־עֵרֶךְ
invariable *adj* לֹא מִשְׁתַּנֶּה
invasion *n* פְּלִישָׁה
invective *n* גִּידּוּף
inveigh *vi* הִתְקִיף בַּחֲרִיפוּת
inveigle *vt* פִּיתָּה
invent *vt* הִמְצִיא; חִידֵּשׁ
invention *n* הַמְצָאָה

inventive *adj*	בַּעַל כֹּחַ הַמְצָאָה
inventiveness *n*	כִּשְׁרוֹן הַמְצָאָה
inventor *n*	מַמְצִיא
inventory *n, vt*	רְשִׁימַת פְּרִיטִים
inverse *adj, n*	הָפוּךְ, הוּפְכִּי; הֵפֶךְ
inversion *n*	הֲפִיכָה; סֵירוּס
invert *vt*	הָפַךְ
invert *adj, n*	הָפוּךְ
invertebrate *adj, n*	חֲסַר חוּלִיּוֹת
invest *vt, vi*	הִשְׁקִיעַ; הֶעֱנִיק
investigate *vt*	חָקַר
investigation *n*	חֲקִירָה
investment *n*	הַשְׁקָעָה; מָצוֹר
investor *n*	מַשְׁקִיעַ הוֹן
inveterate *adj*	רָגִיל, מַתְמִיד
invidious *adj*	פּוֹגֵעַ, עוֹקְצָנִי
invigorate *vt*	הִגְבִּיר, הִמְרִיץ
invigoration *n*	חִיזּוּק, הַמְרָצָה
invincible *adj*	לֹא מְנוּצָּח
invisible *adj*	לֹא נִרְאֶה
invitation *n*	הַזְמָנָה
invite *vt*	הִזְמִין, קָרָא
inviting *adj*	מַזְמִין; מְפַתֶּה
invoice *n*	תְּעוּדַת מִשְׁלוֹחַ
invoice *vt*	הֵכִין חֶשְׁבּוֹן
invoke *vt*	קָרָא בִּתְפִילָּה; פָּנָה
involuntary *adj*	שֶׁלֹּא מֵרָצוֹן
involution *n*	לִיפּוּף, כִּיסּוּי; הִצְטַמְּקוּת
involve *vt*	גָּרַר, סִיבֵּךְ; הֶעֱסִיק
invulnerable *adj*	לֹא פָּגִיעַ
inward *adj, n, adv*	פְּנִימִי; פְּנִימָה
iodide *n*	יוֹדִיד
iodine *n*	יוֹד
ion *n*	יוֹן
ionize *vt, vi*	יוֹנֵן; הִתְיוֹנֵן
IOU, I.O.U. *n*	שְׁטַר־חוֹב
Iran *n*	אִירָן, פָּרַס
Iranian *adj, n*	אִירָנִי, פַּרְסִי; פַּרְסִית (השפה)
Iraq *n*	עִירָאק
Iraqi *adj, n*	עִירָאקִי
irate *adj*	כּוֹעֵס
ire *n*	כַּעַס
Ireland *n*	אִירְלַנְד
iris *n*	קַשְׁתִּית (העין); אִירוּס (פרח)
Irish *adj, n*	אִירִי, אִירִית
Irishman *n*	אִירִי
Irishwoman *n*	אִירִית
irk *vt, vi*	הִרְגִּיז
irksome *adj*	מַרְגִּיז, מַטְרִיד
iron *n*	בַּרְזֶל; מַגְהֵץ
iron *adj*	בַּרְזִילִי; שֶׁל בַּרְזֶל
iron *vt*	גִּיהֵץ
ironbound *adj*	עוֹטֶה בַּרְזֶל, מְשׁוּרְיָן
ironclad *n*	סְפִינַת שִׁרְיוֹן
ironclad *adj*	מְצוּפֶּה בַּרְזֶל
iron curtain *n*	מָסַךְ הַבַּרְזֶל
iron digestion *n*	קֵיבַת בַּרְזֶל
iron horse *n*	(דיבורית) רַכֶּבֶת
ironic, ironical *adj*	מְלַגְלֵג, אִירוֹנִי
ironing *n*	גִּיהוּץ
ironing board *n*	לוּחַ גִּיהוּץ
ironware *n*	כְּלֵי בַּרְזֶל וּמַתֶּכֶת
iron will *n*	רְצוֹן בַּרְזֶל
ironwork *n*	עֲבוֹדַת בַּרְזֶל
ironworker *n*	עוֹבֵד בַּרְזֶל
irony *n*	אִירוֹנְיָה, לִגְלוּג
irradiate *vt, vi*	הֵאִיר; חָשַׂף לְהַקְרָנָה
irrational *adj, n*	לֹא הֶגְיוֹנִי

irrecoverable *adj* שֶׁאֵין לְקַבְּלוֹ חֲזָרָה
irredeemable *adj* שֶׁאֵין לְהַחֲזִירוֹ
irrefutable *adj* שֶׁאֵין לְהַפְרִיכוֹ
irregular *adj, n* לֹא סָדִיר, חָרִיג
irrelevance, irrelevancy *n* אִי־שַׁיָּכוּת לָעִנְיָן
irrelevant *adj* לֹא שַׁיָּךְ לָעִנְיָן
irreligious *adj* לֹא דָתִי
irremediable *adj* שֶׁלְּלֹא תַּקָּנָה
irremovable *adj* לֹא נִיתָּן לַהֲזָזָה
irreparable *adj* לֹא נִיתָּן לְתִיקּוּן
irreplaceable *adj* שֶׁאֵין לוֹ תְּמוּרָה, שֶׁאֵין לוֹ תַּחֲלִיף
irrepressible *adj* לֹא מִתְרַסֵּן
irreproachable *adj* לְלֹא דוֹפִי
irresistible *adj* שֶׁאֵין לַעֲמוֹד בְּפָנָיו
irrespective *adj* לְלֹא הִתְחַשְּׁבוּת
irresponsible *adj* לֹא אַחֲרָאִי
irretrievable *adj* שֶׁאֵין לַהֲשִׁיבוֹ
irreverent *adj* חֲסַר רֶגֶשׁ כָּבוֹד
irrevocable *adj* שֶׁאֵין לְשַׁנּוֹתוֹ
irrigate *vt* הִשְׁקָה
irrigation *n* הַשְׁקָיָה
irritant *adj, n* מַרְגִּיז; סַם גֵּירוּי
irritate *vt* הִרְגִּיז, הִכְעִיס
irruption *n* פְּלִישָׁה; הִתְפָּרְצוּת
is. *abbr* island
isinglass *n* דֶּבֶק דָּגִים
isl. *abbr* island
Islam *n* אִיסְלָם
island *n, adj* אִי; אִיִּי, שֶׁל אִי
islander *n* יוֹשֵׁב אִי
isle *n* אִי קָטָן
isolate *vt* בּוֹדֵד; הִבְדִּיל
isolation *n* בִּידּוּד; הַבְדָּלָה; הֶסְגֵּר
isolationist *n* בַּדְלָן
isosceles *adj* שְׁוֵה־שׁוֹקַיִים
isotope *n* אִיזוֹטוֹפּ
Israel *n* יִשְׂרָאֵל, עַם יִשְׂרָאֵל; מְדִינַת יִשְׂרָאֵל
Israeli *adj, n* יִשְׂרְאֵלִי
Israelite *n* יְהוּדִי, יִשְׂרְאֵלִי
issuance *n* הַנְפָּקָה
issue *n* הוֹצָאָה, נִיפּוּק; בְּעָיָה; גִּילָּיוֹן; בֵּן
issue *vt, vi* הִנְפִּיק; הוֹצִיא; יָצָא
isthmus *n* מֵיצַר יַבָּשָׁה
it *pron* הוּא; לוֹ; אוֹתוֹ
ital. *abbr* italics
Ital. *abbr* Italian, Italy
Italian *adj, n* אִיטַלְקִי; אִיטַלְקִית (הַשָּׂפָה)
italic *n, adj* (שֶׁל) אוֹת כְּתָב
Italic *adj, n* אִיטַלְקִי
italicize *vt* הִדְפִּיס בְּאוֹתִיּוֹת קוּרְסִיב
Italy *n* אִיטַלְיָה
itch *n* גֵּירוּי; עִקְצוּץ
itch *vi* חָשׁ גֵּירוּי; חָשַׁק
itchy *adj* מְגָרֶה, מְגָרֵד
item *n* פְּרִיט; יְדִיעָה (בְּעִיתּוֹן)
itemize *vt* רָשַׁם פְּרָטִים
itinerant *adj, n* עוֹרֵךְ סִיבּוּב; נוֹדֵד
itinerary *n* מַסְלוּל סִיּוּר
its *pron, adj* שֶׁלּוֹ, שֶׁלָּהּ
it's – it is; it has
itself *pron* (שֶׁל) עַצְמוֹ
ivied *adj* מְכוּסֶּה קִיסוֹס
ivory *n* שֶׁנְהָב
ivy *n* קִיסוֹס

J

J, j ג׳י (האות העשירית באלפבית)

J. *abbr* Judge, Justice

jab *vt* תָּקַע, נָעַץ

jabber *n, vi* פִּטְפּוּט; פִּטְפֵּט

jabot *n* צַוְּארוֹן מַלְמָלָה

jack *n* בָּחוּר (כלשהו); מַלָּח; מַגְבֵּהַּ

jack *vt, vi* הֵרִים, הִגְבִּיהַּ

jackal *n* תַּן

jackanapes *n* יָהִיר

jackass *n* שׁוֹטֶה

jackdaw *n* עוֹרֵב אֵירוֹפִּי

jacket *n* זִיג, מִקְטוֹרֶן; עֲטִיפָה (של ספר)

jackhammer *n* נֶקֶר

jack-in-the-box *n* מְזַנֵּק; זִיקּוּק אֵשׁ

jackknife אוֹלָר גָּדוֹל

jack-of-all-trades *n* ׳מוּמְחֶה׳ לַכּוֹל

jack-o'-lantern *n* אוֹר מַתְעֶה

jackpot *n* קוּפָּה (במשחק קלפים)

jack-rabbit *n* אַרְנָב גָּדוֹל

jackscrew *n* מַגְבֵּהַּ בּוֹרְגִי

jackstone *n* אֶבֶן מִשְׂחָק

jack-tar *n* (דיבורית) מַלָּח

jade *n* יַרְקָן; סוּס תָּשׁוּשׁ; פְּרוּצָה

jade *vt* עִייֵּף

jaded *adj* עָייֵף

jag *n* שֵׁן, שֶׁן־סֶלַע

jag *vt* שִׁיכֵּן

jagged *adj* חֲדוּדִי, מְשׁוּנָּן

jaguar *n* יָגוּאָר

jail *n* מַאֲסָר, כֶּלֶא

jail *vt* אָסַר, כָּלָא

jailbird *n* אָסִיר, פּוֹשֵׁעַ מוּעָד

jail delivery *n* בְּרִיחָה מִכֶּלֶא

jailor *n* סוֹהֵר

jalopy *n* מְכוֹנִית מְיוּשֶּׁנֶת

jam *n* רִיבָּה; הִידָּחֲקוּת; צָרָה; פְּקָק (תנועה)

jam *vt, vi* דָּחַק; נִדְחַק; מִילֵּא (אולם וכד׳)

Jamaican *n, adj* ג׳מַאיקָאִי

jamb *n* מְזוּזָה; מוֹק, שִׁרְיוֹן רֶגֶל

jamboree *n* ג׳מבּוֹרִי, כִּינּוּס צוֹפִים

jamming *n* בִּילּוּל; הַצְרָמָה

jam nut *n* אוֹם הוֹסֶמֶת

jam-packed *adj* מָלֵא עַד אֶפֶס מָקוֹם

jam-session *n* מְסִיבַּת מוּסִיקָאִים

jangle *vi* צָרַם; הִתְקוֹטֵט

jangle *n* צְרִימָה; קְטָטָה

janitor *n* חַצְרָן, שׁוֹעֵר

janitress *n* חַצְרָנִית, שׁוֹעֶרֶת

January *n* יָנוּאָר

Japan *n* יַפָּן

japan *n* לַכָּה יַפָּנִית

japan *vt* לִיכָּה (כנ״ל)

Japanese *n, adj* יַפָּנִי; יַפָּנִית (השפה)

Japanese beetle *n* חִיפּוּשִׁית יַפָּנִית

Japanese lantern *n* פַּנַּס יַפָּנִי

jar *n* צִנְצֶנֶת; חֲרִיקָה, תַּצְרוּם

jar *vi* חָרַק, צָרַם אוֹזֶן; הִתְנַגֵּשׁ

jardinière *n* עָצִיץ

jargon *n* לְשׁוֹן עִילְּגִים, זַ׳רְגוֹן; לָשׁוֹן מִקְצוֹעִית

jasmine *n* יַסְמִין
jasper *n* יוֹשְׁפֵה
jaundice *n* צַהֶבֶת; רְאִיָּה מְעוּוֶּתֶת
jaundiced *adj* חוֹלֵה צַהֶבֶת; אֲכוּל קִנְאָה
jaunt *n* טִיּוּל, מַסָּע
jaunt *vt* טִיֵּל
jaunty *adj* עַלִּיז, קַלִּיל
Javanese *adj, n* יָאוָואנִי; לְשׁוֹן יָאוָוה
javelin *n* רוֹמַח
jaw *n* לֶסֶת; פֶּה
jaw *vi, vt* דִּיבֵּר, פִּטְפֵּט
jaw-bone *n* עֶצֶם הַלֶּסֶת
jaw-breaker *n* מִלָּה 'מְשַׁבֶּרֶת שִׁנַּיִים'
jay *n* עוֹרְבָנִי
jay-walk *vi* חָצָה כְּבִישׁ שֶׁלֹּא כַּהֲלָכָה
jaywalker *n* חוֹצֵה כְּבִישׁ (כנ"ל)
jazz *n* גַ'אז
jazz *vt* נִיגֵּן גַ'אז
J.C. *abbr* Jesus Christ, Julius Caesar
jct. *abbr* junction
jealous *adj* קַנָּאִי
jealousy *n* קִנְאָה
Jeanne d'Arc *n* זַ'אן דַ'ארק
jeans *n pl* מִכְנְסֵי־עֲבוֹדָה, גִ'ינְס
jeep *n* גִ'יפּ
jeer *vt, vi* לִגְלֵג
jeer *n* לִגְלוּג
Jehovah *n* ה', שֵׁם הֲוָיָה
jell *vt* נִקְרַשׁ, נִקְפָּא; (דִּיבּוּרִית) תָּפַס, הֵבִין
jell *n* קָרִישׁ, מִקְפָּא
jelly *n* קָרִישׁ, מִקְפָּא
jelly *vt, vi* הִקְרִישׁ; קָרַשׁ
jellyfish *n* מֵדוּזָה
jeopardize *vt* סִיכֵּן
jeopardy *n* סִיכּוּן
jeremiad *n* קִינָה
Jericho *n* יְרִיחוֹ
jerk *vt* מָשַׁךְ פִּתְאוֹם
jerk *n* תְּנוּעַת פִּתְאוֹם; (הֲמוֹנִית) שׁוֹטֶה, בּוּר
jerked beef *n* רְצוּעוֹת בְּשַׂר בָּקָר מְיוּבָּשׁוֹת
jerkin *n* מוֹתְנִיָּה, זִיג
jerkwater *adj* סוֹטֶה; טָפֵל
jerky *adj* עַצְבָּנִי
Jerome *n* הִירוֹנִימוּס
jersey *n* אֲפוּדַּת צֶמֶר
Jerusalem *n* יְרוּשָׁלַיִם
jest *n* הֲלָצָה, בְּדִיחָה
jest *vi* הִתְלוֹצֵץ
jester *n* לֵיצָן, בַּדְּחָן
Jesuit *n* יֵשׁוּעִי
Jesuitic, Jesuitical *adj* יֵזוּאִיטִי
Jesus Christ *n* יֵשׁוּ הַנּוֹצְרִי
jet *n* קִילוּחַ, סִילוֹן
jet *vt, vi* קִילֵּחַ; קָלַח
jet age *n* עִידַּן הַסִּילוֹן
jet black *adj* שָׁחוֹר כְּזֶפֶת
jet bomber *n* מַפְצִיץ סִילוֹנִי
jet coal *n* פַּחַם חֵימָר
jet engine *n* מְנוֹעַ סִילוֹן
jet-fighter *n* מְטוֹס קְרָב סִילוֹנִי
jet-liner *n* מָטוֹס מִסְחָרִי סִילוֹנִי
jet-plane *n* מָטוֹס סִילוֹנִי
jet propulsion *n* הֲנָעָה סִילוֹנִית
jetsam *n* פְּלֵיטַת יָם
jet stream *n* סוּפַת סִילוֹן

jettison *n* הַשְׁלָכָה מֵאוֹנִיָּה
jettison gear *n* מַשְׁלֵךְ (בְּמָטוֹס)
jetty *n* מֵזַח; רְצִיף נָמָל
Jew *n* יְהוּדִי
jewel *n* אֶבֶן טוֹבָה
jewel *vt* שִׁיבֵּץ, קִישֵּׁט
jewel-case (box) *n* תֵּיבַת תַּכְשִׁיטִים
jeweler, jeweller *n* צוֹרֵף
jewelry, jewellery *n* תַּכְשִׁיטִים
jewelry shop *n* חֲנוּת תַּכְשִׁיטִים
Jewess *n* יְהוּדִיָּה
jewfish *n* דַּקָּר
Jewish *adj* יְהוּדִי
Jewry *n* יַהֲדוּת
Jew's harp *n* נֵבֶל לֶסֶת
Jezebel *n* אִיזֶבֶל, מִרְשַׁעַת
jib *n* מִפְרָשׂ חָלוּץ
jib *vi* סֵירֵב לְהִתְקַדֵּם
jib-boom *n* זְרוֹעַ הַמִּפְרָשׂ
jibe, gibe *vt* לָעַג; (דיבורית) הִסְכִּים עִם
jiffy *n* הֶרֶף עַיִן
jig *n* ג'יג (ריקוד)
jig *vi, vt* רָקַד ג'יג, כִּרְכֵּר
jigger *n* רוֹקֵד, מְכַרְכֵּר; מִפְרָשׂ קָטָן
jiggle *vt, vi* הִתְנוֹעֵעַ, הִיטַּלְטֵל
jiggle *n* נִעֲנוּעַ
jig-saw *n* מַסּוֹר־נִימָה
jihad *n* מִלְחֶמֶת־מִצְוָוה, ג'יהָאד
jilt *vt, vi* נָטְשָׁה אָהוּב, נָטַשׁ אֲהוּבָה
jingle *n* צִלְצוּל; מְצִילָּה
jingle *vi* צִלְצֵל, קִשְׁקֵשׁ
jingo *n* לְאוּמָנִי רַבְרְבָן
jingoism *n* לְאוּמָנוּת רַבְרְבָנִית, ג'ינְגוֹאִיזם

jitters *n pl* עַצְבָּנוּת
jittery *adj* מְעוּצְבָּן
Joan of Arc *n* ז'אן ד'ארק
job *n* מִשְׂרָה, עֲבוֹדָה; מְשִׂימָה; תַּפְקִיד
job analysis *n* נִיתּוּחַ בִּיצוּעִים
jobber *n* מְבַצֵּעַ עֲבוֹדוֹת
jobholder *n* מַחֲזִיק בְּמִשְׂרָה
jobless *adj* מוּבְטָל
job lot *n* תַּעֲרוֹבֶת כּוֹלֶלֶת
job-printer *n* מַדְפִּיס הַזְמָנוֹת קְטַנּוֹת
job printing *n* הַזְמָנוֹת דְּפוּס קְטַנּוֹת
job-work *n* הַזְמָנוֹת קְטַנּוֹת שֶׁל דְּפוּס
jockey *n* רוֹכֵב בְּמֵרוֹצֵי סוּסִים
jockey *vt* תִּמְרֵן, תִּכְסֵס
jockstrap *n* מִכְנָסִית
jocose *adj* בַּדְּחָנִי
jocular *adj* מְבַדֵּחַ, עַלִּיז
jog *vt, vi* דָּחַף, הֵסִיט
jog *n* דְּחִיפָה קַלָּה
jog trot *n* צְעִידָה אִטִּית
John Bull *n* הָעָם הָאַנְגְּלִי
John Hancock *n* (דיבורית) חֲתִימַת־יָד אִישִׁית
johnnycake *n* עוּגַת תִּירָס
Johnny-come-lately *n* מִקָּרוֹב בָּא
Johnny-jump-up *n* אַמְנוֹן וְתָמָר
Johnny-on-the-spot *adj, n* הַמּוּכָן תָּמִיד
John the Baptist *n* יוֹחָנָן הַמַּטְבִּיל
join *vt, vi* צֵירֵף, אִיחֵד; הִצְטָרֵף
join *n* מְקוֹם חִיבּוּר; תֶּפֶר
joiner *n* נַגָּר; (דיבורית) מִצְטָרֵף מוּעָד
joint *n* חִיבּוּר, מַחְבָּר
joint *adj* מְאוּגָּד, מְשׁוּתָּף
joint account *n* חֶשְׁבּוֹן מְשׁוּתָּף

Joint Chiefs of Staff *n pl* רָאשֵׁי מַטֵּה מְשׁוּתָּפִים
jointly *adv* בְּמְשׁוּתָּף
joint owner *n* שׁוּתָּף בְּבַעֲלוּת
joint session *n* יְשִׁיבָה מְשׁוּתֶּפֶת
joint-stock company *n* חֶבְרַת מְנָיוֹת
joist *n, vt* קוֹרָה; קֵירָה
joke *n* בְּדִיחָה
joke *vt, vi* הִתלוֹצֵץ
joke book *n* סֵפֶר בְּדִיחוֹת
joker *n* לֵיצָן
jolly *adj, adv* עַלִּיז; מְשַׂמֵּחַ; (המונית) מְאוֹד
jolly *vt, vi* קִנטֵר; הִתלוֹצֵץ
jolt *vt, vi* הָדַף; הִתנַדנֵד
jolt *n* הֲדִיפָה, טִלטוּל
Jonah *n* יוֹנָה; מְבַשֵּׂר רָע
jongleur *n* זַמָּר נוֹדֵד
jonquil *n* יוֹנקִיל
Jordan *n* יַרדֵּן
Jordan almond *n* שָׁקֵד מְסוּכָּר
josh *vt* הִתלוֹצֵץ עַל חֶשׁבּוֹן
jostle *n* הִידָּחֲקוּת, הִיתָּקְלוּת
jostle *vt, vi* דָּחַף; נִדחַף
jot *n* יוּ״ד, נְקוּדָּה
jot (down) *vt* רָשַׁם בְּקִיצוּר
jounce *vt, vi* טִלטֵל; נִיטַלטֵל
jounce *n* הִיטַּלטְלוּת
journal *n* עִיתּוֹן; יוֹמָן
journalese *n* סִגנוֹן הָעִיתּוֹנוּת
journalism *n* עִיתּוֹנָאוּת
journalist *n* עִיתּוֹנַאי
journey *n* מַסָּע
journey *vi* נָסַע

journeyman *n* אוּמָּן שָׂכִיר
joust *n* קְרַב פָּרָשִׁים
joust *vi* נֶאֱבַק
jovial *adj* עַלִּיז
joviality *n* עֲלִיצוּת
jowl *n* לֶסֶת
joy *n* שִׂמחָה
joyful *adj* עַלִּיז, שָׂמֵחַ
joyless *adj* עָגוּם
joyous *adj* שָׂמֵחַ
joy-ride *n* נְסִיעַת תַּעֲנוּג
jubilant *adj* צוֹהֵל
jubilation *n* צָהֳלָה
jubilee *n* יוֹבֵל; חֲגִיגָה
Judaism *n* יַהֲדוּת
judge *n* שׁוֹפֵט; פּוֹסֵק
judge *vi, vt* שָׁפַט; פָּסַק
judge-advocate *n* פְּרַקלִיט
judgeship *n* שְׁפִיטָה, שׁוֹפְטוּת
judgment, judgement *n* פְּסַק־דִּין, שְׁפִיטָה; בִּינָה
judgment-day *n* יוֹם־הַדִּין
judgment seat *n* כֵּס הַמִּשׁפָּט
judicature *n* מִנהָל מִשׁפָּטִי; שׁוֹפְטוּת
judicial *adj* מִשׁפָּטִי, לְפִי הַדִּין; בַּקְרָנִי
judiciary *n, adj* מַעֲרֶכֶת בָּתֵּי־מִשׁפָּט
judicious *adj* נָבוֹן, מְיוּשָּׁב
jug *n* כַּד; (המונית) בֵּית־סוֹהַר
juggle *vt, vi* לִיהֲטֵט
juggle *n* אֲחִיזַת־עֵינַיִם, לִיהֲטוּט
juggler *n* לַהֲטוּטָן
jugular *adj, n* צַוָּארִי; וְרִיד הַצַּוָּאר
juice *n* מִיץ, עָסִיס
juicy *adj* עֲסִיסִי

jukebox *n* מָקוֹל אוֹטוֹמָטִי
julep *n* מַשְׁקֶה מָתוֹק
julienne *n* מְרַק יְרָקוֹת
July *n* יוּלִי
jumble *n* עִרְבּוּבְיָה, בִּלְבּוּל
jumble *vt, vi* עִרְבֵּב; הִתְעַרְבֵּב
jumbo *n* עֲנָק
jump *n* קְפִיצָה
jump *vt, vi* הִקְפִּיץ; פָּסַח; קָפַץ
jumper *n* קַפְצָן, קוֹפֵץ; אֲפוּדָּה
jumping jack *n* קַפְצָן
jumping-off place *n* מְקוֹם נִידָּח
jump seat *n* כִּיסֵּא קְפִיצִי, כִּיסֵּא מִתְקַפֵּל
jump spark *n* נִצְנוּץ חַשְׁמַל
jumpy *adj* עַצְבָּנִי
junc. *abbr* junction
junction *n* חִיבּוּר, אִיחוּד; צוֹמֶת
juncture *n* חִיבּוּר, מַחְבָּר; מוֹעֵד
June *n* יוּנִי
jungle *n* ג׳וּנְגֶל
junior *adj, n* זוּטָר, צָעִיר
juniper *n* עַרְעָר
juniper berry *n* פְּרִי הָעַרְעָר
junk *n* מִפְרָשִׂית סִינִית; גְּרוּטָאוֹת
junk *vt* הִשְׁלִיךְ כִּנְיִצּוֹלֶת
junk dealer *n* סוֹחֵר גְּרוּטָאוֹת
junket *n* חֲבִיצַת חָלָב; טִיּוּל
junket *vi* הִשְׁתַּתֵּף בְּטִיּוּל בַּזְּבְזָנִי

junkman *n* סוֹחֵר גְּרוּטָאוֹת
junk room *n* חֲדַר גְּרוּטָאוֹת
junkshop *n* מַחְסַן יַמָּאִים
junkyard *n* מִגְרַשׁ גְּרוּטָאוֹת
juridical *adj* מִשְׁפָּטִי
jurisdiction *n* סַמְכוּת חוּקִית
jurisprudence *n* תּוֹרַת הַמִּשְׁפָּטִים
jurist *n* מִשְׁפְּטָן
juror *n* מוּשְׁבָּע, שׁוֹפֵט מוּשְׁבָּע
jury *n* חֶבֶר מוּשְׁבָּעִים
jurybox *n* תָּא חֶבֶר מוּשְׁבָּעִים
juryman *n* מוּשְׁבָּע
Jus. P. *abbr* Justice of the Peace
just *adj, adv* צוֹדֵק, הוֹגֵן; בְּדִיּוּק
just now *adv* בְּרֶגַע זֶה
justice *n* צֶדֶק, יוֹשֶׁר; שׁוֹפֵט
justifiable *adj* שֶׁאֶפְשָׁר לְהַצְדִּיקוֹ
justify *vt* הִצְדִּיק, צִידֵּק
justly *adv* בְּצֶדֶק; בְּדִיּוּק
jut *vi* בָּלַט
jute *n* יוּטָה
Jutland *n* יוּטְלַנְד
juvenile *adj, n* שֶׁל יְלָדִים; יַלְדוּתִי; שֶׁל נוֹעַר
juvenile delinquency *n* עֲבַרְיָינוּת נוֹעַר
juvenile lead *n* תַּפְקִיד שֶׁל צָעִיר (בְּתֵיאַטְרוֹן)
juvenilia *n pl* יֶלֶד; צָעִיר; נוֹעַר
juxtapose *vt* הִנִּיחַ זֶה בְּצַד זֶה

K

K, k קֵי (האות האחת־עשרה באלפבית)

K. *abbr* King, Knight

k. *abbr* karat, kilogram

Kabbala, Kabala *n* קַבָּלָה

kale *n* כְּרוּב; חֲמִיצַת כְּרוּב

kaleidoscope *n* קָלֵיידוֹסקוֹפּ

kangaroo *n* קֶנגוּרוּ

kapok *n* הַבֵּיצָה הַמְחוּמֶשֶׁת, קַפּוֹק

karyosome *n* גוּפִיף שֶׁבַּגַּרְעִין

kasher, kosher *adj, vt* כָּשֵׁר; הִכְשִׁיר

katydid *n* קָטִידִיד

kedge *n, vi, vt* עוֹגֶן גְּרִידָה; נִגְרְדָה (אונייה)

keel *vt, vi* הָפַךְ סְפִינָה; הָפַךְ

keel *n* שִׁדְרִית; אוֹנִיָּה

keen *adj* חָרִיף, חַד; נִלְהָב

keen *n* קִינָה

keen *vt, vi* קוֹנֵן

keep (kept) *vt, vi* שָׁמַר, הֶחֱזִיק; פִּרְנֵס; הִמְשִׁיךְ

keep *n* פַּרְנָסָה; מִבְצָר

keeper *n* שׁוֹמֵר

keeping *n* שְׁמִירָה; פִּרְנוּס; הַתְאָמָה

keepsake *n* מַזְכֶּרֶת

keg *n* חָבִיוֹנָה

ken *n* הַשָּׂגָה, יְדִיעָה

kennel *n* מְלוּנָה

kepi *n* כּוֹבַע־מִצְחָה

kept woman *n* פִּילֶגֶשׁ

kerchief *n* רְדִיד; מִמְחָטָה

kerchoo *inter* עַטְשִׁי!, הַפְּצ׳יי! (קול עיטוש)

kernel *n* גַּרְעִין; זֶרַע

kerosene *n* נֵפְט

kerplunk *adv* בְּקוֹל שָׁאוֹן עָמוּם

ketchup *n* תַּבְלִין עַגְבָנִיּוֹת

kettle *n* קוּמקוּם; דוּד

kettledrum *n* תּוֹף הַדּוּד

key *n* מַפְתֵּחַ; פִּתְרוֹן; קָלִיד; מַקָּשׁ

key *vt* חִיבֵּר, הִידֵּק; כִּוונֵן

keyboard *n* מִקְלֶדֶת

key fruit *n* כַּנְפִית

keyhole *n* חוֹר הַמַּפְתֵּחַ

keynote *n* צְלִיל מוֹבִיל

keynote speech *n* נְאוּם מְכַוֵּן

key-ring *n* טַבַּעַת לְמַפְתְּחוֹת

keystone *n* אֶבֶן רֹאשָׁה, עִיקָּרוֹן

key word *n* מִלַּת מַפְתֵּחַ

kg. *abbr* kilogram

khaki *n* חָקִי, כָּהוֹב

khedive *n* כֵּדִיב

kibitz *vi* יָעַץ בְּלִי שֶׁנִּשְׁאַל

kibitzer *n* ׳קִיבִּיצֵר׳, יוֹעֵץ (כַּנַּ״ל)

kiblah *n* הַפְּנִיָּה לְמֶכָּה, קִיבְּלָה

kibosh *n* שְׁטוּיוֹת

kick *vt* בָּעַט

kick *n* בְּעִיטָה; (ברובה) רֶתַע; (דיבּוּרית) סִיפּוּק

kickback *n* תְּשׁוּבָה כַּהֲלָכָה; נִיכּוּי

kickoff *n* הַתְחָלָה

kid *n, adj* גְּדִי; יֶלֶד

kid *vt* שִׂיטָּה בּ...; קִנְטֵר

kidder *n* מְשַׁטֶּה
kid-glove *adj* רַךְ, עָדִין
kidnap *vt* חָטַף
kidnap(p)er *n* חוֹטֵף
kidney *n* כִּלְיָה
kidney-bean *n* שְׁעוּעִית
kidney stone *n* אֶבֶן כִּלְיָה
kill *vt*, *vi* הָרַג, הֵמִית
kill *n* הֲרִיגָה, טְבִיחָה; טֶרֶף
killer *n* הוֹרֵג, רוֹצֵחַ
killer whale *n* לִוְיָתָן מְרַצֵּחַ
killing *adj* מוֹשֵׁךְ אֶת הָעַיִן; מְעַיֵּף; מַצְחִיק בְּיוֹתֵר
killing *n* הֲרִיגָה; צַיִד
kill-joy *n* מֵפֵר שִׂמְחָה
kiln *n* כִּבְשָׁן, מִשְׂרָפָה
kilo *n* קִילוֹ
kilocycle *n* קִילוֹסַייקל
kilogram(me) *n* קִילוֹגְרַם
kilometer *n* קִילוֹמֶטֶר
kilometric *adj* קִילוֹמֶטְרִי
kilowatt *n* קִילוֹוָט
kilowatt-hour *n* קִילוֹוָט־שָׁעָה
kilt *n* שִׂמְלַת־גֶּבֶר (סקוטית)
kilter *n* מַצָּב תָּקִין
kimono *n* קִימוֹנוֹ
kin *n* קָרוֹב; מִשְׁפָּחָה
kind *adj* טוֹב־לֵב, מֵטִיב
kind *n* סוּג
kindergarten *n* גַּן־יְלָדִים
kindergartner *n* לוֹמֵד בְּגַן
kindhearted *adj* טוֹב־לֵב
kindle *vt*, *vi* שִׁלְהֵב; עוֹרֵר; נִדְלַק
kindling *n* חוֹמֶר הַצָּתָה
kindling wood *n* עֵץ הַצָּתָה

kindly *adj* נְעִים מֶזֶג
kindly *adv* בַּאֲדִיבוּת
kindness *n* חֶסֶד, טוּב־לֵב
kindred *n*, *adj* מִשְׁפָּחָה, קְרוֹבִים; קָרוֹב, מְקוֹרָב
kinescope *n* שְׁפוֹפֶרֶת טֵלֵוִיזְיָה
kinetic *adj* פָּעִיל, נָע
kinetic energy *n* אֱנֶרְגִּיָה שֶׁבִּתְנוּעָה
king *n* מֶלֶךְ
kingbolt *n* לוֹלָב עִיקָּרִי
kingdom *n* מַלְכוּת, מְלוּכָה; מַמְלָכָה
kingfisher *n* שַׁלְדָּג גַּמָּדִי
kingly *adj*, *adv* כְּמֶלֶךְ, מַלְכוּתִי
kingpin *n* רֹאשׁ הַמְדַבְּרִים; הָעִיקָּר
king post *n* עַמּוּד הַתָּוֶךְ (בגג)
king's (queen's) English *n* אַנְגְּלִית צְחָה
king's evil *n* חַזֶּרֶת, חֲזִירִית
kingship *n* מַלְכוּת
king-size *adj* גָּדוֹל
king's ransom *n* הוֹן עָתָק
kink *n* עֶקֶל; תִּלְתּוּל; גַּחַם, גַּחֲמָנוּת
kink *vt*, *vi* תִּלְתֵּל; עִיקֵּל; תּוּלְתַּל
kinky *adj* מְפוּתָּל; גַּחֲמוֹנִי
kinsfolk *n pl* קְרוֹבֵי־דָם
kinship *n* קִרְבַת־מִשְׁפָּחָה
kinsman *n* קְרוֹב־דָם
kinswoman *n* קְרוֹבַת־דָם
kipper *n* דָּג מְעוּשָּׁן
kipper *vt* עִישֵּׁן דָּג
kiss *n* נְשִׁיקָה
kiss *vt*, *vi* נִישֵּׁק; הִתְנַשֵּׁק
kit *n* צִיּוּד; תַּרְמִיל, זְוָד
kitchen *n* מִטְבָּח

kitchenette *n* מִטְבָּחוֹן
kitchen garden *n* גִינַת יְרָקוֹת וּפֵירוֹת
kitchen maid *n* עוֹבֶדֶת מִטְבָּח
kitchen police *n pl* (בצבא) תּוֹרָנֵי מִטְבָּח
kitchen range *n* תַּנּוּר מִטְבָּח
kitchen sink *n* כִּיּוֹר מִטְבָּח
kitchenware *n* כְּלֵי־מִטְבָּח
kite *n* דַּיָּה, בַּז; עֲפִיפוֹן
kith and kin *n pl* מַכָּרִים וּקְרוֹבִים
kitten *n* חֲתַלְתּוּל
kittenish *adj* חֲתוּלִי; תְּחַנְחָנִי
kitty *n* חֲתַלְתּוּל
kleptomaniac *n* גַּנְבָן, קְלֶפְּטוֹמָן
knack *n* כִּשְׁרוֹן, מְיוּמָנוּת
knapsack *n* תַּרְמִיל־גַּב
knave *n* נָבָל, נוֹכֵל
knavery *n* נְכָלִים
knead *vt* לָשׁ
knee *n* בֶּרֶךְ
knee-breeches *n* אַבְרְקֵי־בִּרְכַּיִים
kneecap *n* פִּיקַת־הַבֶּרֶךְ
knee-deep *adj* עָמוֹק עַד הַבִּרְכַּיִים
knee-high *adj* גָּבוֹהַּ עַד הַבִּרְכַּיִים
kneehole *n* מִרְוָח לְבִרְכַּיִים
knee jerk *n* זְנִיקַת בֶּרֶךְ
kneel *vi* כָּרַע, הִשְׁתַּחֲוָה
kneepad *n* רְפִידַת בֶּרֶךְ, מָגֵן בֶּרֶךְ
knell *n* צִלְצוּל פַּעֲמוֹנִים (כסימן אבל); סִימָן רַע
knell *vt, vi* צִלְצֵל בְּפַעֲמוֹנִים (כנ״ל); בִּישֵּׂר רַע
knickers *n pl* אַבְרָקַיִים
knicknack, nicknack *n* תַּכְשִׁיט, אֲבִזַר קִישּׁוּט
knife *n* סַכִּין
knife *vt* דָּקַר בְּסַכִּין
knife sharpener *n* מַשְׁחִיז סַכִּינִים
knife switch *n* מֶתֶג לְהָבִים
knight *n* אַבִּיר; פָּרָשׁ
knight *vt* הֶעֱנִיק תּוֹאַר אָצִיל
knight-errant *n* אַבִּיר נוֹדֵד; הַרְפַּתְקָן
knight-errantry *n* הַרְפַּתְקָנוּת
knighthood *n* אַבִּירוּת, מַעֲמַד הָאַבִּירִים
knightly *adj* אַבִּירִי
Knight of the Rueful Countenance *n* אַבִּיר הַפָּנִים הָעֲצוּבוֹת, דּוֹן קִישׁוֹט
knit *vt, vi* סָרַג; כִּיוֵּץ בְּקִימּוּט; הִתְכַּוֵּץ
knit goods *n pl* סְרִיגִים
knitting *n* סְרִיגָה
knitting-machine *n* מַסְרֵגָה, מְכוֹנַת־סְרִיגָה
knitting-needle *n* מַסְרֶגֶת, מַחַט־סְרִיגָה
knitwear *n* סְרִיגִים, לְבוּשׁ סָרוּג
knob *n* בְּלִיטָה, חַבּוּרָה, גוּלָה; כַּף
knock *vt, vi* הִכָּה, הָלַם, הִקִּישׁ
knock *n* דְּפִיקָה, מַכָּה
knocker *n* מַקּוֹשׁ דֶּלֶת; (דיבורית) מוֹתֵחַ בִּיקּוֹרֶת
knock-kneed *adj* עִיקֵּל
knockout *n* מִיגּוּר, ׳נוֹק־אָאוּט׳
knockout drops *n pl* מַשְׁקֶה מְהַמֵּם
knoll *n* גִּבְעָה, תֵּל
knot *n* קֶשֶׁר; סִיבּוּךְ; קֶשֶׁר יַמִּי
knot *vt, vi* חִיבֵּר בְּקֶשֶׁר
knothole *n* חוֹר עַיִן (בעץ)
knotty *adj* מָלֵא קְשָׁרִים; מְסוּבָּךְ

know *vt, vi* יָדַע; הִכִּיר

know *n* יְדִיעָה

knowable *adj* הֶעָשׂוּי לְהִיוָּדַע

knowhow *n* יֶדַע, יְדִיעַת הָאֵיךְ

knowingly *adv* בִּידִיעָה

know-it-all *n* יוֹדֵעַ הַכּוֹל, רַבְרְבָן

knowledge *n* יְדִיעָה, יֶדַע

knowledgeable *adj* בַּעַל יְדִיעוֹת

know-nothing *n* בּוּר

knuckle *n* פֶּרֶק אֶצְבַּע

knurl *n* שֶׁנֶת, בְּלִיטָה

knurled *adj* מְחוֹרָץ

Koran *n* קוּרְאָן

Korea *n* קוֹרֵיאָה

Korean *n, adj* קוֹרֵיאִית, קוֹרֵיאִי

kosher *adj, n* כָּשֵׁר; אֲמִיתִּי

kosher *vt* הִכְשִׁיר

Kt. *abbr* Knight

kudos *n* תִּפְאֶרֶת, פִּרְסוּם

kw. *abbr* kilowatt

K.W.H. *abbr* kilowatt-hour

L

L, l אֶל (האות השתים־עשׂרה באלפבית)

l. *abbr* liter, line, league, length

L. *abbr* Latin, Low

label *n* תָּוִית, תָּו

label *vt* הִדְבִּיק תָּוִית; סִיוֵּג

labial *adj, n* שְׂפִי, שְׂפָתִי; הֶגֶה שְׂפָתִי

labor *n* עֲבוֹדָה, עָמָל; חֶבְלֵי־לֵידָה

labor *vt, vi* עָמַל; הִתְאַמֵּץ

labor and management *n pl* עוֹבְדִים וּמַעֲסִיקִים

laboratory *n* מַעְבָּדָה

labored *adj* מְעוּבָּד; לֹא טִבְעִי

laborer *n* פּוֹעֵל, עוֹבֵד

laborious *adj* עוֹבֵד קָשֶׁה; מְיַיגֵּעַ

labor-management *n* (יחסי) עוֹבְדִים וּמַעֲסִיקִים

labor union *n* אִיגּוּד עוֹבְדִים

Labourite *n* חֲבֵר מִפְלֶגֶת הָעֲבוֹדָה

Labrador *n* לַבְּרָדוֹר

labyrinth *n* מָבוֹךְ, לַבִּירִינְת

lace *n* שְׂרוֹךְ; תַּחֲרִים

lace *vt, vi* קָשַׁר בִּשְׂרוֹךְ; קִישֵּׁט בְּתַחֲרִים

lace trimming *n* עִיטּוּרֵי תַּחֲרִים

lace work *n* תַּחֲרִים

lachrymose *adj* מַדְמִיעַ

lacing *n* רְקִימָה; שְׂרוֹךְ

lack *n* חוֹסֶר

lack *vt, vi* חָסַר, הָיָה חָסֵר

lackadaisical *adj* אָדִישׁ

lacking *prep, adj* בְּלִי; חָסֵר

lackluster *n, adj* חוֹסֶר זוֹהַר, עֲמִימוּת; חֲסַר זוֹהַר, עָמוּם

laconic, laconical *adj* לָקוֹנִי, קָצָר, מְמַעֵט בְּמִלִּים

lacquer *n, vt* לַכָּה; לִיכָּה

lacuna *n* שֶׁקַע; קֶטַע חָסֵר

lacy *adj* שֶׁל תַּחֲרִים

lad *n* צָעִיר, בָּחוּר

ladder *n* סוּלָּם, כֶּבֶשׁ

ladder *vi* נִקְרַע כְּ״רַכֶּבֶת״

ladder-truck *n* מַשָּׂאִית כַּבָּאִים

laden *adj* טָעוּן, עָמוּס

ladies' room *n* בֵּית־כִּיסֵּא לְנָשִׁים

ladle *n* מַצֶּקֶת

ladle *vt* יָצַק בְּמַצֶּקֶת

lady *n* גְּבֶרֶת

ladybird *n* פָּרַת מֹשֶׁה רַבֵּנוּ

ladyfinger *n* אֶצְבָּעִית

lady-in-waiting *n* נַעֲרַת הַמַּלְכָּה

ladykiller *n* ״קוֹטֵל נָשִׁים״

ladylike *adj* כִּגְבֶרֶת, כְּלֵיְדִי

ladylove *n* אֲהוּבָה

ladyship *n* הוֹד מַעֲלַת הַגְּבֶרֶת, מַעֲמָדָהּ שֶׁל לֵיְדִי

lady's-maid *n* מְשַׁמֶּשֶׁת שֶׁל גְּבֶרֶת

lady's man *n* גֶּבֶר כָּרוּךְ אַחַר נָשִׁים

lag *vi, n* פִּיגֵּר; פִּיגּוּר

lager beer *n* בִּירָה יְשָׁנָה

laggard *n, adj* מִתְמַהְמֵהַּ, פַּגְרָן

lagoon *n* מִפְרַץ מַיִם רְדוּדִים

laid paper *n* נְיָיר מְסוּרְגָּל

lair *n* מִרְבָּץ

laity *n* הֶדְיוֹטוּת; הֶדְיוֹטוֹת

lake *n* אֲגַם

lamb *n* טָלֶה, שֶׂה, כֶּבֶשׂ

lambaste *vt* הִכָּה נִמְרָצוֹת

lamb chop *n* צֶלַע כֶּבֶשׂ

lambkin *n* טָלֶה רַךְ

lambskin *n* עוֹר כְּבָשִׂים

lame *adj* חִיגֵּר, נְכֵה רַגְלַיִם

lame *vt, vi* שִׁיתֵּק, הֵטִיל מוּם

lamé *n* לָמֶה

lament *vt, vi* בָּכָה עַל, קוֹנֵן

lament *n* זְעָקָה, נְהִי

lamentable *adj* מְצַעֵר; מַעֲצִיב

lamentation *n* בְּכִי תַּמְרוּרִים, מִסְפֵּד

laminate *vt* הִפְרִיד לִשְׁכָבוֹת דַּקּוֹת

lamp *n* מְנוֹרָה, עֲשָׁשִׁית

lampblack *n, vt* פִּיחַ; פִּייֵּחַ

lamplight *n* אוֹר מְנוֹרָה

lamplighter *n* מַדְלִיק מְנוֹרוֹת־רְחוֹב

lampoon *n, vt* (חִיבֵּר) סָטִירָה חֲרִיפָה

lamppost *n* עַמּוּד פַּנַּס־רְחוֹב

lampshade *n* סוֹכֵךְ

lance *n* רוֹמַח

lance *vt* דָּקַר בְּאִזְמֵל; דָּקַר בְּרוֹמַח

lancet *n* אִזְמֵל

land *n* יַבָּשָׁה, אֶרֶץ, אֲדָמָה

land *vt, vi* עָלָה לַיַּבָּשָׁה; נָחַת; הִגִּיעַ, נִקְלַע

land breeze *n* רוּחַ קַלָּה (מהיבשה)

landed *adj* בַּעַל־אֲחוּזּוֹת

landfall *n* רְאִיַּת יַבָּשָׁה

land grant *n* הַקְצָאַת קַרְקַע

landholder *n* אָרִיס, חוֹכֵר

landing *n* עֲלִיָּיה לַיַּבָּשָׁה, נְחִיתָה

landing craft *n* כְּלִי־נְחִיתָה, נַחֶתֶת

landlady *n* בַּעֲלַת־בַּיִת

landless *adj* חֲסַר קַרְקַע, חֲסַר מוֹלֶדֶת

landlocked *adj* מְנוּתָּק מִן הַיָּם

landlord *n* בַּעַל־בַּיִת, בַּעַל אַכְסַנְיָה

landlubber *n* ״אוֹהֵב הַיַּבָּשָׁה״; בּוּר בְּהִלְכוֹת יָם
landmark *n* צִיּוּן דֶּרֶךְ
land office *n* מִשְׂרַד קַרְקָעוֹת, טַבּוּ
landowner *n* בַּעַל קַרְקָעוֹת
landscape *n* נוֹף, תְּמוּנַת נוֹף
landscapist *n* צַיַּר נוֹף
landslide *n* מַפּוֹלֶת הָרִים
landward *adv*, *adj* נִשְׁקָף אֶל פְּנֵי הַיַּבָּשָׁה
lane *n* רְחוֹב צַר, שְׁבִיל צַר
langsyne, lang syne *adv* לִפְנֵי זְמַן־רַב
language *n* לָשׁוֹן, שָׂפָה
languid *adj* חֲסַר מֶרֶץ, נִרְפֶּה
languish *vi* נֶחֱלַשׁ; נָבַל; נָמַק בְּגַעְגּוּעִים
languor *n* חוּלְשָׁה גוּפָנִית, עֲיֵפוּת
languorous *adj* חֲסַר עֵרָנוּת, חֲסַר חִיּוּנִיּוּת
lank *adj* כָּחוּשׁ וְגָבוֹהַּ
lanky *adj* גָּבוֹהַּ וְרָזֶה
lantern *n* פַּנָּס, תָּא הָאוֹר
lanyard *n* חֶבֶל קָצָר
lap *n* חֵיק
lap *vt*, *vi* קִיפֵּל, עָטַף; לִיקֵּק; חָפַף
lapboard *n* קֶרֶשׁ
lap-dog *n* כְּלַבְלָב
lapel *n* דַּשׁ הַבֶּגֶד
lapful *n* מְלוֹא
Laplander *adj* לַפְּלַנְדִּי
Lapp *adj*, *n* לַפִּי; לַפִּית
lapse *n* שְׁגִיאָה קַלָּה; סְטִיָּה; עֲבִירָה (של זמן)
lapse *vi* שָׁגָה, כָּשַׁל
lapwing *n* קִיוִוית
larceny *n* גְּנֵיבָה
larch *n* אַרְזִית
lard *n* שׁוּמַּן חֲזִיר
lard *vt* שִׁימֵּן בְּשׁוּמַּן חֲזִיר
larder *n* מְזָוֶוה
large *adj* גָּדוֹל
large intestine *n* הַמְּעִי הַגַּס
largely *adv* בְּמִידָּה רַבָּה
largeness *n* גּוֹדֶל; רוֹחַב־לֵב
large-scale *adj* גְּדוֹל קְנֵה־מִידָּה
lariat *n* פְּלָצוּר
lark *n* עֶפְרוֹנִי
lark *vi* עָלַץ, הִשְׁתַּעֲשַׁע
larkspur *n* דָּרְבָנִית, דֶּלְפִינְיוּם
larva *n* זַחַל
laryng(e)al *adj* גְּרוֹנִי
laryngitis *n* דַּלֶּקֶת הַגָּרוֹן
laryngoscope *n* רְאִי־גָּרוֹן
larynx *n* גָּרוֹן
lascivious *adj* תַּאַוְותָנִי
lasciviousness *n* תַּאַוְותָנוּת
lash *n* מַלְקוֹת; שׁוֹט; עַפְעַף
lash *vt* הִלְקָה, הִצְלִיף; חִיזֵּק, רִיתֵּק; הִידֵּק בְּחֶבֶל
lashing *n* הַלְקָאָה; הַתְקָפַת דְּבָרִים
lass *n* נַעֲרָה, בַּחוּרָה
lasso *n* פְּלָצוּר
last *adj*, *adv* אַחֲרוֹן; לָאַחֲרוֹנָה
last *vi* נִמְשַׁךְ, אָרַךְ; נִשְׁאַר קַיָּם
last *n* אִימוּם
lasting *adj* נִמְשָׁךְ; עָמִיד
lastly *adv* לְבַסּוֹף, לָאַחֲרוֹנָה
last name *n* שֵׁם מִשְׁפָּחָה
last night *n* אֶמֶשׁ
last straw *n* קַשׁ אַחֲרוֹן
Last Supper *n* הַסְּעוּדָה הָאַחֲרוֹנָה

last will and testament *n* צַוָּאָה אַחֲרוֹנָה
last word *n* מִלָּה אַחֲרוֹנָה
lat. *abbr* latitude
Lat. *abbr* Latin
latch *n* תֶּפֶס הַמַּנְעוּל, בְּרִיחַ
latch *vt, vi* סָגַר בִּבְרִיחַ
latchkey *n* מַפְתֵּחַ
latchstring *n* חֶבֶל בְּרִיחַ
late *adj, adv* מְאוּחָר; קוֹדֵם; מְאַחֵר; נִפְטָר; בִּמְאוּחָר
latecomer *n* מְאַחֵר לָבוֹא
lateen sail *n* מִפְרָשׂ לָטִינִי
lateen yard *n* סְקַרְיָה לְמִפְרָשׂ לָטִינִי
lately *adv* לָאַחֲרוֹנָה
latent *adj* כָּמוּס, נִסְתָּר
lateral *adj* צִדִּי, כְּלַפֵּי הַצַּד
lath *n* בַּד, בַּדִּיד
lathe *n* מַחֲרֵטָה
lathe *vi* פָּעַל בְּמַחֲרֵטָה
lather *n* קֶצֶף
lather *vt, vi* הֶעֱלָה קֶצֶף; הִקְצִיף
Latin *adj, n* לָטִינִי, רוֹמִי; לָטִינִית
Latin American *n, adj* (של) אֲמֵרִיקָה הַלָּטִינִית
latitude *n* קַו־רוֹחַב; רוֹחַב
latrine *n* בֵּית־כִּסֵּא, מַחֲרָאָה
latter *adj* מְאוּחָר יוֹתֵר, שֵׁנִי, אַחֲרוֹן
lattice *n, vt* סְבָכָה, רֶשֶׁת; רִישֵּׁת
latticework *n* מַעֲשֵׂה סְבָכָה
Latvia *n* לַטְבִיָּה
laudable *adj* רָאוּי לְשֶׁבַח
laudanum *n* מִשְׁרַת אוֹפְיוּם
laudatory *adj* מְשַׁבֵּחַ
laugh *vi, vt, n* צָחַק; צְחוֹק

laughable *adj* מְבַדֵּחַ, מַצְחִיק
laughing-gas *n* גַּאז מַצְחִיק
laughingstock *n* מַטָּרָה לְלַעַג
laughter *n* צְחוֹק
launch *vt, vi* שִׁילַּח; הִשִּׁיק; הִתְחִיל
launch *n* סִירָה גְדוֹלָה
launching *n* הַשָּׁקָה; שִׁילּוּחַ (טיל)
launder *vt, vi* כִּיבֵּס וְגִיהֵץ
launderer *n* כּוֹבֵס
laundress *n* כּוֹבֶסֶת
laundry *n* מִכְבָּסָה; כְּבִיסָה
laundryman *n* כּוֹבֵס, בַּעַל מִכְבָּסָה
laundrywoman *n* כּוֹבֶסֶת
laureate *adj* עָטוּר עֲלֵי דַפְנָה
laurel *n, vt* הָעָר הָאָצִיל; דַּפְנָה; תְּהִילָּה; עָנַד דַּפְנָה
lava *n* לָבָה
lavatory *n* חֲדַר־רַחְצָה
lavender *n* אַרְגָּמָן־כְּחַלְחַל
lavender water *n* מֵי בּוֹשֶׂם
lavish *adj* פַּזְרָנִי
lavish *vt* פִּיזֵּר
law *n* חוֹק, מִשְׁפָּט; כְּלָל
law-abiding *adj* שׁוֹמֵר חוֹק
law-breaker *n* עֲבַרְיָן
law court *n* בֵּית־מִשְׁפָּט
lawful *adj* חוּקִי
lawless *adj* מוּפְקָר, פּוֹרֵעַ חוֹק
lawmaker *n* מְחוֹקֵק
lawn *n* מִדְשָׁאָה
lawn mower *n* מַכְסַחַת דֶּשֶׁא
law office *n* מִשְׂרַד עוֹרֵךְ־דִּין
law student *n* סְטוּדֶנְט לְמִשְׁפָּטִים
lawsuit *n* תְּבִיעָה מִשְׁפָּטִית
lawyer *n* מִשְׁפְּטָן, עוֹרֵךְ־דִּין

lax *adj, n* רוֹפֵף; מְרוּשָּׁל; סַלְמוֹן צְפוֹנִי
laxative *adj, n* מְשַׁלְשֵׁל
lay *adj* חִילוֹנִי; לֹא מִקְצוֹעִי
lay *vt, vi* (laid) הִנִּיחַ, שָׂם; הִשְׁכִּיב
layer *n* שִׁכְבָה, נִדְבָּךְ
layer cake *n* עוּגַת רְבָדִים
layette *n* צוֹרְכֵי תִּינוֹק
lay figure *n* גּוֹלֶם אִישׁ
layman *n* חִילוֹנִי; הֶדְיוֹט; לֹא מִקְצוֹעִי
layoff *n* פִּיטוּרִים זְמַנִּיִּים
lay of the land *n* מַרְאֵה הַשֶּׁטַח
layout *n* שִׁיטּוּחַ; מַעֲרָךְ
lay-over *n* דְּחִיָּיה
lay sister *n* אָחוֹת חִילוֹנִית
laziness *n* עַצְלוּת
lazy *adj* עָצֵל
lazybones *n* עָצֵל
lb. *abbr* pound
l.c. *abbr* lower case
lea *n* שָׂדֶה
lead *vt, vi* נָהַג, הוֹבִיל; הָלַךְ בְּרֹאשׁ
lead *n* קְדִימָה; הֶקְדֵּם; הַנְהָגָה
lead *n* עוֹפֶרֶת, גְרָפִיט
leaden *adj* יְצוּק עוֹפֶרֶת, כָּבֵד
leader *n* מַנְהִיג, רֹאשׁ; מַאֲמָר רָאשִׁי
leader-dog *n* כֶּלֶב רָאשִׁי
leadership *n* מַנְהִיגוּת
leading *adj* עִיקָּרִי, רָאשִׁי
leading article *n* מַאֲמָר רָאשִׁי
leading man (lady) *n* שַׂחְקָן (ית) רָאשִׁי (ת)
leading question *n* שְׁאֵלָה מַנְחָה
leading-strings *n pl* מוֹשְׁכוֹת תִּינוֹק
lead-in-wire *n* תַּיִל כְּנִיסָה
lead pencil *n* עִיפָּרוֹן

leaf *n* עָלֶה; דַּף
leaf *vi, vt* עִלְעֵל; לִבְלֵב
leafless *n* חֲסַר עָלִים
leaflet *n* עֲלְעָל; עָלוֹן, כְּרוּז
leafy *adj* דְּמוּי עָלֶה
league *n* לִיגָה, חֶבֶר
League of Nations *n* חֶבֶר הַלְאוּמִּים
leak *n* דֶּלֶף, דְּלִיפָה
leak *vi, vt* דָּלַף, נָזַל; הִתְגַּלָּה
leakage *n* דְּלִיפָה
leaky *adj* דָּלִיף, דּוֹלֵף
lean *vi, vt* נִשְׁעַן; הִטָּה
lean *adj* כָּחוּשׁ; רָזֶה
leaning *n* נְטִיָּיה, מְגַמָּה
lean-to *n* סְכָכָה
leap *vt, vi* דִּילֵּג, קָפַץ; זִינֵּק
leap *n* דִּילּוּג, קְפִיצָה
leapfrog *n* מִפְשָׂק, קְפִיצַת מִפְשָׂק
leap year *n* שָׁנָה מְעוּבֶּרֶת
learn *vt, vi* לָמַד; נוֹכַח
learn by heart *vt* לָמַד עַל־פֶּה
learned *adj* מְלוּמָּד
learned journal *n* כְּתַב־עֵת מַדָּעִי
learned society *n* חֶבְרָה מַדָּעִית
learner *n* לוֹמֵד, מִתְלַמֵּד
learning *n* לְמִידָה, לִימּוּד; יְדִיעָה
lease *n, vt* חֲכִירָה, הֶחְכִּיר; חָכַר
leasehold *n* חֲכִירָה
leaseholder *n* חוֹכֵר
leash *n* רְצוּעָה, אַפְסָר
leash *vt* אָסַר בִּרְצוּעָה
least *adj, n, adv* הַפָּחוֹת בְּיוֹתֵר; פָּחוֹת מִכּוֹל
leather *n* עוֹר (מְעוּבָּד)
leatherneck *n* חַיָּיל בְּחֵיל הַנְּחָתִים

leathery *adj* דְּמוּי עוֹר
leave *n* רְשׁוּת; חוּפְשָׁה; פְּרֵידָה
leave *vt* הִשְׁאִיר, עָזַב; נִפְרַד
leaven *vt* הֶחְמִיץ, תָּסַס; הִשְׁפִּיעַ
leaven *n* שְׂאוֹר; תְּסִיסָה; הַשְׁפָּעָה
leavening *n* הַחְמָצָה
leave of absence *n* חוּפְשָׁה
leavetaking *n* פְּרִידָה
leavings *n pl* שִׁירַיִים
Lebanese *adj, n* לְבָנוֹנִי
Lebanon *n* לְבָנוֹן
lecher *n* שְׁטוּף תַּאֲווֹת בְּשָׂרִים
lechery *n* זִימָּה
lectern *n* קָתֶדְרָה
lecture *n* הַרְצָאָה; הַטָּפָה
lecture *vi* הִרְצָה; הִטִּיף מוּסָר
lecturer *n* מַרְצֶה; מַטִּיף
ledge *n* לַזְבֵּז; זִיז; אֹזֶן
ledger *n* סֵפֶר חֶשְׁבּוֹנוֹת
lee *n* חֲסִי, סֵתֶר רוּחַ
leech *n* עֲלוּקָה; טַפִּיל
leek *n* שׁוּם הַכְּרֵשׁ
leer *n* מַבָּט מְלוּכְסָן, מַבָּט נַכְלוּלִי
leer *vi* הִבִּיט בִּמְלוּכְסָן,
הִבִּיט מַבָּט נַכְלוּלִי
leery *adj* חוֹשְׁדָנִי, נִזְהָר
leeward *adj, n, adv* עִם הָרוּחַ; חָסוּי
Leeward Islands *n pl* אִיֵּי הֶחָסִי
leeway *n* סְחִיפָה, מִטְרַד רוּחַ
left *adj, adv* עָזוּב; שְׂמָאלִי; שְׂמֹאלָה
left *n* (צַד) שְׂמֹאל
left-hand drive *n* הֶגֶה שְׂמָאלִי
left-handed *adj, adv* שְׂמָאלִי
leftish *adj* שְׂמֹאלָנִי
leftist *n* שְׂמָאלִי

leftover *n* שִׁירַיִים
leftwing *n* אֲגַף שְׂמָאלִי
left-winger *n* אִישׁ הַשְּׂמֹאל
leg *n* רֶגֶל; יָרֵךְ; קֶטַע
legacy *n* יְרוּשָׁה
legal *adj* חוּקִי; מִשְׁפָּטִי
legality *n* חוּקִיּוּת
legalize *vt* אִישֵּׁר חוּקִית
legal tender *n* מַטְבֵּעַ חוּקִי,
הֵלֶךְ חוּקִי
legatee *n* יוֹרֵשׁ
legation *n* שְׁלִיחַת צִיר;
מִשְׁלַחַת צִירוּת
legend *n* אַגָּדָה
legendary *adj, n* אַגָּדִי; קוֹבֶץ אַגָּדוֹת
legerdemain *n* לַהֲטוּטִים
leggings *n* מוּקַיִים, חוּתָלוֹת
leggy *adj* אֶרֶךְ רַגְלַיִים
Leghorn *n* לֶגְהוֹרְן (גזע תרנגולות)
legible *adj* קָרִיא
legion *n* לִגְיוֹן; חַיִל, יְחִידָה
legislate *vi, vt* חָקַק
legislation *n* חֲקִיקָה, תְּחִיקָה
legislative *adj* מְחוֹקֵק
legislator *n* מְחוֹקֵק
legislature *n* בֵּית־מְחוֹקְקִים
legitimacy *n* כַּשְׁרוּת, חוּקִיּוּת
legitimate *adj* חוּקִי, כָּשֵׁר, מוּתָּר
legitimate *vt* אִישֵּׁר כְּחוּקִי
legitimatize *vt* אִישֵּׁר כְּחוּקִי
leg work *n* (דיבורית) עֲבוֹדַת רַגְלַיִים
leisure *n* פְּנַאי
leisure class *n* מַעֲמַד הַנֶּהֱנָתָנִים
leisurely *adj, adv* מְבוּצָּע
בִּמְתִינוּת; בִּמְתִינוּת

lemon *n* לִימוֹן; מִיץ הַלִּימוֹן
lemonade *n* לִימוֹנָדָה
lemon squeezer *n* מַסחֵט לִימוֹנִים
lemon verbena *n* עֵץ הַלִּימוֹן
lend *vt, vi* הִשאִיל; הִלוָה (כסף)
length *n* אוֹרֶך, מֶשֶך זְמַן
lengthen *vt, vi* הֶאֱרִיך; אָרַך
lengthwise *adv* לָאוֹרֶך
lengthy *adj* אָרוֹך
leniency *n* רַכּוּת, יָד רַכָּה
lenient *adj* רַך, רַחֲמָנִי, נוֹחַ
lens *n* עֲדָשָה
Lent *n* לֶנט
Lenten *adj* לֶנטִי
lentil *n* עֲדָשָה
leopard *n* נָמֵר
leotard *n* גַרבּוֹנִים
leper *n* מְצוֹרָע
leprosy *n* צָרַעַת
leprous *adj* מְצוֹרָע
Lesbian *adj* לֶסבּוֹאִי
lesbian *adj* סוֹלְלָנִית, לֶסבִּית
Lesbianism *n* סוֹלְלָנוּת, לֶסבִּיוּת
lese majesty *n* עֲבֵירָה נֶגֶד הַשִלטוֹן
lesion *n* פְּגִיעָה, לִיקוּי
less *adj, prep, n, adv* פָּחוֹת; קָטָן יוֹתֵר; מְעַט
lessee *n* חוֹכֵר, שוֹכֵר
lessen *vt, vi* הִפחִית; הִתמַעֵט
lesser *adj* פָּחוֹת
lesson *n* שִיעוּר
lessor *n* מַשׂכִּיר
lest *conj* פֶּן, שֶמָא
let *n* מַעצוֹר
let *vt, vi* הִרשָה, אִפשֵר; הִשׂכִּיר
letdown *n* אַכזָבָה; הַשפָּלָה
lethal *adj* מֵמִית
lethargic, lethargical *adj* יָשֵן, מְיוּשָן; אִטִי
lethargy *n* רִפיוֹן אֵיבָרִים
Lett *n* לֶטִי, לַטבִי; לַטבִית
letter *n* אוֹת, אוֹת־דְפוּס
letter-box *n* תֵּיבַת־מִכתָּבִים
letter carrier *n* דַווָר
letter drop *n* תֵּיבַת־מִכתָּבִים
letterhead *n* כּוֹתֶרֶת נְיַיר מִכתָּבִים
lettering *n* כְּתִיבַת אוֹתִיוֹת
letter of credit *n* מִכתַּב אַשרַאי
letter opener *n* פּוֹתחַן מִכתָּבִים
letter-paper *n* נְיַיר מִכתָּבִים
letter-perfect *adj* בָּקִי בְּתַפקִידוֹ
letterpress *n* הַטֶקסט הַמוּדפָּס
letter scales *n pl* מֹאזנֵי דוֹאַר
Lettish *adj, n* לַטבִי; לַטבִית
lettuce *n* חַסָה
letup *n* הַפסָקָה
leukemia, leucemia *n* לֵאוּקֶמִיָה
Levant *n* הַמִזרָח; מִזרַח הַיָם הַתִּיכוֹן
Levantine *n, adj* לֵבַנטִינִי, מִזרָחִי
levee *n* סֶכֶר דָיֵיק; קַבָּלַת־פָּנִים (ע״י מלך)
level *n, adj* מִשטָח; גוֹבַהּ, רוּם
level *vt* יִישֵר, שִיוָוה; אִיזֵן
level-headed *adj* מְיוּשָב בְּדַעתּוֹ
levelling rod *n* מוֹט אִיזוּן
lever *n* מָנוֹף, מוֹט
lever *vt, vi* הִשתַּמֵש בְּמָנוֹף
leverage *n* הֲנָפָה; מַעֲרֶכֶת מְנוֹפִים
leviathan *n* לִוויָתָן; סְפִינַת עֲנָק; עֲנָקִי

levitation *n* רִיחוּף
levity *n* קַלּוּת־דַּעַת
levy *vt, vi* הִטִּיל מַס, גָּבָה מַס
levy *n* מִיסּוּי; מַס
lewd *adj* שֶׁל זִימָּה, זִימָּנִי, תַּאַוְותָנִי
lewdness *n* זִימָּה
lexicographer *n* מְחַבֵּר מִילּוֹן, לֶקְסִיקוֹגְרָף
lexicographic(al) *adj* מִילּוֹנִי
lexicon *n* מִילּוֹן, לֶקְסִיקוֹן
liability *n* אַחֲרָיוּת, עֵירָבוֹן
liability insurance *n* בִּיטּוּחַ חָבוּת
liable *adj* עָלוּל, מְסוּגָּל; חַיָּיב
liaison *n* קִישּׁוּר, קֶשֶׁר; יַחֲסֵי אַהֲבָה לֹא חוּקִיִּים
liar *n* שַׁקְרָן
libel *n* הוֹצָאַת לַעַז בִּכְתָב
libel *vt* הוֹצִיא לַעַז בִּכְתָב
libelous *adj* מְהַוֶּה הוֹצָאַת דִּיבָּה בִּכְתָב
liberal *adj, n* סוֹבְלָנִי לִיבֶּרָלִי; רְחַב־אוֹפֶק
liberality *n* נְדִיבוּת
liberal minded *adj* לִיבֶּרָלִי בְּגִישָׁתוֹ
liberate *vt* שִׁחְרֵר
liberation *n* שִׁחְרוּר
liberator *n* מְשַׁחְרֵר
libertine *n, adj* מוּפְקָר
liberty *n* חוֹפֶשׁ, חֵירוּת
libidinous *adj* תַּאַוְותָנִי
libido *n* תַּאֲוַת־מִין; אֲבִיּוֹנָה
librarian *n* סַפְרָן
library *n* סִפְרִיָּיה
library school *n* בֵּית סֵפֶר לְסַפְרָנוּת
library science *n* סַפְרָנוּת

libretto *n* לִבְּרִית
licence, license *n* רִשְׁיוֹן, הַרְשָׁאָה; תְּעוּדַת־סְמִיכוּת; פְּרִיצוּת
licence plate *n* לוּחִית מִסְדָּר
licentious *adj* מוּפְקָר; לֹא מוּסָרִי
lichen *n* חֲזָזִית (צמח); יַלֶּפֶת
lick *vt, vi* לָקַק; לִיחֵךְ; לִחְלֵחַ
lick *n* לִיקּוּק, לִקְלוּק
licorice, liquorice *n* הַשּׁוּשׁ הַקֵּרֵחַ
lid *n* מִכְסֶה, כִּיסּוּי; עַפְעַף
lie *vi* שָׁכַב; שִׁיקֵּר
lie *n* אוֹפֶן תְּנוּחָה; מִרְבָּץ; שֶׁקֶר, כָּזָב
lie detector *n* מְכוֹנַת־אֱמֶת
lien *n* עִיכָּבוֹן, שִׁעְבּוּד
lieu *n* מָקוֹם
lieutenant *n* לֶפְטֶנַנְט, סֶגֶן
lieutenant-colonel *n* סְגַן־אַלּוּף
lieutenant-commander *n* לֶפְטֶנַנְט־קוֹמַנְדֶר
lieutenant-governor *n* סְגַן מוֹשֵׁל
lieutenant junior grade *n* סֶגֶן מִשְׁנֶה
life *n* חַיִּים, נֶפֶשׁ, חִיּוּנִיּוּת
life annuity *n* קִצְבַּת עוֹלָם
lifebelt *n* חֲגוֹרַת־הַצָּלָה
life boat *n* סִירַת הַצָּלָה
life-buoy *n* מְצוֹף־הַצָּלָה
life float *n* גַּלְגַּל הַצָּלָה
life guard *n* מִשְׁמַר חַיָּלִים; מַצִּיל
life imprisonment *n* מַאֲסַר עוֹלָם
life insurance *n* בִּיטּוּחַ חַיִּים
life jacket *n* חֲגוֹרַת־הַצָּלָה
lifeless *adj* חֲסַר חַיִּים; מֵת
lifelike *adj* דּוֹמֶה לַמְּצִיאוּת
lifeline *n* חֶבֶל הַצָּלָה
lifelong *adj* הַנִּמְשָׁךְ כָּל הַחַיִּים

life of leisure *n* חַיֵּי בַּטָּלָה

life-preserver *n* חֲגוֹרַת־הַצָּלָה

lifer *n* נִידּוֹן לְמַאֲסַר־עוֹלָם

lifesaver *n* מַצִּיל

life sentence *n* מַאֲסַר־עוֹלָם

life-size *n, adj* (דְמוּת) בְּגוֹדֶל טִבְעִי

lifetime *n* תְּקוּפַת הַחַיִּים

lifework *n* עֲבוֹדַת חַיִּים

lift *vt, vi* הֵרִים; רוֹמֵם; נָשָׂא; הִתְפַּזֵּר (ערפל וכד׳)

lift *n* הֲרָמָה, הֲנָפָה; הַסָּעָה; מַעֲלִית

ligament *n* רְצוּעָה; מֵיתָר

ligature *n* שֶׁנֶץ; קְשִׁירָה; קֶשֶׁר

light *n* אוֹר

light *adj* בָּהִיר; מוּאָר; קַל

light *vt, vi* (lit) הִדְלִיק, הֵאִיר

light *adv* קַל, בְּקַלּוּת

light bulb *n* נוּרָה

light complexion *n* עוֹר בָּהִיר

lighten *vt, vi* הֵקֵל; הִפְחִית מִשְׁקָל; הִרְגִּישׁ הֲקַלָּה; הֵאִיר

lighter *n* דּוֹבְרָה; מַצִּית

light-fingered *adj* זָרִיז

light-footed *adj* קַל־רֶגֶל

lightheaded *adj* קַל־רֹאשׁ

light-hearted *adj* חֲסַר דְּאָגָה

lighthouse *n* מִגְדַּלּוֹר

lighting *n* הַעֲלָאַת אוֹר

lighting fixtures *n pl* אַבְזְרֵי תְּאוּרָה

lightly *adj* בְּקַלּוּת מִשְׁקָל; בְּנַחַת

lightness *n* אוֹר, לוֹבֶן

lightning *n* בָּרָק

lightning rod *n* כַּלִּיא־רַעַם, כַּלִּיא בָּרָק

lightship *n* סְפִינַת מִגְדַּלּוֹר

light-weight *adj* קַל מִשְׁקָל; קַל־עֵרֶךְ

light-year *n* שְׁנַת־אוֹר

lignite *n* פֶּחָם חוּם

lignum vitae *n* עֵץ הַחַיִּים

likable *adj* חָבִיב, נָעִים

like *adj, adv, prep, conj* דּוֹמֶה ל...; כְּמוֹ; שָׁוֶה

like *n* דָּבָר דּוֹמֶה; נְטִיָּיה, חִיבָּה

like *vt, vi* חִיבֵּב, רָצָה

likelihood *n* נִרְאוּת, אֶפְשָׁרוּת

likely *adj, adv* מִתְקַבֵּל עַל הַדַּעַת

like-minded *adj* תְּמִים־דֵּעִים

liken *vt* הִשְׁוָה

likeness *n* דְּמוּת, תְּמוּנַת אָדָם; זֶהוּת

likewise *adv, conj* וְכֵן, בְּאוֹתוֹ אוֹפֶן

liking *n* נְטִיָּיה, חִיבָּה

lilac *n, adj* לִילָךְ

Lilliputian *n, adj* לִילִיפּוּטִי, גַּמָּד; גַּמָּדִי

lilt *n* שִׁיר קָצוּב; תְּנוּעָה קְצוּבָה

lily *n* לִילְיוּם; חֲבַצֶּלֶת

lily of the valley *n* פַּעֲמוֹנֵי מַאי

lily pad *n* עֲלֵה שׁוֹשַׁנַּת־מַיִם

Lima bean *n* שְׁעוּעִית שַׁהֲרוֹנִית

limb *n* גַּף, אֵיבָר

limber *adj* גָּמִישׁ

limber *vi* הִגְמִישׁ

limbo *n* גֵּיהִינּוֹם; שִׁכְחָה

lime *vt* סִיֵּיד; צָד עוֹפוֹת

limekiln *n* כִּבְשַׁן סִיד

limelight *n* אֲלוּמַּת־אוֹר; מֶרְכַּז הִתְעַנְיְינוּת

limit *n* גְּבוּל; קָצֶה

limit *vt* הִגְבִּיל, תָּחַם; צִמְצֵם

limited *adj* מוּגְבָּל; בְּעֵירָבוֹן מוּגְבָּל

limitless *adj* לְלֹא גְבוּל
limp *vi, n* צָלַע; צְלִיעָה
limp *adj* נֶעְדַר קַשְׁיוּת, רַךְ
limpid *adj* צָלוּל, בָּרוּר
linage *n* מִסְפַּר הַשּׁוּרוֹת (בְּחוֹמֶר מוּדְפָּס)
linchpin *n* קַטְרָב
linden, linden tree *n* טִילְיָה
line *n* קַו, שׁוּרָה; שִׂרְטוּט; מֶסֶר
line *vi, vt* סִידֵּר (בְּשׁוּרָה); הָלַךְ לְאוֹרֶךְ הַקַּו; כִּיסָּה בְּקְמָטִים; בִּיטֵּן
lineage *n* שַׁלְשֶׁלֶת יוּחֲסִין
lineament *n* קַו קְלַסְתֵּר
linear *adj* קַוִּי
lineman *n* קַוָּון
linen *n* פִּשְׁתָּן; לְבָנִים
linen closet *n* אֲרוֹן לְבָנִים
line of battle *n* קַו הַחֲזִית
liner *n* אוֹנִיַּת נוֹסְעִים
lineup *n* שׁוּרָה, מִסְדָּר; מַעֲרָךְ
linger *vi* הִשְׁתַּהָה; הֶאֱרִיךְ בּ...
lingerie *n* לְבָנִים
lingering *adj* מִשְׁתַּהֶה
lingual *adj, n* לְשׁוֹנִי; הֶגֶה לְשׁוֹנִי
linguist *n* בַּלְשָׁן
linguistic *adj* לְשׁוֹנִי; בַּלְשָׁנִי
liniment *n* מְסִיכָה, מִשְׁחָה
lining *n* אֲרִיג בִּטְנָה; בִּטְנָה
link *n* חוּלְיָה; קֶשֶׁר; חִיבּוּר
link *vt, vi* קִישֵּׁר, חִיבֵּר, הִתְחַבֵּר
linnet *n* חוֹחִית תַּפּוּחִית
linoleum *n* שַׁעֲמָנִית, לִינוֹל
linotype *n* מְסַדֶּרֶת לַיְינוֹטַייפּ
linotype *vt, vi* סִידֵּר בְּלַיְינוֹטַייפּ
linotype operator *n* סַדַּר לַיְינוֹטַייפּ
linseed *n* זֶרַע פִּשְׁתָּה
linseed oil *n* שֶׁמֶן פִּשְׁתִּים
lint *n* מִרְפָּד
lintel *n* מַשְׁקוֹף
lion *n* אַרְיֵה
lioness *n* לְבִיאָה
lionhearted *adj* אַמִּיץ־לֵב
lionize *vt* כִּיבֵּד אֲרָיוֹת שֶׁבַּחֲבוּרָה
lion's den *n* גּוֹב אַרְיֵה
lion's share *n* חֵלֶק הָאֲרִי
lip *n* שָׂפָה, שְׂפָתַיִים; דִּיבּוּר
lip-read *vi* קָרָא בַּשְּׂפָתַיִים
lip-service *n* מַס שְׂפָתַיִים
lipstick *n* שְׂפָתוֹן
liq. *abbr* liquid, liquor
liquefy *vt, vi* הָפַךְ לְנוֹזֵל
liqueur *n* לִיקֶר
liquid *adj* נוֹזֵל, נוֹזְלִי; בָּהִיר
liquid *n* נוֹזֵל
liquidate *vt, vi* שִׁילֵּם, חִיסֵּל; רָצַח; פֵּירֵק
liquidity *n* נְזִילוּת
liquor *n* מַשְׁקֶה מְזוּקָק
Lisbon *n* לִיסַבּוֹן
lisle *n* חוּטֵי לַייל
lisp *vi* שִׂפְתֵּת
lisp *n* שִׂפְתּוּת
lissom(e) *adj* גָּמִישׁ
list *n* רְשִׁימָה; נְטִיָּה לַצַּד (שֶׁל אוֹנִיָּה)
list *vt, vi* עָרַךְ רְשִׁימָה; נָטְתָה לַצַּד
listen *vi* הִקְשִׁיב, הֶאֱזִין
listener *n* מַאֲזִין
listening-post *n* מוּצַב הַאֲזָנָה
listless *adj* אָדִישׁ

lit. *abbr* liter, literal, literature
litany *n* תְּחִינּוֹת
liter, litre *n* לִיטֶר
literacy *n* יְדִיעַת קְרוֹא וּכְתוֹב
literal *adj, n* כִּכְתָבוֹ, מִילּוּלִי
literal translation *n* תַּרְגּוּם מִילּוּלִי
literary *adj* סִפְרוּתִי; בָּקִיא בְּסִפְרוּת
literate *adj* יוֹדֵעַ קְרוֹא וּכְתוֹב
literature *n* סִפְרוּת
lithe *adj* גָּמִישׁ
lithia *n* תַּחְמוֹצֶת לִיתְיוּם
lithium *n* לִיתְיוּם
lithograph *n, vi* לִיתוֹגְרָף; הִדְפִּיס בְּלִיתוֹגְרָף
lithography *n* לִיתוֹגְרַפְיָה
litigant *n, adj* מְעוֹרָב בִּתְבִיעָה מִשְׁפָּטִית
litigate *vt, vi* הִגִּישׁ תְּבִיעָה
litigation *n* הִתְדַּיְּינוּת
litmus *n* לַקְמוּס
litter *n* אַפִּרְיוֹן; אַשְׁפָּה; וְלָדוֹת שֶׁל הַמְלָטָה אַחַת
litter *vt* הֵכִין מַצַּע תֶּבֶן; פִּיזֵּר אַשְׁפָּה
litterateur *n* אִישׁ־סֵפֶר
litter bug *n* לַכְלְכָן
little *n* כַּמּוּת קְטַנָּה
little *adj* פָּעוּט, קָטָן; מְעַט, קְצָת
little *adv* בְּמִידָּה מוּעֶטֶת
Little Bear *n* הַדּוֹב הַקָּטָן
Little Dipper *n* הָעֲגָלָה הַקְּטַנָּה
little finger *n* זֶרֶת
little-neck *n* (צֶדֶף) קְצַר צַוָּאר
little owl *n* יַנְשׁוּף קָטָן
Little Red Riding Hood *n* כִּיפָּה אֲדוּמָּה
little slam *n* (בְּבְּרִידְג׳) מַכָּה קְטַנָּה
liturgic(al) *adj* פּוּלְחָנִי, לִיטוּרְגִי
liturgy *n* פּוּלְחָן
livable *adj* מַתְאִים לִחְיוֹת בּוֹ
live *vt, vi* חַי; חָיָה, גָּר
live *adj* חַי; מַמָּשִׁי; מָלֵא חַיִּים
livelihood *n* מִחְיָה
liveliness *n* פְּעִילוּת, רַעֲנַנּוּת
livelong *adj* אָרוֹךְ; שָׁלֵם
lively *adj* מָלֵא חַיִּים, פָּעִיל
liven *vt, vi* עוֹרֵר; הִתְעוֹרֵר
liver *n* כָּבֵד
livery *n* מַדֵּי מְשָׁרְתִים
livery *adj* בְּצֶבַע כָּבֵד
liveryman *n* סַיָּס
livery-stable *n* אוּרְוָה
livestock *n* הַמֶּשֶׁק הַחַי
livid *adj* כְּחַלְחַל; כָּחוֹל־אָפוֹר
living *n, adj* חַיִּים, פַּרְנָסָה; חַי, קַיָּם
living quarters *n pl* מְגוּרִים
living-room *n* טְרַקְלִין
lizard *n* לְטָאָה, חַרְדּוֹן
load *n* מִטְעָן, עוֹמֶס; הֶסְפֵּק; סֵבֶל
load *vt, vi* הִטְעִין (גם נשק); טָעַן; הֶעְמִיס; נִטְעַן
loaded *adj* טָעוּן, עָמוּס; (דיבורית) שָׁתוּי
loaf *n* (*pl* loaves) כִּיכַּר (לֶחֶם)
loaf *vi, vt* הִתְבַּטֵּל, בִּיטֵּל זְמַן
loafer *n* בַּטְלָן; נַעַל קַלָּה
loam *n* טִיט, חוֹמֶר
loamy *adj* חֲמַרְתִּי
loan *n* הַלְוָאָה; מִלְוֶה
loan *vt* הִלְוָה (כסף); הִשְׁאִיל
loan-shark *n* נוֹשֵׁךְ נֶשֶׁךְ

loath, loth *adj* חֲסַר רָצוֹן, מְמָאֵן
loathe *vt* שָׂנָא, תִּיעֵב
loathing *n* תִּיעוּב
loathsome *adj* נִתְעָב
lob *vi, vt* תִּילֵּל (בטניס)
lobby *n* מִסְדְרוֹן; קְבוּצַת שְׁתַדְּלָנִים
lobby *vt, vi* הִשְׁתַּדֵּל בְּעַד
lobbying *n* שְׁתַדְּלָנוּת
lobbyist *n* שְׁתַדְּלָן
lobster *n* סַרְטַן־יָם
lobster-pot *n* מַלְכּוֹדֶת סַרְטָנִים
local *adj* מְקוֹמִי; חֶלְקִי
local *n* תּוֹשַׁב אֵיזוֹר; עוֹבֵד מְקוֹמִי; סְנִיף מְקוֹמִי (של איגוד מקצועי)
locale *n* מָקוֹם, סְבִיבָה
locality *n* מָקוֹם, סְבִיבָה
localize *vt* עָשָׂה לִמְקוֹמִי; הִגְבִּיל לְמָקוֹם
locate *vt, vi* מִיקֵם; אִיתֵּר; הִתְיַישֵּׁב
location *n* מָקוֹם; מְקוֹם־מְגוּרִים; סְבִיבָה
loc. cit. *abbr* loco citato (Latin) בַּמָּקוֹם הַמְצוּטָט
lock *n* מַנְעוּל; בְּרִיחַ (גם בּרובה); סֶכֶר; קְווּצַּת שֵׂיעָר
lock *vt, vi* נָעַל, חָסַם, עָצַר; נֶעְצַר; חִיבֵּר; שִׁילֵּב; הִתְחַבֵּר; הִשְׁתַּלֵּב
locker *n* נוֹעֵל; אֲרוֹנִית
locket *n* מַשְׂכִּיָּה
lockjaw *n* צַפֶּדֶת הַלְּסָתוֹת
lock-out *n* הַשְׁבָּתָה
locksmith *n* מְתַקֵּן מַנְעוּלִים
lock step *n* צְעִדַת עָקֵב בְּצַד אֲגוּדָל
lockstitch *n* תֶּפֶר־קֶשֶׁר
lock tender *n* שׁוֹמֵר סֶכֶר
lockup *n* סְגִירָה; כֶּלֶא
lock washer *n* דִּיסְקִית בְּטִיחוּת
locus *n* (*pl* loci) מָקוֹם, סְבִיבָה
locust *n* אַרְבֶּה
lode, load *n* עוֹרֶק (של מרבצים)
lodestar, loadstar *n* כּוֹכָב מֵאִיר דֶּרֶךְ
lodge *vi, vt* לָן, הִתְאַכְסֵן; הֵלִין, אֵירֵחַ; הִפְקִיד (מסמך וכד׳); תָּקַע, נִתְקַע
lodge *n* אַכְסַנְיָה; צְרִיף
lodger *n* דַּיָּיר; מִתְאַכְסֵן
lodging *n* מְקוֹם־מְגוּרִים
loft *n* עֲלִיַּית־גַּג
lofty *adj* מְרוֹמָם; נִשְׂגָּב; מִתְנַשֵּׂא
log *n* קוֹרַת עֵץ
log *vi* כָּרַת עֵצִים; רָשַׁם בְּיוֹמַן אוֹנִיָּה
logarithm *n* לוֹגָרִיתם
logbook *n* יוֹמַן אוֹנִיָּה
log-cabin *n* צְרִיף עֵץ
log driving *n* הוֹבָלַת קוֹרוֹת עֵץ בְּנָהָר
logger *n* חוֹטֵב עֵצִים
loggerhead *n* בּוּל עֵץ, טִיפֵּשׁ
loggia *n* גְזוּזְטְרָה
logic *n* הִיגָּיוֹן, תּוֹרַת הַהִיגָּיוֹן
logical *adj* הֶגְיוֹנִי
logician *n* מוּמְחֶה בְּתוֹרַת הַהִיגָּיוֹן
logistic *adj* לוֹגִיסְטִי
logistics *n pl* לוֹגִיסְטִיקָה
log jam *n* פְּקָק בִּתְנוּעַת קוֹרוֹת עֵץ
logroll *vi, vt* עָשָׂה קְנוּנְיָה לְעֶזְרָה הֲדָדִית
loin *n* מוֹתֶן, חֶלֶץ
loincloth *n* לְבוּשׁ חֲלָצַיִים
loiter *vt, vi* הִשְׁתַּהָה, שׁוֹטֵט
loiterer *n* הוֹלֵךְ בָּטֵל

loll *vi* יָשַׁב בַּהֲסִיבָּה

lollipop, lollypop *n* סוּכָּרִיַּת מַקֵּל

London *n* לוֹנְדוֹן

lone *adj* בּוֹדֵד; לֹא מְיוּשָּׁב

loneliness *n* בְּדִידוּת

lonely *adj* בּוֹדֵד, גַּלְמוּדִי

lonesome *adj* גַּלְמוּד

long. *abbr* longitude

long *adj, adv* אָרוֹךְ, מְמוּשָּׁךְ; מִזְּמַן

long *vi* הִתְגַּעְגֵּעַ

long-boat *n* הַסִּירָה הַגְּדוֹלָה

long distance call *n* שִׂיחַת־חוּץ

long-drawn-out *adj* מְמוּשָּׁךְ

longevity *n* אֲרִיכוּת־יָמִים

longhair *n* אִינְטֶלֶּקְטוּאָל, מַשְׂכִּיל

longhand *n* כְּתִיבָה רְגִילָה

longing *n* גַּעְגּוּעִים

longing *adj* מִתְגַּעְגֵּעַ

longitude *n* קַו־אוֹרֶךְ

long-lived *adj* מַאֲרִיךְ יָמִים

long-playing record *n* תַּקְלִיט אֲרִיךְ־נֶגֶן

long primer *n* פְּרַיְימֶר אָרוֹךְ

long-range *adj* לְטוֹוָח אָרוֹךְ

longshore *adj* שֶׁלְּאוֹרֶךְ הַחוֹף

longshoreman *n* סַוָּר

long-standing *adj* מִשֶּׁכְּבָר

long-suffering *adj, n* סַבְלָן; סַבְלָנוּת

long-term *adj* לִזְמַן אָרוֹךְ

long-winded *adj* אַרְכָן, מַרְבֶּה לְדַבֵּר

long-windedly *adv* בַּאֲרִיכוּת יֶתֶר

look *vi, vt* הִסְתַּכֵּל, הִבִּיט; נִרְאָה

look *n* מַבָּט; מַרְאֶה

looker-on *n* צוֹפֶה

looking-glass *n* מַרְאָה, רְאִי

lookout *n* זָקִיף; צְפִיָּה; מַרְאֶה; מִצְפֶּה

loom *n* נוֹל, מַאֲרָגָה, מְכוֹנַת־אֲרִיגָה

loom *vi* הוֹפִיעַ בִּמְעוּרְפָּל; אָרַג בְּנוֹל

loony *adj, n* סַהֲרוּרִי, מְשׁוּגָּע

loop *n, vt* לוּלָאָה; עָשָׂה לוּלָאָה

loophole *n* אֶשְׁנָב; סֶדֶק; מָנוֹס

loose *adj* רָפֶה; תָּלוּשׁ; לֹא קָשׁוּר, חוֹפְשִׁי; מוּפְקָר; לֹא מְדוּיָּק; לֹא אָרוּז; לֹא צָפוּף

loose *vt* נִיתֵּק, הִתִּיר

loose end *n* חוֹסֶר עִיסּוּק

loose-leaf notebook *n* דַּפְדֶּפֶת נִתְלָשִׁים

loosen *vt, vi* הִתִּיר, שִׁחְרֵר; נִיתַּר; רוֹפֵף

looseness *n* רִפְיוֹן, הִתְרוֹפְפוּת

loosestrife *n* לִיסִימַכְיָה מְצוּיָּה; שָׁנִית גְּדוֹלָה

loose-tongued *adj* אֶרֶךְ־לָשׁוֹן

loot *n* שָׁלָל

loot *vt, vi* שָׁלַל

lop *vt* גִּזֵּם, זָמַר; כָּרַת

lopsided *adj* נוֹטֶה לְצַד אֶחָד

loquacious *adj* מַרְבֶּה דִּיבּוּר

lord *n* אָדוֹן; אָצִיל; ה׳

lord *vi* נָהַג כְּלוֹרְד, הִתְנַשֵּׂא

lordly *adj* גֵּא; נֶהְדָּר; לוֹרְדִי

lordship *n* אֲצִילוּת

Lord's supper *n* סְעוּדַּת הָאָדוֹן

lore *n* יֶדַע

lorry *n* מַשָּׂאִית

lose *vt, vi* אִיבֵּד; אָבַד לוֹ; הִפְסִיד; שָׁכַל

loser *n* מַפְסִיד; מְאַבֵּד

loss *n* אֲבֵידָה

loss of face *n* אוֹבְדַן יוּקְרָה
lost *adj* אָבוּד; אוֹבֵד; נִפְסָד
lost sheep *n* (דיבּוּרית) כִּבְשָׂה תּוֹעָה
lot *n* חֵלֶק; כַּמּוּת; גּוֹרָל
lotion *n* תְּמִיסָה; תַּרְחִיץ
lottery *n* הַגְרָלָה
lotus *n* לוֹטוּס
loud *adj* צַעֲקָנִי, קוֹלָנִי
loud *adv* בְּקוֹל רָם
loudmouthed *adj* צַעֲקָן
loudspeaker *n* רַמְקוֹל
lounge *vi* הֵסֵב; הִתְהַלֵּךְ בַּעֲצַלְתַּיִים
lounge *n* חֲדַר־אוֹרְחִים
lounge-lizard *n* שָׂכִיר לְרִיקּוּד
louse *n* (*pl* lice) כִּינָּה, טַפִּיל
lousy *adj* מְכוּנָּם; נִתְעָב
lout *n* בּוּר; אָדָם מְסוּרְבָּל
lovable *adj* חָבִיב
love *n* אַהֲבָה; אָהוּב
love *vt, vi* אָהַב, הָיָה מְאוֹהָב
love-affair *n* פָּרָשַׁת אֲהָבִים
lovebird *n* אֲגַפּוֹרְנִיס
love-child *n* יֶלֶד לֹא חוּקִי
loveless *adj* חֲסַר אַהֲבָה
lovely *adj* נֶחְמָד, נֶהְדָר
lovematch *n* נִישּׂוּאִין שֶׁבְּאַהֲבָה
lover *n* אוֹהֵב, מְחַזֵּר
love-seat *n* מוֹשָׁב לִשְׁנַיִים
lovesick *adj* חוֹלֵה אַהֲבָה
love-song *n* שִׁיר אַהֲבָה
loving-kindness *n* אַהֲבָה מִתּוֹךְ חֶסֶד
low *adj, adv* נָמוֹךְ; יָרוּד; חַלָּשׁ
low *n* דָּבָר נָמוֹךְ; שֵׁקַע; גְּעִיַּית פָּרָה
low *vi* גָּעָה
lowborn *adj* לֹא בַּעַל יִיחוּס
low-brow *n, adj* בַּעַל עֶרְכֵּי תַּרְבּוּת נְמוּכִים
Low Countries *n pl* אַרְצוֹת־הַשְּׁפֵלָה
low-down *adj* נָמוֹךְ, שָׁפֵל
low-down *n* עוּבְדוֹת אֲמִיתִּיּוֹת
lower *vt* הִנְמִיךְ; הִפְחִית; הוֹרִיד
lower *adj* נָמוֹךְ יוֹתֵר
lower, lour *vi* זָעַף, קָדַר
lower berth *n* מִיטַּת מַדָּף תַּחְתִּית
Lower California *n* קָלִיפוֹרְנְיָה הַתַּחְתּוֹנָה
lower middle class *n* הַמַּעֲמָד הַבֵּינוֹנִי הַנָּמוֹךְ
low frequency *n* תֶּדֶר נָמוֹךְ
low gear *n* הִילּוּךְ נָמוֹךְ
lowland *n* שְׁפֵלָה
lowly *adj* פָּשׁוּט; נָמוֹךְ; עָנָיו
Low Mass *n* טֶקֶס כְּנֵסִיָּיתִי נָמוֹךְ
low-minded *adj* שִׁפְלוּתִי, גַּס
low-neck *adj* בַּעַל מַחְשׂוֹף
low-pitched *adj* נְמוּךְ צְלִיל
low-pressure *adj* בַּעַל לַחַץ נָמוֹךְ
low-priced *adj* זוֹל
low shoe *n* נַעַל בַּעֲלַת עָקֵב נָמוֹךְ
low-speed *adj* נְמוּךְ מְהִירוּת
low spirits *n pl* דִּיכָּאוֹן, דִּכְדּוּךְ
low tide *n* שֵׁפֶל (בַּיָּם)
low visibility *n* רְאִיּוּת נְמוּכָה
low water *n* שֵׁפֶל (בַּיָּם); מַיִם רְדוּדִים
loyal *adj, n* נֶאֱמָן
loyalist *n* נֶאֱמָן (לַמִּשְׁטָר)
loyalty *n* נֶאֱמָנוּת
lozenge *n* כְּמוּסָה
L.P. *abbr.* long playing (record)
Ltd. *abbr* Limited

lubricious *adj* מוּפְקָר

lubricity *n* חֲלַקְלַקּוּת, שַׁמְנוּנִיּוּת

lucerne, lucern *n* אַסְפֶּסֶת מְצוּיָה

lucid *adj* מֵאִיר; בָּהִיר; בָּרוּר

Lucifer *n* לוּצִיפֶר

luckily *adv* לְמַרְבֵּה הַמַּזָּל

luckless *adj* חֲסַר מַזָּל

lucky *adj* שֶׁל מַזָּל

lucky hit *n* מַכַּת מַזָּל

lucrative *adj* מִשְׁתַּלֵּם

ludicrous *adj* מְגוּחָךְ

lug *vt, vi* מָשַׁךְ, סָחַב

lug *n* יָדִית; אָבִיק; חָף

luggage *n* מִטְעָן; מִזְוָדוֹת

lugubrious *adj* נוּגֶה

lukewarm *adj* פּוֹשֵׁר

lull *vt, vi* יִישֵּׁן; נִרְגַּע

lull *n* הֲפוּגָה

lullaby *n* שִׁיר עֶרֶשׂ

lumbago *n* מָתְנֶת

lumber *n* גְּרוּטָאוֹת; עֵצִים

lumber *vt, vi* הִתְנַהֵל בִּכְבֵדוּת

lumberjack *n* כּוֹרֵת עֵצִים

lumber-yard *n* מִגְרַשׁ לְמַחְסַן עֵצִים

luminary *n* גֶּרֶם שָׁמַיִם; מָאוֹר

luminescent *adj* נְהוֹרָנִי

luminous *adj* מֵאִיר; מוּאָר

lummox *n* גּוֹלֶם, שׁוֹטֶה

lump *n, adj* גּוּשׁ; חַבּוּרָה

lump *vt, vi* צָבַר; כָּלַל; הִצְטַבֵּר

lumpy *adj* מָלֵא גּוּשִׁים

lunacy *n* סַהֲרוּרִיּוּת

lunar *adj* יַרְחִי

lunar landing *n* נְחִיתָה עַל הַיָּרֵחַ

lunatic *adj, n* לֹא שָׁפוּי

lunatic asylum *n* בֵּית־חוֹלֵי־רוּחַ

lunatic fringe *n* מִיעוּט פָּנָאטִי

lunch *n* אֲרוּחַת־צָהֳרַיִים

lunch *vi* סָעַד בַּצָּהֳרַיִים

lunch basket *n* תִּיק אוֹכֶל

lunch cloth *n* מַפִּית אוֹכֶל

lunchroom *n* מִסְעָדָה לַאֲרוּחוֹת קַלּוֹת

lung *n* רֵיאָה

lunge *n, vi* תְּחִיבָה; גִּיחָה; תָּחַב; הָדַף

lurch *n* רְתִיעָה הַצִּדָּה; מְבוּכָה

lurch *vi* הוּסַט לְצַד

lure *n, vt* מְתַקֵּן פִּיתּוּי; פִּיתָּה

lurid *adj* נוֹרָא בִּצְבָעָיו; אָיוֹם

lurk *vi* אָרַב; הִסְתַּתֵּר

luscious *adj* טָעִים, עָרֵב; מְגָרֶה

lush *adj* עֲסִיסִי; שׁוֹפֵעַ

Lusitanian *n, adj* לוּזִיטָנִי, פּוֹרטוּגָלִי

lust *n, vi* תַּאֲוָה; עָגַב, הִתְאַוָּה

luster, lustre *n* זוֹהַר

lusterware *n* כְּלִי־חֶרֶס מַבְהִיק

lustful *adj* תַּאַוְתָנִי

lustrous *adj* מַבְרִיק, מַזְהִיר

lusty *adj* חָסוֹן; נִמְרָץ

lute *n* קַתְרוֹס; מֶרֶק, טִיחַ

Lutheran *adj, n* לוּתֶרָנִי

luxuriance *n* שֶׁפַע, עוֹשֶׁר

luxuriant *adj* שׁוֹפֵעַ, מְשׁוּפָּע

luxurious *adj* שֶׁל מוֹתָרוֹת

luxury *n* מוֹתָרוֹת

lye, lie *n* תְּמִיסַת חִיטּוּי

lying *adj* מְשַׁקֵּר; שׁוֹכֵב

lying-in *n, adj* שְׁכִיבַת יוֹלֶדֶת

lymph *n* לִימְפָה

lymphatic *adj* נִרְפֶּה, אִטִּי

lynch *vt* עָשָׂה מִשְׁפַּט לִינְץ׳
lynching *n* עֲשִׂיַּת לִינְץ׳
lynx *n* חֲתוּל פֶּרֶא
lynx-eyed *adj* חַד־רְאוּת
lyre *n* כִּינּוֹר דָּוִד
lyric *n* לִירִיקָה; שִׁיר לִירִי
lyrical *adj* לִירִי
lyricist *n* מְשׁוֹרֵר לִירִי

M

M, m *n* אֶם (האות השלוש־עשרה באלפבית)
ma'am *n* גְבֶרֶת
macadam *adj* עָשׂוּי שִׁכְבוֹת חָצָץ (לפי שיטת מקאדם)
macadamize *vt* רִיבֵּד בְּחָצָץ (כנ״ל)
macaroni *n* אִטְרִיּוֹת
macaroon *n* מַקָּרוֹן
macaw *n* מָקָאוֹ
mace *n* שַׁרְבִיט; מוּסְקָטִית רֵיחָנִית
machination *n* תַּחְבּוּלָה, מְזִימָּה
machine *vt* יִיצֵּר בְּמְכוֹנָה
machine *n* מְכוֹנָה
machine-gun *n* מְכוֹנַת־יְרִיָּיה
machine-made *adj* מְיוּצָּר בִּמְכוֹנָה
machinery *n* מַעֲרֶכֶת־מְכוֹנוֹת
machine screw *n* בּוֹרֶג לְמַתֶּכֶת
machine shop *n* מַסְגֵרִיָּיה לְתִיקּוּן מְכוֹנוֹת
machine tool *n* מְכוֹנַת כֵּלִים
machinist *n* מְכוֹנַאי
mackerel *n* קוֹלְיָס
mac(k)intosh *n* מְעִיל־גֶשֶׁם
mad *adj* מְטוֹרָף; מְשׁוּגָּע; רוֹגֵז
madam(e) *n* גְבֶרֶת; גְבִרְתִּי
madcap *n* עֵרָנִי, פָּזִיז
madden *vt* שִׁיגֵּעַ; הִרְגִּיז
made-to-order *adj* עָשׂוּי לְפִי מִידָּה, עָשׂוּי לְפִי הַזְמָנָה
madhouse *n* בֵּית־חוֹלֵי־רוּחַ
madman *n* מְטוֹרָף, מְשׁוּגָּע
madness *n* טֵירוּף, שִׁיגָּעוֹן
Madonna *n* מָדוֹנָה
maelstrom *n* מְעַרְבּוֹלֶת
magazine *n* כְּתַב־עֵת; מַחְסַן־תַּחְמוֹשֶׁת
maggot *n* רִימָּה, זַחַל זְבוּב
Magi (*pl of* magus) הָאַמְגוּשִׁים
magic *n* קֶסֶם, כִּישּׁוּף
magic *adj* שֶׁל קֶסֶם
magician *n* קוֹסֵם
magistrate *n* שׁוֹפֵט שָׁלוֹם
magnanimous *adj* גְדוֹל־נֶפֶשׁ
magnesium *n* מַגְנִיּוֹן, מַגְנֶזְיוּם
magnet *n* מַגְנֵט
magnetic *adj* מַגְנֵטִי, מוֹשֵׁךְ
magnetism *n* מַגְנֵטִיּוּת; כּוֹחַ מְשִׁיכָה
magnetize *vt* מִגְנֵט
magneto *n* מַגְנֵטוֹ

magnificent *adj* רַב־הוד, מְפוֹאָר
magnify *vt* הִגְדִּיל; הִגְזִים, פֵּיאֵר
magnifying glass *n* זְכוּכִית מַגְדֶּלֶת
magnitude *n* גּוֹדֶל; גּוֹדֶל רַב
magpie *n* עוֹרֵב הַנְּחָלִים
Magyar *adj, n* מַדְיָארִי; הוּנְגָרִית
mahlstick *n* מַקֵּל צַיָּרִים
mahogany *n* תּוֹלַעְנָה
Mahomet *see* Mohammed
maid *n* עַלְמָה, לֹא נְשׂוּאָה; מְשָׁרֶתֶת
maiden *adj* לֹא נְשׂוּאָה
maiden *n* נַעֲרָה, בַּחוּרָה
maidenhair *n* שַׂעֲרוֹת שׁוּלַמִּית
maidenhead *n* בְּתוּלִיּוּת, בְּתוּלִים
maidenhood *n* בְּתוּלִיּוּת
maiden lady *n* רַוּוקָה
maid-in-waiting *n* שׁוֹשְׁבִינָה
maidservant *n* מְשָׁרֶתֶת
mail *n* דּוֹאַר, דִּבְרֵי דוֹאַר
mail *vt* שָׁלַח בַּדּוֹאַר
mailbag *adj* שַׂק דוֹאַר
mailboat *n* אוֹנִיַּת־דוֹאַר
mailbox *n* תֵּיבַת־מִכְתָּבִים
mail car *n* מְכוֹנִית־דוֹאַר
mail carrier *n* דַּוָּור
mailing list *n* רְשִׁימַת נִמְעָנִים
mailing permit *n* רִשְׁיוֹן לְהַחְתָּמַת 'שׁוּלַּם'
mailman *n* דַּוָּור
mail-order house *n* חֶבְרַת אַסְפָּקָה בַּדּוֹאַר
maim *vt* גָּרַם נָכוּת
main *adj* עִיקָּרִי, רָאשִׁי
main *n* עִיקָּר; גְּבוּרָה
main deck *n* סִיפּוּן רָאשִׁי
mainland *n* יַבֶּשֶׁת
main line *n* קַו רָאשִׁי
mainly *adv* בְּעִיקָּר
mainmast *n* תּוֹרֶן רָאשִׁי
mainsail *n* מִפְרָשׂ רָאשִׁי
mainspring *n* קְפִיץ עִיקָּרִי
mainstay *n* סָמוֹךְ מֶרְכָּזִי; מְפַרְנֵס
maintain *vt* תָּמַךְ; קִיֵּם; טָעַן
maintenance *n* אַחֲזָקָה; הַמְשָׁכָה
maitre d'hotel *n* מְנַהֵל הַמָּלוֹן
maize *n* תִּירָס
majestic *adj* מַלְכוּתִי, נֶהְדָּר
majesty *n* רוֹמְמוּת; הָדָר
major *adj* עִיקָּרִי; בָּכִיר; מָז'וֹרִי; רוּבָּנִי
major *n* רַב־סֶרֶן; מִקְצוֹעַ רָאשִׁי
major *vi* בָּחַר כְּמִקְצוֹעַ רָאשִׁי
Majorca *n* מָיוֹרְקָה
major general *n* אַלּוּף, מֵיג'וֹר גֶ'נֶרָל
majority *n, adj* (שֶׁל) רוֹב; בַּגְרוּת
make *n* תּוֹצֶרֶת, מוּצָר
make *vt, vi* (made) עָשָׂה, יָצַר; הִיוָוה
make-believe *n, adj* (שֶׁל) הַעֲמָדַת־פָּנִים
maker *n* עוֹשֶׂה, יוֹצֵר; הַבּוֹרֵא
make-up *n* אִיפּוּר
make-up man *n* מְאַפֵּר
malachite *n* מַלָכִיט
maladjustment *n* אִי־הַתְאָמָה
malady *n* מַחֲלָה
malaise *n* הַרְגָּשַׁת חוֹלִי
malaria *n* קַדַּחַת
Malay *n, adj* מָלַאִי; מָלָאִית
malcontent *adj, n* לֹא מְרוּצֶה; מַר־נֶפֶשׁ

male *adj, n* (שֶׁל) זָכָר; (שֶׁל) גֶּבֶר
malediction *n* קְלָלָה
malefactor *n* גּוֹמֵל רָע
male nurse *n* אָח (רחמן)
malevolent *adj* מְרוּשָׁע
malice *n* רֶשַׁע, רִשְׁעוּת
malicious *adj* נוֹטֵר אֵיבָה, זְדוֹנִי
malign *vt* הִלְעִיז עַל
malign *adj* מַזִּיק, מַשְׁחִית
malignant *adj* רָע; מַמְאִיר
malignity *n* רוֹעַ
malinger *vi* הִתְחַלָּה
mall *n* שְׂדֵירָה
mallet *n* מַקֶּבֶת; פַּטִּישׁ עֵץ
malnutrition *n* תְּזוּנָה לְקוּיָה, תַּתְזוּנָה
malodorous *adj* מַסְרִיחַ
malt *n* לֶתֶת; בִּירָה
maltreat *vt* נָהַג בְּאַכְזְרִיּוּת כְּלַפֵּי
mamma, mama *n* אִמָּא
mammal *n* יוֹנֵק
mammalian *adj* שַׁיָּךְ לַיּוֹנְקִים
mammoth *n, adj* מַמּוּתָה
man *n* (*pl* men) אָדָם, אִישׁ; גֶּבֶר
man *vt* סִיפֵּק אֲנָשִׁים, אִיֵּשׁ
manacle *n, vt* כְּבָלִים; כָּבַל
manage *vt, vi* נִיהֵל; עָלָה בְּיָדוֹ
manageable *adj* שֶׁאֶפְשָׁר לְנַהֲלוֹ; שֶׁאֶפְשָׁר לְהִשְׁתַּלֵּט עָלָיו
management *n* הַנְהָלָה; נִיהוּל
manager *n* מְנַהֵל; אֲמַרְגָּן (לגבי שחקן)
managerial *adj* הַנְהָלָתִי, מִנְהָלָתִי
mandate *n* מַנְדָּט; מְמוּנּוּת; צַו
mandolin(e) *n* מַנְדּוֹלִינָה
mane *n* רַעְמָה

manful *adj* גַּבְרִי, אַמִּיץ
manganese *n* מַנְגָּן
mange *n* שְׁחִין בְּהֵמוֹת
manger *n* אֵיבוּס
mangle *vt* רִיסֵּק; עִיגֵּל
mangle *n* מַעְגִּילָה
mangy *adj* נְגוּעַ שְׁחִין
manhandle *vt* טִיפֵּל בְּצוּרָה גַּסָּה
manhole *n* כַּוָּוה, גּוֹב
manhood *n* גַּבְרוּת; בַּגְרוּת; אוֹמֶץ
manhunt *n* צֵיד אָדָם
mania *n* שֶׁגַע, שִׁיגָּעוֹן, מַנְיָה
maniac *n, adj* שִׁיגֵּעַ, מוּכֵּה שִׁיגָּעוֹן
manicure *n* תִּצְפּוֹרֶת, תִּשְׁפּוֹרֶת־צִפּוֹרְנַיִים, מָנִיקוּרָה
manicure *vt* תִּצְפֵּר, טִיפֵּל בַּצִּפּוֹרְנַיִים, עָשָׂה מָנִיקוּרָה
manicurist *n* מָנִיקוּרִיסְט
manifest *adj, n* בָּרוּר; מִצְהָר
manifest *vt, vi* הֶרְאָה בָּרוּר; נִרְאָה
manifesto *n* גִּילּוּי־דַּעַת, מִנְשָׁר
manifold *adj, n* (דבר) רַב־פָּנִים; עוֹתֶק
manifold *vt* שִׁכְפֵּל
manikin *n* גַּמָּד; דוּגְמָן
manipulate *vt, vi* פָּעַל בְּיָדָיו; טִיפֵּל בִּתְבוּנָה; הִפְעִיל בְּעוֹרְמָה
manipulation *n* טִיפּוּל, פְּעוּלָּה; הַשְׁפָּעָה לֹא הוֹגֶנֶת
mankind *n* הָאֱנוֹשׁוּת
manliness *n* גַּבְרִיּוּת
manly *adj* גַּבְרִי
manned spaceship *n* חֲלָלִית מְאוּיֶּשֶׁת
mannequin *n* אִימּוּם; דוּגְמָן, דוּגְמָנִית
manner *n* אוֹפֶן, דֶּרֶךְ; נוֹהַג; נִימּוּס; סוּג

mannish *adj* גַּבְרִי; גַּבְרִית
man of letters *n* אִישׁ סִפְרוּת
man of means *n* בַּעַל אֶמְצָעִים
man of the world *n* אִישׁ הָעוֹלָם הַגָּדוֹל
man-of-war *n* אוֹנִיַּת־מִלְחָמָה
manor *n* אֲחוּזָּה
manorhouse *n* בֵּית בַּעַל אֲחוּזָּה
manpower *n* כּוֹחַ אָדָם
mansard *n* גַּג דוּ־שִׁיפּוּעִי
manservant *n* מְשָׁרֵת
mansion *n* אַרְמוֹן, בַּיִת גָּדוֹל
manslaughter *n* הֲרִיגַת אָדָם
mantel, mantelpiece *n* אֶדֶן הָאָח
mantle *n* מְעִיל, כְּסוּת
mantle *vt, vi* כִּיסָּה; הִסְמִיק
manual *adj* שֶׁל יָד
manual *n* מַדְרִיךְ, סֵפֶר שִׁימּוּשִׁי
manual training *n* אִימּוּן בִּמְלֶאכֶת־יָד
manufacture *vt, vi* יִיצֵּר; הִמְצִיא
manufacture *n* חֲרוֹשֶׁת, יִיצּוּר
manufacturer *n* חֲרוֹשְׁתָּן, יַצְּרָן
manuscript *n* כְּתַב־יָד
many *adj* רַבִּים, הַרְבֵּה
manysided *adj* רַב־צְדָדִי
map *n, vt* מַפָּה; מִיפָּה
maple *n* אֶדֶר
maquette *n* דֶּגֶם רִאשׁוֹנִי
mar *vt* הִזִּיק, הִשְׁחִית
maraud *vi, vt* פָּשַׁט, שָׁדַד
marauder *n* פּוֹשֵׁט, שׁוֹדֵד
marble *n, adj* שַׁיִשׁ; שַׁיִשִׁי; צוֹנֵן
marble *vt* שִׁיֵּשׁ
marbles *n pl* גּוּלוֹת

March *n* מַארס
march *n* צְעִידָה, מִצְעָד, צְעָדָה; נְגִינַת־לֶכֶת; גְּבוּל
march *vt, vi* צָעַד, צָעַד בְּקֶצֶב; הִצְעִיד; גָּבַל
marchioness *n* מַרְקִיזָה
mare *n* סוּסָה
margarine *n* מַרְגָּרִינָה
margin *n* שׁוּלַיִים; קָצֶה
marginal *adj* שׁוּלִי, גְּבוּלִי
margin release *n* מַתִּיר הַשּׁוּלַיִים
marigold *n* עוֹגֵל, טָגֵטֶס
marihuana, marijuana *n* קַנַּבּוֹס הוֹדִי, מָרִיכוּאָנָה
marine *adj* יַמִּי, צִיִּי
marine *n* צִי הַמְּדִינָה; נֶחָת
mariner *n* מַלָּח, יוֹרֵד יָם
marionette *n* בּוּבַּת תֵּיאַטְרוֹן, מַרְיוֹנֶטָה
marital *adj* שֶׁל נִישּׂוּאִים
marital status *n* מַעֲמָד אֶזְרָחִי
maritime *adj* יַמִּי; צִיִּי; חוֹפִי
marjoram *n* אֲזוֹבִית; אֵיזוֹב
mark *n* סִימָן; עִקְבָה; צִיּוּן; מַארק (מטבע)
mark *vt, vi* צִיֵּין, סִימֵּן; הִתְוָה
mark-down *n* הֲנָחָה (במחיר)
market *n* שׁוּק
market *vt, vi* שִׁיוֵּק
marketable *adj* שָׁוִויק
marketing *n* שִׁיווּק
market-place *n* שׁוּק, רַחֲבַת־שׁוּק
marking gauge *n* מְסַמֵּן קַו
marksman *n* קַלָּע
marksmanship *n* קַלָּעוּת

mark-up *n* הַעֲלָאַת מְחִיר
marl *n, vt* חֲווָרָה; דִישֵּׁן בְּחֲווָרָה
marmalade *n* מִרְקַחַת, מַרְמֶלָדָה
maroon *n, adj* זִיקוּק אֵשׁ
maroon *vt* נָטַשׁ בְּחוֹף אוֹ בְּאִי שׁוֹמֵם
marquee *n* אוֹהֶל גָדוֹל
marquis *n* מַרְקִיז
marquise *n* מַרְקִיזָה
marriage *n* נִישׂוּאִים
marriageable *adj* שֶׁהִגִיעַ לְפִרְקוֹ
marriage portion *n* נְדוּנְיָה
married *adj* נָשׂוּי, נְשׂוּאָה
marrow *n* לְשַׁד, מוֹחַ עֲצָמוֹת; קִישׁוּא
marry *vi, vt* נָשָׂא אִשָּׁה, נִישְּׂאָה; הִשִּׂיא
Mars *n* מַרְס; מַאְדִים
Marseille *n* מַרְסֵיי
marsh *n* בִּיצָה
marshal *n* מַרְשָׁל
marshal *vt* סִידֵּר, אִרְגֵן; הִכְוִין
marsh-mallow *n* חוֹטְמִית רְפוּאִית, סוּכָּרִיַּת חוֹטְמִית
marshy *adj* בִּיצָתִי
martial *adj* מִלְחַמְתִּי; צְבָאִי
martially *adv* כְּלוֹחֵם, בְּמִלְחַמְתִּיוּת
martin *n* סְנוּנִית
martinet *n* תּוֹבֵעַ מִשְׁמַעַת נוּקְשָׁה
martyr *n* מְקוּדַּשׁ שֵׁם
martyr *vt* עָשָׂה לְקָדוֹשׁ
marvel *n, vi* פֶּלֶא; הִתְפַּעֵל
marvelous *adj* נִפְלָא, נֶהְדָר
Marxist *n* מַרְקְסִיסְט
masc. *abbr* masculine
mascara *n* פּוּךְ עֵינַיִים
mascot *n* קָמֵיעַ
masculine *adj* גַּבְרִי; מִמִּין זָכָר
mash *n* כְּתוֹשֶׁת; בְּלִילָה
mash *vt* כָּתַשׁ; רִיסֵּק
masher *n* מַרְסֵק
mask *n* מַסֵּכָה
mask *vt, vi* כִּיסָּה בְּמַסֵּכָה, הִתְחַפֵּשׂ
mason *n* בַּנַּאי; בּוֹנֶה חוֹפְשִׁי
masonry *n* בְּנִי אֶבֶן, בְּנִיָּיה
Masora *n* מָסוֹרָה
Masoretic *adj* שֶׁל הַמָּסוֹרָה, עַל־פִּי הַמָּסוֹרֶת
masquerade *n, vt* תַּחְפּוֹשֶׂת; הַעֲמָדַת־פָּנִים; הִתְחַפֵּשׂ; הֶעֱמִיד פָּנִים
masquerade ball *n* נֶשֶׁף־מַסֵּכוֹת
mass *n* מִיסָּה (קָתוֹלִית)
mass *vt, vi* צָבַר, קִיבֵּץ; נֶעֱרַם; הִקְהִיל; נִקְהַל
massacre *n, vt* טֶבַח; טָבַח
massage *n, vt* מָשָׁשׁ, עִיסּוּי; עִיסָּה
masseur *n* עַסְיָין
masseuse *n* עַסְיָינִית
massive *adj* מָלֵא, מַסִּיבִי; כָּבֵד
mast *n* תּוֹרֶן; פִּרְיֵ עֲצֵי יַעַר
master *vt, vi* הִשְׁתַּלֵּט עַל, מָשַׁל; הִתְמַחָה בּ...
master *n* אָדוֹן; מוּסְמָךְ; מוֹרֶה; אוּמָּן
master builder *n* קַבְּלַן בִּנְיָן, מְהַנְדֵּס
masterful *adj* אַדְנוּתִי; נִמְרָץ
master-key *n* כּוֹל פּוֹתֵחַ
masterly *adj, adv* אוּמָּנוּתִי; כָּרָאוּי לְמוּמְחֶה
master mechanic *n* רַב־מְכוֹנַאי
mastermind *n* מְתַכְנֵן רָאשִׁי
Master of Arts (Science) *n* מוּסְמָךְ לְמַדָּעֵי־הָרוּחַ (הַטֶּבַע)

masterpiece *n* יְצִירָה מְעוּלָּה
master-stroke *n* צַעַד גְאוֹנִי
mastery *n* מוּמחִיוּת; שְׁלִיטָה
masthead *n* רֹאשׁ הַתּוֹרֶן
masticate *vt* לָעַס
mastiff *n* מַסטִיף
masturbate *vi* אוֹנֵן
mat *n* מִדרָסָה, מַחֲצֶלֶת
mat *vt* רִיפֵּד, קָלַע
mat(t) *adj, n* עָמוּם, דֵהֶה
mat(t) *vt* הִכהָה, הִדהָה
match *n* אָדָם שָׁקוּל כְּנֶגֶד; גַפרוּר; תַּחֲרוּת; שִׁידּוּךְ
match *vt, vi* הֶעֱמִיד כִּמְתחָרֶה; הִתאִים; תֵּיאֵם; זִיוּוֵג
matchless *adj* אֵין כָּמוֹהוּ
matchmaker *n* שַׁדְּכָן
mate *n* (בשחמט) מַט; חָבֵר, עָמִית; בֶּן־זוּג
mate *vt, vi* חִיתֵּן, שִׁידֵּךְ; הִתחַבֵּר; הִתחַתֵּן; (בשחמט) נָתַן מַט
material *adj* חוֹמרִי, מָטֶרְיָלִי
material *n* חוֹמֶר; אָרִיג
materialism *n* חוֹמרָנוּת
materialize *vt, vi* הִתגַשֵּׁם; קִיבֵּל צוּרָה מוּחָשִׁית
maternal *adj* אִמָּהִי; מִצַּד הָאֵם
maternity *n* אִמָּהוּת
matey *n* (דיבורית) חָבֵר
mathematical *adj* מָתֵימָטִי
mathematician *n* מָתֵימָטִיקַאי
mathematics *n* מָתֵימָטִיקָה
matinee, matinée *n* הַצָּגַת בּוֹקֶר, הַצָּגָה יוֹמִית
mating season *n* עוֹנַת הַהִזדַוּוְגוּת

matins *n* תְּפִילַּת שַׁחֲרִית (בכנסייה האנגליקנית)
matriarch *n* מַטרִיאַרכִית
matricide *n* הוֹרֵג אִמּוֹ; רֶצַח אֵם
matriculate *vt, vi* רָשַׁם (וכן נרשם) לְבֵית־סֵפֶר גָבוֹהַּ
matrimony *n* נִישׂוּאִים
matron *n* אִישָּׁה נְשׂוּאָה; אֵם בַּיִת; מַטרוֹנָה
matronly *adj* כְּמַטרוֹנָה
matter *n* חוֹמֶר; דְבַר דְפוּס; עִניָין
matter *vi* הָיָה חָשׁוּב
matter-of-fact *adj* כַּהֲוָויָתוֹ, עוּבדָתִי
mattock *n* טוּרִיָּה, מַעדֵר
mattress *n* מִזרָן, מַצָּע
mature *adj* בָּשֵׁל, מְבוּגָּר
mature *vt, vi* בָּשַׁל, בָּגַר
maturity *n* בַּגרוּת, בְּשֵׁלוּת
maudlin *adj* בַּכְייָנִי
maul, mall *vt* חִיבֵּל; נָהַג בְּגַסּוּת
maulstick *n* מַקַּל צַייָּרִים
Maundy Thursday *n* יוֹם הַחֲמִישִׁי הַקָּדוֹשׁ (בנצרות)
mausoleum *n* מָאוּזוֹלֵאוּם
maw *n* פֶּה, זֶפֶק; קֵיבָה
mawkish *adj* גוֹעֲלִי; רַגשָׁנִי
max. *abbr* maximum
maxim *n* מֵימְרָה, מָשָׁל
maximum *n, adj* הַמְרוּבֶּה, מֵירָב; מֵירָבִּי
may (might) *vi* מוּתָּר, אֶפשָׁר, הַלְוַאי; אוּלַי
May Day *n* אֶחָד בְּמַאי
maybe *adv* אוּלַי, יִיתָּכֵן
mayhem *n* חַבָּלָה זְדוֹנִית בַּגוּף

mayonnaise *n* מְיוֹנִית
mayor *n* רֹאשׁ עִיר
mayoress *n* (אישה) רֹאשׁ עִיר
maze *n* מָבוֹךְ; מְבוּכָה
M.C. *abbr* Master of Ceremonies, Member of Congress, Military Cross
me *pron* אוֹתִי; לִי
meadow *n* אָחוּ
meadowland *n* אַדְמַת־מִרְעֶה
meager, meagre *adj* רָזֶה; דַל; זָעוּם
meal *n* אֲרוּחָה
mealtime *n* זְמַן אֲרוּחָה
mean *n* דֶרֶךְ, אוֹפֶן; (בּרבים) אֶמְצָעִים; מְמוּצָע
mean *adj* תִּיכוֹן, בֵּינוֹנִי; שָׁפָל; קַמְצָן
mean *vt, vi* הִתְכַּוֵּן; יָעַד
meander *vi* הִתְפַּתֵּל
meaning *n, adj* מוּבָן, מַשְׁמָע, מַשְׁמָעוּת; בַּעַל מַשְׁמָעוּת
meaningful *adj* מַשְׁמָעוּתִי
meaningless *adj* חֲסַר מַשְׁמָעוּת
meanness *n* שִׁפְלוּת; קַטְנוּנִיוּת; קַמְצָנוּת
meantime *n, adv* בֵּינָתַיִים
meanwhile *n, adv* בֵּינָתַיִים
measles *n* חַצֶּבֶת
measly *adj* נְגוּעַ חַצֶּבֶת
measurable *adj* מָדִיד
measure *n* גּוֹדֶל; מִידָּה; מְדִידָה; אַמַּת־מִידָּה
measure *vt, vi* מָדַד; הִתְמוֹדֵד; גּוֹדְלוֹ הָיָה
measurement *n* מִידָּה; מְדִידָה
meat *n* בָּשָׂר
meat ball *n* קְצִיצָה
meat market *n* אִטְלִיז
meaty *adj* בְּשָׂרִי; רַב בָּשָׂר
mechanic *n* מְכוֹנַאי
mechanical *adj* מֵכָנִי; שֶׁל מְכוֹנוֹת; מְלָאכוּתִי
mechanics *n pl* מְכוֹנָאוּת; מֵכָנִיקָה
mechanism *n* מִבְנֶה מְכוֹנָה; מַנְגָּנוֹן
mechanize *vt* מִיכֵּן, אִטְמֵט
med. *abbr* medicine, medieval
medal *n* מֶדַלְיוֹן; עִיטּוּר
medallion *n* תִּלְיוֹן, מֶדַלְיוֹן
meddle *vi* הִתְעָרֵב; בָּחַשׁ
meddler *n* מִתְעָרֵב; בּוֹחֵשׁ
meddlesome *adj* מִתְעָרֵב; בּוֹחֵשׁ
median *adj, n* אֶמְצָעִי, תִּיכוֹן; קַו חוֹצֶה
mediate *vi, vt* תִּיוֵּךְ
mediation *n* תִּיוּוּךְ
mediator *n* מְתַוֵּךְ
medical *adj* רְפוּאִי; מְרַפֵּא
medical student *n* סטוּדֶנט לִרפוּאָה
medicine *n* רְפוּאָה; תְּרוּפָה
medicine cabinet *n* אֲרוֹן תְּרוּפוֹת
medicine kit *n* מַעֲרֶכֶת צִיּוּד רְפוּאִי
medicine man *n* רוֹפֵא אֱלִיל, קוֹסֵם
medieval *adj* בֵּינַיִימִי
medievalist *n* מוּמְחֶה בִּימֵי־הַבֵּינַיִים
mediocre *adj* בֵּינוֹנִי
mediocrity *n* בֵּינוֹנִיּוּת
meditate *vi, vt* הִרְהֵר, שָׁקַל
Mediterranean *adj, n* יָם־תִּיכוֹנִי, (שֶׁל) הַיָּם הַתִּיכוֹן
Mediterranean Sea *n* הַיָּם הַתִּיכוֹן
medium *n, adj* אֶמְצָעוּת; אֶמְצָעִי; (בספיריטואליזם) מְתַוֵּךְ, מֶדְיוּם (*pl* mediums, media)

medlar *n* שֶׁסֶק גֶּרְמָנִי
medley *n, adj* תַּעֲרוּבֶת, עִרְבּוּבְיָה; מְעוֹרָב
meek *adj* שְׁפַל־רוּחַ, עָנָיו
meekness *n* שִׁפְלוּת־רוּחַ, עֲנָוָה
meerschaum *n* מֶרְשָׁאוּם
meet *vt, vi* (*pt* met) פָּגַשׁ; קִיבֵּל פְּנֵי; סִיפֵּק; נִפְגַּשׁ
meet *adj* מַתְאִים
meeting *n* פְּגִישָׁה; אֲסֵיפָה
meeting of minds *n* הִזְדַּהוּת רוּחָנִית; תְּמִימוּת־דֵּעִים
meeting-place *n* מְקוֹם הִתְוַעֲדוּת
megacycle *n* מֵגָאסַייקל
megaphone *n* רַמקוֹל, מֵגָפוֹן
melancholia *n* מָרָה שְׁחוֹרָה, דִּיכָּאוֹן
melancholy *n, adj* מָרָה שְׁחוֹרָה, דִּיכָּאוֹן; מְדוּכְדָּךְ; מַעֲצִיב; מְדַכְדֵּךְ
melee, mêlée *n* הִתְכַּתְּשׁוּת
mellow *adj* רַךְ, מָתוֹק; בָּשֵׁל; מָתוּן
mellow *vt, vi* רִיכֵּךְ; הִתְרַכֵּךְ
melodious *adj* מֵלוֹדִי, מִתְרוֹנֵן
melodramatic *adj* מֵלוֹדְרָמָתִי
melody *n* נְעִימָה
melon *n* מֵלוֹן
melt *vi, vt* נָמַס, נִיתַּךְ; הֵמֵס, הִתִּיךְ
melting-pot *n* כּוּר הִיתּוּךְ
member *n* חָבֵר (באגודה וכד׳)
membership *n* חֲבֵרוּת
membrane *n* קְרוּמִית
memento *n* מַזְכֶּרֶת
memo *see* memorandum
memoirs *n pl* זִכְרוֹנוֹת
memorandum *n* תַּזְכִּיר; תִּזְכּוֹרֶת
memorial *adj, n* שֶׁל זִיכָּרוֹן; אַזְכָּרָה, מַצֶּבֶת־זִיכָּרוֹן
memorial arch *n* קֶשֶׁת זִיכָּרוֹן
Memorial Day *n* יוֹם הַזִּיכָּרוֹן
memorialize *vt* אִזְכֵּר; הִזְכִּיר
memorize *vt* לָמַד עַל פֶּה
memory *n* זִיכָּרוֹן
menace *n, vt* אִיּוּם; סַכָּנָה; אִיֵּים; סִיכֵּן
ménage, menage *n* הַנְהָלַת מֶשֶׁק־בַּיִת
menagerie *n* בֵּיבָר
mend *vt, vi* תִּיקֵּן; שִׁיפֵּץ; הֶחֱלִים
mend *n* תִּיקּוּן
mendacious *adj* שַׁקְרָן, כּוֹזֵב, לֹא נָכוֹן
mendicant *n* פּוֹשֵׁט יָד
menfolk *n pl* גְּבָרִים
menial *adj* נִכְנָע, מִתְרַפֵּס; בָּזוּי
menial *n* מְשָׁרֵת בַּיִת
menses *n pl* וֶסֶת
men's room *n* בֵּית־כִּסֵּא לִגְבָרִים
menstruate *vi* בָּאָה וִסְתָּהּ
mental *adj* נַפְשִׁי, רוּחָנִי, שִׂכְלִי
mental illness *n* מַחֲלַת־רוּחַ
mental reservation *n* הִסְתַּיְּגוּת לֹא מְבוּטֵּאת
mental test *n* בְּחִינַת מִשְׂכָּל
mention *n, vt* אִזְכּוּר; הִזְכִּיר
menu *n* תַּפְרִיט
mercantile *adj* מִסְחָרִי
mercenary *n, adj* חַיָּיל שָׂכִיר (במדינה לא שלו); שֶׁבְּעַד בֶּצַע כֶּסֶף
merchandise *n* סְחוֹרוֹת, טוּבִין
merchant *n, adj* סוֹחֵר; מִסְחָרִי
merchant vessel *n* אוֹנִיַּית סוֹחֵר
merciful *adj* רַחֲמָנִי
merciless *adj* חֲסַר רַחֲמִים

mercury *n* כַּסְפִּית
mercy *n* רַחֲמִים; חֲנִינָה
mere *adj* סְתָם, רַק
meretricious *adj* מוּפְקָר, זְנוּתִי; זוֹל, מְזוּיָּף
merge *vt, vi* הִבְלִיעַ; מִיזֵּג; נִבְלַע; הִתְמַזֵּג
merger *n* הִתְמַזְּגוּת
meridian *adj, n* שֶׁל צָהֳרַיִים; קַו־אוֹרֶךְ
meringue *n* מִקְצֶפֶת
merino *n, adj* מֵרִינוֹ (סוּג צֹאן)
merit *n* הִצְטַיְּנוּת, עֵרֶךְ
merit *vt* הָיָה רָאוּי ל...
merlin *n* בַּז גַּמָּדִי
merlon *n* שֵׁן חוֹמָה
mermaid *n* בְּתוּלַת־יָם
merriment *n* שִׂמְחָה, עֲלִיצוּת
merry *adj* שָׂמֵחַ, עַלִּיז
merry-go-round *n* סְחַרְחֶרֶת
merrymaker *n* עַלִּיז שֶׁבַּחֲבוּרָה
mesh *n* רֶשֶׁת, עַיִן, עֵינִית
mesh *vt, vi* לָכַד בְּרֶשֶׁת; הִסְתַּבֵּךְ
mess *n* אִי־סֵדֶר, בִּלְבּוּל, לִכְלוּךְ; אֲרוּחָה (בִּצְוּותָא)
mess *vi, vt* בִּלְבֵּל, עִרְבֵּב; לִכְלֵךְ
message *n* הוֹדָעָה, מֶסֶר, שְׁלִיחוּת
messenger *n* שָׁלִיחַ
Messiah, Messias *n* מָשִׁיחַ
mess kit *n* זְוַוד אוֹכֶל
mess of pottage *n* נְזִיד עֲדָשִׁים
Messrs. *abbr* messieurs אֲדוֹנִים
messy *adj* מְבוּלְבָּל, פָּרוּעַ
metal *n, adj* מַתֶּכֶת; עָשׂוּי מַתֶּכֶת
metallic *adj* מַתַּכְתִּי
metallurgy *n* מֵטַלּוּרְגְיָה, מַדַּע מַתָּכוֹת
metal polish *n* מִשְׁחַת נִיקּוּי מַתֶּכֶת
metalwork *n* מְלֶאכֶת מַתֶּכֶת
metamorphosis *n* שִׁינּוּי צוּרָה, גִּלְגּוּל, מֵטָמוֹרְפוֹזִיס
metaphor *n* הַשְׁאָלָה, מֵטָפוֹרָה
metaphoric(al) *adj* מוּשְׁאָל
mete *vt* הִקְצִיב, חִילֵּק בְּמִידָּה
meteor *n* שַׁלְהָב, מֵטֵאוֹר
meteorology *n* חַזָּאוּת, מֵטֵאוֹרוֹלוֹגְיָה
meter, metre *n* (בְּמוּסִיקָה) מִקְצָב; (בְּשִׁירָה) מִשְׁקָל; מֶטֶר
meter *n* מַד, מוֹנֶה, מוֹדֵד
metering *n* מְדִידָה, מְנִיָּה
methane *n* מֵתָן
method *n* שִׁיטָה, דֶּרֶךְ, מֵתוֹדָה
methodic(al) *adj* מֵתוֹדִי, שִׁיטָתִי
Methodist *n* מֵתוֹדִיסְט
Methuselah *n* מְתוּשֶׁלַח
meticulous *adj* קַפְּדָנִי
metric(al) *adj* מֶטְרִי
metronome *n* מַד־קֶצֶב
metropolis *n* עִיר־אֵם, מֶטְרוֹפּוֹלִין
metropolitan *adj* מֶטְרוֹפּוֹלִינִי, שֶׁל כְּרַךְ
mettle *n* אוֹפִי; לַהַט; אוֹמֶץ־לֵב
mettlesome *adj* מָלֵא אוֹמֶץ
mew *n, vi* יִלְלַת חָתוּל; יִילֵּל
mews *n pl* אוּרָווֹת סְבִיב חָצֵר פְּתוּחָה
Mexico *n* מֶקְסִיקוֹ
mezzanine *n* קוֹמַת בֵּינַיִים
mfr. *abbr* manufacturer
mica *n* נָצִיץ
microbe *n* חַיְדַּק
microbiology *n* מִיקְרוֹבִּיוֹלוֹגְיָה

microfilm *n* סֶרֶט זִיעוּר

microgroove *n* חֲרִיץ מִיקרוֹ

microphone *n* מִיקרוֹפוֹן

microscope *n* מִיקרוֹסקוֹפּ

microscopic *adj* מִיקרוֹסקוֹפִּי

microwave *n* גַל זָעִיר

mid *adj* אֶמְצָעִי

midday *n* צָהֳרַיִים

middle *adj* אֶמצָעִי; תִּיכוֹנִי

middle *n* אֶמְצַע, תָּוֶך

middle age *n* גִיל הָעֲמִידָה

Middle Ages *n pl* יְמֵי הַבֵּינַיִים

middle-class *n, adj* (שֶל) הַמַּעֲמָד הַבֵּינוֹנִי

middleman *n* מְתַוֵּך

middling *adj, adv* בֵּינוֹנִי; בְּמִידָה בֵּינוֹנִית

middy *n* (בצי) פֶּרַח קְצוּנָּה

midget *n* גַּמָּד

midland *adj, n* (שֶל) פְּנִים־הָאָרֶץ

midnight *n, adj* (שֶבַּ)חֲצוֹת הַלַּיְלָה

midriff *n* סַרעֶפֶת, טַרפֵּש

midshipman *n* (בצי ארה״ב) פֶּרַח קְצוּנָּה; (בבריטניה) קָצִין זוּטָר

midst *n* קֶרֶב, תּוֹך; שָׁלָב אֶמצָעִי

midstream *n* לֵב הַנָּהָר

midsummer *n* עִיצוּמוֹ שֶל קַיִץ

midway *adj, adv, n* (שֶ)בְּאֶמצַע הַדֶּרֶך; אֶמצַע הַדֶּרֶך

midweek *n, adj* (שֶבְּ)אֶמצַע הַשָּבוּעַ

midwife *n* מְיַילֶּדֶת

midwinter *n, adj* עִיצוּמוֹ שֶל חוֹרֶף

mien *n* הַבָּעָה

miff *n* רוֹגֶז, ׳בְּרוֹגֶז׳

miff *vt, vi* הֶעֱלִיב; נֶעֱלַב

might *pt of* may

might *n* כּוֹחַ, עוֹצמָה

mighty *n, adj, adv* רַב־עוֹצמָה, חָזָק

migrate *vi* הִיגֵּר, נָדַד

migratory *adj* מְהַגֵּר, נוֹדֵד

mil. *abbr* military, militia

milch *adj* נוֹתֶנֶת חָלָב

mild *adj* מָתוֹן; נָעִים; קַל

mildew *n* טַחַב, יֵרָקוֹן

mile *n* מַייל

mileage *n* מִספַּר הַמַּיילִים

milepost *n* אֶבֶן מַייל

milestone *n* צִיּוּן דֶּרֶך

milieu *n* הֲוַי, סְבִיבָה

militancy *n* מִלחַמתִּיוּת

militant *adj* מִלחַמתִּי, לוֹחֲמָנִי

militarism *n* מִלחַמתִּיוּת, צְבָאִיוּת

militarist *n* דּוֹגֵל בִּצבָאִיוּת

militarize *vt* צִיבֵּא, נָתַן צִביוֹן צְבָאִי

military *adj, n* צְבָאִי; צָבָא

militate *vi* פָּעַל; הִשׁפִּיעַ

militia *n* מִשׁמַר עָם, מִילִיצְיָה

milk *n* חָלָב

milk *vt, vi* חָלַב; סָחַט; יָנַק; נָתְנָה חָלָב

milk can *n* כַּד חָלָב

milking *n* חֲלִיבָה

milkmaid *n* חוֹלֶבֶת

milkman *n* חַלְבָּן

milk-shake *n* חָלָב מְשׁוּכשָׁך

milksop *n* גֶּבֶר נָשִׁי, נַשְׁיָין

milkweed *n* מִשפַּחַת הָאַסקְלֶפִּיִים

milky *adj* חֲלָבִי

Milky Way *n* שְׁבִיל הֶחָלָב

mill *n* טַחֲנָה; רֵיחַיִים; מַטחֵנָה

mill *vt, vi* טָחַן

mill edge *n* שָׂפָה חֲתוּכָה

millenium *n* תְּקוּפַת אֶלֶף שָׁנָה

miller *n* טוֹחֵן; בַּעַל טַחֲנָה

millet *n* זִיפָן אִיטַלְקִי

milligram *n* מִילִיגְרַם

millimeter, millimetre *n* מִילִימֶטֶר

milliner *n* כּוֹבָעָן (לנשים)

millinery *n* כּוֹבָעִים וְאַבִזְרֵיהֶם

milling *n* טְחִינָה; כִּרסוּם

million *n* מִילִיוֹן

million(n)aire *n* מִילְיוֹנֶר

millionth *adj, n* הַמִּילְיוֹנִי

mill-pond *n* בְּרֵיכַת טַחֲנָה

mill-race *n* תְּעָלַת הַטַּחֲנָה

millstone *n* אֶבֶן רֵיחַיִם

mill wheel *n* גַּלְגַּל טַחֲנָה

mime *n* בַּדְחָן; מוּקְיוֹן

mime *vt, vi* חִיקָּה; שִׂיחֵק בְּלִי מִלִּים

mimeograph *n, vt* שַׁכְפֵּלָה; שִׁכְפֵּל

mimic *n, vt* חִיקּוּי; חִיקָּה

mimicry *n* חַקְיָינוּת

min. *abbr* minimum, minute

minaret *n* חוּד מִגְדָּל (במסגד)

mince *vt, vi* טָחַן (בשר); טָפַף;
הִתְבַּטֵּא בַּעֲדִינוּת מְעוּשָׂה

mincemeat *n* בְּשַׂר טָחוּן

mince-pie *n* פַּשְׁטִיד בָּשָׂר

mincing *adj* מְגוּנְדָּר

mind *n* מוֹחַ; דֵּעָה; מַחֲשָׁבָה; תּוֹדָעָה

mind *vt, vi* נָתַן דַּעְתּוֹ, שָׂם לֵב; הִשְׁגִּיחַ

mindful *adj* זָהִיר, נוֹתֵן דַּעְתּוֹ

mind-reader *n* קוֹרֵא מַחֲשָׁבוֹת

mine *pron* שֶׁלִּי

mine *n* מִכְרֶה; מוֹקֵשׁ

mine *vi, vt* כָּרָה; מִיקֵּשׁ

minefield *n* שְׂדֵה מוֹקְשִׁים

miner *n* כּוֹרֶה; חַבְּלָן

mineral *adj, n* מִינֶרָלִי, מַחְצָבִי;
מַחְצָב, מִינֶרָל

mineralogy *n* תּוֹרַת הַמַּחְצָבִים

mine-sweeper *n* שׁוֹלַת מוֹקְשִׁים

mingle *vt, vi* עֵירֵב; הִתְעָרֵב;
הָיָה מְעוֹרָב

miniature *n, adj* זְעֵיר־אַנְפִּין,
מִינְיָטוּרָה; מִינְיָטוּרִי

minimal *adj* מִזְעָרִי, מִינִימָלִי

minimize *vt* הִמְעִיט עֵרֶךְ; צִמְצֵם

minimum *adj* מִינִימָלִי, מִזְעָרִי

mining *n* כְּרִייָה

minion *n* מְשָׁרֵת

minister *n* שַׂר; כּוֹהֵן דָּת;
צִיר (דיפלומט)

minister *vt* שֵׁירֵת, טִיפֵּל בְּ...

ministerial *adj* שֶׁל שַׂר;
לְצַד הַמֶּמְשָׁלָה

ministry *n* מִשְׂרָד (ממשלתי); כְּהוּנָּה

mink *n* חוֹרְפָּן; פַּרְוַות חוֹרְפָּן

minnow *n* גַּסְטְרוֹסְטֵאוּס

minor *adj, n* קָטָן; קָטִין; זוּטָר; מִשְׁנִי

Minorca *n* מִינוֹרְקָה

minority *n* מִיעוּט; קְטִינוּת

minstrel *n* מִינְסְטְרֶל, שַׂחֲקָן־בַּדְחָן

mint *n* נַעֲנָה, מִנְתָּה; מִטְבָּעָה

mint *vt* טָבַע כֶּסֶף; טָבַע מִלִּים

minuet *n* מִינוּאֶט (ריקוד)

minus *prep, adj* פָּחוֹת, מִינוּס;
שֶׁל חִיסּוּר; שְׁלִילִי

minute *n* דַּקָּה

minute *adj* קְטַנְטַן; מְדוּקְדָּק

minutes *n pl* פְּרוֹטוֹקוֹל

minutiae *n pl* פְּרָטִים פְּעוּטִים
minx *n* נַעֲרָה חֲצוּפָה, נַעֲרָה עַגְבָנִית
miracle *n* נֵס, פֶּלֶא
miraculous *adj* מַפְלִיא; נִסִּי
mirage *n* מַחֲזֵה תַּעְתּוּעִים, מִירָאז׳
mire *n* אֲדַמַת בִּיצָה, יָוֵן
mirror *n, vt* מַרְאָה, רְאִי; שִׁיקֵּף
mirth *n* עַלִּיזוּת, עֲלִיצוּת
miry *adj* מְרוּפָּשׁ
misadventure *n* מַזָּל בִּישׁ
misanthropy *n* שִׂנְאַת־בְּרִיּוֹת
misapprehension *n* אִי־הֲבָנָה
misappropriation *n* שִׁימּוּשׁ לֹא נָכוֹן; מְעִילָה
misbehave *vt, vi* הִתְנַהֵג רָע
misbehavior *n* הִתְנַהֲגוּת רָעָה
miscalculation *n* חֶשְׁבּוֹן מוּטְעֶה
miscarriage *n* עִיוּוּת; הַפָּלָה (שֶׁל עוּבָּר)
miscarry *vi* נִכְשַׁל; הִפִּילָה
miscellaneous *adj* מְעוֹרָב; שׁוֹנִים
miscellany *n* קוֹבֶץ מְעוֹרָב
mischief *n* פְּגִיעָה, נֶזֶק; תַּעֲלוּל, קוּנְדֵסוּת
mischief-maker *n* תַּכְכָן
mischievous *adj* מַזִּיק; מְקַנְטֵר; שׁוֹבָב
misconception *n* מוּשָּׂג מוּטְעֶה
misconduct *n* הִתְנַהֲגוּת פְּסוּלָה
misconstrue *vt* פֵּירֵשׁ לֹא נָכוֹן
miscount *n* טָעוּת בִּסְפִירָה
miscue *n* הַחֲטָאָה
misdeed *n* חֵטְא
misdemeanor *n* מַעֲשֶׂה רַע, עָווֹן
misdirect *vt* הִנְחָה לֹא נָכוֹן
misdoing *n* מַעֲשֶׂה רַע
miser *n* כִּילַי, קַמְצָן
miserable *adj* עֲלוּב חַיִּים, מִסְכֵּן
miserly *adj* קַמְצָן, כִּילַי
misery *n* מְצוּקָה, מַחְסוֹר, דִּכְדּוּךְ
misfeasance *n* עֲבֵירָה
misfire *n* אִי־יְרִיָּה
misfire *vi* הֶחֱטִיא
misfit *n* אִי־הַתְאָמָה; (דבר או אדם) לֹא מַתְאִים
misfortune *n* מַזָּל בִּישׁ
misgiving *n* חֲשָׁשׁ, סָפֵק
misgovern *vt* מָשַׁל בְּאוֹפֶן רַע
misguided *adj* תּוֹעֶה, מוּלָךְ שׁוֹלָל
mishap *n* תַּקְרִית לֹא נְעִימָה, תַּקָּלָה
misinform *vt* מָסַר יְדִיעוֹת מוּטְעוֹת
misinterpret *vt* פֵּירֵשׁ שֶׁלֹּא כַּהֲלָכָה
misjudge *vt* טָעָה בְּשִׁיפּוּטוֹ
mislay *vt* הִנִּיחַ לֹא בִּמְקוֹמוֹ
mislead *vt* הִטְעָה
misleading *adj* מַטְעֶה
mismanagement *n* נִיהוּל כּוֹשֵׁל
misnomer *n* כִּינּוּי בְּשֵׁם מוּטְעֶה
misplace *vt* הִנִּיחַ בְּמָקוֹם לֹא נָכוֹן
misprint *n* טָעוּת דְּפוּס
mispronounce *vt* טָעָה בַּהֲגִיָּיה
mispronunciation *n* טָעוּת בַּמִּבְטָא
misquote *vt* צִיטֵּט לֹא נָכוֹן
misrepresent *vt* תֵּיאֵר תֵּיאוּר מְסוּלָּף
Miss *n* עַלְמָה
miss *vt, vi* הֶחֱטִיא; הֶחְמִיץ
miss *n* הַחֲטָאָה; כִּישָּׁלוֹן
missal *n* סֵפֶר תְּפִילּוֹת
misshapen *adj* מְעוּוַּת צוּרָה
missile *n* טִיל; דָּבָר נִזְרָק

missing *adj* חָסֵר; נֶעְדָּר
mission *n* שְׁלִיחוּת; מִשְׁלַחַת; מִיסִיוֹן
missionary *n, adj* מִיסִיוֹנֶר,
שָׁלִיחַ דָּתִי; שָׁלִיחַ
missive *n* אִיגֶּרֶת
misspell *vi, vt* שָׁגָה בִּכְתִיב
misspent *adj* בּוּזְבַּז לָרִיק
misstatement *n* הוֹדָעָה כּוֹזֶבֶת
missy *n* (דיבורית) גְּבֶרֶת צְעִירָה
mist *n* אֵד, עֲרָפֶל
mistake *vt, n* טָעָה; טָעוּת, שְׁגִיאָה
mistaken *adj* מוּטְעֶה
mistakenly *adv* בְּטָעוּת
Mister *n* אָדוֹן, מַר
mistletoe *n* הַדִּבְקוֹן הַלָּבָן
mistreat *vt* נָהַג לֹא כַּשּׁוּרָה
mistreatment *n* הִתְעַלְּלוּת
mistress *n* בַּעֲלַת־בַּיִת; פִּילֶגֶשׁ; מוֹרָה
mistrial *n* עִיוּוּת־דִּין
mistrust *n* אִי־אֵמוּן
mistrust *vt, vi* חָשַׁד בְּ...
mistrustful *adj* חַשְׁדָנִי
misty *adj* מְעוּרְפָּל; סָתוּם
misunderstand *vt* הֵבִין לֹא נָכוֹן
misunderstanding *n* אִי־הֲבָנָה
misuse *vt* הִשְׁתַּמֵּשׁ שֶׁלֹּא כַּהוֹגֶן
misuse *n* שִׁימּוּשׁ לֹא נָכוֹן
mite *n* פְּרוּטָה; קְטַנְטַן
miter *n* מִצְנֶפֶת (שֶׁל בִּישׁוֹף וכד׳);
מַחְבָּר זָוִויתִי
miter box *n* מִתְקַן הַמַּדְרָה
mitigate *vt, vi* הֵקֵל, שִׁיכֵּךְ; הוּקַל
mitt *n* כְּפָפַת בֵּיסְבּוֹל; כְּסָיָה
mitten *n* כְּסָיָה (לא מאוצבעת)
mix *vt, vi* עֵירֵב, עִרְבֵּב; בָּלַל;
הִתְעַרְבֵּב; הִתְרוֹעֵעַ
mix *n* תַּעֲרוֹבֶת, עִרְבּוּב; עִרְבּוּבְיָה
mixed *adj* מְעוּרְבָּב; מְבוּלְבָּל
mixed company *n* חֶבְרָה מְעוֹרֶבֶת
mixed drink *n* מַשְׁקֶה מְעוֹרָב
mixed feelings *n pl* רְגָשׁוֹת מְעוֹרָבִים
mixer *n* מְעַרְבֵּל, מִיקְסֶר; אִישׁ רֵעִים
mixture *n* תַּעֲרוֹבֶת, מְזִיגָה
mix-up *n* בִּלְבּוּל, תִּסְבּוֹכֶת
mizzen *n* מִפְרָשׂ אֲחוֹרִי; מִפְרָשׂ שְׁלִישִׁי
M.O. *abbr* Money Order
moan *vi* נֶאֱנַח, נֶאֱנַק
moan *n* אֲנָחָה, אֲנָקָה
moat *n* תְּעָלַת־מָגֵן
mob *n* הָמוֹן, אֲסַפְסוּף
mob *vt, vi* (לגבי המון) הִתְקַהֵל;
הִתְנַפֵּל; הִתְפָּרֵעַ
mobile *adj* מִתְנַיֵּיעַ, נַיָּד
mobility *n* הִתְנַיְּיעוּת; הִשְׁתַּנּוּת
mobilization *n* גִּיּוּס
mobilize *vt, vi* גִּיֵּיס; הִתְגַּיֵּיס
mobster *n* (המונית) פָּרוּעַ, אַלִּים
moccasin *n* מוֹקַסִּין
mock *vt* לִגְלֵג עַל, שִׂיטָּה בְּ...; חִיקָּה
mock *n* לִגְלוּג, לַעַג; חִיקּוּי
mock *adj* מְדוּמֶּה; מְזוּיָּף; מְבוּיָּם
mockery *n* לִגְלוּג, חוּכָא וטְלוּלָא
mockingbird *n* חַקְיָן
mock privet *n* לִיגוּסְטְרוּם מְדוּמֶּה
mock-turtle soup *n* מְרַק צָב מְדוּמֶּה
mock-up *n* דֶּגֶם מְכוֹנָה, דֶּגֶם מִתְקָן
mode *n* אוֹפֶן, אוֹרַח; אוֹפְנָה
model *n* תַּבְנִית, דֶּגֶם; דּוּגְמָן, דּוּגְמָנִית
model *adj* תַּבְנִיתִי, מְשַׁמֵּשׁ דּוּגְמָה,
מוֹפְתִּי

model *vt, vi* עִיצֵּב לְפִי דֶגֶם; צָר צוּרָה; שִׁימֵּשׁ כְּדוּגְמָן (אוֹ דוגמנית)
model airplane *n* דֶגֶם מָטוֹס
model airplane builder *n* בּוֹנֵה דִגְמֵי מְטוֹסִים
model sailing *n* הֲשָׁטַת דִגְמֵי סְפִינוֹת
moderate *vt, vi* מִיתֵּן, רִיכֵּךְ; הִמְעִיט; הִנְחָה (דיון)
moderate *adj, n* מָתוּן; מוּעָט (לגבי יכולת וכד׳)
moderation *n* מְתִינוּת; הִתְאַפְּקוּת
moderator *n* מְמַתֵּן, מְשַׁכֵּךְ; יוֹשֵׁב רֹאשׁ (בדיון או באסיפה)
modern *adj* חָדִישׁ, חָדָשׁ, מוֹדֶרְנִי
modernize *vt* חִידֵּשׁ, מִדְרֵן
modest *adj* צָנוּעַ, עָנָיו; מְצוּמְצָם
modesty *n* צְנִיעוּת; צִמְצוּם; הֲגִינוּת
modicum *n* מִידָּה מְצוּמְצֶמֶת; שֶׁמֶץ
modifier *n* מְשַׁנֶּה, מְתָאֵם; (בדקדוק) מַגְבִּיל
modify *vt* שִׁינָּה, הִתְאִים; סִיגֵּל; (בדקדוק) הִגְבִּיל
modish *adj* אוֹפְנָתִי
modulate *vt, vi* תֵּיאֵם; (במוסיקה) סִילֵּם; גִּיוֵּן (קול)
modulation *n* תֵּיאוּם; סִילּוּם; גִּיוּוּן
mohair *n* מוֹהֵיר, מְעַזַּת אַנְגּוֹרָה
Mohammed *n* מוּחַמָּד
Mohammedan *adj, n* מוּחַמָּדִי, מוּסְלְמִי
Mohammedanism *n* אִיסְלַם
moist *adj* לַח, רָטוֹב
moisten *vt, vi* הִרְטִיב, לִחְלֵחַ; הִתְלַחְלֵחַ
moisture *n* לַחוּת; לֵחוּת, לֵחַ
molar *n, adj* (שֵׁן) טוֹחֶנֶת
molasses *n* דִבְשָׁה
mold *n* אִימּוּם; מַטְבַּעַת; כִּיּוּר, דְפוּס; כַּרְכּוֹב, עוֹבֶשׁ
molder *n* מְעַצֵּב; דַפָּס
molder *vi* הִתְפּוֹרֵר; עָבַשׁ
molding *n* דְפוּס; כַּרְכּוֹב
moldy *n* עָבֵשׁ, נִרְקָב
mole *n* בַּהֶרֶת, כֶּתֶם; חוֹלֶד, חֲפַרְפֶּרֶת; שׁוֹבֵר־גַּלִּים
molecule *n* מוֹלֵקוּלָה
molehill *n* תֵּל חוּלְדוֹת
moleskin *n* פַּרְוַת חוֹלֶד
molest *vt* הֵצִיק, הִטְרִיד
moll *n* פִּילַגְשׁוֹ שֶׁל גַּנָּב
mollify *vt* פִּיֵּס, רִיכֵּךְ
mollusk *n* רַכִּיכָה
mollycoddle *n* נַשִּׁיָּן (מפונק)
mollycoddle *vt* פִּינֵּק
molt *vi* הִשִּׁיר
molten *adj* נָמֵס; מְעוּצָּב
moment *n* רֶגַע; חֲשִׁיבוּת
momentary *n* רִגְעִי
momentous *adj* רַב־חֲשִׁיבוּת
momentum *n* תְּנוּפָה
monarch *n* מוֹנַרְךְ, מֶלֶךְ
monarchist *adj* מוֹנַרְכִיסְטִי
monarchy *n* מוֹנַרְכְיָה, מְלוּכָנוּת
monastery *n* מִנְזָר
monastic *adj* מִנְזָרִי
monasticism *n* מִנְזָרִיּוּת
Monday *n* יוֹם שֵׁנִי (לשבוע)
monetary *adj* שֶׁל מַטְבֵּעַ הַמְּדִינָה; כַּסְפִּי

money *n* כֶּסֶף, מָמוֹן
moneybag *n* תִּיק כֶּסֶף; עָשִׁיר
moneychanger *n* שׁוּלְחָנִי, חַלְפָן
moneyed *adj* עָשִׁיר, בַּעַל הוֹן
moneylender *n* מַלְוֶוה בְּרִיבִּית
moneymaker *n* צוֹבֵר הוֹן, דָבָר מַכְנִיס
money-order *n* הַמְחָאַת־כֶּסֶף (בדואר)
Mongol מוֹנגוֹלִי; מוֹנגוֹלִית
mongoose *n* נְמִיָּה הוֹדִית
mongrel *adj, n* בֶּן־כִּלְאַיִם
monitor *n* תּוֹרָן, מַשְׁגִּיחַ; מַאֲזִין (ברדיו)
monitor *vt, vi* פִּיקֵחַ, הִשְׁגִּיחַ; הֶאֱזִין (לשידור)
monk *n* נָזִיר
monkey *n* קוֹף; שׁוֹבָב
monkey business *n* עֲסָקִים לֹא הוֹגְנִים
monkey-wrench *n* מַפְתֵּחַ אַנגלִי
monkshood *n* אֲקוֹנִיטוֹן רְפוּאִי
monocle *n* מוֹנוֹקֶל, מִשְׁקָף
monogamy *n* מוֹנוֹגַמְיָה
monogram *n* מִשְׁלֶבֶת, מוֹנוֹגְרַם
monograph *n* מוֹנוֹגְרַפְיָה
monolithic *adj* מֵאֶבֶן אַחַת; מוֹנוֹלִיתִי
monologue *n* מוֹנוֹלוֹג, חַד שִׂיחַ
monomania *n* שִׁיגָּעוֹן לְדָבָר אֶחָד
monopolize *vt* הִשִּׂיג מוֹנוֹפּוֹל; הִשְׁתַּלֵּט עַל
monopoly *n* מוֹנוֹפּוֹל; הִשְׁתַּלְּטוּת גְּמוּרָה
monorail *n* רַכֶּבֶת חַד־פַּסִּית
monosyllable *n* מִלָּה חַד־הֲבָרִית
monotheist *n* מוֹנוֹתֵיאִיסְט
monotonous *adj* חַד־צְלִילִי; חַדגוֹנִי
monotony *n* חַדגוֹנִיּוּת
monotype *n* מַסדֶּרֶת מוֹנוֹטַייפּ, מַסדֶּרֶת אוֹתִיּוֹת (בדפוס)
monotype operator *n* סַדָּר מוֹנוֹטַייפּ
monoxide *n* תַּחמוֹצֶת חַד־חַמצָנִית
monsignor *n* מוֹנסִינִיוֹר
monsoon *n* מוֹנסוּן
monster *n* מִפלֶצֶת
monstrosity *n* מִפלַצְתִּיּוּת; יְצוּר מִפלַצְתִּי, מִפלֶצֶת
monstrous *adj* מִפלַצְתִּי; אָיוֹם
month *n* חוֹדֶשׁ
monthly *adj, adv, n* חוֹדְשִׁי; אַחַת לַחוֹדֶשׁ; יַרחוֹן
monument *n* מַצֵּבָה, אַנדַּרטָה
moo *vt, n* גָּעָה כְּפָרָה; גְּעִיָּה
mood *n* מַצַּב־רוּחַ
moody *adj* נָתוּן לְמַצְּבֵי־רוּחַ
moon *n* יָרֵחַ, לְבָנָה
moonbeam *n* קֶרֶן יָרֵחַ
moonlight *n* אוֹר הַלְּבָנָה
moonlighting *n* עֲבוֹדָה בִּשְׁתֵּי מִשְׂרוֹת
moonshine *n* אוֹר הַלְּבָנָה
moonshot *n* הַזְנָקָה לַיָּרֵחַ
moor *n* אַדמַת בּוּר
moor *vt, vi* רָתַק (ספינה), קָשַׁר
Moorish *adj* מוּרִי
moorland *n* אַדמַת־בּוּר
moose *n* צְבִי אֲמֵרִיקָנִי
moot *adj* נִיתָּן לְוִיכּוּחַ, מְפוּקפָּק
moot *vt* הֶעֱלָה לְדִיּוּן
mop *n, vi* סְמַרטוּט, מַטלִית; נִיגֵּב
mope *vi* שָׁקַע בְּעַצבוּת
moral *adj* מוּסָרִי, שֶׁל מוּסַר הַשֵּׂכֶל
moral *n* מוּסָר, מִידּוֹת; לֶקַח, עִיקָּרוֹן מוּסָרִי

morale *n* מִשְׁמַעַת מוּסָרִית, מוֹרָל
morality *n* מוּסָרִיּוּת; מַדַּע הַמּוּסָר
morass *n* בִּיצָה
moratorium *n* מוֹרָטוֹרְיוּם, אַרְכָּה רִשְׁמִית
morbid *adj* מַחֲלָתִי, שֶׁל מַחֲלָה
mordant *adj* צוֹרֵב
more *n, adj, adv* נוֹסָף, תּוֹסֶפֶת; יוֹתֵר; עוֹד; רַב יוֹתֵר
moreover *adv* יְתֵרָה מִזּוֹ, יָתֵר עַל כֵּן
morgue *n* חֲדַר־מֵתִים; (בעיתון) גַּנְזַךְ
moribund *adj* גּוֹסֵס
morning *n, adj* בּוֹקֶר; בּוֹקְרִי
morning coat *n* מִקְטוֹרֶן בּוֹקֶר
morning-glory *n* לְפוּפִית (צמח)
morning sickness *n* מַחֲלַת בּוֹקֶר
morning star *n* נוֹגַהּ; אַיֶּלֶת הַשַּׁחַר
Moroccan *adj, n* מָרוֹקָנִי
morocco *n* עוֹר מָרוֹקָנִי
moron *n* מוֹרוֹן, קְהוּי שֵׂכֶל; מְטוּמְטָם
morose *adj* חָמוּץ, עָגוּם
morphine *n* מוֹרְפִין, מוֹרְפְיוּם
morphology *n* מוֹרְפוֹלוֹגְיָה
morrow *n* מָחֳרָת
morsel *n* נְגִיסָה, נֶגֶס; חֲתִיכָה
mortal *adj, n* שֶׁל מָוֶת; בֶּן־מָוֶת; שֶׁל הָעוֹלָם; בָּשָׂר וָדָם
mortality *n* תְּמוּתָה
mortar *n* מַכְתֵּשׁ; מְדוֹכָה; מַרְגֵּמָה; טִיחַ, מֶלֶט
mortarboard *n* כַּן מֶלֶט; מִגְבַּעַת אֲקָדֵמִית
mortgage *n* מַשְׁכַּנְתָּה; שִׁעְבּוּד
mortgage *vt* מִשְׁכֵּן
mortician *n* קַבְּלָן לִקְבוּרָה
mortify *vt, vi* הִשְׁפִּיל, דִּיכֵּא; הִסְתַּגֵּף; נִרְקַב
mortise *n* שֶׁקַע; חִישּׁוּר
mortise lock *n* מַנְעוּל חָבוּי
mortuary *n, adj* בֵּית־מֵתִים; שֶׁל מָוֶת
Mosaic *adj* שֶׁל תּוֹרַת מֹשֶׁה
mosaic *n, adj* פְּסֵיפָס; פְּסֵיפָסִי
Moscow *n* מוֹסְקְבָה
Moses *n* מֹשֶׁה רַבֵּנוּ
Moslem *adj, n* מוּסְלְמִי
mosque *n* מִסְגָּד
mosquito *n* יַתּוּשׁ
mosquito net *n* כִּילָה
moss *n* אֵיזוֹב; קַרְקַע סְפוֹגִית
mossback *n* מַחֲזִיק בְּנוֹשָׁנוּת
mossy *adj* מְכוּסֶּה אֵיזוֹב
most *adj, adv, n* הַיּוֹתֵר, הֲכִי; בְּעִיקָּר; הָרוֹב
mostly *adv* עַל־פִּי רוֹב; בְּעִיקָּר
moth עָשׁ
mothball *n* כַּדּוּר נֶגֶד עָשׁ
moth-eaten *adj* אֲכוּל עָשׁ; מְיוּשָּׁן
mother *n* אֵם; אִמָּא
mother *vt* יָלְדָה; טִיפֵּל כְּאֵם
mother country *n* אֶרֶץ הָאֵם
Mother Goose *n* אִמָּא אַוָּזָה
motherhood *n* אִימָהוּת
mother-in-law *n* חָמוֹת (אם הבעל); חוֹתֶנֶת (אם האשה)
motherland *n* מוֹלֶדֶת
motherless *adj* יָתוֹם מֵאִמּוֹ
motherly *adj* אִמָּהִי
mother-of-pearl *n* אֵם הַפְּנִינָה
mother superior *n* אֵם מִנְזָר

mother wit *n* שֵׂכֶל יָשָׁר
mothy *adj* עָשִׁי; אֲכוּל עָשׁ
motif *n* מוֹטִיב, תֵּנַע
motion *n* תְּנוּעָה, נִיעָה; מַהֲלָךְ; הַצָּעָה (לבית־נבחרים וכד׳)
motion *vt, vi* הִנְחָה, כִּיוּוֵן
motionless *adj* חֲסַר תְּנוּעָה
motivate *vt* הֵנִיעַ, גָּרַם
motive *n, adj* מֵנִיעַ, מְנִיעִי
motley *adj, n* מְעוֹרָב, סַסְגוֹנִי; תַּעֲרוֹבֶת מְבוּלְבֶּלֶת
motor *n* מָנוֹעַ; רֶכֶב מְמוּנָּע
motor *adj* שֶׁל תְּנוּעָה; מוֹטוֹרִי
motorboat *n* סִירַת־מָנוֹעַ
motorbus *n* אוֹטוֹבּוּס
motorcade *n* שְׁיָירַת מְכוֹנִיּוֹת
motorcar *n* מְכוֹנִית
motorcycle *n* אוֹפַנּוֹעַ
motorist *n* נֶהָג
motorize *vt* מִינֵּעַ
motor launch *n* סִירַת־מָנוֹעַ
motorman *n* נֶהַג חַשְׁמַלִּית
motor scooter *n* קַטְנוֹעַ
motor ship *n* סְפִינַת־מָנוֹעַ
motor vehicle *n* רֶכֶב מְמוּנָּע
mottle *vt, n* נִימֵּר
motto *n* סִיסְמָה, מוֹטוֹ
mould *see* mold
moulder *see* molder
moulding *see* molding
mouldy *see* moldy
mound *n* תֵּל, גִבְעָה; עֲרֵימָה
mount *n* כַּן; הַר; מֶרְכָּב (כגון סוס)
mount *vi, vt* עָלָה; הִצִּיב (משמר); קָבַע (תמונה)
mountain *n* הַר
mountain climbing *n* טִיפּוּס הָרִים
mountaineer *n* מְטַפֵּס בֶּהָרִים
mountainous *adj* הֲרָרִי
mountebank *n, vi* רוֹפֵא נוֹכֵל; נוֹכֵל
mounting *n* כַּנָּה; מִקְבָּע; רְכִיבָה
mourn *vi, vt* הִתְאַבֵּל
mourner *n* אָבֵל
mournful *adj* עָצוּב, עָגוּם
mourning *n, adj* אֵבֶל; הִתְאַבְּלוּת; שֶׁל אֲבֵילוּת
mouse *n* (*pl* mice) עַכְבָּר
mouser *n* טוֹרֵף עַכְבָּרִים
mousetrap *n* מַלְכּוֹדֶת עַכְבָּרִים
moustache, mustache *n* שָׂפָם
mouth *n* פֶּה; פֶּתַח; שֶׁפֶךְ (נהר)
mouthful *n* לְגִימָה אַחַת; מְלוֹא לוּגְמָה
mouth-organ *n* מַפּוּחִית־פֶּה
mouthpiece *n* פּוּמִית; דוֹבֵר
mouthwash *n* תְּמִיסָּה לִשְׁטִיפַת פֶּה
movable *adj* נַיָּד, בַּר־נִיעָה
move *vt, vi* הֵנִיעַ, הֵזִיעַ; עָבַר מִדִּירָה לְדִירָה; נָע; נָגַע עַד לֵב; הִצִּיעַ (באסיפה וכד׳)
move *n* הֲנָעָה; תְּנוּעָה; צַעַד; תּוֹר (במשחק)
movement *n* תְּנוּעָה; תְּנוּדָה; פֶּרֶק (במוסיקה); פְּעוּלַּת מֵעַיִים
movie *n* קוֹלְנוֹעַ
moviegoer *n* מְבַקֵּר בְּקוֹלְנוֹעַ
moviehouse *n* בֵּית־קוֹלְנוֹעַ
moving *adj* מִתְנוֹעֵעַ, נָע; נוֹגֵעַ עַד לֵב
moving picture *n* סֶרֶט קוֹלְנוֹעַ
moving spirit *n* רוּחַ חַיָּה
mow *vt, vi* קָצַר, כָּסַח

mower *n* מַכְסֵחָה
mowing machine *n* מַכְסֵחָה
M.P. *abbr* Member of Parliament, Military Police
Mr. *abbr* Mister
Mrs. *abbr* Mistress
MS., ms. *abbr* manuscript
Mt. *abbr* Mount
much *n, adj, adv* הַרְבֵּה; רַב; מְאוֹד
mucilage *n* רִיר חַלָּמוּת
muck *n* זֶבֶל מֶשֶׁק; לִכְלוּךְ; גּוֹעַל־נֶפֶשׁ
muckrake *vi* גִּילָּה שְׁחִיתוּת
muckrake *n* שְׁחִיתוּת; מַגְרֵפָה לְזֶבֶל
mucous *adj* רִירִי
mucous membrane *n* קְרוּמִית רִירִית
mucus *n* רִיר, לַחַ
mud *n* בּוֹץ, רֶפֶשׁ
muddle *vt* גָּרַם עִרְבּוּבְיָה; בִּלְבֵּל
muddle *n* עִרְבּוּבְיָה; בִּלְבּוּל
muddlehead *n* מְבוּלְבָּל
muddy *adj* בּוֹצִי; דָלוּחַ
mudguard *n* (בְּמְכוֹנִית) כָּנָף
mudslinger *n* מַתִּיז רֶפֶשׁ, מַשְׁמִיץ
muezzin *n* מוּאַזִּין
muff *n* יְדוֹנִית; הַחֲטָאָה (בְּמִשְׂחָק)
muff *vt* נִכְשַׁל; 'פִּסְפֵס'
muffle *vi, vt* עָטַף, עָטָה; הִתְעַטֵּף
muffler *n* סוּדָר צַוָּאר; עַמָּם (בִּמְכוֹנִית)
mufti *n* לְבוּשׁ אֶזְרָחִי
mug *n* סֵפֶל גָּדוֹל (הַמוֹנִית); פַּרְצוּף (הַמוֹנִית); טִיפֵּשׁ
mug *vt, vi* צִילֵּם; הִתְקִיף (לְגַבֵּי שׁוֹדֵד)
muggy *adj* לַח וְחַם

mulatto *n* מוּלָט
mulberry *n* תּוּת
mulct *vt, vi* עָנַשׁ; קָנַס
mule *n* פִּרְדָּה, פֶּרֶד
muleteer *n* נַהַג פְּרָדוֹת
mulish *adj* פִּרְדִּי, עַקְשָׁנִי
mull *vt, vi* הִרְהֵר (בְּדָבָר); הֵכִין תַּמְזִיג (יַיִן)
mullion *n* מוּלְיוֹן, זָקִף תִּיכוֹן
multigraph *n, vt* שַׁכְפֵּלָה; שִׁכְפֵּל
multilateral *adj* רַב־צְדָדִי
multiple *adj* כָּפוּל, מְכוּפָּל; רַב־פָּנִים
multiple *n* כְּפוּלָה; מִכְפָּל
multiplicity *n* רִיבּוּי, רוֹב
multiply *vt, vi* הִכְפִּיל; הִתְרַבָּה
multitude *n* הַרְבֵּה; הָמוֹן
mum *adj* אִילְּמִי (דִּיבּוּרִית)
mum *n* אִמָּא
mumble *vt, vi* מִלְמֵל
mumble *n* מִלְמוּל, לַחַשׁ
mummery *n* הַצָּגָה רֵיקָה
mummy *n* מוּמְיָה, גּוּף חָנוּט; אִמָּא
mumps *n pl* חַזֶּרֶת
munch *vt, vi* לָעַס
mundane *adj* שֶׁל הָעוֹלָם, אַרְצִי
municipal *adj* עִירוֹנִי
municipality *n* עִירִייָה
munificent *adj* נָדִיב, רְחַב־לֵב
munition dump *n* מִצְבּוֹר תַּחְמוֹשֶׁת
munitions *n pl* תַּחְמוֹשֶׁת
mural *adj* כּוֹתְלִי; שֶׁבֵּין כְּתָלִים
mural *n* צִיּוּר קִיר
murder *n, vt* רֶצַח; רָצַח
murderer *n* רוֹצֵחַ
murderess *n* רוֹצַחַת

murderous *adj* רוֹצְחָנִי
murky *adj* קוֹדֵר; אָפֵל
murmur *n* הֲמִיָּה, הֶמְיָה
murmur *vi, vt* הָמָה, מִלְמֵל
muscle *n* שְׁרִיר
muscular *adj* שְׁרִירִי
muse *vi* הִרְהֵר
museum *n* בֵּית־נְכוֹת, מוּזֵיאוֹן
mush *n* כְּתוֹשֶׁת רַכָּה; דַּיְסָה
mushroom *n, adj* פִּטְרִייָה; פִּטְרִייָתִי
mushy *adj* דְּמוּי דַּיְסָה; רַגְשָׁנִי
music *n* מוּסִיקָה
musical *n* מַחֲזֶמֶר, קוֹמֶדְיָה מוּסִיקָלִית
musical *adj* מוּסִיקָלִי
music-box *n* תֵּיבַת נְגִינָה
music-hall *n* אוּלַם בִּידּוּר מוּסִיקָלִי
musician *n* מוּסִיקַאי
musicologist *n* מוּסִיקוֹלוֹג
music-stand *n* כַּן תָּווִים
musk *n* מוּשְׁק (אייל המושק)
musk-deer *n* אַיַּל הַמּוּשְׁק
musket *n* מוּסְקֶט
musketeer *n* רוֹבַאי, מוּסְקֶטֶר
muskmelon *n* מֵלוֹן
muskrat *n* אוֹנְדַּטְרָה
muslin *n* מַלְמָלָה
muss *n* אִי־סֵדֶר
muss *vt* הָפַךְ סְדָרִים
Mussulman *n* מוּסְלְמִי; (במחנות הריכוז) מוּזֶלְמָן
mussy *adj* לֹא מְסוּדָּר
must *n* הֶכְרֵחַ, חוֹבָה; עוֹבֶשׁ
must *vi aux* הָיָה צָרִיךְ
mustard *n* חַרְדָּל
muster *n* מִפְקַד צָבָא; הִתְקַבְּצוּת
muster *vt, vi* אָסַף לְבִיקּוֹרֶת; רִיכֵּז; נִתְקַבְּצוּ
musty *adj* עָבֵשׁ, מְעוּפָּשׁ
mutation *n* הִשְׁתַּנּוּת, מוּטַצְיָה
mute *adj* שׁוֹתֵק; אִילֵּם
mute *n* אִילֵּם; עַמְעֶמֶת
mute *vt* הִשְׁקִיט
mutilate *vt* קָטַע אֵיבָר; עִיוֵּת
mutineer *n* מִתְמָרֵד
mutinous *adj* מַרְדָנִי
mutiny *n* מֶרֶד, קֶשֶׁר
mutiny *vi* מָרַד, הִתְמָרֵד
mutt *n* כֶּלֶב; פֶּתִי
mutter *vi, vt* מִלְמֵל; רָטַן
mutter *n* מִלְמוּל; רִיטוּן
mutton *n* בְּשַׂר כֶּבֶשׂ
mutton-chop *n* צֶלַע כֶּבֶשׂ
mutual *adj* הֲדָדִי; שֶׁל גּוֹמְלִין
muzzle *n* זְמָם, מַחְסוֹם; לוֹעַ (של כלי־נשק)
muzzle *vt* חָסַם, שָׂם מַחְסוֹם
my *pron* שֶׁלִּי
myriad *n, adj* אֵין־סְפוֹר; רִיבּוֹא
myrrh *n* הַמּוֹר הַטּוֹב
myrtle *n* הַהֲדַס הַמָּצוּי
myself *pron* אֲנִי עַצְמִי; אוֹתִי; לְבַדִּי
mysterious *adj* טָמִיר, מִסְתּוֹרִי
mystery *n* תַּעֲלוּמָה, מִסְתּוֹרִין
mystic(al) *adj* מִסְטִי, עָלוּם
mystic *n* דָּבֵק בְּמִסְתּוֹרִין
mysticism *n* תּוֹרַת הַנִּסְתָּר, מִיסְטִיצִיזְם
mystification *n* מַתַּן צִבְיוֹן סוֹדִי; הַטְעָיָה
mystify *vt* הִטְעָה; הֵבִיךְ

myth *n* מִיתוֹס
mythic *adj* מִיתוֹסִי, בָּדוּי
mythological *adj* מִיתוֹלוֹגִי, אַגָּדִי
mythology *n* מִיתוֹלוֹגְיָה

N

N, n אֶן (האות הארבע־עשׂרה באלפבית)
n. *abbr* neuter, nominative, noon, north, noun, number
N.A. *abbr* National Academy, National Army, North America
nab *vt* תָּפַס, אָסַר
nag *n* סוּס קָטָן, סַיָּיח
nag *vt, vi* הֵצִיק (בנזיפות וכד׳), ׳נִדְנֵד׳, טִרְחֵן
naiad *n* נִימְפַת־מַיִם
nail *n* צִיפּוֹרֶן; מַסְמֵר
nail *vt* מִסְמֵר; תָּפַס
nail-file *n* מָשׁוֹף לְצִפּוֹרְנַיִים
nail polish *n* לַכָּה לְצִיפּוֹרְנַיִים
nailset *n* קוֹבַע מַסְמֵר
naive *adj* תָּמִים, נָאִיבִי
naked *adj* עָרוֹם, חָשׂוּף
name *n* שֵׁם, כִּינּוּי
name *vt* כִּינָּה, קָרָא בְּשֵׁם
name day *n* יוֹם הַקָּדוֹשׁ
nameless *adj* בֶּן בְּלִי שֵׁם; לְלֹא שֵׁם
namely *adv* כְּלוֹמַר
namesake *n* בַּעַל אוֹתוֹ שֵׁם
nanny-goat *n* תַּיִשָׁה, עֵז
nap *n* תְּנוּמָה, שֵׁינָה קַלָּה
napalm *n* נַפָּאלְם
nape *n* מַפְרֶקֶת
naphtha *n* נֵפְט
napkin *n* מַפִּית שׁוּלְחָן
napkin ring *n* טַבַּעַת מַפִּית
Naples *n* נַפּוֹלִי; סַם
Napoleonic *adj* נַאפּוֹלֵיאוֹנִי
narcosis *n* אִלְחוּשׁ, נַרְקוֹזָה
narcotic *adj, n* נַרְקוֹטִי
narrate *vt* סִיפֵּר
narration *n* סִיפּוּר, הַגָּדָה
narrative *adj, n* סִיפּוּרִי; סִיפּוּר
narrator *n* מְסַפֵּר
narrow *n* מַעֲבָר צַר
narrow *adj* צַר, דָּחוּק
narrow *vt, vi* הֵצַר, צִמְצֵם; הִצְטַמְצֵם
narrow-gauge *n, adj* (מסילת־ברזל) צָרָה
narrow-minded *adj* צַר־אוֹפֶק
nasal *adj* אַפִּי, חוֹטְמִי
nasturtium *n* כּוֹבַע הַנָּזִיר
nasty *adj* מְטוּנָּף
natal *adj* שֶׁל לֵידָה
nation *n* אוּמָּה, לְאוֹם
national *adj* לְאוּמִּי

national *n* אֶזרָח
nationalism *n* לְאוּמִיוּת
nationalist *n* לְאוּמִי
nationality *n* לְאוּמִיוּת, הִשְׁתַּיְּכוּת לְאוּמִית
nationalize *vt* הִלְאִים
native *adj* טִבְעִי, טָבוּעַ מִלֵּידָה; יָלִיד
native *n* יְלִיד; תּוֹשָׁב מְקוֹמִי
native land *n* מוֹלֶדֶת
nativity *n* לֵידָה
N.A.T.O. *n* נָאטוֹ (ארגון הברית הצפון־אטלנטית)
natty *adj* מְסוּדָּר וְנָקִי
natural *adj* טִבְעִי
natural *n* מְפַגֵּר מִלֵּידָה; מוּצלָח
naturalism *n* טִבְעִיּוּת, נָטוּרָלִיזם
naturalist *n* חוֹקֵר טֶבַע; נָטוּרָלִיסט
naturalization *n* הִתאַזרְחוּת; אִזרוּחַ
naturalization papers *n pl* תְּעוּדַת הִתאַזרְחוּת
naturalize *vt, vi* אִזרֵחַ; הִתאַזרֵחַ
naturally *adv* בְּדֶרֶךְ הַטֶּבַע; כַּמּוּבָן
nature *n* טֶבַע; אוֹפִי
naught *n* אֶפֶס
naughty *adj* שׁוֹבָב; רַע, גַּס
nausea *n* בְּחִילָה
nauseate *vt, vi* הִגעִיל; סָלַד מ...
nauseating *adj* מַגעִיל, מַסלִיד
nauseous *adj* מַגעִיל, מַסלִיד
nautical *adj* יַמִּי
naval *adj* שֶׁל הַצִּי, שֶׁל חֵיל־הַיָּם
naval station *n* תַּחֲנַת שֵׁירוּת חֵיל הַיָּם
nave *n* טַבּוּר הַגַּלגַּל; תּוֹךְ הָאוּלָם (של כנסייה)
navel *n* טַבּוּר
navel orange *n* תַּפּוּז טַבּוּרִי
navigability *n* אֶפשָׁרוּת הָעֲבִירָה
navigable *adj* עָבִיר (ים, למשל)
navigate *vi, vt* נָהַג בְּאוֹנִיָּה; נִיוֵּט
navigation *n* נִיוּוּט; שַׁיִט
navigator *n* נַוָּט; עוֹבֵר יַמִּים
navvy *n* פּוֹעֵל שָׁחוֹר
navy *n* חֵיל־הַיָּם
navy blue *adj* כָּחוֹל כֵּהֶה
navy yard *n* מִספֶּנֶת חֵיל־הַיָּם
Nazarene *n* תּוֹשַׁב נָצְרַת; נוֹצְרִי
Nazi *n* נָאצִי
N.B. *abbr* Nota Bene נ.ב., עִיקָר שָׁכַחתִּי
N–bomb *n* פִּצְצַת חַנָקָן
Neapolitan *adj* נַפּוֹלִיטָנִי
neap tide *n* הַגֵּאוּת הַנְּמוּכָה בְּיוֹתֵר בְּזֶרֶם הַיָּם
near *adj, adv, prep* קָרוֹב, סָמוּךְ, לְיַד
nearby *adj* סָמוּךְ
Near East *n* הַמִּזרָח הַקָּרוֹב
nearly *adv* כִּמעַט, בְּקֵירוּב
nearsighted *adj* קְצַר־רְאוּת
nearsightedness *n* קוֹצֶר־רְאוּת
neat *adj* מְסוּדָּר וְנָקִי; עָשׂוּי יָפֶה; (משקה) לא מָהוּל
nebula *n* עַרפִילִית; עֲמוּמָה (בעין)
nebular *adj* עַרפִילִי
nebulous *adj* מְעוּרפָּל
necessary *adj, n* דָּרוּשׁ, הֶכרֵחִי; מִצרָךְ חִיּוּנִי
necessitate *vt* הִצרִיךְ
necessitous *adj* נִצרָךְ
necessity *n* צוֹרֶךְ, הֶכרֵחַ
neck *n* צַוָּאר; גָּרוֹן

neck *vi* הִתְעַלְּסוּ
neckband *n* צַוָּאר (שֶׁל בֶּגֶד)
necklace *n* עֲנָק, מַחֲרוֹזֶת
necktie *n* עֲנִיבָה
necrology *n* נֶקְרוֹלוֹג; רְשִׁימַת מֵתִים
necromancy *n* אוֹב
née *adj* נוֹלְדָה, לְבֵית...
need *n* צוֹרֶךְ; מְצוּקָה
need *vt, vi* הִצְטָרֵךְ, הָיָה זָקוּק ל...
needful *adj* דָּרוּשׁ
needle *n* מַחַט
needle *vt* תָּפַר בְּמַחַט; (הַמּוֹנִית) עָקַץ, הִקְנִיט
needle-point *n* חוּד מַחַט
needless *adj* שֶׁלֹּא לְצוֹרֶךְ
needlework *n* תְּפִירָה, רִקְמָה
needs *adv* בְּהֶכְרֵחַ
needy *adj* נִצְרָךְ
ne'er-do-well *n, adj* לֹא־יוּצְלַח
negation *n* שְׁלִילָה, בִּיטּוּל; הֶעְדֵּר
negative *adj* שְׁלִילִי; נֶגָטִיבִי
negative *n* שְׁלִילָה; גּוֹדֶל שְׁלִילִי, נֶגָטִיב
negative *vt* דָּחָה, שָׁלַל
neglect *n* הַזְנָחָה; רַשְׁלָנוּת; מֶחְדָּל
neglect *vt* הִזְנִיחַ, הִתְרַשֵּׁל לְגַבֵּי; חָדַל לָתֵת דַּעְתּוֹ
neglectful *adj* רַשְׁלָנִי, מַזְנִיחַ
negligée *n* חָלוּק שֶׁל אִשָּׁה, נֶגְלִיזֶ'ה
negligence *n* רַשְׁלָנוּת
negligent *adj* רַשְׁלָנִי, מְרוּשָּׁל
negligible *adj* שֶׁאֶפְשָׁר לְהִתְעַלֵּם מִמֶּנּוּ
negotiable *n* עָבִיר; סָחִיר
negotiate *vi, vt* נָשָׂא וְנָתַן; עָבַר (עַל מִכְשׁוֹל וכד')
negotiation *n* מַשָּׂא־וּמַתָּן

Negro, negro *n, adj* כּוּשִׁי, שְׁחוֹם עוֹר
neigh *vi, n* צָהַל; צָהֳלָה
neighbor *n* שָׁכֵן
neighborhood *n* שְׁכֵנוּת; סְבִיבָה
neighboring *adj* שָׁכֵן, סָמוּךְ
neighborly *adj* מִתְיַחֵס כָּרָאוּי לְשָׁכֵן, יְדִידוּתִי
neither *adj, pron* אַף אֶחָד (מִשְּׁנַיִם); גַּם לֹא
Nemesis *n* נֶמֶזִיס; הַיָּד הַנּוֹקֶמֶת
neologism *n* מִלָּה חֲדָשָׁה; תַּחְדִּישׁ
neomycin *n* נֵיאוֹמִיצִין
neon *n* נֵיאוֹן
neophyte *n* טִירוֹן
Nepal *n* נֶאפָּל, נֶפָּל
nephew *n* אַחְיָן
Neptune *n* נֶפְטוּן
neptunium *n* נֶפְטוּנְיוּם
Nereid *n* נֵרֵאִידָה
Nero *n* נֵירוֹן
nerve *n* עָצָב; קוֹר־רוּחַ; תְּעוּזָה; חוּצְפָּה; (בְּרִיבּוּי) עַצְבָּנוּת
nerve-racking *adj* מוֹרֵט עֲצַבִּים
nervous *adj* עַצְבָּנִי; עֲצַבִּי
nervousness *n* עַצְבָּנוּת, חֲרָדָה
nervy *adj* עַצְבָּנִי; מְעַצְבֵּן
nest *n, vi* קֵן; קִינֵּן
nest-egg *n* בֵּיצַת־קֵן; כֶּסֶף שָׁמוּר (לִשְׁעַת חֵירוּם)
nestle *vi, vt* שָׁכַב בִּנְוֹחִיּוּת; הִתְרַפֵּק
net *n* רֶשֶׁת; מִכְמוֹרֶת
net *vt, vi* עָשָׂה רֶשֶׁת; לָכַד בְּרֶשֶׁת
net *adj, vt* נֶטוֹ, נָקִי; הִרְוִיחַ (רֶוַח נָקִי)
Netherlander *adj* הוֹלַנְדִּי
Netherlands *n* הוֹלַנְד

netting *n* רִשּׁוּת
nettle *n, vt* סִרְפָּד; עָקַץ
network *n* מַעֲשֵׂה־רֶשֶׁת; הִסְתָּעֲפוּת
neuralgia *n* נֶבְרַלְגְיָה
neurology *n* נֶבְרוֹלוֹגְיָה
neurosis *n* נֶבְרוֹזָה
neurotic *adj, n* נֶבְרוֹטִי
neut. *abbr* neuter
neuter *adj, n* סְתָמִי; מְחוּסַּר מִין
neutral *adj, n* נֵיטְרָלִי
neutralism *n* מְדִינִיּוּת נֵיטְרָלִית
neutrality *n* נֵיטְרָלִיּוּת
neutralize *vt* נִטְרֵל
neutron *n* נוֹיטְרוֹן
never *adv* לְעוֹלָם לֹא
nevermore *adv* לֹא עוֹד
nevertheless *n* אַף־עַל־פִּי־כֵן
new *adj, adv* חָדָשׁ
new arrival *n* מִקָּרוֹב בָּא
newborn *adj* שֶׁזֶּה עַתָּה נוֹלָד
newcomer *n* מִקָּרוֹב בָּא
new-fangled *adj* חָדִישׁ
Newfoundland *n* נְיוּפָאוּנדלַנד
newly *adv* זֶה לֹא כְּבָר; מֵחָדָשׁ
newlywed *adj, n* נְשׂוּי זֶה לֹא כְּבָר
new moon *n* מוֹלַד הַיָּרֵחַ
news *n* חֲדָשׁוֹת
news agency *n* סוֹכְנוּת יְדִיעוֹת
news beat *n* גִּזְרַת יְדִיעוֹת
newscast *n* מִשְׁדַּר חֲדָשׁוֹת
newscaster *n* קַרְיָין חֲדָשׁוֹת
news conference *n* מְסִיבַּת עִיתּוֹנָאִים
news coverage *n* סִיקּוּר חֲדָשׁוֹת
newsman *n* מוֹכֵר עִיתּוֹנִים
newspaper *n* עִיתּוֹן
newspaperman *n* עִיתּוֹנַאי
newsprint *n* נְיַיר עִיתּוֹנִים
newsreel *n* יוֹמַן חֲדָשׁוֹת
newsstand *n* דּוּכַן עִיתּוֹנִים
newsworthy *adj* רָאוּי לְפִרְסוּם
newsy *adj, n* שׁוֹפֵעַ חֲדָשׁוֹת
New Testament *n* הַבְּרִית הַחֲדָשָׁה
new-world *adj* שֶׁל הָעוֹלָם הֶחָדָשׁ
New Year's card כַּרְטִיס בְּרָכָה לַשָּׁנָה הַחֲדָשָׁה
New Year's Day *n* רֹאשׁ הַשָּׁנָה
New Year's Eve *n* עֶרֶב רֹאשׁ הַשָּׁנָה
New York *n* נְיוּ יוֹרק
New Yorker *n* נְיוּ יוֹרְקִי
New Zealand *n* נְיוּ זִילַנד
next *adj, adv* הַקָּרוֹב; הַבָּא; שֶׁלְּאַחַר
next best *n* אַחֲרֵי הַטּוֹב בְּיוֹתֵר
next-door *adj* שָׁכֵן, סָמוּךְ
next of kin *n* הַקָּרוֹב בְּיוֹתֵר בַּמִּשְׁפָּחָה
niacin *n* חוּמְצַת נִיקוֹטִין
Niagara Falls *n pl* מַפְּלֵי נִיאָגָרָה
nibble *vt, vi* כִּרְסֵם; נִיגֵּס
nibble *n* כִּרְסוּם, נֶגֶס
Nicaraguan *adj, n* נִיקָרָגוּאִי
nice *adj* נָאֶה; נֶחְמָד; עָדִין; טָעִים; דַּק
nice looking *adj* נָאֶה לְמַרְאֶה
nicely *adv* הֵיטֵב, כָּרָאוּי
nicety *n* קַפְּדָנוּת; דִּיּוּק; עֲדִינוּת
niche *n* גּוּמְחָה
nick *n, vt* חֲתָךְ קָטָן, חָרִיץ; עָשָׂה חָרִיץ
nickel *n* נִיקֶל
nickel-plate *vt, n* צִיפָּה בְּנִיקֶל; צִיפּוּי בְּנִיקֶל
nick-nack *n* תַּכְשִׁיט קָטָן

nickname *n* כִּנּוּי חִיבָּה; שֵׁם לְוַאי
nicotine *n* נִיקוֹטִין
niece *n* אַחְיָנִית
nifty *adj* יָפֶה, הָדוּר
niggard *adj, n* קַמְּצָן, כִּילַי
night *n* לַיְלָה
nightcap *n* כִּיפַּת לַיְלָה;
 כּוֹסִית אַחֲרוֹנָה
night-club *n* מוֹעֲדוֹן לַיְלָה
nightfall *n* עֲרוֹב יוֹם
nightgown *n* כְּתוֹנֶת לַיְלָה
nightingale *n* זָמִיר
night letter *n* מִבְרָק לַיְלָה
nightlong *adj* שֶׁנִּמְשָׁךְ כָּל הַלַּיְלָה
nightly *adj* לֵילִי
nightmare *n* חֲלוֹם בַּלָּהוֹת
nightmarish *adj* סִיוּטִי
night-owl *n* צִיפּוֹר לַיְלָה
nightshirt *n* כְּתוֹנֶת לַיְלָה
night-time *n* חֶשְׁכַת לַיְלָה
nightwalker *n* מְשׁוֹטֵט בַּלַּיְלָה
night-watchman *n* שׁוֹמֵר לַיְלָה
nihilism *n* נִיהִילִיזם, אַפְסָנוּת
nihilist *n* נִיהִילִיסט, אַפְסָן
Nile *n* נִילוּס, הַיְאוֹר
nimble *adj* זָרִיז, מָהִיר
nimbus *n* הִילָה
nincompoop *n* אֶפֶס, חֲסַר אוֹפִי
nine *adj, n* תִּשְׁעָה, תֵּשַׁע
nine hundred *n* תְּשַׁע מֵאוֹת
nineteen *adj, n* תִּשְׁעָה־עָשָׂר;
 תְּשַׁע־עֶשְׂרֵה
nineteenth *adj, n* הַתִּשְׁעָה־עָשָׂר,
 הַתְּשַׁע־עֶשְׂרֵה
ninetieth *adj* הַתִּשְׁעִים
ninety *adj, n* תִּשְׁעִים
ninth *adj, n* הַתְּשִׁיעִי; תְּשִׁיעִית
nip *n* צְבִיטָה, נְשִׁיכָה; קוֹר; לְגִימָה
nip *vt* צָבַט, נָשַׁךְ
nipple *n* דַּד, פִּטְמָה
Nippon *n* נִיפּוֹן, יַפָּן
nippy *adj, n* זָרִיז; קַר; חָרִיף
nit *n* בֵּיצַת כִּינָּה
nitrate *n* חַנְקָה
nitric acid *n* חוּמְצָה חַנְקָנִית
nitrogen *n* חַנְקָן
nitroglycerin(e) *n* נִיטרוֹגְלִיצֵרִין
nitwit *n* סָכָל
no *adj, adv* לֹא; לְלֹא
Noah *n* נֹחַ
nobby *adj* (המונית) טַרְזָן
nobility *n* אֲצִילוּת
noble *adj* אָצִיל, יְפֵה־נֶפֶשׁ
nobleman *n* אָצִיל
nobody *n* אַף לֹא אֶחָד
nocturnal *adj* לֵילִי
nod *n* נִעְנוּעַ רֹאשׁ
nod *vt, vi* הֵנִיעַ רֹאשׁוֹ;
 שָׁמַט רֹאשׁוֹ (מתוך נמנום)
node *n* בְּלִיטָה, גוּלָּה; קֶשֶׁר
nohow *adv* (דיבורית) בְּשׁוּם דֶּרֶךְ
noise *n* רַעַשׁ, שָׁאוֹן
noise *vt, vi* פִּרְסֵם, הֵפִיץ
noiseless *adj* שָׁקֵט
noisy *adj* רוֹעֵשׁ, רַעֲשָׁנִי
nomad *n, adj* נַוָּד
nomadic *adj* נַוָּדִי
no man's land *n* שֶׁטַח הֶפְקֵר
nominal *adj* שֵׁמִי; (ערך וכד׳) נָקוּב
nominate *vt* הִצִּיעַ (כמועמד)

nomination *n* הַצָּעַת מוּעֲמָד
nominative *adj, n* נוֹשֵׂא, נוֹשְׂאִי
nominee *n* מוּעֲמָד
non-belligerent *adj* לֹא לוֹחֵם
nonchalance *n* שִׁוְיוֹן־נֶפֶשׁ
nonchalant *adj* קַר־רוּחַ, אָדִישׁ
noncombatant *adj, n* לֹא לוֹחֵם
noncommissioned officer *n* מַשָּׂ״ק
noncommittal *adj* בִּלְתִּי־מְחַיֵּיב
nonconformist *n* לֹא מִסְתַּגֵּל; לֹא תּוֹאֲמָן
nondescript *adj* שֶׁאֵינוֹ נִיתָּן לְתֵיאוּר
none *pron, adj, adv* אַף לֹא אֶחָד; כְּלָל לֹא
nonentity *n* (לגבי אדם) אֶפֶס; אִי־קִיּוּם
nonfiction *n* לֹא סִיפּוֹרֶת
nonfulfillment *n* אִי־בִּיצּוּעַ, אִי־מִילּוּי
nonintervention *n* אִי־הִתְעָרְבוּת
nonmetallic *adj* אַלְמַתַּכְתִּי
nonplus *vt* הֵבִיךְ
nonprofit *adj* שֶׁלֹּא עַל־מְנָת לְהָפִיק רֶוַוח
nonresident *n, adj* לֹא תּוֹשָׁב
nonresidential *adj* שֶׁלֹּא לִמְגוּרִים
nonscientific *adj* לֹא מַדָּעִי
nonsectarian *adj* אַל כִּיתָּתִי
nonsense *n* הֲבָלִים
nonsensical *adj* טִיפְּשִׁי
non-skid *adj* מְחוּסָּן נֶגֶד הַחֲלָקָה
nonstop *adj, adv* יָשִׁיר; לְלֹא הֶפְסֵק
noodle *n* אִטְרִיָּיה; פֶּתִי
nook *n* פִּינָּה
noon *n* צָהֳרַיִים
no-one *n* אַף לֹא אֶחָד
noontime, noontide *n* שְׁעַת צָהֳרַיִים
noose *n* לוּלָאָה; קֶשֶׁר
nor *conj* לֹא, וְאַף לֹא
Nordic *n, adj* נוֹרְדִי
norm *n* נוֹרְמָה, תֶּקֶן
normal *adj* תָּקִין, תִּקְנִי, נוֹרְמָלִי
Normandy *n* נוֹרְמַנְדִיָה
Norse *adj, n* נוֹרְבֶגִי; נוֹרְבֶגִית
Norseman *n* נוֹרְבֶגִי
north *n, adj, adv* צָפוֹן; צְפוֹנִי; צָפוֹנָה
North America *n* אֲמֵרִיקָה הַצְּפוֹנִית
North American *adj, n* צְפוֹן־אֲמֵרִיקָנִי
northeaster *n* רוּחַ צְפוֹנִית־מִזְרָחִית
northern *adj* צְפוֹנִי
North Korea *n* צְפוֹן קוֹרֵיאָה
north wind *n* רוּחַ צְפוֹנִית
Norway *n* נוֹרְבֶגְיָה
Norwegian *adj, n* נוֹרְבֶגִי; נוֹרְבֶגִית
nos. *abbr* numbers
nose *n* אַף, חוֹטֶם
nose *vt, vi* רִחְרֵחַ; חִיטֵּט
nosebag *n* שַׂק מִסְפּוֹא
nosebleed *n* דֶּמֶם אַף
nosedive *n* צְלִילָה (של מטוס)
nosegay *n* זֵר
nose-ring *n* נֶזֶם
nostalgia *n* גַּעְגּוּעִים לֶעָבָר; נוֹסְטַלְגִיָה
nostalgic *adj* מַעֲלֶה גַּעְגּוּעִים; נוֹסְטַלְגִי
nostril *n* נְחִיר
nosy *adj, n* גְּדוֹל אַף; סַקְרָנִי
not *adv* אַיִן, אֵין; לֹא
notable *adj, n* רָאוּי לְצִיּוּן; אִישִׁיּוּת דְגוּלָה
notarize *vt, vi* קִיֵּים, אִישֵּׁר

notary *n* נוֹטַריוֹן
notch *n* חֵרֶק, חָרִיץ
notch *vt* חֵירֵק, חָרַץ
note *n* פֶּתֶק, פִּתְקָה; רְשִׁימָה; (בְּמוּסִיקָה) תָּו
note *vt* רָשַׁם; שָׂם לֵב
notebook *n* פִּנְקָס
noted *adj* מְפוּרְסָם
notepaper *n* נְיַיר מִכְתָּבִים
noteworthy *adj* רָאוּי לְצִיּוּן
nothing *n* אֶפֶס, לֹא־כְלוּם
notice *n* הוֹדָעָה; מוֹדָעָה; הַתְרָאָה; תְּשׂוּמֶת־לֵב
notice *vt* שָׂם לֵב, הִבְחִין
noticeable *adj* בּוֹלֵט, נִיכָּר
notify *vt* הוֹדִיעַ
notion *n* מוּשָּׂג, רַעְיוֹן; נְטִיָּיה
notoriety *n* פִּרסוּם לְשִׁמְצָה
notorious *adj* יָדוּעַ לְשִׁמְצָה
no-trump *adj, n* לֹא (אָדָם) מַזְהִיר
notwithstanding *prep, adv, conj* לַמְרוֹת; שֶׁ..., לַמְרוֹת
nougat *n* נוּגָט
nought *n* אֶפֶס
noun *n* שֵׁם־עֶצֶם
nourish *vt, vi* זָן; הֵזִין
nourishing *adj* מֵזִין
nourishment *n* הֲזָנָה
nova *n* כּוֹכָב חָדָשׁ
Nova Scotia *n* נוֹבָה סְקוֹטְיָה
novel *n* רוֹמָן
novelist *n* סוֹפֵר, מְחַבֵּר רוֹמָנִים
novelty *n* חִידּוּשׁ; זָרוּת
November *n* נוֹבֶמְבֶּר
novice *n* טִירוֹן
novocaine *n* נוֹבוֹקָאִין
now *adv, conj, n* עַתָּה, עַכְשָׁיו, כָּעֵת; עַתָּה שֶׁ...; הֲרֵי
nowadays *adv* בְּיָמֵינוּ
noway, noways *adv* כְּלָל לֹא
nowhere *adv* בְּשׁוּם מָקוֹם לֹא
noxious *adj* מַזִּיק
nozzle *n* נְחִיר, זַרְבּוּבִית
nth. *adj* שֶׁל n, בְּחֶזְקַת n
nuance *n* גַּווֹנוּן
nub *n* גַּבְשׁוּשִׁית; עִיקָּר
nuclear *adj* גַּרְעִינִי
nucleus *n* (*pl* nuclei) גַּרְעִין
nude *adj, n* עָרוֹם; עֵירוֹם
nudge *n, vt* דְּחִיפָה קַלָּה; דָּחַף קַלּוֹת
nugget *n* גּוּשׁ זָהָב גּוֹלְמִי
nuisance *n* מִטְרָד; טַרְדָן
null *adj* בָּטֵל
nullify *vt* אִיפֵּס; בִּיטֵּל
nullity *n* אַפְסוּת; חוֹסֶר קִיּוּם
numb *adj* חֲסַר תְּחוּשָׁה
numb *vt* גָּרַם לְאוֹבְדָן תְּחוּשָׁה
number *n* מִסְפָּר; סִפְרָה; כַּמּוּת
number *vt, vi* סָפַר; מִסְפֵּר
numberless *adv* לְאֵין־סְפוֹר
numeral *adj, n* מִסְפָּרִי; סִפְרָה
numerical *adj* מִסְפָּרִי
numerous *adj* רַב, רַבִּים
numskull *n* טִיפֵּשׁ
nun *n* נְזִירָה
nuptial *adj* שֶׁל נִישּׂוּאִים
nurse *n* אָחוֹת רַחֲמָנִיָּיה
nurse *vt* הֵינִיקָה; טִיפֵּל (בְּחוֹלֶה)
nursery *n* חֲדַר יְלָדִים; מִשְׁתָּלָה
nurseryman *n* בַּעַל מִשְׁתָּלָה

nursery school *n* גַן־יְלָדִים
nursing *n* מִקְצוֹעַ הָאָחוֹת; טִיפּוּל
nursing bottle *n* בַּקְבּוּק לְתִינוֹק
nursing home *n* בֵּית־חוֹלִים פְּרָטִי
nurture *vt* הֵזִין, טִיפֵּחַ
nut *n* אֱגוֹז; אוֹם; אָדָם מוּזָר
nutcracker *n* מַפְצֵחַ
nutmeg *n* אֱגוֹז מוּסְקָט
nutriment *n* מָזוֹן מֵזִין
nutrition *n* תְּזוּנָה; הֲזָנָה
nutritious *adj* מֵזִין
nutshell *n* קְלִיפַּת אֱגוֹז; תַּמְצִית
nutty *adj* מָלֵא אֱגוֹזִים; אֱגוֹזִי; (דִיבּוּרִית) מְטוֹרָף
nuzzle *vt, vi* חִיכֵּךְ אֶת הָאַף
nylon *n* נַיילוֹן
nymph *n* נִימְפָה, צְעִירָה יָפָה

O

O, o אוֹ (הָאוֹת הַחֲמֵשׁ־עֶשְׂרֵה בָּאָלֶפְבֵּית)
O *interj* הוֹ!, הוֹי!, אוֹי!
oaf *n* גוֹלֶם, שׁוֹטֶה
oak *n* אַלוֹן; עֵץ אַלוֹן
oaken *adj* מֵאַלוֹן
oakum *n* נְעוֹרֶת חֲבָלִים
oar *n* מָשׁוֹט; חוֹתֵר
oarsman *n* מְשׁוֹטַאי
oasis *n* (*pl* oases) נְאַת מִדְבָּר
oat *n* שִׁיבּוֹלֶת־שׁוּעָל
oath *n* שְׁבוּעָה, נֵדֶר
oatmeal *n* קֶמַח שִׁבּוֹלֶת־שׁוּעָל
ob. *abbr* obiit (Latin) נִפְטַר
obbligato *adj, n* הֶכְרֵחִי (קֶטַע)
obduracy *n* עַקְשָׁנוּת
obdurate *adj* עַקְשָׁן
obedience *n* צִיוּת, צַיְיתָנוּת
obedient *adj* מְצַיֵּית, צַיְיתָן
obeisance *n* קִידָה
obelisk *n* אוֹבֶּלִיסְק
obese *adj* שָׁמֵן בְּיוֹתֵר
obesity *n* שׁוֹמֶן הַגוּף
obey *vt* צִיֵּית
obituary *n* הֶסְפֵּד
object *vt, vi* הִתְנַגֵּד, עִרְעֵר עַל
object *n* חֵפֶץ; נוֹשֵׂא; תַּכְלִית; (בְּדִקְדוּק) מוּשָּׂא
objection *n* הִתְנַגְּדוּת; עִרְעוּר
objectionable *adj* מְעוֹרֵר הִתְנַגְּדוּת
objective *adj* אוֹבְּיֶיקְטִיבִי; לֹא מְשׁוּחָד
objective *n* מַטָּרָה; יַעַד
obligate *vt* חִייֵּב, הִכְרִיחַ
obligation *n* הִתְחַיְּיבוּת, חוֹבָה
oblige *vt* הִכְרִיחַ, חִייֵּב
obliging *adj* מֵיטִיב, גוֹמֵל טוֹבָה
oblique *adj* מְשׁוּפָּע, מְלוּכְסָן
obliterate *vt* מָחָה; הִכְחִיד

oblivious *adj* מִתְעַלֵּם, אֵינוֹ חָשׁ
oblong *adj, n* מוֹאֳרָךְ, מַלְבֵּנִי; מַלְבֵּן
obnoxious *adj* נִתְעָב
oboe *n* אַבּוּב
oboist *n* מְנַגֵּן בְּאַבּוּב
obs. *abbr* obsolete
obscene *adj* מְגוּנֶּה, שֶׁל זִימָּה
obscenity *n* נִיבּוּל־לָשׁוֹן
obscure *adj* אָפֵל; מְעוּרְפָּל; סָתוּם
obscure *vt* הִסְתִּיר; הֶאֱפִיל
obscurity *n* אֲפֵילָה; אִי־בְּהִירוּת
obsequies *n pl* טֶקֶס קְבוּרָה
obsequious *adj* מִתְרַפֵּס
observance *n* (קִיּוּם (מִצְווֹת אוֹ חוּקִים
observant *adj, n* פְּקוּחַ עַיִן; שׁוֹמֵר מִצְווֹת
observation *n* הִתְבּוֹנְנוּת, תַּצְפִּית; הֶעָרָה
observatory *n* מִצְפֶּה
observe *vt, vi* הִתְבּוֹנֵן; צָפָה; קִיֵּם (חוֹק וכד׳)
observer *n* מַשְׁקִיף
obsess *vt* הִשְׁתַּלֵּט עַל
obsession *n* שִׁיגָּעוֹן לְדָבָר אֶחָד
obsolete *adj, n* מְיוּשָּׁן, לֹא בְּשִׁימּוּשׁ
obstacle *n* מִכְשׁוֹל
obstetric(al) *adj* שֶׁל מְיַילְּדוּת
obstetrics *n* מְיַילְּדוּת
obstinacy *n* עַקְשָׁנוּת
obstinate *adj* עַקְשָׁן
obstruct *vt* שָׂם מִכְשׁוֹל; חָסַם
obstruction *n* מִכְשׁוֹל; הַפְרָעָה
obtain *vt* הִשִּׂיג, רָכַשׁ
obtrusive *adj* נִדְחָק, טַרְדָנִי
obtuse *adj* קֵהֶה (בְּצוּרָה, בְּרֶגֶשׁ, בִּתְפִיסָה)

obviate *vt* הֵסִיר (מִכְשׁוֹל), מָנַע
obvious *adj* בָּרוּר, פָּשׁוּט
occasion *n* הִזְדַּמְּנוּת
occasion *vt* גָּרַם
occasional *adj* הִזְדַּמְּנוּתִי, שֶׁלִּפְעָמִים
occident *n* אַרְצוֹת הַמַּעֲרָב
occult *adj* מִסְתּוֹרִי, כָּמוּס; מִיסְטִי
occupancy *n* הַחֲזָקָה; דַּיָּירוּת
occupant *n* דַּיָּיר; מַחֲזִיק
occupation *n* מִשְׁלַח יָד; כִּיבּוּשׁ
occupy *vt, vi* תָּפַס (מָקוֹם, זְמַן); הֶעֱסִיק; כָּבַשׁ
occur *vi* קָרָה; עָלָה (עַל הַדַּעַת)
occurrence *n* מְאוֹרָע, הִתְרַחֲשׁוּת
ocean *n* אוֹקְיָינוֹס
oceanic *adj* אוֹקְיָינוֹסִי
o'clock *adv* עַל־פִּי הַשָּׁעוֹן
octave *n* אוֹקְטָבָה
October *n* אוֹקְטוֹבֶּר
octopus *n* תְּמָנוּן
octoroon *n* שְׁמִינִיּוֹן
ocular *adj* עֵינִי, רְאִיָּיתִי
oculist *n* רוֹפֵא עֵינַיִים
O.D. *abbr* officer of the day
odd *adj, n* פֶּרֶט; שׁוֹנֶה; מוּזָר
oddity *n* מוּזָרוּת; מוּזָר
odd jobs *n pl* עֲבוֹדוֹת מִקְרִיּוֹת
odd lot *n* שְׁאֵרִית, מִכְלוֹל לֹא־אָחִיד
odds *n pl* סִיכּוּיִים; תְּנָאֵי הִימּוּר
odds and ends *n pl* שְׁאֵרִיּוֹת
ode *n* אוֹדָה
odious *adj* דּוֹחֶה, שָׂנוּא
odor *n* רֵיחַ
odorous *adj* רֵיחָנִי
odorless *adj* חֲסַר רֵיחַ

Odyssey *n* אוֹדִיסֵיאָה

of *prep* שֶׁל, מִן, עַל

off *adv, prep* בְּמֶרְחָק; רָחוֹק

off *adj* מְרוּחָק יוֹתֵר

offal *n* שִׁירַיִים

offbeat *adj* יוֹצֵא דוֹפֶן

offchance *n* אֶפְשָׁרוּת רְחוֹקָה

offend *vt, vi* פָּגַע בּ...; הֶעֱלִיב

offender *n* מֵפֵר חוֹק, אָשֵׁם

offense *n* פְּגִיעָה; חֵטְא

offensive *adj* שֶׁל הַתְקָפָה; דוֹחֶה, פּוֹגֵעַ

offensive *n* מִתְקָפָה

offer *vt, vi* הִצִּיעַ; הִגִּישׁ, הוֹשִׁיט

offer *n* הַצָּעָה

offering *n* קוֹרְבָּן; מַתָּנָה

offhand *adj, adv* כִּלְאַחַר יָד

office *n* מִשְׂרָד; מִשְׂרָה

office-boy *n* נַעַר שָׁלִיחַ

office holder *n* נוֹשֵׂא מִשְׂרָה

office seeker *n* שׁוֹאֵף לְתַפְקִיד

officer *n* קָצִין

office supplies *n pl* צוֹרְכֵי מִשְׂרָד

official *adj, n* רִשְׁמִי; פָּקִיד

officiate *vi* כִּיהֵן, שִׁימֵּשׁ בְּתַפְקִיד

officious *adj* מִתְעָרֵב (שלא לצורך)

off-peak load *n* עוֹמֶס לֹא מְרַבִּי

offprint *n* תַּדְפִּיס

offset *vt* אִיזֵּן, קִיזֵּז; הִדְפִּיס בְּאוֹפְסֶט

offset printing *n* הַדְפָּסַת צִילּוּם

offshoot *n* נֵצֶר; פּוֹעַל יוֹצֵא

offshore *adj, adv* מִן הַחוֹף וָהָלְאָה

offspring *n* צֶאֱצָא, יְלָדִים

off-stage *n* קָלְעֵי הַבִּימָה

off-the-record *adj* לֹא לְפִרְסוּם

often *adv* לְעִתִּים קְרוֹבוֹת

ogle *vt* הֵעִיף מַבָּט חַשְׁקָנִי

ogre *n* מִפְלֶצֶת

ohm *n* אוֹם

oil *n* שֶׁמֶן; נֵפְט

oil *vt, vi* שִׁימֵּן

oilcan *n* קַנְקַן שֶׁמֶן

oilcloth *n* שַׁעֲוָונִית

oil-gauge *n* מַד־שֶׁמֶן

oil pan *n* אַמְבַּט שֶׁמֶן

oil-tanker *n* מֵיכָלִית

oily *adj* שַׁמְנִי; מָלֵא שֶׁמֶן

ointment *n* מִשְׁחָה

O.K. *adj, n* נָכוֹן; אִישּׁוּר; אִישֵּׁר

okra *n* בַּמְיָה

old *adj* יָשָׁן; זָקֵן; בֶּן (...שנים)

old age *n* זִקְנָה

old boy *n* תַּלְמִיד לְשֶׁעָבַר

old-clothesman *n* סוֹחֵר בִּבְגָדִים יְשָׁנִים

old-fashioned *adj* מְיוּשָּׁן

Old Glory *n* דֶּגֶל אַרהַ״ב

Old Guard *n* הַוָּתִיקִים; שַׁמְרָנֵי הַמִּפְלָגָה הָרֶפּוּבְּלִיקָנִית

old hand *n* עוֹבֵד מְנוּסֶּה, בַּעַל נִיסָּיוֹן

old maid *n* בְּתוּלָה זְקֵנָה

old master *n* צַיָּיר אוֹ צִיּוּר קְלַאסִּי

old moon *n* יָרֵחַ מִתְמַעֵט

old salt *n* מַלָּח וָתִיק

old school *n* אַסְכּוֹלָה יְשָׁנָה

old time *n* זְמַנִּים עָבָרוּ

old timer *n* וָתִיק

old wives' tale *n* סִפּוּר שֶׁל סַבְתָּא

old-world *adj* שֶׁל הָעוֹלָם הָעַתִּיק

oleander *n* הַרְדּוּף

oligarchy *n* אוֹלִיגַרְכְיָה
olive *n* זַיִת; צֶבַע הַזַּיִת
olive *adj* שֶׁל זַיִת
olive grove *n* כֶּרֶם זֵיתִים
Olympiad *n* אוֹלִימְפִּיָאדָה
Olympian *n, adj* מִשְׁתַּתֵּף בַּמִּשְׂחָקִים הָאוֹלִימְפִּיִּים; (אדם) נִישָּׂא, מְרוּחָק
Olympic *adj* אוֹלִימְפִּי
omelet, omelette *n* חֲבִיתָה
omen *n* סִימָן לַבָּאוֹת
ominous *adj* מְבַשֵּׂר רָע
omission *n* הַשְׁמָטָה; אִי־בִּיצוּעַ
omit *vt* הִשְׁמִיט; נִמְנַע מִן
omnibus *n* אוֹטוֹבּוּס
omnipotent *adj* כּוֹל יָכוֹל
omniscient *adj* יוֹדֵעַ הַכּוֹל
omnivorous *adj* אוֹכֵל הַכּוֹל
on *prep* עַל, עַל גַּבֵּי; בּ...
on *adv, adj* עַל; בִּתְמִידוּת; לְפָנִים; קָדִימָה
once *adv* פַּעַם
once *conj, n* בְּרֶגַע שֶׁ...; פַּעַם אַחַת
onceover *n* (דיבורית) מַבָּט בּוֹחֵן מָהִיר
one *adj* אֶחָד, אַחַת; פְּלוֹנִי
onerous *adj* מַכְבִּיד
oneself *pron* הוּא עַצְמוֹ
one-sided *adj* חַד־צְדָדִי
one-track *adj* חַד־נְתִיבִי
one-way *adj* חַד־סִטְרִי
onion *n* בָּצָל
onionskin *n* נְיָיר שָׁקוּף דַּק
onlooker *n* מִסְתַּכֵּל מִן הַצַּד
only *conj, adv* רַק; אֶלָּא שֶׁ...; בִּלְבַד
only *adj* יָחִיד; יְחִידִי
onset *n* הַתְקָפָה; הַתְחָלָה
onward *adv* קָדִימָה
onyx *n* אֶנֶךְ, שׁוֹהַם
ooze *n* טִפְטוּף, פִּכְפּוּךְ
ooze *vt, vi* פִּכָּה, נָטַף; דָּלַף
opal *n* לֶשֶׁם
opaque *adj* אָטוּם; עָמוּם
open *adj* פָּתוּחַ; פָּנוּי
open *vt, vi* פָּתַח; פָּתַח בּ...; נִפְתַּח
open-air *adj* בָּאֲוִויר הַפָּתוּחַ
open-eyed *adj* מִשְׁתָּאֶה; פְּקוּחַ־עַיִן
openhanded *adj* נָדִיב
openhearted *adj* גְּלוּי־לֵב
opening *n* פֶּתַח; פְּתִיחָה; הַתְחָלָה; מִשְׂרָה פְּנוּיָה; הַצָּגַת־בְּכוֹרָה
opening night *n* עֶרֶב בְּכוֹרָה
opening number *n* פְּרִיט פּוֹתֵחַ
open-minded *adj* רְחַב־אוֹפֶק
open secret *n* סוֹד גָּלוּי
openwork *n* עֲבוֹדַת רֶשֶׁת
opera *n* אוֹפֶּרָה
opera-glasses *n pl* מִשְׁקֶפֶת אוֹפֵּרָה
operate *vi, vt* פָּעַל; תִּפְעֵל; נִיתֵּחַ
operatic *adj* שֶׁל אוֹפֶּרָה
operating-room *n* חֲדַר־נִיתּוּחִים
operating-table *n* שׁוּלְחַן־נִיתּוּחִים
operation *n* פְּעוּלָּה; תִּפְעוּל; נִיתּוּחַ
operator *n* פּוֹעֵל; מַפְעִיל
operetta *n* אוֹפֶּרֶטָה, אוֹפֵּרִית
opiate *n, adj* סַם מְיַישֵּׁן
opinion *n* דֵּעָה, סְבָרָה; חַוּוֹת־דַּעַת
opinionated *adj* עַקְשָׁנִי בְּדַעְתּוֹ
opium *n* אוֹפְּיוּם
opium-den *n* מְאוּרַת אוֹפְּיוּם
opponent *n, adj* יָרִיב, מִתְנַגֵּד

opportune *adj* בְּעִתּוֹ

opportunist *n* סְתַגְּלָן, אוֹפּוֹרְטוּנִיסְט

opportunity *n* הִזְדַּמְּנוּת

oppose *vt* הִתְנַגֵּד; הֶעֱמִיד לְעוּמַּת

opposite *adj*, *adv* שֶׁמִּמּוּל; מְנוּגָּד; נֶגֶד, מוּל

opposition *n* הִתְנַגְּדוּת; אוֹפּוֹזִיצְיָה

oppress *vt* הֵעִיק עַל; דִּיכֵּא

oppression *n* נְגִישָׂה, לַחַץ

oppressive *adj* מְדַכֵּא; מַכְבִּיד; מֵעִיק

opprobrious *adj* מְגוּנֶּה; מֵבִישׁ

opprobrium *n* בּוּשָׁה; גְּנַאי

optic *adj* עֵינִי; שֶׁל הָעַיִן

optical *adj* רְאוּתִי, אוֹפְּטִי

optician *n* אוֹפְּטִיקַאי

optimism *n* אוֹפְּטִימִיּוּת

optimist *n* אוֹפְּטִימִיסְט

option *m n* בְּרֵירָה, אוֹפְּצְיָה

optional *adj* שֶׁבִּרְשׁוּת

optometrist *n* אוֹפְּטוֹמֶטְרִיסְט

opulent *adj* עָשִׁיר, שׁוֹפֵעַ

or *conj* אוֹ

oracle *n* אוֹרַקְל; אוּרִים וְתוּמִּים

oracular *adj* עוֹשֶׂה רוֹשֶׁם מוּסְמָךְ; מְעוּרְפָּל

oral *adj*, *n* שֶׁבְּעַל־פֶּה; שֶׁל פֶּה; בְּחִינָה בְּעַל־פֶּה

orange *n*, *adj* תַּפּוּחַ־זָהָב, תַּפּוּז; תָּפוּז

orangeade *n* מִיץ תַּפּוּזִים בְּמַיִם, אוֹרַנְז'ָדָה

orange-blossom *n* פֶּרַח הַתַּפּוּז

orange grove *n* פַּרְדֵּס

orange juice *n* מִיץ תַּפּוּזִים

orang-outang *n* אוֹרַנְג־אוּטַנְג

oration *n* נְאוּם (חֲגִיגִי)

orator *n* נוֹאֵם (מְחוֹנָן)

oratorical *adj* נְאוּמִי

oratorio *n* אוֹרָטוֹרְיָה

orb *n* כּוֹכָב, גֶּרֶם שָׁמַיִם; גַּלְגַּל הָעַיִן

orbit *n* מַסְלוּל (שֶׁל כּוֹכָב); תְּחוּם פְּעוּלָּה

orbit *vi* נָע בְּמַסְלוּל

orchard *n* בּוּסְתָּן

orchestra *n* תִּזְמוֹרֶת

orchestrate *vt* תִּזְמֵר

orchid *n* סַחְלָב

ordain *vt* (בְּנַצְרוּת) הִסְמִיךְ; צִיוָּה

ordeal *n* מִבְחָן, נִיסָּיוֹן קָשֶׁה; יִיסּוּרִים

order *n* סֵדֶר; מִשְׁטָר; תַּקָּנוֹת; מִסְדָּר (דָּתִי)

order *vt* פָּקַד; הִזְמִין; הִסְדִּיר

orderly *adj* מְסוּדָּר; שׁוֹמֵר סֵדֶר

orderly *n* מְשַׁמֵּשׁ, תּוֹרָן; (בְּבֵית־חוֹלִים) אָח

ordinal *adj*, *n* שֶׁל מַעֲרֶכֶת; מִסְפָּר סוֹדֵר

ordinance *n* פְּקוּדָּה; חוֹק

ordinary *adj* רָגִיל, שָׁכִיחַ

ordnance *n* תּוֹתָחִים; חִימּוּשׁ

ore *n* עַפְרָה

organ *n* עוּגָב; אֵיבָר; בִּיטָּאוֹן

organ-grinder *n* מְנַגֵּן בְּתֵיבַת־נְגִינָה

organic *adj* שֶׁל אֵבְרֵי הַגּוּף; חִיּוּנִי, יְסוֹדִי, אוֹרְגָנִי

organism *n* יְצוּר חַי, מַנְגָּנוֹן

organist *n* מְנַגֵּן בְּעוּגָב

organization *n* אִרְגּוּן

organize *vt* אִרְגֵּן

orgy *n* הִתְהוֹלְלוּת מִינִית, אוֹרְגְיָה

orient *n, adj* מִזְרָח,
אַרְצוֹת הַמִּזְרָח; מִזְרָחִי
oriental *adj, n* מִזְרָחִי; בֶּן מִזְרָח
orientation *n* הִתְמַצְּאוּת
orifice *n* פּוּמִית; פִּיָּה
origin *n* מָקוֹר
original *adj* מְקוֹרִי
original *n* אַב־טִיפּוּס;
אָדָם מְקוֹרִי, יוֹצֵא דוֹפֶן
originate *vi, vt* נוֹלַד, צָמַח;
הִמְצִיא, הִצְמִיחַ
oriole *n* זְהָבָן
ormolu *n* אוֹרמוֹלוּ; זָהָב מְזוּיָּף
ornament *n* קִישׁוּט; תַּכְשִׁיט
ornament *vt* קִישֵּׁט
ornate *adj* מְהוּדָּר לְרַאֲוָה; מְלִיצִי
orphan *n, adj* יָתוֹם; מְיוּתָּם
orphan *vt* יִיתֵּם
orphanage *n* בֵּית־יְתוֹמִים
orthodox *adj* שַׁמְּרָנִי, אוֹרתוֹדוֹקסִי
orthography *n* כְּתִיב נָכוֹן
oscillate *vi, vt* הִתְנוֹדֵד; פִּקְפֵּק
osier *n* עֲרָבָה אֲדוּמָּה
ossify *vt, vi* הָפַךְ לְעֶצֶם; נַעֲשָׂה לְעֶצֶם
ostensible *adj* מוּצְהָר, רַאַוְתָנִי
ostentatious *adj* רַאַוְתָנִי
ostracism *n* נִידּוּי
ostrich *n* יָעֵן, בַּת־יַעֲנָה
other *adj, pron, adv* אַחֵר, שׁוֹנֶה;
נוֹסָף; מִלְּבַד
otherwise *adv* אַחֶרֶת, וָלֹא
otter *n* לוּטְרָה, כֶּלֶב הַנָּהָר
Ottoman *adj, n* עוֹתוֹמָנִי
ouch *interj* אוּף! (קְרִיאָה)
ought *v aux* חַיָּב; הָיָה חַיָּב
ought *n, adv* דְּבַר־מָה; מִכָּל בְּחִינָה
ounce *n* אוּנְקִיָּה; קוֹרֶט
our *pron* שֶׁלָּנוּ
ours *pron* שֶׁלָּנוּ
ourselves *pron* אָנוּ עַצְמֵנוּ; אוֹתָנוּ; לָנוּ
oust *vt* גֵּירֵשׁ; עָקַר מִמְּקוֹמוֹ
out *adv* לַחוּץ, הַחוּצָה; מִחוּץ ל...
out *n* בְּלִיטָה; הֵיחָלְצוּת
out-and-out *adj* מוּשְׁלָם, גָּמוּר
out-and-outer *n* קִיצוֹנִי
outbid *vt* הִצִּיעַ מְחִיר רַב יוֹתֵר
outbreak *n* הִתְפָּרְצוּת; מְהוּמוֹת
outbuilding *n* אֲגַף בִּנְיָן
outburst *n* הִתְפָּרְצוּת
outcast *n* מְנוּדֶּה
outcome *n* תּוֹצָאָה
outcry *n* זְעָקָה
outdated *adj* מְיוּשָּׁן
outdo *vt* עָלָה עַל
outdoor *adj* שֶׁבַּחוּץ
outdoors *adv, n* בַּחוּץ,
בָּאֲוִויר הַצַּח, תַּחַת כִּיפַּת הַשָּׁמַיִם
outer space *n* הֶחָלָל הַחִיצוֹן
outfield *n* שָׂדֶה קִיצוֹנִי (בְּמִשְׂחָק)
outfit *n* מַעֲרֶכֶת כֵּלִים;
תִּלְבּוֹשֶׁת; צִיוּד
outfit *vt* צִייֵּד, סִיפֵּק
outgoing *adj, n* יוֹצֵא; חַבְרוּתִי;
(בְּרִיבּוּי) סְכוּם הוֹצָאוֹת
outgrow *vt* גָּדַל יוֹתֵר מִן; נִגְמַל מִן
outgrowth *n* תּוֹלָדָה
outing *n* יְצִיאָה, טִיּוּל
outlandish *adj* מוּזָר, תִּמְהוֹנִי
outlast *vt* חַי יוֹתֵר
outlaw *n* שֶׁמִּחוּץ לַחוֹק

outlaw *vt* הִפְקִיר, הוֹצִיא מִחוּץ לַחוֹק
outlay *n, vt* הוֹצָאוֹת; הוֹצִיא כֶּסֶף
outlet *n* מוֹצָא
outline *n* מִתְאָר, הֶיקֵּף; תַּמְצִית
outline *vt* רָשַׁם מִתְאָר
outlive *vt* הֶאֱרִיךְ יָמִים יוֹתֵר מ...
outlook *n* הַשְׁקָפָה; סִיכּוּי
outlying *adj* מְרוּחָק מִמֶּרְכָּז
outmoded *adj* שֶׁאֵינוֹ בָּאוֹפְנָה
outnumber *vt* עָלָה בְּמִסְפָּרוֹ עַל
out-of-date *adj* לֹא מְעוּדְכָּן, מְיוּשָּׁן
out-of-doors *n pl* הָאֲוִויר הַצַּח
out-of-print *adj* (ספר) שֶׁאָזַל
out-of-the-way *adj* רָחוֹק, נִידָּח; לֹא רָגִיל
outpatient *n* חוֹלֵה־חוּץ
outpost *n* מוּצַּב־חוּץ
output *n* תְּפוּקָה
outrage *n* נְבָלָה; שַׁעֲרוּרִייָּה
outrage *vt* פָּגַע חֲמוּרוֹת בּ...
outrageous *adj* מְזַעְזֵעַ
outrank *vt* עָלָה בְּדַרְגָּה עַל
outrider *n* פָּרָשׁ חוּץ
outright *adj* גָּמוּר, מוּחְלָט
outright *adv* בִּשְׁלֵמוּת; בְּבַת אַחַת; גְּלוּיוֹת
outset *n* הַתְחָלָה, פְּתִיחָה
outside *n, adj* חוּץ; חִיצוֹנִיּוּת; חִיצוֹנִי
outside *adv, prep* הַחוּצָה; מִחוּץ ל...; חוּץ מִן
outsider *n* הַנִּמְצָא בַּחוּץ; לֹא מִשְׁתַּיֵּיךְ
outskirts *n pl* שׁוּלַיִים
outspoken *adj* מוּבָּע גְּלוּיוֹת; מְדַבֵּר גְּלוּיוֹת
outstanding *adj* בּוֹלֵט; דָּגוּל; לֹא נִפְרָע, תָּלוּי וְעוֹמֵד
outward *adj, adv* כְּלַפֵּי חוּץ
outweigh *vt* הִכְרִיעַ בְּמִשְׁקָל
outwit *vt* הָיָה פִּיקֵּחַ יוֹתֵר
oval *adj* בֵּיצִי, סְגַלְגַּל
ovary *n* שַׁחֲלָה
ovation *n* תְּשׁוּאוֹת
oven *n* תַּנּוּר, כִּבְשָׁן
over *adv, prep* עַל, מֵעַל; בְּמֶשֶׁךְ; שׁוּב; נוֹסָף
over-all, overall *adj* כּוֹלֵל הַכּוֹל
overalls *n pl* סַרְבָּל
overbearing *adj* שְׁתַלְטָנִי, שַׁחֲצָנִי
overboard *adv* מִן הַסְּפִינָה לַמַּיִם
overcast *adj* מְעוּנָּן; קוֹדֵר
overcharge *vt* הִפְקִיעַ מְחִיר
overcharge *n* מְחִיר מוּפְקָע; הֶעְמִיס יוֹתֵר מִדַּי
overcoat *n* מְעִיל עֶלְיוֹן
overcome *vt* גָּבַר, הִתְגַּבֵּר עַל
overdo *vt, vi* הִפְרִיז; הִגְדִּישׁ אֶת הַסְּאָה
overdose *n* מָנָה יְתֵרָה
overdraft *n* מְשִׁיכַת־יֶתֶר
overdraw *vt* מָשַׁךְ מְשִׁיכַת־יֶתֶר (בבאנק)
overdue *adj* שֶׁעָבַר זְמַנּוֹ
overeat *vt* זָלַל
overexertion *n* מַאֲמַץ־יֶתֶר
overexposure *n* חֲשִׂיפָה יְתֵרָה
overfeed *vt* הֵזִין יוֹתֵר מִדַּי, הִלְעִיט
overflow *vt, vi* הִשְׁתַּפֵּךְ, שָׁטַף; עָלָה עַל גְּדוֹתָיו
overflow *n* מִגְלָשׁ; קָהָל עוֹדֵף
overgrown *adj* מְגוּדָּל מִדַּי

overhang *vt, vi* בָּלַט מֵעַל
overhang *n* בְּלִיטָה, זִיז
overhaul *n* שִׁיפּוּץ
overhaul *vt* שִׁפֵּץ, תִּיקֵן; הִדְבִּיק, הִשִּׂיג
overhead *adv* מֵעַל לָרֹאשׁ
overhead *adj* עִילִי; (הוצאה) כְּלָלִית
overhear *vt* שָׁמַע בְּאַקְרַאי
overheat *vt* חִימֵּם יוֹתֵר מִדַּי
overjoyed *adj* שָׂמֵחַ בְּיוֹתֵר, צוֹהֵל
overland *adv, adj* שֶׁבְּדֶרֶךְ הַיַּבָּשָׁה
overlap *vt, vi* חָפַף; עָדַף
overload *vt* הֶעְמִיס יֶתֶר עַל הַמִּידָּה
overlook *vt* הֶעְלִים עַיִן; נִשְׁקַף עַל
overly *adv* יוֹתֵר מִדַּי
overnight *adv, adj* בִּן־לַיְלָה; לְלַיְלָה אֶחָד
overnight bag *n* זְוַד לִינָה
overpass *n* צוֹמֶת עִילִי
overpopulate *vt* מִלֵּא אֲנָשִׁים יֶתֶר עַל הַמִּידָּה
overpower *vt* הִכְנִיעַ; גָּבַר עַל
overpowering *adj* מְהַמֵּם, מִשְׁתַּלֵּט
overproduction *n* תְּפוּקַת־יֶתֶר
overrate *vt* הִפְרִיז בְּהַעֲרָכָה
overrun *vt* (*pt* overran) פָּשַׁט כְּפוֹלֵשׁ; הִתְפַּשֵּׁט מַהֵר
overseas *adj, adv* (שֶׁל) מֵעֵבֶר לַיָּם
overseer *n* מַשְׁגִּיחַ
overshadow *vt* הֶאֱפִיל עַל
overshoe *n* עַרְדָּל
oversight *n* טָעוּת שֶׁבְּהַעְלָמַת־עַיִן
oversleep *vi* הֶאֱרִיךְ לִישׁוֹן
overt *adj* פָּתוּחַ, גָּלוּי
overtake *vt* עָקַף; הִדְבִּיק; בָּא פִּתְאוֹם
overthrow *n* הֲפִיכָה, הַפָּלָה
overthrow *vt* הִפִּיל
overtime *adv, n* שָׁעוֹת נוֹסָפוֹת
overtrump *vt, vi* (בקלפים) עָלָה עַל... בִּקְלָף גָּבוֹהַּ יוֹתֵר
overture *n* פְּתִיחָה, אוֹבֶרְטוּרָה
overweening *adj* יָהִיר מִדַּי
overweight *n, adj* (בַּעַל) מִשְׁקָל עוֹדֵף
overwhelm *vt* הִכְרִיעַ תַּחְתָּיו; הָמַם
overwork *n* עֲבוֹדָה מֵעֵבֶר לַכּוֹחוֹת
overwork *vt, vi* הֶעֱבִיד בְּפֶרֶךְ; עָבַד יֶתֶר עַל הַמִּידָּה
ow *interj* אוֹי!
owe *vt, vi* חָב, הָיָה חַיָּב ל...
owing *adj* (חוב) מַגִּיעַ
owl *n* יַנְשׁוּף
own *adj, n* שֶׁל, שֶׁל עַצְמוֹ
own *vt* הָיָה בְּעָלִים שֶׁל; הוֹדָה
owner *n* בַּעַל, בְּעָלִים
ownership *n* בַּעֲלוּת
ox *n* (*pl* oxen) שׁוֹר
oxide *n* תַּחְמוֹצֶת
oxidize *vt, vi* חִמְצֵן; הִתְחַמְצֵן
oxygen *n* חַמְצָן
oyster *n* צִדְפָּה
oyster bed *n* מִרְבַּץ צְדָפוֹת
oyster-knife *n* סַכִּין צְדָפוֹת
oysterman *n* מְגַדֵּל צְדָפוֹת
oyster-shell *n* שִׁרְיוֹן הַצִּדְפָּה
oyster stew *n* מְרַק צְדָפוֹת
oz. *abbr* ounce
ozone *n* אוֹזוֹן

P

P, p פִּי (הָאוֹת הַשֵּׁשׁ־עֶשְׂרֵה בָּאָלֶפְבֵּית)

p. *abbr* page, participle

P.A. *abbr* Passenger Agent, power of attorney, Purchasing Agent

pace *n* פְּסִיעָה; קֶצֶב

pace *vt, vi* צָעַד, פָּסַע

pacemaker *n* קוֹצֵב

pacific *adj* אוֹהֵב שָׁלוֹם; מְפַיֵּס; שָׁלֵו

Pacific Ocean *n* הָאוֹקְיָנוֹס הַשָּׁקֵט

pacifier *n* עוֹשֶׂה שָׁלוֹם; מַשְׁקִיט

pacifism *n* אַהֲבַת שָׁלוֹם; פָּצִיפִיזְם

pacifist *n* פָּצִיפִיסְט

pacify *vt* הִרְגִּיעַ; הִשְׁכִּין שָׁלוֹם

pack *n* חֲבִילָה, חֲפִיסָה; חֲבוּרָה, לַהֲקָה

pack *vt* אָרַז, צָרַר; צוֹפֵף

package *n* חֲבִילָה, צְרוֹר

package *vt* צָרַר, עָשָׂה חֲבִילָה

package deal *n* עִסְקַת חֲבִילָה

pack animal *n* בֶּהֱמַת מַשָּׂא

packing box *n* תֵּיבַת אֲרִיזָה

packing-house *n* בֵּית־אֲרִיזָה

pack-saddle *n* מַרְדַּעַת

pact *n* אֲמָנָה, בְּרִית

pad *n* רֶפֶד; כָּרִית; פִּנְקָס

pad *vt* מִילֵּא לְרִיפּוּד; נִיפֵּחַ (נְאוּם וכד׳)

paddle *n* מָשׁוֹט; מַבְחֵשׁ

paddle *vt, vi* חָתַר; שִׁכְשֵׁךְ

paddle wheel *n* מְשׁוֹטָה

paddock *n* דִּיר, קַרְפִּיף

padlock *n, vt* מַנְעוּל; נָעַל

pagan *n, adj* עוֹבֵד אֱלִילִים (עכו״ם)

paganism *n* מַעֲשֵׂי עכו״ם

page *n, vt* עַמּוּד (שֶׁל דַּף); נַעַר מְשָׁרֵת; מִסְפֵּר דַּפִּים

pageant *n* הַצָּגַת רַאֲוָוה

pageantry *n* מַחֲזוֹת מַרְהִיבֵי עַיִן

pail *n* דְּלִי

pain *n* כְּאֵב, מֵיחוּשׁ

pain *vt* הִכְאִיב, גָּרַם צַעַר

painful *adj* מַכְאִיב, כּוֹאֵב

painkiller *n* סַם מַרְגִּיעַ

painless *adj* לְלֹא כְּאֵב

painstaking *adj* מְדַקְדֵּק וּמַקְפִּיד

paint *vt, vi* צִייֵּר; צָבַע

paint *n* צֶבַע; פּוּךְ

paintbox *n* קוּפְסַת צְבָעִים

paintbrush *n* מִכְחוֹל

painter *n* צַיָּיר; צַבָּע

painting *n* צִיּוּר; צְבִיעָה

pair *n* זוּג, צֶמֶד

pair *vt, vi* זִיוּוֵג; נַעֲשׂוּ זוּג; הִזְדַּוְּגוּ

pajamas, pyjamas *n* פִּיגָ׳מָה

Pakistan *n* פָּאקִיסְטָן

pal *n* (דִּיבּוּרִית) חָבֵר

palace *n* אַרְמוֹן

palatable *adj* טָעִים, נָעִים לַחֵךְ

palatal *adj* חִכִּי

palate *n* חֵךְ; חוּשׁ הַטַּעַם

pale *adj* חִיוֵּר

pale *vi* הֶחֱוִויר; עָמַם

pale *n* מִכְלָאָה; תְּחוּם
paleface *n* לְבֶן־פָּנִים
palette *n* לוּחַ צְבָעִים (שֶׁל צייר)
palisade *n* מְסוּכָה, גֶּדֶר יְתֵדוֹת
pall *vt, vi* עִייֵּף; נַעֲשָׂה חֲסַר טַעַם
pall *n* אֲרִיג אֵבֶל; מִיטַּת מֵת
pallbearer *n* נוֹשֵׂא מִיטַּת מֵת
palliate *vt* הֵקֵל, הִרְגִּיעַ
pallid *adj* חִיוֵּר
pallor *n* חִיווָּרוֹן
palm *n* דֶּקֶל, תָּמָר; כַּף הַיָּד
palm *vt* שִׁיחֵד; שָׂם כַּפּוֹ
palmetto *n* דִּקְלוֹן, תְּמָרָה
palmist *n* מְנַחֵשׁ עַל־פִּי כַּף הַיָּד
palmistry *n* חָכְמַת הַיָּד
palm-oil *n* שֶׁמֶן תְּמָרִים
palpable *adj* מָשִׁישׁ; מַמָּשִׁי
palpitate *vi* פִּרְפֵּר, רָעַד
palsy *n* שִׁיתּוּק
palsy *vt* שִׁיתֵּק; הִדְהִים
paltry *adj* חֲסַר עֵרֶךְ, מְבוּטָּל
pamper *vt* פִּינֵּק
pamphlet *n* פַּמְפְלֶט, עָלוֹן
pan *n* מַחֲבַת
pan *vt, vi* בִּישֵּׁל בְּמַחֲבַת; שָׁטַף (עפרות זהב)
panacea *n* פָּנַצֵּיאָה, תְּרוּפָה לַכּוֹל
Panama Canal *n* תְּעָלַת פָּאנָמָה
Panamanian *adj, n* פָּאנָמָנִי
Pan-American *adj* פַּן־אֲמֵרִיקָנִי
pancake *n* לֶחֶם־דְּפוּסִים
pancreas *n* לַבְלָב
pander *n* רוֹעֵה זוֹנוֹת
pander *vt* סִרְסֵר לִדְבַר עֲבֵירָה; עוֹדֵד (דברים שליליים)
pane *n* שִׁמְשָׁה; פָּן
panel *n* לוּחִית; רְשִׁימַת אֲנָשִׁים; צֶוֶות
panel vt מִילֵּא; קִישֵּׁט
panel discussion *n* דִּיּוּן צֶוֶות
panelist *n* חֲבֵר צֶוֶות דִּיּוּן
pang *n* כְּאֵב פִּתְאוֹמִי, מַכְאוֹב
panhandle *n* יָד שֶׁל מַחֲבַת
panhandle *vt, vi* בִּיקֵּשׁ נְדָבוֹת
panic *n* תַּבְהֵלָה, פָּנִיקָה
panic *vt, vi* עוֹרֵר בֶּהָלָה; אִיבֵּד עֶשְׁתּוֹנוֹת
panic-stricken *adj* אֲחוּז בֶּהָלָה
panoply *n* חֲגוֹר מָלֵא
panorama *n* נוֹף; תְּמוּנָה מַקִּיפָה
pansy *n* אַמְנוֹן וְתָמָר; (דיבורית) הוֹמוֹסֶקְסוּאָלִיסְט
pant *vi, vt* הִתְנַשֵּׁף
pant *n* נְשִׁימָה כְּבֵדָה; (ברבים) מִכְנָסַיִים
pantheism *n* פַּנְתֵּאִיזְם
pantheon *n* פַּנְתֵּיאוֹן
panther *n* נָמֵר, פַּנְתֵּר
panties *n pl* תַּחְתּוֹנִים קְצָרִים (של נשים)
pantomime *n* פַּנְטוֹמִימָה
pantry *n* מְזָוֶה
papacy *n* אַפִּיפְיוֹרוּת
paper *n* נְיָיר; תְּעוּדָה; חִיבּוּר; עִיתּוֹן
paper *adj* עָשׂוּי נְיָיר; לַהֲלָכָה
paper *vt* כִּיסָּה בִּנְיָיר
paper-back *n* סֵפֶר בַּעַל כְּרִיכַת נְיָיר
paper-boy *n* מְחַלֵּק עִיתּוֹנִים
paper-clip *n* מְהַדֵּק
paper cone *n* חֲרוּט נְיָיר

paper-cutter *n* מְחַתֵּךְ נְיָיר
paper doll *n* בּוּבַּת נְיָיר
paper-hanger *n* רַפָּד קִירוֹת
paper-knife *n* סַכִּין לִנְיָיר
paper-mill *n* בֵּית־חֲרוֹשֶׁת לִנְיָיר
paper profits *n pl* רְווָחִים שֶׁעַל הַנְּיָיר
paper tape *n* סֶרֶט מְנוּקָּב
paper-work *n* נַיֶּירֶת
paprika *n* פִּלְפֵּל אָדוֹם, פִּלְפֶּלֶת
papyrus *n* פַּפִּירוּס
par. *abbr* paragraph, parallel, parenthesis, parish
par *n, adj* שׁוּוִי; שָׁוֶוה
parable *n* מָשָׁל
parachute *vt, vi* הִצְנִיחַ; צָנַח
parachutist *n* צַנְחָן
parade *n* מִצְעָד; תַּהֲלוּכָה
parade *vt, vi* הִצִּיג לְרַאֲוָוה; עָבַר בְּמִסְדָּר
paradise *n* גַּן־עֵדֶן
paradox *n* פָּרָדוֹקְס
paradoxical *adj* פָּרָדוֹקְסִי
paraffin *n* פָּרָפִין
paragon *n* מוֹפֵת, דוּגמָה
paragraph *n* סְעִיף, פִּסְקָה
paragraph *vt* חִילֵּק לִסְעִיפִים
Paraguay *n* פָּארָאגוַואי
parakeet *n* תּוּכִּי־הַצַּוָּארוֹן
parallel *adj, n* מַקְבִּיל; קַו מַקְבִּיל
paralysis *n* שִׁיתּוּק
paralyze *vt* הִכָּה
paralytic *adj, n* מְשׁוּתָּק
paramount *adj, n* רָאשִׁי; עֶלְיוֹן
paranoiac *adj, n* מְשׁוּגַּע גַּדְלוּת
parapet *n* מַעֲקֶה, מִסְעָד
paraphernalia *n pl* מַכשִׁירִים; אֲבִזָרִים
parasite *n* טַפִּיל
parasitic(al) *adj* טַפִּילִי
parasol *n* שִׁמְשִׁיָּה, סוֹכֵךְ
paratrooper *n* חַיָּיל צַנְחָן
paratroops *n pl* חֵיל צַנְחָנִים
parboil *vt* בִּישֵּׁל פָּחוֹת מִדַּי
parcel *n* חֲבִילָה, צְרוֹר
parcel *vt* חִילֵּק, עָטַף
parch *vt, vi* יִיבֵּשׁ (יותר מדי), הִצמִיא
parchment *n* גְּוִיל, קְלָף
pardon *n* מְחִילָה, סְלִיחָה
pardon *vt* סָלַח, מָחַל
pardonable *adj* סָלִיחַ, בַּר־סְלִיחָה
pardon board *n* וַעֲדַת חֲנִינָה
pare *vt* גָּזַר; קִלֵּף
parent *n* הוֹרֶה
parentage *n* הוֹרוּת
parenthesis *n* סוֹגְרַיִים
parenthood *n* הוֹרוּת
pariah *n* פַּרְיָה; מְנוּדֶּה
parish *n* (אצל הנוֹצרים) קְהִילָּה
parishioner *n* מִשְׁתַּיֵּיךְ לַקְּהִילָּה
Parisian *adj, n* פָּרִיזָאִי
parity *n* שִׁוְויוֹן
park *n* גַּן צִיבּוּרִי
park *vt, vi* חָנָה; הֶחֱנָה
parking *n* חֲנִיָּיה
parking lot *n* מִגְרַשׁ חֲנִיָּיה
parking ticket *n* דוּ״חַ חֲנִיָּיה
parkland *n* אֵיזוֹר דֶּשֶׁא וְעֵצִים
parkway *n* מְסִילַּת שְׂדֵירוֹת וָדֶשֶׁא
parley *vi* נִיהֵל מַשָּׂא וּמַתָּן

parley *n* דִּיּוּן, מַשָּׂא וּמַתָּן
parliament *n* בֵּית־נִבְחָרִים; (בישראל) כְּנֶסֶת
parlor *n* טְרַקְלִין
parochial *adj* עֲדָתִי; קַרְתָּנִי
parody *n* פָּרוֹדְיָה; חִיקּוּי־לַעַג
parody *vi, vt* חִיבֵּר פָּרוֹדְיָה; חִיקָּה בְּצוּרָה לַעֲגָנִית
parole *n* דִּיבֵּר; הֵן צֶדֶק
parole *vt* שִׁחְרֵר (על סמך הן צדק)
parquet *n* פַּרְקֶט
parricide *n* הוֹרֵג אָבִיו
parrot *n* תּוּכִּי
parrot *vt* חִיקָּה כְּתוּכִּי
parry *vt* הָדַף; הִתְחַמֵּק (ממכה וכד׳)
parse *vt* נִיתַּח מִשְׁפָּט
parsley *n* כַּרְפַּס־נְהָרוֹת, פֶּטְרוֹסְלִינוֹן
parsnip *n* גֶּזֶר לָבָן
parson *n* כּוֹמֶר, כּוֹהֵן
part *n* חֵלֶק; תַּפְקִיד; צַד
part *vt, vi* הִפְרִיד; נִפְרַד
partake *vi* נָטַל חֵלֶק, הִשְׁתַּתֵּף
Parthenon *n* פַּרְתֵּנוֹן
partial *adj* חֶלְקִי; נוֹשֵׂא פָּנִים
participate *vi, vt* הִשְׁתַּתֵּף, נָטַל חֵלֶק
participle *n* בֵּינוֹנִי פּוֹעֵל
particle *n* חֲלִקִיק, קוּרְטוֹב
particular *n* פְּרָט, פָּרִיט
particular *adj* מְיוּחָד, מְסוּיָּם; מְדַקְדֵּק
partisan *adj* חַד־צְדָדִי
partisan *n* חַיָּיל לֹא סָדִיר, פַּרְטִיזָן
partition *n* מְחִיצָה; חֲלוּקָּה
partition *vt* חִילֵּק; הֵקִים מְחִיצָה
partner *n* שׁוּתָּף; בֶּן־זוּג
partner *vt* שִׁימֵּשׁ כְּשׁוּתָּף
partnership *n* שׁוּתָּפוּת
partridge *n* חוֹגְלָה
part-time *adj* חֶלְקִי
party *n* קְבוּצָה; מִפְלָגָה; מְסִיבָּה; צַד (בוויכוח וכד׳)
party line *n* קַו טֶלֶפוֹן מְשׁוּתָּף; קַו הַמִּפְלָגָה
party politics *n pl* מִפְלַגְתִּיּוּת
pass *vt, vi* עָבַר; חָלַף; אִישֵּׁר; מָסַר; עָמַד (בבחינה)
pass *n* מַעֲבָר; תְּעוּדַת מַעֲבָר
passable *adj* עָבִיר; מַנִּיחַ אֶת הַדַּעַת
passage *n* מַעֲבָר; קֶטַע; פְּרוֹזְדוֹר
passbook *n* פִּנְקַס בַּנְק
passenger *n* נוֹסֵעַ
passerby *n* עוֹבֵר אוֹרַח
passing *adj* עוֹבֵר, חוֹלֵף
passing *n* מָוֶת, הִסְתַּלְּקוּת; עֲמִידָה (בבחינה)
passion *n* תְּשׁוּקָה; הִתְלַהֲבוּת
passionate *adj* עַז רֶגֶשׁ; מִתְלַהֵב, רַגְשָׁנִי
passive *adj* סָבִיל, פַּסִּיבִי; חֲסַר יוֹזְמָה
passive *n* (בדקדוק) בִּנְיָן סָבִיל
passkey *n* מַפְתֵּחַ פְּתַחְכּוֹל
Passover *n* פֶּסַח
passport *n* דַּרְכּוֹן
password *n* סִיסְמָה
past *adj, n* שֶׁעָבַר
past *prep, adv* מֵעֵבֶר ל...
paste *n, vt* עִיסָּה; דֶּבֶק; הִדְבִּיק
pasteboard *n* קַרְטוֹן (לכריכה)
pasteurize *vt* פִּסְטֵר

pastime *n* בִּילּוּי זְמַן, הִינָּפְשׁוּת
pastor *n* רוֹעֶה (רוּחָני); כּוֹמֶר
pastoral *adj* פַּסטוֹרָלִי; שֶׁל רוֹעִים
pastoral(e) *n* פַּסטוֹרָלֶה, אִידִילְיָה
pastry *n* עוּגִיָּה, תּוּפִין
pastry-cook *n* אוֹפֶה עוּגוֹת
pastry shop *n* מִגְדָּנִיָּה
pasture *n* אַדְמַת מִרְעֶה
pasture *vt, vi* הוֹלִיךְ לַמִּרְעֶה; רָעָה
pasty *adj* דָּבִיק, בְּצֵקִי
pat *adj, adv* מַתְאִים, בְּעִתּוֹ
pat *n, vt* לְטִיפָה, טְפִיחָה; טָפַח בְּחִיבָּה
patch *n* טְלַאי; אִיסְפְּלָנִית
patch *vt* הִטְלִיא
patent *n* פָּטֶנט; הַרשָׁאָה
patent *vt* קִיבֵּל פָּטֶנט
paternal *adj* אַבָהִי
paternity *n* אַבָהוּת
path *n* שְׁבִיל, דֶּרֶךְ, מַסלוּל
pathetic *adj* פָּתֵטִי, מְעוֹרֵר רַחֲמִים
pathfinder *n* מְגַלֶּה נְתִיבוֹת, גַּשָּׁשׁ
pathology *n* תּוֹרַת הַמַּחֲלוֹת
pathos *n* פָּתוֹס
pathway *n* שְׁבִיל, נָתִיב
patience *n* סַבלָנוּת; פַּסִיאַנס (משחק קלפים)
patient *adj* סַבלָן
patient *n* פַּצִיאֶנט, חוֹלֶה
patriarch *n* אָב רִאשׁוֹן
patrician *adj, n* פַּטרִיצִי; אָצִיל
patricide *n* הֲרִיגַת אָב
patrimony *n* מוֹרָשָׁה, נַחֲלַת אָבוֹת
patriot *n* אוֹהֵב מוֹלַדְתּוֹ, פַּטרִיוֹט
patriotic *adj* שֶׁל אַהֲבַת־הַמּוֹלֶדֶת
patriotism *n* אַהֲבַת־הַמּוֹלֶדֶת
patrol *vt, vi* פִּטְרֵל, סִיֵּיר
patrol *n* פַּטרוֹל, סִיּוּר
patrolman *n* סַיָּר; שׁוֹטֵר מַקּוֹפִי
patrol wagon *n* מְכוֹנִית עֲצוּרִים
patron *n* תּוֹמֵךְ; מֵצֶנָט
patronize *vt* נָהַג כְּלָקוֹחַ קָבוּעַ כְּלַפֵּי; הִתְנַשֵּׂא כְּלַפֵּי
patter *vi* נָקַשׁ נְקִישָׁה (כגשם); רָץ בִּצְעָדִים קְצָרִים
patter *n* ז׳רגוֹן שֶׁל מַעֲמָד מְסוּיָּם; פִּטְפּוּט (של קומיקאים)
pattern *n, vt* תַּבנִית; דְּגָם; קָבַע תַּבנִית
P.A.U. *abbr* Pan American Union
patty *n* פַּשׁטִידִית
paucity *n* מִיעוּט בְּמִספָּר
Paul *n* שָׁאוּל הַתַּרסִי
paunch *n* כָּרֵס, בֶּטֶן
pauper *n* עָנִי; קַבְּצָן
pause *n, vi* הַפסָקָה, הֲפוּגָה; הִפסִיק
pave *vt* רִיצֵּף, סָלַל
pavement *n* מִדרָכָה; מַרצֶפֶת
pavilion *n* בִּיתָן
paw *n* רֶגֶל (של חיה)
paw *vt, vi* תָּפַף בְּרַגְלוֹ; נָגַע בְּיָד גַּסָּה
pawn *vt* מִשְׁכֵּן
pawn *n* (בשחמט) רַגְלִי; מַשְׁכּוֹן
pawnbroker *n* מַלְוֶה בַּעֲבוֹט
pawnshop *n* בֵּית־עֲבוֹט
pawn ticket *n* קַבָּלַת מַשְׁכּוֹן
pay *vt, vi* שִׁילֵּם; הָיָה כְּדַאי; נָתַן רֶוַח
pay *n* שָׂכָר, מַשְׂכּוֹרֶת
payable *adj* בַּר־תַּשְׁלוּם
pay check *n* שֵׁק מַשְׂכּוֹרֶת
payday *n* יוֹם הַתַּשְׁלוּם

payee *n* מְקַבֵּל
pay envelope *n* מַעֲטֶפֶת שָׂכָר
payer *n* מְשַׁלֵּם, שַׁלָּם
pay load *n* מִטְעָן מַכְנִיס
paymaster *n* שַׁלָּם
payment *n* תַּשְׁלוּם; גְּמוּל
pay roll *n* רְשִׁימַת מְקַבְּלֵי שָׂכָר
pay station *n* טֶלֶפוֹן גּוֹבֶה
pd. *abbr* paid
pea *n* אָפוּן, אֲפוּנָה
peace *n* שָׁלוֹם; שַׁלְוָה
peaceable *adj* שָׁלֵו; אוֹהֵב שָׁלוֹם
peaceful *adj* שָׁקֵט, שָׁלֵו
peacemaker *n* עוֹשֶׂה שָׁלוֹם
peace of mind *n* שַׁלְוַת־נֶפֶשׁ
peach *n* אֲפַרְסֵק
peachy *adj* (המונית) מְפוֹאָר, עָצוּם
peacock *n* טַוָּס
peak *vi* נֶחֱלַשׁ, רָזָה
peak *n* פִּסְגָּה; שִׂיא
peak load *n* עוֹמֶס שִׂיא
peal *n* צִלְצוּל פַּעֲמוֹנִים
peal *vi, vt* צִלְצֵל; רָעַם
peal of laughter *n* רַעֲמֵי צְחוֹק
peal of thunder *n* קוֹל רַעַם
peanut *n* אֱגוֹז־אֲדָמָה, בּוֹטֶן
pear *n* אַגָּס
pearl *n* מַרְגָּלִית, פְּנִינָה
pearl oyster *n* צִדְפַּת הַפְּנִינִים
peasant *n* אִיכָּר, פַּלָּח
peashooter *n* יוֹרֶה אֲפוּנָה
peat *n* כָּבוּל
pebble *n* אֶבֶן חָצָץ
peck *vt, vi* נִיקֵּר, הִקִּישׁ בְּמַקּוֹר
peck *n* פֶּק (מידת היבש)

peculate *vt* מָעַל
peculiar *adj* מוּזָר; מְיוּחָד; בַּעַל יִיחוּד
pedagogue *n* מְחַנֵּךְ, פֵּדָגוֹג
pedagogy *n* תּוֹרַת הַהוֹרָאָה
pedal *adj* שֶׁל הָרֶגֶל
pedal *n* דַּוְושָׁה; מִדְרָס
pedant *n* קַפְּדָן, דַּקְדְּקָן
pedantic *adj* מַקְפִּיד בְּקַטְנוּת
pedantry *n* קַפְּדָנוּת עִיקֶּשֶׁת
peddle *vi* רָכַל
peddler *n* רוֹכֵל
pedestal *n* כַּן, בָּסִיס
pedestrian *n, adj* הוֹלֵךְ רֶגֶל; שֶׁל הֲלִיכָה בָּרֶגֶל; לְלֹא הַשְׁרָאָה
pediatrics *n pl* תּוֹרַת רִיפּוּי יְלָדִים
pedigree *n* אִילַן הַיִּיחוּס
peek *n* הֲצָצָה, מַבָּט חָטוּף
peek *vi* חָטַף מַבָּט
peel *vt, vi* קָלַף, קִילֵּף; הִתְקַלֵּף
peel *n* קְלִיפָּה
peep *vi* הֵצִיץ; צִפְצֵף
peep *n* הֲצָצָה; צִפְצוּף
peephole *n* חוֹר הֲצָצָה
peer *vi, vt* הִתְבּוֹנֵן מִקָּרוֹב
peer *n* פִּיר (אציל); שָׁוֶה
peerless *adj* שֶׁאֵין שֵׁנִי לוֹ
peeve *vt* הִרְגִּיז
peevish *adj* רַגְזָן, כַּעֲסָנִי
peg *n* יָתֵד, מַסְמֵר
peg *vt, vi* חִיזֵּק בִּיתֵדוֹת; תָּקַע
peg-top *n* סְבִיבוֹן
Peking *n* פֶּקִין
Pekin(g)ese *n, adj* פֶּקִינִי; פֶּקִינִי (כלב)
pelf *n* כֶּסֶף, מָמוֹן

pell-mell, pellmell *adv, adj* בְּעִרְבּוּבְיָה, בְּאִי־סֵדֶר
Peloponnesus *n* פֶּלֶפּוֹנֵז
pelota *n* פֵּלוֹטָה
pelt *vt, vi* סָקַל, רָגַם; נִיתַּךְ; מִיהֵר
pelt *n* עוֹר פַּרְוָה; מְהִירוּת
pen *n* דִּיר, גְּדֵרָה; עֵט
pen *vt* הִכְנִיס לְדִיר; סָגַר; כָּתַב בְּעֵט
penal *adj* שֶׁל עוֹנֶשׁ; עוֹנְשִׁי
penalize *vt* עָנַשׁ
penalty *n* עוֹנֶשׁ
penance *n* תְּשׁוּבָה, חֲרָטָה
penchant *n* חִיבָּה, נְטִייָה
pencil *n* עִיפָּרוֹן; מִכְחוֹל
pendent *adj* תָּלוּי וְעוֹמֵד
pending *adj, prep* תָּלוּי, תָּלוּי וְעוֹמֵד
pendulum *n* מְטוּטֶלֶת
penetrate *vt, vi* חָדַר; הֶחְדִּיר
penguin *n* פִּנְגְוִוין
penholder *n* מַחֲזִיק־עֵט
penicillin *n* פֵּנִיצִילִין
peninsula *n* חֲצִי־אִי
peninsular *adj* דְּמוּי חֲצִי־אִי
penis *n* גִּיד, אֵיבַר־הַזַּכְרוּת, שׁוֹפְכָה
penitence *n* חֲרָטָה, תְּשׁוּבָה
penitent *adj, n* בַּעַל־תְּשׁוּבָה
penknife *n* אוֹלָר
penmanship *n* אוּמָנוּת הַכְּתִיבָה הַתַּמָּה
pen-name *n* כִּינּוּי סִפְרוּתִי
penniless *adj* חֲסַר פְּרוּטָה
pennon *n* דִּגְלוֹן
penny *n* פֶּנִי
pennyweight *n* פֶּנִיוֵויט
pen pal *n* חָבֵר לְעֵט
pen point *n* חוֹד הָעֵט
pension *n* קִצְבָּה, פֶּנְסְיָה; פֶּנְסִיוֹן
pension *vt* הֶעֱנִיק קִצְבָּה
pensioner *n* מְקַבֵּל קִצְבָּה
pensive *adj* מְהוּרְהָר
Pentecost *n* חַג הַשָּׁבוּעוֹת
penthouse *n* דִּירַת־גַּג
pent up *adj* סָגוּר, עָצוּר
penult *adj* לִפְנֵי הָאַחֲרוֹן
penurious *adj* עָנִי; קַמְצָנִי
penury *n* חוֹסֶר כּוֹל
penwiper *n* מְנַגֵּב עֵט
people *n* עַם; אֲנָשִׁים
people *vt* אִכְלֵס
pep *n, vt* מֶרֶץ, זְרִיזוּת; הִמְרִיץ
pepper *n, vt* פִּלְפֵּל; פִּלְפֵּל
peppermint *n* נַעֲנָה, מִנְתָּה
per *prep* בְּאֶמְצָעוּת; לְכָל
perambulator *n* עֶגְלַת יְלָדִים
per capita *adj* לַגּוּלְגּוֹלֶת
percent *n* אָחוּז (לְמֵאָה)
perceive *vt, vi* הֵבִין; הִבְחִין
percentage *n* אֲחוּזִים לְמֵאָה
perception *n* תְּפִיסָה; תְּחוּשָׁה
perch *n* מוֹט לִמְנוּחַת עוֹפוֹת; מָקוֹם מוּגְבָּה; דַּקַּר מַיִם מְתוּקִים
perch *vi, vt* יָשַׁב (הוֹשִׁיב) עַל מַשֶּׁהוּ גָּבוֹהַּ
percolator *n* מְסַנֵּן
perdition *n* כְּלָיָה, אוֹבְדָן, גֵּיהִינּוֹם
perennial *adj, n* רַב־שְׁנָתִי, נִצְחִי
perfect *adj* שָׁלֵם, מוּשְׁלָם; לְלֹא מוּם
perfect *n* (בְּדִקְדּוּק) עָבָר גָּמוּר
perfect *vt* הִשְׁלִים, שִׁכְלֵל
perfidy *n* כַּחַשׁ, בְּגִידָה

perforate *vt* נִקֵּב
perforce *adv* בְּהֶכְרֵחַ
perform *vt, vi* בִּיצֵּעַ, הוֹצִיא לַפּוֹעַל; שִׂיחֵק
performance *n* בִּיצּוּעַ; הַצָּגָה
performer *n* שַׂחְקָן; מוֹצִיא לַפּוֹעַל
perfume *n, vt* בּוֹשֶׂם; בִּישֵּׂם
perfunctory *adj* כִּלְאַחַר יָד
perhaps *adv* שֶׁמָּא, אוּלַי
peril *n* סַכָּנָה
perilous *adj* מְסוּכָּן
period *n* תְּקוּפָה; עוֹנַת הַוֶּסֶת; סוֹף פָּסוּק, נְקוּדָּה
period *adj* שַׁיָּךְ לִתקוּפָה מְסוּיֶּמֶת
periodical *n* כְּתַב־עֵת
periphery *n* פֵּרִיפֶרְיָה; הֶיקֵּף
periscope *n* פֵּרִיסקוֹפּ
perish *vi* אָבַד, נִסְפָּה; נִתְקַלְקֵל
perishable *adj, n* אָבִיד
periwig *n* פֵּאָה נוֹכְרִית
perjure *vt* נִשְׁבַּע לַשֶּׁקֶר
perjury *n* שְׁבוּעַת־שֶׁקֶר
perk *vt, vi* הִגְבִּיהַּ רֹאשׁ
permanence *n* קֶבַע, קְבִיעוּת
permanency *n* קֶבַע; דָּבָר שֶׁל קֶבַע
permanent *adj, n* קָבוּעַ, תְּמִידִי; סִלְסוּל תְּמִידִי
permeate *vt* חִלְחֵל, הִתְפַּשֵּׁט
permission *n* רְשׁוּת, הֶיתֵּר
permissive *adj* מַתִּירָנִי
permit *vt* הִרְשָׁה, הִתִּיר
permit *n* רִשְׁיוֹן
permute *vt* שִׁינָּה סֵדֶר
pernicious *adj* הַרְסָנִי; מַמְאִיר
pernickety *adj* קַפְּדָן, נַקְרָן
peroration *n* סִיּוּם מְסַכֵּם שֶׁל נְאוּם
peroxide *n* עַל־תַּחְמוֹצֶת
peroxide *vt* חִמְצֵן
peroxide blonde *n* זַהֲבוֹנִית תַּחְמוֹצֶת הַמֵּימָן
perpendicular *adj, n* מְאוּנָּךְ, אֲנָכִי
perpetrate *vt* בִּיצֵּעַ (מעשה רע)
perpetual *adj* נִצְחִי, תְּמִידִי
perpetuate *vt* הִנְצִיחַ
perplex *vt* הֵבִיךְ; בִּלְבֵּל
perplexity *n* מְבוּכָה; תִּסְבּוֹכֶת
persecute *vt* רָדַף
persecution *n* רְדִיפָה
persevere *vi* דָּבַק בְּדַרְכּוֹ; הִתְמִיד, שָׁקַד
Persian *n, adj* פַּרְסִי; פַּרְסִית
persimmon *n* אֲפַרְסְמוֹן
persist *vi* הִתְמִיד; הִתְעַקֵּשׁ
persistent *adj* עוֹמֵד עַל דַּעְתּוֹ, מַתְמִיד, עַקְשָׁן
person *n* בֶּן־אָדָם, אֱנוֹשׁ; (בדקדוק) גוּף
personage *n* אָדָם נִכְבָּד
persona grata *n* אִישִׁיּוּת רְצוּיָה
personal *adj* אִישִׁי, פְּרָטִי
personality *n* אִישִׁיּוּת
personality cult *n* פּוּלְחַן אִישִׁיּוּת
personify *vt* הֶאֱנִישׁ, גִּילֵּם
personnel *n, vt* מַנְגְּנוֹן, סֶגֶל
perspective *n* פֶּרְסְפֶּקְטִיבָה; סִיכּוּי
perspicacious *adj* בַּעַל תְּפִיסָה חַדָּה
perspire *vi, vt* הִזִּיעַ
persuade *vt* שִׁידֵּל, שִׁכְנֵעַ
persuasion *n* שִׁידּוּל, שִׁכְנוּעַ
pert *adj* חָצוּף, שׁוֹבָב

pertain *vi* הָיָה נוֹגֵעַ ל...
pertinacious *adj* עָקִיב; עַקְשָׁן
pertinent *adj* מִמִּין הָעִנְיָן
perturb *vt* הִדְאִיג
Peru *n* פֶּרוּ
perusal *n* עִיּוּן
peruse *vt* קָרָא בְּעִיּוּן; עִיֵּן
Peruvian *adj, n* אִישׁ פֶּרוּ
pervade *vt* פָּשָׂה; מִילֵּא
perverse *adj* סוֹטֶה;אִיפְּכָא מִסְתַּבְּרָא
perversion *n* שְׁחִיתוּת הַמִּידּוֹת; סְטִיָּיה
perversity *n* עִקְּשׁוּת; שְׁחִיתוּת הַמִּידּוֹת
pervert *vt* עִיוּוֵת, סִילֵּף
pervert *n* סוֹטֶה, מוּשְׁחָת
pesky *adj* מְיַיגֵּעַ
pessimism *n* פֶּסִּימִיּוּת
pessimist *n* רוֹאֶה שְׁחוֹרוֹת
pessimistic *adj* פֶּסִּימִי
pest *n* טַרְדָן, טַרְחָן; דֶּבֶר
pester *vt* הֵצִיק
pesticide *n* מַשְׁמִיד כְּנִימוֹת
pestiferous *adj* אַרְסִי; מַדְבִּיק
pestilence *n* מַגֵּיפָה
pestle *n* עֱלִי
pet *n, adj* גּוּר שַׁעֲשׁוּעִים; יֶלֶד שַׁעֲשׁוּעִים; מוּעֳדָף; חָבִיב
pet *vt, vi* לִיטֵּף; חִיבֵּק
pet *n* הַתְקָפַת רוֹגֶז
petal *n* עֲלֵה כּוֹתֶרֶת
petard *n* מְכוֹנַת תּוֹפֶת
petcock *n* שַׁסְתּוֹם קָטָן
Peter *n* פֶּטְרוּס
petition *n* פֵּטִיצְיָה, עֲצוּמָה
petition *vt* הִגִּישׁ עֲצוּמָה

pet-name *n* כִּינּוּי חִיבָּה
Petrarch *n* פֶּטְרַארְכוּס
petrify *vt, vi* אִיבֵּן; הִתְאַבֵּן
petrol *n* בֶּנְזִין, פֶּטְרוֹל
petroleum *n* נֵפְט, שֶׁמֶן־אֲדָמָה
petticoat *n* תַּחְתּוֹנִית
petty *adj* פָּעוּט, קַל־עֵרֶךְ; קַטְנוּנִי
petty cash *n* קוּפָּה קְטַנָּה
petty larceny *n* גְּנֵיבַת דְּבָרִים פְּחוּתֵי־עֵרֶךְ
petulant *adj* תַּבְעָנִי, רַגְזָן
pew *n* מוֹשָׁב בְּבֵית־כְּנֵסִיָּיה
pewter *n, adj* נֶתֶךְ (בדיל ועופרת); כְּלִי־נֶתֶךְ
phalanx *n* הָמוֹן
phantasm(a) *n* חֲזִיוֹן תַּעְתּוּעִים
phantom *n, adj* רוּחַ, שֵׁד; דִּמְיוֹנִי
Pharaoh *n* פַּרְעֹה
Pharisee *n* פְּרוּשִׁי
pharmaceutic(al) *adj* שֶׁל רוֹקְחוּת
pharmacist *n* רוֹקֵחַ
pharmacy *n* בֵּית־מִרְקַחַת
pharynx *n* לוֹעַ
phase *n* מַרְאֵה כּוֹכַב־לֶכֶת; שָׁלָב
phase *vt* בִּיצֵּעַ בִּשְׁלַבִּים
pheasant *n* פַּסְיוֹן
phenomenal *adj* בִּלְתִּי־רָגִיל; שֶׁל תּוֹפָעָה
phenomenon *n* תּוֹפָעָה; דָּבָר (אוֹ אָדָם) מְיוּחָד בְּמִינוֹ
phial *n* בַּקְבּוּקוֹן
philanderer *n* עַגְבָן
philanthropist *n* נַדְבָן, פִילַנְטְרוֹפּ
philanthropy *n* נַדְבָנוּת, פִילַנְטְרוֹפִּיָה
philately *n* בּוּלָאוּת

Philistine *n, adj* פְּלִשְׁתִּי; חֲסַר תַּרְבּוּת
philologist *n* בַּלְשָׁן, פִּילוֹלוֹג
philology *n* בַּלְשָׁנוּת, פִּילוֹלוֹגְיָה
philosopher *n* פִילוֹסוֹף
philosophic(al) *adj* שָׁקוּל; פִילוֹסוֹפִי
philter *n* שִׁיקּוּי אַהֲבָה
phlebitis *n* דַּלֶּקֶת הַוְּרִידִים
phlegm *n* רִיר, לֵיחָה
phlegmatic(al) *adj* פְלֶגְמָטִי
Phoenicia *n* פֵנִיקְיָה
Phoenician *adj, n* פֵנִיקִי
phoenix *n* חוֹל (עוֹף אגדי)
phone *n, vt* טֶלֶפוֹן; טִלְפֵּן
phone call *n* צלצול טֶלֶפוֹן
phonetic *adj* פוֹנֶטִי
phonograph *n* מָקוֹל
phonology *n* תּוֹרַת הַהֲגָיִים
phon(e)y *adj, n* מְזוּיָּף
phosphate *n* זַרְחָה, פוֹסְפָט
phosphorescent *adj* זַרְחוֹרִי
phosphorous *adj* זַרְחָנִי
photo *n* תַּצְלוּם, תְּמוּנָה
photoengraving *n* פִּיתּוּחַ אוֹר
photo finish *n* גְּמָר מְצוּלָּם (של מירוץ)
photo-finish camera *n* מַצְלֵמַת גְּמָר
photogenic *adj* צָלִים, נוֹחַ לְצִילּוּם, פוֹטוֹגֵנִי; מְחוֹלֵל אוֹר
photograph *n* תַּצְלוּם, תְּמוּנָה
photograph *vt* צִילֵּם
photographer *n* צַלָּם
photography *n* צִילּוּם
photostat *n* פוֹטוֹסְטָט
phrase *n* פְרָזָה; מְלִיצָה
phrase *vt* הִבִּיעַ בְּמִלִּים, נִיסַּח
phrenology *n* פְרֵנוֹלוֹגְיָה
phys. *abbr* physical, physician, physics, physiology
physic *n* תְּרוּפָה, סַם
physical *adj* גוּפָנִי, גַשְׁמִי; פִיסִי
physician *n* רוֹפֵא
physicist *n* פִיסִיקַאי
physics *n pl* פִיסִיקָה
physiognomy *n* פַּרְצוּפָאוּת, פִיסִיוֹנוֹמְיָה; פַּרְצוּף
physiologic(al) *adj* פִיסִיוֹלוֹגִי
physiology *n* פִיסִיוֹלוֹגְיָה
physique *n* מִבְנֵה גוּף
piano *n* פְּסַנְתֵּר
picaresque *adj* (ספרות) פִּיקָרֶסְקִית
picayune *n, adj* פְּרוּטָה; חֲסַר עֵרֶךְ
piccolo *n* חֲלִילוֹן
pick *vt, vi* בָּחַר, בֵּירֵר; קָטַף; קָרַע
pick *n* בְּרֵירָה; בָּחִיר; מַעְדֵּר
pickax *n* מַעְדֵּר
picket *n* כְּלוֹנָס, יָתֵד; מִשְׁמָר
picket *vt, vi* גָּדַר; הִשְׁתַּתֵּף בְּמִשְׁמֶרֶת שׁוֹבְתִים
pickle *vt* כָּבַשׁ
pickle *n* מֵי כְּבוּשִׁים; כְּבוּשִׁים; מַצָּב בִּישׁ
pick-me-up *n* 'מְחַיֶּה נְפָשׁוֹת'
pickpocket *n* כַּיָּיס
pickup *n* מַכִּיר מִקְרִי; מַשָּׂאִית קַלָּה
picnic *n* טוּזִיג, פִּיקְנִיק
picnic *vi* הִשְׁתַּתֵּף בְּטוּזִיג
pictorial *adj* צִיּוּרִי
picture *n* תְּמוּנָה; צִיּוּר; סֶרֶט
picture *vt* תֵּיאֵר; דִּמְיֵין
picture-gallery *n* גַּלֶּרְיָה לְצִיּוּרִים

picture postcard *n* גְלוּיַת תְּמוּנָה
picture-show *n* הַצָּגַת קוֹלְנוֹעַ
picturesque *adj* צִיּוּרִי, צִיּוּרָנִי; סַסגוֹנִי
picture window *n* חַלּוֹן נוֹף
piddling *adj* חֲסַר־עֵרֶך
pie *n* כִּיסָן; תַּעֲרוֹבֶת אוֹתִיּוֹת־דְפוּס
pie *vt* עִרְבֵּב (אוֹתִיּוֹת־דפוּס)
piece *n* חֲתִיכָה; פְּרוּסָה (לחם); פִּיסָּה (נייר); נֵתַח (בשׂר)
piece *vt, vi* חִיבֵּר, אִיחָה
piecework *n* עֲבוֹדָה בְּקַבְּלָנוּת
pier *n* מֵזַח; רָצִיף
pierce *vt, vi* חָדַר; נָקַב
piercing *adj* חוֹדֵר, חוֹדְרָנִי
piety *n* אֲדִיקוּת, דָתִיּוּת
piffle *n* שְׁטוּת, הֲבָלִים
pig *n* חֲזִיר; יַצֶּקֶת
pigeon *n* יוֹנָה
pigeonhole *n* גוּמְחָה; תָּאוֹן
pigeonhole *vt* שָׂם בְּתָא; סִידֵּר
pigeon house *n* שׁוֹבַך יוֹנִים
piggish *adj* חֲזִירִי
pigheaded *adj* עַקְשָׁן
pig-iron *n* בַּרְזֶל יְצִיקָה
pigment *n* צִבְעָן, פִּיגְמֶנט
pigpen *n* דִיר חֲזִירִים
pigsticking *n* צֵיד חֲזִירֵי־בָּר
pigsty *n* דִיר חֲזִירִים
pigtail *n* צַמָּה עוֹרְפִּית
pike *n* רוֹמַח; תַּחֲנַת מַס דְרָכִים; זְאֵב־הַיָּם
piker *n* אָדָם חֲסַר עֵרֶך
Pilate *n* פּוֹנְטִיוּס פִּילָטוּס
pile *n* עֲרֵימָה; כַּמּוּת גְדוֹלָה
pile *vt, vi* עָרַם, צָבַר
pilfer *vt, vi* גָּנַב, 'סָחַב'
pilgrim *n* עוֹלֵה־רֶגֶל, צַלְיָין
pilgrimage *n* עֲלִיָּיה לְרֶגֶל
pill *n* גְלוּלָה; כַּדּוּר
pillage *n* בִּיזָּה; שָׁלָל
pillage *vt, vi* בָּזָז, שָׁדַד
pillar *n* עַמּוּד
pillory *vt* הֶעֱמִיד לְיַד עַמּוּד הַקָּלוֹן, בִּיזָּה
pillory *n* עַמּוּד קָלוֹן
pillow *n* כַּר
pillow *vt, vi* הֵנִיחַ עַל כַּר; שִׁימֵּשׁ כַּר
pillowcase *n* צִיפָּה
pilot *n* קַבַּרְנִיט (במטוס), נַוָּט (באונייה)
pilot *vt* נָהַג; שִׁימֵּשׁ כְּקַבַּרְנִיט; הוֹבִיל
pimp *n, vi* סַרְסוּר זְנוּת; סִרְסֵר לִזְנוּת
pimple *n* חֲטָט
pimply *adj* מְחוּטָּט
pin *n* סִיכָּה; יָתֵד
pin *vt* פָּרַף; חִיבֵּר בְּסִיכָּה
pinafore *n* סִינַּר יְלָדִים
pinball *n* כַּדּוּר וִיתֵדוֹת
pince-nez *n* מִשְׁקְפֵי־אַף
pincers *n pl* מִצְבָּטַיִים
pinch *vt, vi* צָבַט; לָחַץ; קִימֵּץ
pinch *n* צְבִיטָה; לְחִיצָה
pinchcock *n* מַלְחֵץ
pincushion *n* כָּרִית לְסִיכּוֹת
pine *n* אוֹרֶן
pine *vt* נָמַק; הִתְגַּעְגֵּעַ
pineapple *n* אֲנָנָס
pine cone *n* אִיצְטְרוֹבָּל
ping *n, vi* זִמְזוּם; זִמְזֵם

pinhead *n* גּוּלַּת סִיכָּה; טִיפֵּשׁ
pink *n* צִיפּוֹרֶן; מַצָּב מְצוּיָּן
pink *adj* וָרוֹד
pin money *n* כֶּסֶף לְהוֹצָאוֹת אִישִׁיּוֹת (של אישה)
pinnacle *n* פִּסְגָּה
pinpoint *vt* אִיתֵּר בִּמְדוּיָּק
pinpoint *n* חוֹד סִיכָּה
pinprick *n* דְּקִרוּר; הַקְנָטָה
pin-up girl *n* תְּמוּנַת עַלְמָה נַעֲרָצָה
pinwheel *n* גַּלְגַּל פִּין
pioneer *n* חָלוּץ
pioneer *vi, vt* הָיָה חָלוּץ; סָלַל
pious *adj* אָדוּק, צַדִּיק
pip *n* חַרְצָן; כּוֹכָב (של קצין)
pipe *n* צִינּוֹר; (בְּמוּסיקה) קָנֶה; מִקְטֶרֶת
pipe *vi, vt* חִילֵּל; צָפַר
pipe cleaner *n* מְנַקֶּה מִקְטֶרֶת
pipe dream *n* הֲזָיָה
pipe-line *n* צִינּוֹר, קַו צִינּוֹרוֹת
pipe organ *n* עוּגָב
piper *n* חֲלִילָן
pipe wrench *n* מַפְתֵּחַ צִינּוֹרוֹת
piquant *adj* שָׁנוּן, מְפוּלְפָּל
pique *n* טִינָה, הֵיעָלְבוּת
pique *vt* הִרְגִּיז, עוֹרֵר טִינָה
Piraeus *n* פִּירֵאוּס
pirate *n* שׁוֹדֵד־יָם, פִּירָט
pirate *vt, vi* שָׁדַד; הִשְׁתַּמֵּשׁ בְּלֹא רְשׁוּת
pirouette *n* פִּירוּאֶט
pistol *n* אֶקְדָּח
piston *n* בּוּכְנָה; (בְּמוּסיקה) שַׁסְתּוֹם
piston-ring *n* טַבַּעַת הַבּוּכְנָה
piston-rod *n* מוֹט הַבּוּכְנָה
pit *n* בּוֹר, תְּהוֹם; אוּלָם (תיאטרון); שְׁקִיעָה (בבטן)
pit *vt, vi* עָשָׂה חוֹרִים, הֶעֱמִיד לִקְרָב
pitch *vt, vi* נָטָה (אוהל); אָהַל; הֶעֱמִיד
pitch *n* גּוֹבַהּ, רָמָה; גּוֹבַהּ הַצְּלִיל
pitcher *n* כַּד; מַגִּישׁ (במשחקי כדור)
pitchfork *n* קִלְשׁוֹן, מַזְלֵג
pitfall *n* מַלְכּוֹדֶת, פַּח
pith *n* עִיקָּר, תַּמְצִית; כּוֹחַ
pithy *adj* תַּמְצִיתִי; נִמְרָץ
pitiful *adj* מְעוֹרֵר רַחֲמִים; בָּזוּי
pitiless *adj* חֲסַר רַחֲמִים
pity *n, vt* רַחֲמָנוּת; רִיחֵם
pivot *n* צִיר, יָד
pivot *vt, vi* הִרְכִּיב; סָב עַל צִיר
placard *n* כְּרָזָה, פְּלָקָט
placard *vt* הִדְבִּיק כְּרָזוֹת
place *n* מָקוֹם
place *vt, vi* שָׂם, הִנִּיחַ, הֶעֱמִיד, מִיקֵּם
place card *n* כַּרְטִיס מָקוֹם
placement *n* הֲשָׂמָה; הַמְצָאַת עֲבוֹדָה
placid *adj* שָׁלֵו, שָׁקֵט
plagiarism *n* גְּנֵיבַת יְצִירַת הַזּוּלַת, פְּלַגְיָט
plagiarize *vt* גָּנַב (יצירת הזולת)
plague *n* מַגֵּפָה, דֶּבֶר
plague *vt* הִכָּה בְּדֶבֶר; הִטְרִיד
plaid *n* אָרִיג מְלוּכְסָן
plain *adj* פָּשׁוּט; בָּרוּר; גָּלוּי
plain *n* מִישׁוֹר, עֲרָבָה
plain-clothes man *n* בַּלָּשׁ בִּלְבוּשׁ אֶזְרָחִי
plainsman *n* יוֹשֵׁב הַמִּישׁוֹר
plaintiff *n* תּוֹבֵעַ

plaintive *adj* מַבִּיעַ תַּרְעוֹמֶת
plan *n* תּוֹכְנִית; תַּרְשִׁים
plan *vt, vi* תִּכְנֵן, הֵכִין תּוֹכְנִית
plane *n* (עֵץ) דּוּלֶב; מִשְׁטָח מִישׁוֹרִי; מָטוֹס
plane *adj* שָׁטוּחַ; מִישׁוֹרִי
plane *vt* הִקְצִיעַ
planet *n* כּוֹכַב־לֶכֶת
plane tree *n* דּוּלֶב
planing mill *n* נַגָּרִיָּה מֵכָנִית
plank *n* קֶרֶשׁ; סְעִיף (בְּמַצָּע מדיני)
plant *n* צֶמַח; נֶטַע, שָׁתִיל; בֵּית־חֲרוֹשֶׁת
plant *vt* זָרַע, נָטַע; שָׁתַל
plantation *n* מַטָּע, אֲחוּזַּת מַטָּעִים
planter *n* בַּעַל מַטָּעִים
plaster *n* אִיסְפְּלָנִית; טִיחַ
plaster *vt* טָח; כִּיֵּיר; הִדְבִּיק
plasterboard *n* לוּחַ טִיחַ
plastic *adj, n* פְּלַסְטִי, גָּמִישׁ; חוֹמֶר פְּלַסְטִי
plate *n* צַלַּחַת; כְּלֵי שׁוּלְחָן
plate *vt* צִיפָּה; רִיקֵּעַ
plateau *n* רָמָה; טַס
plate-glass *n* זְכוּכִית מְעוּרְגֶּלֶת
plate-layer *n* פּוֹעֵל מְסִילַּת־בַּרְזֶל
platform *n* בָּמָה, דּוּכָן; רְצִיף
platform car *n* עֲגָלַת רְצִיף
platinum *n* פְּלָטִינָה
platitude *n* אִמְרָה נְדוֹשָׁה
Plato *n* אַפְּלָטוֹן
platoon *n* מַחְלָקָה
platter *n* צַלַּחַת
plausible *adj* סָבִיר לִכְאוֹרָה, חֲלַקְלַק
plausibly *adv* בְּאוֹפֶן סָבִיר
play *vi, vt* שִׂיחֵק; נִיגֵּן
play *n* מִשְׂחָק; שַׁעֲשׁוּעַ; מַחֲזֶה
playbill *n* מוֹדָעַת הַצָּגָה
playful *adj* אוֹהֵב שְׂחוֹק
playgoer *n* מְבַקֵּר תֵּיאַטְרוֹן קָבוּעַ
playground *n* מִגְרַשׁ מִשְׂחָקִים
playhouse *n* תֵּיאַטְרוֹן
playing-cards *n pl* קְלָפִים לְמִשְׂחָק
playing-field *n* מִגְרַשׁ מִשְׂחָקִים
playoff *n* תַּחֲרוּת מַכְרַעַת
playpen *n* לוּל
plaything *n* צַעֲצוּעַ
playwright *n* מַחֲזַאי
playwriting *n* מַחֲזָאוּת
plea *n* טַעֲנָה; כְּתַב־הֲגַנָּה
plead *vi, vt* (בְּמִשְׁפָּט) טָעַן, סִנְגֵּר; הִפְצִיר
pleasant *adj* נָעִים, נוֹחַ
pleasantry *n* הִיתּוּל, הֲלָצָה
please *vt, vi* מָצָא חֵן בְּעֵינֵי, הִנְעִים
please *interj* בְּבַקָּשָׁה
pleasing *adj* מַנְעִים, מְהַנֶּה
pleasure *n* הֲנָאָה
pleat *n, vt* קִיפּוּל, קֶמֶט; עָשָׂה קְפָלִים
plebeian *n, adj* פְּשׁוּט־עַם, פְּלֶבֵּאִי
pledge *n* מַשְׁכּוֹן; עֵרָבוֹן; הִתְחַיְּיבוּת
pledge *vt* מִשְׁכֵּן; הִתְחַיֵּיב
plentiful *adj* שׁוֹפֵעַ, גָּדוּשׁ
plenty *n* שֶׁפַע, רְוָוחָה
plenty *adv* דֵּי וְהוֹתֵר; מְאוֹד
pleurisy *n* דַּלֶּקֶת הָאֶדֶר
pliable *adj* כָּפִיף, גָּמִישׁ
pliers *n pl* מֶלְקָחַיִים
plight *n* מַצָּב (שְׁלִילִי)
plight *vt* הִבְטִיחַ (נִישּׂוּאִין)
plod *vi, vt* הָלַךְ בִּכְבֵדוּת

plot *n* קֶשֶׁר; עֲלִילָה; מִגְרָשׁ

plot *vi, vt* קָשַׁר קֶשֶׁר, זָמַם; תִּכְנֵן

plow, plough *n, vt, vi* מַחֲרֵשָׁה; חָרַשׁ

plowman *n* חוֹרֵשׁ

plowshare *n* סַכִּין הַמַּחֲרֵשָׁה

plover *n* חוֹפָמִי

pluck *vt* קָטַף, תָּלַשׁ

pluck *n* אוֹמֶץ־לֵב

plucky *adj* אַמִּיץ

plug *n* מַצָּת; פְּקָק; (בחשמל) תֶּקַע; תַּעֲמוּלָה מִסְחָרִית

plug *vt, vi* סָתַם, פָּקַק; עָשָׂה פִּרְסוֹמֶת

plum *n* שָׁזִיף; בָּחִיר

plumage *n* נוֹצוֹת הָעוֹף

plumb *n* אֲנָךְ

plumb *adj, adv* זָקוּף, מְאוּנָּךְ; בִּמְאוּנָּךְ; מוּחְלָט

plumb *vt* מָדַד בַּאֲנָךְ; בָּדַק

plumb-bob *n* מִשְׁקוֹלֶת אֲנָךְ

plumber *n* שְׁרַבְרָב, אִינסטַלָּטוֹר

plumbing *n* שְׁרַבְרָבוּת

plumbing fixtures *n pl* צַנֶּרֶת (מים, ביוב); אִינסטַלַּצְיָה

plumb-line *n* אֲנָךְ, אַמַּת־הַמִּידָה

plum-cake *n* עוּגַת צִימּוּקִים

plume *n* נוֹצָה; קִישּׁוּט נוֹצוֹת

plummet *n* אֲנָךְ, מִשְׁקוֹלֶת הָאֲנָךְ

plummet *vi* יָרַד בִּמְאוּנָּךְ

plump *adj* שְׁמַנְמַן

plump *vi, vt* נָפַל, הִצְלִיל

plump *adv* בִּנְפִילָה פִּתְאוֹמִית

plum-pudding *n* פַּשְׁטִידַת שְׁזִיפִים

plunder *vt* שָׁדַד

plunder *n* שׁוֹד; בִּיזָּה; גְּנֵיבָה

plunge *vi, vt* הִתְפָּרֵץ; קָפַץ (למים); הֵטִיל

plunge *n* טְבִילָה, קְפִיצָה לַמַּיִם

plunger *n* קוֹפֵץ, צוֹלֵל; מְהַמֵּר

plunk *vi, vt* פָּרַט (על כלי); נָפַל בְּחוֹזְקָה; הֵטִיל

plural *adj, n* שֶׁל רִיבּוּי; רַבִּים

plus *prep, n, adj* וְעוֹד, בְּצֵירוּף; פְּלוּס; חִיּוּבִי

plush *n, adj* קְטִיפָה

plutonium *n* פלוטוניום

ply *vt, vi* עָבַד בְּמֶרֶץ ב...; הִפְעִיל; סִיפֵּק בְּשֶׁפַע

ply *n* שִׁכְבָה, עוֹבִי; מְגַמָּה

plywood *n* לָבִיד

pneumatic *adj* אֲוִירִי, מֵכִיל אֲוִיר

pneumonia *n* דַּלֶּקֶת רֵיאוֹת

pneumonic *adj* שֶׁל דַּלֶּקֶת הָרֵיאוֹת

P.O. *abbr* Post Office

poach *vt, vi* חָלַט (ביצה); הִסִּיג גְּבוּל

poacher *n* צָד בְּלִי רְשׁוּת; מַסִּיג גְּבוּל

pock *n* אֲבַעְבּוּעָה

pocket *n* כִּיס; שַׂק

pocket *vt* הִכְנִיס לַכִּיס; לָקַח לְעַצְמוֹ

pocket-book *n* פִּנְקַס כִּיס

pocket handkerchief *n* מִמְחָטָה

pocketknife *n* אוֹלָר

pocket money *n* דְּמֵי־כִּיס

pockmark *n* סְטִיפָה

pod *n* תַּרְמִיל (קטניות)

poem *n* שִׁיר, פּוֹאֶימָה

poet *n* מְשׁוֹרֵר, פַּיְיטָן

poetess *n* מְשׁוֹרֶרֶת, פַּיְיטָנִית

poetic, poetical *adj* שִׁירִי, פִּיוּטִי

poetry *n* שִׁירָה, פִּיּוּט

pogrom *n* פְּרָעוֹת, פּוֹגְרוֹם

poignancy *n* חֲרִיפוּת; נְגִיעָה לַלֵּב
poignant *adj* חָרִיף; מַכְאִיב, מְעוֹרֵר רְגָשׁוֹת
point *n* נְקוּדָה; חוֹד; דָּגֵשׁ; עִיקָר; תַּכְלִית; תְּכוּנָה
point *vt, vi* שָׂם נְקוּדָה; חִידֵּד; הִצְבִּיעַ
point-blank *adj, adv* מִקָּרוֹב; בְּגָלוּי; מִנֵּיהּ וּבֵיהּ
pointed *adj* חַד, מְחוּדָּד; קוֹלֵעַ; עוֹקֵץ
pointer *n* מַחֲוָן, מוֹרֶה; מָחוֹג; כֶּלֶב צַיִד
poise *n* שִׁיוּוּי־מִשְׁקָל; זְקִיפוּת רֹאשׁ
poise *vt, vi* אִיזֵּן; שָׁמַר שִׁיוּוּי־מִשְׁקָל; הֶחֱזִיק מוּכָן
poison *n, vt* רַעַל, אֶרֶס; הִרְעִיל
poisonous *adj* מַרְעִיל, אַרְסִי
poke *vt, vi* תָּחַב, תָּקַע
poke *n* תְּחִיבָה; דְּחִיפָה קַלָּה
poker *n* מַחְתָּה; פּוֹקֶר
poky *adj* דַּל, צַר; קַטְנוּנִי
Poland *n* פּוֹלַנְיָה
polar bear *n* הַדּוֹב הַלָּבָן
polarize *vt* קִיטֵּב
pole *n* מוֹט; עַמּוּד; קוֹטֶב
polecat *n* חָמוֹס
polestar *n* כּוֹכַב הַקּוֹטֶב
pole-vault *vi* קָפַץ בְּמוֹט
police *n, vt* מִשְׁטָרָה; שִׁיטֵּר
policeman *n* שׁוֹטֵר
policy *n* מְדִינִיּוּת, קַו־פְּעוּלָּה; תְּעוּדַת בִּיטּוּחַ
polio *n* שִׁיתּוּק יְלָדִים
polish *vt, vi* לִיטֵּשׁ; צִחְצֵחַ
polish *n* צִחְצוּחַ; לִיטּוּשׁ; עִידּוּן
polisher *n* מְצַחְצֵחַ, מְלַטֵּשׁ
polite *adj* מְנוּמָּס, נִימוּסִי
politeness *n* אֲדִיבוּת, נִימוּס
politic *adj* נָבוֹן, מְחוּכָּם
political *adj* מְדִינִי
politician *n* פּוֹלִיטִיקַאי
politics *n pl* מְדִינִיּוּת, פּוֹלִיטִיקָה
poll *n* סְפִירַת קוֹלוֹת; הַצְבָּעָה
poll *vt, vi* עָרַךְ הַצְבָּעָה; קִיבֵּל קוֹלוֹת; נָתַן קוֹלוֹ
pollen *n* אֲבָקָה
pollinate *vt* הֶאֱבִיק (צמח)
polling booth *n* תָּא הַצְבָּעָה
poll-tax *n* מַס גּוּלְגּוֹלֶת
pollute *vt* זִיהֵם, טִינֵּף
pollution *n* זִיהוּם, טִינּוּף
polo *n* פּוֹלוֹ
polygamist *n* פּוֹלִיגָמִיסְט, רַב־נָשִׁים
polyglot *adj, n* רַב־לְשׁוֹנִי; יוֹדֵעַ לְשׁוֹנוֹת
polygon *n* מְצוּלָּע; רַב־צְלָעוֹת
polyp *n* פּוֹלִיפּ
polytheist *n* מַאֲמִין בְּאֵלִים רַבִּים
pomade *n* מִשְׁחַת בְּשָׂמִים
pomegranate *n* רִימּוֹן
pommel *vt* הִכָּה בְּאֶגְרוֹף
pomp *n* הוֹד, זוֹהַר
pompadour *n* תִּסְרוֹקֶת פּוֹמְפָּדוּר
pompous *adj* מִתְגַּנְדֵּר; מְנוּפָּח
pond *n* בְּרֵיכָה
ponder *vt, vi* שָׁקַל, הִרְהֵר
ponderous *adj* כָּבֵד
pontiff *n* אַפִּיפְיוֹר
pontoon *n* סִירַת גְּשָׁרִים
pony *n* סְיָיח
poodle *n* פּוּדֶל

pool *n* מִקְוֵה מַיִם; קוּפָּה מְשׁוּתֶּפֶת

pool *vt* הִפְקִידוּ בְּקֶרֶן מְשׁוּתֶּפֶת

poolroom *n* אוּלַם בִּילְיַארְד

poop *n* בֵּית־אַחֲרָה

poor *adj* עָנִי, דַל; מִסְכֵּן

poor-box *n* קוּפַּסַת צְדָקָה

poorhouse *n* לִינַת־צֶדֶק

poorly *adv, adj* בְּקוֹשִׁי; בְּקַמְצָנוּת; חוֹלָנִי

pop. *abbr* popular, population

pop *vi, vt* פָּקַק; יָרָה; בָּא בְּחִיפָּזוֹן; פָּעַר

pop *n* פֶּקֶק; יְרִיַּית רוֹבֶה; מַשְׁקֶה תּוֹסֵס

pop *adj* עֲמָמִי, פּוֹפּוּלָרִי

popcorn *n* תִּירָס קָלוּי

pope *n* אַפִּיפְיוֹר

popeyed *adj* פְּעוּר עֵינַיִים

popgun *n* רוֹבֵה פְּקָקִים

poplar *n* צַפְצָפָה

poppy *n* פָּרָג

poppycock *n* שְׁטוּיוֹת

populace *n* הֲמוֹן הָעָם

popular *adj* אָהוּד; עֲמָמִי, פּוֹפּוּלָרִי

popularize *vt* הָפַךְ לְפּוֹפּוּלָרִי; הֵפִיץ בָּעָם

populous *adj* רַב־אוּכְלוֹסִין

porcelain *n* חַרְסִינָה

porch *n* מִרְפֶּסֶת

porcupine *n* קִיפּוֹד

pore *n* נַקְבּוּבִית

pore *vi* הָיָה שָׁקוּעַ בְּעִיּוּן

pork *n* בְּשַׂר חֲזִיר

porous *adj* נַקְבּוּבִי

porphyry *n* פּוֹרְפִיר

porpoise *n* פּוֹקֵנָה

porridge *n* דַּיְיסָה

port *n* נָמֵל; שְׂמֹאל (הָאוֹנִייה); יֵין אוֹפּוֹרְטוֹ

portable *adj, n* בַּר־טִלְטוּל

portal *n* שַׁעַר, דֶּלֶת

portend *vt* בִּישֵּׂר, נִיבֵּא

portent *n* אוֹת לַבָּאוֹת

portentous *adj* מְבַשֵּׂר, מְנַבֵּא

porter *n* סַבָּל; שׁוֹעֵר

portfolio *n* תִּיק נְיָירוֹת; מִשְׂרַת שַׂר

porthole *n* אֶשְׁנָב

portico *n* שְׂדֵירַת עַמּוּדִים

portion *n* חֵלֶק; מָנָה; נְדוּנְיָה

portly *adj* כַּרְסָן, שְׁמַנְמַן

portmanteau *n* מִזְוָודָה גְדוֹלָה

portrait *n* פּוֹרְטְרֶט, דְּיוֹקָן

portray *vt* צִייֵּר; תֵּיאֵר

portrayal *n* צִיּוּר; תֵּיאוּר

Portugal *n* פּוֹרְטוּגָל

port wine *n* יֵין אוֹפּוֹרְטוֹ

pose *vt, vi* הִצִּיג (בְּעָיָה וכד׳); יָשַׁב לִפְנֵי צַיָּיר; הֶעֱמִיד פָּנִים

pose *n* פּוֹזָה, צֶגֶע; הַעֲמָדַת־פָּנִים

posh *adj* מְהוּדָּר, מְצוּחְצָח

position *n* מַצָּב, (בְּצָבָא) מוּצָב; מַעֲמָד; עֶמְדָה (בְּוִויכּוּחַ)

position *vt* הֶעֱמִיד בַּמָּקוֹם

positive *adj* חִיּוּבִי; קוֹנְסְטְרוּקְטִיבִי; מוּחְלָט

positive *n* פּוֹזִיטִיב (בְּצִילּוּם); חִיּוּב

possess *vt* הֶחֱזִיק ב...; הָיָה לוֹ

possession *n* בַּעֲלוּת, חֲזָקָה

possible *adj* אֶפְשָׁרִי

possum *n* אוֹפּוֹסוּם

post *n* עַמּוּד; דּוֹאַר; (בְּצָבָא) עֶמְדָה

post *vt, vi* שָׁלַח בַּדּוֹאַר; הִדְבִּיק (מודעה וכד׳)

postage *n* דְּמֵי־דוֹאַר

postage meter *n* מַחְתֵּמָה

postage stamp *n* בּוּל דוֹאַר

postal *adj, n* שֶׁל דוֹאַר; גְּלוּיָה

postal order *n* הַמְחָאַת דוֹאַר

postcard *n* גְּלוּיַת־דוֹאַר

postdate *vt* קָבַע תַּאֲרִיךְ מְאוּחָר

poster *n* כְּרָזָה, פְּלָקָט

posterior *n* אֲחוֹרַיִים

posthaste *adv* בִּמְהִירוּת רַבָּה

posthumous *adj* שֶׁלְּאַחַר הַמָּוֶת

postman *n* דַּוָּור

postmark *n* חוֹתֶמֶת דוֹאַר

postmark *vt* חָתַם (חותמת־דואר)

postmaster *n* מְנַהֵל דוֹאַר

post-mortem *adj, n* (בְּדִיקָה) שֶׁלְּאַחַר הַמָּוֶת

post-office *n* בֵּית־דוֹאַר

post-office box *n* תָּא־דוֹאַר

postpaid *adj* שֶׁדְּמֵי־הַדּוֹאַר שׁוּלְּמוּ

postpone *vt* דָּחָה, הִשְׁהָה

postscript *n* הוֹסָפָה לַכָּתוּב

posture *n* מַעֲרַךְ הַגּוּף, תְּנוּחָה

postwar *adj* שֶׁלְּאַחַר הַמִּלְחָמָה

posy *n* זֵר פְּרָחִים

pot *n* סִיר; כְּלִי־בַּיִת; (המונית) חֲשִׁישׁ

potash *n* פַּחְמַת אַשְׁלְגָן

potassium *n* אַשְׁלְגָן

potato *n* תַּפּוּחַ־אֲדָמָה, תַּפּוּד

potbellied *adj* כְּרֵסָנִי

potency *n* עוֹצְמָה; כּוֹחַ־גַּבְרָא, אוֹן

potent *adj* חָזָק; בַּעַל כּוֹחַ־גַּבְרָא

potentate *n* שַׁלִּיט

potential *adj, n* שֶׁבְּכּוֹחַ, פּוֹטֶנְצִיָּלִי; פּוֹטֶנְצִיָּל; אֶפְשָׁרוּת מֵירַבִּית

pothook *n* אַנְקוֹל הַסִּיר

potion *n* שִׁיקּוּי; לְגִימָה

pot-luck *n* הָאוֹכֶל שֶׁבַּבַּיִת, מַה שֶּׁיֵּשׁ

potshot *n* יְרִיָּיה לֹא מְכוּוֶּנֶת

potter *n* קַדָּר, יוֹצֵר

potter *vi* עָבַד בַּעֲצַלְתַּיִים; ׳הִסְתּוֹבֵב׳

potter's clay *n* חוֹמֶר יוֹצֵר

pottery *n* קַדָּרוּת; כְּלֵי־חֶרֶס

pouch *n* כִּיס, שַׂק, שַׂקִּיק

poulterer *n* סוֹחֵר עוֹפוֹת

poultice *n* אִיסְפְּלָנִית מְרוּחָה בְּחוֹמֶר מַרְפֵּא

poultry *n* עוֹפוֹת בַּיִת

pounce *vt, vi* זִינֵּק, עָט עַל

pound *n* לִיטְרָה (משקל); לִירָה (כסף)

pound *vt, vi* הָלַם, הִכָּה

pour *vt, vi* שָׁפַךְ, מָזַג; נִיתַּךְ (גשם)

pout *vi* שִׁרְבֵּט (שפתיים); כָּעַס

poverty *n* עוֹנִי, דַּלּוּת

P.O.W. *abbr* Prisoner of War

powder *n* אֲבָקָה, פּוּדְרָה (קוסמטית)

powder *vt, vi* אִיבֵּק; שָׁחַק; פִּידֵּר

powder-puff *n* כָּרִית לְפוּדְרָה

powder-room *n* בֵּית־שִׁימּוּשׁ (לנשים)

powdery *adj* אֲבָקִי

power *n* כּוֹחַ, חוֹזֶק; יְכוֹלֶת; שִׁלְטוֹן; חֶזְקָה (מתימטיקה)

power *vt* סִיפֵּק כּוֹחַ

power-dive *n* צְלִילַת עוֹצְמָה

powerful *adj* חָזָק, רַב־כּוֹחַ

powerhouse *n* תַּחֲנַת־כּוֹחַ

powerless *adj* אֵין־אוֹנִים
power mower *n* מַכְסֵחַת מָנוֹעַ
power of attorney *n* יִיפּוּי־כּוֹחַ
power-plant *n* תַּחֲנַת־כּוֹחַ
power steering *n* הֶגֶה הִידְרוֹלִי
pp. *abbr* pages
practical *adj* מַעֲשִׂי, תּוֹעַלְתִּי
practically *adv* מִבְּחִינָה מַעֲשִׂית; כִּמְעַט
practice *n* אִימּוּן, תִּרְגּוּל; הֶרְגֵל; פְּרַקְטִיקָה (שֶׁל רוֹפֵא וכד׳)
practice, practise *vt, vi* תִּרְגֵּל; הִתְאַמֵּן; עָסַק בְּמִקְצוֹעַ
practitioner *n* עוֹסֵק (בְּמִקְצוֹעַ)
Prague *n* פְּרָאג
prairie *n* עֲרָבָה, פְּרֵרְיָה
prairie dog *n* כֶּלֶב הָעֲרָבָה
praise *n, vt* שֶׁבַח, הַלֵּל; שִׁיבֵּחַ, הִלֵּל
pram *n* עֶגְלַת יְלָדִים
prance *vi* קִיפֵּץ, פִּיזֵּז
prank *n* מַעֲשֶׂה קוּנְדֵס
prate *vi* פִּטְפֵּט
prattle *n* פִּטְפּוּט, שְׁטוּיוֹת
pray *vt, vi* הִתְפַּלֵּל, הִתְחַנֵּן
prayer *n* תְּפִילָּה
prayer-book *n* סִידּוּר תְּפִילָּה
preach *vi, vt* הִטִּיף; דָּרַשׁ דְּרָשָׁה
preacher *n* דַּרְשָׁן
preamble *n* הַקְדָּמָה
precarious *adj* מְסוּכָּן; רוֹפֵף
precaution *n* אֶמְצָעֵי־זְהִירוּת
precede *vt, vi* קָדַם; הִקְדִּים
precedent *n* תַּקְדִּים
precept *n* מִצְוָוה
precinct *n* אֵיזוֹר, סְבִיבָה
precious *adj* יְקַר מְאוֹד
precious *adv* מְאוֹד
precipice *n* נֵד, צוּק תָּלוּל
precipitate *vt, vi* הִפִּיל בְּעוֹצְמָה; זֵירֵז, הֵאִיץ
precipitate *adj* נֶחְפָּז
precipitous *adj* תָּלוּל
precise *adj* מְדוּיָּק, מְדוּקְדָּק
precision *n* דִּיוּק
preclude *vt* הוֹצִיא מִכְּלַל חֶשְׁבּוֹן
precocious *adj* מְפוּתָּח בְּלֹא עֵת
predatory *adj* טוֹרֵף; חַמְסָן
predicament *n* מַצָּב מֵעִיק
predict *vt, vi* נִיבֵּא, חָזָה מֵרֹאשׁ
prediction *n* נִיבּוּי; חִיזּוּי
predispose *vt* הִטָּה מֵרֹאשׁ; הִכְשִׁיר
predominant *adj* שׁוֹלֵט; מַכְרִיעַ
preeminent *adj* דָּגוּל, נַעֲלֶה
preempt *vt* קָנָה בִּזְכוּת קְדִימָה
preen *vt* נִיקָּה בְּמַקּוֹר; הִתְהַדֵּר
prefab *n* בַּיִת טְרוֹמִי
prefabricate *vt* יִיצֵּר מֵרֹאשׁ
preface *n, vt* הַקְדָּמָה; הִקְדִּים
prefer *vt* הֶעְדִיף, בִּיכֵּר
preferable *adj* עָדִיף
preference *n* הַעְדָּפָה
prefix *n* תְּחִילִית, קִידּוֹמֶת
prefix *vt* שָׂם לִפְנֵי
pregnant *adj* הָרָה; פּוֹרֶה
prejudice *n* מִשְׁפָּט קָדוּם; נֶזֶק
prejudice *vt* נָטַע דֵּעָה קְדוּמָה בְּלֵב (הַזּוּלַת); פָּגַע (בִּזְכוּת וכד׳)
prejudicial *adj* גּוֹרֵם דֵּעָה קְדוּמָה; מַזִּיק
prelate *n* כּוֹמֶר בָּכִיר

preliminary *adj, n* קוֹדֵם, מֵכִין; פְּעוּלָּה מְכִינָה

prelude *n* פְּרֶלוּד, אַקְדָּמָה

premeditate *vt, vi* תִּכְנֵן מֵרֹאשׁ

premier *adj* רִאשׁוֹן; רֹאשׁ; רֹאשׁ מֶמְשָׁלָה

première *n* הַצָּגַת־בְּכוֹרָה

premise, premiss *n* הַנָּחַת יְסוֹד; (בְּרִיבּוּי) חֲצֵרִים

premium *n* דְּמֵי־בִּיטּוּחַ, פְּרֶמְיָה; הֲטָבָה

premonition *n* תְּחוּשָׁה מוּקְדֶּמֶת

preoccupancy *n* תְּפִיסָה מֵרֹאשׁ

preoccupation *n* שְׁקִיעָה בְּמַחֲשָׁבוֹת; דְּאָגָה

preoccupy *vt* תָּפַס מֵרֹאשׁ; הֶעֱסִיק אֶת הַדַּעַת

prepaid *adj* שֶׁשּׁוּלַּם מֵרֹאשׁ

preparation *n* הֲכָנָה, הַכְשָׁרָה

preparatory *adj* מֵכִין; מַכְשִׁיר

prepare *vt, vi* הֵכִין; הִכְשִׁיר; הִתְכּוֹנֵן

preparedness *n* נְכוֹנוּת, כּוֹנְנוּת

prepay *vt* שִׁילֵּם מֵרֹאשׁ

preponderant *adj* מַכְרִיעַ

preposition *n* מִלַּת־יַחַס

prepossessing *adj* עוֹשֶׂה רוֹשֶׁם טוֹב

preposterous *adj* מְגוּחָךְ, אֱוִילִי

prep-school *n* מְכִינָה

prerequisite *adj, n* דָּרוּשׁ מֵרֹאשׁ; תְּנַאי מוּקְדָּם

prerogative *n* זְכוּת מְיוּחֶדֶת

Pres. *abbr* Presbyterian, President

presage *vt* נִיבֵּא, בִּישֵּׂר

Presbyterian *adj, n* פְּרֶסְבִּיטֶרִי

prescribe *vt, vi* (רוֹפֵא) רָשַׁם מַתְכּוֹן; הִצִּיעַ

prescription *n* מִרְשָׁם

presence *n* נוֹכְחוּת; הוֹפָעָה

present *adj, n* נוֹכֵחַ; הוֹוֶה (זמן); מַתָּנָה

present *vt* הֶעֱנִיק, נָתַן; הִצִּיג

presentable *adj* יָאֶה לְהַצָּגָה בְּצִיבּוּר

presentation *n* הַצָּגָה; הַגָּשָׁה

presentation copy *n* עוֹתֶק מַתָּנָה

presentiment *n* רֶגֶשׁ מְנַבֵּא רָעוֹת

presently *adv* מִיָּד

preserve *vt* שִׁימֵּר; שָׁמַר עַל

preserve *n* רִיבָּה; שְׁמוּרָה; תְּחוּם פְּרָטִי

preside *vi* יָשַׁב רֹאשׁ

presidency *n* נְשִׂיאוּת

president *n* נָשִׂיא

press *vt, vi* לָחַץ, דָּחַק; גִּיהֵץ

press *n* גִּיהוּץ; לַחַץ; מַגְהֵץ; עִיתּוֹנוּת; אָרוֹן

press agent *n* סוֹכֵן פִּרְסוֹמֶת

press conference *n* מְסִיבַּת עִיתּוֹנָאִים

pressing *adj* דָּחוּף; לוֹחֵץ; גִּיהוּץ

pressure *n* לַחַץ

pressure cooker *n* סִיר לַחַץ

prestige *n* יוּקְרָה, פְּרֶסְטִיזָ'ה

presumably *adv* כְּפִי שֶׁמִּסְתַּבֵּר

presume *vt, vi* הִנִּיחַ; הִרְשָׁה לְעַצְמוֹ

presumption *n* הַנָּחָה, סְבָרָה; חוּצְפָּה

presumptuous *adj* מַרְהִיב עוֹז

presuppose *vt* הִנִּיחַ מֵרֹאשׁ

pretend *vt, vi* הִתְיַימֵּר; הֶעֱמִיד פָּנִים

pretense *n* הַעֲמָדַת־פָּנִים

pretentious *adj* יוּמְרָנִי

pretty *adj* נֶחְמָד, יָפֶה
pretty *adv* לְמַדַּי
pretty-pretty *n* יוֹפִי מְעוּשֶׂה
prevail *vi* נִיצֵּחַ; שָׂרַר
prevailing *adj* שׂוֹרֵר, רוֹוֵחַ
prevalent *adj* רוֹוֵחַ; נָפוֹץ
prevaricate *vi* שִׁיקֵּר
prevent *vt* מָנַע
preventable *adj* בַּר־מְנִיעָה
prevention *n* מְנִיעָה
preventive *adj* מוֹנֵעַ
preview *n* הַצָּגָה מוּקְדֶמֶת
previous *adj, adv* קוֹדֵם; נֶחְפָּז
prewar *adj* קְדַם־מִלְחַמְתִּי
prey *n, vt* טֶרֶף; שָׁדַד; טָרַף; הֵעִיק
price *n* מְחִיר
price *vt* קָבַע מְחִיר; הֶעֱרִיךְ מְחִיר
price-control *n* פִּיקּוּחַ עַל מְחִירִים
price-cutting *n* הוֹרָדַת מְחִירִים
price fixing *n* קְבִיעַת מְחִירִים
price freezing *n* הַקְפָּאַת מְחִירִים
priceless *adj* שֶׁאֵין עֲרוֹךְ לוֹ
prick *n* דְּקִירָה; (המונית) שׁוֹפְכָה
prick *vt* דִּקְרֵר, דָּקַר
prickly *adj* דּוֹקְרָנִי
prickly heat *n* חֲרָרָה
prickly pear *n* צַבָּר
pride *n* גַּאֲוָה
pride *v reflex* הִתְגָּאָה
priest *n* כּוֹהֵן; כּוֹמֶר
priesthood *n* כְּהוּנָּה
prig *n* מְדַקְדֵּק דִּקְדּוּקֵי עֲנִיוּת
prim *adj* צְנוּעָתָנִי; מְעוּמְלָן
primary *adj, n* רִאשׁוֹנִי; עִיקָּרִי;
רִאשׁוֹן; בְּחִירָה מוּקְדֶמֶת
primary school *n* בֵּית־סֵפֶר יְסוֹדִי
prime *adj, n* רִאשׁוֹן בְּמַעֲלָה;
חֵלֶק מוּבְחָר
prime *vt* הִפְעִיל; הִתְנִיעַ;
סִיפֵּק (אבק־שריפה, ידיעות)
prime minister *n* רֹאשׁ מֶמְשָׁלָה
primer *n* אַלְפוֹן
primitive *adj* פְּרִימִיטִיבִי; קָדוּם;
נֶחֱשָׁל
primp *vt, vi* קִישֵּׁט; הִתְגַּנְדֵּר
primrose *n, adj* רַקֶּפֶת; רַקַּפְתִּי
primrose path *n* שְׁבִיל תַּעֲנוּגוֹת
prince *n* נָסִיךְ
princess *n* נְסִיכָה
principal *adj* עִיקָּרִי, רָאשִׁי
principal *n* מְנַהֵל, רֹאשׁ; קֶרֶן
principle *n* עִיקָּרוֹן
print *n* דְּפוּס; אוֹתִיּוֹת־דְּפוּס
print *vt, vi* הִדְפִּיס;
כָּתַב בְּאוֹתִיּוֹת־דְּפוּס
printed matter *n* דִּבְרֵי־דְּפוּס
printer *n* מַדְפִּיס
printer's devil *n* שׁוּלִיַּית מַדְפִּיס
printer's ink *n* צֶבַע דְּפוּס
printer's mark *n* סִימָן מִסְחָרִי
שֶׁל מַדְפִּיס
printing *n* הַדְפָּסָה; אוֹתִיּוֹת־דְּפוּס
prior *adj* קוֹדֵם
prior *n* רֹאשׁ מִנְזָר
priority *n* זְכוּת־בְּכוֹרָה
prism *n* מִנְסָרָה
prison *vt* בֵּית־סוֹהַר
prisoner *n* אָסִיר
prissy *adj* קַפְּדָן
privacy *n* פְּרָטִיּוּת, צִנְעָה

private *adj* פְּרָטִי, אִישִׁי
private *n* טוּרַאי
private first class *n* טוּרַאי רִאשׁוֹן
private view *n* הַצָּגָה פְּרָטִית
privet *n* לִיגוּסְטְרוּם
privilege *n* זְכוּת מְיוּחֶדֶת, פְּרִיבִילֶגְיָה
privy *adj, n* מוּחְבָּא; סוֹדִי; בֵּית־כִּסֵּא
prize *n, adj* פְּרָס; מְעוּלֶּה
prize *vt* הֶעֱרִיךְ מְאוֹד
prize-fight *n* תַּחֲרוּת אִגְרוּף לְכֶסֶף
pro *adv, n* (נִימּוּק, הַצְבָּעָה) בְּעַד; מִקְצוֹעִי, מִקְצוֹעָן
probability *n* הִסְתַּבְּרוּת
probable *adj* מִסְתַּבֵּר
probation *n* מִבְחָן, נִיסָּיוֹן
probe *n* בְּדִיקָה; מַבְדֵּק
probe *vt, vi* בָּחַן, בָּדַק
problem *n* בְּעָיָה
procedure *n* נוֹהַל
proceed *vi* הִתְנַהֵל, הִתְקַדֵּם
proceeding *n* הָלִיךְ; מַהֲלַךְ הָעִנְיָנִים
proceeds *n pl* הַכְנָסוֹת
process *n* תַּהֲלִיךְ
process *vt* עִיבֵּד
proclaim *vt* הִכְרִיז, הִצְהִיר
proclitic *adj, n* (מִלָּה) נִגְרֶרֶת
procrastinate *vt, vi* הִשְׁהָה מִיּוֹם לְיוֹם; הִיסֵּס
procure *vt, vi* הִשִּׂיג, רָכַשׁ; סִרְסֵר
prod *n* דְּחִיפָה
prod *vt* דָּחַף; דִּרְבֵּן
prodigal *adj, n* בַּזְבְּזָנִי; בַּזְבְּזָן
prodigious *adj* מַפְלִיא; עָצוּם
prodigy *n* פֶּלֶא, נֵס; עִילּוּי
produce *vt* הִצִּיג; יָלַד; הֵפִיק
produce *n* יְבוּל; תּוֹצֶרֶת
product *n* תּוֹצָר, מוּצָר
production *n* תְּפוּקָה, יִיצוּר
profane *vt* טִימֵּא, חִילֵּל
profane *adj* חִילּוֹנִי; טָמֵא; גַּס
profanity *n* חִילּוּל הַקּוֹדֶשׁ; חֵירוּף
profess *vt, vi* טָעַן, הִתְיַימֵּר
profession *n* מִקְצוֹעַ; הַצְהָרָה
professor *n* פְּרוֹפֶסוֹר
proffer *vt, n* הִצִּיעַ; הַצָּעָה
proficient *adj* מְיוּמָּן, מוּמְחֶה
profile *n* צְדוּדִית, פְּרוֹפִיל
profile *vt* הִתְקִין פְּרוֹפִיל
profit *n* רֶוַח
profit *v* הֵפִיק רֶוַח אוֹ תּוֹעֶלֶת
profitable *adj* מֵבִיא רֶוַח
profiteer *n, vi* מַפְקִיעַ שְׁעָרִים
profit taking *n* מִימּוּשׁ רְוָוחִים
profligate *adj, n* מוּפְקָר
pro forma invoice *n* חֶשְׁבּוֹן פְּרוֹפוֹרְמָה
profound *adj* עָמוֹק
profuse *adj* פַּזְרָנִי, שׁוֹפֵעַ
progeny *n* צֶאֱצָאִים
prognosis *n* תַּחֲזִית; אַבְחָנָה
prognostic *n, adj* נִיבּוּי, תַּחֲזִיתִי
program *n* תּוֹכְנִית; תּוֹכְנִיָּה
progress *n* הִתְקַדְּמוּת; קִדְמָה
progress *vi* הִתְקַדֵּם
progressive *adj, n* פְּרוֹגְרֶסִיבִי; מִתְקַדֵּם
prohibit *vt* אָסַר
project *n* תּוֹכְנִית, פְּרוֹיֶקְט
project *vt, vi* תִּכְנֵן; הֵטִיל; הִקְרִין; הִשְׁלִיךְ; בָּלַט

projectile *n, adj* קָלִיעַ, טִיל

projection *n* תִּכְנוּן; הֲטָלָה; הַשְׁלָכָה; בְּלִיטָה

projector *n* מַטוֹל

proletarian *adj, n* פְּרוֹלֵטָרִי

proletariat *n* מַעֲמַד הַפּוֹעֲלִים

proliferate *vi* פָּרָה וְרָבָה

prolific *adj* פּוֹרֶה; שׁוֹפֵעַ

prolix *adj* רַב־מֶלֶל

prologue *n* מָבוֹא, פְּרוֹלוֹג

prolong *vt* הֶאֱרִיךְ, חִידֵּשׁ (תּוֹקֶף)

promenade *n* טִיּוּל, טַיֶּלֶת

promenade *vi, vt* טִיֵּל; הוֹלִיךְ לְרַאֲוָוה

prominent *adj* בּוֹלֵט; יָדוּעַ, נִכְבָּד

promise *n, vt* הַבְטָחָה; הִבְטִיחַ

promising *adj* מַבְטִיחַ

promissory *adj* מִתְחַיֵּב

promissory note *n* שְׁטַר־חוֹב

promontory *n* צוּק־חוֹף

promote *vt* הֶעֱלָה בְּדַרְגָּה; קִידֵּם

promotion *n* עֲלִיָּיה בְּדַרְגָּה; קִידּוּם

prompt *adj* מָהִיר

prompt *vt* הֵנִיעַ; סִייֵּעַ (לְנוֹאֵם); לָחַשׁ (לְשַׂחְקָן)

prompter *n* לַחֲשָׁן

promulgate *vt* פִּרְסֵם

prone *adj* שָׁכוּב עַל כְּרֵסוֹ; מוּעָד ל...

prong *n* שֵׁן

pronoun *n* כִּינּוּי הַשֵּׁם

pronounce *vt* בִּיטֵּא; הִכְרִיז

pronouncement *n* הַכְרָזָה, הַצְהָרָה

pronunciation *n* מִבְטָא, הִיגּוּי

proof *n* הוֹכָחָה, רְאָיָה; הַגָּהָה

proof *adj* בָּדוּק; חָסִין

proofreader *n* מַגִּיהַּ

prop *n* סָמוֹךְ, מִשְׁעָן

prop *vt* תָּמַךְ, סָעַד

propaganda *n* תַּעֲמוּלָה

propagate *vt, vi* הֵפִיץ; הִטִּיף ל...; רִיבָּה

propel *vt* הֵנִיעַ, דָּחַף

propeller *n* מַדְחֵף

propensity *n* נְטִיָּה טִבְעִית

proper *adj* אֲמִיתִּי; מַתְאִים; הָגוּן, כָּשֵׁר

proper noun *n* שֵׁם־עֶצֶם פְּרָטִי

property *n* רְכוּשׁ נְכָסִים; תְּכוּנָה

prophecy *n* נְבוּאָה

prophesy *vt* נִיבָּא

prophet *n* נָבִיא

prophylactic *adj, n* מוֹנֵעַ (מחלה)

propitiate *vt* פִּיֵּס, רִיצָּה

propitious *adj* מְעוֹדֵד, מְסַיֵּעַ

propjet *n* סִילוֹן מַדְחֵף

proportion *n* יַחַס; פְּרוֹפּוֹרְצְיָה

proportionate *adj* פְּרוֹפּוֹרְצְיוֹנִי, יַחֲסִי

proposal *n* הַצָּעָה, הַצָּעַת נִישּׂוּאִים

propose *vt, vi* הִצִּיעַ, הִצִּיעַ נִישּׂוּאִין

proposition *n* הַצָּעָה; הַנָּחָה

propound *vt* הִצִּיעַ, הֶעֱלָה

proprietor *n* בְּעָלִים

proprietress *n* בַּעֲלַת נֶכֶס

propriety *n* הֲגִינוּת, יָאוּת

prosaic *adj* פְּרוֹזָאִי

proscribe *vt* נִידָּה; גֵּירֵשׁ

prose *n* פְּרוֹזָה

prosecute *vt, vi* תָּבַע לְדִין; הִתְמִיד בּ...

prosecutor *n* תּוֹבֵעַ, קָטֵגוֹר

proselyte *n* גֵר, גֵר־צֶדֶק
prosody *n* תּוֹרַת הַמִּשְׁקָל, פרוֹסוֹדִיָה
prospcct *n* מַרְאֶה נוֹף נִרְחָב; סִיכּוּי
prospect *vt, vi* בָּדַק בְּחִיפּוּשׂ (זהב וכד׳)
prosper *vi, vt* שִׂגְשֵׂג; גָרַם לְהַצלָחָה
prosperity *n* שֶׁפַע, שִׂגשׂוּג
prosperous *adj* מְשַׂגְשֵׂג
prostitute *vt* מָכַר (עַצמוֹ; כִּשרוֹנוֹ)
prostitute *n* זוֹנָה
prostrate *adj* מִשְׁתַּטֵחַ; מוּכנָע
prostrate *vt* הִפִּיל אַרְצָה; הִשְׁתַּטֵחַ
prostration *n* אֲפִיסַת כּוֹחוֹת
protagonist *n* מְצַדֵד
protect *vt* הֵגֵן, שָׁמַר עַל
protection *n* הֲגַנָה, שְׁמִירָה, חָסוּת
protégé(e) *n* בֶּן־חָסוּת
protein *n* חֶלבּוֹן, פּרוֹטֵאִין
pro tem(pore) *adj* זְמַנִי
protest *vt, vi* מָחָה; טָעַן בְּתוֹקֶף
protest *n* מְחָאָה
protestant *n* פּרוֹטֶסטַנט
protocol *n* פּרוֹטוֹקוֹל
protoplasm *n* פּרוֹטוֹפּלַסמָה
prototype *n* אַבטִיפּוּס
protozoon *adj, n* חַד־תָּאִי; חַיָה קְדוּמָה
protract *vt* הֶאֱרִיךְ
protrude *vi* בָּלַט, הִזדַקֵר
proud *adj* גֵא, גֵאֶה; שַׁחֲצָן
prove *vt, vi* הוֹכִיחַ; הוּכַח
proverb *n* מָשָׁל, פִּתגָם
provide *vt, vi* סִיפֵּק; קָבַע; דָאַג ל...
provided *conj* בִּתנַאי
providence *n* דְאָגָה מֵרֹאשׁ; הַהַשׁגָחָה הָעֶליוֹנָה
providential *adj* מֵאֵת הַהַשׁגָחָה הָעֶליוֹנָה
providing *conj* אִם
province *n* מָחוֹז; תְּחוּם
provision *n* הַספָּקָה; אַספָּקָה; אֶמצָעִי; תְּנַאי
proviso *n* תְּנַאי
provocation *n* הִתגָרוּת; פּרוֹבוֹקַציָה
provocative *adj* מְגָרֶה; מִתגָרֶה
provoke *vt* הִתגָרָה בּ...; גֵירָה
provoking *adj* מְקַנטֵר; מְגָרֶה
prow *n* חַרטוֹם
prowess *n* אוֹמֶץ־לֵב, גְבוּרָה
prowl *vi* שִׁיחֵר לְטֶרֶף
prowler *n* מְשׁוֹטֵט
proximity *n* קִרבָה
proxy *n* בָּא־כּוֹחַ
prude *n* מִצטַנֵעַ, מִתחַסֵד
prudence *n* תְּבוּנָה; זְהִירוּת
prudent *adj* נָבוֹן; זָהִיר
prudery *n* הִצטַנְעוּת
prudish *adj* מִצטַנֵעַ
prune *n* שְׁזִיף מְיוּבָּשׁ
prune *vt* גָזַם, זָמַר
pry *vt* חִיטֵט; הֵצִיץ (ללא רשות)
P.S. *abbr* Postscript
psalm *n* מִזמוֹר, מִזמוֹר תְּהִילִים
Psalms *n pl* תְּהִילִים
pseudo *adj* מְזוּיָף, מְדוּמֶה
pseudonym *n* שֵׁם בָּדוּי, פְּסֶבדוֹנִים
psyche *n* פְּסִיכֶה; נְשָׁמָה
psychiatrist *n* פְּסִיכִיאָטֶר
psychiatry *n* פְּסִיכִיאַטרִיָה
psychic *adj, n* נַפשִׁי, פְּסִיכִי
psychoanalysis *n* פְּסִיכוֹאֲנָלִיזָה

psychoanalyze *vt* טִפֵּל בְּאוֹרַח פְּסִיכוֹאֲנָלִיטִי

psychological *adj* פְּסִיכוֹלוֹגִי

psychologist *n* פְּסִיכוֹלוֹג

psychology *n* תּוֹרַת־הַנֶּפֶשׁ, פְּסִיכוֹלוֹגְיָה

psychopath *n* חוֹלֵה־נֶפֶשׁ

psychosis *n* פְּסִיכוֹזָה, טֵירוּף

psychotic *adj* סוֹבֵל מִפְּסִיכוֹזָה

pt. *abbr* part, pint, point

pub *n* מִסְבָּאָה

puberty *n* בַּגְרוּת

public *adj* פּוּמְבִּי, צִיבּוּרִי

public *n* צִיבּוּר, קָהָל

publication *n* הוֹצָאָה לָאוֹר, פִּרְסוּם

public conveyance *n* רֶכֶב צִיבּוּרִי

publicity *n* פִּרְסוֹמֶת

publicize *vt* נָתַן פִּרְסוּם ל...

public speaking *n* נְאִימָה בַּצִּיבּוּר

public toilet *n* בֵּית־כִּיסֵּא צִיבּוּרִי

publish *vt* פִּרְסֵם; הוֹצִיא לָאוֹר

publisher *n* מוֹצִיא לָאוֹר, מו״ל

publishing house *n* הוֹצָאָה לָאוֹר, מו״ל

pucker *vt, vi* קִימֵּט; הִתְקַמֵּט

pudding *n* חֲבִיצָה

puddle *n* שְׁלוּלִית

pudgy *adj* גּוּץ

puerile *adj* יַלְדוּתִי, טִיפְּשִׁי

puerility *n* יַלְדוּתִיּוּת, טִיפְּשׁוּת

Puerto Rican *n, adj* פּוֹרְטוֹרִיקָנִי

puff *n* נְשִׁימָה; נְשִׁיפָה (שֶׁל עָשָׁן); כָּרִית; שֶׁבַח מוּגְזָם

puff *vi, vt* נָשַׁם; נָשַׁף; הִתְנַפֵּחַ; נִיפֵּחַ

pugilism *n* אֶגְרוֹפָנוּת

pugilist *n* אֶגְרוֹפָן

pug-nosed *adj* בַּעַל אַף קָצָר וְרָחָב

puke *n, vt, vi* (המונית) קִיא; הֵקִיא

pull *vi, vt* מָשַׁךְ; מָתַח

pull *n* מְשִׁיכָה; (המונית) הַשְׁפָּעָה, פְּרוֹטֶקְצְיָה

pullet *n* פַּרְגִּית

pulley *n* גַּלְגֶּלֶת

pulp *n* חֵלֶק בְּשָׂרִי; צִיפָּה (שֶׁל פְּרִי); כְּתוֹשֶׁת

pulp *vt, vi* מִייֵּךְ; נִתְמַייֵּךְ

pulpit *n* דּוּכָן; בִּימָה

pulsate *vi* הָלַם, פָּעַם

pulsation *n* פְּעִימָה

pulse *n* דּוֹפֶק; קִטְנִיּוֹת

pulse *vi* פָּעַם

pulverize *vt* שָׁחַק, כִּיתֵּת; הָרַס

pumice (stone) *n* אֶבֶן סְפוֹג

pummel *vt* הִכָּה בְּאֶגְרוֹף

pump *n* מַשְׁאֵבָה; נַעַל־סִירָה

pump *vt, vi* שָׁאַב; נִיפֵּחַ; ׳סָחַט׳ (ידיעות)

pumpkin *n* דְּלַעַת

pump-priming *n* סִבְסוּד

pun *n* מִשְׂחַק מִלִּים

pun *vi* שִׂיחֵק בְּמִלִּים

punch *n* מְכוֹנַת־נִיקּוּב, מַקָּב; פּוּנְץ׳ (משקה); מַכַּת אֶגְרוֹף

punch *vt* הִכָּה בְּאֶגְרוֹף; נִיקֵּב

punch-bag *n* אַגַּס אִגְרוּף

punch clock *n* שְׁעוֹן רִישּׁוּם נוֹכְחוּת

punch-drunk *adj* הָלוּם כַּהֲלָכָה

punched tape *n* סֶרֶט נָקוּב

punctilious *adj* דַּקְדְּקָנִי

punctual *adj* דַּייְקָן, דַּקְדְּקָן

punctuate *vt, vi* פִּיסֵק; שִׁיסֵּעַ
punctuation *n* פִּיסּוּק; נִיקּוּד
punctuation mark *n* סִימַן פִּיסּוּק
puncture *n* נֶקֶר (בצמיג), תֶּקֶר
puncture *vt* נִיקֵּב
puncture-proof *adj* חֲסִין נֶקֶר
pundit *n* פַּנְדִּיט (חכם הודי); מְלוּמָּד
pungent *adj* חָרִיף; צוֹרֵב
punish *vt* עָנַשׁ, הֶעֱנִישׁ; הִכָּה קָשׁוֹת
punishable *adj* בַּר־עוֹנֶשׁ
punishment *n* עוֹנֶשׁ
punk *n* עֵץ רָקוּב; נוֹכֵל; פָּרוּעַ
punster *n* מְשַׂחֵק בְּמִלִּים
puny *adj* קְטַנְטַן; חֲסַר־עֵרֶךְ
pup *n* כְּלַבְלָב
pupil *n* אִישׁוֹן; תַּלְמִיד
puppet *n* בּוּבָּה
puppet-show *n* מַחֲזֵה־בּוּבּוֹת
puppy love *n* אַהֲבָה רִאשׁוֹנָה
purchase *vt, n* קָנָה; קְנִיָּיה
purchasing power *n* כּוֹחַ קְנִיָּיה
pure *adj* טָהוֹר
purgative *adj, n* מְטַהֵר; סַם שִׁלְשׁוּל
purge *vt, vi* טִיהֵר; שִׁלְשֵׁל
purge *n* טִיהוּר
purify *vt* טִיהֵר, זִיכֵּךְ
Puritan *n, adj* פּוּרִיטָן; פּוּרִיטָנִי
purity *n* טוֹהַר
purloin *vt* גָּנַב
purple *n, adj* אַרְגָּמָן
purport *vt* הִתְכַּוֵּון; הִתְיַימֵּר
purport *n* כַּוָּונָה, מַשְׁמָעוּת
purpose *n* תַּכְלִית, כַּוָּונָה
purposely *adj* בְּכַוָּונָה
purr *n* פּוּרֵר (קוֹל חתול שְׂבַע־נחת)
purse *n* אַרְנָק
purse *vt* כִּיוֵּוץ; הִתְכַּוֵּוץ
purser *n* גִּזְבָּר
purse-strings *n pl* שְׂרוֹכֵי הַצְּרוֹר
pursue *vt* רָדַף; הִתְמִיד
pursuer *n* רוֹדֵף
pursuit *n* רְדִיפָה; מִשְׁלַח־יָד
purvey *vt* סִיפֵּק, צִיֵּיד
pus *n* מוּגְלָה
push *vt, vi* דָּחַף; דָּחַק; נִדְחַף
push *n* דְּחִיפָה; מַאֲמָץ; יוֹזְמָה
push-button *n* לְחִיץ
push-button control *n* הַפְעָלָה בִּלְחִיצַת כַּפְתּוֹר
pushcart *n* עֶגְלַת־יָד
pushing *adj* דּוֹחֵף, תּוֹקְפָנִי
pusillanimous *adj* פַּחְדָן
puss *n* חָתוּל, חֲתוּלָה
pussy *n* חֲתוּלָה
pussy-willow *n* עֲרָבָה
pustule *n* אֲבַעְבּוּעָה מוּגְלָתִית
put *vt* שָׂם, הִנִּיחַ, נָתַן
put-out *adj* מְרוּגָּז, מְעוּצְבָּן
putrid *adj* רָקוּב, נִרְקָב
putsch *n* נִיסָּיוֹן הֲפִיכָה
putter *n* מַחְבֵּט גּוֹלְף
putty *n* מֶרֶק
putty *vt* דִּיבֵּק
put-up *adj* מְתוּחְבָּל
puzzle *n* חִידָה; חִידַת הַרְכָּבָה
puzzle *vt, vi* הִתְמִיהַּ; הִתְלַבֵּט
puzzler *n* מַתְמִיהַּ; בְּעָיָה קָשָׁה
P.W. *abbr* Prisoner of War
pygmy, pigmy *n* נַנָּס
pylon *n* עַמּוּד

pyramid *n* פִּירָמִידָה
pyramid *vi, vt* בָּנָה בְּצוּרַת פִּירָמִידָה; נִיהֵל בְּצוּרָה סַפְסָרִית
pyre *n* מְדוּרָה
Pyrenees *n pl* הָרֵי הַפִּירֵנֵאִים
pyrites *n* אֶבֶן הָאֵשׁ, אֲבַנּוּר בַּרְזֶל גּוֹפְרִיתִי
pyrotechnics *n pl* פִּירוֹטֶכְנִיקָה
python *n* פֶּתֶן
pyx *n* כְּלִי לַלֶּחֶם הַקָּדוֹשׁ

Q

Q, q קיו (האות השבע־עשׂרה באלפבית)
Q-boat *n* אוֹנִיַּת מִסְתּוֹרִין
Q-fever *n* קַדַּחַת בַּת יוֹמָהּ
Q.M. *abbr* Quartermaster
qr. *abbr* quarter, quire
qt. *abbr* quantity, quart
quack *vi, n* קִרְקֵר; קִרְקוּר
quack *n* מִתְחַזֶּה כְּרוֹפֵא
quackery *n* נוֹכְלוּת, רַמָּאוּת
quadrangle *n* חָצֵר מְרוּבַּעַת
quadrant *n* רֶבַע עִיגּוּל
quadroon *n* קוֹוַדְרוּן, שָׁחוֹר לִרְבִיעַ
quadruped *adj, n* מְהַלֵּךְ־אַרְבַּע
quadruple *vt, vi* רִיבֵּעַ; כָּפַל בְּאַרְבַּע
quadruplet *n* רְבִיעִיָּה
quaff *vt, vi* גָּמַע, לָגַם
quail *vi* פָּחַד, נָמַס לִבּוֹ
quail *n* שְׂלָיו
quaint *adj* מוּזָר, שׁוֹנֶה
quake *vi* רָעַד
quake *n* חַלְחָלָה; רְעִידַת־אֲדָמָה
Quaker *n* קְווֵיקֶר
qualify *vt, vi* הִסְמִיךְ; הִכְשִׁיר אֶת עַצְמוֹ; מִיתֵּן, רִיכֵּךְ
quality *n* אֵיכוּת, טִיב
qualm *n* הִיסּוּס; מוּסַר־כְּלָיוֹת
quandary *n* מְבוּכָה
quantity *n* כַּמּוּת
quantum *n* קוֹוַנְטוּם
quarantine *n* הֶסְגֵּר
quarantine *vt* שָׂם בְּהֶסְגֵּר
quarrel *n* רִיב, תִּגְרָה
quarrel *vi* רָב, הִתְקוֹטֵט
quarrelsome *adj* אִישׁ רִיב וּמָדוֹן
quarry *n* מַחְצָבָה; נִרְדָּף
quarry *vt* חָצַב
quart *n* רְבִיעִית שֶׁל גַּלּוֹן
quarter *n* רֶבַע; רֶבַע דּוֹלָר; רוֹבַע
quarter *vt* חִילֵּק לְאַרְבָּעָה; אִכְסֵן
quarter-deck *n* סִיפּוּן אַחְרָה
quarterly *adj, adv, n* שֶׁל רֶבַע שָׁנָה; רִבְעוֹן
quartermaster *n* אַפְסְנַאי; הַגַּאי
quartet *n* רְבִיעִיָּה
quartz *n* בְּדוֹלַח־הָרִים

quash *vt*	דִיכֵּא; בִּיטֵל
quaver *vi*	רָעַד
quaver *n*	רַעַד, סִלסוּל
quay *n*	רָצִיף, מֵזַח
queen *n*	מַלכָּה
queen-dowager *n*	אַלְמְנַת הַמֶּלֶךְ
queenly *adv, adj*	כְּמַלכָּה
queen olive *n*	מַלכַּת הַזֵּיתִים
queen-post *n*	אוֹמְנָה
queer *adj*	מוּזָר, מְשׁוּנֶּה; (המונית) הוֹמוֹסֶקסוּאָלִי
queer *vt*	קִלקֵל; שִׁיבֵּשׁ
quell *vt*	הִכנִיעַ; הִשׁקִיט
quench *vt*	כִּיבָּה; רִיוָּוה
query *n*	שְׁאֵלָה; סִימַן־שְׁאֵלָה
query *vt*	שָׁאַל, הִקשָׁה
quest *n*	חִיפּוּשׂ, בִּיקּוּשׁ
question *n*	שְׁאֵלָה
question *vt*	שָׁאַל, חָקַר
questionable *adj*	מְסוּפָּק
question-mark *n*	סִימַן־שְׁאֵלָה
questionnaire *n*	שְׁאֵלוֹן
queue *n, vi*	תּוֹר; עָמַד בַּתּוֹר
quibble *vi*	הִתפַּלפֵּל
quick *adj*	מָהִיר, זָרִיז
quicken *vt, vi*	מִיהֵר, זֵירֵז; הִזדָרֵז
quicklime *n*	סִיד חַי
quickly *adv*	מַהֵר
quicksand *n*	חוֹל טוֹבְעָנִי
quicksilver *n*	כַּספִּית
quiet *adj, n*	שָׁקֵט; שֶׁקֶט
quiet *vt, vi*	הִשׁקִיט, הִרגִיעַ; שָׁקַט, נִרגַע
quill *n*	נוֹצָה, קוּלמוּס
quilt *n*	כֶּסֶת
quince *n*	חַבּוּשׁ
quinine *n*	כִּינִין
quinsy *n*	דַלֶּקֶת שְׁקֵדִים
quintessence *n*	תַּמצִית, עִיקָר
quintet(te) *n*	קְווִינטֶט, חֲמָשָׁה
quintuplet *n*	חֲמִישִׁיָּה
quip *n*	הֶעָרָה שְׁנוּנָה
quip *vt, vi*	הֵעִיר בִּשְׁנִינוּת
quire *n*	קווִירָה; קוּנטרֵס דַפִּים
quirk *n*	תְּכוּנָה מוּזָרָה
quit *vt, vi*	נָטַשׁ; עָזַב
quit *adj*	פָּטוּר, מְשׁוּחרָר
quite *adv*	לְגַמרֵי; לְמַדַּי
quitter *n*	מִתייָאֵשׁ בְּקַלּוּת
quiver *vi*	רָטַט
quiver *n*	רֶטֶט; אַשׁפָּה (לחיצים)
quixotic *adj*	דוֹן־קִישׁוֹטִי
quiz *n*	מִבחָן; חִידוֹן
quizzical *adj*	מוּזָר, מְשׁוּנֶּה; הִיתּוּלִי
quoit *n*	דִיסקוּס, טַבַּעַת
quondam *adj*	לְשֶׁעָבַר
quorum *n*	מִניָין
quota *n*	מִכסָה
quotation *n*	צִיטָטָה; מְחִיר נָקוּב
quotation marks *n pl*	מֵרְכָאוֹת
quote *vt, vi*	צִיטֵּט; נָקַב (מחיר)
quotient *n*	מָנָה
q.v. *abbr Latin* quod vide	רְאֵה, ר׳

R

R, r אַר (האות השמונה־עשׂרה באלפבית)

r. *abbr* railroad, railway, road, rod, ruble, rupee

R. *abbr* Regina (Latin, Queen), Republican, response, Rex (Latin, King), River, Royal

rabbet *n* דֶרֶג

rabbet *vt, vi* שִׁילֵב, חִיבֵּר

rabbi *n* רַבִּי, רַב

Rabbinate *n* רַבָּנוּת

rabbinic(al) *adj* רַבָּנִי

rabbit *n* אַרְנָב, אַרְנֶבֶת

rabble *n* אֲסַפְסוּף

rabble rouser *n* מַסִּית לְמהוּמוֹת

rabies *n* כַּלֶּבֶת

raccoon *n* דוֹב רוֹחֵץ

race *n* מֵירוֹץ; גֶזַע; זֶרֶם מַיִם מָהִיר

race *vt, vi* הִשְׁתַּתֵּף בְּמֵירוֹץ; רָץ בִּמְהִירוּת

racehorse *n* סוּס מֵירוֹץ

race riots *n pl* הִתְפָּרְעוּיוֹת גִזְעָנִיּוֹת

race-track *n* מַסלוּל מֵירוֹץ

racial *adj* גִזְעִי, גִזְעָנִי

rack *n* כּוֹנָן; סוֹרֶג; מְצוּקָה

rack *vt* עִינָּה, יִיסֵּר

racket *n* רַעַשׁ; סַחטָנוּת; הוֹנָאָה; מַחבֵּט טֶנִיס

racketeer *n* מִתְפַּרְנֵס מִסַּחטָנוּת

racy *adj* חַי, מָלֵא חַיִּים; עֲסִיסִי

radar *n* מַכָּ״ם, רָדָר

radiant *adj* זוֹהֵר; קוֹרֵן

radiate *vi, vt* קָרַן (אוֹר וכד׳)

radiate *adj* קוֹרֵן; יוֹצֵא מִן הַמֶּרְכָּז

radiation *n* קְרִינָה

radiation sickness *n* מַחֲלַת קְרִינָה, קָרֶנֶת

radiator *n* מַקְרֵן

radiator cap *n* מְגוּפַת הַמַּקְרֵן

radical *adj, n* רָדִיקָלִי, קִיצוֹנִי

radio *n* רַדיוֹ; אַלחוּט

radio *vt, vi* שִׁידֵּר

radioactive *adj* רַדיוֹאַקְטִיבִי

radio announcer *n* קַרְיַין רַדיוֹ

radio broadcasting *n* שִׁידּוּרֵי רַדיוֹ

radio frequency *n* תֶּדֶר רַדיוֹ

radio listener *n* מַאֲזִין רַדיוֹ

radiology *n* מַדַּע הַקְּרִינָה, רַדיוֹלוֹגְיָה

radio network *n* רֶשֶׁת רַדיוֹ

radio newscaster *n* עוֹרֵךְ חֲדָשׁוֹת רַדיוֹ

radio receiver *n* מַקְלֵט רַדיוֹ

radio set *n* מַכְשִׁיר רַדיוֹ

radish *n* צְנוֹן, צְנוֹנִית

radium *n* רַדיוּם

radius *n* רַדיוּס, מָחוֹג

raffle *n, vt* הַגְרָלָה; הִגְרִיל

raft *n* רַפסוֹדָה, דוֹבְרָה

rafter *n* קוֹרָה

rag *n* סְמַרטוּט; סְחָבָה

ragamuffin *n* לְבוּשׁ קְרָעִים

rage *n* זַעַם, חֵימָה; בּוּלמוּס

ragged *adj* לֹא מְהוּקצָע; שָׁחוּק

raid *n, vt, vi* פְּשִׁיטָה; עָרַךְ פְּשִׁיטָה

rail *n* מַעֲקֶה; מְסִילַת־בַּרְזֶל
rail *vi* פָּרַץ בְּזַעַם
rail fence *n* מַעֲקֶה פַּסֵּי־בַּרְזֶל
railhead *n* סוֹף הַקַּו (של רכבת)
railing *n* פַּסִּים; מַעֲקֶה
railroad *n* מְסִילַת־בַּרְזֶל
railroad *vt, vi* הֶעֱבִיר בִּמְסִלַּת־בַּרְזֶל; אִילֵּץ; כָּלָא לְלֹא צֶדֶק
railway *n* מְסִילַת־בַּרְזֶל
raiment *n* לְבוּשׁ
rain *n* גֶּשֶׁם, מָטָר
rain *vi, vt* יָרַד גֶּשֶׁם; הִמְטִיר
rainbow *n* קֶשֶׁת (בענן)
raincoat *n* מְעִיל־גֶּשֶׁם
rainfall *n* כַּמּוּת גֶּשֶׁם
raise *vt, vi* הֵרִים, הֶעֱלָה; גִּידֵּל
raise *n* הַעֲלָאָה
raisin *n* צִימּוּק
rake *n* מַגְרֵפָה; רוֹדֵף תַּעֲנוּגוֹת
rake *vt* גָּרַף; עָרַם
rake-off *n* מִיקַּח חֵלֶק
rakish *adj* מִתְהַדֵּר, עַלִּיז; הוֹלֵל
rally *n* כִּינּוּס, כֶּנֶס; הִתְאוֹשְׁשׁוּת
rally *vt, vi* כִּינֵּס, קִיבֵּץ; לִיכֵּד; הִתְלַכֵּד; הִתְאוֹשֵׁשׁ
ram *n* אַיִל; אֵיל־בַּרְזֶל
ram *vt* דָּחַף בְּחוֹזְקָה
ramble *vi* שׁוֹטֵט, טִיֵּיל; דִּיבֵּר (או כתב) שֶׁלֹּא לָעִנְיָין
ramble *n* טִיּוּל, שׁוֹטְטוּת
ramify *vt, vi* סֵיעֵף; הִסְתָּעֵף
ramp *n* מַעֲבָר מְשׁוּפָּע
rampage *n* הִשְׁתּוֹלְלוּת
rampart *n* סוֹלְלָה, דָּיֵק
ramrod *n* שַׁרְבִּיט; חוֹטֶר

ranch *n* חַוָּה (לבקר)
rancid *adj* מַבְאִישׁ
rancor *n* שִׂנְאָה
random *adj* מִקְרִי, לְלֹא מַטָּרָה
range *vt, vi* עָרַךְ, סִידֵּר; נֶעֱמַד לְצַד; טִיוַּח; הִתְיַיצֵּב; הִשְׂתָּרַע
range *n* רֶכֶס; שׁוּרָה; טְוָח; תְּחוּם; מִבְחָר, מִגְוָן
range-finder *n* מַד־טְוָח
rank *n* דַּרְגָּה, מַעֲמָד; שׁוּרָה חֲזִיתִית
rank *vt, vi* עָרַךְ בְּשׁוּרָה; הָיָה בַּעַל דַּרְגָּה
rank *adj* פּוֹרֶה (מדי); פָּרוּעַ
rank and file *n* אַנְשֵׁי הַשּׁוּרָה
rankle *vi* כִּרְסֵם, הִטְרִיד
ransack *vt* חִיפֵּשׂ; בָּזַז
ransom *n* כּוֹפֶר נֶפֶשׁ
ransom *vt* נָתַן כּוֹפֶר; פָּדָה
rant *vi* הִתְרַבְרֵב
rap *vt* הִכָּה, טָפַח
rap *n* טְפִיחָה; קוֹל דְּפִיקָה
rapacious *adj* חַמְסָנִי; עוֹשֵׁק; טוֹרֵף
rape *vt, n* אָנַס; אוֹנֶס
rapid *adj* מָהִיר
rapid *n* אֶשֶׁד נָהָר
rapid-fire *adj* מְהִיר יְרִיָּיה
rapier *n* סַיִף
rapt *adj* שָׁקוּעַ עָמוֹק; מְרוּתָּק
rapture *n* אֶקְסְטָזָה, שִׁלְהוּב
rare *adj* נָדִיר; קָלוּשׁ
rarefy *vt* הִקְלִישׁ, דִּבְלֵל
rarely *adv* לְעִיתִּים רְחוֹקוֹת
rascal *n* נוֹכֵל, נָבָל
rash *n* תִּפְרַחַת (בעור)
rash *adj* פּוֹחֵז; פָּזִיז

rasp *vt, vi* שִׁיֵּף, פָּצַר; עִצְבֵּן; צָרַם (את האוזן)

rasp *n* מָשׁוֹף; קַרְצוֹף

raspberry *n* פֶּטֶל

rat *n* חוּלְדָּה

rat *vi* לָכַד עַכְבָּרִים; (המונית) עָרַק, בָּגַד

ratchet, ratch *n* מַחְגֵּר שִׁנַּיִים

rate *n* שִׁיעוּר, קֶצֶב; אַרְנוֹנָה; שַׁעַר (מטבע)

rate *vt, vi* הֶעֱרִיךְ

rate of exchange *n* שַׁעַר חֲלִיפִין

rather *adv* מוּטָב שֶׁ...; אֶל־נָכוֹן; לְמַדַּי

rather! *interj* בְּהֶחְלֵט

ratify *vt* קִיֵּם, אִשֵּׁר

ratio *n* יַחַס

ration *n* מָנָה קְצוּבָה

ration *vt* הִנְהִיג צֶנַע, קִיצֵּב

ration book *n* פִּנְקַס מָזוֹן

rational *adj* שִׂכְלְתָנִי, רַצְיוֹנָלִי

rattle *vi, vt* נָקַשׁ; טִרְטֵר

rattle *n* נְקִישָׁה, טִרְטוּר; קִשְׁקוּשׁ; רַעֲשָׁן

rattlesnake *n* נְחַשׁ נְקִישָׁה

raucous *adj* צָרוּד, צוֹרֵם

ravage *n* הֶרֶס, חוּרְבָּן

ravage *vt* הָרַס, הֶחֱרִיב

rave *vi* דִּיבֵּר בְּטֵירוּף; הִשְׁתּוֹלֵל

raven *n* עוֹרֵב שָׁחוֹר

ravenous *adj* רָעֵב מְאוֹד

ravine *n* גֵּיא הָרִים

ravish *vt* מִילֵּא הִתְפַּעֲלוּת; אָנַס

ravishing *adj* מְעוֹרֵר הִתְפַּעֲלוּת, מַקְסִים

raw *adj* גּוֹלְמִי; גַּס; חַי (פצע, מזון); פְּרִימִיטִיבִי

rawhide *n* שֶׁלַח

raw materials *n pl* חוֹמְרֵי גֶּלֶם

ray *n* קֶרֶן; תְּרִיסָנִית (דג)

rayon *n* זְהוֹרִית

raze *vt* הָרַס (עד היסוד)

razor *n* תַּעַר, סַכִּין־גִּילּוּחַ

razor-blade *n* סַכִּין־גִּילּוּחַ

razor-strop *n* רְצוּעַת הַשְׁחָזָה

R.C. *abbr* Red Cross, Reserve Corps, Roman Catholic

reach *vt, vi* הִגִּיעַ, הִשִּׂיג; הִשְׂתָּרֵעַ

reach *n* הֶישֵּׂג־יָד; הַשָּׂגָה

react *vi* הֵגִיב; הֵשִׁיב

reaction *n* תְּגוּבָה; רֵיאַקְצְיָה

reactionary *n, adj* רֵיאַקְצְיוֹנֶר, נִלְחָם בְּקִדְמָה

read *vt, vi* קָרָא; הִקְרִיא; הָיָה כָּתוּב

reader *n* קוֹרֵא; בַּעַל קְרִיאָה (בבית־כנסת); לֶקְטוֹר; מִקְרָאָה (ספר)

readily *adv* בְּרָצוֹן

reading *n* גִּרְסָה; קַרְיָינוּת; הַקְרָאָה

reading-desk *n* שׁוּלְחַן־קְרִיאָה

reading-glasses *n pl* מִשְׁקְפֵי־קְרִיאָה

ready *adj, adv* מוּכָן; מְיוּמָּן

ready *vt* הֵכִין

ready-made suit *n* חֲלִיפָה מוּכָנָה

reagent *n* מַפְעִיל, מְעוֹרֵר

real *adj* מַמָּשִׁי, אֲמִיתִּי, רֵיאָלִי

real estate *n* מְקַרְקְעִים

realism *n* מְצִיאוּתִיּוּת, רֵיאָלִיזם

realist *n* רֵיאָלִיסְט

reality *n* מְצִיאוּת, מַמָּשׁוּת

realize *vt* הִגְשִׁים; הִמְחִישׁ; מִימֵּשׁ; נוֹכַח

realm *n* מַמְלָכָה; תְּחוּם
realtor *n* סוֹכֵן מְקַרְקְעִים
realty *n* מְקַרְקְעִים
ream *n* חֲבִילַת נְיָיר
reap *vt, vi* קָצַר, אָסַף
reaper *n* קוֹצֵר; מַקְצֵרָה
reappear *vi* הוֹפִיעַ מֵחָדָשׁ
reapportionment *n* חֲלוּקָה מֵחָדָשׁ
rear *n, adj* עוֹרֶף, אָחוֹר
rear *vt, vi* גִידֵּל; הֵרִים; הִתְרוֹמֵם
rear-admiral *n* סְגַן־אַדְמִירָל
rear drive *n* הֶינֵעַ אֲחוֹרָנִי
rearmament *n* חִימּוּשׁ מֵחָדָשׁ
rear-view mirror *n* מַרְאַת תַּשְׁקִיף
reason *n* כּוֹחַ מַחֲשָׁבָה, שֵׂכֶל; סִיבָּה; הִיגָּיוֹן
reason *vi* חָשַׁב בְּהִיגָּיוֹן; שָׁקַל; נִימֵּק
reasonable *adj* הֶגְיוֹנִי, סָבִיר
reassert *vt* חָזַר וְהִצְהִיר
reassessment *n* הַעֲרָכָה מֵחָדָשׁ
reassure *vt* פִּיזֵּר חֲשָׁשׁוֹת
reawaken *vi, vt* הִתְעוֹרֵר מֵחָדָשׁ; הֵעִיר מֵחָדָשׁ
rebate *n* הֲנָחָה; הֲטָבָה
rebel *n, adj* מוֹרֵד
rebel *vt* מָרַד, הִתְקוֹמֵם
rebellion *n* מֶרֶד, מְרִידָה
rebellious *adj* מַרְדָנִי
rebirth *n* תְּחִיָּיה
rebound *n* רְתִיעָה, רֶתַע
rebound *vi* נִרְתַּע, קָפַץ בַּחֲזָרָה
rebroadcast *vt, vi* הֶעֱבִיר שִׁידּוּר, שִׁידֵּר שׁוּב
rebuff *n* הֲשָׁבָה רֵיקָם
rebuff *vt* הֵשִׁיב פָּנִים רֵיקָם
rebuke *vt* יִיסֵּר, הוֹכִיחַ
rebuke *n* תּוֹכָחָה
rebut *vt* סָתַר
rebuttal *n* סְתִירָה
recall *vt* קָרָא בַּחֲזָרָה; בִּיטֵּל
recall *n* זְכִירָה; בִּיטּוּל
recant *vt, vi* חָזַר בּוֹ
recap *vt* גִּיפֵּר
recapitulation *n* חֲזָרָה בְּרָאשֵׁי פְּרָקִים
recast *vt* יָצַק מֵחָדָשׁ; עִיצֵּב מֵחָדָשׁ
recast *n* יְצִיקָה מֵחָדָשׁ; עִיצּוּב מֵחָדָשׁ
recd. *abbr* received
recede *vi* נָסוֹג; נִרְתַּע
receipt *n* קַבָּלָה
receipt *vt, vi* אִישֵּׁר קַבָּלָה
receive *vt* קִיבֵּל; קִיבֵּל פְּנֵי
receiver *n* מְקַבֵּל; אוֹזְנִית (טלפון); מַקְלֵט (רדיו)
receiving set *n* מַקְלֵט רַדְיוֹ
recent *adj* שֶׁמִּקָּרוֹב
recently *adv* לָאַחֲרוֹנָה
receptacle *n* בֵּית־קִיבּוּל
reception *n* קַבָּלָה; קַבָּלַת־פָּנִים
receptionist *n* פְּקִיד־קַבָּלָה
receptive *adj* מְהִיר־תְּפִיסָה
receptiveness *n* כּוֹשֶׁר קְלִיטָה
recess *n* הַפְסָקָה; גוּמְחָה
recess *vt, vi* כָּנַס (קיר); הוּפְסְקָה (אסיפה וכד׳)
recession *n* יְרִידָה זְמַנִּית
recipe *n* מַתְכּוֹן, מִרְשָׁם
reciprocal *adj* הֲדָדִי; שֶׁל גּוֹמְלִין
reciprocity *n* הֲדָדִיּוּת
recital *n* (בְּמוּסִיקָה) רֵסִיטָל; דִּקְלוּם

recite *vt* דִקְלֵם
reckless *adj* פּוֹחֵז
recklessly *adv* בְּפַחֲזָנוּת
reckon *vt* חִישֵׁב; סָבַר
reclaim *vt* הֶחֱזִיר לְמוּטָב; טִייֵב
recline *vt, vi* נִשְׁעַן לְאָחוֹר; הֵסֵב
recluse *n, adj* פָּרוּשׁ
recognize *vt* הִכִּיר, הִבְחִין
recoil *vi, n* נִרְתַּע, נָסוֹג; רְתִיעָה, רֶתַע
recollect *vt, vi* נִזְכַּר, זָכַר
recommend *vt* הִמְלִיץ עַל
recompense *n* גְמוּל, פִּיצוּי
reconcile *vt* הִשְׁלִים; יִישֵׁב
reconnaissance *n* סִיוּר
reconnoiter *vt, vi* סִייֵר; סָקַר
reconsider *vt* עִייֵן מֵחָדָשׁ
reconstruct *vt* שִׁחְזֵר; קוֹמֵם
reconversion *n* הַחֲזָרָה לְקַדְמוּתוֹ
record *vt, vi* רָשַׁם; הִקְלִיט
record *n* רְשִׁימָה; פְּרוֹטוֹקוֹל; תַּקְלִיט; שִׂיא
record changer *n* מַחֲלִיף תַּקְלִיטִים
record holder *n* שִׂיאָן, בַּעַל שִׂיא
recording *adj, n* רוֹשֵׁם; הַקְלָטָה
record player *n* פָּטֵיפוֹן, מָקוֹל
records *n pl* רְשׁוּמוֹת
recount *vt* סִיפֵּר, דִיוּוֵחַ
re-count *n, vt* מִנְייָן נוֹסָף; מָנָה שׁוּב
recourse *n* פְּנִייָה; מִפְלָט
recover *vt, vi* הִתְאוֹשֵׁשׁ; קִיבֵּל בַּחֲזָרָה
re-cover *vt* כִּיסָּה שׁוּב
recovery *n* הַחְלָמָה, הִתְאוֹשְׁשׁוּת; קַבָּלָה בַּחֲזָרָה
recreation *n* בִּידּוּר
recruit *vt* גִייֵס, חִייֵל
recruit *n* מְגוּיָּס; מִצְטָרֵף כְּחָבֵר
rectangle *n* מַלְבֵּן
rectify *vt* תִּיקֵּן
rectum *n* חַלְחוֹלֶת
recumbent *adj* שָׁכוּב, שָׁעוּן
recuperate *vt, vi* הֵשִׁיב לְאֵיתָנוֹ; הֶחֱלִים
recur *vi* חָזַר; נִשְׁנָה
red *adj, n* אָדוֹם; אוֹדֶם
red-baiter *n* מֵצִיק לְקוֹמוּנִיסְטִים
red-bird *n* חֲצוֹצְרָן
red-blooded *adj* נִמְרָץ; תַּאַוְותָן
redcap *n* סַבָּל; שׁוֹטֵר צְבָאִי
red cell *n* כַּדּוּרִית אֲדוּמָּה
redcoat *n* חַיָּיל אַנְגְלִי (בהיסטוריה)
redden *vt, vi* אִידֵּם; הִתְאַדֵּם
redeem *vt* גָּאַל; קִייֵם (הבטחה)
redeemer *n* גוֹאֵל, פּוֹדֶה
redemption *n* גְאוּלָּה
red-haired *adj* אֲדוֹם־שֵׂיעָר, אַדְמוֹנִי
redhead *n* אַדְמוֹנִי
red herring *n* הַסָּחַת־דַּעַת
red-hot *adj* אָדוֹם לוֹהֵט; טָרִי
rediscover *vt* גִּילָּה שׁוּב
re-do *vt* צָבַע שׁוּב; עָשָׂה שׁוּב
redolent *adj* מַעֲלֶה רֵיחַ (שֶׁל)
redoubt *n* בִּיצּוּר סָגוּר
redound *vi* תָּרַם, הוֹסִיף
redress *vt, n* תִּיקֵּן מְעוּוָּת; תִּיקּוּן מְעוּוָּת
Red Ridinghood *n* כִּיפָּה אֲדוּמָּה
redskin *n* אִינְדִיאָנִי, אֲדוֹם־עוֹר
red tape *n* סַחֶבֶת, נַיְירֶת
reduce *vt, vi* הִקְטִין, צִמְצֵם; הִכְנִיעַ; פִּישֵּׁט; יָרַד בְּמִשְׁקָל
reducing exercises *n pl* תַּרְגִּילֵי הַרְזָיָה

redundant *adj* מְיוּתָּר, עוֹדֵף

reed *n* קָנֶה; סוּף

re-edit *vt* עָרַךְ מֵחָדָשׁ, שִׁיעֲרֵךְ

reef *n* רִיף, שׁוּנִית

reefer *n* זִיג מַלָּחִים

reek *vi, vt* הִסְרִיחַ; הֶעֱלָה עָשָׁן

reel *n* סְלִיל; סְחַרְחוֹרֶת

reel *vt, vi* כָּרַךְ בִּסְלִיל; הִתְנוֹדֵד, הָיָה סְחַרְחַר

re-election *n* בְּחִירָה מֵחָדָשׁ

re-enlist *vi, vt* הִתְגַּיֵּס שׁוּב; גִּיֵּס שׁוּב

re-entry *n* כְּנִיסָה מֵחָדָשׁ

re-examination *n* בְּדִיקָה מֵחָדָשׁ

ref. *abbr* referee, reference

refer *vt, vi* יִיחֵס; הִפְנָה; הִתְיַיחֵס

referee *n* שׁוֹפֵט

referee *vt, vi* שָׁפַט

reference *n* מְסִירָה; אִזְכּוּר; מַרְאֵה מָקוֹם; עִיּוּן; הַמְלָצָה

reference book *n* סֵפֶר יַעַץ

referendum *n* מִשְׁאַל־עַם

refill *vt, n* מִילֵּא מֵחָדָשׁ; מִילּוּי

refine *vt, vi* זִיקֵּק, עִידֵּן

refinement *n* זִיקּוּק, עִידּוּן

refinery *n* בֵּית־זִיקּוּק

reflect *vt, vi* הֶחֱזִיר (אוֹר); שִׁיקֵּף; הִשְׁתַּקֵּף; הִרְהֵר

reflection *n* הַחֲזָרָה (שֶׁל אוֹר); הִרְהוּר; הַטָּלַת דּוֹפִי

reforestation *n* יִיעוּר מֵחָדָשׁ

reform *vt, vi* תִּיקֵּן; הֶחֱזִיר לְמוּטָב; חָזַר לְמוּטָב

reform *n* תִּיקּוּן, רֵפוֹרְמָה

reformation *n* תִּיקּוּן, שִׁינּוּי לְמוּטָב; (בהיסטוריה) רֵפוֹרְמַצְיָה

reformatory *n* מוֹסָד לַעֲבַרְיָינִים צְעִירִים

reform school *n* מוֹסָד מְתַקֵּן

refraction *n* הִשְׁתַּבְּרוּת

refrain *vi* נִמְנַע; הִתְאַפֵּק

refrain *n* פִּזְמוֹן חוֹזֵר

refresh *vt, vi* רִיעֲנֵן; הֵשִׁיב נֶפֶשׁ

refreshment *n* רִיעֲנוּן; תִּקְרוֹבֶת

refrigerator *n* מְקָרֵר, מַקְרֵר

refuel *vt* תִּדְלֵק

refuge *n* מִקְלָט, מִפְלָט

refugee *n* פָּלִיט

refund *vt, vi* שִׁילֵּם בַּחֲזָרָה

refund *n* הַחֲזָרַת תַּשְׁלוּם

refurnish *vt* רִיהֵט מֵחָדָשׁ

refusal *n* סֵירוּב, דְּחִיָּה

refuse *vi, vt* סֵירֵב, דָּחָה

refuse *n* פְּסוֹלֶת

refute *vt* הִפְרִיךְ

regain *vt* רָכַשׁ שׁוּב; הִגִּיעַ שׁוּב

regal *adj* מַלְכוּתִי

regale *vt* אָכַל (שָׁתָה) בַּהֲנָאָה; הִגִּישׁ בְּשֶׁפַע

regalia *n* סִימָנֵי מַלְכוּת; בִּגְדֵי שְׂרָד

regard *n* מַבָּט; תְּשׂוּמֶת־לֵב; הוֹקָרָה

regard *vt* הִתְיַיחֵס ל...; הִתְבּוֹנֵן

regardless *adj* בְּלֹא לְהִתְחַשֵּׁב

regenerate *vt, vi* חִידֵּשׁ; יָצַר מֵחָדָשׁ; נוֹצַר מֵחָדָשׁ

regent *n* עוֹצֵר

regicide *n* הוֹרֵג מֶלֶךְ; הֲרִיגַת מֶלֶךְ

regime *n* מִשְׁטָר

regiment *n* גְּדוּד

regiment *vt* אִרְגֵּן בְּמִשְׁטָר מִשְׁמַעְתִּי

region *n* אֵיזוֹר

regional *adj* אֵיזוֹרִי
register *n* פִּנְקַס רִישּׁוּם; מִרְשָׁם;
מִשְׁלָב (בְּצליל)
register *vt, vi* רָשַׁם;
שָׁלַח בְּדוֹאַר רָשׁוּם
registrar *n* רַשָּׁם; מַזְכִּיר אֲקָדֵמִי
registration fee *n* אַגְרַת רִישּׁוּם
regret *vt* הִצְטַעֵר, הִתְחָרֵט
regret *n* צַעַר, חֲרָטָה
regrettable *adj* מְצַעֵר
regular *adj* סָדִיר; קָבוּעַ
regular *n* חַיַּל קֶבַע; אוֹרֵחַ קָבוּעַ
regulate *vt* כִּיוּוֵן (שעון); תֵּיאֵם; וִיסֵּת
rehabilitate *vt* שִׁיקֵּם;
הֵשִׁיב אֶת כְּבוֹדוֹ
rehearsal *n* חֲזָרָה
rehearse *vt* חָזַר
reign *n, vi* מַלְכוּת; שִׁלְטוֹן; מָלַךְ
reimburse *vt* הֶחֱזִיר הוֹצָאוֹת
rein *n* מוֹשְׁכָה
rein *vt* עָצַר, בָּלַם; רִיסֵּן
reincarnation *n* גִּלְגּוּל חָדָשׁ
reindeer *n* אַיַּל מְבוּיָּת
reinforce *vt* תִּגְבֵּר
reinforcement *n* תִּגְבּוֹרֶת
reinstate *vt* הֵשִׁיב עַל כַּנּוֹ
reiterate *vt* חָזַר וְשָׁנָה
reject *vt* דָּחָה, מָאַס בּ...
rejection *n* דְּחִיָּה
rejoice *vi, vt* שָׂמַח
rejoinder *n* תְּשׁוּבָה
rejuvenation *n* חִידּוּשׁ נְעוּרִים
rekindle *vt* הִלְהִיב מֵחָדָשׁ
relapse *vi* חָזַר לְסוּרוֹ
relapse *n* הֲרָעַת מַצָּב

relate *vt, vi* סִיפֵּר; יִיחֵס ל...
related *adj* קָשׁוּר ל...; קָרוֹב
relation *n* קֶשֶׁר; זִיקָה; קְרוֹב מִשְׁפָּחָה
relationship *n* קֶשֶׁר;
קִרְבָה מִשְׁפַּחְתִּית; זִיקָה
relative *adj* יַחֲסִי; נוֹגֵעַ ל...
relative *n* קָרוֹב, שְׁאֵר בָּשָׂר
relax *vt, vi* הִרְפָּה; הִתְפָּרֵק, נִינוֹחַ
relaxation *n* הַרְפָּיָה, נִינוֹחוּת
relaxing *adj* מַרְפֶּה, מַרְגִּיעַ
relay *n* הַעֲבָרָה; הַמְסָרָה;
סוּסֵי הַחֲלָפָה
relay *vt* הִמְסִיר
relay race *n* מֵירוֹץ שְׁלִיחִים
release *vt* שִׁחְרֵר; הִתִּיר
release *n* שִׁחְרוּר; הֶיתֵּר
relent *vi* הִתְרַכֵּךְ
relentless *adj* לְלֹא רַחֵם
relevant *adj* נוֹגֵעַ לָעִנְיָן
reliable *adj* מְהֵימָן
reliance *n* אֵימוּן, בִּטְחָה
relic *n* שָׂרִיד, מַזְכֶּרֶת
relief *n* הֲקַלָּה; פּוּרְקָן; תַּבְלִיט
relieve *vt* הֵקֵל; חִילֵּץ; הֶחֱלִיף
religion *n* דָּת
religious *adj, n* דָּתִי; חָרֵד
relinquish *vt* זָנַח, וִיתֵּר עַל
relish *n* טַעַם נָעִים; תַּבְלִין; חֵשֶׁק
relish *vt, vi* נָתַן טַעַם; הִתְעַנֵּג
reluctance *n* אִי־רָצוֹן
reluctant *adj* לֹא נוֹטֶה; כָּפוּי
rely *vi* סָמַךְ, בָּטַח
remain *vi* נִשְׁאַר
remainder *n* שְׁאֵרִית; יִתְרָה
remark *vi, vt* הֵעִיר; שָׂם לֵב

remark *n* הֶעָרָה; תְּשׂוּמֶת־לֵב
remarkable *adj* רָאוּי לְצִיּוּן; בּוֹלֵט
remarry *vt* נִישָּׂא (נִישְּׂאָה) שׁוּב
remedy *n* מַרְפֵּא; תְּרוּפָה; תַּקָּנָה
remedy *vt* הֵבִיא תַּקָּנָה
remember *vt* נִזְכַּר, זָכַר
remembrance *n* זִכָּרוֹן, הִיזָּכְרוּת
remind *vt* הִזְכִּיר
reminder *n* תִּזְכּוֹרֶת; תַּזְכִּיר
reminisce *vi* הֶעֱלָה זִכְרוֹנוֹת
remiss *adj* רַשְׁלָנִי
remit *vt, vi* שָׁלַח; הֶעֱבִיר; מָחַל
remittance *n* הַעֲבָרַת כֶּסֶף
remnant *n* שְׁאֵרִית
remodel *vt* עִיצֵּב שׁוּב
remonstrate *vi* מָחָה, טָעַן נֶגֶד
remorse *n* מוּסַר־כְּלָיוֹת
remorseful *adj* מָלֵא חֲרָטָה
remote *adj* מְרוּחָק, נִידָּח
removable *adj* נִיתָּן לְסִילּוּק
removal *n* הֲסָרָה; סִילּוּק
remove *vt, vi* הֵסִיר; סִילֵּק;
עָבַר דִּירָה, הֶעְתִּיק מְגוּרִים
remuneration *n* שָׂכָר, תַּשְׁלוּם
renaissance *n* תְּחִייָּה
rend *vt* קָרַע, בָּקַע
render *vt* מָסַר; הִגִּישׁ; בִּיצֵּעַ; הָפַךְ
rendezvous *n* רֵיאָיוֹן; פְּגִישָׁה; מִפְגָּשׁ
rendition *n* בִּיצּוּעַ; תַּרְגּוּם
renege *vt* הִתְכַּחֵשׁ
renew *vt, vi* חִידֵּשׁ; הִתְחִיל מֵחָדָשׁ
renewable *adj* נִיתָּן לְחִידּוּשׁ
renewal *n* חִידּוּשׁ
renounce *vt, vi* וִיתֵּר; הִסְתַּלֵּק מִן
renovate *vt* חִידֵּשׁ, שִׁיפֵּץ
renown *n* מוֹנִיטִין
renowned *adj* מְפוּרְסָם
rent *adj* קָרוּעַ
rent *n* דְּמֵי שְׂכִירוּת; קֶרַע
rent *vi, vt* שָׂכַר; הִשְׂכִּיר
rental *n* דְּמֵי שְׂכִירוּת
renunciation *n* וִיתּוּר, הִסְתַּלְּקוּת
reopen *vt, vi* פָּתַח מֵחָדָשׁ
reorganize *vt* אִרְגֵּן מֵחָדָשׁ
repair *vt, vi* תִּיקֵּן, שִׁיפֵּץ
repair *n* תִּיקּוּן; מַצָּב תָּקִין
reparation *n* תִּיקּוּן; פִּיצּוּי
repartee *n* תְּשׁוּבָה שְׁנוּנָה
repast *n* אֲרוּחָה
repatriate *vt* הֶחֱזִיר לַמּוֹלֶדֶת
repatriate *n* חוֹזֵר לַמּוֹלֶדֶת
repay *vt* שִׁילֵּם בַּחֲזָרָה
repayment *n* הֶחְזֵר תַּשְׁלוּם
repeal *vt, n* בִּיטֵּל; בִּיטּוּל
repeat *vt, vi* חָזַר עַל
repeat *n* הַדְרָן; תּוֹכְנִית חוֹזֶרֶת
repel *vt* הָדַף; דָּחָה
repent *vi* הִתְחָרֵט
repentant *n* מִתְחָרֵט
repertory theatre *n* תֵּיאַטְרוֹן
רֶפֶּרְטוּאָרִי
repetition *n* חֲזָרָה; הִישָּׁנוּת
repine *vi* הִתְמַרְמֵר
replace *vt* הֶחֱלִיף
replacement *n* הַחֲלָפָה;
מִילּוּי מָקוֹם; תַּחֲלִיף
replenish *vt* מִילֵּא שׁוּב
replete *adj* גָּדוּשׁ, שׂוֹפֵעַ
replica *n* הֶעְתֵּק, רֶפְּלִיקָה
reply *vt, n* עָנָה, הֵשִׁיב; תְּשׁוּבָה

report *vt, vi* דִּיוּוֵּחַ
report *n* דִּין וְחֶשְׁבּוֹן; דו״חַ; יְדִיעָה
reportage *n* כַּתָּבָה, רְשִׁימָה
reportedly *adv* כְּפִי הַנִּמְסָר
reporter *n* כַּתָּב
reporting *n* עֲבוֹדַת כַּתָּב
repose *vi, vt* נָח; שָׁכַב (לנוח); הִנִּיחַ
repose *n* מְנוּחָה, מַרגוֹעַ
reprehend *vt* גָּעַר; מָצָא פְּגָם
represent *vt* יִיצֵּג; סִימֵּל; תֵּיאֵר
representative *adj* יִיצוּגִי, רֶפְּרֶזֶנְטָטִיבִי
representative *n* נָצִיג, בָּא־כּוֹחַ
repress *vt* דִּיכֵּא; הִדְחָה (רגשות)
reprieve *vt* דָּחָה (הוצאה להורג); נָתַן אַרְכָּה
reprieve *n* דְּחִיַּית הוֹצָאָה לַהוֹרֵג; אַרְכָּה
reprimand *n* נְזִיפָה, גְּעָרָה
reprimand *vt* נָזַף, גָּעַר
reprint *vt* הִדְפִּיס שׁוּב
reprint *n* הַדְפָּסָה חֲדָשָׁה
reprisal *n* פְּעוּלַּת תַּגמוּל
reproach *vt* נָזַף, הוֹכִיחַ
reproach *n* נְזִיפָה, הוֹכָחָה
reproduce *vt, vi* יָצַר שׁוּב; הֶעְתִּיק, שִׁעְתֵּק, שִׁחזֵר; הוֹלִיד
reproduction *n* יְצִירָה מֵחָדָשׁ; הֶעְתֵּק; שִׁעתּוּק; שִׁחזוּר
reproof *n* הוֹכָחָה
reprove *vt* הוֹכִיחַ
reptile *n, adj* זוֹחֵל; רֶמֶשׂ
republic *n* רֶפּוּבּלִיקָה, קְהִילִיָּיה
republican *adj, n* רֶפּוּבּלִיקָנִי
repudiate *vt* הִכחִישׁ; כָּפַר בּ...
repugnant *adj* דּוֹחֶה, מְעוֹרֵר הִתנַגְּדוּת, נוֹגֵד
repulse *vt* הָדַף; דָּחָה
repulse *n* הֲדִיפָה; סֵירוּב
repulsive *adj* דּוֹחֶה, מַגעִיל
reputation *n* שֵׁם; מוֹנִיטִין
repute *vt* חָשַׁב, חִישֵּׁב
repute *n* מוֹנִיטִין; שֵׁם
reputedly *adv* לְפִי הַשְּׁמוּעָה
request *vt, n* בִּיקֵּשׁ; בַּקָּשָׁה; מִשְׁאָלָה
require *vt, vi* תָּבַע, דָּרַשׁ; הָיָה זָקוּק ל...
requirement *n* צוֹרֶךְ; דְּרִישָׁה
requisite *adj, n* דָּרוּשׁ; צוֹרֶךְ
requital *n* גְּמוּל, תַּגמוּל
requite *vt* גָּמַל, שִׁילֵּם
reread *vt* קָרָא שׁוּב
rescind *vt* בִּיטֵּל
rescue *vt, n* הִצִּיל; הַצָּלָה
research *n, vt* מֶחקָר; חָקַר
re-sell *vt* מָכַר מֵחָדָשׁ
resemblance *n* דִּמְיוֹן
resemble *vt* דָּמָה
resent *vt* נֶעֱלַב; שָׁמַר טִינָה
resentful *adj* כּוֹעֵס; שׁוֹמֵר טִינָה
resentment *n* כַּעַס; טִינָה
reservation *n* הַזמָנַת מָקוֹם; הִסתַּיְּיגוּת; מָקוֹם שָׁמוּר; שְׁמוּרָה
reserve *n* רֶזֶרבָה; שְׁמוּרָה; הִסתַּיְּיגוּת; עֲתוּדָה (בצבא); יַחַס קָרִיר
reserve *vt* שָׁמַר; הִזמִין
reservoir *n* מַאֲגָר; מֵיכָל; מְלַאי
reship *vt, vi* שִׁילַּח (אוֹ יָרַד) שׁוּב בְּאוֹנִיָּה
reshipment *n* שִׁילּוּחַ חוֹזֵר בָּאוֹנִיָּה

reside *vi* גָּר; הָיָה קַיָּם

residence *n* מְגוּרִים, מָעוֹן

resident *adj, n* תּוֹשָׁב

residue *n* שְׁאֵרִית, שִׁיָּרִים

resign *vt, vi* הִתְפַּטֵּר; הִשְׁלִים

resignation *n* הִתְפַּטְּרוּת; הַשְׁלָמָה

resin *n* שְׂרָף

resist *vt, vi* פָּעַל נֶגֶד; עָמַד בִּפְנֵי

resistance *n* הִתְנַגְּדוּת, עֲמִידוּת

resole *vt* שָׂם סוּלִיָּה חֲדָשָׁה

resolute *adj* מוּחְלָט; תַּקִּיף

resolution *n* הַחְלָטָה; תַּקִּיפוּת

resolve *vt, vi* הֶחְלִיט; פָּתַר; הִתִּיר

resolve *n* הֶחְלֵטִיּוּת

resorption *n* סְפִיגָה מֵחָדָשׁ

resort *vi* פָּנָה אֶל, אָחַז בְּ...

resort *n* מְקוֹם מַרְגּוֹעַ

resound *vi* הִדְהֵד

resource *n* אֶמְצָעִי; תּוּשִׁיָּה; מַשְׁאָב

resourceful *adj* בַּעַל תּוּשִׁיָּה

respect *n* כָּבוֹד; בְּחִינָה; דַ״שׁ

respect *vt* כִּיבֵּד; הוֹקִיר

respectability *n* נִכְבָּדוּת

respectable *adj* נִכְבָּד, מְהוּגָּן

respectful *adj* בַּעַל יִרְאַת כָּבוֹד

respectfully *adv* בְּדֶרֶךְ־אֶרֶץ

respecting *prep* בְּעִנְיַן־, בִּדְבַר־

respective *adj* שֶׁל כָּל אֶחָד וְאֶחָד

respire *vt, vi* נָשַׁם, שָׁאַף; הִתְאוֹשֵׁשׁ

respite *n* אַרְכָּה; הַרְוָחָה

resplendent *adj* מַזְהִיר, מַבְרִיק

respond *vi* נַעֲנָה; עָנָה

response *n* תְּשׁוּבָה, תְּגוּבָה

responsibility *n* אַחֲרָיוּת; חוֹבָה

responsible *adj* אַחֲרָאִי; מְהֵימָן

rest *n* מְנוּחָה; מִשְׁעָן; (בְּמוּסִיקָה) הֶפְסֵק; שְׁאֵרִית, שְׁאָר

rest *vi, vt* נָח, נָפַשׁ; נָתַן מְנוּחָה

restaurant *n* מִסְעָדָה

restful *adj* מַרְגִּיעַ, שָׁקֵט

restitution *n* הַחֲזָרָה; שִׁילּוּב

restock *vt, vi* רָכַשׁ מְלַאי חָדָשׁ

restore *vt* הֶחֱזִיר; שִׁיקֵּם; שִׁחְזֵר

restrain *vt* עָצַר, בָּלַם

restraint *n* רִיסּוּן; הַבְלָגָה, הִתְאַפְּקוּת

restrict *vt* הִגְבִּיל, צִמְצֵם

restroom *n* חֲדַר־מְנוּחָה; חֲדַר־נוֹחִיּוּת

result *vi* נָבַע; הִסְתַּיֵּם

result *n* תּוֹצָאָה

resume *vt, vi* לָקַח מֵחָדָשׁ; הִתְחִיל שׁוּב

résumé *n* סִיכּוּם

resurrect *vt, vi* הֵקִים לִתְחִיָּה

resurrection *n* תְּחִיַּת הַמֵּתִים

resuscitate *vt, vi* הֶחֱזִיר לִתְחִיָּה; אוֹשֵׁשׁ

retail *n, adj, adv* קִמְעוֹנוּת; קִמְעוֹנִי; בְּקִמְעוֹנוּת

retail *vt, vi* מָכַר (אוֹ נִמְכַּר) בְּקִמְעוֹנוּת; חָזַר עַל (סִיפּוּר)

retailer *n* קִמְעוֹנַאי

retain *vt* הֶחֱזִיק בְּ..., שָׁמַר

retaliate *vi* גָּמַל

retaliation *n* תַּגְמוּל

retard *vt* הֵאֵט, עִיכֵּב

retch *vi* הִתְאַמֵּץ לְהָקִיא

retching *n* רֶפְלֶקְס הֲקָאָה

reticence *n* שַׁתְקָנוּת

reticent *adj* שַׁתְקָנִי

retinue *n* פָּמַלְיָה

retire *vi, vt* פָּרַשׁ; נָסוֹג; שָׁכַב לִישׁוֹן

retirement annuity *n* קִצְבַּת פְּרִישָׁה
retort *vt, vi* הֵשִׁיב כַּהֲלָכָה
retort *n* תְּשׁוּבָה נִמְרֶצֶת; (בכימיה) אַבִּיק
retouch *vt* שִׁיפֵּר; (בצילום) דִּייֵת
retrace *vt* חָזַר (על עיקבותיו)
retract *vi, vt* חָזַר בּוֹ; הִתְכַּחֵשׁ
retread *vt* גִּיפֵּר שׁוּב
retreat *n* נְסִיגָה; פְּרִישָׁה; מִפְלָט
retreat *vi* נָסוֹג
retrench *vt* קִיצֵּץ, קִימֵּץ
retribution *n* תַּגְמוּל, גְּמוּל
retrieve *vt* הִשִּׂיג בַּחֲזָרָה; הִצִּיל (ממצב רע)
retriever *n* (כלב) מַחֲזִיר
retroactive *adj* רֶטרוֹאַקְטִיבִי, מַפְרֵעִי
retrospect *n* מַבָּט לְאָחוֹר
retrospective *adj* סוֹקֵר לְאָחוֹר; רֶטרוֹסְפֶּקְטִיבִי
retry *vt* דָּן מֵחָדָשׁ
return *vi, vt* חָזַר; הֶחֱזִיר
return *n* חֲזָרָה; הַחֲזָרָה; תְּמוּרָה
return address *n* כְּתוֹבֶת לִתשׁוּבָה
return game *n* מִשְׂחָק גּוֹמְלִין
return ticket *n* כַּרְטִיס הָלוֹךְ וָחזוֹר
return trip *n* נְסִיעָה הָלוֹךְ וָחזוֹר
reunification *n* אִיחוּד מֵחָדָשׁ
reunion *n* אִיחוּד מֵחָדָשׁ; כִּינּוּס
reunite *vt, vi* אִיחֵד שׁוּב; הִתְאַחֵד שׁוּב
Rev. *abbr* Revelation, Reverend
rev *n* סִיבּוּב, סָבָב
rev *vt* הִתְנִיעַ
revamp *vt* פִּינֵּת מֵחָדָשׁ (נעל); חִידֵּשׁ (לחן)
reveal *vt, n* גִּילָּה; גִּילּוּי
reveille *n* תְּרוּעַת הַשְׁכָּמָה
revel *vi* התהוֹלֵל, הִתְעַנֵּג
revel *n* הִילּוּלָה, התהוֹלְלוּת
revelation *n* גִּילּוּי; גִּילּוּי מַפְתִּיעַ
revelry *n* התהוֹלְלוּת
revenge *vt, n* נָקַם; גָּמַל; נְקָמָה
revengeful *adj* נַקְמָנִי
revenue *n* הַכְנָסָה
revenue cutter *n* סִירַת מִשְׁטֶרֶת הַמֶּכֶס
revenue stamp *n* בּוּל הַכְנָסָה
reverberate *vt, vi* הִדְהֵד; הֶחֱזִיר (חום); שִׁיקֵּף (אור)
revere *vt* הוֹקִיר
reverence *n* יִרְאַת־כָּבוֹד
reverence *vt* הוֹקִיר
reverie *n* חֲלוֹם בְּהָקִיץ
reversal *n* הֲפִיכָה
reverse *adj, n* הָפוּךְ; הֵפֶךְ, הִיפּוּךְ; כִּישָׁלוֹן
reverse *vt, vi* הָפַךְ; נָהַג אֲחוֹרַנִּית
revert *vi* חָזַר (לקדמותו)
review *n* סְקִירָה, בְּחִינָה מֵחָדָשׁ
review *vt* סָקַר, בָּחַן
revile *vt, vi* חֵירֵף, גִּידֵּף
revise *vt* בָּדַק; עָרַךְ; שִׁינָּה
revision *n* עֲרִיכָה; בְּדִיקָה מֵחָדָשׁ
revisionism *n* רֶבִיזיוֹנִיזם
revival *n* תְּחִיָּה, הַחֲיָאָה
revive *vi, vt* הֶחֱיָה, הֵשִׁיב נֶפֶשׁ; קָם לִתחִיָּה
revoke *vt, vi* בִּיטֵּל; עָשָׂה לְאַיִן
revolt *n* מֶרֶד, הִתקוֹמְמוּת; בְּחִילָה
revolt *vi, vt* מָרַד, הִתקוֹמֵם; הִבְחִיל

revolting *adj* מַבְחִיל
revolution *n* מַהְפֵּכָה; סִיבּוּב
revolutionary *adj, n* מַהְפְּכָנִי
revolve *vi, vt* הִסְתּוֹבֵב; סוֹבֵב
revolver *n* אֶקְדָח
revolving door *n* דֶלֶת סוֹבֶבֶת
revolving fund *n* קֶרֶן חוֹזֶרֶת
revue *n* תְּסקוֹרֶת, רֶבְיוּ (בתיאטרוֹן)
revulsion *n* שִׁינּוּי פִּתְאוֹמִי
reward *vt* שִׁילֵם תְּמוּרָה; גָמַל
reward *n* גְמוּל; פְּרָס
rewarding *adj* כְּדָאִי
rewrite *vt* שִׁכְתֵּב; עִיבֵּד
R.F. *abbr* radio frequency
rhapsody *n* הַבָּעָה נִרְגֶשֶׁת; רַפְסוֹדְיָה
Rhesus *n* רֶזוּס (קוֹף הוֹדִי)
rhetoric *n* רֵטוֹרִיקָה
rhetorical *adj* רֵטוֹרִי
rheumatic *adj, n* שִׁיגְרוֹנִי
rheumatism *n* שִׁיגָּרוֹן
Rhine *n* רַיין
Rhineland *n* חֶבֶל הָרַיין
rhinestone *n* אֶבֶן הָרַיין
rhinoceros *n* קַרְנַף
Rhodes *n* רוֹדוֹס
rhubarb *n* רִיבָּס
rhyme *n* חָרוּז, חֲרִיזָה
rhyme *vi* חָרַז, כָּתַב חֲרוּזִים
rhythm *n* קֶצֶב, רִיתְמוּס
rhythmic(al) *adj* קִצְבִּי, רִיתְמִי
rib *n* צֵלָע
rib *vt* צִילֵעַ, חִיזֵק בִּצְלָעוֹת; (המונית) קִנְטֵר
ribald *adj* מְנַבֵּל פִּיו, מְבַיֵּיש
ribbon *n* סֶרֶט
rice *n* אוֹרֶז
rich *adj* עָשִׁיר; מְהוּדָר
rickets *n* רַכֶּכֶת
rickety *adj* סוֹבֵל מֵרַכֶּכֶת; רוֹפֵף
rid *vt* שִׁחְרֵר; טִיהֵר; הֵסִיר
riddance *n* הִשְׁתַּחְרְרוּת
riddle *n* חִידָה; מָשָׁל
riddle *vt* חָד; דִיבֵּר בְּחִידוֹת; נִיקֵב כִּכְבָרָה
ride *vi* רָכַב; נָסַע בְּרֶכֶב
ride *n* טִיוּל (בנסיעה אוֹ ברכיבה)
rider *n* פָּרָשׁ; סֶפַח (לחוק וכד׳)
ridge *n* רֶכֶס; תֶּלֶם
ridgepole *n* מוֹט אוֹהֶל; מְרִישׁ גַג
ridicule *n* לַעַג, קֶלֶס
ridicule *vt* לָעַג, הִתְקַלֵּס
ridiculous *adj* מְגוּחָך
riding academy *n* בֵּית־סֵפֶר לִרְכִיבָה
riding-habit *n* תִּלְבּוֹשֶׁת רְכִיבָה
rife *adj* נָפוֹץ, מָצוּי
riffraff *n* אֲסַפְסוּף
rifle *n* רוֹבֶה
rifle *vt* שָׁדַד; לָקַח שָׁלָל
rift *n* סֶדֶק, פִּרְצָה; קֶרַע
rig *v* עָרַך מַעֲטָה; הִרְכִּיב חֲלָקִים
rig *n* (באוֹנייה) מַעֲרַך הַמַּעֲטָה
rigging *n* חִיבֵּל; הַרְכָּבָה
right *adj* צוֹדֵק; נָכוֹן; יְמָנִי
right *n* (צַד) יָמִין; זְכוּת; צֶדֶק
right *adv* יָשָׁר, יְשִׁירוּת; בְּצֶדֶק; כַּשּׁוּרָה
right *vt, vi* יִישֵּׁר, תִּיקֵּן
righteous *adj* צַדִּיק
rightful *adj* בַּעַל זְכוּת; הוֹגֵן
right-hand drive *n* הֶגֶה יְמָנִי

right-hand man *n* יָד יָמִין
rightist *n, adj* יְמָנִי
rightly *adv* בְּצֶדֶק
right-minded *adj* בַּעַל דֵעוֹת נְכוֹנוֹת
right of way *n* זְכוּת קְדִימָה
rights of man *n pl* זְכוּיוֹת הָאָדָם
right-wing *adj* שֶׁל הָאֲגַף הַיְמָנִי
rigid *adj* עִיקֵּשׁ, נוּקשֶׁה
rigmarole *n* גִּיבּוּב מִלִּים
rigorous *adj* קַפְּדָנִי
rile *vt* הִרְגִּיז
rill *n* פֶּלֶג
rim *n* קָצֶה, שָׂפָה; שׁוּל
rime *n* כְּפוֹר; חָרוּז
rind *n* קְרוּם, קְלִיפָּה
ring *vi, vt* צִלְצֵל; טִלְפֵּן; הִקִּיף, כִּיתֵּר
ring *n* צִלְצוּל; צְלִיל; טַבַּעַת; עִיגּוּל
ring-around-a-rosy *n* עוּגָה, עוּגָה, עוּגָה... בַּמַּעְגָּל נָחוּגָה
ringing *adj* מְצַלְצֵל, מְהַדְהֵד
ringing *n* צִלְצוּל; זִמְזוּם (בָּאוֹזְנַיִים)
ringleader *n* מַנְהִיג (בְּקֶשֶׁר, מֶרֶד וכד׳)
ringmaster *n* מְנַהֵל זִירָה
ringside *n* שׁוּרָה רִאשׁוֹנָה
ringworm *n* גַּזֶּזֶת
rink *n* חֲלַקְלַקָּה
rinse *n, vt* שְׁטִיפָה; שָׁטַף
riot *n* פְּרָעוֹת; הִשְׁתּוֹלְלוּת
riot *vt* פָּרַע; הִתְפָּרֵעַ
rioter *n* פּוֹרֵעַ
rip *vt, vi* קָרַע; נִיתֵּק; נִקְרַע
rip *n* שִׁיבּוֹלֶת
ripe *adj* בָּשֵׁל
ripen *vi* בָּשַׁל; הִתְבַּגֵּר
ripple *vt, vi* הֶעֱלָה אַדְווֹת; הִתְגַּלְיֵין
ripple *n* אַדְווָה; גַּל קָטָן
rise *vi* קָם, הִתְרוֹמֵם; עָלָה; הִתְקוֹמֵם
rise *n* עֲלִיָּה; שִׁיפּוּעַ; הַעֲלָאָה
risk *n* סִיכּוּן
risk *vt* סִיכֵּן, הִסְתַּכֵּן בּ...
risky *adj* כָּרוּךְ בְּסִיכּוּן, מְסוּכָּן
risqué *adj* נוֹעָז
rite *n* טֶקֶס, פּוּלְחָן
ritual *adj, n* שֶׁל טֶקֶס דָתִי; סֵדֶר טֶקֶס
rival *n, vt* מִתְחָרֶה; הִתְחָרָה בּ...
rivalry *n* הִתְחָרוּת
river *n* נָהָר
river-bed *n* אֲפִיק נָהָר
river front *n* שְׂפַת נָהָר
riverside *n* שְׂפַת נָהָר
rivet *n* מַסְמֶרֶת
rivet *vt* סִמְרֵר; רָקַע
rm. *abbr* ream, room
roach *n* לֵיאוּצִיקוּס; מְקָק
road *n* דֶּרֶךְ, כְּבִישׁ
roadbed *n* מַצַּע הַכְּבִישׁ
roadblock *n* מַחְסוֹם דֶּרֶךְ
road-house *n* פּוּנְדָק
road laborer *n* פּוֹעֵל כְּבִישׁ
road service *n* שֵׁירוּת דְּרָכִים
roadside *n, adj* (בּ)צַד הַכְּבִישׁ
roadside inn *n* פּוּנְדָק
road sign *n* שֶׁלֶט דֶּרֶךְ
roadstead *n* מְבוֹא־יָם
roadway *n* כְּבִישׁ, דֶּרֶךְ
roam *vi, vt* שׁוֹטֵט, נָדַד
roam *n* נְדִידָה; נוֹדֵד
roar *vi, n* שָׁאַג; שְׁאָגָה
roast *vt, vi* צָלָה, קָלָה; נִצְלָה

roast *n, adj* צָלִי; צָלוּי
roast beef *n* צְלִי בָּקָר
rob *vt* שָׁדַד
robber *n* שׁוֹדֵד
robbery *n* שׁוֹד
robe *n* גְלִימָה, חָלוּק
robe *vt, vi* הִלְבִּישׁ; הִתְלַבֵּשׁ
robin *n* אֲדוֹם־הֶחָזֶה
robot *n* רוֹבּוֹט
robust *adj* חָסוֹן
rock *n* סֶלַע, צוּר
rock *vt, vi* נִדְנֵד, נִעְנַע; הִתְנַדְנֵד, הִתְנַעֲנֵעַ
rock-bottom *n, adj* תַּחְתִּית, קַרְקָעִית; נָמוּךְ בְּיוֹתֵר
rock crystal *n* בְּדוֹלַח הַסֶּלַע
rocker *n* כֻּסְנוֹעַ
rocket *n* טִיל
rocket *vt, vi* הִתְקִיף בְּטִילִים; (מחיר) הֶאֱמִיר
rocket bomb *n* טִיל, רָקֶטָה
rocket launcher *n* מַזְנֵק טִילִים
rock-garden *n* גִּנַּת סְלָעִים
rocking-chair *n* כֻּסְנוֹעַ
rocking-horse *n* סוּס נַדְנֵדָה
Rock of Gibraltar *n* סֶלַע גִּיבְּרַלְטָר
rock-salt *n* מֶלַח גְּבִישִׁי
rocky *adj* סַלְעִי; (המונית) רָעוּעַ
rod *n* מוֹט, מַטֶּה
rodent *n adj* מְכַרְסֵם
rodman *n* מוֹדֵד
roe *n* אַיָּלָה; בֵּיצֵי דָגִים
rogue *n* נוֹכֵל, רַמַּאי
roguish *adj* נוֹכְלִי; שׁוֹבָב
role *n* תַּפְקִיד
roll *vi, vt* הִתְגַּלְגֵּל, הִסְתּוֹבֵב; סוֹבֵב; גִּלְגֵּל
roll *n* גָּלִיל; לַחְמָנִית; רְשִׁימָה; מְגִילָּה; קוֹל (רעם)
roller *n* מַכְבֵּשׁ; גָּלִיל; מַעְגִּילָה
roller skate *n* גַּלְגַּלִּית
roller-skate *vt* הֶחֱלִיק בְּגַלְגַּלִּיּוֹת
roller-towel *n* מַגֶּבֶת חֲגוֹרָה
rolling-pin *n* מַעְגִּילָה
rolling stone *n* אֶבֶן מִתְגַּלְגֶּלֶת; (אדם) נוֹדֵד
roly-poly *n* פַּשְׁטִידַת רוֹלָדָה
Roman *n, adj* רוֹמָאִי; רוֹמִי
Romance *adj* רוֹמָנִי
romance *n* רוֹמַנְס; רוֹמָן; פָּרָשַׁת אֲהָבִים
romance *vi* הִפְרִיז; שִׁקֵּר
Roman Empire *n* הַקֵּיסָרוּת הָרוֹמִית
Romanesque *adj* שֶׁל רוֹמָנִים
romantic *adj* דִּמְיוֹנִי; רוֹמַנְטִי, רִגְשִׁי
romanticism *n* רוֹמַנְטִיקָה
romp *n* הִתְרוֹצְצוּת יְלָדִים
romp *vi* הִתְרוֹצֵץ (במשחק)
rompers *n pl* מַעֲפֹרֶת
roof *n* גַּג
roof *vt* קֵרָה, כִּסָּה בְּגַג
roofer *n* רַעָף
rook *vt* הוֹנָה
rook *n* עוֹרֵב; רַמַּאי
rookie *n* טִירוֹן
room *n* חֶדֶר; מָקוֹם
room and board *n* חֶדֶר וְאוֹכֶל, אֶשֶׁל
room clerk *n* פְּקִיד־קַבָּלָה
roomer *n* דַּיָּר בְּחֶדֶר
rooming-house *n* בַּיִת שֶׁמַּשְׂכִּירִים בּוֹ חֲדָרִים

roomy *adj* מְרוּוָּח
roost *n* מוֹט; לוּל
roost *vi* נָח עַל מוֹט; יָשֵׁן; הֵלִין
rooster *n* תַּרְנְגוֹל
root *n* שׁוֹרֶשׁ; מָקוֹר
root *vt* הִשְׁרִישׁ; הִשְׁתָּרֵשׁ; הֵרִיעַ
rope *n* חֶבֶל; כֶּבֶל
rope *vt* קָשַׁר; פִּלְצֵר
rosary *n* עֲרוּגַת שׁוֹשַׁנִּים
rose *n* וֶרֶד, שׁוֹשַׁנָּה
rose *adj* וָרוֹד
rosebud *n* נִיצַּת וֶרֶד
rosebush *n* שִׂיחַ וְרָדִים
rose-colored *adj* וָרוֹד; אוֹפְּטִימִי
rose garden *n* גַּן וְרָדִים
rosemary *n* כְּלִיל־הַר
rose of Sharon *n* חֲבַצֶּלֶת הַשָּׁרוֹן
rosewood *n* סִיסָם
rosin *n* נָטָף
roster *n* לוּחַ תּוֹרָנוּת
rostrum *n* בָּמָה, דּוּכָן
rosy *adj* וָרוֹד
rot *n* רָקָב; הִידַּרְדְּרוּת
rot *vi, vt* נִרְקַב; הִרְקִיב
rotate *vi, vt* הִתְחַלֵּף; סוֹבֵב; סִידֵּר לְפִי מַחֲזוֹרִיּוּת
rote *n* שִׁגְרָה
rotogravure *n* דְּפוּס שֶׁקַע
rotten *adj* רָקוּב; קְלוֹקֵל
rotund *adj* עָגוֹל; עֲגַלְגַּל
rouge *n* אוֹדֶם
rough *adj* מְחוּסְפָּס, גַּס; מְשׁוֹעָר
rough-cast *adj, n* מְטוּיָּח גַּס; מְנוּסָּח כְּלָלִית; טְיוּטָה גוֹלְמִית
roughly *adv* בְּגַסּוּת; בְּקֵירוּב
roulette *n* מַקֵּדָה; רוּלֶטָה
round *adj* עָגוֹל; מַעְגָּלִי; שָׁלֵם
round *n* עִיגּוּל; הֶיקֵּף; סִיבּוּב; שָׁלָב
round *vt, vi* עִיגֵּל; הִשְׁלִים
round *adv* בְּעִיגּוּל; מִסָּבִיב
round *prep* סָבִיב ל...
roundabout *adj, n* עָקִיף; סְחַרְחֵרָה; כִּיכָּר
roundhouse *n* בֵּית־כֶּלֶא
round-shouldered *adj* כְּפוּף גֵּו
round-trip ticket *n* כַּרְטִיס הָלוֹךְ וָשׁוֹב
round-up *n* סִיכּוּם; מָצוֹד
rouse *n, vi* הֵעִיר; שִׁלְהֵב; הִתְעוֹרֵר
rout *n* הִתְגּוֹדְדוּת; מְהוּמָה
rout *vt* הֵבִיס
route *n* נָתִיב, דֶּרֶךְ
route *vt* קָבַע נְתִיב מִשְׁלוֹחַ
routine *n, adj* שִׁגְרָה; שִׁגְרָתִי
rove *vi* שׁוֹטֵט
row *n* שׁוּרָה
row *vi* חָתַר
row *n* רַעַשׁ, מְרִיבָה
row *vi, vt* רָב; נָזַף
rowboat *n* סִירַת־מְשׁוֹטִים
rowdy *n, adj* פֶּרֶא אָדָם
rower *n* חוֹתֵר
royal *adj* מַלְכוּתִי
royalist *n, adj* מְלוּכָנִי
royalty *n* מַלְכוּת; תַּמְלוּג
rub *vt, vi* שִׁפְשֵׁף; הִשְׁתַּפְשֵׁף
rub *n* שִׁפְשׁוּף, חִיכּוּךְ; קוֹשִׁי
rubber *n* גּוּמִי; מוֹחֵק
rubber band *n* גּוּמִיָּה
rubber plantation *n* מַטַּע גּוּמִי

rubber stamp *n* חוֹתֶמֶת גּוּמִי
rubber-stamp *vt* שָׂם חוֹתֶמֶת; אִישֵּׁר אוֹטוֹמָטִית
rubbish *n* אַשְׁפָּה, זֶבֶל; שְׁטוּיוֹת
rubble *n* שִׁבְרֵי אֶבֶן
rubdown *n* עִיסּוּי
rube *n* כַּפְרִי, מְסוּרְבָּל
ruby *n, adj* אוֹדֶם (אבן); אָדוֹם לוֹהֵט
rudder *n* הֶגֶה
ruddy *adj* אַדְמוֹנִי
rude *adj* גַּס
rudiment *n* יְסוֹדוֹת רִאשׁוֹנִיִּים
rue *vt* הִתְחָרֵט, הִצְטַעֵר
rueful *adj* עָגוּם; עָצוּב
ruffian *n* בִּרְיוֹן אַכְזָר, אַלָּם
ruffle *vt* פָּרַע; קִימֵּט; הִרְגִיז
ruffle *n* אַדְוָוה
rug *n* שְׂמִיכַת צֶמֶר, שָׁטִיחַ
rugged *adj* מְטוֹרָשׁ; גַּבְנוּנִי
ruin *n* חוּרְבָּן, הֶרֶס; עִיֵּי מַפּוֹלֶת
ruin *vt* הָרַס, הֶחֱרִיב
rule *n* כְּלָל, תַּקָּנָה; שִׁלְטוֹן; סַרְגֵל
rule *vt, vi* שָׁלַט, מָלַךְ; קָבַע
rule of law *n* שִׁלְטוֹן הַחוֹק
ruler *n* שַׁלִּיט; סַרְגֵל
ruling *adj* שׁוֹלֵט; רוֹוֵחַ
ruling *n* פְּסָק, קְבִיעָה
rum *n, adj* רוּם; (המונית) מוּזָר
Rumanian *adj, n* רוֹמָנִית; רוֹמָנִי
rumble *vi, vt* רָעַם, רָעַשׁ
rumble *n* רַעַם; הֶמְיָה
ruminate *vi* הֶעֱלָה גֵּירָה; הִרְהֵר
rummage *vt* חִיטֵּט, חִיפֵּשׂ בִּיסוֹדִיּוּת
rummage sale *n* מְכִירַת שְׁיָרִים
rumor *n, vt* שְׁמוּעָה; הֵפִיץ שְׁמוּעָה
rump *n* עַכּוּז
rumple *vt, vi* פָּרַע; קִימֵּט
rumpus *n* (דיבּוּרית) רַעַשׁ, מְהוּמָה
run *vi, vt* רָץ; נָטַף; נִמְשַׁךְ; נִיהֵל
run *n* רִיצָה; מַהֲלָךְ; (בּגרב) קֶרַע
runaway *adj* בּוֹרֵחַ; שֶׁהוּשַּׂג בְּקַלּוּת
run-down *adj* לֹא מְכוּנָן; נֶחֱלָשׁ
rung *n* חָווֹק (של כּיסא); שָׁלָב (של סולם)
runner *n* רָץ, שָׁלִיחַ; שָׁטִיחַ צַר
runner-up *n* שֵׁנִי בְּתַחֲרוּת
running *adj* רָץ; זוֹרֵם; רָצוּף
running-board *n* מִדְרָךְ
running head *n* כּוֹתֶרֶת שׁוֹטֶפֶת
run-proof *adj* חֲסִין קֶרַע
runt *n* נַנָּס
runway *n* מַסְלוּל הַמְרָאָה
rupture *n* שֶׁבֶר; נִיתּוּק
rupture *vt, vi* נִיתֵּק, קָרַע; גָּרַם שֶׁבֶר; סָבַל מִשֶּׁבֶר
rural *adj* כַּפְרִי
rural policeman *n* שׁוֹטֵר כַּפְרִי
rush *vi, vt* חָפַז; גָּח; זִינֵּק; הִסְתָּעֵר; הֵאִיץ
rush *n* חוּפְזָה; זִינּוּק
rushlight *n* נֵר אַגְמוֹן
rush order *n* הַזְמָנָה דְּחוּפָה
russet *adj* חוּם־אֲדַמְדַּם
Russia *n* רוּסְיָה
Russian *adj, n* רוּסִי; רוּסִית (לשון)
Russianization *n* עֲשִׂיָּה לְרוּסִי; רוּסִיפִיקַצְיָה
rust *n* חֲלוּדָה
rust *vi, vt* הֶעֱלָה חֲלוּדָה, נֶחְלַד
rustic *adj* כַּפְרִי; בֶּן־כְּפָר

rustle *vi, vt* רִשְׁרֵשׁ; הִזְדָּרֵז
rustle *n* רִשְׁרוּשׁ
rusty *adj* חָלוּד
rut *n* תֶּלֶם; חָרִיץ; שִׁגְרָה; (בחיות) הִתְיַיחֲמוּת
ruthless *adj* אַכְזָרִי
Ry. *abbr* railway
rye *n* שִׁיפוֹן; וִיסְקִי שִׁיפוֹן

S

S, s *n* אֶס (האות התשע־עשׂרה באלפבית)
s. *abbr* second, shilling, singular
Sabbath *n* שַׁבָּת; יוֹם א׳ (בנצרות)
sabbatical year *n* שְׁנַת שַׁבָּתוֹן
sable *n, adj* צוֹבֶל
sabotage *n* חַבָּלָה, סַבּוֹטָז׳
sabotage *vt, vi* חִיבֵּל
sack *vt* בָּזַז; הִכְנִיס לְשַׂק; פִּיטֵּר
sack *n* שַׂק; פִּיטּוּרִין; בְּזִיזָה (של עיר כבושה); סֶק (יין לבן)
sackcloth *n* לְבוּשׁ שַׂק; שַׂק
sacrament *n* טֶקֶס נוֹצְרִי; סְעוּדַּת קוֹדֶשׁ
sacred *adj* קָדוֹשׁ; מְקוּדָּשׁ
sacrifice *n* קוֹרְבָּן; זֶבַח; הַקְרָבָה
sacrifice *vt* הִקְרִיב
Sacrifice of the Mass *n* קָרְבַּן הַמִּזְבֵּחַ (בנצרות)
sacrilege *n* חִילּוּל הַקּוֹדֶשׁ
sacrilegious *adj* שֶׁל חִילּוּל הַקּוֹדֶשׁ
sacristan *n* שַׁמַּשׁ כְּנֵסִייָה
sad *adj* עָצוּב; עָגוּם; מְצַעֵר
sadden *vt, vi* הֶעֱצִיב
saddle *n* אוּכָּף; מוֹשָׁב (אופניים)
saddle *vt* שָׂם אוּכָּף עַל; הֶעֱמִיס
saddlebag *n* אַמְתַּחַת
sadist *n* סָדִיסט, עַנְּאִי
sadistic *adj* סָדִיסטִי, עַנָּאִי
sadness *n* עַצְבוּת, תּוּגָה
safe *adj* בָּטוּחַ, שָׁלֵם
safe *n* כַּסֶּפֶת; תֵּיבָה
safe-conduct *n* (רשיון) מַעֲבָר
safe-deposit *n* בֵּית־כַּסָּפוֹת
safe-deposit box *n* כַּסֶּפֶת בַּנק
safeguard *n* אֶמְצָעֵי בִּיטָּחוֹן; סְייָג
safeguard *vt* שָׁמַר, אִבְטֵחַ
safety *n* בִּיטָּחוֹן; מִבְטָח; בְּטִיחוּת
safety-belt *n* חֲגוֹרַת בְּטִיחוּת
safety match *n* גַּפְרוּר בְּטִיחוּת
safety-pin *n* סִיכַּת בִּיטָּחוֹן
safety rail *n* מַעֲקֶה בְּטָחוֹן
safety razor *n* מַגלֵחַ בְּטִיחוּת
safety-valve *n* שַׁסְתּוֹם בְּטִיחוּת
saffron *n, adj* זְעַפְרָן צָהוֹב; כַּרְכּוּמִי
sag *vi* הִתְקַעֵר; שָׁקַע; הָיָה שָׁמוּט
sag *n* שְׁקִיעָה; הִתְקַעֲרוּת; יְרִידָה
sagacious *adj* נָבוֹן, מְפוּקָּח

sage *adj, n* נָבוֹן, גָּדוֹל בְּחָכְמָה; מַרְוָה; לַעֲנָה

sail *n* מִפְרָשׂ; מִפְרָשִׂית

sail *vi, vt* שָׁט בִּכְלִי־שַׁיִט; הִפְלִיג; הֵשִׁיט

sailcloth *n* אֲרִיג מִפְרָשִׂים

sailing *n* שַׁיִט; הַפְלָגָה

sailing boat *n* מִפְרָשִׂית

sailor *n* מַלָּח, יַמַּאי

saint *n* קָדוֹשׁ

saintliness *n* קְדוּשָּׁה, קוֹדֶשׁ

sake *n* סִיבָּה; אִינְטֶרֶס

salaam *n* בִּרְכַּת שָׁלוֹם (מזרחית)

salable *adj* מָכִיר

salad *n* סָלָט, לִקְטָן

salad bowl *n* קַעֲרַת סָלָט

salad oil *n* שֶׁמֶן סָלָט

salami *n* סָלָמִי, נַקְנִיק מְתוּבָּל

salary *n* מַשְׂכּוֹרֶת

sale *n* מְכִירָה

salesclerk *n* זַבָּן

saleslady *n* זַבָּנִית

salesman *n* זַבָּן, סוֹחֵר

sales manager *n* מְנַהֵל מְכִירוֹת

salesmanship *n* אוֹמָנוּת הַמְּכִירָה

sales tax *n* מַס מְכִירוֹת

saliva *n* רוֹק, רִיר

sallow *adj* צְהַבְהַב, חִיוֵּר

sally *n* גִּיחָה; הִתְפָּרְצוּת; הַבְרָקָה

sally *vi* הֵגִיחַ; הִתְפָּרֵץ

salmon *n, adj* אִלְתִּית; וָרוֹד־תָּפוּז

salon *n* טְרַקְלִין; חֲדַר־תְּצוּגָה

saloon *n* מִסְבָּאָה; (בּאוֹנִיָּה) אוּלַם הַנּוֹסְעִים

salt *n* מֶלַח; שְׁנִינוּת

salt *adj* מָלֵחַ; מָלוּחַ

salt *vt* הִמְלִיחַ; תִּיבֵּל

saltcellar *n* מִמְלָחָה

salted peanuts *n pl* בּוֹטְנִים מְמוּלָחִים

salt-lick *n* מִלְקַק מֶלַח

saltpetre, saltpeter *n* מְלַחַת

salt shaker *n* מִמְלָחָה

salty *n* מָלוּחַ

salubrious *adj* בָּרִיא; מַבְרִיא

salutation *n* בְּרָכָה; פְּנִיַּת־נִימוּסִין

salute *vt, vi* בֵּירֵךְ לְשָׁלוֹם; הִצְדִּיעַ

salute *n* הַצְדָּעָה; יְרִיּוֹת כָּבוֹד

salvage *n* נְצוֹלֶת; רְכוּשׁ שֶׁנִּיצַּל; חִילּוּץ אוֹנִיָּה; נִיצּוּל פְּסוֹלֶת

salvage *vt* הִצִּיל; חִילֵּץ (אונייה); נִיצֵּל פְּסוֹלֶת

salvation *n* גְּאוּלָּה, יְשׁוּעָה

Salvation Army *n* צְבָא יְשׁוּעָה

salve *n* מִשְׁחָה; מָזוֹר

salve *vt* הֵבִיא מַרְפֵּא

salvo *n* מַטַּח יְרִי; מַטָּח

Samaritan *n, adj* שׁוֹמְרוֹנִי; שׁוֹמְרוֹנִית; נָדִיב

same *adj, pron, adv* זֵהֶה, הוּא עַצְמוֹ; דּוֹמֶה; אָחִיד; הַנַּ״ל

sample *n* דּוּגְמָה; מִדְגָּם

sample *vt* נָטַל מִדְגָּם

sanctify *vt* הָפַךְ לִמְקוּדָּשׁ

sanctimonious *adj* מִתְחַסֵּד

sanction *n* הַרְשָׁאָה; אִישּׁוּר; (בְּרִיבּוּי) סַנְקְצִיּוֹת, עוֹנֶשׁ

sanction *vt* נָתַן תּוֹקֶף; אִישֵּׁר

sanctuary *n* מְקוֹם קָדוֹשׁ; מִקְדָּשׁ; מִקְלָט

sand *n* חוֹל

sand *vt* זָרָה חול; מֵירֵק בְּחול
sandal *n* סַנְדָּל
sandalwood *n* עֵץ הַסַּנְדָּל; אַלמוּג
sandbag *n* שַׂק חול
sandbag *vt* בִּיצֵּר בְּשַׂקֵּי חול; הִיכָּה בְּשַׂק חול
sand-bar *n* שִׂרטון
sandblast *n* סִילוֹן חול
sandbox *n* אַרגַּז חול
sand dune *n* חוּלָה, דְּיוּנָה
sandglass *n* שְׁעוֹן חול
sandpaper *n* נְיַיר־זְכוּכִית
sandpaper *vt* שִׁפשֵׁף בִּנְיַיר־זְכוּכִית
sandstone *n* אֶבֶן־חול
sandstorm *n* סוּפַת־חול
sandwich *n, vt* כָּרִיך; עָשָׂה כָּרִיך
sandy *adj* חוֹלִי; מִצֶּבַע הַחול
sane *adj* שָׁפוּי; מְפוּקָּח
sanguinary *adj* עָקוֹב מִדָּם; צָמֵא לְדָם
sanguine *adj* בּוֹטֵחַ, אוֹפּטִימִי
sanitary *adj* בְּרִיאוּתִי; תַּברוּאִי
sanitary napkin *n* תַּחבּוֹשֶׁת הִיגְיֵינִית
sanitation *n* תַּברוּאָה
sanity *n* שְׁפִיוּת
Santa Claus *n* סַנטָה קלוֹז
sap *n* מוֹהַל (שֶׁל צֶמַח); לַחלוּחִית; חַיוּת; (המונית) טִיפֵּשׁ
sap *vt* מָצַץ; הִתִּישׁ
saphead *n* שׁוֹטֶה
sapling *n* שָׁתִיל; נֵצֶר רַך
sapphire *n* סַפִּיר
saraband *n* סָרַבַּנדָּה
Saracen *n* סָרָצֵנִי, מוּסלְמִי (בתקופת הצלבנים)
sardine *n* טָרִית, סַרדִּין
sash *vt* מִסגֵּר; עִיטֵּר בְּסֶרֶט
sash *n* מִסגֶּרֶת־שִׁמשָׁה
sash window *n* חַלּוֹן זָחִיחַ
satchel *n* יַלקוּט
sateen *n* סָטִין
satellite *n* יָרֵחַ; לַוויָין; גָּרוּר; חָסִיד
satellite country *n* מְדִינָה גְּרוּרָה
satiate *adj* שָׂבֵעַ
satiate *vt* הִשׂבִּיעַ
satin *n, adj* סָטִין; מְשִׁיִי
satiric(al) *adj* סָטִירִי
satirist *n* סָטִירִיקָן
satirize *vt* תֵּיאֵר בְּסָטִירִיּוּת
satisfaction *n* שְׂבִיעוּת־רָצוֹן; סִיפּוּק
satisfactory *adj* מְסַפֵּק; מֵנִיחַ אֶת הַדַּעַת
satisfy *vt, vi* סִיפֵּק; הִשׂבִּיעַ רָצוֹן
saturate *vt* רִיוָּה, הִרוָה
Saturday *n* שַׁבָּת
sauce *n* רוֹטֶב; תַּבלִין; (דיבּוּרית) חוּצפָּה
sauce *vt* תִּיבֵּל; הִתחַצֵּף
saucepan *n* אִלפָּס
saucer *n* תַּחתִּית
saucy *adj* חָצוּף; עֲסִיסִי
sauerkraut *n* כְּרוּב כָּבוּשׁ
saunter *n* טִיּוּל שׁוֹטְטוּת
saunter *vi* טִייֵּל לַהֲנָאָתוֹ
sausage *n* נַקנִיק; נַקנִיקִית
savage *adj* פִּראִי; זוֹעֵף; פֶּרֶא
savant *n* מְלוּמָּד, מַדְעָן
save *vt, vi* הִצִּיל; חָסַך
save *prep, conj* מִלְּבַד, חוּץ מִן
saving *adj* מַצִּיל, גּוֹאֵל; חוֹסֵך

saving *prep, conj* מִלְּבַד, פְּרָט ל...
savings *n pl* חֶסכוֹנוֹת
Savior, savior *n* מָשִׁיחַ, גּוֹאֵל
savor *n* טַעַם; תַּבְלִין; סַמְמָן
savor *vi, vt* הָיָה לוֹ טַעַם; נִיכְּרוּ בּוֹ סִימָנִים
savory *n* צַתְרָה; פַּרְפֶּרֶת
savory *adj* טָעִים, בָּשִׂים; נָעִים
saw *n* מַסּוֹר; פִּתְגָם
saw *vt* נִיסֵּר
sawbuck *n* חֲמוֹר נְסִירָה
sawdust *n* נְסוֹרֶת
sawmill *n* מַנְסֵרָה (מכוֹנה)
Saxon *n, adj* סַקסוֹנִי; סַקסוֹנִית
saxophone *n* סַקסוֹפוֹן
say *vt, vi* אָמַר
say *n* זְכוּת דִיבּוּר, דֵעָה
saying *n* אֲמִירָה; מֵימְרָה
scab *n* גֶּלֶד; גָּרֶדֶת; מֵפֵר שְׁבִיתָה
scabbard *n* נְדָן
scabby *adj* עִם פְּצָעִים מוּגְלָדִים
scabrous *adj* מָלֵא קַשְׂקַשִּׂים; מְסוּבָּךְ
scaffold *n* גַּרדּוֹם; פִּיגּוּם
scaffolding *n* מַעֲרֶכֶת פִּיגּוּמִים
scald *vt* כְּוָוה
scale *n* סוּלָם; דֵּירוּג
scale *vt, vi* טִיפֵּס; עָלָה בְּהַדְרָגָה; הִתְקַלֵּף
scallop *n* צִדְפָּה מְחוֹרֶצֶת
scallop *vt* עָשָׂה סִלְסוּלִים גַּלִּיִּים
scalp *n* קַרְקֶפֶת
scalp *vt* קִרְקֵף; פָּשַׁט עוֹר; רִימָּה; סִפְסֵר (בּכרטיסים)
scalpel *n* אִזְמֵל
scaly *adj* מְכוּסֶּה קַשְׂקַשִּׂים

scamp *n* בֶּן־בְּלִיַּעַל
scamp *vt, vi* עָשָׂה מְלֶאכֶת־רְמִיָּה
scamper *vi* נָס בְּבֶהָילוּת
scamper *n* בְּרִיחָה מְבוֹהֶלֶת
scan *vt* תָּר (שטח); קָרָא בְּרִפרוּף
scandal *n* שַׁעֲרוּרִיָּה
scandalize *vt* עוֹרֵר שַׁעֲרוּרִיָּה
scandalous *adj* מַחפִּיר, שַׁעֲרוּרִי
scansion *n* קְבִיעַת מִשְׁקָל (שֶׁל שִׁיר)
scant *adj* זָעוּם, דַּל
scant *vt, vi* קִימֵּץ; צִמצֵם
scanty *adj* זָעוּם, דַּל
scapegoat *n* שָׂעִיר לַעֲזָאזֵל
scar *n* צַלֶּקֶת
scar *vt, vi* צִילֵּק; הִצטַלֵּק
scarce *adj* נָדִיר; לֹא מַסְפִּיק
scarcely *adj* בְּקוֹשִׁי
scare *vt, vi* הִפחִיד; פָּחַד
scare *n* בֶּהָלָה
scarecrow *n* דַחלִיל
scarf *n* סוּדָר; מַפָּה
scarf-pin *n* סִיכַּת עֲנִיבָה
scarlet *n, adj* אָדוֹם כַּשָּׁנִי
scarlet fever *n* שָׁנִית, סקַרלָטִינָה
scary *adj* מַבהִיל; נוֹחַ לִפחוֹד
scat *interj* הָלְאָה!
scathing *adj* חָרִיף
scatter *vt, vi* פִּיזֵּר; הִתְפַּזֵּר
scatterbrained *adj* מְפוּזָּר; קַל־דַּעַת
scattered showers *n pl* מִמטָרִים פְּזוּרִים
scenario *n* תַּסְרִיט
scene *n* סְצֵנָה; מְקוֹם הִתרַחֲשׁוּת; שַׁעֲרוּרִיָּה; תְּמוּנָה (בּמחזה)
scenery *n* נוֹף; תַּפאוּרָה

scene-shifter *n* מַחֲלִיף תַּפאוּרוֹת
scent *vt, vi* הֵרִיחַ; חָשַׁד
scent *n* רֵיחַ; נִיחוֹחַ; בּוֹשֶׂם; חוּשׁ־רֵיחַ
scepter *n* שַׁרבִיט
sceptic(al) *adj, n* סַפקָנִי; סַפקָן
schedule *n* לוּחַ־זְמַנִּים; מִפרָט
schedule *vt* תִּכנֵן (כנ"ל)
scheme *n* תּוֹכנִית; מַעֲרֶכֶת; קֶשֶׁר
scheme *vt, vi* זָמַם; עִיבֵּד תּוֹכנִית
schemer *n* אִישׁ מְזִימּוֹת
scheming *adj* בַּעַל מְזִימּוֹת
schism *n* פִּילּוּג
scholar *n* מְלוּמָּד, תַּלמִיד־חָכָם; תַּלמִיד
scholarly *adj* מְלוּמָּד, לַמדָנִי
scholarship *n* יֶדַע, חָכמָה; מִלגָה
school *n* בֵּית־סֵפֶר; אַסכּוֹלָה
school *vt* חִינֵּךְ, הִדרִיךְ; נִיהֵל
school attendance *n* בִּיקּוּר בְּבֵית־סֵפֶר
school-board *n* מוֹעֶצֶת חִינּוּךְ
schoolboy *n* תַּלמִיד בֵּית־סֵפֶר
schoolgirl *n* תַּלמִידַת בֵּית־סֵפֶר
schooling *n* הַשׂכָּלָה
schoolmate *n* חָבֵר לְבֵית־הַסֵּפֶר
schoolroom *n* כִּיתָּה
school year *n* שְׁנַת לִימּוּדִים
schooner *n* מִפרָשִׂית
sci. *abbr* science, scientific
science *n* מַדָּע
scientific *adj* מַדָּעִי
scientist *n* מַדְּעָן
scil. *abbr* scilicet (Latin) דְּהַיְינוּ
scimitar *n* חֶרֶב מִזרָחִית
scintillate *vi* נִצנֵץ, הִבהֵב; הִברִיק

scion *n* חוֹטֶר; צֶאֱצָא
Scipio *n* עַקרָב
scissors *n pl* מִספָּרַיִים
scoff *vi* לָעַג
scold *n* אֵשֶׁת־מְדָנִים
scold *vi, vt* גָּעַר, נָזַף
scoop *n* יָעֶה; מַצֶּקֶת; יְדִיעָה מַרעִישָׁה
scoop *vt* דָּלָה, גָּרַף
scoot *vi* זִינֵּק וָרָץ
scooter *n* אוֹפַנַּיִת, גַּלגַּלַּיִים; קַטנוֹעַ
scope *n* הֶיקֵּף, תְּחוּם; מֶרחָב
scorch *vt, vi* חָרַךְ, צָרַב; נֶחרַךְ, נִצרַב
scorch *n* כְּוִויָּה קַלָּה
scorching *adj* צוֹרֵב, חוֹרֵךְ
score *n* מַצַּב הַנְּקוּדוֹת (בתחרות)
score *vt, vi* זָכָה בִּנקוּדוֹת; רָשַׁם נְקוּדוֹת; (במוסיקה) תִּזמֵר יְצִירָה
scoreboard *n* לוּחַ נִיקּוּד
scorn *n* בּוּז; לַעַג
scorn *vt* בָּז ל...; דָּחָה בְּבוּז
scornful *adj* מָלֵא בּוּז
scorpion *n* עַקרָב
Scot *adj, n* סקוֹטִי
Scotch *adj, n* סקוֹטִי; סקוֹטִית; סקוֹטשׁ (ויסקי)
scotch *vt* שָׂם קֵץ, בָּלַם
Scotchman *n* סקוֹטִי
Scotland *n* סקוֹטלַנד
Scottish *adj, n* סקוֹטִי; (עם) הַסקוֹטִים
scoundrel *n* נָבָל, נוֹכֵל
scour *vt* מֵירֵק; נִיקָּה; גָּרַף; סָרַק
scourge *n* פַּרגּוֹל; מַטֵּה זַעַם; נֶגַע
scourge *vt* יִיסֵּר; הֵבִיא פּוּרעָנוּת עַל
scout *n* סַיָּיר; צוֹפֶה

scout *vt, vi* עָסַק בְּסִיוּר; גִּישֵּׁשׁ; חִיפֵּשׂ
scoutmaster *n* מַדְרִיךְ צוֹפִים
scowl *vi, vt* הִזְעִים עַפְעַפַּיִים
scowl *n* מַבָּט זוֹעֵף
scramble *vi, vt* הִתְגַּבֵּר עַל דֶּרֶךְ (תלולה); חָתַר לְהַשִּׂיג; גִּיבֵּב
scramble *n* טִיפּוּס בְּקוֹשִׁי; הִדָּחֲקוּת
scrambled egg *n* בֵּיצָה טְרוּפָה
scrap *n* חֲתִיכָה, פֵּירוּר, פִּיסָּה; גְרוּטָה
scrap *vt* הִשְׁלִיךְ
scrapbook *n* סֵפֶר הַדְבָּקוֹת, תַּלְקִיט
scrape *vt, vi* גֵּרֵד, שִׁיֵּף
scrape *n* גֵּירוּד, שִׁיּוּף; שָׂרֶטֶת; מַצָּב בִּישׁ
scrap-iron *n* גְרוּטָאוֹת
scrap-paper *n* נְיַיר טְיוּטָה
scratch *vt, vi* סָרַט, גֵּרֵד; מָחַק; הִתְגָּרֵד
scratch *n* גֵּירוּד, סְרִיטָה; שָׂרֶטֶת
scratch *adj* שֶׁל טְיוּטָה; שָׁוֵה תְּנָאִים
scratch paper *n* נְיַיר טְיוּטָה
scrawl *vt, vi* קִשְׁקֵשׁ, שִׁרְבֵּט
scrawl *n* קִשְׁקוּשׁ, שִׁרְבּוּט
scrawny *adj* דַּק בָּשָׂר
scream *vi* צָוַח, צָרַח
scream *n* צְוָחָה, צְרִיחָה
screech *vi, n* צָוַח; צְוָחָה
screech-owl *n* תִּנְשֶׁמֶת
screen *n* מָסָךְ, חַיִץ; סוֹכֵךְ
screen *vt, vi* קָבַע חַיִץ, חָצַץ; הִקְרִין; הִסְרִיט
screenplay *n* תַּסְרִיט
screw *n* בּוֹרֶג, סְלִיל; סִיבּוּב בּוֹרְגִי
screw *vt, vi* בָּרַג, הִבְרִיג; כָּפָה; הִתְבָּרֵג
screwball *n* אָדָם מוּזָר
screwdriver *n* מַבְרֵג
screw-jack *n* מַגְבֵּהַ בּוֹרְגִי
screw propeller *n* מַדְחֵף בּוֹרְגִי
scribal error *n* פְּלִיטַת קוּלְמוּס
scribble *vi. vt* שִׁרְבֵּט
scribble *n* כְּתַב חַרְטוּמִּים; שִׁרְבּוּט
scribe *n* סוֹפֵר; מַעְתִּיק
scrimp *vt, vi* קִימֵּץ
scrip *n* כְּתָב; אִיגֶּרֶת חוֹב
script *n* כְּתַב; אוֹתִיּוֹת כְּתָב; כְּתַב־יָד
Scripture *n* כִּתְבֵי־הַקּוֹדֶשׁ
script-writer *n* תַּסְרִיטָן
scrofula *n* חֲזִירִית
scroll *n* מְגִילָּה
scrollwork *n* מַעֲשֵׂה חֶלְזוֹנִית
scrub *vt* רָחַץ וְשִׁפְשֵׁף
scrub *n* רְחִיצָה וְשִׁפְשׁוּף, קִרְצוּף; סְבַךְ שִׂיחִים
scrub oak *n* אַלּוֹנִית
scruff *n* עוֹרֶף
scruple *n* הִיסּוּס מַצְפּוּנִי; קַמְצוּץ
scruple *vt, vi* סָבַל מִנְּקִיפוֹת לֵב
scrupulous *adj* בַּעַל מַצְפּוּן; דַּקְדְּקָן
scrutinize *vt* בָּדַק, בָּחַן
scrutiny *n* בְּדִיקָה מְדוּקְדֶּקֶת
scuff *vt* גָּרַר רַגְלַיִים; דִּשְׁדֵּשׁ; חִסְפֵּס
scuffle *vi* הִשְׁתַּתֵּף בְּתִגְרָה
scuffle *n* תִּגְרָה מְבוּלְבֶּלֶת
scull *n* מָשׁוֹט; סִירַת מֵירוֹץ
scull *vt, vi* חָתַר; הֵנִיעַ סִירָה בְּמָשׁוֹט
scullery *n* קִיטוֹן הַמְּבַשְּׁלִים
scullery maid *n* מְשָׁרֶתֶת מִטְבָּח
scullion *n, adj* מְשָׁרֵת מִטְבָּח
sculptor *n* פַּסָּל
sculptress *n* פַּסֶּלֶת

sculpture *n* פִּיסּוּל; פַּסָּלוּת; פֶּסֶל
sculpture *vt, vi* פִּיסֵּל, גִּילֵּף
scum *n* זוּהֲמָה; חֶלְאָה
scum *vt, vi* הֵסִיר זוּהֲמָה, קִיפָּה
scummy *adj* מְכוּסֶּה קְרוּם; שָׁפָל
scurf *n* קַשְׂקַשִּׂים
scurrilous *adj* שֶׁל נִיבּוּל־פֶּה
scurry *vi* אָץ־רָץ
scurvy *adj* מָאוּס, נִבְזֶה
scurvy *n* צַפְדִּינָה
scuttle *n* דְּלִי לְפֶחָם; פְּתָחָה (בִּסִיפּוּן, למשל)
scuttle *vi, vt* רָץ מַהֵר; נִיקֵּב (אונייה לטובעה)
Scylla *n* סְקִילָּה
scythe *n* חֶרְמֵשׁ
sea *n* יָם
sea *adj* שֶׁל הַיָּם
seaboard *n* חוֹף יָם
sea-breeze *n* רוּחַ יָם
sea-dog *n* כֶּלֶב־יָם; יַמַּאי וָתִיק
seafarer *n* יוֹרֵד־יָם
sea-food *n* מְזוֹן יַמִּי
seagull *n* שַׁחַף
seal *n* חוֹתָם, חוֹתֶמֶת; כֶּלֶב־יָם
seal *vt* שָׂם חוֹתָם; אִישֵּׁר; אָטַם
sea-legs *n pl* רַגְלֵי סַפָּן מְנוּסֶּה
sea level *n* פְּנֵי הַיָּם
sealing-wax *n* דּוֹנַג חוֹתָם
seam *n* תֶּפֶר; סֶדֶק
seaman *n* אִישׁ יָם, יַמַּאי
seamless *adj* חֲסַר תֶּפֶר
seamstress *n* תּוֹפֶרֶת
seamy *adj* לֹא נָעִים, גָּרוּעַ; מְצוּלָּק
seance *n* מוֹשָׁב; סֵיאַנְס

seaplane *n* מְטוֹס־יָם
seaport *n* נָמֵל; עִיר נָמֵל
sea power *n* עוֹצְמָה יַמִּית; מַעֲצָמָה יַמִּית
sear *adj* יָבֵשׁ, קָמֵל
sear *vt, vi* חָרַךְ; צָרַב, סִימֵּן בְּבַרְזֶל מְלוּבָּן
search *vt* חִיפֵּשׂ, גִּישֵּׁשׁ
search *n* חִיפּוּשׂ, בְּדִיקָה
searchlight *n* זַרְקוֹר
search-warrant *n* פְּקוּדַּת־חִיפּוּשׂ
seascape *n* (תמונת) נוֹף יַמִּי
sea-shell *n* קוֹנְכִית
seashore *n* חוֹף־יָם
seasick *adj* חוֹלֵה יָם
seasickness *n* מַחֲלַת־יָם
seaside *n* חוֹף־יָם
sea-snake *n* נְחַשׁ־יָם
season *n* עוֹנָה
season *vt* תִּיבֵּל; הִבְשִׁיל
seasonal *adj* עוֹנָתִי
seasoning *n* תַּבְלִין; תִּיבּוּל
sea-swallow *n* שְׁחָפִית־יָם
seat *n* מוֹשָׁב; מְקוֹם יְשִׁיבָה; יַשְׁבָן
seat *vt* הוֹשִׁיב
seat belt *n* חֲגוֹרַת מוֹשָׁב
seat cover *n* כִּיסּוּי מוֹשָׁב
S.E.A.T.O. *abbr* South East Asia Treaty Organization סִיאָטוֹ
sea-wall *n* חוֹמַת־יָם
seaway *n* נְתִיב יַמִּי
seaweed *n* אַצַּת־יָם
sea wind *n* רוּחַ־יָם
seaworthy *adj* כָּשֵׁר לְשַׁיִט
secede *vi* פָּרַשׁ

secession *n* פְּרִישָׁה
seclude *vt* הִדִּיר מִן; בּוֹדֵד
secluded *adj* מוּפְרָשׁ; מְבוֹדָד
seclusion *n* בִּידּוּד; הִתְבּוֹדְדוּת
second *adj* שֵׁנִי
second *n* שֵׁנִי, שְׁנִיָּה; עוֹזֵר; שׁוֹשְׁבִין
second *vt* תָּמַךְ בּ...; הִשְׁאִיל (פקיד וכד׳)
secondary *adj* שְׁנִיִּי, מִשְׁנִי
secondary school *n* בֵּית־סֵפֶר תִּיכוֹן
second-class *adj* מִמַּדְרֵגָה שְׁנִיָּה
second hand *n* מְחוֹג הַשְּׁנִיּוֹת
secondhand *adj* מְשׁוּמָּשׁ
second lieutenant *n* סֶגֶן מִשְׁנֶה
second-rate *adj, n* מִמַּדְרֵגָה שְׁנִיָּה; בֵּינוֹנִי
second sight *n* רְאִיָּה נְבוּאִית
second wind *n* נְשִׁימָה גּוֹבֶרֶת
secrecy *n* סוֹדִיּוּת; סֵתֶר
secret *n, adj* סוֹד, סוֹדִי, חֲשָׁאִי
secretary *n* מַזְכִּיר; שַׂר
Secretary of State *n* שַׂר הַחוּץ
secrete *vt* הִפְרִישׁ; הִסְתִּיר
secretive *adj* מִתְעַטֵּף בְּסוֹדִיּוּת
sect *n* כַּת, כִּיתָּה
sectarian *adj, n* שֶׁל כַּת, כִּיתָּתִי
section *n* קֶטַע; סָעִיף; חֵלֶק; מַחְלָקָה; אֵיזוֹר
secular *adj* חִילּוֹנִי
secularism *n* רוּחַ חִילּוֹנִיּוּת
secure *adj* בָּטוּחַ; בּוֹטֵחַ
secure *vt* הִשִּׂיג; אִבְטֵחַ; בִּיצֵּר; שָׁמַר
securely *adv* בְּבִיטָּחוֹן; לָבֶטַח; (סגירה וכד׳) הֵיטֵב

security *n* בִּטָּחוֹן; עֲרוּבָּה; (בריבוי) נְיָירוֹת־עֵרֶךְ
Security Council *n* מוֹעֶצֶת הַבִּיטָּחוֹן
sedate *adj* מְיוּשָּׁב בְּדַעְתּוֹ
sedative *adj, n* מַרְגִּיעַ; סַם מַרְגִּיעַ
sedentary *adj* שֶׁל יְשִׁיבָה
sediment *n* מִשְׁקָע
sedition *n* הֲסָתָה לְמֶרֶד
seditious *adj* מֵסִית לְמֶרֶד
seduce *vt* פִּיתָּה
seducer *n* מְפַתֶּה, פַּתְיָין
seduction *n* הֲדָחָה; פִּיתּוּי
seductive *adj* מְפַתֶּה; מוֹשֵׁךְ
sedulous *adj* שַׁקְדָן; מַתְמִיד
see *n* בִּישׁוֹפוּת
see *vt, vi* רָאָה; חָזָה; לִיוָּה; סָבַר
seed *n* זֶרַע
seed *vi, vt* זָרַע, טָמַן זֶרַע; גֵּרְעֵן
seedling *n* שָׁתִיל; זָרִיעַ
seedy *adj* מָלֵא גַּרְעִינִים; מוּזְנָח (בהופעה); חוֹלֶה
seeing *conj* לְאוֹר
seek *vt* חִיפֵּשׂ, בִּיקֵּשׁ לִמְצוֹא
seem *vi* נִרְאָה, הָיָה נִדְמֶה
seemingly *adv* לִכְאוֹרָה
seemly *adj* הָגוּן, יָאֶה, הוֹלֵם
seep *vi* חִלְחֵל, הִסְתַּנֵּן
seer *n* חוֹזֶה
seesaw *n* נַדְנֵדַת קוֹרָה
seesaw *vi* הִתְנַדְנֵד
seethe *vi* רָתַח, סָעַר
segment *n* חֵלֶק, פֶּלַח; קֶטַע
segregate *vt, vi* הִפְרִיד, הִבְדִּיל
segregation *n* הַפְרָדָה
segregationist *n* חֲסִיד הַפְרָדָה גִּזְעִית

seismograph *n* מַדְרַעַד, מַדְרַעַשׁ
seismology *n* סֵיסמוֹלוֹגְיָה
seize *vt* תָּפַס; חָטַף; הֶחֱרִים; תָּקַף
seizure *n* תְּפִיסָה, לְכִידָה; הַחֲרָמָה
seldom *adv* לְעִיתִּים רְחוֹקוֹת
select *adj* נִבְחָר, מוּבְחָר
select *vt* בָּחַר
selectee *n* מְגוּיָּס
selection *n* בְּחִירָה; מִבְחָר, הִיבָּחֲרוּת
self *n, adj, pron* עַצְמִיּוּת, זֶהוּת
self-abuse *n* בִּיזּוּי עַצְמִי
self-addressed envelope *n* מַעֲטָפַת תְּשׁוּבָה
self-centered *adj* אֵגוֹצֶנטְרִי, אָנוֹכִיִּי
self-conscious *adj* רָגִישׁ לְעַצְמוֹ; נָבוֹךְ בְּחֶבְרָה
self-control *n* שְׁלִיטָה עַצְמִית
self-defense *n* הֲגַנָּה עַצְמִית
self-denial *n* הִתְנַזְּרוּת
self-determination *n* הַגְדָּרָה עַצְמִית
self-educated *n* בַּעַל הַשְׂכָּלָה עַצְמִית
self-employed *adj* (עוֹבֵד) עַצְמָאִי
self-evident *adj* מוּבָן מֵאֵלָיו
self-explanatory *adj* מִתְבָּאֵר מֵאֵלָיו
self-government *n* מִמְשָׁל עַצְמִי
self-important *adj* חָשׁוּב בְּעֵינֵי עַצְמוֹ
self-indulgence *n* הִתְמַכְּרוּת לַהֲנָאָתוֹ
self-interest *n* טוֹבַת עַצְמוֹ
selfish *adj* אָנוֹכִיִּי
selfishness *n* אָנוֹכִיּוּת
selfless *adj* בִּלְתִּי־אָנוֹכִיִּי
self-love *n* אַהֲבָה עַצְמִית
self-portrait *n* דְּיוֹקַן עַצְמוֹ
self-possessed *adj* מוֹשֵׁל בְּרוּחוֹ
self-preservation *n* שְׁמִירַת הַקִּיּוּם (העצמי)
self-reliant *adj* בָּטוּחַ בְּעַצְמוֹ
self-respecting *adj* בַּעַל כָּבוֹד עַצְמִי
self-righteous *adj* צַדִּיק בְּעֵינֵי עַצְמוֹ
self-sacrifice *n* הַקְרָבָה עַצְמִית
selfsame *adj* אוֹתוֹ עַצְמוֹ, זֵהֶה
self-satisfied *adj* שְׂבַע־רָצוֹן מֵעַצְמוֹ
self-seeking *n, adj* אָנוֹכִיּוּת; אָנוֹכִיִּי
self-service restaurant *n* מִסְעֶדֶת שֵׁירוּת עַצְמִי
self-starter *n* מַתְנֵעַ
self-support *n* הַחֲזָקָה עַצְמִית
self-taught *adj* בַּעַל הַשְׂכָּלָה עַצְמִית
self-willed *adj* תַּקִּיף בְּדַעְתּוֹ
sell *vt, vi* מָכַר; נִמְכַּר
sell *n* תַּרְמִית
seller *n* מוֹכֵר, זַבָּן
sell-out *n* מְכִירָה כְּלָלִית
Seltzer water *n* מֵי סוֹדָה
selvage *n* שָׂפָה (של אריג)
semantic *adj* סֵמַנְטִי; שֶׁל תּוֹרַת הַמַּשְׁמָעִים
semaphore *n* סֵמָפוֹר
semblance *n* מַרְאֶה; מַרְאִית־עַיִן
semen *n* זֶרַע
semester *n* סֵמֶסְטֶר, זְמַן
semicolon *n* נְקוּדָּה וּפְסִיק (;)
semiconscious *adj* בְּהַכָּרָה לְמֶחֱצָה
semifinal *adj, n* (שֶׁל) חֲצִי־גְּמָר
semi-learned *adj* מְלוּמָּד לְמֶחֱצָה
semimonthly *n, adj, adv* דּוּ־שְׁבוּעוֹן; דּוּ־שְׁבוּעוֹנִי
seminar *n* סֵמִינַרְיוֹן
seminary *n* בֵּית־סֵפֶר גָּבוֹהַ לִנְעָרוֹת; סֵמִינַרְיוֹן

Semite *n* שֵׁמִי

Semitic *adj* שֵׁמִי

semitrailer *n* גּוֹרֵר לְמֶחֱצָה

semiweekly *adj, n, adv* חֲצִי־שְׁבוּעִי

semiyearly *adj, adv* חֲצִי־שְׁנָתִי

Sen. *abbr* Senator, Senior

senate *n* סֵנָט

senator *n* סֵנָטוֹר

send *vt* שָׁלַח

sender *n* שׁוֹלֵחַ; מְמַעֵן

send-off *n* פְּרֵידָה חֲגִיגִית

senile *adj* שֶׁל זִקְנָה; סֵנִילִי

senility *n* תְּשִׁישׁוּת מִזִּקְנָה; סֵנִילִיוּת

senior *adj, n* בָּכִיר

senior citizens *n pl* זְקֵנִים

seniority *n* וֶתֶק

sensation *n* תְּחוּשָׁה; מְרָעֵשׁ, סֶנְסַצְיָה

sense *n* חוּשׁ; רֶגֶשׁ; הַכָּרָה; שֵׂכֶל; מַשְׁמָע

sense *vt* חָשׁ

senseless *adj* חֲסַר טַעַם

sensibility *n* כּוֹשֶׁר חִישָּׁה; תְּבוּנָה

sensible *adj* נָבוֹן; הֶגְיוֹנִי; נִיכָּר; חָשׁ

sensitive *adj* רָגִישׁ

sensitize *vt* עָשָׂה לְרָגִישׁ

sensory *adj* חוּשִׁי

sensual *adj* חוּשָׁנִי; תַּאַוְתָנִי

sensuous *adj* חוּשִׁי, רָגִישׁ לְגֵירוּי חוּשִׁי

sentence *n* מִשְׁפָּט (תחבירי); גְּזַר־דִּין

sentence *vt* דָּן; חָרַץ דִּין

sentiment *n* רֶגֶשׁ, סֶנְטִימֶנְט

sentimentality *n* רִגְשִׁיּוּת, רַגְשָׁנוּת

sentinel *n* זָקִיף

sentry *n* זָקִיף; מִשְׁמָר

sentry-box *n* תָּא זָקִיף

separate *vt, vi* הִפְרִיד; חָצַץ; נִפְרַד

separate *adj* נִפְרָד, נִבְדָּל; מְנוּתָּק

Sephardic *adj* סְפָרַדִּי (יהודי)

Sephardim *n pl* (יהודים) סְפָרַדִּים

September *n* סֶפְּטֶמְבֶּר

septet *n* שַׁבְעִית

septic *adj, n* (חומר) אָלוּחַ

sepulcher *n* קֶבֶר, קְבוּרָה

sequel *n* הֶמְשֵׁךְ; תּוֹלָדָה

sequence *n* הִשְׁתַּלְשְׁלוּת, רֶצֶף; סֵדֶר

sequester *vt* הִפְקִיעַ

seraph *n* שָׂרָף, מַלְאָךְ

Serb *n* סֶרְבִּי

sere *adj* יָבֵשׁ, כָּמוּשׁ

serenade *n* סֵרֵנָדָה

serenade *vt* סִרְנֵד

serene *adj* שָׁלֵו, רוֹגֵעַ; רָם מַעֲלָה

serenity *n* שַׁלְוָה, רוֹגַע

serf *n* צָמִית, עֶבֶד

serfdom *n* שִׁעְבּוּד

sergeant *n* סַמָּל

sergeant-at-arms *n* קְצִין הַטֶּקֶס

sergeant-major *n* רַב־סַמָּל

serial *adj, n* סוֹדֵר; סִיפּוּר בְּהֶמְשֵׁכִים

series *n* סִדְרָה

serious *adj* רְצִינִי, חָמוּר

sermon *n* דְּרָשָׁה

sermonize *vt, vi* הִטִּיף; נָשָׂא דְּרָשָׁה

serpent *n* נָחָשׁ

serum *n* נַסְיוּב

servant *n* מְשָׁרֵת

servant-girl (maid) *n* עוֹזֶרֶת (בית), מְשָׁרֶתֶת

serve *vt, vi* שֵׁירֵת; עָבַד אֶת; כִּיהֵן בּ...; תִּיפְקֵד; הִגִּישׁ

serve *n* (בטנים) חֲבָטַת פְּתִיחָה
service *n* שֵׁירוּת; אַחֲזָקָה; טוֹבָה; חֲבָטַת פְּתִיחָה (בטנים)
service *vt* נָתַן שֵׁירוּת
serviceable *adj* שָׁמִישׁ; תַּכְלִיתִי
serviceman *n* חַיָּל; אִישׁ שֵׁירוּת
servile *adj* מִתְרַפֵּס
servitude *n* עַבְדוּת, שִׁעְבּוּד
sesame *n* שׁוּמְשׁוּם
session *n* מוֹשָׁב; יְשִׁיבָה
set *vt, vi* שָׂם, הִנִּיחַ; קָבַע; הוֹשִׁיב; עָרַךְ (שולחן); סִידֵּר (בְּדפוס); כִּיוּוֵן (שעון וכד׳)
set *adj* קָבוּעַ מֵרֹאשׁ; מְיוּעָד; מְכוּוָּן
set *n* מַעֲרֶכֶת; סִדְרָה; קְבוּצָה (של אנשים); תַּפְאוּרָה (בתיאטרון)
setback *n* הֵיעָצְרוּת, בְּלִימָה
setscrew *n* בּוֹרֶג כִּוּונוּן
settee *n* סַפָּה
setting *n* קְבִיעָה, סִידּוּר; מִסְגֶּרֶת, רֶקַע
settle *n* סַפְסָל נוֹחַ
settle *vt, vi* סִידֵּר, הִסְדִּיר; הֶחֱלִיט; פָּרַע (חוב); בָּא לָגוּר; הוֹשִׁיב, הִשְׁכִּין; יִישֵּׁב (סכסוך); הִתְיַישֵּׁב
settlement *n* סִידּוּר; הֶסְדֵּר; הֶסְכֵּם; פֵּירָעוֹן (חוב); הוֹרָשָׁה; יִישּׁוּב, הִתְיַישְּׁבוּת
settler *n* מִשְׁתַּקֵּעַ, מִתְיַישֵּׁב
set-up *n* (דיבּוּרית) מִבְנֶה, צוּרַת אִרְגּוּן
seven *adj, n* (של) שִׁבְעָה, שֶׁבַע
seven hundred *adj, n* שְׁבַע מֵאוֹת
seventeen *adj, n* שִׁבְעָה־עָשָׂר, שְׁבַע־עֶשְׂרֵה
seventeenth *adj, n* הַשִּׁבְעָה־עָשָׂר, הַשְּׁבַע־עֶשְׂרֵה
seventh *adj, n* שְׁבִיעִי; שְׁבִיעִית
seventieth *adj, n* הַשִּׁבְעִים; הַחֵלֶק הַשִּׁבְעִים
seventy *adj, n* שִׁבְעִים
sever *vt, vi* נִיתֵּק
several *adj* אֲחָדִים
severance pay *n* פִּיצּוּיֵי פִּיטּוּרִים
severe *adj* חָמוּר
sew *vt, vi* תָּפַר, אִיחָה
sewage *n* שׁוֹפָכִים, מֵי בִּיּוּב
sewer *n* בִּיב
sewerage *n* בִּיּוּב; שׁוֹפָכִים
sewing machine *n* מְכוֹנַת תְּפִירָה
sex *n* מִין
sex appeal *n* חֵן מִינִי
sextant *n* סֶקְסְטַנְט
sextet *n* שִׁיתִּית (במוסיקה); שִׁשִּׁיָּה
sexton *n* שַׁמַּשׁ כְּנֵסִיָּה
sexual *adj* מִינִי
sexy *adj* מְעוֹרֵר תְּשׁוּקָה מִינִית
shabby *adj* מְרוּפָּט
shack *n* בִּקְתָּה
shackle *n* אֶצְעָדַת אֲזִיקִים
shade *n* צֵל; גָּוֶן
shade *vt, vi* יָצַר צֵל; הֵצֵל עַל; (בציור) קִוְוקֵו צְלָלִים
shadow *n* צֵל
shadow *vt* הֵצֵל; עָקַב אַחֲרֵי
shadowy *adj* צְלָלִי; קָלוּשׁ; מְעוּרְפָּל
shady *adj* מֵצֵל; (דיבּורית) מְפוּקְפָּק
shaft *n* מוֹט, כְּלוֹנָס
shaggy *adj* שָׂעִיר, מְדוּבְלָל
shake *vt, vi* נִעְנַע, טִלְטֵל; זִעְזַע; הִתְנַדְנֵד
shake *n* נִעְנוּעַ, טִלְטוּל

shakedown *n* יָצוּעַ; (המונית) סְחִיטָה בְּעִינּוּיִים
shake-up *n* שִׁידּוּד מַעֲרָכוֹת
shaky *adj* לֹא יַצִּיב
shall *v aux* (פועל־עזר לציון העתיד גוף ראשון)
shallow *adj* רָדוּד; שִׁטְחִי
sham *n* זִיּוּף, הַעֲמָדַת־פָּנִים
sham *vt, vi* הֶעֱמִיד פָּנִים
sham battle *n* תַּרְגִּיל קְרָב
shambles *n* בֵּית־מִטְבָּחַיִים; שְׂדֵה־הֶרֶג
shame *n* בּוּשָׁה; חֶרְפָּה
shame *vt* בִּיֵּשׁ; הִשְׁפִּיל
shameful *adj* מֵבִישׁ, מַחְפִּיר
shameless *adj* חֲסַר בּוּשָׁה
shampoo *vt* חָפַף רֹאשׁ (בשמפו)
shampoo *n* שַׁמְפּוּ; חֲפִיפָה
shamrock *n* תִּלְתָּן
shank *n* שׁוֹק, רֶגֶל
shanty *n* בִּקְתָּה, צְרִיף
shape *n* צוּרָה; דְּמוּת
shape *vt, vi* צָר (צורה), עִיצֵּב; גִּיבֵּשׁ; לָבַשׁ צוּרָה
shapeless *adj* חֲסַר צוּרָה
shapely *adj* יְפֵה צוּרָה, חָטוּב
share *n* חֵלֶק; מְנָיָה
share *vt, vi* חִילֵּק; נָטַל חֵלֶק
shareholder *n* בַּעַל מְנָיָה
shark *n* כָּרִישׁ; נוֹכֵל
sharp *adj* חַד; שָׁנוּן, מְמוּלָּח
sharp *adv* בְּדִיּוּק נִמְרָץ; בְּעֵרָנוּת
sharpen *vt, vi* חִידֵּד; הִתְחַדֵּד
sharper *n* רַמַּאי
sharpshooter *n* קַלָּע
shatter *vt, vi* נִיפֵּץ; הִתְנַפֵּץ
shatterproof *adj* חֲסִין הִתְנַפְּצוּת
shave *vt, vi* גִּילַּח; קִילֵּף; הִתְגַּלֵּחַ
shave *n* גִּילּוּחַ, תִּגְלַחַת
shavings *n pl* שִׁיפּוּיִים
shawl *n* סוּדָר
she *pron, n* הִיא
sheaf *n* אֲלוּמָּה
shear *vt* גָּזַר; סִיפֵּר
shears *n pl* מִסְפָּרַיִים (גדולים)
sheath *n* נְדָן; תִּיק
sheathe *vt* הִכְנִיס לַנְּדָן
shed *n* צְרִיף; סְכָכָה
shed *vt* הִזִּיל (דמעות); שָׁפַךְ (דם); הֵפִיץ (אור); הִשִּׁיל (עור וכד׳)
sheen *n* בָּרָק, זוֹהַר
sheep *n* צֹאן; כֶּבֶשׂ
sheep-dog *n* כֶּלֶב רוֹעִים
sheepish *adj* מְבוּיָּשׁ; נָבוֹךְ
sheepskin *n* עוֹר כֶּבֶשׂ; קְלָף
sheer *vi* סָטָה
sheer *adj* דַּק וְשָׁקוּף; טָהוֹר; תָּלוּל מְאוֹד
sheet *n* סָדִין (מיטה); לוּחַ; רִיקּוּעַ; גִּילָּיוֹן (נייר)
sheik *n* שֵׁייךְ
shelf *n* מַדָּף
shell *n* קְלִיפָּה; קוֹנְכִית; פָּגָז
shell *vt* קִילֵּף, הוֹצִיא מֵהַקְּלִיפָּה
shellac *n* שֶׁלָּק (לכה)
shell hole *n* פִּיר פָּגָז
shell-shock *n* הֶלֶם קְרָב
shelter *n* מַחְסֶה; מִקְלָט
shelter *vt, vi* שִׁימֵּשׁ מַחְסֶה; חָסָה
shelve *vi, vt* הִשְׁתַּפֵּעַ; גָּנַז; מִידֵּף

shepherd *n* רוֹעֶה
shepherd *vt* רָעָה; הוֹבִיל
sheriff *n* שֶׁרִיף
sherry *n* שֶׁרִי
shield *n* מָגֵן
shield *vt* הֵגֵן עַל, חִיפָּה עַל
shift *vt, vi* הֶעְתִּיק, הֶעֱבִיר; זָז
shift *n* הַעְתָּקָה, הֲזָזָה; מִשְׁמֶרֶת; חִילּוּף
shift key *n* מַחֲלֵף
shiftless *adj* חֲסַר תּוּשִׁיָּה; לֹא יָעִיל
shifty *adj* עָרוּם, תַּחְבְּלָנִי
shilling *n* שִׁילִינג
shimmer *vi* נִצְנֵץ; הִבְלִיחַ
shimmer *n* נִצְנוּץ; הַבְלָחָה
shin *n* שׁוֹק
shin *vi* טִיפֵּס
shinbone *n* שׁוֹקָה
shine *vi* זָהַר, זָרַח
shine *n* זוֹהַר; בָּרָק
shingle *n* רַעַף; תִּסְפּוֹרֶת קְצָרָה
shingle *vt* רִיעֵף; גָּזַז (שֵׂיעָר)
shining *adj* מַבְרִיק
shiny *adj* מַבְרִיק, נוֹצֵץ
ship *n* אוֹנִיָּה
ship *vt, vi* הִטְעִין בִּסְפִינָה; שִׁיגֵּר; הִפְלִיג
shipboard *n* אוֹנִיָּה
shipbuilder *n* בּוֹנֵה אוֹנִיּוֹת
shipmate *n* מַלָּח חָבֵר
shipment *n* הַטְעָנָה; מִטְעָן
shipper *n* קַבְּלַן הוֹבָלָה
shipping *n* מִשְׁלוֹחַ; סַפָּנוּת; שַׁיִט
shipshape *adj, adv* בְּסֵדֶר נָאֶה
shipside *n* מֵזַח, רְצִיף נָמֵל
shipwreck *n* הִיטָּרְפוּת סְפִינָה

shipwreck *vt, vi* טִיבַּע סְפִינָה; נִטְרְפָה סְפִינָתוֹ
shipyard *n* מִסְפָּנָה
shirk *vt* הִשְׁתַּמֵּט
shirk, shirker *n* מִשְׁתַּמֵּט
shirred eggs *n pl* בֵּיצִים אֲפוּיוֹת
shirt *n* כּוּתֹּנֶת
shirt-front *n* חֲזִית כּוּתֹּנֶת
shirtsleeve *n* שַׁרְווּל חוּלְצָה
shirttail *n* זְנַב חוּלְצָה
shirtwaist *n* חוּלְצַת נָשִׁים
shiver *vi* רָעַד
shiver *n* רַעַד, רֶטֶט
shoal *n* מַיִם רְדוּדִים; שִׂרְטוֹן
shock *n* זַעֲזוּעַ, הֶלֶם; סְבַךְ (שֶׁל שֵׂיעָר)
shock *vt, vi* גָּרַם הֶלֶם, זִעְזַע
shocking *adj* מְזַעֲזֵעַ
shoddy *n, adj* אָרִיג זוֹל; זוֹל
shoe *n* נַעַל; פַּרְסָה
shoe *vt* הִנְעִיל; פִּרְזֵל
shoeblack *n* מְצַחְצֵחַ נַעֲלַיִים
shoehorn *n* כַּף לִנְעָלַיִים
shoelace *n* שְׂרוֹךְ נַעַל
shoemaker *n* סַנְדְּלָר
shoeshine *n* צִחְצוּחַ נַעֲלַיִים
shoestring *n* שְׂרוֹךְ נַעַל
shoe-tree *n* אִימּוּם (לנעל)
shoot *vt, vi* יָרָה בּ...; יָרָה; הִסְרִיט
shoot *n* יְרִי; צַיִד; תַּחֲרוּת קְלִיעָה; נֶטַע רַךְ
shooting match *n* תַּחֲרוּת קְלִיעָה
shooting star *n* כּוֹכָב נוֹפֵל
shop *n* חֲנוּת; בֵּית־מְלָאכָה
shop *vi, vi* עָרַךְ קְנִיּוֹת

shopgirl *n* זַבָּנִית
shopkeeper *n* חֶנְוָנִי
shoplifter *n* גַּנָּב בַּחֲנוּיוֹת
shopper *n* עוֹרֵךְ קְנִיּוֹת
shopping district *n* אֵיזוֹר חֲנוּיוֹת
shopwindow *n* חַלּוֹן־רַאֲוָה
shopworn *adj* בְּלוּי חֲנוּת
shore *n* חוֹף, גָּדָה
shore *vt* תָּמַךְ (בְּמִתְמָךְ)
shore leave *n* חוּפְשַׁת חוֹף
shore patrol *n* מִשְׁמַר חוֹפִים
short *adj* קָצָר; (אדם) נָמוּךְ
short *n* קֶצֶר; סֶרֶט קָצָר
short *adv* פִּתְאוֹם; בְּקִיצוּר; בְּגַסּוּת
short *vt, vi* גָּרַם אוֹ נִגְרַם קֶצֶר
shortage *n* מַחְסוֹר
shortcake *n* עוּגָה פְּרִיכָה
shortchange *vt, vi* נָתַן עוֹדֶף פָּחוֹת מִן הַמַּגִּיעַ
short circuit *n* קֶצֶר
shortcoming *n* חִיסָּרוֹן, מִגְרַעַת
short cut *n* קַפֶּנְדְרִיָּה
shorten *vt, vi* קִיצֵּר; הִתְקַצֵּר
shorthand *n, adj* (שֶׁל) קַצְרָנוּת
shorthand-typist *n* קַצְרָנִית־כַּתְבָנִית
short-lived *adj* קְצַר־יָמִים
shortly *adv* בְּקָרוֹב; בְּקִיצּוּר
short-range *adj* קְצַר־טְוָח
shorts *n pl* מִכְנָסַיִם קְצָרִים
shortsighted *adj* קְצַר־רְאִיָּה
short stop *n* (בְּבֵייסְבּוֹל) מֵגֵן
short-tempered *adj* קְצַר־אַפַּיִם
short-term *adj* קְצַר־מוֹעֵד
shot *n* יְרִיָּה; נִיסָּיוֹן; זְרִיקָה
shotgun *n* רוֹבֵה־צַיִד
shot-put *n* הֲדִיפַת־כַּדּוּר
should *v aux* צָרִיךְ, מִן הַדִּין שֶׁ...
shoulder *n* כָּתֵף; שֶׁכֶם
shoulder *vt* דָּחַף, הָדַף; נָשָׂא
shoulder-blade *n* עֶצֶם הַשֶּׁכֶם
shoulder-strap *n* רְצוּעַת כָּתֵף
shout *n* צְעָקָה, צְוָחָה
shout *vt, vi* צָעַק, צָוַח
shove *vt, vi* דָּחַף, הָדַף; נִדְחַק
shove *n* דְּחִיפָה
shovel *n* יָעֶה; אֵת
shovel *vt* הֶעֱבִיר בְּיָעֶה, [illegible]עָה
show *vt, vi* הֶרְאָה; הִצִּיג; נִרְאָה; הוֹפִיעַ
show *n* גִּילּוּי, הוֹפָעָה; הַצָּגָה; רַאֲוָה
show bill *n* מוֹדָעַת תֵּיאַטְרוֹן
showcase *n* תֵּיבַת רַאֲוָה
showdown *n* גִּילּוּי הַקְּלָפִים
shower *n* מִמְטָר; מִקְלַחַת
shower *vt, vi* הִמְטִיר; הִתְקַלֵּחַ
shower-bath *n* מִקְלַחַת
show-girl *n* שַׂחְקָנִית בְּלַהֲקָה
showman *n* מְנַהֵל הַצָּגוֹת
show-off *n* הַצָּגָה לְרַאֲוָה; מִתְהַדֵּר
showpiece *n* פְּאֵר הַתּוֹצֶרֶת
showplace *n* אֲתַר רַאֲוָה
showroom *n* חֲדַר תְּצוּגָה
show-window *n* חַלּוֹן רַאֲוָה
showy *adj* רַאַוְתָנִי
shrapnel *n* שְׁרַפְּנֶל
shred *n* קֶרַע; רְסִיס
shred *vt* קָרַע לִגְזָרִים
shrew *n* גַּדְּפָנִית, מִרְשַׁעַת
shrewd *adj* פִּיקֵּחַ, חָרִיף
shriek *vi* צָוַח, צָרַח

shriek *n* צְוָוחָה, צְרִיחָה
shrill *adj* צַרחָנִי
shrimp *n* סַרטָן (קטן, לאכילה); אָדָם קָטָן
shrine *n* אֲרוֹן־קוֹדֶשׁ; מִקְדָשׁ
shrink *vi, vt* הִתכַּוֵּץ; כִּיוֵּץ
shrinkage *n* הִתכַּוְּצוּת; פְּחָת
shrivel *vi, vt* כָּמַשׁ; הִכמִישׁ
shroud *n* סְדִין תַּכרִיכִים
shroud *vt* כָּרַךְ בְּתַכרִיכִים; כִּיסָּה
Shrove Tuesday *n* יום ג׳ שֶׁלִּפנֵי צוֹם לֶנט
shrub *n* שִׂיחַ
shrubbery *n* שִׂיחִים
shrug *vt, vi* מָשַׁךְ בִּכתֵפָיו
shrug *n* מְשִׁיכַת כְּתֵפַיִים
shudder *vi* רָעַד, הִתחַלחֵל
shudder *n* רַעַד, חַלחָלָה
shuffle *vt, vi* גֵּרֵר רַגלָיו; הִשׂתָּרֵךְ; טָרַף (קלפים)
shuffle *n* גְּרִירַת רַגלַיִים; טְרִיפַת קְלָפִים
shuffleboard *n* לוּחַ הַחֲלָקָה
shun *vt* הִתרַחֵק מִן
shunt *vt* הִטָּה לְמַסלוּל צְדָדִי
shut *vt, vi* סָגַר, הֵגִיף (תריס); עָצַם (עיניים); נִסגַר
shut up! *interj* בְּלוֹם פִּיךָ!
shutdown *n* סְגִירָה, הַשׁבָּתָה
shutter *n* תְּרִיס; סֶגֶר
shuttle *vi* נָע הָלוֹךְ וָשׁוֹב
shuttle train *n* רַכֶּבֶת הָלוֹךְ וָשׁוֹב
shy *adj* בַּיְישָׁן
shy *vi, vt* נִרתַּע בְּבֶהָלָה; הִשׁלִיךְ (אבן וכד׳)

shyster *n* פְּרַקלִיט נַכלוּלִים
Siamese *adj, n* סִיאָמִי; סִיאָמִית
Siberian *adj, n* סִיבִּירִי
sibilant *adj, n* (הגה) שׁוֹרֵק
sibyl *n* סִיבִּילָה; מְכַשֵּׁפָה
sic *adv, adj* כָּךְ
Sicilian *adj, n* סִיצִילִיָאנִי
sick *adj* חוֹלֶה; מַרגִישׁ בְּחִילָה
sickbed *n* עֶרֶשׂ דְּוַוי
sicken *vi, vt* נֶחֱלָה; הֶחֱלָה; חָשׁ (אוֹ עוֹרֵר) בְּחִילָה
sickening *adj* מַחֲלֶה; מַבחִיל
sickle *n* חֶרמֵשׁ
sick-leave *n* חוּפשַׁת מַחֲלָה
sickly *adj* חוֹלָנִי
sickness *n* מַחֲלָה, חוֹלִי
side *n* צַד, עֵבֶר
side *adj* צְדִי
side *vi* צִידֵּד בְּ...
side-arms *n pl* נֶשֶׁק צַד
sideboard *n* מִזנוֹן; דּוּכָן צְדִי
sideburns *n pl* זְקַן לְחָיַיִם
side-dish *n* תּוֹסֶפֶת (בסעודה)
side effect *n* תּוֹצָאָה מִשׁנִית
side glance *n* מַבָּט מְלוּכסָן
side issue *n* עִניָין צְדָדִי
side-line *n* עִיסּוּק צְדָדִי
sidereal *adj* שֶׁלְּפִי הַכּוֹכָבִים
sidesaddle *n* אוּכַּף נָשִׁים
side-show *n* ׳פַּרפֶּרֶת׳
sidesplitting *adj* מְגַלגֵּל מִצחוֹק
sidetrack *vt* הִטָּה לַצַּד
sidetrack *n* מַסלוּל צְדָדִי
side view *n* רְאִיָּה צְדָדִית
sidewalk *n* מִדרָכָה

sideward *adv, adj* הַצִּדָּה, לַצַּד
sideway(s) *adv, adj* הַצִּדָּה
side whiskers *n* זְקַן לְחָיַיִם
siding *n* מְסִילָּה צְדָדִית
sidle *vi* הָלַךְ בְּצִידוּד
siege *n* מָצוֹר
sieve *n* נָפָה, כְּבָרָה
sift *vt, vi* סִינֵּן, נִיפָּה; בָּדַק; חוֹשֵׁר
sigh *vi, vt* נֶאֱנַח; הִבִּיעַ בַּאֲנָחוֹת
sigh *n* אֲנָחָה
sight *n* מַרְאֶה; רְאִיָּה; (ברובה) כַּוֶּנֶת
sight *vt* כִּיוּוּן בְּכַוֶּנֶת; גִּילָּה (מרחוק)
sight draft *n* מִמְשָׁךְ בְּהַצָּגָה
sight read *n* נִיגֵּן בִּקְרִיאָה רִאשׁוֹנָה
sight reader *n* מְנַגֵּן בִּקְרִיאָה רִאשׁוֹנָה
sightseeing *n* תִּיוּר, סִיוּר
sightseer *n* תַּיָּר, מְסַיֵּר
sign *n* סִימָן, סֶמֶל; שֶׁלֶט; מֶחֱוָה
sign *vt* חָתַם; רָמַז
signal *n* אוֹת
signal *vt, vi* נָתַן אוֹת, אוֹתֵת
signal *adj* מוּבְהָק, בּוֹלֵט
Signal Corps *n* חֵיל־הַקֶּשֶׁר
signal tower *n* מִגְדַּל אִיתּוּת
signatory *n, adj* חוֹתֵם
signature *n* חֲתִימָה
signboard *n* שֶׁלֶט
signer *n* חוֹתֵם
signet ring *n* טַבַּעַת־חוֹתָם
significant *adj* בּוֹלֵט, מַשְׁמָעוּתִי
signify *vt, vi* צִיֵּין, הוֹדִיעַ; הָיָה בַּעַל מַשְׁמָעוּת
signpost *n* תַּמְרוּר
signpost *vt* הִצִּיב צִיּוּנֵי־דֶרֶךְ
silence *n, vt* שְׁתִיקָה; הִשְׁתִּיק
silent *adj* שׁוֹתֵק, שַׁתְקָן
silhouette *n* צְלָלִית
silk *n* מֶשִׁי
silk *adj* מִשְׁיִי; שֶׁל מֶשִׁי
silken *adj* מִשְׁיִי; רַךְ כְּמֶשִׁי
silkworm *n* תּוֹלַעַת מֶשִׁי
silky *adj* מִשְׁיִי
sill *n* אֶדֶן חַלּוֹן; סַף
silly *adj, n* טִיפְּשִׁי; שׁוֹטֶה
silo *n* מִגדל הַחמָצָה
silt *n* מִשְׁקַע סְחוֹפֶת
silver *n, adj* כֶּסֶף; שֶׁל כֶּסֶף
silver *vt, vi* צִיפָּה כֶּסֶף; הִכְסִיף
silverfish *n* דַּג הַכֶּסֶף
silver foil *n* רִיקּוּעַ כֶּסֶף
silver lining *n* קֶרֶן אוֹר
silver screen *n* מָסַךְ הַקּוֹלְנוֹעַ
silver spoon *n* כְּתוֹנֶת פַּסִּים
silver-tongue *n* (נוֹאֵם) מַזְהִיר
silverware *n* כְּלֵי־כֶסֶף
similar *adj* דּוֹמֶה
simile *n* מָשָׁל, דִּימּוּי
simmer *vt, vi* הֶחֱזִיק בְּמַצַּב פִּעְפּוּעַ; פִּעְפֵּעַ
simoon *n* סִימוּם, סוּפָה מִדְבָּרִית
simper *n* חִיּוּךְ מְטוּפָּשׁ
simple *adj* פָּשׁוּט; רָגִיל; תָּמִים
simpleminded *adj* תָּם; לָקוּי בְּשִׂכְלוֹ
simple substance *n* יְסוֹד פָּשׁוּט
simpleton *n* פֶּתִי, שׁוֹטֶה
simulate *vt* הֶעֱמִיד פָּנִים; חִיקָּה
simultaneous *adj* בּוֹ־זְמַנִּי
sin *n, vi* חֵטְא; חָטָא
since *adv, prep, conj* מֵאָז; מִלִּפְנֵי; מִכֵּיוָן שֶׁ...

sincere *adj* כֵּן, אֲמִיתִּי
sincerity *n* כֵּנוּת, יוֹשֶׁר
sinecure *n* סִינֶקוּרָה
sinew *n* גִּיד; שְׁרִירִיּוּת
sinful *adj* חוֹטֵא; שֶׁל חֵטְא
sing *vi, vt* שָׁר, זִימֵּר
singe *vt* חָרַךְ, צָרַב
singer *n* זַמָּר
single *adj* יָחִיד, בּוֹדֵד; לֹא נָשׂוּי
single *vt, vi* בָּחַר, בֵּרֵר
single blessedness *n* בִּרְכַּת הָרַוָּקוּת
single-breasted *adj* (מעיל) בַּעַל חֲזִית חַד־רוֹבְדִית
single file *n* טוּר עוֹרְפִּי
single-handed *adj, adv* בְּכוֹחוֹת עַצְמוֹ
single-track *adj* חַד־מְסִילָּתִי
singsong *n* שִׁירָה בְּצִיבּוּר
singsong *adj* חַדְגּוֹנִי
singular *adj* יָחִיד; בּוֹדֵד
sinister *adj* מְבַשֵּׂר רָעוֹת
sink *vi, vt* שָׁקַע; צָלַל, טָבַע; טִיבֵּעַ
sink *n* בּוֹר שׁוֹפָכִים
sinking-fund *n* קֶרֶן לְפִדְיוֹן
sinner *n* חוֹטֵא
sinuous *adj* מִתְפַּתֵּל
sinus *n* גַּת, סִינוּס
sip *vt, vi* לָגַם
sip *n* לְגִימָה
siphon *n* גִּשְׁתָּה, סִיפוֹן
siphon *vt, vi* שָׁאַב, זָרַם בְּגִשְׁתָּה
sir *n* אָדוֹן, אֲדוֹנִי
sire *n* אָב; בֶּהֱמַת הַרְבָּעָה
sire *vt* הוֹלִיד
siren *n* בְּתוּלַת־יָם; אִשָּׁה מְפַתָּה

sirloin *n* בְּשַׂר מוֹתֶן
sissy *n* (גבר) רַכְרוֹכִי
sister *n* אָחוֹת
sister-in-law *n* גִּיסָה
(*pl* sisters-in-law)
sit *vi* יָשַׁב; הָיָה מוּנָּח
sit-down strike *n* שְׁבִיתַת שֶׁבֶת
site *n, vt* אֲתַר, מָקוֹם; מִיקֵּם
sitting *n* יְשִׁיבָה; מוֹשָׁב
sitting duck *n* מַטָּרָה קַלָּה
sitting-room *n* טְרַקְלִין
situate *vt* מִיקֵּם, הִנִּיחַ
situation *n* מַצָּב; מִיקּוּם
six *adj, n* שֵׁשׁ, שִׁשָּׁה
six hundred *n, adj* שֵׁשׁ מֵאוֹת
sixteen *n, adj* שִׁשָּׁה־עָשָׂר, שֵׁשׁ־עֶשְׂרֵה
sixteenth *adj, n* הַשִּׁשָּׁה־עָשָׂר, הַשֵּׁשׁ־עֶשְׂרֵה; הַחֵלֶק הַשִּׁשָּׁה־עָשָׂר
sixth *adj, n* שִׁשִּׁי; שִׁשִּׁית
sixtieth *adj, n* הַשִּׁשִּׁים; אֶחָד מִשִּׁשִּׁים
sixty *n* שִׁשִּׁים
sizable *adj* נִיכָּר, גָּדוֹל
size *n* מִידָּה, שִׁיעוּר, גּוֹדֶל
sizzle *vi* לָחַשׁ, רָחַשׁ
sizzle *n* רְחִישָׁה
S.J. *abbr* Society of Jesus
skate *n* גַּלְגַּלִּית; (בְּרַבִּים) מַחֲלִיקַיִים; תְּרִיסָנִית (דג)
skate *vi* הֶחֱלִיק (במחליקיים או בגלגליות)
skating-rink *n* מַסְלוּל הַחֲלָקָה
skein *n* דּוֹלְלָה, כְּרִיכָה (של חוטים)
skeleton *n, adj* שֶׁלֶד; שִׁלְדִּי
skeleton key *n* פּוֹתַחַת
sketch *n* מִתְוֶוה, סְקִיצָה; סִרְטוּט

sketch *vt* עָרַךְ מִתווָה; תִּיווָּה
sketchbook *n* פִּנְקַס מִרְשָׁמִים
skewer *n* שַׁפּוּד
skewer *vt* שִׁיפֵּד
ski *n* מִגְלָשׁ, סְקִי
ski *vi* הֶחֱלִיק בְּמִגְלָשַׁיִים
skid *n* יְגִייָה (במכונית); סַפָּג (של זעזועים); מַגְלֵשׁ (של מטוס); סָמוֹךְ
skid *vi, vt* יָגָה; תָּמַךְ בְּסָמוֹךְ
skiff *n* סִירָה קַלָּה
skiing *n* גְּלִישָׁה
ski jacket *n* חֲגוֹרַת סְקִי
ski-jump *n* קְפִיצַת מִגְלָשַׁיִים
ski lift *n* מֵנִיף סְקִי
skill *n* מְיוּמָּנוּת
skilled *adj* מְיוּמָּן
skillet *n* אִלְפָּס
skil(l)ful *adj* מְיוּמָּן; מַעֲשֶׂה חוֹשֵׁב
skim *vt, vi* קִיפָּה; רִפְרֵף מֵעַל
skimmer *n* מְקַפָּה; סִירַת־מָנוֹעַ קַלָּה
skim-milk *n* חָלָב רָזֶה
skimp *vt, vi* נָתַן בְּצִמְצוּם
skimpy *adj* קַמְצָנִי, זָעוּם
skin *n* עוֹר; קְלִיפָּה (של פרי וכד׳)
skin *vt, vi* פָּשַׁט עוֹר; רִימָּה
skin-deep *adj, adv* שִׁטְחִי
skinflint *n* קַמְצָן
skin-game *n* תַּרְמִית
skinny *adj* דַּק בָּשָׂר; כָּחוּשׁ
skip *vi* דִּילֵּג, פָּסַח עַל
skip *n* דִּילּוּג
ski pole *n* מַטֵּה סְקִי
skipper *n* רַב־חוֹבֵל; מַנְהִיג
skirmish *n* הִתְכַּתְּשׁוּת
skirmish *vi* הִתְכַּתֵּשׁ, הִתְנַגֵּשׁ
skirt *n* חֲצָאִית
skirt *vt* הִקִּיף אֶת הַשּׁוּלַיִים שֶׁל
ski run *n* מַסְלוּל סְקִי
ski stick *n* מַטֵּה סְקִי
skit *n* חִיבּוּר הִיתּוּלִי, מַהֲתַלָּה
skittish *adj* קַפְּרִיזִי; שׁוֹבָבִי
skulduggery *n* תְּכָכִים שְׁפָלִים
skull *n* קוֹדְקוֹד, קַרְקֶפֶת
skullcap *n* כִּיפָּה
skunk *n* צַחֲנָן; בְּזוּי אָדָם
sky *n* שָׁמַיִים
skylark *n* זַרְעִית הַשָּׂדֶה
skylark *vi* הִשְׁתּוֹבֵב
skylight *n* צוֹהַר (בתקרה)
skyline *n* קַו־אוֹפֶק
skyrocket *n* זִיקּוּק־אֵשׁ
skyrocket *vi* הִמְרִיא; הֶאֱמִיר
skyscraper *n* גּוֹרֵד שְׁחָקִים
skywriting *n* כְּתִיבַת עָשָׁן (של מטוס)
slab *n* לוּחַ, טַבְלָה
slack *adj, adv* רָפוּי, מְרוּשָּׁל, אִטִּי
slack *vi* הִתְבַּטֵּל
slack *n* חֵלֶק רָפוּי (של חבל וכד׳)
slacker *n* מִשְׁתַּמֵּט
slag *n* סִיגִים
slake *vt* הִרְוָה (צמאו); הִשְׂבִּיעַ (נקם)
slam *vt* טָרַק (דלת); הֵטִיל בַּהֲטָחָה
slam *n* טְרִיקָה
slam-bang *n* טְרִיקָה חֲזָקָה
slander *n* דִּיבָּה, לַעַז
slander *vt* הוֹצִיא דִּיבָּה
slanderous *adj* מוֹצִיא דִּיבָּה
slang *n* הֲמוֹנִית, סְלֶנְג
slang *vt* חֵירֵף

slant *vi, vt* הִתְלַכְסֵן; נָטָה; הִטָּה
slant *n* שִׁיפּוּעַ; נְטִיָּיה
slap *n, vt* סְטִירָה; סָטַר, טָפַח
slash *vt* חָתַךְ, סָרַט בְּחֶרֶב אוֹ בְּסַכִּין
slash *n* חֲתָךְ, פֶּצַע, סְרִיטָה
slat *n* פַּסִּיס
slate *n* צִפְחָה; רַעַף; רְשִׁימַת מוּעֲמָדִים
slate *vt* בִּיקֵּר קָשׁוֹת; הִכְלִיל בִּרְשִׁימָה
slate roof *n* גַּג רְעָפִים
slattern *n* אִישָּׁה מְרוּשֶּׁלֶת
slaughter *n* שְׁחִיטָה, טֶבַח
slaughter *vt* שָׁחַט, טָבַח
slaughterhouse *n* בֵּית־מִטְבָּחַיִים
Slav *n* סְלָבִי
slave *n* עֶבֶד, שִׁפְחָה
slave-driver *n* נוֹגֵשׂ
slaveholder *n* בַּעַל עֲבָדִים
slavery *n* עַבְדוּת
slave-trade *n* סְחַר עֲבָדִים
Slavic *adj* סְלָבִי
slay *vt* הָרַג, טָבַח
slayer *n* הוֹרֵג, רוֹצֵחַ
sled *n* מִזְחֶלֶת
sledge-hammer *n* קוּרְנָס, הַלְמוּת
sleek *adj* חָלָק; מְלוּטָּשׁ
sleek *vt* הֶחֱלִיק; לִיטֵּשׁ
sleep *n* שֵׁינָה
sleep *vi, vt* יָשֵׁן; נִרְדַּם; הֵלִין
sleeper *n* נַמְנְמָן; אֶדֶן (של פסי רכבת)
sleeping-bag *n* שַׂק שֵׁינָה
sleeping car *n* קְרוֹן שֵׁינָה
sleeping partner *n* שׁוּתָּף לֹא פָּעִיל
sleeping pill *n* גְּלוּלַת שֵׁינָה
sleepless *adj* חֲסַר שֵׁינָה
sleepwalker *n* סַהֲרוּרִי

sleepy *adj* מְנוּמְנָם, רָדוּם, אֲחוּז שֵׁינָה
sleepyhead *n* מְנוּמְנָם, קֵהֶה
sleet *n* חֲנָמַל
sleeve *n* שַׁרְווּל
sleigh *n* מִזְחֶלֶת
sleigh *vi* נָסַע בְּמִזְחֶלֶת
slender *adj* דַּק גֵּו, עָדִין
sleuth *n* בַּלָּשׁ
slew *n* סִיבּוּב, פְּנִיָּיה
slice *n* פְּרוּסָה
slice *vt, vi* פָּרַס, חָתַךְ פְּרוּסָה
slick *vt* הֶחֱלִיק, לִיטֵּשׁ
slick *adj* חֲלַקְלַק
slide *vi, vt* הֶחֱלִיק, גָּלַשׁ
slide *n* (מַסְלוּל) הַחֲלָקָה; שְׁקוּפִית
slide fastener *n* רוֹכְסָן, סְגוֹרָץ
slide rule *n* סַרְגֵּל־חִישּׁוּב
slide valve *n* שַׁסְתּוֹם הַחֲלָקָה
sliding door *n* דֶּלֶת הֲזָזָה
slight *adj* קַל, שֶׁל מַה־בְּכָךְ; דַּק
slight *vt, n* הֶעֱלִיב; עֶלְבּוֹן
slim *adj* דַּק, צַר
slim *vi* הִרְזָה; רָזָה
slime *n* טִיט, יָוֵן
slimy *adj* מְכוּסֶּה טִיט; (אדם) שָׁפָל
sling *n* מִקְלַעַת, קֶלַע; לוּלָאָה; מִתְלֶה
sling *vt* הִשְׁלִיךְ בְּקֶלַע
slingshot *n* קֶלַע, מִקְלַעַת
slink *v* הִתְגַּנֵּב
slip *vi* הֶחֱלִיק וּמָעַד; נִשְׁמַט
slip *n* טָעוּת; מַעֲשֵׂה כֶּשֶׁל; הַחֲלָקָה; תַּקָּלָה; תַּחְתּוֹנִית
slip of the pen (tongue) *n* פְּלִיטַת קוּלְמוֹס (פֶּה)
slipper *n* נַעַל־בַּיִת

slippery *adj* חֲלַקְלַק, חֲמַקְמַק
slip-up *n* מִשׁוּגָה, טָעוּת
slit *n* סֶדֶק, חֲתָךְ
slit *vt, vi* חָתַךְ לָאוֹרֶךְ, חָרַץ
slobber *vi* רָר; הֵרִיר (מתוך רגשנות)
slogan *n* סִיסְמָה
sloop *n* סְפִינָה חַד־תּוֹרְנִית
slop *vt* שָׁפַךְ, נָתַן לִגְלוֹשׁ; נִשְׁפַּךְ, גָּלַשׁ
slope *n* שִׁיפּוּעַ, מִדְרוֹן
slope *vi, vt* הִשְׁתַּפֵּעַ; מִדְרֵן
sloppy *adj* רָטוֹב וּמְלוּכְלָךְ
slot *n* חָרִיץ; חֶרֶץ
sloth *n* עַצְלוּת
slot machine *n* אוֹטוֹמָט מוֹכֵר
slot meter *n* מוֹנֶה גוֹבֶה
slouch *n* תְּנוּחַת רִישׁוּל
slouch *vi* עָמַד מְרוּשָּׁל
slouch hat *n* כּוֹבַע רְחַב־אוֹגֶן
slough *n* נֶשֶׁל
slough *vi, vt* נָשַׁל; הִשִּׁיל
Slovak *n, adj* סלוֹבָקִי
slovenly *adj* מְרוּשָּׁל, מוּזְנָח
slow *adj* אִטִּי
slow *vt, vi* הֵאֵט
slow *adv* לְאַט
slowdown *n* הָאָטָה
slow-motion *adj* (סרט) מוּקְרָן לְאַט
slow poke *n* זַחְלָן
slug *n* חִילָּזוֹן עָרוֹם
slug *vi* הִכָּה, הִרְבִּיץ
sluggard *n* עַצְלָן
sluggish *adj* עַצְלָנִי, אִטִּי
sluice *n* מָגוֹף; אֲרוּבָּה (בסכר); תְּעָלָה
sluicegate *n* אֲרוּבָּה (בסכר)
slum *n* מִשְׁכַּן־עוֹנִי

slum *vi* סִיֵּר בְּמִשְׁכְּנוֹת־עוֹנִי
slumber *vi* נָם, יָשַׁן
slumber *n* תְּנוּמָה
slump *n* שֵׁפֶל פִּתְאוֹמִי
slump *vi* יָרַד פִּתְאוֹם
slur *vt* הִבְלִיעַ (הגייה); הֶעֱלִיב
slur *n* פְּגָם, דוֹפִי
slush *n* מֵי־רֶפֶשׁ
slut *n* אִישָּׁה מְרוּשֶּׁלֶת; חֲצוּפָה, פְּרוּצָה
sly *adj* עַרְמוּמִי; חֲשָׁאִי; שָׁנוּן
smack *n* סְטִירָה מְצַלְצֶלֶת; טַעַם
smack *vt, vi* סָטַר בְּקוֹל;
הָיָה בּוֹ רֵיחַ שֶׁל
smack *adv* יָשָׁר, הַיְשֵׁר
small *adj* קָטָן, פָּעוּט, זָעִיר
small arms *n pl* נֶשֶׁק קַל
small beer *n* אָדָם (דָּבָר) לֹא חָשׁוּב
small change *n* כֶּסֶף קָטָן
small fry *n* זַאֲטוּטִים; דְּגֵי רְקָק
small hours *n pl* הַשָּׁעוֹת הַקְּטַנּוֹת
small intestines *n pl* מֵעַיִים דַּקִּים
small-minded *adj* צַר מוֹחִין
smallpox *n* אֲבַעְבּוּעוֹת
small-time *adj* פָּעוּט, קַל־עֵרֶךְ
small-town *adj* קַרְתָּנִי
smart *vi* סָבַל כְּאֵבִים
smart *n* כְּאֵב חַד
smart *adj* פִּיקֵחַ, מְמוּלָּח; נוֹצֵץ; נִמְרָץ
smart aleck *n* תְּחַכְּמָן, יְהִירָן
smart set *n* חוּג נוֹצֵץ
smash *n* נִיפּוּץ, הִתְנַפְּצוּת; הִתְמוֹטְטוּת
smash *vt, vi* נִיפֵּץ, מָחַץ;
הִתְנַפֵּץ; הִתְמוֹטֵט
smash-hit *n* לְהִיט הָעוֹנָה
smashup *n* הֶרֶס גָּמוּר

smattering *n* יְדִיעָה שִׁטְחִית
smear *vt* מָרַח, סָךְ; הִשְׁמִיץ; טִינֵּף
smear *n* כֶּתֶם, רְבָב
smear campaign *n* מַסַּע הַשְׁמָצָה
smell *vi, vt* הֵפִיץ רֵיחַ; הֵרִיחַ
smell *n* חוּשׁ רֵיחַ; רֵיחַ; רֵיחַ רַע
smelling-salts *n pl* מִלְחֵי הֲרָחָה
smelly *adj* מַסְרִיחַ
smelt *vt* הִתִּיךְ
smile *vi, n* חִייֵּךְ; חִיּוּךְ
smiling *adj* מְחַייֵּךְ, חַייְּכָנִי
smirk *vi* חִייֵּךְ בִּמְעוּשֶּׂה
smirk *n* חִיּוּךְ מְעוּשֶּׂה
smite *vt* הִכָּה
smith *n* נַפָּח, חָרָשׁ
smithy *n* מַפָּחָה
smock *n* חָלוּק, מַעֲפּוֹרֶת
smog *n* עַרְפִּיחַ, סמוֹג
smoke *n* עָשָׁן
smoke *vi, vt* הֶעֱלָה עָשָׁן; עִישֵּׁן
smoked glasses *n pl* מִשְׁקָפַיִים כֵּהִים
smoker *n* מְעַשֵּׁן; קְרוֹן־עִישּׁוּן
smoke rings *n pl* טַבְּעוֹת עָשָׁן
smoke-screen *n* מָסַךְ עָשָׁן
smokestack *n* אֲרוּבָּה, מַעֲשֵׁנָה
smoking *n* עִישּׁוּן
smoking car *n* קְרוֹן־עִישּׁוּן
smoking jacket *n* מִקְטוֹרֶן בַּיִת
smoking room *n* חֲדַר עִישּׁוּן
smoky *adj* דְּמוּי עָשָׁן; אָפוּף עָשָׁן
smooth *adj* חָלָק, חֲלַקְלַק
smooth *vt, vi* הֶחֱלִיק, יִישֵּׁר (הדורים)
smooth *n* הַחֲלָקָה, יִישּׁוּר
smooth-spoken *adj* בַּעַל לָשׁוֹן מְשַׁכְנַעַת
smoothy *n* מְדַבֵּר חֲלַקְלַקּוֹת
smother *vt* הֶחֱנִיק; הִדְחִיק; הֵצִיף
smudge *n* מְדוּרַת־עָשָׁן; כֶּתֶם
smudge, smutch *vt, vi* טִשְׁטֵשׁ, מָרַח (כתב); הִיטַשְׁטֵשׁ
smug *adj* שְׂבַע־רָצוֹן מֵעַצְמוֹ
smuggle *vt* הִבְרִיחַ, הִגְנִיב
smuggler *n* מַבְרִיחַ
smuggling *n* הַבְרָחָה
smut *n* פְּתוּת פִּיחַ
smutty *adj* שֶׁל נִיבּוּל־פֶּה; מְלוּכְלָךְ
snack *n* אֲרוּחָה קַלָּה
snag *n* תַּקָּלָה; מִזְקָר חַד
snail *n* חִילָּזוֹן, שַׁבְּלוּל
snake *n* נָחָשׁ
snake in the grass *n* אוֹיֵב נִסְתָּר
snap *n* פְּקִיעָה; תֶּפֶס קְפִיצִי; גַּל קוֹר
snap *adj* שֶׁל פֶּתַע, שֶׁל חֶתֶף
snap *vt, vi* פָּקַע; הִשְׁמִיעַ פִּצְפּוּץ; דִּיבֵּר בְּכַעַס; (כלב) חָטַף לְפֶתַע בְּשִׁינַּיִים; נִפְקַע
snapdragon *n* לוֹעַ הָאֲרִי
snap judgment *n* הַחְלָטַת חֶתֶף
snappy *adj* נַשְׁכָנִי; חֲרִיף תְּגוּבָה; זָרִיז
snapshot *n* תַּצְלוּם־בָּזָק
snare *vt* לָכַד בְּמַלְכּוֹדֶת
snare *n* מַלְכּוֹדֶת, פַּח
snarl *vi* (לגבי כלב) נָהַם; רָטַן; סִיבֵּךְ; הִסְתַּבֵּךְ
snarl *n* נְהִימָה; סְבַךְ
snatch *vt* חָטַף; תָּפַס
snatch *n* חֲטִיפָה
sneak *vi, vt* הִתְגַּנֵּב; הִגְנִיב; הִלְשִׁין
sneak *n* בָּזוּי; מַלְשִׁין
sneaker *n* נַעַל הִתְעַמְּלוּת

sneak-thief *n* גַּנָּב חַטְפָן
sneaky *adj* גַּנְּבָנִי
sneer *n* הִבִּיעַ לַעַג
sneeze *vi, n* הִתְעַטֵּשׁ; עִיטּוּשׁ
snicker *vi* צָחַק צְחוֹק טִיפְּשִׁי
sniff *vi, vt* רִחרֵחַ
sniff *n* רִחרוּחַ; מְשִׁיכַת חוֹטֶם
sniffle *vi* מָשַׁךְ בִּנְחִירָיו
sniffle *n* שְׁאִיפַת נְחִירַיִים; נַזֶּלֶת
snip *vi, vt* גָּזַר בְּמִספָּרַיִים
snipe *n* חַרטוּמִית
snipe *vi* צָלַף
sniper *n* צַלָּף
snippet *n* קֶטַע גָּזוּר
snitch *vt, vi* (המונית) חָטַף, גָּנַב
snivel *vi* הִתבַּכייֵן
snob *n* סְנוֹב
snobbery *n* סְנוֹבִּיּוּת
snobbish *adj* סְנוֹבִּי
snoop *vi* (המונית) חִיטֵּט בְּעִנייָנִים לֹא לוֹ
snoop *n* (המונית) חִיטּוּט (כנ״ל); מְחַטֵּט (כנ״ל)
snoopy *adj* חַטְטָנִי, סַקרָנִי
snoot *n* (המונית) חוֹטֶם, פַּרצוּף
snooty *adj* סְנוֹבִּי
snooze *n* תְּנוּמָה קַלָּה
snooze *vi* חָטַף תְּנוּמָה
snore *vi, n* נָחַר; נְחִירָה
snort *n* חִרחוּר, נַחַר
snort *vi, vt* חִרחֵר, נָחַר
snot *n* מֵי חוֹטֶם
snotty *adj* מְלוּכלָךְ (כנ״ל)
snout *n* חַרטוּם
snow *n, vi* שֶׁלֶג; יָרַד שֶׁלֶג
snowball *n* כַּדּוּר שֶׁלֶג
snowball *vi* הָלַךְ וְגָדַל
snowblind *adj* מְסוּנווַר שֶׁלֶג
snowcapped *adj* עֲטוּר שֶׁלֶג
snowdrift *n* סַחַף שֶׁלֶג
snowfall *n* שְׁלִיגָה
snowflake *n* פְּתוֹת שֶׁלֶג
snowman *n* אִישׁ שֶׁלֶג
snowplow *n* מַחֲרֵשַׁת שֶׁלֶג
snowshoe *n* נַעַל שֶׁלֶג
snowstorm *n* סוּפַת שֶׁלֶג
snowy *adj* שָׁלוּג, מוּשׁלָג
snub *n* הַשׁפָּלָה, זִלזוּל; חוֹטֶם סוֹלֵד
snub *vt* נָהַג בּוֹ זִלזוּל
snubby *adj* (חוטם) סוֹלֵד; עוֹלֵב
snuff *vt, vi* רִחרֵחַ; הֵרִיחַ; כִּיבָּה (נר); (המונית) חִיסֵּל
snuff *n* טַבַּק הֲרָחָה
snuffbox *n* קוּפסַת טַבַּק הֲרָחָה
snuffers *n pl* מַמחֵט
snug *adj* מוּקָף רוֹךְ וָחוֹם
snuggle *vi* הִתרַפֵּק; חִיבֵּק
so *adv, pron, conj, interj* כָּךְ; כָּל־כָּךְ; וּבְכֵן, עַל־כֵּן; כְּמוֹ־כֵן
soak *vt, vi* סָפַג; שָׁרָה, הִשׁרָה, הִספִּיג
so-and-so *n* כָּךְ וְכָךְ; פְּלוֹנִי
soap *n* סַבּוֹן
soap *vt* סִיבֵּן; הִסתַּבֵּן
soapbox *n* אַרגַז סַבּוֹן; בָּמַת רְחוֹב
soapbox orator *n* נוֹאֵם רְחוֹב
soap dish *n* סַבּוֹנִית
soap-flakes *n* שְׁבָבֵי סַבּוֹן
soapstone *n* חוֹמֶר סַבּוֹן
soapsuds *n pl* קֶצֶף סַבּוֹן
soapy *adj* מֵכִיל סַבּוֹן, שֶׁל סַבּוֹן

soar *vi* הִגְבִּיהַּ עוּף
sob *vi, n* הִתְיַיפֵּחַ; הִתְיַיפְּחוּת
sober *adj* פִּיכֵּחַ, מְפוּכָּח
sober *vi* הִתְפַּכֵּחַ
sobriety *n* פִּיכָּחוֹן
sob story *n* סִיפּוּר סוֹחֵט דְמָעוֹת
so-called *adj* (הַ)מִּתְקָרֵא
soccer *n* כַּדּוּרֶגֶל
sociable *adj, n* חַבְרוּתִי; אוֹהֵב חֶבְרָה
social *adj* חֶבְרָתִי; סוֹצְיָאלִי
social climber *n* חוֹתֵר לַעֲלִייָה בַּחֶבְרָה
socialism *n* סוֹצְיָאלִיזם
socialist *n, adj* סוֹצְיָאלִיסְט, סוֹצְיָאלִיסְטִי
socialite *n* אִישׁ הַחֶבְרָה הַגְּבוֹהָה
society *n* חֶבְרָה; חֶבְרָה גְבוֹהָה
society editor *n* עוֹרֵךְ הַמָּדוֹר לְחֶבְרָה
sociology *n* סוֹצְיוֹלוֹגְיָה
sock *n* גֶּרֶב
sock *vt* (המונית) הִכָּה
socket *n* תּוֹשֶׁבֶת, שֶׁקַע; בֵּית־נוּרָה
sod *n* רֶגֶב־אֲדָמָה
soda *n* סוֹדָה
soda fountain *n* דוּכָן לְסוֹדָה
soda water *n* סוֹדָה, מֵי־סוֹדָה
sodium *n* נַתְרָן
sofa *n* סַפָּה
soft *adj* רַךְ, עָדִין; מָתוּן
soft-boiled egg *n* בֵּיצָה רַכָּה
soft coal *n* פֶּחָם חֵימָר
soften *vt, vi* רִיכֵּךְ; הִתְרַכֵּךְ
soft-pedal *vt* עִמְעֵם
soft-soap *vt* סִיבֵּן בְּסַבּוֹן נוֹזֵל; הִקִּיף בַּחֲנוּפָּה
soggy *adj* סָפוּג לֵיחַ
soil *n* קַרְקַע, עָפָר, אֲדָמָה
soil *vt, vi* לִכְלֵךְ; הִתְלַכְלֵךְ
soirée *n* נֶשֶׁף
sojourn *vi* שָׁהָה
sojourn *n* שְׁהִייָה, יְשִׁיבַת עֲרַאי
solace *n* נִיחוּמִים, נֶחָמָה
solace *vt* נִיחֵם
solar *adj* שִׁמְשִׁי, סוֹלָרִי
solar battery *n* סוֹלְלַת שֶׁמֶשׁ
solar system *n* מַעֲרֶכֶת הַשֶּׁמֶשׁ
solder *n* לַחַם; גוֹרֵם מְאַחֶה
solder *vt* הִלְחִים
soldering iron *n* מַלְחֵם
soldier *n* חַיָּיל
soldier of fortune *n* חֶרֶב לְהַשְׂכִּיר
soldiery *n* חַיָּלִים; צָבָא
sold out *adj* שֶׁאָזַל
sole *n* סוּלְיָה; כַּף רֶגֶל; סוּלִית
sole *adj* יָחִיד
sole *vt* הִתְקִין סוּלְיָה
solely *adv* בִּלְבַד, אַךְ וְרַק
solemn *adj* חֲגִיגִי, טִקְסִי; רְצִינִי
solicit *vt* בִּיקֵּשׁ; שִׁידֵּל
solicitor *n* עוֹרֵךְ־דִּין (בבריטניה)
solicitous *adj* חָרֵד, דוֹאֵג
solicitude *n* דְּאָגָה, חֲרָדָה
solid *n, adj* (גוּף) מוּצָק; יַצִּיב, מְבוּסָּס; נֶאֱמָן
solidity *n* מוּצָקוּת; יַצִּיבוּת
soliloquy *n* חַד־שִׂיחַ
solitaire *n* אֶבֶן טוֹבָה (משובצת)
solitary *adj* בּוֹדֵד, גַּלְמוּד
solitary *n* מִתְבּוֹדֵד
solitude *n* בְּדִידוּת

solo *n* אַחדית, סולו
soloist *n* סוֹלָן
solstice *n* הִיפּוּך
soluble *adj* מָסִיס; בַּר־פִּתרוֹן
solution *n* פִּתרוֹן; תְּמִיסָה
solve *vt* פָּתַר; הִתִּיר
solvent *adj* בַּעַל כּוֹשֶׁר פֵּרָעוֹן; מָסִיס
solvent *n* מְמוֹסֵס
somber *adj* קוֹדֵר, אָפֵל
somberness *n* קַדרוּת
some *adj, pron, adv* אֵיזֶה, אֵיזֶשֶׁהוּ; מַשֶּׁהוּ, מְעַט; קְצָת; חֵלֶק; כַּמָּה
somebody *pron, n* מִישֶׁהוּ
someday *adv* (בְּ)יוֹם אֶחָד
somehow *adv* אֵיכשֶׁהוּ
someone *pron* מִישֶׁהוּ
somersault *n* סֶבֶב, סַלטָה
somersault *vi* עָשָׂה סַלטָה
something *n, adv* מַשֶּׁהוּ, דְבַר־מָה
sometime *adj* בִּזמַן מִן הַזְּמַנִּים
sometimes *adv* לִפעָמִים
someway *adv* בְּדֶרֶך־מָה
somewhat *adv, n* בְּמִקצָת; מַשֶּׁהוּ
somewhere *adv, n* אֵי־שָׁם; כָּלשֶׁהוּ
somnambulist *n* סַהֲרוּרִי
somnolent *adj* נִמשָׁך לִישׁוֹן
son *n* בֵּן
song *n* שִׁיר
songbird *n* צִיפּוֹר־שִׁיר
Song of Solomon *n* שִׁיר הַשִּׁירִים
Song of Songs *n* שִׁיר הַשִּׁירִים
sonic *adj* קוֹלִי
sonic boom *n* בּוּם עַל־קוֹלִי
son-in-law *n* חָתָן
sonnet *n* סוֹנֶטָה, שִׁיר־זָהָב
sonneteer *n* מְחַבֵּר סוֹנֶטוֹת
soon *adv* בִּמהֵרָה, בְּקָרוֹב, בְּהֶקדֵם
soot *n* פִּיחַ
soothe *vt, vi* הִרגִיעַ; רִיכֵּך
soothsayer *n* מַגִּיד עֲתִידוֹת
sooty *adj* מְפוּיָח
sophisticated *adj* מְתוּחכָּם
sopping *adj* סְפוּג מַיִם
soprano *adj, n* סוֹפּרָן; זַמֶּרֶת סוֹפּרָן
sorcerer *n* קוֹסֵם, אַשָּׁף
sorceress *n* קוֹסֶמֶת
sorcery *n* כִּישׁוּף
sordid *adj* מְלוּכלָך; שָׁפָל
sore *adj* כּוֹאֵב; כָּאוּב; רָגוּז
sore *n* פֶּצַע; עִניָן כָּאוּב
sorely *adv* אֲנוּשׁוֹת
sorority *n* אֲגוּדַת נָשִׁים
sorrel *adj, n* אֲדַמדַם־חוּם; חוּמעָה
sorrow *n* צַעַר, יָגוֹן
sorrow *vi* הִצטַעֵר, הִתייַסֵּר
sorrowful *adj* עָצוּב, עָגוּם
sorry *adj* מִצטַעֵר; מִתחָרֵט; אוּמלָל
sort *n* סוּג, מִין, טִיפּוּס
sort *vt, vi* סִיוּוֵג, מִייֵּן
so-so *adj, adv* לֹא מִצטַייֵּן; נִסבָּל; כָּכָה־כָּכָה
sot *n* שִׁיכּוֹר מוּעָד
sotto voce *adv* בַּחֲצִי קוֹל
soul *n* נֶפֶשׁ, נְשָׁמָה
soulfulness *n* נְשָׁמָה יְתֵרָה
sound *n* קוֹל צְלִיל; טוֹן
sound *vi, vt* נִשׁמַע; עָשָׂה רוֹשֶׁם שֶׁל
sound *adj* בָּרִיא, שָׁפוּי
soundly *adv* בִּיעִילוּת, כַּהֲלָכָה
soundproof *adj* חֲסִין־קוֹל

soup *n* מָרָק
soup-kitchen *n* בֵּית־תַּמחוּי
soupspoon *n* כַּף לְמָרָק
sour *adj* חָמוּץ; בּוֹסֶר
sour *vt, vi* הֶחמִיץ
source *n* מָקוֹר; מַעייָן
south *n* דָרוֹם
south *adj, adv* דְרוֹמִי; דְרוֹמִית
South America *n* אֲמֵרִיקָה הַדְּרוֹמִית
southern *adj* דְרוֹמִי
Southern Cross *n* הַצְּלָב הַדְּרוֹמִי
southerner *n* דְרוֹמִי
southpaw *n* אִיטֵּר, שְׂמָאלִי
southward *adj, adv* דְרוֹמִי; דָרוֹמָה
south wind *n* רוּחַ דְרוֹמִית
souvenir *n* מַזכֶּרֶת
sovereign *adj* רִיבּוֹנִי, עֶליוֹן
sovereign *n* רִיבּוֹן; מֶלֶך; סוֹבְרִין (מטבע)
sovereignty *n* רִיבּוֹנוּת
soviet *n, adj* סוֹבייֵט; סוֹבייֵטִי
sovietize *vt* סִבייֵט
Soviet Russia *n* בְּרִית־הַמּוֹעָצוֹת
sow *n* חֲזִירָה
sow *vt, vi* זָרַע; הֵפִיץ
soybean *n* פּוֹל סוֹיָה
spa *n* מַעייַן מִינֶרָלִי
space *n* מֶרחָב, חָלָל; רֶוַוח
space *vt* רִיוּוַח; פִּיסֵּק
space craft *n* חֲלָלִית
space flight *n* טִיסָה לֶחָלָל
space key *n* מַקַּשׁ הָרְוָוחִים
spaceman *n* חֲלָלַאי
space ship *n* סְפִינַת־חָלָל, חֲלָלִית
spacious *adj* מְרוּוָּח
spade *n* אֵת (לחפירה)
spadework *n* עֲבוֹדַת הֲכָנָה
Spain *n* סְפָרַד
span *n* אוֹרֶך, רוֹחַק, מֶשֶׁך
span *vt, vi* נִמתַּח, הִשׂתָּרַע
spangle *n* לוּחִית נוֹצֶצֶת
spangle *vt, vi* כִּיסָּה בִּנקוּדוֹת כֶּסֶף
Spaniard *n* סְפָרַדִּי
spaniel *n* ספַּנייֶל
Spanish *adj, n* סְפָרַדִּי
Spanish America *n* אֲמֵרִיקָה הַלָּטִינִית
Spanish broom *n* אֲחִירוֹתֶם הַחוֹרֶשׁ
Spanish fly *n* זְבוּב אַספַּמיָה
spank *vt* הִצלִיף בַּיַּשׁבָן
spanking *n* הַצלָפָה בַּיַּשׁבָן
spanking *adj* יוֹצֵא מִן הַכְּלָל, מְצוּיָּן
spar *n* כְּלוֹנָס, קוֹרָה
spar *vi, vt* עָשָׂה תְּנוּעוֹת אִגרוּף
spare *vt, vi* חָסַך; חָס עַל; קִימֵּץ
spare *adj* רָזֶה, כָּחוּשׁ; רֶזֶרבִי
spare *n* חֵלֶק־חִילּוּף, חַלָּף
spare bed *n* מִיטָּה יְתֵרָה
spare parts *n pl* חֶלקֵי־חִילּוּף
spare room *n* חֶדֶר פָּנוּי
sparing *adj* חֶסכוֹנִי, קַמְּצָנִי
spark *n* נִיצוֹץ; הַברָקָה
spark *vt, vi* הִתִּיז נִיצוֹצוֹת
sparkle *vi* נִצנֵץ, נָצַץ
sparkle *n* נִצנוּץ
sparkling *adj* נוֹצֵץ; תּוֹסֵס
sparrow *n* דְרוֹר
sparse *adj* דָלִיל
Spartan *n, adj* ספַּרטָנִי
spasm *n* עֲווִית

spasmodic *adj* עֲוויתִי
spastic *adj, n* עֲוויתִי
spat *n* בֵּיצֵי צִדפָּה; רִיב קַל; גְמָשָׁה
spate *n* שִׁיטָפוֹן
spatial *adj* מֶרחָבִי
spatter *vt, vi* הִתִּיז; נִיתַּז
spatula *n* מָרִית
spawn *vt, vi* הֵטִיל בֵּיצִים;
הוֹלִיד; הִשׁרִיץ; נוֹלְדוּ
spawn *n* בֵּיצֵי דָגִים
speak *vi, vt* דִיבֵּר
speakeasy *n* בֵּית־מִמכָּר חֲשָׁאִי
לְמַשׁקָאוֹת מְשַׁכְּרִים
speaker *n* נוֹאֵם, דוֹבֵר;
יוֹשֵׁב־רֹאשׁ בֵּית־נִבחָרִים
speaking-tube *n* צִינוֹר דִיבּוּר
spear *n* רוֹמַח
spear *vt, vi* שִׁיפֵּד, דָקַר בְּרוֹמַח
spearhead *n* רֹאשׁ חֲנִית
spearmint *n* נַעֲנָה
special *adj* מְיוּחָד
specialist *n* מוּמחֶה
speciality, specialty *n* יִיחוּד,
תְּכוּנָה מְיוּחֶדֶת; תְּחוּם הִתמַחוּת
specialize *vt* יִיחֵד; הִתמַחָה
species *n* מִין; זָן
specific *adj* מוּגדָר, מְסוּיָם; יִיחוּדִי
specific *n* תְּרוּפָה מְיוּחֶדֶת
specify *vt* פֵּירֵט, הִפרִיט
specimen *n* דוּגמָה, מִדגָם
specious *adj* עוֹשֶׂה רוֹשֶׁם טוֹב
לִכאוֹרָה
speck *n* כֶּתֶם, רְבָב, נְקוּדָה
speckle *n* כֶּתֶם, רְבָב
speckle *vt* נִימֵּר

spectacle *n* מַחֲזֶה, מַראֶה
spectator *n* צוֹפֶה
spectrum *n* תַּחֲזִית, ספֶּקטרוּם
speculate *vi* הָפַך וְהָפַך בְּמַחֲשַׁבתּוֹ;
סִפסֵר
speech *n* כּוֹחַ הַדִיבּוּר; דִיבּוּר
speech clinic *n* מִרפָּאָה לִמגַמגְמִים
speechless *adj* מוּכֵּה־אֵלֶם
speed *n* מְהִירוּת
speed *vi, vt* נָע בִּמהִירוּת, מִיהֵר; הֵאִיץ
speeding *n* נְהִיגָה בִּמהִירוּת מוּפרֶזֶת
speed king *n* אַלוּף מְהִירוּת
speed limit *n* סְייָג מְהִירוּת
speedometer *n* מַד־מְהִירוּת
speedy *adj* מָהִיר
spell *n* כִּישׁוּף, קֶסֶם; פֶּרֶק זְמַן
spell *vt* אִייֵת; נָשָׂא בְּחוּבּוֹ
spellbinder *n* נוֹאֵם מְרַתֵּק
spelling *n* כְּתִיב; אִיוּת
spend *vt, vi* הוֹצִיא כֶּסֶף;
בִּילָה (זמן); כִּילָה (כּוֹח)
spender *n* מוֹצִיא בְּיָד רְחָבָה
spending money *n* דְמֵי־כִּיס
spendthrift *n, adj* בַּזבְּזָן, פַּזְרָן
sperm *n* זֶרַע
sperm-whale *n* רֹאשְׁתָן
spew *vt, vi* הֵקִיא
sp. gr. *abbr* specific gravity
sphere *n* כַּדוּר; ספֵירָה; תְּחוּם
spherical, spheric *adj* כַּדוּרִי
sphinx *n* ספִינקס
spice *n, vt* תַּבלִין; תִּיבֵּל
spicebox *n* קוּפסַת־בְּשָׂמִים
spick and span *adj* צַח וּמצוּחצָח
spicy *adj* מְתוּבָּל; מְגָרֶה; מְפוּלפָּל

spider *n* עַכָּבִישׁ
spider web *n* קוּרֵי עַכָּבִישׁ
spigot *n* מְגוּפָה; בֶּרֶז
spike *n* חַדּוּד; דָּרְבָן
spike *vt* חִיבֵּר בְּמַסְמְרִים; הוֹצִיא מִכְּלַל שִׁימּוּשׁ
spill *vt, vi* שָׁפַךְ; נִשְׁפַּךְ; גָּלַשׁ; הִפִּיל
spill *n* הִישָּׁפְכוּת; גְּלִישָׁה
spin *vt, vi* טָוָה; סוֹבֵב; הִסְתּוֹבֵב
spin *n* סִיבּוּב, סְחרוּר (שֶׁל מטוס)
spinach *n* תֶּרֶד
spinal *adj* שֶׁל הַשִּׁדְרָה
spinal column *n* עַמּוּד־הַשִּׁדְרָה
spinal cord *n* חוּט־הַשִּׁדְרָה
spindle *n* כּוֹשׁ; כִּישׁוֹר
spine *n* שִׁדְרָה; עוֹקֶץ; גַּב (שֶׁל ספר)
spineless *adj* חֲסַר חוּט־שִׁדְרָה
spinet *n* צֶ׳מְבָּלוֹ קָטָן
spinner *n* מְכוֹנַת־טְוִויָּה, מַטְווִיָּה
spinning-wheel *n* גַּלְגַּל־טְווִיָּה
spiral *adj* לוּלְיָינִי, סְלִילִי
spiral *n* לוּלְיָין, חִילָּזוֹן
spiral *vi, vt* הִתְחַלְזֵן; חִלְזֵן
spire *n* מִבְנֶה מְשׁוּפָּד, מִגְדָּל חַד
spirit *n* רוּחַ; נֶפֶשׁ; נְשָׁמָה; (בְּרַבִּים) יַי״שׁ
spirit *vt* ׳נִידֵּף׳, סִילֵּק בַּחֲשַׁאי
spirited *adj* נִמְרָץ, אַמִּיץ
spirit-lamp *n* מְנוֹרַת־כּוֹהֶל
spiritless *adj* רְפֵה־רוּחַ
spirit-level *n* פֶּלֶס־מַיִם
spiritual *adj* רוּחָנִי, נֶאֱצָל
spiritual *n* סְפִּירִיטוּאֶל; שִׁיר־דָּת
spiritualism *n* סְפִּירִיטוּאָלִיזם
spit *vt* יָרַק, רָקַק

spit *n* שַׁפּוּד; לְשׁוֹן יַבָּשָׁה; רִיר, רוֹק
spite *n* מְרִי, זָדוֹן; קַנְטְרָנוּת
spite *vt* קִנְטֵר, הִכְעִיס
spiteful *adj* קַנְטְרָנִי
spittoon *n* מִרְקָקָה
splash *vt, vi* הִתִּיז (מים, בּוֹץ וכד׳)
splash *n* הַתָּזָה, נֶתֶז; כֶּתֶם
splashdown *n* נְחִיתַת חֲלָלִית (בַּיָּם)
spleen *n* טְחוֹל; מְרִירוּת
splendid *adj* נֶהְדָר, מְפוֹאָר; מְצוּיָּן
splendor *n* הוֹד, הָדָר, פְּאֵר
splice *vt* חִיבֵּר חֲבָלִים
splint *n* גָּשִׁישׁ; קָנֶה בְּמִקְלַעַת
splint *vt* קָשַׁר גָּשִׁישׁ
splinter *vt, vi* פִּיצֵּל (הִתְפַּצֵּל) לְקִיסְמִים; שִׁיבֵּר (שׁוּבַּר) לִרְסִיסִים
splinter *n* שְׁבָב, רְסִיס
splinter group *n* קְבוּצָה פּוֹרֶשֶׁת
split *vt, vi* בִּיקֵּעַ; חִילֵּק; נִבְקַע; נִתְפַּצֵּל
split *n* בִּיקּוּעַ; פִּיצּוּל
split *adj* מְפוּצָּל; בָּקוּעַ; שָׁסוּעַ
split personality *n* אִישִׁיּוּת מְפוּצֶּלֶת
splitting *adj, n* מְפַצֵּל, מְבַקֵּעַ; פּוֹלֵחַ
splurge *n* פְּעַלְתָּנוּת לְרַאֲוָוה
splurge *vi* הִתְרַבְרֵב
splutter *vi, vt* הִתִּיז מִפִּיו
splutter *n* פֶּרֶץ דְּבָרִים
spoil *n* שָׁלָל
spoil *vt, vi* קִלְקֵל; פִּינֵּק
spoilsman *n* דוֹגֵל בִּשְׁחִיתוּת צִיבּוּרִית
spoils system *n* שְׁחִיתוּת צִיבּוּרִית
spoke *n* חִישּׁוּר; חָווּק
spokesman *n* דּוֹבֵר

sponge *n* סְפוֹג; טַפִּיל
sponge *vt, vi* קִינֵּחַ בִּסְפוֹג; הִסְפִּיג
spongecake *n* לוּבְנָן
sponger *n* מְנַקֶּה בִּסְפוֹג; סַחֲבָן, טַפִּיל
spongy *adj* סְפוֹגִי, דְּמוּי סְפוֹג
sponsor *n* סַנְדָק, נוֹתֵן חָסוּת
sponsor *vi* נָתַן חָסוּת
sponsorship *n* חָסוּת, פַּטְרוֹנוּת
spontaneous *adj* סְפּוֹנְטָנִי
spoof *n* תַּעְתּוּעַ, שִׁיטּוּי
spoof *vt, vi* תִּעְתֵּעַ, שִׁיטָּה
spook *n* רוּחַ־רְפָאִים
spooky *adj* שֶׁל רוּחַ־רְפָאִים
spool *n* סְלִיל
spoon *n* כַּף, כַּפִּית
spoon *vt, vi* אָכַל בְּכַף; הִתְעַלֵּס
spoonful *n* מְלוֹא (הַ)כַּף
sporadic *adj* שֶׁלְּעִתִּים לֹא מְזוּמָּנוֹת
spore *n* נֶבֶג
sport *n* סְפּוֹרְט; שַׁעֲשׁוּעִים; לָצוֹן
sport *vt, vi* הִשְׁתַּעֲשֵׁעַ; הִצִּיג לְרַאֲוָוה
sport-fan *n* חוֹבֵב סְפּוֹרְט
sporting chance *n* סִיכּוּי שָׁקוּל
sporting goods *n pl* צוֹרְכֵי סְפּוֹרְט
sportscaster *n* פַּרְשַׁן סְפּוֹרְט
sportsman *n* סְפּוֹרְטַאי
sports wear *n* תִּלְבּוֹשֶׁת סְפּוֹרְט
sports writer *n* כַּתַּב סְפּוֹרְט
sporty *adj* רַאַוְותָנִי; אֶלֶגַנְטִי
spot *n* מָקוֹם; נְקוּדָּה; כֶּתֶם
spot *vt, vi* הִכְתִּים; נִכְתַּם; גִּילָּה, זִיהָה
spot cash *n* מְזוּמָּנִים
spotless *adj* נְקִי מִכֶּתֶם
spotlight *n* מְנוֹרָה מְמַקֶּדֶת
spot remover *n* מֵסִיר כְּתָמִים
spot welding *n* רִיתּוּךְ נְקוּדּוֹת
spouse *n* בֶּן־זוּג
spout *vt, vi* הִתִּיז; נִיתַּז
spout *n* צִינּוֹר; זַרְבּוּבִית
sprain *vt* סִיבֵּב אוֹ מָתַח אֵיבָר
sprain *n* מְתִיחַת אֵיבָר
sprawl *vi* הִתְפַּרְקֵד לְלֹא חֵן
spray *vt, vi* הִזְלִיף; הִזְדַּלֵּף
spray *n* תַּרְסִיס; עָנָף פּוֹרֵחַ
sprayer *n* מַרְסֵס, מַזְלֵף
spread *vt, vi* פָּרַשׂ, שָׁטַח; הִשְׂתָּרֵעַ
spread *n* הִתְפַּשְּׁטוּת; מִמְרָח; (דִּיבּוּרִית) סְעוּדָּה
spree *n* הִילּוּלָה, חִינְגָּה
sprig *n* עָנָף רַךְ; זַאֲטוּט
sprightly *adj* מָלֵא חַיִּים
spring *vi, vt* קָפַץ; צָץ, נָבַע
spring *n* קְפִיצָה, נִיתּוּר; קְפִיץ; מַעְיָן; אָבִיב
spring *adj* אֲבִיבִי; קְפִיצִי
springboard *n* מַקְפֵּצָה, קֶרֶשׁ־קְפִיצָה
spring chicken *n* פַּרְגִּית
spring fever *n* בּוּלְמוּס אַהֲבָה
springtime *n* תּוֹר הָאָבִיב
sprinkle *vt, vi* זִילֵּף; הִמְטִיר; הִזְדַּלֵּף
sprinkle *n* זִילּוּף; נֶתֶז; גֶּשֶׁם קַל
sprinkling can *n* מַזְלֵף
sprint *vi, vt* רָץ מֶרְחָק קָצָר
sprint *n* מֵירוֹץ קָצָר
sprite *n* שֵׁדוֹן
sprocket *n* שֵׁן גַּלְגַּל
sprout *vi, vt* נָבַט; גִּידֵּל
sprout *n* נֶבֶט
spruce *adj* נָאֶה בִּלְבוּשׁוֹ
spruce *vt, vi* נֵיאָה לְבוּשׁוֹ

spruce *n* אַשׁוּחִית (עֵץ)

spry *adj* פָּעִיל, תּוֹסֵס

spud *n* אֵת צַר; קְלִיפַּת עֵץ; (דִיבּוּרִית) תַּפּוּד

spunk *n* אוֹמֶץ

spur *n* דָּרְבָן; תַּמְרִיץ

spur *vt, vi* דִרְבֵּן; הִתְקִין דָּרְבָנוֹת

spurious *adj* מְזוּיָּף

spurn *vt, vi* דָּחָה בְּבוּז

spurt *vt, vi* פָּרַץ לְפֶתַע; הִתִּיז לְפֶתַע

spurt *n* פֶּרֶץ

sputter *vi* הִתִּיז מִפִּיו

sputter *n* פֶּרֶץ דְּבָרִים

spy *vt, vi* רָאָה, צָפָה; רִיגֵּל

spy *n* מְרַגֵּל

spyglass *n* מִשְׁקֶפֶת

sq. *abbr* square

squabble *vi, vt* רָב עַל דָּבָר פָּעוּט

squad *n* קְבוּצָה; חוּלְיָה

squadron *n* שַׁיֶּטֶת; טַיֶּסֶת

squalid *adj* מְזוֹהָם, מְטוּנָּף; עָלוּב

squall *n* סוּפַת־פֶּתַע

squalor *n* חֶלְאָה, נִיווּל

squander *vi* בִּזְבֵּז

square *n* רִיבּוּעַ; מִשְׁבֶּצֶת; רוֹבַע

square *vt* רִיבֵּעַ; יִישֵּׁר; (דִיבּוּרִית) פָּרַע (חֶשְׁבּוֹן); (דִיבּוּרִית) שִׁיחֵד

square *adj* רָבוּעַ; מַלְבֵּנִי; רִיבּוּעִי

square *adv* בְּצוּרָה רְבוּעָה

square dance *n* רִיקּוּד מְרוּבָּע

square deal *n* עִסְקָה הוֹגֶנֶת

square meal *n* אֲרוּחָה מַשְׂבִּיעָה

squash *vt, vi* מִיעֵךְ, כָּתַת; נִדְחַק

squash *n* הָמוֹן דָּחוּס; דְּלַעַת; סקווֹשׁ (מִשְׂחָק); מִיץ מָהוּל בְּסוֹדָה

squashy *adj* מָעוּךְ; מִתְמַעֵךְ בְּקַלּוּת

squat *vi, vt* יָשַׁב (הוֹשִׁיב) בִּשְׁפִיפָה

squat *adj* גוּץ וְרָחָב

squatter *n* פּוֹלֵשׁ (לְקַרְקַע לֹא לוֹ)

squaw *n* אִישָּׁה אִינְדִיאָנִית

squawk *vi* קִעְקַע, צָוַח

squawk *n* קִעְקוּעַ, צְוָוחָה

squeak *vi, n* צִיֵּיץ; חָרַק; צִיּוּץ; חֲרִיקָה

squeal *vi, vt* צָוַח, יִיבֵּב

squeal *n* צְוָוחָה, יְבָבָה

squealer *n* יַלְלָן, יַבְּבָן; (הֲמוֹנִית) מַלְשִׁין

squeamish *adj* יַשְׁרָן; אִיסְטְנִיס

squeeze *vt, vi* סָחַט; לָחַץ; נִדְחָק

squeeze *n* לְחִיצָה; סְחִיטָה

squelch *n* קוֹל שִׁכְשׁוּךְ

squelch *vt, vi* רָמַס, דָּרַס; הִשְׁתִּיק

squid *n* דְּיוֹנוּן

squint *vi, vt* פָּזַל; לִכְסֵן מַבָּט

squint *n* פְּזִילָה

squint-eyed *adj* פּוֹזֵל; עוֹיֵן

squire *n* בַּעַל אֲחוּזָה

squire *vt* לִיוָּה (אִישָּׁה)

squirm *vi, n* הִתְפַּתֵּל; הִתְפַּתְּלוּת

squirrel *n* סְנָאִי

squirt *vt, vi* הִתִּיז

squirt *n* סִילוֹן

S.S. *abbr* Secretary of State, steamship, Sunday School

stab *vt, vi* דָּקַר

stab *n* דְּקִירָה; פְּעוּלַּת נִיסָּיוֹן

stable *adj* יַצִּיב

stable *n* אוּרְוָוה

stack *n* גָּדִישׁ; עֲרֵימָה

stack *vt* עָרַם לַעֲרֵימָה

stadium *n* אִיצְטַדְיוֹן

staff *n* מַטֶּה; חֶבֶר עוֹבְדִים

staff *vt* גִּיֵּס (עובדים)

stag *n* צְבִי

stage *n* בָּמָה, בִּימָה

stage *vt, vi* בִּיֵּם

stagecoach *n* מֶרְכָּבָה בְּקַו קָבוּעַ

stagemanager *n* בַּמַּאי

stagger *vi, vt* הִתְנוֹדֵד; הִדְהִים;
פִּיזֵּר (חופשות וכד׳)

stagger *n* הִתְנוֹדְדוּת, פִּיק

staggering *adj* מַדְהִים

stagnant *adj* קוֹפֵא (עַל שְׁמָרָיו)

stagnate *vi, vt* עָמַד, קָפָא עַל שְׁמָרָיו

staid *adj* מְיוּשָּׁב

stain *vt, vi* הִכְתִּים; צָבַע

stain *n* כֶּתֶם

stained glass window *n* וִיטְרִינָה

stainless *adj* לֹא חָלִיד

stair *n* מַדְרֵגָה

staircase *n* מַעֲרֶכֶת מַדְרֵגוֹת

stairwell *n* חֲדַר־מַדְרֵגוֹת

stake *n* יָתֵד; עַמּוּד הַמּוֹקֵד;
אִינְטֶרֶס; חֵלֶק וְנַחֲלָה

stake *vt* חִיזֵּק; סִימֵּן בִּיתֵדוֹת; סִיכֵּן

stale *adj* מְיוּשָּׁן; בָּאוּשׁ; נָדוֹשׁ

stalemate *n* כְּפַת; נְקוּדַת־קִיפָּאוֹן

stalk *vi, vt* צָעַד קוֹמְמִיּוּת; הִתְגַּנֵּב
בְּעִיקְבוֹת (צייד)

stalk *n* גִּבְעוֹל, קָנֶה

stall *vi, vt* (מנוע) נִשְׁתַּתֵּק;
דָּחָה בְּדִבְרֵי הִתְחַמְּקוּת

stall *n* תָּא בְּאוּרְוָה;
מוֹשָׁב (באולם התיאטרון)

stallion *n* סוּס־רְבִיעָה

stalwart *adj, n* חָזָק; אֵיתָן;
(חבר) מוּשְׁבָּע

stamen *n* אַבְקָן

stamina *n* כּוֹחַ־עֲמִידָה

stammer *vi, vt* גִּמְגֵּם

stammer *n* גִּמְגּוּם

stamp *vt, vi* הִטְבִּיעַ (בחותם וכד׳);
בִּיֵּל; כָּתַשׁ

stamp *n* בּוּל; תָּוִית; מִטְבָּע; חוֹתָם

stampede *n* מְנוּסַת־תַּבְהֵלָה

stampede *vi, vt* נָס מְנוּסַת־
תַּבְהֵלָה; גָּרַם לִמְנוּסַת־תַּבְהֵלָה

stance *n* עֲמִידָה, עֶמְדָה

stanch *vt, vi* עָצַר; נֶעֱצַר

stanch *adj* נֶאֱמָן, מָסוּר

stand *vi, vt* (stood) עָמַד; עָמַד זָקוּף;
סָבַל; עָמַד בִּפְנֵי; הֶעֱמִיד

stand *n* עֲמִידָה; עֶמְדָה; דוּכָן

standard *n* דֶּגֶל; תֶּקֶן; רָמָה

standard *adj* תִּקְנִי, סְטַנְדַּרְטִי

standardize *vt* תִּקְנֵן, קָבַע תֶּקֶן

standard of living *n* רָמַת־חַיִּים

standard time *n* הַשָּׁעוֹן הָרִשְׁמִי

stand-in *n* מַחֲלִיף

standing *n* עֲמִידָה; עֶמְדָה

standing *adj* עוֹמֵד; קָבוּעַ, שֶׁל קֶבַע

standing army *n* צְבָא־קֶבַע

standing room *n* מְקוֹמוֹת עֲמִידָה

standpoint *n* נְקוּדַת־מַבָּט

standstill *n* חוֹסֶר תְּנוּעָה, קִיפָּאוֹן

staple *n* סְחוֹרָה עִיקָּרִית;
חוֹמֶר יְסוֹדִי; סִיכַּת־חַיִת

staple *adj* עִיקָּרִי

staple *vt* חִיבֵּר בְּסִיכַּת־חַיִת

star *n* כּוֹכָב; מַזָּל

star *adj* מִצְטַיֵּן, מַזְהִיר
star *vt, vi* סִימֵּן בְּכוֹכָב; כִּיכֵּב
starboard *n, adj* צַד יָמִין; יְמָנִי
starch *n, vt* עֲמִילָן; עִמְלֵן
stare *vi, vt* תָּקַע מַבָּט
stare *n* מַבָּט תָּקוּעַ
starfish *n* כּוֹכַב־יָם
stargaze *vi* הִבִּיט בַּכּוֹכָבִים; שָׁקַע בַּהֲזָיוֹת
stark *adj* מוּחְלָט; קָשֶׁה, קָשִׁיחַ
stark naked *adj* עָרוֹם לַחֲלוּטִין
starlight *n* אוֹר כּוֹכָבִים
Star of David *n* מָגֵן דָּוִד
Star-Spangled Banner *n* הַדֶּגֶל הַמְכוּכָּב
start *vt, vi* הִתְחִיל; יִיסֵּד; הִפְעִיל; הִתְנִיעַ; זִינֵּק; יָצָא לַדֶּרֶךְ
start *n* הַתְחָלָה; זִינּוּק; נְתִירָה
starter *n* מַתְנֵעַ; מַזְנִיק (בְּמֵירוֹץ)
starting *adj* הַתְחָלָתִי; מַזְנִיק
starting point *n* נְקוּדַת זִינּוּק
startle *vt, vi* הֶחֱרִיד, הִדְהִים
starvation *n* רָעָב
starvation wages *n pl* מַשְׂכּוֹרֶת רָעָב
starve *vi, vt* גָּוַע בְּרָעָב; הִרְעִיב
state *n* מַצָּב; מְדִינָה
state *adj* שֶׁל הַמְּדִינָה
state *vt* אָמַר, הִצְהִיר
State Department *n* מַחְלֶקֶת הַמְּדִינָה
stately *adj* מְפוֹאָר
statement *n* הַצְהָרָה; גִּילּוּי־דַּעַת
state of mind *n* מַצַּב־רוּחַ
stateroom *n* אוּלַם־פְּאֵר; תָּא פְּרָטִי (בְּרַכֶּבֶת וכד׳)
statesman *n* מְדִינַאי
static *adj* סְטָטִי, נַיָּיח
static *n* חַשְׁמַל סְטָטִי
station *n* בָּסִיס; מַעֲמָד; תַּחֲנָה
station *vt* הִצִּיב; שִׁיבֵּץ
stationary *adj, n* נַיָּיח
stationer *n* מוֹכֵר מַכְשִׁירֵי־כְּתִיבָה
stationery *n* מַכְשִׁירֵי־כְּתִיבָה
station house *n* תַּחֲנַת מִשְׁטָרָה
station identification *n* הִזְדַּהוּת תַּחֲנַת שִׁידּוּר
stationmaster *n* מְנַהֵל תַּחֲנַת־הָרַכֶּבֶת
statistical *adj* סְטָטִיסְטִי
statistician *n* סְטָטִיסְטִיקָן
statistics *n pl* סְטָטִיסְטִיקָה
statue *n* אַנְדַּרְטָה, פֶּסֶל
statuesque *adj* חָטוּב כְּאַנְדַּרְטָה
stature *n* (שִׁיעוּר) קוֹמָה
status *n* מַעֲמָד, סְטָטוּס
status symbol *n* סֵמֶל הַמַּעֲמָד
statute *n* חוֹק
statutory *adj* בַּעַל גּוּשְׁפַּנְקָה חוּקִית
staunch *adj* נֶאֱמָן, מָסוּר
stave *vt* פָּרַץ פִּרְצָה; מָנַע, דָּחָה
stave *n* לִימּוּד (שֶׁל חָבִית); חָווָק (שֶׁל סוּלָם); בַּיִת (בְּשִׁיר)
stay *n* שְׁהִיָּה; עִיכּוּב; (בְּרַבִּים) מָחוֹךְ
stay *vi, vt* שָׁהָה; נִשְׁאַר; עָצַר; הֵלִין
stay-at-home *n, adj* יוֹשֵׁב אוֹהָלִים
stead *n* מָקוֹם
steadfast *adj* יַצִּיב, אֵיתָן
steady *adj* יַצִּיב; סָדִיר; קָבוּעַ
steady *vt, vi* יִיצֵּב; הִתְיַיצֵּב; הִרְגִּיעַ
steak *n* אוּמְצַת בָּשָׂר, סְטֵיק
steal *vt, vi* גָּנַב; הִתְגַּנֵּב

stealth *n* הִתגַנְבוּת, סֵתֶר

steam *n, adj* אֵדֵי מַיִם; שֶׁל קִיטוֹר

steam *vt, vi* אִידָה; פָּלַט אֵדִים

steamboat *n* סְפִינַת־קִיטוֹר

steamer *n* סְפִינַת־קִיטוֹר

steamer trunk *n* מִזווֶדֶת אוֹנִיָּה

steam heat *n* חִימּוּם קִיטוֹר

steam-roller *n* מַכְבֵּשׁ קִיטוֹר

steamship *n* סְפִינַת־קִיטוֹר

steed *n* סוּס

steel *adj, n* (שֶׁל) פְּלָדָה

steel *vt* הִקְשָׁה (לִבּוֹ)

steel wool *n* צֶמֶר־פְּלָדָה

steep *adj* תָּלוּל; מוּפרָז

steep *vt* הִשְׁרָה

steeple *n* צְרִיחַ

steeplechase *n* מֵירוֹץ מִכשׁוֹלִים

steeplejack *n* מַרקִיעַ צְרִיחִים

steer *vt, vi* נִיווֵט, נִיהֵג

steer *n* שׁוֹר צָעִיר

steerage *n* נִיווּט; הַמַּחְלָקָה הַזּוֹלָה

steersman *n* הַגַּאי

stem *n* גֶּזַע; גִבעוֹל

stem *vt, vi* סָכַר; עָצַר; יָצָא (מִשּׁוֹרֶשׁ), נָבַע מ...

stench *n* רֵיחַ רַע, סִרחוֹן

stencil *n* שַׁעֲוָנִית; סטֶנסִיל

stencil *vt* שִׁכפֵּל; הֵכִין סטֶנסִיל

stenographer *n* קַצְרָן, קַצְרָנִית

stenography *n* קַצְרָנוּת, סטֶנוֹגרַפיָה

step *n* צַעַד; מַדרֵגָה; שָׁלָב

step *vi* צָעַד, פָּסַע

stepbrother *n* אָח חוֹרֵג

stepdaughter *n* בַּת חוֹרֶגֶת

stepfather *n* אָב חוֹרֵג

stepladder *n* סוּלַּם מַדרֵגוֹת

stepmother *n* אֵם חוֹרֶגֶת

steppe *n* עֲרָבָה

steppingstone *n* אֶבֶן מִדרָךְ; קֶרֶשׁ קְפִיצָה

stepsister *n* אָחוֹת חוֹרֶגֶת

stepson *n* בֵּן חוֹרֵג

stereo *n* אִימָּה, סטֵרֵאוֹטִיפּ

stereotyped *adj* עָשׂוּי מֵאִימָּהוֹת; שַׁבְּלוֹנִי

sterile *adj* עָקָר; מְעוּקָר; סטֵרִילִי

sterilization *n* עִיקּוּר; סֵירוּס

sterilize *vt* עִיקֵּר; סֵירֵס

sterling *n* שׁטֶרלִינג

sterling *adj* שֶׁל שׁטֶרלִינג; מְעוּלֶּה

stern *adj* חָמוּר; קָשׁוּחַ; מַחמִיר

stern *n* יַרכָתַיִם

stethoscope *n* מַסְכֵּת, סטֵתוֹסקוֹפּ

stevedore *n* סַוָּר

stevedore *vt, vi* עָסַק בִּמְלֶאכֶת סַוָּר

stew *vt, vi* בִּישֵּׁל; הִתבַּשֵּׁל

stew *n* תַּבשִׁיל, נָזִיד

steward *n* מְנַהֵל מֶשֶׁק־בַּיִת; דַּייָל

stewardess *n* דַּייֶלֶת

stewed fruit *n* לְפַתַּן־פֵּירוֹת

stick *n* מַקֵּל, מַטֶּה

stick *vt, vi* תָּקַע; נָעַץ; תָּחַב; הִדבִּיק; נִתקַע; נִדבַּק

sticker *n* דוֹקֵר; תָּוִוית הַדבָּקָה

sticking-plaster *n* אִיספְּלָנִית דְּבִיקָה

stickpin *n* סִיכַּת־נוֹי

stick-up *n* שׁוֹד

sticky *adj* דָּבִיק, צָמוּג

stiff *adj* קָשִׁיחַ, נוּקְשֶׁה

stiff *n* (הֲמוֹנִית) גְוִויָּה

stiff collar *n* צַוָּארוֹן קָשֶׁה
stiffen *vt, vi* הִקְשָׁה, הִקְשִׁיחַ
stiff-necked *adj* קְשֵׁה־עוֹרֶף
stiff shirt *n* חוּלְצָה מְעוּמְלֶנֶת
stifle *vt* חָנַק; הֶחֱנִיק
stigma *n* אוֹת־קָלוֹן
stigmatize *vt* הִדְבִּיק אוֹת־קָלוֹן
stiletto *n* פִּגְיוֹן דַּק
still *adj* שָׁקֵט, דּוֹמֵם
still *n* תַּצְלוּם דּוֹמֵם; מַזְקֵקָה
still *adv* עוֹד, עֲדַיִין; אַף־עַל־פִּי־כֵן
still *vt* הִשְׁקִיט, הִשְׁתִּיק
stillborn *adj* שֶׁנּוֹלַד מֵת
still-life *adj, n* דּוֹמֵם
stilt *n* קַב; רֶגֶל עֲנָק
stilted *adj* מוּגְבָּה; מְנוּפָּח
stimulant *adj, n* מַמְרִיץ; מְגָרֶה
stimulate *vt, vi* הִמְרִיץ; גֵּירָה
stimulus *n* (*pl* stimuli) תַּמְרִיץ; גֵּירוּי
sting (stung) *vt, vi* עָקַץ; הוֹנָה
sting *n* עוֹקֶץ, עֲקִיצָה
stingy *adj* קַמְּצָן
stink *vi* הִסְרִיחַ; עוֹרֵר גּוֹעַל
stink *n* סִרְחוֹן; שַׁעֲרוּרִיָּה
stint *vt* קִימֵּץ בּ...
stint *n* מִכְסָה; הַגְבָּלָה
stipend *n* שָׂכָר קָבוּעַ; קִצְבָּה
stipulate *vi, vt* הִתְנָה
stir *vt, vi* הֵנִיעַ, עוֹרֵר, הִלְהִיב; נָע
stir *n* רַעַשׁ, מְהוּמָה, הִתְרַגְּשׁוּת
stirring *adj* מְעוֹרֵר, מַלְהִיב
stirrup *n* מִשְׁוֶורֶת
stitch *n* תַּךְ, תֶּפֶר; כְּאֵב
stitch *vt, vi* תָּפַר; תִּיפֵּר (עוֹר)
stock *n* מְלַאי; אִיגְּרוֹת־חוֹב
stock *vt, vi* צִייֵּד; הִצְטַייֵּד
stock *adj* שִׁגְרָתִי, קָבוּעַ
stockade *n* מִכְלָאָה מְבוּצֶּרֶת
stock-breeder *n* מְגַדֵּל בְּהֵמוֹת
stockbroker *n* סַרְסוּר בּוּרְסָה
stock company *n* חֶבְרַת־מְנָיוֹת
stock exchange *n* בּוּרְסָה
stockholder *n* בַּעַל־מְנָיוֹת
Stockholm *n* שְׁטוֹקְהוֹלְם
stocking *n* גֶּרֶב (ארוך)
stock market *n* בּוּרְסָה
stockpile *n* מְלַאי אָגוּר
stock-room *n* מַחְסָן, חֲדַר תְּצוּגָה
stock split *n* פִּיצּוּל מְנָיוֹת
stocky *adj* גּוּץ וְחָסוֹן
stockyard *n* מִכְלָאַת בָּקָר
stoic *n, adj* שׁוֹלֵט בְּרִגְשׁוֹתָיו, סְטוֹאִי
stoke *vt, vi* סִיפֵּק דֶּלֶק
stoker *n* מַסִּיק
stolid *adj* חֲסַר רְגִישׁוּת, חֲסַר הַבָּעָה
stomach *n* קֵיבָה, בֶּטֶן; תֵּיאָבוֹן
stomach *vt, vi* בָּלַע, סָבַל
stone *n* אֶבֶן; גַּלְעִין
stone *vt, vi* רָגַם, סָקַל; גִּלְעֵן (פרי)
stone-broke *adj* חֲסַר פְּרוּטָה
stone-deaf *adj* חֵרֵשׁ גָּמוּר
stonemason *n* סַתָּת
stone quarry *n* מַחְצָבָה
stony *adj* אַבְנִי, סַלְעִי
stool *n* שְׁרַפְרַף; פְּעוּלַּת־קֵיבָה
stoop *vi* הִתְכּוֹפֵף; הִרְכִּין
stoop *n* כְּפִיפַת גֵּו; מִרְפֶּסֶת
stoop shouldered *adj* כְּפוּף־גֵּו
stop *vt, vi* סָתַם, פָּקַק; עָצַר; חָדַל, נֶעֱמַד; נִשְׁאַר

stop *n*	עֲצִירָה; קֵץ; תַּחֲנָה
stopcock *n*	בֶּרֶז מַפְסִיק
stopgap *n*	פְּקָק, מְמַלֵּא מָקוֹם
stopover *n*	שְׁהִיַּת־בֵּינַיִים
stoppage *n*	עֲצִירָה; הַפְסָקָה; סְתִימָה
stopper *n*	עוֹצֵר; סֶתֶם, פְּקָק
stop-watch *n*	שְׁעוֹן־עֶצֶר
storage *n*	אַחְסָנָה, אִחְסוּן; מַחְסָן
storage battery *n*	סוֹלְלַת מַצְבְּרִים
store *n*	חֲנוּת; מַחְסָן; כַּמּוּת
store *vt*	צִיֵּיד; אִחְסֵן; צָבַר
storehouse *n*	מַחְסָן; גּוֹרֶן
storekeeper *n*	מַחְסָנַאי; חֶנְוָנִי
storeroom *n*	חֲדַר אַחְסָנָה
stork *n*	חֲסִידָה
storm *n*	סְעָרָה
storm *vt, vi*	סָעַר, גָּעַשׁ; הִסְתָּעֵר
storm cloud *n*	עֲנַן סוּפָה
storm-troops *n pl*	פְּלוּגּוֹת־סַעַר
stormy *adj*	סוֹעֵר, סַעֲרָנִי
story *n*	סִיפּוּר; עֲלִילָה
story *vt*	סִיפֵּר
storyteller *n*	מְסַפֵּר; שַׁקְרָן
stout *adj*	אַמִּיץ, עַקְשָׁנִי; נֶאֱמָן; שְׁמַנְמַן
stout *n*	שֵׁיכַר־לֶתֶת
stove *n*	תַּנּוּר, כִּירָה
stovepipe *n*	אֲרוּבַּת תַּנּוּר
stow *vt*	הִכְנִיס וְסִידֵּר בְּמַחְסָן; צוֹפֵף בִּיעִילוּת
stowaway *n*	נוֹסֵעַ סָמוּי
straddle *vt, vi*	עָמַד (אוֹ יָשַׁב) בְּפִישּׂוּק־רַגְלַיִים
straddle *n*	עֲמִידָה (אוֹ יְשִׁיבָה) בְּפִישּׂוּק־רַגְלַיִים
strafe *vt*	עָרַךְ הַפְצָצָה כְּבֵדָה
straggle *vi*	הִזְדַּנֵּב, פִּיגֵּר; הִתְפַּזֵּר
straight *adj*	יָשָׁר; הָגוּן, כֵּן
straight *adv*	יָשָׁר; בְּמֵישָׁרִין
straighten *vt, vi*	יִישֵּׁר; הִתְיַישֵּׁר
straight face *n*	מַבָּע רְצִינִי
straightforward *adj*	יָשָׁר, כֵּן; בָּרוּר
straight off *adv*	מִיָּד, מִנֵּיהּ וּבֵיהּ
straight razor *n*	תַּעַר
straightway *adv*	תֵּיכֶף וּמִיָּד
strain *vt, vi*	מָתַח; אִימֵּץ; הִתְאַמֵּץ; סִינֵּן
strain *n*	מֶתַח; מְתִיחוּת; גֶּזַע; נִימָה
strained *adj*	מָתוּחַ; מְסוּנָּן
strainer *n*	מִתְאַמֵּץ; מְסַנֶּנֶת
strait *n*	מֵיצַר; מְצוּקָה
strait-jacket *n*	מְעִיל־מְשׁוּגָּעִים
strait-laced *adj*	טַהֲרָנִי, פּוּרִיטָנִי
strand *n*	גְּדִיל; נִימָה; גָּדָה
strand *vt, vi*	הֶעֱלָה (אוֹ עָלָה) עַל שִׂרְטוֹן אוֹ עַל חוֹף
stranded *adj*	נֶעֱזָב, תָּקוּעַ
strange *adj*	זָר; מוּזָר
stranger *n*	זָר, נוֹכְרִי
strangle *vt*	חִינֵּק
strap *n*	רְצוּעָה
strap *vt*	קָשַׁר (אוֹ הִלְקָה) בִּרְצוּעָה
straphanger *n*	נוֹסֵעַ בַּעֲמִידָה
stratagem *n*	תַּכְסִיס
strategic, strategical *adj*	אַסְטְרָטֵגִי
strategist *n*	אַסְטְרָטֵג
strategy *n*	אַסְטְרָטֶגְיָה
stratify *vt*	רִיבֵּד
stratosphere *n*	סְטְרָטוֹסְפֵירָה
stratum *n*	שִׁכְבָה
straw *n, adj*	קַשׁ, תֶּבֶן

strawberry *n* תּוּת־שָׂדֶה

straw man *n* כְּלִי־שָׁרֵת; עֵד־שֶׁקֶר

stray *vi* תָּעָה

stray *n, adj* תּוֹעֶה; פָּזוּר

streak *n* קַו, פַּס; קַו אוֹפִי

streak *vt, vi* פִּסְפֵּס, סִימֵּן בְּפַסִּים

stream *n* זֶרֶם; נַחַל

stream *vi* נָהַר, זָרַם, זָלַג

streamer *n* נֵס, דֶגֶל; טְרַנְסְפָּרֶנְט; כּוֹתֶרֶת רָאשִׁית

streamlined *adj* זָרִים, זְרִימָנִי

street *n* רְחוֹב

streetcar *n* חַשְׁמַלִּית

street floor *n* קוֹמַת־קַרְקַע

street sprinkler *n* מַזְלֵף רְחוֹבוֹת

streetwalker *n* יַצְאָנִית

strength *n* כּוֹחַ; חוֹזֶק, תֶּקֶן

strengthen *vt, vi* חִיזֵּק; הִתְחַזֵּק

strenuous *adj* מְאוּמָּץ; נִמְרָץ

stress *n* הַדְגָּשָׁה, הַטְעָמָה; לַחַץ

stress *vt* הִדְגִּישׁ, הִטְעִים

stretch *vt, vi* מָתַח; הִתְמַשֵּׁךְ

stretch *n* מֶשֶׁךְ; רֶצֶף; מֶרְחָק; מִשְׁטָח; (המונית) תְּקוּפַת מַאֲסָר

stretcher *n* אֲלוּנְקָה; סָמוֹךְ

stretcher-bearer *n* אֲלוּנְקַאי

strew *vt* פִּיזֵּר, זֵרָה

stricken *adj* מוּכֶּה, נָגוּעַ

strict *adj* חָמוּר, קַפְּדָן; מְדוּיָּק

stricture *n* בִּיקוֹרֶת

stride *vi* פָּסַע (פסיעה גסה)

stride *n* פְּסִיעָה גַסָּה

strident *adj* צוֹרְמָנִי, צוֹרְחָנִי

strife *n* מְרִיבָה, סִכְסוּךְ

strike *vt, vi* הִכָּה, הִתְקִיף; שָׁבַת; עָשָׂה רוֹשֶׁם

strike *n* שְׁבִיתָה; גִילּוּי; הַתְקָפָה

strikebreaker *n* מֵפֵר שְׁבִיתָה

striker *n* שׁוֹבֵת; מַכֶּה

striking *adj* מַרְשִׁים

striking power *n* כּוֹחַ הוֹלֵם

string *n* חוּט; מֵיתָר; מַחֲרוֹזֶת

string *vt* קָשַׁר; קָבַע מֵיתָר; הִידֵּק

string bean *n* שְׁעוּעִית יְרוּקָּה

stringed instruments *n pl* כְּלֵי־מֵיתָר

stringent *adj* חָמוּר, קַפְּדָנִי

string quartet *n* רְבִיעִיַּת כְּלֵי־מֵיתָר

strip *vt, vi* הִפְשִׁיט, פָּשַׁט; חָשַׂף; הִתְפַּשֵּׁט

strip *n* רְצוּעָה, סֶרֶט

stripe *n* פַּס; סִימַן דַרְגָּה

strive *vi* חָתַר

stroke *n* מַכָּה; פְּעִימָה; שָׁבָץ; לְטִיפָה

stroke *vt* לִיטֵּף; חָתַר

stroll *vi* הָלַךְ בְּנַחַת

stroll *n* טִיּוּל קָצָר בְּנַחַת

strong *adj* חָזָק, עַז; יַצִּיב; חָרִיף

strongbox *n* כַּסֶּפֶת

strong drink *n* מַשְׁקֶה חָרִיף

stronghold *n* מִבְצָר

strong-minded *adj* שֶׁמּוֹחוֹ הֶגְיוֹנִי

strontium *n* סְטְרוֹנְצְיוּם

strop *n* רְצוּעַת־הַשְׁחָזָה

strop *vt* הִשְׁחִיז (בִּרְצוּעָה)

strophe *n* סְטְרוֹפָה

structure *n* מִבְנֶה

struggle *vi* נֶאֱבַק; הִתְלַבֵּט

struggle *n* מַאֲבָק; הִתְלַבְּטוּת

strum *vt, vi* פִּרְפֵּט, פָּרַט

strumpet *n* זוֹנָה
strut *vt* הָלַךְ בִּתְנוּעָה שַׁחֲצָנִית
strut *n* תְּמוֹכָה
strychnin(e) *n* סטרִיכנִין
stub *n* שְׁאֵרִית; גֶּדֶם; זָנָב
stubble *n* שֶׁלֶף; שֵׂיעָר עַל פָּנִים
stubborn *adj* קְשֵׁה־עוֹרֶף, עַקְשָׁן
stucco *n* טִיחַ־הַתָּוָה
stuck-up *adj* מְנוּפָּח, יָהִיר
stud *n* מַסמֵר, גוּלָּה; חַוַּת סוּסִים
stud *vt* שִׁיבֵּץ; זָרַע
studbook *n* סֵפֶר־יוּחֲסִין (שֶׁל סוּסִים)
student *n* סטוּדֶנט; חוֹקֵר
student body *n* צִיבּוּר סטוּדֶנטִים
stud-horse *n* סוּס־רְבִיעָה
studied *adj* מְכוּוָּן, מְחוּשָּׁב
studio *n* אוּלְפָּן; חֲדַר־עֲבוֹדָה
studious *adj* שַׁקְדָן בְּלִימוּדִים
study *n* לִימוּד; חֵקֶר, חֲדַר־עֲבוֹדָה
study *vt, vi* לָמַד; חָקַר; עִיֵּין בּ...
stuff *n* חוֹמֶר; אָרִיג; דְּבָרִים
stuff *vt, vi* דָּחַס, גָּדַשׁ; מִילֵּא; פִּיטֵּם
stuffing *n* מִילּוּי, מְלִית
stuffy *adj* מַחֲנִיק; מְעוּפָּשׁ; צַר־אוֹפֶק
stumble *vi* מָעַד, נִכשַׁל
stumbling-block *n* אֶבֶן־נֶגֶף
stump *n* גֶּדֶם; זָנָב
stump *vt, vi* הָלַךְ בִּצְעָדִים כְּבֵדִים; עָרַךְ מַסַּע נְאוּמִים
stump speaker *n* נוֹאֵם רְחוֹב
stun *vt* הֲמַם
stunning *adj* יָפֶה לְהַפלִיא; מַדהִים
stunt *vt, vi* עָצַר גִידּוּל; בִּיצֵּעַ תְּצוּגָה נוֹעֶזֶת
stunt *n* לַהֲטוּט
stunt flying *n* טִיסַת לַהֲטוּטִים
stupefy *vt* טִמטֵם, הִקהָה
stupendous *adj* עָצוּם, כַּבִּיר
stupid *adj* אֱוִילִי, טִיפְּשִׁי
stupor *n* הִימּוּם, טִמטוּם־חוּשִׁים
sturdy *adj* חָסוֹן; נִמרָץ
sturgeon *n* חִדקָן
stutter *vt, vi* גִּמגֵם
stutter *n* גִּמגוּם
sty *n* דִּיר חֲזִירִים
style *n* סִגנוֹן; אוֹפנָה
style *vt* כִּינָּה
stylish *adj* אֱלֶגַנטִי, לְפִי הָאוֹפנָה
styptic pencil *n* עִיפָּרוֹן עוֹצֵר דָם
Styx *n* סטִיקס
suave *adj* נְעִים־הֲלִיכוֹת
subaltern *adj, n* נְחוּת־דַּרגָה
subconscious *adj, n* תַּת־הַכָּרָתִי; תַּת־הַכָּרָה
subconsciousness *n* תַּת־מוּדָע, תַּת־הַכָּרָה
subdivide *vt, vi* חִילֵּק (הִתחַלֵּק) חֲלוּקַּת־מִשׁנֶה
subdue *vt* הִדבִּיר; רִיכֵּךְ; עִמעֵם
subheading *n* כּוֹתֶרֶת־מִשׁנֶה
subject *n* נוֹשֵׂא; נָתִין; מִקצוֹעַ
subject *adj* נָתוּן; כָּפוּף; מוּתנֶה
subject *vt* הִכנִיעַ; חָשַׂף ל...
subjection *n* הַכנָעָה; חִישּׂוּף
subjective *adj* סוּבּייֶקטִיבִי; נוֹשְׂאִי
subject matter *n* תּוֹכֶן
subjugate *vt* שִׁעבֵּד, הִכנִיעַ
subjunctive *adj, n* דֶּרֶךְ הָאִיוּוּי
sublet *vt* הִשׂכִּיר שְׂכִירוּת־מִשׁנֶה
submachine-gun *n* תַּת־מַקלֵעַ

submarine *adj, n* תַּת־מֵימִי; צוֹלֶלֶת
submerge *vt, vi* שִׁיקֵעַ, טִיבֵּעַ; צָלַל
submission *n* כְּנִיעָה; הַכְנָעָה
submissive *adj* צַייְתָן
submit *vt, vi* הִגִּישׁ; טָעַן; חָשַׂף; נִכְנַע
subordinate *adj, n* נָחוּת; כָּפוּף, מִשְׁנִי
subordinate *vt* שִׁעְבֵּד
subplot *n* עֲלִילַת־מִשְׁנֶה
subpoena, subpena *n* הַזְמָנָה לְבֵית־מִשְׁפָּט
sub rosa *adv* בַּחֲשַׁאי
subscribe *vi, vt* חָתַם; תָּמַך; תָּרַם; הָיָה מָנוּי
subscriber *n* מָנוּי; חָתוּם
subsequent *adj* בָּא אַחֲרֵי־כֵן
subservient *adj* מִתרַפֵּס
subside *vi* שָׁקַע; שָׁכַך
subsidize *vt* סִבְּסֵד
subsidy *n* סוּבְּסִידְיָה, מַעֲנָק
subsist *vi* הִתקַיֵּם, חַי
subsistence *n* קִיוּם, מִחְיָה
subsonic *adj* תַּתקוֹלִי
substance *n* חוֹמֶר; עִיקָר; מַמָּשׁוּת
substandard *adj* תַּת־תִּקְנִי
substantial *adj* יְסוֹדִי; מַמָּשִׁי; נִיכָּר
substantiate *vt* אִימֵּת, בִּיסֵּס
substantive *adj* בַּעַל יֵשׁוּת עַצמָאִית
substantive *n* שֵׁם־עֶצֶם
substation *n* תַּחֲנַת־מִשְׁנֶה
substitute *n* תַּחֲלִיף; מְמַלֵּא מָקוֹם
substitute *vt, vi* שָׂם בִּמקוֹם, הֶחֱלִיף
substitution *n* הַחְלָפָה, הֲמָרָה
subterranean *adj* תַּת־קַרקָעִי; מַחתַּרתִּי
subtitle *n* כּוֹתֶרֶת מִשְׁנֶה; תַּרגוּם בְּגוּף סֶרֶט
subtle *adj* דַק בְּיוֹתֵר; בַּעַל הַבחָנָה; שָׁנוּן
subtlety *n* דַקוּת; הַבחָנָה דַקָּה; שְׁנִינוּת
subtract *vt* חִיסֵּר
suburb *n* פַּרבָּר
subvention *n* סוּבּסִידְיָה, מַעֲנָק
subversive *adj* חַתרָנִי
subvert *vt* עִרעֵר; גָרַם לְהַפָּלָה
subway *n* רַכֶּבֶת תַּחתִּית; מַעֲבָר תַּת־קַרקָעִי
succeed *vt, vi* בָּא בִּמקוֹם; הִצלִיחַ
success *n* הַצלָחָה
successful *adj* מַצלִיחַ, מוּצלָח
succession *n* סִדרָה; רְצִיפוּת; יְרוּשָׁה
successive *adj* רָצוּף
succor *n, vt* עֶזרָה, תְּמִיכָה; עָזַר
succumb *vi* נִכנַע; מֵת
such *adj, pron* כָּזֶה; שֶׁכָּזֶה
suck *vt, vi* מָצַץ, יָנַק
suck *n* מְצִיצָה, יְנִיקָה
sucker *n* יוֹנֵק; (המונית) פֶּתִי
suckle *vt* הֵינִיקָה
suckling *n* יוֹנֵק, עוֹלָל
suckling pig *n* חֲזִירוֹן
suction *n* יְנִיקָה; שְׁאִיבָה
sudden *adj, n* פִּתאוֹמִי; פִּתאוֹמִיוּת
suds *n pl* קֶצֶף סַבּוֹן
sue *vt, vi* תָּבַע לְדִין; הִפצִיר
suède *n* עוֹר מְמוֹרָט
suet *n* חֵלֶב (של בהמות)
suffer *vi, vt* סָבַל; הִרשָׁה
sufferance *n* סוֹבְלָנוּת, חֶסֶד
suffering *n* סֵבֶל
suffice *vi, vt* הָיָה דַי

sufficient *adj* מַספִּיק, דַיּוֹ, סוֹפִית
suffix *n, vt* (הוֹסִיף) סִיוֹמֶת
suffocate *vt, vi* חָנַק; נֶחֱנַק
suffrage *n* זְכוּת הַצְבָּעָה; הַסכָּמָה
suffragette *n* סוּפרָזִ׳יסטִית
suffuse *vt* פִּעפַּע; כִּיסָּה
sugar *n* סוּכָּר
sugar-beet *n* סֶלֶק־סוּכָּר
sugar-bowl *n* מִסכֶּרֶת
sugar-cane *n* קְנֵה־סוּכָּר
suggest *vt* הֶעֱלָה עַל הַדַּעַת; הִצִּיעַ
suggestion *n* הַצָּעָה
suggestive *adj* מְרַמֵּז
suicide *n* הִתאַבְּדוּת; מִתאַבֵּד
suit *n* חֲלִיפָה; תְּבִיעָה
suit *vt, vi* הִתאִים, הָלַם
suitable *adj* מַתאִים, הוֹלֵם
suitcase *n* מִזווָדָה
suite *n* פָּמַליָה; מַעֲרֶכֶת; סוּוִיטָה
suiting *n* אָרִיג לַחֲלִיפוֹת
suit of clothes *n* חֲלִיפָה
suitor *n* בַּעַל־דִין; מְחַזֵּר
sulfa drugs *n pl* תְּרוּפוֹת סוּלפָה
sulfate, sulphate *n, adj* גוֹפרָה
sulfur, sulphur *n* גוֹפרִית
sulfuric *adj* גוֹפרָתִי
sulfurous *adj* גוֹפרִיתִי
sulk *vi, n* שָׁתַק וְזָעַם; שְׁתִיקַת רוֹגֶז
sulky *adj* מְרוּגָּז וְשׁוֹתֵק
sullen *adj* קוֹדֵר וְעוֹיֵן; כָּבֵד
sully *vt* הִכתִּים, טִימֵּא
sultan *n* שׁוּלטָן
sultry *adj* חַם וּמַחֲנִיק, לוֹהֵט
sum *n* סְכוּם; סַך־הַכּוֹל
sum *vt, vi* סִיכֵּם

summarize *vt* תִּמצֵת
summary *adj* מַקִּיף; מָהִיר, מְזוֹרָז
summary *n* תַּקצִיר, סִיכּוּם
summer *n* קַיִץ
summer *adj* קֵיצִי
summer resort *n* מְקוֹם קַיִט
summersault *n* סַלטָה, דוּ־סֶבֶב
summersault *vi* עָשָׂה סַלטָה, עָשָׂה דוּ־סֶבֶב
summer school *n* שִׁיעוּרֵי קַיִץ
summery *adj* קֵיצִי
summit *n* פִּסגָה
summon *vt* צִיוָּה לְהוֹפִיעַ
summons *n* הַזמָנָה (להופיע בבית־משפט)
summons *vt* שָׁלַח הַזמָנָה (כנ״ל)
sumptuous *adj* הָדוּר, מְפוֹאָר
sun *n* שֶׁמֶשׁ
sun-bath *n* אַמבַּט־שֶׁמֶשׁ
sunbeam *n* קֶרֶן שֶׁמֶשׁ
sunbonnet *n* כּוֹבַע שֶׁמֶשׁ
sunburn *n* שִׁיזּוּף; הִשׁתַּזְּפוּת
sunburn *vt, vi* שִׁיזֵּף; הִשׁתַּזֵּף
sundae *n* גְלִידַת פֵּירוֹת
Sunday *n* יוֹם א׳, יוֹם רִאשׁוֹן
Sunday best *n* בִּגדֵי שַׁבָּת
Sunday school *n* בֵּית־סֵפֶר שֶׁל יוֹם א׳
sunder *vt* הִפרִיד, נִיתֵּק
sundial *n* שְׁעוֹן שֶׁמֶשׁ
sundown *n* שְׁקִיעַת הַחַמָּה
sundries *n pl* שׁוֹנוֹת
sundry *adj* שׁוֹנִים
sunflower *n* חַמָּנִית
sunglasses *n pl* מִשׁקְפֵי־שֶׁמֶשׁ

sunken *adj* שָׁקוּעַ
sun-lamp *n* מְנוֹרָה כְּחוּלָּה
sunlight *n* אוֹר שֶׁמֶשׁ
sunlit *adj* מוּצַף שֶׁמֶשׁ
sunny *adj* מוּצַף שֶׁמֶשׁ; עַלִּיז
sunrise *n* זְרִיחַת הַשֶּׁמֶשׁ
sunset *n* שְׁקִיעַת־הַחַמָּה
sunshade *n* סוֹכֵך, שִׁמְשִׁיָּה
sunshine *n* אוֹר שֶׁמֶשׁ
sunspot *n* כֶּתֶם שֶׁמֶשׁ
sunstroke *n* מַכַּת שֶׁמֶשׁ
sup *vi* אָכַל אֲרוּחַת־עֶרֶב
superannuated *adj* הוּעֲבַר לְקִצְבָּה; הוּצָא מִשִּׁימּוּשׁ כִּמְיוּשָּׁן
superb *adj* עִילָּאִי
supercargo *n* מְמוּנֶּה עַל הַמִּטְעָן
supercharge *vt* הִגְדִּישׁ
supercilious *adj* מִתְנַשֵּׂא
superficial *adj* שִׁטְחִי
superfluous *adj* מְיוּתָּר
superhuman *adj* עַל־אֱנוֹשִׁי
superimpose *vt* הוֹסִיף עַל גַּבֵּי
superintendent *n* מְפַקֵּחַ; (בְּמִשְׁטָרָה) רַב־פַּקָּד
superior *adj* גָּבוֹהַּ יוֹתֵר; טוֹב יוֹתֵר; יָהִיר
superior *n* מְמוּנֶּה עַל רֹאשׁ מִנְזָר
superiority *n* עֶלְיוֹנוּת, עֲדִיפוּת
superlative *adj* עִילָּאִי
superlative *n* הַפְרָזָה, הַפְלָגָה
superman *n* אָדָם עֶלְיוֹן
supermarket *n* שׁוּפֶרְסַל, כּוֹל בּוֹ
supernatural *adj* עַל־טִבְעִי
supersede *vt* בָּא בִּמְקוֹם
supersonic *adj* עַלְקוֹלִי
superstitious *adj* מַאֲמִין בֶּאֱמוּנוֹת טְפֵלוֹת
supervene *vt* קָרָה בְּמַפְתִּיעַ
supervise *vt*, *vi* פִּיקֵחַ, הִשְׁגִּיחַ
supervisor *n* מְפַקֵּחַ, מַשְׁגִּיחַ
supper *n* אֲרוּחַת־עֶרֶב
supplant *vt* תָּפַס מְקוֹם
supple *adj* כָּפִיף, גָּמִישׁ; סָגִיל
supplement *n* תּוֹסֶפֶת; (בְּעִיתּוֹן) מוּסָף
supplement *vt* הִשְׁלִים, הוֹסִיף
suppliant, supplicant *n*, *adj* מִתְחַנֵּן
supplication *n* תְּחִינָּה
supply *vt* סִיפֵּק, צִיֵּיד; מִלֵּא
supply *n* הַסְפָּקָה; מְלַאי; הֶיצֵעַ
supply and demand *n* הֶיצֵעַ וּבִיקּוּשׁ
support *vt* תָּמַךְ; סָמַךְ; פִּרְנֵס
support *n* תְּמִיכָה; תּוֹמֵךְ; סָמוֹךְ
supporter *n* תּוֹמֵךְ
suppose *vt*, *vi* הִנִּיחַ, שִׁיעֵר, סָבַר
supposed *adj* חַיָּיב; מְשׁוֹעָר
supposition *n* הַנָּחָה, סְבָרָה, הַשְׁעָרָה
suppository *n* פְּתִילָה, נֵר
suppress *vt* דִּיכֵּא, שָׂם קֵץ; הִסְתִּיר
suppression *n* דִּיכּוּי; הַעְלָמָה
suppurate *vi* מִיגֵּל
supreme *adj* עֶלְיוֹן; עִילָּאִי
supt. *abbr* superintendent
surcharge *vt* דָּרַשׁ תַּשְׁלוּם נוֹסָף
surcharge *n* מִטְעָן נוֹסָף; תַּשְׁלוּם נוֹסָף
sure *adj*, *adv* בָּטוּחַ, וַדָּאִי; בְּוַודַּאי
sure thing *n* סִיכּוּי לְלֹא סִיכּוּן
surety *n* עָרֵב; עֵירָבוֹן
surf *n* דֳּכִי, נַחְשׁוֹלִים מִשְׁתַּבְּרִים
surface *vt*, *vi* לִיטֵּשׁ, צִיפָּה; עָלָה (עַל פְּנֵי הַמַּיִם)

surface *n, adj* שֶׁטַח, מִשְׁטָח; שִׁטְחִי
surfboard *n* מִגְרֶרֶת־גַּלִּים
surfeit *n* הַפְרָזָה, זְלִילָה
surfeit *vt, vi* הֶאֱכִיל בְּהַפְרָזָה; זָלַל
surge *n* גַּל, גַּלִּים
surge *vi* נָע כְּגַל, הִתְנוֹדֵד
surgeon *n* מְנַתֵּחַ, כִּירוּרג
surgery *n* כִּירוּרְגְיָה
surgical *adj* כִּירוּרְגִי
surly *adj* חֲמוּץ פָּנִים, גַּס
surmise *n* נִיחוּשׁ, סְבָרָה
surmise *vt, vi* נִיחֵשׁ
surmount *vt* הִתְגַּבֵּר עַל
surname *n* שֵׁם־מִשְׁפָּחָה
surpass *vt* עָלָה עַל
surplice *n* גְּלִימָה
surplus *n, adj* עוֹדֶף; עוֹדֵף
surprise *vt* הִפְתִּיעַ
surprise *n* הַפְתָּעָה; תְּמִיהָה
surprising *n* מַפְתִּיעַ
surrender *vt, vi* הִסְגִּיר; נִכְנַע
surrender *n* כְּנִיעָה
surreptitious *adj* חֲשָׁאִי
surround *vt* הִקִּיף; כִּיתֵּר
surrounding *n* סְבִיבָה
surtax *n* מַס־יֶסֶף
surveillance *n* הַשְׁגָּחָה
survey *vt, vi* סָקַר, מָדַד
survey *n* סֶקֶר, סְקִירָה; מְדִידָה
surveyor *n* מוֹדֵד
survival *n* שְׂרִידָה
survive *vi, vt* שָׂרַד, נִשְׁאַר בַּחַיִּים; הִמְשִׁיךְ לִחְיוֹת אַחֲרֵי
survivor *n* שָׂרִיד
susceptible *adj* נִיתָּן ל...; מִתְרַשֵּׁם בְּנָקֵל

suspect *vt* חָשַׁד
suspect *adj, n* חָשׁוּד
suspend *vt, vi* תָּלָה; דָּחָה; בִּיטֵּל זְמַנִּית; הִשְׁעָה
suspenders *n pl* כְּתֵפוֹת (לְמִכְנָסַיִים); בִּירִיּוֹת (לְגַרְבַּיִים)
suspense *n* מֶתַח, מְתִיחוּת; אִי־וַדָּאוּת
suspension bridge *n* גֶּשֶׁר תָּלוּי
suspicion *n* חֲשָׁד; קוֹרְטוֹב
suspicious *adj* חוֹשֵׁד, מְעוֹרֵר חֲשָׁד
sustain *vt* נָשָׂא, קִיֵּם; תָּמַךְ; אִימֵּת
sutler *n* רוֹכֵל
swab *n* מַטְלִית, סְפוֹגִית
swab *vt* נִיקָּה (בְּמַטְלִית)
swaddling clothes *n pl* חִיתּוּלִים
swagger *vi* נָע בְּהִילּוּךְ מִתְרַבְרֵב
swagger *n* הִילּוּךְ מִתְרַבְרֵב
swain *n* כַּפְרִי צָעִיר; מְאַהֵב
swallow *n* סְנוּנִית; בְּלִיעָה, לְגִימָה
swallow *vt* בָּלַע
swallow wort *n* חַנָּק
swamp *n* בִּיצָּה
swamp *vt, vi* הֵצִיף
swan *n* בַּרְבּוּר
swank *n* הִתְגַּנְדְּרוּת; גַּנְדְּרָן
swank *vi* הִתְגַּנְדֵּר
swan's-down *n* נוֹצַת בַּרְבּוּר
swap *vt, vi* (הֲמוֹנִית) הֶחֱלִיף; הִתְחַלֵּף
swap *n* הַחֲלָפָה, חִילּוּפִים
swarm *n* עֵדָה (שֶׁל דְּבוֹרִים), לַהֲקָה; הָמוֹן
swarm *vi* נִקְהַל; שָׁרַץ; מָלֵא וְגָדוּשׁ
swarthy *adj* שְׁחַרְחַר
swashbuckler *n* רַבְרְבָן; מַטִּיל אֵימִים
swastika *n* צְלַב־קֶרֶס

swat *vt* הִכָּה מַכָּה זְרִיזָה
sway *vi, vt* הִתְנַדְנֵד; הִיסֵּס; נִדְנֵד; הִטָּה; הִשְׁפִּיעַ עַל
sway *n* נִענוּעַ; שְׁלִיטָה
swear *vi, vt* נִשְׁבַּע; גִּידֵּף; הִשְׁבִּיעַ
sweat *vi, vt* הִזִּיעַ
sweat *n* זֵיעָה
sweater *n* אֲפוּדָּה
sweaty *adj* מַזִּיעַ; גּוֹרֵם הֲזָעָה
Swede *n* שְׁווֵדִי
Sweden *n* שְׁווֶדְיָה
sweep *vi, vt* נָע בִּתְנוּפָה; גָּרַף, סָחַף; טִאטֵא
sweep *n* טִאטוּא; סְחִיפָה; טְוָח; תְּנוּפָה; מְנַקֵּה אֲרוּבּוֹת
sweeper *n* מְטַאטֵא
sweeping *adj, n* כּוֹלְלָנִי; טִאטוּא
sweepstake(s) *n* הַגְרָלָה
sweet *adj* מָתוֹק; עָרֵב
sweet *n* מַמְתָּק, סוּכָּרִייָה
sweetbread *n* לַבְלָב
sweetbrier *n* וֶרֶד אֶגְלַנְטִין
sweeten *vt, vi* הִמְתִּיק; מִיתֵּן
sweetheart *n* אָהוּב, אֲהוּבָה
sweet marjoram *n* אֲזוֹבִית
sweetmeat *n* סוּכָּרִייָה, מַמְתָּק
sweet pea *n* אֲפוּנָה רֵיחָנִית
sweet potato *n* בַּטָּטָה
sweet-scented *adj* רֵיחָנִי
sweet toothed *adj* אוֹהֵב מַמְתַּקִּים
sweet william *n* צִיפּוֹרֶן צְפוּפָה
swell *vi, vt* תָּפַח, גָּאָה; נִיפַּח, הִגְבִּיר
swell *n* תְּפִיחוּת; (דיבורית) אָדָם חָשׁוּב
swell *adj* נָאֶה, מְהוּדָּר (דיבורית)
swelter *vi* נָמַק; הָיָה חַלָּשׁ (מחום)
swerve *vi, vt* פָּנָה, סָטָה; הִפְנָה, הִסְטָה
swerve *n* סְטִייָה
swift *adj, adv* מָהִיר; מַהֵר
swig *vt, vi* (המונית) לָגַם (מהבקבוק)
swig *n* לְגִימָה גְדוֹלָה (כנ״ל)
swill *vt, vi* שָׁטַף (במים); שָׁתָה בְּגַסּוּת
swill *n* שְׁטִיפָה; שְׁפוֹכֶת
swim *vi* שָׂחָה; הָיָה שָׁטוּף; הָיָה סְחַרְחַר
swim *n* שְׂחִייָה; זֶרֶם הָעִנְיָינִים
swimmer *n* שַׂחְיָן
swimming-pool *n* בְּרֵיכַת שְׂחִייָה
swim-suit *n* בֶּגֶד־יָם
swindle *vt, vi* הוֹנָה, רִימָּה
swindle *n* הוֹנָאָה, רַמָּאוּת, תַּרְמִית
swine *n* חֲזִיר
swing *vi, vt* הִתְנַעֲנַע, הִתְנַדְנֵד; נִעְנַע, נִדְנֵד; רָקַד סווינג; (המונית) נִתְלָה
swing *n* נִענוּעַ; תְּנוּפָה
swing door *n* דֶּלֶת מְטוּטֶלֶת
swinish *adj* חֲזִירִי
swipe *n* חֲבָטָה פְּרָאִית; נִיסָּיוֹן לַחְבּוֹט
swipe *vt* חָבַט, הִכָּה; נִיסָּה לַחְבּוֹט; (המונית) גָּנַב
swirl *vi, vt* הִתְעַרְבֵּל
swish *vi* נָע בְּרַעַשׁ שׁוֹרֵק
swish *n* רַעַשׁ שׁוֹרֵק
Swiss *adj, n* שְׁווִיצִי
switch *n* מֶתֶג; שַׁרְבִיט; הַחֲלָפָה; הַעְתָּקָה (רכבת)
switch *vt* מִיתֵּג; הֶחֱלִיף
switchback *n* מְסִילַּת עֲקַלָּתוֹן
switchboard *n* (בטלפון) רַכֶּזֶת
switching engine *n* קַטָּר עִיתּוּק
switchman *n* עַתָּק (רכבות)

switchyard *n* מִגְרַשׁ עִיתּוּק (לרכבות)
Switzerland *n* שְׁוַיץ
swivel *n* סְבִיבוֹל
swivel *vi, vt* הִסתּוֹבֵב (אוֹ סוֹבֵב) עַל סְבִיבוֹל
swivel chair *n* כִּיסֵּא מִסתּוֹבֵב
swoon *vi, n* הִתעַלֵּף; הִתעַלְּפוּת
swoop *vi* עָט
swoop *n* עִיטָה; חֲטִיפָה בְּמַחִי־יָד
sword *n* חֶרֶב, סַיִף
swordfish *n* דַג־הַחֶרֶב
sword rattling *n* נִפנוּף חֲרָבוֹת
swordsman *n* סַיָּף
sword thrust *n* מַדְקָרוֹת חֶרֶב
sycophant *adj* חַנְפָן
sycosis *n* דַבלֶלֶת
syllable *n* הֲבָרָה
syllabus *n* תּוֹכנִית לִימוּדִים
syllogism *n* סִילוֹגִיזם
sylph *n* נַעֲרָה תְּמִירָה וְקַלַּת־תְּנוּעָה
symbol *n* סֶמֶל; סִימָן (בּמתימטיקה)
symbolic(al) *adj* סִמלִי
symbolize *vt* סִימֵּל
symmetric(al) *adj* סִימֶטרִי
sympathetic *adj* אוֹהֵד, מַבִּיעַ אַהֲדָה; מִשתַּתֵּף בְּצַעַר
sympathize *vi* אָהַד; הִשתַּתֵּף בְּצַעַר
sympathy *n* אַהֲדָה; הִשתַּתְּפוּת בְּצַעַר

symphonic *adj* סִימפוֹנִי
symphony *n* סִימפוֹניָה
symposium *n* סִימפּוֹזיוֹן, רַב־שִׂיחַ
symptom *n* סִימַן מַחֲלָה
synagogue *n* בֵּית־כְּנֶסֶת
synchronize *vi, vt* הִתרַחֵשׁ כְּאַחַת; סִנכֵּרֵן
synchronous *adj* סִינכּרוֹנִי, מְתוֹאָם
syndicate *n* סִינדִיקָט; הִתאַגְּדוּת
syndicate *vt, vi* אִיגֵּד; הֵפִיץ דֶרֶךְ אִיגּוּד
synonym *n* שֵׁם נִרדָּף
synonymous *adj* סִינוֹנִימִי, נִרדָּף
synopsis *n* תַּמצִית, תַּקצִיר
syntax *n* תַּחבִּיר
synthesis *n* סִינתֶּזָה
synthetic(al) *adj* סִינתֶּטִי; מְלָאכוּתִי
syphilis *n* עַגֶּבֶת
Syria *n* סוּרִיָה
Syriac *adj, n* סוּרִי; סוּרִית
Syrian *adj, n* סוּרִי
syringe *n* מַזרֵק
syringe *vt* הִזרִיק
syrup, sirup *n* סִירוֹפּ
system *n* שִׁיטָה; מַעֲרֶכֶת
systematic *adj* שִׁיטָתִי; שֶׁל מִיּוּן
systematize *vt* הִנהִיג שִׁיטָה; הָפַךְ לְשִׁיטָה
systole *n* הִתכַּוְּוצוּת הַלֵּב

T

T, t טִי (הָאוֹת הָעֶשְׂרִים בָּאָלֶפְבֵּית)
tab *n* דַּשׁ; תָּוִית; תָּג (שֶׁל קָצִין)
tabby *n* מֶשִׁי גַּלִּי; חֲתוּלָה; בְּתוּלָה זְקֵנָה
tabernacle *n* סוּכָּה; מִשְׁכָּן (שֶׁל בְּנֵי יִשְׂרָאֵל בַּמִּדְבָּר)
table *n* שׁוּלְחָן; לוּחַ; טַבְלָה
table *vt* עָרַךְ טַבְלָאוֹת; דָּחָה דִּיוּן; הִנִּיחַ עַל הַשּׁוּלְחָן
tableau *n* תְּמוּנָה חַיָּה
tablecloth *n* מַפַּת שׁוּלְחָן
table d'hote *n* אֲרוּחָה אֲחִידָה
tableland *n* הַר טַבְלָה
table linen *n* אֲרִיגֵי שׁוּלְחָן
table manners *n pl* נִימוּסֵי שׁוּלְחָן
Tables of the Covenant *n pl* לוּחוֹת הַבְּרִית
tablespoon *n* כַּף לְמָרָק
tablespoonful *n* מְלוֹא הַכַּף
tablet *n* לוּחַ; לוּחִית; טַבְלִית (תְּרוּפָה)
table-tennis *n* טֶנִּיס־שׁוּלְחָן
tableware *n* כְּלֵי־שׁוּלְחָן
tabloid *n* טַבְלִית
taboo *n, adj* טָאבּוּ, אִיסּוּר; בְּחֶזְקַת אִיסּוּר
taboo *vt* אָסַר
tabulate *vt* עָרַךְ בְּטַבְלָאוֹת; לִיוּוּחַ, רִידֵּד
tacit *adj* מוּבָן מֵאֵלָיו, מִשְׁתַּמֵּעַ
taciturn *adj* מְמַעֵט בְּדִיבּוּר
tack *n* נַעַץ; שִׁינּוּי עֶמְדָּה
tack *vt, vi* הִידֵּק בִּנְעָצִים; אִיחָה; שִׁינָּה עֶמְדָּתוֹ
tackle *n* חִיבֵּל; צִיּוּד; הַכְשָׁלָה (בְּכַדּוּרֶגֶל)
tackle *vt* הִתְמוֹדֵד (עִם בְּעָיָה); שָׁקַד לִגְבּוֹר; (בְּכַדּוּרֶגֶל) הִכְשִׁיל
tacky *adj* דָּבִיק
tact *n* טַקְט, חָכְמַת הַהִתְנַהֲגוּת
tactful *adj* טַקְטִי
tactical *adj* מִבְצָעִי, תַּכְסִיסִי; טַקְטִי
tactician *n* טַקְטִיקָן
tactics *n pl* טַקְטִיקָה
tactless *adj* חֲסַר טַקְט
tadpole *n* רֹאשָׁן
taffeta *n* טַפְטָה
tag *n* קָצֶה שֶׁל שְׂרוֹךְ; תָּו, תָּוִית
tag *vt* הִצְמִיד תָּג אֶל
tail *n* זָנָב; כָּנָף (שֶׁל בֶּגֶד); מַעֲקָב
tail *vt* (דִּיבּוּרִית) עָקַב אַחֲרֵי; הִזְדַּנֵּב
tail-end *n* קָצֶה, סִיּוּם
tail-light *n* פַּנַּס אֲחוֹרִי
tailor *n* חַיָּט
tailor *vt* תָּפַר לְפִי מִידָּה
tailoring *n* חַיָּטוּת
tailor-made *adj* מַעֲשֵׂה חַיָּט; עָשׂוּי לְפִי מִידָּה
tailpiece *n* קָצֶה; עִיטּוּר
tailspin *n* סְחַרְחוֹר
taint *vt* טִימֵּא, זִיהֵם; דִּיבֵּק
taint *n* אֲבַק דּוֹפִי, כֶּתֶם
take *vt, vi* (took) לָקַח, אָחַז

take *n* לְקִיחָה; פִּדְיוֹן (בחנות וכד׳)

take-off *n* הַמְרָאָה; חִיקּוּי

talcum powder *n* אַבְקַת טַאלְק

tale *n* סִיפּוּר, מַעֲשִׂיָּה

talebearer *n* הוֹלֵךְ רָכִיל

talent *n* כִּשְׁרוֹן

talented *adj* מְחוֹנָן, מוּכְשָׁר

talk *vi* דִּיבֵּר, שׂוֹחֵחַ

talk *n* דִּיבּוּר, שִׂיחָה

talkative *adj* פַּטְפְּטָן מְלַהֵג

talker *n* פַּטְפְּטָן

talkie *n* סֶרֶט קוֹלְנוֹעַ

tall *adj* גָּבוֹהַּ; (המונית) לֹא סָבִיר

tallow *n* חֵלֶב

tally *n* מַקֵּל מְחוֹרָץ; חֶשְׁבּוֹן; שׁוֹבֵר

tally *vt, vi* חִישֵּׁב; הִתְאִים ל...

tally sheet *n* תְּעוּדַת סִיכּוּם

Talmudic *adj* תַּלְמוּדִי

Talmudist *n* חוֹקֵר תַּלְמוּד, תַּלְמוּדַאי

talon *n* טוֹפֶר; לְשׁוֹן הַמַּנְעוּל

tambourine *n* טַנְבּוּרִית

tame *adj* מְאוּלָּף, מְבוּיָּת; נִכְנָע

tame *vt* אִילֵּף, בִּיֵּית; רִיסֵּן

tamp *vt* סָתַם חוֹר

tamper *vi* הִשְׁתַּמֵּשׁ לְרָעָה; טִיפֵּל בַּחֲשַׁאי

tampon *n* סֶתֶם, טַמְפּוֹן

tan *n* קְלִיפַּת אַלּוֹן; שִׁיזָּפוֹן

tan *adj* שֶׁל עִיבּוּד עוֹרוֹת; שֶׁל שִׁיזּוּף

tan *vt, vi* עִיבֵּד; שִׁיזֵּף; הִשְׁתַּזֵּף; (המונית) הִלְקָה

tang *n* רֵיחַ (אוֹ טַעַם) חָרִיף; צִלְצוּל

tangent *adj, n* מַשִּׁיקִי; מַשִּׁיק, טַנְגֶּנְט

tangerine *n* מַנְדָּרִינָה

tangible *adj* מוּחָשִׁי

tangle *vt, vi* סִיבֵּךְ; נִתְבַּלְבֵּל

tangle *n* סְבַךְ, פְּקַעַת

tank *n* מְכָל, מֵיכָל; טַנְק

tanker *n* מֵיכָלִית

tanner *n* בּוּרְסִי

tannery *n* בֵּית־חֲרוֹשֶׁת לְעוֹרוֹת

tantalize *vt* עִינָּה בַּהֲפָחַת תִּקְווֹת־שָׁוְא, טִנְטֵל

tantamount *adj* כָּמוֹהוּ כּ...

tantrum *n* הִשְׁתּוֹלְלוּת חֵימָה

tap *vt, vi* טָפַח; הִקִּישׁ

tap *n* דְּפִיקָה, הַקָּשָׁה; בֶּרֶז

tap dance *n* רִיקּוּד טֶפּ

tape *n* סֶרֶט

tape *vt* מָדַד בְּסֶרֶט; הִקְלִיט עַל סֶרֶט

tape-measure *n* סֶרֶט־מִידָּה

taper *n* נֵר דַּק; הִתְחַדְּדוּת הַדְרָגָתִית

taper *vt, vi* הִקְטִין בְּהַדְרָגָה; הָלַךְ וְדַק

tapestry *n* טַפִּיט

tapeworm *n* תּוֹלַעַת־הַסֶּרֶט

taproom *n* מִסְבָּאָה

taproot *n* שׁוֹרֶשׁ־אָב

tar *n* זֶפֶת; (המונית) מַלָּח

tar *vt* זִיפֵּת

tardy *adj* אִטִּי; מְאַחֵר, מְפַגֵּר

target *n* מַטָּרָה, יַעַד

target area *n* מִטְוָח

Targumist *n* חוֹקֵר הַתַּרְגּוּם

tariff *n* תַּעֲרִיף, רְשִׁימַת מִסֵּי מֶכֶס

tarnish *vt, vi* הִכְהָה; לִכְלֵךְ; כָּהָה

tar paper *n* נְיַיר־זֶפֶת

tarpaulin *n* אַבַּרְזִין, בְּרֶזֶנְט

tarry *vi* הִתְמַהְמַהּ

tarry *adj* מָשׁוּחַ בְּזֶפֶת

tart *adj* חָרִיף; חָמוּץ; שָׁנוּן
tart *n* עוּגַת־פֵּירוֹת; (דיבּוּרית) זוֹנָה
task *n* מְשִׂימָה, תַּפְקִיד
taskmaster *n* נוֹגֵשׂ; מְנַהֵל־עֲבוֹדָה
tassel *n* גְּדִיל, פִּיף
taste *vt, vi* טָעַם; יֵשׁ לוֹ טַעַם שֶׁל
taste *n* טַעַם; קוֹרְטוֹב
tasteless *adj* חֲסַר טַעַם, תָּפֵל
tasty *adj* טָעִים, עָרֵב
tatter *n* קֶרַע; סְחָבָה
tattered *adj* קָרוּעַ וּבָלוּי
tattle *vi* גִּילָּה סוֹד; פִּטְפֵּט; רִיכֵּל
tattletale *n* רַכְלָן; רְכִילוּת
tattoo *vt* קִיעֲקַע; תָּפַף בְּאֶצְבָּעוֹת
tattoo *n* כְּתוֹבֶת־קַעֲקַע; (בּצבא) תְּרוּעַת הַשְׁכָּבָה
taunt *n* לַעַג, הִתְגָּרוּת
taunt *vt* הִתְגָּרָה בְּלִגְלוּג
taut *adj* מָתוּחַ
tavern *n* פּוּנְדָּק
tawdry *adj* מַבְרִיק חָזוֹל
tawny *n, adj* צָהוֹב־חוּם; שָׁזוּף
tax *vt* הִטִּיל מַס; הֶאֱשִׁים
tax *n* מַס
taxable *adj* חַיָּיב מַס, בַּר־מִיסּוּי
taxation *n* מִיסּוּי, הַטָּלַת מַס
tax-collector *n* גּוֹבֵה מִסִּים
tax cut *n* קִיצּוּץ בְּמִסִּים
tax evader *n* שְׁתַמְּטָן מִסִּים
tax-exempt, tax-free *adj* פָּטוּר מִמַּס
taxi *n* מוֹנִית
taxi *vi* הִסִּיעַ (מטוס, על הקרקע)
taxicab *n* מוֹנִית
taxi-dancer *n* רַקְדָנִית שְׂכִירָה
taxi-driver *n* נַהַג מוֹנִית
taxi-plane *n* מְטוֹס מוֹנִית
taxpayer *n* מְשַׁלֵּם מִסִּים
T.B. *abbr* tuberculosis
tea *n* תֵּה
teach *vt, vi* הוֹרָה, הִנְחִיל, לִימֵּד
teacher *n* מוֹרֶה
teacher's pet *n* יֶלֶד שַׁעֲשׁוּעֵי מוֹרֶה
teaching *n* הוֹרָאָה, לִימּוּד
teaching aids *n pl* עֶזְרֵי הוֹרָאָה
teaching staff *n* סֶגֶל מוֹרִים
teak *n* שֶׁגֶא, טִיק
teakettle *n* קוּמְקוּם תֵּה
team *n* צֶוֶות; קְבוּצָה (ספּורט); צֶמֶד (סוּסים וכד׳)
team *vt, vi* צִימֵּד; הִתְחַבֵּר
teammate *n* חָבֵר לִקְבוּצָה
teamster *n* עֶגְלוֹן
teamwork *n* עֲבוֹדַת צֶוֶות
teapot *n* קוּמְקוּם לְתֵה
tear *vt* קָרַע, טָרַף
tear *n* קְרִיעָה, קֶרַע
tear *n* דִּמְעָה
tear bomb *n* פִּצְצַת גַּז מַדְמִיעַ
tearful *adj* מַזִּיל דְּמָעוֹת
tearjerker *n* (המוֹנית) סוֹחֵט דְּמָעוֹת
tear sheet *n* דַּף תָּלוּשׁ
tease *vt* הִקְנִיט
teaspoon *n* כַּפִּית
teaspoonful *n* מְלוֹא הַכַּפִּית
teat *n* דַּד, פִּטְמָה
tea-time *n* שְׁעַת תֵּה
technical *adj* טֶכְנִי
technicality *n* פְּרָט טֶכְנִי; טֶכְנִיּוּת
technician *n* טֶכְנַאי
technics *n pl* טֶכְנִיקָה

technique *n* טֶכנִיקָה; תְּבוּנַת כַּפַּיִים

teddy bear *n* דּוּבּוֹן

teem *vi* שָׁפַע; שָׁרַץ

teeming *adj* שׁוֹרֵץ

teen-age *adj* שֶׁל גִּיל הָעֶשׂרֵה

teenager *n* בֶּן 'טִיפֵּשׁ־עֶשׂרֵה'

teens *n pl* שְׁנוֹת הָעֶשׂרֵה

teeny *adj* קָטוֹן

teeter *vi* הִתנַדנֵד

teethe *vi* צָמְחוּ (אצלו) שִׁנַּיִים

teething *n* צְמִיחַת שִׁנַּיִים

teething ring *n* דִּסקִית נְגִיסָה

teetotaler *n* מִתנַזֵּר גָּמוּר

telecast *vt, vi* שִׁידֵּר בְּטֶלֶוִויזיָה

telegram *n* מִברָק

telegraph *n* מִברָקָה

telegraph *vt* שִׁיגֵּר מִברָק

telegrapher *n* פְּקִיד מִברָקָה

telemeter *n* מַד־רוֹחַק, טֵלֵמֶטֶר

telemetry *n* מְדִידַת־רוֹחַק, טֵלֵמֶטרִייָה

telephone *n* טֶלֶפוֹן

telephone *vt, vi* טִלפֵּן

telephone booth *n* תָּא טֶלֶפוֹן

telephone call *n* קְרִיאָה טֶלֶפוֹנִית

telephone operator *n* טֶלֶפוֹנַאי

telephone receiver *n* מַכשִׁיר טֶלֶפוֹן

teleprinter *n* טֶלֶפּרִינטֶר

telescope *n* טֶלֶסקוֹפּ

teletype *n* טֶלֶטַיפּ, טֶלֶפּרִינטֶר

teletype *vt, vi* טִלפֵּר

televiewer *n* צוֹפֶה טֶלֶוִויזיָה

televise *vt* שִׁידֵּר בְּטֶלֶוִויזיָה, טִלוֵוחַ; עִיבֵּד לְטֶלֶוִויזיָה

television *n* טֶלֶוִויזיָה

television set *n* מַקלֵט טֶלֶוִויזיָה

tell *vt* (told) סִיפֵּר, אָמַר; הִבחִין

teller *n* מְסַפֵּר; קוּפַּאי (בבנק)

temper *vt, vi* מִיזֵּג, מִיתֵּן, רִיכֵּךְ

temper *n* מֶזֶג; מַצַּב־רוּחַ; דַּרגַּת הַקַּשִׁיוּת

temperament *n* מֶזֶג; טֶמפֶּרָמֶנט

temperamental *adj* הֲפַכפַּךְ; נִסעָר

temperance *n* הִינָּזְרוּת גְּמוּרָה

temperate *adj* מָתוּן; מְמוּזָּג

temperature *n* טֶמפֶּרָטוּרָה, מִידַּת הַחוֹם

tempest *n* סְעָרָה

tempestuous *adj* סוֹעֵר

temple *n* בֵּית־הַמִּקדָּשׁ; בֵּית־כְּנֶסֶת; רַקָּה

tempo *n* טֶמפּוֹ, מִפעָם, קֶצֶב

temporal *adj* זְמַנִּי, חוֹלֵף; חִילוֹנִי

temporary *adj* עֲרָאִי, אַרעִי, זְמַנִּי

temporize *vi* הִתחַמֵּק מִפְּעוּלָּה מִיָּדִית

tempt *vt* נִיסָּה, פִּיתָּה

temptation *n* גֵּירוּי הַיֵּצֶר; פִּיתּוּי

tempter *n* מַדִּיחַ, מְפַתֶּה

tempting *adj* מְגָרֶה; מַדִּיחַ

ten *adj, n* עֶשֶׂר, עֲשָׂרָה; עֲשִׂירִייָה

tenable *adj* עָמִיד, בַּר־הַחֲזָקָה

tenacious *adj* בַּעַל אֲחִיזָה חֲזָקָה

tenacity *n* אֲחִיזָה חֲזָקָה; דְּבֵיקוּת

tenant *n* אָרִיס; דַּייָר; שׂוֹכֵר

Ten Commandments *n pl* עֲשֶׂרֶת הַדִּיבְּרוֹת

tend *vt, vi* טִיפֵּל בּ...; עִיבֵּד; נָטָה

tendency *n* מְגַמָּה, נְטִייָה

tender *adj* רַךְ; עָדִין; רָגִישׁ

tender *vt* הִצִּיעַ, הִגִּישׁ

tender *n* הַצָּעָה (במכרז); הַצָּעַת תַּשְׁלוּם; מַשָּׂאִית קַלָּה

tenderhearted *adj* רַחֲמָן

tenderloin *n* בְּשַׂר אֲחוֹרַיִים

tenderness *n* נוֹעַם, רוֹךְ

tendon *n* גִּיד, מֵיתָר

tendril *n* קְנוֹקֶנֶת

tenement *n* דִּירָה; אֲחוּזָּה

tenet *n* עִיקָּרוֹן, דּוֹקְטְרִינָה

tennis *n* טֶנִּיס

tenor *n* כִּיווּן, מְגַמָּה; טֶנוֹר

tense *n* זְמַן

tense *adj* דָּרוּךְ, מָתוּחַ

tension *n* מֶתַח, מְתִיחוּת

tent *n* אוֹהֶל

tentacle *n* אֵיבַר הַמִּישּׁוּשׁ

tentative *adj* נִסְיוֹנִי; אַרְעִי

tenth *adj, n* עֲשִׂירִי; עֲשִׂירִית

tenuous *adj* דַּק, רָפֶה, קָלוּשׁ

tenure *n* חֲזָקָה; תְּקוּפַת כְּהוּנָּה

tepid *adj* פּוֹשֵׁר

term *n* מוּנָּח; בִּיטּוּי; עוֹנַת לִימּוּדִים; (ברבים) תְּנָאִים

term *vt* כִּינָּה, קָרָא בְּשֵׁם

terminal *n* תַּחֲנָה סוֹפִית, מָסוֹף

terminal *adj* אַחֲרוֹן, סוֹפִי

terminate *vt, vi* סִייֵּם; הִסְתַּיֵּים

termination *n* גְּמָר, סִיּוּם, סוֹף

terminus *n* סוֹף, קָצֶה; תַּחֲנָה סוֹפִית

termite *n* נְמָלָה לְבָנָה

terra *n* הָאָרֶץ, הָאֲדָמָה

terrace *n* מַדְרֵגָה (בהר) טֵרַסָּה; גַּג שָׁטוּחַ

terrain *n* פְּנֵי הַשֶּׁטַח

terrestrial *adj* אַרְצִי, יַבַּשְׁתִּי

terrible *adj* אָיוֹם, נוֹרָא

terrific *adj* מַפִּיל אֵימָה; עָצוּם

terrify *vt* הִבְהִיל, הִבְעִית

territory *n* שֶׁטַח אֶרֶץ; תְּחוּם פְּעוּלָּה

terror *n* אֵימָה, טֶרוֹר

terrorize *vt* הֵטִיל אֵימָה

terry *n* אֲרִיג מַגֶּבֶת

terse *adj* קָצָר וְחָלָק

tertiary *adj* שְׁלִישִׁי, שְׁלִישׁוֹנִי

test *n* מִבְחָן, נִיסָּיוֹן

test *vt* בָּחַן, בָּדַק

testament *n* צַוָּואָה; בְּרִית

testicle *n* אֶשֶׁךְ

testify *vi, vt* הֵעִיד

testimonial *n* תְּעוּדַת אוֹפִי; תְּעוּדַת הוֹקָרָה

testimony *n* עֵדוּת

test pilot *n* טַיָּיס לְנִיסּוּי מְטוֹסִים

test-tube *n* מַבְחֵנָה

tether *n* אַפְסָר; תְּחוּם

tether *vt* אִפְסֵר, קָשַׁר בְּאַפְסָר

text *n* נוֹסַח; תַּמְלִיל (של שיר)

textbook *n* סֵפֶר לִימּוּד

textile *adj, n* טֶקְסְטִיל, שֶׁל אֲרִיגָה

texture *n* מַטְוֶה; מִרְקָם

Thailand *n* תַּיְילַנְד

Thames *n* תֶּמְזָה

than *conj* מִ..., מֵ..., מֵאֲשֶׁר

thank *vt* הוֹדָה

thankful *adj* אֲסִיר־תּוֹדָה

thankless *adj* כְּפוּי טוֹבָה

thanks *n pl* תּוֹדוֹת, תּוֹדָה

thanksgiving *n* הוֹדָיָה, תְּפִילַּת הוֹדָיָה

Thanksgiving Day *n* יוֹם הַהוֹדָיָה

that *pron, adj* אוֹתוֹ, אוֹתָהּ; הַהוּא, הַהִיא; כָּזֶה

that *conj* שֶׁ..., כְּדֵי שֶׁ...;
עַד שֶׁ...; מִפְּנֵי שֶׁ...
that *adv* עַד כְּדֵי כָּךְ שֶׁ...
thatch *n* סְכָךְ
thatch *vt* סִיכֵּךְ, כִּיסָּה בִּסְכָךְ
thaw *n* הַפְשָׁרָה
thaw *vt, vi* הִפְשִׁיר
the *def article, adj* הַ..., הָ..., הֶ...
the *adv* בְּמִידָּה שֶׁ..., בָּהּ בְּמִידָּה
theater *n* תֵּיאַטְרוֹן
theatergoer *n* שׁוֹחֵר תֵּיאַטְרוֹן
theatrical *adj* תֵּיאַטְרוֹנִי; תֵּיאַטְרָלִי
thee *pron* לְךָ, לָךְ; אוֹתְךָ, אוֹתָךְ
theft *n* גְּנֵיבָה
their *pron, adj* שֶׁלָּהֶם, שֶׁלָּהֶן
theirs *pron* שֶׁלָּהֶם, שֶׁלָּהֶן
them *pron* אוֹתָם, אוֹתָן; לָהֶם, לָהֶן
theme *n* נוֹשֵׂא; תֵּמָה; רַעְיוֹן עִיקָּרִי
theme song *n* שִׁיר חוֹזֵר
themselves *pron* בְּעַצְמָם,
בְּעַצְמָן; לְבַדָּם, לְבַדָּן
then *adv, conj, adj, n* אָז; אַחַר,
אַחֲרֵי־כֵן; אִם־כֵּן, לְפִיכָךְ; דְּאָז
thence *adv* מֵאָז; מִשָּׁם; לְפִיכָךְ
thenceforth *adv* מֵאָז וָאֵילָךְ
theology *n* תֵּיאוֹלוֹגְיָה, תּוֹרַת־הָאֱמוּנָה
theorem *n* תֵּיאוֹרֶמָה, הַנָּחָה
theory *n* הֲלָכָה, תֵּיאוֹרְיָה, הַצַּד הָעִיוּנִי
therapeutic(al) *adj* רִיפּוּיִי
therapy *n* רִיפּוּי
there *adv* שָׁם, לְשָׁם
thereabout(s) *adv* בְּסָמוּךְ לְ...; בְּעֵרֶךְ
thereafter *adv* אַחֲרֵי־כֵן
thereby *adv* בָּזֶה, בְּכָךְ
therefore *adv, conj* לָכֵן, מִכָּאן שֶׁ...
therein *adv* בָּזֶה, בְּעִנְיָן זֶה
thereof *adv* מִזֶּה, הֵימֶנּוּ
thereupon *adv* לְפִיכָךְ;
מִיָּד לְאַחַר מִכֵּן
thermodynamic *adj* תֶּרְמוֹדִינָמִי
thermometer *n* מַדְחוֹם
thermonuclear *adj* תֶּרְמוֹגַרְעִינִי
thermos *n* תֶּרְמוֹס, שְׁמַרְחוֹם
thermostat *n* תֶּרְמוֹסְטָט, וַסַּתְחוֹם
thesaurus *n* אוֹצַר מִלִּים, עָרוּךְ
these *pron, adj* אֵלֶּה, הָאֵלֶּה, הַלָּלוּ
thesis *n (pl* theses) דִּיסֶרְטַצְיָה,
מֶחְקָר; הַנָּחָה
they *pron* הֵם, הֵן
thick *adj* עָבֶה; עָבוֹת
thick *n* מַעֲבֶה, עוֹבִי
thicken *vt, vi* עִיבָּה; הִתְעַבָּה
thicket *n* סְבַךְ־יַעַר
thickheaded *adj* מְטוּפָּשׁ, מְטוּמְטָם
thickset *adj* רְחַב־גֶּרֶם
thief *n (pl* thieves) גַּנָּב
thieve *vt, vi* גָּנַב
thievery *n* גְּנֵיבָה, גַּנָּבוּת
thigh *n* יָרֵךְ
thighbone *n* עֶצֶם הַיָּרֵךְ
thimble *n* אֶצְבָּעוֹן
thin *adj* דַּק; רָזֶה; דָּלִיל
thin *vt, vi* דִּילֵּל, הֵדֵל; דָּלַל; רָזָה
thine *pron, adj* שֶׁלְּךָ, שֶׁלָּךְ
thing *n* דָּבָר; חֵפֶץ; עִנְיָן
think *vt, vi* חָשַׁב, הִרְהֵר, סָבַר
thinker *n* הוֹגֶה, חוֹשֵׁב
third *adj, n* שְׁלִישִׁי; שְׁלִישׁ
third degree *n* חֲקִירָה אַכְזָרִית
third rail *n* פַּס שְׁלִישִׁי

thirst *n* צָמָא, צִימָּאוֹן
thirst *vi* צָמֵא, נִכסַף
thirsty *adj* צָמֵא; צָחִיחַ; מִשתּוֹקֵק
thirteen *adj, n* שְׁלוֹשָׁה־עָשָׂר, שְׁלוֹשׁ־עֶשׂרֵה
thirteenth *adj, n* הַשְּׁלוֹשָׁה־עָשָׂר, הַשְּׁלוֹשׁ־עֶשׂרֵה; הַחֵלֶק הַשְּׁלוֹשָׁה־עָשָׂר
thirtieth *adj, n* הַשְּׁלוֹשִׁים; הַחֵלֶק הַשְּׁלוֹשִׁים
thirty *adj, n* שְׁלוֹשִׁים
this *pron, adj* זֶה, הַזֶּה, זֹאת, הַזֹּאת, זוֹ
thistle *n* דַּרדַּר
thither *adv, adj* לְשָׁם, שָׁמָּה
thong *n* רְצוּעַת עוֹר
thorax *n* חָזֶה
thorn *n* קוֹץ, דַּרדַּר
thorny *adj* דוֹקְרָנִי, קוֹצִי
thorough *adj* גָמוּר; יְסוֹדִי; מַקִּיף
thoroughbred *adj, n* טְהוֹר גֶזַע, גִזעִי; תַּרבּוּתִי
thoroughfare *n* דֶּרֶךְ, מַעֲבָר
thoroughgoing *adj* גָמוּר, מוּחלָט
thoroughly *adv* בְּאוֹפֶן יְסוֹדִי
those *adj, pron* אוֹתָם, אוֹתָן, הָהֵם, הָהֵן
thou *pron* אַתָּה, אַתְּ
though *conj* אִם־כִּי, אַף־עַל־פִּי
thought *n* מַחֲשָׁבָה; חֲשִׁיבָה; רַעיוֹן
thoughtful *adj* מְהַרהֵר, שָׁקוּעַ בְּמַחֲשָׁבָה; מִתחַשֵּׁב
thousand *adj, n* אֶלֶף
thousandth *adj* אַלפִּית; הָאֶלֶף
thraldom *n* עַבדוּת
thrash *vt, vi* דָּשׁ; הִכָּה עַד חוֹרמָה

thread *n* חוּט; פְּתִיל; תַּבְרִיג
thread *vt, vi* הִשׁחִיל; הִבקִיעַ דַּרכּוֹ
threadbare *adj* בָּלוּי, מְרוּפָּט
threat *n* אִיּוּם
threaten *vt, vi* אִייֵּם עַל, הִשׁמִיעַ אִיּוּם
three *adj, n* שְׁלוֹשָׁה, שָׁלוֹשׁ
three-cornered *adj* מְשׁוּלָּשׁ הַקְּצָווֹת
three hundred *adj, n* שְׁלוֹשׁ מֵאוֹת
three-ply *adj* תְּלַת־שִׁכבָתִי
three R's *n pl* קְרִיאָה, כְּתִיבָה וְחֶשׁבּוֹן
threescore *adj, n* שֶׁל שִׁשִּׁים; שִׁשִּׁים
threnody *n* קִינָה
thresh *vt* דָּשׁ; חָבַט
threshing-machine *n* מְכוֹנַת־דִּישָׁה
threshold *n* מִפתָּן, סַף
thrice *adv* פִּי שְׁלוֹשָׁה; שָׁלוֹשׁ פְּעָמִים
thrift *n* חַסכָנוּת, קִימּוּץ
thrifty *adj* חוֹסֵךְ, חֶסכוֹנִי
thrill *vt, vi* הִרעִיד, הִרטִיט; הִתרַגֵּשׁ
thrill *n* הִתרַגְּשׁוּת; רֶטֶט
thriller *n* סִיפּוּר (אוֹ מַחֲזֶה) מֶתַח
thrilling *adj* מַרטִיט
thrive *vi* שִׂגשֵׂג
throat *n* גָרוֹן
throb *vi, n* פָּעַם; פְּעִימָה
throes *n pl* מַאֲבָק קָשֶׁה; צִירֵי לֵידָה, יִיסּוּרֵי גְסִיסָה
throne *n* כֵּס־מַלכוּת
throng *n* הָמוֹן, עַם רַב
throng *vi, vt* הִתקַהֵל; מִילֵּא בַּהֲמוֹנִים
throttle *n* מַשׁנֵק
throttle *vt* הֶחֱנִיק, שִׁינֵּק
through *prep, adv, adj* בְּעַד, דֶּרֶךְ; בִּגלַל; לְאוֹרֶךְ; בְּאֶמצָעוּת; יָשִׁיר

throughout *prep, adv* כָּל־כּוּלּוֹ; מִכָּל הַבְּחִינוֹת; עַל פְּנֵי כָּל
throughway *n* כְּבִישׁ מָהִיר
throw *vt* זָרַק, הִשְׁלִיךְ
throw *n* זְרִיקָה, הַפָּלָה, הֲטָלָה, הַשְׁלָכָה
thrum *n* דַּלָּה; נְגִינָה חַדגוֹנִית
thrush *n* קִיכְלִי מְזַמֵּר
thrust *vt* בִּיתֵּק; נָעַץ; תָּחַב
thrust *n* דְּחִיפָה; דַּחַף; תְּחִיבָה
thud *n* חֲבָטָה
thud *vi* הִשְׁמִיעַ קוֹל עָמוּם
thug *n* סַכִּינַאי, רוֹצֵחַ
thumb *n* אֲגוּדָל, בּוֹהֶן
thumb *vt, vi* דִּפְדֵּף מַהֵר; בִּיקֵּשׁ (הַסָּעָה)
thumb-index *n* (בספר) מַפְתֵּחַ־בּוֹהֶן
thumbprint *n* טְבִיעַת אֲגוּדָל
thumbtack *n* נַעַץ
thump *n* חֲבָטָה, הַקָּשָׁה
thumping *adj* (דיבורית) עָצוּם
thunder *n* רַעַם
thunder *vt* רָעַם
thunderbolt *n* בָּרָק, מַהֲלוּמַת־בָּרָק
thunderclap *n* נֶפֶץ־רַעַם
thunderous *adj* מַרְעִים
thunderstorm *n* סוּפַת רְעָמִים
Thursday *n* יוֹם חֲמִישִׁי
thus *adv* כָּךְ, כָּכָה; לְפִיכָךְ, עַל־כֵּן
thwack *vt* הִכָּה
thwack *n* חֲבָטָה
thwart *vt* סִיכֵּל, שָׂם לְאַל
thy *adj* שֶׁלְּךָ, שֶׁלָּךְ
thyme *n* קוֹרָנִית
thyroid gland *n* בַּלּוּטַת הַתְּרִיס
thyself *n* אַתָּה בְּעַצְמְךָ
tiara *n* נֵזֶר; כֶּתֶר
tic *n* עֲוִוית שְׁרִירֵי הַפָּנִים
tick *n* תִּקְתּוּק; (דיבורית) רֶגַע
tick *vt, vi* סִימֵּן; טִקְטֵק
ticker *n* מְטַקְטֵק; טִיקֶר; (המונית) לֵב
ticker tape *n* סֶרֶט טֶלֶפּרִינְטֶר
ticket *n* כַּרְטִיס; רְשִׁימַת מוּעֲמָדִים
ticket collector *n* כַּרְטִיסָן
ticket scalper *n* סַפְסַר כַּרְטִיסִים
ticket window *n* אֶשְׁנַב כַּרְטִיסִים
ticking *n* כּוּתֹנֶת מַצָּע
tickle *vt, vi* דִּגְדֵּג; שִׁיעֲשַׁע
tickle *n* דִּגְדּוּג
ticklish *adj* רָגִישׁ לְדִגְדּוּג; עָדִין
tidal wave *n* נַחְשׁוֹל גֵּאוּת
tide *n* גֵּיאוּת וָשֵׁפֶל; מְגַמָּה
tide *vi, vt* חָתַר בְּעֶזְרַת הַגֵּיאוּת
tidewater *n* מֵי גֵיאוּת וָשֵׁפֶל
tidings *n pl* בְּשׂוֹרוֹת חֲדָשׁוֹת
tidy *adj* מְסוּדָּר, נָקִי; גָּדוֹל לְמַדַּי
tidy *vt, vi* נִיקָּה, סִידֵּר
tidy *n* צִיפִּית שְׁמִיטָה; סַל לִפְסוֹלֶת
tie *vt* קָשַׁר, חִיבֵּר
tie *n* חֶבֶל; קֶשֶׁר; עֲנִיבָה
tiepin *n* סִיכַּת עֲנִיבָה
tier *n* טוּר, נִדְבָּךְ
tiger *n* נָמֵר
tiger-lily *n* הַשּׁוֹשָׁן הַמְנוּמָּר
tight *adj, adv* הָדוּק; צַר; (דיבורית) קַמְּצָן; (המונית) שִׁיכּוֹר; בַּחֲוזְקָה
tighten *vt, vi* אִימֵּץ, הִידֵּק; נֶהֱדַק
tightfisted *adj* קַמְּצָן
tightrope *n* חֶבֶל מָתוּחַ

tigress *n* נְמֵרָה
tile *n* מַרְצֶפֶת, רַעַף
tile *vt* רִיעֵף, כִּיסָּה בִּרְעָפִים
tile roof *n* גַג רְעָפִים
till *prep, conj* עַד שֶׁ...
till *vt, vi* חָרַשׁ, עִיבֵּד
till *n* קוּפַּת דֶלְפֵּק
tilt *n* סִיוּף; הַטָּיָה, לִכְסוּן
tilt *vt* הִטָּה, לִכְסֵן
timber *n* עֵצָה; עֲצֵי בִּנְיָן
timber *vt* כִּיסָּה בְּעֵצִים
timberline *n* גְבוּל הַצּוֹמֵחַ
timbre *n* גוֹן הַצְּלִיל
time *n* זְמַן, עֵת; שָׁהוּת; תְּקוּפָה; קֶצֶב
time *vt* סִינכְּרֵן, תִּזְמֵן
time bomb *n* פְּצָצַת זְמַן
timecard *n* כַּרְטִיס זְמַן
time clock *n* שְׁעוֹן עֲבוֹדָה
time exposure *n* חֲשִׂיפַת זְמַן
time fuse *n* פִּיצּוּץ זְמַן
timekeeper *n* רוֹשֵׁם שְׁעוֹת הָעֲבוֹדָה; שׁוֹפֵט הַזְּמַן; שָׁעוֹן
timely *adj, adv* בַּזְּמַן הַנָּכוֹן, בְּעִיתּוֹ
timepiece *n* מַדְזְמַן, שָׁעוֹן
time signal *n* צְלִיל זְמַן
timetable *n* לוּחַ זְמַנִּים; מַעֲרֶכֶת שָׁעוֹת
timework *n* שָׂכָר לְפִי הַזְּמַן
timeworn *adj* בָּלֶה מִיוֹשָׁן
time zone *n* אֵיזוֹר זְמַן
timid *adj* בַּיְישָׁנִי; חֲסַר עוֹז
timidity, timidness *n* בַּיְישָׁנוּת; פַּקְפְּקָנוּת
timorous *adj* פַּחְדָנִי, הַסְסָנִי
tin *n* בְּדִיל; פַּח; פַּחִית
tincture *n* מִשְׁרָה, תְּמִיסָּה

tinder *n* חוֹמֶר הַצָּתָה
tinderbox *n* קוּפְסָה לְחוֹמֶר הַצָּתָה
tin foil *n* רִיקּוּעַ פַּח
ting-a-ling *n* צִיל־צְלִיל
tinge *vt* גִיוּוֵן; תִּיבֵּל
tinge *n* בֶּן־גָּוֶן
tingle *vi* חָשׁ עִקְצוּץ
tingle *n* הַרְגָּשַׁת דְקִירָה
tin hat *n* כּוֹבַע פְּלָדָה
tinker *n* פֶּחָח, מַטְלִיא
tinker *vi* עָשָׂה עֲבוֹדַת סְרָק
tinkle *vi* צִלְצֵל, קִשְׁקֵשׁ
tinkle *n* צִלְצוּל, קִשְׁקוּשׁ
tin opener *n* פּוֹתְחַן קוּפְסָאוֹת
tinplate *n* פַּח לָבָן
tin roof *n* גַג פַּח
tinsel *n* חוּטֵי־כֶסֶף נוֹצְצִים
tinsmith *n* פֶּחָח
tin soldier *n* חַיָּיל עוֹפֶרֶת
tint *n* גָּוֶן
tint *vt* גִיוּוֵן, גִוְונֵן
tintype *n* תַּצְלוּם לוּחִית
tinware *n* כְּלֵי בְּדִיל, כְּלֵי פַּח
tiny *adj* זָעִיר, קְטַנְטַן
tip *n* חוֹד; דְמֵי־שְׁתִיָּה; יְדִיעָה סוֹדִית
tip *vt, vi* נָגַע קַלּוֹת; הִטָּה; נָתַן דְמֵי־שְׁתִיָּה; גִילָּה סוֹד
tip-off *n* אַזְהָרָה בַּחֲשַׁאי
tipple *n* מַשְׁקֶה חָרִיף
tipple *vt, vi* הָיָה שׁוֹתֶה טִיפָּה מָרָה
tipstaff *n* שַׁמַּשׁ בֵּית־דִין
tipsy *adj* מְבוּסָּם
tiptoe *n* רָאשֵׁי אֶצְבָּעוֹת
tirade *n* הַתְקָפָה מִילּוּלִית
tire *vi, vt* נִלְאָה, נִתְיַיגֵּעַ; הוֹגִיעַ

tire *n* צְמִיג
tire chain *n* שַׁרְשֶׁרֶת צְמִיגִים
tired *adj* עָיֵף
tire gauge *n* מַד־לַחַץ צְמִיגִים
tireless *adj* שֶׁאֵינוֹ יוֹדֵעַ לֵיאוּת
tire pressure *n* לַחַץ צְמִיגִים
tire pump *n* מַשְׁאֵב
tiresome *adj* מַטְרִיד, מַלְאֶה
tissue *n* רִקְמָה; אָרִיג דַק
tithe *n* מַעֲשֵׂר
tithe *vt, vi* נָתַן מַעֲשֵׂר; גָּבָה מַעֲשֵׂר
title *n* שֵׁם, כּוֹתָר; כּוֹתֶרֶת; תּוֹאַר; זְכוּת
title *vt* כִּינָּה, קָרָא בְּשֵׁם
title deed *n* שְׁטַר־קִנְיָן
title holder *n* בַּעַל תּוֹאַר; בַּעַל זְכוּת
title page *n* דַף הַשַּׁעַר
title role *n* תַּפְקִיד הַשֵּׁם
titter *vi* צָחַק צְחוֹק עָצוּר
titter *n* צְחוֹק עָצוּר
titular *adj* בְּשֵׁם בִּלְבַד; מִכּוֹחַ תּוֹאַר
to *prep, adv* אֶל, ל..., בּ...;
עַד; עַד כְּדֵי; לְפִי
toad *n* קַרְפָּדָה
toadstool *n* פִּטְרִייָה, פִּטְרִיָּה אַרְסִית
toast *n* פַּת קְלוּיָה; שְׁתִיַּית לְחַיִּים
toast *vt, vi* קָלָה; חִימֵּם; נִקְלָה;
שָׁתָה לְחַיִּים
toaster *n* טוֹסְטֶר, מַקְלֶה
toastmaster *n* מַנְחֶה בִּמְסִיבָּה
tobacco *n* טַבָּק
toboggan *n* מִזְחֶלֶת קֶרַח
tocsin *n* פַּעֲמוֹן אַזְעָקָה
today *adv, n* הַיּוֹם; כַּיּוֹם
toddle *vi* הִידַּדָּה
toddy *n* עֲסִיס תְּמָרִים
to-do *n* הֲמוּלָּה, מְהוּמָה
toe *n* אֶצְבַּע (של רגל), בּוֹהֶן
toe *vt* נָגַע בִּבְהוֹנוֹת הָרֶגֶל
toenail *n* צִיפּוֹרֶן הַבּוֹהֶן
together *adv* בְּיַחַד, יַחַד
toil *vi* טָרַח, עָמַל קָשׁוֹת
toil *n* עָמָל
toilet *n* חֲדַר רַחְצָה; בֵּית כִּסֵּא
toilet articles *n pl* כְּלֵי תַּמְרוּק
toilet paper *n* נְיַיר טוּאָלֶט
toilet powder *n* אַבְקַת תַּמְרוּק
toilet soap *n* סַבּוֹן רַחְצָה
toilet water *n* מֵי בּוֹשֶׂם
token *n* אוֹת, סִימָן, סֶמֶל
tolerance *n* סוֹבְלָנוּת; סְבוֹלֶת
tolerate *vt* הִתִּיר, הִשְׁלִים עִם
toll *n* צִלְצוּל פַּעֲמוֹן; מַס דְרָכִים
tollbridge *n* גֶּשֶׁר הַמַּס
tollgate *n* שַׁעַר מֶכֶס
tomato *n* עַגְבָנִיָּה
tomb *n* קֶבֶר
tomboy *n* נַעֲרָה־נַעַר; קוּנְדֵסִית
tombstone *n* מַצֵּבָה
tomcat *n* חָתוּל
tome *n* כֶּרֶךְ עָבֶה
tommy-gun *n* תַּת־מַקְלֵעַ
tomorrow *adv, n* מָחָר, מָחֳרָת
tomtom *n* טַמְטַם
ton *n* טוֹנָה
tone *n* צְלִיל, נְעִימָה; אוֹרַח דִּיבּוּר
tone *vt, vi* כִּיוּוֵן אֶת הַצְּלִיל;
שִׁיוּוָה גָוֶן
tone-deaf *adj* חֵרֵשׁ לִצְלִילִים
tongs *n pl* מֶלְקָחַיִים, צְבָת
tongue *n* לָשׁוֹן, שָׂפָה

tongue-twister *n* מִשְׁפָּט קָשֶׁה בִּיטּוּי

tonic *adj, n* טוֹנִי; מְחַזֵּק; סַם חִיזּוּק

tonight *adv, n* הַלַּיְלָה

tonnage *n* טוֹנָז׳, תְּפוּסָה

tons *n pl* (דיבורית) הַרְבֵּה

tonsil *n* שָׁקֵד

tonsillitis *n* דַּלֶּקֶת שְׁקֵדִים

too *adv* אַף, גַּם; מִדַּי

tool *n* כְּלִי, מַכְשִׁיר

tool *vt, vi* עִיבֵּד; קִישֵּׁט

tool-bag *n* יַלְקוּט כֵּלִים

toolmaker *n* עוֹשֶׂה כֵּלִים

toot *vi, vt* צָפַר, תָּקַע

toot *n* צְפִירָה

tooth *n* (*pl* teeth) שֵׁן; בְּלִיטָה

toothache *n* מֵיחוֹשׁ שִׁנַּיִים

toothbrush *n* מִבְרֶשֶׁת שִׁנַּיִים

toothless *adj* חֲסַר שִׁנַּיִים

tooth-paste *n* מִשְׁחַת־שִׁנַּיִים

toothpick *n* קֵיסָם שִׁנַּיִים

top *n* פִּסְגָּה, צַמֶּרֶת; מִכְסֶה; סְבִיבוֹן

top *adj* רָאשִׁי; עֶלְיוֹן; עִילִּי

top *vt* הִתְקִין רֹאשׁ ל...; כִּיסָּה; גָּזַם; עָלָה עַל

top billing *n* רִאשׁוֹן בִּרְשִׁימָה

topcoat *n* מְעִיל עֶלְיוֹן

toper *n* שִׁיכּוֹר מוּעָד

top-heavy *adj* כָּבֵד מִלְמַעְלָה, לֹא מְאוּזָּן

topic *n* נוֹשֵׂא

topmast *n* תּוֹרֶן עִילִּי

topmost *adj* עֶלְיוֹן

topography *n* טוֹפּוֹגְרַפְיָה

topple *vi, vt* מָט לִיפּוֹל; הִפִּיל

top priority *n* עֲדִיפוּת עֶלְיוֹנָה

topsoil *n* רוֹבֶד הָאֲדָמָה הָעֶלְיוֹנָה

topsyturvy *adv, adj* בְּאִי־סֵדֶר; מְבוּלְבָּל

torch *n* לַפִּיד; פַּנַּס־כִּיס

torchbearer *n* נוֹשֵׂא הַלַּפִּיד

torchlight *n* אוֹר לַפִּידִים

torch-song *n* פִּזְמוֹן אַהֲבָה נִכְזֶבֶת

torment *n* יִיסּוּרִים

torment *vt* הֵצִיק, יִיסֵּר, עִינָּה

tornado *n* טוֹרְנָדוֹ, סְעָרָה

torpedo *n* טוֹרְפֵּדוֹ

torpedo *vt* טִרְפֵּד

torrent *n* זֶרֶם עַז, גֶּשֶׁם שׁוֹטֵף

torrid *adj* חַם מְאוֹד; צָחִיחַ

torso *n* גּוּף־פֶּסֶל; גּוּפַת אָדָם

tortoise *n* צָב

torture *n* עִינּוּי

torture *vt* עִינָּה

toss *vt, vi* זָרַק; טִלְטֵל; נִיטַּלְטֵל

tossup *n* הַפָּלַת גּוֹרָל

tot *n* פָּעוֹט; טִיפַּת מַשְׁקֶה

total *adj, n* גָּמוּר, מוּשְׁלָם; סַךְ־הַכּוֹל

total *vt, vi* סִיכֵּם; הִסְתַּכֵּם ב...

totter *vi* הִידַּדָּה; הִתְנוֹדֵד

touch *vt, vi* נָגַע, מִישֵּׁשׁ; נָגַע לַלֵּב

touch *n* נְגִיעָה

touching *adj, prep* נוֹגֵעַ אֶל הַלֵּב

touch typewriting *n* כְּתִיבָה עִיוֶּרֶת (בִּמְכוֹנַת־כְּתִיבָה)

touchy *adj* רָגִישׁ מְאוֹד

tough *adj, n* קָשֶׁה, מְחוּסְפָּס

toughen *vt, vi* הִקְשָׁה; נִתְקַשָּׁה

tour *n* טִיּוּל, סִיבּוּב; תִּיּוּר

tour *vi, vt* טִייֵּל, עָרַךְ סִיבּוּב; סִייֵּר

touring car *n* מְכוֹנִית סִיּוּר

tourist *n, adj* תַּיָּר; שֶׁל תַּיָּרוּת
tournament *n* סִיבּוּב תַּחֲרוּתִי
tourney *n* סִיבּוּב שֶׁל תַּחֲרוּת אַבִּירִים
tourniquet *n* חוֹסֵם עוֹרְקִים
tousle *vt* בִּלְבֵּל; הָפַךְ סְדָרִים
tow *n* גְּרִירָה; חֶבֶל גְּרִירָה
tow *vt* גָּרַר, מָשַׁךְ
toward(s) *prep* לִקְרַאת, לְעֵבֶר; כְּלַפֵּי
towboat *n* סִירַת גֹּרֵר
towel *n, vt* מַגֶּבֶת; נִיגֵּב
tower *n* מִגְדָּל
tower *vi* הִתְנַשֵּׂא; גָּבַהּ מֵעַל
towering *adj* גָּבוֹהַּ מְאוֹד; מִתְרוֹמֵם
towing service *n* שֵׁירוּת גְּרִירָה
towline *n* חֶבֶל גְּרִירָה
town *n* עִיר
town clerk *n* מַזְכִּיר הָעִירִיָּיה
town council *n* מוֹעֶצֶת עִירִיָּה
town hall *n* בִּנְיַן הָעִירִיָּיה
townsfolk *n* תּוֹשָׁבֵי הָעִיר
township *n* עֲיָרָה
townsman *n* בֶּן־עִיר
townspeople *n pl* אֶזְרָחֵי הָעִיר
town talk *n* שִׂיחַת הָעִיר
towpath *n* שְׁבִיל גְּרִירָה
towplane *n* מָטוֹס גּוֹרֵר
tow truck *n* מַשָּׂאִית גְּרִירָה
toxic *adj* מַרְעִיל, אַרְסִי
toy *n* צַעֲצוּעַ
toy *vi* הִשְׁתַּעֲשֵׁעַ
toy bank *n* קוּפַּת חִיסָּכוֹן שֶׁל יְלָדִים
trace *n* עֲקֵבוֹת, סִימָן; סִרְטוּט
trace *vt, vi* עָקַב אַחֲרֵי; סִרְטֵט, גִּילָּה
track *vt* יָצָא בְּעִיקְּבוֹת
track *n* נָתִיב; מַסְלוּל (מֵירוֹץ); (בְּרַבִּים) פַּסֵּי מְסִילָּה
tracking *n* עִיקּוּב
trackless trolley *n* חַשְׁמַלִּית לְלֹא מְסִילָּה; טְרוֹלִיבּוּס
track meet *n* תַּחֲרוּת אַתְלֵטִיקָה קַלָּה
tract *n* אֵיזוֹר, מֶרְחָב; חִיבּוּר
tractate *n* מַסֶּכֶת
traction *n* גְּרִירָה, מְתִיחָה
traction company *n* חֶבְרַת תַּחְבּוּרָה
tractor *n* טְרַקְטוֹר
trade *n* אוּמָּנוּת, מְלָאכָה; מִסְחָר
trade *vi* סָחַר; עָשָׂה עֵסֶק חֲלִיפִין
trademark *n* סִימָן מִסְחָרִי
trader *n* סוֹחֵר
trade school *n* בֵּית־סֵפֶר מִקְצוֹעִי
tradesman *n* חֶנְוָנִי; בַּעַל מְלָאכָה
trade-union *n* אִיגּוּד מִקְצוֹעִי
trade-unionist *n* חָבֵר בְּאִיגּוּד מִקְצוֹעִי
trading post *n* חֲנוּת סְפָר
trading stamp *n* בּוּל דּוֹרוֹן
tradition *n* מָסוֹרֶת; מָסוֹרָה
traduce *vt* הוֹצִיא דִּיבָּה, הִשְׁמִיץ
traffic *n* תְּנוּעַת דְּרָכִים; מִסְחָר
traffic *vi* סָחַר (למשל בסמים)
traffic jam *n* פְּקַק תְּנוּעָה
traffic-light *n* רַמְזוֹר
traffic sign *n* תַּמְרוּר
traffic ticket *n* דּוּ״חַ תְּנוּעָה
tragedy *n* מַחֲזֶה תּוּגָה, טְרָגֶדְיָה
tragic *adj* טְרָגִי
trail *vt, vi* גָּרַר; הָלַךְ בְּעִיקְּבוֹת; נִגְרַר
trail *n* שְׁבִיל; עֲקֵבוֹת
trailer *n* גּוֹרֵר; רֶכֶב נִגְרָר
trailing arbutus *n* קְטָלָב מִשְׂתָּרֵךְ

train *vt, vi* אִימֵּן, הִכְשִׁיר, הִתְאַמֵּן
train *n* רַכֶּבֶת; שְׁיָירָה; שׁוֹבֶל
trained nurse *n* אָחוֹת מוּסמֶכֶת
trainer *n* מְאַמֵּן, מַדְרִיךְ
training *n* אִימּוּן, הַכְשָׁרָה
trait *n* תְּכוּנָה, קַו אוֹפִי; קוּרטוֹב
traitor *n* בּוֹגֵד
trajectory *n* מַסלוּל מָעוֹף
tramp *vi, vt* פָּסַע כְּבֵדוֹת; דָרַךְ; שׁוֹטֵט
tramp *n* צְעִידָה כְּבֵדָה; הֵלֶךְ; פּוֹחֵחַ
trample *vi* דָרַךְ, רָמַס
tranquil *adj* שָׁלֵו, רוֹגֵעַ
tranquilize *vt, vi* הִרְגִיעַ; נִרְגַע
tranquilizer *n* סַם מַרְגִיעַ
tranquillity *n* שֶׁקֶט, שַׁלְוָה
transact *vt, vi* בִּיצֵּעַ; נִיהֵל
transaction *n* עִסקָה; פְּעוּלָּה
transcend *vt* יָצָא אֶל מֵעֵבֶר; עָלָה עַל
transcribe *vt* תִּעתֵּק
transcript *n* תַּעתִּיק
transcription *n* תַּעתִּיק
transfer *vt, vi* הֶעֱבִיר; עָבַר
transfer *n* הַעֲבָרָה; מְסִירָה
transfix *vt* פִּילַּח; שִׁיתֵּק, אִיבֵּן
transform *vt, vi* שִׁינָּה צוּרָה; שִׁינָּה מֶתַח וָזֶרֶם
transformer *n* שַׁנַּאי, טְרַנספוֹרמָטוֹר
transfusion *n* עֵירוּי
transgress *vt, vi* עָבַר עַל, הֵפֵר
transgression *n* עֲבֵירָה, חֵטְא
transient *adj, n* בֶּן־חֲלוֹף; חוֹלֵף
transistor *n* מַקלֵט־כִּיס, טְרַנזִיסטוֹר
transit *n* מַעֲבָר
transitive *adj, n* פּוֹעַל יוֹצֵא
transitory *adj* חוֹלֵף, בֶּן־חֲלוֹף

Transjordan *n* עֵבֶר הַיַּרדֵּן (מִזרחה)
translate *vt, vi* תִּרגֵם; נִיתַּרגֵם
translation *n* תַּרגוּם; תִּרגוּם
translator *n* מְתַרגֵם, מְתוּרגְמָן
transliterate *vt* תִּעתֵּק
translucent *adj* עָמוּם, שָׁקוּף לְמֶחֱצָה
transmission *n* הַעֲבָרָה; שִׁידּוּר
transmission gear *n* מַעֲרֶכֶת הַהִילּוּכִים
transmit *vt* הֶעֱבִיר, מָסַר; שִׁידֵּר
transmitter *n* מַשׁדֵר; מַעֲבִיר, מוֹסֵר
transmitting station *n* תַּחֲנַת שִׁידּוּר
transmute *vt, vi* שִׁינָּה מַהוּתוֹ; הֵמִיר
transparency *n* שְׁקִיפוּת
transparent *adj* שָׁקוּף; גְּלוּי־לֵב
transpire *vt, vi* הִסתַּנֵּן, הוּדלַף; (דִיבּוּרִית) הִתרַחֵשׁ
transplant *vt, vi* הִשׁתִּיל; הוּשׁתַּל
transport *vt* הוֹבִיל; הֶעֱבִיר
transport *n* הוֹבָלָה; כְּלִי־תּוֹבָלָה; מִשׁלוֹחַ
transportation *n* הוֹבָלָה; כְּלִי־הוֹבָלָה
transpose *vt* שִׁינָּה מְקוֹמוֹ שֶׁל
transship *vt* שִׁינֵּעַ
transshipment *n* שִׁינּוּעַ
trap *n* מַלכּוֹדֶת, פַּח
trap *vt* טָמַן פַּח, לָכַד
trap-door *n* דֶּלֶת סְתָרִים
trapeze *n* טְרַפֵּז; מֶתַח נָע
trapezoid *n, adj* טְרַפֵּז; טְרַפֵּזִי
trapper *n* לוֹכֵד, צַיָּיד
trappings *n pl* קִישׁוּטֵי מַלבּוּשׁ
trash *n* חֲדַל־אִישִׁים; אֲסַפסוּף; שְׁטוּיוֹת; אַשׁפָּה
trash can *n* פַּח אַשׁפָּה

travail *n* יְגִיעָה; צִירֵי לֵידָה
travel *vi* נָסַע
travel *n* נְסִיעָה, מַסָּע
travel bureau *n* סוֹכְנוּת נְסִיעוֹת
traveler *n* נוֹסֵעַ, תַּיָּר; סוֹכֵן־נוֹסֵעַ
traveling expenses *n pl* הוֹצָאוֹת נְסִיעָה
traverse *vt, vi* חָצָה, עָבַר
travesty *n* חִיקּוּי נִלְעָג; פָּרוֹדְיָה
travesty *vt* חִיקָּה בְּצוּרָה נִלְעֶגֶת
trawl *n* מִכְמוֹרֶת
tray *n* טַס, מַגָּשׁ
treacherous *adj* בּוֹגְדָנִי
treachery *n* בְּגִידָה
tread *vi, vt* צָעַד; דָּרַךְ, רָמַס
tread *n* דְּרִיכָה; פְּסִיעָה; רְמִיסָה
treadmill *n* מַכְשִׁיר דִּיווּשׁ; שִׁגְרָה מְיַיגַּעַת
treason *n* בֶּגֶד, בְּגִידָה
treasonable *adj* שֶׁל בְּגִידָה
treasure *n* אוֹצָר; מַטְמוֹן
treasure *vt* אָצַר; הוֹקִיר
treasurer *n* גִּזְבָּר
treasury *n* בֵּית־אוֹצָר; מִשְׂרַד הָאוֹצָר
treat *vi, vt* הִתְנַהֵג עִם; הִתְיַיחֵס אֶל; כִּיבֵּד (בְּמַשְׁקֶה וכד׳)
treat *n* תִּקְרוֹבֶת; כִּיבּוּד; תַּעֲנוּג
treatise *n* מַסָּה, מַסֶּכֶת
treatment *n* הִתְנַהֲגוּת; טִיפּוּל; עִיבּוּד
treaty *n* אֲמָנָה, בְּרִית
treble *adj, n* כְּפוּל שָׁלוֹשׁ, פִּי שְׁלוֹשָׁה; (קוֹל) דִּיסְקַנְטִי
treble *vt, vi* הִכְפִּיל בְּשָׁלוֹשׁ, הִשְׁלִישׁ
tree *n* עֵץ, אִילָן
treeless *adj* שׁוֹמֵם מֵעֵצִים
treetop *n* צַמֶּרֶת אִילָן
trellis *n* סְבָכָה, סוֹרָג
tremble *vi* רָעַד, רָטַט
tremendous *adj* עָצוּם
tremor *n* רְעָדָה, רֶטֶט
trench *n* חֲפִירָה
trenchant *adj* חַד, חָרִיף, שָׁנוּן
trench plow *n* מַחֲרֵשָׁה מְתַלֶּמֶת
trend *vi* נָטָה ל...
trend *n* כִּיווּן, מְגַמָּה
trespass *vi* הִסִּיג גְבוּל; חָטָא
trespass *n* הַסָּגַת גְבוּל; חֵטְא
tress *n* תַּלְתַּל
trestle *n* מִתְמָךְ
trial *n* מִבְחָן; נִיסָּיוֹן; מִשְׁפָּט
trial and error *n* נִיסָּיוֹן וּטְעִייָה
trial balloon *n* כַּדּוּר נִיסָּיוֹן
trial by jury *n* מִשְׁפַּט מוּשְׁבָּעִים
trial order *n* הַזְמָנַת נִיסָּיוֹן
triangle *n* מְשׁוּלָּשׁ
tribe *n* שֵׁבֶט; כַּת
tribunal *n* בֵּית־דִּין
tribune *n* בָּמָה, דּוּכָן
tributary *n* יוּבַל, פֶּלֶג
tribute *n* מַס; שִׁילּוּמֵי כְּנִיעָה; שַׁלְמֵי הוֹקָרָה
trice *n* הֶרֶף־עַיִן
trick *n* אֲחִיזַת עֵינַיִם, לַהֲטוּט, תַּחְבּוּלָה
trick *vt* גָּנַב אֶת הַדַּעַת, הוֹנָה
trickery *n* גְּנֵיבַת־דַּעַת, הוֹנָאָה
trickle *vi* דָּלַף, טִפְטֵף
trickle *n* זְרִימָה אִטִּית
trickster *n* גּוֹנֵב דַּעַת, מְאַחֵז עֵינַיִם
tricky *adj* זָרִיז; מַטְעֶה

tried *adj* בָּדוּק וּמְנוּסֶּה
trifle *n* דָּבָר קַל־עֵרֶךְ; קְצָת
trifle *vi, vt* הִשְׁתַּעֲשֵׁעַ; הִתְבַּטֵּל
trifling *adj* שֶׁל מַה בְּכָךְ
trig. *abbr* trigonometry
trigger *n* הֶדֶק
trigger *vt* הִפְעִיל, הֵחִישׁ
trigonometry *n* טְרִיגוֹנוֹמֶטְרִיָּה
trill *n* טְרִיל, סַלְסֶלֶת
trillion *n, adj* טְרִילְיוֹן
trilogy *n* טְרִילוֹגְיָה
trim *vt, vi* גָּזַם; הֶחֱלִיק; שָׁף; תֵּיאֵם
trim *n* מַצָּב תָּקִין, סֵדֶר; כּוֹשֶׁר הַפְלָגָה
trim *adj* נָאֶה, מְסוּדָּר
trimming *n* גִּיזּוּם; קִישּׁוּט
trinity *n* הַשִּׁילּוּשׁ הַקָּדוֹשׁ; שְׁלָשָׁה
trinket *n* קִישּׁוּט פָּשׁוּט; דָּבָר פָּעוּט
trio *n* שְׁלִשִׁית, טְרִיוֹ
trip *vi, vt* מָעַד; הִמְעִיד
trip *n* טִיּוּל, נְסִיעָה; מְעִידָה
tripe *n* מֵעַיִים; (המונית) שְׁטוּיוֹת
triphammer *n* קוּרְנָס
triphthong *n* תְּלַת־תְּנוּעָה
triple *adj, n* פִּי שְׁלוֹשָׁה; בַּעַל שְׁלוֹשָׁה חֲלָקִים
triple *vt, vi* הִגְדִּיל (אוֹ גָּדַל) פִּי שְׁלוֹשָׁה
triplet *n* שְׁלִישִׁיָּה
triplicate *adj, n* פִּי שְׁלוֹשָׁה; אֶחָד מִשְּׁלוֹשָׁה; עוֹתֶק מְשׁוּלָּשׁ
tripod *n* תְּלַת־רֶגֶל, חֲצוּבָה
triptych *n* מִסְגֶּרֶת תְּלַת־לוּחִית (לשלוש תמונות); לוּחִית מְשׁוּלֶּשֶׁת
trite *adj* נָדוֹשׁ
triumph *n* נִיצָּחוֹן; הַצְלָחָה מַזְהִירָה

triumph *vi* נִיצַּח; הִצְלִיחַ
triumphant *adj* מְנַצֵּחַ; חוֹגֵג נִיצָּחוֹן
trivia *n pl* קְטַנּוֹת, פַּכִּים קְטַנִּים
trivial *adj* שֶׁל מַה־בְּכָךְ
triviality *n* עִנְיָן פָּעוּט
Trojan *adj, n* טְרוֹיָאנִי
troll *vi* זִימֵּר בְּעַלִּיזוּת; דַּיֵּיג בְּחַכָּה
trolley *n* עֶגְלַת רוֹכֵל; קְרוֹנִית
trolley bus *n* טְרוֹלִיבּוּס
trolley car *n* חַשְׁמַלִּית
trollop *n* מוּפְקֶרֶת, זוֹנָה
trombone *n* טְרוֹמְבּוֹן
troop *n* לַהֲקָה; פְּלוּגָּה, גְּדוּד; (ברבים) חַיָּלִים
troop *vi* הִתְאַסֵּף; יָצָא בְּהָמוֹן
troopcarrier *n* מָטוֹס לְהוֹבָלַת צָבָא
trooper *n* חַיָּל; שׁוֹטֵר רוֹכֵב
trophy *n* מַלְקוֹחַ, שָׁלָל; סֶמֶל גְּבוּרָה
tropic *n* טְרוֹפִּיק, מַהְפָּךְ
tropical *adj* טְרוֹפִּי, מַהְפָּכִי
trot *vi, vt* צָעַד מְהִירוֹת, רָץ מְתוּנוֹת
trot *n* הֲלִיכָה מְהִירָה; דְּהִירָה קַלָּה
troth *n* נֶאֱמָנוּת; הַבְטָחַת נִישּׂוּאִים
troubadour *n* טְרוּבָּדוּר
trouble *vt, vi* הִדְאִיג; הִטְרִיד, הִטְרִיחַ; טָרַח
trouble *n* דְּאָגָה, טְרָדָה; צָרָה
troublemaker *n* גּוֹרֵם צָרוֹת
troubleshooting *n* תִּיקּוּן קִלְקוּלִים, יִישּׁוּב סִכְסוּכִים
troublesome *adj* מַדְאִיג; מַטְרִיד
trouble spot *n* אֲתַר סִכְסוּךְ
trough *n* אֵבוּס, שׁוֹקֶת
troupe *n* חֶבֶר, לַהֲקָה
trousers *n pl* מִכְנָסַיִים

trousseau *n* נִכְסֵי מְלוֹג

trout *n* טְרוּטָה

trowel *n* כַּף טַיָּחִים; כַּף גַּנָּנִים

truant *n, adj* מִשְׁתַּמֵּט

truce *n* שְׁבִיתַת־נֶשֶׁק זְמַנִּית

truck *n* מַשָּׂאִית; קָרוֹן

truck *vt* הוֹבִיל בְּמַשָּׂאִית

truck driver *n* נַהַג מַשָּׂאִית

truculent *adj* תּוֹקְפָנִי, אַכְזָרִי

trudge *vi* צָעַד בִּכְבֵדוּת

true *adj* אֲמִיתִּי, כֵּן; נָכוֹן

true copy *n* הֶעְתֵּק נֶאֱמָן

truelove *n* אָהוּב, אֲהוּבָה; פָּארִיס (צמח)

truism *n* אֲמִתָּה, אֱמֶת מוּסְכֶּמֶת

truly *adv* בֶּאֱמֶת, אֶל־נָכוֹן

trump *n* קְלַף עֲדִיפוּת

trump *vt, vi* שִׂיחֵק בִּקְלַף הַנִּיצָּחוֹן

trumpet *n* חֲצוֹצְרָה

trumpet *vi, vt* חִיצְצֵר; הֵרִיעַ

truncheon *n* אַלָּה

trunk *n* גֶּזַע, גּוּף; מִזְוָדָה; חֶדֶק

truss *vt* קָשַׁר, אָגַד; תָּמַךְ

truss *n* מִבְנֶה תּוֹמֵךְ; חֲגוֹרַת־שֶׁבֶר

trust *n* אֵימוּן, אֱמוּנָה; פִּיקָּדוֹן

trust *vi, vt* הֶאֱמִין בּ...; סָמַךְ עַל

trust company *n* חֶבְרַת נֶאֱמָנוּת

trustee *n* נֶאֱמָן

trusteeship *n* נֶאֱמָנוּת

trustful *adj* מַאֲמִין, בּוֹטֵחַ

trustworthy *adj* רָאוּי לְאֵימוּן, מְהֵימָן

trusty *adj* נֶאֱמָן, מְהֵימָן

truth *n* אֱמֶת

truthful *adj* דּוֹבֵר אֱמֶת

try *vt, vi* נִיסָּה; דָּן; הוֹגִיעַ; הִשְׁתַּדֵּל

try *n* נִיסָּיוֹן; הִשְׁתַּדְּלוּת

trying *adj* מַרְגִּיז, מֵצִיק

tryst *n* מִפְגָּשׁ, רֵיאָיוֹן

tub *n* אַמְבָּט, גִּיגִית

tube *n* אַבּוּב, צִינּוֹר

tuber *n* גַּבְשׁוּשִׁית, בְּלִיטָה

tuberculosis *n* שַׁחֶפֶת

tuck *vt* תָּחַב; כִּיסָּה; קִיפֵּל

tuck *n* קֶפֶל; חִיפּוּת; (המונית) מַאֲכָל

Tuesday *n* יוֹם שְׁלִישִׁי

tuft *n* אֶגֶד; חֲתִימַת זָקָן

tug *vt, vi* מָשַׁךְ בְּחוֹזְקָה, גָּרַר; יָגַע

tug *n* גְּרִירָה, מְשִׁיכָה חֲזָקָה

tugboat *n* סְפִינַת־גְּרָר

tug of war *n* תַּחֲרוּת מְשִׁיכַת חֶבֶל

tuition *n* הוֹרָאָה, לִימּוּד

tulip *n* צִבְעוֹנִי

tumble *vi* כָּשַׁל, מָעַד; נָפַל; הִתְהַפֵּךְ

tumble *n* נְפִילָה, הִתְגַּלְגְּלוּת

tumble-down *adj* רָעוּעַ

tumbler *n* כּוֹס; לוּלְיָן; נִצְרַת מַנְעוּל

tumor *n* גִּידּוּל, תְּפִיחָה

tumult *n* הֲמוּלָּה, מְהוּמָה

tuna *n* טוּנָה

tune *n* לַחַן

tune *vt, vi* כִּוְונֵן; הִתְאִים

tungsten *n* ווֹלְפְרָם

tunic *n* מִקְטוֹרֶן; טוּנִיקָה, אִצְטָלָה

tuning fork *n* קוֹלָן, מַזְלֵג־קוֹל

tuning coil *n* סְלִיל הֶכְוֵון

Tunisia *n* טוּנִיסְיָה

tunnel *n* מִנְהָרָה, נִקְבָּה

tunnel *vt* חָפַר מִנְהָרָה

turban *n* מִצְנֶפֶת, טוּרְבָּן

turbine *n* טוּרְבִּינָה

turbojet *n* מְנוֹעַ סִילוֹן־טוּרְבִּינָה
turboprop *n* מַדְחֵף סִילוֹן־טוּרְבִּינָה
turbulent *adj* נִסְעָר, רוֹגֵשׁ
tureen *n* מָגֵס
turf *n* שִׁכְבַת עֵשֶׂב; מַסְלוּל לְמֵירוֹץ סוּסִים
Turk *n* טוּרְקִי
turkey *n* תַּרְנְהוֹד, תַּרְנְגוֹל הוֹדּוּ
turkey vulture *n* הָעַיִט הָאֲמֵרִיקָנִי
Turkish *adj, n* טוּרְקִי; טוּרְקִית
turmoil *n* אִי־שֶׁקֶט, אַנְדְרָלָמוּסְיָה
turn *vt, vi* סוֹבֵב; הִטָּה; שִׁינָּה; פָּנָה, סָבַב; הִסְתּוֹבֵב
turn *n* סִיבּוּב; פְּנִיָּיה; תּוֹר
turncoat *n* מוּמָר; בּוֹגֵד
turning point *n* נְקוּדַת מִפְנֶה
turnip *n* לֶפֶת
turnkey *n* סוֹהֵר
turn of life *n* הַפְסָקַת הַוֶּסֶת
turn of mind *n* נְטִיָּיה רוּחָנִית
turn-out *n* נוֹכְחִים, מִשְׁתַּתְּפִים
turnover *n* הֲפִיכָה; שִׁינּוּי; מַחֲזוֹרִיּוּת
turnpike *n* כְּבִישׁ אַגְרָה; מַחְסוֹם אַגְרָה
turnstile *n* מַחְסוֹם כְּנִיסָה
turntable *n* רְצִיף־קְרוֹנוֹת מִסְתּוֹבֵב; דִיסְקַת הַתַּקְלִיט (בְּפוֹנוֹגְרָף)
turpentine *n* טֶרְפֶּנְטִין
turpitude *n* שְׁחִיתוּת
turquoise *n* טוּרְקִיז
turret *n* צְרִיחַ
turtle *n* צָב
turtledove *n* תּוֹר
Tuscan *adj, n* טוּסְקָנִי; טוּסְקָנִית
tusk *n* שֶׁנְהָב
tussle *vi* הִתְקוֹטֵט
tussle *n* הִתְגוֹשְׁשׁוּת, תִּגְרָה
tutor *n* מוֹרֶה פְּרָטִי
tutor *vt, vi* הוֹרָה בְּאוֹרַח פְּרָטִי
tuxedo *n* תִּלְבּוֹשֶׁת עֶרֶב
TV *abbr* television
twaddle *n* פִּטְפּוּט, דִּבְרֵי לַהַג
twang *n* אִנְפּוּף, צְלִיל חַד
twang *vi* הִשְׁמִיעַ צְלִיל חַד
tweed *n* טוּוִיד
tweet *n, vi* צִיּוּץ; צִיֵּיץ
tweezers *n pl* מַלְקֵט
twelfth *adj, n* הַשְּׁנֵים־עָשָׂר; הַחֵלֶק הַשְּׁנֵים־עָשָׂר
twelve *adj, pron* שְׁנֵים־עָשָׂר, שְׁתֵּים־עֶשְׂרֵה
twentieth *adj, n* הָעֶשְׂרִים; אֶחָד מֵעֶשְׂרִים
twenty *adj, pron* עֶשְׂרִים
twice *adv* פַּעֲמַיִם; כִּפְלַיִים
twice-told *adj* אָמוּר פַּעֲמַיִים
twiddle *vt* הִתְבַּטֵּל, גִּלְגֵּל בְּאֶצְבְּעוֹתָיו
twig *n* זְמוֹרָה
twilight *n* דִּמְדוּמִים, בֵּין־הַשְּׁמָשׁוֹת
twill *n* מַאֲרָג מְלוּכְסָן
twin *adj, n* תְּאוֹמִי; תְּאוֹם
twine *n* חוּט שָׁזוּר; פִּיתּוּל
twine *vt, vi* שָׁזַר, פִּיתֵּל; הִשְׂתָּרֵג
twinge *n* כְּאֵב חַד
twinjet plane *n* מָטוֹס דּוּ־סִילוֹנִי
twinkle *vi, n* נִצְנֵץ; נִצְנוּץ
twin-screw *adj* דּוּ־מַדְחֵפִי
twirl *vt, vi* סוֹבֵב; הִסְתּוֹבֵב בִּמְהִירוּת
twist *vt, vi* שָׁזַר; לִיפֵּף; עִיקֵּם; סִילֵּף; הִתְפַּתֵּל
twist *n* פִּיתּוּל, עִיקּוּם, מַעֲקָל; סִילּוּף

twit *vt* הִקְנִיט, לִגְלֵג
twitch *vi* הִתְכַּוֵּץ; הִתְעַוֵּת
twitch *n* עֲוִית
twitter *n* צִיּוּץ
two *adj, pron* שְׁנֵי, שְׁתֵּי; שְׁנַיִם, שְׁתַּיִם
two-cylinder *adj* דּוּ־צִילִינְדְרִי
two-edged *adj* בַּעַל שְׁנֵי קְצָווֹת
two hundred *adj, pron* מָאתַיִם
twosome *n, adj* זוּג; בִּשְׁנַיִם, לִשְׁנַיִם, בֵּין שְׁנַיִם
two-time *vt* בָּגַד
tycoon *n* אֵיל הוֹן
type *n* טִיפּוּס, דּוּגְמָה, סוּג; סְדַר אוֹתִיּוֹת
type *vt, vi* תִּקְתֵּק; סִימֵּל
type face *n* צוּרַת אוֹת, גּוֹפָן
typescript *n* חוֹמֶר מְתוּקְתָּק
typesetter *n* סַדָּר
typewrite *vt, vi* כָּתַב (בִּמְכוֹנַת־כְּתִיבָה) (typewrote, typewritten)
typewriter *n* מְכוֹנַת־כְּתִיבָה
typewriting *n* כְּתִיבָה בִּמְכוֹנָה
typhoid fever *n* טִיפוּס הַבֶּטֶן
typhoon *n* טַיְפוּן
typical *adj* טִיפּוּסִי
typify *vi* סִימֵּל, שִׁימֵּשׁ טִיפּוּס
typist *n* כַּתְבָן, כַּתְבָנִית
typographical error *n* טָעוּת דְּפוּס
typography *n* מְלֶאכֶת הַדְּפוּס, טִיפּוֹגְרַפְיָה
tyrannic(al) *adj* רוֹדָנִי, עָרִיץ
tyrannous *adj* רוֹדָנִי, עָרִיץ
tyranny *n* רוֹדָנוּת, עָרִיצוּת
tyrant *n* רוֹדָן, עָרִיץ
tyro *n* טִירוֹן

U

U, u יוּ (הָאוֹת הָעֶשְׂרִים וְאַחַת בָּאָלֶפְבֵּית)
U. *abbr* University
ubiquitous *adj* נִמְצָא בְּכָל מָקוֹם
udder *n* עֲטִין
ugliness *n* כִּיעוּר
ugly *adj, n* מְכוֹעָר
ulcer *n* כִּיב, מוּרְסָה
ulcerate *vt, vi* כִּייֵב; הִתְכַּייֵב
ulterior *adj* כָּמוּס; שֶׁלְּאַחַר מִכֵּן
ultimate *adj* סוֹפִי, אַחֲרוֹן
ultimatum *n* אוּלְטִימָטוּם
ultimo *adv* בַּחוֹדֶשׁ הָאַחֲרוֹן
ultraviolet *adj* אוּלְטְרָה־סָגוֹל
umbilical cord *n* חֶבֶל הַטַּבּוּר
umbrage *n* עֶלְבּוֹן, פְּגִיעָה
umbrella *n* מִטְרִיָּה; סוֹכֵךְ; שִׁמְשִׁיָּה
umbrella stand *n* כַּן מִטְרִיּוֹת
umpire *n* בּוֹרֵר, פּוֹסֵק, (בִּסְפּוֹרְט) שׁוֹפֵט
umpire *vt, vi* שִׁימֵּשׁ כְּבוֹרֵר (אוֹ כְּשׁוֹפֵט)

unable *adj* חֲסַר יְכוֹלֶת
unabridged *adj* לֹא מְקוּצָּר
unaccented *adj* לֹא מוּטְעָם
unaccountable *adj* לֹא אַחֲרָאִי; שֶׁאֵין לְהַסְבִּירוֹ
unaccounted-for *adj* שֶׁאֵין לוֹ הֶסְבֵּר
unaccustomed *adj* לֹא מוּרְגָּל
unafraid *adj* לֹא נִפְחָד
unaligned *adj* בִּלְתִּי־מִזְדַּהֶה
unanimity *n* תְּמִימוּת־דֵּעִים
unanimous *adj* פֶּה אֶחָד
unanswerable *adj* שֶׁאֵין לִסְתּוֹר אוֹתוֹ
unappreciative *adj* שֶׁאֵינוֹ מַעֲרִיךְ
unapproachable *adj* בִּלְתִּי נָגִישׁ
unarmed *adj* לֹא חָמוּשׁ
unascertainable *adj* שֶׁאֵינוֹ נִיתָּן לְבֵירוּר
unassuming *adj* בִּלְתִּי מִתְיַימֵּר
unattached *adj* לֹא מִשְׁתַּיֵּךְ; לֹא נָשׂוּי
unattainable *adj* שֶׁאֵינוֹ בַּר־הֶשֵּׂג
unattractive *adj* לֹא מְצוֹדֵד
unavailable *adj* לֹא בְּנִמְצָא
unavailing *adj* לֹא־יִצְלַח, לֹא מוֹעִיל
unavoidable *adj* בִּלְתִּי־נִמְנָע
unaware *adj, adv* לֹא מוּדָע; בְּלֹא יוֹדְעִים
unawares *adv* בְּלֹא יוֹדְעִים
unbalanced *adj* לֹא מְאוּזָּן; לֹא שָׁפוּי
unbar *vt* הֵסִיר אֶת הַבְּרִיחַ
unbearable *adj* בִּלְתִּי־נִסְבָּל
unbeatable *adj* שֶׁאֵין לְנַצְּחוֹ
unbecoming *adj* לֹא יָאֶה, לֹא הוֹלֵם
unbelievable *adj* לֹא יְיאֻמַן
unbending *adj* לֹא נִכְפָּף; קָשִׁיחַ
unbiassed *adj* לֹא מְשׁוּחָד
unbind *vt* הִתִּיר; שִׁחְרֵר
unbleached *adj* לֹא מוּלְבָּן
unbolt *vt, vi* פָּתַח אֶת הַבְּרִיחַ
unborn *adj* שֶׁטֶּרֶם נוֹלַד
unbosom *vt, vi* גִּילָּה רִגְשׁוֹתָיו
unbound *adj* לֹא מְכוֹרָךְ; לֹא קָשׁוּר
unbreakable *adj* לֹא שָׁבִיר
unbuckle *vt* רִיפָּה אֶת הָאַבְזֵם
unburden *vt* פָּרַק מֵעָלָיו; גִּילָּה לִבּוֹ
unbutton *vt* הִתִּיר כַּפְתּוֹרִים
uncalled-for *adj* לֹא נָחוּץ, לֹא מוּצְדָּק
uncanny *adj* שֶׁלֹּא כְּדֶרֶךְ הַטֶּבַע
uncared-for *adj* מוּזְנָח
unceasing *adj* בִּלְתִּי־פּוֹסֵק
unceremonious *adj* לְלֹא גִּינּוּנִים
uncertain *adj* לֹא וַדָּאִי; מְעוּרְפָּל
uncertainty *n* אִי־וַדָּאוּת
unchain *vt* הִתִּיר מִכְּבָלָיו
unchangeable *adj* לֹא נִיתָּן לְשִׁינּוּי
uncharted *adj* שֶׁאֵינוֹ בַּמַּפָּה
unchecked *adj* לֹא מְבוּקָּר; בִּלְתִּי־מְרוּסָּן
uncivilized *adj* פֶּרֶא, לֹא תַּרְבּוּתִי
unclaimed *adj* שֶׁאֵין לוֹ תּוֹבְעִין
unclasp *vt, vi* רִיפָּה; נִשְׁתַּחְרֵר
unclassified *adj* בִּלְתִּי־מְסוּוָּג
uncle *n* דּוֹד
unclean *adj* לֹא נָקִי, מְלוּכְלָךְ
unclouded *adj* לֹא עָבוֹת, בָּהִיר
uncomfortable *adj* לֹא נוֹחַ
uncommitted *adj* שֶׁאֵינוֹ מִתְחַייֵּב
uncommon *adj* בִּלְתִּי־רָגִיל
uncompromising *adj* לֹא פַּשְׁרָן, לֹא מְוַתֵּר
unconcerned *adj* חֲסַר הִתְעַנְיְינוּת

unconditional *adj* לְלֹא תְּנָאִים
uncongenial *adj* לֹא נָעִים, לֹא מַתְאִים, לֹא מוֹשֵׁךְ
unconquerable *adj* שֶׁאֵין לְכָבְשׁוֹ
unconquered *adj* בִּלְתִּי־מְנוּצָּח
unconscionable *adj* לֹא מוּסָרִי; לֹא סָבִיר
unconscious *adj, n* חֲסַר הַכָּרָה
unconsciousness *n* חוֹסֶר הַכָּרָה
unconstitutional *adj* בְּנִיגּוּד לַחוּקָּה
uncontrollable *adj* לְלֹא רִיסּוּן
unconventional *adj* לֹא קוֹנוֶנְצִיוֹנָלִי
uncork *vt* חָלַץ פְּקָק
uncouth *adj* מְגוּשָּׁם, חֲסַר חֵן
uncover *vt, vi* חָשַׂף; הֵסִיר הַכּוֹבַע
unction *n* מְשִׁיחָה; הִתְלַהֲבוּת מְעוּשָׂה
unctuous *adj* מִתְרַפֵּס
uncultivated *adj* לֹא מְעוּבָּד; לֹא מְטוּפָּח
uncultured *adj* חֲסַר תַּרְבּוּת
uncut *adj* לֹא גָזוּר; לֹא מְלוּטָּשׁ (יהלום וכד׳)
undamaged *adj* לֹא פָּגוּם, לֹא נִיזָּק
undaunted *adj* עָשׂוּי לִבְלִי חַת
undecided *adj* לֹא שָׁלֵם בְּדַעְתּוֹ; לֹא מוּחְלָט
undefeated *adj* שֶׁלֹּא הוּבַס
undefended *adj* לֹא מוּגָן
undefiled *adj* לְלֹא רְבָב, שֶׁלֹּא זוּהַם
undeniable *adj* שֶׁאֵין לְהַפְרִיכוֹ; שֶׁאֵין לְסָרֵב לוֹ
under *prep* תַּחַת; מִתַּחַת ל...; פָּחוֹת מִן
under *adj, adv* מִשְׁנִי, תַּחְתִּי, תַּת־
underbrush *n* שִׂיחִים, סְבַךְ
undercarriage *n* תּוֹשֶׁבֶת
underclothes *n pl* לְבָנִים, תַּחְתּוֹנִים
undercover *adj* שֶׁל סוֹכֵן רִיגּוּל; סוֹדִי
underdeveloped *adj* לֹא מְפוּתָּח דַּיּוֹ; מִתְפַּתֵּחַ
underdog *n* מְקוּפָּח
underdone *adj* לֹא מְבוּשָּׁל דַּיּוֹ
underestimate *vt* מִיעֵט בְּעֶרְכּוֹ שֶׁל
undergarment *n* לְבוּשׁ תַּחְתּוֹן
undergo *vt* נָשָׂא, סָבַל; הִתְנַסָּה
undergraduate *n* סטוּדֶנט
underground *adj* תַּת־קַרְקָעִי
underground *n* מַחְתֶּרֶת
undergrowth *n* שִׂיחִים, עֵצִים נְמוּכִים
underhanded *adj* בַּחֲשַׁאי; בְּעוֹרְמָה
underline *vt, n* מָתַח קַו מִתַּחַת; הִדְגִּישׁ; קַו תַּחְתִּי
underling *n* כָּפִיף
undermine *vt* חָתַר תַּחַת
underneath *adj, adv* תַּחַת; מִתַּחַת ל...
undernourished *adj* שֶׁבְּתַת־תְּזוּנָה
undernourishment *n* תַּת־תְּזוּנָה
underpass *n* מַעֲבָר תַּחְתִּי
underpay *vt* שִׁילֵּם שָׂכָר יָרוּד
underpin *vt* הִשְׁעִין מִלְּמַטָּה
underprivileged *adj* מְשׁוּלַּל זְכוּיוֹת, מְקוּפָּח
underrate *vi, vt* מִיעֵט בְּעֶרְכּוֹ שֶׁל
underscore *vt* מָתַח קַו מִתַּחַת, הִדְגִּישׁ
undersea *adj, adv* תַּת־יַמִּי
undersecretary *n* תַּת־מַזְכִּיר, תַּת־שַׂר
undersell *vt* מָכַר בְּזוֹל (ממתחרה)
undershirt *n* גוּפִיָּה
undersigned *adj* הֶחָתוּם מַטָּה
underskirt *n* תַּחְתּוֹנִית

understand *vt, vi* הֵבִין
understandable *adj* שֶׁנִּיתָּן לַהֲבִינוֹ
understanding *n* הֲבָנָה, בִּינָה; הֶסְכֵּם
understanding *adj* בַּעַל הֲבָנָה
understudy *n* שַׂחְקָן חָלִיף
understudy *vt, vi* הִתְאַמֵּן לְתַפְקִידוֹ שֶׁל שַׂחְקָן אַחֵר
undertake *vt, vi* נָטַל עַל עַצְמוֹ
undertaker *n* קַבְּלָן; מְסַדֵּר הַלְוָויוֹת
undertaking *n* סִידּוּר הַלְוָויוֹת; הִתְחַיְּבוּת; מְשִׂימָה
undertone *n* קוֹל נָמוּךְ
undertow *n* זֶרֶם נֶגֶד־חוֹפִי
underwear *n* לְבָנִים, תַּחְתּוֹנִים
underworld *n* הָעוֹלָם הַתַּחְתּוֹן
underwriter *n* מְבַטֵּחַ; עָרֵב
undeserved *adj* שֶׁאֵינוֹ רָאוּי לוֹ
undesirable *adj, n* בִּלְתִּי־רָצוּי
undignified *adj* לֹא מְכוּבָּד
undo *vt* סִילֵּק, הֵסִיר; הָרַס; הִתִּיר
undoing *n* בִּיטּוּל; הֶרֶס
undone *adj* לֹא עָשׂוּי, לֹא גָמוּר; הָרוּס; לֹא מְכוּפְתָּר; לֹא רָכוּס
undoubtedly *adv* בְּלִי סָפֵק
undress *adj, n* לֹא לָבוּשׁ; לְבוּשׁ מְרוּשָּׁל; לְבוּשׁ רָגִיל
undress *vt, vi* הִפְשִׁיט, עִרְטֵל; הִתְפַּשֵּׁט
undrinkable *adj* שֶׁלֹּא נִיתָּן לִשְׁתִיָּה
undue *adj* מוּפְרָז; לֹא הוֹגֵן
undulate *vi* הִתְנַחְשֵׁל, הִתְנוֹעֵעַ בְּצוּרָה גַּלִּית
unduly *adv* בְּהַפְרָזָה; שֶׁלֹּא כַּדִּין
undying *adj* נִצְחִי
unearned *adj* שֶׁלֹּא הִרְוִיחַ בַּעֲבוֹדָה (אוֹ בְּשִׁירוּת)
unearth *vt* גִּילָּה, חָשַׂף
unearthly *adj* שֶׁלֹּא מֵהָעוֹלָם הַזֶּה
uneasy *adj* שֶׁלֹּא בְּנוֹחַ; מוּדְאָג
uneatable *adj* לֹא אָכִיל
uneconomical *adj* לֹא חֶסְכוֹנִי
uneducated *adj* חֲסַר חִינּוּךְ
unemployed *adj, n* חֲסַר עֲבוֹדָה; מוּבְטָל
unemployment *n* אַבְטָלָה
unending *adj* בִּלְתִּי־פּוֹסֵק
unequal *adj* לֹא שָׁוֶה
unequaled, unequalled *adj* שֶׁאֵין דּוֹמֶה לוֹ
unerring *adj* לְלֹא שְׁגִיאָה, מְדוּיָּק
unessential *adj* בִּלְתִּי־הֶכְרֵחִי
uneven *adj* לֹא יָשָׁר, לֹא חָלָק
uneven number *n* מִסְפָּר לֹא זוּגִי
unexpected *adj* לֹא צָפוּי
unexpectedly *adv* בְּאוֹרַח לֹא צָפוּי
unexplained *adj* שֶׁלֹּא הוּסְבַּר
unexplored *adj* שֶׁלֹּא נֶחְקַר; שֶׁלֹּא סִיְּרוּ בּוֹ
unexposed *adj* שֶׁלֹּא נֶחְשַׂף
unfading *adj* שֶׁלֹּא דָהָה; שֶׁלֹּא פָּג
unfailing *adj* לֹא אַכְזָב, נֶאֱמָן
unfair *adj* לֹא הוֹגֵן
unfaithful *adj* לֹא נֶאֱמָן
unfamiliar *adj* לֹא יָדוּעַ; לֹא בָּקִי; זָר
unfasten *vt* הִתִּיר
unfathomable *adj* שֶׁאֵין לָרֶדֶת לְעוּמְקוֹ
unfavorable *adj* לֹא נוֹחַ; שְׁלִילִי
unfeeling *adj* נְטוּל רֶגֶשׁ
unfetter *vt* נִיתֵּק כְּבָלִים
unfilled *adj* שֶׁלֹּא נִתְמַלֵּא

unfinished *adj* לֹא גָמוּר
unfit *adj* לֹא רָאוּי, לֹא כָּשֵׁר, לֹא כָּשִׁיר
unfold *vt, vi* גָּלַל, פָּרַשׂ; נִגְלַל
unforeseeable *adj* שֶׁאֵין לַחֲזוֹתוֹ מֵרֹאשׁ
unforeseen *adj* בִּלְתִּי־צָפוּי
unforgettable *adj* בִּלְתִּי־נִשְׁכָּח
unforgivable *adj* שֶׁאֵין לוֹ כַּפָּרָה
unfortunate *adj, n* חֲסַר מַזָּל, אוּמְלָל
unfounded *adj* לְלֹא יְסוֹד
unfreeze *vt* הִפְשִׁיר
unfriendly *adj* לֹא יְדִידוּתִי
unfruitful *adj* לֹא פּוֹרֶה, עָקָר
unfulfilled *adj* שֶׁלֹּא קוּיַּם
unfurl *vt* גָּלַל, פָּרַשׂ
unfurnished *adj* לֹא מְרוֹהָט
ungainly *adj* מְסוּרְבָּל, מְגוּשָּׁם
ungentlemanly *adj* לֹא מְנוּמָּס
ungodly *adj* חוֹטֵא
ungracious *adj* לֹא אָדִיב, לֹא מְנוּמָּס
ungrateful *adj* כְּפוּי טוֹבָה
ungrudgingly *adv* בְּרוֹחַב־לֵב
unguarded *adj* לֹא מוּגָן; לֹא זָהִיר
unguent *n* מִשְׁחָה
unhandy *adj* לֹא נוֹחַ; (אדם) לֹא מְאוּמָּן
unhappiness *n* עַצְבוּת; אוּמְלָלוּת
unhappy *adj* עָצוּב; אוּמְלָל
unharmed *adj* לֹא נִיזּוֹק, לֹא נִפְגַּע
unharmonious *adj* לֹא הַרְמוֹנִי, צוֹרֵם
unhealthy *adj* לֹא בָּרִיא; מַזִּיק לַבְּרִיאוּת
unheard-of *adj* שֶׁלֹּא נִשְׁמַע כְּמוֹתוֹ
unhinge *vt* עָקַר מִן הַצִּירִים; הִפְרִיד
unholy *adj* לֹא קָדוֹשׁ; רָשָׁע
unhook *vt* הוֹרִיד מֵאוּנְקָל
unhorse *vt* הִפִּיל מֵעַל סוּס
unhurt *adj* שָׁלֵם, לֹא פָּגוּעַ
unicorn *n* חַדְקֶרֶן
unification *n* אִיחוּד, הַאֲחָדָה
uniform *adj* אָחִיד; שֶׁל מַדִּים
uniform *n* מַדִּים
uniformity *n* אֲחִידוּת
unify *vt* אִיחֵד, הֶאֱחִיד
unilateral *adj* חַד־צְדָדִי
unimpeachable *adj* לְלֹא אַשְׁמָה
unimportant *adj* לֹא חָשׁוּב
uninhabited *adj* לֹא מְיוּשָּׁב
uninspired *adj* בְּלִי הַשְׁרָאָה
unintelligent *adj* חֲסַר דֵּעָה
unintelligible *adj* לֹא מוּבָן
uninterested *adj* שְׁוֵה־נֶפֶשׁ, אָדִישׁ
uninteresting *adj* לֹא מְעַנְיֵין
uninterrupted *adj* רָצוּף
union *n* אִיחוּד; בְּרִית; אֲגוּדָּה
unionize *vt* יָצַר אִיגּוּד מִקְצוֹעִי
Union of Socialist Soviet Republics *n* בְּרִית הַמּוֹעָצוֹת, בריה״מ
unique *adj* יָחִיד בְּמִינוֹ
unison *n* הַרְמוֹנְיָה שֶׁל קוֹלוֹת
unit *n* יְחִידָה
unite *vt, vi* אִיחֵד, לִיכֵּד; הִתְאַחֵד; הִזְדַּוּוֵג
united *adj* מְאוּחָד, מְחוּבָּר
United Kingdom *n* הַמַּמְלָכָה הַמְאוּחֶדֶת
United Nations *n pl* הָאוּמּוֹת הַמְאוּחָדוֹת (או״ם)
United States of America *n pl* אַרְצוֹת־הַבְּרִית שֶׁל אֲמֵרִיקָה, ארה״ב
unity *n* אַחְדוּת

univalency *n* חַד־עֶרְכִּיּוּת
universal *adj* כּוֹלְלָנִי, כּוֹלֵל
universal joint *n* מִפְרָק אוּנִיבֶרְסָלִי
universe *n* יְקוּם, עוֹלָם, קוֹסְמוֹס
university *n* מִכְלָלָה, אוּנִיבֶרְסִיטָה
unjust *adj* לֹא צוֹדֵק
unjustified *adj* לֹא מוּצְדָק
unkempt *adj* לֹא מְסוֹרָק, מְרוּשָׁל
unkind *adj* לֹא טוֹב, רַע־לֵב
unknowingly *adv* שֶׁלֹּא מִדַּעַת
unknown *adj, n* לֹא נוֹדָע,
לֹא יָדוּעַ; בִּלְתִּי נוֹדָע
unknown quantity *n* נֶעְלָם
Unknown Soldier *n* הַחַיָּל הָאַלְמוֹנִי
unlatch *vt, vi* פָּתַח (מנעול)
unlawful *adj* שֶׁלֹּא כַּדִּין, לֹא חוּקִּי
unleash *vt* הִתִּיר אֶת הָרְצוּעָה
unleavened bread *n* מַצָּה
unless *conj* אֶלָּא אִם; עַד שֶׁלֹּא
unlettered *adj* בּוּר, לֹא מְחוּנָּךְ
unlike *adj, prep* לֹא דּוֹמֶה; שׁוֹנֶה מִן
unlikely *adj* לֹא נִרְאֶה,
לֹא מִתְקַבֵּל עַל הַדַּעַת
unlimber *vt, vi* הֵכִין לִפְעוּלָה
unlined *adj* לְלֹא בִּטְנָה;
חֲסַר קַוִּים; (עוֹר) לֹא מְקוּמָּט
unload *vt, vi* פָּרַק; נִפְטַר מִן
unloading *n* פְּרִיקָה
unlock *vt* פָּתַח (מנעול)
unloose *vt* רִיפָּה, שִׁחְרֵר, הִרְפָּה
unloved *adj* לֹא אָהוּב
unlovely *adj* לֹא מוֹשֵׁךְ, נְטוּל חֵן
unlucky *adj* בִּישׁ־גַּדָּא, רַע־מַזָּל
unmake *vt* עָשָׂה לְאַל
unmanageable *adj* שֶׁלֹּא נִיתָּן
לְהִשְׁתַּלֵּט עָלָיו
unmanly *adj* לֹא גַּבְרִי
unmannerly *adj, adv* חֲסַר נִימּוּס
unmarketable *adj* לְלֹא קוֹנֶה
unmarried *adj* לֹא נָשׂוּי, רַוָּק
unmask *vt* הֵסִיר אֶת הַמַּסְוֶה
unmatchable *adj* שֶׁאֵין לְהִשְׁתַּוּוֹת
אֵלָיו
unmerciful *adj* חֲסַר רַחֲמִים
unmesh *vt, vi* הִתִּיר (סבך)
unmindful *adj* לֹא זָהִיר
unmistakable *adj* שֶׁאֵין לִטְעוֹת בּוֹ
unmistakably *adv* בִּמְפוֹרָשׁ
unmixed *adj* לֹא מְעוּרְבָּב, טָהוֹר
unmoved *adj* לֹא מוּשְׁפָּע, אָדִישׁ
unnatural *adj* לֹא טִבְעִי
unnecessary *adj* לֹא נָחוּץ
unnerve *vt* רִיפָּה יָדָיו שֶׁל
unnoticeable *adj* לֹא נִיכָּר
unnoticed *adj* שֶׁלֹּא הִבְחִינוּ בּוֹ
unobliging *adj* שֶׁאֵינוֹ עוֹזֵר לַזּוּלַת
unobserved *adj* שֶׁלֹּא הִבְחִינוּ בּוֹ
unobtrusive *adj* נֶחְבָּא אֶל הַכֵּלִים
unoccupied *adj* לֹא כָּבוּשׁ; לֹא תָּפוּס
unofficial *adj* לֹא רִשְׁמִי
unopened *adj* לֹא נִפְתָּח
unorthodox *adj* לֹא דָּתִי;
לֹא דָּבֵק בַּמּוּסְכָּמוֹת
unpack *vt* פֵּרֵק
unpalatable *adj* שֶׁאֵינוֹ עָרֵב לַחֵךְ
unparalleled *adj* שֶׁאֵין כָּמוֹהוּ
unpardonable *adj* שֶׁלֹּא יִיסָּלֵחַ
unpatriotic *adj* לֹא פַּטְרִיּוֹטִי
unperceived *adj* שֶׁלֹּא הִבְחִינוּ בּוֹ
unpleasant *adj* לֹא נָעִים

unpopular *adj* לֹא עֲמָמִי; לֹא מְחוּבָּב
unpopularity *n* חוֹסֶר פּוֹפּוּלָרִיוּת
unprecedented *adj* חֲסַר תַּקְדִים
unpremeditated *adj* שֶׁלֹּא בְּכַוָּונָה תְּחִילָּה
unprepared *adj* לֹא מוּכָן
unprepossessing *adj* לֹא מוֹשֵׁךְ
unpresentable *adj* לֹא רָאוּי לְהַגָּשָׁה; לֹא רָאוּי לְהוֹפָעָה
unpretentious *adj* לֹא יוּמְרָנִי
unprincipled *adj* חֲסַר עֶקְרוֹנוֹת
unproductive *adj* לֹא פּוֹרֶה, לֹא יָעִיל
unprofitable *adj* שֶׁאֵינוֹ מֵבִיא רֶוַח
unpronounceable *adj* לֹא נִיתָּן לְבִיטּוּי
unpropitious *adj* לֹא מְעוֹדֵד
unpunished *adj* לֹא נֶעֱנַשׁ
unquenchable *adj* שֶׁלֹּא יִיכָּבֶה; שֶׁאֵין לְדַכֵּא אוֹתוֹ
unquestionable *adj* שֶׁאֵינוֹ מוּטָל בְּסָפֵק
unravel *vt, vi* הִתִּיר; פָּתַר; הִבְהִיר
unreal *adj* לֹא מַמָּשִׁי; דִּמְיוֹנִי
unreality *n* אִי־מְצִיאוּתִיּוּת
unreasonable *adj* חֲסַר הִיגָּיוֹן; לֹא סָבִיר
unrecognizable *adj* שֶׁאֵין לְהַכִּירוֹ
unreel *vt, vi* גָּלַל, הִתִּיר
unrefined *adj* לֹא מְזוּקָּק; לֹא תַּרְבּוּתִי
unrelenting *adj* אֵיתָן בְּתַקִּיפוּתוֹ
unreliable *adj* לֹא מְהֵימָן
unremitting *adj* לֹא פּוֹסֵק
unrepentant *adj* לֹא מַבִּיעַ חֲרָטָה
unrequited love *n* אַהֲבָה לְלֹא הֵיעָנוּת
unresponsive *adj* לֹא נַעֲנֶה, אָדִישׁ
unrest *n* אִי־שֶׁקֶט
unrighteous *adj* לֹא צַדִּיק, רָשָׁע
unripe *adj* בּוֹסֶר, לֹא בָּשֵׁל
unrivalled *adj* לְלֹא מִתְחָרֶה
unroll *vt* גּוֹלֵל, גָּלַל, פָּרַשׂ
unruffled *adj* חָלָק, שָׁקֵט; קַר־רוּחַ
unruly *adj* פָּרוּעַ
unsaddle *vt* הֵסִיר אוּכָּף; הִפִּיל מִסּוּס
unsafe *adj* לֹא בָּטוּחַ, מְסוּכָּן
unsaid *adj* שֶׁלֹּא נֶאֱמַר
unsanitary *adj* לֹא הִיגְיֵינִי
unsatisfactory *adj* לֹא מֵנִיחַ אֶת הַדַּעַת
unsatisfied *adj* לֹא בָּא עַל סִיפּוּקוֹ
unsavory *adj* לֹא נָעִים, דּוֹחֶה
unscathed *adj* לֹא נִיזוֹק
unscientific *adj* לֹא מַדָּעִי
unscrew *vt* פָּתַח בּוֹרֶג
unscrupulous *adj* חֲסַר מַצְפּוּן
unseal *vt* שָׁבַר אֶת הַחוֹתָם
unseasonable *adj* שֶׁלֹּא בְּעוֹנָתוֹ
unseemly *adj* לֹא יָאֶה
unseen *adj* לֹא נִרְאֶה
unselfish *adj* לֹא אָנוֹכִיִּי
unsettled *adj* לֹא מְאוּכְלָס; לֹא יַצִּיב
unshackle *vt* שִׁחְרֵר מִכְּבָלִים
unshaken *adj* לֹא מְעוּרְעָר
unshapely *adj* לֹא חָטוּב יָפֶה
unshaven *adj* לֹא מְגוּלָּח
unsheathe *vt* שָׁלַף
unshod *adj* לְלֹא נַעֲלַיִים; (לְגַבֵּי סוּס) לֹא מְפוּרְזָל
unshrinkable *adj* לֹא כָּוִויץ
unsightly *adj* רַע הַמַּרְאֶה

unsinkable *adj* לֹא טָבִיעַ
unskilful *adj* לֹא מְיוּמָּן
unskilled *adj* לֹא מְאוּמָּן
unskilled laborer *n* פּוֹעֵל פָּשׁוּט
unsociable *adj* לֹא חֶבְרָתִי
unsold *adj* לֹא מָכוּר
unsolder *vt* הִפְרִיד, הֵמֵס
unsophisticated *adj* לֹא מְתוּחְכָּם
unsound *adj* לֹא אֵיתָן, חוֹלֶה; פָּגוּם
unsown *adj* לֹא זָרוּעַ
unspeakable *adj* שֶׁאֵין לְהַעֲלוֹתוֹ עַל הַשְּׂפָתַיִם
unsportsmanlike *adj* לֹא הוֹגֵן, נוֹגֵד הָרוּחַ הַספּוֹרטִיבִית
unstable *adj* לֹא יַצִּיב
unsteady *adj* לֹא יַצִּיב; הֲפַכְפַּךְ
unstinted *adj* בְּיָד רְחָבָה
unstitch *vt* פָּרַם
unstressed *adj* לֹא מוּדְגָשׁ, לֹא מוּטְעָם
unstrung *adj* חֲסַר מֵיתָרִים; חָלוּשׁ עֲצַבִּים
unsuccessful *adj* לֹא מוּצְלָח
unsuitable *adj* לֹא מַתְאִים
unsurpassable *adj* שֶׁאֵין לְמַעְלָה מִמֶּנּוּ
unsuspected *adj* לֹא חָשׁוּד; שֶׁקִּיּוּמוֹ לֹא עָלָה עַל הַדַּעַת
unswerving *adj* יַצִּיב, לֹא סוֹטֶה
unsympathetic *adj* לֹא אוֹהֵד; לֹא שׁוּתָּף לָרְגָשׁוֹת
unsystematic(al) *adj* חֲסַר שִׁיטָה
untamed *adj* לֹא מְאוּלָּף
untangle *vt* הוֹצִיא מִן הַסְּבַךְ
unteachable *adj* לֹא לָמִיד
untenable *adj* לֹא נִיתָּן לַהֲגַנָּה
unthinkable *adj* שֶׁאֵין לְהַעֲלוֹתוֹ עַל הַדַּעַת
unthinking *adj* חֲסַר מַחֲשָׁבָה
untidy *adj* מְרוּשָּׁל
untie *vt, vi* הִתִּיר קֶשֶׁר
until *prep, conj* עַד, עַד שֶׁ...
untillable *adj* לֹא חָרִישׁ
untimely *adj* שֶׁלֹּא בְּעִיתּוֹ
untiring *adj* שֶׁאֵינוֹ יוֹדֵעַ לֵאוּת
untold *adj* לְאֵין סְפוֹר
untouchable *adj, n* שֶׁאֵין לָגַעַת בּוֹ
untouched *adj* שֶׁלֹּא נָגְעוּ בּוֹ
untoward *adj* לֹא נוֹחַ, רַע מַזָּל
untrammeled *adj* חוֹפְשִׁי, לֹא כָּבוּל
untried *adj* שֶׁלֹּא נוּסָּה
untroubled *adj* לֹא מוּטְרָד
untrue *adj* לֹא נָכוֹן; לֹא נֶאֱמָן, כּוֹזֵב
untruth *n* אִי־אֱמֶת, שֶׁקֶר
untruthful *adj* כּוֹזֵב
untrustworthy *adj* לֹא מְהֵימָן
untwist *vt* הִתִּיר, סָתַר
unused *adj* לֹא מוּרְגָל; בִּלְתִּי־מְשׁוּמָּשׁ
unusual *adj* לֹא רָגִיל
unutterable *adj* שֶׁאֵין לְבַטְּאוֹ
unvanquished *adj* בִּלְתִּי־מְנוּצָּח
unvarnished *adj* לֹא מְצוּחְצָח
unveil *vt, vi* הֵסִיר צָעִיף; הֵסִיר לוֹט
unveiling *n* הֲסָרַת לוֹט; הֲסָרַת צָעִיף
unwanted *adj* לֹא רָצוּי
unwarranted *adj* לֹא מוּצְדָּק; לֹא מוּסְמָךְ
unwary *adj* לֹא זָהִיר; נִמְהָר
unwavering *adj* הֶחְלֵטִי, יַצִּיב
unwelcome *adj* לֹא רָצוּי
unwell *adj* לֹא בָּרִיא

unwholesome *adj* לֹא בָּרִיא; מַזִּיק
unwieldy *adj* מְגוּשָּׁם; קָשֶׁה שִׁימּוּשׁ
unwilling *adj* מְמָאֵן, בּוֹחֵל
unwillingly *adj* בְּאִי־רָצוֹן
unwind *vt* הִתִּיר, סָתַר
unwise *adj* לֹא מְחוּכָּם
unwitting *adj* בִּלְתִּי־יוֹדֵעַ
unwonted *adj* לֹא רָגִיל, לֹא נָהוּג
unworldly *adj* לֹא גַּשְׁמִי
unworthy *adj* לֹא רָאוּי
unwrap *vt* גּוֹלֵל, פָּתַח
unwritten *adj* שֶׁלֹּא בִּכְתָב
unyielding *adj* לֹא מְווַתֵּר
unyoke *vt* הֵסִיר עוֹל
up *adv, prep, adj* עַד; עַל;
  מַעְלָה; מַאֲמִיר; זָקוּף; בְּמַעֲלֶה
up-and-coming *adj* מַבְטִיחַ,
  בַּעַל סִיכּוּיִים
up-and-up *n* יוֹשֶׁר; שִׁיפּוּר
upbraid *vt* נָזַף, הוֹכִיחַ
upbringing *n* גִּידּוּל, חִינּוּךְ
upcountry *adj, adv, n* הַרְחֵק
  מֵהַגְּבוּל; פְּנִים הָאָרֶץ
update *vt* עִדְכֵּן
upheaval *n* תַּהְפּוּכָה
uphill *adj* עוֹלֶה; מְיַיגֵּעַ
uphill *adv* בְּמַעֲלֵה הָהָר
uphold *vt* הֶחֱזִיק, חִיזֵּק
upholster *vt* רִיפֵּד
upholsterer *n* רַפָּד
upholstery *n* רִיפּוּד; רַפָּדוּת
upkeep *n* אַחְזָקָה
upland *n, adj* רָמָה; רָמָתִי
uplift *vt* הֵרִים; רוֹמֵם
uplift *n* הֲרָמָה; הַעֲלָאָה; הִתְעַלּוּת
upon *prep, adv* עַל, עַל־פְּנֵי; אַחֲרֵי
upper *adj* עֶלְיוֹן, עִילִי
upper *n* פֶּנֶת; מִטָּה עִילִית
upper berth *n* מִיטָּה עִילִית
upper hand *n* יָד עַל הָעֶלְיוֹנָה
upper middle class *n* מַעֲמָד
  בֵּינוֹנִי עִילִי
uppermost *adj, adv* רֹאשׁ וְרִאשׁוֹן;
  בְּרֹאשׁ
uppish *adj* מִתְנַשֵּׂא
upright *adj* זָקוּף; יְשַׁר דֶּרֶךְ
upright *n* עַמּוּד זָקוּף
uprising *n* הִתְקוֹמְמוּת
uproar *n* רַעַשׁ, שָׁאוֹן
uproarious *adj* רוֹעֵשׁ, הוֹמֶה
uproot *vt* עָקַר מִן הַשּׁוֹרֶשׁ
upset *vt, vi* הָפַךְ; בִּלְבֵּל; הִדְאִיג
upset *n* הֲפִיכָה; מַצַּב־רוּחַ נִרְגָּז
upset *adj* מְבוּלְבָּל; נִרְגָּז
upsetting *adj* מְצַעֵר
upshot *n* סוֹף־דָּבָר, תּוֹצָאָה
upside *n* בַּצַּד הָעֶלְיוֹן
upside-down *adj* מְהוּפָּךְ; תּוֹהוּ וָבוֹהוּ
upstage *adv, adj* בְּיַרְכְּתֵי הַבִּימָה;
  יָהִיר
upstairs *adv, adj, n* לְמַעְלָה;
  (שֶׁל) קוֹמָה עֶלְיוֹנָה
upstanding *adj* זְקוּף־קוֹמָה; יָשָׁר,
  הָגוּן
upstate *adj, n* (שֶׁל) צְפוֹן הַמְּדִינָה
upstream *adv* בְּמַעֲלֵה הַנָּהָר
upstroke *n* מְשִׁיכַת־עַל
upswing *n* עֲלִיָּיה גְּדוֹלָה
up-to-date *adj* מְעוּדְכָּן
up-to-the-minute *adj* מְעוּדְכָּן לָרֶגַע

uptown *adj, adv, n* (שֶׁל) מַעֲלֵה הָעִיר; בְּמַעֲלֵה הָעִיר
uptrend *n* מְגַמַּת עֲלִיָּיה
upturned *adj* מוּפנֶה כְּלַפֵּי מַעְלָה
upward *adj, adv* עוֹלֶה; אֶל עָל, לְמַעְלָה
uranium *n* אוּרָן, אוּרַנְיוּם
urban *adj* עִירוֹנִי
urbane *adj* אָדִיב, יְפֵה־הֲלִיכוֹת
urbanite *n* עִירוֹנִי
urbanity *n* אֲדִיבוּת, נִימוּסִים
urbanize *vt* עִיֵּיר
urchin *n* מַזִּיק, שׁוֹבָב
urethra *n* שׁוֹפכָה
urge *vt* דָּחַף, דָּחַק עַל; תָּבַע בְּמַפגִּיעַ
urge *n* דַּחַף, דְּחִיפָה; יֵצֶר
urgency *n* דְּחִיפוּת
urgent *adj* דָּחוּף
urgently *adv* בִּדְחִיפוּת
urinal *n* כְּלִי שֶׁתֶן; מִשְׁתָּנָה
urinate *vi* הִשְׁתִּין
urine *n* שֶׁתֶן
urn *n* כַּד, קַנְקַן
us *pron* אוֹתָנוּ; לָנוּ
U.S.A. *abbr* United States of America
usable *adj* בַּר שִׁימּוּשׁ
usage *n* נוֹהַג, שִׁימּוּשׁ; מִנְהָג
use *vt, vi* הִשְׁתַּמֵּשׁ ב...; נָהַג ב...; נָהַג ל...; נִיצֵּל; צָרַךְ
use *n* שִׁימּוּשׁ; נִיצּוּל; תּוֹעֶלֶת
used *adj* מְשׁוּמָּשׁ; רָגִיל
useful *adj* מוֹעִיל, שִׁימּוּשִׁי
usefulness *n* תּוֹעֶלֶת
useless *adj* חֲסַר תּוֹעֶלֶת
user *n* מִשְׁתַּמֵּשׁ
usher *n* סַדְּרָן, שַׁמָּשׁ (בְּבֵית־דִּין)
U.S.S.R. *abbr* Union of Socialist Soviet Republics
usual *adj* רָגִיל, שָׁכִיחַ
usually *adv* בְּדֶרֶךְ כְּלָל
usurp *vt* נָטַל בְּכוֹחַ; הִסִּיג גְּבוּל
usury *n* רִיבִּית קְצוּצָה
utensil *n* כְּלִי; מַכשִׁיר
uterus *n* רֶחֶם
utilitarian *adj, n* תּוֹעַלְתָּנִי; תּוֹעַלְתָּן
utility *n* תּוֹעֶלֶת, דָּבָר מוֹעִיל; שֵׁירוּת צִיבּוּרִי
utilize *vt* נִיצֵּל
utmost *adj, n* בְּיוֹתֵר; מֵיטָב, מְלוֹא
Utopia *n* אוּטוֹפְּיָה
utopian *adj* אוּטוֹפִּי, בַּעַל חֲלוֹמוֹת
utter *adj* גָּמוּר, מוּחלָט
utter *vt* בִּיטֵּא, הִבִּיעַ; פִּרסֵם
utterance *n* בִּיטּוּי, הַבָּעָה; דִּיבּוּר
utterly *adv* לְגַמרֵי
uxoricide *n* הוֹרֵג אִשְׁתּוֹ
uxorious *adj* כָּרוּךְ מְאוֹד אַחֲרֵי אִשְׁתּוֹ

V

V, v וִי (האות העשרים־ושתיים באלפבית)
vacancy *n* רֵיקוּת; מָקוֹם פָּנוּי
vacant *adj* רֵיק; פָּנוּי; נָבוּב
vacate *vt* פִּינָּה
vacation *n* פַּגְרָה, חוֹפֶשׁ; חוּפְשָׁה
vacation *vi, vt* נָטַל חוּפְשָׁה
vacationist *n* נוֹפֵשׁ, מְבַלֶּה חוּפְשָׁה
vacation with pay *n* חוֹפֶשׁ בְּתַשְׁלוּם
vaccination *n* הַרְכָּבַת אֲבַעְבּוּעוֹת
vaccine *n* תַּרְכִּיב
vacillate *vi* הִיסֵּס
vacillating *adj* מְהַסֵּס
vacuity *n* רֵיקוּת, רֵיקָנוּת
vacuum *vt* שָׁאַב אָבָק
vacuum *n* רִיק, חָלָל רֵיק
vacuum-cleaner *n* שׁוֹאֵב־אָבָק
vacuum-tube *n* שְׁפוֹפֶרֶת־רִיק
vagabond *adj, n* שׁוֹטְטָן; בֶּן־בְּלִי־בַּיִת
vagary *n* גַּחַם, קַפְּרִיזָה
vagina *n* פּוֹתָה
vagrancy *n* נַיָּידוּת, שׁוֹטְטוּת
vagrant *n, adj* נָע־וָנָד, שׁוֹטְטָן
vague *adj* מְעוּרְפָּל, לֹא בָּרוּר
vain *adj* הַבְלִי; רֵיקָנִי; שָׁוְא; גַּאַוְותָנִי
vainglorious *adj* רַבְרְבָן, מִתְפָּאֵר
vale *n* עֵמֶק
valedictory *adj, n* (נְאוּם) פְּרֵידָה
valentine *n* אָהוּב, אֲהוּבָה; מִכְתַּב אֲהָבִים
vale of tears *n* עֵמֶק הַבָּכָא
valet *n* נוֹשֵׂא־כֵּלִים; מְשָׁרֵת
valiant *adj* אַמִּיץ־לֵב; שֶׁל אוֹמֶץ־לֵב
valid *adj* שָׁרִיר, תָּקֵף; תּוֹפֵס
validate *vt* הִשְׁרִיר, הִקְנָה תּוֹקֶף
validation *n* הַשְׁרָרָה
validity *n* תְּקֵפוּת
valise *n* מִזְווָדָה
valley *n* עֵמֶק, בִּקְעָה
valor *n* אוֹמֶץ־לֵב
valuable *adj, n* רַב־עֵרֶךְ; דְּבַר־עֵרֶךְ
value *n* עֵרֶךְ, שׁוֹוִי
value *vt* הֶעֱרִיךְ, שָׂם
valve *n* שַׁסְתּוֹם, מַסְתֵּם; שְׁפוֹפֶרֶת
valve cap *n* מְגוּפַת הַשַּׁסְתּוֹם
valve gears *n pl* הֶינֵעַ הַשַּׁסְתּוֹם
valve lifter *n* מַגְבֵּהַ הַשַּׁסְתּוֹם
valve spring *n* קְפִיץ הַשַּׁסְתּוֹם
valve stem *n* כּוֹשׁ הַשַּׁסְתּוֹם
vamp *n* חַרְטוֹם הַנַּעַל; טְלַאי; (אישה) עַרְפָּדִית, וַמְפּ
vamp *vt* הִטְלִיא, אִלְתֵּר; עִרְפְּדָה
vampire *n* עַרְפָּד
van *n* חֵיל הֶחָלוּץ; רֶכֶב מִשְׁלוֹחַ
vandal *n* וַנְדָל; בַּרְבָּר
vandalism *n* וַנְדָלִיוּת, וַנְדָלִיזם
vane *n* שַׁבְשֶׁבֶת
vanguard *n* חֵיל חָלוּץ
vanilla *n* שֶׁנֶף, וָנִיל
vanish *vi* נֶעֱלַם, גָּז
vanishing cream *n* מִשְׁחַת פָּנִים נֶעֱלֶמֶת
vanity *n* הִתְרַהֲבוּת, הִתְפָּאֲרוּת־שָׁוְא
vanity case *n* פּוּדְרִייָּה

vanquish *vt* נִיצַּח, הֵבִיס
vantage ground *n* עֶמְדַּת יִתְרוֹן
vapid *adj* חֲסַר טַעַם, תָּפֵל
vapor *n* אֵד, הֶבֶל, קִיטוֹר
vaporize *vt, vi* אִידָּה; הִתְאַדָּה
vapor trail *n* עִיקְבוֹת מְטוֹס סִילוֹן
variable *adj* מִשְׁתַּנֶּה; שֶׁאֵינוֹ יַצִּיב
variance *n* שׁוֹנִי, שִׁינּוּי; הֶבְדֵּל
variant *adj, n* שׁוֹנֶה, מִשְׁתַּנֶּה; גִּרְסָה שׁוֹנָה
variation *n* שִׁינּוּי, שׁוֹנִי; וַרְיַאצְיָה
varicose veins *n pl* דַּלְיוֹת הָרַגְלַיִים
varied *adj* שׁוֹנֶה, מְגוּוָּן
variegated *adj* מְגוּוָּן, שׁוֹנֶה
variety *n* רַבְגוֹנִיּוּת, מִגְוָן
variety show *n* הַצָּגַת וַארְיֶיטֶה
variola *n* אֲבַעְבּוּעוֹת
various *adj* שׁוֹנִים
varnish *n* מִשְׁחַת־בָּרָק, לַכָּה
varnish *vt* לִיכָּה; צִחְצֵחַ
varsity *n* אוּנִיבֶרְסִיטָה
vary *vt, vi* שִׁינָּה, גִּיוּוֵן; הִשְׁתַּנָּה
vase *n* וָזָה, אֲגַרְטֵל
vaseline *n* וָזֵלִין
vassal *n, adj* צָמִית, וַסָּל; מְשׁוּעְבָּד
vast *adj* גָּדוֹל, נִרְחָב
vastly *adv* בְּמִידָּה רְחָבָה
vat *n* מֵיכָל, אַמְבָּט
vaudeville *n* וֹודֶבִיל וַרְיֶיטֶה
vault *n* כּוּךְ, מַרְתֵּף; כִּיפָּה; נִיתּוּר, קְפִיצָה
vault *vi, vt* נִיתֵּר, קָפַץ
veal *n* בְּשַׂר עֵגֶל
veal chop *n* כְּתִיתַת עֵגֶל
vedette *n* זָקִיף רָכוּב

veer *vi, vt* שִׁינָּה כִּיווּן; חָג
vegetable *n, adj* יָרָק; צוֹמֵחַ; צִמְחִי; שֶׁל יְרָקוֹת
vegetarian *n, adj* צִמְחוֹנִי; שֶׁל יְרָקוֹת
vegetation *n* צִמְחִיָּיה
vehemence *n* עוֹז, כּוֹחַ עַז
vehement *adj* עַז, תַּקִּיף, נִסְעָר
vehicle *n* רֶכֶב; אֶמְצָעִי הַעֲבָרָה
vehicular traffic *n* תְּנוּעַת כְּלֵי־רֶכֶב
veil *n* צָעִיף, רְעָלָה
veil *vt* צִיעֵף, כִּיסָּה
vein *n* וְרִיד, גִּיד; נְטִיָּיה
vellum *n* קְלַף מֵעוֹר עֵגֶל
velocity *n* מְהִירוּת
velvet *n, adj* קְטִיפָה; רַךְ
velveteen *n* קְטִיפִין
velvety *adj* קְטִיפָנִי
Ven. *abbr* Venerable
vend *vt* מָכַר
vendor *n* מוֹכֵר; מְזַבֶּנֶת (מכונה)
veneer *n* לָבִיד; בָּרָק חִיצוֹנִי
veneer *vt* לָבַד, הִלְבִּיד
venerable *adj* נִכְבָּד, רָאוּי לְהוֹקָרָה
venerate *vt* כִּיבֵּד, הוֹקִיר
venereal *adj* שֶׁל מַחֲלַת־מִין
Venetian blind *n* תְּרִיס רְפָפוֹת
vengeance *n* נָקָם, נְקָמָה
vengeful *adj* נוֹקֵם, נַקְמָנִי
Venice *n* וֶנֶצִיָּה
venison *n* בְּשַׂר צְבִי
venom *n* אֶרֶס, רַעַל
venomous *adj* אַרְסִי
vent *n* פֶּתַח יְצִיאָה; פּוּרְקָן; מַבָּע
vent *vt, vi* הִתְקִין פֶּתַח; נָתַן בִּיטּוּי
venthole *n* נֶקֶב אִוְורוּר

ventilate *vt* אִוורֵר; דָן בְּפוּמבֵּי
ventilator *n* מְאַוורֵר
ventricle *n* חֲדַר הַלֵּב; חֲדַר הַמּוֹחַ
ventriloquism *n* מַעֲשֵׂה פִּיתוֹם, דִיבּוּר מֵהַבֶּטֶן
venture *n* מִפעָל נוֹעָז; מַעפָּל
venture *vt* הֵעֵז
venturesome *adj* מִסתַּכֵּן; נוֹעָז
venue *n* מְקוֹם הַפֶּשַׁע; מְקוֹם הַמִּשׁפָּט; מְקוֹם הַמִּפגָּשׁ
Venus *n* וֵנוּס
veracious *adj* דוֹבֵר אֱמֶת
veracity *n* אֲמִיתּוּת, נְכוֹנוּת
veranda(h) *n* מִרפֶּסֶת
verb *n* פּוֹעַל
verbatim *adv* מִלָּה בְּמִלָּה
verbiage *n* גִיבּוּב מִלִּים
verbose *adj* מְגַבֵּב מִלִּים
verdant *adj* מְכוּסֶּה יֶרֶק; יָרוֹק
verdict *n* פְּסַק־דִין
verdigris *n* יְרַק־נְחוֹשֶׁת
verdure *n* יַרקוּת, דֶשֶׁא
verge *n* קָצֶה, גְבוּל, שׁוּל
verge *vi* גָבַל עִם
verification *n* אִימוּת, וִידּוּא
verify *vt* אִימֵּת, וִידֵּא
verily *adv* בֶּאֱמֶת
veritable *adj* אֲמִיתִּי, מוּחָשִׁי
vermicelli *n* אִטרִיּוֹת וֶרמִיצֶ'לִי
vermillion *n* שָׁשַׁר, תּוֹלַעֲנָה
vermin *n pl or sing* רֶמֶשׂ, שֶׁרֶץ
vermouth *n* וֶרמוּת
vernacular *adj, n* מְקוֹמִי; שְׂפַת הַמָּקוֹם
versatile *adj* רַב־צְדָדִי
verse *n* חָרוּז, שִׁיר, בַּיִת; פָּסוּק
versed *adj* מְנוּסֶּה, מְיוּמָּן
versify *vi* חִיבֵּר שִׁיר, כָּתַב חֲרוּזִים
version *n* גִרסָה, נוֹסַח
versus *prep* נֶגֶד, מוּל
vertebra *n* חוּלְיָה
vertex *n* פִּסגָה, שִׂיא קוֹדקוֹד
vertical *adj* מְאוּנָּך
vertical rudder *n* הֶגֶה אֲנָכִי
vertigo *n* סְחַרחוֹרֶת
verve *n* חִיּוּת, הַשׁרָאָה
very *adj* אוֹתוֹ עַצמוֹ; (דבר) כְּמוֹת שֶׁהוּא בְּדִיּוּק; עִיקָּר; מַמָּשׁ
very *adv* מְאוֹד
vesicle *n* בּוּעִית, שַׁלחוּפִית
vesper *n* תְּפִילַּת עַרבִית (בנצרות)
vessel *n* כְּלִי־שַׁיִט, סְפִינָה; כְּלִי־קִיבּוּל
vest *n* גוּפִיָּה; חֲזִיָּיה
vest *vt* הֶעֱטָה; הִקנָה
vestibule *n, vt* מִסדְרוֹן
vestige *n* שָׂרִיד
vestment *n* לְבוּשׁ, גְלִימָה
vestpocket *n, adj* (שֶׁל) כִּיס חֲזִיָּיה
vestry *n* חֲדַר תַּשׁמִישֵׁי הַקְּדוּשָּׁה
vestryman *n* חֲבֵר וַעַד הַקְּהִילָּה
Vesuvius *n* וֶזוּב
vet. *abbr* veteran, veterinary
vet *vt, vi* בָּדַק בְּדִיקָה וֶטֶרִינָרִית
vetch *n* בַּקִיָּה
veteran *adj, n* וָתִיק; בַּעַל וֶתֶק
veterinary *adj, n* שֶׁל רִיפּוּי בְּהֵמוֹת
veterinary medicine *n* רְפוּאָה וֶטֶרִינָרִית
veto *n* וֶטוֹ

veto *vt, vi* פָּסַק לִשְׁלִילָה; הִטִּיל וֵטוֹ

vex *vt* הִקְנִיט, הִרְגִיז

vexation *n* הַרְגָּזָה, רוֹגֶז

via *prep* דֶּרֶךְ; בְּאֶמְצָעוּת

viaduct *n* גֶּשֶׁר דְּרָכִים, וִיאָדוּקְט

vial *n* צְלוֹחִית; כּוֹס קְטַנָּה

viand *n* מַאֲכָל

vibrate *vt, vi* נִעְנַע; הִרְטִיט; נָע; רָטַט

vibration *n* תְּנוּדָה, רֶטֶט

vicar *n* כּוֹהֵן הַקְּהִילָּה; עוֹזֵר לְבִישׁוֹף; מְמַלֵּא מָקוֹם

vicarage *n* בֵּית כּוֹהֵן הַקְּהִילָּה

vicarious *adj* מְמַלֵּא מָקוֹם, חֲלִיפִי

vice *n* מִידָּה רָעָה

vice *prep* בִּמְקוֹם

vice-admiral *n* סְגַן־אַדְמִירָל

vice-president *n* סְגַן־נָשִׂיא

viceroy *n* מִשְׁנֶה לְמֶלֶךְ

vice versa *adv* לְהֵפֶךְ

vicinity *n* סְבִיבָה, שְׁכֵנוּת

vicious *adj* מוּשְׁחָת, רָע, מְרוּשָּׁע

victim *n* קוֹרְבָּן, טֶרֶף

victimize *vt* עֲשָׂאוֹ קוֹרְבָּן, רִימָּה

victor *n* מְנַצֵּחַ

victorious *adj* מְנַצֵּחַ, שֶׁל נִיצָּחוֹן

victory *n* נִיצָּחוֹן

victual *vt, vi* סִיפֵּק צוֹרְכֵי מִחְיָה

victuals *n pl* מִצְרְכֵי מָזוֹן

vid. *abbr* vide (Latin) רְאֵה, עַיֵּין

video *adj* שֶׁל טֵלֵוִיזְיָה

video signal *n* אוֹת חוֹזִי

video tape *n* סֶרֶט חוֹזִי

vie *vi* הִתְחָרָה

Viennese *adj, n* וִינָאִי

view *n* מַרְאֶה, מַחֲזֶה; נוֹף; הַשְׁקָפָה

view *vt* רָאָה, הִבִּיט, בָּחַן

viewer *n* רוֹאֶה (בטלוויזיה)

view-finder *n* טֵלֶסְקוֹפּ קָטָן

viewpoint *n* נְקוּדַּת הַשְׁקָפָה

vigil *n* פִּיקוּחַ; עֵרוּת, שִׁימּוּרִים

vigilance *n* עֵרוּת, כּוֹנְנוּת

vigilant *adj* מַשְׁגִּיחַ; עֵר, דָּרוּךְ

vignette *n* גַּפְנִית, וִינְיֶיטָה

vigor *n* אוֹן, מֶרֶץ, כּוֹחַ

vigorous *adj* עַז, תַּקִּיף, רַב־מֶרֶץ

vile *adj* נִתְעָב, שָׁפָל

vilify *vt* הִשְׁמִיץ, הִלְעִיז

villa *n* חֲוִילָּה

village *n* כְּפָר, מוֹשָׁבָה

villager *n* כַּפְרִי,

villain *n* נָבָל, בֶּן־בְּלִיַּעַל

villainous *adj* נִתְעָב, רָע

villainy *n* מַעֲשֵׂה נָבָל

vim *n* כּוֹחַ, מֶרֶץ

vinaigrette *n* צִנְצֶנֶת תְּבָלִים

vindicate *vt* הִצְדִּיק, הֵגֵן עַל

vindictive *adj* נַקְמָן

vine *n* גֶּפֶן

vinegar *n* חוֹמֶץ

vinegary *adj* חָמוּץ; שֶׁל חוֹמֶץ

vineyard *n* כֶּרֶם

vintage *n* בָּצִיר; יֵין עוֹנַת הַבָּצִיר

vintager *n* בּוֹצֵר

vintage wine *n* יֵין מְשׁוּבָּח

vintner *n* יֵינָן

violate *vt* הֵפֵר; חִילֵּל; אָנַס

violence *n* אַלִּימוּת

violent *adj* אַלִּים

violet *n, adj* סֶגֶל; סָגוֹל (צבע)

violin *n* כִּינּוֹר

violinist *n* כַּנָּר
violoncellist *n* וְיוֹלוֹנְצֶ'לָן
violoncello *n* וְיוֹלוֹנְצֶ'לוֹ
viper *n* צֶפַע
virago *n* מִרְשַׁעַת
virgin *adj, n* בְּתוּלָה, שֶׁל בְּתוּלָה, בָּתוּל
virginity *n* בְּתוּלִים
virility *n* גַּבְרִיּוּת, גַּבְרוּת
virology *n* תּוֹרַת הַנְּגִיפִים
virtual *adj* לְמַעֲשֶׂה, שֶׁבְּעֶצֶם
virtue *n* מִידָּה טוֹבָה; סְגוּלָּה; תּוֹקֶף
virtuosity *n* אוּמָּנוּת מְעוּלָּה, וִירְטוּאוֹזִיּוּת
virtuoso *n* אוּמָּן בְּחֶסֶד עֶלְיוֹן
virtuous *adj* מוּסָרִי, יָשָׁר, צַדִּיק
virulence *n* אַרְסִיּוּת עַזָּה
virulent *adj* אַרְסִי; מִידַּבֵּק
virus *n* נְגִיף, וִירוּס
visa *n, vt* (נָתַן) אֲשָׁרָה
visage *n* חָזוּת, מַרְאֶה
vis-a-vis *adj, adv* פָּנִים אֶל פָּנִים
viscera *n* קְרָבַיִים
viscount *n* וִיקוֹנְט
viscountess *n* וִיקוֹנְטִית
viscous *adj* דָּבִיק, צָמִיג
vise, vice *n* מֶלְחָצַיִים
visible *adj* נִרְאֶה, גָּלוּי לָעֵינַיִים
visibly *adv* גְּלוּיוֹת, בְּאוֹפֶן נִרְאֶה לָעַיִן
vision *n* רְאִייָה; חָזוֹן, מַרְאֶה
visionary *n, adj* הוֹזֶה, חוֹלֵם; דִּמְיוֹנִי; בַּעַל דִּמְיוֹן
visit *vt, vi* בִּיקֵּר, סָר אֶל
visit *n* בִּיקּוּר
visitation *n* בִּיקּוּר; עוֹנֶשׁ מִשָּׁמַיִים
visiting card *n* כַּרְטִיס בִּיקּוּר
visiting nurse *n* אָחוֹת מְבַקֶּרֶת חוֹלִים
visitor *n* אוֹרֵחַ, מְבַקֵּר
visor *n* מִצְחַת קַסְדָּה
vista *n* מַרְאֶה, נוֹף
visual *adj* חָזוּתִי, רְאִיּוּתִי
visualize *vt* הֶחֱזָה; חָזָה
vital *adj* חִיּוּנִי; הֶכְרֵחִי
vitality *n* חִיּוּת, חִיּוּנִיּוּת
vitalize *vt* הֶחֱיָה, נָפַח חַיִּים בּ...
vitamin *n* וִיטָמִין
vitiate *vt* קִלְקֵל, זִיהֵם, פָּסַל
vitreous *adj* זְגוּגִי
vitriolic *adj* נוֹקֵב, צוֹרֵב
vituperate *vt* גִּידֵּף
viva *interj, n* 'יְחִי!'
vivacious *adj* מָלֵא רוּחַ חַיִּים
vivacity *n* חִיּוּת, עֵרָנוּת
viva-voce *adj, adv, n* בְּדִיבּוּר חַי
vivid *adj* חַי, מָלֵא חַיִּים
vivify *vt* הֵפִיחַ רוּחַ חַיִּים
vivisection *n* נִיתּוּחַ בַּעֲלֵי חַיִּים
vixen *n* מִרְשַׁעַת; שׁוּעָלָה
vocabulary *n* אוֹצַר מִלִּים
vocal *adj* קוֹלִי, בַּעַל קוֹל
vocalist *n* זַמָּר
vocation *n* מִשְׁלַח־יָד; ייִעוּד
vocative *adj, n* (שֶׁל) יַחֲסַת פְּנִייָה
vociferate *vt* צָעַק, צָרַח
vociferous *adj* צַעֲקָנִי, צַרְחָנִי
vogue *n* אוֹפְנָה, מַהֲלָכִים
voice *n* קוֹל
voice *vt* בִּיטֵּא, הִבִּיעַ, הִשְׁמִיעַ
voiceless *adj* חֲסַר קוֹל
void *adj* בָּטֵל; נְטוּל תּוֹקֶף

void *n* מָקוֹם רֵיק, חָלָל
void *vt, vi* בִּיטֵּל; רוֹקֵן, הֵרִיק
voile *n* אֲרִיג שְׂמָלָה
volatile *adj* מִתנַדֵּף; קַל־דַּעַת
volcanic *adj* וּולקָנִי, שֶׁל הַר־גַּעַשׁ
volition *n* רָצוֹן; בְּחִירָה
volley *n* מַטַּח יְרִיּוֹת; (בטניס) מַכַּת יְעָף
volley *vt, vi* יָרָה צְרוֹר; הִכָּה בִּיעָף
volleyball *n* כַּדּוּר עָף
volplane *vi, n* דָּאָה; דְּאִיָּה
volt *n* ווֹלט
voltage *n* ווֹלטָג׳
voltaic *adj* ווֹלטִי
volte-face *n* סִיבּוּב לְאָחוֹר
voltmeter *n* מַד־מֶתַח
voluble *adj* קוֹלֵחַ מִלִּים
volume *n* כֶּרֶךְ; נֶפַח
voluminous *adj* רַב־מְמַדִּים
voluntary *adj* ווֹלוּנטָרִי, הִתנַדְּבוּתִי
voluntary *n* סוֹלוֹ בְּעוּגָב (בכנסייה)
volunteer *n* מִתנַדֵּב
volunteer *vt, vi* הִתנַדֵּב; הִצִּיעַ
voluptuary *n, adj* מִתמַכֵּר לְתַעֲנוּגוֹת חוּשָׁנִיִּים
voluptuous *adj* חוּשָׁנִי, תַּאַוְותָנִי
vomit *n* הֲקָאָה; קִיא
vomit *vt, vi* הֵקִיא
voodoo *n, adj* כְּשָׁפִים; מְכַשֵּׁף ווּדוּ
voracious *adj* רַעַבְתָן, זוֹלְלָן
voracity *n* זְלִילָה, רַעַבְתָנוּת
vortex *n* (*pl* vortices) מְעַרבּוֹלֶת; גַּלגַּל סוּפָה
votary, votarist *n* אָדוּק, חָסִיד; נָזִיר
vote *n* קוֹל, דֵּעָה, הַצבָּעָה
vote *vt* בָּחַר, הִצבִּיעַ
vote getter *n* מוֹשֵׁךְ קוֹלוֹת
voter *n* מַצבִּיעַ, בּוֹחֵר
votive *adj* מְקוּדָּשׁ; שֶׁל נֶדֶר
vouch *vt, vi* אִישֵּׁר; עָרַב
voucher *n* עָרֵב; תְּעוּדָה, שׁוֹבֵר
vouchsafe *vt, vi* הֶעֱנִיק; הוֹאִיל בְּרוֹב טוּבוֹ ל...
vow *n* נֶדֶר, הַצהָרָה חֲגִיגִית
vow *vt* נָדַר, הִבטִיחַ
vowel *n* תְּנוּעָה
voyage *n* מַסָּע (באונייה)
voyage *vi* נָסַע (באונייה)
voyager *n* נוֹסֵעַ
V.P. *abbr* Vice-President
vs. *abbr* versus
vulcanize *n* גִּיפֵּר
vulgar *adj* גַּס, הֲמוֹנִי
vulgarity *n* גַּסּוּת, הֲמוֹנִיּוּת
Vulgate *n* ווּלגָטָה
vulnerable *adj* פָּגִיעַ
vulture *n* פֶּרֶס, עַיִט

W

W, w דַבל־יו (האות העשׂרים־ושלוֹש באלפבּית)
W. *abbr* Wednesday, West
wad *vt* צָרַר; מָעַך
wad *n* מוֹך; צְרוֹר רַך
wadding *n* צֶמֶר גֶפֶן, מוֹך; מִילוּי
waddle *vi* הָלַך כְּבַרוָז
waddle *n* הִתבַּרוְזוּת, בִּרווּז
wade *vi, vt* הָלַך בְּרֶגֶל בְּמַיִם; עָבַר בִּכבֵדוּת
wafer *n* אֲפִיפִית; מַרקוֹעַ
waffle *n* עוּגָה מְחוֹרֶצֶת
waft *vt* הֵנִיף, נָשָׂא
wag *vt* נִענַע, כִּשׁכֵּשׁ (בזנבו)
wag *n* נִענוּעַ, כִּשׁכּוּשׁ (בזנב); לֵיצָן
wage *vt* עָרַך (מלחמה)
wage *n* שָׂכָר
wage-earner *n* עוֹבֵד בְּשָׂכָר
wager *n* הִימּוּר, הִתעָרְבוּת
wager *vt, vi* הִתעָרֵב, הִימֵּר
waggish *adj* לֵיצָנִי
wagon *n* קְרוֹן־מִטעָן
wagtail *n* נַחֲלִיאֵלִי
waif *n* חֲסַר בַּיִת (עזובי)
wail *vi, vt* בָּכָה, קוֹנֵן
wail *n* בְּכִייָה, קִינָה
wainscot *n* לִיווּחַ קִיר
waist *n* מוֹתנַיִים; לְסוּטָה
waistband *n* חֲגוֹרָה
waistcloth *n* עֲטִיפַת מוֹתנַיִים
waistcoat *n* חֲזִייָה
waistline *n* קַו הַמּוֹתנַיִים

wait *vi, vt* הִמתִּין, חִיכָּה; הִגִּישׁ (אוכל)
wait *n* צִיפִּייָה, חִיכִּייָה
waiter *n* מֶלצַר
waiting list *n* רְשִׁימַת תּוֹר
waiting-room *n* חֲדַר־הַמתָּנָה
waitress *n* מֶלצָרִית
waive *vt* וִיתֵּר עַל
wake *vt, vi* (woke) הֵעִיר; הִתעוֹרֵר
wake *n* מִשׁמַר כָּבוֹד (למת); עִקבָה, שׁוֹבֶל (של אונייה); עֲקֵבוֹת
wakeful *adj* עֵרָנִי
wakefulness *n* עֵרָנוּת, עֵרוּת
waken *vi, vt* הִתעוֹרֵר; הֵעִיר
Wales *n* וֵילס
walk *vi, vt* הָלַך, הִתהַלֵּך; הוֹלִיך
walk *n* דֶרֶך, שְׁבִיל; טִיוּל בְּרֶגֶל
walker *n* הַלְכָן
walkie-talkie *n* שַׁחְנוֹעַ
walking-papers *n* מִכתַּב־ פִּיטוּרִים
walking-stick *n* מַקֵּל הֲלִיכָה
walk-on *n* תַּפקִיד פָּעוּט (בתיאטרון)
walkout *n* שְׁבִיתַת עוֹבְדִים
walkover *n* נִיצָּחוֹן קַל
wall *n* קִיר, דוֹפֶן
wall-board *n* לוּחַ דוֹפֶן
wallet *n* תִּיק, אַרנָק
wallflower *n* כּוֹתלִית; פֶּרַח־קִיר
wallop *vt* הִכָּה
wallop *n* מַהֲלוּמָה
wallow *vi* הִתפַּלֵּשׁ
wallow *n* הִתפַּלְּשׁוּת
wallpaper *n* טַפֵּיטֵי נְיָיר, נְיַיר־קִיר

walnut *n* אֱגוֹזָה
walrus *n* סוּס־יָם
waltz *n* וַלס
wan *adj* חִיוּוֵר
wand *n* מַטֶּה; שַׁרבִיט
wander *vi* שָׁט, שׁוֹטֵט; נָדַד
wanderer *n* נוֹדֵד
wanderlust *n* תַּאֲוַת נְדוּדִים
wane *vi* הִתמַעֵט
wane *n* יְרִידָה, הִתמַעֲטוּת
wangle *vt* הִשִּׂיג בִּדרָכִים לֹא כְּשֵׁרוֹת
wangle *n* תִּחבּוּל, זִיוּף
want *vt, vi* חָסַר; צָרִיך; רָצָה
want *n* מַחסוֹר; רָצוֹן; צוֹרֶך; עוֹנִי
wanton *adj, n* זְדוֹנִי, מְרוּשָׁע; מוּפקָר
war *n* מִלחָמָה
warble *vt, vi* סִלסֵל
warble *n* סִלסוּל קוֹל
warbler *n* סִיבְּכִי מְזַמֵּר
war-cloud *n* סַכָּנַת מִלחָמָה
ward *vi* דָחָה, מָנַע
ward *n* אֵיזוֹר, רוֹבַע; בֶּן־חָסוּת
warden *n* מְמוּנֶּה, אֶפִּיטרוֹפּוֹס; רַב־סוֹהֵר
ward heeler *n* מְשָׁרֵת מִפלָגָה
wardrobe *n* אֲרוֹן בְּגָדִים; מֶלתָּחָה
wardrobe trunk *n* מִזוֹוֶדֶת אָרוֹן
wardroom *n* (בּאוֹנִייה) מְגוּרֵי הַקְצִינִים
ware *n* סְחוֹרָה; מוּצָרִים
war-effort *n* מַאֲמַץ מִלחָמָה
warehouse *n, vt* מַחסָן
warehouseman *n* מַחסְנַאי, אַפסְנַאי
warfare *n* לוֹחמָה, לְחִימָה
warhead *n* רֹאשׁ חֵץ

warily *adv* בִּזהִירוּת
wariness *n* זְהִירוּת
warlike *adj* מִלחַמתִּי
war loan *n* מִלוֵוה מִלחָמָה
warm *adj* חָמִים, חַם
warm *vt, vi* חִימֵּם, שִׁלהֵב; הִתחַמֵּם
warm-blooded *adj* חַם־דָם
war memorial *n* אַנדַרטָה לַנּוֹפְלִים
warmhearted *adj* חַם־לֵב, לְבָבִי
warmonger *n* מְחַרחֵר מִלחָמָה
warmth *n* חוֹם; חֲמִימוּת
warm-up *n* הִתחַמְּמוּת; הִתכּוֹנְנוּת
warn *vt* הִזהִיר
warning *n* אַזהָרָה
warp *vt, vi* עִיקֵל, פִּיתֵּל; עִיוּוֵת
warpath *n* שְׁבִיל הַלּוֹחֲמִים
warplane *n* מָטוֹס צְבָאִי
warrant *n* הַרשָׁאָה; סַמכוּת
warrant *vt* הִרשָׁה; הִצדִיק; עָרַב
warrantable *adj* שֶׁנִּיתָּן לְהַצדִיקוֹ
warrant officer *n* נַגָּד בָּכִיר
warren *n* שְׁפַנִּיָּיה
warrior *n* אִישׁ מִלחָמָה
Warsaw *n* וַרשָׁה
warship *n* אוֹנִיַּית מִלחָמָה
wart *n* יַבֶּלֶת; גַבשׁוּשִׁית
wartime *n* תְּקוּפַת מִלחָמָה
war-torn *adj* חֲרֵב מִלחָמָה
war-to-the-death *n* מִלחָמָה עַד חוֹרמָה
wary *adj* זָהִיר, חוֹשְׁדָנִי
wash *vt, vi* רָחַץ, שָׁטַף; נִשׁטַף, נִגרַף
wash *n* רְחִיצָה; שְׁטִיפָה
washable *adj* כָּבִיס
washbasin *n* קַעֲרַת רַחצָה

washbasket *n* סַל כְּבִיסָה
washboard *n* לוּחַ כְּבִיסָה
washbowl *n* קַעֲרַת רַחְצָה
washcloth *n* סְמַרְטוּט רְחִיצָה
washday *n* יוֹם כְּבִיסָה
washed-out *adj* דָּהוּי; עָיֵף
washed-up *adj* רָצוּץ מֵעֲיֵפוּת
washer *n* מְכַבֵּס; דִּיסְקִית
washerwoman *n* כּוֹבֶסֶת
wash goods *n pl* אֲרִיגִים כְּבִיסִים
washing *n* רְחִיצָה, כְּבִיסָה
washing-machine *n* מְכוֹנַת כְּבִיסָה
washing-soda *n* סוֹדָה לְכבִיסָה
washout *n* שֶׁבֶר סַחַף; כִּשָּׁלוֹן
washrag *n* מַטְלִית רְחִיצָה
washroom *n* חֲדַר כְּבִיסָה; חֲדַר נוֹחִיּוּת
washstand *n* כִּיּוֹר
washtub *n* גִּיגִית
waste *vt* בִּזְבֵּז, פִּיזֵּר; הִתְבַּזְבֵּז
waste *adj* שָׁמֵם; לֹא מְנוּצָּל; מְיוּתָּר
waste *n* בִּזְבּוּז; אַדְמַת בּוּר; פְּסוֹלֶת
waste-basket *n* סַל פְּסוֹלֶת
wasteful *adj* בַּזְבְּזָנִי
waste paper *n* נְיַיר פְּסוֹלֶת
wastrel *n* בַּזְבְּזָן, פַּזְּרָן; רֵיקָה
watch *n* שְׁמִירָה; מִשְׁמָר; שָׁעוֹן
watch *vi, vt* צָפָה, הִתְבּוֹנֵן; צִיפָּה
watchcase *n* קוּפְסַת שָׁעוֹן
watchdog *n* כֶּלֶב שְׁמִירָה
watchful *adj* עֵר, עֵרָנִי
watchfulness *n* עֵרָנוּת
watchmaker *n* שֶׁעָן
watchman *n* שׁוֹמֵר
watch-night *n* לֵיל שִׁימּוּרִים
watchstrap *n* רְצוּעַת שָׁעוֹן
watchtower *n* מִגְדַּל תַּצְפִּית
watchword *n* סִיסְמַת שְׁמִירָה
water *n* מַיִם
water *vt, vi* הִשְׁקָה, הִרְוָה; זָלַג
water-carrier *n* שׁוֹאֵב מַיִם; מוֹבִיל מַיִם
water-closet *n* בֵּית־כִּסֵּא
water-color *n* צֶבַע מַיִם; צִיּוּר בְּצִבְעֵי־מַיִם
watercourse *n* אֲפִיק מַיִם
water-cress *n* גַּרְגִּיר הַנְּחָלִים
waterfall *n* אֶשֶׁד, מַפַּל־מַיִם
water-front *n* שֶׁטַח חוֹף
water gap *n* עָרוּץ, גַּיְא
water-heater *n* מֵחַם, דוּד חִימּוּם
watering-can *n* מַזְלֵף
watering-place *n* מְקוֹם מֵי־מַרְפֵּא
watering pot *n* מַזְלֵף
watering trough *n* שׁוֹקֶת
water-lily *n* חֲבַצֶּלֶת מַיִם
waterline *n* קַו־מַיִם
water-main *n* מוֹבָל רָאשִׁי
watermark *n* סִימַן מַיִם
watermelon *n* אֲבַטִּיחַ
water-meter *n* מַדְמַיִם
water-pipe *n* צִינּוֹר מַיִם
water polo *n* כַּדּוּר מַיִם
waterproof *adj, n* עֲמִיד־מַיִם, חֲסִין־מַיִם; אַבַּרְזִין; מְעִיל־גֶּשֶׁם
watershed *n* קַו פָּרָשַׁת מַיִם
water ski *n* סְקִי מַיִם
waterspout *n* עַמּוּד מַיִם; שֶׁבֶר עָנָן
water supply system *n* מַעֲרֶכֶת אַסְפָּקַת מַיִם
watertight *adj* אֲטִים מַיִם; מוּשְׁלָם

water-tower *n* מִגְדַּל־מַיִם
water wagon *n* מַשָּׂאִית מַיִם
waterway *n* דֶּרֶךְ מַיִם
water-weed *n* עֵשֶׂב מַיִם
water-wings *n pl* כַּנְפֵי־מַיִם
watery *adj* מֵימִי; דוֹמֵעַ
watt *n* וַט
wattage *n* וַטָּג׳
watt-hour *n* וַט־שָׁעָה
wattle *n* סְכָךְ, סְכָכָה; גֶּדֶר קְלוּעָה
wave *vi, vt* נָע בְּגַלִּים; נוֹפֵף
wave *n* גַּל, נַחְשׁוֹל; סִלְסוּל (שֵׂיעָר)
waver *vi* הִתְנוֹדֵד; הִבְהֵב; הִיסֵּס
wavy *adj* מְפוּתָּל; גַּלִּי, מְסוּלְסָל
wax *n* שַׁעֲוָה, דוֹנַג
wax *vt* מָשַׁח בְּדוֹנַג
wax-paper *n* נְיַר שַׁעֲוָה
wax taper *n* פְּתִילַת שַׁעֲוָה
way *n* דֶּרֶךְ, מַהֲלָךְ; אוֹפֶן; נוֹהַג; נָתִיב
waybill *n* רְשִׁימַת נוֹסְעִים (אוֹ מִטְעָן)
wayfarer *n* צוֹעֵד, מְהַלֵּךְ
waylay *vt* אָרַב; לִסְטֵם
wayside *n, adj* (שֶׁל) שׁוּלֵי הַכְּבִישׁ
way-station *n* תַּחֲנַת בֵּינַיִים
way train *n* רַכֶּבֶת מְאַסֶּפֶת
wayward *adj* סוֹטֶה; אָנוֹכִיִּי; קַפְרִיסִי
we *pron* אֲנַחְנוּ, אָנוּ
weak *adj* חַלָּשׁ; רָפֶה; קָלוּשׁ
weaken *vt, vi* הֶחֱלִישׁ; נֶחֱלַשׁ
weakling *n* יְצוּר חָלוּשׁ
weak-minded *adj* רְפֵה שֵׂכֶל
weakness *n* חוּלְשָׁה, רִפְיוֹן
weal *n* רְווָחָה; צַלֶּקֶת
wealth *n* עוֹשֶׁר; שֶׁפַע
wealthy *adj* עָשִׁיר

wean *vt* גָּמַל
weapon *n* כְּלִי־נֶשֶׁק
wear *vt, vi* לָבַשׁ; נָעַל; חָבַשׁ (כּוֹבַע); בָּלָה, נִשְׁחַק; הִשְׁתַּמֵּר, הֶחֱזִיק מַעֲמָד
wear *n* לְבוּשׁ, מַלְבּוּשׁ; בְּלַאי; יְגִיעָה
wear and tear *n* בְּלַאי וּפְחָת
weariness *n* לֵאוּת, עֲיֵיפוּת
wearing apparel *n* לְבוּשׁ
wearisome *adj* מַלְאֶה
weary *adj* עָיֵף; מַלְאֶה
weary *vt, vi* עִייֵּף, הוֹגִיעַ
weasel *n* סַמּוּר; עָרוּם
weasel-faced *adj* פַּרְצוּף סַמּוּר
weasel words *n pl* דִּיבּוּרִים דּוּ־מַשְׁמָעִיִּים
weather *n* מֶזֶג־אֲוִויר
weather *vt, vi* יִיבֵּשׁ בָּאֲוִויר; הוּשְׁפַּע מֵהָאֲוִויר; הֶחֱזִיק מַעֲמָד; בָּלָה
weather-beaten *adj* שְׁדוּף־רוּחוֹת
weather bureau *n* שֵׁרוּת מֵטֵאוֹרוֹלוֹגִי
weathercock *n* שַׁבְשֶׁבֶת
weatherman *n* חַזַּאי
weather report *n* דּוּ״חַ מֶזֶג־הָאֲוִויר
weather-vane *n* שַׁבְשֶׁבֶת
weave *vt, vi* אָרַג; שֵׂירֵךְ דְּרָכָיו; שָׁזַר, הִשְׁתַּזֵּר
weave *n* מִרְקָם, מַאֲרָג
weaver *n* אוֹרֵג
web *n* רֶשֶׁת; מַסֶּכֶת, אָרִיג
web-footed *adj* בַּעַל רַגְלֵי שְׂחִיָּיה
wed *vt, vi* הִשִּׂיא; נָשָׂא, נִישְּׂאָה
wedding *n* חֲתוּנָּה
wedding-cake *n* עוּגַת חֲתוּנָּה
wedding-day *n* יוֹם חֲתוּנָּה, יוֹם כְּלוּלוֹת

wedding march *n* תַּהֲלוּכַת כְּלוּלוֹת
wedding night *n* לֵיל כְּלוּלוֹת
wedding ring *n* טַבַּעַת נִישּׂוּאִין
wedge *vt, vi* יִיתֵּד; בִּיקֵּעַ בִּטְרִיז
wedge *n* טְרִיז; יָתֵד; קוֹנוּס מְהַדֵּק
wedlock *n* נִישּׂוּאִים
Wednesday *n* יוֹם רְבִיעִי, יוֹם ד׳
wee *adj* פָּעוּט, קָטָן
weed *n* עֵשֶׂב רַע, עֵשֶׂב שׁוֹטֶה
weed *vt, vi* עָקַר עֵשֶׂב רַע
weed-killer *n* קוֹטֵל עֲשָׂבִים מַזִּיקִים
week *n* שָׁבוּעַ
weekday *n* יוֹם חוֹל
weekend *n* סוֹף־שָׁבוּעַ
weekly *adj, adv* שְׁבוּעִי
weekly *n* שְׁבוּעוֹן
weep *vi, vt* בָּכָה, שָׁפַךְ דְּמָעוֹת
weeper *n* בּוֹכֶה; מְקוֹנֵן
weeping willow *n* עֲרָבָה מוּטַּת־עֲנָפִים, עַרְבַת־בָּבֶל
weepy *adj* בַּכְיָינִי
weevil *n* חִדְקוֹנִית
weigh *vt, vi* שָׁקַל
weight *n* מִשְׁקָל; מִשְׁקוֹלֶת, כּוֹבֶד
weight *vt* הוֹסִיף מִשְׁקָל; הִכְבִּיד
weightless *adj* חֲסַר מִשְׁקָל
weighty *adj* כָּבֵד, כְּבַד מִשְׁקָל
weir *n* סֶכֶר; מַגָּר
weird *adj* עַל־טִבְעִי; מִסְתּוֹרִי; מוּזָר
welcome *adj* רָצוּי, מִתְקַבֵּל בְּשִׂמְחָה
welcome! *interj* בָּרוּךְ הַבָּא!
welcome *n* קַבָּלַת פָּנִים
welcome *vt* קִידֵּם בִּבְרָכָה
weld *vt, vi* רִיתֵּךְ; חִיבֵּר
welder *n* רַתָּךְ
welding *n* רִיתּוּךְ
welfare *n* טוֹבָה, רְווָחָה
welfare state *n* מְדִינַת סַעַד
well *n* בְּאֵר, מַבּוּעַ, מַעְיָן
well *vi* נָבַע, פָּרַץ
well *adv* הֵיטֵב, יָפֶה, טוֹב
well *adj* בָּרִיא; מַשְׂבִּיעַ רָצוֹן
well-appointed *adj* מְצוּיָּד כַּהֲלָכָה
well-attended *adj* שֶׁהַהִשְׁתַּתְּפוּת בּוֹ מְנִיחָה אֶת הַדַּעַת
well-balanced *adj* מְאוּזָּן יָפֶה
well-behaved *adj* מִתְנַהֵג כָּרָאוּי
well-being *n* אוֹשֶׁר, טוֹב
well-bred *adj* מְחוּנָּךְ יָפֶה
well-disposed *adj* מִתְכַּוֵּן לְטוֹב
well-done *adj* עָשׂוּי כַּהֲלָכָה
well-formed *adj* גָּזוּר יָפֶה
well-founded *adj* מְבוּסָּס
well-groomed *adj* לָבוּשׁ בְּקַפְּדָה
well-heeled *adj* אָמִיד
well-informed *adj* יוֹדֵעַ דָּבָר
well-intentioned *adj* שֶׁכַּוָּונָתוֹ טוֹבָה
well-kept *adj* מְטוּפָּח, נִשְׁמָר הֵיטֵב
well-known *adj* יָדוּעַ, מְפוּרְסָם
well-meaning *adj* מִתְכַּוֵּון לְטוֹבָה
well-nigh *adv* כִּמְעַט
well-off *adj* אָמִיד
well-preserved *adj* נִשְׁמָר יָפֶה
well-read *adj* בָּקִיא בִּסְפָרִים
well-spent *adj* שֶׁהוּצָא בִּיעִילוּת
well-spoken *adj* נֶאֱמָר יָפֶה, מְדַבֵּר דִּבְרֵי טַעַם
wellspring *n* מָקוֹר
well sweep *n* מַעֲלֵה דְּלִי (בִּבְאֵר)

well-thought-of *adj* שֶׁהַדֵּעוֹת עָלָיו טוֹבוֹת
well-timed *adj* בְּעִיתּוֹ
well-to-do *adj* אָמִיד
well-wisher *n* דּוֹרֵשׁ טוֹבָתוֹ שֶׁל
well-worn *adj* בָּלֶה; מְשׁוּמָּשׁ
welsh *vt, vi* הִתְחַמֵּק מִתַּשְׁלוּם
Welshman *n* וֶלְשִׁי
welt *n* סִימַן מַלְקוֹת חַבּוּרָה
welter *vi* הִתְבּוֹסֵס
welter *n* עִרְבּוּבְיָה; מְבוּכָה וּמְהוּמָה
welterweight *n* מִשְׁקָל פְּלַג־בֵּינוֹנִי
wench *n* צְעִירָה, בַּחוּרָה
wend *vt* שָׂם פָּנָיו
west *n, adj, adv* מַעֲרָב; מַעֲרָבִי; מַעֲרָבָה
westering *adj* נוֹטֶה מַעֲרָבָה
western *adj, n* מַעֲרָבִי; מַעֲרָבוֹן
westward *adj, adv* מַעֲרָבָה
wet *adj* לַח, רָטוֹב
wet *vt, vi* הִרְטִיב; נִרְטַב
wetback *n* גּוֹנֵב גְּבוּל (מקסיקני)
wet blanket *n* מְדַכֵּא הִתְלַהֲבוּת
wet goods *n pl* סְחוֹרוֹת נוֹזְלוֹת
wet-nurse *n* מֵינֶקֶת
w.f. *abbr* wrong font תֵּיבָה זָרָה
whack *vt, vi* הִצְלִיף חָזָק
whack *n* מַהֲלוּמָה; (דיבורית) חֵלֶק
whale *n* לִוְויָתָן
whale *vi* צָד לִוְויָתָנִים
wharf *n* מֵזַח, מַעֲגָן
what *pron, adj, adv, interj, conj* מַה; מַה?; מַה שֶׁ...; אֵיזֶה, אֵיזוֹ, אֵילוּ
whatever *pron, adj* כָּל מַה, כָּלְשֶׁהוּ
whatnot *n* כָּלְשֶׁהוּ, מַה שֶּׁתִּרְצֶה
what's-his-name *n* ׳מַה־שְּׁמוֹ׳
wheat *n* חִיטָּה
wheedle *vt, vi* פִּיתָּה, הִשִּׁיא
wheel *n* גַּלְגַּל, אוֹפַן; הֶגֶה
wheel *vi, vt* שִׁינָּה כִּיווּן; נָסַע עַל גַּלְגַּלִּים
wheelbarrow *n* מְרִיצָה
wheelbase *n* בְּסִיס הַגַּלְגַּלִּים
wheel-chair *n* כִּיסֵּא גַּלְגַּלִּים
wheeler-dealer *n* (המונית) אִישׁ־בֵּינַיִים בַּעַל קְשָׁרִים וְתוּשִׁיָּה
wheel-horse *n* סוּס הַגַּלְגַּל
wheelwright *n* עוֹשֶׂה גַּלְגַּלִּים
wheeze *vi* נָשַׁם בִּכְבֵדוּת
wheeze *n* גְּנִיחָה; בְּדִיחָה
whelp *n* גּוּר חַיָּה
whelp *vt* הִמְלִיטָה
when *adv, conj, pron* כַּאֲשֶׁר, כְּשֶׁ...; מָתַי?
whence *adv* מִמָּקוֹם שֶׁ...; מֵאַיִן?, מִנַּיִן?
whenever *adv, conj* בְּכָל זְמַן שֶׁ...
where *adv, conj, pron* הֵיכָן?, אֵיפֹה?; בְּמָקוֹם שֶׁ...; לְאָן?
whereabouts *n* סְבִיבָה
whereabouts *conj, adv* הֵיכָן בְּעֵרֶךְ?; בִּסְבִיבָה
whereas *conj* וְאִילּוּ; הוֹאִיל וּ...
whereby *adv* שֶׁבּוֹ, שֶׁבְּאֶמְצָעוּתוֹ
wherefore *conj* לָמָּה, מַדּוּעַ?; לְפִיכָךְ
wherefrom *adv* מֵהֵיכָן שֶׁ...
wherein *adv* שֶׁבּוֹ, שֶׁשָּׁם
whereof *adv* שֶׁמִּשָּׁם, שֶׁמִּמֶּנּוּ
whereupon *adv* עַל כָּךְ, לְפִיכָךְ
wherever *adv, conj* בְּכָל מָקוֹם שֶׁהוּא

wherewithal *n* מִימּוּן
whet *vt* חִידֵּד, הִשְׁחִיז; גֵּירָה
whether *conj* אִם, בֵּין אִם
whetstone *n* אֶבֶן מַשְׁחֶזֶת
which *pron, adj* אֵיזֶה, לְאֵיזֶה; שֶׁ..., אֲשֶׁר
whichever *pron, adj* אֵיזֶשֶׁהוּ; כָּלשֶׁהוּ
whiff *n* מַשָּׁב קַל
whiff *vi* נָשַׁב קַלּוֹת
while *n* שָׁעָה קַלָּה
while *conj* בְּעוֹד, שָׁעָה שֶׁ...
while *vt* הֶעֱבִיר זְמַנּוֹ
whim *n* צִפְרוֹנוּת, קַפְּרִיסָה
whimper *vi, n* יִיבֵּב; יְבָבָה
whimsical *adj* קַפְּרִיסִי, מוּזָר
whine *vi, vt* יִיבֵּב, יִילֵּל
whine *n* יְבָבָה, תְּלוּנָּה
whinny *vi, n* צָהַל; צָהֳלָה (של סוס)
whip *vt, vi* הִצְלִיף, הִלְקָה
whip *n* שׁוֹט, מַגְלֵב; (בבית־הנבחרים) מַצְלִיף
whipcord *n* חֶבֶל שׁוֹט
whip hand *n* יִתְרוֹן כּוֹחַ
whiplash *n* צְלִיפַת שׁוֹט
whipped cream *n* קַצֶּפֶת
whippersnapper *n* שַׁחֲצָן
whippet *n* וִיפֶּט
whipping-boy *n* שָׂעִיר לַעֲזָאזֵל
whir(r) *vi* טָס בְּזִמְזוּם
whir(r) *n* טִיסָה בְּזִמְזוּם
whirl *vi, vt* הִסְתּוֹבֵב; סוֹבֵב
whirl *n* עִרְבּוּל; סִיבּוּב
whirligig *n* סְבִיבוֹן; גַּלְגַּל חוֹזֵר
whirlpool *n* מְעַרְבּוֹלֶת
whirlwind *n* עַלְעוֹל
whirly bird *n* מַסּוֹק, הֶלִיקוֹפְּטֶר
whisk *vt, vi* טִאטֵא בִּמְטַאֲטֵא
whisk *n* מַטְאֲטֵא עֵשֶׂב, מְטַאֲטֵא
whisk broom *n* מִבְרֶשֶׁת טִאטוּא
whiskers *n pl* זְקַן לְחָיַיִם
whisk(e)y *n* וִיסְקִי
whisper *vi, vt* לָחַשׁ
whisper *n* לְחִישָׁה
whispering *n* הִתְלַחֲשׁוּת, לַחַשׁ
whist *n* וִיסְט
whistle *vi, vt* שָׁרַק, צִפְצֵף
whistle *n* שְׁרִיקָה, צִפְצוּף; צַפְצֵפָה
whistle stop *n* תַּחֲנַת שְׁרִיקָה
whit *n* שֶׁמֶץ
white *adj* לָבָן, צָחוֹר, חִיוֵּר
white *n* צֶבַע לָבָן, לוֹבֶן; חֶלְבּוֹן (ביצה)
whitecap *n* נַחְשׁוֹל, מִשְׁבָּר
white-collar *adj* לְבַן־צַוָּארוֹן
white feather *n* פַּחְדָנוּת
white-haired *adj* כְּסוּף שֵׂיעָר; חָבִיב
white heat *n* חוֹם לָבָן; הִשְׁתַּלְהֲבוּת יֵצֶר
White House *n* הַבַּיִת הַלָּבָן
white lie *n* שֶׁקֶר לָבָן
whiten *vt, vi* הִלְבִּין
whiteness *n* לוֹבֶן
white slavery *n* סְחַר זוֹנוֹת
white tie *n* עֲנִיבָה לְבָנָה; חֲלִיפַת עֶרֶב
whitewash *n* תְּמִיסַּת סִיד
whitewash *vt* סִייֵּד; טִיהֵר
whither *adv, pron* לְאָן?; לְאֵיזוֹ מַטָּרָה
whitish *adj* לְבַנְבַּן
whitlow *n* דַּחַס, מַכַּת צִיפּוֹרֶן
Whitsuntide *n* שְׁבוּעַ חַג הַשָּׁבוּעוֹת

whittle *vt, n* גִּילֵף; צִמְצֵם

whiz *vi, vt* זִמְזֵם

whiz *n* שְׁרִיקָה

who *pron* מִי?; אֲשֶׁר

whoever *pron* (כָּל) מִי שֶׁ...

whole *adj, n* שָׁלֵם, כָּל־, כּוֹל; כְּלָלוּת

wholehearted *adj* בְּכָל לֵב

wholesale *n, adj, adv* (שֶׁל) מְכִירָה סִיטוֹנִית; בְּסִיטוֹנוּת

wholesaler *n* סִיטוֹנַאי

wholesome *adj* מַבְרִיא

wholly *adv* בִּשְׁלֵמוּת, לְגַמְרֵי

whom *pron* אֶת מִי?; לְמִי, שֶׁ..., שֶׁאוֹתוֹ

whomever *pron* אֶת מִי שֶׁ...

whoop *n* קְרִיאָה; גְּנִיחָה

whoop *vi, vt* צָעַק; הִשְׁמִיעַ גְּנִיחָה

whooping-cough *n* שַׁעֶלֶת

whopper *n* (דִּיבּוּרִית) עָצוּם; שֶׁקֶר גָּדוֹל

whopping *adj* (דִּיבּוּרִית) עֲנָקִי

whore *n, vi* זוֹנָה, זָנָה

whorl *n* חוּלְיָה שַׁבְּלוּלִית

whortleberry *n* אוּכְמָנִית

whose *pron* שֶׁל מִי?; אֲשֶׁר לוֹ; שֶׁאֶת שֶׁלּוֹ

why *adv, n* מַדּוּעַ?, לָמָּה?; הַסִּיבָּה

why *interj* מַה! (מִלַּת קְרִיאָה)

wick *n* פְּתִילָה

wicked *adj* רָשָׁע, רָע

wicker *n, adj* נֵצֶר; קָלוּעַ

wicket *n* פִּשְׁפָּשׁ, אֶשְׁנָב; (בְּקְרִיקֶט) שַׁעַר, תּוֹר

wide *adj* רָחָב; בְּרוֹחַב שֶׁל

wide *adv* בְּמִידָּה רַבָּה; לַמֶּרְחַקִּים

wide-awake *adj, n* עֵר; עֵרָנִי

widen *vt, vi* הִרְחִיב; הִתְרַחֵב

wide-open *adj* פָּתוּחַ לִרְוָחָה

widespread *adj* נָפוֹץ מְאוֹד

widow *n* אַלְמָנָה

widow *vt* אִלְמֵן

widower *n* אַלְמָן

widowhood *n* אַלְמָנוּת

widow's mite *n* נְדָבָה צְנוּעָה

widow's weeds *n pl* בִּגְדֵי אֲבֵלוּת שֶׁל אַלְמָנָה

width *n* רוֹחַב

wield *vt* הֶחֱזִיק וְהִפְעִיל

wife *n* (*pl* wives) אִשָּׁה (אֵשֶׁת־אִישׁ)

wig *n* פֵּאָה נוֹכְרִית

wiggle *vt, vi* הִתְנוֹדֵד; הֵנִיעַ, כִּשְׁכֵּשׁ

wiggle *n* נִדְנוּד, הִתְנוֹעֲעוּת; נִפְתּוּל

wigwam *n* וִיגְוָאם

wild *adj, adv* פִּרְאִי; פֶּרֶא; בָּר

wild *n* נְשַׁמָּה, מִדְבָּר

wild-boar *n* חֲזִיר־בָּר

wild card *n* ג׳וֹקֶר

wildcat *n* חֲתוּל בָּר; יוֹזְמָה פְּזִיזָה

wildcat strikes *n pl* שְׁבִיתוֹת פִּרְאִיּוֹת

wilderness *n* מִדְבָּר

wild-fire *n* אֵשׁ מִתְלַקַּחַת

wild-goose *adj* אַוַּז בָּר

wildlife *n* חַיּוֹת בָּר

wild oats *n pl* חַטֹּאות נְעוּרִים

wile *n* תַּחְבּוּלָה

wilfulness *n* כַּוָּונָה; זָדוֹן; עַקְשָׁנוּת

will *n* רָצוֹן; כּוֹחַ רָצוֹן

will *vi, vt* הִפְעִיל רָצוֹן; הוֹרִישׁ

will *v aux* (פּוֹעַל עֵזֶר לְהַבָּעַת זְמַן עָתִיד)

willing *adj* מוּכָן; רוֹצֶה, מִשְׁתּוֹקֵק

willingly *adv* בְּרָצוֹן
willingness *n* נְכוֹנוּת
will-o'-the-wisp *n* זוֹהַר בִּיצּוֹת; אַשְׁלָיָה
willow *n* עֲרָבָה
willowy *adj* דְּמוּי עֲרָבָה; תָּמִיר
will-power *n* כּוֹחַ רָצוֹן
willy-nilly *adv* בְּעַל כּוֹרחוֹ
wilt *vt, vi* קָמַל; נֶחֱלַשׁ
wily *adj* עַרמוּמִי
win *vi, vt* (won) נִיצַּח; זָכָה בּ...; שָׁבָה לֵב
win *n* נִיצָּחוֹן; זְכִייָה
wince *vi* עִיווּת פָּנִים
wince *n* רְתִיעָה
wind *vt, vi* (wound) סִיבֵּב; לִיפֵּף; הִתְפַּתֵּל; נִכְרַךְ; כּוֹנֵן
wind *n* רוּחַ; גַּאזִים; כּוֹחַ נְשִׁימָה
wind *vt, vi* גָּרַם קָשְׁיֵי נְשִׁימָה
windbag *n* רוֹעֵה רוּחַ
windbreak *n* שׁוֹבֵר־רוּחַ
wind cone *n* שַׁרווּל רוּחַ
winded *adj* קְצַר נְשִׁימָה
windfall *n* נְשׁוֹרֶת רוּחַ; יְרוּשָּׁה לא צְפוּיָה
winding-sheet *n* תַּכְרִיךְ
wind instrument *n* כְּלִי־נְשִׁיפָה
windmill *n* טַחֲנַת־רוּחַ
window *n* חַלּוֹן, אֶשְׁנָב
window-dressing *n* קִישׁוּט חַלּוֹנוֹת רַאֲוָה; הַצָּגָה לְרַאֲוָה
window frame *n* מִסְגֶּרֶת חַלּוֹן
windowpane *n* שִׁמְשַׁת חַלּוֹן
window screen *n* רֶשֶׁת חַלּוֹן
window shade *n* מָסַךְ חַלּוֹן
window-shop *vi* סָקַר חַלּוֹנוֹת־רַאֲוָה
window shutter *n* תְּרִיס חַלּוֹן
window sill *n* אֶדֶן חַלּוֹן
windpipe *n* קְנֵה הַנְּשִׁימָה
windshield *n* שִׁמְשַׁת מָגֵן
windshield washer *n* שׁוֹטֵף שְׁמָשׁוֹת
windshield wiper *n* מַגֵּב שְׁמָשׁוֹת
wind-sock *n* גֶּרֶב־רוּחַ
wind-up *n* סִיּוּם, סִיכּוּם; חִיסּוּל
windward *n, adj, adv* אֵיזוֹר הָרוּחַ; גָּלוּי לָרוּחַ
windy *adj* שֶׁל רוּחַ; חָשׂוּף לָרוּחַ
wine *n* יַיִן; אוֹדֶם יַיִן
wine *vt, vi* הִשְׁקָה בְּיַיִן; שָׁתָה יַיִן
wine cellar *n* מַרְתֵּף יַיִן
winegrower *n* כּוֹרֵם
winegrowing *n* כּוֹרְמוּת
wine press *n* גַּת
winery *n* יֶקֶב
wineskin *n* חֵמַת יַיִן
winetaster *n* טוֹעֵם יַיִן
wing *n* כָּנָף; אֲגַף
wing *vt, vi* נָתַן כְּנָפַיִים, הֵעִיף; יֵירֵט; עָף, טָס
wing collar *n* צַוָּארוֹן כְּנָפַיִים
wingspread *n* מוּטַת כְּנָפַיִים
wink *vi, vt* קָרַץ בְּעֵינוֹ
wink *n* קְרִיצָה, מִצמוּץ
winner *n* מְנַצֵּחַ, זוֹכֶה
winning *adj* מְלַבֵּב, שׁוֹבֵה לֵב
winnings *n pl* רְוָחִים (בְּמִשְׂחָק)
winnow *vt* זָרָה; נִיפָּה
winsome *adj* שׁוֹבֵה לֵב, מְצוֹדֵד
winter *n, adj* חוֹרֶף; חוֹרְפִּי

winter *vi* חָרַף
wintry *adj* חוֹרְפִּי
winy *adj* יֵינִי; דְמוּי יַיִן
wipe *vt* מָחָה, נִיגֵב
wipe *n* נִיגּוּב, מְחִיָיה
wiper *n* מְנַגֵב, מוֹחֶה; מַגֵב (שמשות)
wire *n* תַּיִל; מִבְרָק
wire *vt, vi* צִייֵד בְּתַיִל; טִלגְרֵף
wirecutter, wirecutters *n* מִגזְרֵי־תַּיִל
wire gauge *n* מַד עוֹבִי תַּיִל
wire-haired *adj* סְמוּר שֵׂיעָר
wireless *adj, n* אַלחוּטִי; אַלחוּט, רַדיוֹ
wireless *vt, vi* טִלגְרֵף; טִלפֵּן בְּאַלחוּט
wire nail *n* מַסמֵר תַּיִל
wirepulling *n* מְשִׁיכָה בְּחוּטִים; 'פְּרוֹטֶקציָה'
wire recorder *n* רְשַׁמקוֹל תֵּילִי
wire screen *n* מְחִיצַת תַּיִל
wire-tap *n* צוֹתֶת
wiring *n* תִּיוּל; רֶשֶׁת־תַּיִל
wiry *adj* תֵּילִי; דַק וּשְׁרִירִי
wisdom *n* חָכמָה; בִּינָה
wise *adj, n* חָכָם, נָבוֹן
wiseacre *n* חָכָם (בלגלוג)
wisecrack *n* הֶעָרָה חֲרִיפָה
wise guy *n* (המונית) מִתחַכֵּם
wish *vt, vi* רָצָה, שָׁאַף; אִיחֵל
wish *n* רָצוֹן, חֵפֶץ; מִשְׁאָלָה
wishbone *n* עֶצֶם הַבְּרִיחַ
wishful *adj* רְצוֹנִי; מִשתּוֹקֵק
wishful thinking *n* הִרהוּרֵי לֵב
wistful *adj* מְהַרהֵר; עַגמוּמִי
wit *n* בִּינָה; שְׁנִינָה
witch *n* מְכַשֵׁפָה
witch-hazel *n* אִלסַר הַקוֹסֵם
with *prep* עִם; בּ...., עַל־יְדֵי
withal *adv, prep* מִלְבַד זֹאת; עִם זֹאת
withdraw *vi, vt* נָסוֹג; הוֹצִיא; פָּרַשׁ; הֵסִיר
withdrawal *n* נְסִיגָה; פְּרִישָׁה; הוֹצָאָה
wither *vi, vt* קָמַל, כָּמַשׁ; כִּיוֵוץ
withhold *vt* מָנַע, עָצַר, עִיכֵּב
withholding tax *n* נִיכּוּי מַס בַּמָקוֹר
within *adv, n, prep* פְּנִימָה, לְתוֹךְ; הַפְּנִים; תּוֹךְ; בְּמֶשֶׁךְ
without *adv, prep* בַּחוּץ; בְּלִי
withstand *vt* עָמַד בּ...
witness *n* עֵד; עֵדוּת
witness *vt, vi* הָיָה עֵד; הֵעִיד
witness stand *n* דוּכַן עֵדִים
witticism *n* הֶעָרָה שְׁנוּנָה
wittingly *adv* בְּיוֹדְעִין
witty *adj* שָׁנוּן
wizard *n* קוֹסֵם, מְכַשֵׁף
wizardry *n* כְּשָׁפִים
wizened *adj* קָמֵל, נוֹבֵל
wk. *abbr* week
woad *n* אִיסָטִיס הַצֶבַע
wobble *vi* נָע מִצַד אֶל צַד; הִתנַדנֵד
wobble *n* נִדנוּד, נִענוּעַ
wobbly *adj* מִתנַדנֵד; מְהַסֵס
woe *n, interj* אָסוֹן; אוֹי!
woebegone *adj* מְדוּכדָךְ
woeful *adj* אוּמלָל; עָצוּב
wolf *n* זְאֵב
wolf *vt* זָלַל
wolfhound *n* כֶּלֶב צַיִד זְאֵבִי
wolfram *n* ווֹלפרָם
wolfsbane *n* חוֹנֵק הַזְאֵב

woman *n* אִשָּׁה

womanhood *n* נָשִׁיּוּת; מִין הַנָּשִׁים

womankind *n* מִין הַנָּשִׁים

womanly *adj, adv* נָשִׁי

woman suffragist *n* לוֹחֵם לִזכוּת בְּחִירָה לְנָשִׁים

womb *n* רֶחֶם

womenfolk *n* נְשֵׁי הַמִּשְׁפָּחָה

wonder *n* פֶּלֶא; תִּמָּהוֹן

wonder *vi, vt* הִתְפַּלֵּא, תָּמַהּ

wonder drugs *n pl* תְּרוּפוֹת פֶּלֶא

wonderful *adj* נִפְלָא, מַפְלִיא

wonderland *n* אֶרֶץ הַפְּלָאוֹת

wonderment *n* תִּמָּהוֹן

wont *adj, n* רָגִיל; נוֹהֵג; מִנְהָג

wonted *adj* רָגִיל, נָהוּג

woo *vt* בִּיקֵּשׁ אַהֲבָה; חִיזֵּר

wood *n* עֵץ; חוֹרְשָׁה

woodbine *n* יַעֲרָה

woodcarving *n* גִּילּוּף בָּעֵץ

woodchuck *n* מַרְמִיטָה

woodcock *n* חַרְטוֹמַן יְעָרוֹת

woodcut *n* חִיתּוּךְ עֵץ

woodcutter *n* חוֹטֵב עֵצִים

wooded *adj* מְיוֹעָר

wooden *adj* עֵצִי; נוּקְשֶׁה; חֲסַר מַבָּע

wood-engraving *n* גִּילּוּף בָּעֵץ

woodenheaded *adj* קֵהֶה, מְטוּמְטָם

wood grouse *n* תַּרְנְגוֹל יְעָרוֹת

woodland *n* שֶׁטַח מְיוֹעָר

woodman *n* אִישׁ יַעַר

woodpecker *n* נַקָּר

woodpile *n* עֲרֵימַת עֵצִים

woodshed *n* מַחְסַן עֲצֵי הַסָּקָה

woodsman *n* אִישׁ יַעַר

wood-wind *n* כְּלֵי־נְשִׁיפָה מֵעֵץ

woodwork *n* עֲבוֹדוֹת עֵץ

woodworker *n* נַגָּר

woody *adj* מְיוֹעָר; יַעֲרִי

wooer *n* מְחַזֵּר

woof *n* (בַּאריג) עֵרֶב

wool *n* צֶמֶר; לְבוּשׁ צֶמֶר

woolen *n, adj* צֶמֶר מְנוּפָּץ; אֲרִיג צֶמֶר; עָשׂוּי צֶמֶר

woolgrower *n* מְגַדֵּל צֹאן

woolly *adj, n* צַמְרִי; הַמֵּכִיל צֶמֶר; מְטוּשְׁטָשׁ

word *n* מִלָּה, דָּבָר, דִּיבּוּר

word *vt* הִבִּיעַ בְּמִלִּים, נִיסַּח

word count *n* סְפִירַת מִלִּים

word formation *n* בְּנִיַּית מִלִּים

wording *n* נִיסּוּחַ

word order *n* סֵדֶר מִלִּים

wordy *adj* רַב־מִלִּים, מִילּוּלִי

work *n* עֲבוֹדָה, מְלָאכָה; (בְּרַבִּים) כְּתָבִים; (בְּרַבִּים) מִפְעָל

work *vi, vt* עָבַד, פָּעַל; הִפְעִיל

workable *adj* שֶׁאֶפְשָׁר לַעֲשׂוֹתוֹ

workbench *n* שׁוּלְחַן־מְלָאכָה

workbook *n* יוֹמַן עֲבוֹדָה

workbox *n* תֵּיבַת מַכְשִׁירִים

workday *n* יוֹם עֲבוֹדָה

worked-up *adj* נִסְעָר; מוּסָת

worker *n* פּוֹעֵל, עוֹבֵד

work force *n* כּוֹחַ אָדָם

workhouse *n* בֵּית־מַחְסֶה לַעֲנִיִּים

working class *n* מַעֲמַד הַפּוֹעֲלִים

working girl *n* עוֹבֶדֶת צְעִירָה

workman *n* פּוֹעֵל, עוֹבֵד

workmanship *n* אוּמָּנוּת, צוּרַת בִּיצּוּעַ

work of art *n* מְלֶאכֶת אָמָנוּת
workout *n* מִבְחָן מוּקְדָּם
workroom *n* חֲדַר עֲבוֹדָה
workshop *n* בֵּית־מְלָאכָה, סַדְנָה
work stoppage *n* שְׁבִיתָה; הַשְׁבָּתָה
world *n* עוֹלָם; כַּדּוּר־הָאָרֶץ
worldly *adj* חִילּוֹנִי; גַּשְׁמִי
worldly-wise *adj* נָבוֹן בְּעִנְיְנֵי הָעוֹלָם
world-wide *adj* שֶׁבְּרַחֲבֵי הָעוֹלָם
worm *n* תּוֹלָע, תּוֹלַעַת
worm *vt, vi* חָדַר, הִתְגַּנֵּב; זָחַל
worm-eaten *adj* אֲכוּל תּוֹלָעִים; מְיוּשָּׁן
wormwood *n* לַעֲנָה; מְרִירוּת
wormy *adj* מְתוּלָּע
worn *adj* מְשׁוּמָּשׁ, מְיוּשָּׁן
worn-out *adj* בָּלוּי, שֶׁיָּצָא מִכְּלַל שִׁימּוּשׁ; תָּשׁוּשׁ
worrisome *adj* מַדְאִיג, מַטְרִיד
worry *vt, vi* הִטְרִיד, הֵצִיק; דָּאַג
worry *n* דְּאָגָה
worse *adj, adv* יוֹתֵר רָע
worsen *vt, vi* הֵרַע; הוּרַע
worship *n* פּוּלְחָן; הַאֲלָהָה
worship *vt, vi* סָגַד, הֶאֱלִיל
worship(p)er *n* סוֹגֵד; מִתְפַּלֵּל
worst *vt* גָּבַר עַל
worst *adj, adv* הָרָע בְּיוֹתֵר; בְּמַצָּב הָרָע בְּיוֹתֵר
worsted *n* אֲרִיג צֶמֶר
wort *n* צֶמַח, יֶרֶק
worth *n* שׁוֹוִי, עֵרֶךְ
worth *adj* רָאוּי; שָׁוֶה; כְּדָאִי
worthless *adj* חֲסַר עֵרֶךְ
worthwhile *adj* כְּדָאִי
worthy *adj, n* בַּעַל חֲשִׁיבוּת; רָאוּי; אָדָם חָשׁוּב
would *v aux* (פּוֹעֵל עוֹזֵר בעתיד או בעתיד שבעבר להוראה רגילה, וכן בקשה, רצון)
would *pt of* will (צוּרת העבר של will: במשפט תנאי, בקשה, משאלה או ריכוך הבעת חיווי או שאלה)
would-be *adj* מִתְיַימֵּר, מִי שֶׁרוֹצֶה לִהְיוֹת
wound *n* פֶּצַע
wound *vt, vi* פָּצַע; פָּגַע
wounded *adj, n* פָּצוּעַ
wrack *n* שְׂרִידֵי סְפִינָה טְרוּפָה
wraith *n* רוּחַ רְפָאִים
wrangle *vi* רָב, הִתְכַּתֵּשׁ
wrangle *n* רִיב, הִתְכַּתְּשׁוּת
wrap *vt* עָטָה, עָטַף; הִתְכַּסָּה
wrap *n* כִּיסּוּי עֶלְיוֹן
wrapper *n* אוֹרֵז; עֲטִיפָה
wrapping paper *n* נְיַיר עֲטִיפָה
wrath *n* זַעַם
wrathful *adj* זוֹעֵם
wreak *vt* מוֹצִיא לַפּוֹעַל (נקמה); נָתַן בִּיטּוּי (לרוגז וכד׳)
wreath *n* זֵר, עֲטָרָה; תִּימָרָה
wreathe *vt, vi* עִיטֵּר בְּזֵר; הִקִּיף, כִּיסָּה; (עשן) תִּימֵּר
wreck *vt, vi* הֶחֱרִיב, הָרַס
wreck *n* חוּרְבָּן; טְרוֹפֶת; אוֹנִיָּה טְרוּפָה; שֶׁבֶר כְּלִי
wrecking car *n* רֶכֶב מְפַנֵּה הֲרִיסוֹת
wren *n* גִּדְרוֹן
wrench *n* עִיקּוּם בְּכוֹחַ; מַפְתֵּחַ לִבְרָגִים

wrench *vt, vi* עִיקֵּם בְּכוֹחַ
wrest *vt* סָחַב בְּכוֹחַ; חָטַף
wrestle *vi, vt* נֶאֱבַק; הִתְאַבֵּק
wrestle *n* מַאֲבָק
wrestling match *n* תַּחֲרוּת הִתְאַבְּקוּת
wretch *n* עֲלוּב־חַיִּים; בָּזוּי
wretched *adj* עֲלוּב חַיִּים, מִסְכֵּן, שָׁפָל
wriggle *vi, vt* כִּשְׁכֵּשׁ; הִתְפַּתֵּל; הִתְחַמֵּק
wriggle *n* נִעְנוּעַ; הִתְחַמְּקוּת
wriggly *adj* נִפְתָּל, חֲמַקְמָקִי
wring *vt, vi* עִיקֵּם; סָחַט; לָחַץ, הֵצִיק
wringer *n* מִתְקַן סְחִיטָה
wrinkle *n* קֶמֶט, קֶפֶל
wrinkle *vt, vi* קִימֵּט; הִתְקַמֵּט
wrist *n* פֶּרֶק כַּף הַיָּד
wrist-watch *n* שְׁעוֹן יָד
writ *n* כְּתָב; צַו
write *vt, vi* כָּתַב; רָשַׁם
writer *n* כּוֹתֵב; סוֹפֵר
write-up *n* כַּתָּבָה מְשַׁבַּחַת
writhe *vt, vi* עִיוּוֹת; הִתְעַוּוֹת
writing *n* כְּתִיבָה; כְּתָב
writing-desk *n* מִכְתָּבָה, שׁוּלְחַן־כְּתִיבָה
writing materials *n pl* צוֹרְכֵי כְּתִיבָה
writing-paper *n* נְיַיר כְּתִיבָה
wrong *n* עָוֶל, חֵטְא; אִי־צֶדֶק
wrong *adj, adv* לֹא נָכוֹן; מוּטְעֶה; לֹא צוֹדֵק
wrong *vt, vi* עָשָׂה עָוֶל ל...
wrongdoer *n* חוֹטֵא
wrongdoing *n* עֲשׂוֹת רַע, חֵטְא
wrong side *n* צַד לֹא נָכוֹן
wrought iron *n* בַּרְזֶל חָשִׁיל
wrought-up *adj* נִרְגָּשׁ, מָתוּחַ
wry *adj* מְעוּוָּת
wryneck *n* סַבְרֹאשׁ

X

X, x *n, adj* אֶקְס (האות העשׂרים־וארבע באלפבית); נֶעְלָם, אִיקְס
Xanthippe *n* מִרְשַׁעַת
xebec *n* מִפְרָשִׂית תְּלַת־תּוֹרְנִית
xenia *n* קְסֶנְיָה
xenon *n* קְסֵנוֹן
xenophobe *n* שׂוֹנֵא זָרִים
xenophobia *n* שִׂנְאַת זָרִים
Xenophon *n* קְסֵנוֹפוֹן
Xerxes *n* אֲחַשְׁוֵרוֹשׁ
X-ray *vt* רִנְטגֵן, צִילֵּם בְּקַרְנֵי רֶנְטגֶן
X-rays *n* קַרְנֵי רֶנְטגֶן
xylograph *n* גִּילּוּף בָּעֵץ
xylophone *n* קְסִילוֹפוֹן

Y

Y, y *n* וַיי (האות העשׂרים־וחמש באלפבית)

y. *abbr* yard, year

yacht *n, vi* סְפִינַת טִיוּל, יַכְט

yacht club *n* מוֹעֲדוֹן שַׁיִט

yachtsman *n* בַּעַל יַכְט

yak *n* יַאק

yam *n* בַּטָטָה

yank *n* מְשִׁיכַת־פִּתְאוֹם

yank *vt, vi* שָׁלַף, מָשַׁךְ פִּתְאוֹם

Yankee *n* יַאנקִי

Yankeedom *n* (מְחוֹז) יַאנקִים

yap *vi* נָבַח; קִשְׁקֵשׁ

yap *n* נְבִיחָה חֲטוּפָה

yard *n* חָצֵר, מִגרָשׁ; יַארד (מידה)

yardarm *n* זְרוֹעַ הָאִיסקַרְיָה

yardstick *n* קְנֵה־מִידָּה

yarn *n, vt* מַטווֶה; מַעֲשִׂיָּה, סִיפּוּר בַּדִּים

yarrow *n* אֲכִילֵיאַת אֶלֶף הֶעָלֶה

yaw *vi, n* סִבסֵב; סִבסוּב

yawl *n* סִירַת מְשׁוֹטִים

yawn *vi, n* פִּיהֵק; פִּיהוּק

yd. *abbr* yard

yea *adv, n* כֵּן, בֶּאֱמֶת

year *n* שָׁנָה

yearbook *n* שְׁנָתוֹן

yearling *n, adj* בֶּן שְׁנָתוֹ

yearly *adj, adv* שְׁנָתִי; מִדֵּי שָׁנָה

yearn *vi* עָרַג, הִתגַּעגֵּעַ

yearning *n* גַּעגּוּעִים

yeast *n* שְׁמָרִים

yell *vi* צָרַח; יִילֵּל

yell *n* צְרִיחָה; יְלָלָה

yellow *adj* צָהוֹב

yellow *n* צוֹהַב, צֶבַע צָהוֹב; חֶלמוֹן (של ביצה)

yellow *vt, vi* הִצהִיב

yellowish *adj* צַהֲבוּנִי

yellow jacket *n* צִרְעָה

yellow streak *n* פַּחדָנוּת

yelp *vi* יִיבֵּב

yelp *n* יְבָבָה

yeoman *n* סַמָּל יַמִּי; אִיכָּר עַצמָאִי

yeomanly *adj, adv* נֶאֱמָן; בְּנֶאֱמָנוּת

yes *adv, n* כֵּן; הֵן

yesterday *n, adv* אֶתמוֹל

yet *adv, conj* עֲדַיִין, עוֹד; בְּכָל זֹאת

yew tree *n* טַקסוּס

Yiddish *n, adj* אִידִית; אִידִי

yield *vt, vi* הֵנִיב; נִכנַע; וִיתֵּר

yield *n* תְּנוּבָה, יְבוּל; תְּפוּקָה

yodelling *n* יִדלוּל, יִידוּל

yoke *vt, vi* שָׂם עוֹל; חִיבֵּר; הִתחַבֵּר

yoke *n* עוֹל; אֵסֶל; צֶמֶד (שְׁוָורִים)

yokel *n* בֶּן כְּפָר

yolk *n* חֶלמוֹן; חֵלֶב

yonder *adj, adv* הַהוּא; שָׁם

yore *n* יְמֵי־קֶדֶם

you *pron* אַתָּה, אַתְּ, אַתֶּם, אַתֶּן; אוֹתְךָ (וכו׳); לְךָ (וכו׳)

young *adj* צָעִיר

youngster *n* צָעִיר, יֶלֶד

your *pron* שֶׁלְּךָ, שֶׁלָּךְ, שֶׁלָּכֶם, שֶׁלָּכֶן

yours *pron* שֶׁלְּךָ, שֶׁלָּךְ, שֶׁלָּכֶם, שֶׁלָּכֶן
yourself *pron* עַצְמְךָ, עַצְמֵךְ (עצמכם, עצמכן); בְּעַצְמְךָ (וכו׳); אֶת עַצְמְךָ (וכו׳)
youth *n* נוֹעַר; נַעַר
youthful *adj* צָעִיר, יָאֶה לַנּוֹעַר
yowl *vi* יִיבֵּב
yowl *n* יְבָבָה
yr. *abbr* year
Yugoslav *n, adj* יוּגוֹסְלָבִי
Yugoslavia *n* יוּגוֹסְלַבְיָה
Yule *n* חַג הַמּוֹלָד
yuletide *n* עוֹנַת חַג הַמּוֹלָד

Z

Z, z זִי, זֶד (האות העשׂרים־ושש באלפבית)
zany *n* מוּקְיוֹן; שׁוֹטֶה
zeal *n* קַנָּאוּת; לַהַט
zealot *n* קַנַּאי
zealous *adj* קַנָּאִי
zebra *n* זֶבְּרָה
zebu *n* זֶבּוּ
zenith *n* זֵנִית; שִׂיא הַגּוֹבַהּ
zephyr *n* צַפְרִיר; רוּחַ מַעֲרָב
zeppelin *n* סְפִינַת אֲוִויר
zero *n* נְקוּדַת־הָאֶפֶס; אֶפֶס
zest *n* טַעַם נָעִים; חֵשֶׁק, הִתְלַהֲבוּת
zigzag *adj, adv, n* סִכְסָךְ, זִגְזָג; סִכְסָכִי, זִגְזָגִי; בְּזִגְזָג
zigzag *vi* הִזְדַּגְזֵג
zinc *n* אָבָץ
zinc *vt* אִיבֵּץ, צִיפָּה בְּאָבָץ
zinc etching *n* חֲרִיטַת אָבָץ
zinnia *n* זִינִּיָּה
Zionism *n* צִיּוֹנוּת
Zionist *adj, n* צִיּוֹנִי
zip *n* שְׁרִיקָה; כּוֹחַ
zip *vi, vt* חָלַף בִּשְׁרִיקָה; רָכַס בְּרוֹכְסָן
zip fastener *n* רוֹכְסָן
zipper *n* רוֹכְסָן
zircon *n* זִרְקוֹן
zirconium *n* זִרְקוֹנְיוּם
zither *n* צִיתֶר
zodiac *n* גַּלְגַּל הַמַּזָּלוֹת
zone *n* אֵיזוֹר, חֶבֶל
zone *vt, vi* קָבַע אֲזוֹרִים
zoologic(al) *adj* זוֹאוֹלוֹגִי
zoologist *n* זוֹאוֹלוֹג
zoom *n* נְסִיקָה מְהִירָה תְּלוּלָה
zoom *vi* הִנְסִיק בִּמְהִירוּת וּבִתְלִילוּת
zoophyte *n* צִמְחִי, זוֹאוֹפִיט
zugzwang (בשחמט) כְּפַאי

מקורו של המילון העברי והאנגלי החדש של בנטם־מגידו.

כתוצאה מן השינויים המהירים החלים בשפות העברית והאנגלית והמגע ההדדי המתהדק יותר ויותר בין שתי הלשונות נוצר הצורך במילון שיתן ביטוי לתופעות אלה.
מילון הכיס העברי והאנגלי החדש של בנטם־מגידו משקף את ההתפתחות הגדולה של שתי הלשונות בתחומי המדע והטכנולוגיה ובשיחת יום־יום.
מילון כיס עברי ואנגלי מעודכן ושווה לכל נפש הוא ספר עזר חיוני למספר הולך וגדל של אנשים בכל רחבי העולם.

המחברים:
ד״ר ראובן סיוון, מחנך ירושלמי, בלשן, סופר ומתרגם, הוא המייסד וחבר ההנהלה של החברה הישראלית לבלשנות שימושית ומרצה בכיר באוניברסיטאות ובסמינרים.

ד״ר אדוארד א. לבנסטון, ראש המחלקה לאנגלית באוני־ברסיטה העברית ומרצה בכיר לבלשנות אנגלית, הוא איש חינוך, בלשן ומחברם של ספרים רבים בתחום התרגום, הדקדוק, הבלשנות, ההוראה והסגנון.

בנטם־מגידו
מילון עברי ואנגלי חדש

נערך ע״י ד״ר ראובן סיון וד״ר אדוארד א. לבנסטון

מיוסד על מילון מגידו החדיש
ע״י ד״ר ראובן סיון וד״ר אדוארד א. לבנסטון

BANTAM BOOKS
NEW YORK • TORONTO • LONDON • SYDNEY • AUCKLAND

This book was completely typeset in Israel.

התוכן

מבוא

המגע ההדדי שבין הלשונות עברית ואנגלית מתרחב ומתהדק בתקופתנו יותר ויותר. שתי הלשונות מתפתחות במהירות רבה. העברית, לשון התנ״ך, הגיעה לשלב חדש בהתפתחותה בסוף המאה הקודמת עם חידוש הדיבור העברי ושיבת העם היהודי לארץ אבותיו וביתר שְׂאֵת עם הקמת מדינת ישראל; האנגלית, הלשון העשירה והנפוצה, הופכת בימינו לשפת תקשורת בין־לאומית, ואף רובו של העם היהודי באמריקה, באירופה ובחלקי העולם האחרים נזקקים לה.

מילון כיס מעודכן של שתי הלשונות האלה, המדביק את התפתחותן בענפי המדע, הטכנולוגיה וחיי החברה, והשווה לכל נפש, צורך חיוני הוא לרבבות הרבות של צעירים ומבוגרים בכל רחבי העולם, שיש להם זיקה לשתי הלשונות הללו במגעיהן.

מילון באנטם זה, הערוך בשיטה חדשה, מאפשר מרַב התועלת ונוחות השימוש לכל המעיין בו.

יתן נא המעיין את דעתו לעקרונות שלהלן של מילון זה. שני הראשונים שבהם מהווים שינוי מהפכני בשיטת המילונות העברית־לועזית, וכבר הוכחה תועלתם במילון מגידו הגדול העברי־אנגלי – אנגלי־עברי.

1. הכתיב. הטור העברי בשני המילונים כתוב בכתיב ׳מלא׳, לפי כללי האקדמיה ללשון העברית במהדורתם האחרונה. אף כי הוספנו ניקוד מלא ומדויק (חוץ מנקודת השווא הנח, שאותה השמטנו) כדי שכל מעיין ידע לבטא כל מלה בדיוקה, לא חיסרנו וי״ים ויו״דים הנהוגות בכתיב ה׳מלא׳, כדי שהמעיין ידע לאשורו גם את הכתיב הרשמי של כל מלה, כפי שהוא נהוג כיום בטקסט לא מנוקד שבספרות ובעיתונות. ייתן נא איפוא המעיין את דעתו בחפשו במילון העברי־אנגלי את תרגומן של מלים כגון אורן, גיבור, חיָל.

מָוֶת, סידור, שולחן, תורגם, לבקשן בכתיב הזה, ה׳מלא׳, ולא בכתיב החסר כפי שנהוג במילונים מיושנים.

2. הפעלים. הפעלים הובאו בשני המילונים בטור האנגלי בצורת המקור (בלי to): blame, disappear, insist, ובטור העברי בצורת עבר נסתר: הֶאֱשִׁים, נֶעֱלַם, הִטְעִים.

המבקש תרגום אנגלי לפועל עברי יחפש את הפועל העברי במקומו בסדר האל״ף־בי״ת, לא לפי ה׳שורש׳, אלא לפי בניין הפועל בעבר נסתר. כלומר, פועל כגון התעקש יבוא במקומו באות ה (ולא בשורש עקש), נכנס באות נ, הוחלף באות ה, וכן לָמַד באות ל ולִימֵד בל׳ וי׳ אחריה ולוּמַד בל׳ ושורוק אחריה.

3. התארים. בתרגומי שמות התואר האנגליים צוין שם התואר בטור העברי שבמילון האנגלי־עברי בצורת יחיד זכר. למשל, מול התואר האנגלי good הובאה הצורה טוב בטור העברי. המעיין צריך לתת את דעתו שכל שם תואר באנגלית יפה לשני המינים וכן ליחיד ולרבים, ולמעשה good הוא בעברית טוב וגם טובה, וכן טובים וגם טובות. כן צריך המעיין במילון העברי־אנגלי לזכור, שתרגומו האנגלי של התואר טוב הוא גם תרגום התארים טובה, טובים, טובות.

4. סימנים וקיצורים. הבדלי משמעים הקרובים זה לזה – סינונימים – הופרדו זה מזה בטור המקביל בפסיק (,); אך כשלמלה יש משמעים השונים זה מזה במובהק סימננו נקודה ופסיק (;) בין מלה המשמשת למשמע אחד, לבין אחרת המשמשת למשמע השונה. ראה למשל חֶבְרָה בעברי־אנגלי ו־just באנגלי־עברי.

הקיצורים במילון העברי־אנגלי הם:

ז – שם עצם ממין זכר ביחיד.

ז״ז – זכר זוגי, שם עצם ממין זכר במספר זוגי, מסתיים ב־ַיים.

זו״נ – זכר ונקבה, שם עצם שמינו זכר או נקבה.

ז״ר – זכר רבים, שם עצם זכר המצוי בלשון בצורת הרבים.

מ״ג – מלת־גוף או כינוי־גוף.

מ״ח – מלת־חיבור.

מ״י – מלת־יחס.

מ״ק – מלת־קריאה.

מ״ש – מלת שאלה.

נ – שם עצם ממין נקבה ביחיד.

נ״ז – נקבה זוגי, שם עצם ממין נקבה במספר זוגי, מסתיים ב־ַיים.

נ״ר – נקבה רבים, שם עצם ממין נקבה, המצוי בלשון בצורת הרבים.

פ – פועל.

ר׳ – ראה; רבים.

ש״מ – שם מספר.

ת – תואר, בצורת יחיד, זכר.

תה״פ – תואר הפועל.

הפועל האנגלי

בפועל האנגלי הרגיל (regular verb) בלשון עבר ובבינוני פעול באה סיומת של ed-, או של d- כאשר האות האחרונה של השורש היא e.

לדוגמא

enter	entered	entered
walk	walked	walked
believe	believed	believed
love	loved	loved

במקרה של מלים המסתיימות באותיות b, d, g, m, n, p, r, t וכאשר לפני אות כזאת תנועה אחת בלבד, מכפילים את האות ומוסיפים ed.

לדוגמא

stop	stopped	stopped
beg	begged	begged

אך ישנם פעלים שהכללים הנ״ל אינם חלים עליהם – הפעלים החריגים – irregular verbs, ואלה הם:

ENGLISH IRREGULAR VERBS

PRESENT	PAST	PAST PARTICIPLE
abide	abode	abode
am, is, are	was, were	been
arise	arose	arisen
awake	awoke, awaked	awoke, awaked
bear	bore	born, borne
beat	beat	beaten, beat
become	became	become
begin	began	begun
bend	bent	bent
bereave	bereaved, bereft	bereaved, bereft
beseech	beseeched, besought	beseeched, besought
beset	beset	beset
bet	bet, betted	bet, betted
bid	bade, bid	bidden, bid
bind	bound	bound
bite	bit	bitten
bleed	bled	bled

PRESENT	PAST	PAST PARTICIPLE
blow	blew	blown
break	broke	broken
breed	bred	bred
bring	brought	brought
build	built	built
burn	burned, burnt	burned, burnt
burst	burst	burst
buy	bought	bought
can	could	—
cast	cast	cast
catch	caught	caught
choose	chose	chosen
cleave	cleaved; clove, cleft	cleaved; cloven, cleft
cling	clung	clung
clothe	clothed, clad	clothed, clad
come	came	come
cost	cost	cost
creep	crept	crept
crow	crew, crowed	crowed
cut	cut	cut
deal	dealt	dealt
dig	dug	dug
do	did	done
draw	drew	drawn
dream	dreamed, dreamt	dreamed, dreamt
drink	drank	drunk
drive	drove	driven
dwell	dwelt	dwelt
eat	ate	eaten
fall	fell	fallen
feed	fed	fed
feel	felt	felt
fight	fought	fought
find	found	found
flee	fled	fled
fling	flung	flung
fly	flew	flown
forbear	forbore	forborne
forbid	forbade, forbad	forbidden
forget	forgot	forgotten

PRESENT	PAST	PAST PARTICIPLE
forgive	forgave	forgiven
forsake	forsook	forsaken
freeze	froze	frozen
get	got	got, gotten
gild	gilded, gilt	gilded, gilt
gird	girded, girt	girded, girt
give	gave	given
go	went	gone
grind	ground	ground
grow	grew	grown
hang	hung	hung
have	had	had
hear	heard	heard
heave	heaved, hove	heaved, hove
help	helped	helped
hew	hewed	hewed, hewn
hide	hid	hidden, hid
hit	hit	hit
hold	held	held
hurt	hurt	hurt
keep	kept	kept
kneel	knelt, kneeled	knelt, kneeled
knit	knitted, knit	knitted, knit
know	knew	known
lay	laid	laid
lead	led	led
lean	leaned, leant	leaned, leant
leap	leaped, leapt	leaped, leapt
learn	learned, learnt	learned, learnt
leave	left	left
lend	lent	lent
let	let	let
lie	lay	lain
light	lighted, lit	lighted, lit
load	loaded	loaded, laden
lose	lost	lost
make	made	made
may	might	—
mean	meant	meant
meet	met	met

PRESENT	PAST	PAST PARTICIPLE
mow	mowed	mowed, mown
must	--	—
ought	—	—
overcome	overcame	overcome
overthrow	overthrew	overthrown
pay	paid	paid
pen	penned, pent	penned, pent
put	put	put
read	read	read
rend	rent	rent
rid	rid	rid
ride	rode	ridden
ring	rang	rung
rise	rose	risen
run	ran	run
saw	sawed	sawed, sawn
say	said	said
see	saw	seen
seek	sought	sought
sell	sold	sold
send	sent	sent
set	set	set
sew	sewed	sewed, sewn
shake	shook	shaken
shall	should	—
shave	shaved	shaved, shaven
shear	sheared	shorn
shed	shed	shed
shine	shone	shone
shoe	shod	shod
shoot	shot	shot
show	showed	shown
shred	shredded	shredded, shred
shrink	shrank, shrunk	shrunk
shut	shut	shut
sing	sang	sung
sink	sank	sunk
sit	sat	sat
slay	slew	slain
sleep	slept	slept

PRESENT	PAST	PAST PARTICIPLE
slide	slid	slid
sling	slung	slung
slink	slunk	slunk
slit	slit, slitted	slit, slitted
smell	smelled, smelt	smelled, smelt
smite	smote	smitten
sow	sowed	sown, sowed
speak	spoke	spoken
speed	sped, speeded	sped, speeded
spell	spelled, spelt	spelled, spelt
spend	spent	spent
spill	spilled, spilt	spilled, spilt
spin	spun	spun
spit	spat, spit	spat, spit
split	split	split
spoil	spoiled, spoilt	spoiled, spoilt
spread	spread	spread
spring	sprang	sprung
stand	stood	stood
stave	staved, stove	staved, stove
steal	stole	stolen
stick	stuck	stuck
sting	stung	stung
stink	stank, stunk	stunk
strew	strewed	strewed, strewn
stride	strode	stridden
strike	struck	struck
string	strung	strung
strive	strove, strived	striven, strived
swear	swore	sworn
sweep	swept	swept
swell	swelled	swelled, swollen
swim	swam	swum
swing	swung	swung
take	took	taken
teach	taught	taught
tear	tore	torn
tell	told	told
think	thought	thought
thrive	throve, thrived	thrived, thriven

PRESENT	PAST	PAST PARTICIPLE
throw	threw	thrown
thrust	thrust	thrust
tread	trod	trodden, trod
understand	understood	understood
underwrite	underwrote	underwrote
upset	upset	upset
wake	waked, woke	waked, woken
wear	wore	worn
weave	wove	woven
weep	wept	wept
wet	wet, wetted	wet, wetted
will	would	—
win	won	won
wind	wound	wound
work	worked, wrought	worked, wrought
wring	wrung	wrung
write	wrote	written

הַהִיגּוּי הָאַנגְלִי

הסימנים הבאים מייצגים – בקירוב – את כל קשת ההגיים של השפה האנגלית.

תנועות

סימן פונטי	צליל	דוגמה
[æ]	בין אַ (כמו במילה טַל) לבין אֶ (רֶמֶז)	hat [hæt]
[a]	כמו אָ במילה דָבָר	father [ˈfaðər] proper [ˈprapər]
[ɛ]	כמו אֶ במילה בֶּן	met [mɛt]
[e]	כמו אֵי במילה יֵש. בסוף המילה – כמו במילה עֵינַיְיֵי	fate [fet] they [ðe]
[ə]	כמו אְ במלה לְהַבדִיל	heaven [ˈhevən] pardon [ˈpardən]
[i]	כמו אִי במלה הִיא	she [ʃi] machine [məˈʃin]
[ɪ]	סגור יותר מהצליל אִ במלה מִן	fit [fɪt] beer [bɪr]
[o]	כמו [בקירוב] אְאוּ	nose [noz] road [rod] row [ro]
[ɔ]	כמו אוֹ במלה בוֹקר	bought [bɔt] law [lɔ]
[ʌ]	בין אָ במלה דָם ובין אְ במלה דְמֵי	cup [kʌp] come [kʌm] mother [ˈmʌðər]
[ʊ]	כמו אוּ במלה דוּבּים	pull [pʊl] book [bʊk] wolf [wʊlf]
[u]	כמו אוּ במלה מַבּוּל	move [muv] tomb [tum]
	דו־תנועות (דיפתונגים)	
[aɪ]	כמו אַי במלה כְּדַאי	night [naɪt] eye [aɪ]
[aʊ]	אַאוּ	found [faʊnd] cow [kaʊ]
[ɔɪ]	אוֹי	voice [vɔɪs] oil [ɔɪl]
	עִיצּוּרִים	
[b]	כמו ב במלה בּוּל	bed [bɛd] robber [ˈrabər]
[d]	כמו ד במלה דוֹד	dead [dɛd] add [æd]
[dʒ]	כמו ג׳	gem [dʒɛm] jail [dʒel]
[ð]	אין סימן בעברית. כמו ד מנושף	this [ðɪs] father [ˈfaðər]
[f]	כמו פ׳ במלה רוֹפֵא	face [fes] phone [fon]

סימן פנטי	צליל	דוגמא
[g]	כמו ג׳ במלה גַּן	**go** [go] **get** [gɛt]
[h]	כמו ה׳ במלה הָלַךְ	**hot** [hɑt] **alcohol** ['ælkə ,hɑ
[j]	כמו י׳ במלה יֶלֶד	**yes** [jes] **unit** ['junɪt]
[k]	כמו כּ׳ במלה כָּתַב	**cat** [kæt] **chord** [kɔrd] **kill** [kɪl]
[l]	כמו ל׳ במלה לֶחֶם	**late** [let] **allow** [ə'laʊ]
[m]	כמו מ׳ במלה מוֹרֶה	**more** [mor] **command** [kə'mɑ
[η]	כמו נ׳ במלה נֶגֶב	**nest** [nɛst] **manner** ['mænər]
[n]	כמו נג׳ במלה אַנְגְּלִי	**king** [kɪŋ] **conquer** ['kɑŋkər
[p]	כמו פּ׳ במלה פֶּן	**pen** [pɛn] **cap** [kæp]
[r]	בחלקים גדולים של אנגליה וברוב איזורי ארה״ב וקנדה, מתבטאת האות כתנועה למחצה, שהיגויה מופק כשקצה הלשון מורם לקראת החיך. עיצור זה הינו חלש מאוד כשהוא מבוטא בין תנועות או בסוף הברה, ועל כן הינו כמעט בלתי־נשמע. היגויו משפיע על התנועות הסמוכות.	**run** [rʌn] **far** [fɑr] **art** [ɑrt] **carry** ['kæri]
	כשהוא בא אחרי הצלילים [ʌ] או [ə] הוא נותן את צביונו המיוחד לצלילים האלה ונעלם כליל.	**burn** [bʌrn] **learn** [lʌrn] **weather** ['wɛðər]
[s]	כמו ס׳ במלה סַל	**send** [sɛnd] **cellar** ['sɛlər]
[ʃ]	כמו שׁ׳ במלה שֶׁל	**shall** [ʃæl] **machine** [mə'ʃin] **nation** ['neʃən]
[t]	כמו ט׳ במלה אָטוּם	**ten** [tɛn] **dropped** [drɑpt]
[tʃ]	כמו טשׁ׳ (צ׳).	**child** [tʃaɪld] **much** [mʌtʃ] **nature** ['netʃər]
[θ]	אין הגייה כזאת בעברית, כמו ת׳ מנושף	**think** [θɪŋk] **truth** [truθ]
[v]	כמו ב׳ במלה אֶבְיוֹן	**vest** [vɛst] **over** ['ovər] **of** [ɑv]
[w]	כמו ו׳ בהגיית יהודי תימן.	**work** [wʌrk] **tweed** [twid] **queen** [kwin]
[z]	כמו ז׳ במלה זֶמֶר	**zeal** [zil] **busy** ['bɪzi] **his** [hɪz] **winds** [wɪndz]
[ʒ]	כמו ז׳ (ז׳ מנושף)	**azure** ['eʒər] **measure** ['mɛʒər]

א

אָב ז — father; Ab (July-Aug.)
אֵב ז — tender, green shoot
אַבָּא ז — daddy, father
אִבְגֵּד (יְאַבְגֵּד) פ — spell aloud
אָבַד (יֹאבַד) פ — be lost, perish
אֲבֵדָה, אֲבֵידָה נ — loss; lost property
אֲבַדּוֹן ז — destruction, ruin
אָבְדָן, אוֹבְדָן ז — destruction, ruin; loss
אָבָה (יֹאבֶה) פ — want, desire, consent
אַבְהוּת נ — parentage, fatherhood
אַבָּהִי ת — fatherly, paternal
אַבּוּב ז — oboe; tube
אַבּוּבִית נ — small oboe; tubule
אַבּוּבָן ז — oboist
אָבוּד ת — lost, perished, forlorn
אֲבוֹי מ״ק — alas, woe
אָבוּס ת — fattened, well-fed
אֲבוּקָה נ — blazing torch
אַבְזֵם ז — buckle
אַבְזָר ז — accessory
אִבְחוּן ז — diagnosis
אָב חוֹרֵג — stepfather
אִבְחֵן (יְאַבְחֵן) פ — diagnose
אַבְחָנָה נ — diagnosis
אֲבַטִּיחַ ז — water-melon, melon
אֲבַטִּיחַ צָהוֹב — musk melon, canteloupe
אַבְטִיפּוּס ז — archetype, prototype
אַבְטָלָה נ — unemployment
אָבִיד ת, ז — perishable
אֶבְיוֹן ז — pauper
אֲבִיּוֹנָה נ — lust, concupiscence
אֲבִיזָר ר׳ אַבְזָר
אָבִיךְ ת — misty, hazy
אֲבִיסָה נ — feeding, fattening (of animals for food)
אָבִיק ז — button-hole; outlet pipe
אַבִּיק ז — retort, alembic
אַבִּיר ז, ת — knight; mighty, powerful
אַבִּירוּת נ — valor
אָבַל (יֶאֱבַל) פ — grieve, mourn
אֲבָל מ״ח — but, yet
אָבֵל ז׳, ת — mourner; grief-stricken
אֵבֶל ז — grief, mourning
אֲבֵלוּת נ — mourning (state of), mourning
אֶבֶן נ — stone, pebble; a weight
אֶבֶן בּוֹחַן — touchstone, criterion
אֶבֶן גָּזִית — ashlar, hewn stone
אֶבֶן חֵן, אֶבֶן טוֹבָה — jewel, precious stone
אַבְנֵט ז — sash, girdle
אָבְנַיִם, אוֹבְנַיִם ז״ז — potter's-wheel; workbench; stool (for woman in labor)
אַבְנֵי מָרָה — gallstones
אֶבֶן יְסוֹד — foundation-stone
אֶבֶן יְקָרָה — jewel, gem

אַבְנִית נ lime (in kettles, etc.)

אֶבֶן מַשְׁחֶזֶת grindstone, whetstone

אֶבֶן מַשְׂכִּית stone with carved figures

אֶבֶן נֶגֶף stumbling-bloc

אֶבֶן פִּנָּה corner stone

אֶבֶן רֵיחַיִים millstone

אֶבֶן שׁוֹאֶבֶת lodestone, magnet

אֶבֶן שָׂפָה kerbstone

אָבַס (יֶאֱבוֹס) פ fatten, stuff

אֲבַעְבּוּעָה נ blister, boil

אֲבַעְבּוּעוֹת small-pox, pox

אָבָץ ז zinc, spelter

אָבָק ז dust, powder

אֶבֶק ז button-hole

אֲבָקָה, אַבְקָה נ powder; pollen

אִבְקָה נ loop, button-hole, eyelet

אַבְקָן ז stamen

אֲבַק־שְׂרֵפָה gun-powder

אֵבֶר ז wing (of a bird)

אַבַּרְזִין ז tarpaulin

אַבְרֵךְ ז newly-wed (husband); young scholar

אַבְרָקַיִים ז״ז breeches, pantaloons

אַבְרָשׁ ז heather

אַגַּב מ״י ותה״פ by way of

אֶגֶד ז bundle, bunch, sheaf; surgical bandage

אַגָּדָה נ legend, fable, tale, homily

אַגָּדָתִי ת legendary, fabulous

אֲגוּדָּה נ association, union, society

אֲגוּדָל ז thumb

אֱגוֹז ז nut, walnut (fruit or tree)

אֲגוֹרָה נ agora (one hundredth of an Israeli pound); ancient coin

אָגִיד נ gill (of a fish)

אֲגִירָה נ hoarding, storing

אֶגֶל ז drop

אֲגַם ז lake, pond

אַגְמוֹן ז bulrush

אֲגַמִּיָּה נ coot

אַגָּן ז basin, bowl

אַגָּס ז pear; electric bulb

אֲגַף ז wing, department, branch

אָגַף (יֶאֱגוֹף) פ outflank (military)

אָגַר (יֶאֱגוֹר) פ hoard, store

אַגְרָה נ fee, toll

אִגְרוּף ז boxing, fisticuffs

אֶגְרוֹף ז fist, toll

אֶגְרוֹפָן ז knuckle-duster; boxer, pugilist

אֲגַרְטָל ז pitcher, bowl, jar

אִגְרֵף (יְאַגְרֵף) פ box, fight

אֵד ז vapor, mist, steam

אַדְוָוה נ ripple, wavelet

אָדוֹם ת red, ruddy

אָדוֹן ז Sir, Mr., gentleman; master; possessor

אֲדוֹנָי, אֲדֹנָי ז Lord God, the Lord

אָדוּק ת orthodox (in religion), devout; devoted

אָדִיב ת courteous, polite

אֲדִיבוּת נ courtesy, politeness

אֲדִיקוּת נ orthodoxy, piety; adherence

אַדִּיר ת mighty, powerful

אָדִישׁ ז apathetic, indifferent

אֲדִישׁוּת נ apathy, indifference
אָדַם (יֶאְדַּם) פ be red, turn red, redden
אָדָם ז man, human being
אֲדַמְדַּם ת reddish, pale-red, ruddy
אֲדַמְדֶּמֶת נ light attack of measles
אֲדָמָה נ earth, soil, land
אַדְמוּמִי נ reddish, pale red
אַדְמוּמִיּוּת נ reddishness
אַדְמוּמִית נ redness
אַדְמוֹנִי ת ruddy, red-haired
אַדֶּמֶת נ (colloquial) measles
אַדְמַת הַקֹּדֶשׁ the Holy Land
אֶדֶן ז base, sill
אֶדֶק ז clip, fastener
אֶדֶר ז stuffed animal
אֲדָר ז Adar (Feb.-March)
אַדְּרַבָּה תה״פ on the contrary!
אִדְרָה נ fish-bone
אִדְרִיָּה נ common eider, eider-duck
אַדְרִיכָל ז architect
אַדֶּרֶת נ overcoat
אָהַב (יֹאהַב) פ love, adore
אַהֲבָה נ love, affection
אֲהַבְהָבִים ז״ר flirtation, philandering
אַהֲבַת בֶּצַע avarice, love of money
אַהֲבַת הַבְּרִיּוֹת altruism, love of mankind
אַהֲבַת נֶפֶשׁ profound love
אָהַד (יֶאֱהוֹד) פ sympathize with, have affection for
אַהֲדָדֵי תה״פ mutually
אַהֲדָה נ sympathy

אֲהָהּ מ״ק oh, alas
אָהוּב ת sweetheart, beloved
אָהוּד ת well-liked; sympathetic
אָהִיל ז lampshade
אָהַל (יֶאֱהַל) פ live in a tent, pitch a tent; camp
אוֹ מ״ח or
אוֹב ז necromancy
אוֹבֵד ת lost, forlorn
אוֹבֵד עֵצוֹת perplexed, at a loss
אוֹבֶךְ ז dust-laden air
אוֹגֵד ז copulative (in Hebrew grammar), copula
אוּגְדָּה נ division (mil.)
אוֹגֶן ז brim (of a hat); rim; handle
אוֹגֵר ז collector, hoarder
אוּד ז brand, firebrand
אוֹדוֹת נ״ר concerning, about
אוֹדֶם ז redness, ruby; lipstick
אוֹהֵב ז lover
אוֹהֵד ז sympathizer
אוֹהֶל ז tent
אַוָּז ז goose, gander
אֱוִיל ז simpleton, dolt
אֱוִילוּת נ silliness, stupidity
אֲוִיר air, atmosphere
אֲוִירָאוּת ז aviation
אֲוִירָאִי ז airman, aircraftsman
אֲוִירָה נ atmosphere
אֲוִירוֹן ז airplane
אֲוִירִי ת airy, aerial, ethereal
אֲוִירִיּוּת נ airiness
אֲוִירִיָּה נ air-strength (of a country)

אָוֶן ז — wickedness, evil
אִוְרוּר ז — ventilation, airing
אִוְרֵר (יְאַוְרֵר) פ — ventilate, air, aerate
אִוְשָׁה נ — rustle, hiss; murmur
אוֹזְלַת יָד ר׳ אָזְלַת יָד
אֹזֶן נ (נ״ז אָזְנַיִים) — ear; handle
אָזְנֵי הָמָן — Haman's ears – an ear-shaped Purim cake
אָזְנִית נ — earphone
אוֹחַ ז — eagle-owl
אוֹטֶם ז — stoppage, obstruction
אוֹי! מ״ק — oh! alas!
אוֹיֵב ז — enemy, foe
אוֹיָה! מ״ק — alas! woe!
אוֹי וַאֲבוֹי — alas! alack!
אוֹכֶל ז — food, nourishment
אוּכַּל (יְאוּכַּל) פ — be burnt; be digested
אוּכְלוֹסִיָּה נ — population, populace
אוּכְלוֹסִים ז״ר — population
אוּכְלַס (יְאוּכְלַס) פ — be populated
אוּכְמָנִית נ — blackberry
אוּכַּן (יְאוּכַּן) פ — be identified, be pin-pointed
אוּכְסַן (יְאוּכְסַן) פ — be given lodging
אוּכָּף ז — saddle
אוּלַי תה״פ — perhaps, maybe
אוּלָם מ״ח — however, but, yet
אוּלָם ז — hall, auditorium
אוּלַּף (יְאוּלַּף) פ — be trained, be tamed
אוּלְפָּן ז — studio, ulpan (center for intensive study)
אוּלְפָּנִית נ — short ulpan
אוּלְפַּן עֲבוֹדָה — ulpan in a Kibbutz
אוּלַץ (יְאוּלַץ) פ — be compelled, forced
אוֹלָר ז — pen-knife, pocket knife
אוּלְתַּר (יְאוּלְתַּר) פ — be improvised
או״ם ז — The U.N.
אוֹם נ — nut (for bolt)
אוֹמֶד ז — assessment, estimate
אוּמְדָּן ז — estimate
אוּמָּה נ — nation, people
אוּמּוֹת מְאוּחָדוֹת — United Nations
אוּמְלָל ת — wretched, miserable; pitiful, pitiable
אוּמְלַל, (יְאוּמְלַל) פ — be made miserable, be made unhappy, be miserable
אוּמְלָלוּת נ — wretchedness, pitifulness
אוֹמֶן ז — faithfulness, faith
אוּמַּן (יְאוּמַּן) פ — be trained, be taught
אוֹמֵן ז — trainer, foster-father
אוּמָּן ז — craftsman, artisan
אוֹמְנָה נ — pilaster, pillar, pier
אוּמָּנוּת נ — craftsmanship, craft; art
אוֹמֶנֶת נ — nursemaid, governess
אוֹמֶץ ז — courage, pluck, nerve
אוּמְצָה נ — (beef) steak; hunk of meat
אוֹמֶץ־לֵב — courage, prowess
אוֹמֶץ־רוּחַ — spiritual courage
אוֹמֶר ז — utterance, speech
אוֹן ז — strength, force
אוֹנָאָה נ — fraud, deceit, deception
אוּנָּה נ — lobe
אוֹנִיָּה, אֳנִיָּה נ — ship, boat

אוֹנִיַּת קִיטוֹר steamship
אוֹנֵן ז mourner
אוֹנָן ת onanist
אוֹנָנוּת נ onanism, masturbation
אוֹנֵס ז raper, rapist
אוֹנֶס ז rape; compulsion
אוּנְקִיָּה נ ounce
אוּנְקָל ז hook
אוֹסֶם ז bounty, rich harvest
אוֹפֶה baker
אוֹפִי ז character
אוֹפְיָינִי ת characteristic
אוּפַּל (יְאוּפַּל) פ be blacked out
אוֹפֶל ז gloom, darkness
אוֹפַן ז wheel
אוֹפֶן ז way, manner
אוֹפַנּוֹעַ ז motorcycle
אוֹפַנּוֹעָן ז motorcyclist
אוֹפַנַּיִים ז״ז bicycle
אוֹפַנִּית נ scooter (for children)
אוֹפְנָתִי ת fashionable, stylish
אוֹפֶק ז horizon (lit. and fig.)
אוֹפְקִי ת horizontal
אוּפְשַׁר (יְאוּפְשַׁר) פ be enabled
אוֹצָר ז treasure, treasury
אוֹצָר בָּלוּם polymath
אוֹצְרוֹת קוֹרַח immense wealth, the riches of Croesus
אוֹקְיָינוֹס ז ocean, sea
אוֹר ז light, brightness
אוֹר (יָאוֹר) פ be lit, shine
אוּר ז flame, fire
אוֹרֵב ז one who lies in ambush, lurker
אוֹרֵג ז weaver
אוּרְגַּן (יְאוּרְגַּן) פ be organized
אוֹרָה נ light
אוֹרֶה ז fruit-picker
אוּרְוָוה נ stable
אוֹרֵז ז packer
אוֹרֶז ז rice
אוֹרֵחַ ז guest, visitor
אוֹרַח ז (ר׳ אוֹרָחוֹת) way, manner
אוֹרְחָה נ caravan
אוֹרְיָין ז scholarship, erudition
אוֹרַיְיתָא נ the Law, the Torah
אוֹרֶךְ ז length; duration
אוֹרֶךְ אַפַּיִים patience, long-suffering
אוֹר ל... the night before
אוֹרְלוֹגִין ז clock
אוֹרֶן ז pine, pine-wood
אוֹרַס, אוֹרַשׂ (יְאוֹרַס) פ become engaged, become betrothed
אוֹרְקוֹל ז audio-visual communication
אוֹרְקוֹלִי ת audio-visual
אוּשְׁפַּז (יְאוּשְׁפַּז) פ be hospitalized, be sent to hospital
אוּשְׁפִּיז ז lodger, guest
אוּשַּׁר (יְאוּשַּׁר) פ be confirmed
אוֹשֶׁר ז happiness, bliss
אוֹשֵׁשׁ (יְאוֹשֵׁשׁ) פ strengthen
אוֹת (ר׳ אוֹתוֹת) ז sign, mark
אוֹת (ר׳ אוֹתִיּוֹת) נ letter (of the alphabet)
אוֹתֵת (יְאוֹתֵת) פ signal
אוּתַּת (יְאוּתַּת) פ be signalled
אָז תה״פ then; so, thus
אִזְדָּרֶכֶת נ China-berry tree, azedarach

אַזְהָרָה נ — warning, caution
אֵזוֹב ז — hyssop
אֵזוֹר ז — zone, district, belt
אֲזַי — then
אֲזִקִּים ז״ר — fetters, shackles
אִזְכֵּר (יְאַזְכֵּר) פ — cite, refer
אַזְכָּרָה נ — memorial service
אָזַל (יֶאֱזַל) פ — sold out
אָזְלַת יָד — helplessness, impotence
אִזְמֵל ז — lancet, scalpel; chisel
אִזְמָרַגְד, אִיזְמָרַגְד ז — emerald
אֶזֶן ז — quiver, holster; rail, ledge, horizontal cross-beam
אַזְעָקָה נ — alarm, alarm signal, siren
אָזַר (יֶאֱזוֹר) פ — gird, put on (equipment)
אֶזְרָח ז — citizen, civilian
אִזְרַח (יְאַזְרַח) פ — naturalize, grant citizenship to
אֶזְרָחוּת נ — citizenship
אֶזְרָחִי ת — civic, civil
אָח ז (אֲח־ או אֲחִי־) — brother, kinsman; fellow
אָח ז — fireplace, hearth, brazier
אֶחָא ז — brother! my brother!
אֶחָד ש״מ — one (*masculine*)
אַחְדוּת נ — unity, unification; oneness
אָחוּ ז — meadow
אַחֲוָה נ — fraternity, brotherhood
אָחוּז (לְמֵאָה) ז — percentage
אֲחוּזָּה, אֲחֻזָּה נ — landed property, estate
אָחוּי ת — joined, stitched
אָחוֹר ז — back, rear
אֲחוֹרָה נ — back part
אֲחוֹרָה תה״פ — in reverse
אֲחוֹרַיִים ז״ר — buttocks
אֲחוֹרַנִּית תה״פ — backwards
אָחוֹת נ — sister; nurse
אָחַז (יֹאחַז) פ — hold, grasp
אֹחֶז ז — handle
אַחְזָקָה נ — maintenance
אָחִיד ת — uniform, homogeneous
אֲחִידוּת נ — uniformity
אֲחִיזָה נ — holding, grasping
אַחְיָן ז — nephew
אַחְיָנִית נ — niece
אַחְלָמָה ז — amethyst
אִחְסוּן ז — storage
אִחְסֵן (יְאַחְסֵן) פ — store
אַחְסָנָה נ — storage
אַחַר תה״פ — after, behind
אַחֵר מ״ג, ת — other, different
אַחֲרַאי ז — responsible person
אַחְרָאִי ת — responsible, liable
אַחֲרוֹן ת — last, latter
אַחֲרֵי תה״פ — after
אַחֲרָיוּת נ — responsibility, liability
אַחֲרִית נ — end
אַחַר־כָּךְ — afterwards, later
אַחַת נ — one (*feminine*); once
אַט תה״פ — slowly, slow
אֶטֶב ז — paper-clip; clothes-peg
אָטָד ז — box-thorn
אָטוּם ת — sealed, closed; opaque
אָטִים ת — impermeable (to air or water), waterproof, air-tight
אֲטִימָה נ — sealing, closing (act of); stoppage; occlusion

אֲטִימוּת נ impermeability, opacity, tightness

אָטִיף ז pore, hole (in bread or cheese)

אִטְלוּלָא, אִטְלוּלָה, אִיטְלוּלָא נ jest, joke

אִטְלִיז, אִיטְלִיז ז butcher's shop

אָטַם (יֶאֱטוֹם) פ shut up, seal, pack; stop, obstruct

'אֶטֶם ז gasket, seal, packing

אַטְמָה נ thigh

אִטְמוּט ז automation

אִטְמֵט (יְאַטְמֵט) פ to automatize, to make automatic

אִטְרִית נ noodle, thread of macaroni or vermicelli

אִי ז island, isle

אִי תה״פ not

אִי מ״ק woe!

אֵי תה״פ where

אִי־אֶפְשָׁר impossible

אִיבֵּד, אִבֵּד (יְאַבֵּד) פ lose, forfeit; ruin, exterminate

אֵיבָה נ hostility, hatred

אִיבּוּד, אִבּוּד ז loss, forfeiture; extermination, ruin

אִיבּוּד לָדַעַת suicide

אִיבּוּךְ, אִבּוּךְ ז billowing (as of smoke); heterodyning

אִיבּוּכִי ת heterodyne

אִיבּוּס ז fattening, feeding (act of)

אִיבּוּץ ז galvanization, zinc-plating

אִיבּוּק ז dusting (putting on)

אִיבֵּךְ (יְאַבֵּךְ) פ billow (smoke etc.)

אִיבֵּן (יְאַבֵּן) פ petrify, turn to stone

אִיבֵּץ (יְאַבֵּץ) פ galvanize, zinc-plate, cover with zinc

אִיבֵּק (יְאַבֵּק) פ dust, powder; raise dust

אֵיבָר ז limb, organ

אִיגֵּד (יְאַגֵּד) פ tie, bind

אִיגּוּד, אִגּוּד ז union, association

אִיגּוּף ז outflanking

אִיגֵּם (יְאַגֵּם) פ create an artificial lake

אִיגֵּף (יְאַגֵּף) פ outflank

אִיגָּרָא, אִגָּרָא ז roof

אִיגֶּרֶת נ letter, epistle

אֵיד ז calamity, misfortune

אִידָּה (יְאַדֶּה) פ evaporate, vaporize

אִידּוּי ז evaporation

אִידְיוֹט ז idiot, imbecile

אִידִית, אִידִישׁ נ Yiddish

אִידָךְ מ״ג the other

אַיָּה נ kite (bird of prey)

אַיֵּה תה״פ where?

אִיוּוּי ז desire, craving

אִיוֶּלֶת נ stupidity

אִיוֵּר (יְאַוֵּר) פ introduce air, vent

אִיּוּם ז threat, menace

אָיוֹם ת terrible, dreadful

אִיּוֹן ז islet

אִיּוּן ז negation

אִיּוּר ז illustration

אֵיזֶה מ״ג לזכר what? which?

אֵיזֶהוּ מ״ג לזכר who is? which is? who is it?

אֵיזוֹ מ״ג לנקבה what? which? (*fem.*); someone, anyone

אֵיזוֹהִי מ״ג לנקבה	who is? which is? (*fem.*)
אִיזּוּן ז	balancing
אִיזּוּן הַכּוֹחוֹת	balance of power
אִיזֵּן (יְאַזֵּן) פ	weigh, balance
אֵיזֶשֶׁהוּ מ״ג	whichever, whatever
אִיחֵד (יְאַחֵד) פ	unite, unify
אִיחָה (יְאַחֶה) פ	join (together); patch up; coordinate
אִיחוּד ז	union, unification
אִיחוּי, אִחוּי ז	stitching; patching up; coordination
אִיחוּל ז	wish, greeting
אִיחוּר ז	lateness, delay
אִיחֵל (יְאַחֵל) פ	wish
אֵיחֵר (יְאַחֵר) פ	be late; be slow (clock)
אִיטוּם ז	sealing
אִיטִי ת	slow
אִיטִיּוּת נ	slowness
אִיטְלִיז ר׳ אִטְלִיז	
אִיטֵּם פ	seal, make waterproof
אִיטֵּר ת	left-handed
אִיטְּרוּת נ	left-handedness
אֱיָל ז	power
אַיָּל ז	deer, stag
אַיָּלָה נ	hind, doe
אַיֶּלֶת הַשַּׁחַר	morning star
אִיֵּם (יְאַיֵּם) פ	threaten, menace
אִיֵּר (יְאַיֵּר) פ	illustrate
אִיָּר ז	Iyar (April-May)
אִיֵּשׁ (יְאַיֵּשׁ) פ	man
אִיֵּת (יְאַיֵּת) פ	spell (letter by letter)
אֵיךְ תה״פ	how? in what way?
אֵיכָה תה״פ	how? in what way?
אִיכּוּל ז	consumption; combustion, burning; devouring
אִיכּוּן ז	pin-pointing, identification
אֵיכוּת נ	quality
אֵיכוּתִי ת	qualitative
אֵיכָכָה תה״פ	how?
אִיכֵּל (יְאַכֵּל) פ	burn; digest; consume
אִיכֵּן (יְאַכֵּן) פ	identify, pin-point
אִיכְפַּת, אִכְפַּת פ	concern, matter to
אִיכְפָּתִיּוּת נ	concern, a feeling of responsibility
אִיכָּר ז	peasant, farmer
אֵיכְשֶׁהוּ תה״פ	somehow or other
אַיִל ז	ram
אִילוּ מ״ח	if
אֵילוּ מ״ג	which (pl)
אִילוּלֵי מ״ח	if not; but for
אִילּוּחַ ז	infection
אִילּוּם ז	sheaving
אֲיִלוֹנִית נ	barren woman
אִילּוּף ז	training, taming
אִילּוּץ ז	compulsion, coercion
אֵילֵי נֵפְט	oil tycoons
אֵילָךְ תה״פ	onwards, thereafter
אִילְכָךְ מ״ח	therefore, accordingly
אִילֵּם (יְאַלֵּם) פ	sheave
אִילֵּם ז, ת	dumb, mute
אִילְמָלֵא, אִלְמָלֵא מ״ח	if not
אִילְמָלֵי, אִלְמָלֵי מ״ח	if
אִילָן ז (ר׳ אִילָנוֹת)	tree
אִילֵּף (יְאַלֵּף) פ	train, tame
אִילֵּץ (יְאַלֵּץ) פ	compel, oblige
אִימָא, אִמָּא נ	mummy, mother

אֵימָה נ dread, terror

אִימָּהוֹת נ״ר mothers; matrix

אִימָּהוּת, אִמָּהוּת נ maternity, motherhood

אִימָּהִי, אִמָּהִי ת maternal, motherly

אִימּוּם ז block, last

אִימּוּן ז training, practice

אִימּוּץ ז straining; adoption

אִימּוּת ז verification

אִימֵּל (יְאַמֵּל) פ enamel-plate

אִימֵּן (יְאַמֵּן) פ train, practise

אִימֵּץ (יְאַמֵּץ) פ brace, tone up, straih, adopt (child)

אִימֵּת (יְאַמֵּת) פ verify

אֵימַת הַצִּיבּוּר stage fright

אֵימָתַי תה״פ whenever, when

אֵימְתָנוּת נ terrorism

אַיִן, אֵין ז, תה״פ not; nil, there is no; nothing

אֵין־אוֹנִים helpless, powerless

אֵין דָּבָר never mind

אִינָּה (יְאַנֶּה) פ bring about; lament

אַיִנוּת נ non-existence

אִינֵּךְ (יְאַנֵּךְ) פ make vertical

אֵינְסוֹף, אֵין־סוֹף ז infinity

אֵינְסוֹפִי, אֵין־סוֹפִי ת infinite

אִי־סֵדֶר disorder, lack or order

אִיסּוּם ז storage

אִיסּוּף ז collection, gathering

אִיסּוּר ז ban, prohibition

אִיסְטְנִיס ת ז fastidious

אִיסֵּם (יְאַסֵּם) פ store

אִיסֵּף (יְאַסֵּף) פ collect, gather

אֵיפֹה תה״פ where?

אֵיפוֹא ר׳ אֵפוֹא

אִיפּוּל ז black-out

אִיפּוּר ז make-up

אִיפֵּל (יְאַפֵּל) פ black-out, dim

אִיפֵּס (יְאַפֵּס) פ nullify; zero

אֵי־פַּעַם sometime, ever

אִיפֵּר (יְאַפֵּר) פ make-up

אִיצָּה נ haste, hurry

אִיצְטְלָה נ robe, toga

אִיקוֹנִין ז portrait, picture; icon

אֵירוּחַ ז hospitality

אִירוּס ז iris; drum

אֵירוּסִים, אֵירוּסִין, אֵירוּשִׂים ז״ר engagement, betrothal

אֵירוּעַ ז event, occurrence

אֵירֵחַ (יְאָרֵחַ) פ entertain (as guest)

אֵירֵס (יְאָרֵס) פ betroth, become engaged to

אֵירַע (יְאָרַע) פ happen, occur

אִישׁ ז (ר׳ אֲנָשִׁים) man, male; husband; anyone, anybody

אִישׁ אֶשְׁכּוֹלוֹת great scholar

אִישׁ בְּלִיַּעַל scoundrel

אִישׁ דָּמִים murderer

אִישָּׁה, אִשָּׁה נ woman; wife; female

אִישֶּׁה ז offering made by fire

אֵישֶׁהוּ תה״פ somewhere

אִישּׁוּם ז indictment, accusation

אִישׁוֹן ז pupil (of the eye)

אִישּׁוּר ז confirmation, endorsement, approval

אִישׁוּת נ marriage relationship

אִישׁ חַיִל hero, smart man

אִישִׁי ת personal, individual

אִישִׁיּוּת נ personality

אִישִׁים ז״ר important people
אִישִׁית תה״פ personally, in person
אִישׁ צָבָא soldier
אִישׁ צְפַרְדֵּעַ frogman
אִישֵּׁר (יְאַשֵּׁר) פ confirm
אִיתּוּת ז signalling
אֵיתָן ת firm, sound
אֵיתָנוּת נ soundness, firmness, stability
אִיתֵּר (יְאַתֵּר) פ localize, pinpoint
אִיתֵּת (יְאַתֵּת) פ signal
אַךְ but; only
אָכוֹם ת swarthy, dark brown
אַכְזָב ת deceptive, illusory
אִכְזֵב (יְאַכְזֵב) פ disappoint, disillusion
אַכְזָבָה נ disappointment, disillusionment
אַכְזָר, אַכְזָרִי ת cruel, harsh, brutal
אַכְזָרִיּוּת נ cruelty, brutality, harshness
אָכִיל ת edible
אֲכִילָה נ eating; consumption
אֲכִיפָה נ oppression, stress, constraint
אָכַל (יֹאכַל) eat; consume, use up; devour, eat up
אָכְלָה, אוֹכְלָה נ food
אִכְלוּס ז population, populating
אַכְלָן ז glutton, gourmand
אִכְלֵס (יְאַכְלֵס) פ populate
אָכֵן תה״פ surely, truly; for all that; well
אַכְסַדְרָה נ lobby, porch
אִכְסוּן ז accommodation; provision of lodging
אִכְסֵן (יְאַכְסֵן) פ accommodate, put up
אַכְסְנַאי ז guest, lodger
אַכְסַנְיָה נ hostel, inn
אָכַף (יֶאֱכוֹף) פ compel, press
אַכְרָזָה נ proclamation, public announcement
אַל תה״פ not, don't...
אֵל ז god, God; ability
אֶל מ״י to, towards, into; at, by
אֶלָּא תה״פ but
אֶלְגָּבִישׁ ז crystal; hailstone; meteorite
אֵלָה נ pistachio-tree
אֵלָה נ goddess
אַלָּה נ club; baton
אָלָה נ imprecation
אֵלֶּה מ״ג these
אֵלּוּ מ״ג these
אֱלוֹהַּ ז god, deity; God
אֱלוֹהוּת נ divinity, godhead
אֱלוֹהִי ת divine, godly, godlike
אֱלוֹהִים ז God
אָלוּחַ ת septic, infected
אֱלוּל ז Ellul (Aug.-Sept)
אֲלוּמָּה נ sheaf
אַלּוֹן ז oak, oak-wood
אֲלוּנְטִית נ towel
אֲלוּנְקָה נ stretcher
אַלּוּף ז Major-General; champion
אֶלַח ז sepsis, infection
אַלְחוּט ז wireless, radio
אַלְחוּטָאוּת נ wireless telegraphy
אַלְחוּטַאי ז radio operator

אַלְחוּשׁ ז anaesthesia
אִלְחוּשׁ ז anaesthetization
אִלְחֵשׁ (יְאַלְחֵשׁ) פ anaesthetize
אַלִּיבָּא תה״פ according to
אַלְיָה נ fat tail of sheep
אֱלִיל ז idol, false god
אֱלִילָה נ idol (in female form), goddess
אֱלִילוּת נ idolatry, paganism, idol-worship
אֱלִילִי ת pagan
אַלִּים ת strong; violent
אַלִּימוּת נ violence; power
אַלִּיפוּת נ championship
אֲלַכְסוֹן ז diagonal; slant, slope
אַלְלַי! מ״ק woe, alas
אֵלֶם ז dumbness, muteness; silence
אַלָּם ז violent person
אַלְמוֹג, אַלְגּוֹם ז coral; sandalwood
אַלְמָוֶת ז immortality; everlasting (flower)
אַלְמוֹן ז widowhood
אַלְמוֹנִי ת unknown, anonymous
אַלְמוֹנִיּוּת נ anonymity
אַלְמוֹתִי ת immortal, everlasting
אַלְמָן ז widower
אִלְמֵן (יְאַלְמֵן) פ widow, bereave
אַלְמָנָה נ widow
אַלְמְנוּת נ widowhood
אַלְמַתֶּכֶת נ non-metallic element
אִלְסָר, אִילְסָר ז hazel (nut or tree)
אֶלֶף ז a thousand
אַלְפְבֵּיתִי ת alphabetic(al)
אַלְפוֹן ז primer (in reading instruction)
אַלְפִּי ז thousandth
אַלְפִּית נ a thousandth part
אִלְפָּס, אִילְפָּס ז saucepan, pan
אִלְרֵחַ (יְאַלְרֵחַ) פ deodorize
אִלְתּוּר ז improvization
אִלְתִּית נ salmon
אַלְתַּר, לְאַלְתַּר תה״פ on the spot, forthwith
אִלְתֵּר (יְאַלְתֵּר) פ improvize, extemporize
אֵם נ mother
אִם מ״ח if, whether; if, in case; or
אַמְבַּט ז bath, bathroom
אַמְבָּר ז granary
אָמַד (יֶאֱמוֹד) פ estimate, assess
אָמָה נ (ר׳ אֲמָהוֹת) maidservant, maid
אַמָּה נ cubit, forearm; third finger
אֲמוֹדַאי ז diver
אֵמוּן ז (ר׳ אֱמוּנִים) faith, confidence; fidelity, loyalty
אֱמוּנָה נ faith, religion, belief
אֱמוּנָה תְּפֵלָה superstition
אָמוֹץ ת bay, chestnut (color)
אָמוֹרָא ז Amora, Talmudic sage
אֱמוֹרִי ז Amorite
אֵם חוֹרֶגֶת stepmother
אָמִיד ת ז prosperous, well-to-do
אֲמִידָה נ approximation, estimate
אֲמִידוּת נ affluence
אָמִין ת authentic; credible
אֲמִינוּת נ authenticity; credibility
אַמִּיץ ת brave, courageous
אָמִיר ז upper branch

אֲמִירָה נ utterance, speech
אֲמִיתָּה נ truth; axiom
אֲמִיתּוּת נ veracity, truth
אֲמִיתִּי ת genuine; true
אֲמִיתִּיּוּת נ authenticity; truthfulness
אִם כִּי although
אִמְלֵל (יְאַמְלֵל) פ make miserable
אָמַן (יְאֱמֹן) פ foster, nurture
אָמֵן תה״פ Amen, so be it
אָמָּן, אֻמָּן ז artist
אֲמָנָה נ pact, treaty
אַמְנוּן ז tilapia
אַמְנוּן וְתָמָר pansy
אָמָּנוּת, אֻמָּנוּת נ art
אָמָּנוּתִי, אֻמָּנוּתִי ת artistic
אָמְנָם, אָמְנָם, אוּמְנָם תה״פ in truth, it is true that
אָמַץ (יֶאֱמַץ) פ be strong, be brave
אַמְצָאָה נ device, invention
אֹמֶץ ז center, middle
אֶמְצָעוּת ז means; middle, center
אֶמְצָעִי ת center, middle
אֶמְצָעִי ז means
אֶמְצָעִיּוּת נ centrality
אֶמְצָעִית נ center, middle
אָמַר (יֹאמַר) פ say, utter; intend, mean; tell, relate
אֲמַרְגָּן ז impresario
אִמְרָה נ saying, maxim
אֲמַרְכָּל ז administrator
אֲמַרְכָּלוּת נ administration
אֶמֶשׁ ז, תה״פ last night
אֱמֶת נ truth, verity
אַמְתַּחַת נ large sack; rucksack, haversack, bag

אֲמַתְלָה נ pretext, lame excuse
אָן, לְאָן תה״פ where (to)?, whither?
אָנָּא מ״ק please, I beseech you
אַנְדְּרוֹגִינוֹס ז androgyne, hermaphrodite
אַנְדַּרְטָה נ bust, statue
אַנְדְּרָלָמוּסְיָה נ chaos, utter confusion
אָנָה תה״פ whither?, where (to)?
אָנוּ מ״ג we
אָנוֹכִי, אָנֹכִי מ״ג I
אָנוֹכִיּוּת, אָנֹכִיּוּת נ egotism, egoism, selfishness
אָנוֹכִיִּי, אָנֹכִיִּי ת egotistic, egoistic, selfish
אָנוּס ת compelled, forced
אָנוּשׁ ת mortal, incurable
אֱנוֹשׁ ז man
אֱנוֹשׁוּת נ humanity, mankind
אֱנוֹשִׁי ת human; humane
אֱנוֹשִׁיּוּת ז humanity; humaneness
אֲנָחָה נ sigh, groan
אֲנַחְנוּ מ״ג we
אַנְטִישֵׁמִיּוּת נ anti-Semitism
אֲנִי מ״ג I
אָנִין, אֲנִין־הַדַּעַת ת fastidious, epicurean, particular
אֲנִינוּת־הַדַּעַת fastidiousness, epicurism
אָנִיץ ז flake (of hair, fiber etc.)
אֲנָךְ ז plummet, plumb line
אֲנָכִי ת vertical; perpendicular
אָנַס (יֶאֱנֹס) פ compel; rape
אַנָּס ז rapist
אָנַף (יֶאֱנַף) פ be wroth, be angry

אֲנָפָה נ — heron
אִנְפּוּף ז — nasalization
אַנְפִּילָה נ — felt boot
אִנְפֵּף (יְאַנְפֵּף) פ — nasalize, talk through one's nose
אֲנָקָה נ — moaning, groaning, crying
אַנְקוֹל ז — hook
אַנְקוֹלִית נ — hook-worm
אַנְקוֹר ז — sparrow
אֲנָשִׁים ז״ר — men; people (plural of אִישׁ q.v.)
אַסְדָּה נ — raft
אָסוּךְ ז — oil-can
אָסוֹן ז (ר׳ אֲסוֹנוֹת) — disaster
אֲסוּפִי ת — foundling
אָסוּר תה״פ וגם ת — forbidden, prohibited; imprisoned
אֵסוּר ז אֲסוּרִים ז״ר — shackle, fetter, manacle
אַסְטֵלָה נ — grave-stone, stele
אַסְטְרָטֵגִי ת — strategic
אֲסִימוֹן ז — defaced coin; token
אָסִיף ז — harvest-time
אֲסִיפָה נ — accumulation; collecting
אֲסֵיפָה, אֲסֵפָה נ — meeting, assembly
אָסִיר, אַסִּיר ז — prisoner, captive
אֲסִיר תּוֹדָה — grateful
אַסְכּוֹלָה נ — school (of thought, painting etc.)
אַסְכָּרָה נ — diphtheria, croup
אֵסֶל ז — yoke (for carrying two buckets)
אַסְלָה נ — lavatory seat
אִסְלֵם (יְאַסְלֵם) פ — convert to Islam
אָסָם ז — granary
אַסְמַכְתָּא, אַסְמַכְתָּה נ — authority (for action, emendation)
אָסַף (יֶאֱסוֹף) פ — collect, gather, assemble
אַסְפָן ז — collector (as a hobby)
אֲסַפְסוּף ז — rabble, mob
אַסְפֶּסֶת נ — lucerne grass, alfalfa
אַסְפָּקָה נ — supplies, supply
אַסְפַּקְלַרְיָה נ — mirror, looking-glass
אַסְקוּפָּה נ — doorstep
אָסַר (יֶאֱסוֹר) פ — imprison, jail; forbid, prohibit
אִסְרוּ־חַג — the day after a festival (Passover, Pentecost or Tabernacles)
אַף ז (ר׳ אַפִּים, אַפַּיִם) — nose; anger
אַף מ״ח — also, even, too
אָפָה (יֹאפֶה) פ — bake
אֵפוֹא, אֵיפוֹא תה״פ — therefore, then; consequently
אֵפוֹד ז — ephod; tunic
אֲפוּדָּה נ — pullover, sweater, jumper
אַפּוֹטְרוֹפּוֹס ז — guardian, custodian; guarantor
אַפּוֹטְרוֹפְּסוּת נ — custodianship, guardianship
אָפוּי ת — baked
אָפוּן ז — pea
אֲפוּנָה נ (ר׳ אֲפוּנִים) — pea
אָפוּף ת — wrapped, clothed
אָפוֹר ת — grey, grizzly
אַפִּי ת — nasal
אֲפִיָּה נ — baking

אִפְיֵן (יְאַפְיֵן) פ — characterize, be characteristic of
אֲפִילוּ מ״ח — even, even if
אֲפִיפִית נ — dry biscuit, wafer
אָפִיק ז — bed (of a river), channel
אֲפִיקוֹמָן ז — piece of unleavened bread hidden and later eaten at end of Passover evening
אִפְכָא, אִיפְכָא ז — the opposite, the reverse
אַף כִּי — although
אָפֵל ת — dark, dim, gloomy
אֲפֵלָה נ — gloom, darkness
אַפְלוּלִי ת — dim, dusky
אַפְלוּלִית נ — dusk, dimness
אַפְלָיָה נ — discrimination
אָפֵס (יֶאֱפַס) פ — cease, come to an end
אֶפֶס ז — nothing; zero, nil
אֶפֶס תה״פ — yet, but
אַפְסוּת נ — futility, worthlessness, inefficacy
אַפְסִי ת — insignificant, worthless, futile
אַפְסְנַאי ז — storekeeper, quartermaster
אַפְסָר ז — halter, bridle
אֶפְעֶה ז — viper
אַף עַל פִּי־כֵן — nevertheless
אַף עַל פִּי שֶׁ... — though, although
אָפַף (יֶאֱפוֹף) פ — beset, surround, set about
אֵפֶר ז — ash, ashes
אֲפֵר ז — mask, disguise
אָפָר ז — meadow, pasture
אֶפְרוֹחַ ז — chick, young bird
אַפְרוּרִי ת — greyish
אַפִּרְיוֹן ז — sedan-chair
אַפְּרִיל — April
אֲפַרְכֶּסֶת נ — outer ear, ear-piece
אֲפַרְסְמוֹן ז — persimmon; balsam
אֲפַרְסֵק ז — peach
אֶפְרָתִי ת — patrician, aristocratic; Ephraimite
אִפְשׁוּר ז — facilitation, enabling
אֶפְשָׁר תה״פ — possibly, perhaps
אִפְשֵׁר (יְאַפְשֵׁר) פ — enable, facilitate
אֶפְשָׁרוּת נ — possibility, feasibility
אֶפְשָׁרִי ת — possible, feasible
אָץ (יָאוּץ) פ — rush, hurry
אֶצְבַּע נ — finger, toe
אֶצְבָּעוֹן ז — thimble
אֶצְבְּעוֹנִי ז, ת — midget; Tom Thumb
אֶצְבָּעִי ת — midget
אַצָּה נ — sea weed
אֲצוּלָה נ — aristocracy, nobility
אִצְטַבָּה, אִיצְטַבָּה נ — shelf, ledge
אִצְטַגְנִין ז — astrologer, horoscoper
אִצְטַדְיוֹן ז — stadium, arena
אִצְטְרוּבָּל ז — cone (of pine)
אַצִּיל ז אַצִּילָה נ — the upper arm
אָצִיל ז — peer; gentleman
אֲצִילָה נ — (act of) delegation; bestowal
אֲצִילוּת נ — aristocracy, nobility; gentlemanliness, gentility, breeding
אֵצֶל מ״י — near, beside; at, to (the house of); with, in the possession of

אֶצֶ״ל I.Z.L., Irgun Zevai Leumi ("the Irgun")

אָצַל (יָאֱצוֹל) פ delegate, bestow

אֶצְעָדָה נ bangle, bracelet

אֶקְדָּח, אֶקְדּוֹחַ ז pistol, revolver

אֶקְדָּח ז carbuncle, garnet

אַקּוֹ ז ibex

אַקְלִים ז climate

אַקְלִימִי ת climatic

אִקְלֵם (יְאַקְלֵם) פ acclimate (U.S.), acclimatize (Brit.)

אַקְרַאי ז chance, accident

אֶרְאֵל ז angel

אָרַב (יֶאֱרוֹב) פ lie in wait, lurk

אֶרֶב, אוֹרֶב ז ambush, ambuscade

אַרְבֶּה ז locust

אַרְבָּה נ barge

אַרְבַּע נ אַרְבָּעָה ז four

אַרְבָּעָה־עָשָׂר fourteen (*masc.*)

אַרְבַּע־עֶשְׂרֵה fourteen (*fem.*)

אַרְבָּעִים forty

אַרְבַּעְתַּיִם תה״פ fourfold, quadruple

אָרַג (יֶאֱרוֹג) פ weave

אֶרֶג ז material, stuff (woven)

אִרְגּוּן ז organization

אִרְגּוּנִי ת organizational

אַרְגָּז ז box, crate

אַרְגִּיעָה ז moment, instant

אַרְגָּמָן ז purple, mauve

אִרְגֵּן, אִירְגֵּן (יְאַרְגֵּן) פ organize

אַרְגָּעָה נ relief; all-clear

אָרָד ז bronze

אַרְדִּיכָל ז architect

אַרְדִּיכָלוּת נ architecture

אָרָה (יֶאֱרֶה) פ pick (fruit), gather

אֲרוּבָּה, אֲרֻבָּה נ chimney

אָרוּז ת packed; tied up

אֲרוּחָה נ meal, repast

אָרוּי ת picked, gathered

אָרוֹךְ (ר׳ אֲרוּכִּים, סמ׳ אֶרֶךְ־, אֲרוֹךְ־) ת long, lengthy

אֲרוּכָה נ cure, recovery

אָרוֹן, אֲרוֹן ז cupboard, cabinet; coffin

אֲרוֹן הַקּוֹדֶשׁ The Ark, the Holy Ark

אֲרוֹנִית נ small cupboard

אָרוּס ז fiancé, betrothed (man)

אֲרוּסָה נ fiancée, betrothed (woman)

אֶרֶז ז cedar

אָרַז (יֶאֱרוֹז) פ pack, tie up

אָרַח (יֶאֱרַח) פ journey, travel

אָרְחֵי פָּרְחֵי ז״ר vagabonds, tramps

אֲרִי, אַרְיֵה ז lion

אָרִיג ז cloth, material, stuff

אֲרִיגָה נ weaving

אֲרִיזָה נ packing, package

אָרִיחַ ז tile; small brick

אֲרִייָה נ picking, gathering (of fruit)

אֲרִיכוּת נ prolongation, lengthening

אֲרִינָמָל ז ant-lion

אָרִיס ז tenant-farmer, share-cropper

אֲרִיסוּת נ tenancy (on land); condition of tenant

אָרַךְ (יֶאֱרַךְ) פ last, take (time)

אַרְכָּה נ extension of time, respite

אַרְכּוּבָּה נ knee joint; cranking handle
אַרְכּוֹף ז stirrup
אַרְכִיּוֹן ז archives
אַרְכָנוּת נ long-windedness, verbosity
אַרְמוֹן ז palace, mansion
אֲרַמִּי ת Aramaic, Aramaean
אֲרָמִית נ Aramaic
אַרְנָב ז, אַרְנֶבֶת נ rabbit, hare
אַרְנוֹנָה נ property tax, rates
אַרְנָק ז purse, wallet
אֶרֶס ז poison, venom
אַרְסִי ת poisonous
אַרְסִיּוּת נ toxity; virulence
אַרְסָן ז arsenic
אָרַע, אֵירַע (יֶאֱרַע) פ happen, occur, take place
אֲרָעִי, עֲרָאִי ת provisional, temporary
אֶרֶץ נ country, land; ground, earth
אַרְצִי ת national, earthly
אַרְצִית נ white ant, termite
אָרַר (יָאוֹר) פ curse, damn
אֲרֶשֶׁת נ expression
אֲרֶשֶׁת שְׂפָתַיִם expression (verbal)
אֵשׁ נ fire, flame
אֶשְׁבּוֹל ז corn cob
אֶשֶׁד ז waterfall, cascade
אֲשֵׁדָה נ slope (of a hill); waterfall
אַשְׁוָה נ reel (for cotton), bobbin
אַשׁוּחַ ז fir tree
אָשׁוּן ת rough, uneven; rigid, inflexible
אַשּׁוּר ז box-tree, box-wood
אַשּׁוּרִית נ Assyrian (language)
אָשְׁיָה, אוֹשְׁיָה נ foundation; basic principle
אֲשִׁינוּת נ stiffness
אֶשֶׁךְ ז testicle
אַשְׁכָּבָה נ interment, burial
אֶשְׁכּוֹל ז bunch (of grapes)
אֶשְׁכּוֹלִית נ (ר׳ אֶשְׁכּוֹלִיּוֹת) grapefruit
אֶשְׁכָּר ז gift, tribute
אֵשֶׁל ז tamarisk
אֵשֶׁ״ל ז expenses (board and lodging)
אַשְׁלָג ז potash
אַשְׁלְגָן ז potassium
אַשְׁלָיָה נ illusion
אָשַׁם (יֶאְשַׁם) פ found guilty
אָשֵׁם ת guilty, culpable
אָשָׁם ז offense, crime; guilt
אַשְׁמַאי, אַשְׁמַיי ת sinner
אַשְׁמְדַאי ז Asmodeus, prince of demons
אַשְׁמָה נ blame
אַשְׁמוּרָה, אַשְׁמוֹרֶת נ watch (division of the night)
אַשְׁמָן ז gloom, darkness
אֶשְׁנָב ז small window
אֶשְׁנַבַּאי ז clerk (dealing with public from behind a grille)
אַשָּׁף ז magician, sorcerer
אַשְׁפָּה נ rubbish, refuse; quiver (for bows)
אִשְׁפּוּז ז hospitalization

אִשְׁפֵּז (יְאַשְׁפֵּז) פ hospitalize
אַשְׁפָּרָה נ finishing (in weaving)
אֵשׁ צוֹלֶבֶת crossfire
אֲשֶׁר מ״ח, מ״ג that, who, which, what
אַשְׁרַאי ז credit
אֲשָׁרָה נ visa, permit
אַשְׁרֵי מ״ק happy! blessed!
אִשְׁרֵר (יְאַשְׁרֵר) פ ratify
אֶשְׁתָּקַד תה״פ last year
אַתְּ, אַתָּה, אַתֶּם, אַתֶּן מ״ג you (sing. fem., sing. masc., pl. masc., pl. fem.)
אֵת, אֶת־ מ״י (form-word indicating direct object)
אֵת מ״י (אִתִּי, אִתְּךָ, אִתָּךְ,...) with
אֶתְגָּר ז challenge
אָתוֹן נ donkey, she-ass
אַתְחַלְתָּא נ beginning
אַתְלֵט ז athlete, strong man
אַתְלֵטִיקָה נ athletics, athletic sports
אֶתְמוֹל תה״פ yesterday
אֶתְנָח ז אֶתְנַחְתָּא נ pause, rest
אֶתְנָן ז gift (to a prostitute)
אֲתַר, אַתְרָא ז place, site
אֶתֶר ז ether
אַתְרָאָה נ warning
אֶתְרוֹג ז citron
אַתָּת ז signaller (military)

ב

בְּ־, בַּ־, בָּ־, בֶּ־, בִּ־ in, at; with, by
בָּא (יָבוֹא) פ come, enter
בָּא ת next, subsequent, coming
בְּאוֹפֶן תה״פ in a... manner, — ly
בָּאוּשׁ ת putrid, stinking
בָּאוּת־כּוֹחַ representation
בָּאַחֲרוֹנָה, לָאַחֲרוֹנָה תה״פ recently, lately
בְּאִיבּוֹ at a tender age, in the bud
בְּאִישָׁה נ putrefaction, stench
בְּאַקְרַאי תה״פ by chance, accidentally
בְּאֵר נ (ר׳ בְּאֵרוֹת) well
בָּאַשׁ (יִבְאַשׁ) פ stink, putrefy
בַּאֲשֶׁר תה״פ as regards, as for, as to; because; where
בָּבָה, בָּבַת עַיִן נ pupil (of the eye)
בָּבוּאָה נ reflection, image
בִּבְחִינַת תה״פ a kind of, a sort of
בְּבֵירוּר תה״פ clearly, explicitly
בַּבְלִי ת Babylonian
בְּבַקָּשָׁה תה״פ please, you're welcome, don't mention it
בְּבַת־אַחַת at one go, all at once
בָּבַת־עַיִן pupil (of the eye)
בְּבַת־רֹאשׁ with a nod
בָּגַד (יִבְגּוֹד) פ betray
בֶּגֶד ז garment, dress

בְּגֶדֶר תה״פ	within the bounds of
בָּגוּר ת	adult
בְּגִידָה נ	betrayal
בְּגִילוּפִין תה״פ	tipsy, tipsily
בְּגִין מ״י	because of
בָּגִיר ז	adult (in the legal sense)
בְּגִירוּת נ	adulthood (legal)
בִּגְלַל מ״י	because of, on account of
בְּגַפּוֹ תה״פ	alone, by himself
בָּגַר (יִבְגַּר) פ	mature, grow up
בַּגְרוּת נ	adolescence; maturity
בַּד נ	linen
בַּדַּאי ז	liar, cheat
בְּדַאי ז	fiction
בָּדָד תה״פ	alone
בָּדָה (יִבְדֶּה)	fabricate, invent
בָּדוּחַ ת	merry, jolly
בָּדוּי ת	fabricated, invented
בְּדוֹלַח ז	crystal; bdellium
בִּדּוֹן ז	hut, tent
בָּדוּק ת	tried, tested
בְּדוּת, בְּדוּתָה נ	invention, fabrication
בִּדְחִילוּ וּרְחִימוּ	with awe and reverence
בַּדְחִית נ	farce, musical comedy
בַּדְּחָן ז	comedian, jester
בַּדִּיד ז	twig, small branch
בְּדִידוּת נ	solitude, loneliness
בְּדָיָה נ	falsehood, invention
בִּדְיוֹנִי ת	fictitious
בְּדִיּוּק תה״פ	precisely, exactly
בְּדִיחָה נ	joke, jest
בְּדִיחוּת נ	merriment, hilarity
בְּדִיל ז	tin
בְּדִיעֲבַד תה״פ	now that it's happened, in the event
בְּדִיקָה נ	inspection, check
בָּדָל ז	tip, end
בַּדְלָנוּת נ	isolationism
בָּדַק (יִבְדּוֹק) פ	inspect, examine
בֶּדֶק ז	repair
בֶּדֶק הַבַּיִת	house-repairs
בַּדְּרָן ז	entertainer, comedian
בְּהַדְרָגָה תה״פ	gradually, in stages
בָּהוּל ת	hasty, hard-pressed
בְּהִזְדַּמְּנוּת תה״פ	when time permits
בְּהֶחְלֵט תה״פ	certainly
בַּהַט ז	alabaster
בְּהִילוּת נ	hurry, impetuosity
בְּהֶיסַּח הַדַּעַת תה״פ	absentmindedly
בָּהִיר ת	bright
בְּהִירוּת נ	brightness, clarity
בֶּהָלָה נ	panic, alarm
בְּהֵמוֹת ז	hippopotamus
בַּהֲמִיּוּת נ	brutishness
בַּהֶקֶת נ	albinism
בַּהֶרֶת נ	freckle, white spot (on a skin)
בְּהַשְׁאָלָה תה״פ	figuratively, metaphorically; on loan
בְּהֶתְאֵם תה״פ	respectively; accordingly
בּוֹ מ״ג	(inflected form, 3rd person masc. sing, of בְּ q.v.)
בּוֹא מקור	coming, arrival, entering
בּוֹאֶשׁ ז	skunk
בּוֹאשָׁה נ	weed; stench, stink
בּוּבָּה נ	doll, puppet

בּוֹגֵד ז traitor, renegade
בּוֹגְדָנוּת נ disloyalty, treachery
בּוֹגֵר ז adult; graduate
בּוֹדֵד ת isolated; lonely
בּוֹדַד (יְבוֹדַד) פ be isolated
בֹּהוּ ז chaos, emptiness
בֹּהֶן ז thumb, big toe
בֹּהַק ז leukoderma; a white patch on the skin
בְּוַדַּאי תה״פ certainly, evidently
בּוּז ז contempt, scorn
בּוֹזֵז ז plunderer, looter
בּוֹזְמַנִּית תה״פ simultaneously
בּוֹחַל ז puberty
בֹּחַן ז test, examination
בּוֹחֵן ז examiner
בּוֹחֵר ז voter, elector
בּוּטַח (יְבוּטַח) פ be insured
בּוּטַל (יְבוּטַל) פ be cancelled
בּוֹטֶן ז (ר׳ בּוֹטְנִים) peanut; pistachio nut
בּוּיַל (יְבוּיַל) פ be stamped
בּוּיַם (יְבוּיַם) פ be staged
בּוּכְיָיר ז weaver's shuttle
בּוּכְנָה נ piston
בּוּל ז stamp
בּוּלָאוּת נ philately, stamp-collecting
בּוּלַאי ז (ר׳ בּוּלָאִים) philatelist, stamp-dealer
בּוּלְבּוּל ז bulbul, song-thrush
בּוּלְבּוּס ז tuber, potato, bulb
בּוֹלֵט ת protruding, prominent
בּוֹלֵל (יְבוֹלֵל) פ assimilate
בּוּלְמוּס ז mania, craze

בּוּלַע (יְבוּלַע) פ be harmed
בּוֹלֶשֶׁת נ secret police
בּוֹנֶה ז builder, mason; beaver(animal)
בּוֹסֵס (יְבוֹסֵס) פ trample, tread on
בּוֹסֶר ז unripe fruit
בּוּסְתָּן ז fruit garden
בּוּעָה נ bubble; blister
בּוֹץ ז mud, mire
בּוּצִית נ dinghy
בּוּצַע (יְבוּצַע) פ be performed
בּוֹצֵר ז grape-picker
בּוֹקֵר ז herdsman, cowherd
בּוֹקֶר ז morning
בּוּקַשׁ (יְבוּקַשׁ) פ be sought
בּוֹר ז pit
בּוּר ת ignoramus
בּוֹרֵא ז creator
בּוֹרֶג ז screw
בּוֹרְגִי ת helical, screw-like
בּוּרְגָנִי ת bourgeois
בּוֹרְדָם ז dysentery
בּוּרוּת נ ignorance
בּוֹרֵחַ ז runaway
בּוּרְסָה נ stock-exchange
בּוּרְסְקִי ז tannery
בּוֹרֵר ז sorter; arbitrator
בּוֹרַר (יְבוֹרַר) פ be clarified
בּוֹרְרוּת נ arbitration
בּוֹשׁ (יֵבוֹשׁ) פ be ashamed
בּוּשָׁה נ shame, shyness
בּוֹשֶׂם ז scent, fragrance; perfume, spice
בּוֹשֵׁשׁ (יְבוֹשֵׁשׁ) פ tarry, be late
בּוֹשֶׁת נ shame

בָּז (יָבוּז) פ	despise
בַּז ז	loot; hawk
בִּזְבּוּז ז	waste, squandering
בַּזְבּוּז ז	serin finch
בִּזְבֵּז (יְבַזְבֵּז) פ	waste, squander
בַּזְבְּזָן ז	spendthrift, waster
בְּזָדוֹן תה"פ	maliciously
בָּזָה (יִבְזֶה) פ	despise, scorn, mock
בָּזוּי ת	despicable, contemptible
בְּזוֹל תה"פ	cheap(ly)
בָּזַז (יָבוֹז) פ	plunder, pillage
בַּזְיָר ז	falconer
בָּזִיךְ ז	censer
בְּזִיל הַזוֹל	dirt-cheap
בַּזֶּלֶת נ	basalt
בִּזְמַנּוֹ תה"פ	in his (its) time
בֶּזֶק ז	telecommunication
בָּזָק ז	flash; lightning
בְּחוּפְזָה	hastily
בָּחוּר ז	young man, boy-friend
בַּחוּרָה נ	girl; girl-friend
בְּחָזְקָה, בְּחוֹזְקָה תה"פ	severely, forcefully
בְּחֶזְקַת תה"פ	having the status of
בַּחֲזָרָה תה"פ	in return, back
בְּחַיַּי! מ"ק	On my word!
בְּחִילָה נ	nausea, disgust
בְּחִינָה נ	aspect, point of view; examination, test
בְּחִינָּם, חִינָּם תה"פ	free, gratis
בָּחִיר ת	chosen
בְּחִירָה נ	choice, option, selection; free
בְּחִירוֹת נ"ר	elections
בְּחִישָׁה נ	stirring, mixing
בָּחַל (יִבְחַל) פ	loathe, feel loathing
בָּחַן (יִבְחַן) פ	examine, test
בָּחַר (יִבְחַר) פ	choose, select
בַּחֲרוּת נ	youth
בָּחַשׁ (יִבְחַשׁ) פ	stir
בַּחֲשַׁאי תה"פ	secretly, in secret
בָּטוּחַ ת	sure, certain; safe
בֶּטוֹן ז	concrete
בָּטַח (יִבְטַח) פ	trust in, rely on
בֶּטַח ז, תה"פ	security, safety; safely; certainly (colloquial)
בִּטְחָה נ	certainty, sureness
בְּטִיחוּת נ	safety
בְּטִישָׁה נ	beating (of clothes, carpets)
בָּטֵל (יִבְטַל) פ	cease, stop
בָּטֵל ת	unemployed, idle; null
בַּטָּלָה נ	idleness, inactivity
בַּטְלָן ז	idler, loafer
בֶּטֶן נ	belly, abdomen
בִּטְנָה נ	lining
בַּטְנוּן ז	double-bass
בַּטְנוּנִית נ	cello
בָּטַשׁ (יִבְטוֹשׁ) פ	stamp, beat (clothes)
בִּיאָה נ	entry, incoming; coition
בֵּיאוּר ז	explanation, exposition
בֵּיאֵר (יְבָאֵר) פ	explain
בִּיב ז	gutter; canal
בֵּיבָר ז	zoo
בִּיגּוּד ז	clothing
בִּידֵּד (יְבַדֵּד) פ	isolate, insulate
בִּידּוּד, בִּדּוּד ז	isolation, insulation
בִּידּוּחַ ז	amusing
בִּידּוּל ז	separation
בִּידּוּר ז	entertainment

בִּידַּח (יְבַדַּח) פ	entertain, amuse
בִּידּוּר ז	entertainment
בִּידֵּל (יְבַדֵּל) פ	separate
בִּידֵּר (יְבַדֵּר) פ	entertain
בִּיּוּב ז	sewage, drainage
בְּיוֹדְעִין תה״פ	knowingly, wittingly
בִּיּוּל ז	affixing of stamps
בִּיּוּם ז	production (of a play); staging
בִּיּוּן ז	Intelligence
בְּיוֹקֶר תה״פ	expensive, dear
בִּיּוּת ז	domestication
בְּיוֹתֵר תה״פ	most; exceedingly
בִּיזָּה (יְבַזֶּה) פ	scorn
בִּיזּוּי ז	scorn
בִּיזּוּר ז	decentralization
בִּיזָּיוֹן ז	disgrace, shame
בִּיזֵּר (יְבַזֵּר) פ	decentralize
בִּיטֵּא (יְבַטֵּא) פ	pronounce, express
בִּיטָּאוֹן ז	organ, journal
בִּיטּוּחַ ז	insurance, assurance
בִּיטּוּחַ חַיִּים	life insurance
בִּיטּוּי ז	expression, idiom
בִּיטּוּל ז	cancellation, annulment
בִּיטּוּשׁ ז	treading, trampling
בִּיטַּח (יְבַטַּח) פ	insure
בִּיטָּחוֹן ז	security; confidence
בִּיטֵּל (יְבַטֵּל) פ	cancel; void
בִּיטֵּן (יְבַטֵּן) פ	line, make lining
בְּיִיחוּד תה״פ	particularly, especially
בִּייֵּל (יְבַיֵּיל) פ	affix stamps to
בִּייֵּם (יְבַיֵּים) פ	produce, stage
בִּייֵּשׁ (יְבַיֵּישׁ) פ	put to shame, embarrass
בַּיְּישָׁן ז	shy person
בַּיְּישָׁנוּת נ	shyness, bashfulness
בִּייֵּת (יְבַיֵּית) פ	domesticate
בִּיכָּה (יְבַכֶּה) פ	lament
בִּיכּוּרִים ז״ר	first fruits
בִּיכֵּר (יְבַכֵּר) פ	prefer, give preference to
בִּילָּה (יְבַלֶּה) פ	spend; wear out
בִּילּוּי ז	spending (time); expenditure (of leisure)
בִּילַּע (יְבַלַּע) פ	destroy
בִּילֵּשׁ (יְבַלֵּשׁ) פ	search, nose around
בִּימַאי ז	producer (of a play)
בִּימָה נ	stage, platform
בִּימּוּי ז	production (of a play)
בֵּין מ״י	between, among
בִּינָה נ	understanding
בֵּין הָעַרְבַּיִם	twilight, dusk
בֵּין הַשְּׁמָשׁוֹת	dusk, night-fall
בִּינּוּי ז	rebuilding
בֵּינוֹנִי ת	middle, intermediate
בֵּינוֹנִיּוּת נ	mediocrity
בֵּינוֹת מ״י	between, among
בֵּינַיִים ז״ז	intermediate
בִּינִית נ	barbel (the fish)
בֵּין־לְאוּמִּי ת	international
בֵּינְתַיִים תה״פ	meanwhile
בִּיסּוּס ז	basing, establishing
בִּיסֵּם (יְבַסֵּם) פ	perfume, scent
בִּיסֵּס (יְבַסֵּס) פ	base, establish
בִּיעוּר ז	clearing out, rooting out
בִּיעוּת ז	terror, dread
בְּיָעַף תה״פ	in a rush
בִּיעֵר (יְבַעֵר) פ	root out; burn up
בֵּיצָה נ	egg; testicle
בֵּיצָה שְׁלוּקָה	hard-boiled egg

בִּיצָּה נ swamp, marsh
בִּיצּוּעַ ז performance, execution
בִּיצּוּר ז fortification, strengthening
בֵּיצִי ת egg-like
בֵּיצִיָּה נ fried egg
בֵּיצִית נ ovule
בִּיצַּע (יְבַצַּע) פ carry out, perform
בִּיצֵּר (יְבַצֵּר) פ fortify, strengthen
בִּיצָּרוֹן ז stronghold
בִּיקּוּעַ ז splitting
בִּיקּוּר ז visit, call
בִּיקּוֹרֶת נ criticism
בִּיקּוֹרְתִּי ת critical, censorious
בִּיקּוּשׁ ז demand
בִּיקַּע (יְבַקַּע) פ cleave, split
בִּיקֵּר (יְבַקֵּר) פ criticize; visit
בִּיקֵּשׁ (יְבַקֵּשׁ) פ request; beg; seek
בֵּירֵג (יְבָרֵג) פ unscrew
בִּירָה נ capital (city); citadel, fortress
בֵּירוּץ ז surplus, overflow, excess
בֵּירוּר ז clarification, inquiry
בִּירִית נ garter; sleeve band
בֵּירֵךְ (יְבָרֵךְ) פ bless; greet
בֵּירֵר (יְבָרֵר) פ clarify
בֵּירֵשׁ (יְבָרֵשׁ) פ brush
בִּישׁ ת bad, wrong
בִּישּׁוּל ז stewing, cooking
בִּישּׂוּם ז scenting
בִּישֵּׁל (יְבַשֵּׁל) פ boil, stew; cook
בִּישֵּׂם (יְבַשֵּׂם) פ scent, perfume
בִּישֵּׂר (יְבַשֵּׂר) פ bring news
בַּיִת ז (ר׳ בָּתִּים) house, home; family, household; stanza
בֵּית־אוֹכֶל ז restaurant
בֵּית־אֲחִיזָה ז handle
בֵּית־אֲרִיגָה ז mill (for weaving)
בֵּית־אֲרִיזָה ז packing-house
בֵּית־בַּד ז oil factory
בֵּית־בּוֹשֶׁת ז brothel; (female) pudenda
בֵּית־בְּלִיעָה ז gullet, esophagus
בֵּית־גִּידּוּל ז natural habitat
בֵּית־דּוֹאַר ז post office
בֵּית־דִּין ז law court
בֵּית־דְּפוּס ז printing-house
בֵּית־הַבְרָאָה ז rest home
בֵּית־הַמִּקְדָּשׁ ז the Temple
בִּיתּוּק ז stabbing, cutting open
בִּיתּוּר ז dissection, cutting up
בֵּית־זוֹנוֹת ז brothel
בֵּית־זִיקּוּק ז refinery
בֵּית־חוֹלִים ז hospital
בֵּית־חָזֶה ז chest; brassiere
בֵּית־חֲרוֹשֶׁת ז factory
בֵּיתִי ת domestic; homely
בֵּית־יִשְׂרָאֵל ז Jewry, the Jewish people
בֵּית־יְתוֹמִים ז orphanage
בֵּית־כָּבוֹד ז lavatory (euphem.)
בֵּית־כִּסֵּא ז lavatory, water closet
בֵּית־כֶּלֶא ז prison
בֵּית־כְּנֶסֶת ז synagogue
בֵּית־מִדְרָשׁ ז house of study; school (of thought)
בֵּית־מְחוֹקְקִים ז legislature
בֵּית־מַחֲסֶה ז asylum, poor-house
בֵּית־מִטְבָּחַיִם ז slaughterhouse, abattoir

בֵּית־מְלָאכָה ז — workshop, workrooms
בֵּית־מָלוֹן ז — hotel
בֵּית־מִסְחָר ז — department store
בֵּית־מַרְגּוֹעַ ז — rest-home
בֵּית־מַרְזֵחַ ז — ale-house, tavern
בֵּית־מֶרְחָץ ז — bath-house, public baths
בֵּית־מִרְקַחַת ז — pharmacy
בֵּית־מְשׁוּגָּעִים ז — lunatic asylum, mad-house
בֵּית־מִשְׁפָּט ז — court (of law), tribunal
בִּיתָן ז — booth; pavilion
בֵּית־נִבְחָרִים ז — parliament
בֵּית־נוּרָה ז — socket of electric bulb
בֵּית־נְכוֹת ז — museum
בֵּית־סוֹהַר ז — prison
בֵּית־סֵפֶר ז — school, college
בֵּית־סְפָרִים ז — library
בֵּית־סֵפֶר יְסוֹדִי — elementary school
בֵּית־סֵפֶר עַל־יְסוֹדִי, בֵּית־סֵפֶר תִּיכוֹן — secondary school
בֵּית־עָלְמִין ז — cemetery
בֵּית־עָם ז — community center
בִּיתֵּק (יְבַתֵּק) פ — stab, cut open
בֵּית־קְבָרוֹת ז — graveyard, cemetery
בֵּית־קִיבּוּל ז — receptacle
בֵּית־קָלוֹן ז — brothel
בֵּית־קָפֶה ז — café
בִּיתֵּר (יְבַתֵּר) פ — dissect, cut up
בֵּית־שֶׁחִי ז — arm-pit
בֵּית־שִׁימּוּשׁ ז — lavatory, convenience
בֵּית־תַּמְחוּי ז — soup kitchen
בֵּית־תְּפִילָּה ז — place of worship, synagogue

בִּכְבֵדוּת תה״פ — heavily
בְּכְדִי תה״פ — in vain, for nothing
בָּכָה (יִבְכֶּה) פ — cry, weep
בְּכַוָּונָה תה״פ — on purpose, intentionally
בְּכוֹחַ תה״פ — by force; potential(ly)
בְּכוֹר ז — first-born, eldest
בְּכוֹרָה נ — birthright, priority
בַּכּוּרָה, בִּיכּוּרָה נ — early ripening fruit
בְּכִי ז — crying, weeping
בְּכִי־טוֹב — for the best
בְּכִיָּיה נ — crying, weeping
בַּכְיָין ז — crybaby, blubberer
בָּכִיר ת — elder; senior
בְּכִירוּת נ — seniority
בְּכָל־אוֹפֶן — in any case, anyhow, anyway
בְּכָל־זֹאת — nevertheless, still, for all that
בִּכְלָל תה״פ — at all; generally
בְּלֹא תה״פ — without
בְּלָאו הָכִי — in any case
בַּלָּאט תה״פ — stealthily, softly
בְּלַאי ז — amortization, wear
בְּלֹא עֵת — prematurely
בִּלְבַד תה״פ — only, merely
בִּלְבַדִּי ת — exclusive
בִּלְבּוּל ז — confusion, disorder
בְּלֵב וָלֵב — insincerely, falsely
בִּלְבּוֹלֶת נ — a mess, a state of confusion
בִּלְבֵּל (יְבַלְבֵּל) פ — confuse, mix up
בַּלְדָּר ז — emissary, courier
בָּלָה (יִבְלֶה) פ — wear out; grow old

בָּלֶה ת — worn out, shabby
בַּלָּהָה נ — terror, dread
בְּלוֹ ז — excise
בַּלּוּט ז — acorn
בַּלּוּטָה נ — gland
בָּלוּי ת — worn out; tattered
בָּלוּם ת — stuffed up, closed
בְּלוֹרִית נ — hair, quiff
בָּלַט (יִבְלוֹט) פ — project, protrude
בֶּלֶט ז — projection
בְּלִי מ״י — without
בְּלָיָה, בְּלִיָּה נ — wearing out, decay
בְּלִי הֶרֶף — incessantly
בְּלִיטָה נ — projection
בְּלִיָּה נ — wear and tear
בְּלִיַּעַל ז — wickedness, malice
בְּלִיל ז — mash (of fodder); mish-mash
בְּלִילָה נ — mixing; medley
בְּלִימָה נ — braking, halting, stopping; nothing
בָּלִיעַ ת — swallowable, absorbable
בְּלִיעָה נ — swallowing, absorption
בְּלִית נ — debris, detritus
בָּלַל (יִבלוֹל; גם יָבוֹל) פ — mix, mingle
בָּלַם (יִבלוֹם) פ — stop, halt; curb
בַּלָּם ז — "stopper" (in football)
בֶּלֶם ז — brake (on a vehicle)
בַּלְמנוֹעַ ז — safety brake
בָּלַע (יִבלַע) פ — swallow, absorb
בֶּלַע ז — crookedness, corruption
בִּלְעֲדֵי מ״י — without, apart from
בִּלְעָדִי ת — exclusive
בְּלַעַז תה״פ — in a foreign language (not Hebrew)

בָּלַשׁ (יִבלוֹשׁ) פ — search
בַּלָּשׁ ז — detective
בַּלְשָׁן ז — linguist, philologist
בַּלְשָׁנוּת נ — linguistics, philology
בִּלְתִּי מ״י — not; un—, in—
בִּלְתִּי־נִמְנָע — inevitable
בַּמָּאוּת נ — stage production
בַּמַּאי ז — producer (of a play)
בָּמָה נ — stage, platform
בְּמֵזִיד תה״פ — maliciously, with evil intent
בְּמָטוּתָא תה״פ — please
בַּמְיָה נ — okra
בִּמְיוּחָד תה״פ — in particular, particularly
בְּמֵישָׁרִין תה״פ — directly
בִּמְקוֹם תה״פ — instead of
בְּמִקְרֶה תה״פ — by chance
בְּמֶשֶׁךְ תה״פ — during, in the course of
בְּמִתְכַּוֵּן תה״פ — intentionally
בֵּן ז (ר׳ בָּנִים) — son, child
בֶּן־אָדָם — human being; man
בִּנְאוּם ז — internationalization
בַּנָּאוּת נ — building (trade)
בֶּן־אָח — nephew
בַּנַּאי — builder, mason
בֶּן־אַלְמָוֶת — immortal
בֶּן־בַּיִת — frequent visitor
בֶּן־בְּלִיַּעַל — scoundrel, villain
בֶּן־בְּלִי־שֵׁם — a nobody
בֶּן־בְּרִית — a Jew
בֶּן־גִּיל — of the same age
בֶּן־דּוֹד — cousin
בָּנָה (יִבְנֶה) פ — build

בְּנוֹגֵעַ לְ... תה״פ concerning
בָּנוּי ת built
בֶּן־זוּג mate
בֶּן חוֹרֵג stepson
בֶּן חוֹרִין free, freeborn
בֶּן־חַיִל smart fellow
בֶּן־טוֹבִים of good parentage
בְּנִי ז masonry
בֶּן־יוֹמוֹ day-old
בֵּן יָחִיד an only child
בְּנֵי טִיפֵּשׁ־עֶשְׂרֵה (slang) teenagers
בְּנִיָּה נ building (work)
בִּנְיָן ז building; verb stem pattern
בֶּן־כְּפָר villager
בֶּן־כְּרַךְ townsman
בֶּן־לְוָיָה companion
בֶּן־מָוֶת doomed to die
בֶּן־מִינוֹ one of his kind
בֶּן רֶגַע, בִּין רֶגַע in an instant
בֶּן־תְּמוּתָה mortal
בֶּן־תַּעֲרוֹבֶת hostage
בֶּן־תַּרְבּוּת a cultured person
בְּסִיטוֹנוּת תה״פ wholesale
בָּסִיס ז base, basis, foundation
בְּסִיסִי ת basic; fundamental; alkaline
בַּסָּם ז spice merchant
בִּעְבּוּעַ ז bubbling, effervescence
בַּעְבּוּעַ ז bubble; blister
בַּעְבּוּעָה נ boil, blister
בַּעֲבוּר מ״י for
בִּעְבַּע (יְבַעְבַּע) פ bubble; effervesce
בְּעַד, בְּעַד־ מ״י for
בְּעוֹד תה״פ while; after
בָּעַט (יִבְעַט) פ kick; spurn, scorn

בְּעֶטְיוֹ תה״פ because of him
בְּעָיָה נ problem
בְּעִיטָה נ kick, kicking
בְּעִילָה נ sexual possession of woman
בְּעַיִן תה״פ in actual fact, in reality
בְּעַיִן יָפָה generously, liberally
בָּעִיר ת inflammable
בְּעִיר ז grazing cattle, live stock
בְּעֵרָבוֹן מוּגְבָּל (בע״מ) Limited (Ltd)
בְּעֵירָה נ burning; conflagration
בְּעָיָתִי ת problematic(al)
בַּעַל ז husband; owner
בַּעַל אוֹפִי ז man of character
בַּעַל אֶמְצָעִים ז man of means
בַּעַל־בַּיִת landlord, householder
בַּעַל בְּרִית ally, confederate
בַּעַל־גּוּף burly person
בַּעַל דָּבָר person concerned
בַּעַל הוֹן capitalist
בַּעֲלוּת נ ownership, proprietorship
בַּעַל חַיִּים living creature; animal
בַּעַל טַעַם man of taste
בַּעֲלֵי חוּלְיוֹת vertebrates
בַּעֲלִיל תה״פ clearly, manifestly
בְּעָלִים ז owner, proprietor
בַּעֲלֵי תְשׁוּבָה repentant sinners
בְּעַל־כּוֹרְחוֹ against one's will; perforce
בַּעַל כִּשְׁרוֹן talented person
בַּעַל מוּם invalid, cripple
בַּעַל מְלָאכָה craftsman
בַּעַל מִקְצוֹעַ skilled worker
בַּעַל נִסָּיוֹן person with experience

בַּעַל עֲגָלָה coachman
בְּעַל־פֶּה by heart, orally
בַּעַל תְּפִילָּה cantor
בְּעֶצֶם תה"פ actually, as a matter of fact
בַּעֲקִיפִין תה"פ indirectly, roundabout
בָּעַר (יִבְעַר) פ burn, blaze
בַּעַר ז boor, oaf
בַּעֲרוּת נ boorishness; ignorance
בְּעֵרֶךְ תה"פ about, approximately
בַּעַת ז intense fear; phobia
בְּעָתָה נ horror, dread
בְּפֶה מָלֵא wholeheartedly
בְּפוּמְבֵּי תה"פ in public, publicly
בְּפוֹעַל תה"פ actually; acting, deputizing
בְּפֵירוּשׁ תה"פ explicitly
בִּפְנֵי תה"פ in the presence of, in front of; against
בִּפְנִים תה"פ inside, within
בִּפְנֵי עַצְמוֹ by itself, in itself
בְּפַרְהֶסְיָא תה"פ flagrantly, openly
בִּפְרוֹטְרוֹט תה"פ in detail, minutely
בִּפְרָט תה"פ particularly, in particular
בִּצְבֵּץ (יְבַצְבֵּץ) פ break out; sprout (flowers); ooze (sweat); burst forth
בְּצַוְותָא, בְּצַוְותָה תה"פ in company, together
בַּצּוֹרֶת נ drought
בָּצִיר ז grape harvest, vintage
בָּצָל ז bulb; onion
בְּצַלְצוּל, בְּצַלְצַל ז shallot

בְּצִמְצוּם sparingly
בָּצַע (יִבְצַע) פ slice, cut
בֶּצַע ז ill-gotten gains, unjust reward
בָּצֵק ז dough, pastry
בַּצֶּקֶת נ edema, oedema
בָּצַר (יִבְצוֹר) פ gather, harvest (grapes)
בַּקְבּוּק ז bottle
בִּקְבִיעוּת תה"פ regularly, constantly
בְּקוֹצֶר־רוּחַ impatiently
בְּקוֹשִׁי תה"פ barely, hardly, with difficulty
בָּקִי, בָּקִיא ת (ר' בְּקִיאִים) well-versed, expert
בְּקִיאוּת נ proficiency; erudition
בַּקְיָה נ vetch
בְּקִיעַ ז crack, cleft, split
בָּקִיעַ ת splittable, fissionable (atom)
בְּקִיעָה נ cleaving, splitting
בְּקִיצּוּר תה"פ in short, briefly
בְּקֵירוּב תה"פ approximately
בָּקַע (יִבְקַע) פ cleave, split
בִּקְעָה נ valley
בָּקָר ז cattle
בַּקָּרָה נ control
בְּקָרוֹב תה"פ soon, in the near future
בַּקָּשָׁה נ request, application
בִּקְתָּה נ shed, hovel
בָּר, בַּר ז countryside, open fields
בַּר ת pure, clean
בַּר ז son, child
בָּרָא (יִבְרָא) פ create
בְּרֵאשִׁית תה"פ in the beginning

בַּרְבּוּר ז	swan
בָּרַבִּים תה״פ	in public, publicly
בָּרַג (יִבְרוֹג) פ	screw in, screw
בָּרָד ז	hail, hailstone
בַּרְדְּלָס ז	panther
בַּרְדָּס ז	hood (connected to a coat)
בָּרוּא ז	creature
בָּרוּג ת	screwed, screwed in
בְּרוֹגֶז תה״פ	angrily, not on speaking terms
בָּרוֹד ת	spotted, dappled
בַּרְוָז ז	duck, drake; canard, gossip
בַּרְוָזוֹן ז	duckling
בַּרְוָזִיָּה נ	shed for raising ducks, duck-farm
בָּרוּךְ ת	blessed, blest; praised
בָּרוּר ת	clear, evident, certain
בָּרוּר תה״פ	clearly, plainly
בְּרוֹשׁ ז	cypress
בֶּרֶז ז	tap
בַּרְזִילִי ת	iron, ferrous
בַּרְזִלָּן ז	iron-worker
בַּרְזֶל ז	iron
בִּרְזֵל (יְבַרְזֵל) פ	cover with iron, iron-plate
בָּרַח (יִבְרַח) פ	run away, flee
בָּרִיא ת	healthy, sound
בְּרִיאָה נ	creation, the world
בְּרִיאוּת נ	health, soundness
בְּרִיאוּתִי ת	sanitary, salubrious
בִּרְיוֹן ז	hooligan, bully
בִּרְיוֹנוּת נ	hooliganism, bullying
בְּרִיּוֹת זונ״ר	folk, people
בְּרִיחַ ז	bolt, latch
בְּרִיחָה נ	flight, escape
בְּרִיָּה נ	creature, person
בְּרֵירָה, בְּרֵרָה נ	choice, alternative
בְּרִירָה נ	sorting, selecting
בְּרִית נ	covenant, pact
בְּרִית שָׁלוֹם	peace treaty, pact
בֵּרֵךְ (יְבָרֵךְ) פ	kneel
בֶּרֶךְ נ (נ״ז בִּרְכַּיִם)	knee
בְּרָכָה נ	blessing, benediction; greeting
בְּרֵכָה, בְּרֵיכָה נ	pool, pond
בְּרֵכִיָּה נ	wild duck, mallard
בְּרַם תה״פ	however, yet
בַּר־מִינָן ז	dead, deceased
בַּר־מִצְוָה	boy of thirteen, responsible (in religious law)
בַּרְנָשׁ ז	guy, fellow (derisive)
בְּרָצוֹן תה״פ	willingly, with pleasure
בִּרְצִיפוּת תה״פ	continuously
בָּרָק ז	lightning; flash
בַּרְקַאי ז	morning star
בַּרְקָן ז	brier
בָּרֶקֶת נ	agate
בָּרַר (יִבְרוֹר או יָבוֹר) פ	select, pick, sort
בַּרְרָן ז	choosy
בִּשְׁבִיל מ״י	for, on behalf of
בְּשׁוּם אוֹפֶן	on no account, by no means
בְּשׁוּם מָקוֹם	nowhere
בְּשׁוּם פָּנִים	by no means, on no account
בְּשׂוֹרָה נ	tidings (usu. good)
בְּשֵׁלוּת ז	ripeness, maturity
בָּשַׁל (יִבְשַׁל) פ	ripen, become ripe

בָּשֵׁל ת ripe
בְּשֶׁל מ"י for, because of
בְּשֵׁלוּת נ ripeness, maturity
בְּשֵׁם in the name of; on behalf of
בַּשָּׂם ז parfumier, scent-merchant
בִּשְׁעַת תה"פ at the time of, while
בִּשְׁעָתוֹ תה"פ in its time
בָּשָׂר ז flesh, meat
בִּשְׂרוֹנִי ת meat-eating
בְּשָׂרִי ת carnal, fleshy
בַּשְׂרָנִי ת fleshy, juicy (fruit or vegetable)
בַּת נ daughter, girl, lass; native of, born in; aged...
בָּתָה נ scrub; waste land
בְּתוֹךְ תה"פ within, inside
בְּתוּלָה נ virgin, maiden
בְּתוּלִים ז"ר virginity
בְּתוֹם לֵב, בְּתוֹם לֵבָב innocently, in good faith
בְּתוֹר, בְּתוֹרַת תה"פ in the role of, as
בַּתְּחִילָּה תה"פ first; previously
בְּתֵיאָבוֹן תה"פ bon appetit
בַּת־יַעֲנָה נ ostrich
בְּתַכְלִית תה"פ entirely, absolutely
בִּתְמִיהָה תה"פ interrogatively, with astonishment
בַּת־עַיִן pupil of the eye
בַּת־צְחוֹק smile
בַּת־קוֹל echo; rumor
בָּתַר (יְבַתּוֹר) פ cut up, dissect
בְּתַשְׁלוּמִים תה"פ in instalments

ג

גֵּא, גֵּאֶה ת proud; haughty, conceited
גָּאָה (יִגְאֶה) פ rise, grow (in height); be exalted
גַּאֲוָה נ pride, conceit
גַּאַוְתָן ת conceited, cocky, self-important
גַּאַוְתָנוּת נ pride, self-conceit
גְּאוּלָּה נ redemption, salvation; reclamation (of land)
גָּאוֹן ז grandeur, majesty
גָּאוֹן ת genius, gifted
גְּאוֹנוּת נ quality of genius
גְּאוֹנִי ת highly talented, possessing genius
גֵּאוּת, גֵּיאוּת נ high tide
גָּאַל (יִגְאַל) פ redeem, deliver
גַּב ז back, rear
גֶּב ז hollow (where water collects)
גַּבָּאוּת נ office of honorary management
גַּבַּאי ז honorary officer (of a synagogue or religious institution); collector of synagogue dues or contributions to charity

גָּבַב (יִגְבּוֹב) פ pile up, heap together
גְּבָב ז גְּבָבָה נ pile, heap
גָּבַהּ (יִגְבַּהּ) פ be tall, be high; rise, mount
גָּבָה (יִגְבֶּה) פ collect (money), receive payment
גַּבָּה נ eyebrow, brow
גַּבְהוּת נ haughtiness
גָּבוֹהַּ ת high, tall
גְּבוֹהָה תה"פ proudly, vainly
גְּבוּל ז border, limit; frontier
גְּבוּרָה נ might, heroism
גַּבַּחַת נ baldness (at the temples)
גְּבִיָּה נ collection (of money)
גְּבִין ז brow, eyebrow
גְּבִינָה נ cheese
גָּבִיעַ ז chalice, wine-glass; cup, trophy; calix (botany)
גְּבִיר ז rich man
גָּבִישׁ ז crystal
גְּבִישִׁי ת crystalline
גָּבַל (יִגְבּוֹל) פ set limits to; border on; adjoin; knead
גַּבְלוּל ז lump of dough; lump of mortar
גַּבָּן ז cheese-maker; cheese-vendor
גַּבְנוּן ז hump, bump
גַּבְנוּנִי ת hump-backed; rounded, convex
גֶּבֶס ז gypsum, plaster
גֶּבַע ז hillock, low hill, hill
גִּבְעָה נ hill, hillock
גִּבְעוֹל ז stalk, stem
גָּבַר (יִגְבַּר) פ be strong, be mighty; increase, grow stronger
גֶּבֶר ז man, male; he-man; cock
גַּבְרָא ז man, male
גַּבְרוּת נ masculinity
גַּבְרִי ת male, manly, masculine
גְּבֶרֶת נ lady, madame; Miss, Mrs
גְּבַרְתָּן ת strong man, "tough guy"
גַּבְשׁוּשִׁית נ mound, hillock; hump, knob
גַּג ז roof, roofing
גַּגּוֹן ז awning
גָּדָה נ bank (of river)
גְּדוּד ז battalion, regiment
גָּדוֹל ת big; great
גְּדוּלָּה נ greatness, magnitude
גָּדוּעַ ת hewn, cut down
גָּדוּר ת fenced, fenced in
גָּדוּשׁ ת replete, brimful
גְּדִי ז kid (male)
גְּדִיל ז fringe (on a garment)
גְּדִיעָה נ hewing, chopping
גָּדִישׁ ז stack (of corn, or other plants)
גָּדַל (יִגְדַּל) פ grow; expand
גַּדְלוּת נ greatness, magnitude
גָּדַם (יִגְדּוֹם) פ lop off, cut off
גֶּדֶם ז stump (of tree or limb)
גָּדַע (יִגְדַּע) פ hew, chop, cut down
גַּדְּפָן ז blasphemer, abuser
גָּדַר (יִגְדּוֹר) פ fence in, enclose
גֶּדֶר ז fence, railing
גְּדֵרָה נ sheep-pen, sheep-fold; enclosure, pound

גֶּדֶר תַּיִל barbed-wire fence
גָּדַשׁ (יִגְדּוֹשׁ) פ pile up, overfill, overdo
גֵּהָה נ healing, cure
גֵּהוּת, גֵּיהוּת ת hygiene, sanitation
גָּהַק (יִגְהַק) פ belch
גֵּו, גַּו ז back, rear
גּוֹאַל (יְגוֹאַל) פ be fouled, be soiled
גּוֹאֵל ז redeemer, saviour
גּוֹב ז locust; den, pit
גּוֹבַהּ ז height, altitude
גּוֹבֶה ז collector (of money, debts, taxes)
גּוֹבַיינָה נ collection (of debts)
גּוֹבֵל ת bordering, adjacent
גּוֹדֶל ז size, magnitude
גּוֹדֵר ז fence-maker
גּוֹדֵשׁ ז overflow, surplus
גְּוִויָּה נ corpse
גְּוִיל ז rough parchment
גְּוִיעָה נ expiration, final coma (before death); dying
גָּוֶן ז color, shade
גִּוְנוּן ז tinging, tinting
גִּוְנֵן (יְגַוְנֵן) פ tinge, tint
גָּוַע (יִגְוַע) פ expire, die
גּוֹזֵז ז sheep-shearer
גּוֹזָל ז chick, young bird
גּוּזְמָה נ exaggeration
גּוֹי ז nation, people; gentile
גּוּיַּס (יְגוּיַּס) פ be mobilized, be called up
גּוּלְגּוֹלֶת נ skull, head
גּוּלָּה נ marble (children's toy); ball-shaped head of walking-stick

גּוֹלָה נ exile, the Diaspora
גּוֹלֵל ז tomb-stone
גּוֹלֶם ז robot, golem; idiot, dummy
גּוֹלְמִי ת raw, crude
גּוֹמֶא ז paper reed, papyrus plant
גּוֹמֶד ז cubit
גּוּמָה נ dimple; shallow crater
גּוּמְחָה נ recess, niche
גּוּמִי ז rubber, elastic
גּוּמִיָּה נ rubber band
גּוֹמֵל ז reciprocator; benefactor
גּוֹמֵר ת finishing, ending
גּוּנְדָּר ז company commander (army)
גּוֹנִי ת tinted, shaded, colored
גּוֹנִית נ nuance
גּוֹנֵן (יְגוֹנֵן) פ protect, shelter
גּוֹסֵס ת, ז dying, moribund; a dying man
גּוֹעַל ז disgust, repulsion
גּוֹעֲלִי ת disgusting, repulsive
גּוֹעַל נֶפֶשׁ disgust
גּוּף ז body; substance, material essence
גּוּפָה נ corpse, body (dead)
גּוּפִיָּה נ undervest; singlet
גּוּפִיף ז corpuscle
גּוּפָנִי ת physical, material; bodily, corporal
גּוֹפֶר ז gopher-wood
גּוּף רִאשׁוֹן first person
גּוֹפְרָה, גָּפְרָה נ sulphate
גּוֹפְרִית, גָּפְרִית נ sulphur, brimstone
גּוֹפְרָתִי, גָּפְרָתִי ת sulphate
גּוֹפְרִיתָנִי ת sulphuric

גּוּץ ת	short (in stature)
גּוּר פ ר׳ גָּר	
גּוּר ז	cub, whelp
גּוֹרָל ז	fate, destiny; lot
גּוֹרָלִי ת	fateful
גּוֹרֵם ז	factor, cause
גּוֹרֶן נ	threshing-floor
גּוֹרֵר ז	tug, tug-boat
גּוֹרֶרֶת נ	tug, tug-boat
גּוֹרַשׁ, (יְגוֹרַשׁ) פ	be expelled, be driven away
גּוּשׁ ז	bloc; clod, lump
גּוּשְׁפַּנְקָה נ	seal; authorization
גַּז ז	gas
גֵּז ז	sheep-shearing; shorn wool, fleece
גָּז (יָגוּז) פ	pass away, go by
גִּזְבָּר ז	treasurer
גַּזָּה נ	gauze (especially medical)
גָּזוֹז ז	flavored soda water
גָּזוּז ת	shorn, fleeced
גְּזוּזְטְרָה נ	balcony, verandah
גָּזוּל ת	plundered, robbed, pillaged
גְּזוֹמֶת נ	prunings, the pruned branches
גָּזַז (יִגְזוֹז) פ	shear, fleece; remove, cut off
גַּזֶּזֶת נ	ringworm
גְּזִיזָה נ	clipping, shearing
גְּזֵילָה, גְּזֵלָה נ	loot, plunder
גָּזִיר ת	cuttable, easily cut
גְּזִירָה נ	cutting, shearing; (math.) differentiation
גְּזֵירָה, גְּזֵרָה נ	decree, edict
גָּזִית נ	hewn stone
גָּזַל (יִגְזוֹל) פ	rob, plunder, pillage
גָּזֵל ז	robbery, seizure
גַּזְלָן ז	robber, brigand, bandit
גָּזַם (יִגְזוֹם) פ	prune, clip (branches of a tree)
גַּזְמָן ז	exaggerator
גֶּזַע ז	genus, race; tree trunk
גִּזְעִי ת	racial; pure bred, thoroughbred, pedigree
גִּזְעָנוּת נ	racialism, racism
גָּזַר (יִגְזוֹר) פ	cut; decree
גֶּזֶר ז	carrot
גְּזַר־דִּין ז	verdict
גִּזְרָה נ	build (of body); sector (military); segment (of a circle); conjugation (verbs)
גַּזַּרְקַשׁ ז	machine for cutting hay and straw
גָּח (יָגִיחַ) פ	burst forth, break out
גָּחוֹן ז	belly (of reptile); bottom
גָּחוּן ת	bent over, stooping
גַּחְלִילִית נ	glow-worm, firefly
גַּחֶלֶת נ	ember, glowing coal
גַּחַם ז	caprice, whim
גַּחְמוֹן ז	arsonist
גָּחַן (יִגְחַן) פ	stoop, bend over
גֵּט ז	bill of divorcement
גַּי, גַּיא ז	valley, wadi
גֵּיאַל (יְגָאֵל) פ	foul, soil
גִּיבֵּב (יְגַבֵּב) פ	stack, pile up, amass
גִּיבָּה (יְגַבֶּה) פ	back, give backing to
גִּיבּוּב ז	stacking, piling up; accumulation
גִּיבּוּי ז	backing
גִּיבּוּל ז	kneading, remoulding

גִּבּוֹר ז, ת — hero, champion; brave, valiant
גִּבּוּשׁ ז — crystallization; integration
גִּבֵּחַ ת — bald (at the temples)
גִּבֵּן ז — hunchback, humpback
גִּבֵּן (יְגַבֵּן) פ — make cheese
גִּבֵּשׁ (יְגַבֵּשׁ) פ — crystallize; integrate
גִּבְתּוֹן ז — yellow-hammer
גִּיגִית נ — tub, wash-tub
גִּיד ז — sinew, tendon, strand
גִּידּוּל ז — growing (of plants), cultivation; rearing, raising (of children), crop; growth, tumor
גִּידּוּלֵי פֶּרֶא — weeds
גִּידּוּף ז — abuse, revilement
גִּידּוּר ז — fencing, enclosure (act of); constraint, restraint
גִּידֵּל (יְגַדֵּל) פ — rear, raise (children, cattle); grow, cultivate (crops)
גִּידֵּם ת — one-armed
גִּידֵּעַ (יְגַדֵּעַ) פ — cut to pieces, hew down
גִּידֵּף (יְגַדֵּף) פ — abuse, revile
גִּידֵּר (יְגַדֵּר) פ — fence, fence in
גִּיהוּץ ז — ironing, pressing
גִּיהוּק ז — belching, eructation
גֵּיהִינּוֹם ז — hell, gehinnom
גִּיהֵץ (יְגַהֵץ) פ — iron, press
גִּיוּוּן ז — variegation; variation, diversification
גִּיוֵּן (יְגַוֵּן) פ — vary, shade
גּוֹוֵן (יְגוֹוֵן) פ — tint; add a nuance
גִּיּוּס ז — mobilization, call-up

גִּיּוּר ז — conversion, proselytization (to Judaism)
גִּיּוֹרֶת נ — converted Jewess
גִּיזָּה נ — fleece
גִּיזּוּם ז — pruning
גִּיזּוּר ז — cutting
גִּיזֵּם (יְגַזֵּם) פ — prune (plant, trees)
גִּיזָּרוֹן ז — etymology
גִּיחָה נ — breaking out, sudden onslaught
גִּיחוּךְ ז — giggle, smirk; absurdity
גִּיחוֹר ת — scarlet, crimson
גִּיחֵךְ (יְגַחֵךְ) פ — smile (in scorn); giggle
גֵּיטוֹ ז — ghetto
גִּייֵּס (יְגַייֵּס) פ — mobilize, call up, call to arms
גַּיֶּיצֶת נ — cutter, etching tool, mill, engraving tool
גִּייֵּר (יְגַייֵּר) פ — convert, proselytize (to Judaism)
גִּיל ז — joy; age
גִּילַאי ז — aged, of age-group
גִּילָה נ — joy, rejoicing
גִּילָּה (יְגַלֶּה) פ — reveal, discover, disclose
גִּילּוּחַ ז — shaving
גִּילּוּי ז — revealing, discovery, revelation
גִּילּוּלִים ז״ר — idols
גִּילּוּם ז — embodiment
גִּילּוּף ז — carving, engraving
גִּילֵּחַ (יְגַלֵּחַ) פ — shave
גִּילָּיוֹן ז — sheet (of paper); copy (of a newspaper)
גִּילֵּם (יְגַלֵּם) פ — embody

גִּילֵּף (יְגַלֵּף) פ	engrave, carve, incise
גִּימֵּד (יְגַמֵּד) פ	reduce, shrink
גִּימּוּר ז	completion, ending
גִּימֵּז (יְגַמֵּז) פ	prune; criticize severely (literary slang)
גִּימֵּשׁ (יְגַמֵּשׁ) פ	make flexible, make elastic
גִּינָּה (יְגַנֶּה) פ	censure, denounce, condemn
גִּינָּה נ	garden (small), vegetable garden
גִּינּוּי ז	censure, condemnation, denunciation
גִּינּוּן ז	manner, mode of behaviour; gardening
גִּיס ז	brother-in-law
גַּיִס ז	column (military); army, corps
גִּיפּוּף ז	embracing, hugging
גִּיפּוּר ז	dusting (with sulphur); sulphurization
גִּיפֵּף (יְגַפֵּף) פ	embrace, hug; encircle
גִּיפֵּר (יְגַפֵּר) פ	dust (trees or plants with sulphur or similar material); sulphurize
גִּיר ז	chalk, a piece of chalk; limestone
גֵּירֵד (יְגָרֵד) פ	scratch, scrape
גֵּירָה (יְגָרֶה) פ	stimulate, provoke; incite, stir up; irritate
גֵּירוּד ז	scratching, scraping
גֵּירוּי ז	stimulation, provocation, irritation
גֵּירוּשׁ ז	expulsion, banishment
גִּירִית נ	badger
גִּירְסָא, גִּרְסָה נ	text; learning, study
גֵּירָעוֹן ז	deficit, shortage
גֵּירֵף (יְגָרֵף) פ	rake
גֵּירֵשׁ (יְגָרֵשׁ) פ	expel, drive away; banish; divorce
גִּישָׁה נ	approach, access; attitude
גִּישּׁוּם ז	realization
גִּישּׁוּר ז	bridging
גִּישּׁוּשׁ ז	groping
גִּישֵּׁר (יְגַשֵּׁר) פ	bridge
גִּישֵּׁשׁ (יְגַשֵּׁשׁ) פ	grope
גַּל ז	wave
גַּלַּאי ז	detector (electrical instrument)
גַּלָּב ז	barber
גִּלְגּוּל ז	rolling; metamorphosis
גַּלְגִּילָּה נ	pulley, sheave
גַּלְגִּילּוֹן ז	small wheel, pulley, roller
גַּלְגִּילַּיִים, גַּלְגִּלַּיִם ז״ז	scooter
גַּלְגַּל ז	wheel, cycle
גִּלְגֵּל (יְגַלְגֵּל) פ	roll, revolve
גַּלְגִּלִּית נ (ר׳ גַּלְגִּלִּיּוֹת)	roller-skate
גַּלְגֶּלֶת נ	pulley-block, pulley-wheel
גָּלָה (יִגְלֶה) פ	reveal; be exiled
גִּלְוֵון (יְגַלְוֵון) פ	galvanize; electro-plate
גָּלוּחַ ת	shaven; irreligious
גָּלוּי ת	open, revealed
גְּלוּי רֹאשׁ	bare-headed
גְּלוּיָה נ	postcard
גָּלוּם ת	embodied
גְּלוֹסְקָמָה נ	sarcophagus, coffin
גְּלוּפָה נ	block (for printing)

גָּלוּת נ (ר׳ גָּלֻיּוֹת) exile, banishment; the Diaspora
גַּלָּח ז Christian priest, monk
גַּלִּי ת wavy, wave-like, undulating
גְּלִיד ז ice
גְּלִידָה נ ice-cream
גַּלִּיּוּת נ waviness, undulation
גָּלִיל ז district, circuit; roll; cylinder
גְּלִילִי ת cylindrical; Galilean
גְּלִימָה נ cloak, gown
גְּלִיפָה נ engraving
גְּלִישָׁה נ skiing; sliding, slipping; boiling over
גָּלַל (יָגֹל או יִגְלוֹל) פ roll, roll away; roll up
גָּלָל ז dung
גֹּלֶם ז crudeness
גַּלְמוּד ת lonely, solitary
גַּלְעִין ז stone (of fruit), kernel
גַּלְעִינִי ת containing a stone, stone-bearing (of fruit)
גִּלְעֵן (יְגַלְעֵן) פ stone (fruit)
גָּלַף (יִגְלוֹף) פ engrave, carve
גָּלַשׁ (יִגְלוֹשׁ) פ overflow, boil over; ski; glide
גִּלְשׁוֹן ז glider (plane)
גַּלְשׁוֹן ז avalanche
גַּלֶּשֶׁת נ eczema
גַּם מ״ח also, too, as well
גִּמְגּוּם ז stammer, stutter
גִּמְגֵּם (יְגַמְגֵּם) פ stammer, stutter
גַּמְגְּמָן ז stammerer, stutterer
גַּמָּד ז dwarf
גַּמּוּד ת dwarfish, undersized
גָּמוּל ת weaned child, infant
גְּמוּל ז recompense
גָּמוּר ת finished, complete
גָּמַז (יִגְמוֹז) פ criticize severely (literary slang)
גְּמִיאָה נ sipping (act of); sip
גְּמִילָה נ ripening (of fruit); weaning
גְּמִיעָה נ sipping, swallowing (a liquid)
גָּמִישׁ ת flexible, elastic
גְּמִישׁוּת נ flexibility, pliability
גָּמַל (יִגְמוֹל) פ requite; recompense; ripen
גָּמָל ז camel
גַּמָּל ז camel driver
גִּמְלָה, גִּימְלָה נ insurance benefit, pension
גַּמְלוֹנִי ת overlarge, outsize
גְּמֵלוּת נ ripeness, maturity
גַּמֶּלֶת נ caravan (of camels)
גֻּמָּתִית נ depression (in rock)
גָּמַע (יִגְמַע) פ sip, swallow; gulp
גָּמַר (יִגְמוֹר) פ finish, complete, end; conclude, decide
גְּמָר, גֶּמֶר ז end, finish
גְּמָרָא נ the Talmud
גְּמָשָׁה נ spat, legging
גַּן ז garden; kindergarten
גְּנַאי ז reproach, disgrace
גָּנַב (יִגְנוֹב) פ steal, thieve
גַּנָּב ז thief, robber
גְּנֵבָה, גְּנֵיבָה נ theft, stealing, stolen property
גַּנְדְּרָן ת dandy, coxcomb
גַּנְדְּרָנוּת נ ostentation, overdressing

גָּנוּב ת	stolen
גְּנוֹנֶת נ	awning (over a door or window)
גָּנוּז ת	hidden, concealed
גַּנּוֹן ז	nursery school
גְּנוּת ת	disgrace, dishonor; reproach
גָּנַז (יִגְנוֹז) פ	hide, conceal
גַּנָּז ז	archivist
גִּנְזַךְ ז	archives
גָּנַח (יִגְנַח) פ	groan; cough blood
גְּנִיזָה נ	concealing, hiding; archives
גְּנִיחָה נ	groaning, groan
גַּנָּן ז	gardener, horticulturist
גַּנָּנוּת נ	horticulture, gardening
גַּנֶּנֶת נ	kindergarten teacher
גַּן עֵדֶן	Paradise
גַּס ת	crude, rough; large, ample; obscene, vulgar
גַּסּוּת נ	rudeness, bad manners
גְּסִיסָה נ	dying, last moments
גָּסַס (יִגְסוֹס) פ	be dying, be about to die
גַּס־רוּחַ	rude, coarse, vulgar
גַּעְגּוּעִים ז״ר	longing, yearning
גָּעָה (יִגְעֶה) פ	moo, low (of cows); wail, moan
גְּעִיָּה נ	mooing; wailing
גָּעַל (יִגְעַל) פ	loathe, abhor
גָּעַר (יִגְעַר) פ	scold, rebuke; curse
גְּעָרָה נ	scolding, rebuke, reproof
גָּעַשׁ (יִגְעַשׁ) פ	rage, storm
גַּעַשׁ ז	raging, storming
גַּעֲשִׁי ת	volcanic
גַּף ז	wing (of a bird); arm; leg
גֶּפֶן נ	vine
גֶּפֶס ז	plaster of Paris, gypsum
גַּפְרוּר ז	safety match
גֵּץ ז	spark
גֵּר ז	proselyte
גָּר (יָגוּר) פ	live, dwell, inhabit
גָּרָב ז	eczema
גֶּרֶב ז	sock, stocking
גִּרְגּוּר ז	gargling, gargle
גַּרְגִּיר ז	grain
גִּרְגֵּר (יְגַרְגֵּר) פ	glut, gormandize
גַּרְגְּרָן ז	glutton
גַּרְגֶּרֶת נ	throat
גַּרְדּוֹם ז	scaffold
גָּרֶדֶת:	itch; scabies
גְּרוֹדֶת נ	filings, shavings
גְּרוּטָאוֹת נ״ר	scrap metal
גָּרוּם ת	bony; oversized
גָּרוֹן נ	throat
גְּרוֹנִי ת	throaty, guttural
גָּרוּעַ ת	bad, inferior
גָּרוּף ז	trailer
גְּרוֹפֶת נ	drift, bed load (of river)
גָּרוּשׁ ז	divorced man
גְּרוּשָׁה נ	divorced woman
גַּרְזֶן ז	axe, hatchet
גְּרֵידָא תה״פ	purely, merely
גֵּרְיוּת נ	sensitivity, excitability
גְּרִימָה נ	causing, producing (act of)
גְּרִיסִים ז״ר	grits, groats
גְּרִיעוּת נ	inferiority, badness
גְּרִיפָה נ	scouring, cleaning out
גְּרִירָה נ	dragging, trailing
גָּרַם (יִגְרוֹם) פ	cause, bring about

גֶּרֶם ז	bone; body
גַּרְמִי ת	osseous, bony
גָּרַס (יִגְרוֹס) פ	crush, crumble; learn, study
גָּרַע (יִגְרַע) פ	subtract, deduct; withdraw, withhold
גַּרְעִין ז	stone, kernel, pip; nucleus
גַּרְעִינִי ת	pippy; nuclear
גִּרְעֵן (יְגַרְעֵן) פ	core (fruit); stone
גַּרְעֶנֶת נ	trachoma
גָּרַף (יִגְרוֹף) פ	sweep away; scour
גְּרָר ז	towing, trailing
גְּרָרָה נ	sledge, sleigh
גַּשׁ	draw near, come
גָּשׁוּם ת	rainy
גִּשּׁוֹשׁ ז	sounding rod, plummet; calipers
גֶּשֶׁם ז	rain, shower
גַּשְׁמִי ז	physical, material
גֶּשֶׁר ז	bridge
גִּשֵּׁר (יְגַשֵּׁר) פ	bridge, build (a bridge); connect
גִּשְׁרוֹן ז	small bridge
גִּשְׁרִית נ	bridge (of a violin)
גִּשֵּׁשׁ (יְגַשֵּׁשׁ) פ	feel, stroke
גַּשָּׁשׁ ז	tracker; reconnoitrer
גִּשְׁתָּה נ	syphon
גַּת נ	wine-press, wine-pit

ד

דָּאַב (יִדְאַב) פ	pine, languish
דַּאֲבוֹן ז	languishing; regret
דָּאַג (יִדְאַג) פ	worry, be anxious
דְּאָגָה נ	worry, anxiety, concern
דָּאָה (יִדְאֶה) פ	glide, hover
דָּאוֹן ז	glider
דְּאָז ת	then, former
דְּאִיָּה נ	gliding
דָּבוּק ת	attached (lit. and fig.); affixed
דָּבוּר ת	spoken, uttered
דַּבּוּר ז	hornet
דְּבוֹרָה נ	bee
דָּבִיק ת	sticky, adhesive
דְּבִיר ז	the Holy of Holies; court (of palace)
דָּבַק (יִדְבַּק) פ	stick, adhere
דָּבֵק ת	attached, adherent
דֶּבֶק ז	glue
דְּבֵקוּת נ	loyalty, devotion
דִּבְקִי ת	sticky, glutinous
דָּבָר ז	word, saying; thing, matter; something, anything
דַּבָּר ז	leader
דֶּבֶר ז	plague, pestilence
דִּבְרָה נ	saying; speech
דִּבְרֵי הַיָּמִים	history; the Book of Chronicles

Deuteronomy דְבָרִים ז״ר
something, a trifle דְבַר־מָה
chatter-box דַבְּרָן ז
verbal diarrhoea דַבֶּרֶת נ
honey דְבַשׁ ז
hump (of a camel) דַבֶּשֶׁת נ
fish, angle דָג (יָדוּג) פ
fish דָג ז
tickle דִגְדֵג (יְדַגְדֵג) פ
clitoris דַגְדְגָן ז
excellent, outstanding דָגוּל ת
small fish דָגִיג ז
sampling, random sampling דְגִימָה ז
brooding, incubation דְגִירָה נ
raise a standard; wave a flag; stand for דָגַל (יִדגּוֹל) פ
flag, banner, standard דֶגֶל ז
standard-bearer דַגְלָן ז
pattern דְגָם ז
model דֶגֶם ז
herring דָג מָלוּחַ ז
stuffed fish דָג מְמוּלָא
corn, grain דָגָן ז
hatch, incubate; דָגַר (יִדגּוֹר) פ
dagesh (a dot put in a consonant); stress, emphasis דָגֵשׁ ז
nipple, teat, breast דַד ז
fade (of colors) דָהָה (יִדהֶה) פ
faded דָהוּי ת
that is to say, in other words, i.e. דְהַיְינוּ תה״פ
galloping, gallop דְהִירָה נ
gallop דָהַר (יִדהַר) פ
gallop דַהֲרָה נ
post, postage; post office דוֹאַר ז

bear דוֹב ז
induce to talk דוֹבֵב (יְדוֹבֵב) פ
cherry דוּבְדְבָן ז
she-bear דוּבָּה נ
spokesman דוֹבֵר ז
raft דוֹבְרָה נ
honey cake דוּבְשָׁן, דוּבְשָׁנִית ז
dinghy, fishing boat דוּגִית נ
sample; example, model דוּגמָה נ
model (artist's or fashion) דוּגמָנִית נ
boiler (for hot water), geyser דוּד ז (ר׳ דְוּדִים וגם דוּדִים)
uncle דוֹד ז
aunt דוֹדָה נ
cousin (male) דוֹדָן ז
cousin (female) דוֹדָנִית נ
affliction, sickness דְוַאי ז
in pain, doleful, sad דָוֶה ת
afflicted, sick דָווּי ת
distressed, afflicted דַוָּיי ת
for all that, necessarily דַווקָא, דַווקָה תה״פ
postman, courier דַוָּר ז
pedal דַוְשָׁה נ
report דו״חַ ז (דין וחשבון)
amphibian דוּחַי ז
millet דוֹחַן ז
stress, strain, overcrowding דוֹחַק ז
be suppressed, be oppressed, be depressed דוּכָּא (יְדוּכָּא) פ
surf דוֹכִי, דֳכִי ז
hoopoe דוּכִיפַת נ
stall (in market); pulpit (for preacher); stand, platform דוּכָן ז

דּוֹלֶב ז plane (tree)

דּוּלְדַּל, (יְדוּלְדַּל) פ be impoverished, be weakened

דּוּלָלָה נ ball of thread

דּוֹם attention!

דּוֹמֶה ת like, alike, resembling

דּוֹמֶה שֶׁ... it seems that...

דּוּמִי, דֳּמִי ז stillness, quietness, still

דּוּמִיָּה נ stillness, quiet, hush

דּוּמָם תה״פ in silence, soundlessly, quietly

דּוֹמֵם ת inanimate, inorganic; silent, still

דּוֹמֶן ז manure, dung

דּוּ־מַשְׁמָעִי ת ambiguous

דּוֹנַג ז wax

דּוֹנַגִית נ waxlike matter

דּוּ־סִטְרִי ת two-way (street)

דּוֹפִי ז stain, blemish, flaw

דּוֹפֶן ז side, wall

דּוֹפֶק ז pulse

דּוּ־קִיּוּם ז co-existence

דּוּקְרָב, דּוּ־קְרָב ז duel, combat; match

דּוֹקְרָן ז sear (of a rifle)

דּוֹקְרָנִי ת barbed (wire); spiky, thistly

דּוֹר ז (ר׳ דּוֹרוֹת) generation; epoch, age

דּוֹרַג (יְדוֹרַג) פ be graded, be classed

דּוֹרֶגֶל ז biped

דּוּרָה נ sorghum

דּוֹרוֹן ז gift

דּוֹרְסָנִי ת predatory, clawing

דּוֹרֵשׁ ז preacher, expounder (of texts)

דּוּ־שְׁבוּעוֹן ז fortnightly journal

דּוּ־שִׂיחַ ז dialogue

דָּחָה (יִדְחֶה) פ push away, repel; postpone

דָּחוּי ת postponed, adjourned

דָּחוּס ת compressed

דָּחוּף ת urgent, pressing

דָּחוּק ת packed tight; in need, hard up

דְּחִי, דֶּחִי ז failure, fall (moral)

דְּחִיָּה נ postponement, rejection

דְּחִיסוּת נ compressibility, density

דְּחִיפָה נ push, impetus

דְּחִיפוּת נ urgency

דְּחִיקָה ז pressing, pressure

דַּחְלִיל ז scarecrow; bogy

דָּחַס (יִדְחַס) פ compress (air); pack tight, squeeze

דַּחַף ז incentive, drive; impetus, impulse

דָּחַף (יִדְחַף) פ push, thrust

דַּחְפּוֹר ז bulldozer

דָּחַק (יִדְחַק) פ press, push; prod, urge on

דֹּחַק ז pressure, press; stress, need

דַּי, דֵּי תה״פ enough, sufficient

דִּיבָּה נ slander, defamation

דִּיבּוּב ז encouragement (of others) to speak; interviewing

דִּיבּוּק ז a dead soul possessing a live person; obsession

דִּיבּוּר ז speech, utterance; saying, expression, phrase

דִּיבּוּרִי ת colloquial, spoken
דִּיבֵּר ז speech; commandment
דִּיבֵּר (יְדַבֵּר) פ speak
דַּיִג ז fishing; fish-breeding
דִּיגֵּל (יְדַגֵּל) פ raise a standard
דַּיָּה נ kite
דֵּיהֶה, דֵּהֶה ת faded, dim, discolored
דִּיהוּי ז discoloration, fading
דְּיוֹ נ ink
דִּיּוּג ז fishing, angling
דִּיוּוּחַ ז report, account
דִּיוֵּחַ (יְדַוֵּחַ) פ report, make a report
דִּיוֵּשׁ (יְדַוֵּשׁ) פ pedal
דְּיוֹטָה נ floor, storey
דִּיּוּן ז discussion
דְּיוֹפַן ז barrow, two-wheeled cart
דִּיּוּק ז accuracy, precision, exactness
דְּיוֹקָן ז portrait; likeness, image
דִּיּוּר ז housing; dwelling, living
דְּיוֹת נ India ink
דְּיוֹטָה נ inkwell, inkpot
דִּיחוּי ז deferment, postponement
דַּיָּיג ז fisherman, angler
דִּיֵּיג (יְדַיֵּיג) פ fish
דַּיָּיל ז air host; steward, waiter
דַּיֶּילֶת נ air hostess; stewardess, waitress
דַּיָּין ז judge (in a religious court)
דַּייסָה נ porridge, gruel; mess, muddle
דִּיֵּיק (יְדַיֵּיק) פ be precise, be accurate; be punctual
דָּיֵק ז siege-wall; bulwark, rampart

דַּייקָן ז a punctual person
דַּייקָנוּת נ punctuality
דַּייָּר ז tenant, lodger
דִּיכֵּא (יְדַכֵּא) פ oppress; depress, suppress
דִּיכָּאוֹן ז depression (mental), dejection
דִּיכּוּי ז suppression; oppression
דִּילֵּג (יְדַלֵּג) פ skip
דִּילוּג, דִּלּוּג ז skipping, omitting
דִּילּוּל ז thinning
דִּילֵּל (יְדַלֵּל) פ thin, thin out; dilute
דִּימָּה (יְדַמֶּה) פ compare to, liken to; fancy, imagine
דִּימּוּי ז comparison, likeness
דִּימּוּם ז bleeding, hemorrhage
דִּין ז judgment; law; lawsuit, cause, trial
דִּין וְחֶשְׁבּוֹן, דו"ח report
דִּינָר ז dinar (ancient Roman coin)
דִּיסְקוּס ז disc; discus
דִּיצָה נ joyful dancing, joy
דִּיר ז sheep-pen; sty; shed
דֵּירָאוֹן ז abomination; aversion
דֵּירֵג (יְדָרֵג) פ grade, class, classify
דִּירָה נ apartment
דֵּירוּג ז grading, classification
דַּיִשׁ ז threshing; threshing time
דִּישָׁה נ threshing
דִּישׁוֹן ז antelope
דִּישּׁוּן ז fertilization
דִּישֵּׁן (יְדַשֵּׁן) פ fertilize
דִּכְדּוּךְ ז dejection
דִּכְדֵּךְ (יְדַכְדֵּךְ) פ depress (mentally)

דַּכָּה נ crushing, bruising
דָּכִי־חוֹף ז surf
דַּל ת meager; poor
דָּלַג (יִדלוֹג) פ leap, jump; skip, omit
דַּלגִּית נ skipping rope
דִּלדּוּל ז impoverishment, decline
דִּלדֵּל (יְדַלדֵּל) פ impoverish, weaken
דָּלָה (יִדלֶה) פ draw water; bring out, reveal
דָּלוּחַ ת turbid, muddy, dirty (water)
דְּלוּעִים ז״ר pumpkins
דַּלּוּת נ poverty
דָּלַח (יִדלַח) פ make turbid, make muddy, pollute
דְּלִי ז bucket, pail
דְּלִיגָה נ leaping, skipping
דַּלִיָּה נ dahlia
דְּלִיחָה נ pollution (of water)
דָּלִיל ת thin, meager, sparse
דְּלִיפָה נ leakage, leak
דָּלִיק ת inflammablc, combustible
דְּלִיקָה נ lighting, kindling; pursuit
דְּלִיקוּת נ inflammability, combustibility
דָּלַל (יִדלוֹל, יִדַּל) פ dwindle, waste away; decline, run low
דְּלַעַת נ pumpkin
דָּלַף (יִדלוֹף) פ drip, leak
דֶּלְפֵּק ז counter
דָּלַק (יִדלַק, יִדלוֹק) פ burn, be alight; pursue, chase
דֶּלֶק ז fuel
דְּלֵקָה, דְּלֵיקָה נ fire, conflagration

דִּלקַמָּן, כִּדְלַקַמָּן as follows
דַּלֶּקֶת הַסִּימפּוֹנוֹת bronchitis
דַּלֶּקֶת נ inflammation
דַּלֶּקֶת הָרֵיאוֹת pneumonia
דַּלַּקתִּי ת inflammatory
דֶּלֶת נ door
דָּם ז blood
דִּמדּוּם ז half-light, glimmer
דָּמָה (יִדמֶה) פ be like, resemble
דְּמוּת נ figure, shape; likeness, image; character (in a play, etc.)
דִּמיוֹן ז resemblance, similarity; imagination; fancy
דִּמיוֹנִי ת imaginary, fanciful
דִּמיֵן (יְדַמיֵן) פ imagine, fancy
דָּמִים ז״ר fee, price; money; blood
דְּמֵי־מַפתֵּחַ key money
דְּמֵי־קְדִימָה advance, advance payment
דָּמַם (יִדּוֹם) פ keep quiet
דֶּמֶם ז hemorrhage, bleeding
דְּמָמָה נ stillness, hush, quiet
דָּמַע (יִדמַע) פ shed tears, weep
דִּמעָה נ tear
דָּן (יָדוּן) פ consider; judge, punish;
דִּסקָה נ writ; small disc
דִּסקִית נ small disc, washer
דֵּעָה נ opinion
דֵּעָה צְלוּלָה clear thinking, lucidity
דָּעַך (יִדעַך) פ die (esp. fire)
דַּעַת נ mind; understanding
דַּעַת קָהָל public opinion
דַּף ז page, leaf; plank
דִּפדֵּף (יְדַפדֵּף) פ turn over pages

דַּפְדֶּפֶת נ — notepad
דְּפוּס ז — printing press; mold
דְּפִיקָה נ — knock, beat; (slang) mistreatment, ill use;(slang) sexual intercourse
דַּפְנָה נ — laurel, bay
דַּפָּס ז — printer
דָּפַק (יִדְפּוֹק) פ — knock, beat; "do" (in slang senses); "have" sexually (slang)
דָּץ (יָדוּץ) פ — rejoice
דָּק (יָדוּק) פ — examine punctiliously
דַּק ת — thin, fine; delicate
דַּק ז — minute
דִּקְדּוּק ז — grammar; precision
דִּקְדּוּקִי ת — grammatical
דִּקְדֵּק (יְדַקְדֵּק) פ — perform accurately
דַּקְדְּקָן ז — grammarian; a meticulous person
דַּקָּה נ — minute
דַּקּוּת נ — fineness, niceness
דַּקִּיק ת — very fine
דְּקִירָה נ — prick; stab
דֶּקֶל ז — palm tree
דִּקְלוּם ז — declamation, recitation
דִּקְלֵם (יְדַקְלֵם) פ — declaim, recite
דָּקַר (יִדְקוֹר) פ — stab, prick
דֶּקֶר נ — mattock, pick
דַּקָּר ז — spineback
דִּקְתָּה נ — plywood
דָּר (יָדוּר) פ — dwell, live, reside
דִּרְבּוּן ז — spur, urging
דָּרְבָן, דָּרְבוֹן ז — spur; goad
דַּרְבָּן ז — porcupine
דִּרְבֵּן (יְדַרְבֵּן) פ — spur, goad; urge, egg on
דָּרְבָנִית נ — delphinium
דֶּרֶג ז — level, grade
דַּרְגָּה נ — step; degree, grade
דְּרַגְנוֹעַ ז — escalator
דַּרְגָּשׁ ז — couch
דִּרְדּוּר ז — rolling, scattering
דַּרְדַּק ז — infant, tot
דַּרְדַּר ז — thistle, centaury
דָּרוּךְ ת — cocked, drawn; tense
דָּרוֹם ז — south
דְּרוֹמִי ת — south, southern, southerly
דְּרוֹר ז — liberty, freedom; sparrow
דְּרוּשׁ ז — homily, sermon
דָּרוּשׁ ת — required, needed
דְּרִיכָה נ — trampling; cocking; drawing
דְּרִיכוּת נ — tension, suspense, readiness
דְּרִיסָה נ — running over; trampling
דְּרִישָׁה נ — demand; requirement
דְּרִישַׁת־שָׁלוֹם, דָּ״שׁ — regards, greetings
דָּרַךְ (יִדְרוֹךְ) פ — step, tread; cock; draw
דֶּרֶךְ זו״נ — way, route; method
דֶּרֶךְ אַגַּב — incidentally, by the way
דֶּרֶךְ אֶרֶץ — good manners
דֶּרֶךְ הַמֶּלֶךְ — highway
דַּרְכּוֹן ז — passport
דָּרַס (יִדְרוֹס) פ — run over
דְּרָקוֹן ז — dragon
דָּרַשׁ (יִדְרוֹשׁ) פ — ask for, demand; inquire, seek; expound; interpret, explain

דְּרָשָׁה נ sermon, homily; homiletic interpretation

דַּרְשָׁן ז preacher, homilist

דָ״שׁ ז (ר״ת דרישת שלום) regards (colloquial)

דָּשׁ (יָדוּשׁ) פ thresh; get used to

דַּשׁ ז flap, lapel

דֶּשֶׁא ז lawn, grass

דִּשְׁדּוּשׁ ז trampling, trudging

דִּשְׁדֵּשׁ (יְדַשְׁדֵּשׁ) פ trudge, trample

דֶּשֶׁן ז chemical fertilizer; ashes (after sacrifice)

דָּשֵׁן ת lush, fat

דָּשַׁן (יִדְשַׁן) פ grow fat, be fat

דָּת נ religion; faith

דָּתִי ת religious, pious

דָּתִיּוּת נ religiousness, piety

ה

הַ־ (הָ־, הֶ־) the definite article

הֲ־ (הַ־, הֶ־)...? prefix indicating a question

הֵא מ״ק here!

הַאֲבָקָה נ pollination

הֶאֱדִים (יַאֲדִים) פ become red; redden

הֶאֱדִיר (יַאֲדִיר) פ magnify; be magnified

הֵ״א הַיְדִיעָה the definite article

הֶאֱהִיל (יַאֲהִיל) פ shelter, shade; pitch (a tent)

הַאוּמְנָם? מ״ש is that so? really?

הֶאֱזִין (יַאֲזִין) פ listen

הַאֲזָנָה נ listening

הַאֲחָדָה נ making uniform; unification

הֶאֱחִיד (יַאֲחִיד) פ make uniform, unify

הֵאֵט (יָאֵט) פ slow down, decelerate

הָאָטָה נ slowing down

הֵאִיץ (יָאִיץ) פ hurry, quicken

הֵאִיר (יָאִיר) פ illuminate, throw light on

הֶאֱכִיל (יַאֲכִיל) פ feed

הַאֲלָהָה נ deification

הַאֲלָחָה נ infection; pollution

הֶאֱמִין (יַאֲמִין) פ believe; trust

הֶאֱמִיר (יַאֲמִיר) פ rise, increase (of prices)

הַאֲמָנָה נ confirmation, verification

הֶאֱפִיל (יַאֲפִיל) פ black-out, darken, obscure, grow dark

הֶאֱפִיר (יַאֲפִיר) פ make grey; turn grey

הַאֲפָלָה נ black-out; darkening

הָאָצָה נ acceleration; hurrying

הֶאֱצִיל (יַאֲצִיל) פ bestow on, inspire

הֶאָרָה נ illumination, lighting; kindling

הַאֲרָחָה נ entertaining (of visitors), granting of hospitality

הֶאֱרִיךְ (יַאֲרִיךְ) פ lengthen, prolong

הֶאֱרִיק (יַאֲרִיק) פ earth (electricity)

הַאֲרָכָה נ extension

הַאֲרָקָה נ earthing

הֶאֱשִׁים (יַאֲשִׁים) פ accuse; blame

הַאֲשָׁמָה נ accusation; charge

הֲבָאָה נ bringing, fetching

הֲבַאי ז nonsense, exaggeration

הִבְאִישׁ (יַבְאִישׁ) פ stink, be offensive; befoul

הִבְדִּיל (יַבְדִּיל) פ separate, detach; distinguish

הֶבְדֵּל ז difference

הַבְדָּלָה נ distinction; separation

הִבְהֵב (יְהַבְהֵב) פ smoulder, flicker

הִבְהִיל (יַבְהִיל) פ alarm, frighten, summon urgently

הִבְהִיק (יַבְהִיק) פ shine, glisten

הִבְהִיר (יַבְהִיר) פ clarify, elucidate

הַבְהָרָה נ brightening; clarification

הִבְזָה (יַבְזֶה) פ humiliate, pour scorn on

הִבְזִיק (יַבְזִיק) פ flash

הַבְזָקָה נ flash, flashing

הִבְחִיל (יַבְחִיל) פ be nearly ripe; cause to ripen early

הִבְחִין (יַבְחִין) פ distinguish, discriminate

הַבְחָנָה נ distinction; diagnosis

הַבְטָחָה נ promise, assurance

הִבְטִיחַ (יַבְטִיחַ) פ promise, assure; secure, make safe

הֵבִיא (יָבִיא) פ bring, fetch

הִבִּיט (יַבִּיט) פ look

הֵבִיךְ (יָבִיךְ) פ bewilder, perplex

הָבִיל ת steamy, clammy

הֵבִין (יָבִין) פ understand, comprehend

הֵבִיס (יָבִיס) פ defeat

הִבִּיעַ (יַבִּיעַ) פ express

הֶבֶל ז vanity, nonsense

הַבְלָגָה נ self-restraint, moderation

הַבְלָטָה נ emphasis, stress

הַבְלִי ת vain, nonsensical

הִבְלִיג (יַבְלִיג) פ restrain oneself

הִבְלִיחַ (יַבְלִיחַ) פ flicker, flutter

הִבְלִיט (יַבְלִיט) פ give prominence to, stress, emphasize

הִבְלִיעַ (יַבְלִיעַ) פ swallow, take in; insert unnoticed

הֲבָנָה נ understanding, comprehension

הֲבָסָה נ rout, heavy defeat

הַבָּעָה נ expression

הִבְעִיר (יַבְעִיר) פ set alight, burn

הִבְעִית (יַבְעִית) פ terrify

הִבְקִיעַ (יַבְקִיעַ) פ seize; break through

הַבְרָאָה נ convalescence, recovery

הַבְרָגָה נ screwing in

הֲבָרָה נ syllable

הַבְרָחָה נ smuggling

הִבְרִיא (יַבְרִיא) פ convalesce, recover

הִבְרִיג (יַבְרִיג) פ screw in

הִבְרִיחַ (יַבְרִיחַ) פ cause to flee; smuggle

הִבְרִיךְ (יַבְרִיךְ) פ make kneel

הִבְרִיק (יַבְרִיק) פ shine, gleam; flash, send a telegram

הִבְרִישׁ (יַבְרִישׁ) פ brush

הַבְרָקָה נ polishing; flash, brilliancy

הִבְשִׁיל (יַבְשִׁיל) פ ripen, come to fruition

הַבְשָׁלָה נ ripening

הַגַּאי ז pilot; helmsman

הֲגָבָה נ response, reaction

הַגְבָּהָה נ elevating; elevation

הִגְבִּיהַּ (יַגְבִּיהַּ) פ elevate; be elevated

הִגְבִּיל (יַגְבִּיל) פ restrict, limit

הִגְבִּיר (יַגְבִּיר) פ strengthen

הִגְבִּישׁ (יַגְבִּישׁ) פ harden, become hard

הַגְבָּלָה נ limitation, restriction

הַגְבָּרָה נ strengthening

הַגָּדָה נ saga, tale

הַגָּדָה שֶׁל פֶּסַח the Passover Haggada (book)

הִגְדִּיל (יַגְדִּיל) פ increase, enlarge, become larger

הִגְדִּיר (יַגְדִּיר) פ define

הִגְדִּישׁ (יַגְדִּישׁ) פ overfill, overdo

הַגְדָּלָה נ magnification, increase

הַגְדָּרָה נ definition

הַגְדָּשָׁה נ overdoing

הָגָה (יֶהְגֶּה) פ utter, say, study

הֶגֶה ז sound, utterance; steering wheel

הַגָּהָה נ proof-reading

הָגוּי ת pronounced

הָגוּן ת decent, honest

הָגוּת נ philosophy, contemplation

הַגְזָמָה נ exaggeration

הֵגִיב (יָגִיב) פ react

הָגִיג ז inner feelings

הִגִּיד (יַגִּיד) פ tell, inform

הִגִּיהַּ (יַגִּיהַּ) פ proof-read

הֶגְיוֹנִי ת logical, rational, reasonable

הֵגִיחַ (יָגִיחַ) פ break out, burst forth

הֲגִיָּיה נ pronunciation

הֲגִינוּת נ decency

הִגִּיעַ (יַגִּיעַ) פ arrive at, reach

הֵגִיף (יָגִיף) פ close, bolt

הֲגִירָה נ emigration

הִגִּישׁ (יַגִּישׁ) פ serve (food); present, hand in

הִגְלָה (יַגְלֶה) פ banish, exile

הִגְלִיד (יַגְלִיד) פ form a scab; coagulate

הַגְלָיָה נ banishment, exile

הֶגְמוֹן ז cardinal

הֶגְמוֹנְיָה נ hegemony

הֵגֵן (יָגֵן) פ defend, protect

הַגְנָבָה נ stealthy insertion

הֲגַנָּה נ protection, defense

הִגְנִיב (יַגְנִיב) פ insert stealthily

הַגְעָלָה נ ritual cleansing (in boiling water)

הֲגַפָּה נ closing, bolting

הִגְרִיל (יַגְרִיל) פ raffle, draw lots for

הַגְרָלָה נ lottery, raffle

הַגָּשָׁה נ serving (food); presenting, submitting

הִגְשִׁים (יַגְשִׁים) פ realize, materialize

הַגְשָׁמָה נ realization, materialization

הֵד ז echo

הֶדְאִיב (יַדְאִיב) פ distress, grieve
הֶדְאִיג (יַדְאִיג) פ worry
הִדְבִּיק (יַדְבִּיק) פ stick, glue; infect; overtake
הִדְבִּיר (יַדְבִּיר) פ destroy, exterminate
הַדְבָּקָה נ sticking, gluing
הִדְגִּים (יַדְגִּים) פ demonstrate, give example of
הִדְגִּישׁ (יַדְגִּישׁ) פ stress, emphasize
הַדְגָּמָה נ exemplification, demonstration
הַדְגָּשָׁה נ stress, emphasis
הֲדָדִי ת mutual, reciprocal
הֲדָדִיּוּת נ mutuality, reciprocity
הִדְהֵד (יְהַדְהֵד) פ echo, resound
הִדְהִים (יַדְהִים) פ stun, astound
הֲדוֹם ז footstool, footrest
הָדוּר ת splendid, illustrious
הֲדָחָה נ dismissal, removal (from a post)
הֶדְיוֹט ז ordinary person; layman, commoner
הֵדִיחַ (יָדִיחַ) פ rinse, sluice, wash out
הִדִּיחַ (יַדִּיחַ) פ expel, thrust out
הֲדִיפָה נ repulse; push
הִדְלָה (יַדְלֶה) פ trellis (vines)
הִדְלִיחַ (יַדְלִיחַ) פ befoul, pollute
הִדְלִיף (יַדְלִיף) פ cause to leak, let leak
הִדְלִיק (יַדְלִיק) פ light, set fire to
הַדְלָקָה נ lighting; bonfire
הֲדַס ז myrtle
הֶדֶף ז repulsion
הֶדֶף אֲוִיר ז blast (after explosion)

הָדַף (יֶהֱדוֹף) פ repulse, rebut, push
הִדְפִּיס (יַדְפִּיס) פ print
הַדְפָּסָה נ printing
הֶדֶק ז trigger; paper clip; clothes peg
הֵדַק (יָדֵק) פ grind to powder
הָדָר ז splendor, glory; citrus fruits
הַדְרָגָה נ gradualness, gradation
הַדְרָגָתִי ת gradual, graduated
הִדְרִיךְ (יַדְרִיךְ) פ guide, lead
הִדְרִים (יַדְרִים) פ turn south
הַדְרָכָה נ guidance, instruction
הַדְרָן מ״ק encore!
הָהּ! מ״ק ah! alas!
הֵהִין (יָהִין) פ dare, venture
הֵהֵל (יָהֵל) פ shine, gleam
הוּא מ״ג he, it
הוּאחַד (יוּאחַד) פ be made uniform, be standardized; be unified
הוּאַט (יוּאַט) פ be slowed down
הוֹאִיל (יוֹאִיל) פ consent, be willing
הוֹאִיל ו... תה״פ since, because
הוּאַרַךְ (יוּארַךְ) be lengthened, be prolonged
הוּבָא (יוּבָא) פ be brought, be fetched
הוּבהַל (יוּבהַל) פ be rushed in, be brought in a hurry
הוּבטַח (יוּבטַח) פ be promised, be assured
הוֹבִיל (יוֹבִיל) פ lead, guide, conduct; bring (in a vehicle), transport
הוֹבָלָה נ transport, carriage, freight

הוּבַן (יוּבַן) פ be understood
הוֹבְנֶה ז ebony (tree or wood)
הוֹבְנִית נ ebonite
הוּבַס (יוּבַס) פ be trounced
הוּבַּע (יוּבַּע) פ be expressed
הוּבְרַר (יוּבְרַר) פ be clarified
הוֹגִיעַ (יוֹגִיעַ) פ weary, exhaust
הוֹגֶן ז decency
הוֹגֵן ת proper, suitable
הוּגְרַל (יוּגְרַל) פ be raffled
הוֹד ז glory, splendor
הוּדְאַג (יוּדְאַג) פ be worried, be made anxious
הוֹדָאָה ז admission (of guilt), confession
הוּדְגַּשׁ (יוּדְגַּשׁ) פ be emphasized
הוֹדָה (יוֹדֶה) פ admit, confess; thank
הוֹדוֹת ל... thanks to
הוּדַּח (יוּדַּח) פ be expelled
הוֹדָיָה נ thanksgiving, thanking
הוֹדִיעַ (יוֹדִיעַ) פ inform, announce
הוֹדָעָה נ announcement
הָוָה (יֶהֱוֶה) פ be
הוֹוֶה ז the present; present tense
הֲוָיָי, הֲוָי ז way of life, cultural pattern
הוֹזֶה ז visionary, dreamer
הוֹזִיל (יוֹזִיל) פ cheapen, make cheaper
הוּזַל (יוּזַל) פ be made cheaper
הוֹזָלָה נ reduction (in price), cheapening
הוּזְנַח, הֻזְנַח (יוּזְנַח) פ be neglected
הוּחְזַק, הֻחְזַק (יוּחְזַק) פ be held, be grasped, be considered
הוּחְלַט (יוּחְלַט) פ be decided
הוּחְלַשׁ (יוּחְלַשׁ) פ be weakened
הוּחְמַר (יוּחְמַר) פ be made more severe
הוּחְסַן (יוּחְסַן) פ be stored (goods)
הוּחְרַם, הָחֳרַם (יוּחְרַם) פ be confiscated; be boycotted
הוּחְשַׁד (יוּחְשַׁד) פ be suspected
הוּטַב (יוּטַב) פ be improved
הוּטַס (יוּטַס) פ be flown (a plane, by plane),be sent by plane
הוּטְעָה (יוּטְעֶה) פ be misled
הוּטְעַם (יוּטְעַם) פ be stressed, be accented, be emphasized
הוּטְרַד (יוּטְרַד) פ be bothered
הוֹי מ״ק alas!!
הוּכָּה (יוּכֶּה) פ be hit, be beaten
הוּכַח (יוּכַח) פ be proved, be proven
הוֹכָחָה נ proof
הוֹכִיחַ (יוֹכִיחַ) פ prove; scold
הוּכַן (יוּכַן) פ be prepared, be made ready
הוּכְפַּל (יוּכְפַּל) פ be doubled; be multiplied
הוּכַּר (יוּכַּר) פ be recognized
הוּכְרַח (יוּכְרַח) פ be compelled, be forced
הוּכְשַׁר (יוּכְשַׁר) פ be trained
הוּכְתַּר (יוּכְתַּר) פ be crowned
הוּלֶּדֶת ת birth
הוֹלִיד (יוֹלִיד) פ beget (father), procreate; cause
הוֹלִיךְ (יוֹלִיךְ) פ lead, conduct
הוֹלֵלוּת נ profligacy, dissipation

הוֹלֶם ז stroke, beat

הוֹמֶה ת humming, noisy

הוּמְלַח (יוּמְלַח) פ be salted

הוּמַת (יוּמַת) פ be put to death

הוֹן ז capital; wealth, riches

הוֹנָאָה נ fraud, deceit

הוֹנָה (יוֹנֶה) פ defraud, cheat

הוּנַח (יוּנַח) פ be set at rest

הוּנַח, הֻנַּח (יוּנַּח) פ be put down, be laid down; be assumed, be supposed

הוֹן חוֹזֵר working capital

הוּנַס (יוּנַס) פ be put to flight

הוּנַף (יוּנַף) פ be brandished, be waved (flag), be wielded

הוּנְצַח (יוּנְצַח)פ be perpetuated

הוּסְדַּר (יוּסְדַּר) פ be arranged, be settled

הוּסְוָה (יוּסְוֶה) פ be camouflaged, be disguised

הוֹסִיף (יוֹסִיף) פ add, increase

הוּסְכַּם (יוּסְכַּם) פ be agreed to, be approved

הוּסְמַךְ, הֻסְמַךְ (יוּסְמַךְ) פ be graduated (academic); be authorized

הוֹסָפָה נ addition; supplement

הוּסְרַט (יוּסְרַט) פ be filmed, be shot (film)

הוֹעֲבַר (יוֹעֲבַר) פ be transferred, be brought across

הוֹעִיד (יוֹעִיד) פ fix an appointment with, invite to a meeting

הוֹעִיל (יוֹעִיל) פ be useful, be profitable

הוּעַם (יוּעַם) פ be dimmed, be dulled

הוּעֲרַךְ (יוּעֲרַךְ) פ be estimated, be valued

הוֹפִיעַ (יוֹפִיעַ) פ appear, come into view

הוּפְנַט (יְהוּפְנַט) פ be hypnotized

הוֹפָעָה נ appearance

הוּפְעַל (יוּפְעַל) פ be set in motion, be put to work (employ), be brought into action

הוּפְעַל, הוּפְעַל (הִפְעִיל) Hoph'al (causative passive verb stem of

הוּפַץ (יוּפַץ) פ be distributed

הוּפְצַץ (יוּפְצַץ) פ be bombed

הוּפְקַד (יוּפְקַד) פ be deposited

הוּפְקַע (יוּפְקַע) פ be requisitioned, be appropriated

הוּפְקַר (יוּפְקַר) פ be abandoned

הוּפְרַד (יוּפְרַד) פ be separated

הוּפְרָה (יוּפְרֶה) פ be impregnated

הוּפְרַע (יוּפְרַע) פ be disturbed, be hindered, be bothered

הוּפְתַּע (יוּפְתַּע) פ be surprised

הוּצָא (יוּצָא) פ be taken out, be removed

הוֹצָאָה נ taking out, removing; expenses; publication (of books), publishing firm

הוֹצָאָה לְאוֹר publication

הוֹצָאָה לְפוֹעַל execution

הוֹצָאַת סְפָרִים publishing firm

הוּצַב (יוּצַב) פ be put in position, be stationed

הוּצַג (יוּצַג) פ be presented, be put on (a play)

הוֹצִיא (יוֹצִיא) פ take out, bring out, produce
הוּצְנַח (יוּצְנַח) פ be dropped by parachute
הוּצְנַע (יוּצְנַע) פ be concealed, be hidden away
הוּצַע (יוּצַע) פ be suggested, be proposed
הוּצְרַךְ (יוּצְרַךְ) פ be obliged, be required; be in need of
הוּצַת (יוּצַת) פ be set on fire
הוּקְדַם (יוּקְדַם) פ be done earlier
הוּקְדַשׁ (יוּקְדַשׁ) פ be dedicated, be devoted
הוֹקִיעַ (יוֹקִיעַ) פ stigmatize, censure
הוֹקִיר (יוֹקִיר) פ esteem, regard highly, respect
הוּקַל (יוּקַל) פ be made lighter, be lightened
הוּקַע (יוּקַע) פ be censured, be stigmatized
הוֹקָעָה נ censure, condemnation
הוּקַף (יוּקַף) פ be surrounded, be encircled
הוּקְפָּא (יוּקְפָּא) פ be frozen, be congealed
הוּקְצַב (יוּקְצַב) פ be allocated (money), be allotted
הוּקְצָה (יוּקְצֶה) פ be set aside; be allocated
הוֹקָרָה נ esteem, respect
הוּקְרַן (יוּקְרַן) פ be projected
הוֹרָאָה נ teaching, instruction; order; meaning; directive
הוּרַד (יוּרַד) פ be brought down

הוֹרָדָה נ taking down ,lowering
הוֹרֶה ז הוֹרָה נ parent
הוֹרָה (יוֹרֶה) פ teach, instruct; show, point out to
הוֹרִיד (יוֹרִיד) פ bring down, lower
הוֹרִים ז״ר parents
הוֹרִיק (יוֹרִיק) פ turn green
הוֹרִישׁ (יוֹרִישׁ) פ bequeath
הוּרַע (יוּרַע) פ grow worse
הוּשַׁב (יוּשַׁב) פ be put back
הוּשְׁבַּץ (יוּשְׁבַּץ) פ be fitted in, be worked in
הוּשַּׂג (יוּשַּׂג) פ be caught up with; be obtained; be grasped (idea)
הוֹשִׁיב (יוֹשִׁיב) פ seat, set
הוֹשִׁיט (יוֹשִׁיט) פ extend, hold out (hand)
הוֹשִׁיעַ (יוֹשִׁיעַ) פ save, rescue
הוּשְׁלַךְ (יוּשְׁלַךְ) פ be thrown
הוּשַּׂם (יוּשַּׂם) פ be placed
הוּשְׁמַט (יוּשְׁמַט) פ be omitted
הוּשְׁמַץ (יוּשְׁמַץ) פ be defamed
הוּשְׁפַּע (יוּשְׁפַּע) פ be influenced
הוּשַּׁק (יוּשַּׁק) פ be launched (ship)
הוּשְׁתַּל (יוּשְׁתַּל) פ be planted; be transplanted
הוֹתִיר (יוֹתִיר) פ leave, leave over
הוּתְנָה (יוּתְנֶה) פ be conditioned
הוּתְנַע, הֻתְנַע (יוּתְנַע) פ be started up (car engine)
הוּתְקַן (יוּתְקַן) פ be set, be installed, be fitted
הַזָּאָה נ sprinkling
הִזְדַהָה (יִזְדַהֶה) פ identify oneself, be identified

הִזְדַּוֵּג (יִזְדַּוֵּג) פ couple, copulate; join, go together

הִזְדַּוְּגוּת נ coupling, pairing; copulation

הִזְדַּיֵּן (יִזְדַּיֵּן) פ arm, arm oneself; have sexual intercourse (slang)

הִזְדַּמֵּן (יִזְדַּמֵּן) פ chance, happen, have the opportunity

הִזְדַּמְּנוּת נ opportunity; occasion, chance

הִזְדַּנֵּב (יִזְדַּנֵּב) פ trail along, trail after

הִזְדַּעְזֵעַ (יִזְדַּעְזֵעַ) פ be shocked, be appalled

הִזְדַּעֵף (יִזְדַּעֵף) פ grow angry

הִזְדַּקֵּן (יִזְדַּקֵּן) פ grow old, age

הִזְדַּקֵּף (יִזְדַּקֵּף) פ straighten up

הִזְדַּקֵּק (יִזְדַּקֵּק) פ need, be in need of

הִזְדַּקֵּר (יִזְדַּקֵּר) פ stick out

הִזְדָּרֵז (יִזְדָּרֵז) פ be alert, be brisk

הָזָה (יֶהֱזֶה) פ daydream, dream

הִזָּה (יַזֶּה) פ sprinkle

הִזְהִיב (יַזְהִיב) פ become golden

הִזְהִיר (יַזְהִיר) פ warn, admonish

הַזְהָרָה נ warning, caution

הֲזָזָה נ moving, removal

הֲזָיָה נ phantasy, delusion

הֵזִיז (יָזִיז) פ move, shift

הֵזִיחַ (יָזִיחַ) פ budge, displace

הִזִּיל (יַזִּיל) פ cause to flow, distil

הֵזִין (יָזִין) פ feed, nourish

הִזִּיעַ (יַזִּיעַ) פ sweat, perspire

הִזִּיק (יַזִּיק) פ harm, damage

הִזְכִּיר (יַזְכִּיר) פ remind; mention

הַזְכָּרָה נ reference, mention; commemoration

הִזְלִיף (יַזְלִיף) פ sprinkle, spray

הֵזֵם (יָזֵם) פ confute

הִזְמִין (יַזְמִין) פ invite, summons; order (goods)

הֲזָנָה נ nourishing, feeding

הַזְנָחָה נ neglect, omission

הִזְנִיחַ (יַזְנִיחַ) פ neglect, leave undone

הֲזָעָה נ sweating, perspiring

הִזְעִים (יַזְעִים) פ infuriate, enrage

הִזְעִיק (יַזְעִיק) פ sound an alarm

הַזְעָקָה נ cry of alarm, warning-cry

הִזְקִין (יַזְקִין) פ be old; become old

הִזְקִיק (יַזְקִיק) פ oblige, compel

הִזְרִים (יַזְרִים) פ set flowing, cause to flow

הִזְרִיעַ (יַזְרִיעַ) פ impregnate, inseminate

הִזְרִיק (יַזְרִיק) פ inject

הַזְרָעָה נ impregnation, insemination

הֶחְבִּיא (יַחְבִּיא) פ hide, conceal

הֶחְדִּיר (יַחְדִּיר) פ instil, cause to penetrate

הַחְדָּרָה נ insertion, instilment

הֶחֱוִיר (יַחֲוִיר) פ blanch, turn pale

הֶחֱזִיק (יַחֲזִיק) פ hold, seize

הֶחֱזִיר (יַחֲזִיר) פ return, give back

הַחְזָקָה נ possession, maintenance

הֶחֱטִיא (יַחֲטִיא) פ miss (a target)

הַחְיָאָה נ revival, reviving

הֶחֱיָה (יַחֲיֶה) פ revive, restore to life

הֶחִיל (יָחִיל) פ enforce (a law)

הֵחִישׁ (יָחִישׁ) פ rush, hasten

הֶחְכִּים (יַחְכִּים) פ make wise, teach wisdom; grow wise

הֶחְכִּיר (יַחְכִּיר) פ lease

הֵחֵל (יָחֵל) פ begin, start

הַחְלָטָה נ decision, resolution

הֶחְלֵטִי ת decisive, absolute

הֶחֱלִיד (יַחֲלִיד) פ rust, become rusty; make rusty

הֶחְלִיט (יַחְלִיט) פ decide; determine

הֶחֱלִים (יַחֲלִים) פ cure; recover

הֶחֱלִיף (יַחֲלִיף) פ change, exchange; replace

הֶחֱלִיק (יַחֲלִיק) פ slide, slip; skate (on ice);

הֶחֱלִישׁ (יַחֲלִישׁ) פ weaken, enfeeble

הַחְלָמָה נ recovery

הֶחְמִיא (יַחְמִיא) פ flatter

הֶחְמִיץ (יַחְמִיץ) פ become sour

הֶחְמִיר (יַחְמִיר) פ make more severe, become graver

הַחְמָרָה נ aggravation, deterioration; greater severity

הֶחֱנָה (יַחֲנֶה) פ park (a vehicle)

הֶחֱנִיף (יַחֲנִיף) פ flatter

הֶחֱנִיק (יַחֲנִיק) פ strangle, suffocate

הֶחְסִין (יַחְסִין) פ store (goods)

הֶחְסִיר (יַחְסִיר) פ subtract, deduct

הַחְסָנָה נ storage, storing

הֶחֱרִיא (יַחֲרִיא) פ excrete, defecate

הֶחֱרִיב (יַחֲרִיב) פ destroy, ruin

הֶחֱרִיד (יַחֲרִיד) פ frighten, terrify

הֶחֱרִים (יַחֲרִים) פ confiscate; ban

הֶחֱרִיף (יַחֲרִיף) פ worsen, make worse, aggravate

הֶחֱרִישׁ (יַחֲרִישׁ) פ deafen, silence

הֶחֱשָׁה (יַחֲשֶׁה) פ fall silent, be still

הֶחֱשִׁיב (יַחֲשִׁיב) פ appreciate, esteem

הֶחְשִׁיד (יַחְשִׁיד) פ throw suspicion on

הֶחְשִׁיךְ (יַחְשִׁיךְ) פ darken: make dark

הֶחְתִּים (יַחְתִּים) פ cause to sign

הֲטָבָה נ improvement; bonus

הִטְבִּיל (יַטְבִּיל) פ dip, immerse; baptize

הִטְבִּיעַ (יַטְבִּיעַ) פ sink, drown

הִטָּה (יַטֶּה) פ deflect, divert

הֲטָחָה נ knocking, striking

הַטָּיָה נ diversion, deflecting; bending

הִטִּיל (יַטִּיל) פ impose, set; lay (egg)

הֵטִיל (יָטִיל) פ cast, throw, project

הֵטִיס (יָטִיס) פ send by plane

הִטִּיף (יַטִּיף) פ preach, hold forth

הַטָּלָה נ imposition (of duty, obligation)

הֲטָלָה נ casting, throwing

הִטְלִיא (יַטְלִיא) פ patch

הֲטָלַת כִּידוֹן throwing the javelin

הִטְמִין (יַטְמִין) פ hide, conceal

הִטְמִיעַ (יַטְמִיעַ) פ absorb, take in

הִטְעָה (יַטְעֶה) פ mislead

הִטְעִים (יַטְעִים) פ stress, emphasize

הִטְעִין (יַטְעִין) פ load

הַטָּפָה נ preaching, sermonizing

הַטְרָדָה נ bothering

הִטְרִיד (יַטְרִיד) פ bother, trouble

הִטְרִיחַ (יַטְרִיחַ) פ harass, bother

הִיא מ״ג she

הֵיאָחֲזוּת נ settling, taking root

הִיבָּדְלוּת נ isolation
הֶיבֵּט ז aspect
הִיבָּרְאוּת נ creation
הִיגּוּי ז pronunciation
הִיגָּיוֹן ז logic, reason
הִיגָּמְלוּת נ weaning
הִיגֵּר (יְהַגֵּר) פ migrate, immigrate
הִיגָּרְרוּת נ being dragged
הִידַּבְּקוּת נ infection
הִידָּבְרוּת נ rapprochement
הֵידָד מ״ק hurrah! bravo!
הִידּוּק ז fastening, tightening
הִידּוּר ז splendor, adornment
הִידַּלְדֵּל, נִידַּלְדֵּל פ (יִידַּלְדֵּל) פ waste away, dwindle
הִידַּמּוּת נ resemblance, likeness
הִידֵּק (יְהַדֵּק) פ tighten, fasten
הִידֵּר (יְהַדֵּר) פ adorn, bedeck
הִידַּרְדֵּר, נִידַּרְדֵּר פ (יִידַּרְדֵּר) פ roll down; decline, deteriorate
הָיָה (יִהְיֶה) פ be, exist
הִיוּוָּדְעוּת נ making known
הִיוָּוה (יְהַוֶּה) פ constitute, comprise
הִיוָּלְדוּת נ birth, being born
הִיוָּצְרוּת נ forming, formation
הִיוּלִי ת primeval; formless
הַיּוֹם ז, תה״פ today
הֱיוֹת תה״פ since, seeing that
הֶיזֵּק ז damage, harm
הִיזָּקְקוּת נ need, necessity
הֵיטֵב תה״פ well, very well
הִיטַּהֵר (יִיטַּהֵר) פ become pure, purify oneself
הֵיטִיב (יֵיטִיב) פ better, improve; benefit, do good

הֶיטֵּל ז levy, impost
הִיטַּלְטֵל, נִיטַּלְטֵל (יִיטַּלְטֵל) פ be moved about
הִיטַּמֵּא (יִיטַּמֵּא) פ become unclean
הִיטַּמְטֵם, נִיטַּמְטֵם פ (יִיטַּמְטֵם) פ become dull (mentally)
הִיטָּמְעוּת נ absorption, assimilation
הִיטַּנְּפוּת נ contamination, defilement, becoming filthy
הִיטַּשְׁטֵשׁ, נִיטַּשְׁטֵשׁ (יִיטַּשְׁטֵשׁ) פ blur, become blurred
הַיְינוּ תה״פ that is
הַיְינוּ הַךְ it's all the same
הֵיךְ מ״ש how?
הִיכָּווּת נ scorching, burning
הִיכּוֹן ז (state of) alert
הֵיכָל ז palace, temple
הֵיכָן תה״פ where?
הִיכָּנְעוּת נ resignation, surrender
הֶיכֵּר ז recognition
הֶיכֵּרוּת נ acquaintanceship
הִיכָּשְׁלוּת נ failure, failing
הִילָה נ halo
הִילּוּךְ ז gear (of a car); gait, carriage
הִילּוּךְ סְרָק neutral gear
הִילּוּלָה נ merry-making
הִילּוּלָה וְחִינְגָּה joyous celebration, revelry
הִילֵּךְ (יְהַלֵּךְ) פ walk about
הִילֵּל (יְהַלֵּל) פ praise
הִימּוּר ז betting
הֵימִין (יֵימִין) פ go to the right
הֵימֶנּוּ מ״ג from him, of him
הִינֵּה, הִנֵּה תה״פ here, now

give pleasure to, please הִינָּה (יְהַנֶּה) פ

bridal veil הִינּוּמָה נ

suckle, breast-feed הֵינִיקָה, הֲנִיקָה (תֵּינִיק) פ

being cut off; isolation, separation הִינָּתְקוּת, הִנָּתְקוּת נ

hesitation הִיסּוּס ז

diversion, distraction הֶיסַּח ז

absent-mindedness הֶיסַּח הַדַּעַת

hesitate, waver הִיסֵּס (יְהַסֵּס) פ

absence הֵיעָדֵר ז, הֵיעָדְרוּת נ

assent, consent, response הֵיעָנוּת נ

deployment (military), arrangement הִיעָרְכוּת נ

reverse, contrary הִיפּוּךְ ז

supply (economics) הֶיצֵּעַ ז

flooding הֶיצֵּף ז

perimeter, circumference; scope, extent הֶיקֵּף ז

comparison, analogy הֶיקֵּשׁ נ

calming down הֵירָגְעוּת נ

pregnancy הֵירָיוֹן, הֵרָיוֹן ז

remaining, staying behind הִישָּׁאֲרוּת נ

achievement, attainment הֶישֵּׂג ז

proceed directly הֵישִׁיר (יֵישִׁיר) פ

destruction, being destroyed הִישָּׁמְדוּת נ

return (a second time), repetition הִישָּׁנוּת נ

reliance, dependence; leaning (on), reclining הִישָּׁעֲנוּת ת

smelting הִיתּוּךְ ז

mockery, irony הִיתּוּל ז

ricochet, shrapnel; splash הֶיתֵּז ז

is it possible? could it be? הֲיִתָּכֵן? הֲיִיתָּכֵן?

pretend innocence הִיתַּמֵּם (יִיתַּמֵּם) פ

permission, permit הֶיתֵּר ז

striking, hitting הַכָּאָה נ

hurt, cause pain הִכְאִיב (יַכְאִיב) פ

burden, inconvenience הַכְבָּדָה נ

make heavier הִכְבִּיד (יַכְבִּיד) פ

hit, strike הִכָּה (יַכֶּה) פ

make darker הִכְהָה (יַכְהֶה) פ

set, regulate (controls); guide הִכְוִוין (יַכְוִוין) פ

guidance הֶכְוֵון ז

guidance, direction הַכְוָונָה נ

disappoint הִכְזִיב (יַכְזִיב) פ

wipe out הִכְחִיד (יַכְחִיד) פ

be blue; turn blue הִכְחִיל (יַכְחִיל) פ

deny; contradict הִכְחִישׁ (יַכְחִישׁ) פ

denial הַכְחָשָׁה נ

really? the most (coll) הֲכִי מ״ה

contain, include הֵכִיל (יָכִיל) פ

prepare הֵכִין (יָכִין) פ

know, recognize הִכִּיר (יַכִּיר) פ

bite (snake) הִכִּישׁ (יַכִּישׁ) פ

cross-breeding (animals); crossing (plants) הַכְלָאָה נ

tack (temporary stitches) הִכְלִיב (יַכְלִיב) פ

generalize, include הִכְלִיל (יַכְלִיל) פ

humiliate, insult הִכְלִים (יַכְלִים) פ

generalization; inclusion הַכְלָלָה נ

humiliation הַכְלָמָה נ

wither, wrinkle הִכְמִישׁ (יַכְמִישׁ) פ

at the ready, on the alert הָכֵן תה״פ

הֲכָנָה נ preparation
הִכְנִיס (יַכְנִיס) פ bring in, insert
הִכְנִיעַ (יַכְנִיעַ) פ subdue
הַכְנָסָה נ income, revenue
הִכְסִיף (יַכְסִיף) פ turn silver
הִכְעִיס (יַכְעִיס) פ anger, enrage
הִכְפִּיל (יַכְפִּיל) פ double; multiply
הַכְפָּלָה נ doubling, duplication
הַכָּרָה נ consciousness, acquaintance
הַכְרָזָה נ proclamation, declaration
הֶכְרֵחַ ז necessity
הֶכְרֵחִי ת essential, indispensable
הִכְרִיז (יַכְרִיז) פ proclaim, declare
הִכְרִיחַ (יַכְרִיחַ) פ compel, force
הִכְרִיעַ (יַכְרִיעַ) פ subdue, decide
הִכְרִית (יַכְרִית) פ destroy, cut down
הַכְרָעָה נ decision
הַכָּרָתִי ת conscious
הַכָּשָׁה נ bite (of a snake)
הִכְשִׁיל (יַכְשִׁיל) פ fail; mislead
הִכְשִׁיר (יַכְשִׁיר) פ train
הֶכְשֵׁר ז authorization, permit (issued by a rabbi)
הַכְשָׁרָה נ training, preparation
הַכְתָּבָה נ dictation
הִכְתִּיב (יַכְתִּיב) פ dictate
הִכְתִּים (יַכְתִּים) פ stain, soil
הִכְתִּיף (יַכְתִּיף) פ shoulder
הִכְתִּיר (יַכְתִּיר) פ crown
הַכְתָּרָה נ crowning, coronation
הֲלֹא תה״פ surely!
הָלְאָה תה״פ further, beyond, away
הֶלְאָה (יַלְאֶה) פ weary, exhaust
הִלְאִים (יַלְאִים) פ nationalize
הַלְאָמָה נ nationalization
הִלְבִּין (יַלְבִּין) פ turn white, make white
הִלְבִּישׁ (יַלְבִּישׁ) פ dress, clothe
הַלָּה מ״ג that one
הִלְהִיב (יַלְהִיב) פ inflame, enthuse
הַלְוָאָה נ loan (of money)
הַלְוַאי מ״ק if only...! would that...!
הִלְוָה (יַלְוֶה) פ lend, loan
הַלְוָיָה נ funeral procession
הָלוֹךְ וָשׁוֹב there and back, 'return' (fare)
הֲלוֹם תה״פ hither, (to) here
הַלָּז, הַלָּזֶה מ״ג that one
הַלֵּזוּ מ״ג that one (fem.)
הִלְחִים (יַלְחִים) פ solder
הִלְחִין (יַלְחִין) פ set to music, compose
הַלְחָמָה נ soldering
הֵלִיז (יָלִיז) פ slander, speak ill of
הֵלִיט (יָלִיט) פ wrap, enclose
הָלִיךְ ז custom, practice
הֲלִיכָה נ walking, going
הֲלִיכִים מִשְׁפָּטִיִּים legal proceedings
הֲלִימוּת נ suitability
הֵלִין (יָלִין) פ put up for the night
הַלָּךְ ז walker
הָלַךְ (יֵלֵךְ) פ go (on foot), walk
הֵלֶךְ ז traveller
הֲלָכָה נ law, religious practice; theory
הֲלָכָה לְמַעֲשֶׂה by practical implementation of principle
הֲלָכָה פְּסוּקָה authoritative law
הַלְכָן ז walker

הֲלַךְ־נֶפֶשׁ, הֲלוֹךְ־נֶפֶשׁ ז	mood; fancy
הֲלַךְ־רוּחַ	mood
הַלֵּל ז	praise, thanksgiving
הַלָּלוּ מ״ג	these
הַלְלוּיָה ג	hallelujah (lit. praise the Lord)
הָלַם (יַהֲלוֹם) פ	fit, become; strike, bang
הֶלֶם ז	shock
הָלְאָה, לְהַלָּן תה״פ	below (in a text), further on
הֲלָנָה ג	leaving till morning; providing night's lodging
הַלְעָזָה ג	slander, defamation
הַלְעָטָה	feeding, stuffing
הִלְעִיג (יַלְעִיג) פ	mock, guy
הִלְעִיט (יַלְעִיט) פ	feed, stuff
הֲלָצָה ג	joke
הַלְקָאָה ג	flaggelation, whipping
הִלְקָה (יַלְקֶה) פ	flog, whip
הֶלֶקֶט ז	capsule (botanic)
הִלְשִׁין (יַלְשִׁין) פ	"tell tales", inform
הֵם מה״ג	they (masc.)
הִמְאִיס (יַמְאִיס) פ	make loathsome
הִמְדִּיר (יַמְדִּיר) פ	bevel (wood), make a slope
הֵמָּה מ״ג	they (masc.)
הָמָה (יֶהֱמֶה) פ	growl, coo, rumble
הִמְהֵם (יְהַמְהֵם) פ	hum, buzz; murmur
הֲמוּלָּה ג	tumult, din, uproar
הָמוּם ת	shocked, stunned
הָמוֹן ז	crowd, mob
הֲמוֹנִי ת	common; vulgar
הֲמוֹנִית ג	slang, colloquial speech
הַמְחָאָה ג	check, cheque
הַמְחָאַת דוֹאַר	postal order
הַמְחָזָה ג	dramatization
הִמְחִישׁ (יַמְחִישׁ) פ	illustrate, concretize
הַמְחָשָׁה ג	illustration, concretization
הִמְטִיר (יַמְטִיר) פ	rain, shower
הֶמְיָה ג	sound, noise
הֵמִיט (יָמִיט) פ	fell, bring down
הֵמִיר (יָמִיר) פ	exchange, convert
הֵמִית (יָמִית) פ	execute, kill
הַמְלָחָה ג	salting, salination
הַמְלָטָה ג	giving birth (animals)
הִמְלִיחַ (יַמְלִיחַ) פ	salt, pickle
הִמְלִיטָה (תַּמְלִיט) פ	give birth (animals)
הִמְלִיךְ (יַמְלִיךְ) פ	make king, crown king
הִמְלִיץ (יַמְלִיץ) פ	recommend, speak
הַמְלָצָה ג	recommendation
הָמַם (יָהוֹם) פ	daze; stupefy
הִמְנוֹן ז	hymn, anthem
הֵמֵס (יָמֵס) פ	melt, dissolve
הִמְסָה (יַמְסֶה) פ	melt, thaw
הֲמַסָּה ג	melting, dissolving
הַמְעָטָה ג	reduction, decrease
הִמְעִיד (יַמְעִיד) פ	cause to stumble
הִמְעִיט (יַמְעִיט) פ	reduce, decrease
הַמְצָאָה ג	invention, device
הִמְצִיא (יַמְצִיא) פ	supply, invent, devise
הֵמַר (יָמֵר) פ	embitter
הַמְרָאָה ג	take-off (airplane)
הִמְרָה (יַמְרֶה) פ	rebel, defy

הֲמָרָה נ exchange, barter
הִמְרִיא (יַמְרִיא) פ take off (plane)
הִמְרִיד (יַמְרִיד) פ incite to rebel
הִמְרִיץ (יַמְרִיץ) פ urge on, stimulate
הִמְשִׁיךְ (יַמְשִׁיךְ) פ continue, go on
הִמְשִׁיל (יַמְשִׁיל) פ compare
הֶמְשֵׁךְ ז continuation
הֶמְשֵׁכִיּוּת נ continuity
הֲמָתָה נ execution, killing
הִמְתִּין (יַמְתִּין) פ wait
הִמְתִּיק (יַמְתִּיק) פ sweeten, desalinate
הַמְתָּנָה נ waiting
הַמְתָּקָה נ sweetening; desalination
הֵן מ״ג they (fem.)
הֵן מ״ק yes
הֲנָאָה נ pleasure, enjoyment
הַנְבָּטָה נ germination
הִנְבִּיט (יַנְבִּיט) פ cause to germinate
הַנְגָּנָה נ intonation
הַנְדָּסָה נ geometry; engineering
הַנְדָּסִי ת geometric(al); engineering
הֵנָּה תה״פ (to) here, hither
הַנְהָגָה נ management, direction
הִנְהִיג (יַנְהִיג) פ establish, lay down
הַנְהָלָה נ management, executive
הַנְהָלַת חֶשְׁבּוֹנוֹת bookkeeping
הַנַּח! פ leave off! leave it!
הֲנָחָה נ reduction, discount
הַנָּחָה נ laying; assumption, premise
הִנְחָה (יַנְחֶה) פ guide, direct
הַנְחָיָה נ instruction; direction
הִנְחִיל (יַנְחִיל) פ bequeath; impart

הִנְחִית (יַנְחִית) פ deal (a blow); bring down, land
הַנְחָלָה נ endowing (with); imparting
הַנְחָלַת הַלָּשׁוֹן instruction in Hebrew (to adults)
הַנְחָתָה נ landing; bringing down
הֵנִיא (יָנִיא) פ prevent, dissuade
הֵנִיב (יָנִיב) פ yield (crops), produce
הֵנִיד (יָנִיד) פ nod, blink, move
הֵנִיחַ (יָנִיחַ) פ put at ease, calm
הִנִּיחַ (יַנִּיחַ) פ put down, lay down; leave (in a will); assume, suppose; allow, permit
הֵנִיס (יָנִיס) פ put to flight, rout
הֵנִיעַ (יָנִיעַ) פ toss; set in motion; impel (to act), urge
הֵנִיף (יָנִיף) פ swing (arm), brandish
הֵינִיקָה (תֵּינִיק) פ suckle, breast-feed
הַנַּ״ל, הַנִּזְכָּר לְעֵיל abovementioned
הִנְמִיךְ (יַנְמִיךְ) פ lower, depress
הַנְמָקָה נ justification
הִנְנוּ מ״ג (here) we are
הִנְנִי מ״ג (here) I am
הֲנָעָה נ setting in motion
הִנְעִיל (יַנְעִיל) פ put shoes on
הִנְעִים (יַנְעִים) פ make pleasant, entertain
הֲנָפָה נ swinging, waving
הַנְפָּקָה נ issue (shares)
הֵנֵץ (יָנֵץ) פ sprout; shine
הֵן צֶדֶק word of honor
הַנְצָחָה נ perpetuation
הִנְצִיחַ (יַנְצִיחַ) פ perpetuate
הֲנָקָה נ suckling, breast-feeding

הַס מ״ק	hush! silence!
הֵסֵב (יָסֵב) פ	lead round; endorse (check); recline
הֲסָבָה נ	endorsement (check); reclining
הִסְבִּיר (יַסְבִּיר) פ	explain
הֶסְבֵּר ז	explanation
הַסְבָּרָה נ	explanation (act of); information
הַסָּגָה נ	moving back
הִסְגִּיר (יַסְגִּיר) פ	hand over, deliver up, extradite
הֶסְגֵּר ז	quarantine
הַסְגָּרָה נ	extradition, handing over
הַסָּגַת גְּבוּל	encroachment, trespass
הִסְדִּיר (יַסְדִּיר) פ	settle, arrange
הֶסְדֵּר ז	arrangement, order
הַסווָאָה נ	camouflage; disguise
הִסווָה (יַסווֶה) פ	camouflage; disguise
הַסָּחָה נ	diversion
הִסִּיחַ (יַסִּיחַ) פ	divert
הֵסִיחַ (יָסִיחַ) פ	talk, speak
הֵסִיט (יָסִיט) פ	budge, shift
הֵסִיךְ (יָסִיךְ) פ	wipe (with oil), oil
הִסִּיעַ (יַסִּיעַ) פ	transport, give a ride
הִסִּיק (יַסִּיק) פ	heat; conclude
הֵסִיר (יָסִיר) פ	take off, remove
הִסִּית (יַסִּית) פ	incite, instigate
הִסְכִּים (יַסְכִּים) פ	agree, consent
הִסְכִּית (יַסְכִּית) פ	listen
הֶסְכֵּם ז	agreement
הַסְכָּמָה נ	agreement; approval
הַסְלָמָה נ	escalation
הִסְמִיךְ (יַסְמִיךְ) פ	attach, link:

	authorize
הִסְמִיק (יַסְמִיק) פ	turn red, blush
הַסְּסָן ז	waverer
הַסְּסָנוּת נ	vacillation, wavering
הַסָּעָה נ	transport, carrying; "lift"
הִסְעִיר (יַסְעִיר) פ	enrage; agitate
הֶסְפֵּד ז	obituary
הִסְפִּיד (יַסְפִּיד) פ	eulogize (the dead)
הִסְפִּיק (יַסְפִּיק) פ	be sufficient, suffice
הֶסְפֵּק ז	capacity, output
הַסְפָּקָה נ	provision, supply
הַסָּקָה נ	heating; conclusion
הַסְרָטָה נ	filming
הִסְרִיחַ (יַסְרִיחַ) פ	stink
הִסְרִיט (יַסְרִיט) פ	film, shoot (a film)
הִסְתָּאֵב (יִסְתָּאֵב) פ	become corrupt
הִסְתַּבֵּךְ (יִסְתַּבֵּךְ) פ	become entangled
הִסְתַּבֵּר (יִסְתַּבֵּר) פ	become evident, become clear
הִסְתַּבְּרוּת נ	probability
הִסְתַּגֵּל (יִסְתַּגֵּל) פ	adapt (oneself), adjust
הִסְתַּגֵּף (יִסְתַּגֵּף) פ	mortify (the flesh)
הִסְתַּגֵּר (יִסְתַּגֵּר) פ	shut oneself up
הִסְתַּדֵּר	be organized; settle in
הִסְתַּדְּרוּת נ	organization
הַסָּתָה נ	incitement
הִסְתּוֹבֵב (יִסְתּוֹבֵב) פ	revolve, rotate
הִסְתּוֹדֵד (יִסְתּוֹדֵד) פ	confer in secret
הִסְתּוֹפֵף (יִסְתּוֹפֵף) פ	frequent, visit frequently
הִסְתַּחֵף (יִסְתַּחֵף) פ	erode
הִסְתַּחְרֵר פ	go round and round; be giddy

have reservations הִסְתַּיֵּג (יִסְתַּיֵּג) פ
calcification הִסְתַּיְּדוּת נ
finish, end הִסְתַּיֵּם פ
be aided, be helped הִסְתַּיֵּעַ (יִסְתַּיֵּעַ) פ
hide, conceal הִסְתִּיר (יַסְתִּיר) פ
look at הִסְתַּכֵּל פ
looking, observation הִסְתַּכְּלוּת נ
amount to, add up to הִסְתַּכֵּם (יִסְתַּכֵּם) פ
endanger oneself הִסְתַּכֵּן פ
dispute, wrangle הִסְתַּכְסֵךְ פ
curl, become curly הִסְתַּלְסֵל (יִסְתַּלְסֵל) פ
go away, depart הִסְתַּלֵּק פ
become blind הִסְתַּמֵּא פ
rely on הִסְתַּמֵּךְ (יִסְתַּמֵּךְ) פ
be indicated, be marked הִסְתַּמֵּן (יִסְתַּמֵּן) פ
be dazzled הִסְתַּנְוֵר (יִסְתַּנְוֵר) פ
be filtered; infiltrate הִסְתַּנֵּן (יִסְתַּנֵּן) פ
fork (roads), branch out הִסְתָּעֵף (יִסְתָּעֵף) פ
assault, charge, assail הִסְתָּעֵר (יִסְתָּעֵר) פ
join הִסְתַּפֵּחַ (יִסְתַּפֵּחַ) פ
be satisfied with הִסְתַּפֵּק (יִסְתַּפֵּק) פ
have one's hair cut הִסְתַּפֵּר (יִסְתַּפֵּר) פ
concealment הֶסְתֵּר ז
become clumsy הִסְתַּרְבֵּל (יִסְתַּרְבֵּל) פ
be intertwined הִסְתָּרֵג (יִסְתָּרֵג) פ
concealment הַסְתָּרָה נ
sprawl הִסְתָּרֵחַ (יִסְתָּרֵחַ) פ
comb one's hair הִסְתָּרֵק (יִסְתָּרֵק) פ
be sealed up, be stopped up הִסְתַּתֵּם (יִסְתַּתֵּם) פ
hide, conceal oneself הִסְתַּתֵּר (יִסְתַּתֵּר) פ
employ, put to work הֶעֱבִיד (יַעֲבִיד) פ
bring across; transfer הֶעֱבִיר (יַעֲבִיר) פ
transfer הַעֲבָרָה נ
anchor (a ship) הֶעֱגִין (יַעֲגִין) פ
prefer, give priority to הֶעֱדִיף (יַעֲדִיף) פ
preferring, giving preference הַעֲדָפָה נ
absence, lack הֶעְדֵּר ז
grimace, facial contortion הַעֲוָיָה נ
dare, be bold הֵעֵז (יָעֵז) פ
boldness הֶעָזָה נ
wrap, cover הֶעֱטָה (יַעֲטֶה) פ
crown הֶעֱטִיר (יַעֲטִיר) פ
cloud over הֵעִיב (יָעִיב) פ
testify, give evidence הֵעִיד (יָעִיד) פ
dare, be bold הֵעִיז (יָעִיז) פ
fly, set flying הֵעִיף (יָעִיף) פ
weigh heavily הֵעִיק (יָעִיק) פ
wake; rouse הֵעִיר (יָעִיר) פ
increase; lifting הַעֲלָאָה נ
insulting, offending הַעֲלָבָה נ
raise, lift הֶעֱלָה (יַעֲלֶה) פ
insult, offend הֶעֱלִיב (יַעֲלִיב) פ
accuse falsely הֶעֱלִיל (יַעֲלִיל) פ
hide, conceal הֶעֱלִים (יַעֲלִים) פ
concealing, hiding הַעֲלָמָה נ
dim, dull הֵעֵם (יָעֵם) פ

הַעֲמָדָה נ setting up, placing
הֶעֱמִיד (יַעֲמִיד) פ set up; stop
הֶעֱמִיד פָּנִים pretend
הֶעְמִיס (יַעְמִיס) פ load
הֶעֱמִיק (יַעֲמִיק) פ deepen
הֶעֱנִיק (יַעֲנִיק) פ grant, award
הֶעֱנִישׁ (יַעֲנִישׁ) פ punish, penalize
הַעֲנָקָה נ granting, awarding
הֶעֱסִיק (יַעֲסִיק) פ employ
הֶעָפָה נ flying
הֶעְפִּיל (יַעְפִּיל) פ climb, struggle upwards
הֶעָקָה נ weighing heavily
הֶעֱרָה (יַעֲרֶה) פ lay bare, uncover
הֶעָרָה נ note, remark
הֶעֱרִיךְ (יַעֲרִיךְ) פ estimate, value
הֶעֱרִים (יַעֲרִים) פ act with cunning
הֶעֱרִיץ (יַעֲרִיץ) פ admire, venerate
הַעֲרָכָה נ valuing; appreciation
הַעֲרָצָה נ admiration, veneration
הֶעְשִׁיר (יַעְשִׁיר) פ make wealthy; become rich
הֶעְתִּיק (יַעְתִּיק) פ transfer; copy
הֶעְתִּיר (יַעְתִּיר) פ entreat
הֶעְתֵּק ז copy
הַפְגָּזָה נ shelling, bombardment
הִפְגִּיז (יַפְגִּיז) פ shell, bombard
הִפְגִּין (יַפְגִּין) פ demonstrate
הִפְגִּיעַ (יַפְגִּיעַ) פ afflict with
הִפְגִּישׁ (יַפְגִּישׁ) פ bring together
הַפְגָּנָה נ demonstration
הֲפוּגָה נ respite; cease-fire
הִפְחִיד (יַפְחִיד) פ frighten, scare
הִפְחִית (יַפְחִית) פ reduce, diminish
הַפְחָתָה נ lessening
הִפְטִיר (יַפְטִיר) פ dismiss; release
הֵפִיג (יָפִיג) פ relieve; relax
הֵפִיחַ (יָפִיחַ) פ blow; exhale (breath), breathe out
הִפִּיחַ (יַפִּיחַ) פ blow on, blow away
הָפִיךְ ז invertible; convertible
הֲפִיכָה נ inversion; overthrow, overwhelming
הִפִּיל (יַפִּיל) פ bring down, cast down
הִפִּילָה (תַּפִּיל) פ have a miscarriage
הֵפִיס (יָפִיס) פ appease, pacify
הֵפִיץ (יָפִיץ) פ spread; scatter
הֵפִיק (יָפִיק) פ obtain; produce
הִפִּיק (יַפִּיק) פ draw out, bring forth
הֵפִיר (יָפִיר) פ nullify, annul
הָפַךְ (יַהֲפוֹךְ) פ invert, reverse
הֶפֶךְ ז contrary, opposite
הֲפֵכָה, הֲפֵיכָה נ overthrow (of a kingdom etc.)
הֲפַכְפַּךְ ת fickle, changeable
הַפְלֵא!, הַפְלֵא וָפֶלֶא! how wonderful!
הַפְלָגָה נ departure (of a ship), sailing; exaggeration
הִפְלָה (יַפְלֶה) פ discriminate
הַפָּלָה נ dropping; miscarriage
הַפְלָטָה נ ejection
הִפְלִיא (יַפְלִיא) פ amaze, astonish
הִפְלִיג (יַפְלִיג) פ overdo; depart, embark
הַפְלָיָה נ discrimination
הִפְלִיט (יַפְלִיט) פ eject; let slip

הִפְנָה (יַפְנֶה) פ turn; refer; divert
הִפְנֵט (יְהַפְנֵט) פ hypnotize
הַפְנָיָה נ turning; referring
הִפְנִים (יַפְנִים) פ internalize; indent
הַפְנָמָה נ internalization
הֶפְסֵד ז loss, damage
הִפְסִיד (יַפְסִיד) פ lose
הִפְסִיק (יַפְסִיק) פ stop; interrupt
הֶפְסֵק ז interruption, stopping
הַפְסָקָה נ stopping; break, interval
הִפְעִיל (יַפְעִיל) פ set in motion, put to work
הִפְעִים (יַפְעִים) פ excite, rouse
הַפְעָלָה נ putting to work, setting in motion
הֲפָצָה נ distribution, dissemination
הִפְצִיץ (יַפְצִיץ) פ bomb
הִפְצִיר (יַפְצִיר) פ insist, press; entreat
הֶפְצֵר ז, הַפְצָרָה נ insistent request, entreaty
הַפְקָדָה נ depositing, bailing; appointment (to a post)
הֲפָקָה נ production; bringing out
הִפְקִיד (יַפְקִיד) פ deposit
הִפְקִיעַ (יַפְקִיעַ) פ requisition (property)
הִפְקִיר (יַפְקִיר) פ abandon, renounce (ownership)
הַפְקָעָה נ requisitioning (of property)
הֶפְקֵר ז ownerless property; irresponsibility
הַפְקָרָה נ abandonment
הֶפְקֵרוּת נ lawlessness, irresponsibility
הֵפֵר (יָפֵר) פ violate, infringe
הֶפְרֵד ז, הַפְרָדָה נ separation
הִפְרָה (יַפְרֶה) פ fertilize (sexual), impregnate
הֲפָרָה נ violation, infringement
הַפְרָזָה נ exaggeration, overstatement
הַפְרָטָה נ detailing
הִפְרִיד (יַפְרִיד) פ separate, part; decompose
הַפְרָיָה נ fertilization (of cells), impregnation
הִפְרִיז (יַפְרִיז) פ exaggerate, overdo, be excessive
הִפְרִיחַ (יַפְרִיחַ) פ flower, blossom; set flying
הִפְרִיךְ (יַפְרִיךְ) פ refute (claims)
הִפְרִיס (יַפְרִיס) פ be cloven-hoofed, have hoofs
הִפְרִיעַ (יַפְרִיעַ) פ disturb
הִפְרִישׁ (יַפְרִישׁ) פ set aside
הַפְרָכָה נ refutation
הַפְרָעָה נ disturbance
הֶפְרֵשׁ ז difference, remainder
הַפְרָשָׁה נ setting aside; excretion
הַפְשָׁטָה נ abstraction
הִפְשִׁיט (יַפְשִׁיט) פ undress (another person)
הִפְשִׁיל (יַפְשִׁיל) פ roll up (sleeves, trousers)
הִפְשִׁיר (יַפְשִׁיר) פ melt (ice), defrost
הַפְשָׁרָה נ melting, thaw
הִפְתִּיעַ (יַפְתִּיעַ) פ surprise
הַפְתָּעָה נ surprise

הַצָּבָה נ setting up, placing (in position)
הִצְבִּיעַ (יַצְבִּיעַ) פ vote
הַצְבָּעָה נ voting; indicating
הַצָּגָה נ play (theatrical), show; introducing
הִצְדִּיד (יַצְדִּיד) פ avert, turn aside
הִצְדִּיעַ (יַצְדִּיעַ) פ salute (military)
הִצְדִּיק (יַצְדִּיק) פ vindicate, justify
הַצְדָּעָה נ salute (military)
הַצְדָּקָה נ justification, vindication
הִצְהִיב (יַצְהִיב) פ yellow, turn yellow
הִצְהִיל (יַצְהִיל) פ gladden, make happy
הִצְהִיר (יַצְהִיר) פ declare
הַצְהָרָה נ declaration
הִצְחִין (יַצְחִין) פ cause to smell, make stink
הִצְחִיק (יַצְחִיק) פ make laugh
הִצְטַבֵּעַ (יִצְטַבַּע) פ paint oneself, make up
הִצְטַבֵּר (יִצְטַבֵּר) פ accumulate
הִצְטַבְּרוּת נ accumulation
הִצְטַדֵּד (יִצְטַדֵּד) פ move aside
הִצְטַדְּקוּת נ apology
הִצְטַדֵּק (יִצְטַדֵּק) פ justify oneself
הִצְטוֹפֵף (יִצְטוֹפֵף) פ crowd together
הִצְטַחֵק (יִצְטַחֵק) פ chuckle, titter
הִצְטַיֵּד (יִצְטַיֵּד) פ equip oneself
הִצְטַיֵּן (יִצְטַיֵּן) פ excel, be excellent
הִצְטַיֵּר (יִצְטַיֵּר) פ be drawn, be portrayed
הִצְטַלֵּב (יִצְטַלֵּב) פ cross; cross oneself
הִצְטַלֵּם (יִצְטַלֵּם) פ be photographed
הִצְטַלֵּק (יִצְטַלֵּק) פ form a scar
הִצְטַמְצֵם (יִצְטַמְצֵם) פ limit oneself, be reduced
הִצְטַמֵּק (יִצְטַמֵּק) פ shrink
הִצְטַנֵּן (יִצְטַנֵּן) פ cool; catch (a) cold
הִצְטַנְּנוּת נ cold
הִצְטַנֵּעַ (יִצְטַנֵּעַ) פ be modest
הִצְטַנֵּף (יִצְטַנֵּף) פ be wound, be wrapped
הִצְטַעְצֵעַ (יִצְטַעְצֵעַ) פ preen oneself; toy (with)
הִצְטַעֵר (יִצְטַעֵר) פ regret, be sorry
הִצְטָרֵד (יִצְטָרֵד) פ become hoarse
הִצְטָרֵךְ (יִצְטָרֵךְ) פ have to; have need of
הִצְטָרֵף (יִצְטָרֵף) פ be refined; join
הִצְטָרְפוּת נ joining
הִצִּיב (יַצִּיב) פ put in position
הִצִּיג (יַצִּיג) פ present; show, exhibit
הַצִּידָה out of the way!
הִצִּיל (יַצִּיל) פ save, rescue
הִצִּיעַ (יַצִּיעַ) פ suggest, propose
הֵצִיף (יָצִיף) flood, overflow
הֵצִיץ (יָצִיץ) פ peep
הֵצִיק (יָצִיק) פ bully, persecute
הִצִּית (יַצִּית) פ set on fire
הֵצֵל (יָצֵל) פ shade, give shade
הַצְלָבָה נ crossbreeding, hybridization
הַצָּלָה נ rescue
הַצְלָחָה נ success
הִצְלִיב (יַצְלִיב) פ cross (plants, animals)
הִצְלִיחַ (יַצְלִיחַ) פ succeed, prosper

lash, whip הִצְלִיף (יַצְלִיף) פ
attachment, tying הַצְמָדָה נ
cause to grow הִצְמִיחַ (יַצְמִיחַ) פ
destroy, annihilate הִצְמִית (יַצְמִית) פ
drop by parachute הִצְנִיחַ (יַצְנִיחַ) פ
conceal, hide away הִצְנִיעַ (יַצְנִיעַ) פ
suggestion, proposal הַצָּעָה נ
lead, cause to march הִצְעִיד (יַצְעִיד) פ
rejuvenate הִצְעִיר (יַצְעִיר) פ
flood; overflowing הֲצָפָה נ
hide; face north הִצְפִּין (יַצְפִּין) פ
pack together הִצְפִּיף (יַצְפִּיף) פ
glance, peep הֲצָצָה נ
bullying, nagging הֲצָקָה נ
narrow, make narrower הֵצֵר (יָצֵר) פ
become hoarse הִצְרִיד (יַצְרִיד) פ
oblige, compel הִצְרִיךְ (יַצְרִיךְ) פ
setting on fire הַצָּתָה נ
vomiting הֲקָאָה נ
make parallel; welcome הִקְבִּיל (יַקְבִּיל) פ
comparing, contrasting הַקְבָּלָה נ
fixation הַקְבָּעָה נ
God הַקָּדוֹשׁ־בָּרוּךְ־הוּא
burn (food) הִקְדִּיחַ (יַקְדִּיחַ) פ
anticipate, precede; do earlier הִקְדִּים (יַקְדִּים) פ
dedicate, devote הִקְדִּישׁ (יַקְדִּישׁ) פ
earliness הֶקְדֵּם ז
introduction הַקְדָּמָה נ
dedicated objects הֶקְדֵּשׁ ז
dedication הַקְדָּשָׁה נ
blunt, dull הִקְהָה (יַקְהֶה) פ

summon (a meeting), assemble הִקְהִיל (יַקְהִיל) פ
make smaller הִקְטִין (יַקְטִין) פ
burn incense הִקְטִיר (יַקְטִיר) פ
reduction, diminution הַקְטָנָה נ
vomit הֵקִיא (יָקִיא) פ
bleed, let blood הִקִּיז (יַקִּיז) פ
raise, set up הֵקִים (יָקִים) פ
surround, encircle הִקִּיף (יַקִּיף) פ
awake, be awake הֵקִיץ (יָקִיץ) פ
beat, strike הִקִּישׁ (יַקִּישׁ) פ
compare, contrast הֵקִישׁ (יָקִישׁ) פ
lighten, make lighter הֵקֵל (יָקֵל) פ
alleviation הֲקַלָּה, הֲקָלָה נ
recording הַקְלָטָה נ
record (on tape or gramophone) הִקְלִיט (יַקְלִיט) פ
setting up, establishment הֲקָמָה נ
add flour, flour הִקְמִיחַ (יַקְמִיחַ) פ
sell, dispose of (by sale); transfer (property); provide with, afford הִקְנָה (יַקְנֶה)
transferring (property) הַקְנָיָה נ
tease, irritate הִקְנִיט (יַקְנִיט) פ
fascinate הִקְסִים (יַקְסִים) פ
freezing (lit. and fig.) הַקְפָּאָה נ
meticulousness; strictness הַקְפָּדָה נ
surrounding, encompassing; credit הֲקָפָה, הַקָּפָה נ
freeze (lit. and fig.) הִקְפִּיא (יַקְפִּיא) פ
be strict, be meticulous הִקְפִּיד (יַקְפִּיד) פ
cause to jump הִקְפִּיץ (יַקְפִּיץ) פ
allocation, setting aside הַקְצָאָה נ

allocation (of funds), allotment — הַקְצָבָה נ
set aside, allocate — הִקְצָה (יַקְצֶה) פ
awakening, waking up — הֲקָצָה נ
allocate (money), allot — הִקְצִיב (יַקְצִיב) פ
plane (wood), smooth — הִקְצִיעַ (יַקְצִיעַ) פ
whisk (an egg); cause to foam — הִקְצִיף (יַקְצִיף) פ
reading aloud, recitation — הַקְרָאָה נ
sacrifice — הַקְרָבָה נ
read out, recite — הִקְרִיא (יַקְרִיא) פ
sacrifice; bring nearer — הִקְרִיב (יַקְרִיב) פ
go bald — הִקְרִיחַ (יַקְרִיחַ) פ
radiate, shine — הִקְרִין (יַקְרִין) פ
congeal, coagulate — הִקְרִישׁ (יַקְרִישׁ) פ
radiation; projection (of films) — הַקְרָנָה נ
attention; listening — הַקְשָׁבָה נ
harden; argue — הִקְשָׁה (יַקְשֶׁה) פ
listen, pay attention — הִקְשִׁיב (יַקְשִׁיב) פ
harden (the heart) — הִקְשִׁיחַ (יַקְשִׁיחַ) פ
context — הֶקְשֵׁר ז
mountain — הַר ז
show — הֶרְאָה (יַרְאֶה) פ
increase, multiply — הִרְבָּה (יַרְבֶּה) פ
many, much, plenty — הַרְבֵּה תה״פ
cause to mate (animals) — הִרְבִּיעַ (יַרְבִּיעַ) פ
beat, hit (colloquial); cause to lie down (animals) — הִרְבִּיץ (יַרְבִּיץ) פ

kill, slay — הָרַג (יַהֲרֹג) פ
slaughter, killing — הֶרֶג ז
slaughter, killing — הֲרֵגָה, הֲרִיגָה נ
annoy — הִרְגִּיז (יַרְגִּיז) פ
accustom, habituate — הִרְגִּיל (יַרְגִּיל) פ
calm, pacify — הִרְגִּיעַ (יַרְגִּיעַ) פ
feel, sense — הִרְגִּישׁ (יַרְגִּישׁ) פ
habit — הֶרְגֵּל ז
calming, tranquilizing — הַרְגָּעָה נ
volcano — הַר גַּעַשׁ ז
feeling, sensation — הַרְגָּשָׁה נ
oleander — הַרְדּוּף ז
put to sleep; anaesthetize — הִרְדִּים (יַרְדִּים) פ
anaesthesia (general) — הַרְדָּמָה נ
conceive (a child) — הָרָה, הָרְתָה (יַהֲרֶה) פ
pregnant woman — הָרָה ת׳, נ
thought; meditating — הִרְהוּר ז
excite, fascinate; embolden — הִרְהִיב (יַרְהִיב) פ
think, meditate — הִרְהֵר (יְהַרְהֵר) פ
(a person) slain — הָרוּג ת׳, ז
saturate — הִרְוָה (יַרְוֶה) פ
relief, easement — הַרְוָחָה נ
profit — הִרְוִיחַ (יַרְוִיחַ) פ
become thinner, slim — הִרְזָה (יַרְזֶה) פ
widening, enlargement — הַרְחָבָה נ
smelling, sniffing — הֲרָחָה נ
widen, broaden — הִרְחִיב (יַרְחִיב) פ
remove, put at a distance; go far — הִרְחִיק (יַרְחִיק) פ
far away, far off — הַרְחֵק תה״פ
removal; keeping away — הַרְחָקָה נ

הַרְטָבָה נ	moistening, wetting
הִרְטִיב (יַרְטִיב) פ	moisten, dampen
הִרְטִיט (יַרְטִיט) פ	make tremble; quiver
הֲרֵי	here is..., you see...
הֲרִיגָה נ	homicide, killing
הֵרִיחַ (יָרִיחַ) פ	smell, scent
הֵרִים (יָרִים) פ	lift, raise; pick up
הֲרֵינִי מ״ג	I am (see also הֲרֵי)
הֲרִיסָה נ	demolition, destruction
הֵרִיעַ (יָרִיעַ) פ	shout, cheer
הֵרִיץ (יָרִיץ) פ	make run
הֵרִיק (יָרִיק) פ	empty
הֵרַךְ (יָרֵךְ) פ	soften, mollify
הֶרְכֵּב ז	composition, make-up
הַרְכָּבָה נ	grafting; inoculation; putting together
הַרְכָּבַת אֲבַעְבּוּעוֹת	vaccination
הִרְכִּיב (יַרְכִּיב) פ	make ride, put in the saddle; carry (on shoulder); put together, assemble (parts of a machine); inoculate
הִרְכִּין (יַרְכִּין) פ	lower, bow (the head)
הֲרָמָה נ	lifting, raising
הִרְמוּן ז	hormone treatment; harmonization
הַרְמוֹן ז	harem
הַרְמוֹנִי ת	harmonious
הַרְמוֹנְיָה נ	harmony
הִרְנִין (יַרְנִין) פ	gladden, cheer up
הָרַס (יַהֲרוֹס) פ	destroy, ruin
הֶרֶס ז	destruction
הַרְסָנִי ת	destructive, ruinous
הֲרָעָה נ	deterioration
הִרְעִיב (יַרְעִיב) פ	starve, cause hunger
הִרְעִיד (יַרְעִיד) פ	tremble; cause to tremble
הִרְעִיל (יַרְעִיל) פ	poison
הִרְעִים (יַרְעִים) פ	thunder
הִרְעִיף (יַרְעִיף) פ	drip, trickle
הִרְעִישׁ (יַרְעִישׁ) פ	make a noise; bomb, bombard
הַרְעָלָה נ	poisoning
הֶרֶף!	stop it! leave it alone!
הֶרֶף ז	pause (momentary), instant
הִרְפָּה (יַרְפֶּה) פ	desist, leave alone
הַרְפַּתְקָה נ	adventure, exploit
הַרְפַּתְקָנִי ת	adventurous
הַרְצָאָה נ	lecture
הִרְצָה (יַרְצֶה) פ	lecture
הֲרָצָה נ	making run; running in (car)
הִרְצִין (יַרְצִין) פ	become serious
הֲרָקָה נ	emptying
הִרְקִיב (יַרְקִיב) פ	rot, decay
הִרְקִיד (יַרְקִיד) פ	set dancing
הִרְקִיעַ (יַרְקִיעַ) פ	be exalted, reach the sky
הֲרָרִי ת	mountainous
הַרְשָׁאָה נ	permission
הִרְשָׁה (יַרְשֶׁה) פ	allow, permit
הִרְשִׁים (יַרְשִׁים) פ	impress
הִרְשִׁיעַ (יַרְשִׁיעַ) פ	convict, find guilty
הַרְשָׁמָה נ	registration
הִרְתִּיחַ (יַרְתִּיחַ) פ	boil

הִרְתִּיעַ (יַרְתִּיעַ) פ deter, daunt
הִרְתִּית (יַרְתִּית) פ tremble, quiver
הַרְתָּעָה נ deterrence
הִשְׁאִיל (יַשְׁאִיל) פ lend
הִשְׁאִיר (יַשְׁאִיר) פ leave, leave behind
הַשְׁאָלָה נ lending; metaphor
הַשָּׁבוּעַ this week
הַשְׁבָּחָה נ improvement
הִשְׁבִּיחַ (יַשְׁבִּיחַ) פ improve
הִשְׁבִּיעַ (יַשְׁבִּיעַ) פ swear in
הִשְׂבִּיעַ (יַשְׂבִּיעַ) פ sate, glut
הִשְׁבִּיר (יַשְׁבִּיר) פ sell provisions
הִשְׁבִּית (יַשְׁבִּית) פ lock out (workers), stop (work)
הַשְׁבָּעָה נ swearing in
הַשְׁבָּתָה נ lock-out
הַשָּׂגָה נ achievement; perception; criticism
הַשְׁגָּחָה נ supervision, watching
הִשְׁגִּיחַ (יַשְׁגִּיחַ) פ watch; supervise
הִשְׁגִּיר (יַשְׁגִּיר) פ habituate, accustom; run in
הַשְׁגָּרָה נ running in
הִשְׁהָה (יַשְׁהֶה) פ delay, hold back
הַשְׁהָיָה נ delay
הַשְׁוָאָה נ comparison
הַשְׁוָאָתִי ת comparative
הִשְׁוָה (יַשְׁוֶה) פ compare, equate
הִשְׁחִיז (יַשְׁחִיז) פ sharpen, whet
הִשְׁחִיל (יַשְׁחִיל) פ pass through a hole, thread
הִשְׁחִיר (יַשְׁחִיר) פ blacken; become black
הִשְׁחִית (יַשְׁחִית) פ corrupt, mar

הִשִּׂיא (יַשִּׂיא) פ marry off
הֵשִׁיב (יָשִׁיב) פ answer, reply; return
הִשִּׂיג (יַשִּׂיג) פ catch up with; obtain, attain
הֵשִׂיחַ (יָשִׂיחַ) פ talk; get to talk
הֵשִׁיט (יָשִׁיט) פ set afloat
הִשִּׁיל (יַשִּׁיל) פ drop, shed (skin)
הִשִּׁיק (יַשִּׁיק) פ touch, graze
הִשִּׁיר (יַשִּׁיר) פ drop, shed (skin)
הֵשִׁית (יָשִׁית) פ set
הַשְׁכָּבָה נ laying down
הִשְׁכִּיב (יַשְׁכִּיב) פ lay down, put to bed
הִשְׁכִּיחַ (יַשְׁכִּיחַ) פ banish from mind
הִשְׂכִּיל (יַשְׂכִּיל) פ learn
הִשְׁכִּים (יַשְׁכִּים) פ rise early
הִשְׂכִּיר (יַשְׂכִּיר) פ lease, let (property)
הַשְׂכָּלָה נ education, learning; culture, enlightenment
הַשְׁכֵּם תה״פ early
הַשְׁכָּמָה נ early rising
הִשְׁלָה (יַשְׁלֶה) פ mislead, delude
הַשְׁלָיָה נ deluding
הִשְׁלִיט (יַשְׁלִיט) פ put in control, establish
הִשְׁלִיךְ (יַשְׁלִיךְ) פ cast; throw away
הִשְׁלִים (יַשְׁלִים) פ complete; accomplish
הִשְׁלִישׁ (יַשְׁלִישׁ) פ hand over to a third party
הַשְׁלָכָה נ throwing, casting; effect, implication

הַשְׁלָמָה נ completion; resignation
הֵשַׁם (יָשֵׁם) פ lay waste, devastate
הַשְׁמָדָה נ destruction
הַשְׁמָטָה נ omission
הִשְׁמִיד (יַשְׁמִיד) פ destroy, annihilate
הִשְׁמִיט (יַשְׁמִיט) פ omit, leave out
הִשְׂמִיל, הִשְׂמְאִיל (יַשְׂמִיל) פ turn left
הִשְׁמִין (יַשְׁמִין) פ become fatter
הִשְׁמִיעַ (יַשְׁמִיעַ) פ make heard
הִשְׁמִיץ (יַשְׁמִיץ) פ defame, libel
הַשְׁמָצָה נ defamation
הַשָּׁנָה this year
הִשְׁעָה (יַשְׁעֶה) פ suspend (an employee, etc)
הִשְׁעִין (יַשְׁעִין) פ lean against, prop up
הַשְׁעָרָה נ hypothesis, supposition
הִשְׁפִּיל (יַשְׁפִּיל) פ humiliate; lower
הִשְׁפִּיעַ (יַשְׁפִּיעַ) פ influence, affect; give generously
הַשְׁפָּלָה נ humiliation, abasement
הַשְׁפָּעָה נ influence, effect
הַשְׁקָאָה נ irrigation, watering
הַשָּׁקָה נ touching, grazing; launching (ship)
הִשְׁקָה (יַשְׁקֶה) פ water, irrigate
הִשְׁקִיט (יַשְׁקִיט) פ calm, quieten
הִשְׁקִיעַ (יַשְׁקִיעַ) פ invest
הִשְׁקִיף (יַשְׁקִיף) פ observe, watch
הַשְׁקָעָה נ investment
הַשְׁקָפָה נ outlook, view
הַשְׁקָפַת עוֹלָם outlook on life
הַשְׁרָאָה נ inspiration
הִשְׁרָה (יַשְׁרֶה) פ inspire; immerse
הִשְׁרִישׁ (יַשְׁרִישׁ) פ strike root

הִשְׁתָּאָה (יִשְׁתָּאֶה) פ be astonished
הִשְׁתַּבֵּחַ (יִשְׁתַּבֵּחַ) פ praise oneself
הִשְׁתַּבֵּשׁ (יִשְׁתַּבֵּשׁ) פ be spoilt, deteriorate
הִשְׁתַּגֵּעַ (יִשְׁתַּגֵּעַ) פ go mad
הִשְׁתַּדֵּךְ (יִשְׁתַּדֵּךְ) פ arrange to get married
הִשְׁתַּדֵּל (יִשְׁתַּדֵּל) פ try hard, endeavor
הִשְׁתַּדְּלוּת נ endeavor, striving
הִשְׁתַּהָה (יִשְׁתַּהֶה) פ be delayed
הִשְׁתּוֹבֵב (יִשְׁתּוֹבֵב) פ be naughty
הִשְׁתַּוָּה (יִשְׁתַּוֶּה) פ be equal to, become equal
הִשְׁתּוֹחֵחַ (יִשְׁתּוֹחֵחַ) פ be cast down
הִשְׁתּוֹלֵל (יִשְׁתּוֹלֵל) פ run wild
הִשְׁתּוֹמֵם (יִשְׁתּוֹמֵם) פ be astonished
הִשְׁתּוֹקֵק (יִשְׁתּוֹקֵק) פ long for, crave
הִשְׁתַּזֵּף (יִשְׁתַּזֵּף) פ be tanned (by the sun)
הִשְׁתַּזֵּר (יִשְׁתַּזֵּר) פ be interwoven
הִשְׁתַּחֲוָה (יִשְׁתַּחֲוֶה) פ bow down
הִשְׁתַּחֵל (יִשְׁתַּחֵל) פ squeeze through
הִשְׁתַּחֵק (יִשְׁתַּחֵק) פ be rubbed away
הִשְׁתַּחְרֵר (יִשְׁתַּחְרֵר) פ be set free, be released
הִשְׁתַּטָּה (יִשְׁתַּטֶּה) פ play the fool
הִשְׁתַּטֵּחַ (יִשְׁתַּטֵּחַ) פ stretch oneself out
הִשְׁתַּיֵּךְ (יִשְׁתַּיֵּךְ) פ belong to, be associated with
הִשְׁתַּיֵּר (יִשְׁתַּיֵּר) פ remain, be left
הִשְׁתִּיל (יַשְׁתִּיל) פ transplant
הִשְׁתִּין (יַשְׁתִּין) פ urinate
הִשְׁתִּיק (יַשְׁתִּיק) פ silence

הִשְׁתִּית (יַשְׁתִּית) פ base, found
הִשְׁתַּכְלֵל (יִשְׁתַּכְלֵל) פ become perfect
הִשְׁתַּכֵּן (יִשְׁתַּכֵּן) פ find oneself housing
הִשְׁתַּכְנֵעַ (יִשְׁתַּכְנֵעַ) פ become convinced
הִשְׂתַּכֵּר (יִשְׂתַּכֵּר) פ earn
הִשְׁתַּכֵּר (יִשְׁתַּכֵּר) פ get drunk
הִשְׁתַּכְשֵׁךְ (יִשְׁתַּכְשֵׁךְ) פ paddle, dabble
הִשְׁתַּלֵּב (יִשְׁתַּלֵּב) פ intertwine, integrate
הַשְׁתָּלָה נ transplanting
הִשְׁתַּלְהֵב (יִשְׁתַּלְהֵב) פ go up in flames, be afire
הִשְׁתַּלֵּט (יִשְׁתַּלֵּט) פ take control of
הִשְׁתַּלֵּם (יִשְׁתַּלֵּם) פ be profitable; complete one's studies
הִשְׁתַּלְשֵׁל (יִשְׁתַּלְשֵׁל) פ hang down; evolve
הִשְׁתַּמֵּד (יִשְׁתַּמֵּד) פ become converted (from Judaism)
הִשְׁתַּמֵּט (יִשְׁתַּמֵּט) פ dodge, evade
הִשְׁתַּמֵּעַ (יִשְׁתַּמֵּעַ) פ be heard; be understood
הִשְׁתַּמֵּר (יִשְׁתַּמֵּר) פ be preserved, be kept
הִשְׁתַּמֵּשׁ (יִשְׁתַּמֵּשׁ) פ use, make use of
הַשְׁתָּנָה נ urination
הִשְׁתַּנָּה (יִשְׁתַּנֶּה) פ change, vary
הִשְׁתַּעְבֵּד (יִשְׁתַּעְבֵּד) פ be subjugated
הִשְׁתַּעֵל (יִשְׁתַּעֵל) פ cough
הִשְׁתַּעֲמֵם (יִשְׁתַּעֲמֵם) פ be bored
הִשְׂתָּעֵר (יִשְׂתָּעֵר) פ storm, assault
הִשְׁתַּעֲשֵׁעַ (יִשְׁתַּעֲשֵׁעַ) פ play with, dally with

הִשְׁתַּפֵּךְ (יִשְׁתַּפֵּךְ) פ be poured out
הִשְׁתַּפֵּר (יִשְׁתַּפֵּר) פ improve
הִשְׁתַּפְשֵׁף (יִשְׁתַּפְשֵׁף) פ be rubbed away; be put through the mill (slang)
הִשְׁתַּקֵּעַ (יִשְׁתַּקֵּעַ) פ settle permanently
הִשְׁתַּקֵּף (יִשְׁתַּקֵּף) פ be visible; be reflected
הִשְׂתָּרְבֵּב, נִשְׂתָּרְבֵּב (יִשְׂתָּרְבֵּב) פ be introduced out of place
הִשְׂתָּרֵךְ (יִשְׂתָּרֵךְ) פ drag oneself along
הִשְׂתָּרֵעַ (יִשְׂתָּרֵעַ) פ spread out, extend
הִשְׂתָּרֵר, נִשְׂתָּרֵר (יִשְׂתָּרֵר) פ reign over; prevail
הִשְׁתָּרֵשׁ (יִשְׁתָּרֵשׁ) פ take root, strike root
הִשְׁתַּתֵּף (יִשְׁתַּתֵּף) פ participate, take part
הִשְׁתַּתֵּק (יִשְׁתַּתֵּק) פ fall silent
הִתְאַבֵּד (יִתְאַבֵּד) פ commit suicide
הִתְאַבֵּךְ (יִתְאַבֵּךְ) פ billow upwards (smoke)
הִתְאַבֵּל (יִתְאַבֵּל) פ mourn
הִתְאַבֵּן (יִתְאַבֵּן) פ be petrified, turn to stone
הִתְאַבֵּק (יִתְאַבֵּק) פ be covered with dust; wrestle, grapple
הִתְאַגֵּד (יִתְאַגֵּד) פ unite, combine
הִתְאַגְרֵף (יִתְאַגְרֵף) פ box
הִתְאַדָּה (יִתְאַדֶּה) פ evaporate
הִתְאַדֵּם (יִתְאַדֵּם) פ blush, flush
הִתְאַהֵב (יִתְאַהֵב) פ fall in love

הִתְאַוְרֵר (יִתְאַוְרֵר) פ be ventilated, be aired
הִתְאוֹנֵן (יִתְאוֹנֵן) פ complain, grumble
הִתְאוֹשֵׁשׁ (יִתְאוֹשֵׁשׁ) פ recover, pull oneself together
הִתְאַזֵּן (יִתְאַזֵּן) פ be balanced, balance
הִתְאַזֵּר (יִתְאַזֵּר) פ gird oneself
הִתְאַזְרֵחַ (יִתְאַזְרֵחַ) פ become naturalized
הִתְאַחֵד (יִתְאַחֵד) פ unite, combine
הִתְאַחֲדוּת נ association, union, confederation
הִתְאַחָה (יִתְאַחֶה) פ be repaired, be patched, be sewn together
הִתְאַחֵר (יִתְאַחֵר) פ be late, arrive late
הִתְאִים (יַתְאִים) פ match, fit, suit
הִתְאַכְזֵב (יִתְאַכְזֵב) פ be disappointed
הִתְאַכְזֵר (יִתְאַכְזֵר) פ behave cruelly
הִתְאַכֵּל (יִתְאַכֵּל) פ be digested
הִתְאַכְסֵן (יִתְאַכְסֵן) פ stay (as guest), be accommodated
הִתְאַלְמֵן (יִתְאַלְמֵן) פ become a widower
הֶתְאֵם ז accord, accordance, harmony
הַתְאָמָה נ accord, harmony; suitability; adjustment
הִתְאַמֵּן (יִתְאַמֵּן) פ train, practise
הִתְאַמֵּץ (יִתְאַמֵּץ) פ make an effort; exert oneself
הִתְאַמֵּר (יִתְאַמֵּר) פ boast, brag

הִתְאַמֵּת (יִתְאַמֵּת) פ be verified (fact); come true
הִתְאַנָּה (יִתְאַנֶּה) פ seek occasion (to do harm), seek a quarrel
הִתְאַנֵּחַ (יִתְאַנֵּחַ) פ groan, sigh
הִתְאַסְלֵם (יִתְאַסְלֵם) פ become a Moslem
הִתְאַסֵּף, נִתְאַסֵּף (יִתְאַסֵּף) פ gather, collect, assemble
הִתְאַפֵּק (יִתְאַפֵּק) פ control oneself, restrain oneself
הִתְאַפֵּר (יִתְאַפֵּר) פ make up (actor, woman)
הִתְאַפְשֵׁר (יִתְאַפְשֵׁר) פ be made possible, become possible
הִתְאַקְלֵם (יִתְאַקְלֵם) פ become acclimated
הִתְאַרְגֵּן (יִתְאַרְגֵּן) פ get organized
הִתְאָרֵחַ (יִתְאָרֵחַ) פ stay (as a guest)
הִתְאָרֵךְ, נִתְאָרֵךְ (יִתְאָרֵךְ) פ grow longer
הִתְאָרֵס (יִתְאָרֵס) פ become engaged
הִתְאָרַע (יִתְאָרַע) פ occur, happen
הִתְאַשֵּׁר (יִתְאַשֵּׁר) פ be confirmed
הִתְבָּאֵר (יִתְבָּאֵר) פ become clear; be expounded
הִתְבַּגֵּר (יִתְבַּגֵּר) פ mature, become adult
הִתְבַּדָּה (יִתְבַּדֶּה) פ be proved false
הִתְבַּדֵּחַ (יִתְבַּדֵּחַ) פ be amused, be entertained
הִתְבַּדֵּל (יִתְבַּדֵּל) פ segregate oneself
הִתְבַּדֵּר (יִתְבַּדֵּר) פ be entertained, be diverted
הִתְבַּהֵם (יִתְבַּהֵם) פ become brutalized

הִתְבַּהֵר (יִתְבַּהֵר) פ become bright, brighten
הִתְבּוֹדֵד (יִתְבּוֹדֵד) פ seek solitude
הִתְבּוֹלֵל (יִתְבּוֹלֵל) פ assimilate
הִתְבּוֹנֵן (יִתְבּוֹנֵן) פ stare, look intently; observe
הִתְבּוֹסֵס (יִתְבּוֹסֵס) פ welter, be rolled
הִתְבּוֹשֵׁשׁ (יִתְבּוֹשֵׁשׁ) פ be delayed
הִתְבַּזְבֵּז (יִתְבַּזְבֵּז) פ be wasted
הִתְבַּזָּה (יִתְבַּזֶּה) פ be despised
הִתְבַּטֵּא (יִתְבַּטֵּא) פ express oneself
הִתְבַּטֵּל (יִתְבַּטֵּל) פ be cancelled
הִתְבַּיֵּשׁ (יִתְבַּיֵּשׁ) פ be ashamed
הִתְבַּיֵּת (יִתְבַּיֵּת) פ home
הִתְבַּלְבֵּל (יִתְבַּלְבֵּל) פ become confused
הִתְבַּלֵּט (יִתְבַּלֵּט) פ stand out, protrude
הִתְבַּסֵּם (יִתְבַּסֵּם) פ put on scent; become tipsy
הִתְבַּסֵּס (יִתְבַּסֵּס) פ be based, be founded
הִתְבַּצֵּעַ (יִתְבַּצֵּעַ) פ be performed, be executed
הִתְבַּצֵּר (יִתְבַּצֵּר) פ fortify oneself
הִתְבַּקֵּעַ (יִתְבַּקֵּעַ) פ burst, split open
הִתְבַּקֵּשׁ (יִתְבַּקֵּשׁ) פ be asked
הִתְבָּרֵג (יִתְבָּרֵג) פ be screwed (in)
הִתְבָּרְגֵן (יִתְבַּרְגֵּן) פ become bourgeois
הִתְבָּרֵךְ (יִתְבָּרֵךְ) פ be blessed
הִתְבָּרֵר (יִתְבָּרֵר) פ be clarified
הִתְבַּשֵּׁל (יִתְבַּשֵּׁל) פ be boiled
הִתְבַּשֵּׂר (יִתְבַּשֵּׂר) פ receive news

הִתְגָּאָה (יִתְגָּאֶה) פ be proud (of)
הִתְגַּבֵּב (יִתְגַּבֵּב) פ be piled up
הִתְגַּבֵּר (יִתְגַּבֵּר) פ overcome
הִתְגַּבֵּשׁ (יִתְגַּבֵּשׁ) פ crystallize
הִתְגַּדֵּל (יִתְגַּדֵּל) פ be magnified
הִתְגַּדֵּר (יִתְגַּדֵּר) פ distinguish oneself, excel
הִתְגּוֹדֵד (יִתְגּוֹדֵד) פ form groups
הִתְגּוֹלֵל (יִתְגּוֹלֵל) פ roll about; grumble at
הִתְגּוֹנֵן (יִתְגּוֹנֵן) פ defend oneself
הִתְגּוֹרֵר (יִתְגּוֹרֵר) פ stay, dwell
הִתְגּוֹשֵׁשׁ (יִתְגּוֹשֵׁשׁ) פ wrestle
הִתְגַּיֵּס (יִתְגַּיֵּס) פ be mobilized
הִתְגַּיֵּר (יִתְגַּיֵּר) פ become a Jew
הִתְגַּלְגֵּל (יִתְגַּלְגֵּל) פ roll, revolve
הִתְגַּלָּה (יִתְגַּלֶּה) פ be revealed, become known
הִתְגַּלֵּחַ (יִתְגַּלֵּחַ) פ shave (oneself)
הִתְגַּלֵּם (יִתְגַּלֵּם) פ be embodied, take bodily form
הִתְגַּלַּע (יִתְגַּלַּע) פ break out
הִתְגַּמֵּד (יִתְגַּמֵּד) פ reduce oneself
הִתְגַּנֵּב (יִתְגַּנֵּב) פ creep (in, out, or away), move stealthily
הִתְגַּנְדֵּר (יִתְגַּנְדֵּר) פ dress up, "show off"
הִתְגַּעְגֵּעַ (יִתְגַּעְגֵּעַ) פ yearn
הִתְגָּעֵל (יִתְגָּעֵל) פ be soiled, be tainted
הִתְגָּעֵשׁ (יִתְגָּעֵשׁ) פ erupt; be agitated
הִתְגָּרֵד (יִתְגָּרֵד) פ scratch oneself
הִתְגָּרָה (יִתְגָּרֶה) פ provoke, tease
הִתְגָּרֵשׁ (יִתְגָּרֵשׁ) פ be divorced

הִתְגַּשֵּׁם (יִתְגַּשֵּׁם) פ be realized, materialize

הִתְגַּשְּׁמוּת נ realization, materialization

הִתְדַּבֵּק (יִתְדַּבֵּק) פ become infected; be joined together

הִתְדַּיֵּן, נִתְדַּיֵּן (יִתְדַּיֵּן) פ litigate, go to law

הִתְדַּלְדֵּל (יִתְדַּלְדֵּל) פ waste away, dwindle

הִתְדַּפֵּק (יִתְדַּפֵּק) פ keep knocking

הִתְדָּרֵג (יִתְדָּרֵג) פ be graded

הִתְדַּרְדֵּר (יִתְדַּרְדֵּר) פ decline; roll down

הִתְהַדֵּק (יִתְהַדֵּק) פ be tightened

הִתְהַדֵּר (יִתְהַדֵּר) פ be ostentatious, overdress

הִתְהַוָּה (יִתְהַוֶּה) פ be formed, come into existence

הִתְהוֹלֵל (יִתְהוֹלֵל) פ live riotously; act madly

הִתְהַלֵּךְ (יִתְהַלֵּךְ) פ move about

הִתְהַלֵּל (יִתְהַלֵּל) פ boast

הִתְהַפֵּךְ (יִתְהַפֵּךְ) פ be turned upside down; be inverted; turn over

הִתְוַדָּה (יִתְוַדֶּה) פ confess

הִתְוַדַּע (יִתְוַדַּע) פ become acquainted with

הִתְוָה (יַתְוֶה) פ mark; sketch

הִתְוַכַּח (יִתְוַכַּח) פ argue, debate

הַתָּזָה נ breaking off; spraying

הִתְחַבֵּא (יִתְחַבֵּא) פ hide (oneself)

הִתְחַבֵּב (יִתְחַבֵּב) פ be liked

הִתְחַבֵּט (יִתְחַבֵּט) פ take pains, struggle hard

הִתְחַבֵּק (יִתְחַבֵּק) פ embrace, hug each other

הִתְחַבֵּר (יִתְחַבֵּר) פ be connected, be allied with

הִתְחַדֵּד (יִתְחַדֵּד) פ become sharp, be sharpened

הִתְחַדֵּשׁ (יִתְחַדֵּשׁ) פ be renewed, be restored

הִתְחַוֵּר (יִתְחַוֵּר) פ become clear

הִתְחוֹלֵל (יִתְחוֹלֵל) פ be brewing (storm, trouble); be generated

הִתְחַזֵּק (יִתְחַזֵּק) פ take courage, gather strength

הִתְחַיָּה (יִתְחַיֶּה) פ be revived, live again

הִתְחַיֵּב (יִתְחַיֵּב) פ undertake, take upon oneself

הִתְחַיְּבוּת נ obligation, liability

הִתְחַיֵּךְ (יִתְחַיֵּךְ) פ smile, smile to oneself

הִתְחַיֵּל (יִתְחַיֵּל) פ become a soldier, enlist

הִתְחִיל (יַתְחִיל) פ begin, start with; have a brush

הִתְחַכֵּם (יִתְחַכֵּם) פ try to be too clever

הַתְחָלָה נ beginning, start

הִתְחַלָּה (יִתְחַלֶּה) פ malinger

הִתְחַלְחֵל (יִתְחַלְחֵל) פ be shocked

הִתְחַלֵּף (יִתְחַלֵּף) פ be exchanged

הִתְחַלֵּק (יִתְחַלֵּק) פ be divisible (number); slip, slide

הִתְחַמֵּם (יִתְחַמֵּם) פ warm oneself; warm up

הִתְחַמֵּץ (יִתְחַמֵּץ) פ turn sour

הִתחַמצֵן (יִתחַמצֵן) פ be oxidized, oxidize
הִתחַמֵק (יִתחַמֵק) פ sneak off, dodge, evade
הִתחַנחֵן (יִתחַנחֵן) פ prettify oneself; coquet
הִתחַנֵך (יִתחַנֵך) פ be educated
הִתחַנֵן (יִתחַנֵן) פ beg, implore, beseech, entreat
הִתחַנֵף (יִתחַנֵף) פ fawn, toady
הִתחַסֵד (יִתחַסֵד) פ assume piety
הִתחַסֵל (יִתחַסֵל) פ be liquidated
הִתחַסֵן (יִתחַסֵן) פ be strengthened; be immunized
הִתחַפֵּר (יִתחַפֵּר) פ dig oneself in
הִתחַפֵּשׂ (יִתחַפֵּשׂ) פ disguise oneself
הִתחַצֵף (יִתחַצֵף) פ be impertinent
הִתחַקָה (יִתחַקֶה) פ search for; hunt up
הִתחַרבֵּן (יִתחַרבֵּן) פ (slang) make a mess of things
הִתחָרָה (יִתחָרֶה) פ compete, rival
הִתחָרֵז (יִתחָרֵז) פ rhyme
הִתחָרֵט (יִתחָרֵט) פ regret, repent
הִתחַשֵב (יִתחַשֵב) פ consider
הִתחַשֵל (יִתחַשֵל) פ be forged (iron, character)
הִתחַשמֵל (יִתחַשמֵל) פ be electrified; be electrocuted
הִתחַשֵק (יִתחַשֵק) פ feel like, have an urge to
הִתחַתֵן (יִתחַתֵן) פ marry, wed
הִתִיז (יַתִיז) פ splash, spray; chop off
הִתייָאֵש (יִתייָאֵש) פ despair
הִתייַבֵּש (יִתייַבֵּש) פ dry, dry up
הִתייַגֵע (יִתייַגַע) פ tire oneself out
הִתייַדֵד (יִתייַדֵד) פ become friendly with
הִתייַהֵד (יִתייַהֵד) פ become a Jew
הִתייַחֵד (יִתייַחֵד) פ isolate oneself
הִתייַחֵם (יִתייַחֵם) פ be on (in) heat (animals), rut
הִתייַחֵס (יִתייַחֵס) פ treat, deal with; be related to, refer to
הִתייַמֵר (יִתייַמֵר) פ purport; boast
הִתייַסֵר (יִתייַסֵר) פ suffer affliction
הִתייָעֵץ (יִתייָעֵץ) פ consult with
הִתייַפָּה (יִתייַפֶּה) פ prettify oneself
הִתייַפֵּחַ (יִתייַפֵּחַ) פ sob
הִתייַצֵב (יִתייַצֵב) פ report, present oneself
הִתייַקֵר (יִתייַקֵר) פ rise in price
הִתייָרֵא (יִתייָרֵא) פ fear, be afraid
הִתייַשֵב (יִתייַשֵב) פ settle, colonize; sit down
הִתייַשֵן (יִתייַשֵן) פ become old-fashioned, age
הִתייַשֵר (יִתייַשֵר) פ be straightened (up, out), straighten (up, out)
הִתייַתֵם (יִתייַתֵם) פ be orphaned
הִתִיך (יַתִיך) פ melt (metal), fuse
הִתִיר (יַתִיר) פ release, set free; untie
הִתִיש (יַתִיש) פ weaken
הִתכַּבֵּד (יִתכַּבֵּד) פ be honored
הַתָכָה נ melting, fusing
הִתכַּוֵון (יִתכַּוֵון) פ mean, intend
הִתכַּווֵץ (יִתכַּווֵץ) פ shrink, contract
הִתכּוֹנֵן (יִתכּוֹנֵן) פ prepare oneself

התכּוֹפף (יִתכּוֹפף) פ bend (over, down), stoop
התכּחש (יִתכּחש) פ disown, deny
התכּנס (יִתכּנס) פ assemble
התכּנף (יִתכּנף) פ huddle together
התכּסה (יִתכּסה) פ cover oneself
התכּעס (יִתכּעס) פ become angry
התכּער (יִתכּער) פ become ugly
התכּרבל (יִתכּרבל) פ wrap oneself up
התכּרכּם (יִתכּרכּם) פ turn orange-red
התכּתב (יִתכּתב) פ correspond, exchange letters
התכּתש (יִתכּתש) פ wrangle, fight
הֵתֵל (יְהַתֵּל) פ joke, jest
התלבּט (יִתלבּט) פ take pains
התלבּן (יִתלבּן) פ become white-hot; be explained
התלבּש (יִתלבּש) פ dress oneself
התלהב (יִתלהב) פ become excited
התלהט (יִתלהט) פ blaze, burn
התלוֹנן (יִתלוֹנן) פ complain, make a complaint
התלוֹצץ (יִתלוֹצץ) פ joke, jest, clown
התלחלח (יִתלחלח) פ be moistened, be made damp
התלחש (יִתלחש) פ whisper together
התליל (יַתליל) פ become steep
התלכּד (יִתלכּד) פ unite
התלכלך (יִתלכלך) פ become dirty
התלכסן (יִתלכסן) פ be oblique
התלמד (יִתלמד) פ teach oneself
התלקח (יִתלקח) פ take fire
התלקק (יִתלקק) פ lick oneself; fawn
התמגל (יִתמגל) פ fester, suppurate

הֶתמֵד ז constant practice
הַתמָדָה נ diligence, perseverance
התמהמה (יִתמהמה) פ linger; be late
התמוֹגג (יִתמוֹגג) פ melt
התמוֹדד (יִתמוֹדד) פ compete with
התמוֹטט (יִתמוֹטט) פ break down
התמוֹסס (יִתמוֹסס) פ dissolve
התמזג (יִתמזג) פ merge, fuse
התמזל (יִתמזל) פ be lucky
התמזמז (יִתמזמז) פ become soft; pet, neck (slang)
התמחה (יִתמחה) פ become proficient; specialize
התמיד (יַתמיד) פ persist
התמיה (יַתמיה) פ astonish, amaze
התמיין (יִתמיין) פ be classified
התמכּן (יִתמכּן) פ be mechanized
התמכּר (יִתמכּר) פ devote oneself
התמלא (יִתמלא) פ become full
התמלט (יִתמלט) פ escape; slip out
התמם (יִתמם) פ feign simplicity
התממש (יִתממש) פ be realized, become a fact
התמנה (יִתמנה) פ be appointed
התמסמס, נתמסמס (יִתמסמס) פ be dissolved
התמסר (יִתמסר) פ devote oneself; surrender
התמעט (יִתמעט) פ diminish
התמערב (יִתמערב) פ become westernized
התמצא (יִתמצא) פ know one's way about
הִתמַצְאוּת נ orientation, adaptability

הִתְמַצֵּק (יִתְמַצֵּק) פ — solidify

הִתְמַקֵּחַ (יִתְמַקֵּחַ) פ — bargain, haggle

הִתְמַקֵּם (יִתְמַקֵּם) פ — be located, be situated

הִתְמַקְמֵק (יִתְמַקְמֵק) פ — rot, decay

הִתַּמֵּר (יִתַּמֵּר) פ — rise, go up

הִתְמָרֵד (יִתְמָרֵד) פ — rebel, revolt

הִתְמַרְמֵר (יִתְמַרְמֵר) פ — grumble

הִתְמַשֵּׁךְ (יִתְמַשֵּׁךְ) פ — extend

הִתְמַתֵּחַ (יִתְמַתֵּחַ) פ — be stretched; stretch oneself

הִתְמַתֵּן (יִתְמַתֵּן) פ — become moderate

הִתְמַתֵּק (יִתְמַתֵּק) פ — be sweetened

הִתְנַבֵּא (יִתְנַבֵּא) פ — prophesy, foretell

הִתְנַגֵּב (יִתְנַגֵּב) פ — dry oneself

הִתְנַגֵּד (יִתְנַגֵּד) פ — oppose, resist

הִתְנַגְּדוּת נ — opposition, resistance

הִתְנַגֵּחַ (יִתְנַגֵּחַ) פ — contend with, tussle

הִתְנַגֵּשׁ (יִתְנַגֵּשׁ) פ — collide; clash

הִתְנַדֵּב (יִתְנַדֵּב) פ — volunteer; donate

הִתְנַדְנֵד (יִתְנַדְנֵד) פ — be rocked, rock; fluctuate; swing

הִתְנַדֵּף (יִתְנַדֵּף) פ — evaporate

הִתְנָה (יַתְנֶה) פ — make conditional

הִתְנַהֵג (יִתְנַהֵג) פ — behave

הִתְנַהֲגוּת נ — behavior

הִתְנַהֵל (יִתְנַהֵל) פ — be conducted, be carried on

הִתְנוֹדֵד (יִתְנוֹדֵד) פ — oscillate, fluctuate

הִתְנַוֵּן (יִתְנַוֵּן) פ — degenerate

הִתְנוֹסֵס (יִתְנוֹסֵס) פ — be flaunted, be displayed

הִתְנוֹעֵעַ (יִתְנוֹעֵעַ) פ — move, sway

הִתְנוֹפֵף (יִתְנוֹפֵף) פ — flutter, be waved to and fro

הִתְנוֹצֵץ (יִתְנוֹצֵץ) פ — sparkle, twinkle

הִתְנַזֵּר (יִתְנַזֵּר) פ — abstain from

הִתְנַחֵל (יִתְנַחֵל) פ — settle (on land)

הִתְנַחֵם (יִתְנַחֵם) פ — be consoled

הִתְנִיעַ (יַתְנִיעַ) פ — start up (machine)

הִתְנַכֵּל (יִתְנַכֵּל) פ — plot, conspire

הִתְנַכֵּר (יִתְנַכֵּר) פ — be estranged

הִתְנַמְנֵם (יִתְנַמְנֵם) פ — doze, drowse

הִתְנַסָּה, נִתְנַסָּה (יִתְנַסֶּה) פ — experience

הַתְנָעָה נ — starting up (machine)

הִתְנַעְנֵעַ (יִתְנַעְנֵעַ) פ — sway; vibrate

הִתְנַעֵר (יִתְנַעֵר) פ — shake oneself

הִתְנַפֵּחַ (יִתְנַפֵּחַ) פ — be inflated

הִתְנַפֵּל (יִתְנַפֵּל) פ — attack, fall on

הִתְנַפְּלוּת נ — attack, assault

הִתְנַפֵּץ (יִתְנַפֵּץ) פ — be shattered

הִתְנַצֵּחַ (יִתְנַצֵּחַ) פ — dispute, contest; wrangle

הִתְנַצֵּל (יִתְנַצֵּל) פ — apologize

הִתְנַצְּלוּת נ — apology

הִתְנַצְנֵץ (יִתְנַצְנֵץ) פ — sparkle, twinkle

הִתְנַצֵּר (יִתְנַצֵּר) פ — be converted to Christianity

הִתְנַקֵּם (יִתְנַקֵּם) פ — avenge oneself

הִתְנַקֵּשׁ (יִתְנַקֵּשׁ) פ — attack with intent to harm or kill

הִתְנַקְּשׁוּת נ — attempt to kill

הִתְנַשֵּׂא (יִתְנַשֵּׂא) פ — arise, be borne aloft; boast

הִתְנַשֵּׁם (יִתְנַשֵּׁם) פ — breathe, pant

הִתְנַשֵּׁף (יִתְנַשֵּׁף) פ — exhale, breathe

הִתְנַשֵּׁק (יִתְנַשֵּׁק) פ — kiss each other

הִתְסִיס (יַתְסִיס) פ — ferment; animate

הִתְעַבָּה (יִתְעַבֶּה) פ become thicker, become denser

הִתְעַבּוּת נ condensation, thickening

הִתְעַבֵּר (יִתְעַבֵּר) פ become pregnant; become angry

הִתְעַגֵּל (יִתְעַגֵּל) פ become round

הִתְעַדֵּן (יִתְעַדֵּן) פ become refined; be sublimated

הִתְעָה (יַתְעֶה) פ mislead, lead astray

הִתְעוֹדֵד (יִתְעוֹדֵד) פ be encouraged, cheer up

הִתְעַוֵּר (יִתְעַוֵּר) פ go blind

הִתְעַוֵּת (יִתְעַוֵּת) פ be contorted

הִתְעוֹלֵל (יִתְעוֹלֵל) פ maltreat

הִתְעוֹפֵף (יִתְעוֹפֵף) פ fly about, fly

הִתְעוֹרֵר (יִתְעוֹרֵר) פ wake up

הִתְעוֹרְרוּת נ waking up, awakening; stirring

הִתְעַטֵּף (יִתְעַטֵּף) פ wrap oneself

הִתְעַטֵּשׁ (יִתְעַטֵּשׁ) פ sneeze

הַתְעָיָה נ misleading

הִתְעַיֵּף (יִתְעַיֵּף) פ become tired

הִתְעַכֵּב, נִתְעַכֵּב (יִתְעַכֵּב) פ be delayed, be held up

הִתְעַכֵּל (יִתְעַכֵּל) פ be digested

הִתְעַלָּה, נִתְעַלָּה (יִתְעַלֶּה) פ rise; be exalted

הִתְעַלֵּל (יִתְעַלֵּל) פ abuse, maltreat

הִתְעַלְּלוּת נ abuse, maltreatment

הִתְעַלֵּם (יִתְעַלֵּם) פ ignore, overlook

הִתְעַלְּמוּת נ overlooking, deliberately ignoring

הִתְעַלֵּס (יִתְעַלֵּס) פ play (at love), dally

הִתְעַלֵּף (יִתְעַלֵּף) פ faint, lose consciousness

הִתְעַמֵּל (יִתְעַמֵּל) פ do exercises

הִתְעַמְּלוּת נ physical training, exercises

הִתְעַמְעֵם (יִתְעַמְעֵם) פ become faint, become dim

הִתְעַמֵּק (יִתְעַמֵּק) פ go deeply into

הִתְעַמֵּר (יִתְעַמֵּר) פ abuse, treat harshly

הִתְעַנֵּג (יִתְעַנֵּג) פ take pleasure

הִתְעַנָּה (יִתְעַנֶּה) פ be tormented

הִתְעַנְיֵן (יִתְעַנְיֵן) פ take an interest

הִתְעַנֵּן (יִתְעַנֵּן) פ become cloudy

הִתְעַסֵּק (יִתְעַסֵּק) פ have dealings with; quarrel; (sl.) flirt

הִתְעַסְּקוּת נ occupation

הִתְעַפֵּר (יִתְעַפֵּר) פ become dusty

הִתְעַצֵּב (יִתְעַצֵּב) פ be grieved

הִתְעַצְבֵּן (יִתְעַצְבֵּן) פ be irritated

הִתְעַצֵּל (יִתְעַצֵּל) פ be lazy

הִתְעַצֵּם, נִתְעַצֵּם (יִתְעַצֵּם) פ become stronger

הִתְעַקֵּל (יִתְעַקֵּל) פ be twisted

הִתְעַקֵּם (יִתְעַקֵּם) פ be bent

הִתְעַקֵּשׁ (יִתְעַקֵּשׁ) פ be obstinate

הִתְעָרֵב (יִתְעָרֵב) פ be mixed with; intervene; bet

הִתְעַרְבֵּב (יִתְעַרְבֵּב) פ be mixed up together

הִתְעַרְבֵּל (יִתְעַרְבֵּל) פ be mixed (concrete, mortar)

הִתְעָרָה (יִתְעָרֶה) פ become rooted

הִתְעַרְטֵל (יִתְעַרְטֵל) פ expose one's body

הִתְעָרֵם (יִתְעָרֵם) פ be piled up

הִתְעַרְעֵר (יִתְעַרְעֵר) פ be sapped (strength); be undermined

הִתְעַרְפֵּל (יִתְעַרְפֵּל) פ become dim

הִתְעַשֵּׁר (יִתְעַשֵּׁר) פ become wealthy

הִתְעַתֵּד (יִתְעַתֵּד) פ be destined

הִתְפָּאֵר (יִתְפָּאֵר) פ boast, brag

הִתְפַּגֵּר (יִתְפַּגֵּר) פ become a corpse or carcass

הִתְפַּדֵּר (יִתְפַּדֵּר) פ powder oneself

הִתְפּוּטַר (יִתְפּוּטַר) פ (sl.) be compelled to resign

הִתְפּוֹצֵץ (יִתְפּוֹצֵץ) פ explode

הִתְפּוֹרֵר (יִתְפּוֹרֵר) פ crumble

הִתְפַּזֵּר (יִתְפַּזֵּר) פ be scattered, be spread

הִתְפַּחֵם (יִתְפַּחֵם) פ be carbonized

הִתְפַּטֵּר (יִתְפַּטֵּר) פ resign; get rid of

הִתְפַּיֵּס (יִתְפַּיֵּס) פ be reconciled

הִתְפִּיל (יַתְפִּיל) פ desalinate (sea-water)

הִתְפַּכֵּחַ (יִתְפַּכֵּחַ) פ become sober

הִתְפַּלֵּא (יִתְפַּלֵּא) פ be surprised, wonder

הִתְפַּלְבֵּל (יִתְפַּלְבֵּל) פ roll one's eyes

הִתְפַּלֵּג (יִתְפַּלֵּג) פ split up

הַתְפָּלָה נ desalination

הִתְפַּלֵּחַ (יִתְפַּלֵּחַ) פ be split; sneak in, out (slang)

הִתְפַּלֵּל (יִתְפַּלֵּל) פ pray

הִתְפַּלְמֵס (יִתְפַּלְמֵס) פ engage in polemics

הִתְפַּלְסֵף (יִתְפַּלְסֵף) פ philosophize

הִתְפַּלְפֵּל (יִתְפַּלְפֵּל) פ quibble, split hairs

הִתְפַּלֵּץ (יִתְפַּלֵּץ) פ be deeply shocked

הִתְפַּלֵּשׁ (יִתְפַּלֵּשׁ) פ roll about

הִתְפַּנָּה (יִתְפַּנֶּה) פ have free time

הִתְפַּנֵּק (יִתְפַּנֵּק) פ indulge oneself

הִתְפָּעֵל (יִתְפָּעֵל) פ be impressed

הִתְפָּעֲלוּת נ excited admiration

הִתְפַּעֵם (יִתְפַּעֵם) פ be agitated, be stirred

הִתְפַּצֵּל (יִתְפַּצֵּל) פ be divided, be ramified

הִתְפַּקֵּד (יִתְפַּקֵּד) פ be numbered

הִתְפַּקֵּחַ (יִתְפַּקֵּחַ) פ become clever

הִתְפַּקֵּעַ (יִתְפַּקֵּעַ) פ burst, split

הִתְפַּקֵּר (יִתְפַּקֵּר) פ apostatize, renounce one's faith

הִתְפָּרֵד (יִתְפָּרֵד) פ be parted, be separated

הִתְפַּרְחֵחַ (יִתְפַּרְחֵחַ) פ behave loutishly

הִתְפַּרְכֵּס (יִתְפַּרְכֵּס) פ spruce oneself up

הִתְפַּרְנֵס (יִתְפַּרְנֵס) פ earn a living

הִתְפָּרֵס (יִתְפָּרֵס) פ spread out; deploy

הִתְפַּרְסֵם (יִתְפַּרְסֵם) פ become famous; be published

הִתְפָּרֵעַ (יִתְפָּרֵעַ) פ cause a disturbance

הִתְפַּרְפֵּר (יִתְפַּרְפֵּר) פ (sl.) go away

הִתְפָּרֵץ (יִתְפָּרֵץ) פ burst in, break out

הִתְפָּרֵק (יִתְפָּרֵק) פ relieve oneself; be dismantled

הִתְפַּרְקֵד (יִתְפַּרְקֵד) פ lie on one's back

הִתְפָּרֵשׁ (יִתְפָּרֵשׁ) פ be interpreted, be explained

הִתְפָּרֵשׂ (יִתְפָּרֵשׂ) פ be dispersed, be deployed

הִתְפַּשֵּׁט (יִתְפַּשֵּׁט) פ become widespread; strip, undress

הִתְפַּשְּׁטוּת נ spreading; expansion

הִתְפַּשֵּׂק (יִתְפַּשֵּׂק) פ be spread wide

הִתְפַּשֵּׁר (יִתְפַּשֵּׁר) פ compromise

הִתְפַּתָּה (יִתְפַּתֶּה) פ be enticed

הִתְפַּתֵּחַ (יִתְפַּתֵּחַ) פ develop

הִתְפַּתֵּל (יִתְפַּתֵּל) פ meander, wind, twist

הִתְקַבֵּל (יִתְקַבֵּל) פ be received, be accepted

הִתְקַבֵּץ (יִתְקַבֵּץ) פ assemble, gather together

הִתְקַדֵּם (יִתְקַדֵּם) פ advance, move forward

הִתְקַדְּמוּת נ advance, progress

הִתְקַדֵּשׁ (יִתְקַדֵּשׁ) פ be hallowed, become holy

הִתְקַהֲלוּת נ assembly, gathering

הִתְקוֹטֵט (יִתְקוֹטֵט) פ quarrel

הִתְקוֹמֵם (יִתְקוֹמֵם) פ rebel, rise up

הִתְקַטֵּן (יִתְקַטֵּן) פ contract, become smaller

הִתְקַיֵּם (יִתְקַיֵּם) פ be fulfilled; be preserved

הִתְקִין (יַתְקִין) פ set up, install

הִתְקִיף (יַתְקִיף) פ attack, assault

הִתְקַלֵּחַ (יִתְקַלֵּחַ) פ take a shower

הִתְקַלֵּס (יִתְקַלֵּס) פ mock, deride

הִתְקַלֵּף (יִתְקַלֵּף) פ peel off, be peeled off

הִתְקַלְקֵל (יִתְקַלְקֵל) פ get spoilt

הִתְקַמֵּט (יִתְקַמֵּט) פ crease, be crumpled

הֶתְקֵן ז device, mechanism

הִתְקַנֵּא (יִתְקַנֵּא) פ become envious

הַתְקָנָה נ adjustment; installation

הִתְקַעֵר (יִתְקַעֵר) פ curve inwards

הֶתְקֵף ז attack (of fear, pain, etc.)

הַתְקָפָה נ attack, onslaught

הִתְקַפֵּל (יִתְקַפֵּל) פ be folded; cave in, withdraw opposition

הִתְקַצֵּף (יִתְקַצֵּף) פ become angry

הִתְקַצֵּר (יִתְקַצֵּר) פ become shorter

הִתְקָרֵא (יִתְקָרֵא) פ be called

הִתְקָרֵב (יִתְקָרֵב) פ approach, draw near

הִתְקָרֵחַ (יִתְקָרֵחַ) פ become bald

הִתְקָרֵר (יִתְקָרֵר) פ grow cold

הִתְקָרֵשׁ, נִתְקָרֵשׁ (יִתְקָרֵשׁ) פ congeal (blood), coagulate

הִתְקַשָּׁה (יִתְקַשֶּׁה) פ harden, become hard

הִתְקַשֵּׁט (יִתְקַשֵּׁט) פ adorn oneself, dress oneself up

הִתְקַשֵּׁר (יִתְקַשֵּׁר) פ get in touch with, contact

הַתְרָאָה נ warning, caution

הִתְרָאָה (יִתְרָאֶה) פ see each other

הִתְרַבָּה (יִתְרַבֶּה) פ increase, multiply

הִתְרַבְרֵב (יִתְרַבְרֵב) פ show off, "swank"

הִתְרַגֵּז (יִתְרַגֵּז) פ be enraged, become angry

הִתרַגֵּל (יִתרַגֵּל) פ get used to

הִתרַגֵּשׁ (יִתרַגֵּשׁ) פ be moved (emotionally), be excited

הִתרַגְּשׁוּת נ emotion; excitement

הִתרָה (יַתרֶה) פ caution, warn

הַתָּרָה נ untying, loosening; permission

התרוֹמֵם (יִתרוֹמֵם) פ raise oneself; rise

התרוֹמְמוּת נ rising, ascending; exaltation

התרוֹמְמוּת הָרוּחַ spiritual uplift

התרוֹנֵן (יִתרוֹנֵן) פ shout for joy, rejoice

התרוֹעֵעַ (יִתרוֹעֵעַ) פ be friendly, become intimate

התרוֹפֵף (יִתרוֹפֵף) פ become slack, become unsteady

התרוֹצֵץ (יִתרוֹצֵץ) פ run about, run around

התרוֹקֵן (יִתרוֹקֵן) פ become empty

התרוֹשֵׁשׁ (יִתרוֹשֵׁשׁ) פ become poor

הִתרַחֵב (יִתרַחֵב) פ expand, broaden

הִתרַחֵץ (יִתרַחֵץ) פ wash oneself, bathe

הִתרַחֵק (יִתרַחֵק) פ keep away, keep at a distance

הִתרַחֵשׁ (יִתרַחֵשׁ) פ occur, happen

הִתרַטֵּב (יִתרַטֵּב) פ become wet

הִתרִים (יַתרִים) פ elicit contributions

הִתרִיס (יַתרִיס) פ defy; challenge

הִתרִיעַ (יַתרִיעַ) פ protest vigorously

הִתרַכֵּז (יִתרַכֵּז) פ concentrate; be concentrated

הִתרַכֵּךְ (יִתרַכֵּךְ) פ soften, become soft

הַתרָמָה נ obtaining contributions

הַתרָסָה נ defiance, challenge

הִתרַסֵּן (יִתרַסֵּן) פ restrain oneself, curb oneself

הִתרַסֵּק (יִתרַסֵּק) פ be shattered, be smashed up

הִתרַעֵם (יִתרַעֵם) פ resent, grumble

הִתרַעֲנֵן (יִתרַעֲנֵן) פ refresh oneself, be refreshed

הִתרַפֵּא (יִתרַפֵּא) פ receive medical treatment; recover

הִתרַפְּאוּת נ recovery (from illness), being healed

הִתרַפָּה (יִתרַפֶּה) פ grow slack, become slack

הִתרַפֵּט (יִתרַפֵּט) פ wear out

הִתרַפֵּס (יִתרַפֵּס) פ abase oneself

הִתרַפֵּק (יִתרַפֵּק) פ cuddle up to

הִתרַצָּה (יִתרַצֶּה) פ become reconciled

הִתרַקֵּם (יִתרַקֵּם) פ take shape, be formed

הִתרַשֵּׁל (יִתרַשֵּׁל) פ be careless, be slovenly

הִתרַשֵּׁם (יִתרַשֵּׁם) פ get an impression, be impressed

הִתרַשְּׁמוּת נ impression

הִתרַתֵּחַ (יִתרַתֵּחַ) פ boil over; get angry

הַתָּשָׁה נ weakening; attrition

ו

וְ־ (וּ־, וַ־, וָ־, וֶ־, וִ־) and; but
וְאִילוּ מ״ח but, whereas
וּבְכֵן מ״ח so, accordingly
וְגוֹמֵר, וְגוֹ׳ and so on to the end
וַדָּאוּת נ certainty, certitude
וַדַּאי תה״פ certainty; certainly
וַדָּאִי ת certain, undoubted
וָו ז hook, peg
וָוִית נ small hook
וַי מ״ק alas, woe
וִידֵּא (יְוַדֵּא) פ certify, state with certainty, validate
וִידָּה (יְוַדֶּה) פ hear confession of
וִידּוּי ז confession
וִיכּוּחַ ז argument, debate
וִילוֹן ז curtain
וִיסּוּת ז regulation
וִיסֵּת (יְוַסֵּת) פ regulate, control
וִיתּוּר ז giving way, concession
וִיתֵּר (יְוַתֵּר) פ give way, concede
וְכַדּוֹמֶה, וכד׳ and such like
וְכוּלֵּי, וְכוּ׳ and so on, etc.
וַכְּחָן ז argumentative person
וָלָד ז young (of an animal); child
וַלְדָּנִית נ prolific mother
וֶסֶת זו״נ menstrual period, menstruation
וַסָּת ז regulator, regulating instrument
וַעַד ז committee
וָעֶד תה״פ forever
וַעֲדָה נ sub-committee, commission
וְעִידָה נ conference, congress
וְעִידַת פִּסְגָּה summit conference
וֶרֶד ז rose
וַרְדִּי ת rosy, rose
וַרְדִּינוֹן ז oil made from roses
וְרַדְרַד ת pinkish, rose-tinted
וֶרֶדֶת נ erysipelas, St. Anthony's fire
וָרוֹד, וָרֹד ת pink, rose-colored
וָרִיד ז vein
וְרִידִי ת venous
וֶשֶׁט ז gullet, (o)esophagus
וְתוּ מ״ח that also
וְתוּ לֹא and no more, and that's all
וָתִיק ת veteran, long-standing; old timer
וֶתֶק ז seniority, length of service
וַתְּרָן ז acquiescent, compliant person
וַתְּרָנִי ת compliant, acquiescent

ז

זְאֵב ז	wolf
זְאֵב־הַיָּם	wolf-fish
זַאֲטוּט ז	youngster, nipper
זֹאת מ״ג	this (feminine gender)
זָב (יָזוּב) פ	flow, discharge
זִבְדָּה נ	sour cream
זְבוּב ז	fly
זְבוּבוֹן ז	small fly
זְבוּל ז	abode
זָבַח (יִזְבַּח) פ	slaughter (for a sacrifice)
זֶבַח ז	sacrifice (of meat)
זְבִיל ז	bomb-holder
זֶבֶל ז	dung, manure, fertilizer; garbage
זַבָּל ז	dustman
זַבְלְגָן ז	lachrymose person
זַבָּן ז	shop-assistant
זַבָּנִית נ	saleslady
זַגָּג ז	glazier
זְגוּגִית נ	sheet of glass
זֵד ז	evil-doer
זָדוֹן ז	malignity, malice
זֶה מ״ג	this (masc.); it
זָהָב ז	gold
זְהַבְהַב ת	golden (color)
זֶהָבִי ת	goldsmith
זֵהֶה ת	identical
זֶהוּ מ״ג	this is..., that is...; that's it!
זָהוֹב ת	golden
זְהוֹרִית נ	rayon
זֶהוּת נ	identity
זָהִיר ת	careful, prudent
זְהִירוּת נ	caution, carefulness
זָהַר (יִזְהַר) פ	glow, gleam
זַהֲרוּר ז	red glimmer
זוֹ מ״ג	this (feminine)
זוּבַּל (יְזוּבַּל) פ	be manured, be fertilized
זוּג ז	pair, couple
זוּגַּג (יְזוּגַּג) פ	be fitted with glass
זוּגָה נ	partner (female), wife
זוּגִי ת	even (number)
זוּהָה (יְזוּהֶה) פ	be identified
זוּהַם (יְזוּהַם) פ	be infected, be contaminated
זוּהֲמָה נ	filth, muck; scum
זוֹהַר ז	brightness, shine, glow
זְוָד ז	kit; personal luggage
זָוִית נ	angle
זָוִיתוֹן ז	square, try-square
זְוָעָה נ	horror, dread
זְוָעָתִי ת	horrible, ghastly
זוֹחֵל ז	reptile
זוּטָא ת	little, tiny
זוּטוֹת נ״ר	bagatelles, trifles
זוּטָר ת	junior (official)
זוּיַּן (יְזוּיַּן) פ	be armed; (slang) be "had", be "laid"
זוּיַּף (יְזוּיַּף) פ	be forged, be faked
זוֹךְ ז	purity, clarity
זוּכָּה (יְזוּכֶּה) פ	be acquitted; be credited with (money)

זוּכַּךְ (יְזוּכַּךְ) פ be cleansed, be purified
זוֹל ז cheapness
זוֹל ת cheap, inexpensive
זוֹלֵל ת greedy, gluttonous
זוּלַת־זוּלָתִי־ מ״י apart from, except
זוֹמֵם ת scheming (evil), plotting
זוּמַּן (יְזוּמַּן) פ be prepared, be fixed, be appointed
זוֹנָה נ prostitute
זוּעֲזַע (יְזוּעֲזַע) פ be shocked, be shaken
זוּפַּת (יְזוּפַּת) פ be tarred
זוֹקֶן ז old age
זוּקַּק (יְזוּקַּק) פ be refined (oil), be purified
זָז (יָזוּז) פ move, move away
זָח (יָזוּחַ) פ rise; be proud
זָחוֹן ז sliding caliper
זָחִיחַ ת sliding, movable
זְחִיחוּת נ haughtiness, hauteur
זְחִילָה נ creeping, crawling
זַחִית נ slide (part of tool)
זָחַל (יִזחַל) פ crawl, creep
זַחַל ז larva, caterpillar
זַחלָם ז light tank, bren-gun carrier
זַחלָן ז toady, crawler
זִיבָה נ drip; gonorrhea
זִיבּוּל ז manuring, fertilizing
זִיבּוּרִי ת poor quality, shoddy
זִיבֵּל (יְזַבֵּל) פ manure, fertilize
זִיג ז tight-fitting coat, jacket
זִיגֵג (יְזַגֵּג) פ fit with glass

זִיהָה (יְזַהֶה) פ identify
זִיהוּי ז identification
זִיהוּם ז infection, soiling
זִיהֵם (יְזַהֵם) פ infect, soil
זִיו ז radiance, brightness
זִיוּוֵג (יְזַוּוֵג) פ match, pair
זִיווּג ז matching, pairing
זִיוּן ז arming; (slang) fornication
זִיוּף ז forgery, fake
זִיז ז projection, bracket
זִייֵן (יְזַייֵן) פ arm; (sl.) fornicate
זִייֵף (יְזַייֵף) פ forge, fake
זַייפָן ז forger
זִיכָּה (יְזַכֶּה) פ acquit; credit with
זִיכּוּי ז acquittal (legal); crediting
זִיכָּיוֹן ז concession, grant of rights
זִיכּוּךְ ז cleansing, purifying
זִיכֵּךְ (יְזַכֵּךְ) פ cleanse, purify
זִיכָּרוֹן, זִכרוֹן ז memory, remembrance
זִילוּף ז spraying, sprinkling
זִימָּה נ licentiousness
זִימּוּן ז invitation, summons
זִימֵּן (יְזַמֵּן) פ fix, appoint; invite
זִימֵּר (יְזַמֵּר) פ sing; play (a musical instrument)
זַיִן ז arms, weapons; the letter Zayin; (sl.) penis
זִינֵּב (יְזַנֵּב) פ dock (tail), trim (vine), foreshorten, cut short
זִינָה נ feeding
זִינֵּק (יְזַנֵּק) פ spring, leap forth
זִיעַ ז quake, tremor
זִיף ז bristle
זִיפוּת ז tarring

זִיפֵּת (יְזַפֵּת) פ — tar
זִיק ז — spark
זִיקָה נ — relation, connection
זִיקוּק ז — refining, purifying; spark
זִיקוּקֵי אֵשׁ, זִיקוּקִין דִּינוּר — fireworks
זִיקִית נ — chameleon
זִיקֵק (יְזַקֵּק) פ — refine
זִירָה נ — arena
זֵירוּז ז — urging, hurrying
זֵירֵז (יְזָרֵז) פ — hurry, hustle
זֵירָעוֹן ז — sperm, seed
זַיִת ז — olive (tree, wood, or fruit)
זַךְ ת — pure, transparent
זַכַּאי ת — guiltless, acquitted
זָכָה (יִזְכֶּה) פ — win (prize), gain
זְכוּכִית נ — glass
זְכוּכִית מַגְדֶּלֶת — magnifying glass
זָכוּר ת — remembered
זְכוּת נ — right, privilege
זַכּוּת נ — purity, innocence
זְכִייָה נ — winning, gaining
זְכִירָה נ — remembering
זָכַר (יִזְכּוֹר) פ — remember
זָכָר ז — male, masculine
זֵכֶר, זֶכֶר ז — memory
זַכְרוּת נ — maleness; penis
זָלַג (יִזְלוֹג) פ — drip; flow
זַלְדְּקָן ז — thin-bearded person
זִלְזוּל ז — disrespect, scorn
זִלְזֵל (יְזַלְזֵל) פ — despise, scorn
זַלְזַל ז — sprig, young shoot
זָלַח (יִזְלַח) פ — spray
זְלִילָה נ — eating greedily
זָלַל (יִזְלוֹל) פ — eat greedily
זָלַף (יִזְלוֹף) פ — drip, sprinkle

זְמוֹרָה נ — twig, sprig
זִמְזוּם ז — buzzing, humming
זַמְזָם ז — electric siren, buzzer
זִמְזֵם (יְזַמְזֵם) פ — buzz, hum
זָמִין ת — available
זְמִינוּת נ — availability
זָמִיר ז — nightingale
זָמַם (יָזוֹם) פ — plot; muzzle
זְמָם ז — plot; muzzle
זְמַן, זְמָן ז — time; season, term
זְמַנִּי ת — temporary
זִמְנֵן (יְזַמְנֵן) פ — time
זָמַר (יִזְמוֹר) פ — prune, trim
זֶמֶר ז — song, tune
זַמָּר ז — singer
זְמָרַגְד ז — emerald
זִמְרָה נ — singing
זַמֶּרֶת נ — singer (female)
זָן (יָזוּן) פ — feed, nourish
זַן ז — variety (of plant species), sort, kind
זַנַּאי ז — adulterer, lecher
זָנָב ז — tail
זַנְגְּבִיל ז — ginger
זָנָה (יִזְנֶה) פ — prostitute oneself
זְנוּנִים ז״ר — prostitution, whoredom
זְנוּת נ — prostitution
זָנַח (יִזְנַח) פ — abandon, neglect
זְנִיקָה נ — spring, leap forward
זָע (יָזוּעַ) פ — move, budge
זֵעָה, זֵיעָה נ — sweat, perspiration
זָעוּם ת — meagre, scanty
זָעוּף ת — irate, angry
זַעְזוּעַ ז — shaking, rocking
זִעְזַע (יְזַעְזַע) פ — shock; shake

זָעִיר ת	tiny, little
זְעֵיר תה״פ	a little, a trifle
זָעַם (יִזְעַם) פ	be angry with
זַעַם ז	fury, rage
זָעַף (יִזְעַף) פ	be angry
זָעֵף ת	ill-tempered, cross
זָעַק (יִזְעַק) פ	cry out, shout
זְעָקָה נ	cry, shout
זַעֲרוּרִי ת	tiny, minute
זְפִיף ז	sand (used for building)
זֶפֶק ז	crop (in bird's gullet)
זֶפֶת נ	tar, pitch
זַפָּת ז	worker with tar or pitch
זְקוּנִים ז״ר	old age
זָקוּף ת	erect, upright
זָקוּק ת	needing, in need of
זָקִיף ז	sentry, guard
זְקִיפוּת נ	erectness
זָקֵן (יִזְקַן) פ	grow old, age
זָקֵן ת	old, aged; grandfather
זָקָן ז	beard
זִקְנָה נ	old age
זְקַנְקַן ז	small beard
זָקַף (יִזְקוֹף) פ	straighten up (or out)
זָקֵף ז	adjacent side (of a right-angle)
זְקִפָּה נ	erection (of male organ)
זֵר ז	garland, wreath
זָר ת	foreign, alien
זָרָא ז	abhorrence, disgust
זַרְבּוּבִית נ	spout
זָרֶג	(sl.) penis
זֶרֶד ז	sprig, shoot
זָרָה (יִזְרֶה) פ	scatter, spread
זְרוֹעַ נ	arm, upper arm
זָרוּעַ ת	sown, seeded
זָרוּת נ	strangeness, oddness
זַרְזִיף ז	shower of rain
זַרְזִיר ז	starling
זָרַח (יִזְרַח) פ	shine, rise (sun)
זַרְחָן ז	phosphorus
זָרִיז ת	brisk, agile, alert
זְרִיזוּת נ	alertness, agility
זְרִיחָה נ	sunrise; shining
זָרִים ת	streamlined
זְרִימָה נ	flow, flowing
זְרִיעָה נ	sowing, seeding
זְרִיקָה נ	throwing; injection
זָרַם (יִזְרוֹם) פ	flow
זֶרֶם ז	flow, current
זֶרֶם ז	stream
זַרְנוּק ז	hose, flexible hose
זַרְנִיך ז	arsenic
זָרַע (יִזְרַע) פ	sow, seed
זֶרַע ז	seed
זָרַק (יִזְרוֹק) פ	throw, toss
זֶרֶק ז	serum (for injection)
זַרְקוֹל ז	amplifier
זַרְקוֹר ז	searchlight
זֶרֶת נ	the little finger

ח

חָב (יָחוּב) פ owe, be in debt
חָבַב (יַחֲבוֹב) פ love, like
חָבוּט ת stricken, beaten
חָבוּי ת latent; hidden, concealed
חָבוּל ת pawned, pledged
חֲבוּר ז counterfoil
חַבּוּרָה נ bruise
חֲבוּרָה נ company; band, group
חָבוּשׁ ת (of hat) worn, wearing; imprisoned
חַבּוּשׁ ז quince
חָבוּת ת indebtedness, debt
חָבַט (יַחְבּוֹט) פ beat; knock down
חֲבָטָה נ stroke, blow
חֲבִי ז hiding-place, retreat
חָבִיב ת lovable, likable
חֲבִיבוּת נ amiability
חֶבְיוֹן ז hiding-place, hide
חָבִיל ז bale
חֲבִילָה נ parcel, package
חָבִיץ ז חֲבִיצָה נ pudding, pie; dumpling
חֲבִישָׁה נ bandaging; wearing (a hat); imprisonment
חָבִית נ barrel, cask
חֲבִיתָה נ omelette
חֲבִיתִית נ pancake
חָבַל (יַחְבּוֹל) פ wound, injure
חֲבָל מ״ק what a pity! a pity...
חֶבֶל ז cord, rope; region
חֵבֶל ז pain
חֲבַלְבַּל ז convolvulus, bind-weed
חַבָּלָה נ sabotage
חֶבְלֵי לֵידָה labor, labor pains; birth pangs (fig.)
חַבְּלָן ז "sapper", saboteur
חַבְּלָנוּת נ destruction, demolition, sabotage
חַבְּלָנִית נ destroyer (ship)
חֲבַצֶּלֶת נ pancratium, sand-lily
חָבַק (יַחֲבוֹק) פ hug, embrace; encircle
חֶבֶק ז clamp
חָבַר (יַחֲבוֹר) פ join together, unite
חֶבֶר ז band, association, company
חָבֵר ז friend; member; fellow; partner
חֶבְרָה נ society, company, community
חֶבֶר הַלְאוּמִּים the League of Nations
חֲבֵרוּת נ comradeship, friendship; membership
חִברוּת ז socialization
חַברוּתִי ת friendly, sociable
חֲבֵרִית תה״פ friendly
חֲבַרְיָא, חֲבַרְיָה נ group of friends, "gang"
חִבְרֵת (יְחַבְרֵת) פ socialize
חֶבְרָתִי ת social, communal
חָבַשׁ (יַחֲבוֹשׁ) פ dress, bandage, bind; imprison
חַבְתָּן ז barrel-maker
חָג (יָחוּג) פ draw a circle; go round

חַג ז holiday, festival
חָגָב ז locust, grasshopper
חָגַג (יָחוֹג, יַחֲגוֹג) פ celebrate (a festival), observe
חָגָו ז cleft, crack
חָגוּר ת belted, girded
חֲגוֹר ז equipment; belt, girdle
חֲגוֹרָה נ belt, girdle
חֲגִיגָה נ celebration, festivity
חֲגִיגִי ת solemn; festive
חֲגִיגִיּוּת נ solemnity, ceremoniousness
חָגְלָה נ mock partridge
חָגַר (יַחֲגוֹר) פ gird (a sword), put on (a belt)
חַד ת sharp, acute, shrill
חָד (יָחוּד) פ set (a riddle)
חַדְגוֹנִי ת monotonous
חִדּוּד ז point, sharp edge
חַדּוּדִית נ cone
חֶדְוָה נ joy, gladness
חֲדִילָה נ cessation, ceasing
חָדִיר ת permeable, penetrable
חֲדִירָה נ penetration, permeation
חֲדִירוּת נ permeability, penetrability
חָדִישׁ ת modern, up-to-date
חָדַל (יֶחְדַּל) פ cease, stop; omit
חַד־צְדָדִי ז one-sided
חֵדֶק ז thorn, thorn-bush
חֶדֶק ז trunk; slot
חִדְקוֹנִית נ weevil
חָדַר (יַחְדּוֹר) פ penetrate
חֶדֶר ז room
חַדְרָנִית נ chambermaid
חָדָשׁ ת new
חֲדָשָׁה נ item of news
חַדְשָׁן ז innovator, neologist
חוֹב ז debt; obligation
חוֹבֵב ת lover; amateur
חוֹבְבָן ז amateur, hobbyist
חוֹבָה נ obligation, duty
חוֹבֵל ז seaman, sailor
חוּבַּל (יְחוּבַּל) פ be harmed, be injured
חוֹבֶץ ז חוֹבְצָה נ whey
חוּבַּר (יְחוּבַּר) פ be joined, be connected, be attached
חוֹבֶרֶת נ booklet, pamphlet
חוֹבֵשׁ ז medical orderly, medical assistant
חוּג ז circle; range
חוֹגֵג ת, ז celebrant; pilgrim
חוּגָה נ dial
חוֹגֵר ז O.R. (other rank)
חוּד ז point, sharp edge
חוּדַּד (יְחוּדַּד) פ be sharpened
חוֹדֶשׁ ז month
חוּדַּשׁ (יְחוּדַּשׁ) פ be renewed; be renovated
חוֹדְשִׁי ת monthly
חַוַּאי ז farmer
חַוָּה נ farm
חֲוָיָה נ experience (deeply felt)
חֲוִילָה נ villa
חָוָק ז transom
חָוַר (יֶחֱוַר) פ pale, go white
חוּוַּר (יְחוּוַּר) פ be clarified
חֲוָּר ז mixed soil (containing clay, chalk and limestone)
חֲוַרְוַר ת palish, somewhat pale

חֲוַרְוַרִי ת palish
חֲוַת־דַּעַת opinion, pronouncement
חוֹזֶה ז contract (legal)
חוּזַּק (יְחוּזַּק) פ be strengthened, be reinforced
חוֹזֶק ז strength, might
חוֹזְקָה, חָזְקָה נ strength, might
חוֹזֵר ז circular (letter); person returning
חוֹזֵר בִּתְשׁוּבָה penitent
חוּזְרָר ז sorb-apple
חוֹחַ ז thorn-bush
חוֹחִית נ goldfinch
חוּט ז thread
חוֹטֵא ז sinner, evil-doer
חוּטָּא (יְחוּטָּא) פ be disinfected
חוּט הַשִּׁדְרָה spinal cord
חוֹטֶם ז nose
חוֹטֵף ז kidnapper; grabber
חוֹטֶר ז branch; stick; pointer
חוּיַּב (יְחוּיַּב) פ be bound; be found guilty
חוּיַּג (יְחוּיַּג) פ be dialled
חוּיַּל (יְחוּיַּל) פ be enlisted, be called up
חוֹכֵר ז tenant, lessee
חוֹל ז sand
חו״ל, חוּץ לָאָרֶץ abroad
חוֹל, חֹל ז secular; profane
חוֹלֵב ת milkman; dairyman
חוֹלֶד ז mole
חוּלְדָּה נ rat
חוֹלֶה ת sick, ill; patient
חוֹלָה נ dune, sand-dune
חוֹלֵה רוּחַ mentally ill

חוֹלִי ז illness, sickness
חוּלְיָה נ link (in chain); vertebra; section (military)
חוֹלִירָע נ cholera
חוֹלֵל (יְחוֹלֵל) פ perform, do
חוּלַּל (יְחוּלַּל) פ be profaned, be desecrated
חוֹלְמָנִי ת dreamy
חוֹלָנִי ת sickly, infirm
חוֹלֵץ ז corkscrew
חוּלְצָה נ shirt, blouse
חוּלַּק (יְחוּלַּק) פ be divided; be shared
חוּלְשָׁה נ weakness, feebleness
חוֹם ז heat, warmth
חוּם ת brown
חוֹמָה נ wall, city-wall
חוּמַּם (יְחוּמַּם) פ be heated, be warmed
חוֹמֵס ז robber
חוֹמֶץ ז vinegar
חוּמְצָה נ acid
חוּמְצָה גוֹפְרָתִית sulphuric acid
חוּמְצָה חַנְקָנִית nitric acid
חוּמְצִיּוּת נ acidity
חוּמְצַן (יְחוּמְצַן) פ be oxidized
חוֹמֶר ז clay, clay soil; material; severity
חוּמְרָה נ severity; strict measure
חוֹמְרִיּוּת נ materialism; materiality
חוֹמְרָנוּת נ materialism
חוֹמֶר נֶפֶץ explosives
חוֹמֶשׁ ז a fifth; belly
חוּמָשׁ ז one of the five books of the Pentateuch

be multiplied by five, fivefold חוּמַּשׁ (יְחוּמַּשׁ) פ
be educated; be inaugurated חוּנַּךְ (יְחוּנַּךְ) פ
be granted mercy חוּנַּן (יְחוּנַּן) פ
favor, be gracious to; endow חוֹנֵן (יְחוֹנֵן) פ
be favored with, be blessed with חוֹנַן (יְחוֹנַן) פ
be liquidated חוּסַּל (יְחוּסַּל) פ
strength, power חוֹסֶן ז
be immunized חוּסַּן (יְחוּסַּן) פ
be roughened חוּסְפַּס (יְחוּסְפַּס) פ
lack, want חוֹסֶר ז
be subtracted; be deprived of חוּסַּר (יְחוּסַּר) פ
coast, beach חוֹף ז
canopy, covering; bridal canopy; wedding ceremony חוּפָּה נ
haste, hurry חוּפְזָה, חִפָּזָה נ
handful חוֹפֶן ז
congruent חוֹפֵף ת
freedom, liberty חוֹפֶשׁ ז
leave, vacation חוּפְשָׁה ז
free, unrestricted, irreligious חוֹפְשִׁי ת
out of doors; outside חוּץ ז
apart from, except for, except חוּץ תה״פ
stone-cutter חוֹצֵב ז
bisector חוֹצֶה, חוֹצֶה זָוִית ז
bosom חוֹצֶן ז
impudence, "cheek" חוּצְפָּה נ
impudent person חוּצְפָּן ז
law; rule חוֹק ז

constitution (of a country) חוּקָּה נ
lawful, legal חוּקִּי ת
legality, lawfulness חוּקִּיּוּת נ
enema חוֹקֶן ז
legislate, enact חוֹקֵק (יְחוֹקֵק) פ
investigator, researcher חוֹקֵר ז
constitutional חוּקָּתִי ת
hole חוֹר ז
white linen חוּר ז
drought, dryness חוֹרֶב ז
ruin חוּרְבָּה נ
destruction חוּרְבָּן ז
wrath, fury חוֹרִי־אַף, חֳרִי־אַף ז
be scorched, be charred חוֹרַךְ (יְחוֹרַךְ) פ
extermination, annihilation חוֹרְמָה, חָרְמָה נ
winter חוֹרֶף ז
wintry חוֹרְפִּי ת
mink חוֹרְפָּן ז
grove, copse חוֹרֶשׁ ז
grove, copse חוֹרְשָׁה, חוּרְשָׁה נ
sense חוּשׁ ז
be calculated, be thought out חוּשַּׁב (יְחוּשַּׁב) פ
wild orange חוּשְׁחָשׁ ז
darkness, dark חוֹשֶׁךְ ז
be forged; be steeled חוּשַּׁל (יְחוּשַּׁל) פ
duffer, dolt, simpleton חוּשָּׁם ז
be electrified חוּשְׁמַל (יְחוּשְׁמַל) פ
breastplate חוֹשֶׁן ז
sensual חוּשָׁנִי ת
blatant, all-revealing חוֹשְׂפָנִי ת
adorer, lover חוֹשֵׁק ז

חוּשׁ רֵיחַ	sense of smell
חוּשׁ שְׁמִיעָה	sense of hearing
חוֹשֵׁשְׁנִי, חוֹשְׁשַׁנִי	I'm afraid, I fear
חוֹתָל ז, חוֹתֶלֶת נ	wrapping, wrapper
חוֹתָלוֹת נ״ר	puttees, leggings
חוֹתָם ז	seal; mark, stamp
חוֹתֶמֶת נ	stamp (instrument or sign), seal
חוֹתֵן ז	father-in-law
חוֹתֶנֶת נ	mother-in-law
חַזַּאי ז	weather forecaster
חָזָה (יֶחֱזֶה) פ	watch; see (visions)
חָזֶה ז	chest, breast
חָזוֹן ז	vision, prophecy
חָזוּת נ	vision (prophetic); appearance
חָזוּתִי ת	visual
חֲזָזִית נ	acne
חָזִיז ז	flash of lightning
חֲזִיָּה נ	brassiére (for women); waistcoat (for men)
חֲזִיר ז	pig, swine
חֲזִירוּת נ	swinishness, hoggishness
חֲזִיר־יָם	guinea-pig
חֲזִית נ	front, facade
חֲזִיתִי ת	frontal
חַזָּן ז	cantor (in synagogue)
חַזָּנוּת נ	office of cantor; cantillation
חָזַק (יֶחֱזַק) פ	be strong; become strong
חָזָק ז	strong, firm, powerful
חֶזְקָה נ	force, severity; power (algebra)
חֲזָקָה נ	usucaption, right or claim based on possession
חָזַר (יַחֲזוֹר) פ	return, repeat
חֲזָרָה נ	return; repetition, rehearsal
חֲזֶרֶת נ	horse-radish
חַזֶּרֶת נ	mumps
חָט ז	incisor
חָטָא (יֶחֱטָא) פ	sin, transgress
חֵטְא ז	sin, fault
חַטָּא ז	sinner
חֲטָאָה, חַטָּאת נ	sin; sin-offering
חַטְּאוֹת נְעוּרִים	sins of youth
חָטַב (יַחְטוֹב) פ	cut up, hew
חָטוּב ת	hewn; well-shaped
חֲטוֹטֶרֶת נ	hump
חָטוּף ת	abducted; snatched
חָטָט ז	papule, pimple
חַטְטָן ז	fussy person (over details); nosy
חַטֶּטֶת נ	furunculosis
חֲטִיבָה נ	brigade; section, unit
חֲטִיפָה נ	snatching, grabbing
חָטַף (יַחְטוֹף) פ	snatch, grab
חַטְפָן ז	snatcher; kidnapper
חַי ת	alive, living, live; lively
חִיבֵּב (יְחַבֵּב) פ	like, be fond of
חִיבָּה נ	affection, fondness
חִיבּוּב ז	liking, fondness
חִיבּוּט ז	beating, striking
חִיבּוּק ז	hug, hugging, embrace
חִיבּוּר ז	connection, joining; joint, junction; composition
חִיבֵּל (יְחַבֵּל) פ	harm, injure, damage
חִיבֵּל ז	rigging (on a ship)
חִיבֵּק (יְחַבֵּק) פ	hug, embrace

חִיבֵּר (יְחַבֵּר) פ join, connect; add; joint; compose
חִיגֵּר ז lame, limping person
חִידֵּד (יְחַדֵּד) פ sharpen
חִידָה נ riddle, puzzle
חִידּוּד ז joke, witticism
חִידוֹן ז quiz
חִידּוּשׁ ז renewal; innovation
חִידָּלוֹן ז non-existence, nullity
חִידֵּשׁ (יְחַדֵּשׁ) פ renew; renovate, innovate
חִידַת הַרְכָּבָה jigsaw puzzle
חָיָה, חַי (יִחְיֶה) פ live, exist
חַיָּה נ animal, beast
חִיּוּב ז affirmation; being in favor of; guilt, conviction
חִיּוּבִי ת positive, affirmative
חִיּוּג ז dialling
חִיוָּה (יְחַוֶּה) פ state, pronounce
חִיוֵּר ת pale
חִיוָּרוֹן ז pallor, wanness
חִיּוּךְ ז smile
חִיּוּל ז mobilization, enlistment
חִיּוּנִי ת vital, essential
חִיּוּנִית נ vitamin
חִיּוּת, חַיּוּת נ life, vitality
חִיזּוּי ז forecast, prediction
חִיזּוּק ז strengthening, fortifying
חִיזּוּר ז wooing, courting
חִיזָּיוֹן ז vision; drama, play
חִיזֵּק (יְחַזֵּק) פ strengthen, fortify
חִיזֵּר (יְחַזֵּר) פ woo, court
חִיטֵּא (יְחַטֵּא) פ disinfect, cleanse
חִיטָּה נ wheat
חִיטּוּב ז hewing, carving
חִיטּוּט ז scratching, scrabbling
חִיטּוּי ז disinfection
חִיטֵּט (יְחַטֵּט) פ scrabble, dig up, scratch about
חִייֵּב (יְחַייֵּב) פ oblige, force; convict, find guilty
חַייָּב ז obliged; owing; guilty
חִייֵּג (יְחַייֵּג) פ dial
חַיידַּק ז microbe, bacterium
חִייָּה (יְחַייֶּה) פ keep alive, leave alive; revive
חַייָּט ז tailor
חַייָּטוּת נ tailoring
חִייֵּךְ (יְחַייֵּךְ) פ smile
חַייְכָנִי ת smiling, cheerful by nature
חַייָּל ז soldier
חִייֵּל (יְחַייֵּל) פ call up, enlist
חַיִּים ז״ר life
חַייעַד ז aizoon (flower); everlasting
חִיכָּה (יְחַכֶּה) פ wait, await; expect
חִיכּוּךְ ז friction; rubbing
חִיכִּי ת palatal
חִיכֵּךְ (יְחַכֵּךְ) פ rub against
חַיִל ז strength, might, bravery
חֵיל ז rampart, low wall
חִיל ז חִילָה נ pain; fear
חֵיל אֲוויר air force
חִילָּה (יְחַלֶּה) פ sweeten
חִילּוּל ז desecration, profanation
חִילּוּל הַשֵּׁם blasphemy
חִילוֹנִי ת secular
חִילּוּף ז exchange, change
חִילּוּף חוֹמָרִים metabolism
חִילוּפִית נ amoeba

חִילוּץ ז deliverance, rescue
חִילוּץ עֲצָמוֹת exercise, physical training
חִילוּק ז division; sharing
חִילוּקֵי דֵעוֹת differences of opinion
חִילָזוֹן ז snail
חֵיל הַיָּם navy
חִילֵל (יְחַלֵּל) פ profane, desecrate
חִילֵּן (יְחַלֵּן) פ secularize; fenestrate
חִילֵּף (יְחַלֵּף) פ change, replace
חִילֵּץ (יְחַלֵּץ) deliver, rescue; pull out
חִילֵּק (יְחַלֵּק) פ divide; share out
חֵיל רַגלַיִם, חִי״ר infantry
חִימוּם ז heating, warming
חִימוּשׁ, חִמּוּשׁ ז arming, ordnance
חִימֵּם (יְחַמֵּם) פ heat, warm
חִימְצָה נ chick pea
חִימֵּר (יְחַמֵּר פ drive (donkey or other pack animal)
חִימֵּשׁ ז child of the fifth generation, great-great-great-grandchild
חִימֵּשׁ (יְחַמֵּשׁ) פ arm; divide by five; multiply by five
חִינּוּךְ ז education, upbringing
חִינּוּכִי ת educational
חִינֵּךְ (יְחַנֵּךְ) פ educate, bring up
חִינָּם, חִנָּם תה״פ free (of charge)
חִינֵּן (יְחַנֵּן) פ implore, beseech
חִינָּנִי ז graceful, charming, comely
חִינָּנִית נ daisy
חִינֵּק (יְחַנֵּק) פ strangle, throttle
חִיסּוּי ז finding shelter, seeking refuge

חִיסּוּל ז elimination, liquidation
חִיסּוּם ז hardening (of metal)
חִיסּוּן ז immunization
חִיסּוּר ז subtraction (arithmetic), deduction
חִיסָּכוֹן ז economy; thrift
חִיסֵּל (יְחַסֵּל) פ eliminate, liquidate
חִיסֵּן (יְחַסֵּן) פ immunize, strengthen
חִיסֵּר (יְחַסֵּר) פ subtract; deprive
חִיסָּרוֹן ז disadvantage, defect
חִיפָּה נ lampshade; bonnet
חִיפָּה (יְחַפֶּה) פ cover, overspread
חִיפּוּי ז covering; cover (by gunfire etc.); shielding
חִיפּוּשׂ ז search, quest; inquiry
חִיפּוּשִׁית נ beetle
חִיפָּזוֹן ז haste, hurry
חִיפֵּשׂ (יְחַפֵּשׂ) פ look for, seek
חַיִץ ז barrier; screen
חִיצּוּי ז bisection, division in two
חִיצוֹן, חִיצוֹנִי ת outer, external
חִיצוֹנִיוּת נ outward appearance
חֵיק ז bosom, lap
חִיקָּה (יְחַקֶּה) פ copy, imitate
חִיקּוּי ז imitation
חִיקּוּן ז giving an enema
חִיקּוּק ז legislation, enacting
חִיקּוּר ז investigation
חֵירוּם ז stress, strained situation
חֵירוּף ז abuse, curse
חֵירוּק ז gnashing
חֵירוּק שִׁינַּיִים gnashing one's teeth, fury
חֵירוּת, חֵרוּת נ freedom, liberty
חֵירֵף (יְחָרֵף) פ abuse, revile

חֵירֵשׁ, חֵרֵשׁ ז deaf
חֵירֵשׁ־אִילֵּם deaf and dumb
חֵירְשׁוּת, חֵרְשׁוּת נ deafness
חִישׁ תה״פ quickly, fast
חִישֵּׁב (יְחַשֵּׁב) פ calculate, reckon, compute
חִישּׁוּב ז calculation
חִישּׁוּל ז forging
חִישּׂוּף ז exposure, uncovering
חִישּׁוּק ז rim, hoop
חִישּׁוּר ז spoke (of wheel)
חִישֵּׁל (יְחַשֵּׁל) פ forge, toughen
חִישֵּׁק (יְחַשֵּׁק) פ gird, tie round
חִיתּוּךְ ז cutting up, carving
חִיתּוּךְ הַדִּיבּוּר articulation
חִיתּוּל ז diaper, napkin
חִיתּוּם ז stamping, sealing
חִיתּוּן ז marrying off, marrying
חִיתֵּל (יְחַתֵּל) פ put a diaper on (a baby)
חִיתֵּן (יְחַתֵּן) פ marry off, give in marriage
חֵךְ ז palate, roof of the mouth
חַכָּה נ fish-hook
חֲכִירָה נ tenancy (of property); leasehold
חָכַךְ (יַחְכּוֹךְ) פ rub, scratch; hesitate, be in doubt
חַכְלִיל, חַכְלִילִי ת dull-red, reddish
חָכַם (יֶחְכַּם) פ become wise
חָכָם ת wise, sage
חָכָם בַּלַּיְלָה wiseacre (ironically)
חָכְמָה נ wisdom
חָכַר (יַחְכּוֹר) פ lease, rent
חֵל ז rampart

חָל (יָחוּל) פ apply (laws, regulations); fall on, occur
חָל (יָחִיל) פ tremble, fear
חֶלְאָה נ filth, foulness
חָלַב (יַחֲלוֹב) פ milk
חָלָב ז milk
חֵלֶב ז animal fat, tallow
חַלְבָה, חַלְוָוה נ halva
חֶלְבּוֹן ז white of egg; protein
חֲלָבִי ת milky, lactic
חֲלַבְלוּב ז spurge
חַלְבָּן ז milkman
חָלַד (יַחֲלוֹד) פ rust, become rusty
חֶלֶד ז this world, this life
חָלָה (יֶחֱלֶה) פ fall sick, be ill
חַלָּה נ halla, loaf eaten on Sabbath
חָלוּד ת rusty
חֲלוּדָה נ rust, rustiness
חַלְוָוה ר׳ חַלְבָה
חָלוּט ת absolute, final
חָלוּל ת hollow
חֲלוֹם ז dream
חַלּוֹן ז window
חַלּוֹן רַאֲוָוה display window
חֲלוֹף ז vanishing, perishing
חָלוּץ ז pioneer, vanguard; forward (football)
חֲלוּצִיּוּת נ pioneering spirit
חָלוּק ז dressing-gown; work-coat
חָלוּק ת differing (in opinion)
חַלּוּק ז pebble
חֲלוּקָה נ division; distribution partition
חַלּוּקֵי אֲבָנִים pebbles
חָלוּשׁ ת frail, weak

חֲלוּשָׁה נ feebleness, weakness
חֶלְזוֹנִי ת helical, spiral
חִלְחוּל ז permeation; seeping
חִלְחֵל (יְחַלְחֵל) פ permeate, penetrate
חַלְחָלָה נ trembling, shudder
חָלַט (יַחְלוֹט) פ pour boiling water on
חַלְטָנִי ת decisive, resolute, determined
חֲלִיבָה נ milking
חָלִיד ת liable to rust
חָלִיל ז flute
חֲלִילָה תה״פ repeatedly
חָלִילָה תה״פ God forbid!
חֲלִילִית נ recorder (flute)
חֲלִילָן ז flautist
חָלִיף ז new shoot (from pruned branch); caliph; substitute
חָלִיף ת interchangeable
חֲלִיפָה נ costume (for women), suit (for men)
חֲלִיפוֹת תה״פ alternately
חֲלִיפוּת נ caliphate; interchangeability
חֲלִיפִים, חֲלִיפִין ז״ר barter; thing bartered
חֲלִיצָה נ taking off, removing; halitza (release from obligation to marry brother's widow)
חֲלִישׁוּת נ weakness, debility; enfeeblement
חֲלִישׁוּת הַדַּעַת dejection
חֵלֶךְ, חֵלְכָה ת wretched, poor, unfortunate
חֲלֵכָאִים wretches, the poor and needy
חָלָל ז dead, fatal casualty; outer space; vacuum
חֲלָלַאי ז spaceman
חֲלָלִית נ space-ship
חָלַם (יַחֲלוֹם) פ dream
חֶלְמוֹן ז egg-yolk
חֶלְמוֹנָה נ egg brandy, egg-nog
חַלָּמִישׁ ז flint, silex
חָלַף (יַחֲלוֹף) פ pass by
חֵלֶף תה״פ in exchange for
חֵלֶף ז spare part
חַלָּף ז ritual slaughterer's knife
חַלְפִּית נ swordfish
חַלְפָן ז money-changer
חָלַץ (יַחֲלוֹץ) פ draw off, take off (shoe); rescue remove
חֲלָצַיִם loins
חָלַק (יַחֲלוֹק) פ apportion, allot
חָלָק ת smooth
חֵלֶק ז part, portion; share
חֶלְקָה נ plot, field
חֶלְקִי ת partial, fractional
חֶלְקִיק ז particle
חֶלְקִית תה״פ partly
חֲלַקְלַק ת slippery
חֲלַקְלַקָּה נ skating-rink; slippery ground
חֲלַקְלַקּוֹת תה״פ by flattery, with a smooth tongue
חָלַשׁ (יֶחֱלַשׁ) פ be weak, be feeble
חַלָּשׁ ת weak, feeble
חִלְתִּית נ asafetida
חַם, חָם ת warm, hot

חָם ז (חָמִי, חָמִיךְ... חָמִיו...) father-in-law
חֶמְאָה נ butter
חָמַד (יַחמוֹד) פ covet, lust after
חֶמֶד ז delight, loveliness
חֶמְדָּה נ desire, object of desire
חַמְדָנוּת נ covetousness, lustfulness
חַמָּה נ sun
חֵמָה נ anger, wrath
חָמוּד ת delightful, charming
חֲמוּדוֹת נ״ר delightfulness
חֲמוּלָה נ clan
חָמוּם ת heated
חֲמוּם מוֹחַ, חֲמוּם מֶזֶג hot-tempered, excitable
חָמוּץ ת sour
חַמּוּק ז curve, roundness
חֲמוֹר ז donkey, ass
חָמוּר ת grave, severe
חָמוּשׁ ת armed, equipped (for war)
חָמוֹת נ mother-in-law
חֲמִיטָה נ pancake
חָמִים ת warm
חֲמִימוּת נ warmth; warm-heartedness
חַמִּין ז 'cholnt'; food kept warm for the Sabbath
חֲמִיצָה נ sour soup, beetroot soup, 'borsht'
חֲמִיצוּת נ sourness, acidity
חֲמִישָּׁה ש״מ five (masc.)
חֲמִישָּׁה עָשָׂר ש״מ fifteen (masc.)
חֲמִישִׁי ת fifth
חֲמִישִׁיָּה נ group of five; quintet
חֲמִישִּׁים ש״מ fifty

חֲמִישִׁית נ one fifth
חָמַל (יַחמוֹל) פ have pity on, spare
חֶמְלָה נ pity, compassion
חֲמָמָה נ hothouse, glasshouse
חַמָּנִית נ sunflower
חָמַס (יַחֲמוֹס) פ rob, extort
חָמָס ז violent crime, brigandage
חַמְסִין ז hamsin (hot dry wind)
חַמְסָן ז brigand
חָמַץ (יֶחמַץ) פ go sour, turn sour
חָמֵץ ז leavened bread
חִמְצוּן ז oxidation, oxygenation
חַמְצִיץ ז wood-sorrel
חֲמַצְמַץ ת a little sour, sourish
חַמְצָן ז oxygen
חִמְצֵן (יְחַמְצֵן) פ oxidize, oxygenate
חַמְצָנִי ת oxygenic, containing oxygen
חַמֶּצֶת נ acidosis
חָמַק (יֶחמַק) פ slip away, run off
חַמְקָן ז shirker, dodger
חַמְקָנוּת נ shirking, evasiveness
חָמַר (יֶחמַר) פ seethe, foam; cover with asphalt
חֵמָר ז asphalt, bitumen
חֹמֶר ר׳ חוֹמֶר
חַמָּר ז ass-driver
חִמְרִיָּה נ rufous warbler
חַמְרָן ז aluminum
חַמְרָנוּת ר׳ חוֹמְרָנוּת
חֲמֶרֶת נ caravan of asses
חָמֵשׁ ש״מ, נ five (feminine)
חַמְשִׁיר ז limerick
חַמְשִׁית נ quintet(te) (musical)
חֲמֵשׁ־עֶשְׂרֵה fifteen (fem.)

חֵמֶת נ waterskin, skin bottle
חֵמַת חֲלִילִים bagpipes
חֵן ז charm, grace; favor
חֵן־חֵן thank you
חָנָה (יַחֲנֶה) פ be parked (a car); encamp (an army)
חֶנְוָנִי ז shopkeeper
חָנוּט ז mummy, embalmed body
חֲנוּכָּה נ inauguration, dedication; Hanukka, the feast of dedication
חֲנוּכִּיָּה נ Hanukka candlestick
חַנּוּן ת merciful, compassionate
חֲנוּפָּה נ flattery
חָנוּק ת strangled, choked
חֲנוּת נ shop, store
חָנַט (יַחֲנוֹט) פ embalm (a body), mummify
חֲנָיָה נ parking (place)
חֲנִיטָה נ embalming, mummification
חֲנִיָּיה נ parking; encampment
חָנִיךְ ז pupil, cadet (military), apprentice
חֲנִיכַיִים ז״ר gums
חֲנִינָה נ pardon, amnesty
חֲנִיפָה נ flattery, blandishment
חֲנִיקָה נ strangulation, throttling
חֲנִית נ spear, javelin
חָנַךְ (יַחֲנוֹךְ) פ inaugurate, formally open
חֲנָמַל ז hail, sleet
חָנַן (יָחוֹן, יֶחֱנַן) פ pardon (criminal), show mercy to
חָנַף (יַחֲנוֹף) פ flatter, toady

חָנֵף ת flatterer, toady
חַנְפָן ז sycophant, toady, flatterer
חָנַק (יַחֲנוֹק) פ strangle, throttle
חֶנֶק ז strangulation
חַנְקָה נ nitrate
חִנְקוּן ז nitrification
חַנְקָן ז nitrogen
חִנְקֵן (יְחַנְקֵן) פ nitrogenize
חַנְקָנִי ת nitric, nitrogenous
חַנְקָתִי ת nitrous
חָס (יָחוּס) פ spare, pity
חֶסֶד ז benevolence; charity
חָסָה (יֶחֱסֶה) פ find protection, find refuge
חַסָּה נ lettuce
חָסוּד ת graceful, charming
חַס וְחָלִילָה! חַס וְשָׁלוֹם! God forbid!
חָסוּי ת protected, guarded; restricted (documents)
חָסוּךְ ת lacking, wanting
חָסוּם ת muzzled (animal); enclosed
חָסוֹן ת sturdy, strong
חָסוּת נ protection, patronage
חַסְחוּס ז cartilage
חֲסִי ז leeward
חָסִיד ת Hassid; pious man; devotee, fan
חֲסִידָה נ stork
חֲסִימָה נ barring, blocking, shutting in
חֲסִין, חָסִין ת proof (against...), immune (from...)
חֲסִין־אֵשׁ fireproof
חֲסִינוּת נ immunity

waterproof חֲסִין־מַיִם
save; withhold חָסַךְ (יַחסוֹך) פ
deprivation חֶסֶךְ ז
thrifty person חַסְכָן ז
thrifty, economical חַסְכָנִי ת
stop! enough! חֲסַל! מ״ק
block, bar חָסַם (יַחסוֹם) פ
roughening (a surface), coarsening חִספּוּס ז
roughen (surface); coarsen חִספֵּס (יְחַספֵּס) פ
be absent, be missing; lack, be without חָסַר (יֶחסַר) פ
lacking, short of, in need of; less, minus חָסֵר ת
shortage; poverty חֶסֶר ז
brainless, witless חֲסַר דַּעַת
disadvantage; deficiency חֶסרוֹן ז
clean, pure, innocent חַף ת
tooth of a key; dowel חָף ז
cover, wrap חָפָה (יֶחפֶּה) פ
rushed, hurried, slapdash חָפוּז ת
covered, wrapped חָפוּי ת
rolled-up חָפוּת ת
rush, hurry חָפַז (יַחפּוֹז) פ
impulsiveness חֲפִיזוּת נ
covering, wrapping חֲפִייָה נ
packet, small bag חֲפִיסָה נ
shampooing, washing the head; congruence חֲפִיפָה נ
digging; ditch חֲפִירָה נ
innocent, guiltless חַף מִפֶּשַׁע
shampoo, wash (the hair); be congruent, overlap חָפַף (יַחפּוֹף) פ
carp; pumice חֲסָף ז
rash, eczema חֲסָפִית נ
desire, wish, want חָפֵץ, חָפַץ (יַחפּוֹץ) פ
desire, wish; object, article חֵפֶץ ז
dig, excavate חָפַר (יַחפּוֹר) פ
digger; pioneer (military) חַפָּר ז
mole חֲפַרפֵּרָה, חֲפַרפֶּרֶת נ
roll up (sleeves) חָפַת (יַחפּוֹת) פ
fold (in garment) חֵפֶת ז
arrow, dart חֵץ ז
skirt חֲצָאִית נ
quarry (stone), hew; chisel חָצַב (יַחצוֹב) פ
measles חַצֶּבֶת נ
halve; divide; cross (road, river, etc.) חָצָה (יֶחֱצֶה) פ
quarried, dug out חָצוּב ת
tripod חֲצוּבָה נ
halved, bisected חָצוּי ת
saucy, cheeky, impudent חָצוּף ת
trumpet חֲצוֹצְרָה נ
trumpeter חֲצוֹצְרָן ז
midnight חֲצוֹת נ
half; middle, center חֲצִי ז
peninsula חֲצִי־אִי
halving, bisection חֲצָיָה, חֲצִייָה נ
egg-plant חָצִיל ז
partitioning, separating חֲצִיצָה נ
hay, grass חָצִיר ז
partition off, separate (by a partition) חָצַץ (יַחצוֹץ) פ
gravel, stones חָצָץ ז
blow a trumpet, bugle חִצֵּר (יְחַצֵּר) פ

חָצֵר נ yard, courtyard
חֲצֵרִים ז״ר premises
חַצְרָן ז storeman (on a farm), janitor (in a house)
חַקְיָן ז imitator, mimic, copier
חֲקִיקָה נ legislation, enactment; engraving (on stone)
חֲקִירָה נ investigation
חַקְלָאוּת נ agriculture
חַקְלַאי ז agriculturalist, farmer
חָקַק (יַחקוֹק) פ engrave (on stone); legislate, enact
חָקַר (יַחקוֹר) פ investigate
חֵקֶר ז investigation, inquiry
חֵקֶר הַמִּקְרָא Bible study
חָרַב (יֶחֱרַב) פ be destroyed
חָרֵב ת in ruins, desolate; dry
חֶרֶב נ sword
חָרָבָה נ arid land
חֶרְבּוֹן ז (slang) mess, failure
חִרְבֵּן (יְחַרְבֵּן) פ (slang) ruin, mess up, foul up
חָרַג (יַחרוֹג) פ exceed, go beyond
חַרְגּוֹל ז locust, grasshopper
חָרַד (יֶחֱרַד) פ tremble; be anxious, be worried
חָרֵד ת fearful; anxious; God-fearing
חֲרָדָה נ dread; anxiety
רְדָּל ז mustard
חָרָה (יֶחֱרֶה) פ, חָרָה לוֹ resent
חָרוּב ז carob
חָרוּז ז bead; rhyme
חָרוּט ת engraved
חָרוּט ז cone

חָרוּךְ ת scorched, burnt
חָרוּל ז nettle, thistle
חָרוּם ת flat-nosed
חֲרוּמַף ז flat-nosed person
חָרוֹן, חֲרוֹן־אַף ז wrath, fury
חֲרוֹסֶת נ haroset (mixture of nuts, fruit and wine eaten on Passover night)
חָרוּץ ת industrious, diligent
חָרוּר ת perforated, full of holes
חָרוּשׁ ת ploughed, furrowed
חֲרוֹשֶׁת נ industry, manufacture
חֲרוֹשְׁתָּן ז manufacturer, industrialist
חָרוּת ת carved, engraved
חָרַז (יַחֲרוֹז) פ string (beads); rhyme
חַרְזָן ז versifier, rhymester
חַרְחֲבִינָה נ sea-holly
חִרְחוּר ז provocation
חִרְחוּר רִיב trouble-making, quarrel-mongering
חִרְחֵר (יְחַרְחֵר) פ stir up
חָרַט (יַחרוֹט) פ carve; engrave
חֶרֶט ז stylus
חָרָט ז engraver, etcher
חֲרָטָה נ regret, repentance
חַרְטוֹם ז beak, snout
חַרְטוּמָן ז woodcock
חָרִיג ז exception, irregular form
חֲרִיגָה נ exceeding, going beyond
חֲרִיזָה נ stringing (beads, etc.); rhyming
חָרִיט ז purse
חֲרִיטָה נ etching, engraving

חָרִיף ת — sharp, pungent; acute; severe, trenchant
חָרִיץ ז — groove, fluting
חָרִיצוּת נ — diligence, industriousness
חֲרִיקָה נ — creaking
חָרִיר ז — small hole
חָרִישׁ ז — ploughing; ploughing season
חֲרִישָׁה נ — ploughing
חֲרִישִׁי ת — still, quiet
חָרַךְ (יַחֲרוֹךְ) פ — scorch, singe
חָרָךְ ז — lattice window, loophole
חֵרֶם ז — excommunication, boycott
חֶרְמֵשׁ ז — scythe, sickle
חֶרֶס ז — clay; shard, broken pottery
חַרְסִינָה נ — porcelain
חַרְסִית נ — clay soil; shards
חָרַף (יֶחֱרַף) פ — winter, spend the winter
חֵרֶף תה״פ — in spite of, despite
חֶרְפָּה נ — disgrace, shame
חָרַץ (יֶחֱרַץ) פ — groove, cut into; decide, decree
חַרְצוּבָּה נ — bond, shackle
חַרְצָן ז — pip, stone; date-stone
חָרַק (יַחֲרוֹק) פ — grate, creak; gnash (teeth)
חֶרֶק ז חֲרָקִים ז״ר — insect; grating, creaking
חֶרֶשׁ תה״פ — secretly, silently
חָרַשׁ (יַחֲרוֹשׁ) פ — plough
חָרָשׁ ז — artisan, craftsman
חַרְשָׁף ז — artichoke
חָשׁ (יָחוּשׁ) פ — feel, sense; rush, hurry
חֲשַׁאי ז — stillness
חֲשָׁאִי ת — secret, clandestine
חֲשָׁאִיּוּת נ — secrecy
חָשַׁב (יַחְשׁוֹב) פ — think; intend
חַשָּׁב ז — accountant
חֶשְׁבּוֹן ז — account; bill, invoice; arithmetic
חֶשְׁבּוֹנָאוּת נ — accountancy
חֶשְׁבּוֹנִיָּה נ — abacus; counting frame
חֶשְׁבּוֹן עוֹבֵר וָשָׁב — current account
חִשֵּׁב (יְחַשֵּׁב) פ — figure, calculate
חָשַׁד (יַחְשׁוֹד) פ — suspect
חֲשָׁד ז — suspicion
חַשְׁדָן ז — suspicious person
חָשָׁה (יֶחֱשֶׁה) פ — be silent, be still
חָשׁוּב ת — important
חָשׁוּד ת — suspected
חֶשְׁוָן ז — Heshvan (Oct.-Nov.)
חָשׁוּךְ ז — dark, obscure
חָשׂוּךְ ת — lacking, without
חֲשׂוּךְ בָּנִים — childless
חָשׂוּף ת — bare, exposed
חִשּׁוּק ז — hoop (of a barrel)
חָשׁוּק ת — beloved, adored
חֲשִׁיבָה נ — thinking, cogitation
חֲשִׁיבוּת נ — importance
חָשִׁיל ת — forgeable (metal)
חֲשִׂיפָה נ — laying bare, exposing
חֲשִׁישׁ ז — hashish
חָשַׁךְ (יַחְשׁוֹךְ) פ — darken, grow dark
חֲשֵׁכָה נ — darkness, obscurity
חַשְׁמַל ז — electricity
חִשְׁמֵל (יְחַשְׁמֵל) פ — electrify; thrill
חַשְׁמַלָּאוּת נ — electrical engineering
חַשְׁמַלַּאי ז — electrician
חַשְׁמַלִּי ת — electric

חַשְׁמַלִּית נ — tram, streetcar
חַשְׁמָן ז — cardinal; noble
חָשַׂף (יַחְשׂוֹף) פ — expose, bare
חַשְׂפָנוּת נ — strip tease
חַשְׂפָנִית נ — strip-tease artist
חָשַׁק (יַחְשׁוֹק) פ — desire, long for, crave
חֵשֶׁק ז — desire, longing; pleasure, enthusiasm
חַשְׁקָנִיּוֹת נ״ר — (slang) adolescent pimples
חָשַׁשׁ (יַחֲשׁוֹשׁ) פ — be afraid, be apprehensive
חֲשָׁשׁ ז — fear, apprehension
חֲשַׁשׁ ז — hay, chaff
חָתָה (יַחְתֶּה) פ — rake (coals)
חָתוּךְ ת — cut, cut up
חָתוּל ז — cat
חָתוּם ת — stamped, signed
חֲתוּנָּה נ — wedding
חָתִיךְ ז — (slang) good-looking boy
חֲתִיכָה נ — piece, bit; (slang) attractive girl
חֲתִימָה נ — signature
חֲתִירָה נ — rowing (with oars); making headway; undermining
חָתַךְ (יַחְתּוֹךְ) פ — cut
חֲתָךְ ז — cut, incision
חֲתַלְתּוּל ז — kitten, pussy
חָתַם (יַחְתּוֹם) פ — sign; seal, stamp; complete
חָתָן ז — bridegroom; son-in-law
חָתַר (יַחְתּוֹר) פ — sabotage, undermine; row (a boat)
חַתְרָנוּת נ — sabotage, undermining

ט

טִאטֵא (יְטַאטֵא) פ — sweep (with a broom)
טָב, טָבָא ת — good
טָבוּל ת — dipped, immersed
טָבוּעַ ת — drowned, sunk
טַבּוּר ז — navel; hub
טַבּוּרִי ת — navel orange
טָבַח (יִטְבַּח) פ — slaughter, kill
טֶבַח ז — slaughtering; massacre
טַבָּח ז — cook, chef
טַבַּחַת, טַבָּחִית נ — female cook
טְבִילָה נ — dipping, immersion; baptism
טָבִין וּתְקִילִין — good money, cash
טְבִיעָה נ — stamping, imprinting, drowning
טָבַל (יִטְבּוֹל) פ — dip, immerse
טַבְלָה נ — table, plate
טַבְלִית נ — tablet
טָבַע (יִטְבַּע) פ — drown, sink; stamp

טֶבַע ז nature, Nature
טִבְעוֹנִי ת naturist
טִבְעִי ת natural
טִבְעִיּוּת נ naturalness
טִבְעִית תה״פ naturally, obviously
טַבַּעַת נ ring
טַבָּק ז tobacco
טֵבֵת ז Tevet (December-January)
טִגְרִיס ז tiger
טָהוֹר ת pure, untainted
טָהַר (יִטְהַר) פ become clean
טַהֲרָנוּת נ purism
טוּאטָא (יְטוּאטָא) פ be swept (with a broom)
טוֹב ת good, fair, fine; kind
טוֹב תה״פ well, good
טוֹב ז goodness, fairness
טוּב ז goodness, virtue
טוֹבָה נ favor, kindness, good deed
טוּבִים ז״ר goods
טוֹבְלָן ז plunger
טוּבַּע (יְטוּבַּע) פ be sunk, be drowned
טוֹבְעָנִי ת loose and yielding (sand, mud)
טוּגַּן (יְטוּגַּן) פ be fried
טוֹהַר (יְטוֹהַר) פ be cleansed; be purged
טוֹהַר ז purity; purification
טוֹהֳרָה, טָהֳרָה נ purity; purification
טָוָה (יִטְוֶה) פ spin
טוּוַּח (יְטוּוַּח) פ be ranged (gun, target)
טְוָח ז range

טַוָּס ז peacock
טְוִי ז fabric, cloth
טְוִיָּה נ spinning
טוּזִיג ז picnic, feast
טוֹחֵן ז miller
טוֹחֶנֶת נ molar (tooth)
טוּיַּח (יְטוּיַּח) פ be plastered, be coated
טוּיַּט (יְטוּיַּט) פ be written out in rough, be drafted
טוּלָּא (יְטוּלָּא) פ be patched
טוּלְטַל (יְטוּלְטַל) פ be moved about
טוּמָּא (יְטוּמָּא) פ be defiled
טוּמְאָה נ defilement, impurity
טוּמְטַם (יְטוּמְטַם) פ be made stupid, be besotted
טוּנַּף (יְטוּנַּף) פ be made filthy, be befouled
טוֹעֶה ת mistaken
טוֹעֵן ז claimant (legal)
טוֹעַן ז load; statement
טוֹפַח ז vetchling
טוּפַּח (יְטוּפַּח) פ be tended, be cherished
טוּפַּל (יְטוּפַּל) פ be burdened
טוֹפֶס ז copy, exemplar; form
טוּר ז column; progression; row
טוּרַאי ז private (soldier)
טוֹרְדָנִי ת worrying, vexing, troublesome
טוֹרַח ז bother, trouble
טוֹרֵף ת predatory, rapacious; carnivorous
טוֹרַף (יְטוֹרַף) פ be seized as prey; be confused, be deranged

טוּרפַּד (יְטוּרפַּד) פ	be torpedoed
טוּשְׁטַשׁ (יְטוּשְׁטַשׁ) פ	be blurred
טָח (יָטוּחַ) פ	plaster, smear
טַחַב ז	damp
טָחוּב ת	damp, moist
טְחוֹל ז	spleen
טָחוּן ת	ground, milled
טְחוֹרִים ז״ר	haemorrhoids, piles
טָחַן (יִטְחַן) פ	grind, mill
טֶחָן ז	miller
טַחֲנָה נ	mill
טִיב ז	quality, character
טִיבּוּעַ ז	sinking, drowning
טִיבֵּעַ (יְטַבֵּעַ) פ	sink, drown
טִיגּוּן ז	frying
טִיגֵּן (יְטַגֵּן) פ	fry
טִיהוּר ז	purification, purge
טִיהֵר (יְטַהֵר) פ	purify; purge
טִיוּב ז	improvement
טִיווּחַ ז	ranging, range-finding
טִיוֵּחַ (יְטַוֵּחַ) פ	range (guns), find the range
טִיוּחַ ז	plastering, coating
טְיוּטָה נ	rough draft
טִיוּל ז	excursion, trip; walk
טֵיוֹן ז	teapot
טְיוֹנֶת נ	alluvium, silt
טִיחַ ז	plaster
טִיט ז	clay, soil; mud
טִיֵּב (יְטַיֵּב) פ	improve
טִיֵּחַ (יְטַיֵּחַ) פ	plaster, coat
טַיָּח ז	plasterer
טִיֵּל (יְטַיֵּל) פ	go for a walk, go on an excursion
טַיֶּלֶת נ	walk, promenade
טַיָּס ז	pilot
טַיֶּסֶת נ	squadron; pilot (female)
טִיכֵּס (יְטַכֵּס) פ	arrange, organize
טִיל ז	rocket; missile
טִימֵּא (יְטַמֵּא) פ	defile, taint
טִין ז	silt, mud
טִינָא, טִינָה נ	grudge, resentment
טִינּוֹפֶת נ	filth, dirt
טִינֵּף (יְטַנֵּף) פ	make filthy, befoul
טַיִס ז	(airplane); flying, flight
טִיסָה נ	flight (by plane)
טִיסָן ז	flying model
טִיסַת שֶׂכֶר	charter flight
טִיפָּה נ	drop, drip
טִיפָּה מָרָה	strong drink
טִיפ־טִיפָּה	just a drop, just a spot
טִיפִּין־טִיפִּין	drop by drop, little by little
טִיפּוּחַ ז	fostering, tending
טִיפּוּל ז	care, attention, treatment
טִיפּוּסִי ת	typical, characteristic
טִיפֵּחַ (יְטַפֵּחַ) פ	foster, tend, care
טִיפֵּל (יְטַפֵּל) פ	look after, care for, take care of
טִיפֵּס (יְטַפֵּס) פ	climb, clamber
טִיפֵּשׁ ת	silly, stupid
טִיפְּשׁוּת נ	silliness
טִיפְּשִׁי ת	silly, foolish, doltish
טִירָה נ	palace; fortress
טִירוֹן ז	recruit; novice, beginner
טִירוֹנוּת נ	recruit service, novitiate
טֵירוּף ז	madness, insanity
טֶכְנַאי ז	technician
טַכְסִיס ז	tactic, device
טַל ז	dew

טְלַאי ז patch

טִלְגְרֵף (יְטַלְגְרֵף) פ telegraph, cable

טֶלֶגְרָפִית תה״פ by telegram, by cable

טָלֶה ז lamb

טָלוּא ת patched

טִלְוֵז (יְטַלְוֵז) פ televise

טָלוּל ת dewy, bedewed

טִלְטוּל ז moving about; wandering

טִלְטֵל (יְטַלְטֵל) פ move about

טַלְטֵלָה נ hurling, throwing

טַלִּיסְמָה נ talisman

טַלִּית נ praying-shawl

טְלָלִים ז״ר dew

טֶלֶף ז, טְלָפַיִם ז״ז hoof; hooves

טֶלֶפוֹנִית תה״פ by telephone

טִלְפֵּן (יְטַלְפֵּן) פ telephone

טֶלֶפַּתִית תה״פ telepathically

טָמֵא ת unclean, impure, defiled

טִמְטוּם ז dulling, stupefying; dullness

טִמְטֵם (יְטַמְטֵם) פ make stupid, dull the wits of

טִמְיוֹן ז royal treasury

טְמִיעָה נ assimilation, absorption

טָמִיר ת latent, concealed

טָמַן (יִטְמוֹן) פ hide, conceal

טֶנֶא ז basket (for fruit)

טַס ז tray; metal plate

טָס (יָטוּס) פ fly

טַסִּית נ small tray

טָעָה (יִטְעֶה) פ make a mistake, err

טָעוּן ת requiring, needing; charged

טְעוֹנֶת נ river-load

טָעוּת נ mistake, error

טְעִיָּה נ making a mistake, erring

טָעִים ת tasty, palatable

טְעִינָה נ loading, charging

טָעַם (יִטְעַם) פ taste

טַעַם ז taste, flavor; reason

טָעַן (יִטְעַן) פ load, charge

טַעֲנָה נ claim; argument

טַף ז small children

טְפוֹלֶת נ putty

טֶפַח ז span, handsbreadth

טָפַח (יִטְפַּח) פ slap, strike

טְפָחָה נ roof-beam, cross-beam

טִפְטוּף ז dripping, dropping

טִפְטֵף (יְטַפְטֵף) פ drip, drop

טַפְטֶפֶת נ dropper

טְפִי ז oil-can; dropping flask

טַפִּיל ז parasite

טַפִּילוּת נ parasitism

טְפִיפָה נ mincing walk

טָפַל (יִטְפּוֹל) פ stick, paste attach; smear

טָפֵל ת subsidiary, subordinate

טֶפֶל ז putty

טַפְסָן ז molder (in concrete)

טָפַף (יִטְפּוֹף) פ mince, trip

טִקְטוּק ז ticking (of a clock), tick

טִקְטֵק (יְטַקְטֵק) פ tick

טֶקֶס ז ceremony

טָרַד (יִטְרוֹד) פ banish, drive away

טִרְדָּה נ trouble, bother

טַרְדָן ז nuisance (person), bothersome

טַרְדָנִי ת troublesome, bothersome

טָרוּד ת preoccupied, busy

טָרוּט ת bleary

טְרוֹם תה״פ — before; pre-, ante-
טְרוֹמִי ת — prefabricated
טְרוּנְיָה נ — severity
טְרוֹפֶת נ — wreckage (of ship)
טַרְזָן ת, ז — foppish; fop
טָרַח (יִטְרַח) פ — take pains, exert oneself
טִרְחָה נ — bother, effort, trouble
טַרְחָן ז — nuisance
טִרְטוּר ז — clatter, rattle
טָרִי ת — fresh
טְרִידָה נ — drift
טְרִיּוּת נ — freshness
טְרִיז ז — wedge
טְרֵיפָה, טְרֵפָה נ — non-kosher food
טְרִיקָה נ — slamming
טְרִית נ — sardine

טִרְלֵל (יְטַרְלֵל) פ — trill; (slang) act crazy
טֶרֶם תה״פ — not yet; before
טָרַף (יִטְרוֹף) פ — tear to pieces, ravage; mix, shuffle (cards); confuse, scramble (eggs)
טֶרֶף ז — prey; food
טָרֵף ת — non-kosher
טִרְפֵּד (יְטַרְפֵּד) פ — torpedo
טַרְפֶּדֶת נ — torpedo-boat
טָרַק (יִטְרוֹק) פ — slam
טְרַקְלִין ז — salon, guest-room
טְרָשִׁים ז״ר — rocky ground
טָרֶשֶׁת הָעוֹרְקִים — sclerosis, hardening of the arteries
טִשְׁטֵשׁ (יְטַשְׁטֵשׁ) פ — blur, make indistinct

יָאֶה ת — seemly, fitting, proper
יְאוֹר ז — the Nile; river, lake
יָאוּת ת — right
יְבָבָה נ — whimper, whine
יְבוּא ז — import(s), importation
יְבוּאָן, יְבוּאָר ז — importer
יְבוּל ז — yield, crop
יְבוֹשֶׁת נ — dryness
יַבְחוּשׁ ז — gnat
יַבְּלִית נ — crab grass
יַבֶּלֶת נ — blister, corn

יָבָם ז — husband's brother
יָבֵשׁ (יִיבַשׁ) פ — be dry, be dried up
יָבֵשׁ ת — dry
יַבָּשָׁה נ — dry land
יְבֵשׁוּת נ — dryness, aridity
יַבֶּשֶׁת נ — continent; dry land
יַבַּשְׁתִּי ת — continental
יָגוֹן ז — distress, sorrow
יָגוֹר (יָגוּר) פ — fear, be afraid
יָגִיעַ ת — weary, tired
יְגִיעַ ז — toil, labor

יְגִיעָה נ toil, pains
יְגִיעַ כַּפַּיִם fruit of one's labors
יָגַע (יִיגַע) פ toil, labor, take pains; become weary
יָגֵעַ ת weary, tired out, exhausted; wearisome
יֶגַע ז toil, exertion; weariness, exhaustion
יָד נ (נ״ז יָדַיִם, נ״ר יָדַיִים, יָדוֹת) hand, arm; handle; memorial
יָדָה נ cuff
יָדָה (יִידֶה) פ cast, throw
יְדוֹנִית נ muff; handcuff
יָדוּעַ ת well-known, famous
יָדוּעַ לְשִׁמְצָה infamous
יָדִיד ז friend, close friend
יְדִידוּת נ friendship
יְדִידוּתִי ת friendly
יְדִיעָה נ information (item of), knowledge
יְדִיעוֹן ז bulletin, information sheet
יָדִית נ handle
יָדַע (יֵדַע) פ know
יֶדַע ז know-how; knowledge
יִדְעוֹנִי ז wizard
יַדְעָן ז erudite person
יֶדַע־עַם folklore
יָהּ ז God
יְהֵא will be
יְהָב ז charge, burden
יַהֲדוּת נ Judaism; Jewry
יְהוּדִי ז Jew
יָהִיר ת conceited, proud
יַהֲלוֹם ז diamond
יַהֲלוֹמָן ז diamond merchant; diamond polisher
יוּבָא (יְיוּבָא) פ be imported
יוֹבֵל ז jubilee, golden jubilee; anniversary
יוּבַל ז stream, brook
יוֹבֶשׁ ז dryness
יוּבַּשׁ (יְיוּבַּשׁ) פ be dried, be dried up
יוֹד ז iodine
יוֹדִית נ Yiddish (language)
יוּהַד (יְיוּהַד) פ be converted to Judaism, be Judaized
יוּהֲרָה נ arrogance, pride, conceit
יָוֵן ז mire, silt, mud
יוֹזֵם ז initiator
יוֹזְמָה נ initiative
יוּחַד (יְיוּחַד) פ be singled out, be set apart, be assigned
יוּחַל (יְיוּחַל) פ be hoped for, be awaited
יוּחַם (יְיוּחַם) פ be excited (sexually)
יוּחַס (יְיוּחַס) פ be attached, be ascribed, be attributed
יוּלַּד (יְיוּלַּד) פ be born
יוֹלֵדָה, יוֹלֶדֶת נ woman in confinement
יוֹם ז day; daylight
יוֹם הוּלֶּדֶת birthday
יוֹמוֹן ז daily newspaper
יוֹמִי ת daily
יוֹם־יוֹמִי, יוֹמְיוֹמִי ת daily; ordinary
יוֹם כִּיפּוּר Yom Kippur, Day of Atonement
יוֹמֵם ז commuter
יוֹמָם תה״פ by day, during the day
יוֹמָן ז diary, daily work-book

יוֹמָנַאי ז diarist; duty officer (in police station)
יוֹם רִאשׁוֹן, שֵׁנִי, שְׁלִישִׁי, רְבִיעִי, חֲמִישִׁי, שִׁישִׁי Sunday, Monday, Tuesday, Wednesday, Thursday, Friday
יוּמְרָה נ pretension
יוּמְרָנִי ת pretentious
יוֹן ז, יוֹנָה נ dove, pigeon
יוֹנֵק ז mammal
יוּעַד (יְיוּעַד) פ be assigned
יוּעַל (יְיוּעַל) פ be made efficient
יוֹעֵץ ז adviser, counsellor
יוּעַר (יְיוּעַר) פ be afforested
יוֹפִי ז beauty, fairness
יוּצָא (יְיוּצָא) פ be exported
יוֹצֵא צָבָא person liable for military service
יוּצַּב (יְיוּצַּב) פ be stabilized
יוּצַּג (יְיוּצַּג) פ be represented
יוֹצֵר ז creator
יוּצַּר (יְיוּצַּר) פ be manufactured
יוֹקֶר ז expensiveness
יוּקְרָה נ prestige
יוֹקֶשֶׁת נ minelayer
יוֹרֵד ז emigrant (from Israel)
יוֹרֶה ז first rain
יוֹרָה נ boiler
יוֹרַט (יְיוֹרַט) פ be intercepted
יוֹרֵשׁ ז heir
יוֹשֵׁב ז inhabitant
יוּשַּׁב (יְיוּשַּׁב) פ be settled
יוֹשְׁבֵי קְרָנוֹת loafers, layabouts
יוֹשֵׁב־רֹאשׁ chairman
יוֹשֶׁן ז oldness, antiquity

יוּשַּׁן (יְיוּשַּׁן) פ be aged, be made old
יוֹשֶׁר ז straightness; honesty, integrity
יוּשַּׁר (יְיוּשַּׁר) פ be straightened, be levelled
יוּתַּם (יְיוּתַּם) פ be orphaned
יוֹתֵר תה״פ more
יוֹתֶרֶת נ, יוֹתֶרֶת הַכָּבֵד the lobe of the liver
יָזוּם ת initiated, undertaken
״יִזְכּוֹר״ ז Memorial Service
יַזָּם ז initiator
יָזַם (יִיזוֹם) פ undertake, take the initiative
יֶזַע ז sweat, perspiration
יַחַד, יַחְדָּיו תה״פ together
יָחִיד ת only, single, sole; singular (grammar)
יְחִידָה נ unit
יְחִידוּת נ solitariness
יְחִידִי ת׳ ותה״פ sole, single
יְחִידָנִי ת individual
יָחַם (יֵיחַם) פ rut
יַחְמוּר ז fallow-deer, roebuck
יַחַס ז relation, proportion
יַחֲסָה נ case (grammar)
יַחֲסוּת, יַחֲסִיוּת נ relativity
יַחֲסִי ת relative, proportional
יַחֲסִית תה״פ relatively
יַחְסָן ז high-born person; haughty person
יָחֵף ת ותה״פ barefooted
יֵיאוּשׁ ז despair, hopelessness
יֵיאֵשׁ (יְיָאֵשׁ) פ drive to despair
יִיבֵּא (יְיַבֵּא) פ import

יִבֵּב (יַבֵּב) פ whine, whimper
יִבּוּא ז importing, importation
יִבּוּם ז levirate marriage
יִבּוּשׁ ז drying, draining
יִבֵּשׁ (יַבֵּשׁ) פ dry, drain
יִגֵּעַ (יַגֵּעַ) פ tire, weary
יִדָּה (יַדֵּה) פ throw
יִהֵד (יַהֵד) פ convert to Judaism
יִזּוּם ז initiating
יִחֵד (יַחֵד) פ assign, single out
יִחוּד ז setting apart
יִחוּדִי ת exclusive
יִחוּדִיּוּת נ exclusivenesss
יִחוּל ז hope, expectation
יִחוּם ז rut (in mammals), sexual excitation
יִחוּס ז lineage, distinguished birth; attaching, ascribing, attribution, connection
יִחוּר ז shoot (of tree)
יִחֵל (יַחֵל) פ hope for, await
יִחֵס (יַחֵס) פ attach, ascribe
יִלֵּד (יַלֵּד) פ assist in childbirth, act as midwife
יִלּוֹד ת born
יִלֵּל (יַלֵּל) פ mew (cat); howl, wail
יַיִן ז (ר׳ יֵינוֹת) wine
יִנּוּן ז ionization
יֵינִי ת vinous, winy
יֵינָן ז wine maker; wine merchant
יִסֵּד (יַסֵּד) פ found, establish
יִסּוּד ז founding, establishing
יִסּוּף ז revaluation
יִסּוּרִים ז״ר affliction, suffering, torment
יִסֵּר (יַסֵּר) פ chastise, torment
יִעֵד (יַעֵד) פ designate, assign
יִעוּד ז designation; destiny, appointed task
יִעוּל ז making (more) efficient
יִעוּץ ז counselling
יִעוּר ז afforestation
יִעֵל (יַעֵל) פ make efficient (or more efficient)
יִעֵץ (יַעֵץ) פ advise, counsel
יִעֵר (יַעֵר) פ afforest
יִפָּה (יַפֵּה) פ beautify, embellish
יִפּוּי ז beautification, embellishment
יִפּוּי־כֹּחַ authorization; power of attorney
יִצֵּא (יַצֵּא) פ export
יִצֵּב (יַצֵּב) פ stabilize
יִצֵּג (יַצֵּג) פ represent
יִצּוּא ז exporting
יִצּוּב ז stabilization, stabilizing
יִצּוּג ז representation
יִצּוּר ז production, manufacturing
יִצֵּר (יַצֵּר) פ produce, manufacture
יִקּוּר ז raising of price
יִקֵּר (יַקֵּר) פ make dearer, make more expensive
יֵרוּט ז interception (as of enemy airplane)
יֵרֵט (יַרֵט) פ intercept
יַי״שׁ spirits
יִשֵּׁב (יַשֵּׁב) פ settle; colonize; solve, clarify
יִשּׁוּב ז settlement; settled area

יִישּׂוּם ז	application
יִישּׁוּר ז	straightening, levelling
יִישֵּׂם (יְיַשֵּׂם) פ	apply
יִישֵּׁן (יְיַשֵּׁן) פ	put to sleep
יִישֵּׁר (יְיַשֵּׁר) פ	straighten
יִיתָּכֵן תה״פ	maybe, perhaps
יָכוֹל ת	able, capable
יָכוֹל (יוּכַל) פ	can, be able to
יְכוֹלֶת נ	ability, capability
יֶלֶד ז	child, small boy
יַלְדָּה נ	girl, small girl
יָלְדָה (תֵּלֵד) פ	give birth to, bear
יַלְדוּת נ	childhood
יַלְדוּתִי ת	childish
יָלוּד ז	child, babe
יְלוּד אִשָּׁה	mortal (born of woman)
יְלוּדָה נ	birth rate
יָלִיד ז	native, native-born
יְלָלָה נ	howl, wail
יֶלֶק ז	locust larva
יַלְקוּט ז	satchel, bag; anthology
יָם ז	sea, ocean
יַמָּאוּת נ	seamanship
יַמַּאי ז	sailor, seaman
יָמָּה תה״פ	westwards
יַמָּה נ	inland sea
יְמוֹת הַמָּשִׁיחַ	the Messianic Age
יַמִּי ת	of the sea, marine
יְמֵי הַבֵּינַיִים	the Middle Ages
יַמִּיָּה נ	navy, naval force
יָמִין ז	the right, the right hand, the Right (political)
יָמִינָה תה״פ	right, to the right
יְמִינִי ת	right
יְמֵי קֶדֶם	olden times
יַמְלוּחַ ז	nitraria
יְמָמָה נ	a day (24 hours)
יְמָנִי ת	right, right-hand
יַם סוּף	Red Sea
יָם תִּיכוֹן	Mediterranean Sea
יְנוּקָא ז	child
יְנִיקָה נ	suction, sucking
יָנַק (יִינַק) פ	suckle (baby), suck
יַנְקוּת נ	babyhood
יַנְקוּתָא נ	babyhood, childhood
יַנְשׁוּף ז	owl
יָסַד (יִיסַד) פ	found, establish
יִסּוּד ז	foundation, founding
יְסוֹד ז (ר׳ יְסוֹדוֹת)	basis, element; foundation
יְסוֹדִי ת	fundamental, basic
יְסוֹדִיּוּת נ	thoroughness
יָסַף (יוֹסִיף) פ	continue, go on; increase, add to
יָעַד (יִיעַד) פ	assign, designate
יַעַד ז	objective, goal, aim
יָעֶה ז	shovel
יָעוּד ת	designated, assigned
יָעִיל ת	effective, efficient
יְעִילוּת ת	efficiency, effectiveness
יָעֵל ז	mountain-goat
יָעֵן ז	ostrich
יַעַן, יַעַן אֲשֶׁר, יַעַן כִּי	because
יָעַץ (יִיעַץ) פ	advise
יַעַר ז	wood, forest
יַעֲרָה נ	honeycomb
יַעֲרָן ז	forester
יָפֶה ת	beautiful, fair, lovely
יָפֶה תה״פ	well, properly
יְפֵהפֶה, יְפֵיפֶה ת״ז	very handsome

יְפֵהפִיָּה, יְפֵיפִיָּה ת״נ very beautiful (woman)
יְפֵה־תֹּאַר handsome, comely
יְפֵיפוּת נ beauty, loveliness
יִפְעָה נ splendor
יָצָא (יֵיצֵא, יֵצֵא) פ emerge, come out, leave; go out
יַצְאָנִית נ prostitute
יִצְהָר ז fine oil
יְצוּא ז export(s)
יְצוּאָן, יְצוּאָר ז exporter
יָצוּל ז shaft
יָצוּעַ ז couch, bed
יָצוּק ת cast, poured
יְצוּר ז creature
יְצִיאָה נ emergence, coming out, going away
יַצִּיב ת stable, firm
יַצִּיבוּת נ stability, firmness
יָצִיעַ ז gallery, balcony
יְצִיקָה נ casting, pouring
יְצִיר ז creature
יְצִירָה נ creation; work of art
יָצַק (יִיצַק) פ cast, pour
יָצַר (יִיצוֹר) פ produce, create
יֵצֶר ז instinct; impulse, desire
יַצְרָן ז manufacturer
יֶקֶב ז winery, wine-cellar
יָקַד (יִיקַד) פ blaze, burn
יְקוֹד ז blaze, fire
יְקוּם ז nature (all created things); the world, the universe
יַקִינְתּוֹן ז hyacinth
יְקִיצָה נ awakening, waking up
יַקִּיר ת beloved, dearest
יָקַץ (יִיקַץ) פ awake, wake up
יָקַר (יִיקַר, יֵקַר) פ be dear, be precious
יָקָר ת dear, precious; costly
יְקָר ז honor, worthiness
יַקְרָן ז profiteer
יָרֵא (יִירָא) פ fear, be afraid of
יָרֵא ת fearful, afraid
יִרְאָה נ awe, fear
יְרֵא־שָׁמַיִם God-fearing
יָרַד (יֵרֵד) פ go down, come down; decline, deteriorate; emigrate (from Israel)
יַרְדָּה נ companionway
יָרָה (יִירֶה) פ fire, shoot
יָרוּד ת shabby, run-down
יָרוֹק ת green (lit. and fig.)
יְרוֹקָה נ green algae; chlorosis
יְרוֹק־עַד ת evergreen
יְרוּשָּׁה נ inheritance, legacy
יָרֵחַ ז moon
יֶרַח ז month (lunar)
יַרְחוֹן ז monthly (publication, review)
יַרְחִי ת lunar
יְרִי ז fire, firing
יָרִיב ז rival; adversary
יָרִיד ז market, fair
יְרִידָה נ descent, going down; decline, fall; emigration (from Israel)
יְרִיָּה נ firing, shooting, shot
יְרִיעָה נ length of cloth, tent-cloth, tent-canvas; curtain, hanging

spitting	יְרִיקָה נ
thigh; leg (of letter),	יָרֵךְ נ
end, outermost part	יְרֵכָה נ, יַרְכָתַיִים נ״ז
spit, expectorate	יָרַק (יִירַק) פ
greens, vegetables, greenstuff, greenery	יֶרֶק ז
vegetable; herbage, green plants	יָרָק ז
greengrocer	יַרְקָן ז
greenish	יְרַקְרַק ת
inherit, take possession of	יָרַשׁ (יִירַשׁ) פ
there is, there are	יֵשׁ תה״פ
existence, reality	יֵשׁ ז
sit, sit down; reside, dwell, live	יָשַׁב (יֵישֵׁב, יֵשֵׁב) פ
behind, buttocks	יַשְׁבָן ז
seated, sitting	יָשׁוּב ת
salvation	יְשׁוּעָה נ
being, existence	יֵשׁוּת נ
sitting; meeting, session; religious academy (Jewish)	יְשִׁיבָה נ
desert, waste	יְשִׁימוֹן ז
direct; non-stop (bus, train)	יָשִׁיר ת
directly	יְשִׁירוֹת תה״פ
old man	יָשִׁישׁ ז
sleep	יָשֵׁן, יָשַׁן (יִישַׁן) פ
old (not new)	יָשָׁן ת
she is, there is (feminine)	יֶשְׁנָהּ
he is, there is (masculine)	יֶשְׁנוֹ
salvation, deliverance	יֶשַׁע ז
jasper	יָשְׁפֵה ז
go straight; be straight	יָשַׁר (יִישַׁר) פ
straight, level; honest, upright	יָשָׁר ת
Israeli	יִשְׂרְאֵלִי ת
straightness; honesty	יַשְׁרוּת נ
directly, straight	יְשָׁרוֹת תה״פ
peg	יָתֵד ז
tongs	יַתּוּךְ ז
orphan	יָתוֹם ז
mosquito; gnat	יַתּוּשׁ ז
superfluous, excessive	יַתִּיר ת
orphanhood	יַתְמוּת נ
extra, more than usual	יָתֵר, יָתֵיר ת
the rest, the remainder; abundance, excess; string (of bow)	יֶתֶר ז
balance (financial)	יִתְרָה נ
advantage; profit, gain	יִתְרוֹן ז
appendix, lobe (anatomy)	יַתֶּרֶת נ

כ

כְּ־ כַּ־... — as, like; about
כָּאַב (יִכְאַב) פ — hurt, ache
כְּאֵב ז — pain, ache
כָּאוּב ת — painful
כְּאִילוּ תה״פ — as if
כָּאן תה״פ — here; now
כַּאֲשֶׁר — when, as
כַּבָּאוּת נ — fire-fighting
כַּבַּאי ז — fireman, fire-fighter
כָּבֵד (יִכְבַּד) פ — be heavy; be weighty
כָּבֵד ת — heavy, weighty; grave, serious
כָּבֵד ז — liver
כְּבֵדוּת נ — heaviness, weight
כָּבָה (יִכְבֶּה) פ — go out (fire, light)
כָּבוֹד ז — honor, respect
כְּבוּדָּה נ — property, baggage; load
כָּבוּי ת — extinguished
כָּבוּשׁ ת — conquered, subjugated; pickled
כְּבוּשִׁים ז״ר — preserves, pickles
כְּבִידָה נ — gravitation
כִּבְיָכוֹל תה״פ — so-called, as it were
כָּבִיס ת — washable
כְּבִיסָה נ — washing, laundering
כַּבִּיר ת — great, mighty
כְּבִישׁ ז — road, highway
כָּבַל (יִכְבּוֹל) פ — tie, chain, fetter
כֶּבֶל ז — chain, fetter; cable
כַּבְלִיל ז — cablet
כַּבְלִית נ — telpher, cableway
כַּבְלָר ז — (cable) jointer, splicer

כָּבַס (יִכְבּוֹס) פ — wash (clothes), launder
כְּבָסִים ז״ר — washing, laundry
כְּבָר תה״פ — already
כְּבָרָה נ — sieve
כִּבְרַת אֶרֶץ, כִּבְרַת אֲדָמָה, כִּבְרַת קַרְקַע — measure of distance; a small patch of land
כֶּבֶשׂ ז, כִּבְשָׂה נ — sheep
כֶּבֶשׁ ז — ramp, slope, gangplank
כָּבַשׁ (יִכְבּוֹשׁ) פ — conquer, subdue; subjugate
כִּבְשָׁן ז — furnace, kiln
כְּגוֹן תה״פ — such as, as for instance
כַּד ז — jar, pitcher, pot
כְּדָאִי, כְּדַאי, כְּדַיי ת, תה״פ — worth-while, "worth it"
כְּדָאִיּוּת נ — worthwhileness, profitableness
כִּדְבָעֵי תה״פ — properly
כַּדּוֹמֶה, וְכַדּוֹמֶה (וכד׳) — and such like, and so on
כַּדּוּר ז — ball; globe, sphere; bullet; pill
כַּדּוּרֶגֶל ז — football
כַּדּוּרִי ת — spherical, round, globular
כַּדּוּרְסַל ז — basketball
כַּדּוֹרֶת נ — bowling, bowls
כְּדֵי תה״פ — in order to; as much as
כַּדְכּוֹד ז — carbuncle, jacinth (jewel)
כִּדְלְהַלָּן, כִּלְהַלָּן תה״פ — as follows
כִּדְלְקַמָּן תה״פ — as follows

כְּדרוּר ז	dribbling (football, basketball)
כִּדרֵר (יְכַדרֵר) פ	dribble
כֹּה תה״פ	so, thus; here; now
כָּהָה (יִכהֶה)	grow dark; grow dim
כֵּהֶה ת	dark; dull, dim
כְּהוֹגֶן תה״פ	properly, decently
כָּהוּי ת	faint dim, dull
כְּהוּנָּה נ	priesthood; public office
כַּהֲלָכָה תה״פ	properly, thoroughly
כַּהֶלֶת נ	alcoholism
כָּהֵנָּה מ״ג	like them
כָּהֵנָּה וְכָהֵנָּה	many times as much
כְּהֶרֶף עַיִן	instantaneously
כּוֹאֵב ת	suffering, in pain
כּוֹבֶד ז	weight, heaviness
כּוּבַּד (יְכוּבַּד) פ	be honored, be treated with respect
כּוֹבֵס ז	laundryman
כּוּבַּס (יְכוּבַּס) פ	be washed (clothes)
כּוֹבַע ז	hat
כּוֹבָעִית נ	cap
כּוֹבְעָן ז	hat-maker; hat-merchant
כּוֹהֶל ז	alcohol
כּוֹהֳלִי ת	alcoholic
כּוֹהֵן, כֹּהֵן ז	priest
כּוֹוָה (יִכווֶה) פ	burn, scorch, scald
כַּוָּה נ	window, manhole
כְּווִייָה נ	burn (on skin), scald
כָּוִויץ ת	shrinkable
כּוּוַּן (יְכוּוַּן) פ	be directed, be aimed; be adjusted, be set (instrument etc)
כַּוָּונָה נ	intention, purpose
כִּוונוּן ז	adjustment, regulation
כַּוֶּונֶת נ	regulator (on machine)
כַּוֶּנֶת נ	sight (of a weapon)
כַּוֶּורֶת נ	hive, beehive
כּוֹזֵב ת	lying, false
כּוֹחַ ז	power, force
כּוֹחַ רָצוֹן	will-power
כּוּיַּר (יְכוּיַּר) פ	be modelled (in clay)
כּוּךְ ז	burial cave
כּוֹכָב ז	star; planet
כּוֹלֵל ת	including, inclusive
כּוֹמֶר ז	priest (Christian), parson
כּוּמתָּה נ	beret
כּוּנָּה (יְכוּנֶּה) פ	be named, be called; be nicknamed
כּוֹנֵן (יְכוֹנֵן) פ	found, set up
כּוֹנְנוּת נ	readiness, state of alert
כּוֹנָנִית נ	bookstand, rack of shelves
כּוֹנֶרֶת נ	viola
כּוֹס נ	glass, tumbler
כּוֹס ז	owl
כּוּסבָּר ז	coriander
כּוּסָּה (יְכוּסֶּה) ז	be covered
כּוֹסִייָה, כּוֹסִית נ	small glass
כּוּסֶּמֶת נ	spelt
כּוֹפֵל ז	multiplier (arithmetic)
כּוֹפֵף (יְכוֹפֵף) פ	bend
כּוֹפֵר ז	unbeliever, atheist; heretic
כּוֹפֶר ז	ransom
כּוּפַּר (יְכוּפַּר) פ	be expiated, be atoned for
כּוּפתָּה נ	dumpling
כּוּפתַּר (יְכוּפתַּר) פ	be buttoned up
כּוּר ז	smelting furnace, melting-pot
כּוּרבַּל (יְכוּרבַּל) פ	be wrapped up

necessity כּוֹרַח ז
bookbinder כּוֹרֵךְ ז
be bound (book) כּוֹרַךְ (יְכוֹרַךְ) פ
file, binder כּוֹרְכָן ז
winegrower, vinedresser כּוֹרֵם ז
armchair כּוּרְסָה נ
be gnawed, be nibbled כּוֹרְסַם (יְכוֹרְסַם) פ
be cut down, be hewn כּוֹרַת (יְכוֹרַת) פ
Ethiopian; negro כּוּשִׁי ת
feeble, helpless, failing; bungler כּוֹשֵׁל ת, ז
be enchanted, be bewitched כּוּשַּׁף (יְכוּשַּׁף) פ
fitness; capability, faculty כּוֹשֶׁר ז
shirt כּוּתּוֹנֶת, כְּתוֹנֶת נ
wall כּוֹתֶל ז
cotton כּוּתְנָה נ
epaulette כּוֹתֶפֶת נ
title (of book) כּוֹתָר ז
be encircled, be surrounded כּוּתַּר (יְכוּתַּר) פ
heading, headline; corolla כּוֹתֶרֶת נ
lie, falsehood כָּזָב ז
little, minute כְּזַיִת ז
spit, phlegm כָּח (יָכוּחַ) פ
blue כָּחוֹל ת
thin, lean כָּחוּשׁ ת
hawk, clear one's throat כִּחְכֵּחַ (יְכַחְכֵּחַ) פ
kohl, eye-shadow כַּחַל ז
roller (bird) כָּחָל ז
udder כְּחָל ז

bluish, light blue כְּחַלְחַל ת
become thin כָּחַשׁ (יִכְחַשׁ) פ
deceit, lies כַּחַשׁ ז
because, for; that כִּי מ״ח, תה״פ
properly, as is proper כַּיָאוּת תה״פ
ulcer כִּיב ז
honor כִּיבֵּד (יְכַבֵּד) פ
extinguish, put out כִּיבָּה (יְכַבֶּה) פ
honoring; respect כִּיבּוּד ז
extinguishing, putting out (fire, light) כִּיבּוּי ז
conquest, subjection כִּיבּוּשׁ ז
wash (clothes), launder כִּיבֵּס (יְכַבֵּס) פ
spear; bayonet כִּידוֹן ז
round, shape into a ball כִּידֵּר (יְכַדֵּר) פ
serve as a priest; hold office כִּיהֵן (יְכַהֵן) פ
direction; adjustment (of an instrument) כִּיוּוּן ז
direct, aim; adjust כִּיוּוֵּן (יְכַוֵּן) פ
since, because כֵּיוָן שֶׁ...
shrinking, contracting כִּיוּוּץ ז
shrink, contract כִּיוּוֵּץ (יְכַוֵּץ) פ
gauging, measuring כִּיוּל ז
now, nowadays כַּיּוֹם תה״פ
similar to him, his like, the like כַּיּוֹצֵא בּוֹ
sink, wash-basin כִּיּוֹר ז
modelling (in clay, plasticine) כִּיּוּר ז
plasticine כִּיּוֹרֶת נ
lie, mislead כִּיזֵּב (יְכַזֵּב) פ
phlegm כִּיחַ ז

כִּיחָה נ expectoration, coughing up (phlegm)
כִּיחוּד ז suppression, concealment
כִּיחֵשׁ (יְכַחֵשׁ) פ deny
כִּייֵל (יְכַייֵל) פ calibrate; gauge, measure
כִּייֵף (יְכַייֵף) פ (slang) enjoy oneself
כַּיָּס ז pickpocket
כִּייֵר (יְכַייֵר) פ model (in clay etc.)
כִּיכָּר נ circus, circle, square; loaf
כִּילָּה נ canopy (over a bed)
כִּילָּה (יְכַלֶּה) פ finish
כִּילַיי, כִּילַי ז skinflint, miser
כִּילָּיוֹן ז destruction, extermination
כֵּילָף ז adze
כִּימַאי ז chemist
כִּימִי ת chemical
כִּימִיָּה נ chemistry
כִּינָּה נ louse
כִּינָּה (יְכַנֶּה) פ name; nickname
כִּינּוּי ז name; nickname
כִּינּוּן ז founding, establishing
כִּינּוּס ז conference, convention
כִּינּוֹר ז violin
כִּינֶּמֶת נ pediculosis
כִּינֵּס (יְכַנֵּס) פ gather, collect
כִּיס ז pocket
כִּיסֵּא ז chair; throne
כִּיסָּה (יְכַסֶּה) פ cover; cover up
כִּיסּוּי ז cover; covering (act of)
כִּיסֵּחַ (יְכַסֵּחַ) פ clear (weeds and thorns), cut down
כִּיסָן ז stuffed pastry
כִּיעוּר ז ugliness
כִּיעֵר (יְכַעֵר) פ make ugly

כִּיפָּה נ dome, cupola; cap
כִּיפּוּף ז bending
כִּיפּוּר ו atonement, expiation
כִּיפֵּחַ ת very tall, long-legged
כִּיפֵּל (יְכַפֵּל) פ double, duplicate
כִּיפֵּר (יְכַפֵּר) פ expiate, atone for
כֵּיצַד תה״פ how
כִּירָה נ stove
כִּירַיִים נ״ז stove, cooking-stove
כִּישּׁוּף ז witchcraft
כִּישּׁוֹר ז distaff
כִּישּׁוּרִים ז״ר qualifications (for post etc.)
כִּישָּׁלוֹן ז failure; downfall
כִּישֵּׁף (יְכַשֵּׁף) פ bewitch
כִּיתָּה נ class; section; sect, faction
כִּיתּוּר ז encirclement, surrounding
כִּיתֵּף (יְכַתֵּף) פ shoulder, carry
כִּיתֵּר (יְכַתֵּר) פ encircle, surround
כִּיתֵּת (יְכַתֵּת) פ shatter, crush
כָּךְ תה״פ so, thus
כָּכָה תה״פ so, thus
כָּל, כּוֹל all, whole
כָּלָא (יִכְלָא) פ imprison, jail
כֶּלֶא ז prison, jail
כִּלְאַיִם ז״ז cross-breeding (animals), cross–fertilization (flowers)
כֶּלֶב ז dog
כֶּלֶב יָם seal
כְּלַבְלָב ז puppy, small dog
כַּלְבָן ז dog breeder
כֶּלֶב נָהָר (כֶּלֶב מַיִם) otter
כַּלֶּבֶת נ rabies, hydrophobia

כָּלָה (יִכְלֶה) פ end, come to an end
כַּלָּה נ bride, betrothed; daughter-in-law
כִּלְהַלָּן תה״פ as follows
כָּלוּא ת imprisoned, jailed
כְּלוּב ז cage
כָּלוּחַ ת obsolete, extinct
כָּלוּל ת included
כְּלוּלוֹת נ״ר engagement; wedding
כְּלוּם ז something; (after negative) nothing
כְּלוֹמַר תה״פ in other words, that is to say
כְּלוֹנָס ז stilt, pole
כֶּלַח ז obsolescence
כְּלִי ז tool, implement; utensil
כֵּלַי, כֵּלַיי ת stingy, mean
כַּלִּיא־בָּרָק lightning-arrester
כִּלְיָה נ kidney
כְּלָיָה נ destruction, annihilation
כְּלֵי זֶמֶר musical instruments; entertainers
כָּלִיל ת׳ תה״פ entire, total; entirely
כְּלִימָה נ shame, disgrace
כָּלִיף ז caliph
כְּלֵי קוֹדֶשׁ sacred objects; religious officials
כְּלֵי קֶשֶׁת string instruments
כִּלְכֵּל (יְכַלְכֵּל) פ maintain
כַּלְכָּלָה נ economics; economy
כַּלְכָּלָן ז economist
כָּלַל (יִכְלוֹל) פ include, comprise
כְּלָל ז rule
כְּלָלִי ת general; universal
כַּלָּנִית נ anemone
כְּלְעוּמַּת שֶׁ־ just as
כְּלַפֵּי תה״פ towards, in the direction of
כְּמדוּמֶה it seems
כְּמדוּמַנִי it seems to me
כַּמָּה תה״פ how many, how much; several
כָּמַהּ (יִכְמַהּ) פ pine, yearn
כָּמֵהַּ ת pining, yearning
כְּמֵהָה נ truffle (mushroom)
כְּמוֹ תה״פ like, as
כַּמּוּבָן of course
כְּמוֹ כֵן likewise
כַּמּוֹן ז cumin
כָּמוּס ת latent; hidden
כְּמוּסָה נ capsule
כְּמוּרָה נ clergy
כָּמוּשׁ ת withered, wrinkled
כְּמוֹת תה״פ as, like
כַּמּוּת נ quantity, amount
כַּמּוּתִי ת quantitative
כְּמטַחֲוֵי תה״פ within the range of
כְּמִיהָה נ languishing, yearning
כְּמִישָׁה נ withering, wrinkling
כִּמְעַט תה״פ almost, nearly
כָּמַשׁ (יִכמוֹשׁ) פ wither, wrinkle, shrivel
כֵּן תה״פ yes; so, thus
כֵּן ת truthful, right, honest
כַּן ז base, stand
כַּנָּה נ easel, stand
כְּנוּפְיָה נ gang, band
כֵּנוּת נ honesty, truthfulness
כִּנִּימָה נ insect-pest, plant-louse
כְּנִיסָה נ entry; entrance

כְּנִיעָה נ — surrender, yielding
כָּנַס (יִכנוֹס) פ — collect, assemble
כֶּנֶס ז — conference, congress
כְּנֵסִיָּה נ — church
כְּנֶסֶת נ — Knesset (Israel's parliament); gathering
כָּנָף נ — wing
כַּנָּר ז — violinist
כַּנִּראֶה תה״פ — apparently, it seems
כַּנָּרִית נ — canary
כִּסּוּי ז — cover, lid
כָּסוּף ת — silvered, silvery
כְּסוּת נ — covering, garment
כָּסַח (יִכסַח) פ — cut down, trim
כְּסָיָה נ — glove
כְּסִיחָה נ — cutting down (thorns), trimming
כְּסִיל ז — fool, dunce
כִּסכּוּס ז — scrubbing
כִּסכּוּסִים ז״ר — ground barley
כֶּסֶל ז — folly, stupidity
כִּסלֵיו ז — Kislev (Nov.–Dec.)
כֵּסנוֹחַ ז — easy chair, arm-chair
כֵּסנוֹעַ ז — rocking-chair
כָּסַס (יִכסוֹס) פ — gnaw, bite (nails)
כֶּסֶף ז — silver; money
כַּספִּי ת — financial, monetary
כַּספִּית נ — mercury
כַּסֶּפֶת נ — safe; cash register
כֶּסֶת נ — cushion, bolster; quilt
כָּעוּס ת — angry, irate
כָּעוּר ת — hideous, ugly
כְּעֵין תה״פ — a sort of, a kind of
כַּעַך ז — ring-shaped roll, "beigel"
כִּעכּוּעַ ז — coughing
כִּעכֵּעַ (יְכַעכֵּעַ) פ — cough
כָּעַס (יִכעַס) פ — be angry, rage
כַּעַס ז — anger, rage
כַּעֲסָן ז — irascible person
כַּף נ — palm (of hand); spoon
כֵּף ז — cape, headland; cliff, rock
כְּפַאי ז — (chess) zugzwang
כָּפָה (יִכפֶּה) פ — force, compel
כָּפוּי ת — compelled, forced
כְּפוּי טוֹבָה — ungrateful
כָּפוּל ת — double, multiplied
כָּפוּל וּמכוּפָּל — manifold
כָּפוּף ת — bent, bowed; subordinate
כְּפוֹר ז — frost
כָּפוּת ת — tied up
כְּפִי תה״פ — as, according to
כְּפִי הַנִּראֶה — apparently
כְּפִיָּה נ — compulsion, forcing
כְּפִיל ז — double, duplicate
כְּפִילוּת נ — duplication
כָּפִיס ז — rafter
כָּפִיף ת — bendable, flexible
כְּפִיפָה נ — bending, bowing; wicker-basket
כְּפִיפוּת נ — subordination
כְּפִיר ז — young lion
כְּפִירָה נ — denial; heresy; atheism
כַּפִּית נ — teaspoon
כְּפִיתָה נ — binding, tying up
כָּפַל (יִכפּוֹל) פ — double; multiply
כֶּפֶל ז — duplication, doubling; multiplication
כְּפָל ז — duplicate, second copy
כִּפלַיִים תה״פ — twice, doubly
כָּפָן ז — hunger, famine

כָּפַף (יִכְפּוֹף) פ bend; stoop
כֶּפֶף ז bend
כְּפָפָה נ glove
כָּפַר (יִכְפּוֹר) פ deny; disbelieve
כְּפָר ז village
כַּפָּרָה נ expiation, atonement
כַּפְרִי ת rural, rustic, village, country
כָּפַת (יִכְפּוֹת) פ truss, tie up
כַּפְתּוֹר ז button, stud; knob; capital (of pillar); bud
כִּפְתֵּר (יְכַפְתֵּר) פ button up
כַּר ז pillow; field, meadow
כָּרָאוּי תה"פ properly, fittingly
כַּרְבֹּלֶת נ cock's comb, crest
כָּרֶגַע תה"פ at the moment
כָּרָגִיל תה"פ as usual
כָּרָה (יִכְרֶה) פ dig up, dig a hole; mine
כְּרוּב ז cabbage; angel; cherub
כְּרוּבִית נ cauliflower
כְּרוּז ז proclamation
כָּרוֹז ז herald
כָּרוּי ת dug, dug up
כָּרוּךְ ת wrapped, bound (book), involved
כְּרוּכְיָה נ crane
כְּרוּכִית נ strudel
כָּרוּת ת cut down, cut off
כְּרָזָה נ placard
כַּרְטִיס ז ticket; card
כַּרְטִיסִיָּה נ card-index, card file; season ticket
כַּרְטִיסָן ז ticket-seller
כִּרְטֵס (יְכַרְטֵס) פ card-index

כַּרְטֶסֶת נ card-index, card catalogue
כְּרִייָה נ digging up, mining
כָּרִיךְ ז sandwich
כְּרִיכָה נ binding (book)
כְּרִיכִיָּה נ bookbindery
כְּרִיעָה נ kneeling
כָּרִישׁ ז shark
כָּרִית נ pillow, cushion
כְּרִיתָה נ cutting down; contracting (an alliance)
כְּרִיתוּת נ divorce
כָּרַךְ (יִכְרוֹךְ) פ wrap, bind; combine, tie together
כֶּרֶךְ ז volume (of a series)
כְּרַךְ ז city, large town
כַּרְכּוֹב ז rim, brim, cornice
כַּרְכּוֹם ז saffron
כִּרְכֵּר (יְכַרְכֵּר) פ dance in a circle, skip round
כִּרְכָּר ז spinning top
כִּרְכָּרָה נ cart
כַּרְכֶּשֶׁת נ large intestine, colon
כֶּרֶם ז vineyard
כָּרֵס, כֶּרֶס נ belly
כִּרְסוּם ז gnawing, nibbling; etching, serrating, milling
כַּרְסוֹם ז milling cutter
כַּרְסוֹמֶת נ milling machine
כִּרְסֵם (יְכַרְסֵם) פ gnaw, nibble; tooth (metal), serrate
כַּרְסְמָן ז rodent
כַּרְסְתָן ז big-bellied
כָּרַע (יִכְרַע) פ kneel
כֶּרַע ז leg (of chicken, small animal)

כַּרְפַּס ז celery
כֶּרֶץ ז thread-worm
כָּרַת (יִכְרוֹת) פ cut down, fell (tree), cut off
כַּרְתִּי ז leek; pale green
כַּשּׁוּרָה תה״פ properly, correctly
כְּשׁוּת נ hops (plant)
כַּשִּׁיל ז sledge-hammer
כְּשִׁירוּת נ qualification
כִּשְׁכֵּשׁ (יְכַשְׁכֵּשׁ) פ wag (tail), wiggle
כָּשַׁל (יִכְשַׁל) פ stumble; fail
כֶּשֶׁל ז failure, lapse
כְּשֵׁם שֶׁ... תה״פ as, just as
כְּשָׁפִים ז״ר magic
כָּשֵׁר ת fit, proper, legitimate; kosher
כִּשְׁרוֹן ז talent, aptitude
כִּשְׁרוֹנִי ת talented
כַּשְׁרוּת נ ritual fitness; fitness
כַּת נ sect; group
כָּתַב (יִכְתּוֹב) פ write
כְּתָב ז writing; handwriting
כַּתָּב ז correspondent (newspaper)
כַּתָּבָה נ despatch (of journalist), report
כְּתַב הַאֲמָנָה credentials
כִּתְבֵי קוֹדֶשׁ Holy Scripture
כַּתְבָנִית נ typist (female)
כְּתַב פְּלַסְתֵּר lampoon, libel
כָּתוּב ת written
כְּתוּבָּה נ marriage contract
כְּתוֹבֶת נ address (of letter); inscription
כָּתוֹם ת orange (color)
כְּתוֹשֶׁת נ pulp
כְּתִיב ז spelling
כְּתִיבָה נ writing
כְּתִיבוֹן ז spelling-book
כְּתִישָׁה נ pounding, crushing
כְּתִיתָה נ pounding, crushing
כֶּתֶם ז stain, blot
כָּתֵף נ shoulder
כַּתָּף ז porter
כְּתֵפָה נ shoulder strap, braces
כְּתֵפִיָּה נ cape, mantle
כֶּתֶר ז crown
כָּתַשׁ (יִכְתּוֹשׁ) פ pound, crush
כָּתַת (יָכוֹת) פ pound, hammer flat

ל

לְ... (לָ..., לַ..., לֶ..., לִ..., לֵ...)	to, towards, into
לא	not, no
לָאָה (יִלְאֶה) פ	fail; be weary
לָאו	no; negative
לָאו דַוְקָא	actually no; not necessarily
לְאוֹם ז	nation, people
לְאוּמִי ת	national; nationalist, patriotic
לְאוּמָנוּת נ	nationalism; chauvinism
לְאוּמָנִי ת	nationalistic; chauvinistic
לְאַט תה״פ	slowly, calmly
לא־יִצְלַח	good-for-nothing
לא כְלוּם	nothing
לְאַלְתַּר תה״פ	immediately
לֵאמוֹר תה״פ	as follows, in these words
לְאָן? תה״פ	where? where to?
לֵב ז	heart; mind, brain; core, center
לֵבָב ז	heart
לְבָבִי ת	hearty, cordial
לְבָבִיּוּת נ	heartiness, cordiality
לְבַד תה״פ	alone, by oneself
לֶבֶד ז	felt
לָבוּד ת	joined, glued together
לְבוֹנָה ת	frankincense
לְבוּשׁ ז	dress, attire
לָבוּשׁ ת	dressed, clothed
לֶבֶט ז	exertion, difficulty
לָבִיא ז	lion
לְבִיבָה נ	pancake
לָבִיד ז	sheet of plywood
לְבַל תה״פ	lest
לִבְלֵב (יְלַבְלֵב) פ	sprout, bud
לַבְלָב ז	pancreas
לַבְלָר ז	clerk
לָבָן ת	white
לֶבֶן ז	sour milk
לְבַנְבַּן ת	whitish
לְבָנָה נ	moon
לְבֵנָה נ	brick
לִבְנֶה ז	styrax
לִבְנָה נ	lymph
לַבְנוּן ז	bleak (fish)
לַבְנוּנִי ת	whitish
לַבְנוּנִית נ	whitenesss
לֶבֶּנִיָּה, לֶבֶּנִית נ	soured milk (enriched)
לְבָנִים ז״ר	underwear; bed-linen
לַבְנִין, לַבְנִין הַכְּרוּב ז	cabbage butterfly
לַבְקָן ת	albino
לַבְקָנוּת נ	albinism
לִבְרִית, לִיבְּרִית נ	libretto
לָבַשׁ (יִלְבַּשׁ) פ	put on, wear
לְגַבֵּי מ״י	concerning
לָגַז (יִלְגּוֹז) פ	stack (with a pitchfork)
לִגְיוֹן ז	legion
לְגִימָה נ	sipping, tasting (drink)
לָגִין ז	jar, jug

לִגְלֵג (יְלַגְלֵג) פ sneer, mock, scoff
לִגְלוּג ז sneering, mockery
לָגַם (יִלְגּוֹם) פ take a mouthful (of drink), gulp
לִגְמְרֵי תה״פ entirely, completely
לְדִידִי מ״ג for my part
לַהַב ז blade (of knife); flame; flash
לָהַב (יִלְהַב) פ flash, flame
לְהַבָּא תה״פ in future
לֶהָבָה נ flame
לַהֲבִיוֹר ז flame-thrower
לַהַג ז prattle, twaddle
לָהַג (יִלְהַג) פ prattle, talk nonsense
לַהֲדַ״ם it's completely false (initial letters of (לֹא הָיוּ דְבָרִים מֵעוֹלָם
לָהוּט ת eager, desirous
לָהַט (יִלְהַט) פ blaze, flame
לַהַט ז blaze, fierce heat
לַהֲטוּט ז conjuring trick
לַהֲטוּטָן ז conjurer
לָהִיט ז popular song, "hit"
לְהִיטוּת נ ardor; craving
לְהַלָּן תה״פ from then on; further on
לְהֶפֶךְ תה״פ on the contrary
לַהַק ז group (in air-force)
לַהֲקָה נ troupe (of artists); group, flight (of birds)
לְהִתְרָאוֹת! au revoir!
לוּא, לוּ מ״ח if; if only
לוֹבֶן ז whitenesss
לוּבַּן (יְלוּבַּן) פ be whitened, be bleached
לוּבְנָן ז sponge cake
לוֹהֵט ת blazing, burning
לְוַאי תה״פ if only..., would that...
לְוַאי ז adjunct (grammar); accompaniment
לֹוֶה ז borrower (of money)
לָוָה (יִלְוֶה) פ borrow (money)
לוּוָּה (יְלוּוֶּה) פ be accompanied; be escorted
לוֹיָה נ diadem, fillet
לְוָיָה נ escort, funeral
לַוְיָין ז satellite
לִוְיָתָן ז whale
לִוְיַת־חֵן ornament, decoration
לוּז ז almond; gland
לוּחַ ז board, plate; table (math.)
לוּחִית נ small board, tablet or plate
לוּחְלַח (יְלוּחְלַח) פ be moistened, be damped
לוֹחֵם ז fighter, warrior
לוֹחְמָה נ warfare, fighting
לוּחַ קִיר wall calendar
לוּט ת enclosed (in a letter)
לוּכְלַךְ (יְלוּכְלַךְ) פ be dirtied, be soiled
לוֹכְסָן ז stroke (between figures), oblique
לוּל ז hen-roost
לוּלֵא, לוּלֵי מ״ת if not for..., were it not that...
לוּלָאָה נ loop, tie
לוּלָב ז palm branch
לוּלָב ז bolt
לוּלְיָין ז acrobat
לוּלְיָינוּת נ acrobatics

לוּלְיָנִי ת	spiral
לוּלָן ז	poultry-keeper
לוֹעַ ז	mouth (of animal, volcano)
לוֹעֲזִי ת	foreign (not Hebrew)
לוֹעֲזִית נ	a foreign language
לוּקַט (יְלוּקַט) פ	be gleaned, be gathered
לַזְבֵּז ז	rim
לְזוּת נ	perverseness
לְזוּת שְׂפָתַיִם	slander, calumny
לֵחַ ז	moisture
לַח ת	damp, moist
לֵחָה נ	moisture
לְחוּד תה״פ	alone, separately
לָחוּץ ת	pressed
לַחוּת נ	dampness
לַחֲזוֹרִין תה״פ	by rotation
לְחִי, לֶחִי נ	cheek; jaw
לֶחִ״י	Lehi, the "Stern Group"
לְחַיִּים! מ״ק	your health! cheers!
לְחִימָה נ	fighting
לָחִין ת	tuneful, melodic
לְחִיץ ז	push-button
לְחִיצָה נ	pressing, urging
לְחִישָׁה נ	whispering
לַחְלוּחִי ת	slightly moist, dampish
לַחְלוּחִית נ	dampness; freshness
לַחֲלוּטִין תה״פ	absolutely, utterly, completely
לִחְלֵחַ (יְלַחְלֵחַ) פ	moisten, dampen
לָחַם (יִלְחַם) פ	fight, make war
לֶחֶם ז	bread
לַחְמָנִיָּה, לַחְמָנִית נ	roll (of bread)
לַחַן ז	tune, melody
לָחַץ (יִלְחַץ) פ	press; oppress
לַחַץ ז	pressure; oppression
לַחְצָנִית נ	press-stud
לָחַשׁ (יִלְחַשׁ) פ	whisper
לַחַשׁ ז	whisper
לַחְשָׁן ז	prompter (on stage)
לָט (יָלוּט) פ	wrap up, enwrap
לְטָאָה נ	lizard
לְטִיפָה נ	patting, caressing
לָטַשׁ (יִלְטוֹשׁ) פ	polish; sharpen
לִיבֵּב (יְלַבֵּב) פ	capture the heart, captivate
לִיבָּה (יְלַבֶּה) פ	set alight
לִיבָּה, לִבָּה נ	core, heart
לִיבּוּן ז	whitening, bleaching; clarifying
לִיבֵּן (יְלַבֵּן) פ	whiten, bleach; clarify
לִיבְּרִית נ	libretto
לְיַד מ״י	beside, by
לֵידָה, לֵדָה נ	birth
לִיוָּה (יְלַוֶּה) פ	accompany, escort
לִיוּוּי ז	accompaniment, escort
לִיחֵךְ (יְלַחֵךְ) פ	chew, graze
לִיטּוּף ז	caressing
לִיטּוּשׁ ז	polishing
לִיטֵּף (יְלַטֵּף) פ	caress
לִיטֵּשׁ (יְלַטֵּשׁ) פ	polish; improve
לִיכֵּד (יְלַכֵּד) פ	unite, combine
לִיכּוּד ז	uniting, combining
לַיִל, לֵיל, לַיְלָה ז	night
לֵילִי ת	nocturnal, nightly
לִילִית נ	owl; Lilith
לִילָךְ ז	lilac
לֵיל שַׁבָּת	Sabbath eve (Friday night)

לִימֵּד (יְלַמֵּד) פ teach, instruct

לִימּוּד ז teaching; study, learning

לִימוֹן ז lemon

לִינָה נ lodging, overnight stay

לִיפֵּף (יְלַפֵּף) פ swathe, wrap up

לִיפֵּת (יְלַפֵּת) פ flavor, make tasty

לֵיצָן ז clown, jester

לִיקּוּי ז blemish, defect; eclipse

לִיקֵּט (יְלַקֵּט) פ collect, gather, pick

לִיקֵּק (יְלַקֵּק) פ lick, lap

לַיִשׁ ז lion

לֵךְ ! go!

לְךָ מ״ג to you, for you, you (masc.)

לָךְ מ״ג to you, for you, you (fem.)

לִכְאוֹרָה תה״פ apparently, at first glance

לָכַד (יִלְכּוֹד) פ capture, take prisoner

לָכִיד ת coherent

לְכִידָה נ capture, seizure

לְכָל הַיּוֹתֵר תה״פ at most, at the most

לְכָל הַפָּחוֹת תה״פ at least

לִכְלוּךְ ז dirtying; dirt

לִכְלֵךְ (יְלַכְלֵךְ) פ dirty, soil

לַכְלְכָן ז dirty person

לָכֵן תה״פ accordingly, therefore

לִכְסֵן (יְלַכְסֵן) פ slant, turn aside

לֶכֶשׁ ז raffia

לְכַתְּחִילָּה תה״פ from the beginning, a priori

לְלֹא without

לָמַד (יִלְמַד) פ learn, study

לָמֵד ת taught, instructed

לְמַדַּיי תה״פ sufficiently; quite, considerably

לַמְדָן ז scholar, learned man

לַמְדָנוּת נ erudition

לָמָּה, לָמָה? תה״פ why? what for?

לָמִיד ת learnable; teachable

לְמִידָה נ learning

לְמַעֵט תה״פ with the exception of, except for

לְמַעְלָה, לְמַעְלָן תה״פ above, up

לְמַעַן תה״פ in order that, so that; for the sake of

לְמַעֲשֶׂה תה״פ actually, in fact

לְמַפְרֵעַ תה״פ retroactively

לַמְרוֹת תה״פ in spite of, despite

לְמָשָׁל תה״פ e.g., for example

לָן (יָלוּן, יָלִין) פ stay overnight

לָנוּ מ״ג to us, for us

לְסוּטָה נ blouse

לִסְטוּת נ robbery

לִסְטִים, לִסְטִיס ז robber

לִסְטֵם (יְלַסְטֵם) פ rob

לֶסֶת נ jaw

לָעַג (יִלְעַג) פ jeer at, mock

לַעַג ז jeering, mockery

לָעַד תה״פ for ever

לְעוֹלָם תה״פ for ever, eternally

לְעוֹלָם וָעֶד for ever and ever

לְעוּמַּת תה״פ in contrast with, as against

לָעוּס ת chewed, masticated

לַעַז ז slander; foreign language (not Hebrew)

לְעֵיל תה״פ above, supra (in a book)

לְעִיסָה נ chewing, mastication

לַעֲלַע (יְלַעֲלַע) פ — stutter, stammer
לַעֲנָה נ — wormwood; bitterness, gall
לָעַס (יִלְעַס) פ — chew, masticate
לְעֵרֶךְ תה״פ — about, approximately
לְעֵת תה״פ — at the time
לָפוּף ת — wrapped round, coiled round
לְפָחוֹת תה״פ — at least
לְפִי מ״י — according to
לַפִּיד ז — torch
לְפִיכָךְ מ״ח — therefore
לְפִיתָה נ — clasping, gripping
לִפְנוֹת תה״פ — just before
לִפְנֵי תה״פ — before (in time); in front of (in space)
לִפְנֵי הַסְּפִירָה — B.C.E., B.C.
לִפְנַי תה״פ — inside
לְפָנִים תה״פ — in the distant past; in front; forward
לִפְנִים תה״פ — inside
לִפְעָמִים תה״פ — sometimes
לָפַף (יִלְפּוֹף) פ — wrap round, swathe
לִפְרָקִים תה״פ — occasionally, sometimes
לָפַת (יִלְפּוֹת) פ — clasp, grip
לֶפֶת נ — turnip
לִפְתָּן ז — compote, stewed fruit
לְפֶתַע, לְפֶתַע פִּתְאוֹם — suddenly
לֵץ ז — joker, jester
לָצוֹן ז — fun, frivolity
לִצְמִיתוּת תה״פ — for good, permanently
לָקָה (יִלְקֶה) פ — be stricken
לָקוֹחַ ז — customer, client
לָקוּי ת — faulty, defective
לִקּוּת נ — defect, deficiency
לָקַח (יִקַּח) פ — take

לֶקַח ז — lesson, moral lesson
לָקַט (יִלְקוֹט) פ — gather; pick
לֶקֶט ז — gleanings; collection
לְקִיחָה נ — taking
לְקִיקָה נ — licking
לִקְלוּק ז — licking, lapping up
לִקְלֵק (יְלַקְלֵק) פ — lick, lap up
לְהַלָּן / לְקַמָּן תה״פ — further on, below
לָקַק (יָלוֹק) פ — lick, lap
לַקְקָן ז — sweet-tooth (person)
לִקְרַאת תה״פ — towards; for, in view of
לֶקֶשׁ ז — late crop
לָרִאשׁוֹנָה תה״פ — for the first time
לְרַבּוֹת תה״פ — including
לְרֶגֶל תה״פ — on account of, because of; on the occasion of
לָרוֹב תה״פ — generally, mostly; in plenty
לָרִיק תה״פ — in vain
לָשׁ (יָלוּשׁ) פ — knead
לְשַׁד ז — marrow (of bones); juice, fat; vigor, vitality
לָשׁוֹן נ — tongue; language
לְשׁוֹנַאי ז — linguist
לְשׁוֹן הַקּוֹדֶשׁ — the Hebrew language
לָשׁוֹן הָרַע — slander
לְשׁוֹנִי ת — linguistic, lingual
לִשְׁכָּה נ — office, bureau
לִשְׁלֶשֶׁת נ — poultry manure
לֶשֶׁם ז — ligure; opal
לְשֵׁם מ״י — for, for the sake of
לְשֶׁעָבַר תה״פ — formerly, previously; ex –, past
לְתוֹךְ — into
לֶתֶת ז — malt

מ

מ־ (מֵ־) from, of; more than
מַאֲבוּס ז feeding-trough
מַאֲבָק ז struggle, fight; anther
מַאֲגָר ז storage reservoir
מְאַגְרֵף ז trainer (boxing)
מַאֲדֶה ז evaporator ; carburettor
מַאְדִּים ז Mars
מֵאָה ש״מ hundred; century
מְאַהֵב ז suitor, lover
מַאֲהָל ז encampment
מְאוּבָּן ז fossil
מְאוּבָּק ת dusty, dust-covered
מְאוּגָּד ת associated
מְאוֹד תה״פ very
מְאוּדֶּה ת steamed
מְאוֹהָב ת in love, loving
מַאֲוַי ז, מַאֲוַיִּים ז״ר desire, longing
מְאַוְרֵר ז ventilator, fan (electric)
מְאוּוְרָר ת ventilated, aired
מְאוּזָּן ת horizontal; balanced
מְאוּחָד ת united
מְאוּחֶה ת united, joined together
מְאוּחְסָן ת stored, in storage
מְאוּחָר ת late
מְאוּיָּשׁ ת manned
מְאוּכְזָב ת disappointed
מְאוּכְלָס ת populated
מְאוּלָּף ת tamed, trained
מְאוּלָּץ ת compelled
מְאוּם, מְאוּמָה ז something; (colloquial) nothing
מְאוּמָּן ת trained

מְאוּמָּץ ת adopted; effortful
מְאוּמָּת ת verified, confirmed
מְאוּנָּךְ ת perpendicular
מְאוּנְקָל ת hooked, hook-shaped
מָאוּס ת repulsive, loathsome
מְאוּפְיָין ת characterized
מְאוּפָּל ת darkened; blacked-out
מְאוּפָּס ת zeroed (weapon)
מְאוּפָּק ת restrained
מְאוּפָּר ת made up (actor)
מְאוּצְבָּע ת digitate (botany)
מְאוּקְלָם ת acclimated
מָאוֹר ז light; source of light
מְאוּרְגָּן ת organized
מְאוּרָה נ den, lair
מְאוֹרָס ז fiancè, betrothed
מְאוֹרָע ז event, occurrence
מְאוּשָּׁר ת happy, content; confirmed
מְאוּשָּׁשׁ ת firm, steady
מְאוּתָּר ת localized
מְאוֹתֵת ז signaller
מַאֲזִין ז listener
מַאֲזָן ז balance sheet, balance
מֹאזְנַיִים ז״ז balance, scales
מַאֲחָז ז handle; hold
מַאֲחֵז ז paper clamp, paper clip
מְאַחֵר ת late, tardy; latecomer
מֵאַחַר שֶׁ־ תה״פ since
מַאי? מ״ג what? how?
מֵאִידָךְ, מֵאִידָךְ גִּיסָא on the other hand
מֵאֵימָתַי? תה״פ since when?

מֵאַיִן תה״פ whence, where from
מְאִיסָה נ repulsion, loathing
מְאִיץ ז accelerator
מֵאִית נ hundredth part
מַאֲכָל ז food; meal
מַאֲכֶלֶת נ slaughterer's knife
מְאַלְחֵשׁ ז anaesthetic; anaesthetist
מֵאֵלָיו מ״ג by itself, self-
מַאֲלֶמֶת נ binder (mechanical)
מְאַלֵּף ז trainer (of animals)
מְאַלֵּף ת instructive
מַאֲמִין ז believer
מְאַמֵּן ז trainer, instructor
מַאֲמָץ ז effort, exertion
מַאֲמָר ז article, essay; saying
מָאַס (יִמְאַס) פ loathe, despise
מְאַסֵּף ז rearguard; collection, anthology; slow (stopping) bus (or train)
מַאֲסָר ז imprisonment
מַאֲפֶה ז pastry
מַאֲפִיָּה נ bakery
מַאֲפֵרָה נ ash-tray
מַאֲרָב ז ambush
מְאַרְגֵּן ז organizer
מְאָרֵחַ ז host
מַאֲרֵךְ ז extension rod
מֵאֵת מ״י from; by (an author, composer etc.)
מָאתַיִם ש״מ two hundred
מַבְאִישׁ ת stinking, putrid, nauseating
מְבַדֵּד ז insulator
מִבְדּוֹק ז dry dock
מְבַדֵּחַ ת amusing, funny

מַבְהִיל ת frightening
מַבְהִיק ת shining, glowing
מָבוֹא ז entry, entrance; introduction
מְבוֹאָר ת explained, annotated
מְבוּגָּר ת adult
מְבוּדָּד ת insulated; isolated
מְבוּדָּח ת amused, merry
מְבוֹהָל ת hurried; frightened
מְבוּזְבָּז ת wasted, squandered
מְבוּטָּא ת pronounced, expressed
מְבוּטָּח ת insured
מְבוּטָּל ת inconsiderable, insignificant
מָבוֹי ז lane, alley
מְבוּיָּל ת stamped
מְבוּיָּם ת staged
מָבוֹי סָתוּם impasse
מְבוּיָּץ ת mixed with egg, coated with egg
מְבוּיָּשׁ ת shamed, ashamed
מְבוּיָּת ת domesticated
מָבוֹךְ ז maze, labyrinth
מְבוּכָה נ confusion, embarrassment
מַבּוּל ז flood, deluge
מְבוּלְבָּל ת confused, bewildered
מְבוּסָּם ת perfumed; tipsy
מְבוּסָּס ת established, well-based
מַבּוּעַ ז fountain, spring
מְבוּצָּע ת carried out, performed, executed
מְבוּצָּר ת fortified
מְבוּקָּר ת criticized; controlled
מְבוּקָּשׁ ת sought after, required
מְבוֹרָג ת unscrewed

מְבוֹרָךְ ת	blessed
מְבוּשִׁים ז״ר	genitalia, pudenda
מְבוּשָּׁל ת	cooked, boiled
מְבוּשָּׂם ת	scented, perfumed
מְבוּתָּר ת	dissected, cut up
מַבְזֵק ז	flash; salt-shaker
מִבַּחוּץ תה״פ	from outside, from without
מִבְחָן ז	test, examination
מַבְחֵנָה, מִבְחָנָה נ	test tube
מִבְחָר ז	selection; choice
מַבְחֵשׁ ז	ladle
מַבָּט, מֶבָּט ז	look, glance
מִבְטָא ז	accent, pronunciation
מִבְטָח ז	trust, confidence
מַבְטֵחַ ז	safety-fuse
מִבֵּין תה״פ	from among, from
מֵבִין ז	expert, adept, connoisseur
מְבִינוּת נ	expertise, knowledgeability
מֵבִישׁ ת	shameful
מִבַּיִת תה״פ	from within, from inside
מַבְלֵט ז	die
מִבְּלִי תה״פ	without
מַבְלִיג ת	restrained, controlled
מִבַּלְעֲדֵי מ	apart from, except
מִבְנֶה ז	structure, build
מַבָּע ז	utterance, expression
מִבַּעַד לְ־ תה״פ	through, from behind
מִבְּעוֹד תה״פ	while it is still...
מַבְעֵר ז	burner, torch (for welding)
מִבִּפְנִים תה״פ	from within
מְבַצֵּעַ ז	performer, executor
מִבְצָע ז	project, operation
מִבְצָר ז	fortress, castle
מְבַקֵּר ז	critic; inspector (of tickets); visitor
מְבַקֵּשׁ ז	applicant, supplicant
מִבְרָאָה נ	rest home, sanatorium
מִבְּרֵאשִׁית תה״פ	from the beginning
מַבְרֵג ז	screwdriver
מַבְרִיא ז	convalescent
מַבְרִיחַ ז	smuggler
מַבְרִיק ת	shining, brilliant
מִבְרָק ז	telegram
מִבְרָקָה נ	telegraph office
מִבְרֶשֶׁת נ	brush
מְבַשֵּׁל ז	cook
מְבַשֶּׁלֶת נ	cook (female)
מִבְשָׂמָה נ	perfumery
מְבַשֵּׂר ז	herald, forerunner
מִבְתָּר ז	cutting (railway); cut
מַגֵּב ז	wiper
מַגְבֵּהַ ז	jack
מִגְבּוֹל ז	range, gamut
מַגְבִּיר ת	strengthening
מַגְבִּיר־קוֹל	megaphone
מַגְבִּית נ	fund-drive, collection
מִגְבָּלָה נ	limitation, restriction
מִגְבָּע ז	top hat
מִגְבַּעַת נ	hat (with brim)
מַגְבֵּר ז	amplifier
מַגֶּבֶת נ	towel
מַגְדִּיר ז	definer
מִגְדָּל ז	tower
מִגְדַּלּוֹר ז	lighthouse
מַגְדֶּלֶת, זְכוּכִית מַגְדֶּלֶת	magnifying glass
מִגְדָּנִיָּה נ	pastry shop
מַגְהֵץ ז	pressing iron

מְגוֹב ז	rake
מְגוּבָּב ת	piled up, heaped
מְגוּבְנָן ת	hunchbacked, humped
מָגוֹד ז	clothes hanger
מְגוּדָּל ת	large, sizeable
מְגוּדָּר ת	fenced
מְגוֹהָץ ת	pressed, ironed
מְגוּוָּן ת	varied, diversified
מִגְוָן ז	range, range of colors
מְגוּחָךְ ת	ridiculous
מְגוּיָּס ת	mobilized
מְגוּלְגָּל ת	rolled up, rounded
מְגוּלֶּה ת	revealed, visible
מְגוּלְוָן ת	galvanized
מְגוּלָּח ת	shaven
מְגוֹלָל ת	rolled up
מְגוּלָּף ת	carved, engraved
מְגוּמְגָּם ת	stammered, faltering
מְגוּנְדָּר ת	dressed up, dandified
מְגוּנֶּה ת	nasty, indecent
מָגוֹף ז	gate valve, stop-cock
מְגוּפָה נ	plug, cap
מְגוּפָּר ת	sulphurized
מָגוֹר ז	terror, dread
מְגוּרִים ז״ר	living quarters
מִגְזָזַיִם ז״ז	shears
מִגְזָר ז	section
מַגְזֵרָה נ	board saw, frame saw
מִגְזָרַיִם ז״ז	wire-cutters
מַגִּיד ז	preacher
מַגִּיהַּ ז	proof-reader, corrector
מְגִילָּה נ	scroll, roll
מְגִינָּה נ	distress, sorrow
מָגִינּוֹר ז	lampshade
מַגִּיעַ ת	arriving, coming; deserved, merited
מַגִּישׁ ז	waiter, steward
מַגִּישָׁה נ	waitress, stewardess
מַגָּל ז	sickle, reaping-hook
מַגְלֵב ז	whip, lash
מַגְלוּל ז	tape measure
מַגְלֵחַ ז	razor, shaver
מַגְלֵף ז	engraving tool
מִגְלָפָה נ	engraver's workshop
מַגְלֵשׁ ז	skid (aeron.)
מִגְלָשׁ ז	runner (on sled)
מַגְלֵשָׁה נ	slide; toboggan
מִגְלָשַׁיִם ז״ז	skis
מְגַמְגֵּם ז	stutterer, stammerer
מְגַמָּה נ	aim, object, purpose; tendency
מְגַמָּתִי ת	tendentious
מָגֵן ז	shield
מָגֵן־דָּוִד	shield of David
מֵגֵן ז	defender; back (football)
מַגְנֵט ז	magnet
מִגְנֵט (יְמַגְנֵט) פ	magnetize
מִגְנָן ז	defence structure
מִגְנָנָה נ	defensive
מָגֵס ז	tureen
מַגָּע ז	touch, contact
מַגָּף ז	gum-boot, high boot
מַגֵּפָה נ	plague
מַגְפֵּר ז	sulfurator
מַגְרֵד ז	scraper; strigil
מְגֵרָה נ	drawer (of desk etc.)
מְגָרֶה ת	provocative; stimulating
מַגְרֵסָה נ	mill, grinder
מִגְרָע ז	groove
מִגְרָעָה נ	niche, recess

מִגְרַעַת נ	defect, fault
מַגְרֵעַת נ	fillister plane
מַגְרֵפָה נ	rake
מִגְרָרָה נ	sled, sledge
מִגְרֶרֶת נ	grater
מִגְרָשׁ ז	plot; pitch, playing-field
מַגָּשׁ ז	tray
מַגְשִׁים ז	realizer, embodier
מַד ז	measure, gauge
מִדְאָה נ	gliding-field
מַדְאוֹר ז	photometer, lightmeter
מַדְבֵּקָה נ	gummed label, sticker
מִדְבָּר ז	desert, wilderness
מִדְבָּרִי ת	desert
מִדְגָּם ז	sample, specimen
מַדְגֵּרָה נ	incubator
מַדְגֶּשֶׁם ז	rain-gauge
מָדַד (יָמוֹד) פ	measure, survey
מַדָּד ז	index
מַדַּד יוֹקֶר הַמִּחְיָה	cost of living index
מְדוּבְלָל ת	sparse, straggly
מַדְוֶה ז	affliction, ill
מַדּוּחַ ז	lure
מְדוּיָּק ת	exact, accurate
מְדוּכָּא ת	dejected, depressed
מְדוּכְדָּךְ ת	depressed, dejected
מְדוֹכָה נ	mortar; saddle
מְדוּלְדָּל ת	hanging loosely (limb)
מְדוּמְדָּם ת	dazed, stupefied
מְדוּמֶּה ת	imaginary; seeming
מָדוֹן ז	contention, quarrel
מַדּוּעַ תה"פ	why
מְדוּפְלָם ת	diplomaed, qualified
מָדוֹר ז	department, section
מְדוֹרָג ת	graded
מְדוּרָה נ	bonfire, fire
מַדְזָוִית ז	protractor
מַדְזְמַן ז	chronometer; stop-watch
מַדְזֶרֶם ז	ammeter, ampermeter
מַדְחוֹם ז	thermometer
מַדְחָן ז	parking meter
מַדְחֵס ז	compressor
מַדְחֵף ז	propeller
מִדֵּי תה"פ	whenever
מִדַּי, מִדַּאי, מִדַּיי תה"פ	than required, than enough
מָדִיד ת	measurable
מַדִּיד ז	gauge
מְדִידָה נ	measurement, surveying
מַדִּיחַ ז	seducer, enticer
מִדֵּי יוֹם בְּיוֹמוֹ	daily, every day
מַדִּים ז"ר	uniform, costume
מְדִינַאי ז	statesman, politician
מְדִינָה נ	state, country
מְדִינִי ת	political
מְדִינִיּוּת נ	politics, policy
מִדֵּי פַּעַם	sometimes
מְדַכֵּא ת	depressing, oppressive
מְדַכְדֵּךְ ת	depressing, distressing
מַדְלֶה ז	derrick, crane
מַדְלַחוּת, מַד־לַחוּת	hygrometer
מַדְלַחַץ, מַד־לַחַץ	manometer
מַדְלֵק ז	lighter, igniter
מְדַמֶּה ת	imaginative
מַד־מְהִירוּת	speedometer
מַדְמַיִם, מַד־מַיִם	water-meter
מַדְמֵנָה נ	dungpit
מְדָנִים ז"ר	quarrel, contention
מַדְנֶשֶׁם, מַד־נֶשֶׁם	spirometer

מְדַסְקֶסֶת נ	disc-harrow
מַדָּע ז	science; knowledge
מַדָּעִי ת	scientific
מַדְּעֵי הַחֶבְרָה	social sciences
מַדְּעֵי הַטֶּבַע	natural sciences
מַדְּעֵי הַיַּהֲדוּת	Jewish studies
מַדְּעֵי הָרוּחַ	humanities
מַדָּעָן ז, מַדְּעָן ז	scientist
מַדָּף ז	shelf
מַדְפִּיס ז	printer
מְדַקְדֵּק ז	grammarian; precise person, punctual person
מְדַקְלֵם ז	reciter
מַדְקֵר ז	awl
מַדְקֵרָה נ	stab, piercing
מֶדֶר ז	bevel
מְדַרְבֵּן ת	incentive, stimulating
מַדְרֵגָה נ	step; terrace
מַדְרוּחַ, מַד־רוּחַ	anemometer, wind-gauge
מִדְרוֹן ז	slope
מַדְרִיךְ ז	instructor, guide
מִדְרָךְ ז	footrest; tread
מִדְרָכָה נ	pavement, sidewalk
מִדְרָס ז	foot support
מִדְרָסָה נ	doormat
מַדְרַעַשׁ ז	seismograph
מִדְרָשׁ ז	study, learning; exposition
מִדְרָשָׁה נ	academy, college
מִדְרָשִׁי ת	midrashic, homiletic
מִדְשָׁאָה נ	lawn
מַדְשֶׁטַח, מַד־שֶׁטַח	planimeter
מַה, מָה, מֶה מ״ג, מ״ק	what; which?; a little
מְהַבְהֵב ת	flickering, glimmering
מְהַגֵּר ז	immigrant, emigrant
מַהֲדוּרָה נ	edition
מַהְדִּיר ז	editor, reviser
מְהַדֵּק ז	paper-clip
מַהוּ מ״ג	what is it? what is he?
מְהוּגָּן ת	decent, proper
מָהוֹד ז	sonator
מְהוּדָּק ת	tight, fastened
מְהוּדָּר ת	adorned, elegant
מְהוּהָ ת	shabby, tattered
מָהוּל ת	dilute(d), adulterated; circumcized (boy)
מְהוּלָּל ת	praised
מְהוּמָה נ	riot, confusion
מְהוּפְּנָט ת	hypnotized
מְהוּקְצָע ת	planed, smoothed
מְהוּרְהָר ת	pensive, thoughtful
מַהוּת נ	nature, character
מַהוּתִי ת	essential
מֵהֵיכָן תה״פ	where from? whence?
מְהִילָה נ	dilution, adulteration; circumcision
מְהֵימָן ת	reliable, trustworthy
מָהִיר ת	quick, fast
מְהִירוּת נ	rapidity, speed, velocity
מָהַל (יִמְהַל) פ	dilute, adulterate
מַהֲלוּמָה נ	blow, knock
מַהֲלָךְ ז	walking distance; walk, movement; move (as in chess), step; stroke (of engine)
מַהֲמוֹרָה נ	pit
מְהַנְדֵּס ז	engineer
מַהְפֵּכָה נ	revolution; overthrow
מַהְפְּכָן ז	revolutionary
מַהְפְּכָנִי ת	revolutionary

מְהַפְּנֵט ז — hypnotist

מַהֵר תה"פ — quickly, fast

מְהֵרָה תה"פ — quickly, fast

מַהֲתַלָּה נ — joke, jest

מוּאָר ת — lit, illuminated

מוּאֳרָךְ ת — lengthened

מוּאֳרָק ת — earthed (electricity)

מוּבָאָה נ — quotation

מוּבְדָּל ת — separated

מוּבְהָק ת — outstanding

מוּבְחָר ת — choice, selected

מוּבְטָח ת — promised, guaranteed

מוּבְטַחְנִי — I am certain

מוּבְטָל ת — unemployed, laid-off

מוֹבִיל ז — carrier, transporter, conduit (as of water)

מוּבָל ז — conduit, duct

מוּבְלָע ת — syncopated (letters), slurred over, elided

מוּבְלָעָה נ — enclave

מוּבָן ז — meaning, sense

מוּבָן ת — understood

מוּבָן מֵאֵלָיו — obvious, self-evident

מוּבָס ת — trounced, well-beaten

מוּבְרָח ת — smuggled

מוּג־לֵב — coward

מוּגְבָּל ת — limited, restricted

מוּגְבָּלוּת נ — (state of) being limited, paucity

מוּגְבָּר ת — strengthened, reinforced

מוּגְדָּל ת — enlarged, magnified

מוּגְדָּר ת — defined, classified

מוּגָּה ת — corrected, free from error

מוּגְזָם ת — exaggerated

מוּגְלָד ת — congealed

מוּגְלָה נ — pus

מוּגְלָתִי ת — purulent, suppurating

מוּגְמָר ז, ת — completed, finished

מוּגָן ת — defended, protected

מוּגְנַט (יְמוּגְנַט) פ — be magnetized

מוּגָף ת — closed, shut

מוּגַּר (יְמוּגַּר) פ — be defeated, be destroyed

מוּגָּשׁ ת — offered, presented

מוּגְשָׁם ת — realized; materialized

מוּדְאָג ת — worried, anxious

מוּדְגָּם ת — exemplified, demonstrated

מוּדְגָּשׁ ת — emphasized, stressed

מוֹדֵד ז — surveyor; index; measuring instrument

מוֹדֶה ת — thankful, grateful; admitting

מוּדָּח ת — expelled, dismissed

מוֹדִיעַ ז — announcer, informer

מוֹדִיעִין ז — information; intelligence

מוֹדָע ז — acquaintance, friend

מוּדָע ז — conscious mind

מוֹדָעָה נ — notice, announcement; advertisement

מוּדְפָּס ת — printed

מוּדְרָג ת — graded, graduated

מוּדְרָךְ ת — instructed, guided

מוֹהֵל ז — circumcizer

מוֹהַר ז — bride-price

מָוֶת — death

מוֹזֵג ז — barkeeper, bartender

מוּזַּג (יְמוּזַּג) פ — be blended, be combined

מוּזְהָב ת — gilded

מוּזֵיאוֹן ז museum
מוּזְכָּר ת mentioned, referred to
מוּזָל ת reduced (in price), cheaper
מוּזְמָן ת invited (people), ordered (goods)
מוּזְנָח ת neglected
מוּזָר ת strange, queer
מוֹחַ ז brain; brains, mind
מוּחְזָק ת held; supported
מוּחְזָר ת returned, restored
מוּחְכָּר ת leased, rented
מוּחְלָד ת rusty
מוּחְלָט ת absolute, definite
מוֹחֵק ז eraser, rubber
מוּחֳרָם ת boycotted; confiscated
מוּחֳרָת, מָחֳרָת תה״פ next day, the following day
מוּחֳרָתַיִם תה״פ the day after tomorrow
מוּחָשׁ ת concrete, tangible, perceptible
מוּחָשִׁי ת perceptible, tangible, real
מוֹט ז pole, rod, bar
מוּטָב תה״פ better
מוּטְבָּל ת immersed; baptized
מוֹטָה נ small yoke
מוֹטֵט (יְמוֹטֵט) פ shake, knock over
מוֹטֶטֶת נ linkage, assembly of rods in a machine
מוֹטִיּוֹת הַמִּשְׁקָפַיִם spectacle earpieces
מוֹטִית נ stick, short rod
מוּטָל ת imposed, inflicted; tossed, thrown
מוּטָל בְּסָפֵק in doubt
מוּטָס ת flown (by plane)
מוּטְעֶה ת mistaken, erroneous
מוּטְעָם ת stressed, accented
מוּטְרָד ת bothered, troubled
מוּיַּן (יְמוּיַּן) פ be sorted, be classified
מוֹךְ ז down (on birds, cheeks); cotton wool
מוּכֶּה ת beaten, smitten; sick, ill
מוּכְוָן ת set, adjusted, tuned
מוֹכָ״ז ז bearer (initial letters of מוֹסֵר כְּתָב זֶה)
מוּכָח ת proved, proven
מוּכְחָד ת destroyed, wiped out
מוֹכִיחַ ז reprover, rebuker, admonisher
מוּכַּן (יְמוּכַּן) פ be mechanized
מוּכָן ת ready, prepared
מוּכָן וּמְזוּמָּן ready and willing
מוּכְנָס ת brought in, inserted
מוֹכֵס ז customs-officer
מוֹכְסָן ז tax-gatherer, tax-collector
מוּכְסָף ת silver-plated
מוּכְפָּל ת doubled; multiplied
מוֹכֵר ז seller
מוּכָּר ת known, familiar
מוּכְרָח ת forced, obliged
מוּכְרָע ת determined; defeated
מוּכְשָׁר ת talented; koshered
מוּכְתָּב ת dictated
מוּכְתָּר ת, ז crowned; village chief
מוּל מ״י opposite, up against
מו״ל ז publisher
מוּלָּא (יְמוּלָּא) פ be filled, be stuffed
מוּלְאָם ת nationalized
מוֹלָד ז birth; new moon

מוֹלֶדֶת נ native land, homeland
מו״לוּת נ publishing
מוּלְחָם ת soldered
מוֹלִיד ז procreator, progenitor
מוֹלִיךְ ז conductor; leader
מוֹלִיכוּת נ conductivity, conductance
מוֹלֶךְ ז Moloch
מוּם ז disability, defect
מוּמְחֶה ת, ז expert, specialist
מוּמְחָז ת dramatized
מוּמְחָשׁ ת actualized, made perceptible
מוּמַּן (יְמוּמַּן) פ be financed
מוּמָס ת dissolved
מוּמָר ז apostate, convert (from Judaism)
מוּמַּשׁ (יְמוּמַּשׁ) פ be realized, be actualized
מוּמָת ת put to death, slain
מוֹנֶה ז numerator; meter
מוּנָּה (יְמוּנֶּה) פ be nominated, be appointed
מוּנְהָג ת led, directed
מוּנָּח ת, ז lying, resting, placed; term
מוּנְחֶה ת guided, directed
מוֹנִיטִין ז״ר reputation, fame
מוֹנִית נ taxi
מוֹנֵעַ ת preventive
מוּסָב ת endorsed (check etc)
מוּסְבָּר ת explained
מוּסְגָּר ת extradited, handed over
מוֹסָד ז (ר׳ מוֹסָדוֹת) institution, establishment

מוּסְוֶה ת camouflaged, disguised
מוּסָךְ ז garage
מוּסְכָּם ת agreed; accepted
מוּסְמָךְ ת authorized, qualified
מוּסָף ת additional, supplementary
מוּסָף ז addition, supplement
מוּסְפַּר (יְמוּסְפַּר) פ be numbered
מוּסָּק ת lit, heated
מוּסָר ז morals, ethics; reproof
מוֹסֵר ז informer, delator
מוּסְרָט ת filmed, screened
מוּסָרִי ת moral, ethical
מוּסָרִיּוּת נ morality, ethics
מוּסַר כְּלָיוֹת remorse
מוּסְתָּר ת hidden, concealed
מוּעֳבָר ת transferred, carried over
מוֹעֵד ז appointed time; festival
מוּעָד ת forewarned, cautioned; turned, set; notorious
מוֹעֲדוֹן ז club, club-house
מוּעָט ת few, scanty
מוֹעִיל ת useful, profitable
מוּעַךְ (יְמוּעַךְ) פ be squeezed, be squashed
מוּעֲמָד, מוֹעֲמָד ז candidate
מוּעֲמָדוּת נ candidature
מוּעַן (יְמוּעַן) פ be addressed (letter)
מוֹעָצָה נ council, board
מוֹעֶצֶת הַבִּיטָּחוֹן the Security Council
מוּעָקָה נ oppression, depression
מוּעֲשָׁר ת enriched
מוּפְלָא ת marvellous, wonderful
מוּפְלָג ת distant; distinguished; superlative
מוּפְלֶה ת set apart

מוּפְנֶה ת turned, set, directed
מוּפְנָם ת introvert; indented (typography)
מוּפְסָק ת interrupted, discontinued
מוֹפָע ז appearance; phase (electric)
מוּפְעָל ת set in motion, put into effect
מוּפָץ ת distributed, diffused
מוּפְצָץ ת bombed, bombarded
מוּפָק ת extracted, produced
מוּפְקָד ת deposited
מוּפְקָע ת requisitioned, expropriated; exorbitant
מוּפְקָר ת licentious
מוּפְרָד ת separated; disjointed
מוּפְרֶה ת fertilized, impregnated
מוּפְרָז ת exaggerated, overdone
מוּפְרָךְ ת refuted, groundless
מוּפְרָע ת mentally disturbed
מוּפְרָעוּת נ mental disturbance
מוּפְשָׁט ת abstract
מוּפְשָׁל ת thrown back, rolled up (sleeves)
מוּפְשָׁר ת thawed, unfrozen
מוֹפֵת ז model, exemplar; proof
מוֹפְתִי ת exemplary, model
מוּפְתָּע ת surprised
מוֹץ ז chaff
מוֹצָא ז exit, outlet; source, origin
מוּצָא ת taken out
מוֹצָאֵי שַׁבָּת end of Sabbath, Saturday night
מוּצָב ת set, placed
מוּצָב ז position (military)
מוּצָג ז exhibit
מוּצְדָק ת justified
מוּצָה (יְמוּצֶה) פ be drained; be exhausted
מוּצְהָר ת affirmed, declared
מוֹצִיא ת taking out, bringing out
מוֹצִיא לְאוֹר, מו״ל publisher
מוּצַל ת shaded
מוּצָל ת saved, rescued
מוּצְלָח ת successful
מוּצְנָע ת concealed, hidden
מוּצָע ת proposed, suggested; made (bed)
מוּצָף ת flooded
מוּצָק ת solid
מוּצָר ז product
מוֹקֵד ז focus
מוּקְדָם ת early
מוּקְדָשׁ ת dedicated
מוּקְטָן ת reduced, diminished
מוּקְיוֹן ז clown, jester
מוֹקִיר ז admirer, one who appreciates
מוּקְלָט ת recorded
מוּקָם ת erected, set up
מוּקְסָם ת fascinated, charmed
מוּקָע ת censured, blamed
מוּקָף ת surrounded, encircled
מוּקְפָּא ת frozen
מוּקְצֶה ת assigned, set apart
מוּקְרָשׁ ת congealed, solidified
מוֹקֵשׁ ז mine
מוּקַשׁ (יְמוּקַשׁ) פ be mined
מוֹר ז myrrh
מוֹרָא ז awe, dread

מוּרְאָה נ gizzard, crop
מוּרְגָּשׁ ת felt, sensed
מוֹרָד ז descent, slope
מוֹרֵד ז rebel, mutineer
מוּרָד ת turned down, lowered
מוּרְדָּף ת persecuted
מוֹרֶה ת rebellious
מוֹרֶה ז teacher
מוֹרֵה־דֶרֶךְ guide; guide-book
מוּרְחָב ת enlarged, expanded
מוּרְכָּב ת composed (of), consisting (of); complex
מוֹרֶךְ לֵב timidity, faint-heartedness
מוּרָם ת raised, elevated
מוּרְסָה נ abscess
מוּרְעָל ת poisoned, poisonous
מוּרָק ת emptied, vacated
מוֹרַק (יְמוֹרַק) פ be scoured, be polished
מוּרְקָב ת rotten, decayed
מוֹרָשָׁה, מוֹרֶשֶׁת נ inheritance; heritage
מוּרְשֶׁה ז deputy, delegate
מוּרְשׁוֹן ז parliament
מוּרְשָׁע ת convicted
מוּרְתָּח ת boiled; infuriated
מוֹרַת רוּחַ displeasure
מוּשָׂא ז object (grammar)
מוּשְׁאָל ת lent; figurative
מוֹשָׁב ז seat; session; residence, cooperative village
מוּשָׁב ת returned, restored
מוֹשָׁבָה נ colony; large village
מוּשְׁבָּע ת sworn in, sworn; confirmed

מוּשְׁבָּת ת laid-off (worker); stopped (work)
מוּשָּׂג ז idea, concept
מוּשְׁזָר ת interwoven, intertwined
מוּשְׁחָז ת sharpened, whetted
מוּשְׁחָל ת threaded
מוּשְׁחָר ת blackened
מוּשְׁחָת ת corrupt
מוֹשִׁיעַ ז savior, deliverer
מוֹשְׁכוֹת נ״ר reins
מוּשְׂכָּל ז idea, concept
מוּשְׂכָּל רִאשׁוֹן axiom, first principle
מוּשְׁכַּן (יְמוּשְׁכַּן) פ be mortgaged, be pawned
מוּשְׂכָּר ת let, hired
מוֹשֵׁל ז governor
מוּשְׁלָם ת perfect, complete
מוּשְׁמָד ת destroyed, annihilated
מוּשְׁמָץ ת slandered, defamed
מוּשְׁפָּל ת humiliated
מוּשְׁפָּע ת influenced, affected
מוּשְׁקֶה ת irrigated, watered
מוּשְׁרָשׁ ת rooted
מוּתְאָם ת adapted, fitted
מוּתְנֶה ת conditioned
מוֹתְנַיִם ז״ר loins; waist
מוֹתֶק ז sweetness; (slang) "honey"
מוּתָּר ת permitted
מוֹתָר ז remainder
מוֹתָרוֹת ז״ר luxuries
מוֹתֵת (יְמוֹתֵת) פ put to death
מִזְבֵּחַ ז altar
מִזְבָּלָה נ manure-heap
מֶזֶג ז blend, mixture; temperament, disposition

מָזַג (יִמְזוֹג) פ — pour out (drink)
מֶזֶג אֲוִויר — weather
מִזְגָג ז — stained glass window
מִזְגָגָה נ — glass factory
מַזֶּה ז — sprinkler
מַזְהִיר ת — shining; cautionary, warning
מְזוּבָּל ת — manured, fertilized
מָזוּג ת — blended; poured out
מְזוּגָּג ת — fitted with glass
מְזוּהֶה ת — identified
מְזוֹהָם ת — infected (wound); contaminated, filthy
מְזוּוָג ת — coupled, paired
מִזְוָד ז — kitbag
מִזְוָדָה נ — valise
מְזָוֶה ז — storehouse, granary
מַזְוִית נ — bevel
מְזוּזָה נ — doorpost; mezuza
מְזוּיָּן ת — armed; (slang) "done"
מְזוּיָּף ת — forged, fake, counterfeit
מְזוּכָּךְ ת — cleansed, purified
מְזוּמָּן ת, ז — ready (money), cash
מָזוֹן ז — food
מְזוּעְזָע ת — shocked, shaken
מְזוּפָּת ת — (slang) "lousy"; tarred
מְזוּקָּן ת — bearded
מְזוּקָּק ת — refined, purified
מָזוֹר ז — wound; remedy; bandage
מְזוֹרָז ת — accelerated
מֵזַח ז — pier, jetty
מִזְחֶלֶת נ — sled, sleigh
מְזִיגָה נ — blending, mixing
מֵזִיד ת — malicious, wilful
מְזַיֵּף ז — forger, counterfeiter

מְזִמָּה נ — scheme, evil intent, plot
מֵזִין ת — nourishing
מַזִּיק ז, ת — damager; harmful
מַזְכִּיר ז — secretary
מַזְכִּירוּת נ — secretariat, secretary's office
מַזְכֶּרֶת נ — souvenir, reminder
מַזָּל ז — luck, good luck
מַזְלֵג ז — fork
מַזְלְגָן ז — fork-lift operator
מַזְלֵף ז — spray
מִזְמוּז ז — necking, petting; softening
מִזְמוּט ז — amusement, frolic
מִזְמוֹר ז — song, psalm
מִזְמֵז (יְמַזְמֵז) פ — neck, pet; soften
מִזְּמַן תה"פ — long ago
מַזְמֵרָה נ — pruning-shears
מִזְנוֹן ז — bar, buffet; kitchen cabinet
מַזְנֵק ז — spout; jot branch (aeron.)
מְזַעְזֵעַ ת — shocking, appalling
מִזְעָר תה"פ — a little, a trifle
מִזְרָח ז — east
מִזְרָחִי ת — east, eastern, oriental
מִזְרְחָן ז — orientalist
מִזְרָן ז — mattress
מַזְרֵעָה נ — sowing machine
מַזְרֵק ז — injector, syringe
מַזְרֵקָה נ — fountain (ornamental)
מָחָא (יִמְחָא) פ — clap together
מְחָאָה, מֶחָאָה נ — protest, objection
מַחֲבוֹא ז — hiding-place
מַחֲבוֹשׁ ז — detention
מַחְבֵּט ז — carpet-beater; racquet
מְחַבֵּל ת, ז — sabotaging; saboteur
מַחְבֵּצָה נ — churn

מְחַבֵּר ז author
מַחְבֵּר ז joint (carpentry)
מַחְבָּר ז joint (machinery)
מַחְבֶּרֶת נ exercise-book, copy-book
מַחֲבַת נ frying-pan, pan
מֵחַד, מֵחַד גִּיסָא on the one hand
מַחְדֵּד, מְחַדֵּד ז pencil-sharpener
מֶחְדָּל ז omission; neglect
מְחַדֵּשׁ ז innovator; renewer
מָחָה (יִמְחֶה) פ wipe; erase; protest
מְחוּבָּר ת connected, joined
מָחוֹג ז pointer, hand (on watch)
מְחוּגָה נ pair of compasses, calipers
מְחוּדָּד ת pointed; sharp
מְחוּדָּשׁ ת renewed, restored
מַחֲוֶה ז pointer
מֶחְוָה נ gesture
מַחֲוָן ז indicator
מְחוּוָּר ת elucidated, clarified
מָחוֹז ז district, region
מְחוּזָּק ת strengthened
מְחוּטָּא ת disinfected
מְחוּיָּב ת obliged, bound
מְחוּיָּל ת enlisted
מָחוֹך ז corset
מְחוּכָּם ת clever, cunning
מָחוּל ת forgiven
מָחוֹל ז dance
מְחוֹלִית נ St. Vitus dance
מְחוֹלֵל ז dancer; performer; generator
מְחוּלָּק ת divided; dividend (arithmetic)
מְחוּמָּם ת heated
מְחוּמְצָן ת oxidized
מְחוּמָּשׁ ת fivefold; pentagon
מְחוּנָּךְ ת educated
מְחוֹנָן ת gifted
מְחוּסָּל ת eliminated, liquidated
מְחוּסָּן ת immune, immunized
מְחוּסְפָּס ת rough, uneven
מְחוּסָּר ת lacking (in), devoid of
מְחוּפָּשׂ ת disguised, in fancy dress
מְחוּצָּף ת impertinent, rude, insolent
מְחוֹקֵק ז legislator
מְחוּרְבָּן ת (slang) "lousy"
מְחוֹרָז ת threaded; rhymed
מֵחוֹשׁ, מֵחוּשׁ ז ache
מָחוֹשׁ ז feeler, antenna
מְחוּשָּׁל ת forged, steeled
מְחוּשְׁמָל ת electrified
מְחוּתָּן ז relation by marriage, in-law
מַחֲזַאי ז playwright, dramatist
מַחֲזֶה ז play, drama; sight, spectacle
מַחֲזוֹר ז cycle (lunar, solar), period; series; turnover; year, class; festival prayer-book
מַחֲזוֹרִיּוּת נ periodicity, recurrence
מַחֲזִירוֹר ז reflector
מַחֲזֶמֶר ז "musical"
מַחֲזֵק ז holder, handle
מְחַזֵּר ת suitor, wooer
מָחַט (יִמְחוֹט) פ blow (nose); trim (candle, lamp)
מַחַט נ needle, pin
מַחְטָנִי ת needle-shaped, coniferous
מְחִי ז blow, smack

מְחִיאוֹת כַּפַּיִם applause, hand-clapping
מִחְיָה נ subsistence
מְחַיֵּב ת obliging, binding
מְחִילָה נ pardon, forgiveness
מְחִיצָה נ partition
מְחִיקָה נ erasure, deletion
מְחִיר ז price, cost
מְחִירוֹן ז tariff, price-list
מְחִית נ purée
מַחְכִּיר ז lessor
מָחַל (יִמְחוֹל, יִמְחַל) פ forgive
מַחְלָבָה נ dairy
מַחֲלָה נ disease, illness
מַחֲלוֹקֶת נ disagreement, dispute
מַחֲלִים ת convalescent
מַחֲלִיקַיִים ז״ז skates
מַחְלָפָה נ plait (of hair)
מַחְלֵץ ז cork-screw
מַחֲלָצוֹת נ״ר festive costume
מַחְלָקָה נ department; class; platoon
מַחְמָאָה נ compliment
מַחְמֵאָה נ butterdish
מַחְמָד ז darling
מַחְמִיר ז strict person, martinet
מֵחֲמַת תה״פ because of, on account of
מַחֲנָאוּת נ campcraft, camping lore
מַחֲנֶה ז camp, encampment
מַחֲנֵה רִיכּוּז concentration camp
מְחַנֵּךְ ז educator, teacher
מַחֲנָק ז strangulation, suffocation
מַחְסֶה ז shelter, refuge
מַחְסוֹם ז muzzle; roadblock
מַחְסוֹר ז shortage, lack

מַחְסָן ז store, warehouse
מַחְסְנַאי ז storekeeper, storeman
מַחְסָנִית נ magazine (on rifle, etc.)
מְחַסֵּר ז subtracter, detractor
מַחְפּוֹרֶת נ trench (military), dugout
מַחְפִּיר ת shameful, disgraceful
מַחְפֵּר ז digger (machine)
מָחַץ (יִמְחַץ) פ smite, crush
מַחַץ ז severe wound, blow
מַחְצָבָה נ quarry
מֶחֱצָה נ half
מֶחֱצָה עַל מֶחֱצָה fifty-fifty
מַחֲצִית נ half
מַחְצֶלֶת נ straw matting
מְחַצְצֵר ז trumpeter, bugler
מָחַק (יִמְחַק, יִמְחוֹק) פ erase, rub out
מַחַק ז eraser, rubber
מְחַקֶּה ז imitator
מֶחְקָר ז research
מָחָר תה״פ tomorrow
מַחֲרָאָה נ lavatory
מַחֲרוֹזֶת נ necklace; series, chain
מְחַרְחֵר ז trouble-maker
מַחֲרֵטָה נ lathe
מַחֲרִיב ז destroyer
מַחֲרִיד ז terrible, horrible
מַחֲרִישׁ ת deafening
מַחֲרֵשָׁה נ plough
מַחְשֵׁב ז computer
מַחֲשָׁבָה נ thought, thinking
מַחְשׂוֹף ז neck-line, open neck
מַחְשָׁךְ ז darkness
מְחַשְׁמֵל ת electrifying
מַחְתָּה נ censer, fire-pan
מַחְתֵּךְ ז cutter (for metal)

מַחְתֵּכָה נ	bread-cutter
מַחְתֶּרֶת נ	underground
מָט (יָמוּט) פ	totter, shake
מַט ז	mate (chess)
מַטְאֲטֵא ז	broom
מְטַאטֵא ז	sweeper, cleaner
מִטְבָּח ז	kitchen
מִטְבַּח ז	slaughter, massacre
מִטְבָּחַיִם ז״ז	slaughterhouse
מַטְבִּיל ז	baptizer, dipper
מַטְבֵּעַ ז	coin; type, form
מִטְבָּעָה נ	mint
מַטֶּה ז	walking-stick; staff
מַטָּה תה״פ	down, downwards
מְטוּאטָא ת	swept, cleaned
מְטוּגָּן ת	fried
מְטוֹהָר ת	purified
מַטְוֶה ז	yarn, spun yarn
מִטְוָח ז	range, rifle-range
מַטְוִויָּה נ	spinning-mill, spinnery
מְטוּטֶלֶת נ	pendulum
מְטוּיָּח ת	plastered
מַטּוֹל ז	projector (film)
מְטוּלָּא ת	patched
מְטוּמָּא ת	defiled, unclean (ritually)
מְטוּמְטָם ת	stupid; imbecile
מְטוּנָּף ת	filthy, dirty
מָטוֹס ז	plane, airplane
מְטוּפָּח ת	tended, nurtured; well-groomed
מְטוּפָּשׁ ת	silly, foolish
מְטוֹרָף ת	crazy, mad, insane
מְטוּרְפָּד ת	torpedoed
מְטוּשְׁטָשׁ ת	blurred, unclear
מַטָּח ז	salvo
מִטְחֲוֶוה ז	range
מַטְחֵנָה נ	mincer, mincing-machine
מֵטִיב, מֵיטִיב ת, ז	beneficent; benefactor
מְטַיֵּיל ז	walker, rambler
מְטִיל ז	bar (of metal)
מַטִּיף ז	preacher
מַטְלִית נ	rag, duster
מַטְמוֹן ז	treasure
מַטָּע ז	plantation
מַטְעֶה ת	delusive, deceptive
מִטַּעַם תה״פ	on behalf of; under the auspices of
מַטְעַמִּים ז״ר	delicatessen, sweetmeats
מִטְעָן ז	load, freight; charge
מַטְפֶּה ז	fire-extinguisher
מִטְפַּחַת נ	headscarf; handkerchief
מְטַפְטֵף ז	dropper
מְטַפֵּל ז	attendant
מְטַפֶּלֶת נ	nursemaid, day nurse
מְטַפֵּס ז	creeper, climber
מָטָר ז	rain, shower
מִטְרָד ז	nuisance; (naut.) drift
מַטָּרָה נ	purpose, aim; target
מִטְרִיָּה נ	umbrella
מַטְרֵף ז	egg-beater, whisk
מִי מ״ג	who? whoever, anyone
מֵיאוּן ז	refusal
מִיאוּס ז	loathing, abhorrence
מֵיאֵן (יְמָאֵן) פ	refuse, repudiate
מֵי בּוֹשֶׂם	perfume
מִיגּוּל ז	infection (with pus)
מִיגּוּר ז	overcoming, defeat
מִיגֵּל (יְמַגֵּל) פ	infect (with pus)

מִיגֵּר (יְמַגֵּר) פ overwhelm, defeat; knock-out (boxing)
מִיגָּשָׁה נ wharf
מִידַּבֵּק ת infectious
מִידָּה נ measure, extent
מִידּוּעַ ז scientification
מִידֵי מ״י from
מִיָּדִי ת immediate
מֵידָע ז information, knowledge
מִיהוּ who is he?
מִיהוּת נ identity
מִיהֵר (יְמַהֵר) פ hurry, hasten
מְיוֹאָשׁ ת desperate
מְיוּבָּשׁ ת dried
מְיוּגָּע ת exhausted
מְיוּדָּד ת friendly
מְיוּדָּע ת friend, acquaintance; (grammar) marked as definite
מְיוּזָּע ת sweaty, perspiring
מְיוּחָד ת special, particular
מְיוּחָל ת long-awaited, expected
מְיוּחָס ת of good family; attributed, ascribed
מְיוּמָּן ת skilled
מְיוּמָּנוּת נ skill
מִיּוּן ז sorting, classification
מַיוֹנִית נ mayonnaise
מְיוּעָד ת intended, designated
מְיוּפֶּה ת beautified; empowered
מְיוּפֵּה כּוֹחַ commissioned, empowered
מְיוּצָּא ת exported
מְיוּצָּג ת represented
מְיוּצָּר ת produced, manufactured
מְיוּשָּׁב ת calm, sedate

מְיוּשָּׁן ת sleepy; ancient, antique
מְיוּשָּׁר ת straightened
מְיוּתָּם ת orphaned
מְיוּתָּר ת redundant, superfluous
מִיזֵּג (יְמַזֵּג) פ blend
מִיחָה (יְמַחֶה) פ protest; wipe clean
מִיחוּשׁ ז ache, pain
מֵיחַם ז samovar
מֵיטָב ז the best
מִיטָּה נ bed, couch
מֵיטִיב ז benefactor
מִיטַּלְטֵל ת portable, movable
מִיטַּלְטְלִים ז״ר movables
מְיַיגֵּעַ ת tiring
מִיָּד, מִיַּד תה״פ immediately
מִיָּדִי, מִיַּדִי ת immediate, instant
מְיַילֶּדֶת נ midwife
מִיֵּין (יְמַיֵּין) פ sort, classify
מְיַיסֵּד ז founder
מִיכּוּן ז mechanization
מֵיכָל, מְכָל ז container, tank (oil)
מֵיכָלִית נ oil-tanker
מִיכֵּן (יְמַכֵּן) פ mechanize
מֵילָא מ״ק never mind, so be it
מִילֵּא (יְמַלֵּא) פ fill
מִילָה נ circumcision
מִילּוּי ז packing, stuffing, filling
מִילּוּי מָקוֹם substitution
מִילּוּלִי ת verbal
מִילּוֹן ז dictionary
מִילוֹן ז melon
מִילּוֹנוּת נ lexicography
מִילֵּט (יְמַלֵּט) פ deliver, save
מִילִּית, מִלִּית נ particle (grammar)
מִילֵּל (יְמַלֵּל) פ speak, mouth

מַיִם ז״ר	water
מֵימָה נ	hydroxide
מִימּוּן ז	financing
מִימּוּשׁ ז	realization
מֵימִי ת	watery
מֵימִיָּה נ	water-bottle
מִימֵּן (יְמַמֵּן) פ	finance
מֵימָן ז	hydrogen
מִימְסָד ר׳ מִמְסָד	
מֵימְרָה נ	saying, maxim
מִימֵּשׁ (יְמַמֵּשׁ) פ	realize
מִין ז	kind, sort; sex
מִינָּה (יְמַנֶּה) פ	appoint, nominate
מִינּוּחַ ז	terminology
מִינּוּי ז	appointment
מִינּוּן ז	dosage
מִינוּת נ	heresy
מִינִי ת	sexual
מִינֵּן (יְמַנֵּן) פ	dispense, apportion
מֵינֶקֶת נ	wet nurse
מִיסָּה נ	mass (Catholic)
מִיסּוּי ז	taxation
מִיעוּט ז	minority
מִיעֵט (יְמַעֵט) פ	reduce, lessen
מִיעֵן (יְמָעֵן) פ	address (a letter)
מִיפּוּי ז	mapping
מִיץ ז	juice
מִיצָּה (יְמַצֶּה) פ	drain; exhaust
מִיצּוּי ז	exhausting, extraction
מִיצּוּעַ ז	averaging
מִיקֵּד (יְמַקֵּד) פ	focus
מִיקּוּד ז	focussing; coding
מִיקּוּחַ ז	bargaining, haggling
מִיקּוּם ז	location, siting
מִיקּוּשׁ ז	mine-laying
מִיקָּח ז	purchase, buying
מִיקֵּם (יְמַקֵּם) פ	locate, site
מִיקֵּשׁ (יְמַקֵּשׁ) פ	lay mines, mine
מֵירַב, מֵרַב ז	maximum
מֵירַבִּי, מְרַבִּי ת	maximal
מֵירוּט ז	polishing, burnishing
מֵירוֹץ, מֵרוֹץ ז	race; racing
מֵירַק (יְמָרֵק) פ	scour, polish
מֵירֵר (יְמָרֵר) פ	embitter
מֵי שׁוֹפְכִין	sewage water
מִישׁוֹר ז	plane; plain, flat land
מִישֵּׁשׁ (יְמַשֵּׁשׁ) פ	feel, grope
מִיתֵּג (יְמַתֵּג) פ	switch
מֵיתָד ז	dowel
מִיתָה נ	death
מִיתּוּן ז	moderation
מֵיתָר ז	string, chord
מַכְאוֹב ז	pain, suffering
מַכְאִיב ת	painful, hurtful
מִכָּאן תה״פ	hence, from here
מְכַבֶּה ז	extinguisher
מְכַבֵּה־אֵשׁ	fireman
מַכְבֵּנָה נ	hair-pin
מִכְבָּסָה נ	laundry
מַכְבֵּשׁ ז	press, roller
מַכָּה נ	hit, blow
מְכוּבָּד ת	honored, respected
מְכוּדָּן ת	armed with a bayonet
מַכְוֵון ז	tuner, regulator
מְכוּוָּן ת	aimed, directed
מְכוּוָּנוּת נ	orientation
מְכוּוָּץ ת	shrunk, contracted
מִכְוֶורֶת נ	apiary
מְכוּלָה נ	container
מַכּוֹלֶת נ	grocery

מָכוֹן ז	institute
מְכוֹנָאוּת נ	mechanical engineering
מְכוֹנַאי ז	machinist, mechanic
מְכוֹנָה נ	machine
מְכוֹנִית נ	automobile, car
מְכוּסֶּה ת	covered
מְכוֹעָר ת	ugly, repulsive
מָכוּר ת	sold
מְכוּרְבָּל ת	wrapped up
מְכוֹרָה נ	native land
מְכוֹרָךְ ת	bound (book)
מַכּוֹשׁ ז	pick, pick-axe
מַכּוֹשִׁית נ	xylophone
מִכְחוֹל ז	artist's paint-brush
מִכֵּיוָן תה״פ	since, seeing that
מֵכִיל ת	containing
מְכִינָה נ	preparatory course
מַכִּיר ז	acquaintance, friend
מְכִירָה נ	selling, sale
מִכְלָאָה נ	fold, pen
מִכְלוֹל ז	sum total, totality
מִכְלָל ז	perfection; encyclopaedia
מִכְלָלָה נ	university
מִכָּל מָקוֹם	in any case, anyway
מַכָּ״ם ז	radar
מִכְמוֹרֶת נ	fishing-net
מִכְמָן ז, מִכְמַנִּים ז״ר	treasure(s)
מְכַנֶּה ז	denominator
מַכְנִיס ת	profitable, producing income
מִכְנָסַיִים ז״ז	trousers; drawers
מֶכֶס ז	customs, duty
מִכְסָה נ	norm, quota
מִכְסֶה ז	cover, lid
מַכְסֵחָה נ	lawn-mower
מַכְסִיף ת	silvery
מְכָעֵר ת	making ugly
מַכְפִּיל ז	duplicator, multiplier
מִכְפָּל ז	multiple
מַכְפֵּלָה נ	product
מָכַר (יִמְכּוֹר) פ	sell; hand over
מַכָּר ז	acquaintance
מִכְרֶה ז	mine
מִכְרָז ז	tender (for a contract), announcement (of a job)
מַכְרִיז ז	announcer; auctioneer
מַכְרִיעַ ת	decisive
מְכַרְסֵם ז, ת	rodent; gnawing
מְכַרְסֶמֶת נ	milling machine
מִכְשׁוֹל ז	obstacle
מַכְשִׁיר ז	instrument, tool
מַכְשִׁירָן ז	instrument mechanic
מַכְשֵׁלָה נ	obstacle; mess
מְכַשֵּׁף ז	wizard, sorcerer
מְכַשֵּׁפָה נ	witch
מִכְתָּב ז	letter
מַכְתֵּבָה, מִכְתָּבָה נ	writing-desk
מִכְתָּם ז	epigram
מַכְתֵּשׁ ז	mortar (tool)
מַכַּת שֶׁמֶשׁ	sunstroke
מָל (יָמוּל) פ	circumcize
מָלֵא (יִמְלָא) פ	be full
מָלֵא ת	full
מְלַאי ז	stock
מַלְאָךְ ז	angel; messenger
מְלָאכָה נ	work; craft
מַלְאֲכוּת נ	mission
מְלָאכוּתִי ת	artificial
מְלֶאכֶת־יָד	handicraft
מְלַבֵּב ת	heart-warming

in addition to, besides	מִלְּבַד מ״ח
dress, clothing	מַלְבּוּשׁ ז
rectangle	מַלְבֵּן ז
scholarship, award	מִלְגָּה נ
pitchfork	מַלְגֵּז ז
word	מִלָּה נ
word for word	מִלָּה בְּמִלָּה
fullness, full measure	מְלוֹא ז
whitened, white-hot	מְלוּבָּן ת
clothed, dressed	מְלוּבָּשׁ ת
moneylender	מַלְוֶה ז
loan	מַלְוֶה ז, מִלְוָה נ
escort; accompanist	מְלַוֶּה ז
salty	מָלוּחַ ת
polished	מְלוּטָּשׁ ת
combined, united	מְלוּכָּד ת
kingdom, kingship	מְלוּכָה נ
dirty	מְלוּכְלָךְ ת
monarchic	מְלוּכָנִי ת
oblique, slanting, skew	מְלוּכְסָן ת
scholar, learned man	מְלוּמָּד ת
hotel	מָלוֹן, בֵּית־מָלוֹן ז
hotel management	מְלוֹנָאוּת נ
kennel (for dogs)	מְלוּנָה נ
kneading-trough	מָלוֹשׁ ז
salt	מֶלַח ז
seaman, sailor	מַלָּח ז
salt lands, desert	מְלֵחָה נ
composer	מַלְחִין ז
licker	מְלַחֵךְ ז
toady, lickspittle	מְלַחֵךְ פִּינְכָּא
soldering iron	מַלְחֵם ז
war	מִלְחָמָה נ
warlike, militant	מִלְחַמְתִּי ת
pinchcock	מַלְחֵץ ז

vice, jaw-vice	מֶלְחָצַיִם ז״ז
saltpetre	מְלַחַת נ
mortar; cement	מֶלֶט ז
diamond-polishing workshop	מִלְטָשָׁה נ
stuffed vegetable	מָלִיא ז
plenum	מְלִיאָה נ
salt herring	מָלִיחַ ז
salinity	מְלִיחוּת נ
dumpling	מְלִיל ז
interpreter; advocate; rhetorician	מֵלִיץ ז
figure of speech	מְלִיצָה נ
flowery, rhetorical	מְלִיצִי ת
stuffing, filling	מְלִית נ
reign, be king	מָלַךְ (יִמְלוֹךְ) פ
king, sovereign	מֶלֶךְ ז
queen	מַלְכָּה נ
trap, snare	מַלְכּוֹדֶת נ
kingdom	מַלְכוּת נ
regal, royal, sovereign	מַלְכוּתִי ת
from the first, from the beginning	מִלְּכַתְּחִילָּה תה״פ
talk; chatter	מֶלֶל ז
border, hem, seam	מְלָל ז
goad	מַלְמָד ז
teacher, tutor	מְלַמֵּד ז
mumbling, muttering	מִלְמוּל ז
from below	מִלְּמַטָּה תה״פ
mumble, mutter	מִלְמֵל (יְמַלְמֵל) פ
muslin, fine cloth	מַלְמָלָה נ
accented on the penultimate syllable	מִלְּעֵיל תה״פ
awn, husk	מַלְעָן ז
cucumber	מְלָפְפוֹן ז

מֶלְצַר ז	waiter, steward
מָלַק (יִמְלוֹק) פ	pinch off (a fowl's head)
מַלְקוֹחַ ז	booty, plunder
מַלְקוֹשׁ ז	last rain
מַלְקוּת, מַלְקוֹת נ	flogging, lashing
מֶלְקָחַיִים ז״ז	tongs, pincers
מֶלְקַחַת נ	pliers
מַלְקֶטֶת נ	tweezers, pincers
מִלְּרַע תה״פ	accented on the final syllable
מַלְשִׁין ז	informer
מִלַּת הַגּוּף	pronoun
מֶלְתָּחָה נ	cloakroom, wardrobe
מִלַּת חִיבּוּר	conjunction
מִלַּת יַחַס	preposition
מַלְתָּעָה נ	tooth (of a beast of prey)
מִלַּת קִישּׁוּר	conjunction
מִלַּת קְרִיאָה	interjection
מַמְאִיר ת	malignant
מַמְגּוּרָה נ	silo, granary
מֵמַד ז	dimension
מַמְדֵּד ז	measuring instrument
מְמַדִּי ת	dimensional
מְמוּגָּל ת	infected (with pus)
מְמוּזָּג ת	temperate, moderate
מְמוּיָּן ת	sorted, classified
מְמוּכָּן ת	mechanized
מִמּוּל תה״פ	opposite
מְמוּלָּא ת	stuffed, filled
מְמוּלָּח ת	salty; sharp
מְמוּמָּן ת	financed
מָמוֹן ז	money, Mammon
מְמוּנֶּה ת	in charge of, responsible for, appointed

מְמוּנָּע ת	motored, motorized
מְמוּסָּד ת	institutionalized
מְמוּסְפָּר	numbered
מְמוּצָּע ת	average
מְמוּקָּשׁ ת	mined
מְמוֹרָט ת	polished
מְמוּרְטָט ת	frayed, threadbare
מְמוּרְמָר ת	embittered
מְמוּשָּׁךְ ת	prolonged; continuous
מְמוּשְׁכָּן ת	mortgaged, pawned
מְמוּשְׁמָע ת	disciplined
מְמוּשְׁקָף ת	bespectacled
מְמוּתָּק ת	sweetened, sugared
מַמְזֵר ז	bastard
מִמְחָטָה נ	handkerchief
מִמְטָר ז	shower
מַמְטֵרָה נ	sprinkler
מִמֵּילָא תה״פ	in any case, anyway
מִמְּךָ מ״י	from you (masc.)
מִמֵּךְ מ״י	from you (fem.)
מִמְכָּר ז	sale; goods
מְמַלֵּא מָקוֹם	substitute, relief
מִמְלָחָה נ	salt-cellar
מַמְלָכָה נ	kingdom; reign
מַמְלַכְתִּי ת	state, governmental
מִמֶּנָּה מ״י	from her, from it (fem.)
מִמֶּנּוּ מ״י	from him, from it (masc.); from us
מֵמֵס ת, ז	solvent, dissolvent
מִמְסָד, מִימְסָד ז	establishment
מְמַסְפֵּר ז	number stamp
מִמְסָר ז	relay
מִמְסָרָה נ	transmission line (gear)
מִמְצָא ז	finding
מַמְצִיא ז	inventor

מַמְרֵא, מַמְרֶה ת	rebellious
מִמְרָאָה נ	air-strip
מִמְרָח ז	spread, paste
מַמָּשׁ ז, תה״פ	reality; really, exactly
מַמָּשׁוּת נ	reality, substance
מַמָּשִׁי ת	real, concrete
מַמָּשִׁיּוּת נ	reality, actuality
מִמְשָׁל ז	government, rule
מֶמְשָׁלָה נ	government, rule
מֶמְשַׁלְתִּי ת	government(al)
מִמְשָׁק ז	administration (economic)
מַמְתָּק ז	sweetmeat, candy
מָן ז	manna
מִן מ״י	from; of; more than
מְנָאֵף ז	adulterer
מִנְבָּטָה נ	seedbed
מַנְגִּינָה נ	tune, melody
מְנַגֵּן ז	player
מַנְגָּנוֹן ז	mechanism; apparatus; administrative staff
מְנַדֵּב ז	donor, benefactor
מָנָה (יִמְנֶה) פ	number; count
מָנָה נ	portion; ration; quotient
מִנְהָג ז	custom, practice
מַנְהִיג ז	leader
מַנְהִיגוּת נ	leadership
מְנַהֵל ז	director, manager
מִנְהָל, מִינְהָל ז	management, administration
מִנְהָלָה נ	directorate
מְנַהֵל חֶשְׁבּוֹנוֹת	accountant
מִנְהָלִי ת	administrative
מִנְהָרָה נ	tunnel
מְנוּאָץ ת	despised
מְנוּגָּד ת	opposed
מְנוּגָּן ת	played
מְנוּדֶּה ת	ostracized
מְנוּוָּל ת	despicable, contemptible
מְנוּוָּן ת	degenerate
מְנוּזָּל ת	catarrhal
מָנוֹחַ ז	rest, repose
מְנוּחָה נ	rest, repose
מָנוּי ת	subscriber; counted,
מָנוּי וְגָמוּר	resolved, decided once and for all
מְנוּמְנָם ת	drowsy, sleepy
מְנוּמָּס ת	polite, courteous
מְנוּמָּק ת	argued, reasoned
מְנוּמָּר ת	spotted, speckled
מָנוֹס ז	flight; refuge
מְנוּסָה נ	rout, flight
מְנוּסֶּה ת	experienced
מָנוֹעַ ז	engine, motor
מְנוֹעִי ת	engined, motored
מָנוֹף ז	lever
מְנוֹפַאי ז	crane-driver
מְנוֹרָה נ	lamp
מְנוּשָּׁל ת	evicted (from property)
מְנוּתָּק ת	cut off
מִנְזָר ז	monastery, convent
מִנְחָה נ	gift, offering; afternoon prayers; afternoon
מְנַחֵם ז	comforter, consoler
מְנַחֵשׁ ז	diviner, fortune-teller
מַנְחֵת ז	damper, absorber
מִנִּי מ״י	from, of
מְנָיָה נ	share
מִנְיָן ז	counting; ten
מִנַּיִן תה״פ	where from; whence
מֵנִיעַ ז	motive, factor

מְנִיעָה נ hindrance; prevention
מְנִיפָה נ fan
מִנְסָרָה נ prism; sawmill
מָנַע (יִמְנַע) פ hold back, prevent
מֶנַע ז prevention
מַנְעוּל ז lock
מִנְעָל ז footwear, shoe
מַנְעַמִּים ז״ר pleasures
מְנַצֵּחַ ז conqueror; conductor
מְנַצֵּל ז exploiter
מְנַקֵּב ז punch
מְנַקֵּד ז pointer, vocalizer
מְנַקָּה נ cleaner
מְנַקִּיָּה נ cleaning instrument
מְנַקֵּר ז porger
מִנְשָׁר ז manifesto
מְנַתֵּחַ ז surgeon
מַס ז tax, levy
מֵסַב ז bearing
מִסְבָּאָה נ public house, saloon, bar
מַסְבֵּב ז stocks and dies
מִסְבָּךְ ז tangle, maze
מִסְבָּנָה נ soap factory
מִסְגָּד ז mosque
מְסַגְנֵן ז stylizer
מַסְגֵּר ז metal-worker, locksmith
מַסְגֵּרוּת נ metal-work
מַסְגֵּרִיָּה נ metal workshop
מִסְגֶּרֶת נ frame, framework
מַסָּד ז basement, basis
מִסְדָּר ז parade; order
מִסְדָּרָה נ composing room
מִסְדְּרוֹן ז corridor
מַסְדֶּרֶת נ composing machine
מַסָּה נ trial, test; essay

מַס הַכְנָסָה income tax
מְסוּבָּךְ ת complicated, complex
מְסוּגָּל ת competent, capable
מְסוּגָּר ת closed in
מְסוּדָּר ת neat, tidy
מְסוּוָּג ת classified
מַסְוֶה ז disguise
מְסוּיָּג ת reserved; fenced
מְסוּיָּד ת whitewashed
מְסוּיָּם ת specific, certain
מְסוּכָה נ hedge (of thorn-bushes); lubricator
מְסוּכָּן ת dangerous, risky
מְסוּכְסָךְ ת quarreling, at odds
מְסוּלָּא ת worth, valued
מְסוּלְסָל ת curly; elaborate (style)
מְסוּלָּע ת rocky
מְסוּלָּף ת distorted, garbled
מְסוּמָּם ת drugged, poisoned
מְסוּמָּן ת marked
מְסוּנְוָר ת dazzled, blinded
מְסוּנָּן ת strained, filtered
מְסוּנָּף ת affiliated
מְסוּנְתָּז ת synthesized
מְסוּעָף ת having branches
מְסוּפָּק ת doubtful
מְסוּפָּר ת told, related
מְסוּפְרָר ת numbered
מַסּוֹק ז helicopter
מְסוּקָּל ת cleared of stones
מְסוּקָּס ת knotty (wood)
מַסּוֹר ז saw
מָסוּר ת devoted
מְסוּרְבָּל ת clumsy, awkward
מְסוֹרָג ת knitted; with a grille

מְסוּרְגָּל ת ruled, lined
מְסוּרְטָט ת drawn
מְסוֹרָס ת castrated
מְסוֹרָק ת combed
מָסוֹרֶת נ tradition
מְסוּתָּת ת chiselled
מַסְחֵט ז squeezer
מִסְחָר ז commerce, trade
מִסְחָרִי ת commercial
מְסַחְרֵר ת dizzying
מְסִיבָּה נ party, get-together
מֵסִיחַ ת talking, speaking
מַסִּיחַ ת averting, removing
מְסַיֵּיעַ ת auxiliary, aiding
מְסִילָּה נ path, track
מְסִילַּת בַּרְזֶל railway track
מְסִיסוּת נ solubility
מַסִּיק ז fireman, stoker
מָסִיק ז olive harvest
מְסִירָה נ delivery, handing over
מְסִירוּת נ devotion
מֵסִית, מַסִּית ז inciter
מָסַךְ (יִמְסוֹךְ) פ mix drinks, blend
מָסָךְ ז curtain; screen
מַסֵּכָה נ mask
מִסְכֵּן ז, ת wretch, miserable
מִסְכֵּנוּת נ misery, poverty
מִסְכֶּרֶת נ sugar-bowl
מַסֶּכֶת נ web; tractate; pageant
מַסְכֵּת ז stethoscope
מַסֶּכְתָּא נ tractate (of the Talmud)
מַסְלוּל ז course, orbit
מִסְלָקָה נ clearing (banking)
מִסְמָךְ ז document
מִסְמֵס (יְמַסְמֵס) פ dissolve

מַסְמֵר ז nail
מְסַנְוֵר ת dazzling, blinding
מַסְנֵן ז filter
מְסַנֶּנֶת נ strainer, filter
מַסָּע ז journey; move (in chess)
מִסְעָדָה נ restaurant
מַסְעֵי הַצְּלָב the Crusades
מִסְעָף ז branching; road junction
מַסְפֵּג ז blotter
מִסְפֵּד ז lament
מִסְפּוֹא ז fodder
מִסְפּוּר ז numbering
מַסְפִּיק ת sufficient, adequate
מִסְפָּנָה נ dockyard
מִסְפָּר ז number; some, a few
מִסְפֵּר (יְמַסְפֵּר) פ number, numerate
מְסַפֵּר ז story-teller
מִסְפָּרָה נ barber's shop
מִסְפָּרִי ת numerical
מִסְפָּרַיִים ז״ז scissors
מָסַק (יִמְסוֹק) פ pick olives
מַסְקָנָה נ conclusion
מָסַר (יִמְסוֹר) פ hand over, deliver
מֶסֶר ז message
מַסְרֵגָה נ knitting-needle
מַסְרֵטָה נ movie camera
מְסַרְטֵט ז draughtsman
מַסְרִיט ז film-maker
מַסְרֵק ז comb
מִסְתּוֹר ז hiding-place
מִסְתּוֹרִי ת mysterious
מִסְתּוֹרִין ז mystery
מִסְתַּיֵּיג ז one who has reservations
מִסְתַּכֵּל ז onlooker, observer
מַסְתֵּם ז stopper

מִסְתָמָא תה״פ apparently, probably
מִסתַנֵן ז infiltrator
מִסתַפֵּק ת satisfied, content
מְסַתֵת ז stone-cutter
מַעבָּדָה נ laboratory
מַעֲבֶה ז thickness
מַעבּוֹרֶת נ ferry
מַעֲבִיד ז employer
מַעֲבִיר ז transferor, conveyer
מַעֲבָר ז transition, transit, passage
מַעֲבַר חֲצִייָה pedestrian crossing
מַעבָּרָה נ ford, river-crossing; transit camp
מַעגִילָה נ roller; mangle
מַעגָל ז circle, ring; course
מַעֲגָן ז anchorage, quayside
מָעַד (יִמעַד) פ stumble, slip
מַעֲדָן ז, מַעֲדַנִים ז״ר delicacies
מַעדֵר ז hoe, mattock
מָעָה נ coin
מְעוּבֶּרֶת נ pregnant
מְעוּגָל ת round, rounded
מְעוֹדֵד ת encouraging
מְעוֹדָד ת encouraged
מְעוּדכָּן ת up-to-date
מְעוּדָן ת delicate, dainty
מְעוּוֶה ת deformed
מְעוּוָת ת crooked, distorted
מָעוֹז ז stronghold, fastness
מְעוּטָף ת wrapped
מְעוּיָן ת, ז balanced; rhombus
מָעוּך ת squashed, crumpled
מְעוּכָּב ת delayed, held up
מְעוּכָּל ת digested
מְעוּלֶה ת excellent, superlative
מֵעוֹלָם תה״פ ever, from of old
מֵעוֹלָם לֹא never (in the past)
מְעוּמלָן ת starched
מְעוּמעָם ת faint, hazy
מָעוֹן ז home, residence
מְעוּנֶה ת tortured
מְעוּניָין ת interested, concerned
מְעוּנָן ת cloudy
מָעוֹף ז flight
מְעוּפָּש ת rotten, moldy
מְעוּצָב ת molded
מְעוּצבָּן ת nervous, nervy
מְעוּצֶה ת woody
מְעוּקָב ת cubic, cube
מְעוּקָל ת crooked
מְעוּקָם ת curved, twisted
מְעוּקָר ת sterilized
מְעוֹרָב ת mixed; involved
מְעוּרבָּב ת mixed; jumbled
מְעוֹרָבוּת נ involvement
מְעוֹרֶה ת connected, rooted
מְעוּרטָל ת uncovered, nude
מְעוֹרָם ת heaped, piled up
מְעוּרפָּל ת misty, foggy
מְעוֹרֵר ת stimulant
מְעוּשֶׂה ת artificial
מְעוּשָן ת smoked; smoky
מָעוֹת נ״ר money, small change
מָעַט (יִמעַט) פ diminish
מְעַט תה״פ, ת little, few; a little, a few
מַעֲטֶה ז wrap, covering
מַעֲטָפָה נ envelope
מְעִי ז, מֵעַיִים ז״ר bowels, intestines; guts, entrails

מַעְיָן spring, fountain
מְעַיֵּן ז reader, browser
מְעִיכָה נ crumpling, crushing
מְעִיל ז coat, overcoat; jacket
מְעִילָה נ embezzlement
מֵעֵין תה״פ somewhat like, "kind of"
מְעִי עִיוֵּר appendix (anat.)
מֵעִיק ת oppressive
מֵעִיקָּרָא תה״פ fundamentally, a priori
מָעַךְ (יִמְעַךְ) פ crush, crumple
מְעַכֵּב ת delaying, detaining
מָעַל (יִמְעַל) פ embezzle, betray trust
מַעַל ז betrayal of trust
מַעֲלֶה ז rise, ascent
מַעֲלָה נ degree; step; advantage
מַעְלָה תה״פ up, upwards
מַעֲלִית נ lift, elevator
מַעֲלָל ז action, act
מֵעִם מ״י from
מַעֲמָד ז class; status, position
מַעֲמָדִיּוּת נ class loyalty
מְעַמֵּל ז physical training instructor
מַעֲמָס ז load, burden
מַעֲמָסָה נ great burden, heavy load
מַעֲמָק ז depth
מַעַן ז address
מַעֲנֶה ז answer, reply
מְעַנְיֵין ת interesting
מַעֲנָק ז bonus; scholarship, grant
מַעֲפּוֹרֶת נ overall, smock
מַעְפִּיל ז pioneer, brave man; illegal immigrant into Mandated Palestine

מְעַצֵּב ת, ז fashioner, shaper
מַעֲצֵבָה נ pain, sorrow
מְעַצְבֵּן ת irritating, nerve-racking
מַעְצוֹר ז hindrance, hold-up; stoppage; inhibition; brake
מַעֲצִיב ת saddening
מַעֲצָמָה נ great nation, power
מַעְצָר ז arrest, detention
מַעֲקָב ז follow-up
מַעֲקֶה ז railing, parapet, rail
מַעֲקוֹבֶת נ sequence
מַעֲקוֹף ז traffic island
מַעֲרָב ז west
מַעֲרָבָה תה״פ westwards
מְעַרְבּוֹלֶת נ whirlpool
מַעֲרָבוֹן ז western (film)
מַעֲרָבִי ת west, western
מְעַרְבֵּל ז mixer, concrete-mixer
מַעַרְבָּל ז eddy, whirlpool
מְעָרָה נ cave, cavern
מַעֲרוּמִּים ז״ר nakedness
מַעֲרִיב ז evening prayer; evening
מַעֲרִיךְ ז assessor, valuer
מַעֲרִיץ ז admirer, fan
מַעֲרָךְ ז arrangement, lay-out; alignment
מַעֲרָכָה נ battle line; front, battlefield; battle, fight; act (of a play); order; set
מַעַרְכוֹן ז one-act play
מַעֲרֶכֶת נ editorial board
מְעַרְעֵר ז appellant
מַעַשׂ ז action, deed
מַעֲשֶׂה ז deed, action; tale, story
מַעֲשִׂי ת practical, praticable; actual

מַעֲשִׂיּוּת נ practicality; praticability
מַעֲשִׂיָּה נ tale, fairy story
מְעַשֵּׁן ז smoker
מַעֲשֵׁנָה נ chimney
מַעֲשֵׂר ז tenth, tithe
מֵעֵת לְעֵת a full day (24 hours)
מַעְתָּק ז displacement, fault (geography); shift (semantics)
מִפְּאַת תה״פ because of
מִפְגָּן ז parade, demonstration
מִפְגָּע ז obstacle
מְפַגֵּר ת backward
מִפְגָּשׁ ז meeting-place; meeting
מִפְדֶּה ז repayment
מַפָּה נ map; tablecloth
מְפוֹאָר ת magnificent
מְפוּגָּל ת tainted, unfit for use
מְפוּזָּר ת scattered, strewn; scatterbrained
מַפּוּחַ ז bellows
מַפּוּחוֹן ז accordion
מַפּוּחוֹנַאי ז accordionist
מַפּוּחִית, מַפּוּחִית פֶּה mouth-organ
מְפוּחָם ת sooty, sooted; charred
מְפוּטָּם ת fattened, stuffed
מְפוּטָּר ת discharged, fired
מְפוּיָּח ת sooty, blackened
מְפוּיָּס ת appeased
מְפוּכָּח ת sober
מְפוּלָּג ת divided, separated
מְפוּלְפָּל ת peppery; subtle
מַפּוֹלֶת נ collapse, fall
מְפוּנֶּה ת cleared, emptied (of contents), evacuated
מְפוּנָּק ת spoilt, pampered

מְפוּסְטָר ת pasteurized
מְפוּסָּל ת carved, sculptured
מְפוּסְפָּס ת striped
מְפוּסָּק ת punctuated; parted
מְפוּצֶּה ת compensated
מְפוּצָּל ת split up, divided
מְפוּקָּח ת shrewd, astute
מְפוּקְפָּק ת doubtful, dubious
מְפוֹרָד ת scattered, dispersed
מְפוֹרָז ת demilitarized
מְפוּרְזָל ת shod (horse); iron-clad
מְפוֹרָט ת detailed
מְפוּרְסָם ת famous
מְפוֹרָק ת disassembled; wound up
מְפוֹרָר ת crumbled
מְפוֹרָשׁ ת explained; explicit
מְפוּתָּח ת developed
מְפוּתָּל ת twisted
מַפָּח ז frustration
מַפָּחָה נ forge, smithy
מַפְטִיר ז reading from the Prophets
מַפִּיוֹן ז serviette-holder
מֵפִיץ ז distributor
מֵפִיק ת,ז producer (of films)
מַפִּיק ז ה the point placed in a final
מֵפִיר שְׁבִיתָה strike-breaker
מַפִּית נ serviette, napkin
מַפָּל ז fall
מַפְלֵג ז distributor (in automobile)
מִפְלָג ז branching off; department
מִפְלָגָה נ party (political)
מִפְלַגְתִּי ת party
מַפָּלָה נ downfall, defeat
מִפְלָט ז refuge
מַפְלֵט ז ejector; exhaust

מִפְלָס ז level (area); altitude
מַפְלֵס ז level, grader (for roads)
מִפְלֶצֶת נ monster
מִפְנֶה ז turning-point
מִפְּנֵי מ״י because of
מַפְסִיק ז separator
מַפְסֶלֶת נ chisel
מַפְסֵק ז cut-off switch
מַפְעִיל ז operator
מִפְעָל ז enterprise; factory
מִפְעַל הַפַּיִס Israel national lottery
מִפְעָם ז tempo
מַפְצֵחַ ז nut-cracker
מַפְצִיץ ז bomber (plane)
מִפְקָד ז census; parade
מְפַקֵּד ז commander
מִפְקָדָה נ command, headquarters
מְפַקֵּחַ ז inspector, supervisor
מַפְקִיד ז depositor
מַפְקִיעַ ז one who breaks, violator
מַפְקִיעַ שְׁעָרִים, מַפְקִיעַ מְחִירִים profiteer
מַפְרֵדָה נ separator
מִפְרָט ז specification
מַפְרֵט ז plectrum
מַפְרִיס ת hoofed
מַפְרִיסֵי־פַּרְסָה ungulata (animals with cloven hoofs)
מְפַרְנֵס ז provider, bread-winner
מְפַרְסֵם ז advertiser
מִפְרָעָה נ (colloquial) advance payment
מִפְרָץ ז bay, gulf, inlet
מִפְרָק ז joint, link
מְפָרֵק ז liquidator
מַפְרֶקֶת נ nape (of the neck)
מִפְרָשׂ ז sail (of ship); spread, expanse
מְפָרֵשׁ ז commentator
מִפְרָשִׂית נ sailing-boat
מִפְשָׂעָה נ groin; hip
מִפְשָׂק ז astride position, leap-frog
מְפַשֵּׁר ז conciliator
מְפַתֶּה ז seducer, enticer
מַפְתֵּחַ ז key; index; spanner
מִפְתֵּחַ (יְמַפְתֵּחַ) פ key, index
מִפְתָּח ז opening; aperture
מְפַתֵּחַ ז engraver; developer
מַפְתִּיעַ ת surprising, startling
מִפְתָּן ז threshold
מָצָא (יִמְצָא) פ find; find out
מְצַאי ז inventory
מַצָּב ז state, position
מַצֵּבָה נ gravestone; monument
מַצָּבָה נ return (monthly, etc. on strength)
מִצְבָּטַיִם ז״ז pincers, nippers
מַצְבִּיא ז commander of an army
מַצְבִּיעַ ת, ז voter, elector
מִצְבָּעָה נ dye-works
מַצְבֵּר ז accumulator
מַצַּב־רוּחַ mood, (coll.) bad mood
מַצֵּד ז catch, lock
מְצָד ז pill-box, stronghold
מְצַדֵּד ת, ז supporter
מְצָדָה נ fortress, stronghold
מַצָּה נ unleavened bread, matza
מִצְהָר ז meridian; affirmation
מָצוֹד ז hunt, manhunt
מְצוֹדֵד ת captivating

מְצוּדָה נ	fortress
מִצְוָה נ	commandment, precept; good deed
מְצוּחְצָח ת	polished
מָצוּי ת	common; existing
מְצוּיָד ת	equipped
מְצוּיָן ת	excellent, fine; marked
מְצוּיָץ ת	fringed
מְצוּיָר ת	drawn
מְצוּלָה נ	deep water
מְצוּלָם ת	photographed
מְצוּלָע ת	polygon
מְצוּלָק ת	scarred
מְצוּמְצָם ת	reduced; limited
מְצוּמָק ת	shrivelled, wrinkled (face)
מְצוּנָן ת	chilled
מְצוֹעָף ת	veiled
מְצוּעְצָע ת	showy, ornate
מָצוֹף ז	float; buoy
מְצוּפֶּה ת	expected; plated
מָצוּץ ת	sucked
מָצוֹק ז	distress
מְצוּקָה נ	distress, trouble
מָצוֹר ז	siege
מְצוּרָה נ	fortress
מְצוֹרָע ת, ז	leprous, leper
מְצוֹרָף ת	attached; refined
מֵצַח ז	forehead, brow
מִצְחָה נ	eye-shade, peak
מְצַטְלֵב ת	crossing, crossing oneself
מְצִיאָה נ	find, discovery; bargain
מְצִיאוּת נ	reality; existence
מְצִיאוּתִי ת	real, realistic
מַצִּיג ז	demonstrator, exhibitor
מַצִּיָּה נ	cracker (biscuit)
מַצִּיל ז	life-saver; rescuer
מְצִילָה נ	bell
מְצִיצָה נ	sucking, suction
מֵצִיק ז, ת	oppressor; pestering
מַצִּית נ	lighter, cigarette lighter
מֵצֵל ת	shady
מַצְלִיחַ ת	successful, prosperous
מַצְלִיף ז	flogger; Whip (parliamentary)
מַצְלֵמָה נ	camera
מְצַלְצְלִים ז״ר	small change, coins
מְצִלְתַּיִם ז״ז	cymbals
מַצְמֵד ז	clutch (auto.)
מִצְמוּץ ז	blinking; wink
מִצְמֵץ (יְמַצְמֵץ) פ	blink, wink
מַצְנֵחַ ז	parachute
מַצְנֵן ז	radiator
מִצְנֶפֶת נ	head-scarf, turban
מַצָּע ז	bedding; platform (political)
מִצְעָד ז	step, walk; march
מְצַעֵר ת	sad, distressing
מַצְעֶרֶת נ	throttle
מִצְפֶּה ז	observation point
מַצְפּוּן ז	conscience
מַצְפֵּן ז	compass
מָצַץ (יִמְצוֹץ) פ	suck
מַצֶּקֶת נ	ladle, casting ladle
מֵצַר, מֵיצַר ז	straits; isthmus
מֶצֶר ז	boundary, border
מִצְרִי ת	Egyptian
מִצְרַיִם נ	Egypt
מִצְרָךְ ז	commodity
מִצְרָנִי, מַצְרָנִי ת	adjacent
מַצְרֵף ז	crucible

מַצָּת ז	spark plug; lighter
מַק ז	decay, rottenness
מַקָּב ז	punch, piercer
מַקָּבַיִם ז״ז	punching tongs
מַקְבִּיל ז, ת	parallel; parallel line
מַקְבִּילַיִים ז״ז	parallel bars
מַקְבִּילִית נ	parallelogram
מִקְבָּע ז	fixation
מִקְבָּץ ז	assembly point; group (in target practice)
מַקֶּבֶת נ	sledge-hammer
מַקְדֵּחַ ז	drill, borer
מַקְדֵּחָה נ	drilling machine, drill press
מְקַדֵּם ז	coefficient
מִקְדָּם ז	introduction (music); handicap (in race, etc.)
מִקְדָּמָה נ	advance payment
מִקַּדְמַת דְּנָה תה״פ	from of old, from before
מִקְדָּשׁ ז	shrine, temple
מַקְהֵלָה נ	choir
מְקוּבָּל ת	conventional, accepted
מְקוּבָּץ ת	grouped together
מַקּוֹד ז	center punch
מְקוּדָּשׁ ת	sanctified, consecrated
מִקְוֶה ז	ritual bath
מְקוּוֶּה ת	hoped for
מְקוּוְקָו ת	lined, shaded (with lines)
מְקוּטְלָג ת	catalogued
מְקוּטָּע ת	cut down; interrupted
מָקוֹל ז	gramophone
מְקוּלָּל ת	cursed, accursed
מְקוּלְקָל ת	spoilt, bad
מָקוֹם ז	place, locality; room
מְקוּמָּט ת	creased, crumpled
מְקוֹמִי ת	local
מְקוּמָּר ת	arched, convex
מְקוֹנֵן ז	mourner
מְקוּעָר ת	concave
מַקּוֹף ז	beat
מְקוּפָּח ת	discriminated against
מְקוּפָּל ת	folded
מְקוּצָּץ ת	cut down; curtailed
מְקוּצָּר ת	shortened
מָקוֹר ז	origin; spring
מַקּוֹר ז	beak (birds); firing-pin (on rifle)
מְקוֹרָב ת, ז	close friend
מְקוֹרֶה ת	roofed
מְקוּרְזָל ת	frizzy
מְקוֹרִי ת	original
מְקוֹרִיּוּת נ	originality
מְקוֹרָר ת	chilled
מַקּוֹשׁ ז	drumstick; knocker (on door)
מְקוּשָּׁט ת	decorated
מַקּוֹשִׁית נ	xylophone
מְקוּשְׁקָשׁ ת	scribbled
מְקוּשְׂקָשׂ ת	scaly
מְקוּשָּׁר ת	connected
מְקוּשָּׁת ת	arched
מִקְטוֹרֶן ז	jacket
מִקְטָע ז	segment
מִקְטֶרֶת נ	pipe (for tobacco)
מַקִּיף ת	surrounding
מֵקִיץ ת	waking up, rousing
מַקִּישׁ ת	knocking, banging
מַקֵּל ז	stick; staff
מֵקֵל ת	lenient

מִקְלֶדֶת נ — keyboard
מַקְלֶה ז — toaster
מִקְלַחַת נ — shower
מִקְלָט ז — shelter
מַקְלֵט ז — wireless set
מַקְלֵעַ ז — machine-gun
מַקְלְעָן ז — machine-gunner
מִקְלַעַת נ — braided, plaited, or woven work
מַקְלֵף ז — vegetable-peeler
מְקַנֵּא ת — jealous, envious
מִקְנֶה ז — cattle
מַקְסִים ת — attractive, charming
מִקְסָם ז — charm, attraction
מַקָּף, מַקֵּף ז — hyphen
מִקְפָּא ז — jelly
מַקְפִּיד ת — strict, particular
מַקְפֵּצָה נ — spring-board
מִקְצָב ז — meter (poetic); rhythm
מִקְצוֹעַ ז — profession, trade; subject (at school)
מַקְצוּעָה נ — plane (tool)
מִקְצוֹעִי ת — professional, vocational
מִקְצוֹעָנִי ת — professional (in sport, etc.)
מַקְצִיף ת — foaming, frothy
מַקְצֵף ז — egg-beater
מַקְצֵצָה נ — chopping machine
מַקְצֵרָה נ — reaping machine
מִקְצָת נ — part, a little
מַקָּק ז — cockroach
מֶקֶק ז — rot; gangrene
מִקְרָא ז — reading; the Bible
מִקְרָאָה נ — reader, language textbook

מִקְרָאִי ת — biblical
מִקְרֶה ז — happening, event, incident
מִקָּרוֹב — recently
מִקְרִי ת — accidental, casual
מַקְרֵן ז — radiator
מְקַרְקְעִים, מְקַרְקְעִין ז״ר — real estate, landed property
מַקְרֵר ז — refrigerator
מַקָּשׁ ז — key (of typewriter)
מִקְשָׁאָה נ — field of cucumbers
מִקְשָׁה נ — hammered work
מַקְשֵׁחַ ז — stiffener, stiffening bar
מַקְשָׁן ז — heckler, one who questions everything
מְקַשְׁקֵשׁ ז — prattler, chatterbox
מְקַשֵּׁר ז — binder; liaison officer
מַר ת — bitter
מַר ז — Mr.
מַרְאֶה ז — sight; appearance
מַרְאָה נ — mirror
מַרְאֵה מָקוֹם — reference
מְרַאְיֵן ז — interviewer
מַרְאִית נ — appearance
מֵרֹאשׁ תה״פ — in advance
מְרַאֲשׁוֹת נ״ר — the head of the bed
מֵרַב, מֵירַב ז — maximum
מַרְבַד ז — carpet
מִרְבָּד ז — deposit; stratification
מְרַבִּי, מֵירַבִּי ת — maximal
מַרְבִּית נ — majority
מִרְבָּץ ז — deposit (geology)
מַרְגּוֹעַ ז — rest, repose
מְרַגֵּל ז — spy
מַרְגְּלוֹת נ״ר — foot of the bed
מַרְגָּלִית נ — pearl

מַרְגֵּמָה נ	mortar (weapon)
מַרְגָּנִית נ	pimpernel
מַרְגָּשׁ ז	disposition, feeling
מָרַד (יִמְרוֹד) פ	rebel, revolt
מֶרֶד ז	revolt, mutiny
מַרְדֶּה ז	baker's shovel
מַרְדָנוּת נ	rebelliousness
מַרְדַּעַת נ	saddle-cloth
מָרָה (יִמְרֶה) פ	disobey, rebel
מָרָה נ	bile; gall bladder
מָרָה שְׁחוֹרָה	melancholy
מְרוֹאיָן ת	interviewed
מְרוּבֶּה ת	much, numerous
מְרוּבָּע ת	square
מְרוּגָּז ת	angry, irate
מְרוּגָּשׁ ת	excited
מָרוּד ת	wretched, depressed
מְרוּדָּד ת	beaten, flat
מְרוּהָט ת	furnished
מְרוּוָּח ת	spacious, roomy
מִרְוָח ז	clearance; distance
מְרוּחָץ ת	washed, bathed
מְרוּחָק ת	remote, far
מְרוּטָשׁ ת	ripped open
מְרוּכָּז ת	concentrated
מְרוּכָּךְ ת	softened
מָרוֹם ז	height; heaven
מְרוּמֶּה ת	deceived, deluded
מְרוּמָּז ת	hinted, implied
מְרוֹמָם ת	exalted, uplifted
מְרוּסָּן ת	restrained
מְרוּסָּס ת	sprayed
מְרוּסָּק ת	crushed
מְרוּעֲנָן ת	refreshed
מְרוּעָף ת	tiled
מְרוּפָּד ת	upholstered
מְרוּפָּט ת	shabby, worn-out
מְרוּפָּשׁ ת	muddy, swampy
מְרוּצָה נ	running
מְרוּצֶּה ת	satisfied
מְרוּצָּף ת	paved, tiled
מְרוּקָּן ת	emptied, empty
מְרוּקָּע ת	flattened, beaten flat
מָרוֹר ז	bitter herb
מְרוּשָּׁל ת	slovenly, careless
מְרוּשָּׁע ת	wicked
מְרוּשָּׁשׁ ת	run down, impoverished
מְרוּשָּׁת ת	net-like; covered with a net
מָרוּת נ	mastery, authority
מְרוּתָּח ת	boiled
מְרוּתָּךְ ת	welded
מְרוּתָּק ת	tied; confined
מַרְזֵב ז	drainpipe
מָרַח (יִמְרַח) פ	spread, smear
מֶרְחָב ז	open space
מֶרְחָפָה נ	hovercraft
מֶרְחָץ ז	bath
מֶרְחָק ז	distance; distant place
מַרְחֶשְׁוָן ז	Marheshvan (October–November)
מָרַט (יִמְרוֹט) פ	pluck
מְרִי ז	rebelliousness
מְרִיבָה נ	quarrel, dispute
מְרִידָה נ	mutiny, revolt
מְרִיצָה נ	wheelbarrow
מְרִיקָה נ	cleansing; purging
מָרִיר ת	bitterish, bitter
מְרִירוּת נ	bitterness, acrimony
מֵרְכָאוֹת כְּפוּלוֹת	inverted commas

מֶרְכָּב ז saddle, chassis (of a car), body
מֶרְכָּבָה נ chariot; cab, carriage
מֵרְכָה נ quotation mark
מִרְכּוּז ז centralizing, centralization
מַרְכּוֹלֶת נ merchandise
מֶרְכָּז ז center
מְרַכֵּז ז organizer
מִרְכֵּז (יְמַרְכֵּז) פ center; centralize
מֶרְכָּזִי ת central
מֶרְכָּזִיָּה נ telephone exchange
מִרְכֶּזֶת נ telephone exchange
מַרְכִּיב ז component
מִרְמָה נ fraud, cheating
מַרְנִין ת gladdening
מַרְסֵס ז spray, sprayer
מַרְסֵק ז masher
מִרְעֶה ז pasture
מַרְעוֹם ז fuse (of mine, bomb, etc.)
מַרְעִית נ flock at pasture
מַרְפֵּא ז cure
מִרְפָּאָה נ clinic
מִרְפֶּסֶת נ verandah, balcony
מַרְפֵּק ז elbow
מְרַפְרֵף ת superficial
מֶרֶץ ז energy
מַרְצֶה ז lecturer
מֵרָצוֹן of one's free will
מְרַצֵּחַ ז murderer
מַרְצֵעַ ז awl
מְרַצֵּף ז tiler, tile-layer
מַרְצֶפֶת נ paving-stone; pavement, tiled area
מָרָק ז soup
מֶרֶק ז putty
מַרְקוֹעַ ז biscuit, wafer
מִרְקַחַת נ mixture of spices or perfumes; jam
מִרְקָם ז texture, weave
מַרְקֵקָה נ spittoon
מַרְשִׁים impressive
מִרְשָׁם ז sketch; recipe
מָרַת נ Mrs.; Miss
מַרְתֵּף ז cellar
מְרַתֵּק ת binding; thrilling
מַשָּׂא ז load, burden; prophetic vision
מַשְׁאָב ז (ר׳ מַשְׁאַבִּים) resource
מַשְׁאֵבָה נ pump
מַשָּׂא וּמַתָּן negotiations
מַשָּׂאִית ז truck, lorry
מִשְׁאָל ז referendum, poll
מִשְׁאָלָה נ wish
מִשְׁאֶרֶת נ kneading-trough
מַשָּׁב נ breeze, blowing
מַשְׂבִּיעַ רָצוֹן satisfactory
מִשְׁבֶּצֶת נ square
מַשְׁבֵּר ז crisis
מִשְׁבָּר ז heavy wave
מִשְׁגֶּה ז error, mistake
מַשְׁגִּיחַ ז inspector, monitor
מִשְׁגָּל ז sexual intercourse
מְשַׁגֵּעַ ת maddening; (colloquial) exciting, wonderful
מַשְׂדֵּדָה נ harrow
מַשְׁדֵּר ז transmitter
מִשְׁדָּר ז wireless program
מָשָׁה (יִמְשֶׁה) פ draw out (of the water)
מַשֶּׁהוּ ז something

מַשּׂוּאָה נ	smoke-signal
מַשּׂוֹא פָּנִים	partiality, favoritism
מְשׁוּבָה נ	mischief
מְשׁוּבָּח ת	fine, excellent
מְשׁוּבָּץ ת	check, chequered
מְשׁוּבָּשׁ ת	faulty, corrupt
מְשׁוּגָּע ת	mad, crazy
מְשׁוּדָּר ת	broadcast, transmitted
מִשְׁווָאָה נ	equation
מַשְׁוֶה, קַו הַמַּשְׁוֶה ז	equator
מַשְׁוָנִי ת	equatorial
מָשׁוּחַ ת	oiled; anointed
מְשׁוּחָד ת	bribed; biassed
מְשׁוּחְרָר ת	set free, liberated
מָשׁוֹט ז	oar
מְשׁוֹטֵט ז	wanderer, rambler
מְשׂוּכָה נ	hedge; hurdle
מְשׁוּכְלָל ת	perfect, perfected
מְשׁוּכָּן ת	housed
מְשׁוּכְנָע ת	convinced
מָשׁוּל ת	comparable, similar
מְשׁוּלָּב ת	combined, interwoven
מְשׁוּלְהָב ת	aflame, flaming
מְשׁוּלָּח ת, ז	sent away
מְשׁוּלָּל ת	deprived of, lacking
מְשׁוּלָּשׁ ז, ת	triangle; threefold
מִשּׁוּם תה״פ	on account of, because of
מְשׁוּמָּד ת, ז	converted, apostate
מְשׁוּמָּן ת, ז	oiled; octagon
מְשׁוּמָּר ת	preserved
מְשׁוּמָּשׁ ת	used, second-hand
מְשׁוּנֶּה ת	odd, queer
מְשׁוּנָּן ת	toothed
מְשׁוּסָּע ת	mangled, torn to pieces
מְשׁוּעְבָּד ת	enslaved; mortgaged
מְשׁוּעֲמָם ת	bored
מְשׁוֹעָר ת	estimated
מְשׁוּפֶּה ת	planed, smoothed
מְשׁוּפָּם ת	moustached
מְשׁוּפָּע ת	sloping, slanting
מְשׁוּפָּץ ת	restored, renovated
מְשׁוּפָּר ת	improved; embellished
מְשׁוּפְשָׁף ת	rubbed, burnished; (army slang) put through the mill
מְשׁוּקָּם ת	rehabilitated
מְשׁוּקָּע ת	immersed
מְשׁוּקָּץ ת	abominable
מַשּׂוֹר, מַסּוֹר ז	saw
מְשׂוּרָה נ	measuring vessel
מְשׂוּרְטָט, מְסוּרְטָט ת	drawn, sketched
מְשׁוּרְיָן ת	armored
מַשּׂוֹרִית, מַסּוֹרִית נ	fret-saw
מְשׁוֹרֵר ז	poet
מְשׁוּרְשָׁר ת	chain-like
מָשׂוֹשׂ ז	joy, gladness
מְשׁוּשֶּׁה ת, ז	hexagon
מְשׁוֹשָׁה נ	antenna
מְשׁוּתָּף ת	common, shared, joint
מְשׁוּתָּק ת	paralyzed
מָשַׁח (יִמְשַׁח) פ	oil; anoint
מִשְׂחֶה ז	swimming-race
מִשְׁחָה נ	paste, ointment, polish
מַשְׁחֵז ז	knife-sharpener
מַשְׁחֵזָה נ	grinding machine
מַשְׁחֶזֶת נ	grindstone
מַשְׁחִית ז	destroyer
מִשְׂחָק ז	game, play; acting
מַשְׁחֶתֶת נ	destroyer (naval)
מִשְׁטָח ז	surface; flat ground

מַשְׂטֵמָה נ — hatred, enmity
מִשְׁטָר ז — regime; authority
מִשְׁטָרָה נ — police
מִשְׁטַרְתִּי ת — police (used attributively)
מֶשִׁי ז — silk
מָשִׁיחַ ז — Messiah; the anointed
מְשִׁיחִיּוּת נ — Messianism
מֵשִׁיט ת, ז — oarsman
מְשִׁיכָה נ — pulling, drawing, attraction
מְשִׂימָה נ — task, mission
מַשִּׁיק ז — tangent
מָשַׁךְ (יִמְשׁוֹךְ) פ — pull, draw
מֶשֶׁךְ ז — continuum
מִשְׁכָּב ז — couch, bed
מַשְׁכּוֹן ז — pledge, security
מַשְׂכּוֹרֶת נ — salary
מַשְׂכִּיל ז — man of culture, intellectual
מַשְׁכִּים ז — early riser
מַשְׂכִּיר ז — lessor
מַשְׂכִּית נ — mosaic
מִשְׂכָּל ז — intelligence
מִשְׁכָּן ז — dwelling place
מִשְׁכֵּן (יְמַשְׁכֵּן) פ — pawn, pledge
מְשַׁכְנֵעַ ת — convincing
מַשְׁכַּנְתָּא, מַשְׁכַּנְתָּה נ — mortgage
מְשַׁכְפֶּלֶת נ — mimeograph
מְשַׁכֵּר ת — intoxicating
מָשָׁל ז — fable; proverb; example
מָשַׁל (יִמְשׁוֹל) פ — rule, govern
מַשְׁלֵב ז — drive (technology)
מִשְׁלוֹחַ ז — consignment; sending
מִשְׁלַח־יָד — profession, employment
מִשְׁלַחַת נ — delegation, deputation
מִשְׁלָט ז — vantage-point, strong point
מַשְׁלִים ת, ז — completing, complementary
מְשַׁלְשֵׁל ת, ז — purgative
מִשְׁמוּעַ ז — disciplining
מִשְׁמוּשׁ ז — touching, feeling
מְשַׂמֵּחַ ת — gladdening
מַשְׁמִיץ ת — defamatory
מִשְׁמָע ז — hearing
מַשְׁמָע ז — meaning, sense
מַשְׁמָעוּת נ — meaning; implication
מַשְׁמָעִי ת — significant
מִשְׁמַעַת נ — discipline; obedience
מְשַׁמֵּר ת — conservative
מִשְׁמָר ז — guard, watch
מִשְׁמֶרֶת נ — watch, guard; shift
מְשַׁמֶּרֶת נ — strainer, colander
מִשְׁמֵשׁ (יְמַשְׁמֵשׁ) פ — touch, feel
מִשְׁמֵשׁ ז — apricot
מִשְׁנֶה ז — double, twice; deputy, second in rank
מִשְׁנָה נ — the Mishna; doctrine
מִשְׁנִי ת — secondary
מַשְׁנֵק ז — choke (auto)
מִשְׁעוֹל ז — path, lane
מְשַׁעֲמֵם ת — boring, tedious
מִשְׁעָן ז — support
מַשְׁעֵן ז, מַשְׁעֵנָה נ — support, buttress
מִשְׁעֶנֶת נ — support, prop; arm (of chair)
מִשְׁעֶנֶת קָנֶה רָצוּץ — a broken reed
מִשְׁעֶרֶת נ — clothes-brush
מְשַׁעֲשֵׁעַ ת — amusing, diverting
מִשְׁפָּחָה נ — family
מִשְׁפַּחְתִּי ת — family (used attributively), familial

מִשְׁפַּחְתִּיּוּת נ	intimacy, family atmosphere
מִשְׁפָּט ז	trial; judgment; laws; (gram.) sentence
מִשְׁפָּטִי ת	legal, judicial
מִשְׁפְּטָן ז	jurist
מַשְׁפִּיל ת, ז	degrading, humiliating
מַשְׁפֵּךְ ז	funnel
מֶשֶׁק ז	economy (state); farm
מַשָּׁק ז	noise, rustling
מַשָׂ״ק ז	non-commissioned officer, N.C.O.
מַשְׁקֶה ז	drink; liquor, spirits
מִשְׁקוֹלֶת נ	weight
מַשְׁקוֹף ז	framehead; lintel
מִשְׁקִי ת	economic
מַשְׁקִיף ז	observer, onlooker
מִשְׁקָל ז	weight; weighing
מִשְׁקָע ז	precipitate, sediment
מִשְׁקָפַיִים ז״ז	glasses, spectacles
מִשְׁקֶפֶת נ	field-glasses; telescope
מִשְׂרָד ז	office; ministry (government)
מִשְׂרָדִי ת	office (used attributively), clerical
מִשְׂרָה נ	post, position
מַשְׁרוֹקִית נ	whistle
מְשַׂרְטֵט, מְסַרְטֵט ז	draftsman
מְשָׁרֵת ז	servant
מַשָּׁשׁ ז	massage
מִשְׁתֶּה ז	banquet, feast
מַשְׁתֵּלָה, מִשְׁתָּלָה נ	nursery, seedbed
מִשְׁתַּמֵּט ז	shirker, dodger
מִשְׁתָּנָה נ	urinal
מִשְׁתַּנֶּה ת	variable; changeable
מִשְׁתַּתֵּף ז	participant
מֵת ז	dead
מִתְאַבֵּד ז	suicide (person)
מִתְאַגְרֵף ז	boxer
מִתְאוֹנֵן ת, ז	complainant, grumbler
מַתְאִים ת	appropriate, fitting
מַתְאֵם ז	adapter
מִתְאַמֵּן ז	trainee
מִתְאָר ז	contour, outline
מִתְבּוֹדֵד ת, ז	solitary, hermit
מִתְבּוֹלֵל ז	assimilator
מִתְבַּיֶּית ת	homing
מַתְבֵּן ז	hay loft
מֶתֶג ז	bit (for horses); switch (electric); bacillus
מִתְגּוֹשֵׁשׁ ז	wrestler
מִתְגַּיֵּס ז	recruit, mobilized soldier
מְתוֹאָם ת	correlated, coordinated
מְתוֹאָר ת	described
מְתוּבָּל ת	seasoned, spiced
מְתַוֵּךְ ז	mediator
מָתוּחַ ת	stretched; tense
מְתוּחְכָּם ת	sophisticated
מְתוּכְנָן ת	planned
מְתוּלָּע ת	wormy
מְתוּלְתָּל ת	curly
מָתוּן ת	mild, moderate
מְתוּסְבָּךְ ת	complex-ridden
מְתוּסְכָּל ת	frustrated
מְתוֹעָב ת	abominable, despicable
מְתוֹפֵף ז	drummer
מָתוֹק ת	sweet; pleasant
מְתוּקָּן ת	repaired; amended; proper
מְתוּרְבָּת ת	cultured, civilized
מְתוּרְגָּל ת	practised, exercised

מְתוּרְגָּם ת	translated
מְתוּרְגְּמָן ז	translator; interpreter
מָתַח (יִמְתַּח) פ	stretch; stimulate, arouse curiosity; bluff
מֶתַח ז	tension; voltage; suspense
מַתְחִיל ז	beginner
מִתְחַכֵּם ז	wit, wisecracker
מִתְחַלֶּה ת	malingerer
מִתְחָם ז	delimited area
מִתְחָרֶה ז	competitor
מָתַי מ״ש	when?
מָתִיחַ ת	elastic, stretchable
מְתִיחָה נ	stretching; leg-pulling
מְתִיחוּת נ	tension
מִתְיַהֵד ת, ז	convert to Judaism
מִתְיַשֵּׁב ז	settler, colonist
מְתִינוּת נ	moderation
מְתִיקוּת נ	sweetness
מַתִּירָנוּת נ	permissiveness
מַתְכּוֹן ז	prescription, recipe
מַתְכּוֹנֶת נ	measurement, proportion
מַתֶּכֶת נ	metal
מַתַּכְתִּי ת	metallic
מַתְלוּל ז	escarpment
מִתְלוֹנֵן ז	grumbler, complainer
מִתְלַמֵּד ז	self-taught person; apprentice
מַתְמִיד ת, ז	diligent, persevering
מַתְמִיהַּ ת	surprising
מַתָּן ז	giving; gift
מִתְנַגֵּד ת, ז	opponent, adversary
מַתְנֵד ז	oscillator
מִתְנַדֵּב ז	volunteer
מַתָּנָה נ	present, gift
מִתְנַיֵּעַ ת	mobile
מַתְנֵעַ ז	starter, self-starter
מַתֶּנֶת נ	lumbago
מַתְסִיס ז	enzyme
מַתְעֶה ת	misleading
מִתְעַמֵּל ז	gymnast, athlete
מִתְפַּלֵּל ז	prayer, worshipper
מִתְפַּלְסֵף ז	philosopher; casuist, sophist
מִתְפָּרָה נ	sewing-room
מֶתֶק ז	sweetnesss
מַתֵּק ז	cut-out (switch)
מִתְקַדֵּם ת	progressing, progressive
מִתְקוֹמֵם ז	rebel
מַתְקִין ז	installer
מַתְקִיף ז	attacker, aggressor
מְתַקֵּן ז	mender; reformer
מִתְקָן ז	installation, mechanism
מִתְקַפֵּל ת	folding
מְתַקְתַּק ת	sweetish
מְתַרְגֵּם ז	translator
מַתְרִים ז	fund-raiser
מִתְרָס ז	barricade
מַתָּת נ	gift, present; tip

נ

נָא מ״ק, תה״פ	please
נָא ת	half-cooked
נֶאֱבַד (יֵיאָבֵד) פ	be lost; perish
נֶאֱבַק (יֵיאָבֵק) פ	struggle, wrestle
נֹאד ז	water-bottle (of leather)
נָאֶה ת	pleasant, fine
נֶאֱהָב ת	beloved, lovable
נָאוֶה ת	lovely, beautiful
נְאוּם ז	speech
נָאוֹר ת	enlightened, cultured
נֵאוֹת (יֵיאוֹת) פ	consent, agree
נָאוֹת ת	proper, suitable
נְאוֹת מִדְבָּר	oases
נֶאֱחַז (יֵיאָחֵז) פ	be held, be seized
נֶאֱטַם (יֵיאָטֵם) פ	be sealed
נֶאֱכַל (יֵיאָכֵל) פ	be eaten
נֶאֱלָח ת	dirty; mean
נֶאֱלַם (יֵיאָלֵם) פ	fall silent
נֶאֱלַץ (יֵיאָלֵץ) פ	be compelled
נָאַם (יִנְאַם) פ	make a speech
נֶאֱמַד (יֵיאָמֵד) פ	be assessed, be estimated
נֶאֱמָן ת	loyal, faithful
נֶאֱמָנוּת נ	trustworthiness, trusteeship
נֶאֱמַר (יֵיאָמֵר) פ	be said, be told
נֶאֱנַח (יֵיאָנַח) פ	sigh, groan
נֶאֶנְסָה (תֵּיאָנֵס) פ	be raped
נֶאֱנַק (יֵיאָנֵק) פ	groan, moan
נֶאֱסַף (יֵיאָסֵף) פ	be gathered, be collected
נֶאֱסַר (יֵיאָסֵר) פ	be imprisoned; be forbidden
נָאַף (יִנְאַף) פ	commit adultery
נַאֲפוּפִים ז״ר	adultery
נְאָצָה, נֶאָצָה נ	reviling
נָאַק (יִנְאַק) פ	groan, moan
נְאָקָה נ	groan, moan
נָאקָה נ	female camel
נֶאֱרַג (יֵיאָרֵג) פ	be woven
נֶאֱרַז (יֵיאָרֵז) פ	be packed; be tied up
נֶאֱשַׁם (יֵיאָשֵׁם) פ	be accused
נִבְאַשׁ (יִבָּאֵשׁ) פ	become repulsive
נֶבֶג ז	spore
נִבְדַּל (יִבָּדֵל) פ	be different, be distinct
נִבְדָּל ת	separate; (football) offside
נִבְדַּק (יִבָּדֵק) פ	be tested, be examined
נִבְהַל (יִבָּהֵל) פ	be frightened, be scared
נְבוּאָה נ	prophesy
נְבוּאִי ת	prophetic
נָבוּב ת	hollow
נָבוֹךְ (יִבּוֹךְ) פ	be confused
נָבוֹן ת	sensible, wise
נִבְזֶה ת	vile, nasty
נְבָזוּת נ	contemptible action
נָבַח (יִנְבַּח) פ	bark
נִבְחַן (יִבָּחֵן) פ	be examined
נִבְחָן ז	examinee
נִבְחַר (יִבָּחֵר) פ	be chosen
נִבְחָר ת, ז	selected, picked; elected representative

נֶבֶט ז — sprout
נָבַט (יִנְבּוֹט) פ — germinate, sprout
נָבִיא ז — prophet
נְבִיבוּת נ — empty-headedness
נְבִיחָה נ — bark, barking
נְבִיטָה נ — sprouting
נְבִילָה נ — wilting, fading
נָבַל (יִבּוֹל) פ — wilt, wither, fade
נָבָל ז — scoundrel, villain
נֶבֶל, נֵבֶל ז — harp
נְבָלָה נ — villainy; baseness
נִבְלָה, נְבֵילָה — carcass
נִבְלַם (יִיבָּלֵם) פ — be braked, be curbed
נִבְלַע (יִיבָּלַע) פ — be swallowed
נִבְנָה (יִיבָּנֶה) פ — be built
נָבַע (יִנְבַּע) פ — flow, gush forth
נִבְעַט (יִיבָּעֵט) פ — be kicked
נִבְעָר ת — ignorant, stupid
נִבְעַת (יִיבָּעֵת) פ — be frightened, be startled
נִבְצַר (יִיבָּצֵר) פ — be too difficult
נִבְקַע (יִיבָּקַע) פ — be split, be cleft
נָבַר (יִנְבּוֹר) פ — scrabble about
נִבְרָא (יִיבָּרֵא) פ — created
נִבְרַג (יִיבָּרֵג) — be screwed (in)
נַבְרָן ז — vole
נִבְרֶשֶׁת נ — chandelier
נִגְאַל (יִיגָּאֵל) פ — be delivered, be set free
נֶגֶב ז — south
נֶגְבָּה תה״פ — southwards
נָגַד (יִנְגּוֹד) פ — oppose
נַגָּד ז — (army) warrant officer; (radio) resistor

נֶגֶד מ״י — against; opposite
נֶגְדִּי ת — opposite; opposing
נִגְדַּם (יִיגָּדֵם) פ — be amputated
נִגְדַּע (יִיגָּדַע) פ — be lopped off
נָגַהּ (יִגַּהּ) פ — shine, glow
נָגוֹז (יִיגּוֹז) פ — vanish, disappear
נָגוֹל (יָגוֹל) פ — be rolled
נָגוּעַ ת — afflicted
נִגְזַל (יִיגָּזֵל) פ — be robbed
נִגְזַר (יִיגָּזֵר) פ — be cut; be decreed
נִגְזָר ת — cut; derived
נָגַח (יִיגַּח) פ — gore, butt
נָגִיד ז — leader, ruler; director
נְגִיחָה נ — goring; "header" (football)
נְגִינָה נ — playing; music; accent
נְגִיסָה נ — biting, bite
נְגִיעָה נ — touching, touch
נְגִיעוּת נ — vulnerability to infection
נָגִיף ז — virus
נְגִישָׁה נ — pressure, oppression
נִגְלָה (יִיגָּלֶה) פ — be revealed, be disclosed
נִגְמַל (יִיגָּמֵל) פ — be weaned
נִגְמַר (יִיגָּמֵר) פ — be finished
נַגָּן ז — musician, player
נִגְנַב (יִיגָּנֵב) פ — be stolen
נִגְנַז (יִיגָּנֵז) פ — be stored away
נָגַס (יִנְגּוֹס) פ — bite (food)
נֶגֶס ז — bite
נָגַע (יִיגַּע) פ — touch
נֶגַע ז — plague
נָגַף (יִיגּוֹף) פ — smite, injure
נַגָּר ז — carpenter, joiner
נַגָּרוּת נ — carpentry, joinery
נַגָּרִיָּה נ — carpentry workshop

נִגְרַם (יִיגָּרֵם) פ be caused
נִגְרַע (יִיגָּרַע) פ be diminished, be reduced; be thought worse
נִגְרַר (יִיגָּרֵר) פ be dragged, be drawn, be towed; be sawn
נִגְרָר ז trailer
נָגַשׂ (יִנְגּוֹשׂ) פ oppress; drive, impel
נִגְשַׁר (יִיגָּשֵׁר) פ be bridged
נָד (יָנוּד) פ move, wander; shake one's head
נְדָבָה נ donation; alms
נִדְבָּךְ ז course (of bricks)
נַדְבָן ז philanthropist, donor
נִדְבַּק (יִידָּבֵק) פ be stuck, be affixed; be infected (with disease, etc.)
נִדְבַּר (יִידָּבֵר) פ reach agreement
נָדַד (יִדּוֹד, יִדַּד) פ wander
נִדְהַם (יִידָּהֵם) פ be amazed, be stunned
נְדוּדִים ז״ר wanderings
נְדוּדֵי שֵׁינָה insomnia, sleeplessness
נְדוּנְיָה נ dowry
נָדוֹשׁ ת threshed; hackneyed
נִדְחָה (יִידָּחֶה) פ be deferred, be postponed; be refused (request)
נִדְחַק (יִידָּחֵק) פ be pressed
נָדִיב ת generous
נְדִיבוּת נ generosity
נְדִידָה נ wandering
נָדִיף ת volatile
נָדִיר ת rare, scarce
נִדְלָה (יִידָּלֶה) פ be drawn out, be elicited
נִדְלַף (יִידָּלֵף) פ leak, be "leaked"
נִדְלַק (יִידָּלֵק) פ be lit
נָדַם (יִידַּם) פ fall silent
נִדְמֶה תה״פ apparently, it seems
נָדָן ז scabbard
נִדְנֵד (יְנַדְנֵד) פ rock, swing; (colloquial) nag, pester
נַדְנֵדָה נ see-saw; swing
נִדְנוּד ז rocking, swinging; (colloquial) nagging
נָדַף (יִידּוֹף, יִנְדּוֹף) פ be given off (scent), be wafted
נִדְפַּס (יִידָּפֵס) פ be printed
נִדְפַּק (יִידָּפֵק) פ be knocked, be beaten; (slang) be "done", be "fixed", be had sexually
נִדְקַר (יִידָּקֵר) פ be pierced, be pricked
נָדַר (יִידּוֹר) פ vow
נֶדֶר, נֵדֶר ז vow
נִדְרַךְ (יִידָּרֵךְ) פ be trampled; be run over
נִדְרַס (יִידָּרֵס) פ be run over (by a vehicle)
נִדְרַשׁ (יִידָּרֵשׁ) פ be required, be requested; be interpreted
נָהַג (יִנְהַג) פ drive (a vehicle); lead, conduct
נֶהָג ז driver, chauffeur
נֶהֱגָה (יֵיהָגֶה) פ be uttered, be pronounced
נֶהְדַּף (יֵיהָדֵף) פ be pushed back, be repulsed
נֶהְדָּר ת glorious, splendid
נָהָה (יִנְהֶה) פ follow; yearn for
נָהוּג ת customary, usual
נְהִי ז lament, wailing

נְהִיגָה נ driving (vehicle)
נְהִיָּה נ following; weeping
נְהִימָה נ growling, roaring
נְהִיקָה נ bray (of an ass)
נָהִיר ת clear, lucid
נְהִירָה נ flowing, streaming
נָהַם (יִנְהוֹם) פ roar; groan
נַהַם ז roar
נֶהֱנָה (יֵיהָנֶה) פ enjoy, benefit
נַהֲפוֹךְ הוּא on the contrary
נֶהְפַּךְ (יֵיהָפֵךְ) פ be inverted; be changed
נָהַק (יִנְהַק) פ bray
נָהַר (יִנְהַר) פ stream
נָהָר ז river
נֶהֱרַג (יֵיהָרֵג) פ be killed
נְהָרָה נ brightness, light
נֶהֱרַס (יֵיהָרֵס) פ be destroyed
נוֹאֵם ז speaker, orator
נוֹאֵף ז adulterer
נוֹאַשׁ (יִיוָּאֵשׁ) פ be in despair
נוֹאָשׁ desperate
נוֹבֵעַ ת gushing; deriving
נוּגַּב (יְנוּגַּב) פ be dried, be wiped
נוֹגְדָן ז antibody
נוּגֶה ת sad
נוֹגַהּ ז light, radiance
נוּגַּן (יְנוּגַּן) פ be played
נוֹגֵעַ ת touching
נוֹגֵעַ בַּדָּבָר interested party
נוֹגֵשׂ ז slave-driver
נוֹדֵד ז wanderer, nomad
נוּדָּה (יְנוּדֶּה) פ be ostracized
נוֹדַע (יִיוָּדַע) פ become known
נוֹדָע ת well-known, famous

נוֹהַג ז procedure, practice
נוּהַל (יְנוּהַל) פ be managed, be administered
נוֹהַל ז procedure
נוֹהֳלִי ת procedural
נָוָד ז nomad
נָוֶה ז pasture; dwelling
נָוֶה ת comely, beautiful
נַוָּט ז helmsman; navigator
נַוָּטוּת נ navigation
נַוָּלוּת נ disfigurement; villainy
נוֹזֵל ז liquid
נוֹזְלִי ת liquid
נוֹחַ ת comfortable, easy; convenient; easy-going
נוֹחוּת נ convenience, amenity
נוֹחִיּוּת נ comfort; convenience
נוֹחַם ז consolation
נוּחַם (יְנוּחַם) פ be consoled, be comforted
נוֹטֶה ת tending, inclined
נוֹטֵר ז guard, supernumerary policeman
נוֹטַרְיוֹן ז notary
נוּטְרִיָּה נ coypu (animal or fur)
נוֹטָרִיקוֹן ז abbreviation
נוּטְרַל (יְנוּטְרַל) פ be neutralized
נוּטְרַק (יְנוּטְרַק) פ be abbreviated
נוּטַּשׁ (יְנוּטַּשׁ) פ be deserted
נוֹי ז beauty, ornament
נוּכָּה (יְנוּכֶּה) פ be deducted, be discounted
נוֹכַח (יִיוָּכַח) פ realize
נוֹכֵחַ ת present
נוֹכַח תה״פ opposite; in face of

נוֹכְחוּת נ presence
נוֹכְחִי ת present, present-day
נוֹכֵל ז rogue, crook
נוֹכְרִי, נָכְרִי ז foreigner, alien
נוּכַּשׁ (יְנוּכַּשׁ) פ be weeded
נוֹל, נוּל ז loom
נוֹלַד (יִיוָּלֵד) פ be born; be created
נוֹסַד (יִיוָּסֵד) פ be founded
נוּסָּה (יְנוּסֶּה) פ be tried, be tested
נוֹסַח, נוּסָח ז form; version
נוּסַּח (יְנוּסַּח) פ be formulated
נוּסְחָה נ formula
נוֹסֵעַ ז passenger
נוֹסֵעַ סָמוּי stowaway
נוֹסָף ת additional, extra
נוֹסַף (יִיוָּסֵף) פ be added
נוֹעַ ז movement, motion
נוֹעַד (יִיוָּעֵד) פ be designated; meet by appointment
נוֹעָז ת daring, bold
נוֹעַם ז pleasantness, delight
נוֹעַץ (יִיוָּעֵץ) פ take advice, be advised
נוֹעַר ז young people
נוֹף ז landscape, scenery
נוּפָּה (יְנוּפֶּה) פ be sifted, be sieved
נוּפַּח (יְנוּפַּח) פ be inflated; be exaggerated
נוֹפֶךְ ז turquoise
נוֹפֵף (יְנוֹפֵף) פ wave, brandish
נוּפַּץ (יְנוּפַּץ) פ be shattered, be broken up
נוֹפֶשׁ ז rest, recreation
נוֹפֵשׁ ז holiday-maker
נוֹפֶת נ flowing honey

נוֹצָה נ feather, quill
נוּצַּח (יְנוּצַּח) פ be defeated, be beaten
נוּצַּל (יְנוּצַּל) פ be exploited
נוֹצֵץ ת sparkling, gleaming
נוֹצַר (יִיוָּצֵר) פ be created
נוֹצְרִי ת Christian
נוֹקֵב ת penetrating
נוּקַּב (יְנוּקַּב) פ be pierced, be punched
נוּקְבַּב (יְנוּקְבַּב) פ be perforated
נוּקַּד (יְנוּקַּד) פ be pointed (Hebrew script); be dotted
נוֹקְדָן ז pedant
נוּקָּה (יְנוּקֶּה) פ be cleaned
נוּקַּז (יְנוּקַּז) פ be drained
נוּקְשֶׁה ת stiff, hardened
נוּקְשׁוּת נ stiffness, harshness
נוּר ז fire
נוֹרָא ת, תה"פ dreadful, awful; (slang) "awfully"
נוֹרָה (יִיָּרֶה) פ be fired, be shot
נוּרָה נ electric bulb
נוֹשֵׂא ז subject, topic
נוֹשֵׂא מִכְתָּבִים postman
נוֹשַׁב (יִיוָּשֵׁב) פ be inhabited, be populated
נוֹשֶׁה ז creditor, dun
נוֹשָׁן ת old, ancient
נוּשַּׁךְ (יְנוּשַּׁךְ) פ be bitten
נוּשַּׁל (יְנוּשַּׁל) פ be dispossessed
נוּתַּח (יְנוּתַּח) פ be cut up, be operated on
נוּתַּץ (יְנוּתַּץ) פ be smashed
נוֹתָר ת remaining, left over

נוֹתַר (יִיוָּתֵר) פ be left, remain
נִזְהַר (יִיזָּהֵר) פ take care, beware
נָזִיד ז pottage
נָזִיל ת fluid, liquid
נְזִילָה נ flowing; leak
נְזִילוּת נ fluidity, liquidity
נְזִיפָה נ reprimand, admonition
נְזִיקִים ז״ר damages, torts
נָזִיר ז abstainer, monk
נְזִירוּת נ monasticism
נִזְכַּר (יִיזָּכֵר) פ remember, be reminded
נָזַל (יִיזַּל) flow
נַזֶּלֶת נ cold, catarrh
נֶזֶם ז nose-ring
נִזְעָם ת furious, angry
נִזְעַק (יִיזָּעֵק) פ gather together
נָזַף (יִנְזוֹף) פ admonish, reprimand
נֶזֶק ז damage
נִזְקַק (יִיזָּקֵק) פ be in need of
נֵזֶר ז crown, diadem
נִזְרַע (יִיזָּרַע) פ be sown
נִזְרַק (יִיזָּרֵק) פ be thrown, be flung
נָח (יָנוּחַ) פ rest, be at rest
נֶחְבָּא ת hidden
נֶחְבָּא (יֵיחָבֵא) פ hide
נֶחְבַּט (יֵיחָבֵט) פ be beaten with a stick
נֶחְבַּל (יֵיחָבֵל) פ be injured
נֶחְבַּשׁ (יֵיחָבֵשׁ) פ be bandaged; be imprisoned
נָחָה (יִנְחֶה) פ lead, guide
נָחוּץ ת urgent; necessary
נָחוּשׁ ת hard, enduring
נְחוֹשֶׁת נ copper

נְחוּשְׁתַּיִם ז״ז fetters
נָחוּת ת inferior
נֶחְטַף (יֵיחָטֵף) פ be kidnapped; be snatched
נָחִיל ז swarm (of bees)
נְחִיצוּת נ urgency
נְחִירָה נ snoring
נְחִירַיִים ז״ז nostrils
נְחִיתָה נ landing
נְחִיתוּת נ inferiority
נָחַל (יִנְחַל) פ inherit, take possession of; acquire, obtain
נַחַל ז stream, small river; wadi
נֶחֱלַד (יֵיחָלֵד) פ rust, become rusty
נַחֲלָה נ estate; inheritance
נֶחֱלַץ (יֵיחָלֵץ) פ escape, be rescued
נֶחֱלַשׁ (יֵיחָלֵשׁ) פ grow weak
נֶחְמָד ת lovely, delightful
נֶחָמָה נ comfort, consolation
נֶחְמַץ turn sour
נֵחַן (יֵיחַן) פ be pardoned; be blessed with
נֶחֱנַט (יֵיחָנֵט) פ be embalmed
נֶחֱנַךְ (יֵיחָנֵךְ) פ be opened for use (usu. of building)
נֶחֱנַק (יֵיחָנֵק) פ be throttled, be strangled
נֶחְסַךְ (יֵיחָסֵךְ) פ be saved
נֶחְסַם (יֵיחָסֵם) פ be blocked
נֶחְפַּז (יֵיחָפֵז) פ rush, hurry
נַחַץ ז (grammar) stress, emphasis
נֶחְצַב (יֵיחָצֵב) פ be quarried
נֶחֱצָה (יֵיחָצֶה) פ be halved
נֶחְקַק (יֵיחָקֵק) פ be engraved; be passed (law), be enacted

נֶחקַר (יֵיחָקֵר) פ — be investigated
נָחַר (יִנחַר) פ — snore
נֶחֱרַב (יֵיחָרֵב) פ — be destroyed
נֶחֱרַד (יֵיחָרֵד) פ — be alarmed
נַחֲרָה נ — snore
נֶחֱרַז (יֵיחָרֵז) פ — be threaded; be rhymed
נֶחֱרַט (יֵיחָרֵט) פ — be engraved
נֶחֱרַך (יֵיחָרֵך) פ — be scorched
נֶחֱרַץ (יֵיחָרֵץ) פ — be decreed, be decided
נֶחֱרָצוּת נ — decisiveness
נֶחֱרַשׁ (יֵיחָרֵשׁ) פ — be ploughed
נֶחֱרַת (יֵיחָרֵת) פ — be engraved
נָחָשׁ ז — snake
נֶחשַׁב (יֵיחָשֵׁב) פ — be considered
נֶחשַׁד (יֵיחָשֵׁד) פ — be suspected
נַחשׁוֹל ז — wave, torrent
נַחשׁוֹנִי ת — audacious, bold
נֶחשָׁל ת — backward
נֶחשַׂף (יֵיחָשֵׂף) פ — be bared, be revealed
נָחַת (יִנחַת) פ — come down, land
נַחַת נ — repose; satisfaction
נַחתּוֹם ז — baker
נֶחתַּך (יֵיחָתֵך) פ — be cut up; be decided
נֶחתַּם (יֵיחָתֵם) פ — be signed; be stamped
נַחַת רוּחַ — satisfaction
נַחֶתֶת נ — landing craft
נִטבַּח (יִיטָּבַח) פ — be slaughtered
נִטבַּל (יִיטָּבֵל) פ — be dipped
נִטבַּע (יִיטָּבַע) פ — be coined
נָטָה (יִטֶּה) פ — turn, tend
נָטוּי ת — extended, bent
נָטוּל ת — lacking, devoid of
נָטוּעַ ת — planted
נַטוּף נִיצָּב — stalagmite
נַטוּף תָּלוּי — stalactite
נָטוּשׁ ת — abandoned, deserted
נִטחַן (יִיטָּחֵן) פ — be milled, be ground
נְטִיָּה נ — inclination, tendency; (grammar) inflection
נְטִילָה נ — taking, receiving
נְטִיעָה נ — planting; young plant
נְטִירָה נ — bearing a grudge
נְטִישָׁה נ — abandonment
נָטַל (יִיטּוֹל) פ — take, receive
נֵטֶל ז — burden, load
נִטמָא (יִיטָּמֵא) פ — be defiled, be polluted; be claimed
נִטמַן (יִיטָּמֵן) פ — be hidden
נִטמַע (יִיטָּמַע) פ — be absorbed
נָטַע (יִיטַּע) פ — plant; implant
נֶטַע ז — seedling, plant
נִטעַן (יִיטָּעֵן) פ — be loaded, be charged; be claimed
נָטַף (יִיטּוֹף) פ — drip, drop
נֵטֶף ז — drop
נִטפַּל (יִיטָּפֵל) פ — cling to, pester
נָטַר (יִיטּוֹר, יִנטוֹר) פ — guard, watch; bear (a grudge)
נִטרוּל ז — neutralization
נִטרוּק ז — abbreviation
נִטרֵל (יְנַטרֵל) פ — neutralize
נִטרַף (יִיטָּרֵף) פ — be torn to pieces
נָטַשׁ (יִיטּוֹשׁ) פ — abandon, desert
נִיאוּף ז — adultery

נִיאוּץ ז reviling, abuse
נִיאֵף (יְנָאֵף) פ commit adultery
נִיאֵץ (יְנָאֵץ) פ revile, abuse
נִיב ז idiom; dialect
נִיבֵּא (יְנַבֵּא) פ predict
נִיבָּא (יִינָּבֵא) פ prophesy
נִיבּוּי ז prediction
נִיבּוּל פֶּה obscene language
נִיבֵּל (יְנַבֵּל) פ disgrace, dishonor
נִיגֵּב (יְנַגֵּב) פ wipe, dry
נִיגּוּב ז wiping, drying
נִיגּוּד ז contrast
נִיגּוּחַ ז goring, butting
נִיגּוּן ז tune, melody
נִיגֵּחַ (יְנַגֵּחַ) פ gore, butt
נִיגֵּן (יְנַגֵּן) פ play (music)
נִיגַּף (יִינָּגֵף) פ be smitten, be defeated
נִיגַּר (יִינָּגֵר) פ be poured out
נִיגַּשׁ (יִיגַּשׁ) פ approach, go up to; begin
נִיד ז movement; swing
נִידֵּב (יְנַדֵּב) פ donate
נִידָּה נ menstruation
נִידָּה (יְנַדֶּה) פ banish, thrust out
נִידּוּי ז excommunication
נִידּוֹן, נָדוֹן (יִידּוֹן) פ be sentenced, be discussed
נִידּוֹן, נָדוֹן ת under discussion
נִידָּח ת banished, expelled; remote, out-of-the-way
נִידָּף ת scattered, blown, fallen
נִיהוּל ז management, administration
נִיהֵל (יְנַהֵל) פ manage, administer; lead

נִיהֵם (יְנַהֵם) פ growl, roar; coo
נִיוּוּט ז navigation
נִיוֵּט (יְנַוֵּט) פ navigate, pilot
נִיוּוּל ז disfigurement, ugliness
נִיוֵּל (יְנַוֵּל) פ disfigure, make ugly
נִיוּוּן ז degeneration, atrophy
נִיוֵּן (יְנַוֵּן) פ cause to degenerate
נִיזּוֹן (יִיזּוֹן) פ be fed, be nourished
נִיזָּק תה״פ injured, damaged
נִיחָא ת good! all right!
נִיחוֹחַ ז pleasant
נִיחוֹחִי ת scented, aromatic
נִיחוּם ז comforting, consoling
נִיחוּשׁ ז guess, guesswork
נִיחוּתָא נ ease, serenity
נִיחֵם (יְנַחֵם) פ console, comfort
נִיחַם (יִינָּחֵם) פ repent, regret
נִיחֵשׁ (יְנַחֵשׁ) פ guess
נִיטַּל (יִינָּטֵל) פ be taken
נִיטַּע (יִינָּטַע) פ be planted
נִיטַּשׁ (יִינָּטֵשׁ) פ be abandoned
נַיָּיד ת mobile, moveable
נַיָּידוּת נ mobility
נַיֶּידֶת נ patrol car
נַיָּיח ת stationary, at rest
נַיָּיע ת mobile
נְיָיר ז paper; document
נַיֶּירֶת נ paper work, bureaucracy
נִיכָּה (יְנַכֶּה) פ deduct; discount
נִיכּוּי ז deduction; discount
נִיכּוּר ז alienation
נִיכּוּשׁ ז weeding
נִיכָּיוֹן ז discount
נִיכָּר ת recognizable; considerable
נִיכֵּשׁ (יְנַכֵּשׁ) פ weed

נִים ת asleep, drowsing
נִימָה נ thread, filament; note
נִימּוֹל (יִימּוֹל) פ be circumcized
נִימוּס ז good manners, etiquette
נִימוּסִי ת polite, well-mannered
נִימוּק ז reason; argument
נִימִי ת capillary
נִימִיוּת נ capillarity
נִימֵק (יְנַמֵּק) פ justify by argument
נִימֵר (יְנַמֵּר) פ spot, bespeckle
נִין ז great-grandson
נִינוֹחַ (יִינּוֹחַ) פ be at ease
נִיסָה (יְנַסֶּה) פ test; try, attempt
נִיסּוּחַ ז formulation
נִיסּוֹט (יִיסּוֹט) פ be shifted, be removed
נִיסּוּי ז experiment; test, trial
נִיסּוּיִי ת experimental
נִיסּוֹךְ (יִיסּוֹךְ) פ be oiled, be rubbed with oil
נִיסָּיוֹן ז experience; experiment; temptation
נִיסַּךְ (יִינָּסֵךְ) פ be poured out (as a libation)
נִיסֵּךְ (יְנַסֵּךְ) פ pour out
נִיסָן ז Nisan (March-April)
נִיסַּר (יִינָּסֵר) פ be sawn
נִיסֵּר (יְנַסֵּר) פ saw
נִיעַ ז quiver, slight movement
נִיעוּר ז shaking out
נִיעֵר (יְנַעֵר) פ shake out, shake
נִיפָּה (יְנַפֶּה) פ sift, sieve
נִיפּוּחַ ז blowing up, inflation
נִיפּוּי ז sieving, sifting
נִיפּוּץ ז splitting, shattering
נִיפּוּק ז issue
נִיפַּח (יְנַפֵּחַ) פ inflate, blow up
נִיפֵּט (יְנַפֵּט) פ beat (wool, cotton)
נִיפֵּץ (יְנַפֵּץ) פ split, break up; shatter
נִיצַּב (יִיָּצֵב) פ stand, stand up
נִיצָּב ז, ת perpendicular; standing, upright
נִיצוֹד (יִיצּוֹד) פ be caught
נִיצּוּחַ ז conducting (orchestra, etc.)
נִיצּוּל ז exploitation
נִיצּוֹל ת rescued, saved
נִיצוֹלֶת נ salvage
נִיצוֹץ ז spark
נִיצַּח (יְנַצֵּחַ) פ defeat, vanquish; conduct (orchestra, etc.)
נִיצָּחוֹן ז victory, triumph
נִיצַּל (יִינָּצֵל) פ be saved, be rescued
נִיצֵּל (יְנַצֵּל) פ exploit; utilize
נִיצָּן ז bud
נִיצַּת (יִיָּצֵת) פ be ignited, be lit
נִיקֵּב (יְנַקֵּב) פ perforate, punch
נִיקֵּד (יְנַקֵּד) פ point (Hebrew script), vocalize; draw a dotted line
נִיקָּה (יְנַקֶּה) פ clean
נִיקּוּד ז pointing (of Hebrew script), vocalization
נִיקּוּז ז drainage
נִיקּוּי ז cleaning
נִיקּוּר ז poking out, gouging out
נִיקֵּז (יְנַקֵּז) פ drain (land)
נִיקָּיוֹן ז cleanliness, cleanness
נִיקְיוֹן כַּפַּיִים integrity, incorruptibility
נִיקֵּר (יְנַקֵּר) פ poke out, gouge out

נִיר ז ploughed field

נִישָּׂא, נִישְּׂאָה (יִינָּשֵׂא, תִּינָּשֵׂא) פ be carried, be borne; be married; be raised on high

נִישֵּׂא (יְנַשֵּׂא) פ raise on high, exalt

נִישָּׂא ת lofty, exalted

נִישֵּׁב (יְנַשֵּׁב) פ blow

נִישּׂוּאִים ז״ר marriage, wedlock

נִישׁוֹבֶת נ chaff

נִישּׁוּל ז eviction

נִישּׁוֹם ז assessed person, tax-payer

נִישּׁוֹם (יִישּׁוֹם) פ be assessed, be rated

נִישָּׁיוֹן ז amnesia

נִישֵּׁל (יְנַשֵּׁל) פ evict, oust

נִישֵּׁם (יְנַשֵּׁם) פ breathe heavily

נִישֵּׁק (יְנַשֵּׁק) פ kiss

נִיתּוּב ז routing, directing

נִיתּוּחַ ז dissection; operation; analysis

נִיתּוּץ ז demolition, smashing

נִיתּוּק ז cutting off

נִיתּוּק יְחָסִים breaking off relations

נִיתּוּר ז hopping, skipping

נִיתַּז (יִינָּתֵז) פ be sprayed, be splashed

נִיתַּח (יְנַתַּח) פ cut up; operate; analyze

נִיתַּךְ (יִינָּתֵךְ) פ flow down; be melted

נִיתַּן (יִינָּתֵן) פ be given

נִיתַּץ (יִינָּתֵץ) פ be demolished, be broken up

נִיתֵּץ (יְנַתֵּץ) פ shatter, smash

נִיתַּק (יִינָּתֵק) פ be removed; be cut off

נִיתֵּק (יְנַתֵּק) פ cut off, break off

נִיתֵּר (יְנַתֵּר) פ hop, skip

נָכֵא ת depressed, dejected

נְכָאִים ז״ר depression, dejection

נִכְבָּד ת respected, honored

נִכְבַּד (יִיכָּבֵד) פ be honored, be respected

נִכְבָּדִי My dear Sir

נִכְבָּה (יִיכָּבֶה) פ go out, be extinguished

נִכְבַּל (יִיכָּבֵל) פ be fettered, be chained

נִכְבַּשׁ (יִיכָּבֵשׁ) פ be conquered, be captured

נֶכֶד ז grandchild, grandson

נֶכְדָּה נ granddaughter

נָכֶה ז, ת disabled, crippled

נִכְוָוה (יִיכָּוֶוה) פ be burnt, be scalded

נְכוֹחָה תה״פ uprightly, straightforwardly

נָכוֹן ת, תה״פ right, correct

נְכוֹנוּת נ readiness

נְכוֹת ז treasure

נָכוּת ז disablement, disability

נָכַח (יִנְכַּח, יִהְיֶה נוֹכֵחַ) פ be present

נִכְחַד (יִיכָּחֵד) פ be wiped out

נֶכֶל ז villainy

נִכְלָא (יִיכָּלֵא) פ be imprisoned

נַכְלוּל ז, נַכְלוּלִים ז״ר artful tricks, wiles

נְכָלִים ז״ר vices

נִכְלַל (יִיכָּלֵל) פ be included

נִכְלָם ת ashamed

נִכְלַם (יִיכָּלֵם) פ be ashamed

נִכְמַר (יִיכָּמֵר) פ	grow hot
נִכְמַשׁ (יִיכָּמֵשׁ) פ	wither, fade
נִכְנַס (יִיכָּנֵס) פ	enter, go in
נִכְנַע (יִיכָּנַע) פ	yield, submit
נֶכֶס ז	property; asset
נִכְסֵי דְלָא נָיְידֵי	immovable propery
נִכְסַס (יִיכָּסֵס) פ	be chewed, be gnawed (fingernails)
נִכְסָף ת	longed for; yearning
נִכְסַף (יִיכָּסֵף) פ	yearn, long for
נִכְפֶּה ז	epileptic
נִכְפָּה (יִיכָּפֶה) פ	be forced, be compelled
נִכְפּוּת נ	epilepsy
נִכְפָּל ז	multiplicand
נִכְפַּל (יִיכָּפֵל) פ	be doubled; be multiplied
נִכְפַּף (יִיכָּפֵף) פ	be bent
נִכְפַּשׁ (יִיכָּפֵשׁ) פ	be pressed down
נִכְפַּת (יִיכָּפֵת) פ	be trussed, be tied hand and foot
נֵכָר ז	foreign land; foreignness
נִכְרָה (יִיכָּרֶה) פ	be dug, be mined
נָכְרִי, נוֹכְרִי ז	foreigner, gentile
נִכְרַת (יִיכָּרֵת) פ	be destroyed; be cut down
נִכְשַׁל (יִיכָּשֵׁל) פ	fail; stumble
נִכְתַּב (יִיכָּתֵב) פ	be written
נִכְתַּם (יִיכָּתֵם) פ	be stained
נִלְאָה (יִילָּאֶה) פ	be exhausted
נִלְבַּב (יִילָּבֵב) פ	endear, attract
נִלְהַב (יִילָּהֵב) פ	be enthusiastic, be keen
נִלְוָה (יִילָּוֶה) פ	accompany
נָלוֹז ת	perverse, wayward
נִלְחַם (יִילָּחֵם) פ	fight, make war
נִלְחַץ (יִילָּחֵץ) פ	be pressed
נִלְכַּד (יִילָּכֵד) פ	be captured, be caught
נִלְמַד (יִילָּמֵד) פ	be learnt, be studied
נִלְעַג (יִילָּעֵג) פ	be mocked
נִלְקַח (יִילָּקַח) פ	be taken
נָם (יָנוּם) פ	slumber, drowse
נִמְאַס (יִימָּאֵס) פ	be loathed
נִמְדַּד (יִימָּדֵד) פ	be measured
נִמְהַל (יִימָּהֵל) פ	be diluted; be circumcized
נִמְהָר ת	hasty, rash
נָמוֹג ת	melting away, fading away
נָמוֹךְ, נָמוּךְ ת	low, short
נָמוֹשׁ ת	backward, belated
נִמְזַג (יִימָּזֵג) פ	be mixed (as wine with water); be poured out (drink)
נִמְחָה (יִימָּחֶה, יִימַּח) פ	be erased, be deleted
נִמְחַל (יִימָּחֵל) פ	be forgiven, be pardoned
נִמְחַץ (יִימָּחֵץ) פ	be severely wounded, be crushed
נִמְחַק (יִימָּחֵק) פ	be erased, be rubbed out
נְמִיָּה נ	marten
נְמִיכוּת נ	lowness, shortness (of stature)
נְמִיסָה נ	melting, dissolving
נְמַכְמַךְ ת	rather low
נִמְכַּר (יִימָּכֵר) פ	be sold
נָמֵל ז	harbor, port

נִמְלָא (יִימָּלֵא) פ be filled; be full
נְמָלָה נ ant
נִמְלַח (יִימָּלַח) פ be salted
נִמְלַט (יִימָּלֵט) פ escape, flee
נִמְלַךְ (יִימָּלֵךְ) פ consider, ponder; consult
נִמְלָץ ת ornate, rhetorical
נִמְלַק (יִימָּלֵק) פ be pinched off, be nipped off
נְמַל תְּעוּפָה airport
נִמְנָה (יִימָּנֶה) פ be counted, be numbered
נִמְנוּם ז doze, light sleep
נִמְנֵם (יְנַמְנֵם) פ doze, drowse
נִמְנָע ת impossible; abstaining (from a vote)
נִמְנַע (יִימָּנַע) פ avoid, abstain
נָמֵס ת melting, dissolving
נָמַס (יִימַּס) פ melt, dissolve
נִמְסַךְ (יִימָּסֵךְ) פ be mixed (drinks), be blended
נִמְסַק (יִימָּסֵק) פ be picked (olives)
נִמְסַר (יִימָּסֵר) פ be handed over, be delivered
נִמְעַד (יִימָּעֵד) פ slip, stumble
נִמְעַךְ (יִימָּעֵךְ) פ be crushed, be crumpled
נִמְעָן ז addressee
נִמְצָא (יִימָּצֵא) פ be found
נָמַק (יִימַּק) פ rot, putrefy
נָמֵר ז leopard
נִמְרַח (יִימָּרֵחַ) פ be spread (butter, etc.)
נִמְרָץ ת powerful, vigorous
נֶמֶשׁ ז freckle

נִמְשָׁה (יִימָּשֶׁה) פ be pulled out (of water)
נִמְשַׁךְ (יִימָּשֵׁךְ) פ be drawn; continue
נִמְשַׁל (יִימָּשֵׁל) פ be compared, be likened
נִמְתַּח (יִימָּתַח) פ be stretched
נִנְהָה (יִינָּהֶה) פ be drawn towards
נִנְזַף (יִינָּזֵף) פ be admonished
נַנָּס ז, ת dwarf, midget
נִנְעַל (יִינָּעֵל) פ be locked
נִנְעַץ (יִינָּעֵץ) פ be stuck in
נִנְעַר (יִינָּעֵר) פ be shaken out
נִנְקַט (יִינָּקֵט) פ be taken (steps), be adopted (measures)
נָס (יָנוּס) פ flee
נֵס ז miracle
נָסַב (יִיסַּב, יִיסּוֹב) פ turn aside, go round
נִסְבָּל ת tolerated, on sufferance
נִסְבַּל (יִיסָּבֵל) פ be tolerated
נַסְגָּנִי ת recessive
נִסְגַּר (יִיסָּגֵר) פ be shut, be closed
נִסְדַּק (יִיסָּדֵק) פ be cracked
נִסְדַּר (יִיסָּדֵר) פ be arranged
נָסוֹג (יִיסּוֹג) פ retreat
נְסוֹרֶת נ sawdust
נָסַח (יִיסַּח) פ uproot, tear out
נֹסַח ז copy, text
נַסָּח ז formulator
נִסְחַב (יִיסָּחֵב) פ be dragged, be pulled along
נִסְחַט (יִיסָּחֵט) פ be wrung out; be squeezed
נִסְחַף (יִיסָּחֵף) פ be swept along; be eroded (land)

נְסִיבָּה נ	circumstance
נְסִיגָה נ	retreat, withdrawal
נַסְיוּב ז	serum
נַסְיָן ז	experimenter
נִסְיֵן (יְנַסְיֵן) פ	experiment
נָסִיךְ ז	prince
נְסִיכוּת נ	principality, princedom
נְסִיעָה נ	journey, voyage
נְסִיעָה טוֹבָה	bon voyage
נְסִיקָה נ	taking off (of plane, missile, etc.)
נְסִירָה נ	sawing
נָסַךְ (יִסּוֹךְ) פ	pour out; inspire
נֶסֶךְ, נֵסֶךְ ז	libation; molten image
נִסְלַח (יִסָּלַח) פ	be forgiven, be pardoned
נִסְלַל (יִסָּלֵל) פ	be paved
נִסְמַךְ (יִסָּמֵךְ) ת	be supported; be authorized
נָסַע (יִסַּע) פ	travel, journey
נִסְעַר (יִסָּעֵר) פ	be enraged, be excited
נִסְפַּג (יִסָּפֵג) פ	be absorbed
נִסְפַּד (יִסָּפֵד) פ	be lamented, be mourned
נִסְפָּה (יִסָּפֶה) פ	be destroyed, be wiped out
נִסְפָּח ז	attaché; appendix (to book)
נִסְפַּח (יִסָּפֵחַ) פ	be attached, join
נִסְפַּר (יִסָּפֵר) פ	be counted
נָסַק (יִסַּק) פ	rise
נִסְקַל (יִסָּקֵל) פ	be stoned
נִסְקַר (יִסָּקֵר) פ	be surveyed, be scanned
נִסְרַג (יִסָּרֵג) פ	be knitted
נִסְרַט (יִסָּרֵט) פ	be scratched
נִסְרַךְ (יִסָּרֵךְ) פ	be joined, adhere
נִסְרַק (יִסָּרֵק) פ	be combed
נִסְתַּם (יִסָּתֵם) פ	be stopped up, be blocked
נִסְתַּר (יִסָּתֵר) פ	be hidden, be concealed
נָע (יָנוּעַ) פ	move; wander, roam
נָע ת	mobile, moving
נֶעְדַּר (יֵעָדֵר) פ	be absent, be missing
נָעוּל ת	locked
נָעוּץ ת	inserted, stuck in
נֵעוֹר ת	awake, awakened
נְעוּרִים ז״ר	youth
נְעוֹרֶת נ	tow
נֶעֱזַב (יֵעָזֵב) פ	be left
נֶעֱזַר (יֵעָזֵר) פ	be helped
נֶעֱטַף (יֵעָטֵף) פ	be wrapped, be enveloped
נְעִילָה נ	locking (door); closing
נָעִים ת	pleasant, agreeable
נְעִימָה נ	melody, tune
נְעִימוּת נ	pleasantness
נָעִים מְאוֹד!	pleased to meet you! very pleasant
נָעִיץ ת	insertable (nail), penetrable (wall)
נְעִיצָה נ	insertion, sticking in
נְעִירָה נ	shaking out (tablecloth, etc.); braying (donkey)
נֶעֱכַל (יֵעָכֵל) פ	be digested
נֶעְכַּר (יֵעָכֵר) פ	be muddied; (mind, spirit) be befuddled

נָעַל (יִנְעַל) פ	lock, close; put on (shoe)
נַעַל נ	shoe, boot
נֶעֱלָב ת	insulted, offended
נֶעֱלַב (יֵיעָלֵב) פ	be insulted, be offended
נַעֲלֶה ת	lofty, exalted
נַעֲלָה (יֵיעָלֶה) פ	be superior to, be exalted
נֶעֱלָם ת	concealed, hidden; unknown
נֶעֱלַם (יֵיעָלֵם) פ	vanish, disappear
נֶעֱלַס (יֵיעָלֵס) פ	be joyful, be jolly
נָעַם (יִנְעַם) פ	be pleasant, be delightful
נֶעֱמַד (יֵיעָמֵד) פ	(colloquial) stand still
נֶעֱנַד (יֵיעָנֵד) פ	be tied, be worn (medal, jewellery)
נַעֲנָה (יֵיעָנֶה) פ	be answered (positively), be accepted; consent
נִעְנוּעַ ז	shaking, tossing
נִעְנַע (יְנַעְנַע) פ	shake, toss
נֶעֱנַשׁ (יֵיעָנֵשׁ) פ	be punished
נָעַץ (יִנְעַץ) פ	stick in, insert
נַעַץ ז	drawing-pin, tack
נֶעֱצַב (יֵיעָצֵב) פ	be sorrowful
נֶעֱצַר (יֵיעָצֵר) פ	stop, come to a halt
נֶעֱקַד (יֵיעָקֵד) פ	be trussed
נֶעֱקַף (יֵיעָקֵף) פ	be by-passed
נֶעֱקַץ (יֵיעָקֵץ) פ	be stung, be bitten
נֶעֱקַר (יֵיעָקֵר) פ	be uprooted, be pulled out
נָעַר (יִנְעַר) פ	shake out
נַעַר ז	lad, youth
נַעֲרָה נ	young girl, lass
נַעֲרוּת נ	youth, boyhood
נֶעֱרַךְ (יֵיעָרֵךְ) פ	be arranged; be edited; be valued
נֶעֱרַם (יֵיעָרֵם) פ	be piled
נֶעֱרַף (יֵיעָרֵף) פ	be beheaded
נַעֲרָץ ת	admired, esteemed
נַעֲשָׂה (יֵיעָשֶׂה) פ	be made, be produced
נֶעְתַּק (יֵיעָתֵק) פ	be removed, be shifted; be copied
נֶעְתַּר (יֵיעָתֵר) פ	accede (to request, etc.)
נִפְגַּם (יִיפָּגֵם) פ	be spoiled, be marred
נִפְגַּע (יִיפָּגַע) פ	be injured, be stricken
נִפְגַּשׁ (יִיפָּגֵשׁ) פ	meet, encounter
נִפְדָּה (יִיפָּדֶה) פ	be redeemed, be ransomed
נָפָה נ	sieve; district, region
נָפוֹג (יִיפּוֹג) פ	become weak
נָפוּחַ ת	swollen; inflated
נְפוֹלֶת נ	fallout
נָפוֹץ ת	widespread
נָפוֹץ (יִיפּוֹץ) פ	be scattered, be spread
נָפוּשׁ ת	resting, relaxing
נָפַח (יִיפַּח) פ	breathe out, exhale, blow
נֶפַח ז	volume, bulk
נַפָּח ז	blacksmith
נִפְחַד (יִיפָּחֵד) פ	be frightened, be afraid

נַפָּחוּת נ smithery
נַפַּח־זְכוּכִית glassblower
נַפָּחִיָּה נ smithy
נִפְחַס (יִיפָּחֵס) פ be flattened
נֵפְט ז oil, mineral oil; kerosene
נָפַט (יִנְפּוֹט) פ hackle (wool)
נִפְטַם (יִיפָּטֵם) פ be fattened, be stuffed
נִפְטָר ז deceased
נִפְטַר (יִיפָּטֵר) פ be released; go away from; pass away
נְפִיחָה נ blowing, puffing; breaking wind
נְפִיחוּת נ swelling
נְפִיל ז, נְפִילִים ז״ר giants, titans
נְפִילָה נ fall; defeat, collapse
נָפִיץ ת explosive
נָפַל (יִיפּוֹל) פ fall; fall in battle, die; happen
נֵפֶל ז abortion
נִפְלָא (יִיפָּלֵא) פ be wonderful, be marvelous
נִפְלַט (יִיפָּלֵט) פ be given off, escape, come out; be let slip
נִפְנָה (יִיפָּנֶה) פ turn round; be free
נִפְנוּף ז waving, flapping
נִפְנֵף (יְנַפְנֵף) פ wave, flap
נִפְסָד ת faulty, spoilt
נִפְסַל (יִיפָּסֵל) פ be disqualified, be ruled out
נִפְסַק (יִיפָּסֵק) פ cease, stop, be interrupted
נִפְעָל ת (gram.) passive
נִפְעַם (יִיפָּעֵם) פ be deeply moved, be stirred
נֶפֶץ ז explosion
נַפָּץ ז detonator
נִפְצַע (יִיפָּצַע) פ be wounded
נִפְקַד (יִיפָּקֵד) פ be counted, be numbered; absent
נִפְקָדוּת נ absenteeism
נִפְקַח (יִיפָּקַח) פ be opened (eyes or ears)
נִפְרָד ת separate, apart
נִפְרַד (יִיפָּרֵד) פ be separated
נִפְרַט (יִיפָּרֵט) פ be changed (into small money); be specified
נִפְרַם (יִיפָּרֵם) פ be ripped (along the line of stitches)
נִפְרַס (יִיפָּרֵס) פ be sliced (bread); be spread out
נִפְרַע (יִיפָּרַע) פ be paid up; be collected (debt)
נִפְרַץ (יִיפָּרֵץ) פ be broken through, be torn open
נִפְרַק (יִיפָּרֵק) פ be unloaded
נִפְרַשׂ ר׳ נִפְרַס
נִפְרַשׁ (יִיפָּרֵשׁ) פ be separated, be removed
נָפַשׁ (יִינְפוֹשׁ) פ rest, relax
נֶפֶשׁ ז soul, spirit of life; person, man; character (in a play)
נַפְשִׁי ת mental; warm-hearted
נִפְשָׁע ת sinful
נִפְתָּה (יִיפָּתֶה) פ be enticed
נַפְתּוּל ז meander
נַפְתּוּלִים ז״ר struggling(s), wrestling
נִפְתַּח (יִיפָּתַח) פ be opened
נִפְתַּל (יִיפָּתֵל) פ be twined, be twisted

נִפְתַּר (יִיפָּתֵר) פ be solved
נֵץ ז sparrow hawk
נְצוֹלֶת נ salvage
נָצוּר ת, ז besieged, locked
נֶצַח ז eternity, perpetuity
נִצְחִי ת eternal, perpetual
נַצְחָנוּת נ stubborn argumentativeness
נְצִיב ז commissioner, governor
נְצִיבוּת נ governorship
נְצִיג ז delegate, representative
נְצִיגוּת נ representation
נְצִילוּת נ efficiency (of machine, etc.)
נָצִיץ ז mica
נַצְלָנִי ת exploiting
נִצְנוּץ ז sparkle, twinkle
נִצְנֵץ (יְנַצְנֵץ) פ sparkle, twinkle
נָצַץ (יִנְצוֹץ) פ sparkle, gleam
נָצַר (יִנְצוֹר) פ guard, preserve; lock (rifle)
נֵצֶר ז shoot, sprout; scion, offspring
נִצְרָה נ safety-catch (on a gun)
נַצְרוּת נ Christianity
נִצְרָךְ ת needy, indigent
נַקָּב ז perforator
נָקַב (יִיקּוֹב) פ perforate, punch; specify, designate
נֶקֶב ז hole, aperture
נִקְבֵּב (יְנַקְבֵּב) פ perforate
נְקֵבָה נ female
נִקְבָּה נ tunnel
נִקְבּוּב ז perforation
נַקְבּוּבִי ת porous, perforated
נַקְבּוּבִית נ pore
נְקֵבִי ת feminine, female
נַקְבָנִית נ punch-typist
נִקְבַּע (יִיקָּבַע) פ be determined, be fixed
נִקְבַּץ (יִיקָּבֵץ) פ be assembled, be grouped
נִקְבַּר (יִיקָּבֵר) פ be buried
נָקַד (יִנְקוֹד) פ dot, point
נֶקֶד ז center point (for drilling); coccus (microbe)
נִקְדֵּד (יְנַקְדֵּד) פ draw a dotted line, mark with dots
נִקְדַּח (יִיקָּדַח) פ be drilled (hole, well), be bored
נַקְדָן ז pointer (of Hebrew texts), vocalizer; pedant
נַקְדָנוּת נ pedantry
נִקְהָה (יִיקָּהֶה) פ be blunted, be dulled
נִקְהַל (יִיקָּהֵל) פ assemble, convene
נָקוּב ת perforated, pierced; nominal (value)
נָקוּד ת spotted, dotted
נְקוּדָה נ point, dot; full stop
נְקוּדָה וּפְסִיק (;) semi-colon (;)
נְקוּדָתַיִם נ"ז colon
נְקוּדַת רְאוּת viewpoint
נִקְוָוה (יִיקָּוֶוה) פ be collected, be gathered together
נָקַט (יִנְקוֹט) פ take (measures, steps), take hold of
נִקְטַל (יִיקָּטֵל) פ be slain, be killed
נִקְטַף (יִיקָּטֵף) פ be picked (fruit, flowers)
נָקִי ת clean; innocent

נְקִיּוּת נ cleanliness
נְקִיעָה נ dislocation, sprain
נְקִיפַת מַצְפּוּן pricking of conscience
נְקִיק ז crevice, cleft
נְקִישָׁה נ tapping, knocking
נָקֵל תה"פ easy
נִקְלֶה ת base, dishonorable
נִקְלָה (יִיקָּלֶה) פ be roasted (coffee)
נִקְלַט (יִיקָּלֵט) פ be absorbed; take root
נִקְלַע (יִיקָּלַע) פ be hurled; chance
נִקְלַשׁ (יִיקָּלֵשׁ) פ be thinned (air, soup); be weakened
נָקַם (יִיקּוֹם) פ avenge, take vengeance
נָקָם ז revenge, vengeance
נְקָמָה נ revenge, vengeance
נִקְנָה (יִיקָּנֶה) פ be bought, be purchased
נַקְנִיק ז sausage
נַקְנִיקִיָּה נ sausage-shop
נַקְנִיקִית, נַקְנִיקִיָּה נ small sausage, frankfurter
נִקְנַס (יִיקָּנֵס) פ be fined; be punished
נָקַע (יֵקַע) פ be dislocated, be sprained
נֶקַע ז dislocation (of limb), sprain
נָקַף (יִנְקוֹף) פ beat, bang, knock; rotate
נֶקֶף ז bruise, wound
נִקְפָּא (יִיקָּפֵא) פ be frozen, be solidified
נְקָפָה נ wound, bruise
נִקְצַץ (יִיקָּצֵץ) פ be cut down, be chopped; be minced

נִקְצַר (יִיקָּצֵר) פ be reaped, be harvested
נָקַר (יִיקּוֹר) פ peck; pierce, bore
נֶקֶר ז pecking, pecked hole
נַקָּר ז woodpecker
נִקְרָא (יִיקָּרֵא) פ be read; be called; be summoned
נִקְרַב (יִיקָּרֵב) פ draw near, approach
נִקְרָה נ crevice, cleft
נִקְרָה (יִיקָּרֶה) פ happen upon
נִקְרַח (יִיקָּרֵחַ) פ go bald, lose hair
נִקְרַם (יִיקָּרֵם) פ be covered with skin
נַקְרָן ז fussy person
נַקְרָנוּת נ fussiness
נִקְרַע (יִיקָּרַע) פ be torn, be rent
נִקְרַשׁ (יִיקָּרֵשׁ) פ solidify, congeal
נָקַשׁ (יִיקּוֹשׁ) פ knock, rap
נֶקֶשׁ ז click
נִקְשַׁר (יִיקָּשֵׁר) פ be bound, be tied up
נֵר ז candle
נִרְאֶה ת visible; acceptable
נִרְאָה (יֵירָאֶה) פ be visible; seem
נִרְבְּעָה (תֵּירָבַע) פ be mated (animal)
נִרְגַּז (יֵירָגֵז) פ be enraged, be annoyed
נִרְגַּם (יֵירָגֵם) פ be stoned
נִרְגַּן (יֵירָגֵן) פ grumble, complain
נִרְגַּע (יֵירָגַע) פ calm down, relax
נִרְגָּשׁ ת moved, excited
נִרְדַּם (יֵירָדֵם) פ fall asleep
נִרְדָּף ת hunted; persecuted

נִרְדַּף (יֵירָדֵף) פ be pursued; be persecuted

נִרְחַב (יֵירָחֵב) פ be wide, be spacious

נִרְחַץ (יֵירָחֵץ) פ be washed

נִרְטַב (יֵירָטֵב) פ get wet

נִרְכַּס (יֵירָכֵס) פ be fastened, be buttoned

נִרְכַּשׁ (יֵירָכֵשׁ) פ be acquired, be obtained

נִרְמַז (יֵירָמֵז) פ be hinted, be suggested

נִרְמַס (יֵירָמֵס) פ be trampled, be trodden on

נִרְעַד (יֵירָעֵד) פ tremble, shudder, shiver

נִרְעַשׁ (יֵירָעֵשׁ) פ be shaken (mentally), be upset

נִרְפָּא (יֵירָפֵא) פ get well, recover

נִרְפֶּה ת slack, idle

נִרְפָּה (יֵירָפֶה) פ become slack, weaken

נִרְפַּשׁ (יֵירָפֵשׁ) פ be muddied, become muddy

נִרְצָה (יֵירָצֶה) פ be acceptable, be accepted

נִרְצַח (יֵירָצַח) פ be murdered

נִרְצַע (יֵירָצַע) פ be pierced

נִרְקַב (יֵירָקֵב) פ decay, rot

נַרְקִיס ז narcissus

נִרְקַם (יֵירָקֵם) פ be embroidered; be formed

נִרְשַׁם (יֵירָשֵׁם) פ be registered, be written down

נַרְתִּיק ז case, sheath; vagina

נִרְתַּם (יֵירָתֵם) פ be harnessed

נִרְתַּע (יֵירָתַע) פ flinch, quail; be deterred

נָשָׂא (יִשָּׂא) פ carry; lift, raise; endure; marry

נִשְׁאַב (יִישָּׁאֵב) פ be drawn

נִשְׁאַל (יִישָּׁאֵל) פ be asked

נִשְׁאַף (יִישָּׁאֵף) פ be inhaled

נִשְׁאַר (יִישָּׁאֵר) פ remain, be left

נָשַׁב (יִישׁוֹב) פ blow, puff

נִשְׁבָּה (יִישָּׁבֶה) פ be taken prisoner; be captured

נִשְׁבַּע (יִישָּׁבַע) פ swear, take an oath

נִשְׁבַּר (יִישָּׁבֵר) פ be broken

נִשְׂגָּב ת lofty, exalted; powerful

נִשְׂגַּב (יִישָּׂגֵב) פ be elevated, be set on high

נִשְׁדַּד (יִישָּׁדֵד) פ be robbed

נַשְׁדּוּר ז ammonia

נִשְׁדַּף (יִישָּׁדֵף) פ be burnt, dry by heat

נָשָׁה (יִשֶּׁה) פ dun, demand payment (of a debt); forget

נָשֶׁה, גִּיד הַנָּשֶׁה ז "sinew of the thigh", sciatic nerve

נָשׂוּא ת carried, borne; married (man); (grammar) predicate

נְשׂוּאָה נ married woman

נְשׂוּאִי ת predicative

נְשׂוּאִים ז״ר married (couple)

נָשׂוּי ת married (man)

נָשׁוּךְ ת bitten

נְשׁוֹפֶת נ filings

נָשׁוּק ת kissed

נְשׁוֹרֶת נ fallout; droppings

נִשְׁזַף (יִישָּׁזֵף) פ be sun-tanned
נִשְׁזַר (יִישָּׁזֵר) פ be interwoven
נִשְׁחַט (יִישָּׁחֵט) פ be slaughtered
נִשְׁחַק (יִישָּׁחֵק) פ be ground, be pulverized
נִשְׁחַת (יִישָּׁחֵת) פ be spoiled, be marred, be destroyed
נִשְׁטַף (יִישָּׁטֵף) פ be washed, be rinsed
נָשִׁי ת womanly, feminine
נָשִׂיא ז president
נְשִׂיאוּת נ presidency, the office of president; presidium
נְשִׁיבָה נ blowing (of wind)
נָשִׁיּוּת נ womanliness, femininity
נְשִׁיָּה נ forgetfulness
נְשִׁיכָה נ bite, biting
נָשִׁים נ״ר women
נְשִׁימָה נ breathing
נְשִׁיפָה נ blowing, exhaling
נְשִׁיקָה נ kiss
נָשִׁיר ת deciduous
נְשִׁירָה נ falling off (out)
נָשִׁית נ sciatica
נָשַׁךְ (יִישׁוֹךְ, יִישַּׁךְ) פ bite
נֶשֶׁךְ ז excessive interest
נִשְׁכַּח (יִישָּׁכַח) פ be forgotten
נַשְׁכָן ת given to biting
נִשְׂכָּר ת hired; rewarded
נִשְׂכַּר (יִישָּׂכֵר) פ be hired
נִשְׁלַח (יִישָּׁלַח) פ be sent, be despatched
נִשְׁלַל (יִישָּׁלֵל) פ be deprived of
נִשְׁלַם (יִישָּׁלֵם) פ be completed
נָשַׁם (יִנְשׁוֹם) פ breathe
נִשְׁמַד (יִישָּׁמֵד) פ be destroyed
נְשָׁמָה נ soul, spirit
נִשְׁמַט (יִישָּׁמֵט) פ be omitted, be left out
נִשְׁמַע (יִישָּׁמַע) פ be heard; be listened to
נִשְׁמַר (יִישָּׁמֵר) פ be kept, be guarded
נִשְׁנָה (יִישָּׁנֶה) פ be repeated; be learned, be studied
נִשְׁסַע (יִישָּׁסַע) פ be split
נִשְׁעַן (יִישָּׁעֵן) פ lean, be supported; rely on
נָשַׁף (יִישׁוֹף) פ blow, breathe out
נֶשֶׁף ז party (at night), soiree
נִשְׁפַּט (יִישָּׁפֵט) פ be tried, be brought to trial
נִשְׁפִּיָּה נ small party
נִשְׁפַּךְ (יִישָּׁפֵךְ) פ be spilled, be poured out
נָשַׁק (יִישַּׁק) פ kiss; come together
נַשָּׁק ז armorer
נֶשֶׁק ז weapons, arms
נֶשֶׁק אֲטוֹמִי, נֶשֶׁק גַּרְעִינִי atomic (nuclear) weapons
נֶשֶׁק חַם firearms
נִשְׁקַל (יִישָּׁקֵל) פ be weighed; be considered
נִשְׁקַף (יִישָּׁקֵף) פ be seen, be visible, overlook; look out, look through
נָשַׁר (יִישׁוֹר) פ fall off, fall away
נֶשֶׁר ז (biblical) vulture; (colloquial) eagle
נִשְׁרָה (יִישָּׁרֶה) פ be steeped, be soaked

נִשְׂרַט (יִישָּׂרֵט) פ	be scratched
נִשְׂרַף (יִישָּׂרֵף) פ	be burnt
נִשְׂרַץ (יִישָּׂרֵץ) פ	swarm, teem
נִתְבָּע ז	defendant, respondent
נִתְבַּע (יִיתָּבַע) פ	be claimed, be demanded; be required
נָתוּן ז	given; datum
נְתוּנִים ז״ר	data
נֶתֶז ז	spray, splash
נֵתַח ז	cut, piece
נִתְחַם (יִיתָּחֵם) פ	be delimited
נָתִיב ז	path; way
נָתִיךְ ז	fuse-wire
נָתִין ז	subject; Temple slave
נְתִינָה נ	giving
נְתִינוּת נ	citizenship, nationality
נָתִיק ת	severable
נֶתֶךְ ז	alloy
נִתְלָה (יִיתָּלֶה) פ	be hung
נִתְמַךְ (יִיתָּמֵךְ) פ	be supported
נָתַן (יִיתֵּן) פ	give, present
נִתְעָב ת	loathsome, abhorrent
נִתְעָה (יִיתָּעֶה) פ	be misled, be led astray
נִתְפַּס (יִיתָּפֵס) פ	be caught, be seized; be grasped
נִתְפַּר (יִיתָּפֵר) פ	be sewn, be stitched
נִתְפַּשׂ ר׳ נִתְפַּס	
נָתַץ (יִיתּוֹץ) פ	demolish, shatter
נֶתֶק ז	contact-breaker (elect.)
נִתְקַל (יִיתָּקֵל) פ	bump into
נִתְקַע (יִיתָּקַע) פ	be stuck
נִתְקַף (יִיתָּקֵף) פ	be attacked
נֶתֶר ז	washing soda; nitre
נִתְרַם (יִיתָּרֵם) פ	be contributed, be donated
נַתְרָן ז	sodium

ס

סְאָה נ	seah (ancient dry measure)
סָב, סָבָא ת	old, grandfather
סַבָּא ז	grandfather, grandpa
סָבָא (יִסְבָּא) פ	drink (to excess)
סָבַב (יִיסּוֹב) פ	go round, rotate
סַבֶּבֶת נ	pinion, cog-wheel
סָבוּךְ ת	tangled; complicated
סְבוֹלֶת נ	tolerance; endurance
סַבּוֹן ז	soap
סַבּוֹנִיָּה, סַבּוֹנִית נ	soap-holder
סָבוּר ת	of the opinion
סַבּוֹרֶג ז	screwdriver
סְבוּרַנִי, סְבוּרַנִי	I think, I am of the opinion
סְבִיאָה נ	drinking (to excess)
סָבִיב תה״פ	around, round
סְבִיבוֹת	surroundings, environs
סְבִיבָה נ	vicinity, neighborhood
סְבִיבוֹל ז	swivel
סְבִיבוֹן ז	top (toy)

סַבְיוֹן ז ragwort

סָבִיךְ ת easily entangled, tangly

סְבִיכוּת נ complexity

סָבִיל ת passive

סְבִילוּת נ passivity; endurance

סָבִיר ת reasonable

סְבִירוּת נ reasonableness

סְבַךְ, סְבָךְ ז thicket; tangle

סְבָכָה נ grate, trellis, lattice

סִבְכִּי, סִיבְּכִי ז warbler

סָבַל (יִסבּוֹל) פ suffer, endure

סַבָּל ז porter

סֵבֶל ז load, burden; suffering

סַבְלָנוּת נ patience; tolerance

סָבַר (יִסבּוֹר) פ think, be of the opinion; understand

סֵבֶר ז expectation; countenance

סְבָרָה נ opinion, theory

סְבָרוֹת כֶּרֶס baseless supposition

סֵבֶר פָּנִים יָפוֹת warm welcome

סַבְתָּא נ granny, grandma

סָגַד (יִסגּוֹד) פ worship

סְגוֹל ז segol (Hebrew vowel)

סָגוֹל ת violet, mauve

סְגוּלָּה נ treasured possession; characteristic

סְגוּלִי ת specific, characteristic

סָגוּר ת closed, shut

סְגוֹרֶץ ז zip

סַגִּי תה״פ plenty, enough

סְגִידָה נ worship

סָגִיל ת adaptable

סְגִילוּת נ adaptability

סַגִּי נְהוֹר blind man (euphemism)

סְגִיר ז shackle

סְגִירָה נ shutting, closing

סֶגֶל ז cadre (military); staff

סְגַלְגַּל ת oval

סְגָן ז deputy, vice

סֶגֶן ז lieutenant

סִגְנוֹן ז style

סִגְנוּן ז stylizing

סֶגֶן מִשְׁנֶה second lieutenant

סִגְנֵן (יְסַגְנֵן) פ stylize, improve the style

סַגְסוֹגֶת נ alloy

סַגְפָן ז ascetic

סָגַר (יִסגּוֹר) פ shut, close

סֶגֶר ז valve disc, valve gate

סַגְרִיר ז rainstorm

סַגְרִירִי ת very rainy, torrential

סַד ז stocks, pillory

סָדוּק ת cracked, split

סָדוּר ת arranged, set in order

סָדִין ז sheet

סָדִיר ת regular

סְדִירוּת נ regularity

סַדָּן ז anvil

סַדְנָה נ workshop

סֶדֶק ז crack, split, fissure

סִדְקִית נ haberdashery

סִדֵּר (יְסַדֵּר) פ order, arrange

סֵדֶר ז order, arrangement

סַדָּר ז compositor, type-setter

סְדָר ז set-up type

סִדְרָה נ sequence, series

סַדְרָן ז steward (at meetings), usher (theater, cinema)

סַדְרָנוּת נ stewarding, ushering

סַהַר ז moon

סַהַר פּוֹרֶה Fertile Crescent
סַהֲרוּרִי ת sleepwalking
סוֹאֵן ת noisy
סוֹבֵא ז drunkard
סוֹבֵב ז (anat.) radius
סוֹבֵב (יְסוֹבֵב) פ go round, encircle
סוֹבַּב (יְסוֹבַּב) פ be surrounded, be encircled
סוּבִּין ז״ר bran
סוּבַּךְ (יְסוּבַּךְ) פ be complicated; be entangled
סוֹבֶךְ ז lair (in a thicket)
סוֹבְלָנוּת ת tolerance
סוֹבְלָנִי ת tolerant
סוּבַּן (יְסוּבַּן) פ be soaped
סוּג ז class; kind, type
סוּגְיָה נ problem, issue
סוּגַּל (יְסוּגַּל) פ be acquired; be adapted
סוּגְנַן (יְסוּגְנַן) פ be stylized, be polished
סוּגַר ז cage; muzzle
סוּגַּר (יְסוּגַּר) פ be closed up
סוֹגֵר ז bracket
סוֹגְרַיִים מְרוּבָּעִים square brackets
סוֹד ז secret
סוֹדִי ת confidential
סוֹדֵר ת ordinal
סוּדָר ז shawl, scarf
סוּדַּר (יְסוּדַּר) פ be arranged, be put in order
סוֹדְרָן ז index file
סוֹהֵר ז prison officer, warder
סוּוַּג (יְסוּוַּג) פ be classified
סַוָּור ז stevedore

סוֹחֲפָנִי ת erosive
סוֹחֵר ז merchant, trader
סוֹטֶה ת deviating, divergent
סוּיַּד (יְסוּיַּד) פ be whitewashed
סוּיַּם (יְסוּיַּם) פ be ended, be terminated
סוֹךְ ז, סוֹכָה נ branch, bough
סוּכָּה נ booth; succah
סוּכּוֹת, חַג־הַסּוּכּוֹת Succot, the Feast of Tabernacles
סוֹכֵךְ ז umbrella, sunshade
סוּכַּךְ (יְסוּכַּךְ) פ be covered over
סוֹכְכִי ת umbelliferous
סוּכַּל (יְסוּכַּל) פ be frustrated (plan, contract), be foiled
סוּכַּם (יְסוּכַּם) פ be added up, be totalled; be summarized
סוֹכֵן ז agent
סוּכַּן (יְסוּכַּן) פ be risked; be endangered
סוֹכְנוּת נ agency
סוּכְסַךְ (יְסוּכְסַךְ) פ be involved in a quarrel
סוּכָּר ז sugar
סוּכַּר (יְסוּכַּר) פ be sugared, be sugar-coated
סוּכָּרִייָה נ candy, sweet
סוּכֶּרֶת נ diabetes
סוּלָּא (יְסוּלָּא) פ be valued
סוֹלֵד ת shrinking from, revolted by
סוֹלְדָנוּת נ allergy
סוֹלְחָן ת forgiving, condoning
סוֹלְחָנוּת נ forgiveness, leniency
סוּלְיָה נ sole (of a shoe)
סוֹלְלָה נ embankment; dike; battery

סוּלָם ז ladder; scale
סוֹלָן ז soloist
סוּלְסַל (יְסוּלְסַל) פ be curled, be waved (hair); be trilled (voice)
סוּלַף (יְסוּלַף) פ be distorted, be garbled
סוּלַק (יְסוּלַק) פ be removed, be taken away
סוֹלֶת ז fine flour; semolina
סוּמָא, סוּמֵא ז blind man
סוֹמֶךְ ז consistency (of soup, etc.)
סוֹמֵךְ ז support, prop
סוּמַם (יְסוּמַם) פ be poisoned; be drugged
סוּמַן (יְסוּמַן) פ be marked
סוֹמֶק ז redness, crimson
סוּמְרַר (יְסוּמְרַר) פ be riveted
סוּנְוַור (יְסוּנְוַור) פ be dazzled
סוּנַן (יְסוּנַן) פ be strained
סוּנַף (יְסוּנַף) פ be affiliated
סוּס ז horse
סוּסָה נ mare
סוֹעֵר ת stormy, raging
סוּף ז rush, reed
סוֹף ז end, finish
סוֹפֵג ז blotting-paper
סוּפְגָן ז sponge cake
סוּפְגָנִייָה, סוּפְגָנִית נ doughnut
סוּפָה נ storm, gale
סוּפַּח (יְסוּפַּח) פ be attached, be annexed
סוֹפִי ת final; finite
סוֹפִית נ, תה״פ suffix; finally
סוּפַּק (יְסוּפַּק) פ be supplied
סוֹפֵר ז author, writer
סוּפַּר (יְסוּפַּר) פ be told, be narrated; have one's hair cut
סוּפְרַר (יְסוּפְרַר) פ be numbered, be given a number
סוּקַל (יְסוּקַל) פ be cleared of stones; be stoned (man)
סוֹר ז leaven; original state
סוּרְבַּל (יְסוּרְבַּל) פ be wrapped up, be made cumbersome
סוֹרֶג ז lattice (wood), grille (metal), grid
סוֹרַג (יְסוֹרַג) פ be plaited, be interwoven
סוּרְגַּל (יְסוּרְגַּל) פ be ruled (lines)
סוּרוֹ רַע fundamentally evil
סוּרְטַט (יְסוּרְטַט) פ be drawn, be sketched, be designed
סוּרִי ת Syrian
סוֹרַס (יְסוֹרַס) פ be castrated; be muddled (text)
סוֹרַק (יְסוֹרַק) פ be combed
סוֹרֵר ת stubborn, rebellious
סוּת נ garment, apparel
סוֹתֵר ת contradictory, conflicting
סוֹתְרָנִי ת ambivalent
סוּתַּת (יְסוּתַּת) פ be chipped, be chiselled
סָח (יָסִיחַ) פ say, speak
סָחַב (יִסְחַב) פ drag; (colloquial) pilfer, "pinch"
סְחָבָה נ rag
סַחֶבֶת נ (colloq.) red-tape
סָחוּט ת squeezed; wrung out
סְחוּס ז cartilage
סְחוֹפֶת נ sediment, silt, erosion

סְחוֹרָה נ goods, merchandise

סְחוֹר־סְחוֹר round and round; indirectly, circuitously

סָחַט (יִסחַט) פ squeeze (fruit); wring out

סַחְטָן ז blackmailer

סְחִי ז refuse, garbage

סְחִיבָה נ dragging; (colloq.) pilfering

סְחִיטָה נ squeezing (fruit); wringing out; blackmail

סְחִיפָה נ erosion, sweeping away

סָחִיר ת negotiable

סַחְלָב ז orchid

סָחַף (יִסחַף) פ erode, sweep away

סַחַף ז alluvial soil; erosion

סָחַר (יִסחַר) פ do business, trade

סַחַר ז trade, commerce

סְחַרחוֹרֶת נ giddiness, dizziness

סְחַרחַר ת dizzy, whirling round

סְחַרחֵרָה נ merry-go-round

סַחַר־מֶכֶר crooked dealings

סִחרֵר (יְסַחרֵר) פ whirl round

סָטָה (יִסטֶה) פ deviate

סְטָו, סְטָיו ז colonnade, portico

סְטִיָּה נ deviation, aberration (mental)

סְטִירָה נ slap

סָטַר (יִסטוֹר) פ slap

סֵיאוּב ז dirtying, soiling

סֵיאוֹר, סְאוֹר ז leaven; original state

סֵיאוֹר שֶׁבָּעִיסָּה the best part, the vital part

סִיב ז fiber

סִיבֵּב (יְסַבֵּב) פ cause; surround

סִיבָּה נ reason, cause

סִיבּוּב, סִיבוּב ז rotation; round

סִיבּוּבִי, סִיבוּבִי ת rotatory, circulatory

סִיבּוּךְ ז complication; entanglement

סִיבּוֹלֶת נ endurance

סִיבּוּן ז soaping; soap-making

סִיבִי ת fibrous

סִיבִית נ fiber-board

סִיבֵּךְ (יְסַבֵּךְ) פ complicate; entangle

סִיבֵּן (יְסַבֵּן) פ soap; make soap

סִיבָּתִי ת causal

סִיבָּתִיּוּת נ causality

סִיג ז dross, base metal

סִיגִים ז״ר cinder, slag

סִיגּוּף ז mortification of the flesh

סִיגֵּל (יְסַגֵּל) פ adapt, adjust

סִיגֵּף (יְסַגֵּף) פ mortify (the flesh)

סִיד ז lime, whitewash; plaster

סִידּוּק ז cracking, splitting

סִידּוּר ז arrangement; daily prayer book

סִידּוּרִי ת serial, ordinal

סִידָן ז calcium

סִידֵּר (יְסַדֵּר) פ arrange, put in order; "fix", "do"

סִיּוּד ז whitewashing

סִיוּוֵג (יְסַוּוֵג) פ classify, categorize

סִיוּוּג ז classification

סִיוָן ז Sivan (May–June)

סִיוּט ז nightmare; horror

סִיּוּם ז cnd, finish

סִיּוֹמֶת נ suffix

סִיּוּעַ ז assistance, aid

fencing סִיּוּף ז

tour סִיּוּר ז

wholesaler סִיטוֹנַאי ז

wholesale trading סִיטוֹנוּת נ

fence, hedge סְיָג ז

whitewash סִיֵּד (יְסַיֵּד) פ

whitewasher סַיָּד, סַיָּד ז

colt, foal סְיָח ז

end, terminate סִיֵּם (יְסַיֵּם) פ

groom, ostler סַיָּס ז

assist, support סִיֵּעַ (יְסַיֵּעַ) פ

fencer סַיָּף ז

fence סִיֵּף (יְסַיֵּף) פ

tour, survey סִיֵּר (יְסַיֵּר) פ

battle-cruiser סַיֶּרֶת, סַיֶּרֶת נ

lubrication, oiling סִיכָה נ

pin, clip סִיכָּה, סִכָּה נ

chance, prospect סִיכּוּי ז

covering, thatching סִיכּוּךְ ז

frustration, foiling סִיכּוּל ז

addition; summing up סִיכּוּם ז

risk; endangering סִיכּוּן ז

cover over, thatch סִיכֵּךְ (יְסַכֵּךְ) פ

frustrate, foil סִיכֵּל (יְסַכֵּל) פ

frustration סִיכָּלוֹן ז

add up, sum up סִיכֵּם (יְסַכֵּם) פ

risk; endanger סִיכֵּן (יְסַכֵּן) פ

sugar, sugar-coat סִיכֵּר (יְסַכֵּר) פ

modulation (music) סִילּוּם ז

jet (plane), stream סִילוֹן ז

siren, water-nymph סִילוֹנִית נ

distortion, perversion סִילּוּף ז

removal, disposal סִילּוּק, סִלּוּק ז

modulate (music) סִילֵּם (יְסַלֵּם) פ

distort, garble סִילֵּף (יְסַלֵּף) פ

remove, take away סִילֵּק (יְסַלֵּק) פ

sift; select סִילֵּת (יְסַלֵּת) פ

blind; dazzle סִימֵּא (יְסַמֵּא) פ

blinding סִימּוּי ז

סִימּוּכִין ר׳ סְמוּכִין

symbolization סִימּוּל ז

poisoning סִימּוּם ז

notation, marking סִימּוּן ז

nailing; bristling סִימּוּר ז

alley, narrow lane; boil סִמְטָה נ

sustain, support סִימֵּךְ (יְסַמֵּךְ) פ

symbolize סִימֵּל (יְסַמֵּל) פ

poison סִימֵּם (יְסַמֵּם) פ

sign, mark; omen סִימָן ז

mark, indicate סִימֵּן (יְסַמֵּן) פ

bookmark; sign, mark סִימָנִיָּה, סִימָנִית נ

question mark סִימַן שְׁאֵלָה

symposium סִימְפּוֹזְיוֹן, רַב־שִׂיחַ

straining, filtration סִינּוּן ז

synchronization סִינְכְּרוּן, סִנְכְּרוּן ז

synchronous סִינְכְּרוֹנִי ת

synchronize סִינְכְּרֵן, סִנְכְּרֵן (יְסַנְכְּרֵן) פ

strain, filter; mutter סִינֵּן (יְסַנֵּן) פ

apron סִינָּר ז

fringe סִיס ז

password (military); slogan סִיסְמָה נ

faction, group סִיעָה נ

factional, group סִיעָתִי ת

sword; fencing (sport) סַיִף ז

ending, final section סֵיפָא ז

attachment; annexation סִיפּוּחַ ז

ceiling; deck (of a ship) סִיפּוּן ז

סִיפּוּק ז	satisfaction; supplying, providing
סִיפּוּר ז	story, tale; story-telling
סִיפּוּרִי ת	narrative
סִיפּוֹרֶת נ	fiction
סִיפַּח (יְסַפַּח) פ	attach, annex
סֵיפָן ז	gladiolus
סִיפֵּק (יְסַפֵּק) פ	supply; satisfy, please
סִיפֵּר (יְסַפֵּר) פ	tell; cut hair
סִיקּוּל ז	clearing of stones
סִיקּוּס ז	knot (in wood)
סִיקּוּר ז	survey, review; covering (as a journalist)
סִיקּוֹרֶת נ	review
סִיקֵּל (יְסַקֵּל) פ	clear of stones; stone
סִיקֵּר (יְסַקֵּר) פ	cover (as a journalist)
סִיקָרִי, סִיקָרִיקוֹן ז	armed bandit
סִיר ז	pot, vessel
סֵירֵב (יְסָרֵב) פ	refuse
סִירָה נ	boat
סִיר הַבָּשָׂר	plenty, the fleshpots
סֵירוּב ז	refusal
סֵירוּג ז	interweaving
סִירוֹנִית נ	mermaid, siren
סֵירוּס ז	castration; jumbling
סִיר לַיְלָה	chamber-pot
סֵירֵס (יְסָרֵס) פ	castrate; jumble, muddle
סִיתּוּת ז	stone-cutting; chip
סִיתֵּת (יְסַתֵּת) פ	chip, cut (stone)
סַךְ ז	wire-tack, wire-nail
סָךְ (יָסוּךְ) פ	lubricate, grease

סַךְ ז	amount
סַךְ הַכּוֹל	total
סָכוּךְ ת	covered, thatched
סְכוּכִית נ	lamp-shade
סְכוּם ז	total, sum
סַכּוּ"ם ז	cutlery (from initial letters of (סַכִּין, כַּף וּמַזְלֵג
סַכִּין ז	knife
סַכִּינַאי ז	armed robber, cut-throat
סָכַךְ (יָסוֹךְ) פ	screen, cover
סְכָךְ ז	covering, thatch
סְכָכָה נ	covering; covered yard
סָכָל ת	stupid, witless
סִכְלוּת נ	stupidity, foolishness
סַכָּנָה נ	danger, peril
סִכְסוּךְ ז	quarrel, strife
סִכְסֵךְ (יְסַכְסֵךְ) פ	foment a quarrel
סִכְסָךְ ז	zigzag
סַכְסְכָן ת	trouble-maker
סַכְסְכָנוּת נ	trouble-making
סָכַר (יִסְכּוֹר) פ	dam up, stop up
סֶכֶר ז	dam; lock
סַל ז	basket
סָלַד (יִסְלוֹד) פ	recoil, shrink back
סַלֶּדֶת נ	allergy
סֶלָה מ"ק	selah
סָלוּחַ ת	forgiven, pardoned
סָלוּל ת	paved
סָלַח (יִסְלַח) פ	forgive, pardon
סַלְחָן, סוֹלְחָן ת	forgiving, clement
סַלְחָנִי ת	forgiving, clement, lenient
סָלָט ז	salad
סְלִידָה נ	revulsion, disgust
סְלִיחָה נ	pardon, forgiveness
סְלִיל ז	coil, spool

סְלִילָה נ paving, road-building
סְלִילִי ת spiral, coiled
סְלִיק ז end, conclusion; (colloq.) cache (for illegal possessions)
סָלַל (יִסלוֹל) פ pave, build a road
סַלָמַנדְרָה נ salamander
סַל נְצָרִים wicker basket
סִלסוּל ז curl, wave (of the hair); trill (of the voice)
סַלסִילָה נ small basket
סִלסֵל (יְסַלסֵל) פ curl, wave (hair); trill (voice)
סֶלַע ז rock
סֶלַע הַמַּחֲלוֹקֶת bone of contention, point at issue
סַלעִי ת rocky, craggy
סַלעִית נ chat (bird), wheatear
סֶלֶף ז distortion, falsification
סַלְפָן ז one who distorts
סֶלֶק ז beetroot
סַם ז drug; poison
סַמבּוּק ז elder
סְמָדַר ז incipient fruit
סָמוּי ת concealed, invisible
סָמוּך ת adjoining, nearby; firm
סָמוֹך ז, סָמוֹכָה נ support, prop
סְמוּכִין, סִימוּכִין ז״ר documentary evidence
סָמוּק ת flushed, red
סָמוּר ת bristly, stiff
סַמּוּר ז marbled polecat
סַם חַיִּים healing drug
סִמטָה, סִימטָה נ alley, narrow lane
סַמֶּטֶת נ boils
סָמִיךְ ת thick
סְמִיכָה נ support, dependence; leaning; ordaining (of priests)
סְמִיכוּת נ ordination (of a Rabbi); construct state (grammar) proximity; density
סְמִיכוּת הַפָּרָשִׁיוֹת connection between themes
סָמִיר ת bristly, stiff
סַמֵּי רְפוּאָה medicines
סָמַךְ (יִסמוֹךְ) פ support, sustain; lay (hands); rely, depend
סֶמֶךְ ז support, prop
סַמכָא ז support
סַמכוּת נ authority
סֵמֶל, סֶמֶל ז emblem, badge; symbol
סַמָּל ז sergeant
סִמלוֹן ז collar (of a yoke)
סִמלִי ת symbolic, token
סִמלִיוּת נ symbolism
סַם מָוֶת poison
סְמָמִית נ house-lizard
סַמְמָן ז ingredient of perfume, drug; flavor
סַם מַרגִּיעַ tranquilizer
סַמָּן ז (military) marker
סַמָּן יְמָנִי right marker
סִמפּוֹנוֹן ז, סִמפּוֹנִית נ bronchial tube
סָמַר (יִסמַר) פ bristle, stiffen
סָמָר ז rush
סִמרוּר ז riveting
סְמַרטוּט ז rag
סְמַרטוּטָר ז rag-merchant
סִמרֵר (יְסַמרֵר) פ rivet
סְנָאִי ז squirrel

defending counsel	סַנֵּגוֹר, סַנֵיגוֹר ז
defense (in law) case	סַנֵּגוֹרְיָה, סַנֵיגוֹרְיָה נ
defend (in law)	סִנֵּגֵר (יְסַנֵגֵר) פ
sandal	סַנְדָּל ז
shoemaker, cobbler	סַנְדְּלָר ז
shoemaking	סַנְדְּלָרוּת נ
shoemaker's workshop	סַנְדְּלָרִיָּה נ
godfather (at a circumcision, the one who holds the baby)	סַנְדָּק ז
act as godfather; sponsor	סִנְדֵּק (יְסַנְדֵּק) פ
thorn-bush	סְנֶה ז
Sanhedrin	סַנְהֶדְרִין נ
dazzle	סִנְוֵר (יְסַנְוֵר) פ
dazzle, dazzling	סִנְווּר ז
sudden blindness, dazzle	סַנְווֵרִים ז"ר
swallow	סְנוּנִית נ
a punch in the jaw	סְנוֹקֶרֶת נ
taunt, jeer at, mock	סָנַט (יִסְנוֹט) פ
chin	סַנְטֵר ז
branch	סָנִיף ז
fin; bilge keel (of a ship)	סְנַפִּיר ז
hydrofoil	סְנַפִּירִית נ
put aside, reject	סָנַק (יִסְנוֹק) פ
clothes moth	סָס ז
variegated, multicolored	סַסְגּוֹנִי ת
variegation, multicolor	סַסְגּוֹנִיּוּת נ
polyphonic	סַסְקוֹלִי ת
polyphony	סַסְקוֹלִיּוּת נ
sustain, support; eat, dine	סָעַד (יִסְעַד) פ

support, assistance; corroboration	סַעַד ז
meal	סְעוּדָה נ
branch; cleft; paragraph, clause	סָעִיף ז
branch (of tree)	סָעֵף נ
manifold	סַעֶפֶת נ
storm, rage	סָעַר (יִסְעַר) פ
storm, tempest	סַעַר ז סְעָרָה נ
a storm in a teacup	סְעָרָה בִּצְלוֹחִית שֶׁל מַיִם
threshold, sill; verge	סַף ז
absorb; blot, dry	סָפַג (יִסְפּוֹג) פ
lament, mourn	סָפַד (יִסְפּוֹד) פ
couch, sofa	סַפָּה נ
the verge of consciousness	סַף הַהַכָּרָה
the verge of death	סַף הַמָּוֶת
sponge, absorbent material	סְפוֹג ז
permeated with, imbued with	סָפוּג ת
absorbent, spongy	סְפוֹגִי ת
sponginess, absorptiveness	סְפוֹגִיּוּת נ
numbered	סָפוּר ת
sportsman	סְפּוֹרְטַאי ז
sportive	סְפּוֹרְטִיבִי ת
addition, attachment; aftergrowth	סֶפַח ז
skin-disease	סַפַּחַת נ
absorption, taking in	סְפִיגָה נ
absorbency, absorptiveness	סְפִיגוּת נ
aftergrowth	סָפִיחַ ז
ship	סְפִינָה נ
flow, capacity, possibility; requirement	סְפִיקָה נ

סַפִּיר ז sapphire

סָפִיר ת countable

סְפִירָה נ counting, numbering; era; sphere

סְפֵירָה נ sphere

סַפִּירִי ת like sapphire

סְפִירַת מְלַאי stocktaking

סֵפֶל ז cup, mug

סִפְלוֹן ז small cup

סֶפֶן ז plywood

סַפָּן ז sailor, seaman

סַפָּנוּת נ seamanship

סִפְנֵן (יְסַפְנֵן) פ siphon

סַפְסָל ז bench

סַפְסָר ז speculator, profiteer; broker

סִפְסֵר (יְסַפְסֵר) פ speculate, profiteer

סַפְסָרוּת נ speculation, profiteering

סַפְסָרִי ת speculative

סָפַק (יִספּוֹק) פ clap

סָפֵק ז doubt

סַפָּק ז supplier

סַפְקָן ז doubter, sceptic

סַפְקָנוּת נ scepticism

סַפְקָנִי ת sceptical

סַפֶּקֶת מַיִם water-boat

סָפַר (יִספּוֹר) פ count, number

סֵפֶר ז book, volume

סַפָּר ז hairdresser, barber

סְפָר ז border, frontier

סָפְרָא ז scholar, man of letters

סְפָרַד ז Spain

סְפָרַדִּי ת, ז Spanish; Sepharadi Jew

סְפָרַדִּית נ Spanish (language)

סִפְרָה נ numeral, figure, number

סִפְרוֹן ז booklet

סַפָּרוּת נ hairdressing

סִפְרוּת נ literature

סִפְרוּתִי ת literary

סִפְרוּת יָפָה belles-lettres, literature

סִפְרִיָּה נ library

סֵפֶר לִימוּד textbook

סַפְרָן ז librarian

סַפְרָנוּת נ librarianship

סֵפֶר עֵזֶר reference book

סֵפֶר תּוֹרָה Scroll of the Law

סְקִילָה נ stoning

סְקִירָה נ glance, look; review, survey

סָקַל (יִסקוֹל) פ stone

סָקַר (יִסקוֹר) פ glance at, scan; survey, review

סֶקֶר ז survey

סַקְרָן ז inquisitive person

סִקְרֵן (יְסַקְרֵן) פ arouse curiosity, intrigue

סַקְרָנוּת נ curiosity, inquisitiveness

סָר (יָסוּר) פ turn, turn aside, drop in

סִרְבּוּל ז wrapping, swathing; awkwardness, clumsiness

סַרְבָּל ז overalls

סִרְבֵּל (יְסַרְבֵּל) פ make cumbersome, make awkward

סָרְבָן ת uncompliant, disobedient

סָרְבָנוּת נ non-compliance, disobedience

סָרַג (יִסרוֹג) פ knit; plait, weave

סִרְגּוּל ז ruling (lines)

סִרְגֵּל (יְסַרְגֵּל) פ rule (lines)

סַרְגֵל ז	ruler
סָרָה נ	slander
סִרְהֵב (יְסַרְהֵב) פ	insist, importune
סָרוּג ת	knitted
סָרוּחַ ת	stinking; sinful; sprawled (on a bed)
סָרוּק ת	combed, carded
סָרַח (יִסְרַח) פ	stink, smell; spread out, sprawl
סֶרַח ז	overhang; train; excess
סִרְחוֹן ז	stink, stench
סֶרַח עוֹדֵף	amount left over
סָרַט (יִסְרוֹט) פ	scratch
סֶרֶט ז	strip, ribbon, tape; film
סִרְטוּט ז	drawing, design
סִרְטוֹן ז	film-strip
סִרְטֵט (יְסַרְטֵט) פ	draw, design
סַרְטָט ז	draughtsman, draftsman
סִרְטִיָּה נ	film-library
סַרְטָן ז	Cancer; crab; cancer
סַרְטַן הַדָּם	leukemia
סָרִיג ז	lattice, network, grille; (elec.) grid
סְרִיגָה נ	knitting
סְרִיטָה נ	scratch
סָרִיס ז	castrated person, eunuch
סְרִיקָה נ	combing; thorough search
סֶרֶן ז	axle; captain (army); prince (Philistine)
סַרְסוּר ז	agent, middleman
סִרְסֵר (יְסַרְסֵר) פ	act as agent
סַרְסָרוּת נ	brokery, mediation
סַרְסוּר לִדְבַר עֲבֵירָה	pimp, procurer
סַרְעַפִּים ז״ר	thoughts
סַרְעֶפֶת נ	diaphragm
סִרְפָּד ז	nettle
סִרְפֶּדֶת נ	urticaria, nettle-rash
סָרַק (יִסְרוֹק) פ	comb, card; search thoroughly
סְרָק ז	emptiness, barrenness
סָרַר (יִסְרוֹר) פ	disobey, rebel
סְתַגְלָן ז	adaptable person; opportunist
סְתַגְלָנוּת נ	adaptability; opportunism
סְתַגְרָן ז	introvert
סְתַגְרָנוּת נ	introversion
סְתָו ר׳ סְתָיו	
סְתָוִי ת	autumnal
סִתְוָנִית נ	meadow saffron
סָתוּם ת	blocked, plugged; obscure; vague
סָתוּר ת	unkempt, dishevelled
סְתָיו ז	autumn, fall
סְתִימָה נ	plugging, stopping up
סְתִירָה נ	demolition; contradiction
סָתַם (יִסְתּוֹם) פ	stop up, block
סְתָם תה״פ	just, merely
סְתָ״ם	(initial letters of סְפָרִים, תְּפִילִין, מְזוּזוֹת)
סֶתֶם ז	seal, plug
סְתָמִי ת	vague, indefinite; neuter (gender), abstract (number)
סָתַר (יִסְתּוֹר) פ	destroy; contradict
סֵתֶר ז	hiding-place
סְתַרְשָׁף ז	flash eliminator (on gun)
סַתָּת ז	stone-cutter
סַתָּתוּת נ	stone-cutting

ע

עָב נ — cloud
עָב ת — thick, coarse
עָבַד (יַעֲבוֹד) פ — work
עֶבֶד ז — slave, serf
עַבְדוּת נ — slavery, serfdom
עֶבֶד נִרְצָע — willing slave
עַבְדְּקָן ז — thick-bearded person
עָבֶה ת — thick, coarse
עֲבוֹדָה נ — work, labor, employment
עֲבוֹדָה זָרָה — idolatry, idol-worship, paganism
עֲבוֹדַת אֲדָמָה — agriculture
עֲבוֹדַת אֱלִילִים — idolatry
עֲבוֹדַת פֶּרֶךְ — hard labor
עֲבוֹט ז — pledge, surety
עֲבוּר מ״י — for
עָבוֹת ת — thick, bushy
עֲבוֹת זו״נ — rope, cable
עָבַט (יַעֲבוֹט) פ — pledge, pawn
עָבִיב ז — light cloud
עָבִיד ת — workable
עָבִיט ז — tub
עָבִיר ת — passable
עֲבִירָה נ — crossing
עֲבֵירָה, עֲבֵרָה נ — transgression, offence, crime
עֲבִירוּת נ — passability, negotiability
עָבַר (יַעֲבוֹר) פ — cross, pass
עָבָר ז — past, past tense
עֵבֶר ז — side
עֶבְרָה נ — wrath, anger
עִבְרוּר ז, עִבְרוּת ז — Hebraization
עִבְרִי ז, ת — Hebrew
עֲבַרְיָן ז — transgressor; criminal
עֲבַרְיָנוּת נ — crime, delinquency
עִבְרִית נ — Hebrew (language)
עִבְרֵר (יְעַבְרֵר), עִבְרֵת (יְעַבְרֵת) פ — Hebraize
עָבַשׁ (יֶעֱבַשׁ) פ — go moldy, go musty
עָבֵשׁ ת — moldy, musty
עָג (יָעוּג) פ — bake a cake; draw a circle
עָגַב (יַעֲגוֹב) פ — make love
עֲגָבָה נ — coquetry; sexual passion
עֲגָבִים ז״ר — lust, sensual love
עֲגָבַיִים ז״ז — buttocks
עַגְבָנוּת נ — lust, sexuality
עַגְבָנִיָּה נ — tomato
עַגֶּבֶת נ — syphilis
עָגָה נ — vernacular, dialect
עָגוֹל ת — round, circular
עָגוּם ת — sad, sorrowful
עֲגוּנָה נ — deserted wife (who cannot remarry)
עָגוּר ז — crane (bird)
עֲגוּרָן ז — crane (for lifting)
עָגִיל ז — ear-ring
עֲגִינָה נ — anchoring; dependence, reliance
עֵגֶל ז — calf
עֲגַלְגַּל ת — rounded
עֶגְלָה נ — heifer
עֲגָלָה נ — cart, pram*
עֶגְלוֹן ז — carter, coachman

עָגַם (יֶעְגַם) פ — be sad, be distressed
עֲגמוּמִי ת — a little sad, rather sad
עָגַן (יַעֲגוֹן) פ — be anchored; rely
עַד ז — eternity, perpetuity
עַד מ״י — until, till; up to
עֵד ז — witness
עֵדָה נ — community; congregation
עָדוּי ת — adorned, bejewelled
עֵדוּת נ — evidence; precept
עֲדִי ז — adornment, jewel
עֲדַיִן תה״פ — still
עֲדַיִן לֹא — not yet
עָדִין ת — fine, delicate
עֲדִינוּת נ — refinement, delicacy
עָדִיף ת — preferable
עֲדִיפוּת נ — priority, preference
עֲדִירָה נ — hoeing, digging
עִדכּוּן ז — bringing up-to-date
עִדכֵּן (יְעַדכֵּן) פ — bring up-to-date
עַדכָּנִי ת — up-to-date
עַדלָיָדַע נ — Purim carnival
עֵדֶן ז — pleasure; Eden, paradise
עֶדנָה נ — delight, pleasure
עָדַר (יַעֲדוֹר) פ — hoe, dig over
עֵדֶר ז — herd, flock
עֶדרִיוּת נ — characteristics of a herd
עֲדָשָׁה נ — lentil; lens; eyeball
עֲדָתִי ת — communal
עֲדָתִיוּת נ — communal segregation
עוֹב ז — beam, rafter
עוֹבֵד ז — worker, laborer
עוּבַּד (יְעוּבַּד) פ — be worked; be adapted, be arranged
עוּבדָה נ — fact
עוּבדָתִי ת — factual

עוֹבִי ז — thickness
עוֹבִי הַקּוֹרָה — spider-web; (coll.) heart of the the matter
עוֹבֵר ת — transient; passer-by
עוּבָּר ז — embryo, fetus
עוֹבֵר אוֹרַח — wayfarer
עוֹבֵר בָּטֵל — senile
עוּבְּרָה (תְּעוּבַּר) פ — be made pregnant, be made to conceive
עוֹבֵר וָשָׁב — current (bank account)
עוֹבֵר לַסּוֹחֵר — legal tender
עוּברַר (יְעוּברַר), עוּברַת (יְעוּברַת) פ — be Hebraized
עוֹבֶשׁ ז — mold, mildew
עוּגָב ז — organ
עוֹגֵב ז — libertine, philanderer
עוּגָה נ — cake; circle
עוּגִיָּה — small cake
עוֹגמַת נֶפֶשׁ — sorrow, distress
עוֹד תה״פ — more; again; yet, still
עוֹדֵד (יְעוֹדֵד) פ — encourage, support
עוֹדַד (יְעוֹדַד) פ — be encouraged, be supported
עוּדכַּן (יְעוּדכַּן) פ — be brought up-to-date
עוֹד מְעַט — in a little while
עוּדַּן (יְעוּדַּן) פ — be refined, be ennobled
עוֹדֵף ת — surplus, extra
עוֹדֶף ז — surplus, excess; change
עֲוָיָה נ — twisted expression
עֲוִית נ — convulsion, spasm
עֲוִיתִי ת — convulsive
עָוֶל ז עַוְלָה נ — wrong, injustice
עָווֹן ז — sin, crime

עוֹעִים ז״ר confusion
עָוָק ז rung, step
עַוֶּרֶת נ blindness
עוּוַּת (יְעוּוַּת) פ be perverted (justice); be distorted
עוֹז ז strength, force, boldness
עוֹזְנִייָה נ osprey
עוֹזֵר ז helper, assistant
עוֹז רוּחַ courage
עוּזְרָד ז hawthorn
עוֹזֶרֶת, עוֹזֶרֶת־בַּיִת נ domestic help, charwoman
עוּטַּף (יְעוּטַּף) פ be wrapped, be swathed
עוֹטְפָן ז folder
עוּטַּר (יְעוּטַּר) פ be adorned, be decorated
עוֹיֵן ת hostile, inimical
עוֹיְנוּת נ hostility, enmity
עוּכַּל (יְעוּכַּל) פ be digested
עוֹכֵר , ת defiling; making trouble for
עוּל ז young
עוֹל ז yoke; burden
עוֹלֵב ת offensive, insulting
עוֹלֶה ז immigrant (to Israel)
עוֹלָה נ sacrifice, burnt offering
עוֹלֵה רֶגֶל pilgrim
עוֹלֵל, עוֹלָל ז baby, infant
עוֹלֵל (יְעוֹלֵל) פ perpetrate, commit, do (evil)
עוּלַל (יְעוּלַל) פ be caused (evil), be perpetrated
עוֹלָם ז world, the world; universe; eternity
עוֹלָם הָאֱמֶת the world to come
עוֹלָמִי ת universal, world-wide; (slang) wonderful
עוֹלָמִית תה״פ eternally
עוֹלָם תַּחְתּוֹן underworld
עוּלְפֶּה ת faint, swooning
עוֹלֶשׁ ז chicory
עוּמַּד (יְעוּמַּד) פ be set up (print in pages)
עוּמְלַן (יְעוּמְלַן) פ be starched
עוֹמֵם ת flickering, growing dim
עוּמַּם (יְעוּמַּם) פ be dimmed, be dipped (lights)
עוֹמֶס ז load, burden; maximum load (of a vehicle)
עוּמְעַם (יְעוּמְעַם) פ be dimmed; be vague
עוֹמֶק ז depth, profundity
עוֹמֶר ז sheaf (of corn); omer (ancient dry measure)
עוּמַּת, לְעוּמַּת תה״פ against, opposite
עוֹנֶג ז pleasure, delight
עוֹנָה נ season, term
עוּנָּה (יְעוּנֶּה) פ be tortured, be tormented
עוֹנִי ז poverty
עוּנְיַין (יְעוּנְיַין) פ be interested
עוֹנֵן ז fortune-teller
עוּנַּן (יְעוּנַּן) פ be overcast, be overclouded
עוֹנֶשׁ ז punishment, penalty
עוֹנָתִי ת seasonal
עוֹף ז fowl, bird
עוֹפֶל ז citadel, fortified height
עוֹסֵף (יְעוֹסֵף) פ fly, flutter

עוֹסְפָּן ז	kite
עוֹפֶר ז	deer foal
עוּפַּר (יְעוּפַּר) פ	be covered with dust
עוֹפְרָה, עָפְרָה נ	deer foal, young doe
עוֹפְרִית נ	plumbago (plant)
עוֹפֶרֶת נ	lead
עוּפַּשׁ (יְעוּפַּשׁ) פ	go moldy, decay
עוֹצֶב ז	sadness, grief
עוּצַּב (יְעוּצַּב) פ	be modelled, be designed
עוּצְבָּה נ	regiment
עוּצְבַּן (יְעוּצְבַּן) פ	be made nervous
עוֹצֶם ז	force, power
עוֹצְמָה, עָצְמָה נ	intensity; force
עוֹצֵר ז	regent
עוֹצֶר ז	curfew
עוֹקֵב ת	consequent
עוּקַּב (יְעוּקַּב) פ	be cubed
עוֹקְבָה, עָקְבָה נ	guile, subterfuge
עוֹקְדָן ז	file, classeur
עוּקָה נ	sump
עוּקַּל (יְעוּקַּל) פ	(legal) be distrained, be foreclosed
עוּקַּם (יְעוּקַּם) פ	be bent, be twisted
עוֹקֶם ז	curvature, bend
עוֹקֶץ ז	thorn; sting
עוֹקֶץ הָעַקְרָב	heliotrope
עוֹקְצָנוּת נ	sarcasm, stinging remarks
עוֹקְצָנִי ת	sarcastic
עוּקַּר (יְעוּקַּר) פ	be sterilized
עוּר פ, ר׳ עָר	
עוֹר ז	skin, hide; leather
עוֹרֵב ז	crow
עוֹרְבָא פָּרַח	will-o'-the- wisp, illusion
עוּרְבַּב (יְעוּרְבַּב) פ	be mixed; be jumbled
עוּרְבַּל (יְעוּרְבַּל) פ	be mixed; be churned up
עוֹרְבָנִי ז	jay
עוּרְגַּל (יְעוּרְגַּל) פ	be rolled (steel)
עוּרְטַל (יְעוּרְטַל) פ	be stripped, be laid bare
עוֹרִי ת	of leather
עוֹרִית נ	artificial leather, leatherette
עוֹרֵךְ ז	editor
עוֹרֵךְ־דִּין	lawyer, advocate
עוֹרְלָה, עָרְלָה נ	foreskin; fruit of a tree in its first three years
עוֹרְמָה, עָרְמָה נ	cunning, slyness
עוּרְעַר (יְעוּרְעַר) פ	be undermined, be shaken
עוֹרֶף ז	back of the neck; (military) rear
עוֹרְפִּי ת	rear, in the rear
עוּרְפַּל (יְעוּרְפַּל) פ	be obscured, be befogged
עוֹרֵק ז	artery
עוֹרֵר ז	(legal) appellant
עוֹרֵר (יְעוֹרֵר) פ	rouse, wake
עוּשַּׂב (יְעוּשַּׂב) פ	be weeded
עוּשַּׁן (יְעוּשַּׁן) פ	be smoked (fish etc)
עוֹשֶׁק ז	exploitation, extortion, oppression
עוֹשֶׁר ז	wealth, riches
עוּשַּׂר (יְעוּשַּׂר) פ	be tithed

עוּתַּד (יְעוּתַּד) פ — be made ready, be prepared

עוֹתֶק ז — exemplar, copy

עוֹתֵר ז — petitioner

עַז ת — strong, powerful; sharp, pungent

עֵז נ — goat (female), she-goat

עֲזָאזֵל ז — Azazel

עָזַב (יַעֲזוֹב) פ — leave, leave behind; abandon

עָזוּב ת — abandoned, deserted

עֲזוּבָה נ — neglect (state of)

עֱזוּז ז — might, boldness

עַזּוּת נ — insolence, impudence

עַזּוּת מֵצַח, עַזּוּת פָּנִים — insolence, brazenness

עֲזִיבָה נ — abandonment, desertion

עַזְפָּן ז — impudent, impertinent

עַזְפָּנוּת נ — impudence, impertinence

עִזְקָה נ — washer, ring

עָזַר (יַעֲזוֹר) פ — help, assist

עֵזֶר ז — help, aid

עֶזְרָה נ — help, aid; helper

עֲזָרָה נ — Temple Court

עֶזְרָה הֲדָדִית — mutual assistance

עֶזְרָה רִאשׁוֹנָה — first aid

עֵזֶר כְּנֶגְדּוֹ — helpmate (i.e. wife)

עֶזְרַת נָשִׁים — women's gallery (in a synagogue)

עָט (יָעוּט) פ — pounce, swoop down

עֵט ז — pen

עָטָה (יַעֲטֶה) פ — wrap oneself in, put on

עָטוּי ת — wrapped, enveloped

עָטוּף ת — wrapped, enveloped

עָטוּר ת — wreathed, garlanded

עֲטוּר תְּהִילָּה — crowned with praise

עֲטִי ז — bad advice

עֲטִין ז — udder

עֲטִיפָה נ — covering, wrapping; wrapper, cover

עֲטִישָׁה נ — sneeze

עֵט כַּדּוּרִי — ball point pen

עֲטַלֵּף ז — bat

עֵט נוֹבֵעַ — fountain pen

עָטַף (יַעֲטוֹף) פ — wrap, cover; wrap in paper

עָטַר (יַעֲטוֹר) פ — encircle, surround

עֲטָרָה נ — crown, diadem; garland; corona (1. of the penis, 2. of a flower); woman's nipple

עִטְרָן ז — pitch, resin

עִטְרֵן (יְעַטְרֵן) פ — coat with resin (cart-wheels)

עָטַשׁ פ — sneeze

עֲטֶשֶׁת נ — fit of sneezing

עִי ז — heap of ruins

עִיבֵּד (יְעַבֵּד) פ — work over, adapt, arrange

עִיבָּה (יְעַבֶּה) פ — thicken, coarsen; condense

עִיבּוּד ז — adaptation, arrangement; working over, working on

עִיבּוּד מוּסִיקָלִי — musical arrangement

עִיבּוּי ז — thickening, coarsening; condensing

עִיבּוּר — conception, gestation; Hebraization

עִיבּוּרָה שֶׁל עִיר — outskirts of the town

עִיבּוּשׁ ז turning moldy

עִיבּוּת ז cable-making, rope-making

עִיבֵּר (יְעַבֵּר) פ cause to conceive, impregnate; Hebraize

עִיבְּרָה (תְּעַבֵּר) פ conceive, become pregnant

עִיבֵּשׁ (יְעַבֵּשׁ) פ turn moldy

עִיגּוּל ז circle; rounding off

עִיגּוּלִי ת circular, round

עִיגּוּן ז desertion (of spouse without divorce); anchorage

עִיגֵּל (יְעַגֵּל) פ draw a circle; round, round off

עִיגֵּן (יְעַגֵּן) פ moor (ship); desert (a wife without divorcing her)

עִידּוּד ז encouragement, support

עִידּוּן ז refining, refinement

עִידּוּר ז hoeing

עִידִית נ good soil; quality goods

עִידֵּן (יְעַדֵּן) פ indulge; refine

עִידָּן ז age, epoch

עִידָּנָא דְרִיתְחָא a moment of temper

עִידֵּר (יְעַדֵּר) פ hoe, dig up

עִיוָּה (יְעַוֶּה) פ deform, contort

עִיוֵּר ז blind, sightless

עִיוֵּר (יְעַוֵּר) פ blind

עִיוָּרוֹן ז blindness

עִיוֵּת (יְעַוֵּת) פ pervert (justice); distort

עִיוּוּת ז distortion, contortion

עִיוּוּת הַדִּין injustice, perversion of justice

עִיּוּן ז reading, perusing; study

עִיּוּנִי ת theoretical

עִיּוּר ז urbanization

עִיזָּבוֹן ז legacy; remains

עִיזָּה נ goat, she-goat

עִיזּוּז, עִזּוּז ז bold, brave

עַיִט ז bird of prey

עֵיט־הַיָּם eagle-fish

עִיטּוּף ז wrapping, enveloping

עִיטּוּר ז ornament, decoration; illustration (of book)

עִיטּוּשׁ ז sneeze

עִיטֵּר (יְעַטֵּר) פ crown; surround; adorn

עָיַן (יַעֲיֹן) פ be hostile to, hate

עִיֵּן (יְעַיֵּן) פ read, study; ponder, reflect

עָיֵף ת tired, weary

עָיֵף (יִיעַף) פ grow tired, tire

עַיָּף ז henkeeper

עִיֵּף (יְעַיֵּף) פ tire, weary, make tired

עֲיֵפָה נ tiredness, weariness

עֲיֵפוּת נ weariness, fatigue

עִיֵּר (יְעַיֵּר) פ urbanize

עֲיָרָה נ small town, township

עִיכֵּב (יְעַכֵּב) פ delay, hold up

עִיכָּבוֹן ז lien

עִיכּוּב ז delay, hold-up

עִיכּוּל ז digestion

עִיכּוּר ז making muddy, polluting

עִיכֵּל (יְעַכֵּל) פ digest

עִיכֵּס (יְעַכֵּס) פ jingle (with anklets)

עִיכֵּר (יְעַכֵּר) פ make turbid, pollute

עֵיל, לְעֵיל תה״פ above, supra

עֵילָּא ז top, up

עִילָּאוּת נ supremacy, superbness

supreme, superb	עִילָאִי ת
stammering, stuttering; inarticulate	עִילֵּג ת
exalt, extol	עִילָּה (יְעַלֶּה) פ
pretext, cause	עִילָּה נ
prodigy, boy wonder; elevation, uplift, buoyancy	עִילּוּי ז
of a genius, of an infant prodigy	עִילּוּיִי ת
concealment	עִילּוּם ז
anonymity	עִילּוּם שֵׁם
love-play	עִילּוּסִים ז״ר
faint, swoon	עִילּוּף ז
upper, higher, overhead	עִילִּי ת
élite	עִילִּית נ
set up (print in pages), page	עִימֵּד (יְעַמֵּד) פ
with me	עִימָּדִי, עִמָּדִי מ״י
setting up (print in pages)	עִימּוּד ז
drill, training	עִימּוּל ז
dimming, dipping	עִימּוּם ז
shutting (eyes)	עִימּוּץ ז
comparison; confrontation	עִימּוּת ז
exercise, train, drill	עִימֵּל (יְעַמֵּל) פ
dim, dip (lights)	עִימֵּם (יְעַמֵּם) פ
shut (eyes)	עִימֵּץ (יְעַמֵּץ) פ
contrast, compare	עִימֵּת (יְעַמֵּת) פ
eye; stitch; shade, color; appearance	עַיִן נ
spring, fountain	עַיִן ז
delight, please	עִינֵּג (יְעַנֵּג) פ
torment, torture	עִינָּה (יְעַנֶּה) פ
the Evil Eye	עַיִן הָרָע
delight, pleasure	עִינּוּג ז
torture, torment	עִינּוּי ז

mesh; eyepiece	עֵינִית נ
overcloud	עִיֵּן (יְעַיֵּן) פ
dough	עִיסָה נ
massage	עִיסָּה (יְעַסֶּה) פ
massage	עִיסּוּי ז
occupation, business	עִיסּוּק ז
mold	עִיפּוּשׁ ז
tan (leather)	עִיפֵּץ (יְעַפֵּץ) פ
pencil	עִיפָּרוֹן ז
turn moldy, cause to decay	עִיפֵּשׁ (יְעַפֵּשׁ) פ
fashion, model, design	עִיצֵּב (יְעַצֵּב) פ
pain, distress	עִיצָּבוֹן ז
lignify	עִיצָּה (יְעַצֶּה) פ
fashioning, modelling, designing, forming	עִיצּוּב ז
lignification	עִיצּוּי ז
essence, pith; height, peak; strengthening	עִיצּוּם ז
consonant; pressing (olives, grapes)	עִיצּוּר ז
press (olives, grapes)	עִיצֵּר (יְעַצֵּר) פ
cube	עִיקֵּב (יְעַקֵּב) פ
cubing; tracking, following	עִיקּוּב ז
distraint, foreclosure; bending, curve	עִיקּוּל ז
bending, curving, bend; distortion	עִיקּוּם ז
going round, bypassing	עִיקּוּף ז
uprooting, extirpation; sterilization	עִיקּוּר ז
attach, foreclose; bend, curve	עִיקֵּל (יְעַקֵּל) פ

עִיקֵל ת bandy-legged, bow-legged
עִיקֵם (יְעַקֵם) פ bend, twist; distort
עִיקֵר (יְעַקֵר) פ uproot (plants); hamstring (horses, cattle); sterilize
עִיקָר ז basis, core; principle
עִיקָרָא ז root, basis
עִיקָרוֹן ז principle, tenet
עִיקָרִי ת main, principal, basic
עִיקֵשׁ ת crooked, perverse; stubborn
עִיקֵשׁ (יְעַקֵשׁ) פ pervert, make crooked
עִיר נ town, city
עַיִר ז young ass
עֵירֵב (יְעָרֵב) פ mix
עֵירָבוֹן ז security, pledge
עֵירָה (יְעָרֶה) פ lay bare, strip; pour out
עִיר הַבִּירָה capital, capital city
עִיר הַקּוֹדֶשׁ Jerusalem, the Holy City
עֵירוּב ז mixing, mixture
עֵירוּב פַּרְשִׁיּוֹת a jumble of texts; a muddle
עֵירוּב תְּחוּמִים (fig.) confusion of issues
עֵירוּי ז emptying, pouring out; transfusion
עֵירוֹם תה״פ nude
עִירוֹנִי ת, ז municipal; townsman
עִירוּר ז excitation (elec.)
עֵירוּת נ alertness, vigilance; liveliness, stir
עִירִיָּה נ town council, municipality
עִירִית נ asphodel
עֵירָנוּת, עֵרָנוּת נ alertness, vigilance
עֵירָנִי, עֵרָנִי ת vigilant, alert
עֵירֵר (יְעָרֵר) פ excite (elec.)
עַיִשׁ נ the Great Bear, Ursa Major
עִישֵׂב (יְעַשֵׂב) פ weed
עִישּׂוּב נ weeding
עִישּׁוּן ז smoking; fumigation
עִישּׂוּר ז tithing
עִישֵּׁן (יְעַשֵּׁן) פ smoke; fumigate
עִישֵּׂר (יְעַשֵּׂר) פ tithe; multiply by ten
עִישֵּׁר (יְעַשֵּׁר) פ enrich, make wealthy
עִישָּׂרוֹן ז one-tenth, decimal
עִיתֵּד (יְעַתֵּד) פ make ready, prepare
עִיתָּה (יְעַתֶּה) פ time
עִיתּוּי ז timing
עִיתּוֹן ז newspaper
עִיתּוֹנָאוּת נ journalism
עִיתּוֹנַאי ז journalist, reporter
עִיתּוֹנָאִי ת journalistic
עִיתּוֹנוּת נ the press
עִיתּוּק ז (railway) shunting, marshalling
עִיתִּי, עִתִּי ת at an appointed time; periodical
עִיתֵּק (יְעַתֵּק) פ shunt; (nautical) shift, haul
עַכָּבָה נ hindrance, delay; inhibition
עַכָּבִישׁ ז spider
עַכְבָּר ז mouse
עַכְבָּרוֹן ז little mouse

עַכְבְּרוֹשׁ ז rat
עַכּוּז ז buttocks
עַכּוּ"ם ז pagan
(עוֹבֵד כּוֹכָבִים וּמַזָּלוֹת)
עָכוּר ת muddy, turbid; gloomy, dejected
עַכִּיל ת digestible
עַכִּילוּת נ digestibility
עֲכִירָה נ muddying, making turbid
עֲכִירוּת נ turbidity, muddiness; gloom
עֶכֶס ז anklet, bangle
עָכַר (יַעְכּוֹר) פ make turbid, muddy; befoul, pollute
עַכרוּרִי ת slightly turbid
עַכרוּרִית נ slight turbidity, discoloration
עַכְשָׁוִי ת of the present
עַכְשָׁיו תה"פ now
עַל ז height
עַל מ"י on, over, above, about
עַל אַחַת כַּמָּה וְכַמָּה all the more so
עַל אַף in spite of
עָלַב (יַעֲלוֹב) פ insult, offend
עֶלְבּוֹן ז insult, humiliation
עַל בּוּרְיוֹ thoroughly, perfectly
עַל דְּבַר concerning
עַל דַּעַת in the name of, with the knowledge of
עָלָה נ (יַעֲלֶה) פ go up, rise; cost; immigrate (to Israel)
עָלֶה ז leaf; sheet (of paper)
עֲלֵה גָּבִיעַ sepal
עֲלֵה כּוֹתֶרֶת petal
עֲלֵה תְּאֵנָה fig-leaf, camouflage

עָלוּב ת poor, wretched
עֲלְוָוה נ foliage
עָלוּל ת liable, prone (usu. in unpleasant sense)
עָלוּם ת hidden, secret
עֲלוּמִים ז"ר youth, young manhood
עָלוֹן ז leaflet
עֲלוּקָה נ leech; bloodsucker
עֲלוּת נ cost
עָלַז (יַעֲלוֹז) פ be gay, rejoice
עָלֵז ת gay, joyful, merry
עֲלָטָה ,עֶלֶט ז נ darkness, gloom
עֱלִי ז pestle; (botany) pistil
עֲלֵי מ"י on
עַל יַד beside, close by
עַל יְדֵי by means of, by
עֲלֵי הַגָּהָה proof sheets
עֶלְיוֹן ת supreme; upper, high
עֶלְיוֹנוּת נ supremacy, superiority
עַלִּיז ת gay, merry
עַלִּיזוּת נ gaiety, cheerfulness
עֲלִיָּיה נ going up, ascent; rise; promotion,; immigration (to Israel); attic, loft
עֲלִיָּיה לְרֶגֶל pilgrimage to Jerusalem
עֲלִיַּית־גַּג attic floor, loft
עֲלִיַּית נְשָׁמָה exaltation
עֲלִילָה נ plot (of novel, play); deed, act; scene; false charge, libel
עֲלִילוּת נ likelihood
עֲלִילַת דָּם blood libel
עֲלִילָתִי ת of a plot
עֲלִיצוּת נ gladness, gaiety

עַל כּוֹרחוֹ, בְּעַל כּוֹרחוֹ against his will

עַל כָּל פָּנִים in any case, anyway

עַל כֵּן accordingly

עַל לֹא דָבָר not at all

עֶלֶם ז lad, youth

עָלְמָא ז world

עַלְמָה נ lass, maiden

עַל מְנָת in order to...

עַלֶּמֶת נ demoiselle (geog.)

עַל נְקַלָּה easily

עָלַס (יַעֲלוֹס) פ rejoice, exult

עַל סְמַךְ on the authority of

עִלְעוּל ז leafing through, browsing

עַלְעוֹל ז whirlwind, hurricane

עַלְעָל ז leaf, leaflet

עִלְעֵל (יְעַלְעֵל) פ leaf through

עַלְעֶלֶת נ blight (in citrus trees)

עַל פֶּה, בְּעַל פֶּה orally; by heart

עִלָּפוֹן ז swoon, faint

עַל פִּי according to

עַל פִּי רוֹב generally, mostly

עָלַץ (יַעֲלוֹץ) פ rejoice, be glad

עַלְקוֹלִי, עַל־קוֹלִי ת supersonic

עַלֶּקֶת נ broomrape

עַם ז people, nation, folk

עִם מ״י with; by, beside

עָמַד (יַעֲמוֹד) פ stand; halt; remain; cease; be about to

עֶמְדָה נ position, post (military); standpoint

עִמָּדִי, עִימָּדִי מ״י with me, beside me

עַם הָאָרֶץ illiterate, ignoramus

עַם הָאֲרָצוּת illiteracy, ignorance

עַם הַסֵּפֶר the Jews (the people of the Book)

עַמּוּד ז column, pillar; page

עַמּוּדָה נ column (in a page)

עַמּוּד הַקָּלוֹן pillory

עַמּוּד הַשִּׁדְרָה spinal column

עַמּוּד הַשַּׁחַר first light, dawn

עַמּוּד הַתָּוֶךְ (lit.) central pillar of a building; (fig.) kingpin

עָמוּם ת dim, dull

עֲמוּמוֹת תה״פ dimly, dully

עָמוּס ת loaded

עָמוֹק ת, תה״פ deep; profound; deeply, profoundly

עֲמוּקוֹת תה״פ deeply, profoundly

עִם זֶה, עִם זֹאת and yet, for all that, still

עָמִיד ת resistant, durable

עֲמִידָה נ standing position; durability

עֲמִידוּת נ resistance, durability

עָמִיל ז commission agent

עֲמִילוּת נ commission, brokerage

עֲמִילָן ז starch

עֲמִיסָה נ loading

עָמִיר ז sheaf (of corn)

עָמִית ז colleague, comrade

עַמְּךָ common folk

עָמַל (יַעֲמוֹל) פ toil, labor

עָמֵל ז worker, laborer

עָמָל ז toil, labor; suffering, ills

עַמְלָה נ commission

עִמְלֵן (יְעַמְלֵן) פ starch

עַמְלָנִי ת based on practical work

עָמַם (יַעֲמוֹם) פ dim, darken

עַמָּם , עַמַּם פְּלִיטָה	muffler, dimmer
עַמָּמוֹר ז	headlight dimmer
עֲמָמִי ת	popular; of the people
עֲמָמִיּוּת נ	oneness with the people, folksiness
עֲמָמִים ז״ר	peoples
עָמַס (יַעֲמוֹס) פ	load; fetch
עִמְעוּם ז	fading, dimming
עִמְעֵם (יְעַמְעֵם) פ	dim, dull
עַמְעָם ז	silencer (on gun)
עָמַק (יֶעֱמַק) פ	be deep, be profound
עֵמֶק ז	valley, lowland
עֲמִקּוּת, עַמְקָנוּת נ	profundity
עַמְקָן	profound thinker
עָנַב (יַעֲנוֹב) פ	put on (a tie)
עֵנָב ז	grape; berry
עֲנָבָה נ	single fruit or berry
עִנְּבֵי רוֹשׁ	poisonous grapes
עִנְּבֵי שׁוּעָל	gooseberries
עִנְבָּל ז	bell clapper; uvula
עִנְבָּר ז	amber
עָנַד (יַעֲנוֹד) פ	tie on, decorate (with medal)
עָנָה (יַעֲנֶה)	answer, reply
עָנֹג ת, עֲנֻגָּה ת״נ	tender, delicate
עָנוּד ת	decorated, tied on
עֲנָוָה נ	humility, modesty
עַנְוְתָן ת	humble, modest
עַנְוְתָנוּת נ	humility, meekness
עֱנוּת נ	affliction, suffering
עָנִי ת	poor; wretched
עֲנִיבָה נ	tie; loop
עֲנִיגוּת נ	delicacy, tenderness
עֲנִידָה נ	decorating, tying on
עָנָיו, עָנָו ת	modest, humble
עֲנִיוּוּת נ	humility, diffidence
עֲנִיּוּת נ	poverty
עִנְיָן ז	interest; topic; affair
עִנְיֵן (יְעַנְיֵן) פ	interest, concern
עִנְיָנִי ת	relevant, appropriate
עֲנִישָׁה נ	punishing
עָנָן ז	cloud
עֲנָנָה נ	storm cloud
עָנָף ז	branch, bough
עָנֵף ת	thick with branches
עֲנָק ז	giant; necklace
עֲנָקִי ת	gigantic, huge
עָנַשׁ (יַעֲנוֹשׁ) פ	punish
עַסַּאי ז	masseur
עָסוּק ת	busy, occupied
עַסְיָן ז	masseur
עָסִיס ז	juice
עֲסִיסִי ת	juicy
עֲסִיסִיּוּת נ	juiciness
עֲסִיקָה נ	occupying, being occupied with
עָסַק (יַעֲסוֹק) פ	engage in, occupy oneself with
עֵסֶק ז	business; affair; concern
עִסְקָה נ	transaction, deal
עִסְקִי ת	business-like, business
עַסְקָן ז	public figure, public worker
עַסְקָנוּת נ	public service
עַסְקָנִי ת	busy, always busy
עָף (יָעוּף) פ	fly
עָפוּץ ת	tanned (as leather)
עַפְיָן ז	anchovy
עֲפִיפָה נ	flight
עֲפִיפוֹן ז	kite

עָפִיץ ת	bitter as gall; tanned (as leather)
עֳפָלִים ז״ר	haemorrhoids, piles
עִפְעוּף ז	blinking
עִפְעֵף (יְעַפְעֵף) פ	blink
עַפְעַף ז, עַפְעַפַּיִם ז״ז	eyelid(s)
עָפָץ ז	gall-nut
עָפָר ז	dust; ashes
עַפְרָא ז	dust
עַפְרָה נ	ore
עֶפְרוֹנִי ז	lark
עַפְרוּרִי ת	dust-like, earthen
עַפְרוּרִית נ	dirt
עֵץ ז	tree; wood; timber
עֶצֶב ז	pain, sorrow
עָצָב ז, ר׳ עֲצַבִּים	nerve
עָצֵב ת	sad, sorrowful
עַצְבוּת נ	sadness, grief
עִצְבֵּן (יְעַצְבֵּן) פ	irritate, get on one's nerves
עַצְבָּנוּת נ	nervousness
עַצְבָּנִי ת	nervous, edgy
עַצֶּבֶת נ	grief, sorrow
עֵצָה נ	piece of advice, counsel; lignin
עָצֶה ז	lowest vertebra of the spine
עָצוּב ת	sad, sorrowful
עָצוּם ת	numerous, considerable
עֲצוּמָה נ	petition; claim
עָצוּר	confined, detained
עֲצוֹר! פ	stop! halt!
עֵצִי ת	woody
עָצִיץ ז	plant-pot
עָצִיר ז	detainee
עֲצִירָה נ	stopping, checking
עֲצִירוּת נ	constipation
עֲצִירַת גְּשָׁמִים	drought
עָצֵל ת	lazy, slothful
עֵץ לָבוּד	plywood
עַצְלָה נ	laziness, sloth
עַצְלוּת נ	laziness, indolence
עַצְלָן ז	idler, lazy person
עַצְלָנוּת נ	laziness, idleness
עֲצַלְתַּיִם נ״ז	sloth, extreme laziness
עָצַם (יַעֲצֹם) פ	flourish, grow powerful; close (one's eyes)
עֶצֶם ז, ר׳ עֲצָמִים	object, thing, substance, matter; essence
עֶצֶם נ, ר׳ עֲצָמוֹת	bone
עַצְמָאוּת נ	independence
עַצְמָאִי ת	independent
עָצְמָה ר׳ עוֹצְמָה	
עַצְמוֹ	himself
עַצְמִי ת	of one's own, personal
עַצְמִיּוּת נ	essence, essential nature
עָצַר (יַעֲצוֹר) פ	stop, halt; detain, arrest; prevent, check
עֲצָרָה נ	public meeting, public assembly
עֲצֶרֶת נ	convention, public meeting, assembly
עֲצֶרֶת הָאוּ״ם	General Assembly of the United Nations
עֲצֶרֶת עַם	mass meeting
עָקָא נ	trouble
עָקַב (יַעֲקוֹב) פ	follow; track
עָקֵב ז	heel; footprint, footstep; trace
עֵקֶב תה״פ	as a result of, in consequence of

עָקָב ז buzzard
עִקְבָה נ trace
עָקְבָה ר׳ עוֹקְבָה
עֲקֵבִי ת consistent
עָקַד (יַעֲקוֹד) פ bind hand and foot, truss
עֵקֶד ז collection
עֲקֵדָה, עֲקֵידָה נ binding (for sacrifice)
עָקָה נ oppression, stress
עָקוֹב ת crooked; deceitful
עָקוֹב מִדָּם bloody
עָקוּד ת bound hand and foot
עָקוֹד ת (animal) striped
עָקוֹם ת curved, bent
עָקוֹם ז, עֲקוּמָּה נ curve, graph
עֲקוּמַּף ת with a crooked nose
עָקוּץ ת stung
עָקוּר ת, ז uprooted; displaced person; sterilized
עָקִיב ת consistent
עֲקִיבוּת נ consistency
עֲקִידָה ר׳ עֲקֵדָה
עָקִיף ת indirect, roundabout
עֲקִיפָה נ going round; overtaking (in driving)
עֲקִיצָה נ sting; sarcastic remark
עֲקִירָה נ uprooting, extracting; transferring, removal
עֲקַלְקַל ת crooked, winding
עֲקַלְקַלָּה נ winding road
עֲקַלָּתוֹן ת, ז winding, crooked; zigzag
עַקְמוּמִיּוּת נ crookedness, crooked behavior
עַקְמוּמִית נ curvature, curve
עַקְמִימוּת נ crookedness; crooked behavior
עָקַף (יַעֲקוֹף) פ bypass, go round, overtake (in driving)
עָקַץ (יַעֲקוֹץ) פ sting, bite; be sarcastic about
עִקְצוּץ ז slight sting, itch
עִקְצֵץ (יְעַקְצֵץ) פ sting (slightly)
עָקַר (יַעֲקוֹר) פ uproot, extract, pull out; move (house); remove
עָקָר ז sterile, barren
עַקְרָב ז scorpion
עַקְרַבּוּת ז tarantula, large spider
עֲקָרָה נ barren woman
עֶקְרוֹנִי ת fundamental, basic
עֶקְרוֹנִית תה״פ in principle
עֲקָרוּת נ barrenness, sterility
עֲקֶרֶת בַּיִת housewife
עִקֵּשׁ (יַעֲקוֹשׁ) פ twist, deform, distort
עִקְּשׁוּת, עִיקְּשׁוּת נ crookedness, perverseness; obstinacy, stubbornness
עַקְשָׁן ז obstinate, stubborn person
עַקְשָׁנוּת נ obstinacy, stubbornness
עַקְשָׁנִי ת persistent, dogged
עָר (יָעוּר) פ awake; rouse oneself
עֵר ת awake; alert
עֲרַאי ז chance occurrence, accident
עֲרָאִי ת provisional, temporary; casual, chance
עֲרָאִיּוּת נ provisional nature, temporariness

עָרַב (יַעֲרוֹב) פ guarantee; pledge, pawn; be pleasant, be agreeable
עָרֵב ת, ז liable, responsible; pleasant, sweet, delicious; guarantor
עֶרֶב ז evening; the eve of, the day before
עֵרֶב ז mixture, jumble; (weaving) woof
עֲרָב נ Arabia
עִרְבֵּב (יְעַרְבֵּב) פ mix; muddle, mix up
עֲרָבָה נ wilderness; steppe, prairie; willow
עִרְבּוּב ז mixing; muddling
עִרְבּוּבְיָה נ mess, muddle
עִרְבּוּל ז mixing; whipping up, churning
עַרְבּוֹלֶת נ whirlpool
עֲרֵבוּת נ guarantee, surety
עַרְבִי, עֲרָבִי ז, ת Arab; Arabian, Arabic
עַרְבַּיִם ז״ז twilight, dusk
עַרְבִית, עֲרָבִית נ Arabic (the language)
עִרְבֵּל (יְעַרְבֵּל) פ mix; whip up, churn
עַרְבָּל ז mixing-machine; concrete-mixer
עֵרֶבְרַב, עֵרֶב־רַב ז rabble, mob
עֶרֶב שַׁבָּת Sabbath eve (Friday night)
עָרַג (יַעֲרוֹג) פ crave, long for
עֶרְגָּה נ craving, longing
עִרְגּוּל ז rolling (steel)
עִרְגֵּל (יְעַרְגֵּל) פ roll (steel)
עַרְדָּל (עַרְדָּלַיִם) ז overshoe, golosh
עֲרוּבָּה נ security, surety
עֲרוּגָה נ flower-bed, garden-bed
עָרוֹד ז wild ass, onager
עֶרְוָה נ nakedness; genitals, pudenda
עָרוּךְ ת arranged, laid (table), set out; edited; dictionary
עָרוֹם ת naked, bare
עָרוּם ת cunning, sly
עָרוֹם וְעֶרְיָה stark naked
עָרוּץ ז ravine; channel
עִרְטוּל ז stripping, laying bare
עַרְטִילָאִי ת naked, nude; abstract, immaterial
עִרְטֵל (יְעַרְטֵל) פ strip, lay bare
עֲרִיגָה נ yearning, longing
עֶרְיָה נ nakedness
עֲרִייָה נ seminal fluid, semen
עֲרִיכָה נ arrangement, arranging; editing
עֲרִיכַת דִּין the practice of law
עֲרִיסָה נ cradle
עֲרִיפָה נ beheading, decapitation
עָרִיץ ז cruel; tyrant
עָרִיצוּת נ tyranny, despotism
עָרִיק ז deserter
עֲרִיקָה נ desertion
עֲרִיקוּת נ desertion
עֲרִירוּת נ childlessness, loneliness
עֲרִירִי ת childless, lonely
עָרַךְ (יַעֲרוֹךְ) פ arrange, put in order; edit

עֶרֶךְ ז — value; order, set: degree; entry (in a dictionary, etc.)
עַרְכָּאָה נ — instance (legal)
עֶרְכִּי ת — -valent (in chemical terms); valued
עַרְכַּי נ — law-court, notary's office
עֶרְכִּיּוּת נ — valency (chemistry)
עָרֵל ת — uncircumcized; Gentile, non-Jew; unpruned (tree)
עָרְלָה ר׳ עוֹרְלָה
עֲרַל-לֵב — brainless, witless
עֲרַל שְׂפָתַיִם — stammering
עָרַם (יַעֲרוֹם) פ — stack, pile up
עָרְמָה ר׳ עוֹרְמָה
עֲרֵמָה, עֲרֵימָה נ — heap, pile, stack
עַרְמוּמִי ת — sly, cunning
עַרְמוּמִיּוּת, עַרְמוּמִית נ — slyness, cunning, artfulness
עַרְמוֹן ז — chestnut
עַרְמוֹנִי ת — chestnut (in color)
עַרְמוֹנִיּוֹת נ״ר — castanets
עַרְמוֹנִית נ — prostate
עַרְמִימוּת נ — cunning, slyness
עֵרָנוּת, עֵירָנוּת נ — alertness, briskness
עֵרָנִי, עֵירָנִי ת — alert, brisk
עַרְסָל ז — hammock
עִרְסֵל (יְעַרְסֵל) פ — fold, cross (as legs)
עִרְעוּר ז — (legal) appeal; protest, objection
עִרְעֵר (יְעַרְעֵר) פ — undermine; (legal) appeal, lodge an appeal; object
עַרְעָר ז — juniper tree
עָרַף (יַעֲרוֹף) פ — behead, decapitate
עַרְפָּד ז — vampire-bat; (fig.) bloodsucker

עִרְפּוּל ז — fogginess, mistiness; obscurity
עַרְפִּיחַ ז — smog
עַרְפִילִי ת — misty, hazy
עַרְפִילִית נ — nebula (astronomy)
עֲרָפֶל ז — mist, fog
עִרְפֵּל (יְעַרְפֵּל) פ — obscure, befog
עָרַק (יַעֲרוֹק) פ — desert (from the army), run away
עַרְקָה נ — whiplash
עַרְקוּב ז — knee-joint
עַרְקוּם ז — talus
עָרַר (יַעֲרוֹר) פ — appeal, object
עֲרָר ז — appeal, protest, objection
עֶרֶשׂ ז — cradle
עָשׁ ז — moth, clothes-moth; the Great Bear (constellation)
עֵשֶׂב ז — grass
עִשְׂבִּיָּה נ — herbarium
עָשָׂה (יַעֲשֶׂה) פ — make, do; cause, bring about; perform, accomplish
עָשָׂה אֶת צְרָכָיו — relieved himself
עָשָׂה (אֶת) עַצְמוֹ — pretended
עָשׂוּי ת — made of; done, capable, likely
עָשׁוּק ת — exploited, wronged
עָשׂוֹר ש״מ — decade; tenth of the month
עֲשׂוֹרִי ת — decadic, decimal
עָשׁוֹת ת — forged (iron), hardened
עֲשִׂיָּה נ — action, doing, making
עָשִׁיר ת — rich
עֲשִׁירוּת נ — wealth; richness
עֲשִׂירִי ת — tenth

עֲשִׂירִיָּה נ	a tenth (part); a group of ten
עֲשִׂירִית נ, ת	(a) tenth
עָשִׁית ת	fixed, immovable
עָשַׁן (יֶעְשַׁן) פ	smoke, give off smoke
עָשֵׁן ת	smoking
עָשָׁן ז	smoke
עַשְׁנָן ז	fumitory (plant)
עָשַׁק (יַעֲשׁוֹק) פ	exploit; oppress, wrong
עָשַׁר (יֶעְשַׁר) פ	become rich, get rich
עִשֵּׂר (יַעֲשׂוֹר) פ	tithe, take a tenth of
עֶשֶׂר ש״מ	ten (fem.)
עָשָׂר ש״מ	(in numbers from 11 to 19) -teen (masc.)
עֶשְׂרֵה ש״מ	(in numbers from 11 to 19) -teen (fem.)
עֲשָׂרָה ש״מ	ten (masc.)
עֶשְׂרוֹנִי ת	decimal
עֶשְׂרִים ש״מ	twenty
עֶשְׂרִימוֹן ז	icosahedron
עֲשֶׂרֶת נ	a group of ten, ten
עֲשֶׂרֶת הַדִּיבְּרוֹת	the Ten Commandments
עֲשֶׂרֶת הַשְּׁבָטִים	the Ten (lost) Tribes
עָשַׁשׁ (יֶעֱשַׁשׁ) פ	waste away, decay
עֲשָׁשִׁית נ	oil-lamp, lantern
עַשֶּׁשֶׁת נ	decay of bones or teeth, caries
עָשַׁת (יֶעֱשַׁת) פ	be solid, be stout
עֶשֶׁת ז	bar, lump; mooring clump, steel
עֶשְׁתּוֹנוֹת, עֶשְׁתּוֹנִים ז״ר	thoughts, ideas
עַשְׁתּוֹרֶת נ	Astarte
עֵת נ	time, period, season, occasion
עַתָּה תה״פ	now
עַתּוּד ז	goat (male)
עֲתוּדַאי ז	reservist
עֲתוּדָה נ	reserve
עֲתוּדוֹת נ״ר	reserves (military or stores)
עָתִיד ז, ת	future; ready, prepared; destined
עָתִיד ל...	is going to, is destined to
עַתִּיק ת	ancient, antique
עַתִּיקוּת נ	antiquity, great age
עַתִּיקוֹת נ״ר	antiquities
עַתִּיק יוֹמִין	very old; God
עָתִיר ת	rich
עֲתִירָה נ	plea (legal), request
עֲתִיר נְכָסִים	wealthy, affluent
עֲתֶרֶת נ	abundance, plenty

פ

פֵּאָה, פֵּיאָה נ edge; side, fringe
פֵּאָה נוֹכְרִית wig
פֵּאִי ת facial (geometry)
פְּאֵר ז glory, magnificence; headdress
פֹּארָה נ branch, bough
פָּארוּר ז glow, redness
פִּבְרוּק ז fabrication
פִּבְרֵק (יְפַבְרֵק) פ fabricate, make up
פַּג ז unripe fig; premature baby
פָּג (יָפוּג) פ grow faint; fade away; expire
פַּגָּה נ unripe fig; girl (before puberty)
פָּגוּם ת flawed, faulty
פָּגוּעַ ת stricken
פָּגוֹשׁ ז bumper, fender
פָּגָז ז shell (artillery)
פִּגְיוֹן ז dagger
פְּגִימָה נ flaw, defect
פָּגִיעַ ת vulnerable
פְּגִיעָה נ attack, blow, hit
פְּגִיעוּת נ vulnerability
פְּגִישָׁה נ meeting; reception
פָּגַם (יִפְגּוֹם) פ spoil, impair
פְּגָם ז flaw, falut
פָּגַע (יִפְגַּע) פ harm, wound; hit (target); offend
פֶּגַע ז mischance; imp
פֶּגַע רַע evil spirit; (fig.) a pest, a nuisance
פָּגַר (יִפְגַּר) פ die (like an animal)
פֶּגֶר ז corpse, carcass
פַּגְרָה נ holiday; vacation
פַּגְרָן ז backward person
פָּגַשׁ (יִפְגּוֹשׁ) פ meet, encounter
פָּדָה (יִפְדֶּה) פ redeem, ransom; deliver, save
פָּדוּי ת redeemed, ransomed
פְּדוּת נ redemption, deliverance
פַּדַּחַת נ forehead
פִּדְיוֹן ז ransom money, redemption money; (commercial) turnover
פְּדִיָּיה נ ransoming, redeeming
פֶּה ז mouth; opening
פֹּה תה״פ here
פֶּה אֶחָד unanimously
פְּהִיקָה נ yawn, yawning
פָּהַק (יִפְהַק) פ yawn
פּוֹאַר (יְפוֹאַר) פ be decorated, be adorned
פּוּבְרַק (יְפוּבְרַק) פ be fabricated, be made up
פּוּג פ, ר׳ פָּג
פּוּגַג (יְפוּגַג) פ de-energize, release
פּוּגָה נ release, relaxation
פּוּגַּל (יְפוּגַּל) פ be made unfit; be denatured; be adulterated
פּוּדַּר (יְפוּדַּר) פ be powdered
פּוּדְרִיָּה נ (colloquial) powder-box, powder-compact
פּוּזַל ת cross-eyed, squinting
פּוּזַם (יְפוּזַם) פ be sung, be hummed
פּוּזְמָק ז stocking, sock

פּוּזַּר (יְפוּזַּר) פ be scattered, be dispersed

פּוֹחֵז ת rash, reckless

פּוֹחֵחַ ת shabbily dressed, in rags

פּוּחְלָץ ז saddlebag; stuffed animal

פּוּחַם (יְפוּחַם) פ be blackened; be turned into charcoal

פּוֹחֵר ז potter

פּוֹחֵת ת lessening, growing less

פּוּחַת (יְפוּחַת) פ be reduced, be lessened, be devalued (currency)

פּוֹחֵת וְהוֹלֵךְ dwindling, diminishing

פּוּטַּם (יְפוּטַּם) פ be fattened (cattle), be stuffed; be crammed (with knowledge); be mixed (incense); be filled (pipe)

פּוּטַּר (יְפוּטַּר) פ be dismissed, be discharged

פּוּיַּח (יְפוּיַּח) פ be blackened (with soot)

פּוּיַּס (יְפוּיַּס) פ be appeased, be soothed

פּוּךְ ז kohl (for eye-shadow)

פּוּכַּח (יְפוּכַּח) פ be sobered, begin to see reason

פּוֹל ז bean, broad bean

פּוּלַּג (יְפוּלַּג) פ be split up, be divided

פּוּלַּח (יְפוּלַּח) פ be sliced (fruit), be cut up

פּוּלְחָן ז religious worship; cult

פּוּלְחָנִי ת ritual, of a cult

פּוֹלֵט ז emitter

פּוּלְמוּס ז controversy, debate

פּוּלְמוּסָן ז controversialist, debater

פּוּלַּס (יְפוּלַּס) פ be levelled, be smoothed flat

פּוּמְבֵּי נ publicity

פּוּמִית נ mouthpiece

פּוּמְפִּיָּה נ grater

פּוּנְדָּק ז inn, tavern

פּוּנְדְּקַאי, פּוּנְדָּקִי ז innkeeper

פּוּנָּה (יְפוּנֶּה) פ be cleared, be evacuated

פּוּנַּק (יְפוּנַּק) פ be spoilt (child), be pampered

פּוּסְטַר (יְפוּסְטַר) פ be pasteurized

פּוּסַּל (יְפוּסַּל) פ be carved, be sculptured

פּוּסְפַּס (יְפוּסְפַּס) פ be striped

פּוֹסֵק ז arbiter; Rabbinic authority

פּוּסַּק (יְפוּסַּק) פ be punctuated; be spaced (printing)

פּוֹעֵל ז worker, laborer

פּוֹעַל ז action; verb

פּוּעַל ז Pu'al (name of the verbal conjugation – intensive passive)

פּוֹעֲלִי ת of the workers, labor

פּוֹעֲלִי ת verbal (grammar); working, functioning

פּוֹעַל יוֹצֵא (עוֹמֵד) transitive (intransitive) verb

פּוּעְנַח (יְפוּעְנַח) פ be deciphered, be decoded

פּוּצָּה (יְפוּצֶּה) פ be compensated, be paid damages

פּוּצַּח (יְפוּצַּח) פ be cracked

פּוּצַּל (יְפוּצַּל) פ be split up, be subdivided

פּוֹצֵץ ת explosive; plosive

פּוֹצֵץ (יְפוֹצֵץ) פ blow up; smash, shatter

פּוּצַץ (יְפוּצַץ) פ be blown up, be demolished

פּוּקַד (יְפוּקַד) פ be counted

פּוּקַח (יְפוּקַח) פ be inspected, be supervised

פּוּקְפַּק (יְפוּקְפַּק) פ be in doubt, be dubious

פּוּר ז lot

פּוּרְגַּל (יְפוּרְגַּל) פ be whipped

פּוֹרַד (יְפוֹרַד) פ be dispersed, be scattered

פּוֹרֶה ת fruitful, fertile

פּוֹרַז (יְפוֹרַז) פ be demilitarized

פּוּרְזַל (יְפוּרְזַל) פ be shod (horse)

פּוֹרֵחַ ת flowering, blossoming; flying

פּוֹרַט (יְפוֹרַט) פ be specified, be detailed

פּוֹרְטָן ז plectrum

פּוֹרִיּוּת נ fruitfulness, fertility

פּוּרִים ז Purim, Feast of Esther

פּוּרִימִי ת of Purim, festive, gay

פּוּרְכַּס (יְפוּרְכַּס) פ be beautified, be prettified

פּוֹרַם (יְפוֹרַם) פ be unstitched, come unstitched

פּוּרְנָס ז shaft, furnace, kiln

פּוּרְסַם (יְפוּרְסַם) פ be advertised, be publicized

פּוֹרֵעַ ז rioter

פּוּרְעָנוּת נ tribulation

פּוֹרַץ (יְפוֹרַץ) פ be broken down, be breached

פּוֹרֵץ ז burglar

פּוֹרֵק ז discharger

פּוֹרַק (יְפוֹרַק) פ be dismantled; be unloaded; be wound up; be dissolved

פּוּרְקָן salvation; relief (from tension)

פּוֹרֶקֶת נ lighter (boat)

פּוֹרֵר (יְפוֹרֵר) פ crumble, break up

פּוֹרַר (יְפוֹרַר) פ be crumbled, be broken up

פּוֹרֵשׁ ז dissenter

פּוֹרַשׁ (יְפוֹרַשׁ) פ be specified, be expressly stated; be explained

פּוֹרָת ת flourishing, fruitful

פּוּרְתָּא נ a little, a bit

פּוֹשֵׁט ת taking off, stripping

פּוּשַּׁט (יְפוּשַּׁט) פ be simplified

פּוֹשֵׁט יָד beggar

פּוֹשֵׁט עוֹר skinner; profiteer

פּוֹשֵׁט רֶגֶל bankrupt

פּוֹשֵׁעַ ז criminal; sinner

פּוּשַּׂק (יְפוּשַּׂק) פ be opened wide (e.g. legs, lips)

פּוֹשֵׁר ת lukewarm, tepid

פּוֹשְׁרִין ז״ר lukewarm water

פּוֹת נ vagina, female pudenda

פּוֹתֶה ת gullible, credulous

פּוֹתָה נ vagina, female pudenda

פּוּתָּה (יְפוּתֶּה) מ be seduced; be tempted

פּוּתַּח (יְפוּתַּח) פ be developed; be opened wide

פּוֹתְחָן ז tin-opener, can-opener

פּוֹתַחַת נ master-key, skeleton-key

פּוּתַּל (יְפוּתַּל) פ be twisted
פּוֹתֵר ז solver
פָּז ז gold
פָּזוּר ת scattered, strewn
פְּזוּרָה נ dispersion
פְּזוּר נֶפֶשׁ scatterbrained, absent-minded
פָּזִיז ת rash, impetuous
פְּזִיזָא ת rash, impetuous
פְּזִיזוּת נ rashness, impetuosity
פְּזִילָה נ squint; ogling
פָּזַל (יִפְזוֹל) פ squint; eye, ogle
פַּזְלָן ז squinter
פִּזְמוֹן ז popular song; chorus, refrain
פִּזְמוֹנָאוּת נ song-writing
פִּזְמוֹנַאי ז song-writer
פִּזְמֵק (יְפַזְמֵק) פ put on socks (or stockings); (colloquial) "do", "fix"
פַּזְרָן ז lavish spender
פַּזְרָנוּת נ lavishness
פַּח ז sheet-metal; tin, can (container); trap; snare, pitfall
פָּחַד (יִפְחַד) פ fear, be afraid of
פַּחַד ז fear, fright
פַּחַד מָוֶת mortal fear
פַּחְדָן ת coward
פַּחְדָנוּת נ cowardice, timidity
פֶּחָה ז (biblical) governor, prefect; (modern) pasha
פָּחוּז ת hasty, in a hurry
פַּחוֹן ז tin hut
פָּחוּס ת pressed in, flattened
פָּחוּת ת inferior; lesser
פָּחוֹת תה״פ less; minus (arithmetic)
פָּחוֹת אוֹ יוֹתֵר more or less
פָּחַז (יִפְחַז) פ act rashly, act recklessly
פַּחַז ז rashness, recklessness
פַּחֲזָנוּת נ impetuosity, rashness
פַּחְזָנִית נ éclair, cream-puff
פֶּחָח ז tinsmith, tinner
פֶּחָחוּת נ the work of a tinsmith
פֶּחָחִיָּה נ tinsmith's workshop
פְּחִיסָה נ flattening, pressing flat
פְּחִיסוּת נ oblateness
פַּחִית נ small can, small tin
פְּחִיתָה נ reduction
פְּחִיתוּת נ decrease, reduction
פְּחִיתוּת כָּבוֹד disrespect
פִּחְלוּץ ז stuffing (animals), taxidermy
פִּחְלֵץ (יְפַחְלֵץ) פ stuff (animals)
פֶּחָם ז coal; charcoal
פַּחְמָה נ carbonate
פֶּחָמִי ת charcoal-burner
פַּחְמִי ת carbonic
פַּחְמֵי אֶבֶן coal, anthracite
פַּחְמֵימָה נ carbohydrate
פַּחְמֵימָן ז hydrocarbon
פַּחְמָן ז carbon
פִּחְמֵן (יְפַחְמֵן) פ carbonize
פַּחְמָן דּוּ־חַמְצָנִי carbon dioxide
פַּחְמָנִי ת carbonic
פַּחֶמֶת נ carbuncle
פַּחְמָתִי ת containing carbon dioxide
פָּחַס (יִפְחַס) פ flatten, squash
פֶּחָר ז potter
פַּחַר ז pottery

פָּחַת (יִפחַת) פ depreciate (in value), grow less, diminish
פְּחָת ז depreciation, amortization; waste (in production)
פַּחַת נ pit (for catching wild animals)
פְּחֶתֶת נ dent
פִּטְדָה נ topaz
פְּטוֹטֶרֶת נ stalk (of fruit); leaf-stalk, petiole
פָּטוּם ת fattened (poultry), stuffed
פָּטוּר ת exempt, free
פְּטוּר, פְּטוֹר ז exemption
פְּטִירָה נ departure; decease
פַּטִּישׁ ז hammer
פַּטִּישׁוֹן ז small hammer
פֶּטֶל ז raspberry
פַּטָּם ז specialist in fattening animals
פְּטָם ז fatted ox
פִּטְמָה נ nipple (of a woman); knob
פִּטפּוּט ז chatter, prattle
פִּטפֵּט (יְפַטפֵּט) פ chatter, prattle
פַּטפְּטָן ז chatterer, chatterbox
פַּטפְּטָנוּת נ chattiness
פָּטַר (יִפטוֹר) פ dismiss, send away; exempt
פֶּטֶר, פֶּטֶר־רֶחֶם first-born
פִּטְרָה נ first-born
פִּטרוּל ז patrolling
פַּטרוֹן ז patron
פַּטרוֹנוּת נ patronage
פֶּטרוֹסִילְיוֹן, פֶּטרוֹסְלִינוֹן ז parsley
פַּטרִיאַרכָלִי ת patriarchal
פַּטרִיאַרכָלִיוּת נ patriarchalism
פִּטרִיָּה נ mushroom, fungus
פִּטרֵל (יְפַטרֵל) פ patrol
פֵּיאוֹן, פֵּאוֹן ז polyhedron
פֵּיאֵר (יְפָאֵר) פ decorate, adorn, glorify
פִּיגּוּל ז taint, stench
פִּיגּוּם ז scaffolding
פִּיגּוּעַ ז hit, blow
פִּיגּוּר ז backwardness, lag; arrears (of payment)
פִּיגֵּל (יְפַגֵּל) פ make unfit (for sacrifice)
פֵּיגָם ז rue (shrub)
פִּיגֵּר (יְפַגֵּר) פ fall behind, be backward; be slow (clock)
פִּיד ז disaster, calamity
פִּידֵּר (יְפַדֵּר) פ powder
פִּיהוּק ז yawn, yawning
פִּי הַטַּבַּעַת anus
פִּיהֵק (יְפַהֵק) פ yawn
פִּיּוּט ז poetry (particularly liturgical)
פִּיּוּטִי ת poetic, lyrical
פִּיּוֹנִית נ pore (in a leaf)
פִּיּוּס ז conciliation, appeasement
פִּיּוֹת ז״ר mouths (plur. of פֶּה)
פִּיּוּל ז squint
פִּיּוּם humming
פִּיּוּר ז scattering, dispersal; disbandment (army); squandering (money)
פִּיּוּר נֶפֶשׁ distraction, absent-mindedness
פִּיזֵז, (יְפַזֵּז) פ dance, jump about
פִּיזֵם (יְפַזֵּם) פ sing, hum

scatter, disperse; disband (army); dissolve (parliament); squander פִּיזֵּר (יְפַזֵּר) פ
be afraid, fear פִּיחֵד (יְפַחֵד) פ
breaking wind, "farting" פִּיחָה נ
charcoal-burning; blackening פִּיחוּם ז
devaluation, reduction פִּיחוּת נ
currency devaluation פִּיחוּת הַמַּטְבֵּעַ
blacken, cover with carbon פִּיחֵם (יְפַחֵם) פ
reduce, lessen, devalue (currency) פִּיחֵת (יְפַחֵת) פ
poetry; liturgical poetry פַּיִט ז
fattening, stuffing פִּיטוּם ז
dismissal, discharge פִּיטוּרִים, פִּיטוּרִין ז״ר
fatten, stuff פִּיטֵּם (יְפַטֵּם) פ
knob, protuberance (on fruit) פִּיטָם ז
dismiss, discharge פִּיטֵּר (יְפַטֵּר) פ
mouthpiece; aperture, orifice פִּייָה נ
blacken (with soot), darken (glass) פִּייַּח (יְפַייַּח) פ
black rot (fungus disease in plants) פַּייַחַת נ
poet; liturgical poet פַּייְטָן ז
paint with kohl, use eye-shadow פִּייֵּךְ (יְפַייֵּךְ) פ
bowl, basin פַּיילָה נ
appease, pacify פִּייֵּס (יְפַייֵּס) פ
conciliator, appeaser פַּייְסָן ז
conciliation, appeasement פַּייְסָנוּת נ
conciliatory פַּייְסָנִי ת
flow forth, gush פִּיכָּה (יְפַכֶּה) פ
flowing, gushing פִּיכּוּי ז
sober, clear-headed פִּיכֵּחַ ת
soberness, sobriety פִּיכָּחוֹן ז
soberness, sobriety פִּיכְּחוּת נ
elephant פִּיל ז
split, divide פִּילֵּג (יְפַלֵּג) פ
concubine, mistress פִּילֶגֶשׁ נ
steel, make like steel פִּילֵּד (יְפַלֵּד) פ
delouse, search for vermin פִּילָּה (יְפַלֶּה) פ
split, schism פִּילּוּג ז
slicing (fruit), breaking open פִּילּוּחַ ז
baby elephant פִּילוֹן ז
grading, levelling פִּילּוּס ז
philosopher פִּילוֹסוֹף ז
philosophical פִּילוֹסוֹפִי ת
philosophy פִּילוֹסוֹפְיָה נ
slice (fruit); break open פִּילַּח (יְפַלַּח) פ
(slang) steal, pinch פִּילֵּחַ (יְפַלֵּחַ) פ
rescue, deliver פִּילֵּט (יְפַלֵּט) פ
expect; pray; judge פִּילֵּל (יְפַלֵּל) פ
elephantism פִּילָנוּת נ
level, smooth flat; break through פִּילֵּס (יְפַלֵּס) פ
ancient weight and coin פִּים ז
fat; double chin פִּימָה נ
pin, tooth (of wheel); penis פִּין ז
corner פִּינָּה נ
clear, clear out; vacate פִּינָּה (יְפַנֶּה) פ
clearing; evacuation פִּינּוּי ז
spoiling, pampering פִּינּוּק ז
mess-tin פִּינָךְ ז
spoil, pamper פִּינֵּק (יְפַנֵּק) פ

פִּינְקָס ר׳ פִּנְקָס
פַּיִס ז lottery
פִּיסָּה נ scrap, bit, piece
פִּיסּוּל ז sculpture, stone-carving
פִּיסּוּק ז punctuation; opening (of legs, lips)
פִּיסֵּחַ (יְפַסֵּחַ) פ jump over
פִּיסֵּחַ ז lame person
פִּיסֵּל (יְפַסֵּל) פ sculpture, carve (in stone)
פִּיסֵּק (יְפַסֵּק) פ punctuate; space (print)
פִּיסַּת נְיָיר scrap of paper
פִּיעֵל ז Pi'el (name of the verbal stem)
פִּיעֵם (יְפַעֵם) פ excite, animate, inspire
פִּיף ז fringe, tassel
פִּיפְיוֹן ז pipit
פִּיפִיָּה נ blade, sharp edge; mouth, opening
פִּיפִית נ pipette
פִּיצָּה (יְפַצֶּה) פ compensate, pay damages
פִּיצּוּחַ ז cracking (of nuts)
פִּיצּוּי ז compensation
פִּיצּוּיִים ז״ר compensation, damages
פִּיצּוּל ז stripping (bark), peeling; subdivision, splitting up
פִּיצּוּץ ז blowing up
פִּיצַּח (יְפַצַּח) פ crack (nuts), split
פִּיצֵּל (יְפַצֵּל) פ strip (bark from a tree); split up
פִּיק ז trembling, quivering
פִּיק בִּרְכַּיִים fear and trembling
פִּיקֵּד (יְפַקֵּד) פ command; give orders
פִּיקָּדוֹן ז deposit
פִּיקָּה נ cap (of bullet), cam (of engine); kneecap
פִּיקּוּד ז command
פִּיקּוּדֵי ת command
פִּיקּוּחַ ז inspection, supervision
פִּיקּוּחַ נֶפֶשׁ the saving of life
פִּיקּוּק ז corking (a bottle)
פִּיקַּח (יְפַקַּח) פ inspect; supervise
פִּיקֵּחַ ז, ת clever, shrewd; not blind (or deaf)
פִּיקָּחוֹן ז ability to see, clear vision
פִּיקַּע (יְפַקַּע) פ split
פֵּירֵד (יְפָרֵד) פ decompose, separate into component parts
פֵּירוּד ז separation, split
פֵּירוּז ז demilitarization
פֵּירוּט ז detailing, giving in detail
פֵּירוּךְ ז crushing, sapping
פֵּירוּס ז distribution; fanning out
פֵּירוּק ז dismantling; winding up (company); unloading; dissolution (partnership)
פֵּירוּק נֶשֶׁק disarmament
פֵּירוּר ז crumb; crumbling
פֵּירוּשׁ ז explanation, interpretation
פֵּירוֹת ז״ר fruits (see פְּרִי)
פֵּירֵז (יְפָרֵז) פ demilitarize
פֵּירֵט (יְפָרֵט) פ specify, give in detail
פֵּירֵךְ (יְפָרֵךְ) פ crush, crumble
פִּירְכָא, פִּירְכָה נ refutation, rebuttal
פֵּירֵם (יְפָרֵם) פ unstitch
פֵּירֵס (יְפָרֵס) פ spread out; fan out

פֵּירָעוֹן ז payment (of a debt), paying off
פֵּירֵק (יְפָרֵק) פ dismantle; unload; wind up (company), dissolve (partnership)
פֵּירֵשׂ (יְפָרֵשׂ) פ spread, spread out
פֵּירֵשׁ (יְפָרֵשׁ) פ explain, clarify
פִּישׁוּט ז simplification; spreading out
פִּישֵּׁט (יְפַשֵּׁט) פ simplify; undress; extend, stretch out
פִּי שְׁנַיִים twice as much
פִּישֵּׂק (יְפַשֵּׂק) פ open wide (as legs)
פִּישֵּׁר (יְפַשֵּׁר) פ compromise
פִּיתָּה נ pitta, flat bread
פִּיתָּה (יְפַתֶּה) פ seduce, entice
פִּיתּוּחַ ז development; engraving (stone); developing (film)
פִּיתּוּי ז seduction, temptation
פִּיתּוּךְ ז blending (colors), mixing
פִּיתּוּל ז winding, twisting; bend; torsion (mechanics)
פִּיתּוֹם ז ventriloquist
פִּיתֵּחַ (יְפַתֵּחַ) פ engrave (stone), develop, expand
פִּיתָּיוֹן ז bait
פִּיתֵּל (יְפַתֵּל) פ twist
פַּךְ ז container, can (esp. for oil)
פָּכוּר ת clasped, wrung (hands in sorrow)
פַּכִּים קְטַנִּים trifles, trivialities
פַּכִּית נ small container
פַּכְסָם ז rusk, dry biscuit
פִּכְפּוּךְ ז flow, gushing
פִּכְפֵּךְ (יְפַכְפֵּךְ) פ flow, gush

פָּכַר (יִפְכּוֹר) פ break, uproot
פֶּלֶא ז wonder, miracle
פִּלְאִי ת wonderful, miraculous
פִּלְבּוּל ז goggling, rolling (one's eyes)
פִּלְבֵּל (יְפַלְבֵּל) פ goggle, roll (one's eyes)
פֶּלֶג ז brook, rivulet; part, half; section
פְּלַג ז half, part; section
פְּלַגָּה נ group; brook, stream; detachment (military)
פְּלַגְלַג ז brooklet, rivulet
פַּלְגָן ז dissenter, factious person
פַּלְגָנוּת נ disruption, contentiousness
פַּלְגָנִי ת disrupting, schismatic
פְּלַגְצֵל ז penumbra
פְּלָדָה נ steel
פַּלְדִּי ת steel-gray; steely
פָּלָה (יִפְלֶה) פ search for vermin, delouse
פְּלוּגָּה נ (army) company; group
פְּלוּגְתָּא נ controversy, difference of opinion
פְּלוּגָּתִי ת company (army)
פְּלוֹטֶת נ emission; exhaust
פְּלוּמָה נ down, fluff
פְּלוֹנִי ת so and so (known but not named)
פְּלוֹנִי אַלְמוֹנִי so and so, such and such
פְּלוֹנִית נ so and so, (jocular) wife
פְּלוּשׁ ז vestry (of a synagogue); corridor
פָּלַח (יִפְלַח) פ plough, break up (soil)

פֶּלַח ז slice, segment, piece
פַּלָּח ז fellah, peasant
פַּלָּחָה נ field crops
פָּלַט (יִפְלוֹט) פ throw up, eject
פְּלֵטָה, פְּלֵיטָה נ remnant, residue, remains
פַּלְטִין נ palace
פַּלְטֵרִין ז palace
פְּלִיאָה נ marvel, wonder
פְּלִיג ת opposed
פְּלִיז ז brass
פָּלִיט ז refugee, fugitive
פְּלִיטָה נ casting up, ejecting; (technical) exhaust
פְּלִיטַת פֶּה slip of the tongue
פְּלִיטַת קוּלְמוֹס slip of the pen
פְּלִילִי ת criminal
פְלִירְטֵט (יְפַלַרְטֵט) פ flirt
פְּלִישָׁה נ invasion (military), incursion
פֶּלֶךְ ז district, province
פַּלְמוֹנִי נ so-and-so, such-and-such
פַּלְמוּדָה נ tuna fish
פלָנֶלִית נ flannelette; "four-by-two" (army)
פֶּלֶס ז balance, level
פֶּלֶס מַיִם spirit-level
פְּלַסְתֵּר, פְּלַסְטֵר ז fraud, forgery
פִּלְפּוּל ז sophistry, hair-splitting
פִּלְפֵּל (יְפַלְפֵּל) פ split hairs, be argumentative
פִּלְפֵּל ז pepper
פִּלְפְּלוֹן ז pepper tree
פַּלְפְּלָן ז controversialist, hairsplitter
פִּלְפֶּלֶת נ sweet-pepper, green or red pepper
פְּלָצוּר ז lasso
פַּלָּצוּת נ quaking, shock
פִּלְצֵר (יְפַלְצֵר) פ lasso, rope (an animal)
פָּלַשׁ (יִפְלוֹשׁ) פ invade
פְּלִשְׁתִּי ת Philistine
פָּמוֹט ז candlestick
פָּמַלְיָה נ entourage, retinue
פֶּן מ״ח lest
פָּן (יָפוּן) פ be hesitant, waver
פַּן ז face, surface
פְּנַאי ז free time, spare time
פַּנַּג ז millet, panic
פָּנָה (יִפְנֶה) פ turn; apply to
פָּנָה עוֹרֶף turned his back; fled
פָּנוּי ת free, unoccupied
פְּנוּת נ bye (sport); partiality; (insurance) unoccupancy
פִּנְטֵס (יְפַנְטֵס) פ (music) improvise; have illusions
פְּנֵי הַיָּם sea level
פְּנִיָּה נ turn; application
פָּנִים ז״ר, נ״ר face, countenance; front; appearance; surface
פְּנִים ז inside, interior
פְּנִימַאי ז resident, boarder
פָּנִים אֶל פָּנִים face to face
פְּנִימָה תה״פ inside
פְּנִימִי ת internal, inward
פְּנִימִיּוּת נ inside, interiority
פְּנִימִיָּה נ boarding school
פְּנִינָה נ coral; pearl
פְּנִינִיָּה נ guinea fowl
פִּנְכָּה, פִּינְכָּה נ plate, dish

פָּנָס ז lantern
פָּנַס כִּיס electric torch
פָּנַס קֶסֶם magic lantern
פִּנְקָס, פִּינְקָס ז ledger; notebook
פִּנְקַס זֶהוּת identity card
פִּנְקְסָן ז book-keeper
פִּנְקְסָנוּת כְּפוּלָה double-entry book-keeping; hypocrisy
פֶּנֶת נ upper (of a shoe)
פַּס ז stripe, streak; rail (railway line)
פָּסַג (יִפְסוֹג) פ pass the peak
פִּסְגָּה נ summit, peak
פָּסָה (יִפְסֶה) פ extend, spread
פָּסוּל ת disqualified, unfit for use; faulty
פְּסוּל ז fault, flaw
פְּסוֹלֶת נ refuse, waste
פָּסוּק ז verse (of the Bible); sentence
פָּסוּק ת decisive, decided
פְּסוּקִית נ half-verse, hemistich
פְּסוֹקֶת נ parting (in the hair)
פָּסַח (יִפְסַח) פ skip, pass over; celebrate Passover
פֶּסַח Passover
פַּסְחָא ז Easter
פִּסְחוּת, פִּיסְחוּת נ lameness
פִּסְטוּר ז pasteurization
פִּסְטֵר (יְפַסְטֵר) פ pasteurize
פְּסִיג ז cotyledon (botany)
פְּסִיגָה נ part of a bunch of grapes; zenith
פְּסִיגִי ת cotyledonous
פַּסְיוֹן ז pheasant

פְּסִיחָה נ skipping, passing over
פְּסִיחָה עַל שְׁתֵּי הַסְּעִיפִּים vacillation, wavering
פְּסִילָה נ disqualification, declaring unfit (ritually)
פְּסִילִים ז״ר graven images
פָּסִיס ז batten, plank, beam
פְּסִיסָה נ strip
פְּסִיעָה נ step, pace
פְּסֵיפָס ז mosaic
פְּסִיק ז comma
פְּסִיקָה נ giving judgment
פָּסַל (יִפְסוֹל) פ carve; declare unfit; rule out
פַּסָּל ז sculptor
פֶּסֶל ז piece of sculpture, graven image
פִּסְלוֹן ז small piece of sculpture
פְּסַנְתֵּר ז piano
פְּסַנְתֵּר כָּנָף grand piano
פְּסַנְתְּרָן ז pianist (male)
פְּסַנְתְּרָנוּת נ (the art of) piano-playing
פְּסַנְתְּרָנִית נ pianist (female)
פָּסַע (יִפְסַע) פ tread, pace
פִּסְפֵּס (יְפַסְפֵּס) פ muff (slang)
פָּסַק (יִפְסוֹק) פ stop, cease; pass sentence, give judgment; allocate (money)
פֶּסֶק ז disconnection (elect.); gap, space; (print.) leading, lead
פְּסָק, פְּסַק־דִּין ז verdict, judgment
פִּסְקָה נ paragraph
פַּסְקָן ז authority (empowered to give judgment), arbiter

פַּסְקָנוּת נ	indisputability
פָּעָה (יִפעֶה) פ	bleat (goat, calf)
פָּעוֹט ז	infant, tot
פָּעוֹט ת	petty, trifling, small
פָּעוּל ת	creature, creation
פְּעוּלָּה נ	action, act
פָּעוּר ת	wide open
פְּעִי ז	bleat
פְּעִיטוּת נ	smallness, insignificance
פְּעִיָּיה נ	bleating, bleat
פָּעִיל ת	active
פְּעִילוּת נ	activity
פְּעִים ז	knock
פְּעִימָה נ	beating, throbbing; beat, throb
פָּעַל (יִפעַל) פ	work, act, function, "go"
פָּעַל ז	Kal, simple stem of the Hebrew verb
פַּעֲלוּל ז	effect
פְּעַלְתָּן ז	active person
פְּעַלְתָּנוּת נ	activity
פָּעַם (יִפעַם) פ	beat (heart), throb
פַּעַם נ	time, occasion; beat (heart)
פַּעַם אַחַת	once, once upon a time
פַּעֲמָה נ	beat (in music)
פַּעֲמוֹן ז	bell
פַּעֲמוֹנִית נ	harebell, campanula
פַּעֲמוֹנָה נ	carillon
פַּעֲמוֹנָר ז	bell-ringer
פְּעָמִים, לִפעָמִים תה״פ	sometimes, at times
פִּענוּחַ ז	decipherment, decoding
פִּענַח (יְפַעֲנַח) פ	decode, decipher
פִּעפּוּעַ ז	bubbling
פִּעפַּע (יְפַעפַּע) פ	bubble
פָּעַר (יִפעַר) פ	open wide, gape
פַּעַר ז	gap, difference
פַּעֲרוּר ז	small gap
פָּץ (יָפוּץ) פ	be dispersed
פָּצָה (יִפצֶה) פ	open (usu. mouth)
פָּצוּעַ ת, ז	wounded, injured; casualty
פָּצַח (יִפצַח) פ	open (one's mouth to sing)
פְּצִיחָה נ	burst of song, singing; cracking (nuts), breaking
פְּצִיעָה נ	wounding, injuring
פְּצִיץ ז	piece (of shrapnel), fragment
פְּצִירָה נ	file (tool); filing
פְּצָלָה נ	peeled part of a tree
פַּצֶּלֶת נ	feldspar
פָּצַם (יִפצוֹם) פ	crack, split open
פָּצַע (יִפצַע) פ	wound, injure
פֶּצַע ז	wound, injury
פִּצפֵּץ (יְפַצפֵּץ) פ	shatter
פַּצָּץ ז	fuse, detonator
פְּצָצָה נ	bomb
פִּצְצַת מֵימָן	hydrogen bomb
פִּצְצַת שָׁעוֹן	time-bomb
פָּצַר (יִפצַר) פ	entreat, urge
פָּק (יָפוּק) פ	wobble (knees), totter
פָּקַד (יִפקוֹד) פ	order, command; number; remember; call upon, visit
פַּקָּד ז	chief-inspector (of police)
פָּקוּד ת, ז	numbered, counted; soldier
פְּקוּדָה נ	command, order

פָּקוּק ת corked, plugged
פְּקוֹקֶלֶת נ node of sinews
פָּקַח (יִפְקַח) פ open (eyes, ears)
פַּקָּח ז controller, inspector
פַּקָּחוּת נ control, inspection, supervision
פִּקְחִי, פִּיקְחִי ת clever, shrewd
פָּקִיד ז (modern) clerk, official; (biblical) officer
פְּקִידָה נ clerk (female), official; period
פְּקִידוֹן ז petty official
פְּקִידוּת נ office-work; office staff
פְּקִידוּתִי ת bureaucratic, clerical
פָּקִיל ת peelable
פְּקִימָה נ diverting; changing course (sailing)
פְּקִיעָה נ bursting; lapse (of rights)
פְּקִיקָה נ corking, plugging
פַּקֶּלֶת נ scaly bark, psorosis
פָּקַם (יִפְקוֹם) פ stop, divert; change course (ship)
פָּקַע (יִפְקַע) פ split; lapse (rights)
פֶּקַע ז bud; outburst; crack; hernia
פְּקַעַת נ bulb (flower); ball (of wool), coil
פִּקְפּוּק ז doubt, hesitation
פִּקְפֵּק (יְפַקְפֵּק) פ doubt, waver
פַּקְפְּקָן ז doubter, sceptic
פַּקְפְּקָנוּת נ scepticism
פָּקַק (יִפְקוֹק) פ cork, plug
פְּקָק, פֶּקֶק ז cork, plug, stopper
פַּקֶּקֶת נ thrombosis
פַּקְרֵס ז jumper, sweater

פַּר ז bull
פֶּרֶא ז savage; wild ass
פֶּרֶא־אָדָם savage, wild man, ruffian
פְּרָאוּת נ savagery, wildness
פְּרָאִי ת savage, wild
פַּרְבָּר ז suburb (of a town)
פֶּרֶג ז poppy
פַּרְגּוֹד ז screen
פַּרְגּוֹל ז whip
פִּרְגּוּל ז whipping
פַּרְגִּית נ chicken; (slang) teenage girl, chick
פִּרְגֵּל (יְפַרְגֵּל) פ whip
פֶּרֶד ז mule
פִּרְדָּה נ mule (fem.)
פְּרֵדָה, פְּרֵידָה נ parting, departure
פַּרְדָּנִית נ gadabout (woman)
פַּרְדֵּס ז orchard; citrus grove
פַּרְדְּסָן ז citrus-grower
פַּרְדְּסָנוּת נ citriculture, citrus-growing
פָּרָה (יִפְרֶה) פ be fruitful
פָּרָה נ cow
פִּרְהוּס ז publication, making public
פָּרָה חוֹלֶבֶת milch-cow (lit. and fig.)
פִּרְהֵס (יְפַרְהֵס) פ publicize, make public
פַּרְהֶסְיָה נ publicity, public
פָּרוּד ת divided, separated
פְּרוּדָה נ molecule; (bot.) mericarp
פַּרְוָה נ fur coat; fur
פַּרְוָן ז furrier
פַּרְוָר ז suburb
פָּרוּז ת demilitarized

פְּרוֹזְדוֹר ז corridor
פְּרוּטָה נ small coin
פְּרוּטְרוּט ז detail; small change
פָּרוֹכֶת נ curtain
פָּרוּס ת stretched, spread out
פְּרוּסָה נ slice (of bread)
פָּרוּעַ ת wild, dissolute
פָּרוּף ת fastened, pinned
פָּרוּץ ת broken open, destroyed; licentious
פְּרוּצָה נ loose woman
פָּרוּק ת unloaded
פָּרוּר ז pot, saucepan
פָּרוּשׁ ת ascetic, abstemious; Pharisee
פָּרוּשׂ ת spread out, stretched out
פִּרְזוּל ז shoeing (horses)
פְּרָזוֹן ז undefended area, open country
פְּרָזוֹת תה"פ unwalled, unfortified
פִּרְזֵל (יְפַרְזֵל) פ shoe (horses)
פָּרַח (יִפְרַח) פ blossom, flower; break out (rash); fly
פִּרְחָח ז lout, urchin
פִּרְחָחוּת נ irresponsible behavior, loutishness
פִּרְחֵי קְצִינִים officer cadets
פָּרַט (יִפְרוֹט) פ change (money); specify, detail; play stringed instrument, strum
פְּרָט ז small change (money); odd number; detailed list, minutiae; small job (printing); detail, particular; individual
פְּרָטוּת נ detail

פְּרָטִי ת private; individual
פְּרָטֵי פְּרָטִים in great detail
פְּרָט ל... with the exception of; except for, apart from
פְּרִי ז fruit; reward; profit
פְּרִידָה נ parting, departure, separation
פְּרֵידָה ר׳ פְּרֵדָה
פִּרְיוֹן ז productivity, productiveness
פְּרִיחָה נ flowering, blooming, blossoming; success, prosperity; rash (medical); flight, flying
פְּרִיט ז item
פְּרִיטָה נ changing (money), giving small change; playing (stringed instrument), strumming, plucking
פְּרִיָּה נ fruitfulness, bearing fruit
פָּרִיָּה נ bull-shed
פְּרִיָּה וּרְבִיָּה having children; (euphem.) copulation
פָּרִיךְ ת brittle, fragile
פְּרִיכָה נ breaking, crushing
פְּרִיכוּת נ brittleness, fragility
פָּרִיס ת spreadable
פְּרִיסָה נ spreading out
פְּרִיעָה נ payment
פְּרִיפָה נ pin, clasp; fastening
פָּרִיץ ז squire (in Poland)
פָּרִיץ ז violent criminal
פְּרִיצָה נ break-through; breach, burglary
פְּרִיצוּת נ licentiousness
פְּרִיץ חַיּוֹת wild animal

פְּרִיצַת דֶּרֶךְ forcing a way through
פָּרִיק ת detachable, capable of being dismantled
פְּרִיקָה נ unloading
פְּרִיקַת עוֹל lawlessness, irresponsibility
פָּרִיר ת crumbly
פָּרִישׂ ת spreadable
פְּרִישׁ ז quince
פְּרִישָׂה נ spreading out, extending
פְּרִישָׁה נ retirement; withdrawal
פְּרִישׁוּת נ abstinence, abstemiousness
פְּרִישׁוּת דֶּרֶךְ אֶרֶץ sexual abstinence
פֶּרֶךְ ז severity, oppression; crushing, smashing
פִּרְכָא, פִּרְכָה נ refutation, counter-argument, rebuttal
פִּרְכּוּס ז titivation, self-adornment; twitch, jerk
פִּרְכֵּס (יְפַרְכֵּס) פ titivate, prettify; twitch, jerk
פָּרַם (יִפְרוֹם) פ unstitch, take apart; rip
פִּרְנֵס (יְפַרְנֵס) פ support, provide for
פַּרְנָס ז community leader
פַּרְנָסָה נ maintenance, livelihood
פָּרַס (יִפְרוֹס) פ spread out, extend; slice (or break) bread
פֶּרֶס ז bearded vulture
פְּרָס ז prize, reward
פַּרְסָה נ hoof; horse-shoe
פִּרְסוּם ז publication; fame, popularity; publicity
פִּרְסוֹמֶת נ publicity, advertisement
פִּרְסֵם (יְפַרְסֵם) פ publish; publicize, advertise
פָּרַע (יִפְרַע) פ repay (a debt), pay off; dishevel; riot; hold a progrom
פַּרְעוֹשׁ ז flea
פְּרָעוֹת נ״ר riots, pogroms
פָּרַף (יִפְרוֹף) פ pin together
פִּרְפּוּר ז spasm, twitch
פַּרְפַּר ז butterfly
פִּרְפֵּר (יְפַרְפֵּר) פ twitch
פַּרְפַּר לַיְלָה moth
פַּרְפֶּרֶת נ dessert
פָּרַץ (יִפְרוֹץ) פ break open, break into
פֶּרֶץ ז breach; trouble
פִּרְצָה נ breach, crack
פַּרְצוּף ז face, countenance
פִּרְצוּף ז portrayal
פַּרְצוּפִי ת facial
פָּרַק (יִפְרוֹק) פ unload
פֶּרֶק ז chapter, section; joint
פְּרַקְדָּן תה״פ (lying) on one's back, supine
פְּרַקְלִיט ז advocate, attorney
פְּרַקְלִיטוּת נ advocacy, law (as profession)
פְּרַקְמַטְיָה נ goods; business
פָּרַק עוֹל threw off the yoke (of law, of morals, etc.)
פָּרַשׂ (יִפְרוֹשׂ) פ stretch, spread out, extend
פָּרַשׁ (יִפְרוֹשׁ) פ leave, retire, withdraw

פָּרָשׁ ז horseman; knight; horse
פָּרָשָׁה נ affair; chapter (of a book), portion (of Scripture)
פַּרְשָׁן ז commentator
פַּרְשָׁנוּת נ commentary, exegesis
פָּרָשַׁת דְּרָכִים cross-roads
פָּרָשַׁת הַשָּׁבוּעַ weekly portion of the Law
פָּרָשַׁת מַיִם watershed
פָּרַת־יָם sea-cow
פַּרְתֵּם ז noble
פָּרַת־מֹשֶׁה־רַבֵּנוּ ladybird
פָּשׁ (יָפוּשׁ) פ relax, rest
פָּשָׂה (יִפְשֶׂה) פ spread (usu. of disease, etc.)
פָּשׁוּט ת, תה״פ simple, plain; undistinguished; extended, outstretched; simply
פְּשׁוּט ז simple meaning, plain meaning
פְּשׁוּטוֹ כְּמַשְׁמָעוֹ it's as simple as it sounds
פָּשׁוֹשׁ ז graceful warbler
פְּשָׁט ז literal meaning, plain meaning
פָּשַׁט (יִפְשׁוֹט) פ take off (clothes), strip; extend (hand), stretch out
פָּשַׁט אֶת הָרֶגֶל went bankrupt
פַּשְׁטוּת נ simplicity, plainness
פַּשְׁטִידָה נ pie, pudding
פַּשְׁטָנוּת נ simplicity, plainness
פַּשְׁטָנִי ת simple; over-simple
פָּשַׁט עוֹר skinned; overcharged
פִּשְׁיוֹן ז spread (of disease)

פְּשִׁיחָה נ split, break
פַּשִּׁיט ת extensive
פְּשִׁיטָא תה״פ obviously! of course!
פְּשִׁיטָה נ stripping; attack, raid
פְּשִׁיטַת רֶגֶל bankruptcy
פְּשִׁיעָה נ sinning, offending; criminal negligence
פָּשַׁע (יִפְשַׁע) פ commit crime; sin, offend
פֶּשַׁע ז crime
פָּשַׂע (יִפְשַׂע) פ step, tread
פֶּשַׂע ז step, pace
פִּשְׁפּוּשׁ ז search, examination
פִּשְׁפֵּשׁ ז bug
פִּשְׁפֵּשׁ (יְפַשְׁפֵּשׁ) פ search, scrutinize
פִּשְׁפָּשׁ ז wicket
פָּשַׂק (יִפְשׂוֹק) פ open wide
פֶּשֶׂק ז stud (in chain)
פֵּשֶׁר ז explanation, meaning
פְּשָׁרָה נ compromise
פַּשְׁרָן ז compromiser
פַּשְׁרָנוּת נ tendency to compromise
פִּשְׁתָּה נ flax
פִּשְׁתָּן ז linen; linseed
פַּת נ piece of bread; (snow) flake
פִּתְאוֹם תה״פ suddenly
פִּתְאוֹמִי ת sudden
פְּתָאִים ז״ר fools
פַּתְבַּג, פַּת־בַּג delicacy, good food
פִּתְגָּם ז proverb, saying, adage
פָּתָה (יִפְתֶּה) פ be silly, be simple-minded
פָּתוּחַ ת open
פָּתוּךְ ת mixed, blended
פָּתוּל ת twisted, winding

crumb	פָּתוֹת ז
breadcrumbs	פְּתוֹתֵי לֶחֶם
open; begin, start	פָּתַח (יִפְתַּח) פ
doorway, entrance; opening	פֶּתַח ז
patah (vowel as in כַּ)	פַּתָּח ז
patah (when occurring under a final ה, ח, ע)	פַּתָּח גְּנוּבָה
foreword, preface	פֶּתַח דָּבָר
scuttle	פִּתְחָה נ
excuse, pretext	פִּתְחוֹן־פֶּה
fool, simpleton	פֶּתִי ז
simple-minded woman, foolish woman	פְּתַיָּה נ
simple-mindedness, foolishness	פְּתַיּוּת נ
opening; start	פְּתִיחָה נ
openness	פְּתִיחוּת נ
mixing, blending	פְּתִיכָה נ
thread, cord	פְּתִיל ז
tied, bound	פָּתִיל ת
wick (of candle, stove); fuse (for explosives); suppository (medical)	פְּתִילָה נ
paraffin stove	פְּתִילִיָּה נ
milkweed	פְּתִילַת הַמִּדְבָּר
surprise	פְּתִיעָה נ
soluble (problem, etc.)	פָּתִיר ת
solving; interpreting (dream)	פְּתִירָה נ
crumb; floccule	פָּתִית ז
mix, blend (colors)	פָּתַךְ (יִפְתּוֹךְ) פ
tortuous; perverse, crooked	פְּתַלְתּוֹל ת
cobra	פֶּתֶן ז
suddenly	פֶּתַע תה״פ
crumbling, crushing, smashing	פִּתְפּוּת ז
nonsense (lit. scrambled eggs)	פִּתְפּוּתֵי בֵּיצִים
crumble, crush	פִּתְפֵּת (יְפַתְפֵּת) פ
note, chit	פֶּתֶק ז פִּתְקָה נ
solve, interpret	פָּתַר (יִפְתּוֹר) פ
solution (to problem), interpretation (to dream)	פִּתְרוֹן ז
transcript; synopsis, summary	פַּתְשֶׁגֶן ז

צ

צֵא	go out! (imper. of יָצָא q.v.)
צֶאֱל ז, צֶאֱלִים ז״ר	a kind of shady acacia
צֶאֱלוֹן ז	poinciana
צֹאן נ״ר	flocks (sheep and goats); sheep (or goat)
צֶאֱצָא ז	offspring, descendant
צֵאת	to go (infinitive of יָצָא q.v.)
צָב ז, צַבִּים ז״ר	tortoise
צָבָא (יִצְבָּא) פ	throng, gather
צָבָא ז	army
צְבָא הַהֲגָנָה לְיִשְׂרָאֵל	Israel Defense Force
צְבָאוֹת ז״ר	armies
צְבָאִי ת	military
צְבָאִיּוּת נ	militant spirit, militarism
צְבָאִים ז״ר	deer (plur. of צְבִי, q.v.)
צְבָא קֶבַע	regular army
צָבָה (יִצְבֶּה) פ	swell, become swollen
צָבֶה ת	swollen
צָבוּעַ ת	painted, colored; hypocritical, two-faced
צָבוֹעַ ז	hyena
צָבוּר ת	heaped together
צָבוּת נ	swelling
צָבַט (יִצְבּוֹט) פ	pinch; grip
צְבִי ז	deer, stag
צִבְיוֹן ז	character, quality
צְבִיטָה נ	pinch, pinching
צְבִיָּה נ	hind, gazelle (fem.)
צְבִיעָה נ	painting, coloring
צְבִיעוּת נ	hypocrisy
צְבִיר ז	cluster; galaxy
צָבִיר ת	accumulative
צְבִירָה נ	accumulation, collecting
צָבַע (יִצְבַּע) פ	paint, color, dye
צֶבַע ז	paint, color, dye
צַבָּע ז	painter
צִבְעוֹנִי ת	colorful
צִבְעוֹנִי ז	tulip
צִבְעוֹנִיּוּת נ	colorfulness
צַבָּעוּת נ	painting (house)
צִבְעֵי מָגֵן	protective coloring
צִבְעָן ז	pigment
צָבַר (יִצְבּוֹר) פ	amass, accumulate
צֶבֶר ז	heap, pile; sporangium (botany)
צָבָר, צַבָּר ז	cactus; native-born Israeli, "Sabra"
צַבָּרִיּוּת נ	character of a "Sabra"
צְבָת נ	pliers, tongs
צַבְתָּן ז	earwig
צַד ז	side; page; aspect
צָד (יָצוּד) פ	hunt, catch
צְדָדִי ת	lateral; secondary
צְדָדִים ז״ר	sides (plur. of צַד)
צְדוּדִית נ	profile
צַדּוֹן ז	broadside (military)
צְדִיָּה נ	malice, wilfulness
צַדִּיק ת	godfearing; right, just; Hassidic Rabbi
צַדִּיקוּת נ	righteousness, saintliness

צֶדַע ז temple

צֶדֶף ז shell

צִדְפָּה נ oyster

צִדְפִּי ת shell-like, molluscoid

צָדַק (יִצְדַּק) פ be right, be justified; be just

צֶדֶק ז justice, justness; rightness, correctness; Jupiter (planet)

צְדָקָה נ justice; righteousness; charity, act of charity

צַדֶּקֶת נ righteous woman

צַדְרָה נ tarpaulin

צָהַב (יִצְהַב) פ turn yellow, glow

צְהַבְהַב ת yellowish

צַהֶבֶת נ jaundice

צָהוּב ת angry, hostile

צָהוֹב ת yellow

צָהוֹר ת white

צָהַל (יִצְהַל) פ shout for joy; neigh

צַהַ״ל Israel Defense Force, the Israel Army

צָהֳלָה, צוֹהֳלָה נ shouts of joy

צַהֲלָה נ neigh, neighing

צָהֳרַיִים, צוֹהֳרַיִים noon, midday

צַו ז order, command

צוֹאָה נ excrement

צוֹבֵעַ ז painter; dyer

צוּבַּע (יְצוּבַּע) פ be painted

צוֹבֶר ז heap, pile

צוֹדֵד (יְצוֹדֵד) פ beguile, captivate

צוּדַּד (יְצוּדַּד) פ be diverted, be turned aside

צוֹדֵק ת right; just

צוֹהַב ז yellowness; yellow

צוֹהֵל ת merry, joyful, exultant

צוֹהַר ז skylight, window; zenith (astronomy)

צַוָּאָה נ will, testament

צַוָּאר ז neck

צַוָּארוֹן ז collar

צַוָּאַת שְׁכִיב מְרַע last will and testament (made while sick)

צוּוָּה (יְצוּוֶּה) פ be ordered, be commanded, be bidden

צָוַח (יִצְוַח) פ scream, shriek

צְוָחָה נ cry, scream

צַוְחָן ז screamer

צַוְחָנִי ת screaming, shrieking

צְוִיחָה נ scream, shriek

צְוִיץ ז chirrup

צֶוֶת ז team, crew

צַוְתָּא נ team; company

צוּחְצַח (יְצוּחְצַח) פ be polished; be dressed up

צוּטַּט (יְצוּטַּט) פ be quoted

צוּיַּד (יְצוּיַּד) פ be equipped, be supplied

צוּיַּן (יְצוּיַּן) פ be marked, be noted

צוּיַּץ (יְצוּיַּץ) פ be fringed (garment)

צוּיַּר (יְצוּיַּר) פ be drawn, be illustrated

צוֹלֵב ת cruciform, crossed

צוּלָה נ depths (of the sea)

צוּלְהַב (יְצוּלְהַב) פ be gilded, be made bright

צוֹלֵל ת, ז diver, frogman

צוֹלֶלֶת נ submarine

צוּלַּם (יְצוּלַּם) פ be photographed

צוֹלֵעַ ת lame, limping; shaky, ineffectual

צוֹלְפָנִי ת	lashing; (fig.) biting
צוּלַק (יְצוּלַק) פ	be scarred
צוֹם ז	fast
צוּמַד (יְצוּמַד) פ	be coupled, be combined
צוֹמֵחַ ת, ז	flora; growing
צוּמצַם (יְצוּמצַם) פ	be reduced, be cut down
צוֹמֵק ת	shrunken, shriveled
צוּמַק (יְצוּמַק) פ	be shrunken, be shriveled
צוֹמֶת ז	juncture point, joint
צוּמַת (יְצוּמַת) פ	be destroyed; be attached, accompany; be pickled in brine, be preserved (meat)
צוֹמֶת דְרָכִים	crossroads
צוֹמֶת רַכָּבוֹת	railway junction
צוּנזַר (יְצוּנזַר) פ	be censored
צוֹנֵן ת, ז	cold, chilly; cold water
צוֹנְנִים ז״ר	cold water
צוּנַן (יְצוּנַן) פ	cool down, be cooled
צַו עַל תְנַאי	order nisi
צוֹעֲנִי ז	gypsy
צוֹעַף (יְצוֹעַף) פ	be veiled
צוּעֲצַע (יְצוּעֲצַע) פ	be ornamented, be decorated
צוֹעֵר ז	shepherd boy; assistant, junior; (milit.) cadet
צוּף ז	nectar (in flowers); drink made from honey, mead
צוֹפֶה ז	observer, look-out; spectator; Boy Scout
צוּפָּה (יְצוּפֶּה) פ	be plated
צוֹפִי ת	of the Scouts
צוֹפִיוּת נ	Scouting
צוֹפִים ז״ר	Boy Scouts
צוּפִית נ	Palestine sunbird
צוּפָן ז	nectary (botany)
צוֹפֶן ז	code
צוֹפֵף (יְצוֹפֵף) פ	crowd together, close up
צוּפַּף (יְצוּפַּף) פ	be crowded together
צוֹפָר ז	siren, hooter, horn
צוֹצַל ז, צוֹצֶלֶת נ	ringed turtle-dove, ring-dove
צוּק ז	cliff
צוֹק ז	hardship, trouble
צוּקָה נ	distress, trouble
צוֹק הָעִיתִּים	troubled times
צוֹר ז	flint
צוּר ז	rock, fortress
צוֹרֵב ת	burning, scalding; (fig.) agonizing, painful
צוֹרְבָנִי ת	burning, scalding, agonizing
צוּרָה נ	shape, form; figure; appearance, structure
צוֹרֶךְ ז	need, necessity
צוֹרכֵי צִיבּוּר	public affairs
צוֹרכֵי שַׁבָּת	the requirements of the Sabbath
צוּר מַחֲצַבתּוֹ	his origins, his roots
צוּר מִכשׁוֹל	stumbling block
צוֹרְמָנִי ת	discordant
צוֹרָן ז	silicon
צוּרָן ז	morpheme
צוּרָנִי ת	formal; morphemic
צוֹרָנִי ת	silicious
צוֹרַע (יְצוֹרַע) פ	become leprous

צוֹרֵף ז goldsmith (or silversmith)
צוֹרַף (יְצוֹרַף) פ be added, be attached; be refined (precious metal)
צוֹרְפוּת נ craft of the goldsmith (or silversmith)
צוֹרֵר ז foe, enemy
צוּרָתִי ת formal
צוֹתֵת (יְצוֹתֵת) פ listen in
צַח ת pure, clear
צָחוּן ת stinking, smelly
צְחוֹק ז laughter, laugh
צָחוֹר ת white
צְחוֹר ז whiteness
צַחוּת נ purity, lucidity, clarity
צָחִיחַ ת dry, arid
צְחִיחַ ז parchedness, dryness
צְחִיחוּת נ aridity, dryness
צָחַן (יִצחַן) פ stink
צַחֲנָה נ stench, bad smell
צִחצוּחַ ז polishing
צִחצוּחַ חֲרָבוֹת sabre-rattling
צִחצֵחַ (יְצַחצֵחַ) פ polish, burnish
צָחַק (יִצחַק) פ laugh
צַחֲקָה נ chuckle, smile
צְחקוּק ז faint smile, chuckle
צַחקָן ז laughter-loving person
צִחקֵק (יְצַחקֵק) פ chuckle
צְחַרחַר ת whitish
צִי ז fleet, marine
צֵיאָה, צֵאָה נ excrement, filth
צִיבּוּי ז swelling
צִיבּוּעַ ז paint, painting
צִיבּוּר ז public, community; heap, pile

צִיבּוּרִי ת public, communal
צִיבֵּעַ (יְצַבֵּעַ) פ paint
צַיִד ז hunting; game
צִידֵּד (יְצַדֵּד) פ turn aside; support
צֵידָה נ food for a journey, provisions
צִידּוּד ז turning aside; supporting
צִידּוּק ז justification; proving right
צֵידָנִית נ picnic hamper
צִידֵּק (יְצַדֵּק) פ justify, vindicate
צִיּוּד ז equipment; equipping
צִיוָּה (יְצַוֶּה) פ command, order
צִיוָּה לְבֵיתוֹ made his will
צִיוּוּי ז order, command; (grammar) imperative
צִיוּוַח (יְצַוּוֵחַ) פ scream, shriek
צִיוּוֵץ (יְצַוּוֵץ) פ chirrup, twitter
צִיּוּן ז mark; note, remark
צִיּוֹן נ Zion
צִיּוֹנוּת נ Zionism; (colloquial) moralizing
צִיּוֹנִי ת׳ ז Zionist
צִיּוֹנִיּוּת נ Zionism
צִיּוּץ ז chirruping, chirping
צִיּוּר ז drawing, picture; figure, description
צִיּוּרִי ת pictorial, descriptive, graphic
צִיּוּת ז obedience
צִיחֵק (יְצַחֵק) פ make merry, jest; laugh
צִיטֵּט (יְצַטֵּט) פ quote, cite
צִיטָטָה נ quotation
צִיֵּד (יְצַיֵּד) פ equip, supply, furnish

צַיָּד ז hunter
צִיָּה נ desert, aridity
צִיֵּן (יְצַיֵּן) פ mark, point out
צִיֵּץ (יְצַיֵּץ) פ chirrup, twitter
צַיְּקָן ז miser, skinflint
צִיֵּר (יְצַיֵּר) פ draw, paint; picture, describe
צַיָּר נ artist, painter
צִיֵּת (יְצַיֵּת) פ obey, submit
צַיְּתָן ז obedient (submissive) person
צַיְּתָנוּת נ obedience, submissiveness
צִילֵּב (יְצַלֵּב) פ make the sign of the cross
צִילוּם ז photograph; photography
צִילוּעַ ז diaphragm plate; side beam
צִילֵּם (יְצַלֵּם) פ photograph
צִילֵּק (יְצַלֵּק) פ scar
צִימָּאוֹן ז thirst; arid land
צִימֵּד (יְצַמֵּד) פ combine, couple
צִימּוּק ז raisin
צִימַּח (יְצַמַּח) פ grow, sprout
צִי מִלְחָמָה navy
צַיִן ז caption
צִינָּה נ cold, chill; shield
צִינּוּן ז cooling down, chilling
צִינּוֹק ז solitary cell; prison
צִינּוֹר ז pipe, tube; drain, conduit
צִינּוֹרָה נ knitting needle, stream
צִינּוֹרִית נ knitting needle
צִינֵּן (יְצַנֵּן) פ cool, cool down
צִי סַחַר merchant navy
צִיעַף (יְצָעֵף) פ veil
צִיעֵר (יְצַעֵר) פ sadden, grieve
צִיפָּה נ floatation, floating; fleshy part of a fruit

צִיפָּה (יְצַפֶּה) פ expect, wait
צִיפָּה נ covering; bed-cover
צִיפּוּי ז covering, plating, coating
צִיפּוּף ז crowding together, closing up
צִיפּוֹר נ bird
צִיפּוֹרֶן נ nail (human), claw (animal); nib (writing)
צִיפּוֹר נַפְשׁוֹ his dearest wish, his aim in life
צִיפּוֹר שִׁיר songbird
צִיפּוֹרֶת נ small bird
צִיפִּיָּה נ expectation, anticipation
צִיפִּית נ pillow-case, pillow-slip
צִיפָּנִי ת buoyant
צִיפֵּף (יְצַפֵּף) פ crowd together, close up
צִיץ ז blossom, flower
צִיצָה נ blossom, flower; tuft, cluster; tassel (on clothes)
צִיצִית נ fringe, fringed garment (worn by observant Jews); tuft (botany)
צִיצִית הָרֹאשׁ forelock
צִיקְלוֹן ז cyclone
צִיר ז hinge, pivot; axis; envoy, messenger; delegate; brine, sauce; ax
צֵירֶה ז tsere – a vowel (as in צֵ)
צֵירוּף, צֵרוּף ז refining (gold), removing dross; joining, combination; attaching, attachment; changing money (small for large)
צֵירוּפִי ת combinatorial

צִירוּת נ legation
צִירִי ת axial
צִירֵי לֵידָה labor pains, birth pangs
צֵירַף (יְצָרֵף) פ add; combine, join together; refine (precious metal)
צִיתוּת ז listening-in
צִיתָר ז zither
צֵל ז shade, shadow
צָלַב (יִצְלוֹב) פ crucify
צְלָב ז cross
צְלַב הַקֶּרֶס swastika
צְלָבוֹן ז cross (worn as an ornament)
צַלְבָּן ז Crusader
צַלְבָּנִי ת of the Crusades, Crusader
צָלָה (יִצְלֶה) פ roast
צָלוּב ת crucified; Jesus
צְלוֹחִית נ flask
צָלוּי ת roast(ed)
צָלוּל ת clear, transparent; lucid
צְלוֹפָח ז eel
צָלוּק ת scarred
צָלַח (יִצְלַח) פ prosper, flourish; fit, be good for; cross (a lake or river)
צָלֵחַ ת successful, prosperous
צְלָחָה נ headache, migraine
צַלַּחִית נ saucer
צַלַּחַת נ plate, dish, bowl
צְלִי ז roast meat
צְלִיבָה נ crucifixion
צְלִיחָה נ crossing (a lake or river)
צְלִיָּיה נ roasting
צַלְיָין ז pilgrim

צְלִיל ז note (of music); sound, ring
צְלִילָה נ diving; sinking to the bottom
צְלִילוּת נ clarity, lucidity
צְלִילוּת הַדַּעַת clear-mindedness
צְלִילִיּוּת נ resonance
צְלִיעָה נ limp, lameness
צְלִיפָה נ lashing, whipping; sniping
צָלַל (יִצְלוֹל) פ dive, plunge; sink to the bottom
צְלָלִים ז״ר shadows (plur. of צֵל q.v.)
צְלָלִית נ silhouette
צֶלֶם ז likeness, image; idol; the Cross
צַלָּם ז photographer
צֶלֶם אֱלוֹהִים image of God; kindness, considerateness
צַלְמָוֶת ז deep shadow, great darkness
צַלְמוֹנִיָּה, צַלָּמָנִיָּה נ photographer's studio
צֶלְסִיוּס ז centigrade(thermometer)
צָלַע (יִצְלַע) פ limp; lag
צֶלַע, צֵלָע ז rib
צַלְעוֹן ז polygon
צַלְעִית נ chop, cutlet
צָלָף ז caper bush
צָלַף (יִצְלוֹף) פ snipe
צַלָּף ז sniper
צַלָּפוּת נ sniping
צִלְצוּל ז ring, ringing
צְלָצַל ז kind of locust
צִלְצֵל (יְצַלְצֵל) פ ring, chime; ring up, telephone

צִלְצָל ז	harpoon
צַלֶּקֶת נ	scar; stigma (botany)
צָם (יָצוּם) פ	fast
צָמֵא (יִצְמָא) פ	be thirsty
צָמֵא ת	thirsty
צָמָא ז	thirst
צְמֵא דָם	bloodthirsty
צֶ'מְבָּלוֹ ז	harpsichord
צֶמֶג ז	rubber
צְמַגְמַג ת	sticky, tacky
צָמַד (יִצְמוֹד) פ	couple, join together, pair
צֶמֶד ז	pair, couple
צִמְדָּה נ	duet
צֶמֶד־חֶמֶד	a lovely pair
צַמָּה נ	plait, braid
צָמוּג ת	sticky, adhesive
צָמוּד ת	tied, linked; joined
צָמוּק ת	shrivelled, dried up
צָמוּת ת	destroyed
צָמַח (יִצְמַח) פ	grow, sprout; spring from
צֶמַח ז	plant; growth
צִמְחוֹנוּת נ	vegetarianism
צִמְחוֹנִי ת	vegetarian
צִמְחוֹנִיָּה נ	vegetarian restaurant
צִמְחִי ת	vegetable, vegetal
צִמְחִיָּה נ	vegetation, flora
צְמִיג ז	tyre
צָמִיג ת	viscous, sticky
צְמִיגוּת נ	viscosity, stickiness
צְמִיגִי ת	sticky, adhesive
צָמִיד ז	bracelet; lid, covering
צָמִיד ת	linked, coupled
צְמִידוּת נ	attachment, linkage; interdependence
צְמִיחָה נ	growing, growth
צָמִיר ת	woolly, shaggy
צָמִית ת, ז	permanent, perpetual; vassal
צְמִיתוּת נ	permanence, perpetuity
צֶמֶל ז	ripe fig; adolescent girl
צִמֵּנט (יְצַמֵּנט) פ	cement
צִמְצוּם ז	reduction, cutting down
צִמְצֵם (יְצַמְצֵם) פ	reduce, cut down
צַמְצָם ז	condenser (phot.)
צָמַק (יִצְמַק) פ	shrivel, shrink, dry up
צֶמֶק ז	dried fruit
צֶמֶר ז	wool; fiber (on plants)
צֶמֶר גֶּפֶן	cotton wool; cotton
צַמְרִי ת	woolly, woollen
צְמַרְמוֹרֶת נ	shudder; shock
צַמֶּרֶת נ	tree-top; top, upper ranks
צַמֶּרֶת הַשִּׁלְטוֹן	the upper ranks of the government
צָמַת (יִצְמוֹת) פ	destroy; oppress; shrink
צֵן ז	thorn
צְנוֹבָר ז	pine-cone
צָנוּם ת	skinny, thin
צְנוֹן ז	radish
צְנוֹנִית נ	small radish
צָנוּעַ ת	humble, modest
צָנוּף ת	turbaned
צִנְזֵר (יְצַנְזֵר) פ	censor
צָנַח (יִצְנַח) פ	drop, fall to the ground; parachute
צַנְחָן ז	parachutist
צַנְחָנוּת נ	parachute jumping

צְנִיחָה נ dropping, sinking down; parachute descent
צְנִים ז rusk, toast
צָנִין ז thorn, goad
צְנִיעוּת נ modesty, chastity
צָנִיף ז turban, head-cloth
צְנִיפָה נ putting on a turban
צְנִירָה נ knitting; crocheting
צֶנַע ז austerity; modesty
צִנְעָה נ secrecy, privacy
צָנַף (יִצְנוֹף) פ wrap round; roll
צִנְצֶנֶת נ jar
צַנָּר ז pipe-layer
צַנֶּרֶת נ piping, pipe-system
צַנְתָּר ז thin pipe, tube
צִנְתֵּר (יְצַנְתֵּר) פ catheterize
צָעַד (יִצְעַד) פ march, pace, step
צַעַד ז step, pace, stride
צְעָדָה נ march
צָעָה (יִצְעֶה) פ travel, wander
צָעוּף ת veiled
צְעִידָה נ marching, pacing
צָעִיף ז veil; scarf
צָעִיר ת, ז young, youthful; youth, lad
צְעִירָה נ young girl, young woman
צְעִירוֹן ז youngster, mere lad
צְעִירוּת נ youth, youthfulness
צָעַן (יִצְעַן) פ wander, roam
צַעֲצוּעַ ז toy, plaything
צִעֲצַע (יְצַעֲצַע) פ ornament, decorate
צָעַק (יִצְעַק) פ shout, yell
צְעָקָה נ shout(ing), yell(ing)
צַעֲקָן ז shouter
צַעֲקָנוּת נ shouting, noisiness; (fig.) blatancy, loudness
צַעַר ז sorrow, trouble; pain
צַעַר בַּעֲלֵי חַיִּים prevention of cruelty to animals
צַעַר גִּידּוּל בָּנִים the trouble of bringing up children
צָף (יָצוּף) פ float; flow
צָף ז float
צָפַד (יִצְפּוֹד) פ dry up, shrivel, shrink
צַפְדִּינָה נ scurvy
צַפֶּדֶת נ tetanus
צָפָה (יִצְפֶּה) פ watch, observe; foresee
צָפוּי ת expected; destined
צָפוֹן ז north
צָפוּן ת hidden, concealed
צְפוּנוֹת נ״ר secrets
צְפוֹנִי ת north, northern
צְפוֹנִי־מִזְרָחִי north-east
צָפוּף ת crowded, packed tight
צִפְחָה נ slate
צַפַּחַת נ flat flask (jar)
צַפִּיחִית נ cake, wafer
צְפִיָּה נ observation, watching
צָפִיעַ ז dung
צְפִיעָה נ infant, baby
צְפִיפוּת נ crowding; denseness, density
צָפִיר ז young goat
צְפִירָה נ hoot, hooting; dawn, morning
צְפִיר עִיזִּים he-goat
צַפִּית נ covering, table-cloth

צָפַן (יִצְפּוֹן) פ — hide, conceal
צֶפַע ז — viper
צִפְעוֹנִי ז — viperine snake
צִפְצוּף ז — whistling; (coll.) scorn
צִפְצֵף (יְצַפְצֵף) פ — whistle; (colloquial) scorn
צַפְצָפָה נ — poplar
צַפְצֵפָה נ — whistle
צֶפֶק ז — peritoneum
צַפֶּקֶת נ — peritonitis
צָפַר (יִצְפּוֹר) פ — hoot, sound horn (of a car)
צַפָּר ז — bird-keeper, bird-fancier
צַפְרָא ז — morning
צְפַרְדֵּעַ נ — frog
צִפְרוֹנִי ת — capricious
צִפְרוֹנִיּוּת נ — capriciousness, caprice
צַפָּרוּת נ — bird-keeping, bird-raising
צַפְרִיר ז — zephyr, morning breeze
צֶפֶת נ — capital (of a pillar)
צָץ (יָצִיץ) פ — blossom, bloom; spring forth
צָק (יָצוּק) פ — pour
צִקְלוֹן ז — travelling bag
צַר ז — enemy, foe; czar
צָר (יָצוּר) פ — besiege (a city); shape, form
צַר ת — narrow
צַר־אוֹפֶק — narrow-minded
צָרַב (יִצְרוֹב) פ — burn, scorch; corrode (metal); cauterize (surgical)
צָרֶבֶת נ — heartburn
צְרָדָה, צְרֵידָה נ — middle finger
צְרַדְרַד ת — gruff, rather hoarse
צָרֶדֶת נ — hoarseness, huskiness
צָרָה נ — trouble, misfortune
צָרָה צְרוּרָה — great trouble
צָרוּב ת — burnt, scorched
צָרוּד ת — hoarse
צָרוּעַ ת — leprous
צָרוּף ת — refined, purified
צָרוּר ת — tied up, bound up
צְרוֹר ז — bundle, package; bunch (flowers, keys, etc.); burst (of bullets fired); pebble
צָרוּת נ — narrowness; crampedness
צָרוּת אוֹפֶק — narrow-mindedness
צָרוּת עַיִן — meanness, selfishness
צָרַח (יִצְרַח) פ — scream
צַרְחָן ז — screamer
צַרְחָנִי ת — screaming, screeching
צְרִי, צוֹרִי ז — balsam
צְרִיבָה — burn(ing), scorch(ing); etching; corrosion (metal); heartburn
צְרִידוּת נ — hoarseness
צְרִיחַ ז — tower; castle, rook
צְרִיחָה נ — scream
צָרִיךְ ת — necessary, needful
צְרִיכָה נ — consumption
צָרִיךְ לִהְיוֹת — ...should be
צָרִיךְ לוֹמַר — ...should say
צָרִיךְ לַעֲשׂוֹת — ...should do
צְרִימָה נ — grating (sound), dissonance
צְרִיף ז — hut, shack
צְרִיפָה נ — refining (precious metal)
צְרִיפוֹן ז — small hut
צְרִיר ז — dissonance

צָרַךְ (יִצרוֹךְ) פ use, consume; need, be required to
צַרְכָן ז consumer
צַרְכָנוּת consumers (as a body); consumption
צַרְכָנִיָּה נ cooperative store
צָרַם (יִצרוֹם) פ grate (of sounds), jar
צִרְעָה נ wasp
צַר־עַיִן mean, stingy
צָרַעַת נ leprosy

צָרַף (יִצרוֹף) פ refine (metal), smelt, purify; test
צָרְפַת נ France
צָרְפָתִי ת׳ ז French, Frenchman
צַרְצוּר ז cricket (insect)
צִרצוּר ז chirping (of a cricket)
צִרְצֵר (יְצַרְצֵר) פ chirp (like a cricket)
צָרַר (יִצרוֹר) פ make into a bundle, pack

ק

קָא (יָקִיא) פ vomit, be sick
קָאַת נ pelican
קַב ז minimum amount, small quantity; crutch; wooden leg
קָבַב (יִיקוֹב) פ curse
קָבוֹט ז pickle jar, vat
קָבוּעַ ת regular, constant, fixed
קָבוּעַ ז constant (maths)
קְבוּצָה נ group, team (sport); collective settlement, kvutza
קְבוּצָתִי ת collective, combined
קָבוּר ת buried
קְבוּרָה נ burial
קַבַּיִים ז״ז a pair of crutches
קְבִילָה נ complaint
קְבִילוּת נ acceptability
קְבִיעָה נ fixing, determining

קְבִיעוּת נ permanence (in employment); regularity
קְבִירָה נ burial, burying
קָבַל (יִקבּוֹל) פ complain
קַבָּל ז condenser, capacitor
קֳבֵל, קוֹבֵל תה״פ opposite, before
קַבָּלָה נ receiving; receipt (for payment); reception; tradition; Kabbala
קַבְּלָן ז contractor
קַבְּלָנוּת נ piece-work, contracting
קַבְּלָנִי ת contracting, undertaking piece-work
קֳבֵל עַם openly, publicly
קַבָּלַת פָּנִים reception, welcome
קַבָּלַת שַׁבָּת inauguration of the Sabbath

קֶבֶס ז nausea, sickness
קַבְסְתָן ז nauseating individual
קָבַע (יִקְבַּע) פ fix, determine; fix in, install
קֶבַע ז permanence, regularity
קָבַץ (יִקְבּוֹץ) פ gather, assemble
קַבְּצָן ז beggar
קַבְּצָנוּת נ beggary
קַבְּצָנִי ת beggarly
קַבְקַב ז clog, wooden shoe
קָבַר (יִקְבּוֹר) פ bury
קֶבֶר ז grave, tomb
קַבְּרָן ז gravedigger
קַבַרְנוּן ז goby
קַבַּרְנִיט ז captain (of ship, plane); leader
קָדַד (יִקּוֹד) פ bow, bow the head
קָדוּד ת pierced, cut through (or out)
קָדוּחַ ת drilled, bored
קְדוֹחֶת נ cuttings (from a boring)
קָדוּם ת ancient
קְדוּמַנִּי ת forward, front
קְדוֹרַנִּי ת gloomy, dark
קְדוֹרַנִּית תה״פ gloomily, dismally
קָדוֹשׁ ת holy, sacred
קְדוּשָּׁה נ holiness, sanctity
קָדַח (יִקְדַּח) פ drill, bore; be sick with fever
קֶדַח ז fume
קַדַחְדַּח ז spiral drill
קַדַּחַת נ malaria
קַדַּחְתָּנִי ת feverish
קְדִיחָה נ boring, drilling
קָדִים ז east; east wind
קְדִימָה נ priority, precedence
קָדִימָה ! מ״ק forward!
קְדֵירָה, קְדֵרָה נ pot, cooking-pot
קַדִּישׁ ת, ז Kaddish (memorial prayer for the dead); (colloquial) son
קָדַם (יִקְדַּם) פ precede, come before
קְדַם־ pre-
קֶדֶם ז front; east; ancient times
קַדְמָה נ antiquity, the distant past
קִדְמָה נ progress, advance
קֵדְמָה תה״פ eastward
קַדְמוֹן ת, ז ancient, primeval
קַדְמוֹנִי ת ancient, primeval
קַדְמוֹנִיּוֹת נ״ר antiquities
קַדְמוּת נ antiquity
קִדְמִי ת forward, front
קִדְקֵד (יְקַדְקֵד) פ cluck
קִדְקוּד ז clucking
קָדַר (יִקְדַּר) פ darken, grow dark; be gloomy
קַדָּר ז potter
קַדָּרוּת נ pottery
קַדְרוּת נ gloom
קְדֵרִיָּה נ small pot
קָדַשׁ (יִקְדַּשׁ) פ become holy, be consecrated
קָדֵשׁ ז temple prostitute (male)
קְדֵשָׁה נ temple prostitute (female)
קָהָה (יִקְהֶה) פ be blunted, be dulled; be faint
קֵהֶה, קֵיהֶה ת blunt, dull; on edge (teeth); dull witted
קַהֲוָה נ coffee
קָהוּי ת blunted, dulled

קַהוּת נ bluntness, dullness
קְהִילָּה נ community, congregation
קְהִילָּה קְדוֹשָׁה (ק״ק) a Jewish community
קְהִילִיָּיה נ republic
קְהִילָּתִי ת communal
קָהָל ז community, public; audience
קַו, קָו ז line (lit. and fig.)
קַו אוֹרֶךְ line of longitude
קוֹבָה, קֵבָה נ womb
קוּבָּה נ tent; brothel
קוּבּוּץ ז Kubbutz – name of a Hebrew vowel sign as in קֻ
קוּבִּיָה נ dice
קוּבִיוּסטוּס ז dice-player; card-player
קוּבִּיָּה נ cube (geometry); dice (game)
קוּבְלָנָה נ complaint
קוֹבַע ז helmet
קוּבַּעַת נ cup
קוּבַּץ (יְקוּבַּץ) פ be gathered together
קוֹבֶץ ז collection (literary), anthology
קוֹד ז code
קוֹדַאי ז encoder, coder
קוּדַּד (יְקוּדַּד) פ be broached, be reamed (hole)
קוֹדֶדֶת נ pastry cutter
קוֹדֵם ת previous, prior
קוֹדֶם תה״פ before, previously
קוֹדֶם כּוֹל first of all, first
קוֹדֶם לָכֵן before this
קוֹדְמָן ז antecedent
קוֹדֶם שֶׁ־ before
קוֹדְקוֹד, קָדְקוֹד ז crown (of the head), top; vertex
קוֹדֵר ת dark; gloomy
קוּדַּשׁ (יְקוּדַּשׁ) פ be sanctified, be consecrated; be betrothed
קוֹדֶשׁ ז holiness, sanctity
קוֹדֶשׁ ל... dedicated to, devoted to
קוֹדֶשׁ־קוֹדָשִׁים most holy
קַו הַבְּרִיאוּת good health
קַו הַמַּשְׁוֶה the equator
קוּוָּה (יְקוּוֶּה) פ be hoped for, be expected
קַוִּי ת linear
קַוָּן ז linesman
קַוָּנוּת נ the work of a linesman
קָווּץ ת thorny, prickly; shrunken
קָוַץ (יִקְווֹץ) פ spread thorns
קְוֻוצָּה נ lock (of hair), tress
קִוְוקֵד (יְקַוְוקֵד) פ line with alternate dots and dashes
קוּוקַד (יְקוּוקַד) פ be lined with alternate dots and dashes
קִוְוקֵו (יְקַוְוקֵו) פ hatch, shade (with lines)
קוּוקַו (יְקוּוקַו) פ be hatched, be shaded
קִוְוקוּד ז line of dots and dashes
קִוְוקוּו ז hatching, shading
קוּזַּז (יְקוּזַּז) פ be set off (in bookkeeping), be compensated
קוֹטֶב ז pole (geography, elec.)
קוֹטְבִּי ת polar
קוֹטְבִּיוּת נ polarity

קוטלַג (יְקוטלַג) פ be catalogued
קוטֶן ז smallness, littleness; little finger
קוטַע (יְקוטַע) פ be cut off, be lopped off; be paragraphed; be split up, be interrupted
קוטַף (יְקוטַף) פ be plucked, be picked
קוטַר (יְקוטַר) פ be perfumed, be scented (with incense)
קוטֶר ז diameter (of circle); caliber (of rifle); axis
קוטרַב (יְקוטרַב) פ be fastened with a cotter
קוּיַם (יְקוּיַם) פ be fulfilled (promise), be carried out; be validated, be confirmed; be held (meeting)
קול ז voice; sound; vote, opinion
קול ז lenient rule or regulation
קוֹלֶב, קוֹלָב ז clothes-hanger
קוֹלֶג׳ ז college (school or university)
קוֹלֶגְיָאלִי ת collective, fraternal
קוּלָּה נ lenient rule; misdemeanor, peccadillo
קולטַר (יְקולטַר) פ be prepared (earth) with cultivator, be cultivated
קוֹלִי ת vocal
קוּלִית נ thighbone
קוּלַּל (יְקוּלַּל) פ be cursed
קולמוס ז pen
קוֹלָן ז tuning fork
קולנוֹעַ ז talking film, movie; cinema
קולנוֹעִי ת cinematic, of the films
קוֹלָנִי ת noisy, vociferous
קוֹלָנִיּוּת נ noisiness, clamorousness
קוֹלָס ז stalk
קוּלַּס (יְקוּלַּס) פ be praised
קוֹלָס שֶׁל כְּרוּב cabbage head
קוֹלֵעַ ת to the point, apt
קוּלַּף (יְקוּלַּף) פ be peeled
קוֹל קוֹרֵא proclamation, public appeal
קולקַל (יְקולקַל) פ be spoiled, be impaired
קוֹלָר ז collar (round dog's or prisoner's neck)
קוֹל רִאשׁוֹן soprano
קוֹל שֵׁנִי alto
קוֹם ז curd
קוֹמְבִּינַצְיָה נ combination, wangle
קוֹמָה נ height; storey, floor
קוּמַּח (יְקוּמַּח) פ be dusted with flour
קוּמַּט (יְקוּמַּט) פ be creased, be crumpled
קוֹמֵם (יְקוֹמֵם) פ rebuild, restore; rouse, stir up
קוֹמְמִיּוּת נ, תה״פ independence, sovereignty; with head erect
קוֹמָנִית נ mold (on bread)
קוֹמֶץ ז handful; small group
קומקום ז kettle
קוֹמֶר ז convexity
קוֹמַת קַרְקַע ground floor
קוּנְדֵס ז prankster, clown
קוּנְדֵסִי ת prankish, mischievous
קוֹנֶה ז buyer, customer
קוּנַּח (יְקוּנַּח) פ be wiped clean

קוּנטרֵס ז booklet, pamphlet; sheet folded as part of book
קוֹנְכִית נ shell, conch
קוֹנָם ז oath
קוֹנֵן (יְקוֹנֵן) פ lament, bewail
קוּנַּן (יְקוּנַּן) פ reside, live in one's nest, nestle
קוֹנצֶרט ז concert
קוֹסֵם ז magician, wizard; conjurer
קוּעֲקַע (יְקוּעֲקַע) פ be undermined; be tattooed
קוֹעַר (יְקוֹעַר) פ be made concave
קוֹעַר ז concavity; bucket (of ship)
קוֹף ז קוֹפִים ז״ר monkey, ape
קוֹף ז eye (of a needle)
קוּפַּאי ז cashier, teller
קוּפַּד (יְקוּפַּד) פ be cut short, be cut off
קוּפָּה נ cash-box, till; booking-office, box-office, cash-desk; fund
קוּפָּה (יְקוּפֶּה) פ be skimmed (liquid)
קוּפַּח (יְקוּפַּח) פ be deprived of one's due
קוֹפִי ת ape-like, apish
קוֹפִיץ ז meat-chopper
קוּפַּל (יְקוּפַּל) פ be folded, be rolled up
קוֹפֶל ז padlock
קוּפְסָה נ box, tin
קוּפְסִית נ small box
קוּפַּת חוֹלִים Sick Fund
קוּפַּת מִלְוֶוה Loan Fund
קוֹץ ז thorn, prickle
קוֹצִי ת thorny, prickly
קוֹצִיץ ז acanthus
קוֹצָן ז thistle
קוֹצָנִי ת thorny, prickly
קוֹצֵץ ת cutting, chopping
קוּצַּץ (יְקוּצַּץ) פ be cut, be curtailed
קוֹצֵר ז reaper, harvester
קוּצַּר (יְקוּצַּר) פ be abridged
קוֹצֶר ז shortness, brevity
קוֹצֶר־יָד powerlessness, impotence
קוֹצֶר רְאוּת, קוֹצֶר־רְאִיָּה shortsightedness
קוֹצֶר־רוּחַ ז impatience
קוּקִיָּה נ cuckoo
קוֹר ז cold, coldness
קוּר ז spider's web
קוֹרֵא ז reader
קוֹרָא (יְקוֹרָא) פ be called, be named
קוּרְאָן ז Koran
קוֹרַב (יְקוֹרַב) פ be brought near
קוּרְבָה נ proximity, nearness
קוּרְבָּן, קָרְבָּן ז sacrifice; victim
קוֹרַד (יְקוֹרַד) פ be combed (horse), be scraped, be curried
קוֹרָה נ beam, girder, rafter; coolness
קוֹרָה (יְקוֹרֶה) פ be roofed
קַו רוֹחַב line of latitude
קוֹרוֹת נ״ר happenings; history
קוּרְזַל (יְקוּרְזַל) פ be curled (hair)
קוּרְחָה, קָרְחָה נ bald patch, bald spot
קוֹרֶט ז speck, grain
קוּרְטוֹב ז small liquid measure, "dram"; (fig.) speck, drop

קוּרְטַם (יְקוּרְטַם) פ be cropped, be plucked
קוּרְטָם ז safflower
קוּרֵי עַכָּבִישׁ spider web
קוֹרֵן ת shining, radiant
קוֹרָנִית נ thyme
קוּרְנָס ז sledgehammer
קוּרְסַם (יְקוּרְסַם) פ be gnawed, be nibbled
קוֹרַע (יְקוֹרַע) פ be torn, be rent; be cut open
קוּרְפַּף (יְקוּרְפַּף) פ be fenced in, be enclosed
קוֹרַץ (יְקוֹרַץ) פ be shaped, be fashioned
קוּרְצַף (יְקוּרְצַף) פ be scraped (with a comb), be curried (horses)
קוּרְקְבָן ז gizzard (poultry)
קוּרְקַע (יְקוּרְקַע) פ be grounded (of plane, pilot)
קוּרְקַף (יְקוּרְקַף) פ be scalped; be beheaded
קוּרְקַר (יְקוּרְקַר) פ be demolished, be pulled down
קוֹרַר (יְקוֹרַר) פ be chilled, be cooled
קוֹר רוּחַ composure, nonchalance
קוֹרַת גַּג a roof over one's head, shelter
קוֹרַת רוּחַ ת satisfaction
קוּשַּׁט (יְקוּשַּׁט) פ be decorated, be adorned, be ornamented
קוֹשִׁי ז hardness; difficulty
קוּשְׁיָה נ question, poser
קוֹשֵׁר ז rebel, conspirator
קוּשַּׁר (יְקוּשַּׁר) פ be tied; be connected, be joined together
קוֹשֵׁשׁ (יְקוֹשֵׁשׁ) פ gather (straw or wood)
קוֹתֶל ז wall; fat meat
קוֹתְלֵי חֲזִיר ham
קַח take (imper. of לָקַח, q.v.)
קַחוָון ז anthemis
קַחַת, לָקַחַת (infin. of לָקַח, q.v.)
קָט ת little, small
קָט (יָקוּט) פ loathe, be disgusted by
קֶטֶב ז destruction, pestilence
קַטֵּגוֹר, קָטֵיגוֹר ז prosecutor, prosecuting counsel
קָטֵגוֹרִי, קָטֵיגוֹרִי ת categorical
קָטֵגוֹרְיָה, קָטֵיגוֹרְיָה נ prosecution; (philosophy) category
קָטוּם ת chopped down, cut down
קְטוּמָה נ trapezium
קָטוֹן (יִקְטַן) פ be small
קָטוּעַ ת cut off, amputated (limb); interrupted, fragmentary
קָטוּף ת picked (fruit), plucked
קְטוֹרָה, קְטוֹרֶת נ incense
קְטָטָה נ quarrel, squabble
קְטִימָה נ chopping, lopping
קָטִין ז minor (legal)
קְטִינָא ת tiny, small
קְטִיעָה נ cutting off; amputation (of limbs)
קָטִיף ז fruit-picking; orange picking season
קְטִיפָה נ velvet (material)
קְטִיפָתִי ת velvety

קָטַל (יִקטוֹל) פ kill, slay
קֶטֶל ז slaughter, killing
קְטָלָב ז arbutus
קִטלֵג (יְקַטלֵג) פ catalogue
קִטלוּג ז cataloguing
קִטלֵז (יְקַטלֵז) פ catalyze
קַטלִית נ hip
קַטלָן ז killer, murderer
קַטלָנִי ת murderous
קָטַם (יִקטוֹם) פ cut off, lop off
קָטָן, קָטוֹן ת׳ ז small, little; unimportant; small boy
קָטֵן ת becoming smaller
קְטַן־אֱמוּנָה pessimist, person of little faith
קַטנוּנִי ת petty, small-minded
קַטנוּנִיוּת נ pettiness, small-mindedness
קַטנוֹעַ ז motor-scooter
קַטנוּת נ smallness, littleness; pettiness
קְטַנטַן, קְטַנטוֹן ת tiny, very small
קִטנִית נ pulse, legume
קָטַע (יִקטַע) פ amputate (limb), cut off
קֶטַע ז section; sector (military)
קָטַף (יִקטוֹף) פ pick (fruit or flowers), pluck
קִטקֵט (יְקַטקֵט) פ beat flat, flatten
קָטַר (יִקטוֹר) פ smoke, give off smoke
קַטָר ז steam engine, locomotive
קַטָרַאי ז engine-driver
קַטרָב ז (mechanical) cotter-pin, split pin; cross-piece (of a yoke)
קִטרֵב (יְקַטרֵב) פ fasten with a cotter pin
קִטרֵג (יְקַטרֵג) פ prosecute; denounce
קִטרוּג ז prosecution; denunciation
קִיא ז vomit
קֵיבָה, קֵבָה נ stomach
קִיבּוּל ז receiving, accepting; capacity
קִיבּוּלִי ת capacitive (electrical)
קִיבּוּלִית נ jerrycan, container
קִיבּוֹלֶת נ piece-work, contract work
קִיבּוּעַ ז fixing, installing
קִיבּוּץ ז kibbutz, communal settlement; gathering, collecting
קִיבּוּץ גָלוּיוֹת ingathering of the exiles
קִיבּוּצִי ת collective, communal
קִיבּוּצִיּוּת נ collectivism, collective living
קִיבּוֹרֶת נ biceps (muscle)
קִיבֵּל (יְקַבֵּל) פ receive; accept
קִיבָּעוֹן ז fixture
קִיבֵּץ (יְקַבֵּץ) פ gather together, collect
קִיבָּר ז coarse flour
קִידֵּד (יְקַדֵּד) פ broach, cut a hole in, ream
קִידָּה נ bow, curtsey
קִידּוּד ז broaching, cutting a hole
קִידּוּחַ ז drilling, boring
קִידּוּם ז advancement, progress
קִידּוֹמֶת נ prefix
קִידּוּשׁ ז sanctification, hallowing

קִידּוּשׁ הַשֵּׁם martyrdom
קִידּוּשִׁים, קִידּוּשִׁין ז״ר marriage
קִידַּח (יְקַדֵּחַ) פ drill, bore
קִידֵּם (יְקַדֵּם) פ advance, push forward; greet, welcome
קִידֵּשׁ (יְקַדֵּשׁ) פ sanctify, consecrate; betroth (a woman)
קִיהֵל (יְקַהֵל) פ assemble, convoke
קִיוָּה (יְקַוֶּה) פ hope, expect
קִיוֹרִית נ lapwing, pewit
קִיוֵּץ (יְקַוֵּץ) פ remove thorns, clear away thorns
קִיּוּם ז fulfilment (of a promise), carrying out; confirmation; existence; preservation
קִיזּוּז ז compensation, equalization; setting off (in bookkeeping)
קִיזֵּז (יְקַזֵּז) פ compensate, set off (in bookkeeping)
קִיחָה נ taking
קַיִט ז summer holiday, vacation
קִיטּוּב ז polarization
קִיטוֹן ז bed-room
קִיטּוּעַ ז cutting off, amputation (of limb)
קִיטוֹר ז steam; thick smoke
קִיטֶל ז white robe (worn by orthodox Jews)
קִיטֵּם (יְקַטֵּם) פ cut down, chop down
קִיטַּע (יְקַטַּע) פ cut off, lop off
קִיטֵּעַ ז person with one limb amputated
קִיטֵּר (יְקַטֵּר) פ burn incense, perfume (with incense)

קִיֵּט (יְקַיֵּט) פ spend one's summer vacation
קַיְטָן ז vacationist, holidaymaker
קַיְטָנָה נ summer vacation resort; summer camp
קִיֵּם (יְקַיֵּם) פ fulfil (promise), carry out; confirm; (colloquial) hold (meeting), arrange
קַיָּם ת existing, extant, alive
קְיָם ז duration, life period; existence
קַיְמָא ת standing
קַיָּמוּת נ existence, durability
קַיָּן ת having large testicles
קִיֵּץ (יְקַיֵּץ) פ spend the summer
קַיָּץ ז fig-picker, fig-dryer
קִיכְלִי ז thrush
קִילּוּחַ ז jet
קִילּוּס ז praise
קִילּוּף ז peeling
קִילַּח (יְקַלַּח) פ spout, jet forth; flow
קִילֵּל (יְקַלֵּל) פ curse
קִילֵּס (יְקַלֵּס) פ praise; scorn
קִילֵּף (יְקַלֵּף) פ peel
קִילֵּשׁ (יְקַלֵּשׁ) פ thin, thin out
קִימָה נ standing up
קִימּוּחַ ז dusting with flour; addition of flour
קִימּוּט ז creasing, wrinkling; crease, wrinkle
קִימּוּם ז rebuilding, restoration
קִימּוּץ ז thrift, frugality
קִימּוּר ז arching, vaulting
קִמּוֹרֶת נ anticlinorium; arch, dome

קִימוֹשׁ ז thorn, thistle
קִימַּח (יְקַמַּח) פ dust with flour; mix with flour
קִימָחוֹן ז mold (on food); fungus disease
קִימֵּט (יְקַמֵּט) פ crease, wrinkle
קִימָּלוֹן ז fungus disease (in lemons)
קִימֵּץ (יְקַמֵּץ) פ save, be thrifty
קִינֵּא (יְקַנֵּא) פ envy; be jealous
קִינֵּב (יְקַנֵּב) פ cut up, chop up
קִינָה נ elegy, threnody
קִינָּה ז nest, roost (of hens)
קִינּוּב ז trimming (leaves)
קִינּוּחַ ז wiping clean
קִינּוּחַ סְעוּדָה dessert
קִינּוּי ז envy, jealousy
קִינּוּן ז nesting, infesting; occupying (mind); taking hold (disease)
קִינַּח (יְקַנֵּחַ) פ wipe clean
קִינָּמוֹן ז cinnamon
קִינֵּן (יְקַנֵּן) פ make one's nest, nestle; infest (insects, etc.); occupy (mind); take hold (disease)
קִיסוֹס ז ivy
קִיסוֹסִית נ greenbrier
קִיסָם ז chip, splinter; toothpick
קִיסֵּם (יְקַסֵּם) פ practise magic
קֵיסָר ז emperor, Kaiser, Czar, Caesar
קֵיסָרוּת נ empire
קֵיסָרִי ת imperial; Caesarean
קִיעוּר ז concavity
קִיעֵר (יְקַעֵר) פ make concave
קִיפָּאוֹן ז freezing; deadlock

קִיפֵּד (יְקַפֵּד) פ cut short, cut off
קִיפָּה (יְקַפֶּה) פ skim (liquid)
קִיפּוֹד ז hedgehog
קִיפּוֹדָן ז globe thistle
קִיפּוּחַ ז depriving of one's due
קִיפּוּי ז skimming; scum
קִיפּוּל ז fold(ing), pleat(ing)
קִיפּוֹן ז mullet
קִיפּוֹף ז long-tailed ape
קִיפַּח (יְקַפַּח) פ deprive of one's due, overlook; discriminate against; lose; beat, strike
קִיפֵּחַ ת very tall
קִיפֵּל (יְקַפֵּל) פ fold, pleat, roll up; include
קִיפֵּץ (יְקַפֵּץ) פ skip, leap suddenly
קַיִץ ז summer
קִיצֵּב (יְקַצֵּב) פ ration, allocate
קִיצָה נ awakening
קִיצָּה (יְקַצֶּה) פ cut off, chop off
קִיצּוּב ז rationing, allocation
קִיצוֹן ת extreme
קִיצוֹנִי ת extremist, extreme, outside (in football)
קִיצוֹנִיּוּת נ extremism
קִיצּוּעַ ז smoothing off, planing
קִיצּוּץ ז cutting off, lopping; curtailing
קִיצּוּר ז shortening; abridgement
קֵיצִי ת summer (used attributively), summery
קִיצָנִית נ carline
קִיצֵּעַ (יְקַצֵּעַ) פ plane, smooth off
קִיצֵּץ (יְקַצֵּץ) פ cut off, chop off, curtail

קִיצֵּר (יְקַצֵּר) פ shorten, curtail, abridge
קִיק ז castor oil seed
קִיקָיוֹן ז castor-oil plant
קִיקְיוֹנִי ת ephemeral, short-lived
קִיקָלוֹן ז shame, disgrace
קִיר ז wall
קֵירֵב (יְקָרֵב) פ bring near, bring closer; befriend
קֵירֵד (יְקָרֵד) פ comb (a horse), scrape
קֵירָה (יְקָרֶה) פ roof
קֵירוּב ז bringing nearer
קֵירוּי ז roofing
קֵירוּן ז radiation
קֵירוּס ז squatting, crouching; knees bent position
קֵירוּר ז chilling, cooling
קֵירֵחַ, קֵרֵחַ ת bald
קֵירְחוּת, קָרְחוּת נ baldness
קֵירַע (יְקָרַע) פ rend, tear to pieces
קֵירֵר (יְקָרֵר) פ chill, cool, refrigerate
קִישּׁוּא ז squash, marrow
קִישּׁוּט ז decorating (act of), adorning; decoration, ornament
קִישּׁוּי ז hardening
קִישּׁוּר ז connection, tying together; ribbon, bow
קִישּׁוֹשֶׁת נ splint
קִישּׁוּת נ squash, marrow
קִישֵּׁחַ ת harsh, callous
קִישֵּׁט (יְקַשֵּׁט) פ decorate, adorn, ornament
קִישֵּׁר (יְקַשֵּׁר) פ tie, bind; connect
קִיתוֹן ז jug
קַל ת light; easy; nimble, swift
קַלְבּוֹסֶת נ hip-bone
קַלְגַּס ז soldier
קַל־דַּעַת frivolous, light-minded
קָלָה (יִקְלֶה) פ roast, parch; burn
קָלוּי ת roasted, parched
קָלוֹן ז disgrace, shame
קָלוּעַ ת woven, plaited
קָלוּף ת peeled, skinned
קְלוּפִית נ skin (of a sausage)
קְלוֹקֵל ת poor quality, "cheap", shoddy
קָלוּשׁ ת thin (not dense); weak, flimsy
קַלּוּת נ lightness; easiness, ease
קַלּוּת דַּעַת frivolity, light-mindedness
קַלּוּת רֹאשׁ levity, frivolity
קָלַח (יִקְלַח) פ flow, gush
קֶלַח ז head (of cabbage); stalk
קַלַּחַת נ large saucepan; (fig.) turmoil
קָלַט (יִקְלוֹט) פ absorb, take in
קֶלֶט ז reception center (military)
קִלְטוּר ז cultivation
קַלַטְקוֹל ז dictaphone
קִלְטֵר (יְקַלְטֵר) פ cultivate
קָלִי נ parched corn
קְלִיבּוֹסֶת נ hip-bone
קְלִיד ז key (of piano)
קְלִיטָה נ absorption, taking in; comprehension, grasp
קְלִיָּה נ roasting, parching

קַלִיל, קָלִיל ת — very light, slight
קַלִילוּת נ — lightness, slightness
קָלִיעַ ז — projectile, missile; bullet (of rifle)
קְלִיעַ אֲטוֹמִי — atomic warhead
קְלִיעָה נ — weaving, plaiting; network; target practice
קָלִיעַ מוּדְרָךְ — guided missile
קָלִיף ת — easily peeled
קְלִיפָה נ — peeling; peel
קְלִיפָּה נ — peel, shell; rind, skin, evil spirit
קְלִישׁוּת נ — thinness, wateriness
קָלָל ז — burnished metal
קְלָלָה נ — curse; misfortune
קַלְמִית נ — shepherd's pipe
קַלְמָר ז — pencil-box
קַלְנוֹעַ ז — motorized pedal-cycle, moped
קֶלֶס ז — praise; scorn
קַלָּסָה נ — scorn, derision
קְלַסְתְּרוֹן ז — indentikit
קְלַסְתֵּר פָּנִים — countenance, facial features
קָלַע (יִקְלַע) פ — weave, plait; sling, shoot, hit
קַלָּע ז — marksman
קֶלַע ז — bullet
קַל־עֵרֶךְ — trivial, unimportant
קָלַף (יִקְלוֹף) פ — peel, skin
קְלָף ז — parchment card, playing card
קַלְפֵּי נ — ballot-box
קַלְפָן ז — card-player
קִלְקוּל ז — deterioration, damage; corruption (moral), sin
קִלְקוּל קֵיבָה — stomach upset
קִלְקֵל (יְקַלְקֵל) פ — spoil, impair, damage
קַלְקָלָה נ — corrupt behavior, misconduct
קַל־רַגְלַיִים ת — fleet-footed
קְלַרְנִית נ — clarinet
קָלַשׁ (יִקְלוֹשׁ) פ — thin, water down
קִלְשׁוֹן ז — pitchfork
קֶלֶת נ — fruit basket
קַלְתִּית נ — tartlet
קַל־תְּפִיסָה — quick-minded
קָם ז — enemy, foe
קָם (יָקוּם) פ — get up; stand up, rise
קָמָה נ — standing crop
קָמוּט ת — creased, wrinkled
קָמוּל ת — withered, wilted
קָמוּץ ת — clamped, closed, shut tight
קָמוּר ת — convex; arched
קָמוּר־קָעוּר — convexo-concave
קֶמַח ז — flour; (fig.) food
קִמְחִי ת — floury, mealy
קָמַט (יִקְמוֹט) פ — crease, wrinkle, crumple
קֶמֶט ז — crease, wrinkle
קַמְטוּט ז — small wrinkle, crinkle
קַמְטָר ז — chest of drawers
קָמִיז ת — elastic
קְמִיזוּת נ — elasticity
קְמִיחוּת נ — flouriness
קָמִיט ת — liable to crease
קְמִילָה נ — wilting, withering
קָמִין ז — stove; fireplace
קָמֵיעַ ז — talisman, charm
קְמִיצָה נ — fourth finger

wilt, wither, fade	קָמַל (יִקְמַל) פ
withered, faded	קָמֵל ת
a little, somewhat	קִמְעָה, קִמְעָא תה"פ
little by little	קִמְעָה־קִמְעָה
retailer	קִמְעוֹנַאי ז
retail, retail trade	קִמְעוֹנוּת נ
retail	קִמְעוֹנִי ת
take a handful; close, shut tight	קָמַץ (יִקְמוֹץ) פ
pinch	קַמְצוּץ ז
a pinch of snuff	קַמְצוּץ טַבָּאק
miser	קַמְצָן ת
miserliness, parsimony	קַמְצָנוּת נ
miserly, mean	קַמְצָנִי ת
arch, vault, build a dome	קָמַר (יִקְמוֹר) פ
arch, vault, dome	קִמְרוֹן ז
nettle, thorn	קִמְּשׁוֹן ז
nest, socket	קֵן ז
150	ק"ן ש"מ
jealous	קַנָּא ת
envy; jealousy	קִנְאָה נ
fanaticism	קַנָּאוּת נ
fanatic, zealot	קַנַּאי ז
fanatical, zealous	קַנָּאִי ת
jealous, jealous-natured	קַנְאָתָנִי ת
hemp	קַנָּבוֹס ז
buy, purchase; acquire, gain, win, get	קָנָה (יִקְנֶה) פ
stalk (of plants), stem; barrel (of a gun); cane; reed	קָנֶה ז
scale; measuring-rod	קְנֵה מִידָּה
sugar-cane	קְנֵה סוּכָּר
rifle barrel	קְנֵה רוֹבֶה
jealous, stern	קַנּוֹא ת
waste leaves (on vegetables)	קְנוֹבֶת נ
cross, annoyed, vexed	קָנוּט ת
bought, purchased	קָנוּי ת
canon	קָנוֹן ז
conspiracy, intrigue	קְנוּנְיָה נ
tendril	קְנוֹקֶנֶת נ
teasing, annoying	קִנְטוּר ז
tease, annoy, vex	קִנְטֵר (יְקַנְטֵר) פ
quarrelsomeness, provocativeness	קַנְטְרָנוּת נ
provocative, quarrelsome	קַנְטְרָנִי ת
trimming waste leaves	קְנִיבָה נ
buying, purchase	קְנִיָּה נ
property; purchase; value, quality	קִנְיָן ז
purchaser, buyer	קַנְיָן ז
fine	קָנַס (יִקְנוֹס) פ
fine	קְנָס ז
jar, jug, flask	קַנְקַן ז
artichoke	קִנְרֵס ז
handle	קֶנֶת נ
helmet	קַסְדָּה נ
enchanted, bewitched	קָסוּם ת
glove	קַסְיָה נ
practise magic; enchant, bewitch	קָסַם (יִקְסוֹם) פ
witchcraft; fascination, charm	קֶסֶם ז
chip, splinter	קִסְמִית נ
clod	קְסָסָה נ
barracks	קְסַרְקְטִין ז
inkwell	קֶסֶת נ
concave	קָעוּר ת
concave-convex	קָעוּר־קָמוּר ת
synclinorium	קְעוֹרֶת נ

קְעִירוּת נ	concavity
קִעְקוּעַ ז	tattooing; destruction
קַעֲקַע ז	tattooing, tattoo mark
קִעֲקַע (יְקַעֲקַע) פ	tattoo; destroy
קַעַר ז	syncline
קְעָרָה נ	bowl, basin, dish
קַעֲרוּר ז	synclinal bowl
קַעֲרוּרִי ת	concave
קַעֲרִי ת	synclinal
קַעֲרִית נ	small bowl
קָפָא (יִקְפָּא) פ	freeze, solidify
קַפְּדָן ת	strict, pedant
קַפְּדָנוּת נ	strictness, pedantry
קַפְּדָנִי ת	pedantic
קָפֶה ז	coffee
קָפֶה הָפוּךְ	(coll.) coffee with lots of milk
קָפֶה נָמֵס	instant coffee
קָפֶה קָפוּא	iced coffee
קָפוּא ת	frozen, solidified, congealed
קַפּוֹטָה נ	long coat (worn by orthodox Jews)
קָפוּי ת	frozen, solidified, congealed
קָפוּץ ת	closed tight, clenched (fist)
קְפַזְנָב ז	springtail
קְפִיאָה נ	freezing, solidifying
קְפִידָה נ	strictness, sternness
קְפִיחָה נ	beating down, stroke
קְפִיץ ז	spring
קְפִיצָה נ	jump(ing), leap(ing)
קְפִיצִי ת	springy, elastic
קְפִיצִיּוּת נ	springiness, elasticity
קְפִיצַת הַדֶּרֶךְ	short cut
קָפַל (יִקְפּוֹל) פ	fold up, roll up
קֶפֶל ז	fold, pleat
קַפְלֶט ז	wig
קְפָלִית נ	dog-ear
קַפֶּנְדַּרְיָא נ	short cut
קַפְסוּלֶת נ	capsule
קָפַץ (יִקְפּוֹץ) פ	jump, leap
קֵץ ז	end; destruction
קָץ (יָקִיץ) פ	wake up
קָץ (יָקוּץ) פ	loathe, abhor, detest
קָצַב (יִקְצוֹב) פ	allot, assign, ration
קַצָּב ז	butcher
קֶצֶב ז	rhythm (music); metre (verse); beat (of pulse); tempo, rate
קִצְבָּה נ	annuity, pension
קָצֶה ז	end, edge
קָצוּב ת	rhythmic(al); allotted, allocated
קְצוּבָה נ	allowance
קְצוּנָה נ	officer class, commissioned officers
קָצוּץ ת	minced, chopped (up); cut off (tail)
קְצוֹצֶת נ	clippings (of metal); trimmings
קֶצַח ז	black cumin
קָצִין ז	officer
קְצִינוּת נ	commissioned rank, commission
קְצִין סַעַד	welfare officer
קְצִין תּוֹרָן	orderly officer
קְצִיעָה נ	cassia (in incense)
קָצִיף ת	foamy
קְצִיפָה נ	foam (fruit, chocolate, etc.), whip
קְצִיץ ז	mince loaf
קְצִיצָה נ	mince ball, rissole; fritter

קָצִיר ז harvest; harvest season

קְצִירָה נ harvesting, reaping

קָצַף (יִקְצוֹף) פ rage, be furious

קֶצֶף ז rage, fury; foam

קְצֶפֶת נ whipped cream

קָצַץ (יִקְצוֹץ) פ chop up, cut up

קָצַר (יִקְצוֹר) פ reap, harvest; be short

קֶצֶר ז short circuit

קְצָרוֹת תה״פ in short, briefly

קְצַר־יָד ת powerless, impotent

קְצַר־יָמִים ת short-lived

קַצְרָן ז shorthand

קַצְרָנוּת נ shorthand writer

קְצַר־קוֹמָה ת short (in stature)

קְצַרְצַר ת very short, very brief

קְצַר־רְאוּת ת short-sighted

קְצַר־רוּחַ ת impatient, short-tempered

קַצֶּרֶת נ asthma

קְצָת תה״פ a little, a few

קְצָתָם some of them

קַר ת cold

קָרָא (יִקְרָא) פ read; call, name; call out

קְרָא ז a verse of the Bible

קָרָאִי ת Karaite

קָרַב (יִקְרַב) פ draw near, approach

קְרָב ז battle; match

קִרְבָה נ proximity, nearness

קְרָבַיִם ז״ר intestines, bowels, "innards"

קְרָבִי ת battle (used attributively)

קַרְבִית נ corvette

קִרְבַת מָקוֹם proximity

קֶרֶד ז lime (on kettles, etc.)

קַרְדָה נ thistle

קַרְדּוֹם ז adze; ax, hatchet

קָרָה (יִקְרֶה) פ happen, occur

קָרָה נ frost

קָרוּא ת invited

קָרוֹב ת, ז near, close; relative, relation

קְרוּם ז crust, skin membrane

קְרוּמִי ת crusty, membraneous

קְרוּמִית נ thin skin, membrane

קָרוֹן ז coach (railway), carriage; cart, waggon, truck

קָרוֹנַאי ז carter, coachman

קְרוֹנוֹעַ ז Diesel car (on railways)

קְרוֹנִית נ small truck, trolley

קָרוּעַ ת torn, tattered

קָרוּץ ת formed, hewn

קָרוּשׁ ת solid, jellied

קִרְזוּל ז curling

קִרְזֵל (יְקַרְזֵל) פ curl

קֵרַח (יְקָרֵחַ) פ make bald, remove hair

קֶרַח ז ice

קַרְחוֹן ז glacier, iceberg

קָרַחַת נ baldness, bald patch

קִרְטוּם ז cutting, lopping

קַרְטוֹן ז cardboard

קִרְטֵל (יְקַרְטֵל) פ cartelize, form a cartel

קִרְטֵם (יְקַרְטֵם) פ cut, lop

קַרְטֶנֶת נ cretinism

קִרְטֵעַ (יְקַרְטֵעַ) פ fidget

קְרִי, קֶרִי ז violent opposition; nocturnal emission (of semen)

קְרֵי ז masoretic reading of the Bible
קָרִיא ת legible; readable
קְרִיאָה נ reading; call, cry
קְרִיאַת בֵּינַיִים interruption, interjection
קִרְיָה נ town, district
קַרְייָן ז announcer (radio, etc.)
קִרְייֵן (יְקַרְייֵן) פ (slang) announce
קַרְייָנוּת נ announcing
קְרִימָה נ forming a crust, forming a skin
קְרִינָה נ radiation, shining
קְרִיסָה נ kneeling, (gymnastics) knees bend position, buckling
קְרִיעָה נ tearing, rending
קְרִיצָה נ winking
קָרִיר ת cool
קְרִירוּת נ coolness
קָרִישׁ ז jelly
קְרִישׁ דָם infarct
קְרִישָׁה נ jellification, congealing
קְרִישׁוּת נ jellification, congealment
קִרְיַת אוּנִיבֶרְסִיטָה university campus
קָרַם (יִקְרַם) פ form a crust, form a skin; cover with a skin
קְרָם ז covering
קַר מֶזֶג cool-tempered
קַרְמִית נ cow-wheat
קָרֶמֶת נ diphtheria
קָרַן (יִקְרַן) פ radiate, shine
קֶרֶן נ horn; corner; ray; capital; fund
קֶרֶן הַיְסוֹד Keren Hayesod ("Foundation Fund" of the Zionist Organisation)
קֶרֶן זָוִית unobtrusive corner
קַרְנְזוֹל ז diagonal
קַרְנִי ת horny, made of horn
קֶרֶן יַעַר French horn
קַרְנֵי רֶנְטְגֶן X-rays
קַרְנִית נ cornea (of eye)
קַרְנָן ז hornwort (plant)
קַרְנַף ז rhinoceros
קֶרֶן קַיֶּמֶת לְיִשְׂרָאֵל Jewish National Fund
קָרַס (יִקְרוֹס) פ collapse, bend at the knees
קֶרֶס ז brace, hook
קַרְסוֹל ז ankle
קַרְסוּלִית נ gaiter
קִרְסוּם ז gnawing, nibbling
קִרְסֵם (יְקַרְסֵם) פ gnaw, nibble
קָרַע (יִקְרַע) פ tear, rend
קֶרַע ז tear, rent; split, schism
קַרְפָּדָה נ toad
קַרְפִּיוֹן ז carp
קַרְפִּיף ז enclosure
קִרְפֵּף (יְקַרְפֵּף) פ fence in, enclose
קָרַץ (יִקְרוֹץ) פ wink; cut off, nip off; form, fashion
קֶרֶץ ז slaughter, destruction
קִרְצוּף ז scraping, currying
קַרְצִית נ tick
קִרְצֵף (יְקַרְצֵף) פ scrape, curry
קִרְקוּר ז croaking, caw, clucking; undermining
קִרְקָס ז circus
קַרְקַע זו״נ soil, ground; land

קַרְקַע (יְקַרְקַע) פ ground (plane, pilot)
קַרְקָעִי ת of the soil or ground
קַרְקָעִית נ bottom, base
קַרְקֵף (יְקַרְקֵף) פ scalp; behead
קַרְקֶפֶת נ skull, head, scalp; head (of composite flowers)
קִרְקֵר (יְקַרְקֵר) פ croak, cluck, caw
קִרְקֵשׁ (יְקַרְקֵשׁ) פ knock, ring, rattle
קַרְקָשׁ ז ratchet brace, drill
קָרָר ז carter, coachman
קַר־רוּחַ cool-headed, composed
קָרַשׁ (יִקְרוֹשׁ) פ harden, solidify
קֶרֶשׁ ז board, plank
קֶרֶת נ town, city
קַרְתָּנוּת נ provincialism
קַרְתָּנִי ת provincial
קַשׁ ז straw
קֶשֶׁב ז attentiveness, keen listening
קָשָׁה (יִקְשֶׁה) פ harden, be hard; be difficult
קָשֶׁה ת hard; difficult; severe
קְשֵׁה־הֲבָנָה slow-witted
קְשֵׁה־חִינּוּךְ difficult to educate
קָשֶׁה לִכְעוֹס slow to anger
קָשֶׁה לִרְצוֹת hard to pacify
קְשֵׁה־עוֹרֶף stubborn
קְשֵׁה־תְּפִיסָה slow to grasp things
קַשּׁוּב ת attentive, listening
קַשׁ וּגְבָבָה trash, rubbish
קַשְׂוָה נ cup, libation-cup; valve (botany)
קָשׁוּחַ ת callous, harsh
קְשׁוֹט ז truth
קָשׁוּר ת connected, related; tied (up), bound
קָשׁוּת ת arched, vaulted
קָשׁוֹת תה״פ hard words, harsh words
קִשֵּׁט (יְקַשֵּׁט) פ decorate, adorn
קַשָּׁט ז interior decorator
קַשְּׁטָנוּת נ the art of decoration
קַשְׁיוּת נ hardness; severity
קַשְׁיוּת עוֹרֶף stubbornness
קָשִׁיחַ ת rigid, stiff
קְשִׁיחוּת נ rigidity, stiffness
קְשִׁיחוּת לֵב callousness, harshness
קְשִׂיטָה נ ancient coin
קָשִׁיר ת connectable, connected
קְשִׁירָה נ tieing up, binding
קָשִׁישׁ ת elderly, aged; senior
קַשִּׁישׁ ז splint (on a fracture)
קְשִׁישׁוּת נ elderliness, old age
קַשִּׁית נ straw (for cold drinks)
קִשְׁקוּשׁ נ tinkle, rattle; prattle, gabble; scribble
קִשְׁקֵשׁ (יְקַשְׁקֵשׁ) פ tinkle, rattle; prattle; scribble
קַשְׂקַשׂ ז, קַשְׂקֶשֶׂת נ scale (of fish, etc.; of armor)
קַשְׁקְשָׁן ת chatterbox, prattler
קָשַׁר (יִקְשׁוֹר) פ tie, bind; conspire
קֶשֶׁר ז knot; contact; conspiracy; signals
קַשָּׁר ז signaller (army)
קָשַׁשׁ (יִקּוֹשׁ) פ gather straw
קֶשֶׁת נ bow; rainbow; arc; arch
קַשָּׁת ז archer, bowman
קַשְׁתִּי ת arched, bow-shaped
קַשְׁתִּית נ retina (of the eye); fret-saw; coat-hanger

קַשְׁתָּנִית נ — bow (of stringed instrument)
קַת נ — butt (of a rifle), helve
קָתֶדְרָה נ — chair (at a university)
קַתְרוֹס ז — (ancient) lyre, lute; guitar

ר

רָאָה (יִרְאֶה) פ — see; behold
רַאֲוָה נ — show, display
רַאַוְתָן ז — exhibitionist
רָאוּי — proper, fit, suitable
רְאוּת נ — sight, vision
רְאִי ז — mirror
רְאָיָה נ — proof, evidence
רְאִיוּת נ — visibility
רְאִיָּה נ — seeing, looking
רִאְיֵן (יְרַאְיֵן) פ — interview
רְאִיַּת הַנּוֹלָד — foresight
רְאִינוֹעַ ז — cinematograph, cinema
רְאִינוֹעִי ת — cinematic
רְאֵם ז — wild ox
רֹאשׁ ז — head; leader, chief; top; beginning, start
רֹאשׁ, רוֹשׁ ז — poison; opium
רֹאשׁ גֶּשֶׁר — bridgehead
רִאשׁוֹן ת — first; foremost; prime; initial
רִאשׁוֹנָה תה״פ — first, firstly
רִאשׁוֹנוּת נ — priority
רִאשׁוֹנִי ת — first, foremost
רִאשׁוֹנִיּוּת נ — primeness (of numbers); originality
רִאשׁוֹנִים ז״ר — forefathers, ancestors
רָאשׁוּת נ — leadership, headship
רֹאשׁ חוֹדֶשׁ — New Moon
רֹאשׁ חֵץ — spearhead
רָאשִׁי ת — chief, principal, head
רֹאשִׁיָּה נ — (football) header
רָאשֵׁי פְּרָקִים — chapter headings
רֵאשִׁית נ — beginning, start
רֵאשִׁית תה״פ — first of all
רֵאשִׁיתִי ת — primitive
רָאשֵׁי תֵּיבוֹת — initials
רֹאשׁ מֶמְשָׁלָה — Prime Minister
רֹאשָׁן ז — tadpole
רֹאשׁ עִיר — mayor
רֹאשׁ פִּנָּה — cornerstone, foundation stone
רַב, רָב ת — numerous, many; great, vast; mighty; poly-, multi-
רַב תה״פ — enough
רַב ז — Rabbi, teacher
רָב (יָרִיב) פ — dispute, quarrel
רַב־אַלּוּף — Lieutenant-General
רְבָב ז — grease-stain
רְבָבָה נ — ten thousand
רְבָבִית נ — one ten thousandth part

רַבְגּוֹנִי ת multi-colored, variegated

רַבְגּוֹנִיּוּת נ variegation, multi-colored nature

רָבָה (יִרְבֶּה) פ be many, be numerous

רָבוּךְ ת soaked in hot water and lightly baked

רָבוּעַ ת square

רָבוּץ ת lying down (of animals)

רְבוּתָה נ remarkable thing, great thing

רַב־חוֹבֵל captain (of ship)

רַב־חֶסֶד magnanimous

רַב־טוּרַאי, רַבָּ"ט ז corporal

רַבִּי ז Rabbi; teacher; sir! (form of address to scholars)

רְבִיב ז light rain, drizzle

רַבִּיב ת major (music)

רָבִיד ז necklace

רְבִיָּה נ propagation, natural increase

רְבִיכָה נ flour mixed with hot water or oil

רְבִיעַ ז quarter

רְבִיעָה נ mating (animals); rainy season

רְבִיעוֹנִי ת quaternary

רְבִיעִי ת fourth

רְבִיעִיָּה נ quartet; quadruplets

רְבִיעִית ש״מ, נ fourth; quarter

רְבִיצָה נ lying down (animals)

רַב־מֶכֶר best-seller

רַבָּן ז Rabbi; teacher

רַבָּנוּת נ rabbinate

רַבָּנוּת רָאשִׁית Chief Rabbinate

רַבָּנִי ת Rabbinic

רַבָּנִית נ rabbi's wife

רַבָּנָן ז״ר our Rabbis

רַב־סַמָּל sergeant-major

רַב־סֶרֶן major (army)

רָבַע (יִרְבַּע) פ mate (animal)

רֶבַע ז quarter

רִבְעוֹן ז quarterly (journal)

רְבָעִי ת of the fourth year (of planting)

רָבַץ (יִרְבַּץ) פ lie down (animal)

רַב־צְדָדִי many-sided: versatile

רַב־צְדָדִיּוּת many-sidedness; versatility

רִבְצָל ז haversack; perfume-bag

רַב־צַלְעוֹן polygon

רַב־קוֹלִי polyphonic

רַבְרְבָן ת boastful, bragging

רַבְרְבָנוּת נ boastfulness, brag

רַבְרְבָנִי ם boastful, bragging

רַב־שִׂיחַ symposium

רַבָּתִי ת great; capital (letter)

רַגְבּוּבִית נ lump of earth, small clod

רָגוּז ת enraged, angry

רָגוּעַ ת relaxed, rested

רָגַז (יִרְגַּז) פ be vexed, be angry

רַגְזָן ז bad tempered person

רַגְזָנוּת נ bad-temper

רָגִיל ת ordinary, usual; used, accustomed

רְגִילוּת נ habit, usual practice

רְגִימָה נ stoning

רְגִינָה נ grumbling

רְגִיעָה נ relaxation

רָגִישׁ ת — sensitive; touchy
רְגִישָׁה נ — excitement
רְגִישׁוּת נ — sensitivity; touchiness
רָגַל (יְרַגֵּל) פ — slander, calumniate
רֶגֶל נ — leg; foot
רְגֵלָה נ — portulaca
רַגְלִי ז — pedestrian, going on foot; (chess) pawn
רַגְלִי תה״פ — on foot
רֶגֶל שְׁטוּחָה — flat-foot
רָגַם (יִרְגּוֹם) פ — stone
רַגָּם ז — gunner, mortarman
רָגַן (יִרְגּוֹן) פ — grumble
רָגַע (יִרְגַּע) פ — be calm, be at rest
רֶגַע ז — instant, moment
רִגְעִי ת — momentary, transient
רִגְעִיּוּת נ — momentary nature, transience
רַגֶּפֶת ז — eclampsia
רָגַשׁ (יִרְגַּשׁ) פ — be in commotion
רֶגֶשׁ ז — feeling, emotion, sentiment
רַגָּשׁ ת — emotional, sensitive
רִגְשָׁה נ — tumult, uproar
רִגְשִׁי ת — emotive, sentimental
רִגְשִׁיּוּת נ — emotionalism, sentimentality
רַגְשָׁן ת — emotional person; sentimental person
רַגְשָׁנוּת נ — sentimentality
רַגְשָׁנִי ת — sentimental, emotional
רַדַּאי ז — one who removes honey from a hive
רָדָה (יִרְדֶּה) פ — rule over; tyrannize
רָדוּד ת — flattened; shallow
רָדוּם ת — asleep; sleepy

רָדוּף ת — hunted, pursued
רְדִיד ז — woman's scarf
רְדִיָּיה נ — rule, dominion; removal (of honey, etc.)
רַדְיָין ז — dictator, tyrant
רָדִים ת — sleepy; lethargic
רְדִיפָה נ — hunt, pursuit
רְדִיפַת כָּבוֹד — pursuit of honors
רַדֶּמֶת נ — lethargy; extreme sleepiness
רָדַף (יִרְדּוֹף) פ — hunt, chase; persecute; seek after
רַהַב ז — boasting
רָהוּט ת — fluent; hasty
רַהַט ז — drinking-trough
רִהֲטָא, רִיהֲטָא ז — haste, hurry
רָהִיט ז — article of furniture
רְהִיטָה, רְהִיטוּת נ — fluency
רָהִיטִים ז״ר — furniture
רוֹאֶה ז — spectator, onlooker; prophet
רוֹאֶה חֶשְׁבּוֹן — auditor (of accounts)
רוֹאֶה שְׁחוֹרוֹת — pessimist
רוֹאִי ז — video; sight
רוֹאיֵין (יְרוּאיַין) פ — be interviewed
רוֹב ז — plenty, abundance; majority, greater part
רוֹבָאוּת נ — rifle-shooting
רוֹבַאי ז — rifleman
רוּבַּב (יְרוּבַּב) פ — be stained
רוֹבֶד ז — layer, stratum
רוֹבֶה ז — rifle
רוֹבָה (יִרְוֶבֶּה) פ — be numerous, be many, be plentiful
רוֹבֵה צַיִד ז — shotgun
רוּבּוֹ כְּכוּלוֹ — almost entirely

רוּבָּנִי ת majority

רוֹבַע ז quarter (of a city)

רוּבַּע (יְרוּבַּע) פ be squared, be square

רוּב רוּבּוֹ mainly, mostly

רוֹגֵז ת irate, angry

רוֹגֶז ז rage, ire, wrath

רוֹגְזָנִי ת irate, enraged

רוֹגְלִית נ creeping vine, ground vine

רוֹגֵן ת complaining, querulous

רוֹגֵעַ ת tranquil

רוֹגַע ז stillness, quiet

רוּדַּד (יְרוּדַּד) פ be beaten flat, be flattened

רוֹדָן ז dictator, tyrant

רוֹדָנוּת נ dictatorship, tyranny

רוֹדָנִי ת dictatorial

רָוָה (יִרְוֶה) פ drink one's fill

רָוֶה ת saturated

רָווּחַ ת spacious, roomy

רוֹוֵחַ ת widespread, common

רָוַח (יִרְוַח) פ be relieved; be widespread

רוּוַּח (יְרוּוַּח) פ be spacious

רֶוַח ז profit; interval; relief, respite

רְוָחָה נ relief, respite

רְוחִיּוּת נ profitability

רָווּי ת saturated, well-watered

רְוָיָה נ fill, saturation

רִוְיוֹן ז saturation; buttermilk

רְוִויָּה נ saturating

רַוָּק ז bachelor

רַוָּקָה נ spinster

רַוָּקוּת נ bachelorhood, spinsterhood

רַוָּקִיָּה נ apartment house for bachelors

רוֹזֵן ז baron, count

רוּחַ זו"נ wind; air, breath; soul, spirit; mind; ghost

רוֹחַב ז breadth, width

רוֹחְבִּי ת transverse

רוֹחַב לֵב generosity

רוּחַ הַקּוֹדֶשׁ divine inspiration

רוּחַם (יְרוּחַם) פ be pitied

רוּחָנִי ת spiritual, intellectual

רוּחַ פְּרָצִים draught

רוּחַץ (יְרוּחַץ) פ be washed clean

רוּחַק (יְרוּחַק) פ be placed at a distance

רוֹחַק ז distance

רוּחַ שְׁטוּת folly, stupidity

רוּחַ תְּזָזִית madness

רוֹטֶב ז sauce, gravy

רוֹטְטָנִי ת tremulous, quivering

רוּטְפַּשׁ (יְרוּטְפַּשׁ) פ be fat

רוּטַּשׁ (יְרוּטַּשׁ) פ be retouched (photography); be torn apart

רוֹךְ ז softness, delicacy

רוֹכֵב ז rider

רוֹכֶבֶת נ headpiece (chemistry)

רוּכַּז (יְרוּכַּז) פ be concentrated

רוּכַּךְ (יְרוּכַּךְ) פ be softened

רוֹכֵל ז peddler, hawker

רוֹכְלוּת נ petty trade, peddling

רוּכַּס (יְרוּכַּס) פ be fastened, be buttoned

רוֹכְסָן ז zip fastener

רוּם ז level, altitude; height

רוּם ז	height
רוֹמָאִי ת׳ ז	Roman
רוּמָּה (יְרוּמֶּה) פ	be cheated, be swindled
רוּמַּז (יְרוּמַּז) פ	be alluded to, be hinted at
רוֹמַח ז	short spear, lance
רוֹמֵם (יְרוֹמֵם) פ	raise, lift up
רוֹמַם (יְרוֹמַם) פ	be raised, be lifted up
רוֹמְמוּת נ	elevation, supremacy
רוֹמְמוּת רוּחַ	high spirits
רוֹן ז	song, music
רוּנַּן (יְרוּנַּן) פ	be heard (music), be sung
רוּסַּן (יְרוּסַּן) פ	be curbed, be restrained
רוּסַּס (יְרוּסַּס) פ	be sprayed
רוּסַּק (יְרוּסַּק) פ	be pulped, be mashed
רוֹעַ ז	badness; wickedness
רוֹעֶה ז	shepherd, herdsman
רוֹעֵה רוּחַ	waster, idler
רוֹעַ־לֵב	malice, malevolence
רוֹעֵם ת	thunderous
רוּעֲנַן (יְרוּעֲנַן) פ	be refreshed
רוֹעַע (יְרוֹעַע) פ	smash, break down
רוֹעֵץ ז	obstacle, stumbling-block
רוֹעֵשׁ ת	loud, noisy
רוֹפֵא ז	medical doctor
רוּפָּא (יְרוּפָּא) פ	be cured, be healed
רוֹפֵא אֱלִיל	witch doctor
רוֹפֵא בְּהֵמוֹת	veterinary doctor
רוּפַּד (יְרוּפַּד) פ	be padded; be upholstered
רוּפַּט (יְרוּפַּט) פ	be worn out, be worn through
רוֹפֵס ת	soft; weak
רוֹפֵף ת	unstable, shaky
רוֹפֵף (יְרוֹפֵף) פ	make shaky, make unstable
רוֹפַף (יְרוֹפַף) פ	be shaken, be made shaky
רוּפַּשׁ (יְרוּפַּשׁ) פ	be muddied
רוּצָּה (יְרוּצֶּה) פ	be placated, be appeased; be accepted; be satisfied
רוֹצֵחַ ז	murderer, assassin
רוֹצְחָנִי ת	murderous
רוּצַּע (יְרוּצַּע) פ	be cut into strips
רוּצַּף (יְרוּצַּף) פ	be tiled, be paved
רוֹצֵץ (יְרוֹצֵץ) פ	shatter, crush
רוֹק ז	spit, saliva
רוֹקֵחַ ז	chemist, druggist
רוּקַּח (יְרוּקַּח) פ	be mixed (spices, perfumes)
רוֹקְחוּת נ	pharmacy
רוֹקֵם ז	embroiderer
רוֹקֵן (יְרוֹקֵן) פ	empty
רוּקַּן (יְרוּקַּן) פ	be emptied
רוּקַּע (יְרוּקַּע) פ	be hammered flat, be beaten flat
רוֹשׁ ז	poison
רוּשַּׁל (יְרוּשַּׁל) פ	be neglected, be slovenly
רוֹשֶׁם ז	impression
רוֹשֵׁשׁ (יְרוֹשֵׁשׁ) פ	impoverish
רוּשַּׁשׁ (יְרוּשַּׁשׁ) פ	be impoverished
רוּשַּׁת (יְרוּשַּׁת) פ	be covered with netting

רוֹתֵחַ ת — boiling; furious

רוּתַּח (יְרוּתַּח) פ — be boiled

רוּתַּךְ (יְרוּתַּךְ) פ — be welded

רוֹתֶם ז — broom

רוּתַּק (יְרוּתַּק) פ — be chained; be tied; be confined

רָז ז — secret

רָזָה (יִרְזֶה) פ — become thin, lose weight

רָזֶה ת — thin, lean

רָזוֹן ז — thinness, leanness

רָזִי ת — secret, mysterious

רְזִיָּה נ — loss of weight

רְזִימָה נ — wink

רַזַ"ל (רַבּוֹתֵינוּ זִכְרָם לִבְרָכָה) — initials of "our Rabbis, may their memory be blessed"

רָזַם (יִרְזוֹם) פ — wink

רָחַב (יִרְחַב) פ — widen, broaden, expand

רָחָב ת — wide, broad; spacious

רְחַב־אוֹפֶק — of wide horizons

רְחָבָה נ — city square

רַחֲבוּת נ — breadth, extent; generosity

רְחַב־יָדַיִים — extensive, spacious

רְחוֹב ז — street, road

רַחוּם ת — merciful, compassionate

רָחוּם ת — beloved, adored

רְחוּפֶת נ — suspended load material

רָחוּץ ת — washed

רָחוֹק ת — far, distant; remote

רֵחַיִם, רֵיחַיִם ז"ז — millstone(s)

רֵחַיִים עַל צַוָּארוֹ — married (man)

רָחִים ת — darling, beloved

רְחִימָאִי — my darling, my love

רְחִימוּ נ — love

רְחִיפָה נ — suspension; hovering

רָחִיץ ת — washable

רְחִיצָה נ — washing, bathing

רְחִישָׁה נ — movement, stirring

רָחֵל, רְחֵלָה נ — ewe

רַחַם ז — womb

רֶחֶם ז — womb, uterus

רָחָם ז — Egyptian vulture

רַחֲמִים ז"ר — compassion, pity, mercy

רַחֲמָן ת — compassionate, merciful

רַחֲמָנָא ז — God the Merciful

רַחֲמָנָא לִיצְלַן — God forbid!

רַחֲמָנוּת נ — mercy, clemency

רַחֶמֶת נ — metritis

רָחַף (יִרְחַף) פ — shake, tremble

רַחֶפֶת נ — cable railway

רָחַץ (יִרְחַץ) פ — wash, bathe

רַחַץ ז — wash, bath

רַחְצָה נ — bathing place

רָחַק (יִרְחַק) פ — be far, be distant

רַחַק ז — distance

רִחְרוּחַ ז — sniffing

רִחְרֵחַ (יְרַחְרֵחַ) פ — sniff

רָחַשׁ (יִרְחַשׁ) פ — murmur; feel, sense; creep (insects)

רַחַשׁ ז — whisper, murmur

רַחֲשׁוּשׁ ז — passing thought, passing fancy

רַחַת נ — spade; tennis racquet

רָטַב (יִרְטַב) פ — be wet, be damp, be moist

רָטוֹב ת — wet, damp

רָטוּשׁ ת split open, torn apart
רֶטֶט ז trembling, quaking
רַשָּׁט ז vibrator
רְטִיבוּת נ wetness, dampness
רְטִיָּה נ poultice, plaster
רָטַן (יִרטוֹן) פ mutter, grumble
רַטְנָן ז grumbler, complainer
רֵיאָה, רֵאָה נ lung
רֵיאָיוֹן ז interview; appointment
רִיב ז dispute, quarrel
רִיבָּה נ jam
רִיבָּה (יְרַבֶּה) פ increase; raise, rear; add
רִיבָה נ lass, maiden
רִיבּוֹא ז ten thousand
רִיבּוּד ז stratification
רִיבּוּי ז increase, growth; raising, breeding
רִיבּוֹן ז lord, the Lord
רִיבּוֹנוֹ שֶׁל עוֹלָם Lord Almighty
רִיבּוֹנוּת נ sovereignty
רִיבּוֹנִי ת sovereign
רִיבּוּעַ ז square; squaring (algebra)
רִיבִּית נ interest (on money)
רִיבִּית דְּרִיבִּית compound interest
רִיבִּית קְצוּצָה exorbitant interest, usury
רִיבָּס ז rhubarb
רִיבֵּעַ (יְרַבֵּעַ) פ multiply by four; repeat four times; square
רִיבֵּעַ ז member of the fourth generation, great-great-grandchild
רִיגּוּז ז rage, anger
רִיגּוּל ז spying, espionage
רִיגּוּן ז grumbling, complaining
רִיגּוּשׁ ז excitement, agitation; (psychology) emotion
רִיגּוּשִׁי ת emotional
רִיגּוּשִׁיּוּת נ emotionalism
רִיגֵּל (יְרַגֵּל) פ spy
רִיגֵּשׁ (יְרַגֵּשׁ) פ stir
רִידּוּד ז beating flat, hammering flat
רִידּוּף ז gallop
רִיהוּט ז furnishing; furniture
רִיהֵט (יְרַהֵט) פ furnish
רִיוָּה (יְרַוֶּה) פ saturate
רִיוַּח (יְרַוַּח) פ space
רִיוּוּי ז saturation
רִיזּוּן ז slimming, thinning
רֵיחַ ז smell, odor
רִיחוּף ז hovering
רִיחוּץ ז washing
רִיחוּק ז putting at a distance, moving away
רִיחוּק מָקוֹם distance
רִיחוּשׁ ז stirring; crawling (of insects)
רִיחֵם (יְרַחֵם) פ pity, show mercy to
רֵיחָנִי ת fragrant, sweet-smelling
רֵיחַ נִיחוֹחַ fragrance
רִיחֵף (יְרַחֵף) פ hover; be imminent
רִיחֵק (יְרַחֵק) פ place at a distance, remove
רִיחֵשׁ (יְרַחֵשׁ) פ crawl, creep
רִיטּוּט ז quivering, vibrating
רִיטּוּן ז muttering, grumbling
רִיטּוּשׁ ז tearing apart; retouching (photography)

רִיטֵּט (יְרַטֵּט) פ quiver, quake; vibrate
רִיטֵּשׁ (יְרַטֵּשׁ) פ tear apart; retouch (photography)
רִיכּוּז ז concentration
רִיכּוּזִיּוּת נ centralism, centralization
רִיכּוּךְ ז softening, softening up; annealing (metal)
רִיכֵּז (יְרַכֵּז) פ concentrate
רִיכֵּךְ (יְרַכֵּךְ) פ soften, soften up; anneal (metal)
רִיכֵּל, רִיכֵל (יְרַכֵּל, יְרַכֵל) פ (colloquial) gossip
רִיכֵּס (יְרַכֵּס) פ fasten, button
רִימָּה נ worm, maggot
רִימָּה (יְרַמֶּה) פ cheat, swindle
רִימּוּז ז hint, allusion
רִימּוּם ז uplift, elevation
רִימּוֹן ז pomegranate; grenade
רִימּוֹן־יָד hand grenade
רִימֵּז (יְרַמֵּז) פ hint at
רִינָּה נ song, music
רִינּוּן ז song; gossip
רִינֵּן (יְרַנֵּן) פ sing for joy; gossip
רִיס ז eyelash
רִיסּוּן ז curbing, restraining
רִיסּוּס ז pulverization; atomization; spraying
רִיסּוּק ז pulping, mincing, mashing; shattering (injury)
רִיסֵּן (יְרַסֵּן) פ rein in; curb
רִיסֵּס (יְרַסֵּס) פ spray; atomize; pulverize
רִיסֵּק (יְרַסֵּק) פ shatter, crush; pulp, purée, mash, mince

רִיעוּף ז tiling
רִיעֵף (יְרַעֵף) פ tile, cover with tiles
רִיפֵּא (יְרַפֵּא) פ cure, heal; treat; remedy
רִיפֵּד (יְרַפֵּד) פ spread; upholster, pad
רִיפָה נ, רִיפוֹת נ״ר grits
רִיפָּה (יְרַפֶּה) פ relax, slacken
רִיפּוּד ז upholstery; padding
רִיפּוּי ז relaxing, weakening; curing
רִיפֵּשׁ (יְרַפֵּשׁ) פ muddy
רִיצֵּד (יְרַצֵּד) פ skip, dart
רִיצָה נ running, racing
רִיצָּה (יְרַצֶּה) פ placate, appease
רִיצּוּד ז skipping, darting, jumping about
רִיצּוּי ז appeasement, placating
רִיצּוּף ז tiling, paving
רִיצּוּץ ז breaking up, crushing
רִיצֵּעַ (יְרַצֵּעַ) פ flog (with a belt), lash; cut into strips
רִיצֵּף (יְרַצֵּף) פ tile, pave
רִיצֵּץ (יְרַצֵּץ) פ crush, shatter
רֵיק ת empty, vacant
רִיק ז vacuum; emptiness
רֵיקָא, רֵיקָה ת empty head
רִיקָּבוֹן ז rot, decay
רִיקֵּד (יְרַקֵּד) פ dance; jump about
רִיקּוּד ז dance, dancing
רִיקּוּחַ ז perfumed ointment, salve
רִיקּוּן ז emptying
רִיקּוּעַ ז hammering flat, beating flat
רִיקּוּעֵי זָהָב gold leaf
רֵיק וּפוֹחֵז irresponsible, feckless

רֵיקוּת נ emptiness, vacancy
רִיקֵּחַ (יְרַקֵּחַ) פ mix (spices, perfume), compound; dispense
רֵיקָם תה״פ, ת empty-handed; empty
רֵיקָן ת empty; empty-headed
רֵיקָנוּת נ emptiness, vacancy
רִיקֵּעַ (יְרַקֵּעַ) פ hammer flat, beat flat; coat
רִיר ז saliva; mucus
רִירִי ת mucous
רִישׁ, רֵישׁ ז want, indigence
רֵישׁ ז head
רֵישָׁא נ beginning
רִישּׁוּי ז licensing
רִישּׁוּל ז negligence, slovenliness
רִישּׁוּם ז registration; drawing, graphic art; trace
רִישּׁוּת ז covering with netting; network
רִישֵּׁל (יְרַשֵּׁל) פ weaken, enfeeble
רִישֵּׁם (יְרַשֵּׁם) פ draw, sketch
רִישֵּׁת (יְרַשֵּׁת) פ cover with netting
רִיתָּה (יְרַתֶּה) פ show favor, wish well
רִיתּוּחַ ז boiling, stewing
רִיתּוּי ז indulgence, leniency
רִיתּוּךְ ז welding
רִיתּוּק ז joining, combining; tieing (to job, place); confinement; enthralment
רִיתֵּךְ (יְרַתֵּךְ) פ weld
רִיתֵּק (יְרַתֵּק) פ join together; tie; confine; enthral
רִיתֵּת (יְרַתֵּת) פ quiver, shiver

רַךְ (יֵרַךְ, יֵירַךְ) פ soften, become softer
רַךְ ת soft; tender
רָכַב (יִרְכַּב) פ ride
רֶכֶב ז motor vehicle; scion, graft; upper millstone
רַכָּב ז charioteer
רַכֶּבֶל ז telfer, cable railway
רַכֶּבֶת נ railway train; (colloquial) ladder in stocking
רַכֶּבֶת תַּחְתִּית underground railway
רָכוּב ת mounted, riding; ridden
רְכוּבָה נ knee-cap
רְכוּבָּה נ stirrup
רְכוּלָּה נ merchandise, wares
רָכוּן ת stooping, leaning over
רָכוּס ת fastened, buttoned
רְכוּשׁ ז property; capital
רְכוּשָׁנוּת נ capitalism
רְכוּשָׁנִי ת capitalistic
רַכּוּת נ softness; tenderness
רַכּוֹת תה״פ softly, gently, tenderly
רַכָּז ז organizer, co-ordinator
רַכֶּזֶת נ switchboard
רְכִיב ז component
רְכִיבָה נ riding
רָכִיךְ, רַכִּיךְ ת softish, somewhat soft
רַכִּיכָה נ, רַכִּיכוֹת נ״ר mollusc(s)
רַכִּיכוּת, רְכִיכוּת נ softness, slight softness
רְכִיל ז backbiting, gossip
רְכִילַאי ז gossip, backbiter
רְכִילוּת נ gossip, slander
רָכִין ת tipping
רְכִיסָה נ fastening, buttoning

רְכִישָׁה נ acquiring, acquisition

רַכִּית נ rickets, rachitis

רַכֶּכֶת נ rickets, rachitis

רָכַל (יִרְכּוֹל) פ peddle

רַךְ־לֵב cowardly, timorous

רַכְלָן ז gossip, slanderer, gossip-monger

רַכְלָנוּת נ gossip-mongering

רָכַן (יִרְכּוֹן) פ stoop, lean over

רָכַס (יִרְכּוֹס) פ fasten, button

רֶכֶס ז ridge, range; cuff link

רִכְפָּה נ mignonette

רַכְרוּכִי ת soft; pliant, unstable

רַכְרוּכִיּוּת נ softness; instability, pliancy

רַכְרַךְ ת delicate, soft

רִכְרֵךְ (יְרַכְרֵךְ) פ soften a little

רָכַשׁ (יִרְכּוֹשׁ) פ acquire, obtain

רֶכֶשׁ ז purchase of arms

רָם ת high, lofty

רָם (יָרוּם, יָרוֹם) פ rise aloft, rise up

רַמָּאוּת נ swindling, cheating

רַמַּאי ת swindler, cheat

רָמָה (יִרְמֶה) פ hurl, cast

רָמָה נ hill, height; level, standard

רָמוּז ת hinted at, alluded to

רָמוּס ת trampled, trodden

רָמוּץ ת roasted in hot ashes

רָמַז (יִרְמוֹז) פ hint, gesticulate

רֶמֶז ז hint; gesture

רֶמֶז דַּק gentle hint

רַמְזוּז ז slight hint

רַמְזוֹר ז traffic light(s)

רַמַ״ח אֵיבָרִים 248 bodily organs

רַמַטְכָּ״ל (רֹאשׁ הַמַּטֶּה הַכְּלָלִי) Chief of Staff

רְמִיזָא ז hint

רְמִיזָה נ hinting; gesticulation

רְמִיָּה נ falsehood, deceit

רְמִיסָה נ trampling, treading

רַם־לֵב haughty

רַמָּם ז booster

רַם־מַעֲלָה of high degree, very important

רַמָּן ז grenade-thrower, grenadier

רָמַס (יִרְמוֹס) פ trample, stamp

רָמַץ (יִרְמוֹץ) פ roast in hot ashes

רֶמֶץ ז hot ashes

רַמְקוֹל ז loudspeaker

רַם־קוֹמָה ת tall

רָמַשׂ (יִרְמוֹשׂ) פ creep, crawl

רֶמֶשׂ ז creeping things (insects)

רָמַת חַיִּים standard of living

רָן (יָרוֹן) פ sing, chant

רְנָנָה נ joyful music, songs of joy

רָסוּס ת bespangled, sprinkled

רָסוּק ת crushed, shattered; minced

רְסִיס ז splinter, shrapnel, fragment; drop

רֶסֶן ז bridle; restraint

רָסַס (יָרוֹס, יִרְסוֹס) פ sprinkle, spray

רֶסֶק ז purée, mash

רַע, רָע ת bad; evil, wicked; malignant

רַע, רָע ז badness, wickedness; harm

רֵעַ ז friend, companion

רָעֵב (יִרְעַב) פ be hungry, feel hungry; crave

רָעֵב ת hungry; craving

רָעָב ז	hunger; famine
רְעָבוֹן ז	hunger
רַעַבְתָן ת	glutton, voracious eater
רַעַבְתָנוּת נ	voracity, greed
רָעַד (יִרְעַד) פ	tremble, shiver
רַעַד ז	shiver, shudder
רְעָדָה נ	shivering
רַעֲדוּד ז	tremolo
רָעָה (יִרְעֶה) פ	herd, shepherd; lead; pasture
רָעָה נ	evil deed, wickedness
רֵעֶה ז	friend, companion
רֵעָה נ	friend, companion
רָעָה חוֹלָה	a serious trouble
רָעוּל ת	veiled
רָעוּעַ ת	dilapidated, decrepit, unstable
רֵעוּת נ	friendship
רְעוּת נ	pasturing
רְעוּת רוּחַ	vanity, futility
רְעִידָה נ	quaking, trembling
רְעִידַת אֲדָמָה	earthquake
רַעְיָה נ	wife, spouse
רַעְיוֹן ז	idea, notion, thought
רַעְיוֹנִי ת	notional, intellectual
רַעְיוֹן רוּחַ	folly, nonsense
רְעִיָּה נ	putting out to pasture, grazing
רְעִימָה נ	thundering; backfire (from an exhaust)
רְעִיעוּת נ	dilapidation, shakiness
רְעִיפָה נ	dripping, trickling
רָעִישׁ ת	seismic
רְעִישָׁה נ	making a noise
רְעִישׁוּת נ	noise, din
רַעַל ז	poison
רַע־לֵב	wicked
רְעָלָה נ	veil
רַעֲלָן ז	toxin
רַעֶלֶת נ	toxicosis
רָעַם (יִרְעַם) פ	thunder, roar
רַעַם ז	thunder
רַעְמָה נ	mane
רִעֲנוּן ז	refreshing, freshening
רִעֲנֵן (יְרַעֲנֵן) פ	refresh, freshen
רַעֲנָן ת	fresh, refreshed
רַעֲנָנוּת נ	freshness
רָעַף (יִרְעַף) פ	drizzle, drip
רַעַף ז	tile, roof-tile
רָעַץ (יִרְעַץ) פ	crush, shatter
רָעַשׁ (יִרְעַשׁ) פ	quake; make a noise
רַעַשׁ ז	noise, din; earthquake
רַעֲשִׁי ת	seismic
רַעֲשִׁיּוּת נ	seismicity
רַעֲשָׁן ז	noisy person; rattle (toy)
רַעֲשָׁנוּת נ	noisiness
רַעֲשָׁנִי ת	noisy, clamorous; blatant
רַף ז	shelf
רָפָא (יִרְפָּא) פ	cure, heal
רִפְאוּת נ	medicine, cure
רְפָאִים ז״ר	ghosts, spirits of the dead
רֶפֶד ז	padding
רַפָּד ז	upholsterer
רָפָה (יִרְפֶּה) פ	lose strength, grow weak
רָפֶה ת	weak, flabby
רְפוּאָה נ	recovery; medicine, cure; medical science

רְפוּאָה שְׁלֵמָה! “complete recovery!” (said to anyone ill)
רְפוּאִי ת medical
רָפוּי ת slack, lax
רָפוּף ת shaky, flimsy
רָפִיא ת curable
רְפִיד ז lining, cushion (mechanical)
רְפִידָה נ inner sole
רִפְיוֹן ז infirmity, debility; slackness, looseness
רִפְיוֹן יָדַיִים impotence, weakness
רְפִיסוּת נ softness, weakness
רְפִיפוּת נ shakiness, instability
רָפַס (יִרְפּוֹס) פ trample, tread down; be soft, be frail
רִפְסֵד (יְרַפְסֵד) פ sail a raft
רַפְסוֹדַאי ז raftsman
רַפְסוֹדָה נ raft
רָפַף (יִרְפּוֹף) פ be shaky, be unstable
רְפָפָה נ slat, lath; lattice
רִפְרוּף ז fluttering, hovering
רִפְרֵף (יְרַפְרֵף) פ flutter, hover; examine superficially
רַפְרָף ז, רַפְרָפִים ז״ר hawk moth
רַפְרָף ז (wireless) wobbulator
רַפְרֶפֶת נ blancmange, custard pudding
רָפַשׂ (יִרְפּוֹשׂ) פ muddy, befoul; trample, tread down
רֶפֶשׁ ז mud, mire
רֶפֶת נ cowshed
רַפְתָּן ז cowman
רַפְתָּנוּת נ dairy-farming
רָץ (יָרוּץ) פ run
רָץ ז courier, envoy; half-back (football); bishop (chess)
רָצָה (יִרְצֶה) פ want, wish; be pleased with
רָצוּי ת desirable, expedient
רָצוֹן ז desire, wish; will; goodwill
רְצוֹנִי ת voluntary
רְצוּעָה נ strap; strip
רָצוּף ת continuous, non-stop; attached; paved
רָצוּף בָּזֶה, ר״ב enclosed herewith
רָצוּץ ת broken, crushed
רָצַח (יִרְצַח) פ murder
רֶצַח ז murder
רַצְחָנִי ת murderous
רְצִיחָה נ murder
רְצִיָּיה נ wish; willingness
רְצִינוּת נ seriousness; gravity
רְצִינִי ת serious; grave
רְצִיעָה נ piercing with an awl
רְצִיף ז platform; wharf, quay
רָצִיף ת continuous
רְצִיפוּת נ continuity
רָצַע (יִרְצַע) פ pierce with an awl
רַצְעָן ז leatherworker; shoemaker, cobbler
רַצְעָנִיָּה נ leatherworker's workshop
רַצָּף ז paver, floor-layer
רֶצֶף ז continuity, duration
רִצְפָּה נ floor; ember
רַצָּפוּת נ paving, floor-laying
רָצַץ (יִרְצוֹץ, יָרוֹץ) פ crush, shatter
רִצְרֵץ (יְרַצְרֵץ) פ rustle, rattle
רַק תה״פ only
רָקַב (יִרְקַב) פ rot, decay, go bad

רָקָב ז	decayed matter
רֶקֶב ז	plant rot
רַקְבּוּבִי ת	putrescent, rotten
רַקְבּוּבִית נ	rot, decay
רַקְבִּיבוּת נ	rot, corruption
רָקַד (יִרְקוֹד) פ	dance
רַקְדָן ז	dancer
רַקָּה נ	temple
רָקוּב ת	rotten, decayed
רָקַח (יִרְקַח) פ	dispense (medicine)
רַקָּחוּת נ	dispensing (medicines), pharmacy
רָקִיב ת	tending to rot easily
רְקִיבוּת נ	proneness to rot
רְקִימָה נ	embroidery
רָקִיעַ ז	sky, heaven
רָקִיעַ ת	ductile, malleable
רְקִיעָה נ	stamping (of feet)
רָקִיק ז	wafer
רְקִיקָה נ	spitting, expectoration
רָקַם (יִרְקוֹם) פ	embroider; fashion
רָקָם, רֶקֶם ז	embroidery
רִקְמָה נ	embroidery; tissue
רָקַע (יִרְקַע) פ	stamp (foot), trample; beat into sheets
רֶקַע ז	background, setting
רַקֶּפֶת נ	cyclamen
רָקַק (יִרְקוֹק, יָרוֹק) פ	spit, expectorate
רְקָק, רֶקֶק ז	shoal, shallow; swamp
רְקָקִית נ	spittoon, cuspidor
רָר (יָרִיר) פ	salivate (spit)
רָשׁ ת	poor, destitute
רַשַּׁאי ת	entitled, authorized
רָשׁוּי ת	licensed
רָשׁוּם ת	registered; recorded
רְשׁוּמָה נ	record
רְשׁוּמוֹת נ״ר	minutes; official gazette
רָשׁוּת נ	authority
רְשׁוּת נ	permission, permit; option; possession
רָשׁוּת ת	net-like, of net
רְשׁוּת הַיָּחִיד	private place
רְשׁוּת הָרַבִּים	public place
רָשׁוּת מְקוֹמִית	local authority
רִשְׁיוֹן ז	licence
רִשְׁיוֹן נְהִיגָה	driving licence
רְשִׁימָה נ	list; short article (in a newspaper)
רַשְׁלָן ז	slovenly person
רַשְׁלָנוּת נ	slovenliness; carelessness, negligence
רַשְׁלָנִי ת	slovenly; careless
רָשַׁם (יִרְשׁוֹם) פ	note down, register; list; draw, sketch
רַשָּׁם ז	registrar
רִשְׁמִי ת	official
רִשְׁמִיּוּת נ	formality
רִשְׁמִית תה״פ	officially
רְשַׁמְקוֹל ז	tape-recorder
רְשַׁמְקֶשֶׁת ז	cyclograph
רָשַׁע (יִרְשַׁע) פ	do wrong, act wickedly
רָשָׁע ת, ז	wicked; villain
רֶשַׁע ז	wickedness, evil
רִשְׁעָה נ	wickedness, iniquity
רִשְׁעוּת נ	wickedness, malice
רֶשֶׁף ז	spark; flash
רִשְׁרוּשׁ ז	rustle
רִשְׁרֵשׁ (יְרַשְׁרֵשׁ) פ	rustle

רֶשֶׁת נ net, network
רִשְׁתִּי ת of net, made of net
רִשְׁתִּית נ retina
רָתוּחַ ת boiled
רָתוּם ת harnessed, hitched
רַתּוּק ז chain, cable
רַתּוּקָה, רְתוּקָה נ chain
רָתַח (יִרְתַּח) פ boil, rage
רְתִחָה נ boiling; fury, rage
רַתְחָן ת bad-tempered person
רַתְחָנוּת נ irascibility, tetchiness
רְתִיחָה נ boiling; effervescence
רָתִיךְ ת weldable
רְתִיכוּת נ weldability
רְתִיעָה נ flinching, quailing; recoil
רַתָּךְ ז welder
רַתָּכוּת נ welding
רָתַם (יִרְתּוֹם) פ harness, hitch
רִתְמָה נ harness
רֶתַע ז recoiling
רָתַת (יִרְתַּת) פ shake, tremble
רְתֵת ז trembling, quaking

ש

שֶׁ... that, which; because
שָׁאַב (יִשְׁאַב) פ draw, pump; derive, obtain
שָׁאֶבֶת נ bailer
שָׁאַג (יִשְׁאַג) פ roar (like a lion), bellow
שְׁאָגָה נ roar, bellow
שָׁאוּב ת drawn (water); (fig.) derived
שְׁאוֹל זו״נ Sheol, the underworld
שָׁאוּל ת borrowed
שָׁאוֹן ז roar, noise
שְׂאוֹר ז leaven
שְׁאָט ז contempt
שָׁאַט (יִשְׁאַט) פ despise, be contemptuous of
שְׁאָט נֶפֶשׁ contempt
שְׁאִיבָה נ drawing (water from a well), pump; (fig.) deriving
שְׁאִיָּה נ desolation
שְׁאִילָה נ borrowing
שְׁאִילְתָּה נ question (in Parliament)
שְׁאִיפָה נ breathing in, inhaling; aspiration
שָׁאִיר ז surviving relative
שָׁאַל (יִשְׁאַל) פ ask; ask for, request; borrow
שְׁאֵלָה נ question; request; problem

questionnaire — שְׁאַלוֹן ז
a plain question — שְׁאֵלַת תָּם
different — שָׁאנֵי ת
be tranquil, be serene — שַׁאֲנַן פ (רק בעבר)
tranquil, serene — שַׁאֲנָן ת
tranquillity, serenity — שַׁאֲנָנוּת נ
breathe in; (fig.) aspire — שָׁאַף (יִשְׁאַף) פ
ambitious person — שַׁאֲפָן ת
ambition — שַׁאֲפָנוּת נ
ambitious — שַׁאֲפָנִי ת
ambitious man — שְׁאַפְתָּן ז
ambitiousness — שְׁאַפְתָּנוּת נ
ambitious — שְׁאַפְתָּנִי ת
be left, remain — שָׁאַר (יִשְׁאַר) פ
the rest, the remainder — שְׁאָר ז
kinsman — שְׁאֵר ז
blood relation — שְׁאֵר בָּשָׂר
remainder, remnant — שְׁאֵרִית נ
nobility of mind — שְׁאָר־רוּחַ
exaltation, majesty — שְׂאֵת נ
old, grey-haired — שָׂב ת
return, come (or go) back; repeat — שָׁב (יָשׁוּב) פ
sit down! (imper. of יָשַׁב q.v.) — שֵׁב
become old — שָׂב (יָשִׂיב) פ
splinter, chip (of wood), shaving (wood or metal) — שֶׁבֶב ז, שְׁבָבִים ז״ר
capture, take prisoner — שָׁבָה (יִשְׁבֶּה) פ
agate — שְׁבוֹ ז
captured; prisoner-of-war, captive — שָׁבוּי ת, ז

week — שָׁבוּעַ ז
oath — שְׁבוּעָה נ
weekly journal — שְׁבוּעוֹן ז
Pentecost, the Feast of Weeks, Shavuot — שָׁבוּעוֹת, חַג הַשָּׁבוּעוֹת
weekly — שְׁבוּעִי ת
vain oath — שְׁבוּעַת שָׁוְא
false oath — שְׁבוּעַת שֶׁקֶר
broken, fractured — שָׁבוּר ת
return — שְׁבוּת נ
praise; improvement — שֶׁבַח, שְׁבָח ז
praise — שְׁבָחָה נ
increased value of landed property — שֶׁבַח מְקַרְקְעִין
rod; sceptre; tribe — שֵׁבֶט ז
Shevat (January-February) — שְׁבָט ז
equisetum — שְׁבַטְבַּט ז
tribal — שִׁבְטִי ת
captivity; captives — שְׁבִי ז
spark — שְׁבִיב ז
a spark of hope — שְׁבִיב תִּקְוָה
captivity — שְׁבִיָּה נ
comet — שָׁבִיט ז
taking prisoner; captives — שְׁבִיָּה נ
pathway — שְׁבִיל ז
the golden mean — שְׁבִיל הַזָּהָב
the Milky Way — שְׁבִיל הֶחָלָב
woman's head ornament — שָׁבִיס ז
feeling of satisfaction — שְׂבִיעָה נ
seven-month baby — שְׁבִיעוֹנִי ת
satiety — שְׂבִיעוּת נ
satisfaction — שְׂבִיעוּת רָצוֹן
seventh — שְׁבִיעִי ת
septet; set of seven — שְׁבִיעִיָּה נ
breakable, fragile — שָׁבִיר ת

שְׁבִיר ז diopter
שְׁבִירָה נ breaking, fracturing, breakage
שְׁבִירוּת נ fragility
שְׁבִית נ captivity
שְׁבִיתָה נ strike
שְׁבִיתַת נֶשֶׁק armistice, truce
שְׁבִיתַת רָעָב hunger strike
שְׁבִיתַת שֶׁבֶת sit-down strike
שְׂבָכָה נ lattice, trellis, grid
שַׁבְּלוּל ז snail
שַׁבְּלוֹנָה נ pattern, model; stereotype
שַׁבְּלוֹנִי ת stereotyped, hackneyed
שָׂבַע (יִשְׂבַּע) פ eat one's fill
שָׂבֵעַ ת satisfied; sated
שָׂבָע ז plenty, satiety
שֶׁבַע ש״מ seven (fem.)
שִׁבְעָה ש״מ seven (masc.)
שָׂבְעָה, שׂוֹבְעָה נ satiety, satisfaction
שִׁבְעָה־עָשָׂר seventeen (masc.)
שִׁבְעִים ש״מ seventy
שַׁבְעִית נ septet
שְׁבַע־עֶשְׂרֵה seventeen (fem.)
שְׂבַע־רָצוֹן satisfied, content
שִׁבְעָתַיִם ש״מ seven times; sevenfold
שָׁבָץ ז death throes, convulsion
שָׁבַק (יִשְׁבּוֹק) פ forsake, abandon
שֵׂבֶר ז hope, expectation
שָׁבַר (יִשְׁבּוֹר) פ break, fracture (limb)
שֶׁבֶר ז break, breaking, fracture; fragment; rupture, hernia; fraction; disaster
שַׁבְרִיר ז fragment, splinter
שְׁבַר־כְּלִי (fig.) weakling
שֶׁבֶר עָנָן cloudburst
שַׁבְשֶׁבֶת נ weathercock, weathervane
שַׁבֶּשְׁתָּא נ mistake
שָׁבַת (יִשְׁבּוֹת) פ cease, stop; rest; strike
שֶׁבֶת נ sitting
שַׁבָּת נ Sabbath, seventh day; day of rest
שַׁבְּתַאי ז Saturn
שַׁבְּתַאי הַשָּׁקֵד saturniid (moth)
שַׁבֶּתֶת נ meningitis
שַׁבָּתוֹן ז complete rest; sabbatical
שַׁבַּתִּי ת of the Sabbath
שָׂגַב (יִשְׂגַּב) פ be strong, be great, be high
שֶׂגֶב ז greatness, sublimity
שָׁגַג (יִשְׁגּוֹג) פ sin in error, be mistaken
שְׁגָגָה נ inadvertent sin; mistake
שָׂגָה (יִשְׂגֶּה) פ prosper, rise
שָׁגָה (יִשְׁגֶּה) פ make a mistake, err
שָׁגוּר ת fluent; usual, habitual
שַׂגִּיא ת great, sublime, exalted
שְׁגִיאָה נ mistake, error
שַׂגִּיב ת great, sublime
שְׁגִירוּת נ fluency; habitual use
שָׁגַל (יִשְׁגַּל) פ have sexual intercourse with (a woman)
שֵׁגָל נ concubine
שֵׁגְלוֹנָה נ concubine
שֶׁגֶם ז tenon (wood), tongue (wood or metal), spline
שִׁגְעוֹנִי, שִׁיגְעוֹנִי ת insane, crazy
שֶׂגֶר ז young (of animals)

שְׁגָרָה, שִׁיגְרָה נ routine; fluency (of speech)

שַׁגְרִיר ז ambassador

שַׁגְרִירוּת נ embassy

שִׁגְרָתִי ת routine, habitual

שִׁגְרָתָנוּת routinism, red tape

שִׂגְשֵׂג (יְשַׂגְשֵׂג) פ flourish, thrive

שִׂגְשׂוּג ז flourishing progress, thriving

שָׁד, שַׁד ז ר׳ שָׁדַיִים breast

שָׁד (יָשׁוּד) פ rob, loot

שֵׁד ז devil, demon

שָׂדָאוּת נ fieldcraft (military), field training

שָׁדַד (יִשְׁדּוֹד) פ rob, loot

שֵׁד מְשַׁחַת little devil

שֵׁדָה נ demon (female), devil (female)

שָׂדֶה ז field

שְׂדֵה־בּוּר fallow land

שָׂדֶה מַגְנֶטִי magnetic field

שְׂדֵה־מוֹקְשִׁים minefield

שְׂדֵה־קֶטֶל, שְׂדֵה־קְרָב battlefield

שְׂדֵה־רְאִיָּה field of vision

שְׂדֵה־תְּעוּפָה airfield

שָׁדוּד ת robbed, looted

שֵׁדוֹן ז imp, little devil

שָׁדוּף ת blighted, blasted; meaningless, empty

שַׁדַּי ת Almighty (epithet for God)

שְׁדִידָה נ robbery, looting

שָׁדִיר ת suitable for broadcasting

שַׁדְּכָן ז match-maker

שַׁדְּכָנוּת נ match-making

שְׁדֵמָה נ field (of grain or fruit)

שָׁדַף (יִשְׁדּוֹף) פ blight (crops), blast

שַׁדָ״ר ז collector (for Jewish institutes of learning)

שַׁדָּר ז (tree) birch; broadcaster

שֶׁדֶר ז broadcasting transmission

שִׁדְרָה נ spine, backbone

שְׂדֵרָה נ avenue (of trees); column (of troops); class (of society), rank

שִׁדְרוֹן ז keelson

שִׁדְרִית נ keel

שַׁדֶּרֶת נ rickets

שֶׂה זו״נ lamb

שָׂהֵד ז witness

שָׁהָה (יִשְׁהֶה) פ stay; tarry, linger

שָׁהוּי ת delayed

שָׁהוּת נ leisure, sufficient time

שְׁהִי ז rest (music)

שְׁהִיָּה נ stay, wait; delay

שְׁהִ״י פְּהִ״י transparent pretext, excuse for delay

שַׂהַר ז moon

שַׂהֲרוֹן ז moon-shaped ornament

שׂוֹא ז rising, crest

שׁוֹאֵב ז water-drawer

שׁוֹאֵב־אָבָק dust extractor, vacuum cleaner

שׁוֹאֲבָק ז vacuum cleaner

שׂוֹא גַּלִּים the crest of the waves

שׁוֹאָה נ catastrophe, holocaust

שׁוֹאֵל ז questioner; borrower

שׁוּב פ, ר׳ שָׁב

שׁוּב תה״פ again

שׁוּבַּב (יְשׁוּבַּב) פ be chipped, be whittled

שׁוֹבֵב (יְשׁוֹבֵב) פ restore, put back; go astray
שׁוֹבַב (יְשׁוֹבַב) פ be restored, be regularized
שׁוֹבָב ת naughty (child), mischievous
שׁוֹבְבוּת נ naughtiness, misbehavior
שׁוּבָה נ calm, repose
שׁוֹבֵה לֵב captivating
שׁוּבַּח (יְשׁוּבַּח) פ be praised; be praiseworthy
שׁוֹבֶךְ ז network; tangle of boughs
שׁוֹבֶךְ, שׁוֹבָךְ ז dove-cote
שׁוֹבֶל ז train (of a dress); wake (of a ship)
שׁוֹבַע ז satisfaction, satiety
שׁוֹבְעָה, שָׂבְעָה נ satisfaction, satiety
שׁוּב פַּעַם once again
שׁוּבַּץ (יְשׁוּבַּץ) פ be chequered; be marked out in squares; be graded; be set (jewel)
שׁוֹבֵר ז voucher, warrant (travel)
שׁוּבַּר (יְשׁוּבַּר) פ be shattered (lit. and fig.)
שׁוֹבֵר־גַּלִּים breakwater
שׁוֹבֵר־רוּחַ windbreak
שׁוּבַּשׁ (יְשׁוּבַּשׁ) פ be corrupt (text), be full of mistakes, be thrown into disorder
שׁוֹבֵת ז striker
שׁוֹגֵג ת erring
שׁוּגַּם (יְשׁוּגַּם) פ be joined, be mortised (wood)
שׁוּגַּע (יְשׁוּגַּע) פ be driven mad, be maddened
שׁוֹגֵר ז consignor
שׁוּגַּר (יְשׁוּגַּר) פ be sent, be despatched, be launched (satellite)
שׁוֹד ז robbery, rapine, plunder
שׁוֹדֵד ז robber, bandit
שׁוּדַּד (יְשׁוּדַּד) פ be laid waste, be ravaged
שׁוּדַּד (יְשׁוּדַּד) פ be harrowed
שׁוּדַּךְ (יְשׁוּדַּךְ) פ be brought together (by a marriage-broker)
שׁוּדַּל (יְשׁוּדַּל) פ be coaxed, be persuaded
שׁוּדַּר (יְשׁוּדַּר) פ be broadcast, be transmitted (by radio)
שׁוֹהַם ז onyx
שָׁוְא ז falsehood; vanity
שְׁוָא ז sheva
שְׁוָאִי ת pointed with a sheva
שׁוּוָה (יְשׁוּוֶה) פ be equal, be comparable
שָׁוֶה ת equal, equivalent; worth
שָׁוֶה בְּשָׁוֶה equally, in equal shares
שְׁוֵה־זְכוּיוֹת with equal rights
שָׁוֶה לְכָל נֶפֶשׁ suitable for everyone
שְׁוֵה־נֶפֶשׁ indifferent
שְׁוֵה־עֵרֶךְ equal in value
שָׁוֶה פְּרוּטָה of little value
שְׁוֵה צְלָעוֹת equilateral (triangle)
שׁוֹוִי ז worth, value
שִׁוְיוֹן ז equality, equivalence
שִׁוְיוֹן־זְכוּיוֹת equality of rights
שִׁוְיוֹן נֶפֶשׁ indifference, equanimity

שָׁוִיק ת — marketable

שֶׁוַע ז, שַׁוְעָה נ — cry for help

שׁוּוַּק (יְשׁוּוַּק) פ — be marketed

שַׁוָּר ז — dancer; rope-dancer

שׁוּזַּר (יְשׁוּזַּר) פ — be twisted, be twined

שׁוּחַד (יְשׁוּחַד) פ — be bribed

שׁוֹחַד ז — bribe

שׁוּחָה נ — deep trench

שׁוּחְזַר (יְשׁוּחְזַר) פ — be reconstructed

שׂוֹחֵחַ (יְשׂוֹחֵחַ) פ — talk, converse

שׁוֹחֵט ז — slaughterer

שׁוּחַף (יְשׁוּחַף) פ — be consumptive

שׂוֹחֵק ת — laughing, merry

שׁוּחַק (יְשׁוּחַק) פ — be worn away

שׁוֹחֵר ז — friend, supporter; seeker

שׁוּחְרַר (יְשׁוּחְרַר) פ — be set free; be released

שׁוֹט ז — whip

שׁוֹטֶה ת — stupid, silly

שׁוּטָּה (יְשׁוּטֶּה) פ — be mocked, be jeered at

שׁוּטַּח (יְשׁוּטַּח) פ — be flattened

שׁוֹטֵט (יְשׁוֹטֵט) פ — rove; loiter

שׁוֹטְטוּת נ — loitering, vagrancy

שׁוּטִית נ — skiff

שׁוֹטֵף ת — continuous, running; current; swiftly running

שׁוֹטֵר ז — policeman, constable

שׁוֹטֵר־חֶרֶשׁ — detective

שׁוֹטֵר מַקּוֹפִי — policeman on the beat

שׁוֹטֵר תְּנוּעָה — traffic policeman

שׁוּיַּךְ (יְשׁוּיַּךְ) פ — be ascribed, be attributed

שׁוּיַּף (יְשׁוּיַּף) פ — be filed

שׂוֹךְ ז — booth; bough

שׂוֹךְ פ, ר׳ שָׂךְ

שׂוֹכָה נ — bough, branch

שׁוּכַּח (יְשׁוּכַּח) פ — be forgotten

שׁוּכַּךְ (יְשׁוּכַּךְ) פ — be calmed, be appeased

שׂוּכַּל (יְשׂוּכַּל) פ — be crossed (arms or legs)

שׁוּכַּל (יְשׁוּכַּל) פ — be left childless

שׁוּכְלַל (יְשׁוּכְלַל) פ — be perfected, be improved

שׁוּכַּן (יְשׁוּכַּן) פ — be housed, be provided with housing

שׁוּכְנַע (יְשׁוּכְנַע) פ — be convinced

שׁוּכְפַּל (יְשׁוּכְפַּל) פ — be duplicated

שׂוֹכֵר ז — hirer, lessee

שׁוּל ז — edge, margin

שׁוֹלֶב ז — interlock

שׁוּלַּב (יְשׁוּלַּב) פ — be interwoven, be interlocked

שׁוּלְהַב (יְשׁוּלְהַב) פ — be set alight, be inflamed

שׁוּלַּח (יְשׁוּלַּח) פ — be sent away

שׁוּלְחָן ז — table; desk

שׁוּלְחָנִי ז — money-changer, banker

שׁוּלְחָנִית נ — plane-table

שׁוּלְחָן עָגוֹל — round table

שׁוּלְחָן עָרוּךְ — table laid for a meal; Shulhan Arukh – code of Jewish religious laws

שׁוּלַּט (יְשׁוּלַּט) פ — be signposted

שׁוּלְטָאן ז — Sultan

שׁוּלְטָנִי ת — domineering

שׁוּלְיָה, שְׁוּלִיָּה נ — apprentice

שׁוּלַיִים ז״ז — edge, brim (of hat); margins (of a book)

שׁוֹלֵל ז one who says no, opponent
שׁוֹלָל ת stripped, deprived, bereft
שׁוֹלַל (יְשׁוֹלַל) פ be devoid of, be deprived of
שׁוֹלַל (יְשׁוֹלַל) פ be deprived of, be devoid of
שׁוֹלְלוּת נ negation, opposition
שׁוּלַם (יְשׁוּלַם) פ be paid
שׁוּלַשׁ (יְשׁוּלַשׁ) פ be tripled, be trebled
שׁוּלְשַׁל (יְשׁוּלְשַׁל) פ be dropped in, be posted
שׁוּם ז garlic; something, anything
שׁוּם דָּבָר nothing
שׁוּמָה נ assessment, valuation
שׁוּמָה ת incumbent
שׁוֹמֵם ת waste, desolate
שׁוֹמֶן ז fatness
שׁוּמָן ז fat
שׁוּמַּן (יְשׁוּמַּן) פ be oiled
שׁוֹמֵר ז guard, watchman, keeper
שׁוּמַּר (יְשׁוּמַּר) פ be preserved
שׁוּמָר ז fennel
שׁוֹמֵרָה נ watchman's booth (in a vineyard)
שׁוֹמְרוֹנִי ת Samaritan
שׁוֹמֵר־טַף baby-sitter
שׁוֹמֵר יִשְׂרָאֵל Watch of Israel (i.e. God)
שׁוֹמֵר נַפְשׁוֹ cautious, careful
שׁוּמַּשׁ (יְשׁוּמַּשׁ) פ be used, be second-hand
שׁוּמְשׁוּם, שׁוּמְשׁוּם ז sesame
שׂוֹנֵא ז enemy, foe
שׁוֹנֶה ת different

שׁוּנָּה (יְשׁוּנֶּה) פ be changed, be altered
שׁוֹנוּת נ variation, variability
שׁוֹנִי ז variance, variety; difference
שׁוּנִית נ reef; cliff
שׁוּנַּן (יְשׁוּנַּן) פ be learnt by heart; be sharpened
שׁוּנְרָה נ wild cat
שׁוּנַּת (יְשׁוּנַּת) פ be notched, be graduated
שׁוּסָּה (יְשׁוּסֶּה) פ be set on (dog); be provoked
שׁוּסַּע (יְשׁוּסַּע) פ be split; be interrupted (speech)
שׁוּסַּף (יְשׁוּסַּף) פ be split, be hewn apart
שׁוֹעַ ז magnate; noble
שׁוּעְבַּד (יְשׁוּעְבַּד) פ be enslaved; be subjected; be mortgaged
שׁוּעָל ז fox
שׁוֹעַל ז handful
שׁוּעֲמַם (יְשׁוּעֲמַם) פ be bored
שׁוֹעֵר ז gatekeeper, doorkeeper; goalkeeper
שׁוּעַר (יְשׁוּעַר) פ be estimated, be reckoned; be supposed
שׁוּעֲשַׁע (יְשׁוּעֲשַׁע) פ be amused, be diverted
שׁוּעְתַּק (יְשׁוּעְתַּק) פ be reproduced
שׁוּף ת smooth, polished
שׁוּפָּה (יְשׁוּפֶּה) פ be smoothed
שׁוֹפֵט ז judge; referee
שׁוֹפֵט שָׁלוֹם magistrate
שׁוּפִי ז ease, comfort
שׁוֹפִין ז file

שׁוּפַּךְ (יְשׁוּפַּךְ) פ	be spilt; be poured out
שׁוֹפְכָה, שָׁפְכָה נ	penis
שׁוֹפְכִים, שׁוֹפָכִין, שֳׁפָכִין ז״ר	dirty water; sewage
שׁוֹפְכֵי תַּעֲשִׂיָּה	industrial waste
שׁוֹפֵעַ ת	flowing, streaming
שׁוּפַּע (יְשׁוּפַּע) פ	abound in, be rich in
שׁוֹפַע ז	(of ship) trim
שׁוּפַּץ (יְשׁוּפַּץ) פ	be renovated, be restored
שׁוֹפָר ז	shofar (ram's horn); mouthpiece
שׁוּפַּר (יְשׁוּפַּר) פ	be improved
שׁוּפְרָא ז	beauty
שׁוּפְרָא דְשׁוּפְרָא	the best quality, the best, first class
שׁוּפְרַט (יְשׁוּפְרַט) פ	be elaborated
שׁוּפֶרְסַל ז	supermarket
שׁוּפְשַׁף (יְשׁוּפְשַׁף) פ	be rubbed; be burnished
שׁוֹק נ	leg (below the knee), (geometry) side
שׁוּק ז	market, market-place
שׁוּק חוֹפְשִׁי	free market
שׁוּקִי ת	vulgar
שׁוֹקִית נ	leg (of a high boot)
שׁוּקַם (יְשׁוּקַם) פ	be rehabilitated
שׁוֹקַע ז	(of ship) draft, draught
שׁוּקַע (יְשׁוּקַע) פ	be submerged (in water), be sunk in
שׁוּקַץ (יְשׁוּקַץ) פ	be loathsome, be detestable
שׁוֹקֵק ת	craving, longing; bustling
שׁוֹקֶת נ	drinking-trough
שׁוּר ז	high wall
שׁוּר פ, ר׳ שָׁר	
שׁוֹר ז	ox
שׁוּרְבַּב (יְשׁוּרְבַּב) פ	be extended, hang down; be interpolated
שׁוּרָה נ	row, rank, line; series
שׁוֹר הַבָּר	bison, buffalo
שׁוּרוֹן ז	lined paper
שׁוּרְטַט ר׳ סוּרְטַט	
שׁוּרְיַין (יְשׁוּרְיַין) פ	be armor-plated; be earmarked
שׁוֹרֵר (יְשׁוֹרֵר) פ	sing; write poetry
שׁוֹרֶר ז	navel, umbilicus
שׁוֹרֶשׁ ז	root
שׁוֹרַשׁ (יְשׁוֹרַשׁ) פ	be uprooted; be eradicated
שׁוֹרְשׁוֹן ז	rootlet, small root
שׁוֹרְשִׁי ת	radical; deep-rooted, fundamental
שׁוֹרְשִׁיוּת נ	deep-rootedness, fundamentality
שׁוֹרֶשׁ שְׁלָשִׁי	triliteral root
שׁוּשׁ פ, ר׳ שָׂשׂ	
שׁוֹשְׁבִין, שׁוּשְׁבִּין ז	best man
שׁוֹשְׁבִינוּת נ	status of best man
שׁוּשָּׁה (יְשׁוּשֶּׁה) פ	be divided into six; be multiplied by six
שׁוֹשֶׁלֶת נ	genealogy; dynasty
שׁוֹשָׁן ז	lily; rosette (architecture)
שׁוֹשַׁנָּה נ	lily; (colloquial) rose; erysipelas (medical)
שׁוֹשֶׁנֶת נ	rosette
שׁוֹשַׁנַּת הָרוּחוֹת	compass card
שׁוֹשַׁנַּת־יָם	sea anemone

שׁוּתָּף ג partner
שׁוּתַּף (יְשׁוּתַּף) פ be made a partner, be allowed to participate
שׁוּתָּפוּת ג partnership
שׁוּתַּק (יְשׁוּתַּק) פ be silenced; be paralysed
שָׁזוּף ת tanned, sun-tanned
שָׁזוּר ת twisted, twined; interwoven
שְׁזִיף ז plum
שְׁזִירָה ג twisting, twining; interweaving
שָׁזַר (יִשְׁזוֹר) פ twist, twine; interweave
שַׁזָּר ז rope-maker
שִׁזְרָה ג spine
שַׁח ת bowed; cast down (eyes)
שַׁח ז chess (the game); check (the move); shah (of Persia)
שָׂח (יָשִׂיחַ) פ talk, speak
שָׁח (יָשׁוּחַ) פ walk, stroll
שָׂחָה (יִשְׂחֶה) פ swim
שָׁחָה (יִשְׁחֶה) פ bow down, stoop
שָׁחוּז ת sharpened
שְׁחוֹחַ תה״פ stooped, with head bent
שָׁחוּחַ ת stooping, bent
שָׁחוּט ת slaughtered; beaten flat (metal)
שָׁחוּל ת threaded (needle)
שְׁחוֹלֶת ג filings (of metal), shavings
שָׁחוֹם, שָׁחוּם ת swarthy, dark brown
שָׁחוּן ת very hot
שָׁחוּף ת consumptive, tubercular
שְׁחוֹק ז laughter, jest
שָׁחוּק ת powdered; threadbare, worn
שָׁחוֹר ת black
שְׁחוֹר ז blackness
שְׁחוֹר מִשְׁחוֹר jet black
שִׁחזוּר ז reconstruction
שִׁחזֵר (יְשַׁחזֵר) פ reconstruct
שָׁחַח (יָשׁוֹחַ) פ be bowed; bow one's head
שָׁחַט (יִשְׁחַט) פ slaughter, massacre
שְׁחִי, שֶׁחִי ז arm-pit
שְׁחִיטָה ג slaughter; massacre
שְׂחִיָּה ג swimming
שַׂחְיָן ז swimmer
שַׂחְיָנוּת swimming (sport)
שָׁחִיל ת threadable
שְׁחִין ז boils (disease)
שָׁחִיס, סָחִישׁ ז aftergrowth
שְׁחִיף, שְׁחִיף־עֵץ ז lath, thin board
שָׁחִיק ת powdered, ground
שְׁחִיקָה ג powdering, grinding
שְׁחִיתוּת ג corruption, demoralization
שַׁחַל ז lion
שַׁחֲלָה ג ovary
שִׁחלוּף ז rearrangement
שַׁחֲלַיִם ז״ז cress
שִׁחלֵף (יְשַׁחלֵף) פ rearrange
שַׁחַם ז granite
שְׁחַמְחַם ת brownish, darkish
שַׁחְמָט ז chess
שַׁחְמְטַאי ז chess-player
שַׁחְמָטִי ת chess (used attributively)
שַׁחַף ז seagull
שַׁחֲפָן ז consumptive
שַׁחֲפָנִי ת consumptive
שַׁחֶפֶת ג consumption

שַׁחַץ ז	pride
שַׁחֲצָן ת	arrogant person
שִׁחְצֵן (יְשַׁחְצֵן) פ	bluster, brag
שַׁחֲצָנוּת נ	arrogance
שַׁחֲצָנִי ת	arrogant, vain
שָׂחַק (יִשְׂחַק) פ	laugh, smile; jeer
שַׁחַק ז	powder
שָׁחַק (יִשְׁחַק) פ	powder, grind to powder
שְׁחָקִים ז״ר	sky
שַׂחֲקָן ז	actor; player
שַׂחֲקָנוּת נ	acting
שַׁחַר ז	dawn, daybreak; meaning, sense
שָׁחַר (יִשְׁחַר) פ	take an interest in
שַׁחֲרוֹן ז	jet (mineral)
שִׁחְרוּר ז	release, discharge; liberation
שַׁחֲרוּר ז	blackbird
שַׁחֲרוּרִית נ	blackness
שַׁחֲרוּת נ	youth, boyhood; blackness
שְׁחַרְחוֹר, שְׁחַרְחַר ת	blackish, brunette; swarthy
שַׁחֲרִית נ	early morning; matinee; morning prayer
שִׁחְרֵר (יְשַׁחְרֵר) פ	set free, liberate; release
שַׁחַת נ	pit; grave, Sheol
שַׁחַת ז	hay, fodder
שָׁט (יָשׁוּט) פ	roam, wander; sail
שָׂטָה (יִשְׂטֶה) פ	turn aside, turn away
שָׁטוּחַ ת	flat, outspread
שְׁטוּיוֹת!	nonsense! rot!
שָׁטוּף ת	flooded, washed
שָׁטוּף בִּשְׁתִיָּה	drunkard
שְׁטוּת נ	nonsense, foolishness
שְׁטוּתִי ת	nonsensical
שָׁטַח (יִשְׁטַח) פ	spread out
שֶׁטַח ז	surface; area; domain, sphere
שִׁטְחִי ת	superficial
שִׁטְחִיּוּת נ	superficiality
שָׁטְיָא ת	fool
שַׁטְיָה נ	silly girl
שָׁטִיחַ ז	carpet, rug
שְׁטִיחוֹן ז	small carpet
שְׁטִיפָה נ	washing; flooding, washing away
שְׁטִיפוּת נ	engrossment, absorption
שָׂטַם (יִשְׂטוֹם) פ	hate
שָׂטָן ז	Satan, the Devil
שִׂטְנָה נ	denunciation, accusation
שְׂטָנִי ת	Satanic, diabolical
שָׁטַף (יִשְׁטוֹף) פ	wash, rinse; wash away; flood, (fig.) be carried away by
שֶׁטֶף ז	flow, flood; fluency
שֶׁטֶף דָּם	haemorrhage
שְׁטָר ז	bill, promissory note
שְׁטָר־כֶּסֶף	banknote
שְׁטָר־מְכִירָה	bill of sale
שְׁטָר־עֵרֶךְ	security, bond
שַׁי ז	gift
שַׁ״י ש״מ	310
שִׂיא ז	peak; record
שִׁיבֵּב (יְשַׁבֵּב) פ	chip, whittle
שֵׂיבָה נ	grey hair; old age
שִׁיבָה נ	return
שִׁיבּוּב ז	whittling, chipping

שִׁבּוֹלִית נ — ear (of corn)

שִׁבֹּלֶת נ — ear (of corn), torrent, rapids

שִׁבֹּלֶת שׁוּעָל — oats

שִׁבּוּץ ז — setting; grading; interweaving

שִׁבּוּשׁ ז — blunder, distortion; confusion, muddle

שִׁבּוּשֵׁי לָשׁוֹן — solecisms, mistakes

שִׁבֵּחַ (יְשַׁבֵּחַ) פ — praise, extol

שִׁבֵּעַ (יְשַׁבֵּעַ) פ — repeat seven times; multiply by seven

שִׁבֵּץ (יְשַׁבֵּץ) פ — mark out in squares, chequer; set; grade; assign a position to; interweave

שִׁבֵּר (יְשַׁבֵּר) פ — shatter

שִׂבֵּר (יְשַׂבֵּר) פ — hope, expect

שִׁבָּרוֹן ז — destruction, crushing

שִׁבְרוֹן לֵב — a broken heart

שִׁבֵּשׁ (יְשַׁבֵּשׁ) פ — throw into disorder, render; garble, corrupt, introduce errors

שִׁיבַת צִיּוֹן — Return to Zion

שִׂיג ז — affair, business

שִׂגֵּב (יְשַׂגֵּב) פ — exalt (God), raise up (man)

שִׂגּוּב ז — exaltation, exalting

שִׁגּוּר ז — sending, despatch, launching (satellite)

שִׁגּוּשׁ ז — disturbance

שִׁגָּיוֹן ז — idée fixe, whim

שִׁגֵּם (יְשַׁגֵּם) פ — mortise (wood), join

שִׁגֵּעַ (יְשַׁגֵּעַ) פ — drive mad, madden

שִׁגָּעוֹן ז — madness, mania

שִׁגְעוֹן גַּדְלוּת — megalomania

שִׁגֵּר (יְשַׁגֵּר) פ — send, despatch

שִׁגָּרוֹן ז — arthritis, rheumatism

שִׁגֵּשׁ (יְשַׁגֵּשׁ) פ — muddle, confuse

שִׂדֵּד (יְשַׂדֵּד) פ — harrow

שִׁדָּה נ — chest of drawers

שִׁדּוּד ז — despoiling, ravaging

שִׂדּוּד ז — harrowing (field)

שִׁדּוּד מַעֲרָכוֹת — a thorough change

שִׁדּוּךְ ז — marriage negotiations; proposed match

שִׁדּוּל ז — persuasion; lobbying

שִׁדּוּף ז — blighting

שִׁדּוּר ז — broadcast, broadcasting

שִׁדֵּךְ (יְשַׁדֵּךְ) פ — negotiate a marriage, bring together

שִׁדֵּל (יְשַׁדֵּל) פ — coax, persuade

שִׁדֵּף (יְשַׁדֵּף) פ — blight

שִׁדָּפוֹן ז — blight

שִׁדֵּר (יְשַׁדֵּר) פ — broadcast

שֶׂה נ — ewe-lamb

שִׁהוּי ז — delay, hold-up

שִׁהוּק ז — hiccough

שִׁהֵק (יְשַׁהֵק) פ — hiccough

שִׁוָּה (יְשַׁוֶּה) פ — compare

שִׁוּוּי ז — equalizing, making even

שִׁוּוּי זְכוּיוֹת — equal rights

שִׁוּוּי מִשְׁקָל — equilibrium

שִׁוַּע (יְשַׁוַּע) פ — cry for help

שִׁוּוּק ז — marketing

שִׁוֵּק (יְשַׁוֵּק) פ — market

שִׁוֵּר (יְשַׁוֵּר) פ — align

שִׁיּוּט ז — rowing

שִׁיּוּךְ ז — ascription, attribution

שִׁיּוּף ז — filing

שִׁיּוּר ז — remainder, remnant

שִׁיוֹרֶת נ remainder, leavings
שִׁיזּוּף ז tanning, sunbathing
שֵׁיזָף ז jujube
שִׁיזֵּף (יְשַׁזֵּף) פ tan, burn
שִׁיזָּפוֹן ז suntan; sunburn
שִׂיחַ ז bush, shrub; speech, talk
שִׁיחֵד (יְשַׁחֵד) פ bribe
שִׂיחָה נ conversation; talk
שִׁיחָה נ pit
שִׂיחָה דְחוּפָה urgent call
שִׁיחוּד ז bribing
שִׁיחוּל ז extrusion
שִׂיחוֹן ז phrase-book, conversation manual
שִׂיחַ וָשִׂיג dealings, contact
שִׁיחוּת ז corruption, marring
שִׂיחֵק (יְשַׂחֵק) פ act (on stage); play (game)
שִׁיחֵק (יְשַׁחֵק) פ grind fine
שִׁיחֵר (יְשַׁחֵר) פ do early; get up early to see
שִׁיחֵת (יְשַׁחֵת) פ corrupt, spoil
שַׁיִט ז sailing; rowing
שִׁיטָה נ method, system; line
שִׁיטָה ז acacia
שִׁיטָה (יְשַׁטֶּה) פ mock, make a fool of
שִׁיטָה עֶשְׂרוֹנִית decimal system
שִׁיטּוּחַ ז flattening, beating flat
שִׁיטּוּט ז roaming, roving
שִׁיטּוּי ז mocking, jeering
שִׁיטּוּר ז police work, policing
שִׁיטֵּחַ (יְשַׁטֵּחַ) פ flatten, beat flat
שִׁיטָּפוֹן ז flood
שִׁיטֵּר (יְשַׁטֵּר) פ police

שִׁיטָתִי ת methodical, systematic
שִׁיטָתִיּוּת נ methodicalness, system
שַׁיָּט ז rower, oarsman
שַׁיֶּטֶת נ fleet, flotilla
שִׁיֵּיךְ (יְשַׁיֵּיךְ) פ ascribe, attribute
שַׁיָּיךְ ת belonging; relevant
שַׁיָּיכוּת נ possession; connection, relevance
שִׁיֵּיף (יְשַׁיֵּיף) פ file
שִׁיֵּיר (יְשַׁיֵּיר) פ leave over
שְׁיָירָה, שַׁיָּירָה נ caravan, convoy
שְׁיָרִים ז״ר remains, leftovers
שִׁיֵּישׁ (יְשַׁיֵּישׁ) פ cover with marble
שֵׁיךְ ז sheikh
שִׁיכּוּךְ ז appeasing, calming
שִׁיכּוּל ז crossing (arms or legs); transposition, metathesis
שִׁיכּוּל ז loss of children, bereavement
שִׁיכּוּן ז housing (act of); housing estate, housing project
שִׁיכּוֹר ז drunk, intoxicated
שִׁיכֵּחַ (יְשַׁכֵּחַ) פ cause to forget; forget
שִׁיכָּחוֹן ז oblivion
שִׁיכֵּךְ (יְשַׁכֵּךְ) פ appease, calm; damp (wireless)
שִׁיכֵּל (יְשַׁכֵּל) פ bereave, slay the children of
שִׁיכֵּל (יְשַׁכֵּל) פ cross (one's arms or legs)
שִׁיכֵּן (יְשַׁכֵּן) פ house, provide with housing
שִׁיכֵּר (יְשַׁכֵּר) פ intoxicate, make drunk

שִׁכָּרוֹן ז drunkenness, intoxication
שִׁלֵּב (יְשַׁלֵּב) פ fold (arms); interweave, fit in
שִׁילוּב ז folding (arms); combining, interweaving
שִׁילוּחַ ז dismissal, sending away; release
שִׁילוּט ז signposting
שִׁילוּם ז payment
שִׁילוּמִים ז״ר reparations
שִׁילוּשׁ ז tripling; group of three, Trinity
שִׁילַּח (יְשַׁלַּח) פ send away; release; divorce (a wife)
שִׁילֵּט (יְשַׁלֵּט) פ signpost
שִׁילֵּם (יְשַׁלֵּם) פ pay
שִׁילֵּם ז payment, requital
שִׁילֵּשׁ (יְשַׁלֵּשׁ) פ triple; divide into three
שִׁילֵּשׁ ז great-grandchild, member of the third generation
שִׂימָה נ putting, placing
שִׁימּוּן ז oiling
שִׁימּוּר ז preserving
שִׁימּוּרִים ז״ר preserves, canned goods
שִׁימּוּשׁ ז use, usage
שִׁימּוּשִׁי ת useful, practical; applied (science)
שִׁימּוּשִׁיּוּת נ usefulness, practicalness
שִׂימַּח (יְשַׂמַּח) פ gladden, rejoice
שִׁימָּמוֹן ז desolation; depression
שִׁימֵּן (יְשַׁמֵּן) פ oil
שִׁימֵּר (יְשַׁמֵּר) פ conserve, preserve, can
שִׁימֵּשׁ (יְשַׁמֵּשׁ) פ minister, officiate; serve as
שִׁימֵּת (יְשַׁמֵּת) פ excommunicate
שִׂימַת לֵב attention, heed
שִׁינָּה (יְשַׁנֶּה) פ change, alter
שִׁינּוּי ז change, alteration
שִׁינּוּן ז memorizing (by repetition); inculcation; sharpening
שִׁינּוּס ז girding (one's loins)
שִׁינּוּעַ ז transshipment
שִׁינּוּץ ז rib-lacing
שִׁינּוּק ז throttling, choking (engine)
שִׁינּוּת ז division, graduation
שִׁינֵּן (יְשַׁנֵּן) פ memorize (by repetition), learn by heart; sharpen
שִׁינָּן ז dental mechanic; dandelion
שִׁינֵּס (יְשַׁנֵּס) פ gird
שִׁינֵּק (יְשַׁנֵּק) פ choke (engine), throttle
שִׁינֵּת (יְשַׁנֵּת) פ notch, graduate (instrument)
שִׁיסָּה (יְשַׁסֶּה) פ set on (dog); incite
שִׁיסּוּי ז incitement, provocation
שִׁיסּוּעַ ז splitting; interruption (of speech)
שִׁיסּוּף ז splitting, hewing in pieces
שִׁיסַּע (יְשַׁסַּע) פ split; interrupt (speech)
שִׁיסָּעוֹן ז schizophrenia
שִׁיסֵּף (יְשַׁסֵּף) פ split, hew in pieces
שִׁיעוּל ז cough
שִׁיעוּם ז covering with cork
שִׁיעוּר ז measure, quantity; rate; estimate, approximation; lesson

שִׁיעוּרֵי בַּיִת — homework
שִׁיעוּר קוֹמָה — stature
שִׁיעֵר (יְשַׁעֵר) פ — estimate, reckon
שִׁיפָה נ — rubbing, filing
שִׁיפָּה (יְשַׁפֶּה) פ — plane, smooth
שִׁיפּוּט ז — jurisdiction, authority; judgment
שִׁיפּוּי ז — shavings, splinters; slope, slant
שִׁיפּוּלַיִים ז״ז, שִׁיפּוּלֵי אוֹנִיָּה — bilge
שִׁיפּוּלִים ז״ר — lower part, bottom; train (of a dress)
שִׁיפּוֹן ז — rye
שִׁיפּוּעַ ז — slope, slant
שִׁיפּוּץ ז — renovation, overhaul
שִׁיפּוּר ז — improvement
שִׁיפַּח (יְשַׁפֵּחַ) פ — afflict with skin disease
שִׁיפַּע (יְשַׁפֵּעַ) פ — make slanting, make sloping
שִׁיפֵּץ (יְשַׁפֵּץ) פ — renovate, restore
שִׁיפֵּר (יְשַׁפֵּר) פ — improve
שִׁיקּוּי ז — drink, beverage
שִׁיקּוּל ז — weighing, consideration
שִׁיקּוּל דַּעַת — consideration, discretion
שִׁיקּוּם ז — rehabilitation
שִׁיקּוּף ז — making transparent; X-ray photograph
שִׁיקּוּץ ז — abomination, idol
שִׁיקֵּם (יְשַׁקֵּם) פ — rehabilitate
שִׁיקַּע (יְשַׁקַּע) פ — sink in, immerse
שִׁיקֵּף (יְשַׁקֵּף) פ — make transparent; reflect
שִׁיקֵּץ (יְשַׁקֵּץ) פ — detest, abominate
שִׁיקֵּר (יְשַׁקֵּר) פ — lie
שִׁיר ז — song; poem
שִׁירָאִים ז״ר — fine silk
שֵׁירַג (יְשָׁרֵג) פ — interweave, intertwine
שִׁירָה נ — poetry; singing
שִׁיר הַשִּׁירִים — Song of Songs, Canticles
שִׁירוֹן ז — songbook
שֵׁירוּעַ ז — spread, extent
שֵׁירוּשׁ ז — uprooting; eradication
שֵׁירוּת ז — service; (colloquial) Israel taxi services
שִׁיר זָהָב — sonnet
שִׁירִי ת — lyrical, poetic
שֵׁירַךְ (יְשָׁרֵךְ) פ — twist, wind; go astray
שִׁיר לֶכֶת — march, marching song
שִׁיר עַם — folksong
שִׁיר עֶרֶשׂ — lullaby
שֵׁירַשׁ (יְשָׁרֵשׁ) פ — uproot; eradicate
שֵׁירֵת (יְשָׁרֵת) פ — serve, minister
שַׁיִשׁ ז — marble
שִׁישָּׁה ש״מ — six (masc.)
שִׁישָּׁה (יְשַׁשֶּׁה) פ — divide into six parts; multiply by six
שִׁישָּׁה־עָשָׂר ש״מ — sixteen (masc.)
שִׁישִּׁי ת — sixth
שֵׁישִׁי ת — made of marble
שִׁישִּׁים ש״מ — sixty
שִׁישִּׁית נ — sixth
שַׁיִת ז — thorn-bush
שִׁיתּוּךְ ז — corrosion, rusting
שִׁיתּוּף ז — partnership; participation
שִׁיתּוּפִי ת — co-operative
שִׁיתּוּף פְּעוּלָּה — co-operation

שִׁיתּוּק ז paralysis
שִׁיתּוּק יְלָדִים infantile paralysis
שִׁישִׁיָּה נ sextet
שִׁיתֵּךְ (יְשַׁתֵּךְ) פ rust, corrode
שִׁיתֵּף (יְשַׁתֵּף) פ enable to participate
שִׁיתֵּק (יְשַׁתֵּק) פ silence; paralyse; soothe
שֵׂךְ ז thorn, prickle
שָׂךְ (יָשׂוּךְ) פ hedge with thorns
שָׁכַב (יִשְׁכַּב) פ lie down, lie; lie (with), sleep (with)
שֶׁכֶב ז lower millstone
שְׁכָבָה, שִׁכְבָה נ layer, stratum
שָׁכוּב ת lying down
שֶׂכְוִי ז cock
שָׁכוּחַ ת forgotten
שְׁכוֹל ז bereavement
שַׁכּוּל ת bereaved (of children)
שְׁכוּנָה נ district (in a town), neighbourhood
שָׂכוּר ת rented, hired, leased
שָׁכַח (יִשְׁכַּח) פ forget
שִׁכְחָה נ forgetfulness
שַׁכְחָן ז forgetful person
שַׁכְחָנוּת forgetfulness
שְׁכִיבָה נ lying, lying down
שְׁכִיב־מְרַע ז dangerously ill person
שָׁכִיחַ ת common, widespread
שְׁכִיחוּת נ commonness, frequency
שְׂכִיָּה נ appearance
שַׂכִּין ר׳ סַכִּין
שְׁכִינָה נ God, the Divine Presence
שָׂכִיר ז hired laborer, wage earner
שְׂכִירָה נ leasing, renting, hiring
שְׂכִירוּת נ rent

שָׁכַךְ (יָשׁוֹךְ) פ calm down
שַׁכָּךְ ז damper (elec.)
שֵׂכֶל, שֶׂכֶל ז intelligence, intellect; wit, understanding, wisdom
שָׁכַל, שָׁכוֹל (יִשְׁכַּל) פ lose (one's children)
שִׁכְלוּל ז improvement; perfecting
שִׂכְלִי ת rational, intellectual
שִׂכְלִיּוּת נ intelligence
שֵׂכֶל יָשָׁר common sense
שִׁכְלֵל (יְשַׁכְלֵל) פ improve, perfect
שִׂכְלֵן (יְשַׂכְלֵן) פ rationalize
שִׂכְלְתָנוּת נ rationalism
שִׂכְלְתָנִי ת rationalistic
שֶׁכֶם, שְׁכֶם ז shoulder
שְׁכֶם אֶחָד together, shoulder to shoulder
שִׁכְמָה נ shoulder blade
שִׁכְמִיָּה נ cape, cloak
שָׁכַן (יִשְׁכּוֹן) פ dwell, live
שָׁכֵן ז neighbor
שִׁכְנוּעַ ז convincing
שְׁכֵנוּת נ neighborhood, vicinity
שִׁכְנֵעַ (יְשַׁכְנֵעַ) פ convince
שִׁכְפּוּל ז duplication
שִׁכְפֵּל (יְשַׁכְפֵּל) פ duplicate
שַׁכְפֵּלָה נ duplicating machine
שָׂכַר (יִשְׂכּוֹר) פ rent, hire
שָׂכָר ז wages, remuneration; fee
שֶׂכֶר ז charter
שֵׁכָר, שֵׁיכָר ז beer
שִׁכְרוּת נ drunkenness
שְׂכַר־סוֹפְרִים author's royalties
שִׁכְשׁוּךְ ז paddling
שִׁכְשֵׁךְ (יְשַׁכְשֵׁךְ) פ paddle

שֶׁל מ״י (שֶׁלִּי, שֶׁלְּךָ, שֶׁלָּךְ וכו׳) of, belonging to; made of

שַׁלְאֲנָן ת tranquil, serene

שָׁלָב ז stage; rung

שִׁלְבֵּק (יְשַׁלְבֵּק) פ raise blisters

שֶׁלֶג ז snow

שִׁלְגּוֹן ז avalanche, snowslip

שַׁלְגּוֹן ז ice-cream (brick)

שִׁלְגִּיָּה נ Snow-white

שֶׁלֶד ז skeleton; framework

שַׁלְדָּג ז kingfisher

שָׁלָה (יִשְׁלֶה) פ be tranquil, be serene; draw out, fish out

שַׁלְהָב ז meteor

שִׁלְהֵב (יְשַׁלְהֵב) פ set alight

שַׁלְהָבִית נ Jerusalem sage (plant)

שַׁלְהֶבֶת נ flame

שִׁלְהֵי ז״ר end of

שִׁלְהֵי הַקַּיִץ end of summer

שְׂלָו, שְׂלָיו ז quail

שָׁלַו (יִשְׁלַו) פ be still, be tranquil

שָׁלֵו, שָׁלֵיו ת tranquil, serene

שָׁלוּב ת interlaced, interlinked

שְׁלוּבֵי זְרוֹעַ arm in arm

שְׁלוּבִית נ pretzel

שְׁלוּגִית נ slush

שַׁלְוָה נ tranquillity, serenity

שָׁלוּחַ ת, ז sent; stretched out; sent on an errand; agent, emissary

שְׁלוּחָה נ offshoot, branch-line, extension, branch

שְׁלוּלִית נ puddle

שָׁלוֹם ז peace; well-being, welfare; greeting formula, shalom!

שְׁלוֹם־בַּיִת domestic bliss

שְׁלוּמִיאֵל ת shlemiel, duffer

שְׁלוּמֵי אֱמוּנֵי יִשְׂרָאֵל Orthodox Jews

שָׁלוּף ת drawn (sword)

שָׁלוּק ת cooked in boiling water

שָׁלוֹשׁ ש״מ three (fem.)

שְׁלוֹשָׁה ש״מ three (masc.)

שְׁלוֹשָׁה־עָשָׂר thirteen (masc.)

שְׁלוֹשִׁים ש״מ thirty

שְׁלוֹשׁ־עֶשְׂרֵה thirteen (fem.)

שָׁלַח (יִשְׁלַח) פ send; stretch out, extend; send away, dismiss

שֶׁלַח ז spear

שַׁלְחוּפָה נ tortoise

שָׁלַט (יִשְׁלוֹט) פ rule, control; master

שֶׁלֶט ז signboard, sign; shield

שִׁלְטוֹן ז rule, dominion

שִׁלְטוֹנוֹת ז״ר authorities

שְׁלִיבָה נ interlinking, linkage

שִׁלְיָה נ placenta

שָׁלִיחַ ז emissary, envoy, agent; messenger

שְׁלִיחוּת נ errand, mission

שְׁלִיחַ צִיבּוּר cantor

שַׁלִּיט ז ruler, governor

שַׁלִּיט בְּרוּחוֹ self-possessed

שְׁלִיטָה נ command, control

שָׁלִיל ז embryo

שְׁלִילָה נ rejection, negation; deprivation

שְׁלִילִי ת negative

שְׁלִילִיּוּת נ negativeness, negative quality

שְׁלִימַזָּל ת unlucky person

שָׁלִיף ז saddle-bag

שָׁלִיף ת extractable, capable of being drawn
שְׁלִיפָה נ drawing, extracting
שָׁלִישׁ ז adjutant (army), officer
שְׁלִישׁ ז third
שְׁלִישׁוֹן ז triplet (music)
שְׁלִישׁוֹנִי ת tertiary (geology)
שָׁלִישׁוּת נ adjutancy (army)
שְׁלִישִׁי ת third
שְׁלִישִׁיָּה נ trio; triplets
שָׁלָךְ ז fish-owl
שַׁלֶּכֶת נ shedding of leaves (of trees)
שָׁלַל (יִשְׁלוֹל) פ deny, reject, deprive
שָׁלָל ז plunder, booty
שְׁלִילִית נ negative (photography)
שְׁלַל צְבָעִים a blaze of color
שָׁלַם (יִשְׁלַם) פ reach completion, be completed; be safe
שָׁלֵם ת whole, entire; unharmed, full, perfect
שַׁלָּם ז paymaster, pay clerk
שְׁלָמָא ז peace
שַׂלְמָה נ robe, gown
שַׁלְמוֹן ז, שַׁלְמוֹנִים ז״ר bribe, illegal payment
שְׁלֵמוּת נ perfection; wholeness
שְׁלָמִים ז״ר peace-offering
שָׁלַף (יִשְׁלוֹף) פ draw (sword), extract
שֶׁלֶף ז, שְׂדֵה שֶׁלֶף stubble, stubble-field
שַׁלְפּוּחִית נ bladder; bubble
שָׁלַק (יִשְׁלוֹק) פ cook in boiling water

שְׁלָשָׁה נ group of three
שִׁלְשׁוּל ז earthworm; letting down; diarrhea
שִׁלְשׁוֹם תה״פ the day before yesterday
שְׁלָשִׁי ת triliteral
שִׁלְשֵׁל (יְשַׁלְשֵׁל) פ lower, let down; suffer from diarrhea
שַׁלְשֶׁלֶת נ chain; succession
שַׁלְשַׁלְתִּי ת chain-like
שֵׁם ז name; substantive
שָׁם תה״פ there; (in citation) ibid.
שָׁם (יָשׁוּם) פ assess, value
שָׂם (יָשִׂים) פ put, place
שֶׁמָּא תה״פ perhaps; lest
שַׁמָּאוּת נ assessing, assessment
שַׁמַּאי ז assessor, appraiser
שְׂמֹאל ז left; left hand; the Left (in politics)
שְׂמָאלִי ת left; of the Left (in politics), radical; left-handed
שְׂמֹאלָנוּת נ leftism
שְׂמֹאלָנִי ת leftist
שֵׁם בָּדוּי pseudonym
שְׁמָד ז religious persecution, forced conversion
שַׁמָּה נ devastation
שָׁמָּה תה״פ there; thither
שֵׁם הַגּוּף pronoun
שֵׁם הַפּוֹעַל ת infinitive
שֵׁמוֹן ז list of names
שְׁמוֹנֶה ש״מ eight (fem.)
שְׁמוֹנָה ש״מ eight (masc.)
שְׁמוֹנָה־עָשָׂר eighteen (masc.)
שְׁמוֹנֶה־עֶשְׂרֵה eighteen (fem.)

eighty — שְׁמוֹנִים ש״מ
rumor, hearsay — שְׁמוּעָה נ
preserved, guarded — שָׁמוּר ת
eyelash; trigger guard (on a gun) — שְׁמוּרָה נ
nature reserve — שְׁמוּרַת טֶבַע
rejoice, be glad — שָׂמַח (יִשְׂמַח) פ
glad, joyful — שָׂמֵחַ ת
joy, happiness; festivity, glad occasion — שִׂמְחָה נ
the joy of creation — שִׂמְחַת יְצִירָה
cast down; drop; slip, move out of place — שָׁמַט (יִשְׁמוֹט) פ
a bankrupt — שַׁמְטָן ז
nominal, by name; Semitic — שֵׁמִי ת
demountable, removable — שָׁמִיט ת
leaving, abandoning; Sabbatical year — שְׁמִיטָה נ
blanket — שְׂמִיכָה נ
sky, heavens; Heaven; God — שָׁמַיִם, שָׁמַיִם ז״ר
heavenly, celestial — שְׁמֵימִי (שָׁמַיְמִי) ת
eighth — שְׁמִינִי ת
octave; octet — שְׁמִינִיָּה נ
eighth — שְׁמִינִית ש״מ
a sixty-fourth; a touch — שְׁמִינִית שֶׁבִּשְׁמִינִית
audible — שָׁמִיעַ ת
hearing — שְׁמִיעָה נ
audibility — שְׁמִיעוּת נ
auditory, aural — שְׁמִיעָתִי ת
legendary worm (that cuts stone); thorn, thistle — שָׁמִיר ז
guarding, keeping; guard; observance — שְׁמִירָה נ

thorns and thistles (as a symbol of desolation) — שָׁמִיר וָשַׁיִת
serviceable — שָׁמִישׁ ת
woman's garment, dress — שִׂמְלָה נ
nickname — שֵׁם לְוַאי
skirt — שִׂמְלָנִית נ
be desolate, be deserted — שָׁמֵם (יָשׁוֹם) פ
desolate, deserted — שָׁמֵם ת
waste land, desert — שְׁמָמָה נ
house-lizard — שְׂמָמִית נ
family name — שֵׁם מִשְׁפָּחָה
grow fat — שָׁמַן (יִשְׁמַן) פ
fat; stout; thick — שָׁמֵן ת
oil; olive oil — שֶׁמֶן ז
fatty — שַׁמְנוּנִי ת
fattiness — שַׁמְנוּנִיּוּת נ
oil-bearing, oily — שַׁמְנִי ת
nominal — שֵׁמָנִי ת
fat, plump — שְׁמַנְמַן ת
castor oil — שֶׁמֶן־קִיק
synonym — שֵׁם נִרְדָּף
cream — שַׁמֶּנֶת נ
hear; obey — שָׁמַע (יִשְׁמַע) פ
report, rumor — שֵׁמַע ז
auditory, aural — שִׁמְעִי ת
noun — שֵׁם עֶצֶם
proper noun — שֵׁם עֶצֶם פְּרָטִי
first name — שֵׁם פְּרָטִי
jot, bit — שֶׁמֶץ ז
obloquy, disgrace — שִׁמְצָה נ
guard; observe, keep — שָׁמַר (יִשְׁמוֹר) פ
thermos flask — שְׁמַרְחוֹם ז
baby sitter — שְׁמַרְטַף ז

שְׁמָרִים ז״ר yeast; lees, dregs
שַׁמְרָן ז conservative
שַׁמְרָנוּת נ conservatism
שַׁמְרָנִי ת conservative
שַׁמָּשׁ ז servant, caretaker
שֶׁמֶשׁ זו״נ sun
שִׁמְשָׁה נ pane, window-pane
שִׁמְשׁוֹן ז sun-rose
שִׁמְשִׁיָּה נ parasol, sunshade
שַׁמְתָּה נ excommunication,ostracism
שֵׁם תּוֹאַר adjective
שֵׁן נ tooth, cog, ivory
שָׂנָא (יִשְׂנָא) פ hate
שִׂנְאָה נ hate, hatred
שַׁנַּאי ז transformer
שִׁנְאָן ז angel
שָׁנָה (יִשְׁנֶה) פ repeat; learn; teach
שָׁנָה נ year
שֵׁנָה, שֵׁינָה נ sleep
שֶׁן־הָאֲרִי dandelion
שֶׁנְהָב ז ivory
שַׁנְהֶבֶת נ elephantiasis
שָׁנָה מְעוּבֶּרֶת leap year
שָׂנוּא ת hated, detested
שָׁנוּי ת stated; repeated
שָׁנוּי בְּמַחֲלוֹקֶת controversial
שָׁנוּן ת sharp; trenchant, sharp-witted
שְׁנוּנִית נ cape, promontory
שְׁנוֹרֵר (יְשַׁנוֹרֵר) פ beg
שָׁנִי ז scarlet; scarlet fabric
שֵׁנִי ת second
שֵׁנִי בִּשְׁלִישִׁי relationship between second and third generation, second cousin

שְׁנִיּוֹנִי ת binary; secondary
שְׁנִיּוּת נ duality; duplicity
שְׁנִיָּיה נ second
שְׁנִיָּיה ת second
שְׁנַיִם ש״מ two (masc.)
שְׁנֵים־עָשָׂר twelve (masc.)
שְׁנִינָה נ taunt, gibe
שְׁנִינוּת נ sharp-wittedness, sharpness
שְׁנִיר ז glacier
שֵׁנִית תה״פ a second time, again; secondly
שָׁנִית נ scarlet fever, scarlatina
שֶׁנֶף ז vanilla
שַׁנְפִּית נ vanillin
שְׁנֶץ ז strap, lace (on shoes), cord
שִׁנֵּץ (יְשַׁנֵּץ) פ fasten (with straps), strap, lace
שְׁנָת נ sleep
שְׁנָת נ mark, graduation
שְׁנָתוֹן ז annual, yearbook; age-group
שְׁנָתִי ת annual, yearly
שְׁנָתִית תה״פ throughout the year, by the year
שַׁסַּאי ז instigator
שָׁסוּי ת plundered, despoiled
שָׁסוּעַ ת split, cloven, cleft
שָׁסַע (יִשְׁסַע) פ split, cleave
שֶׁסַע ז split, cleft
שַׁסַּעַת נ schizophrenia
שֶׁסֶק ז loquat
שַׁסְתּוֹם ז valve
שִׁעְבֵּד (יְשַׁעְבֵּד) פ enslave; subjugate
שִׁעְבּוּד ז enslavement; subjection; mortgaging

שָׁעָה (יִשְׁעֶה) פ turn towards; pay heed
שָׁעָה נ hour; time, while
שָׁעָה קַלָּה a short while
שַׁעֲוָה נ wax
שַׁעֲוָנִיָּה נ stencil
שַׁעֲוָנִית נ oilcloth
שָׁעוּן ת leaning
שָׁעוֹן ז clock, watch; meter
שְׁעוֹנִית נ passion-flower
שָׁעוֹן מְעוֹרֵר alarm clock
שְׁעוּעִית נ bean
שְׂעוֹרָה נ barley; sty (in the eye)
שָׁעַט (יִשְׁעַט) פ stamp (feet or hooves)
שְׁעָטָה נ stamping (of feet or hooves)
שַׁעַטְנֵז ז mixture of wool and linen
שְׁעִינָה נ leaning
שָׁעִיעַ ת smooth
שָׂעִיר ת hairy, woolly
שָׂעִיר ז he-goat; satyr
שְׂעִירָה נ she-goat
שְׂעִירוּת נ hairiness, furriness
שָׂעִיר לַעֲזָאזֵל scapegoat
שַׁעַל ז step
שַׁעֲלוּל ז fox cub
שַׁעֶלֶת נ whooping-cough
שַׁעַם ז cork
שִׁעֲמֵד (יְשַׁעֲמֵד) פ baptize, convert
שִׁעֲמוּם ז boredom, tedium
שַׁעֲמוּמִי ת bored
שִׁעֲמֵם (יְשַׁעֲמֵם) פ bore
שַׁעֲמָנִית נ linoleum
שָׁעַן (יִשְׁעַן) פ support, hold up

שָׁעָן ז watchmaker
שָׂעִף ז thought
שֵׂעָר, שֵׂיעָר ז hair
שִׁעֵר (יְשַׁעֵר) פ imagine, think
שַׁעַר ז gate, gateway; goal (sport); title-page; measure, rate
שַׂעֲרָה נ hair
שַׁעֲרוּרָה, שַׁעֲרוּרִיָּה נ scandal
שַׁעֲרוּרָן ז riotous person
שַׂעֲרוֹת-שׁוּלַמִּית maidenhair (fern)
שַׁעַר חֲלִיפִין rate of exchange
שִׁעֲרֵר (יְשַׁעֲרֵר) פ cause a scandal
שַׁעֲשׁוּעַ ז amusement, pleasure
שִׁעֲשַׁע (יְשַׁעֲשַׁע) פ amuse, delight, entertain
שִׁעְתּוּק ז reproducing
שַׁעְתּוּק ז reproduction (picture)
שְׁעַת חֵרוּם emergency
שְׁעַת כּוֹשֶׁר opportune moment
שִׁעְתֵּק (יְשַׁעְתֵּק) פ reproduce, make a reproduction of
שָׁף (יָשׁוּף) פ file, scrape
שָׂפָה נ lip; language, tongue; edge, rim; shore, bank; labium (anatomy)
שָׂפָה בְּרוּרָה clear speech, plain language
שַׁפּוּד ז spit, skewer; (colloquial) knitting needle
שָׁפוּי ת sane
שָׁפוּי בְּדַעְתּוֹ of sound mind, sane
שָׁפוּךְ ת spilt
שְׁפוֹכֶת נ detritus, scree, debris
שָׁפוּן ת, ז hidden, concealed
שָׁפוּף ת bent, stooping

שְׁפוֹפֶרֶת נ	tube
שָׁפוּת ת	placed on the fire
שִׁפְחָה נ	female slave
שָׁפַט (יִשְׁפּוֹט) פ	judge; decide, pass judgment
שְׁפִי ז	bare hill
שֶׁפִי תה״פ	quietly, relaxedly
שָׁפִיד ת	pointed, barbed
שִׁפְיוֹן ז	calm, serenity
שְׁפִיוּת נ	peace, conciliation
שְׁפִיטָה נ	judgment, judging
שְׁפִיָּה נ	tilting, decanting
שְׁפִיכָה נ	spilling, pouring
שְׁפִיכוּת נ	spilling, pouring
שְׁפִיכוּת דָּמִים	murder, bloodshed
שְׁפִילָה נ	drawdown, lowering
שְׁפִיעַ ת	(geology) talus (cone)
שְׁפִיעָה נ	slope, rake
שְׁפִיפָה נ	stooping, bending
שְׁפִיפוֹן ז	horned viper
שָׁפִיר ז	foetal sac
שַׁפִּיר ת	fine, excellent
שַׁפִּירִית נ	dragonfly
שָׁפִית נ	labellum
שְׁפִיתָה נ	placing on the fire
שָׁפַךְ (יִשְׁפּוֹךְ) פ	spill, pour
שֶׁפֶךְ ז	estuary, mouth (of a river)
שָׁפֵל, שָׁפַל (יִשְׁפַּל) פ	become low, subside
שָׁפָל ת	mean, base
שֵׁפֶל ז	low condition; ebb tide; slump
שְׁפֵלָה נ	lowland
שִׁפְלוּת נ	baseness, meanness; humility
שַׁפְלָן ז	terrier
שְׁפַל־רוּחַ	meek, humble
שָׂפָם ז	moustache
שְׂפָמוֹן ז	small moustache
שְׂפַמְנוּן ז	catfish
שָׁפָן ז	coney; (colloquial) rabbit
שְׁפַנִיָּה נ	rabbit-hutch
שְׁפַן־נִיסִיוֹנוֹת	guinea-pig
שָׁפַע (יִשְׁפַּע) פ	abound in, give copiously
שֶׁפַע ז	plenty, abundance
שִׁפְעָה נ	plenty, abundance, profusion
שִׁפְעוּל ז	activation
שִׁפְעֵל (יְשַׁפְעֵל) פ	activate
שַׁפַּעַת נ	influenza, flu
שָׁפַר (יִשְׁפַּר) פ	be fine, be good
שֶׁפֶר ז	fairness, beauty
שִׁפְרוּט ז	elaboration
שִׁפְרֵט (יְשַׁפְרֵט) פ	elaborate
שַׁפְרִיר ז	canopy, pavilion
שִׁפְשׁוּף ז	rubbing, friction; (army slang) putting through the mill
שִׁפְשֵׁף (יְשַׁפְשֵׁף) פ	rub; put through the mill
שַׁפְשֶׁפֶת נ	doormat
שָׁפַת (יִשְׁפּוֹת) פ	place on the fire
שְׂפַת אַרְנֶבֶת	harelip
שְׂפָתוֹן ז	lipstick
שִׂפְתּוּת ז	labialization
שְׂפַת־חֲלָקוֹת	flattery, smooth talk
שְׂפָתַיִם נ״ז	lips
שְׂפַת יֶתֶר	verbosity, loquacity
שִׂפְתָנִי ת	labiate (botany)
שְׂפַת עֵבֶר	Hebrew language

שׁ״ץ ז — cantor (initials of (שְׁלִיחַ צִיבּוּר)
שֶׁצֶף ז — flow
שֶׁצֶף־קֶצֶף — great rage, fury
שַׂק ז — sack
שֶׁק, צֶ׳ק ז — check, cheque
שָׁקַד (יִשְׁקוֹד) פ — be vigilant; be diligent
שָׁקֵד ז — almond; tonsil
שְׁקֵדִי ת — almond-shaped
שְׁקֵדִיָּה נ — almond-tree
שַׁקְדָן ז — diligent person
שַׁקְדָנוּת נ — diligence
שָׁקוּד ת — diligent
שָׁקוּל ת — weighed; equal; balanced
שָׁקוּעַ ת — submerged, steeped; immersed
שָׁקוּף ת — transparent
שְׁקוֹף ז — lintel
שְׁקוּפִית נ — slide (for projection of picture)
שָׁקַט (יִשְׁקוֹט) פ — be still, be quiet
שֶׁקֶט ז — stillness; silence
שָׁקֵט ת — still, quiet
שְׁקִידָה נ — diligence, zeal
שְׁקִיטָן ז — flamingo
שְׁקִיָּה נ — imbibition, absorption
שְׁקִיעָה נ — sinking; immersion; sunset; decline
שְׁקִיעַת דָּם — blood test (of sedimentation)
שְׁקִיעַת הַשֶּׁמֶשׁ — sunset
שְׁקִיף ז — crag, cliff; bayonet catch (on a rifle)
שְׁקִיפוּת נ — transparence

שַׂקִּיק ז — small bag; saccule
שְׂקִיקָה נ — grow
שְׁקִיקוּת נ — lust, craving
שַׂקִּית נ — small bag
שָׁקַל (יִשְׁקוֹל) פ — weigh; consider
שֶׁקֶל ז — shekel
שַׁקְלָא וְטַרְיָא — discussion, negotiation
שִׁקְלֵל (יְשַׁקְלֵל) פ — weigh (statistics)
שֶׁקֶ״ם — Shekem – Army Canteen Organization
שִׁקְמָה נ — sycamore
שֶׁק מְסוּרְטָט — crossed check
שַׁקְנַאי ז — pelican
שָׁקַע (יִשְׁקַע) פ — sink, settle, set (sun); subside; be immersed
שֶׁקַע ז — hollow, depression; socket (elec.), point; fault (geology)
שְׁקַעֲרוּרִי ת — concave
שְׁקַעֲרוּרִית נ — concave surface, concavity
שִׁקְפֵּף (יְשַׁקְפֵּף) פ — render transparent
שֶׁקֶץ ז — unclean animal; loathsome creature
שָׁקַק (יָשׁוֹק) פ — bustle, bustle about; be full of bustle
שָׁקַר (יִשְׁקוֹר) פ — lie
שֶׁקֶר ז — lie, untruth
שֶׁקֶר וְכָזָב! — lies! all lies!
שַׁקְרָן ז — liar
שַׁקְרָנוּת נ — lying, mendacity
שִׁקְשׁוּק ז — rustle, rumble
שִׁקְשַׁק ז — spur-winged plover
שִׁקְשֵׁק (יְשַׁקְשֵׁק) פ — rumble, rustle
שַׂר ז — minister; chief, ruler
שָׁר ז — singer

wrestle, contend	שָׂר (יָשׂוּר) פ
look, see	שָׁר (יָשׁוּר) פ
sing	שָׁר (יָשִׁיר) פ
hot dry weather, khamseen; mirage, fata morgana	שָׁרָב ז
prolong, extend, transpose, interpolate	שִׁרְבֵּב (יְשַׁרְבֵּב) פ
extending, sticking out; transposing, interpolating	שִׁרְבּוּב ז
doodling, aimless scrawling	שִׁרְבּוּט ז
doodle, scribble	שִׁרְבֵּט (יְשַׁרְבֵּט) פ
hot and dry (weather), khamseen	שְׁרָבִי ת
sceptre; baton	שַׁרְבִיט ז
plumber	שְׁרַבְרָב ז
plumbing	שְׁרַבְרָבוּת נ
candle	שְׂרָגָא ז
survive, remain alive	שָׂרַד (יִשְׂרַד) פ
office, service	שְׂרָד ז
stylus	שֶׂרֶד ז
struggle, wrestle	שָׂרָה (יִשְׂרֶה) פ
minister (female)	שָׂרָה נ
soak, steep	שָׁרָה (יִשְׁרֶה) פ
Minister of Finance	שַׂר הָאוֹצָר
sleeve	שַׁרְווּל נ
cuff	שַׁרְווּלִית ז
steeped, soaked; dwelling, resting	שָׁרוּי ת
lace, string	שְׂרוֹךְ ז
outstretched, extended	שָׂרוּעַ ת
burnt; fired; scorched	שָׂרוּף ת
scratch	שָׂרַט (יִשְׂרוֹט) פ
sandbank	שִׂרְטוֹן ז
	שִׂרְטֵט ר׳ סִרְטֵט
scratch, incision	שָׂרֶטֶת נ
permitted, allowed	שָׁרֵי תה״פ
tendril	שָׂרִיג ז
survivor; vestige	שָׂרִיד ז
mail armor; armor-plate; armored force	שִׁרְיוֹן ז
armoring, armor-plating; earmarking	שִׁרְיוּן ז
member of the armored corps	שִׁרְיוֹנַאי ז
armored car	שִׁרְיוֹנִית נ
scratch; scratching; incision	שְׂרִיטָה נ
steeping, soaking; resting, dwelling	שְׁרִיָּה נ
armor-plate, armor; earmark	שִׁרְיֵן (יְשַׁרְיֵן) פ
burnable, combustible	שָׂרִיף ת
carded, combed	שָׂרִיק ת
whistle, whistling	שְׁרִיקָה נ
muscle	שְׁרִיר ז
strong, firm	שָׁרִיר ת
firm and established	שָׁרִיר וְקַיָּם
obduracy, arbitrariness	שְׁרִירוּת, שְׁרִירוּת־לֵב נ
arbitrary	שְׁרִירוּתִי ת
muscular	שְׁרִירִי ת
fern	שָׂרָךְ ז
thought	שַׂרְעַף ז
burn, fire	שָׂרַף (יִשְׂרוֹף) פ
poisonous snake; seraph	שָׂרָף ז
resin (from trees); acrid substance	שְׂרָף ז
fire, conflagration	שְׂרֵפָה, שְׂרֵיפָה נ

שְׂרָפִי ת — resinous
שְׂרַפְרַף ז — low stool, footstool
שָׁרַץ (יִשְׁרוֹץ) פ — swarm, teem; produce abundantly
שֶׁרֶץ ז — small, creeping animals
שַׂר צָבָא — general, military commander
שֶׁרֶץ עוֹף — winged insect
שָׁרַק (יִשְׁרוֹק) פ — whistle
שָׂרָק ז — rouge
שְׁרַקְרַק ז — bee eater
שָׂרַר (יִשְׂרוֹר, יָשׂוֹר) פ — rule; reign, prevail
שְׂרָרָה נ — rule, authority, dominion
שַׁרְשׁוּר ז — tapeworm
שִׁרְשׁוּר ז — belting (gun)
שְׁרַשְׁכַּף ז — tarsometatarsus
שִׁרְשֵׁר (יְשַׁרְשֵׁר) פ — chain together. link together
שַׁרְשֶׁרֶת נ — chain
שָׁרָת ז — public servant doing manual work (as caretaker, messenger, etc.)
שָׁרֵת — service, office (religious)
שַׁרְתּוּעַ ז — strut
שִׁרְתֵּעַ (יְשַׁרְתֵּעַ) פ — strut
שֵׁשׁ ש״מ — six (fem.)
שֵׁשׁ ז — marble
שָׂשׂ (יָשִׂישׂ) פ — rejoice
שָׂשׂוֹן ז — joy
שָׂשׂוֹן וְשִׂמְחָה — joy and gladness
שֵׁשׁ־עֶשְׂרֵה — sixteen (fem.)
שָׁשַׁר ז — vermilion, lacquer
שֵׁת ז — buttocks, posterior
שָׁת ז — foundation, basis

שָׁת (יָשִׁית) פ — set, put
שַׁתָּא נ — year
שְׁתַדְּלָן ז — intercessor
שְׁתַדְּלָנוּת נ — intercession
שְׁתַדְּלָנִי ת — intercessory
שָׁתָה (יִשְׁתֶּה) פ — drink
שָׁתוּי ת — drunk
שָׁתוּל ת — planted
שְׁתוּקִי ת — of unknown parentage
שְׁתִי ז — warp
שְׁתִי וָעֵרֶב — warp and woof, crosswise
שְׁתִיָּה נ — drinking; foundation
שְׁתַּיִם ש״מ — two (fem.)
שַׁתְיָן ז — drunkard, heavy drinker
שְׁתִיל ז — seedling, plant (for transplanting)
שְׁתִילָה נ — planting, transplanting
שְׁתַּיִם — two (fem.)
שְׁתֵּים־עֶשְׂרֵה — twelve (fem.)
שְׁתִיקָה נ — silence
שְׁתִיתָה נ — flow (of blood from a wound)
שָׁתַל (יִשְׁתּוֹל) פ — plant, transplant
שְׁתַלְטָן ז — domineering person
שְׁתַלְטָנוּת נ — domineering nature
שַׁתְלָן ז — nurseryman
שַׁתְלָנוּת נ — nursery gardening
שְׁתַמְּטָן ז — shirker, dodger
שְׁתַמְּטָנוּת נ — shirking, dodging duty
שֶׁתֶן ז — urine
שִׁתְנוּן ז — urination
שָׁתַע (יִשְׁתַּע) פ — fear, be afraid
שְׁתַפְּכָנִי ת — effusive
שִׁתְּפָנִי ת — co-operative

שָׁתַק (יִשְׁתּוֹק) פ keep quiet; be calm
שַׁתְקָן ז taciturn person
שַׁתְקָנוּת נ taciturnity
שַׁתֶּקֶת נ paralysis
שָׁתַת (יִשְׁתּוֹת) פ flow; lose (blood)
שַׁתָּת ז bleeder

ת

תָּא ז cell, cabin; box
תָּאַב (יִתְאַב) פ long for, crave
תָּאֵב ת longing, craving
תְּאַבְדַּעַ ת inquisitive, curious
תַּאֲגִיד ז corporation
תָּא־דוֹאַר post office box
תְּאוֹ, תּוֹא ז buffalo
תַּאֲוָה נ desire, passion
תַּאַוְתָן ת lustful, libidinous
תַּאַוְתָנוּת נ lustfulness, lust
תַּאַוְתָנִי ת lustful, libidinous
תְּאוּטָה נ deceleration
תְּאוֹם ז twin (boy)
תָּאוֹם ת symmetrical
תְּאוֹמָה נ twin (girl)
תְּאוֹמוֹת נ״ר twins (girls)
תְּאוֹמִים ז״ר twins (boys)
תְּאוּנָה נ accident, mishap
תְּאוּצָה נ acceleration
תְּאוּרָה נ illumination, lighting
תַּאֲחוּז ז percentage
תַּאֲחִיזָה נ cohesion
תָּאִי ת cellular; built of cells, honeycombed
תְּאִימוּת נ harmony, symmetry
תָּאִיר ת figurate (music)
תָּאִית נ cellulose
תָּאַם (יִתְאַם) פ match, parallel
תְּאֵנָה נ fig (fruit or tree)
תַּאֲנָה נ mating-season
תַּאֲנִיָּה נ grief, lamentation
תַּאֲנִיָּה וַאֲנִיָּה grief and lamentation
תָּאַר (יִתְאַר) פ encompass, surround
תַּאֲרוֹגֶת נ web, network
תַּאֲרִיךְ ז date
תַּאֲרִיכוֹן ז date stamp
תְּאֵרִית נ figure (music)
תִּאֲרֵךְ (יְתָאֲרֵךְ) פ date
תְּאַשּׁוּר ז box tree
תַּבְדִּיחַ ז comic strip, cartoon
תַּבְהֵלָה נ panic
תְּבוּאָה נ produce, yield ; grain crops, cereals
תְּבוּאוֹת חוֹרֶף, תְּבוּאוֹת קַיִץ winter crops, summer crops
תְּבוּנָה נ understanding, wisdom
תְּבוּנָתִי ת intelligent, rational
תְּבוּסָה נ defeat, rout

תְּבוּסָן ז defeatist
תְּבוּסָנוּת נ defeatism
תְּבוּסָנִי ת defeatistic
תַּבְחִין ז diagnostic test
תְּבִיעָה נ demand, claim
תְּבִיעָה מִשְׁפָּטִית suit, prosecution
תֵּבֵל נ the world
תֶּבֶל ז abomination
תְּבַלּוּל ז cataract
תַּבְלִיט ז relief
תַּבְלִיל ז batter (cookery)
תַּבְלִין ז spice, seasoning
תֶּבֶן ז straw
תַּבְנִית נ mold, form; pattern structure; paradigm
תַּבְנִיתִי ת patterned, structured
תָּבַע (יִתְבַּע) פ demand, claim
תָּבַע לְדִין sued, prosecuted
תַּבְעֵרָה נ conflagration, fire
תַּבְצִיק ז doughnut
תִּבְרֵג (יְתַבְרֵג) פ thread, cut screws
תַּברוּאָה נ sanitation
תַּברוּאִי ת sanitary
תַּברוּאָן ז sanitary worker
תַּברוּאָתִי ת sanitary, of sanitation
תִּברוּג ז threading, screw-cutting
תַּברוֹג ז die stock (for cutting threads)
תִּברוֹגֶת נ thread, screw thread
תַּבְרִיג ז thread, screw thread
תַּבְשִׁיל ז dish, cooked food
תָּג ז tag, serif; apostrophe
תִּגבּוּר ז reinforcement, reinforcing
תִּגבּוֹרֶת נ reinforcement; increase
תִּגְבֵּר (יְתַגְבֵּר) פ reinforce, send reinforcements
תְּגוּבָה נ reaction
תִּגְלַחַת נ shave, shaving
תַּגְלִיף ז engraving
תַּגְלִית נ discovery
תַּגְמוּל ז reward, recompense
תַּגְמִיר ז final stage, "finish"
תַּגָּר ז merchant, dealer
תְּגָר ז challenge
תִּגְרָה נ tussle, skirmish
תִּגְרוֹבֶת נ hosiery
תִּגְרוֹלֶת נ raffle
תַּגְרָן ז small-time merchant, huckster
תַּגְרָנוּת נ petty trade; haggling, bargaining
תְּדגּוֹרֶת נ incubation period
תַּדְהֵמָה נ stupefaction, stupor
תַּדְחִית נ moratorium
תָּדִיר ת, תה״פ frequent, constant; constantly, regularly
תְּדִירוּת נ frequency
תִּדלוּק ז fuelling, refuelling
תִּדְלֵק (יְתַדְלֵק) פ fuel, refuel
תַּדְמִית נ stencil, die; image
תַּדְמִיתָן ז pattern maker
תַּדְפִּיס ז offprint
תֶּדֶר ז frequency
תִּדרוּך ז instruction
תַּדְרִיךְ ז briefing, detailed instructions
תִּדְרֵךְ (יְתַדְרֵךְ) פ brief, give detailed instructions
תֵּה ז tea

תָּהָה (יִתְהֶה) פ gape, gaze in astonishment
תְּהוּדָה נ resonance
תְּהוֹם זו״נ the depths; abyss, bottomless pit
תְּהוֹם הַנְּשִׁיָּה oblivion
תְּהִיָּה נ surprise, astonishment
תְּהִילָּה נ praise; glory
תְּהִילִּים, תְּהִלִּים ז״ר the Book of Psalms
תַּהֲלוּכָה נ procession, parade
תַּהֲלִיךְ ז process
תַּהפּוּכָה נ, תַּהפּוּכוֹת נ״ר unreliability, deceitfulness
תַּהפּוּכָן ז unreliable person
תָּו ז mark, sign; note (in music); label
תּוּ תה״פ more
תּוֹא ר׳ תְּאוֹ
תּוֹאֵם ת matching, suitable, appropriate; similar
תּוֹאַם (יְתוֹאַם) פ be correlated, be co-ordinated
תּוֹאַם ז symmetry; correlation, co-ordination
תּוֹאֲנָה נ pretext
תּוֹאַר (יְתוֹאַר) פ be described; be drawn, be portrayed
תּוֹאַר ז appearance, form; title; adjective
תּוֹאַר הַפּוֹעַל adverb
תּוֹאֲרַךְ (יְתוֹאֲרַךְ) פ be dated
תּוּבָּה נ trunk
תּוּבַּל (יְתוּבַּל) פ be seasoned, be spiced

תּוֹבָלָה נ transport
תּוֹבָנָה נ insight
תּוֹבֵעַ ז plaintiff; prosecutor
תּוֹבְעָנָה נ bill of complaint
תּוֹבָר ז loop
תּוּברַג (יְתוּברַג) פ be threaded
תּוּגבַּר (יְתוּגבַּר) פ be reinforced
תּוּגָה נ sorrow, sadness
תּוֹדָה נ thanks, gratitude
תּוֹדָה רַבָּה thanks very much
תּוֹדָעָה נ consciousness
תּודרַךְ (יְתודרַךְ) פ be briefed
תּוֹהוּ ז desolation, emptiness; nothingness
תּוֹהוּ וָבוֹהוּ utter chaos
תּוֹהֳלָה, תָּהֳלָה נ fault, blemish
תַּוַּאי ז plotter
תְּוַי, תְּוָאי ז alignment
תְּוִיָּה נ plotting
תַּוְיָן ז copyist (musical)
תָּוִית נ label
תָּוֶךְ ז center, middle; inside, interior
תּוּוַּךְ (יְתוּוַּךְ) פ be in the middle
תּוּזמַר (יְתוּזמַר) פ be orchestrated, be scored
תּוּחַח (יְתוּחַח) פ be crumbled, be broken up
תּוּחלַב (יְתוּחלַב) פ be emulsified
תּוֹחֶלֶת נ expectation, hope
תּוּיָה נ thiya
תּוּיַּק (יְתוּיַּק) פ be filed
תּוֹךְ ז oppression, extortion
תּוֹךְ ז inside, interior
תּוֹכֵחָה נ chastisement, correction

תּוֹכָחָה, תּוֹכַחַת נ	reproach, rebuke
תּוֹכִי ת	inner, internal
תּוּכִּי ז	parrot
תּוֹכִיּוּת נ	inwardness, inner nature
תּוֹכִית נ	infix
תּוֹךְ כְּדֵי	in the course of
תּוּכַּן (יְתוּכַּן) פ	be measured; be planned
תּוֹכֵן ז	astronomer
תּוֹכֶן ז	content, contents
תּוֹכֶן הָעִנְיָנִים, הַתּוֹכֶן	table of contents (of a book)
תּוּכנַן (יְתוּכנַן) פ	be planned
תּוּכנַת (יְתוּכנַת) פ	be programed
תּוּכסַס (יְתוּכסַס) פ	be planned tactically
תּוּ לֹא	no more, that's all
תּוֹלָדָה נ	corollary (logical); outcome
תּוֹלָדוֹת נ״ר	descendants; history
תּוּלַּל (יְתוּלַּל) פ	be made steep
תּוּלַּם (יְתוּלַּם) פ	be furrowed
תּוֹלָע ז, תּוֹלֵעָה נ, תּוֹלַעַת נ	worm; scarlet cloth
תּוּלַּע (יְתוּלַּע) פ	be full of worms, be wormy
תּוֹלַעֲנָה נ	mahogany
תּוֹלַעַת מֶשִׁי	silkworm
תּוּלתַּל (יְתוּלתַּל) פ	be curled, be made curly
תּוֹם ז	wholeness, integrity; perfection, perfect innocence
תּוּמָּה נ	integrity, innocence
תּוֹמֵךְ ת	supporter; supporting
תּוּמצַת (יְתוּמצַת) פ	be summarized, be précised
תּוֹמֶר ז	date-palm, palm tree
תּוּנפָּן ז	kettle drum
תּוּסכַּל (יְתוּסכַּל) פ	be frustrated
תּוֹסֵס ת	fermenting; effervescent, excited
תּוֹסֶס ז	ferment
תּוֹסֶפֶת נ	addition, supplement
תּוֹסֶפֶת יוֹקֶר	cost-of-living bonus
תּוֹסֶפתָּן ז	appendix
תּוֹעַב (יְתוֹעַב) פ	be abominable
תּוֹעֵבָה נ	abomination, loathsome act or object
תּוֹעַד (יְתוֹעַד) פ	be documented
תּוֹעֶלֶת נ	use, utility
תּוֹעַלתִּי ת	useful; utilitarian
תּוֹעַלתִּיּוּת נ	utilitarianism
תּוֹעַמלָן ז	agitator, propagandist
תּוֹעָפוֹת נ״ר	strength, power
תּוֹעַשׁ (יְתוֹעַשׁ) פ	be industrialized
תּוּעתַּק (יְתוּעתַּק) פ	be transliterated
תּוֹף ז	drum
תּוּפִּי ת	drum-loaded (revolver), drum-like
תּוּפִין ז	flat pastry; biscuit
תּוּפִּית נ	diaphragm
תּוֹפֵס ז	(tech.) guard
תּוֹפֵס ת	applicable, relevant
תּוֹפָעָה נ	phenomenon
תּוֹפֵף (יְתוֹפֵף) פ	drum
תּוֹפֵר ז	tailor
תּוֹפֶרֶת נ	dressmaker, tailoress
תּוֹפֶת ז	inferno, fire
תּוֹפְתֶּה ז	inferno; place of burning
תּוֹצָא ז	effect

תּוֹצָאָה נ result, consequence
תּוֹצָר ז product
תּוֹצֶרֶת נ products, produce
תּוּקַן (יְתוּקַן) פ be corrected; be repaired
תּוּקְנַן (יְתוּקְנַן) פ be standardized
תּוֹקֶף ז power; validity, force
תּוֹקְפָן ז aggressor
תּוֹקְפָנוּת ת aggression, aggressiveness
תּוֹקְפָנִי ת aggressive
תּוּקְצַב (יְתוּקְצַב) פ be budgeted for
תּוּקְצַר (יְתוּקְצַר) פ be outlined, be summarized
תּוּקְשַׁר (יְתוּקְשַׁר) פ be communicated
תּוֹר ז turn; queue line; turtle-dove
תּוּר פ, ר׳ תָּר
תּוּרְבַּת (יְתוּרְבַּת) פ be cultured; be cultivated, be tamed
תּוּרְגַּם (יְתוּרְגַּם) פ be translated
תּוּרְגְּמָן ז interpreter; translator
תּוֹרָה נ the Pentateuch; the Law; instruction, teaching; theory
תּוֹרָה נְבִיאִים וכתוּבִים ר׳ תְּנַ״ךְ
תּוֹרָה שֶׁבִּכְתָב the written Law (i.e. the Pentateuch)
תּוֹרָה שֶׁבְּעַל־פֶּה the oral Law (i.e. the Talmud)
תּוֹרֵם ז contributor, donor
תּוּרְמוֹס ז lupin
תּוּרְמַל (יְתוּרְמַל) פ be podded, form pods
תּוֹרֶן ז mast (on ship); flag-pole
תּוֹרָן ז person on duty, orderly
תּוֹרָנוּת נ turn of duty
תּוֹרָנִי ת learned in the Tora; observant
תּוֹרְנִית נ main shaft
תּוֹרְעַמְנִי ת resentful, complaining
תּוֹרֶף ז blank spaces on a promissory note which have to be completed
תּוֹרְפָּה נ weakness, weak spot
תּוֹרַץ (יְתוֹרַץ) פ be explained, be clarified
תּוֹרָשָׁה נ heredity
תּוֹרַשְׁתִּי ת hereditary
תּוֹשָׁב ז resident, inhabitant
תּוֹשֶׁבֶת נ chassis (of a vehicle); base
תּוּשִׁיָּה נ resourcefulness, skill, dexterity
תּוּשַּׁע (יְתוּשַּׁע) פ be multiplied by nine
תּוּת ז mulberry
תּוֹתָב ת inserted, fixed in
תּוֹתֶבֶת נ insert, insertion
תּוּת גִּינָּה, תּוּת שָׂדֶה strawberry
תּוֹתָח ז gun, cannon
תּוֹתְחָן ז gunner, artilleryman
תּוֹתְחָנוּת נ gunnery, artillery
תּוֹתְרָן ז anosmic
תּוֹתְרָנוּת נ anosmia
תַּזְגִּיג ז enamel
תְּזוּזָה נ move
תְּזוּנָה נ nutrition
תְּזוּנָתִי ת nutritive
תְּזוּעָה נ slight movement
תְּזָזִית, רוּחַ תְּזָזִית נ demon of unrest, madness

תִּזְכּוֹרֶת נ	memorandum, reminder
תַּזְכִּיר ז	memorandum
תִּזְמוּן ז	timing
תִּזְמוֹנֶת נ	coincidence
תִּזְמוּר ז	orchestration, scoring
תַּזְמוּר ז	orchestral version
תִּזְמוֹרֶת נ	orchestra
תִּזְמוֹרְתִּי ת	orchestral
תִּזְמֵן (יְתַזְמֵן) פ	time
תִּזְמֵר (יְתַזְמֵר) פ	orchestrate, score
תַּזְנוּת נ	fornication, whoring
תַּזְרִיק ז	injection
תִּזְרַעַת נ	dissemination (medicine)
תָּחַב (יִתְחַב) פ	insert, stick in
תַּחְבּוּלָה נ	wile, ruse, trick
תַּחְבּוּרָה נ	transport, communication; traffic
תַּחְבּוֹשֶׁת נ	bandage, dressing
תַּחְבִּיב ז	hobby
תַּחְבִּיבָן ז	hobbyist
תַּחְבִּיר ז	syntax
תַּחְבִּירִי ת	syntactic
תִּחְבֵּל (יְתַחְבֵּל) פ	contrive, plot
תַּחְבְּלָן ז	wily person; tactician
תַּחְבְּלָנוּת נ	wiliness, trickiness; tactical skill
תַּחְדִּישׁ ז	word-coining
תָּחוּב ת, ז	inserted, stuck in; shoot (for grafting)
תָּחוּחַ ת	broken up (soil)
תְּחוּלָה נ	time of coming into force
תְּחוּם ז	limit, border; domain
תְּחוּשָׁה נ	feeling, perception
תְּחוּשָׁתִי ת	perceptual
תַּחְזוּקָה נ	maintenance
תַּחְזִיר ז	fly-back, retrace
תַּחֲזִית נ	forecast; spectrum
תִּחְזֵק (יְתַחְזֵק) פ	maintain
תְּחִיבָה נ	insertion, sticking in
תְּחִיגָּה נ	festival
תְּחִיחָה נ	breaking up (soil)
תְּחִיחוּת נ	looseness (of soil)
תְּחִיָּה נ	revival, rebirth; renaissance
תְּחִיַּת הַמֵּתִים	resurrection
תְּחִילָּה נ, תה״פ	beginning, start; firstly
תְּחִילִית נ	prefix
תְּחִימָה נ	fixing limits
תְּחִינָּה נ	supplication, entreaty
תְּחִיקָה נ	legislation
תִּחְכּוּם ז	sophistication
תִּחְכֵּם (יְתַחְכֵּם) פ	sophisticate
תִּחְלֵב (יְתַחְלֵב) פ	emulsify
תַּחֲלוּאָה נ	incidence of disease
תַּחֲלוּאִי ת	concerning the incidence of disease
תַּחֲלוּפָה נ	natural replacement
תַּחֲלִיב ז	emulsion
תַּחֲלִיף ז	substitute, alternative
תִּחְלֵף (יְתַחְלֵף) פ	replace
תָּחַם (יִתְחַם) פ	fix limits, fix a boundary
תַּחְמוֹצֶת נ	oxide
תַּחְמוֹשֶׁת נ	ammunition
תַּחְמִיץ ז	silage
תַּחְמִישׁ ז	cartridge
תַּחְמָס ז	falcon
תִּחְמֵץ (יְתַחְמֵץ) פ	ensile, make into silage
תַּחֲנָה נ	station, stop

תַּחֲנוּן ז supplication, entreaty
תְּחַנְחָנוּת נ coquetry
תְּחַנְחָנִי ת coquettish
תַּחְפּוֹשֶׂת נ fancy dress
תִּחְפֵּשׂ (יְתַחְפֵּשׂ) פ dress up (in masquerade)
תַּחְקִיר ז investigation
תִּחְרָה (יְתַחְרֶה) פ compete
תַּחֲרוּת נ competition, tournament; rivalry
תַּחְרִיט ז etching, engraving
תַּחְרִים ז lace edging
תַּחַשׁ ז badger
תַּחְשִׁיב ז calculation
תַּחַת מ״י under, beneath; for, in place of
תַּחַת ז (slang) behind
תְּחַתּוּחַ ז rattle, clatter
תַּחְתּוֹן ת lower
תַּחְתּוֹנִיּוֹת ז״ר piles, haemorrhoids
תַּחְתּוֹנִים נ״ר underpants
תַּחְתּוֹנִית נ petticoat, slip
תַּחְתִּי ת lower
תַּחַת יָדוֹ in his possession
תַּחְתִּיךְ ז jigsaw
תַּחְתִּית נ bottom part; saucer
תֵּיאֵב (יְתָאֵב) פ abominate, abhor
תֵּיאָבוֹן ז appetite
תֵּיאוּם ז correlation, co-ordination
תֵּיאוּר ז description
תֵּיאוּרִי ת descriptive
תֵּיאַטְרוֹן ז theater
תֵּיאַטְרוֹנִי ת theatrical
תֵּיאַטְרָלִי ת theatrical, stagy
תֵּיאַטְרָלִיּוּת נ theatricality, staginess

תֵּיאֵם (יְתָאֵם) פ correlate, co-ordinate
תֵּיאֵר (יְתָאֵר) פ describe, portray
תֵּיבָה נ box, crate; written word
תִּיבּוּל ז seasoning, spicing
תִּיבֵּל (יְתַבֵּל) פ season, spice
תִּיבֵּן (יְתַבֵּן) פ mix with straw
תֵּיבַת־דּוֹאַר Post Office Box
תִּיגָּר ז dispute
תִּיגֵּר (יְתַגֵּר) פ haggle, bargain
תִּיוָּה (יְתַוֶּה) פ put a mark on; sketch
תִּיוּוּי ז sketching, laying out
תִּיוּוּךְ ז mediation
תִּיוֵּךְ (יְתַוֵּךְ) פ mediate
תִּיוּוּל ז erecting barbed wire
תִּיוּל ז wiring
תְּיוֹמָה, תְּיוֹמֶת נ twin sister
תֵּיוֹן ז teapot
תִּיוּק ז filing
תִּיוּר ז touring, tour
תִּיחוּחַ ז breaking up (soil)
תִּיחוּם ז setting limits
תִּיחֵחַ (יְתַחֵחַ) פ break up (soil)
תִּיחֵם (יְתַחֵם) פ set limits
תִּיחֵר (יְתַחֵר) פ compete, contest
תִּיֵּק (יְתַיֵּק) פ file
תַּיָּק ז filing-clerk
תַּיָּר ז tourist
תִּיֵּר (יְתַיֵּר) פ tour
תַּיָּרוּת נ tourism
תַּיָּרָן ז promoter of tourism
תִּיכוֹן ת middle, central
תִּיכּוּן ז planning
תִּיכוֹנִי ת intermediate
תִּיכֵּן (יְתַכֵּן) פ plan; measure

תֵּיכֶף תה״פ immediately, instantly
תֵּיכֶף וּמִיָּד at once
תַּיִל ז wire
תִּילוּי ז hanging up; suspension, deferment
תִּילוּל ז heaping earth; making steep, steepening
תִּילוּם ז furrowing
תִּילוֹן ז small mound, hillock
תִּילוּעַ ז ridding of worms
תִּילֵי תִּילִים heaps and heaps
תִּילֵּל (יְתַלֵּל) פ heap earth around
תִּילֵּם (יְתַלֵּם) פ furrow
תִּילַּע (יְתַלַּע) פ rid of worms
תִּימָּהוֹן ז surprise, astonishment
תִּימּוֹז ז person with no eyelashes
תִּימּוּךְ ז bracing
תִּימּוּכִין ז״ר backing, support
תִּימּוּר ז rising, aloft
תֵּימָן נ Yemen
תֵּימָנִי ת Yemenite
תִּימֵּר (יְתַמֵּר) פ rise, rise aloft
תִּימָרָה נ column (of smoke, dust, etc.)
תִּינֵּד (יְתַנֵּד) פ vibrate, oscillate
תִּינָּה (יְתַנֶּה) פ recount, relate; mourn, grieve
תִּינּוּי ז recounting (particularly sad stories)
תִּינּוּן ז whaling
תִּינוֹק ז baby, babe
תִּינוֹקוֹת שֶׁל בֵּית רַבָּן infants, schoolchildren
תִּינוֹקִי ת babyish, infantile
תִּינוֹקִיּוּת נ babyishness
תִּינוֹקֶת נ baby, small baby
תִּיסּוּף ז revaluation
תִּיסֵּף (יְתַסֵּף) פ revaluate
תִּיעֵב (יְתַעֵב) פ abominate, abhor, loathe; make abominable, pollute, defile
תִּיעֵד (יְתַעֵד) פ document
תִּיעוּב ז abhorrence, abomination
תִּיעוּד ז documentation
תִּיעוּל ז sewerage
תִּיעוּשׁ ז industrialization
תִּיעֵל (יְתַעֵל) פ provide with sewers
תִּיעֵשׁ (יְתַעֵשׁ) פ industrialize
תִּיפּוּר ז stitching
תִּיפֵּר (יְתַפֵּר) פ stitch
תִּיפֵּשׂ (יְתַפֵּשׂ) פ catch, seize; climb
תִּיק ז case; briefcase; file, folder
תֵּיקוּ draw; stalemate
תִּיקּוּן ז correction, emendation; repairing
תִּיקּוּן הָעוֹלָם social reform
תִּיקְיוֹן ז, תִּיקִיָּה נ filing cabinet
תִּיקָן ז cockroach
תִּיקֵּן (יְתַקֵּן) פ correct, emend; repair; reform
תֵּירוּץ ז excuse
תִּירוֹשׁ ז new wine
תִּירָס ז corn, maize
תַּיִשׁ ז he-goat
תִּישּׁוּעַ ז multiplication by nine
תִּישַּׁע (יְתַשַּׁע) פ multiply by nine
תִּיתּוֹרָה נ brim, rim
תֵּיתֵי פ let it come
תֵּיתֵי לוֹ thanks to him
תַּךְ ז stitch

תְּכבּוֹסֶת נ washing, laundering
תָּכוֹל ת light blue, azure
תְּכוֹל ז light blue, azure
תְּכוּלָה נ content, capacity
תְּכוּנָה נ property, characteristic, trait
תָּכוּף ת in quick succession
תְּכוּפוֹת תה״פ frequently
תְּכִיפוּת נ frequency, recurrence
תְּכָכִים ז״ר intrigue(s)
תַּכְכָן ז intriguer
תַּכְכָנוּת נ intriguing
תִּכְלָה נ end, limit
תַּכְלִיל ז score (music)
תַּכְלִית נ aim, purpose; end
תַּכְלִיתִי ת purposeful
תַּכְלִיתִיּוּת נ purposefulness
תְּכַלְכַּל ת pale blue
תְּכֵלֶת נ light blue, azure
תָּכַן (יִתכּוֹן) פ design, plan, measure
תֶּכֶן ז design
תַּכָּן ז designer
תִּכנוּן ז planning
תִּכנוּת ז programing
תָּכְנִיָּה, תּוֹכנִיָּה נ program (theater etc.)
תָּכְנִית, תּוֹכנִית נ plan, scheme; program
תָּכְנִיתִי, תּוֹכנִיתִי ת planned, programatic
תִּכנֵן (יְתַכנֵן) פ plan
תִּכנֵת (יְתַכנֵת) פ program
תַּכסִיס ז tactic(s), stratagem
תַּכסִיסִי ת tactical
תַּכסִיסָן ז tactician
תַּכסִיסָנוּת נ employment of tactics
תִּכסֵס (יְתַכסֵס) פ employ tactics
תָּכַף (יִתכּוֹף) פ come in quick succession
תֶּכֶף ז frequency
תַּכרִיךְ ז bundle; covering
תַּכרִיכִים ז״ר shroud
תַּכשִׁיט ז ornament
תַּכשִׁיטִים ז״ר jewellery
תַּכשִׁיר ז preparation
תִּכתּוֹבֶת נ correspondence
תַּכתִּיב ז dictate, dictation
תֵּל ז mound, hillock
תְּלָאָה נ hardship, suffering
תַּלאוּבָה נ blazing heat
תְּלַאי ז handle
תִּלבּוֹשֶׁת נ dress, attire; uniform
תִּלבּוֹשֶׁת אֲחִידָה uniform dress
תַּלבִּיד ז plywood
תָּלָה (יִתלֶה) פ hang, hang up, suspend; ascribe
תְּלַהֲבָן ז enthusiast
תָּלוּי ת hanging, suspended; dependent
תְּלוּי ז suspender, hanger (on a garment)
תָּלוּי וְעוֹמֵד pending
תָּלוּל ת steep
תְּלוּלִית נ hillock, hummock
תְּלוּנָה נ complaint
תָּלוּשׁ ת plucked, picked, detached; (person) out of touch
תְּלוּשׁ ז counterfoil, coupon
תְּלוּת נ dependence
תְּלִי ז clothes rack, peg

תְּלִיָּה נ — hanging, suspending
תַּלְיָן ז — hangman
תַּלְיָנוּת נ — hangman's work
תְּלִילוּת נ — steepness
תָּלִישׁ ז, ת — picking (flax); detachable (coupons), perforated
תְּלִישָׁה נ — picking, pulling out, plucking, detaching
תְּלִישׁוּת נ — state of being out of touch, remoteness
תַּלְכִּיד ז — agglomeration
תֶּלֶם ז — furrow
תַּלְמוּד ז — learning, study; Talmud
תַּלְמוּד־תּוֹרָה — Jewish religious school
תַּלְמִיד ז — pupil, student; disciple
תַּלְמִיד־חָכָם — man learned in the Tora
תַּלְפִּיּוֹת נ״ר — forts
תַּלְקִיט ז — conglomerate; album
תָּלַשׁ (יִתלוֹשׁ) פ — pick; pluck; tear off (out); detach
תְּלָת ש״מ — tri-
תְּלָת־אוֹפַן — tricycle
תִּלְתּוּל ז — curling
תַּלְתַּל ז — curl
תִּלְתֵּל (יְתַלְתֵּל) פ — curl
תַּלְתֶּלֶת נ — curl (plant disease)
תְּלַת־מְמַדִּי — three-dimensional
תִּלְתָּן ז — clover
תְּלַת־שְׁנָתִי — triennial
תָּם ת — flawless; simple, innocent, naive
תֶּמֶד, תֶּמֶד ז — grape-skin wine
תָּמַהּ (יִתמַהּ) פ — be surprised; wonder
תַּמָּה ז — surprise, wonder
תָּמֵהַּ ת — surprised, amazed
תִּמְהוֹנִי ת — eccentric, queer, peculiar
תְּמֵהַנִי — I doubt whether
תָּמוּהַּ ת — peculiar, strange
תַּמּוּז ז — Tammuz (June-July)
תְּמוּטָה נ — collapse, downfall
תָּמוּךְ ת — supported
תְּמוֹכָה נ — strut, support
תְּמוֹל תה״פ, ז — yesterday
תְּמוֹל שִׁלְשׁוֹם — formerly, in the recent past
תְּמוּנָה נ — picture
תְּמוּנִי ת — pictorial
תְּמוּר מ״י — instead of, in lieu of
תְּמוּרָה נ — exchange, barter; object exchanged; change; exchange value, price; (grammar) apposition
תַּמּוּת נ — perfection, soundness
תְּמוּתָה נ — mortality
תְּמוּזֶגֶת נ — constitution; blend
תַּמְזִיג ז — condensation product
תַּמְחוּי ז — charity food
תַּמְחִיר ז — cost accounting
תַּמְחִירָן ז — cost accountant
תִּמְחֵר (יְתַמְחֵר) פ — cost
תֶּמֶט ז — collapse
תָּמִיד תה״פ, ז — always, constantly, eternity
תְּמִידוּת נ — continuity, regularity
תְּמִידִי ת — constant, perpetual
תְּמִיהָה נ — surprise, amazement
תְּמִיכָה נ — support
תָּמִים ת — whole, entire; faultless; naive

תְּמִימוּת נ	naiveté, simplicity; integrity
תְּמִיסָה נ	solution (chemical)
תָּמִיר ת	tall and erect
תְּמִירוּת נ	erect carriage
תָּמַךְ (יִתמוֹךְ) פ	support, maintain
תַּמלוּג ז, תַּמלוּגִים ז״ר	royalty; royalties
תְּמלַחַת נ	brine, salts
תַּמלִיל ז	text (music), libretto
תְּמָנוּן ז	octopus
תְּמנוּעַ ז	preventive medicine, prophylaxis
תְּמָנִיוֹן ז	octahedron
תַּמנִית נ	octet
תְּמנָעָה נ	institute of preventive medicine
תְּמנָעִי ת	preventive, prophylactic
תֶּמֶס ז	dissolving, solution
תִּמסוֹרֶת נ	transmission; gearing ratio
תִּמסָח ז	crocodile
תַּמסִיר ז	handout, announcement
תְּמצוּת נ	summarizing, writing a précis
תַּמצִיק ז	concretion
תַּמצִית נ	essence, juice; summary, gist
תַּמצִיתִי ת	concise
תַּמצִיתִיוּת נ	conciseness, succinctness
תִּמצֵת (יְתַמצֵת) פ	summarize, précis
תָּמָר ז	date-palm (tree), date (fruit)
תְּמָרָה נ	date-palm (tree)
תַּמרוּט ז	varnish
תִּמרוֹן ז	maneuver
תִּמרוּן ז	maneuvering
תַּמרוּק ז	cosmetic
תַּמרוּקִיָּה נ	perfumery, cosmetic shop
תַּמרוּקִים ז	cosmetics
תַּמרוּר ז	signpost, road-sign
תִּמרוּר ז	signposting
תַּמרוּרִים ז״ר	bitterness
תַּמרִיץ ז	impetus, stimulus
תִּמרֵן (יְתַמרֵן) פ	maneuver
תַּמשִׁיחַ ז	painting, inscription
תַּן ז	jackal
תְּנַאי ז	condition, term
תְּנָאִים	engagement, betrothal (colloq.)
תְּנַאי מוּקדָם	precondition
תְּנגּוֹדֶת נ	resistance
תִּנגּוּן ז	instrumentation, arrangement, scoring
תִּנגֵּן (יְתַנגֵּן) פ	score, arrange
תָּנַד (יָתנַד) פ	oscillate
תְּנוּבָה נ	crop, yield
תְּנוּדָה, תְּנִידָה נ	oscillation, vibration
תְּנוּחָה נ	lie, lay, posture
תְּנוּךְ, תְּנוּךְ־אוֹזֶן ז	ear-lobe
תְּנוּמָה נ	nap, light sleep
תְּנוּעָה נ	movement, move; traffic; motion; vowel
תְּנוּפָה נ	upward swing; lifting; momentum
תַּנּוּר ז	stove, oven
תַּנחוּמִים ז״ר	condolences
תַּניָינִי ת	secondary
תַּנִּין ז	crocodile

the Bible (initial letters of תּוֹרָה, נְבִיאִים, כְּתוּבִים i.e. the Law, the Prophets and the Writings) תְּנָ"ךְ, תַּנַ"ךְ ז
scriptural, biblical תְּנָ"כִי ת
(initial letters for:) may his soul be bound up in the bond of life (inscription on gravestone) תַּנְצְבָּ"ה
barn owl תִּנְשֶׁמֶת נ
complication(s), mix-up תִּסְבּוֹכֶת נ
load carrying capacity, deadweight תִּסְבּוֹלֶת נ
complex (psychology) תַּסְבִּיךְ ז
information brochure תַּסְבִּיר ז
arrangement, lay-out תַּסְדִּיר ז
withdrawal; retreat תְּסוּגָה נ
fermented תָּסוּס ת
going round, skirting תְּסִיבָּה נ
fermentable תָּסִיס ת
fermentation, excitement, agitation תְּסִיסָה נ
frustration תִּסְכּוּל ז
radio play תַּסְכִּית ז
frustrate תִּסְכֵּל (יְתַסְכֵּל) פ
association (psychology) תִּסְמוֹכֶת נ
syndrome תִּסְמוֹנֶת נ
filtrate תַּסְנִין ז
ferment, effervesce; seethe, boil; seethe with excitement תָּסַס (יִתְסוֹס) פ
enzyme תַּסָּס ז
haircut תִּסְפּוֹרֶת נ
resupply תִּסְפֵּק (יְתַסְפֵּק) פ
revue תִּסְקוֹרֶת נ

survey תַּסְקִיר ז
hairstyle, coiffure תִּסְרוֹקֶת נ
scenario, film-script תַּסְרִיט ז
scriptwriter תַּסְרִיטַאי ז
traffic (on the roads) תַּעֲבוּרָה נ
lose one's way; go astray תָּעָה (יִתְעֶה) פ
certificate, diploma; document; mission (in life), purpose תְּעוּדָה נ
matriculation certificate תְּעוּדַת בַּגְרוּת
identity card תְּעוּדַת זֶהוּת
daring תְּעוּזָה נ
flight; aviation תְּעוּפָה נ
pressure תְּעוּקָה נ
awakening תְּעוּרָה נ
losing one's way, straying תְּעִיָּה נ
ditch, trench, u.c. hannel; canal תְּעָלָה נ
mischievous trick תַּעֲלוּל ז
mystery, secret תַּעֲלוּמָה נ
small channel, ditch תְּעָלִית נ
the English Channel תְּעָלַת לַאמַאנְשׁ
Suez Canal תְּעָלַת סוּאֶץ
propaganda תַּעֲמוּלָה נ
propagandist תַּעֲמוּלָתִי ת
propagandist, agitator תַּעַמְלָן ז
propagandism תַּעַמְלָנוּת נ
pleasure, delight תַּעֲנוּג ז
fast תַּעֲנִית נ
public fast תַּעֲנִית צִיבּוּר
employment תַּעֲסוּקָה נ
power, might תַּעֲצוּמָה נ
measurement of volume תַּעֲקוּב ז

תַּעֲקִיף ז paraphrase

תִּעֲקֵף (יְתַעֲקֵף) פ paraphrase

תַּעַר ז open razor

תַּעֲרוּבָה נ pledge

תַּעֲרֹבֶת נ mixture; medley, mix-up

תַּעֲרוּכָה נ exhibition

תַּעֲרִיף ז tariff, price list

תַּעֲשִׂיָּה נ industry; manufacture

תַּעֲשִׂיָּן ז industrialist

תַּעֲשִׂיָּנוּת נ industrialism

תַּעֲשִׂיָּתִי ת industrial

תַּעְתּוּעַ ז deceit, deception

תַּעְתִּיק ז transliteration

תִּעְתַּע (יְתַעְתַּע) פ deceive, delude

תִּעְתֵּק (יְתַעְתֵּק) פ transliterate

תַּפְאוּרָה נ decor, stage design

תַּפְאוּרָן ז stage designer

תִּפְאָרָה, תִּפְאֶרֶת נ glory, splendor

תְּפוּגָה נ expiry

תַּפּוּז ז orange

תַּפּוּז ת orange (in color)

תַּפּוּחַ ז apple

תָּפוּחַ ת swollen

תַּפּוּחַ־אֲדָמָה potato

תַּפּוּחַ־זָהָב orange

תְּפוּנָה נ doubt

תָּפוּס ת occupied, engaged; held, seized

תְּפוּסָה נ possession; tonnage

תְּפוּצָה נ circulation (of a newspaper), distribution; scattering, diaspora community

תְּפוּקָה נ production, yield

תָּפוּשׂ ת occupied; held

תִּפְזוֹרֶת נ loose cargo

תָּפַח (יִתְפַּח) פ swell, swell up

תְּפִיחָה נ swelling

תְּפִיחוּת נ swelling, (medical) tumescence

תֻּפִּיחִית נ soufflé

תְּפִלָּה נ prayer; one of the phylacteries

תְּפִלִּין נ״ר phylacteries, tefillin

תְּפִיסָה נ seizing, taking; grasp; outlook, point of view

תְּפִירָה נ sewing

תָּפַל (יִתְפּוֹל) פ paste, plaster

תָּפֵל ת tasteless, insipid

תִּפְלָה נ pointlessness, tastelessness; folly

תִּפְלוּת נ folly; pointless behavior

תְּפֵלוּת נ tastelessness, insipidity

תִּפְלֶצֶת נ dread, horror

תַּפְנוּק ז indulgence, pampering

תַּפְנִים ז interior

תַּפְנִית נ half-turn

תָּפַס (יִתְפּוֹס) פ seize, catch; grasp

תֶּפֶס ז catch

תִּפְעוּל ז operation

תִּפְעֵל (יְתַפְעֵל) פ put into operation

תָּפַף (יִתְפּוֹף) פ drum, beat

תִּפְקֵד (יְתַפְקֵד) פ function

תִּפְקוּד ז functioning

תַּפְקִיד ז duty, office, function; role

תַּפְקִיק ז infarct

תָּפַר (יִתְפּוֹר) פ sew, stitch

תֶּפֶר ז stitch, seam

תַּפָּר ז stitcher

תִּפְרוֹשֶׂת נ sails

תַּפָּרוּת נ stitching, hand-sewing

תִּפְרַחַת נ — cluster of flowers; rash
תַּפְרִיט ז — menu
תִּפְרֶצֶת נ — eruption (medical)
תָּפַשׂ (יִתפּוֹשׂ) פ — seize, grasp; capture, occupy; get
תֶּפֶשׂ ז — grasping, gripping
תַּפְשׁוּעָה נ — delinquency, crime
תִּצְבּוֹרֶת נ — pile, accumulation
תַּצְהִיר ז — affidavit
תְּצוּגָה נ — show, display
תְּצוּרָה נ — configuration, formation
תִּצְלוֹבֶת נ — crossing (of lines); hybrid
תַּצְלוּם ז — photograph
תַּצְלִיל ז — chord
תִּצְפּוֹפֶת נ — congestion
תַּצְפִּית נ — observation; observation post
תִּצְרוֹכֶת נ — consumption
תַּצְרוּם ז — cacophony, dissonance
ת״ק — 500
תַּקְבּוּל ז — intake, receipts (cash)
תִּקְבּוֹלֶת נ — parallelism
תַּקְדִּים ז — precedent
תִּקְוָה נ — hope
תָּקוּל ת — out of order
תְּקוּמָה נ — revival, renewal; recovery
תָּקוּעַ ת — stuck in, inserted; (slang) stranded, "stuck"
תָּקוּף ת — seized with a fit
תְּקוּפָה נ — period, era, cycle
תְּקוּפָתִי ת — periodic, seasonal
תָּקִיל ת — weighed
תָּקִין ת — normal, standard
תְּקִינָה נ — standardization
תְּקִינוּת נ — normality, regularity
תְּקִיעָה נ — insertion, sticking in; blowing (a trumpet or shofar)
תְּקִיעַת כַּף — shaking hands (on a deal)
תַּקִּיף ת — forceful, hard
תְּקִיפָה נ — assault, attack
תַּקִּיפוּת נ — forcefulness, hardness
תַּקָּלָה נ — obstacle, hindrance; mishap
תַּקְלִיט ז — gramophone record
תַּקְלִיטִיָּה נ — record library, record collection
תֶּקֶן ז — norm, standard; establishment
תַּקָּנָה נ — remedy; reform, improvement; regulation
תַּקָּנוֹן ז — constitution (of organization, etc.)
תִּקְנוּן ז — standardization
תִּקְנִי ת — normal, standard
תִּקְנֵן (יְתַקְנֵן) פ — standardize
תָּקַע (יִתְקַע) פ — sound (a trumpet); stick in, insert
תֶּקַע ז — plug (electric)
תָּקֵף ת — valid, in force
תָּקַף (יִתקוֹף) פ — attack, assault
תִּקְצֵב (יְתַקְצֵב) פ — budget
תַּקְצִיב ז — budget; allowance, allocation
תַּקְצִיבִי ת — budgetary
תַּקְצִיר ז — summary, synopsis
תִּקְצֵר (יְתַקְצֵר) פ — outline, summarize
תֶּקֶר ז — puncture
תִּקְרָה ז — ceiling
תִּקְרוֹבֶת נ — refreshments

תִּקְרוֹנֶת נ radiation

תַּקְרִישׁ ז thrombosis

תַּקְרִית נ incident

תִּקְשׁוֹרֶת נ communication(s)

תַּקְשִׁיט ז ornament, decoration

תַּקְשִׁי"ר ז (תַּקָּנוֹן שֵׁירוּת הַמְּדִינָה) civil service regulations

תִּקְשֵׁר (יְתַקְשֵׁר) פ communicate

תִּקְתּוּק ז ticking (of a watch); typing

תִּקְתֵּק (יְתַקְתֵּק) פ tick (watch); type

תָּר (יָתוּר) פ tour, survey

תַּרְבּוּת נ culture, civilization; culture (of bacteria)

תִּרְבּוּת ז civilizing; cultivating; taming; preparing a culture

תַּרְבּוּתִי ת cultured, cultural; cultivated

תַּרְבִּיךְ ז stew

תַּרְבִּיץ ז garden; academy

תַּרְבִּית נ interest, usury; breeding, culture

תִּרְבֵּת (יְתַרְבֵּת) פ civilize, make cultured; (tame) animal

תִּרְגּוּל ז exercise, practice

תִּרְגּוֹלֶת נ series of exercises

תִּרְגּוּם ז translation (act of)

תַּרְגּוּם ז translation

תַּרְגּוּם הַשִּׁבְעִים Septuagint

תִּרְגּוֹמֶת נ translated literature

תַּרְגִּיל ז exercise, drill

תַּרְגִּימִית נ drop, lozenge

תַּרְגִּישׁ ז sentiment

תִּרְגֵּל (יְתַרְגֵּל) פ exercise, train

תִּרְגֵּם (יְתַרְגֵּם) פ translate

תֶּרֶד ז spinach

תַּרְדֵּמָה נ deep sleep, torpor

תַּרְדֶּמֶת נ coma

תָּרוֹג ת citron-colored, lemon-colored, citreous

תַּרְוָד ז ladle

תַּרְוִיחַ ז diastole

תְּרוּמָה נ contribution, offering

תְּרוּמִי ת choice, superlative

תְּרוּנָה נ masting

תְּרוּעָה נ shout, cheer; trumpet blast

תְּרוּפָה נ medicine, remedy

תְּרוּצָה נ run (music)

תִּרְזָה נ linden

תֶּרַח ז idle old fool

תַּרְחִיף ז suspension

תַּרְחִיץ ז lotion, embrocation

תַּרְטִיט ז vibration

תַּרְיַ"ג מִצְווֹת 613 commandments (in the Pentateuch)

תְּרִיס ז shutter; shield

תְּרִיסִיָּה נ thyroid gland

תְּרֵיסַר ש"מ twelve; a dozen

תְּרֵיסָרוֹן ז dodecahedron

תְּרֵיסַרְיוֹן ז duodenum

תְּרֵי־עָשָׂר the twelve Minor Prophets (Hosea to Malachi)

תִּרְכּוּב ז vaccination, inoculation

תִּרְכּוֹבֶת נ compound (chemical)

תִּרְכּוֹזֶת נ concentration

תַּרְכּוֹס ז trunk

תַּרְכִּיב ז vaccine, serum

תַּרְכִּיז ז concentrate

תָּרַם (יִתְרוֹם) פ contribute

תַּרְמִיל ז bag, haversack; pod; cartridge case

תַּרְמִית נ	fraud, deceit
תִּרְמֵל (יְתַרְמֵל) פ	pod, form pods
תַּרְנְגוֹל ז	cock, rooster
תַּרְנְגוֹלֶת נ	hen
תַּרְנְהוֹד ז	turkey
תַּרְסִיס ז	spray
תַּרְעוֹמֶת נ	resentment, grudge
תַּרְעֵלָה נ	poison
תְּרָפִים ז״ר	household gods
תִּרְקוֹבֶת נ	compost
תַּרְשִׁים ז	draught, design
תַּרְשִׁישׁ ז	nacre, mother-of-pearl; pearl
תַּרְתֵּי ש״מ	two
תַּשְׁבֵּץ ז	chequer work; crossword puzzle
תִּשְׁדּוֹרֶת נ	broadcast message or report
תְּשׁוּאָה נ, תְּשׁוּאוֹת נ״ר	cheers, applause
תְּשׁוּאָה נ	proceeds, capital gains
תְּשׁוּבָה נ	answer, reply; return; repentance
תְּשׂוּמָה נ	input; putting
תְּשׂוּמַת לֵב	attention
תְּשׁוּעָה נ	salvation, deliverance
תְּשׁוּקָה נ	desire, craving
תְּשׁוּרָה נ	present
תָּשׁוּשׁ ת	feeble, frail
תִּשְׁחוֹרֶת נ	youth
תַּשְׁטִיף ז	gargle
תְּשִׁיעִי ת	ninth
תְּשִׁיעִית נ	ninth (fem.); one-ninth
תְּשִׁישׁוּת נ	frailty, feebleness
תִּשְׁלוֹבֶת נ	gearing engagement
תַּשְׁלוּם ז	payment, instalment
תַּשְׁמִישׁ ז	use; coitus
תַּשְׁמִישׁ הַמִּטָּה	coitus, sexual intercourse
תֵּשַׁע ש״מ	nine (fem.)
תִּשְׁעָה ש״מ	nine (masc.)
תִּשְׁעָה־עָשָׂר	nineteen (masc.)
תִּשְׁעִים ש״מ	ninety
תְּשַׁע־עֶשְׂרֵה	nineteen (fem.)
תִּשְׁעָתַיִם תה״פ	ninefold, by nine
תִּשְׁפּוֹרֶת נ	cosmetics, make-up
תִּשְׁקוֹפֶת נ	perspective
תַּשְׁקִיף ז	forecast (of weather)
תִּשְׁרֵי ז	Tishri (Sept.–Oct.)
תַּשְׂרִיט ז	draught, plan, blueprint
תַּשְׁרִיר ז	enactment
תִּשְׁרֵר (יְתַשְׁרֵר) פ	enact
תָּשַׁשׁ, תַּשׁ (יִתַּשׁ) פ	grow weak, grow feeble
תַּשְׁתִּית נ	base course, base (in road-building etc., also fig.)
תֵּת	to give (infinitive of נָתַן q.v.)
תַּת תה״פ	under-, sub-
תַּת־אַלּוּף	Brigadier-General
תַּת־הַכָּרָה	the subconscious
תַּת־יַמִּי	submarine
תַּת־מֵימִי	under-water
תַּת־מַקְלֵעַ	sub-machine gun
תַּת־קַרְקָעִי	underground; subterranean
תַּ״ת	Jewish religious school (initials of תַּלְמוּד תּוֹרָה)
תַּתּוֹן הַמּוֹחַ ז	pituitary gland
תִּתְמוֹכֶת נ	(tech.) support
תַּתְרָן ז ר׳ תּוֹתְרָן	
תַּתְרָנוּת ר׳ תּוֹתְרָנוּת